형사소송법

민영성 김형규

박영사

머 리 말

형사소송법은 헌법적 가치를 바탕으로 형사절차의 본질을 밝히고, 그러한 본질이 구체적인 사안에 오롯이 투영되도록 하는 실천적 방안을 탐구하는 학문입니다. 이 책은 독자들이 형사소송법의 본질을 깊이 있게 이해하고 그 전반을 통찰하게 하려는 목적으로 집필된 것으로, 형사소송법을 배우고자 하는 학생들은 물론 법조인이나 수사기관 등 실무자들에게도 실질적인 도움이 될 것으로 기대하고 있습니다.

이를 위해 저자들은 다음과 같은 원칙을 바탕으로 이 책을 구성하고, 형사소송법의 핵심적 이론과 실무적 문제를 체계적으로 정리하였습니다.

1. 교과서다운 교과서

저자들은 형사소송법을 학습하고자 하는 독자의 학습부담을 최소화하고 학습효율을 최대화할 수 있는 '교과서다운 교과서'를 만들고자 하였습니다. 이를 위해 저자들은 학문적 연구와 실무적 경험을 바탕으로 형사소송법의 주요 개념과 핵심 논점을 신중히 선정하였고, 이를 중심으로 실제로 문제가 되고 있거나 향후 문제가 될 가능성이 높은 부분에 대한 설명에 중점을 두었습니다. 또한 최신 판례와 실무적 사례를 충실히 반영하여 법적 변화와 현실적 적용을 심도 깊게 설명하였습니다. 반면 상대적으로 중요도가 낮거나 소위 현학적 성격이 두드러지는 부분에 대해서는 필요최소한도의 범위에서 다루어서 교과서로서의 역할에 가장 적정한 분량으로 작성하였습니다. 이를 통해 독자는 짧은 시간 안에 형사소송법에 대한 전체적인 조망능력과 실질적인 활용능력을 갖추게 될 것으로 기대하고 있습니다.

2. 헌법적 형사소송의 큰 흐름

형사소송법은 헌법의 기본 원칙에 뿌리를 두고 있습니다. 이 책은 형사절차에서 필수적으로 준수되어야 할 헌법적 가치와 형사소송법의 긴밀한 연계성에 기초하여 헌법적 형사소송의 큰 흐름을 이해할 수 있도록 체계적으로 서술하였습니다. 이를 위해 이 책은 헌법적 맥락에서 형사소송법의 원리와 절차를 깊이 있게 다루었고, 일본·미국 등 비교법적인 관점에서도 헌법적 형사소송의 큰 흐름을 이해할 수 있도록 하였습니다.

3. 이론과 실무의 조화

이 책은 형사소송법의 주요 이론적 쟁점을 풍부한 판례 및 사례와 자연스럽게 연결하여 설명함으로써, 이론적 관점에서의 이해와 실무에서의 구체적 활용방법을 균형 있게 다루었습니다. 이를 통해 독자들이 형사소송법의 이론적 기초를 탄탄히 구축하는 동시에, 실무적 감각도 키울 수 있을 것입니다.

한편 형사소송법은 변호사시험, 공무원 시험 등 다양한 자격시험에서 중요한 비중을 차지하는 과목입니다. 이처럼 이론과 실무의 균형잡힌 구성은 수험을 목표로 하는 독자들에게도 상당히 유용할 것입니다.

4. 목차의 특수성

'헌법적 형사소송'의 큰 틀 아래 '이론과 실무'가 조화롭게 구성된 '교과서다운 교과서'를 지향함에 있어 목차의 정비는 피할 수 없는 과제였습니다. 형사절차의 시간적 순서에 따른 목차 구성이라는 그간의 흐름을 따르고자 하는 유혹도 적지 않았지만, 저자들은 기본에 충실한 것이 오히려 더욱 효율적이고 효과적이라는 데에 의견의 일치를 보았고, 결국 형사소송법에 대한 통찰과 핵심쟁점의 세밀한 이해를 위하여 중간 목차 이하 단위를 새롭게 구성하자는 결론에 이르렀습니다. 이에 따라 이 책의 목차는 독자들이 형사소송법을 체계적으로 학습하고 이를 온전히 자신의 것으로 만드는데 중점을 두고 설계되었습니다. 서론에서 형사절차의 전반적인 이해를 위해 반드시 필요한 부분을 모두 담았고, 각 장에서도 그 서두에 해당 장의 기초지식을 미리 정리하는 방식을 취하였습니다. 저자들의 깊은 고민의 결과물인 만큼, 독자들이 형사소송법을 조금이나마 더 쉽게 이해하는 데 도움이 되기를 기대하고 있습니다.

끝으로 이 책이 출판되는 데 큰 도움을 주신 박영사의 안종만 회장님, 안상준 대표님, 조성호 이사님, 김선민 이사님, 이승현 차장님, 정연환 과장님을 비롯한 임직원 여러분께 감사드리며, 이 책이 형사소송법의 학습과 연구 그리고 실무 현장에서 유용한 지침서가 되었으면 하는 바람입니다.

저자 민영성·김형규

차 례

제1장 서 론

제 2 장 수사절차

제 3 장 공판절차

제 4 장　상소절차

제 5 장 형집행 절차

제 6 장 특별절차

제 7 장 부수절차

법령 약어표(본문 괄호안 및 각주에는 약어로 표기)

법령명	약어
가정폭력범죄의 처벌 등에 관한 특례법	가정폭력처벌법
각급 법원의 설치와 관할구역에 관한 법률	법원설치법
검사와 사법경찰관의 상호협력과 일반적 수사준칙에 관한 규정	수사준칙
고위공직자범죄수사처 설치 및 운영에 관한 법률	공수처법
국민의 형사재판 참여에 관한 법률	국민참여재판법
금융실명거래 및 비밀보장에 관한 법률	금융실명법
대한민국 헌법	헌법
마약류 불법거래 방지에 관한 특례법	마약거래방지법
사법경찰관리의 직무를 수행할 자와 그 직무범위에 관한 법률	사법경찰직무법
상고심절차에 관한 특례법	상고심법
성매매알선 등 행위의 처벌에 관한 법률	성매매처벌법
성폭력범죄의 처벌 등에 관한 특례법	성폭력처벌법
소송촉진 등에 관한 특례법	소송촉진법
스토킹범죄의 처벌 등에 관한 법률	스토킹처벌법
신용정보의 이용 및 보호에 관한 법률	신용정보법
아동·청소년의 성보호에 관한 법률	청소년성보호법
아동학대범죄의 처벌 등에 관한 특례법	아동학대처벌법
외교관계에 관한 비엔나 협약	비엔나 협약
위치정보의 보호 및 이용 등에 관한 법률	위치정보법
인신매매등방지 및 피해자보호 등에 관한 법률	인신매매방지법
전자장치 부착 등에 관한 법률	전자장치부착법
즉결심판에 관한 절차법	즉결심판법
치료감호 등에 관한 법률	치료감호법
특정범죄가중처벌등에관한법률	특정범죄가중법
특정범죄신고자 등 보호법	범죄신고자법
헌정질서 파괴범죄의 공소시효 등에 관한 특례법	헌정범죄시효법
형사보상 및 명예회복에 관한 법률	형사보상법

형사사법절차에서의 전자문서 이용 등에 관한 법률	형사절차전자문서법
형사소송규칙	규칙
형사소송법	법
형사소송비용 등에 관한 법률	형사소송비용법
형의 실효 등에 관한 법률	형실효법
형의 집행 및 수용자의 처우에 관한 법률	형집행법
112신고의 운영 및 처리에 관한 법률	112신고처리법
5·18민주화 운동 등에 관한 특별법	5·18민주화운동법

참고문헌

강구진, 형사소송법원론, 학연사, 1982 강구진
강동욱/황문규/이성기/최병호, 형사소송법 제3판, 오래, 2016 강/황/이/최
개인정보보호위원회, 개인정보 보호 법령 및 지침·고시 해설, 한국인터넷 진흥원, 2020 개인정보보호위원회
권영성, 한국헌법론 전정 20판, 박영사, 2024 권영성
김기두, 형사소송법 전정신판, 박영사, 1987 김기두
김재환, 형사소송법, 법문사, 2013 김재환
노명선/이완규, 형사소송법 제4판, 성균관대학교, 2015 노/이
노태악 등, 주석형사소송법 Ⅰ 제6판, 한국사법행정학회, 2022 노태악 Ⅰ
노태악 등, 주석형사소송법 Ⅱ 제6판, 한국사법행정학회, 2022 노태악 Ⅱ
노태악 등, 주석형사소송법 Ⅳ 제6판, 한국사법행정학회, 2022 노태악 Ⅳ
디텔름 클레스제브스키(김성돈 옮김), 독일형사소송법, 성균관대학교 출판부, 2012 디텔름
배종대/홍영기, 형사소송법 제3판, 홍문사, 2022 배/홍
백형구, 형사소송법, 법원사, 2012 백형구
법무연수원, 2023 범죄백서, 2023 범죄백서
사법연수원, 법원실무제요 형사 [Ⅰ], 2023 법원실무제요 Ⅰ
사법연수원, 법원실무제요 형사 [Ⅱ], 2023 법원실무제요 Ⅱ
사법연수원, 법원실무제요 형사 [Ⅲ], 2023 법원실무제요 Ⅲ
서일교, 형사소송법 제8개정판, 박영사, 1979 서일교
성낙인, 헌법학 제24판, 법문사, 2024 성낙인
손동권/신이철, 새로운 형사소송법 제5판, 세창출판사, 2022 손/신
송광섭, 형사소송법 개정2판, 형설출판사, 2019 송광섭
신동운, 신형사소송법 제6판, 법문사, 2024 신동운
신동운, 신형사소송법 제5판, 법문사, 2014 신동운 b
신양균/조기영, 형사소송법 제2판, 박영사, 2022 신/조
신현주, 형사소송법 신정 제2판, 박영사, 2002 신현주

양건, 헌법강의 제13판, 법문사, 2024 양건
오영근 외, 소년법, 박영사, 2021 오영근
이은모/김정환, 형사소송법 제9판, 박영사, 2023 이/김
이재상/조균석/이창온, 형사소송법 제15판, 박영사, 2023 이/조/이
이창현, 형사소송법 제10판, 정독, 2024 이창현
임동규, 형사소송법 제18판, 법문사, 2024 임동규
정승환, 형사소송법, 박영사, 2019 정승환
정영석/이형국, 형사소송법 법문사, 1994 정/이
정웅석/최창호/김한균, 신형사소송법 제2판, 박영사, 2023 정/최/김
정종섭, 헌법학원론 전정개정판 제13판, 박영사, 2022 정종섭
차용석/최용성, 형사소송법 제4판, 21세기사, 2013 차/최

內田文昭 外, 刑事訴訟法, 青林書院, 1993 內田文昭
小林充、'択一的事実認定'、松尾浩也編、"刑事訴訟の争点"、有斐閣, 1979 小林充
白取祐司, 刑事訴訟法(第6版), 日本評論社, 2010 白取祐司
松尾浩也 · 井上正人, 刑事訴訟法の爭點(第3版), 有斐閣, 2002 松尾浩也

Stephen A. Saltzburg/Danel J. Capra/David C. Gray, American criminal procedure case and commentary twelfth edition, West Academic Publishing,2022 Stephen

제1 장

서 론

제 1 장

서　론

제 1 절　형사절차와 형사소송법

Ⅰ. 형사절차의 사실적 진행과 형사소송법의 구체적 적용

범죄발생 이후 범죄자의 처벌은 수사기관의 수사, 검사의 공소제기, 법원이 주도하는 공판, 검사의 형 집행이라는 일련의 절차를 통해 이루어지는바 이러한 절차를 형사절차라 한다. 강도살인을 예로 들어 형사절차의 사실적 진행을 구체적으로 살펴보자. 수사기관에는 검사, 사법경찰관 등이 있는데, 일반적으로 강력범죄의 1차적 수사는 사법경찰관이 진행한다.

① 강도살인으로 의심되는 사건이 발생하였다. 사법경찰관은 사건 현장에서 현장감식, 변사자 검시, 목격자 및 용의자 조사 등을 통해 강도살인의 범죄가 발생한 것으로 판단하였다.

② 사법경찰관은 강도살인을 저지른 자가 누구인지 확인하여 피의자로 특정하였고, 피의자를 추적하여 체포한 후 증거인멸과 도주의 우려가 있어 구속영장에 의하여 구속하였다. 사법경찰관은 피의자를 신문하였고 피의자는 범행을 부인하였다. 사법경찰관은 피의자가 범행에 이용한 범행도구, 범행 현장과 범행 전후의 사정을 목격한 참고인의 진술, 피해자와 피의자의 관계에 대한 주변 참고인 진술 등을 확보하였고, 피의자의 범행 전후 행적과 알리바이 등을 확인하여 피의자가 강도살인을 저질렀는지 여부를 밝혀나갔다. 사법경찰관은 이러한 증거를 바탕으로 피의자를 다시 신문하였고, 피의자는 그제야 범행을 자백하였다. 피의자는 범행당시 상황의 재연에 동의하여 현장검증이 이루어졌다. 사법경찰관은 피의자

가 강도살인을 저질렀다는 혐의로 검사에게 사건을 송치하였다. 검사는 사건을 검토한 후 피의자를 다시 한 번 신문하였고 여기에서도 피의자는 강도살인 범행을 자백하였다. 검사는 피의자(甲)가 범행을 저질렀음이 명확하다고 판단하였다.

③ 검사는 甲에 대하여 강도살인죄로 공소를 제기하였다.

④ 공판에서 검사는 피고인(甲)이 강도살인을 저질렀음을 증명할 증거로 범행도구, 참고인의 진술내용을 기록한 진술조서, 피의자의 자백내용을 기록한 피의자신문조서 등을 법원에 제출하였고, 피고인은 공판기일에 법정에서 자신의 범행을 자백하였다. 법원은 피고인에게 적절한 형벌에 대한 검사의 의견을 듣고, 피고인의 최후 진술을 들은 후 징역 10년의 유죄 판결을 선고하였다. 검사와 피고인은 재판결과를 받아들여 재판은 확정되었다.

⑤ 형의 집행을 위해 甲은 교도소에 수감되었다.

①은 내사(입건전조사), ②는 수사, ③은 공소제기, ④는 공판, ⑤는 형집행이라 하는데, 형사소송법은 위 ① 내지 ⑤의 형사절차에 대해 규율하고 있다. 형사소송법은 형법에 따른 국가형벌권의 실현을 위해 내사부터 형집행에 이르는 형사절차를 규율하는 절차법인 것이다.

한편 형사소송법은 대통령령인 '검사와 사법경찰관의 상호협력과 일반적 수사준칙에 관한 규정'과 형사소송규칙에 형사절차에 대한 구체적 내용을 규정하도록 위임하고 있다. 전자는 검사와 사법경찰관의 수사절차에 대한 규정을 두고 있고, 후자는 주로 공판절차에 대한 규정을 두고 있다.

1. 내사(입건전조사)

인지란 수사기관이 범죄혐의를 실질적으로 인식하는 것을, 입건이란 수사기관이 범죄혐의를 인지하여 수사절차로 나아감을 형식적으로 기록하는 행위를, 내사 또는 입건전조사란 수사기관이 입건에 앞서 범죄발생 여부를 확인하고 수사개시 여부를 결정하는 과정을 말한다. 입건전조사는 최근 시행된 경찰수사규칙에서 내사를 대신하여 채택한 용어로서(동 규칙 제19조), 지금도 두 용어가 혼용되고 있는데 이 책에서는 이를 내사라 하기로 한다. 내사 결과 수사기관이 범죄가 발생하였음을 실질적으로 인식하면 수사를 개시하여 수사절차로 나아가고, 그렇지 아니하면 내사 단계에서 형사절차는 종결된다.

내사 단계에서 수사 대상자는 피의자의 지위를 가지지 못하므로 형사소송법에 따른 다양한 권리를 보장받을 수 없고, 내사의 부당한 장기화는 수사 대상자를 장기간 동안 불안정한 지위에 머무르게 한다. 과거 수사기관은 의도적으로 입건시기를 늦춤으로써 수사대상자에게 피의자의 지위를 인정하지 아니하려는 실무례가 있었는데, 검사와 사법경찰관의 상호협력과 일반적 수사준칙에 관한 규정은 수사기관이 출석조사, 긴급체포 등 일정한 행위를 하였을 경우 즉시 입건하도록 함으로써 내사의 위법·부당한 장기화를 방지하고 있다(수사준칙 제16조 제1항).

2. 수사

수사란 수사기관이 실체적 진실발견을 위하여 행하는 다양한 활동을, 실체적 진실발견이란 피의자가 범죄를 저지른 것이 사실인지 여부를 밝히는 것을 말한다. 수사절차에서 수사기관은 실체적 진실발견을 위해 수사를 진행하여 피의자가 범인이 맞는지, 공소가 제기될 경우 유죄판결을 받을 수 있을 것인지에 대해 판단한다.

형사소송법에 따라 수사는 임의수사가 원칙이고 강제수사는 법률상 명확한 규정에 따라 특정한 요건이 갖추어진 경우 엄격한 절차를 준수하여 이루어지며 그 때에도 필요최소한도에 그쳐야 한다. 형사소송법은 수사절차에서부터 변호인의 조력권, 참여권, 진술거부권 등 피의자의 방어권보장을 위한 다양한 보호장치도 마련하고 있다.

형사소송법은 수사의 종결에 대해서도 자세히 규정하고 있다. 앞의 예와 같이 수사의 주체가 사법경찰관인 경우, 수사결과 피의자가 유죄 판결을 받을 수 있다고 판단하면 사법경찰관은 검사에게 사건을 송치하고, 유죄 판결을 받을 수 없다고 판단하면 사건을 송치하지 아니함으로써 1차적으로 수사를 종결한다. 사법경찰관은 사건을 불송치하는 경우에도 검사에게 그 기록을 송부하여야 하는데, 검사는 송부된 불송치 기록을 검토한 후 사법경찰관에게 재수사를 요구할 수 있다. 사건을 송치받은 검사는 추가적인 수사가 필요한 경우 직접 수사를 진행하거나 사법경찰관에게 보완수사를 요구할 수 있다. 이러한 과정을 거쳐 검사는 피의자에 대한 형사처벌 가능성 여부를 판단하고 최종적으로 수사를 종결하여 기소처분 또는 불기소처분을 한다. 검사의 기소 처분에 따라 형사절차는 공판절차로 나아가고, 불기소 처분에 따라 형사절차는 수사단계에서 종결된다.

3. 공소제기

형사소송법과 형사소송규칙은 공소장의 기재사항 등 공소제기의 방법을 구체적으로 정하고 있다. 앞의 예와 달리 검사가 공소를 제기하지 아니하는 처분을 하였을 경우 형사소송법은 고소·고발인이 항고, 재항고, 재정신청 등으로 다툴 방법도 구체적으로 규정하고 있다.

4. 공판

형사소송법과 형사소송규칙은 공판절차에 대해서도 매우 구체적으로 규정하고 있다. 형사소송법은 제1회 공판기일 이전절차, 제1회 공판기일절차, 이후 공판기일 절차, 제1심 재판, 상소심 재판 등에 대해 규정하고 구체적 사안에 대한 내용은 형사소송규칙에 규정되어 있다.

앞의 예에서는 피고인이 자신의 범행을 자백하고 검사와 피고인이 모두 판결의 내용을 받아들인 것으로 되어 있다. 이처럼 피고인이 법정에서 자신의 범죄사실에 대해 자백하면 간이공판절차로 이행되어 증거조사 절차가 간단히 이루어짐으로써 제1심 공판절차는 신속하게 종결되고 형사절차는 형집행절차로 나아가게 된다.

이와 달리 피고인이 범행을 부인하면 제1심 재판의 과정은 복잡하게 진행된다. 피고인이 법정에서 범행을 부인하면 검사는 피고인이 범죄를 저질렀음을 증명하기 위한 증거를, 피고인은 검사가 제출한 증거를 부인하고 자신에게 유리한 증거를 제출하게 된다. 검사와 피고인이 각자의 주장을 뒷받침할 증인을 신청하면 증인신문이 이루어지고, 법원의 검증이나 감정인의 감정이 이루어지기도 한다. 이러한 과정을 통하여 법원은 종국재판으로서의 형식재판 또는 실체재판을 하게 된다. 검사 또는 피고인이 제1심 법원의 종국재판에 대해 불복하는 경우, 그 방법 및 상소심에서의 절차도 형사소송법의 규정에 따른다.

5. 형집행

형집행 또한 형사소송법에 그 근간이 되는 내용이 규정되어 있다. 형사소송법은 형집행의 지휘와 순서, 사형·자유형·자격형·재산형의 집행방법, 재판의 해석에 대한 의의신청과 집행에 관한 이의신청을 규정하고 있다.

Ⅱ. 형사소송법의 법원(法源)

1. 개관

형사소송법의 법원이란 형사절차를 규율하는 법의 존재형식을 말한다. 이에는 형사절차의 일반법인 형사소송법 외에도 형사절차에 관한 규정을 두고 있는 다수의 법률과 법규명령이 있다. 더욱이 우리 헌법은 형사절차를 규율하는 다양한 원칙을 천명하고 있다. 이렇듯 헌법, 법률, 법규명령은 형사절차를 규율하여 법원, 수사기관 등 형사사법기관은 물론 국민의 기본권 보장과 제한에 직접 영향을 미치므로 형사소송법의 법원에 해당한다.

하지만 행정규칙은 형사소송법의 법원이 아니다. 행정규칙은 대내적 법규성만을 가지고 있으므로 형사사법기관은 이를 스스로 준수하여야 하지만, 국민에게는 직접적 영향을 미치지 아니하기 때문이다. 다만 구체적 사안에서 행정규칙의 내용과 형사사법기관의 준수 여부는 적정절차원칙, 비례원칙 등의 위반 여부를 평가하는 자료가 될 수는 있다. 예를 들어 수사기관이 행정규칙에 규정된 압수·수색의 절차를 위반하였다는 이유로 그 행위가 곧바로 위법하다고 할 수는 없겠지만, 위반의 내용과 그 정도에 따라 적정절차원칙 위반으로 위법한 압수·수색으로 평가될 수는 있는 것이다.

2. 헌법

헌법은 형사절차를 직·간접적으로 규율하는 다수의 조문을 두고 있다. 헌법은 형사절차 법정주의(헌법 제12조 제1항, 제2항), 강제수사 법정주의(헌법 제12조 제1항), 체포, 구속, 압수, 수색에 대한 영장주의(헌법 제12조 제3항, 제16조), 자기부죄 금지원칙(헌법 제12조 제2항), 이중처벌 금지원칙(헌법 제13조 제1항), 자백배제법칙 및 자백보강법칙(헌법 제12조 제7항), 무죄추정의 원칙(제27조 제4항)을 규정하고 있다.

또한 헌법은 체포·구속된 자에 대하여는 형사절차에서 자신의 권리를 고지받을 권리(헌법 제12조 제5항), 법원에 의한 체포·구속적부심사를 받을 권리(헌법 제12조 제6항), 변호인의 조력을 받을 권리(헌법 제12조 제4항)를, 불기소처분 또는 무죄판결을 받은 자에 대하여는 형사보상청구권(헌법 제28조)을, 형사피해자에 대해서는 재판절차진술권(헌법 제27조 제5항)과 국가로부터 구조받을 권리(헌법 제30조)를, 모든 국민에 대해 법률에 의한 공개재판을 신속하게 받을 권리(헌법 제27조 제1항, 제3항)를 보장하고 있다.

위와 같은 헌법상의 형사절차 관련 규정은 대부분 형사소송법 등 법률에 의해 구체화되어 있는데, 법률로써 구체화되어 있지 아니하여도 형사절차에 직접 적용될 수 있다. 이처럼 헌법상의 형사절차 관련 규정이 형사절차에 직접 적용되는 것을 헌법적 형사소송이라 하는바, 그 자세한 내용은 후술한다.[1)]

한편 헌법은 형사절차에 대한 직접적인 규정 외에도 인간의 존엄과 가치(헌법 제10조), 평등권(제11조), 사생활의 비밀과 자유(헌법 제17조), 통신의 자유(헌법 제18조) 등을 보장하고, 그

---

1) 11페이지 참조.

제한은 법률로써만 이루어지도록 하고 있다(헌법 제37조 제2항). 따라서 형사절차에서 형사사법기관에 의한 국민의 기본권 제한은 구체적이고 명확한 법률의 근거가 있는 경우에만 가능하다.

3. 법률

형사절차 법정주의에 따라 모든 형사절차는 법률상의 근거에 따라야 한다. 우리나라에는 형사소송법을 비롯하여 형사절차를 규율하는 다양한 법률이 존재한다.

형사소송법은 형사절차 전반에 대해 가장 기본적이고 중요한 내용을 규정하고 있는 일반법으로서 총 5개의 편으로 구성되어 있다. 제1편 총칙은 법원을 중심으로 형사소송상 필수적인 사항을, 제2편 제1심은 수사, 공소제기, 공판으로 이어지는 절차를, 제3편 상소는 재판에 대한 불복절차로서 통칙, 항소, 상고, 항고를, 제4편 특별소송절차는 재심, 비상상고, 약식절차 등을, 제5편 재판의 집행은 형집행에 대해 규정하고 있다. 제1편에서 법원 중심의 총칙을 두고 수사기관의 수사에 대해서는 총칙규정을 다수 준용하도록 하고 있는 것을 볼 때 형사소송법 제정 당시 입법자들은 형사절차의 중심을 '법원의 활동'으로 이해하고 그에 따라 형사소송법의 틀을 세워나갔음을 짐작할 수 있다.

형사소송법 외에 형사절차와 관련된 내용을 두고 있는 법률에는 특정한 범죄에 대한 형사절차를 규정하고 있는 것(성폭력처벌법, 청소년성보호법, 스토킹처벌법 등), 형사절차상 형사사법기관에 의한 국민의 기본권 제한을 규정하고 있는 것(통신비밀보호법, 전기통신사업법, 의료법, 금융실명법, 개인정보보호법 등), 범죄피해자의 구조와 형사절차에 의한 피해자의 보상을 규정하고 있는 것(범죄피해자 보호법, 형사보상법 등) 등이 있다.

4. 대법원규칙과 그 외 법규명령

헌법 제108조에 따라 대법원은 법률에 저촉되지 않는 범위 내에서 소송 절차와 규칙을 제정할 수 있다. 대법원규칙인 형사소송규칙은 소송절차에 대한 기술적 사항을 규정하고 있고 형사소송법 등 형사절차 관련 법률에 저촉되는 내용을 담고 있지 아니하므로 형사소송법의 법원에 해당한다. 이에 비하여 대법원 예규는 사법부 내부의 업무처리지침에 불과하여 형사절차를 직접 규율할 수 없으므로 형사소송법의 법원에 해당하지 아니한다.

법규명령은 법률에 개별·구체적 위임이 있고 그 내용이 법률의 위임범위 내에서 이루어진 것으로서 형사사법기관과 국민과의 관계에 대한 형사절차의 실질적 내용을 담고 있는 경우에 한하여 형사소송법의 법원으로 인정된다. 예를 들어 검사와 사법경찰관의 상호협력과 일반적 수사준칙에 관한 규정은 형사소송법 제195조 제2항의 위임에 따른 대통령령으로서, 위임의 범위 내에서 수사개시 간주(수사준칙 제16조 제1항), 임의동행시의 권리고지(동 준칙 제20조), 심야조사 및 장시간 조사 제한(동 준칙 제21조, 제22조), 체포·구속 시의 진술거부권고지(동 준칙 제32조) 등 피의자의 방어권 보장에 대한 구체적인 내용을 규정하고 있으므로 형사소송법의 법원에 해당한다. 하지만 수사기관 내부의 업무처리지침에 불과한 경찰수사규칙, 검찰사건사무규칙,[2] 검찰보존사무규칙[3] 등은 형사소송법의 법원이 되지 아니한다.

Ⅲ. 형사소송법의 적용범위

1. 인적 적용 범위

형사소송법은 대한민국 국민 및 대한민국 영역에 있는 모든 사람에게 적용된다. 다만 대통령과 국회의원은 헌법상 특권에 의하여, 외교관 등에게는 외교관계에 관한 비엔나 협약에 따라, 미국 군인에게는 주한미군지위협정(SOFA)에 따라 형사소송법이 적용되지 아니하는 경우가 있다.

(1) 대통령

대통령은 헌법상 불소추특권이 인정되어 재직 중에는 내란 또는 외환의 죄 외의 범죄에 대해 형사상의 소추를 받지 아니한다(헌법 제84조). 이로써 재직 중인 대통령에 대해 내란 또는 외환의 죄 외의 범죄로 공소를 제기할 수 없다는 점에 대해서는 이견이 없다. 하지만 재직 중인 대통령에 대하여 내란 또는 외환의 죄 외의 범죄에 대하여 수사가 가능한지 여부에 대해서는 임의수사만 가능하다는 견해, 강제수사 중 대물적 강제수사만 가능하다는 견해, 모든 강제수사가 가능하다는 견해, 어떠한 수사도 이루어질 수 없다는 견해 등이 제기된다.[4]

고위공직자범죄수사처 설치 및 운영에 관한 법률은 대통령도 수사의 대상이 되는 고위공직자에 포함되는 것으로 규정하고 있으나(동법 제2조 제1호 가목, 제3조 제1항 제1호), 헌법은 대통령의 불소추특권을 명시함으로써 내란 또는 외환의 죄가 아닌 이상 재직 중인 대통령에 대한 통제는 국회의 탄핵으로만 이루어지도록 하고 있다. 소추의 의미에는 수사 및 공소제기·유지가 포함된다. 재직 중인 대통령에 대하여 법원의 통제는 부정하면서 수사기관의 통제는 가능

2) 대법원 2007. 10. 25. 선고 2007도4961 판결.
3) 헌법재판소 2008. 7. 22. 선고 2008헌마496 결정.
4) 신/조 8.

하다고 하는 것은 수미일관적이지 않다. 소추의 의미에 수사가 포함되지 아니한다 하더라도 공소제기의 절대적 불가능은 곧 수사의 필요성의 부정을 의미하고, 수사의 필요성은 수사의 조건이므로 그 흠결시 수사기관은 수사를 개시·진행할 수 없다. 친고죄에서 고소의 가능성이 없는 경우에는 수사도 허용되지 않는다는 해석과 마찬가지 논리이다. 따라서 재직 중인 대통령에 대해서는 내란 또는 외환의 죄가 아닌 이상 수사도 개시·진행할 수 없다고 보는 것이 타당하다.

(2) 국회의원

국회의원은 헌법상 면책특권이 인정되어 국회에서 직무상 행한 발언과 표결에 관하여 국회 외에서 책임을 지지 아니한다(헌법 제45조). 면책특권의 대상이 되는 행위는 국회의 직무 수행에 필수적인 국회 내에서의 직무상 발언과 표결이라는 의사표현행위 자체에만 국한되지 않고 통상적으로 행해지는 직무부수행위까지 포함된다. 따라서 국회의원의 면책특권이 인정되는 행위에 대해 공소가 제기될 경우, 법원은 법률에 위반한 공소제기로서 공소기각판결을 하여야 한다(법 제327조 제2호).[5)]

(3) 외교관 등

외교관계에 관한 비엔나 협약에 따라 외교관 등(공관의 행정·기능직원 및 그들의 세대를 구성하는 가족은 접수국의 국민이나 영주자가 아닌 경우)은 접수국의 형사재판 관할권으로부터 면제를 향유하고(동 협약 제31조 제1항, 제37조 제1항, 제2항, 제38조), 접수국의 국민이나 영주자가 아닌 공관의 노무직원은 직무 중에 행한 행위에 관하여 면제를 향유한다(동 협약 제37조 제3항). 따라서 파견국이 재판관할권의 면제를 명시적으로 포기하지 아니하는 이상(동 협약 제32조) 이들에 대해서는 형사소송법이 적용되지 아니한다.

주한미군지위협정(SOFA)에 따라 미국 군대의 군인, 통상적으로 거주하지 아니하는 군속 및 그들의 가족이 저지른 범죄로서 오로지 미국의 재산이나 안전에 대한 범죄, 그들 사이의 신체나 재산에 대한 범죄, 공무집행 중의 작위 또는 부작위에 의한 범죄 등 일정한 범죄에 대하여는 미국 군 당국에 1차적 재판권이 있다. 따라서 이에 해당하는 경우 미국 군 당국이 재판권을 행사하지 아니하기로 결정하여 통고하지 아니하는 이상 형사소송법은 적용되지 아니한다(동 협정 제22조 제3항 (가)호, (다)호).[6)]

---

5) 대법원 1992. 9. 22. 선고 91도3317 판결.

6) 대법원 2006. 5. 11. 선고 2005도798 판결. 다만, 미합중국 군대의 군속 중 <u>통상적으로 대한민국에 거주하고 있는 자</u>는 위 협정이 적용되는 군속의 개념에서 배제되므로 그에 대해서는 위 협정에서 정한 미합중

따라서 이러한 자들의 해당 범죄행위에 대해 공소가 제기될 경우, 법원은 재판권이 없음을 이유로 공소기각판결을 하여야 한다(법 제327조 제1호).

2. 장소적 적용 범위

형사소송법은 대한민국 영역 내에서 발생하여 재판 관할권이 인정되는 형사사건에 대해 적용된다. 명문의 규정은 없으나 외교관계에 관한 비엔나 협약 등에 따라 외교공관은 치외법권이 인정되는 것으로 이해되고, 이에 장소의 측면만을 볼 때 외교공관에서 벌어진 범죄에 대해서는 형사소송법이 적용되지 아니한다. 하지만 그 장소에서 죄를 범한 자가 대한민국 국민인 경우에는 속인주의에 따라 우리나라의 재판권이 미치므로 형사소송법이 적용된다.[7]

3. 시간적 적용 범위

형사소송법은 시행시부터 폐지시까지 적용된다. 형사처벌의 가부를 결정하는 형법과 달리 형사처벌의 절차를 규정하는 형사소송법에는 소급효금지원칙이 적용되지 아니하므로 형사소송법 규정의 변경이 있는 경우 구법과 신법 중 어느 법률 규정을 적용할지 여부는 입법자의 선택(결단)에 따르게 된다. 다만 법적안정성의 견지에서, 형사절차 규정의 변경에 따라 구법에 따를 때 처벌을 할 수 없었던 행위를 신법에 따를 때 처벌할 수 있게 된 경우에는 진정소급효는 허용되지 아니한다. 하지만 대법원은 국민이 일반적으로 소급입법을 예상할 수 있었거나, 법적상태가 불확실하고 혼란스러워 신뢰보호의 이익이 적고, 소급입법에 의한 당사자의 손실이 없거나 매우 경미하며, 신뢰보호의 요청에 우선하는 심히 중대한 공익상의 사유가 인정되는 경우에는 공소시효에 대한 진정소급효를 인정한 바 있다.[8]

국 군대의 군속에 관한 형사재판권 관련조항이 적용될 수 없고, 또한 <u>한반도의 평시상태</u>에서 미합중국 군 당국은 미합중국 군대의 군속에 대하여 형사재판권을 가지지 않는다. 따라서 이러한 경우에는 미합중국 군대의 군속이 범한 범죄에 대해 대한민국의 형사재판권과 미합중국 군 당국의 형사재판권이 <u>경합하는 문제는 발생할 여지가 없고</u>, 대한민국은 위 협정 제22조 제1항 (나)에 따라 미합중국 군대의 군속이 대한민국 영역 안에서 저지른 범죄로서 대한민국 법령에 의해 처벌할 수 있는 범죄에 대한 <u>형사재판권을 바로 행사할 수 있다</u>(대법원 2006. 5. 11. 선고 2005도798 판결).

7) 대법원 1986. 6. 24. 선고 86도403 판결.

8) 헌법재판소 1996. 2. 16. 선고 96헌가2 등 전원재판부 결정.

제 2 절 형사소송의 이념과 헌법적 형사소송

Ⅰ. 형사소송의 이념

형사소송의 이념이란 형사절차가 어떻게 운영되어야 하는지에 대한 원칙, 사상, 가치관 등을 말한다. 형사소송의 이념은 적정절차에 의하여 신속하고 공정하게 실체적 진실을 발견하는 것으로, 헌법은 실체적 진실발견이라는 형사소송의 본질적 목적의 달성과정에서 과도한 인권 내지 기본권의 침해를 방지하기 위하여 적정절차원칙, 형사절차법정주의, 신속한 재판의 원칙 등을 규정하고 있다.

1. 실체적 진실주의

실체적 진실주의란 법원은 피고인의 범죄사실에 대한 객관적 진실을 밝혀야 한다는 원칙을 말한다. 형사소송은 국가의 형벌권을 실현하는 절차이므로 법원은 검사 및 피고인의 주장에 구애받지 아니하고 실제로 발생한 사실의 진상을 밝혀 나가야 할 권한과 의무를 갖는다.

실체적 진실주의는 유죄자는 반드시 처벌해야 함을 전제로 '일정한 절차에 따르기만 하면 처벌할 수 있다'는 적극적 실체진실주의와, 형사처벌은 적정한 절차에 따라야 함을 전제로 '적정하게 정해진 절차에 따르지 않으면 처벌할 수 없다'는 소극적 실체진실주의로 나누어지는데, 오늘날 실체적 진실주의는 소극적 실체진실주의를 의미한다는 점에는 이견이 없다.[9] 적극적 실체진실주의는 '일정한 절차'만이 요구되므로 중세의 마녀재판과 같이 유죄추정 원칙, 구속수사 원칙, 고문에 의한 자백 등도 허용하지 못할 바 없기 때문이다. 헌법 제12조 제1항도 형사절차에서의 적정절차원칙을 천명하고 있다.

2. 적정절차의 원칙과 형사절차 법정주의

적정절차의 원칙이란 형사절차는 국민의 인권과 기본권 보장에 부합하는 적정한 내용의 법률규정에 근거하여야 한다는 원칙을 말한다. 실체적 진실의 발견은 형사소송의 본질적 요청이지만 그 과정 또한 정당해야 한다. 적정절차에 의하지 아니한 형사절차는 필연적으로 국민의 기본권을 침해하고 이로 인한 피해자의 양산은 용납될 수 없기 때문이다. 이처럼 적정절차에

9) 헌법재판소 1996. 12. 26. 선고 94헌바1 전원재판부 결정.

의한 실체적 진실발견이 이루어졌을 때 비로소 형사사법정의는 달성될 수 있는 것이다.

한편 헌법 제12조 제1항 후문은 누구든지 "법률과 적법한 절차에 의하지 아니하고는 처벌·보안처분 또는 강제노역을 받지 아니한다."고 규정하여 형사절차는 법률의 규정에 의하여 진행되어야 함을 명시하고 있다. 이를 형사절차 법정주의라 하는데, 죄형법정주의에 따라 개인의 생명, 신체, 재산의 침해를 수반하는 죄와 벌은 미리 법률로써 정해두어야 하는 것처럼, 형사처벌을 실현하는 과정인 형사절차도 형사절차 법정주의에 따라 법률에 근거를 두고 그 내용에 따라 이루어져야 한다는 것이다. 그리고 여기서의 법률은 형식적인 면에서 의회에서 입법되어야 함은 물론 그 실질적 내용이 공정성, 합리성, 상당성을 모두 갖춘 적정한 것이어야 한다.[10] 형사절차의 실행은 적정절차원칙에 부합한 내용으로서 의회에서 입법된 법률에 의하여야 하는 것이다.

3. 신속한 재판의 원칙

신속한 재판의 원칙이란 재판 및 그에 앞선 수사는 부당하게 지연되어서는 아니 된다는 원칙을 말한다. 재판 또는 그에 앞선 수사의 장기화는 그 자체로서 피고인 등에게 상당한 불이익을 주게 된다. 따라서 형사절차의 위법한 장기화는 물론 부당한 장기화도 허용될 수 없다. 이에 헌법 제27조 제3항 전문은 "모든 국민은 신속한 재판을 받을 권리를 가진다."고 규정하여 형사절차는 신속히 이루어져야 함을 명시하고 있고, 그 구체화를 위해 형사소송법은 수사기관의 체포· 구속기간의 제한(법 제200조의2, 제200조의4, 제202조, 제203조), 사법경찰관의 신속한 고소·고발 사건 송부의무(법 제238조), 공소시효제도(법 제249조), 집중심리제도(법 제267조의2), 공판준비절차(법 제266조의5 등), 상소기간 제한(법 제358조, 제374조) 등의 규정을 두고 있다.

Ⅱ. 헌법적 형사소송의 의의와 그 실제

1. 헌법적 형사소송의 의의

헌법적 형사소송이란 헌법상 형사절차 관련 규정은 형사절차를 직접 규율하는 규범으로써 형사소송법 등 법률에 의한 구체화를 거치지 아니하더라도 직접 형사절차를 규율함을 말한다. 우리 헌법은 세계에서 유래를 찾을 수 없을 정도로 다양하고 구체적인 형사절차 관련규정을 두고 있는데, 헌법적 형사소송에 따라 형사절차 관련 규정은 형사소송법 등의 법률해석이나 입

10) 대법원 1988. 11. 16. 선고 88초60 판결.

법 지침에 그치는 것이 아니라 형사절차를 직접 규율하는 규범이 된다.

헌법재판소도 같은 입장이다. 헌법재판소는 피의자신문시의 변호인 참여권은 헌법 제12조 제4항이 규정하고 있는 변호인의 조력을 받을 권리로부터 직접 도출되는 권리라고 하면서, 구 형사소송법상 불구속 피의자의 피의자신문시 변호인의 참여권이 명시되어 있지 않았음에도 그에 대한 변호인 참여제한은 헌법 제12조 제4항을 위반하여 위헌이라 하였다.[11] 그 후 형사소송법은 2007년 개정시 불구속 피의자에 대한 변호인참여권(법 제243조의2)을 신설하였다. 아래에서는 형사절차를 규율하고 있는 주요 헌법 조항을 살펴본다.

2. 헌법 제10조

모든 국민은 인간으로서의 존엄과 가치를 가지며, 행복을 추구할 권리를 가진다. 국가는 개인이 가지는 불가침의 기본적 인권을 확인하고 이를 보장할 의무를 진다.

헌법 제10조는 모든 국민은 인간의 존엄과 가치를 가지고 있고 불가침의 기본적 인권이 존재하며, 국가는 이를 확인하고 보장할 의무가 있다고 선언하고 있다. 이러한 헌법 제10조의 기본권적 성격 인정 여부에 대해서는 견해의 대립이 있으나[12] 헌법재판소는 이에 대해 헌법원리는 물론 기본권으로서의 성격을 인정하고 있다.[13] 헌법재판소는 유치장 내 수용자에 대한 과잉한 신체수색행위는 인간으로서의 존엄과 가치를 훼손하여 위헌이라 하였고,[14] 신체의 자유는 인간의 존엄과 가치를 구현하기 위한 가장 기본적인 최소한의 자유로서 모든 기본권 보장의 전제가 된다고 하였으며,[15] 헌법이 진술거부권을 기본권으로 보장하는 것은 형사 피의자나 피고인의 인권을 형사소송의 목적인 실체적 진실발견이나 구체적 사회정의 실현이라는 국가적 이익보다 우선적으로 보호함으로써 인간의 존엄성과 생존가치를 보장하기 위함이라 하고 있다.[16]

인간의 존엄과 가치의 기본권적 성격에 대한 긍정설 및 헌법재판소의 입장에 따르면 인간의 존엄과 가치는 국민의 구체적 기본권이고, 불가침의 기본적 인권 보장은 형사사법기관의 구체적 의무가 된다. 따라서 수사기관과 법원은 형사절차 전반에 걸쳐 이를 준수하여야 한다. 수

11) 헌법재판소 2004. 9. 23. 선고 2000헌마138 전원재판부 결정.
12) 부정설(정종섭 424; 허영 363), 긍정설(성낙인 1115; 양건 350).
13) 헌법재판소 2011. 8. 30. 선고 2008헌마648 전원재판부 결정.
14) 헌법재판소 2002. 7. 18. 선고 2000헌마327 전원재판부 결정.
15) 헌법재판소 2003. 11. 27. 선고 2002헌마193 전원재판부 결정.
16) 헌법재판소 1990. 8. 27. 선고 89헌가118 전원재판부 결정.

사기관과 법원은 형사절차 관련 법률의 해석에 있어 공익과 인간의 존엄 등이 상충하는 경우, 인간의 존엄과 가치 및 불가침의 인권을 우선하여야 한다. 구체적 사안의 적법성 심사에 있어서도 마찬가지이다. 일정한 공익을 추구하기 위한 작용이라 하더라도 인간의 존엄과 가치를 해치거나 불가침의 기본적 인권을 침해하는 것이라면 그 작용은 위법하다 아니할 수 없고, 그 작용의 근거인 법률조항이 이를 구체적으로 허용하고 있다면 이 또한 위헌무효라 아니할 수 없다. 이처럼 헌법 제10조는 형사절차 전반을 규율하는 구체적인 규범으로서 작용한다.

3. 헌법 제11조 제1항

모든 국민은 법 앞에 평등하다. 누구든지 성별·종교 또는 사회적 신분에 의하여 정치적·경제적·사회적·문화적 생활의 모든 영역에 있어서 차별을 받지 아니한다.

헌법 제11조 제1항의 평등권은 헌법상 기본원리임과 동시에 구체적 기본권으로서의 성격을 가지고 있다.[17] 헌법재판소도 같은 입장이다.[18] 따라서 형사절차에서 수사기관 및 법원은 수사대상자 및 공판절차 당사자에 대해 합리적 사유가 없는 이상 자의적으로 차별하여서는 아니 된다. 예를 들어 수사기관이 동일한 사안에 대하여 다수의 수사대상자에 대해 수사를 개시·진행할 수 있는 경우, 자의적으로 특정인에 대해서만 수사를 개시·진행하고 특정인에 대해서는 이를 면해 주어서는 아니 된다. 수사절차는 형사절차의 시작이자 소송절차의 전제로서, 수사기관은 그 개시 및 진행에 있어서 평등원칙을 준수하여야 하기 때문이다. 수사기관이 평등원칙을 위반하여 특정인에 대한 수사를 해태하고 그 결과로서 검사가 공소를 제기하지 아니하여 고소인이 재정신청을 한 경우, 법원은 이를 적극적으로 인용하여야 할 것이다.

합리적 사유의 존재는 개별적·구체적 처분 또는 재판에 있어서도 인정될 수 있을 것이지만, 대통령의 불체포 특권 또는 국회의원의 면책특권과 같이 추상적 규범에 근거하지 아니한 이상 엄격한 기준에 따라 그 존재 여부가 심사되어야 한다. 예를 들어 양형의 경우 법원은 대법원 양형위원회의 양형기준에 따라 양형조건이 다른 경우 합리적인 사유에 의한 차별로서 개별 사안에서의 선고형을 정할 수 있다.

---

17) 정종섭 452; 허영 376.
18) 헌법재판소 2003. 5. 15. 선고 2002헌마90 전원재판부 결정.

4. 헌법 제12조 제1항 및 제37조 제2항

헌법 제12조 제1항

모든 국민은 신체의 자유를 가진다. 누구든지 법률에 의하지 아니하고는 체포·구속·압수·수색 또는 심문을 받지 아니하며, 법률과 적법한 절차에 의하지 아니하고는 처벌·보안처분 또는 강제노역을 받지 아니한다.

헌법 제37조 제2항

국민의 모든 자유와 권리는 국가안전보장·질서유지 또는 공공복리를 위하여 필요한 경우에 한하여 법률로써 제한할 수 있으며, 제한하는 경우에도 자유와 권리의 본질적인 내용을 침해할 수 없다.

(1) 형사절차상 기본권 제한과 법률유보

헌법 제12조 제1항 2문의 체포란 수사기관이 단기간 동안, 구속이란 수사기관 또는 법원이 장기간 동안 피의자 또는 피고인의 신체의 자유를 박탈하는 것을 말한다. 압수란 수사기관 또는 법원이 물건의 점유를 강제로 취득하는 것을, 수색이란 체포, 구속, 압수 또는 검증에 앞서 일정한 장소에서 대상자 또는 대상물을 샅샅이 살펴 찾는 것을 말하는데, 주거에 대한 압수·수색에 대해서는 헌법 제16조에서 규정하고 있으므로, 여기에서의 압수·수색은 신체에 대한 것으로 제한된다. 형사소송법상 심문이란 법원 또는 검사가 국민의 권리보장을 위해 진술할 기회를 준 후 이를 청취하는 것이고,[19] 신문이란 법원 또는 수사기관이 실체적 진실발견을 위하여 피의자·피고인 또는 증인 등에게 질문한 후 그에 대한 대답으로서 진술을 청취하는 것이지만[20] 여기에서의 심문은 후자를 의미한다. 따라서 형사절차에서 법원 및 수사기관은 법률의 근거가 없는 이상 체포, 구속, 압수, 수색 및 신문을 할 수 없다.

한편 헌법 제37조 제2항은 국민의 기본권 제한은 법률의 명확한 근거에 의할 것을 요구하고 있다. 따라서 체포, 구속, 압수, 수색과 신문에 해당하지 아니한다 하더라도 법률의 명확한 근거가 없는 이상 법원과 수사기관은 형사절차에서 국민의 기본권을 제한할 수 없다. 헌법재판

19) 검사의 체포구속장소 감찰시 피체포·구속인 심문(법 제198조의2 제1항), 법원의 영장실질심사시 피의자 심문(법 제201조의2), 체포구속적부심사시 피의자심문(법 제214조의2).

20) 법원의 피고인, 증인 등 신문(제48조, 제52조, 제146조, 제147조 등), 판사의 공판 전 증인신문(법 제221조의2), 수사기관의 피의자 신문(법 제197조의3, 제241조 등).

소도 수사기관은 조직법적 근거만으로는 강제수사를 할 수 없다는 입장이고,[21] 대법원도 임의수사는 오로지 피의자의 자발적 의사에 의한 경우에 한하여 적법하다는 입장이다.[22]

(2) 형사절차에서의 비례원칙

헌법 제37조 제2항은 기본권의 제한은 필요한 경우에 한하여 이루어져야 하고, 제한하는 경우에도 자유와 권리의 본질적인 내용을 침해할 수 없다고 규정하고 있다. 다른 목적의 기본권 제한과 마찬가지로 형사절차에서의 기본권 제한도 비례원칙의 준수라는 한계를 가지고 있는 것이다.

형사절차에서 형사사법기관의 작용은 각 절차의 목적달성에 적합하여야 하고, 다수의 적합한 작용이 존재하는 경우 형사사법기관은 그 중 기본권 제한의 크기가 가장 작은 것을 선택하여야 하며, 이로 인하여 제한되는 사익은 당해 형사절차를 통하여 달성하고자 하는 공익의 크기보다 작아야 한다. 예를 들어 수사절차에서 전자정보의 압수는 관련성이 인정되는 각 전자정보를 복제하거나 출력하여 서면으로 압수하는 것이 원칙이다. 원본의 복제본 생성 및 반출은 개별 전자정보의 압수로는 압수·수색의 목적달성이 불가능하거나 현저히 곤란한 경우로 제한되고, 원본의 반출은 복제본 반출로는 압수·수색의 목적달성이 불가능하거나 현저히 곤란한 경우로 제한되며(법 제106조 제3항), 원본 반출의 불가피성이 인정된다 하더라도 원본 반출로 인하여 제한되는 기본권이 수사의 공익을 압도하는 경우에는 원본 반출은 허용될 수 없다. 예를 들어 개인 간의 소규모 사기사건의 수사에 필요하다 하더라도 대다수의 국민이 이용하고 있는 휴대전화 전기통신사업자의 서버 원본을 반출할 수는 없는 것이다.

(3) 적법절차원칙

(가) 의의

적법절차원칙이란 공권력의 행사는 법률에 규정된 절차에 의하여야 하고 이를 규정한 법률의 내용은 공정하여야 한다는 원칙으로, 공권력 행사의 절차규정은 적정할 것까지 요구되므로[23] 적법절차원칙은 곧 적정절차원칙과 다를 바 없다. 헌법 제12조 제1항 2문은 법률과 적법한 절차에 의하지 아니하고는 형사처벌을 할 수 없다고 규정하고 있으므로, 형사절차는 수사의 개시부터 형집행에 이르기까지 적정한 내용을 가진 법률상 규정에 의해 이루어져야 한다.

21) 헌법재판소 2011. 6. 30. 선고 2009헌마406 전원재판부 결정.
22) 대법원 2006. 7. 6. 선고 2005도6810 판결.
23) 헌법재판소 1993. 7. 29. 선고 90헌바35 전원재판부 결정.

(나) 내용 및 위반의 효과

적법절차원칙에 따라 절차의 적정성까지 보장되어야 한다고 할 때 그 구체적 내용을 규정하는 것은 쉽지 않다. 하지만 형사절차에서 피의자·피고인의 방어권이 충분히 보장되지 아니한 이상 절차의 적정성이 보장되었다고 할 수는 없을 것이므로, 헌법재판소도 방어권 보장을 기준으로 적법절차원칙의 준수 여부를 판단한다.[24)]

헌법상 적법절차원칙의 구체화로서 형사소송법은 피의자·피고인의 방어권 보장을 위해 변호인선임권(법 제30조), 진술거부권(법 제244조의3, 제283조의2), 소송기록 열람등사권(법 제35조) 등 형사절차상 피의자·피고인·변호인의 다양한 권리를 보장하고, 특히 변호인 선임권과 같은 핵심적 권리에 대해서는 피의자·피고인이 그러한 권리가 있음을 고지받을 권리까지 보장하고 있다(법 제72조, 제200조의5). 나아가 형사소송법은 "적법한 절차에 따르지 아니하고 수집한 증거는 증거로 할 수 없다."고 규정하여(법 제308조의2) 수사기관 또는 법원이 절차규정을 위반하여 수집한 증거의 증거능력은 부정됨이 원칙이고, 이로부터 파생된 2차적 증거의 증거능력 역시 부정됨이 원칙이다.[25)]

(다) 절차유지원칙과의 관계

절차유지원칙이란 소송행위가 행해진 시점에서 소송행위의 유효조건이 갖추어졌고 그에 기초한 법률관계가 형성된 경우에는, 사후에 그 소송행위의 흠결이 발견되더라도 무효나 착오의 주장을 하지 못한다는 원칙을 말한다.[26)] 절차유지원칙은 절차의 명확성, 법적 안정성 및 소송경제의 요청에 의한 것으로 나름의 가치를 가지고 있다.

하지만 형사절차는 국가의 형벌권을 실현시키는 절차로서 적법절차원칙은 절차유지원칙보다 우월한 지위를 가지고 있음이 명백하다. 따라서 소송행위의 하자가 적법절차원칙을 위반

---

24) 헌법재판소는 공판 전 증인신문시에 피의자나 피고인의 참여를 제한하였던 구 형사소송법 제221조의2 제2항과 제5항(헌법재판소 1996. 12. 26. 선고 94헌바1 전원재판부 결정) 및 송달불능 이후 6개월이 경과하면 불출석의 책임이 없는 피고인에게도 즉시 유죄선고를 할 수 있도록 하였던 구 소송촉진법 제23조는, 피의자·피고인의 방어권 행사에 반한다는 이유로 적법절차원칙을 위반한다고 하였다(헌법재판소 1998. 7. 16. 선고 97헌바22 전원재판부 결정).

25) 다만 대법원은 위법하게 수집된 증거라 하더라도 그 증거능력을 배제하는 것이 오히려 적법절차원칙과 실체적 진실 규명의 조화를 도모하고 이를 통하여 형사사법 정의를 실현하려 한 취지에 반하는 결과를 초래하는 예외적인 경우에는 증거능력이 인정될 수 있다고 하면서, 그 예로 위법하게 수집된 증거와 2차적 증거의 수집 사이에 인과관계가 희석 또는 단절되면 증거능력을 인정할 수 있다고 한다(대법원 2007. 11. 15. 선고 2007도3061 전원합의체 판결).

26) 신동운 398.

한 것임이 밝혀진 경우에는 절차유지원칙은 후퇴하여야 하고, 이에 그 소송행위는 무효가 된다.

5. 헌법 제12조 제2항 및 제7항

헌법 제12조 제2항

모든 국민은 고문을 받지 아니하며, 형사상 자기에게 불리한 진술을 강요당하지 아니한다.

헌법 제12조 제7항

피고인의 자백이 고문·폭행·협박·구속의 부당한 장기화 또는 기망 기타의 방법에 의하여 자의로 진술된 것이 아니라고 인정될 때 또는 정식재판에 있어서 피고인의 자백이 그에게 불리한 유일한 증거일 때에는 이를 유죄의 증거로 삼거나 이를 이유로 처벌할 수 없다.

(1) 고문과 진술강요의 금지

(가) 의의

고문이란 자백을 강요하기 위하여 가해지는 신체적, 정신적 폭력을 말한다. 헌법 제12조 제2항은 형사절차에서 고문은 물론 피의자·피고인의 진술을 강요하는 모든 방법은 금지됨을 명시하고 있다.

진술거부권의 공권적 성격은 사권적 성격을 압도한다. 따라서 피고인 및 피의자는 진술거부권을 포기할 수 없고, 피고인 등이 진술거부권의 포기의사를 표시하여도 어떠한 효력도 발생하지 아니한다. 이는 단지 진술거부권을 행사하지 아니한 것에 그치는 것이다.

(나) 진술거부권의 고지

형사소송법은 고문과 진술강요 금지의 구체적 실현을 위해 형사사법기관의 진술거부권 고지의무를 두고 있다. 형사소송법에 따라 수사기관은 신문에 앞서 피의자에게 "1. 일체의 진술을 하지 아니하거나 개개의 질문에 대하여 진술을 하지 아니할 수 있다는 것, 2. 진술을 하지 아니하더라도 불이익을 받지 아니한다는 것, 3. 진술을 거부할 권리를 포기하고 행한 진술은 법정에서 유죄의 증거로 사용될 수 있다는 것, 4. 신문을 받을 때에는 변호인을 참여하게 하는 등 변호인의 조력을 받을 수 있다는 것"을 고지하여야 하고(법 제244조의3 제1항), 재판장은 모두진술에 앞서 "피고인은 진술하지 아니하거나 개개의 질문에 대하여 진술을 거부"할 수 있음을 고지하여야 한다(법 제283조의2).

대법원은 진술거부권의 고지에 대해 매우 엄격한 입장을 보이고 있다. 대법원은 피의자·피고인의 진술이 강요된 경우는 물론, 진술의 임의성이 인정된다 하더라도 진술거부권을 고지하지 아니하거나 진술거부권 고지의 확인 방법(법 제244조의3 제2항)을 위반하였다는 사실만으로도 당해 진술과 그 진술이 기재된 조서, 그 진술을 원진술로 하는 전문진술의 증거능력을 부정하고, 피고인의 증거동의가 있다고 하더라도 이러한 증거의 증거능력은 인정할 수 없다고 한다.[27)]

(다) 진술거부권의 행사와 양형의 관계

진술거부권 행사를 피고인에게 불이익한 간접증거로 삼거나 이를 근거로 유죄의 추정을 할 수 없음은 당연하다. 다만 양형에 있어 피고인의 진술거부권 행사를 피고인의 태도나 행위에 대한 부정적 요소로 삼을 수 있는가에 대해서는 논란이 있다. 이에 대하여 대법원은 피고인이 진술거부권에 기하여 범죄사실에 대해 진술을 거부하거나 거짓 진술을 할 수 있으므로 범죄사실의 단순부인을 인격적 비난요소로 보아 가중적 양형조건으로 삼는 것은 자백 강요에 해당하여 허용되지 않지만, 피고인의 태도나 행위가 방어권 행사의 범위를 넘어 객관적이고 명백한 증거가 있음에도 진실의 발견을 적극적으로 숨기거나 법원을 오도하려는 시도에 기인한 경우에는 가중적 양형조건이 될 수 있다는 입장이다.[28)]

대법원은 피고인의 진술거부와 거짓진술을 한데 묶어 실체적 진실발견의 적극적 방해는 가중적 양형조건이 될 수 있다고 한다. 하지만 어떠한 이유에서든 진술거부권의 행사가 가중적 양형조건이 될 수 있다는 것은 곧 형사상 자신에게 불리한 진술의 강요를 불러올 수 있으므로 피고인이 진술을 거부한 것만으로는 그 동기와는 무관하게, 설령 그것이 실체적 진실발견에 대한 적극적 방해에 해당한다 하더라도 가중적 양형조건으로 삼지 않아야 할 것이다.

(2) 자백배제법칙

자백배제법칙이란 임의성 없는 자백의 증거능력을 부정하는 법칙을 말한다. 자백은 동서고금을 막론하고 가장 높은 증명력을 가진 증거로서 근대에 이르기까지 자백의 획득을 위한 고문이나 회유가 만연히 행해져왔다. 이로 인하여 종래 형사절차는 인권침해의 온상이라는 비판을 면할 수 없었고, 헌법은 이러한 폐해를 완전히 차단하기 위하여 제12조 제2항에서 고문을 금지하고, 제12조 제7항에서 고문 등으로 인한 임의성 없는 자백은 증거능력을 부정하고 있다. 형사소송법도 자백배제법칙을 명시적으로 규정하고 있다(법 제309조).

---

27) 대법원 2013. 3. 28. 선고 2010도3359 판결.
28) 대법원 2001. 3. 9. 선고 2001도192 판결.

한편 임의성 없는 자백의 증거능력 부정은 적정절차를 통한 인권침해의 방지는 물론 실체적 진실발견에도 부합한다. 고문 등의 방법을 통해 얻는 자백은 신문자가 원하는 진술 또는 고문을 모면하거나 다른 목적을 달성하기 위한 허위 진술일 우려가 매우 크기 때문이다. 따라서 실체적 진실발견이라는 관점에서 보더라도 임의성 없는 자백의 증거능력은 부정됨이 당연하다.

(3) 자백보강법칙

자백보강법칙이란 정식재판에 있어서 자백이 유죄의 유일한 증거인 경우에는 피고인에 대해 유죄판결을 할 수 없다는 원칙을 말한다. 임의성이 인정되는 자백이라 하더라도 사람은 거짓말을 할 수 있으므로 허위자백의 가능성은 상존한다. 따라서 피고인의 자백 외에는 피고인에게 불리한 증거가 전혀 존재하지 아니한다면 공소사실에 대하여 합리적 의심이 없을 만큼의 증명이 이루어졌다 할 수 없고, 이에 피고인에 대해 유죄판결을 할 수 없는 것이다. 헌법 제12조 제7항은 자백이 유일한 증거일 때에는 "이를 유죄의 증거로 삼거나 이를 이유로 처벌할 수 없다"고 규정하고, 형사소송법도 자백보강법칙을 명시적으로 규정하고 있다(법 제310조).

6. 헌법 제12조 제3항 및 제16조

헌법 제12조 제3항

체포·구속·압수 또는 수색을 할 때에는 적법한 절차에 따라 검사의 신청에 의하여 법관이 발부한 영장을 제시하여야 한다. 다만, 현행범인인 경우와 장기 3년 이상의 형에 해당하는 죄를 범하고 도피 또는 증거인멸의 염려가 있을 때에는 사후에 영장을 청구할 수 있다.

헌법 제16조

모든 국민은 주거의 자유를 침해받지 아니한다. 주거에 대한 압수나 수색을 할 때에는 검사의 신청에 의하여 법관이 발부한 영장을 제시하여야 한다.

(1) 영장주의

(가) 의의

헌법상 영장주의란 강제처분은 법원 또는 법관이 발부한 영장에 의하여야 함을 말한다. 형사절차에서 영장주의는 형사사법기관에 의한 국민의 기본권 제한을 최소화 하고 적정절차의 준수를 담보하는 실질적인 장치로서, 특히 법관이 수사기관의 강제수사를 통제하는 수단으로서 큰 의미를 가진다. 헌법 제12조 제3항은 신체의 자유에 대한 제한으로서 체포·구속·압수·수색에서의 영장주의를 명시하고 있고, 제16조는 주거의 자유에 대한 제한에서의 영장주의를 명시하고 있다.

(나) 영장주의의 적용범위

1) 논의의 실익과 견해대립의 이유

헌법상 영장주의의 적용범위는 새로운 수사기법의 근거 규정 입법시 영장에 의하도록 하여야 하는 것인지를 결정하는 기준이 되고, 이미 존재하는 수사기법의 근거 규정 중 영장에 의하지 아니하는 것이 있을 때 그 위헌성 평가의 기준이 된다. 이에 그 적용범위는 명확하게 설정할 필요가 있다.

그런데 헌법은 제12조 제3항과 제16조에서 체포, 구속, 압수, 수색은 법관이 발부한 영장에 의하여야 함을 명시하고 있을 뿐으로 그 외의 처분에 대해서는 영장주의가 적용되는지 여부에 대하여 규정하고 있지 아니하다. 게다가 애초에 강제처분에 영장주의가 적용된다는 명제를 명확히 이해하려면 강제처분의 정의가 있어야 할 것인데, 헌법과 형사소송법은 강제처분의 정의를 두지 아니하고 있다. 이에 영장주의의 적용범위에 대한 견해의 다툼이 있다.

2) 견해의 대립

영장주의 적용범위에 대하여 기본권을 제한하는 모든 수사에는 영장주의가 적용된다는 다수설과 체포, 구속, 압수, 수색 외의 강제수사에는 영장주의가 적용되지 아니한다는 소수설이 대립하고 있다. **다수설**은 시대적 변화에 따라 체포 등은 모든 유형의 기본권을 침해하는 강제처분을 의미한다고 해석되므로, 체포 등 직접·물리적 강제처분은 물론 심리·간접적 강제처분 등 모든 강제처분에 대해 영장주의가 적용된다고 한다.[29] 이에 대하여 **소수설**은 헌법상 기본권 제한의 구조와 문언 자체에 주목하면서, 헌법은 체포 등 네 가지 처분에 대해서만 영장주의가 적용됨을 명시하고 있고, 그 외 기본권을 제한하는 처분은 헌법 제37조 제2항에 따른 법률유보원칙에 의하도록 하고 있으므로 영장주의의 적용범위는 체포 등 네 가지 처분으로 제한된다고 한다.[30] 그 외 기본권을 제한하는 처분이 영장에 의하도록 할 것인지 여부는 입법자의 선택

29) 안요환, "헌법상 영장주의에 관한 일고찰 –적용범위의 현실화를 위한 개헌안을 중심으로–," 입법학연구 제19집 제2호, 2022.; 정인경, "부수적 영장준수 장치 편입을 통한 영장주의의 재구성 –헌법재판소 2018. 8. 30. 2016헌마263 결정–," 저스티스 통권 175호, 2019. 등을 비롯하여 수사작용은 물론 그 외 공권력의 행사에도 헌법상 영장주의가 적용된다는 다수의 연구가 발견된다.

30) 이완규, "헌법상 영장주의 규정의 체계와 적용범위," 형사판례연구 제25권, 2017.; 오상지, "통신수사의

에 달려 있을 뿐 헌법상 요청은 아니라는 것이다.

3) 헌법재판소의 태도

헌법재판소는 수사기관의 기본권 침해를 강제수사의 본질로 파악하고, 모든 강제수사에 대해 영장주의가 적용된다고 하여 **다수설**의 입장에 서있다. 하지만 헌법재판소는 강제수사에 의해 제한되는 기본권의 주체에 대해 일관적이지 않은 태도를 취하면서 동일한 유형의 수사에 대하여 영장주의의 적용 여부를 달리 판단하고 있다. 통신비밀보호법상 통신사실확인자료의 제공, 전기통신사업법상 통신이용자정보의 제공, 형사소송법상 공사단체조회에 따른 개인정보의 제공은 수사기관의 정보제공요청과 정보제공자의 정보제공이라는 동일한 구조로 이루어져 있지만, 통신사실확인자료제공은 법관이 발부한 허가서에 의하여야 하도록 규정되어 있음에 비하여(통신비밀보호법 제13조), 공사단체조회와 통신이용자정보제공은 수사기관의 요청만으로 이루어질 수 있도록 규정되어 있다(법 제199조 제2항, 전기통신사업법 제83조). 그런데 헌법재판소는 영장주의의 본질은 "체포·구속·압수·수색 등 기본권을 제한하는 강제처분을 함에 있어서는 중립적인 법관의 구체적 판단을 거쳐야 한다는데 있다"면서 통신비밀보호법상 통신사실확인자료 제공요청은 정보주체의 통신의 비밀, 사생활의 비밀과 자유 등을 제한하는 수사기관의 강제처분이고 이에 영장주의가 적용된다고 하였지만,[31] 형사소송법상 공사단체 조회 및 전기통신사업법상 통신이용자정보제공은 정보주체의 개인정보자기결정권을 제한한다고 하면서도 정보제공자에게는 정보제공의 의무를 부담시키지 아니하므로 임의수사에 해당하고 이에 영장주의가 적용되지 아니한다고 하였다.[32]

4) 검토

소수설이 옳다고 생각한다. 헌법 제12조 제3항은 영장주의의 적용범위를 체포, 구속, 압수, 수색으로 명시하여 열거하고 있고, 체포, 구속, 압수, 수색의 문언적 의미는 형사절차상 신체의 자유와 주거의 자유를 제한하는 강제처분을 의미하기 때문이다. 나아가 헌법은 사생활의 비밀, 통신의 비밀 등 다양한 기본권을 규정하고 있고, 제37조 제2항에 따라 그 제한은 법률에 의하도록 하고 있다. 따라서 헌법상 기본권 제한의 체계는 법률유보를 원칙으로 하고, 체포, 구속, 압수, 수색의 네 가지 형사절차상 처분에 대해서만 영장주의가 적용된다 함이 상당하다. 따라서 체포, 구속, 압수, 수색에 대해서는 헌법상 영장주의가, 그 외의 강제처분은 헌법 제37조 제2항에 따라 법률유보원칙이 적용되고, 헌법상 보장되는 기본권으로서 사생활의 비밀(헌법

기본권 침해에 관한 연구," 경찰학연구 제20권 제2호, 2020 등.

31) 헌법재판소 2018. 6. 28. 선고 2012헌마191 등 전원재판부 결정.

32) 헌법재판소 2018. 8. 30. 선고 2016헌마483 전원재판부 결정

제17조) 또는 통신의 비밀(헌법 제18조) 등을 제한하는 강제처분이 영장에 의할 것인지 여부는 입법자가 결정할 사안이다.

다수설은 기본권 보장의 확대 필요성이라는 이유만으로 영장주의의 적용범위를 확장하고 있을 뿐으로, 문언, 체계, 입법연혁 등 어떠한 논리적 근거도 제시하지 못하여 동의하기 어렵다. 게다가 헌법상 영장주의의 적용범위를 다소 제한하더라도, 입법자는 형사절차상 강제처분이 영장에 의하도록 선택할 수 있으므로 영장주의 적용범위의 확장이 적정절차준수를 통한 수사 대상자의 기본권 보장에 필수불가결한 요소라 할 수도 없다. 물론 시대의 변화에 따라 제헌 당시 예상치 못했던 새로운 수사기법들이 나타나고 있고, 기본권과 그 제한에 대한 가치 재정립을 통해 영장주의의 적용범위를 확대할 필요성이 있음을 부정하기는 어렵다. 하지만 적용범위 확대의 필요성만을 근거로 헌법상 문언과 체계를 넘어 사생활의 비밀이나 통신의 자유 등을 제한하는 모든 강제수사에 영장주의가 적용된다고 하려면 최소한 그 논리적 근거를 제시하여야 할 것이다.

같은 이유로 체포, 구속, 압수, 수색 '등' 강제처분에 대해 영장주의가 적용된다며 위 네 가지 처분을 영장주의의 적용범위에 대한 예시로 보고, 이에 해당하지 아니하더라도 기본권을 제한하는 모든 강제수사에 대해서도 영장주의가 적용된다는 헌법재판소의 태도에도 동조하기 어렵다. 헌법 제12조 제3항 및 제16조의 문언 상 존재하지도 않는 '등'이라는 낱말을 집어넣어 모든 강제수사에는 영장주의가 적용된다고 할 뿐, 이러한 확장해석에 대한 어떠한 근거도 제시하고 있지 아니하기 때문이다. 기본권을 제한하는 모든 강제처분에 영장주의가 적용된다면 형사소송법 제199조 제2항에 따른 공사단체조회 및 통신사업법 제83조 제3항에 따른 통신이용자정보제공에 대해서도 영장주의가 적용되어야 한다. 하지만 헌법재판소는 양자에 대해 영장주의가 적용되지 아니한다고 결정하면서, 그 이유로 정보제공자에게 정보제공의무를 부과하지 아니하여 임의처분에 그치기 때문이라고 하는데, 정보주체인 피의자를 배제하고 정보제공자만을 판단기준으로 삼아 강제수사와 임의수사를 구별한 후 이를 근거로 영장주의의 적용범위를 판단하는 것은 형사절차상 기본권 제한과 그에 대한 적정절차의 평가에 있어 본말을 전도한 것이라 아니할 수 없다.

(2) 사전영장 원칙과 사후영장의 예외

(가) 헌법 제12조 제3항의 문언과 문제점

헌법 제12조 제3항 본문은 체포, 구속, 압수, 수색에 대해 영장의 제시를 원칙으로 하고 있고, 단서에서 현행범인체포와 긴급체포의 경우에 대해서만 사후영장을 청구할 수 있다고 규정하고 있다. 따라서 헌법 제12조 제3항의 문언에 따를 때 체포, 구속, 압수, 수색은 사전영장에 의함이 원칙이고, 이중 사전영장 없이 처분한 후 사후영장을 청구할 수 있는 경우는 현행범인체포와 긴급체포 외에는 없다. 그럼에도 형사소송법은 정작 현행범인체포와 긴급체포에 대한 사후영장제도는 규정하지 아니하고, 영장에 의하지 아니한 수색과 사후영장에 의한 압수·수색은 규정하고 있다.

(나) 현행범인체포와 긴급체포에 대한 사후영장제도의 불비

형사소송법은 현행범인체포와 긴급체포에 대한 사후영장제도를 두지 아니하고 있다. 긴급체포된 피의자에 대하여 구속영장을 청구하지 아니하고 피의자를 석방한 경우 검사는 석방한 날부터 30일 이내에 서면으로 긴급체포 후 석방된 자의 인적사항, 긴급체포의 일시·장소와 긴급체포하게 된 구체적 이유, 석방의 일시·장소 및 사유, 긴급체포 및 석방한 검사 또는 사법경찰관의 성명을 법원에 통지하여야 한다(법 제200조의4 제4항). 하지만 이는 법원에 대한 검사의 사후통지에 불과하고 더구나 현행범인체포에 대해서는 이러한 사후통지규정조차 존재하지 아니한다.

한편 체포한 피의자에 대한 구속영장의 청구를 현행범인체포나 긴급체포에 대한 사후영장제도로 볼 수는 없다. 헌법 제12조 제3항은 체포 자체에 대한 영장의 청구를 의미하는 것이지 구속영장의 청구를 의미한다고 할 수 없고, 수사기관은 구속영장의 청구 없이 체포된 피의자를 석방할 수도 있기 때문이다.

(다) 영장에 의하지 아니한 수색과 사후영장에 의한 압수·수색

헌법 제12조 제3항과 제16조는 압수·수색을 할 때에는 "법관이 발부한 영장을 제시하여야 한다"고 규정하고 그 예외를 두지 아니하고 있다. 그럼에도 형사소송법은 체포·구속시의 피의자 수색(법 제216조 제1항 제1호), 체포현장에서의 수색(법 제216조 제1항 제2호), 범죄장소에서의 수색(법 제216조 제3항), 긴급체포된 자의 소유·소지·보관물에 대한 수색(법 제217조 제1항)의 예외를 두고 있다. 게다가 체포·구속시의 피의자 수색에 대해서는 사후영장제도조차 두지 아니하고 있고, 체포현장에서의 수색 및 긴급체포된 자의 소유물 등에 대한 수색에 대해서는 압수물이 존재하고 이를 계속 압수할 필요가 있는 경우에 한하여 사후영장을 청구하도록 규정하고 있다.

(라) 검토

모든 현행범인 체포와 긴급체포에 대한 사후영장의 청구는 현실적으로 매우 어려운 것은 사실이다. 하지만 헌법은 제헌 당시부터 영장 없는 체포에 대해서만 사후영장의 청구를 가능하도록 규정하였고(제헌 헌법 제9조) 현행 헌법 제12조 제3항 또한 현행범인체포 및 긴급체포는 예외적으로 '사후에 영장을 청구할 수 있다'라고 엄격히 규정하고 있다.

그런데도 형사소송법은 이처럼 헌법상 예외를 두지 않고 있는 압수·수색에 대해서도 사후영장에 의할 수 있는 예외 및 사후영장의 청구조차 필요로 하지 아니하는 다수의 예외를 두고 있는바, 형사소송법에 따르는 한 수사기관은 단 한 번의 영장청구 없이 연속되는 여러 강제처분을 할 수도 있게 된다. 예를 들어 검사가 긴급체포를 위해 피의자의 주거지를 수색하고 피의자를 발견하여 긴급체포한 후 피의자의 소유물인 압수대상물을 추가 수색하여 압수한 경우에도 48시간 이내에 피의자를 석방하면서 압수물을 환부하면 검사는 어떠한 영장도 청구할 필요가 없게 된다. 과연 형사소송법이 헌법의 문언의 의미를 넘어 수사기관에게 이토록 큰 권한을 부여할 수 있는 것인지에 대해서는 의구심이 들지 않을 수 없다.

7. 헌법 제12조 제4항

누구든지 체포 또는 구속을 당한 때에는 즉시 변호인의 조력을 받을 권리를 가진다. 다만, 형사피고인이 스스로 변호인을 구할 수 없을 때에는 법률이 정하는 바에 의하여 국가가 변호인을 붙인다.

(1) 의의

피의자·피고인은 체포·구속을 당한 즉시 변호인을 선임하고 그로부터 충분한 조력을 받을 권리를 가진다. 체포·구속된 피의자 등에게 있어 변호인 조력권은 신체구속의 상황에서 생기는 여러 폐해를 제거하고 체포·구속이 그 목적의 한도를 초과하여 이용되거나 작용하지 않게끔 보장하기 위한 것으로 접견교통권의 충분한 보장을 그 필수적 내용으로 한다.

접견교통권의 충분한 보장은 체포·구속된 자와 변호인 사이의 접견에 대해 어떠한 제한, 영향, 압력 또는 부당한 간섭이 없는 상태에서 자유롭게 대화할 수 있는 접견과 그러한 접견에서의 대화의 비밀이 완전히 보장되는 경우에 한하여 이루어질 수 있다. 따라서 접견이 실제로 이루어지고 있는 동안의 접견교통권은 국가안전보장, 질서유지, 공공복리 등 어떠한 명분

으로도 제한될 수 없고, 접견 시 교도관이나 수사관 등 관계공무원의 참여는 허용되지 않는다.[33)]

(2) 변호인의 조력권과 국선변호인으로부터 조력을 받을 권리의 관계

헌법은 변호인 조력권을 국선변호인으로부터 조력을 받을 권리와 동일한 것으로 확대하고 있지는 아니하다. 헌법 제12조 제4항 단서는 형사피고인에 대해서만 국선변호인을 선정하도록 하고 그 구체적 내용은 법률에 위임하고 있으므로, 본문과의 관계에서 볼 때 헌법상 국선변호인에 의한 변호인 조력권은 구속된 피고인에 대해서만 보장되는 권리인 것이다.

하지만 형사소송법은 구속된 피고인을 비롯하여 다양한 경우에 국선변호인 제도를 규정함으로써 헌법상의 변호인 조력권을 확대하고 있다. 형사소송법은 피고인에 대해 직권에 따른 필요적 선임(구속, 미성년, 70세 이상, 농아자, 심신미약자, 단기 3년 이상 기소)과 임의적 선임(나이, 지능, 교육정도 등) 및 피고인의 청구에 따른 선임(빈곤, 그 밖의 사유)을 두고 이를 체포·구속적부심사에 준용하고 있다(법 제33조, 제214의2 제10항). 또한 영장실질심사에서는 모든 피의자에 대한 국선변호인 선임을 규정하고 있다(법 제201조의2 제8항).

대법원도 국선변호인의 적용대상을 널리 인정하는 태도를 보이고 있다. 즉 형사소송법 제33조 제1항 제1호에서 필요적 국선변호인 선정사유 중의 하나로 정한 '피고인이 구속된 때'의 해석과 관련하여 피고인이 해당 형사사건에서 구속되어 재판을 받고 있는 경우에 한정된다는 종전의 입장에서, 구속의 문언 상 의미, 헌법 제12조 제1항과 형사소송법 제33조 제1항의 입법목적, 피고인의 방어권 행사 등의 이유를 들어 별건으로 이미 구속되어 있거나 유죄판결의 집행으로 구금상태에 있는 자 또한 필요적 국선변호인 선정사유인 '피고인이 구속된 때'에 해당한다는 것으로 그 입장을 변경하였다.[34)]

같은 취지에서 체포·구속 상태에서의 변호인 조력권의 보장이 변호인을 선임할 경제적 사정에 따라 달라진다는 것은 수긍하기 어렵다. 예산 등 현실적인 문제가 따르겠지만 방어권의 충분한 보장을 위해 국선변호인의 조력권을 보다 확충시킬 필요가 있다.

33) 헌법재판소 1992. 1. 28. 선고 91헌마111 전원재판부 결정. 다만 실제로 접견이 이루어지고 있는 경우 외에는, 접견교통권도 당연히 국가안전보장·질서유지 또는 공공복리를 위해 법률로써 제한될 수 있다(헌법재판소 2011. 5. 26. 선고 2009헌마341 결정).

34) 대법원 2024. 5. 23. 선고 2021도6357 전원합의체 판결.

8. 헌법 제12조 제5항

누구든지 체포 또는 구속의 이유와 변호인의 조력을 받을 권리가 있음을 고지받지 아니하고는 체포 또는 구속을 당하지 아니한다. 체포 또는 구속을 당한 자의 가족등 법률이 정하는 자에게는 그 이유와 일시·장소가 지체없이 통지되어야 한다.

(1) 체포·구속의 이유 및 변호인 조력권을 고지받을 권리

앞에서 살펴본 바와 같이 헌법은 피의자 등의 방어권 보장을 위하여 강제처분 법정주의, 불이익한 진술의 강요금지, 체포 등에 대한 영장주의, 체포·구속 시 변호인의 조력을 받을 권리 및 적부심 청구권 등을 구체적으로 규정하고 있다. 하지만 다수의 국민은 자신이 이러한 권리를 가지고 있음을 알 수 없고, 법률전문가가 아닌 이상 그 내용과 한계 및 그에 대한 불복방법을 제대로 이해하고 있기를 기대하기 어렵다. 특히 체포·구속된 피의자에 대한 기본권 보장의 중요성은 말할 필요도 없는바, 우리 헌법은 체포·구속된 피의자 등의 실질적인 방어권 보장을 위해 체포·구속 시 형사사법기관이 피체포자 등에게 그 사유 및 법률전문가의 조력을 받을 권리가 있음을 고지할 의무를 부과하고 있다.

형사소송법 등은 이를 구체화하여 권리고지는 체포·구속에 앞서 이루어져야 하고, 고지의 내용은 범죄사실의 요지, 체포·구속의 이유, 변호인 선임권을 포함하도록 규정하고 있다. 법원은 피고인에 대하여 범죄사실의 요지, 구속의 이유와 변호인을 선임할 수 있음을 말하고 변명할 기회를 준 후가 아니면 구속할 수 없다(법 제72조). 검사 또는 사법경찰관은 피의자를 체포하는 경우에는 피의사실의 요지, 체포의 이유와 변호인을 선임할 수 있음을 말하고 변명할 기회를 주어야 하고(법 제200조의5), 진술거부권도 함께 고지하여야 한다(수사준칙 제32조).

(2) 체포·구속된 자의 가족 등 법률이 정하는 자에게 그 이유 등을 통지할 의무

체포·구속 상태가 지속되는 경우, 피의자 등의 방어권 행사에는 그만큼 제약이 생길 수밖에 없다. 이에 헌법 제12조 제5항은 형사사법기관에게 체포·구속 시 그 이유 및 일시·장소를 가족 등 법률이 정하는 자에게 통지할 의무를 부과하고 있다.

이를 구체화한 형사소송법은 법원이 피고인을 구속한 때에는 변호인이 있는 경우에는 변호인에게, 변호인이 없는 경우에는 법정대리인, 배우자, 직계친족과 형제자매 등 변호인 선임권자에게 지체없이 서면으로 피고사건명, 구속일시·장소, 범죄사실의 요지, 구속의 이유와 변호인을 선임할 수 있음을 통지하도록 하고(법 제87조, 제30조 제2항), 수사기관이 피의자 등을 체포·구속하는 경우에는 이를 준용하도록 하고 있다(법 제200조의6).

변호인 선임권자는 피의자 등과 독립하여 변호인을 선임할 수 있으므로(법 제30조 제2항) 통지는 변호인 선임권자의 권리보장이라는 측면도 있다. 따라서 피의자 등이 통지를 거부한다 하더라도 그를 체포·구속한 형사사법기관은 변호인 선임권자에게 그 이유 등을 통지하여야 한다.

9. 헌법 제12조 제6항

누구든지 체포 또는 구속을 당한 때에는 적부의 심사를 법원에 청구할 권리를 가진다.

(1) 의의

체포·구속적부심사제도는 수사기관의 위법·부당한 체포·구속에 대하여 법원의 심사를 받을 권리를 보장하기 위한 것으로, 체포·구속적부심사청구권은 영장에 의한 체포·구속의 경우 지방법원판사의 영장발부에 대한 재심청구권 또는 항고권의 성격을 갖는다.

(2) 실질적 보장을 위한 장치

형사소송법은 체포·구속적부심사청구권의 실질적 보장을 위하여 피의자에게 체포·구속적부심사청구권을 고지받을 권리 및 영장발부와 무관한 법관으로부터 방어권이 보장된 정당한 심사를 받을 권리를 보장하고 있다.

수사기관은 체포·구속 피의자 및 그 변호인, 법정대리인, 배우자, 직계친족, 형제자매, 가족, 동거인 또는 고용주 등 적부심사청구권자 중 피의자가 지정하는 자에게 체포·구속적부심사청구권이 있음을 고지하여야 한다(법 제214조2 제1항, 제2항). 적부심사에는 피고인의 국선변호인제도가 준용되고(법 제214조의2 제10항), 체포·구속영장을 발부한 법관은 적부심사에 관여할 수 없음이 원칙이며(법 제214조의2 제12항), 법원은 청구서 접수시로부터 48시간 이내에 피의자심문 등 실질적인 심사를 거쳐 청구이유 여부를 결정하여야 하고 그 이유가 인정되면 피의자의 석방을 명하여야 한다(법 제214조의2 제4항).

(3) 영장실질심사제도와의 관계

형사소송법은 구속영장의 청구시한을 체포한 때부터 48시간 이내로 규정하고, 영장실질심사제도를 두고 있으며, 체포·구속적부심사로 피의자가 얻는 이익은 석방이므로 체포에 대해서만 적부심사를 받을 실익을 생각하기는 어렵다. 검사가 구속영장을 청구하지 아니하면 피체포자는 즉시 석방되므로 굳이 체포적부심사를 통해 체포기간을 연장시킬 필요가 없고, 구속영장을 청구하면 영장실질심사가 이루어지기 때문이다. 따라서 형사소송법상 체포·구속적부심사는 영장실질심사와 함께 장기간의 위법·부당한 구속을 방지하기 위한 2중의 안전장치라 할 수 있다.

10. 헌법 제13조 제1항

모든 국민은 행위시의 법률에 의하여 범죄를 구성하지 아니하는 행위로 소추되지 아니하며, 동일한 범죄에 대하여 거듭 처벌받지 아니한다.

(1) 의의

이중처벌금지원칙 또는 일사부재리원칙이란 어떤 행위에 대해 실체판결 또는 면소판결이 확정되면 그와 동일성이 인정되는 행위에 대해서는 다시 심판할 수 없다는 원칙을 말한다. 형사소송법은 이중처벌금지원칙을 구체화하여 확정판결이 있는 경우에는 면소판결을 하도록 규정하고 있다(법 제326조 제1호).

(2) 처벌의 의미

여기에서 처벌은 과거의 행위에 대한 국가권력의 독점적 제재로서의 형벌만을 의미한다. 따라서 보안관찰처분[35]이나 보호처분[36]과 같이 행위자의 재범 위험성 방지 등 장래를 향한 보안처분은 형벌과 병과하더라도 이중처벌금지원칙에 위반하지 아니한다. 또한 누범이나 상습범에 대한 가중은 전범에 이어 다시 후범을 저질렀다는 사실 자체의 비난가능성이 크기 때문에 가중처벌되는 것이지 전범에 대한 재처벌에 해당하지 아니하므로 이중처벌금지원칙에 반하지

35) 헌법재판소 2003. 6. 26. 선고 등 전원재판부 결정
36) 헌법재판소 1989. 7. 14. 선고 88헌가5등 전원재판부 결정

아니하며,[37] 외국에서 집행된 형벌은 대한민국의 형벌에 해당하지 아니하므로 외국에서 저지른 범죄로 외국에서 처벌받은 자를 우리 형법에 따라 다시 처벌한다 하더라도 이중처벌금지원칙에 반하지 아니한다.[38]

(3) 영미법상 이중위험금지원칙과의 차이

우리 헌법상 이중처벌금지원칙은 실체판결에 따른 확정력의 문제임에 반하여 영미법상 이중위험금지원칙(double jeopardy)은 피고인이 동일한 범죄사실로 두 번 이상의 형사절차를 겪는 것을 금지하는 절차법적 원칙이라는 차이가 있다.[39]

예를 들어 미국 연방대법원은 무죄판결에 대한 검사의 항소는 피고인에 대한 두 번 이상의 재판에 해당하므로 금지되지만,[40] 피고인의 항소는 이중위험금지원칙에 따른 권리주장의 명시적 포기이므로 유죄판결에 대한 피고인의 항소는 허용된다고 한다.[41]

11. 헌법 제27조 제1항

모든 국민은 헌법과 법률이 정한 법관에 의하여 법률에 의한 재판을 받을 권리를 가진다.

(1) 재판청구권의 주체

재판청구권은 자연인은 물론 법인, 조합 등 기본권의 주체가 되는 모든 자에게 인정되는 기본권으로,[42] 외국인도 그 주체가 된다.[43] 따라서 모든 피고인에게는 법관에 의한 재판을 받

---

37) 헌법재판소 1995. 2. 23. 선고 93헌바43 전원재판부 결정

38) 헌법재판소 2015. 5. 28. 선고 2013헌바129 전원재판부 결정. 다만 "신체의 자유는 정신적 자유와 더불어 헌법이념의 핵심인 인간의 존엄과 가치를 구현하기 위한 가장 기본적인 자유로서 모든 기본권 보장의 전제조건이므로 최대한 보장되어야 하는바, 외국에서 실제로 형의 집행을 받았음에도 불구하고 우리 형법에 의한 처벌시 이를 전혀 고려하지 않는다면 신체의 자유에 대한 과도한 제한이 될 수 있으므로 그와 같은 사정은 어느 범위에서든 반드시 반영되어야 하고, 이러한 점에서 입법형성권의 범위는 다소 축소될 수 있다." 이에 따라 형법 제7조는 '죄를 지어 외국에서 형의 전부 또는 일부가 집행된 사람에 대해서는 그 집행된 형의 전부 또는 일부를 선고하는 형에 산입한다.'로 개정되었다(시행 2016. 12. 20., 법률 제14415호).

39) 성낙인 1203.

40) United States v. Martin Linen Supply Co., 430 U.S. 564 (1977).

41) Green v. United States, 355 U.S. 184 (1957).

42) 헌법재판소 1991. 9. 16. 선고 89헌마165 전원재판부 결정.

43) 성낙인 1602; 양건 899; 정종섭 888.

을 권리가 보장된다.

한편 형사 피해자는 법률이 정하는 바에 따른 재판절차상 진술권이 보장되는데, 이에 대한 구체적인 내용은 후술하는 헌법 제27조 제5항에서 다루기로 한다.

(2) 법관에 의한 재판을 받을 권리

헌법과 법률이 정한 법관이란 헌법 제101조 내지 제106조 및 법원조직법 제41조와 제42조의 규정에 따른 자격을 갖추어 임명된 법관으로,[44] 피고인은 형사소송법상 당해 사건에 대한 관할권을 가지고 있고 제척, 기피, 회피 사유가 존재하지 아니하는 법관에 의해 재판받을 권리를 갖는다. 이와 관련하여 국민참여재판, 통고처분, 즉결심판, 약식명령에 대해 살펴본다.

(가) 국민참여재판

1) 의의

국민참여재판이란 피고인의 동의를 전제로 일정한 피고사건의 공판절차에 일반 국민 중에 선정된 배심원이 참여하여 유·무죄 여부에 대하여 평결하고, 유죄평결시 양형에 대한 의견을 제시하는 재판을 말한다. 사실인정의 권한을 가진 영미법상의 배심원 또는 법원의 일부로서 직업법관과 동등한 권한을 가진 대륙법상의 참심원과 달리 국민의 형사재판 참여에 관한 법률상의 배심원은 사실인정과 양형결정에 있어 권고적 권한만을 가지고 있을 뿐이며, 국민참여재판에서도 사실인정과 양형결정의 주체는 여전히 법원이다.

2) 법관에 의한 재판받을 권리의 침해 여부

법원은 국민참여재판 대상사건의 피고인에 대하여 국민참여재판을 원하는지 여부에 관한 의사를 반드시 확인하여야 한다. 피고인은 공소장 부본을 송달받은 날부터 7일 이내에 국민참여재판을 원하는지 여부에 관한 의사가 기재된 서면을 제출하여야 하는데, 기일 내에 서면을 제출하지 아니한 때에는 국민참여재판을 원하지 아니하는 것으로 본다(국민참여재판법 제8조 제1항 내지 제3항). 국민참여재판을 받는 것은 피고인의 권리이므로 피고인이 국민참여재판을 원하지 아니하는 경우에는 국민참여재판을 하지 아니한다(동법 제3조 제1항).

국민참여재판의 공판절차는 배심원의 참여하에 이루어진다. 재판장은 변론종결 후 법정에서 배심원에게 공소사실의 요지와 적용법조, 피고인과 변호인 주장의 요지, 증거능력, 그밖에 유의할 사항을 설명하여야 하고, 필요시 증거의 요지에 관하여 설명할 수 있다. 이러한 설명을

44) 성낙인 1603; 양건 900; 정종섭 888; 허영 435.

들은 후 배심원은 유·무죄에 관하여 평의하고, 전원의 의견이 일치하면 그에 따라 평결한다. 이때 배심원 과반수의 요청이 있으면 심리에 관여한 판사로부터 유·무죄에 대한 의견을 들을 수 있다. 배심원은 유·무죄에 관하여 전원의 의견이 일치하지 아니하는 때에는 평결을 하기 전에 심리에 관여한 판사의 의견을 들어야 하고, 이후 다수결의 방법으로 평결한다.

배심원의 평결이 유죄인 경우 재판장은 양형에 관한 토의에 앞서 처벌의 범위와 양형의 조건 등을 설명하여야 하고, 배심원은 심리에 관여한 판사와 함께 양형에 관하여 토의하고 그에 관한 의견을 개진한다(동법 제46조 제1항 내지 제5항). 하지만 법원은 배심원의 평결과 의견에 기속되지 아니하므로, 그 이유를 설명하여야 할 뿐 배심원의 평결결과와 다른 판결을 선고할 수 있다(동법 제48조 제4항).

이처럼 국민참여재판 여부는 피고인의 선택에 따르고, 국민참여재판제도의 배심원은 법원의 통제에 따라 평결에 이르고 양형의견을 개진하나, 법원은 배심원의 평결에 기속되지 아니한다. 따라서 국민참여재판제도는 법관에 의한 재판을 받을 권리를 침해한다고 볼 수 없다.

(나) 통고처분

1) 의의

통고처분이란 행정청이 일정한 범죄를 저지른 범칙자에 대하여 벌금에 해당하는 범칙금의 납부를 명하는 행정처분으로, 통고처분에 따른 범칙금을 납부하면 형사처벌을 받은 것으로 갈음하고 전과를 남기지 아니한다.

도로교통법상 운전자 준수사항 위반 또는 경범죄처벌법상 경범죄 위반과 같이 소액의 벌금형에 처해질 경미 범죄자에 대하여 정식재판을 통해 형사처벌을 받도록 하는 것은 소송경제에 반할 뿐 아니라 범죄자에게 전과가 남는 등 과도한 불이익을 주게 된다. 조세범과 출입국사범의 처벌과 같이 다소 무거운 형벌에 해당한다 하더라도 신속한 형사처벌을 통한 행정목적 달성의 공익적 요청이 더 크게 요구되는 경우도 있다. 이에 경범죄처벌법, 도로교통법, 조세범처벌절차법, 출입국관리법 등은 일정한 범죄에 대하여 통고처분제도를 규정하고 있다.

2) 법관에 의한 재판받을 권리의 침해 여부

경범죄처벌법은 통고처분의 대상이 되는 경미범죄를 나열하고(경범죄처벌법 제3조), 이를 범칙행위, 범칙행위를 한 자를 범칙자, 범칙행위에 대한 벌금을 범칙금으로 정의한 후(동법 제6조), 행정청이 범칙자에 대해 범칙금을 낼 것을 통고할 수 있고 범칙자가 범칙금을 납부하면 이를 정식 형사처벌에 갈음함으로써 그 행위에 대하여 다시 처벌받지 아니한다고 규정하고 있다(동법 제8조 제3항). 경범죄처벌법은 범칙자가 통고처분을 거부하거나 범칙금의 납부를 거부하면 즉결심판의 대상이 되도록 규정하고 있고(동법 제7조 제1항 제1호, 제9조), 즉결심판에 대해 불복하는 자는 정식재판을 청구할 수 있으므로(즉결심판법 제14조) 경범죄처벌법상 통고처분을 받은 자는 그 불복으로서 정식재판을 청구할 수 있다. 도로교통법상 통고처분도 경범죄처벌법과 마찬가지의 방법으로 규정되어 있다(도로교통법 제162조 내지 제165조).

조세범처벌절차법은 조세범처벌법상의 범죄를 조세범칙행위, 조세범칙행위의 혐의가 있는 사건을 조세범칙사건, 조세범칙사건에 대한 세관공무원의 조사활동을 조세범칙조사라고 정의한 후(조세범처벌절차법 제2조), 지방국세청장 또는 세무서장이 조세범칙행위의 확증을 얻었을 때 벌금, 몰수·몰취에 해당하는 물품, 추징금을 납부할 것을 통고할 수 있고, 통고처분을 받은 자가 통고대로 이행하였을 때에는 동일한 사건에 대하여 다시 조세범칙조사를 받거나 처벌받지 아니한다고 규정하고 있다(동법 제15조). 조세범처벌절차법은 통고처분을 받은 자가 15일 이내에 통고처분을 이행하지 아니한 경우에는 지방국세청장 등에게 고발의무를 부여하고 있다(동법 제17조 제2항). 따라서 조세범처벌절차법상 통고처분을 받은 자는 통고처분을 이행하는 대신에 정식재판을 받을 수 있다. 출입국관리법상 통고처분도 조세범처벌절차법과 마찬가지의 내용으로 규정되어 있다(출입국관리법 제102조 내지 제106조).

이처럼 통고처분의 수인 여부는 범칙자의 임의적 동의에 따르고, 이에 불복할 경우에는 정식재판으로 다툴 수 있으므로 통고처분제도는 법관에 의한 재판을 받을 권리를 침해한다고 볼 수는 없다.[45] 다만 현행법상 통고처분 대상범죄에 대해서는 재고가 필요하다고 본다. 예를 들어 도로교통법의 경우 다수의 범칙행위는 과태료 처분의 대상에도 해당하는데(도로교통법 제156조, 제160조) 형사처벌을 요할 정도의 불법행위에 이르지 아니하는 행위에 대해 징수의 편의를 위하여 과태료 처분이 아닌 형사처벌의 대상으로 삼는 것이 옳은지, 반대로 조세범의 경우 그 불법의 크기가 매우 큰 것도 포함되는데 행정상의 편의만을 이유로 삼아 범칙금의 납부로서 정식 형사처벌을 갈음하고 전과도 남기지 아니하는 것이 옳은지에 대해서는 의문이 들기 때문이다.

(라) 즉결심판과 약식명령

1) 의의

즉결심판이란 20만 원 이하의 벌금, 구류 또는 과료에 처할 경미범죄에 대하여 관할경찰

45) 성낙인 1604; 양건 904; 정종섭 893; 허영 435; 헌법재판소 1998. 5. 28. 선고 96헌바4 전원재판부 결정; 대법원 2002. 11. 22. 선고 2001도849 판결.

서장 또는 관할해양경찰서장의 청구에 의한 법원의 재판을 말한다(즉결심판법 제2조, 제3조). 즉결심판은 정식재판과 달리 피고인의 불출석심판을 허용하는 다양한 예외가 인정되고(동법 제8조의2), 자백보강법칙 등 일부 증거법의 배제를 통해(동법 제10조) 경미범죄에 대한 신속한 재판을 꾀하는 제도이다. 유죄의 즉결심판을 선고받은 피고인이 정식재판을 청구하고자 할 경우에는 즉결심판의 선고·고지를 받은 날부터 7일 이내에 정식재판청구서를 경찰서장에게 제출하여야 하고, 경찰서장은 이를 판사에게 지체없이 송부하여야 한다. 판사는 정식재판의 청구가 법령상의 방식에 위반하거나 청구권의 소멸 후인 것이 명백한 때에는 결정으로 기각하여야 하지만, 정식재판의 청구가 적법한 때에는 공판절차에 의하여 심판하여야 한다(동법 제14조, 법 제455조).

약식명령이란 지방법원 관할 사건에 대하여 검사의 청구가 있는 경우 법원이 공판절차 없이 피고인에게 벌금, 과료, 몰수, 추징 기타 처분을 하는 것을 말한다(법 제448조). 약식명령의 고지는 검사와 피고인에 대한 재판서의 송달에 의하고(법 제452조), 검사 또는 피고인은 약식명령의 고지를 받은 날로부터 7일 이내에 약식명령을 한 법원에 서면으로 정식재판의 청구를 할 수 있다(법 제453조 제1항, 제2항). 법원은 정식재판의 청구가 법령상의 방식에 위반하거나 청구권의 소멸 후인 것이 명백한 경우에는 이를 결정으로 기각하여야 하나, 청구가 적법한 이상 공판절차에 의하여 심판하여야 한다(법 제455조 제1항, 제3항).

2) 법관에 의한 재판받을 권리의 침해 여부

즉결심판과 약식명령은 법관의 심판에 의하고 피고인은 그 결과에 대해 정식재판청구권을 보장받고 있다. 따라서 약식명령제도와 즉결심판제도는 법관에 의한 재판을 받을 권리를 침해하지 아니한다.[46]

(3) 법률에 의한 재판을 받을 권리

여기에서 법률이란 합헌적인 법률 및 명령을 의미하는 것으로, 적정절차원칙을 위반한 절차법 조항에 기초한 형사절차는 피고인의 법률에 의한 재판을 받을 권리를 침해한다.[47]

우리나라는 추상적 규범심사를 불허하므로, 어떠한 법령조항이 적정절차원칙을 위반하였는지 여부는 구체적 형사사건에서 헌법소원이나 위헌법률심판제청이 있은 후에야 비로소 확인된다. 법원은 심리 중 당해 사건의 수사절차에서 수사기관에 의한 강제처분의 근거되는 법률조항이 헌법불합치결정을 받은 경우, 법개정시에 부칙에 소급적용 여부가 명시되지 않았더라도

46) 성낙인 1604; 양건 904; 정종섭 893; 허영 435.
47) 헌법재판소 1997. 11. 27. 선고 94헌마60 전원재판부 결정.

당해 사건은 물론 헌법불합치결정 당시 구법 조항의 위헌 여부가 쟁점이 되어 법원에 계속 중인 사건에 대하여도 헌법불합치결정의 소급효가 미치고, 따라서 이들 사건에도 위헌성이 제거된 개정 조항을 적용하여야 한다는 입장이다.[48]

(4) 공정한 재판을 받을 권리

우리 헌법은 공정한 재판을 받을 권리를 명시적으로 규정하고 있지 아니하지만 재판청구권에는 공정한 재판을 받을 권리가 당연히 포함된다고 해석된다. 재판청구권이 국민에게 실효적인 권리보호를 제공하기 위해서는 법원에 의한 재판이 공정하여야 하는 것은 말할 필요도 없고, 이를 통하여 비로소 실질적 법치주의의 실현이 이루어 질 수 있기 때문이다.[49] 헌법재판소도 같은 입장이다.[50]

형사절차에서 피고인은 당사자로서의 지위에 있으므로 공정한 재판을 받을 권리에 따라 충분한 방어권이 보장되어야 한다. 헌법 제12조에 터 잡은 형사절차상 피의자·피고인의 권리는 공정한 재판을 받을 권리의 구체화라고도 할 수 있는 것으로서, 피고인에게 충분한 방어권을 보장하지 아니하는 법률 규정은 공정한 재판을 받을 권리를 침해한다. 이에 헌법재판소는 구 형사소송법상 궐석재판의 획일적 허용,[51] 증인신문절차에서의 피고인 배제,[52] 피고인의 기록열람권 제한,[53] 구 성폭력범죄의 처벌 등에 관한 특례법상 19세 미만 성폭력범죄 피해자의 영상녹화물에 대한 증거능력 인정[54]에 대해 공정한 재판을 받을 권리를 침해하여 위헌이라 하였다.

48) 대법원 2021. 5. 27. 선고 2018도13458 판결.
49) 성낙인 1615; 양건 905; 정종섭 893.
50) 헌법재판소 2006. 7. 27. 선고 2005헌바58 전원재판부 결정.
51) 헌법재판소 2001. 2. 22. 선고 99헌마461등 전원재판부 결정.
52) 헌법재판소 1996. 12. 26. 선고 94헌바1 전원재판부 결정.
53) 헌법재판소 1997. 11. 27. 선고 94헌마60 전원재판부 결정.
54) 헌법재판소 2021. 12. 23. 선고 2018헌바524 전원재판부 결정. "미성년 피해자의 2차 피해를 방지하는 것이 중요한 공익에 해당함에는 의문의 여지가 없다. 그러나 심판대상조항〔성폭력처벌법(2012. 12. 18. 법률 제11556호로 전부개정된 것) 제30조 제6항 중 '제1항에 따라 촬영한 영상물에 수록된 피해자의 진술은 공판준비기일 또는 공판기일에 조사 과정에 동석하였던 신뢰관계에 있는 사람 또는 진술조력인의 진술에 의하여 그 성립의 진정함이 인정된 경우에 증거로 할 수 있다' 부분 가운데 19세 미만 성폭력범죄 피해자에 관한 부분〕으로 인한 피고인의 방어권 제한의 중대성과 미성년 피해자의 2차 피해를 방지할 수 있는 여러 조화적인 대안들(성폭력범죄 사건 수사의 초기단계에서부터 증거보전절차를 적극적으로 실시하거나, 비디오 등 중계장치에 의한 증인신문 등 미성년 피해자가 증언과정에서 받을 수 있는 2차 피해를 방지할 수 있는 여러 조화적인 제도)이 존재함을 고려할 때, 심판대상조항이 달성하려는 공익이 제한되는 피고인의 사익보다 우월하다고 쉽게 단정하기는 어렵다. 따라서 심판대상조항은 과잉금지원칙을 위반하여 공정한 재판을 받을 권리를 침해한다." 이러한 다수의견에 대해서는 "심판대상조항이 보호하려는 공익의 중대성을 고려할 때, 심판대상조항이 전문법칙의 예외를 정하고 있다는 사정만으

(5) 재판받을 권리로서 상소권

헌법 제101조 제2항은 법원은 대법원과 각급법원으로 조직된다고 규정하여 심급제도를 명시하고 있으므로 재판받을 권리에는 상소권이 포함된다. 헌법상 법원조직 및 그에 따른 심급제도와 상소권의 보장은 상소가능성의 배제를 금지하므로 형사 피고인은 법관에 의하여 사실적 측면과 법률적 측면에서 총 두 번의 심리기회를 보장받아야 함은 명백하다. 하지만 모든 사건에 있어 대법원에 의한 재판을 받을 권리가 있는지에 대하여는 견해의 대립이 있고,[55] 헌법재판소는 부정적 태도를 취하고 있다.[56]

대법원에의 상고를 부당하게 제한하는 것은 법률에 의한 재판을 받을 권리를 제한할 소지가 크고,[57] 특히 형사절차에서 피고인의 재판받을 권리는 널리 보장되어야 하므로 3심 이상의 심급제와 재심은 현행 제도와 같이 계속 유지되어야 할 것이다. 같은 취지에서 형사소송에 대해 원칙적으로 심리불속행제도를 배제하고 있는 상고심절차에 관한 특례법도 그대로 유지되어야 한다(상고심법 제2조).

12. 헌법 제27조 제3항 및 제109조

헌법 제27조 제3항

모든 국민은 신속한 재판을 받을 권리를 가진다. 형사피고인은 상당한 이유가 없는 한 지체없이 공개재판을 받을 권리를 가진다.

헌법 제109조

재판의 심리와 판결은 공개한다. 다만, 심리는 국가의 안전보장 또는 안녕질서를 방해하거나 선량한 풍속을 해할 염려가 있을 때에는 법원의 결정으로 공개하지 아니할 수 있다.

로 미성년 피해자의 보호만을 앞세워 피고인의 방어권을 무력화하고 있다고 볼 수 없다. 따라서 심판대상조항은 공정한 재판을 받을 권리를 침해하지 않는다."는 반대의견이 있다.

55) 양건 917.

56) 헌법재판소 1992. 6. 26. 선고 90헌바25 전원재판부 결정. "헌법 제27조에서 규정한 재판을 받을 권리에 모든 사건에 대해 상고법원의 구성법관에 의한, 상고심 절차에 의한 재판을 받을 권리까지도 포함된다고 단정할 수 없을 것이고, 모든 사건에 대해 획일적으로 상고할 수 있게 하느냐 않느냐는 특단의 사정이 없는 한 입법재량의 문제라고 할 것이므로, 소액사건심판법 제3조가 소액사건에 대하여 상고의 이유를 제한하였다고 하여 그것만으로 청구인의 재판청구권을 침해하였다고 볼 수 없다."

57) 양건 918; 정종섭 898; 허영 438.

(1) 신속한 재판을 받을 권리

피의자·피고인은 형사절차가 진행 중이라는 사실만으로도 큰 불이익을 받게 된다. 따라서 적정한 형사절차는 절차의 신속한 진행을 포함하고 있는 것으로 이해하여야 한다. 헌법 제27조 제3항 전문은 신속한 재판을 받을 권리를 명시하고 있고 형사절차에서는 재판은 물론 수사도 신속히 이루어져야 한다. 따라서 수사절차에서도 불필요한 인신구속의 장기화를 규정한 법률규정은 신속한 재판을 받을 권리를 위반한다.[58]

형사소송법은 신속한 재판을 받을 권리를 보장하기 위하여 수사기관의 체포·구속기간의 제한(법 제200조의2, 제200조의4, 제202조, 제203조), 사법경찰관의 신속한 고소·고발사건 송부의무(법 제238조), 공소시효제도(법 제249조), 집중심리제도(법 제267조의2), 공판준비절차(법 제266조의5 등), 상소기간 제한(법 제358조, 제374조) 등의 규정을 두고 있다.

(2) 공개재판을 받을 권리

공개재판이란 공판의 심리와 판결을 일반국민에게 공개하는 재판으로, 공개재판을 받을 권리는 공정한 재판을 받을 권리를 실현하기 위한 것이라 할 수 있다. 헌법 제27조 제3항 후문에 따라 형사피고인은 상당한 이유가 없는 한 지체없이 공개재판을 받을 권리가 있다. 비공개재판을 할 수 있는 상당한 이유는 헌법 제109조에 따라 국가의 안전보장, 안녕질서의 방해, 선량한 풍속을 해할 염려로 제한되고, 비공개재판의 상당한 이유가 인정된다 하더라도 판결은 비공개로 할 수 없다.

법원조직법은 비공개재판에 대한 일반규정을 두고 있는데, 법원조직법에 따라 국가의 안전보장, 안녕질서의 방해, 선량한 풍속을 해할 염려가 있는 경우 법원은 그 이유를 밝혀 비공개결정을 할 수 있고, 비공개 결정을 한 때에도 재판장은 적당하다고 인정되는 사람에 대해서는 법정 안에 있는 것을 허가할 수 있다(법원조직법 제57조). 법원조직법 외에도 성폭력범죄의 처벌 등에 관한 특례법은 피해자의 사생활 보호를 위한 비공개재판의 규정(성폭력처벌법 제31조)을, 군사법원법은 군사기밀의 보호를 위한 비공개재판의 규정(군사법원법 제67조)을 두고 있다.

13. 헌법 제27조 제4항

형사피고인은 유죄의 판결이 확정될 때까지는 무죄로 추정된다.

58) 헌법재판소 2003. 11. 27. 선고 2002헌마193 전원재판부 결정.

(1) 의의

무죄추정의 원칙이란 피의자·피고인은 유죄판결 확정시까지 무죄로 추정되고 이에 일체의 불이익을 받지 아니함을 말한다. 헌법과 형사소송법은 무죄추정의 원칙을 천명하고 있다(법 제275조의2). 여기에서 유죄판결이란 형면제판결, 집행유예판결, 선고유예판결 및 확정판결의 효력을 가진 약식명령 및 즉결심판을 포함하지만, 형식재판인 면소판결, 공소기각 판결·결정은 포함되지 아니한다.[59)]

(2) 구체적 내용

무죄추정의 원칙에 따라 유죄판결이 확정되기 전까지 형사상의 거증책임은 검사에게 있다. 따라서 거증책임의 전환은 무죄추정원칙을 고수할 수 없는 특별한 사정이 인정되는 극히 예외적인 경우에 한하여 법률에 명확한 근거를 둠으로써 인정될 수 있을 뿐이다. 또한 사실인정에 있어 의심스러울 때는 피고인에게 이익이 되도록 판단하여야 하고(in dubio pro reo) 합리적 의심이 불식되지 않는 한 유죄의 판결을 할 수 없다.

불구속수사 또는 불구속재판 원칙이 무죄추정원칙의 세부적 내용인지에 대해서는 견해의 대립이 있으나,[60)] 다수설인 긍정설이 타당하다. 피의자·피고인이 무죄로 추정되지 아니한다면 체포·구속의 사유를 증거인멸, 도주 우려 등으로 제한할 이유가 없는 것이다. 헌법재판소도 같은 입장이다.[61)]

14. 기타

이외에도 헌법은 형사피해자의 재판절차진술권(헌법 제27조 제5항), 형사보상청구권(헌법 제28조), 범죄피해자 구조청구권(헌법 제30조) 등을 명시하고 있고, 형사소송법 등의 법률은 이를 구체화하고 있다.

(1) 형사피해자의 재판절차진술권(헌법 제27조 제5항)

국가소추주의에 따라 형사사건에 대해서는 사소가 인정되지 아니하므로 형사피해자는 형사절차에서 외면될 우려가 있다. 따라서 헌법은 형사사법의 절차적 적법성을 확보하기 위해 형

59) 성낙인 1235; 양건 929; 정종섭 542; 허영 422.
60) 긍정설(성낙인 1237; 허영 423), 부정설(정종섭 544).
61) 헌법재판소 2009. 6. 25. 선고 2007헌바25 전원재판부 결정.

사피해자의 재판절차진술권을 명시하고 있고,[62] 그 구체화로서 범죄피해자 보호법은 수사절차 및 재판절차에서의 피해자 참여·진술권과 당해 사건의 진행에 대한 정보제공청구권(범죄피해자 보호법 제8조, 제8조의2)을, 형사소송법은 범죄피해자의 공판절차진술권(법 제294조의2)을 규정하고 있다.

재판절차진술권은 공판절차는 물론 수사절차에서도 보장되는 권리이다. 따라서 검사가 형사고소사건을 이유 없이 불기소처분하는 것은 고소인인 형사피해자의 재판절차진술권을 침해하는 것이 된다.[63]

(2) 형사보상청구권(헌법 제28조)

형사절차 과정에서 구금된 피의자에 대하여 공소가 제기되지 아니하거나, 공소가 제기된 피고인에 대하여 무죄판결이 내려질 수 있다. 이때 국가배상청구소송제도는 형사사법기관의 고의·과실이 인정되는 위법한 구금에 대한 피해자의 구제수단은 되지만, 적법한 구금으로 인한 피해에 대해서는 구제수단이 될 수 없다. 이에 헌법 제28조는 형사절차상 구금에 대한 무과실·결과책임을 인정하는 형사보상청구권을 규정하고[64] 그 구체적인 내용은 법률에 위임하고 있다. 이에 따라 형사보상 및 명예회복에 관한 법률은 형사보상청구권의 주체, 요건, 절차, 내용 등을 구체적으로 규정하고 있다.

(3) 범죄피해자 구조청구권(헌법 제30조)

범죄행위로 인하여 손해를 입은 피해자는 민법 제750조에 따라 불법행위로 인한 손해배상청구 또는 소송촉진 등에 관한 특례법 제25조에 따라 형사절차상의 배상명령을 통해 손해를 배상받을 수 있다. 하지만 손해를 입힌 범죄자가 배상능력이 없는 경우 범죄피해자는 어떠한 배상도 받을 수 없고, 이에 일정한 범죄피해자에 대해서는 국가 차원의 구조 필요성이 요구된다.

헌법은 이러한 요청에 따라 생명·신체에 대한 범죄 피해자의 구조청구권을 인정하고, 그 구체적인 내용은 법률에 위임하도록 하였다. 이에 따라 범죄피해자보호법은 범죄피해자 구조청구권의 주체, 요건, 절차 등을 구체적으로 규정하고 있다.

---

62) 헌법재판소 2003. 9. 25. 선고 2002헌마533 전원재판부 결정.
63) 헌법재판소 2000. 11. 30. 선고 2000헌마253 전원재판부 결정.
64) 성낙인 1648; 양건 936; 정종섭 957; 허영 441.

제 3 절 형사소송의 구조

Ⅰ. 형사소송의 구조

1. 규문주의와 탄핵주의

규문주의란 수사기관, 소추기관, 법원의 권한을 모두 가진 법관(규문판사)이 스스로 소송절차를 개시, 심리 및 재판하는 형사소송 구조를 말한다. 규문주의 형사소송에서는 수사절차와 공판절차가 분리되지 아니하여 수사기관과 소추기관의 역할까지 담당하는 법관과 조사심리의 객체인 형사처벌 대상자가 존재할 뿐으로 피고인의 지위에 대한 개념조차 존재하지 아니하였다. 규문주의 하에서 재판은 비공개를 원칙으로 하였고, 법정증거주의의 채택으로 유죄판결을 하기 위해서는 2인 이상의 목격자의 진술이나 피고인의 자백을 요구하였다. 그런데 2인 이상의 목격자를 확보한다는 것은 대단히 어렵고 그러다보니 피고인의 자백에 의존할 수밖에 없게 되어 자백획득을 위한 고문이 횡행하였다. 자백은 증거의 (여)왕이라는 말은 이때 등장한 것이다. 그러다가 유럽에서 규문주의는 프랑스혁명을 거치면서 역사의 뒤안길로 사라지게 되고 오늘날 적어도 외형적으로는 규문주의를 채택하고 있는 나라는 눈에 띠지 않는다.

탄핵주의란 재판기관으로부터 소추권을 배제하여 별도의 소추기관에 의하거나 사인에 의한 형사소추를 행하고 피고인에게는 소송주체로서의 지위를 인정하는 형사소송 구조를 말한다. 탄핵주의 하에서 형사소송의 당사자는 소추기관 또는 소추한 사인과 피고인으로, 법원은 불고불리의 원칙에 따라 공소가 제기된 사건에 대해서만 심판할 수 있고, 소추기관은 실체적 진실발견을 위한 범죄입증의 책임을 지게 된다. 그러나 피고인은 이에 협력할 의무를 지지 아니한다.

우리나라는 사인의 소추를 불허하고 소추기관으로서 검사를 두어 이를 전담하게 하는, 국가소추주의 중 검사소추주의를 채택하고 있다.

2. 직권주의와 당사자주의

탄핵주의는 다시 법원과 당사자 중 누구에게 소송의 주도적 지위를 부여할 것인지에 따라 직권주의와 당사자주의로 나누어진다. **직권주의**란 법원이 형사소송의 진행에서 주도적 지위를 가지고, 실체진실의 발견 책무도 법원에게 부여하는 소송구조를 말한다. 직권주의 하에서 법원은 검사와 피고인의 주장에 얽매이지 아니하고 스스로 적극적으로 심리에 관여할 수 있으므로, 직권주의는 신속하고 능률적인 소송 진행과 실체적 진실발견에 유리하다는 장점이 있다. 하지만 법관의 독단적인 심리와 지나친 관여에 의한 피고인의 방어권 침해, 그로 인한 공정한 판결의 기대 저해라는 단점도 지적된다.

당사자주의란 소송 당사자인 검사와 피고인에게 소송의 주도적 지위를 인정하여 양측의 공방을 통해 심리가 진행되도록 하고, 법관은 제3자적 지위에서 판단자로서의 역할에 치중하도록 하는 소송구조를 말한다. 당사자주의는 피고인의 방어권 보장에 충실하고 그 결과 공정한 재판을 기대할 수 있다는 장점이 있다. 또한 소송에 대해 가장 큰 이해관계를 갖고 있는 당사자인 검사와 피고인의 적극적 공방과 소송행위에 의해 실체적 진실의 발견도 기대할 수 있다. 하지만 당사자주의는 과도한 공방으로 인해 심리의 능률과 신속성이 저해되고, 사건의 실체보다는 당사자의 소송수행 열의 또는 경제적 능력에 따라 소송결과가 달라질 수 있으며, 당사자 처분권까지 인정하게 되면 협상에 의해 형사사법의 정의가 왜곡될 수 있다는 단점이 있다.

덧붙이자면, 비록 상대적이긴 하지만, 직권주의에서는 진실발견을 위해 수사기관에 의한 다양한 강제력이 행사되고 그것이 법원에 인계, 강화되어 형벌권을 행사해나가는 속성을 띠게 되므로 직권주의 절차를 권력행사형(權力行使型) 소송이라고 한다면, 당사자주의 하에서는 수사기관에 의한 권력행사는 법원에 의해 감시되고 소송절차 그 자체도 적법절차를 밟아가는지가 법원에 의해 감시되게 되므로 당사자주의의 절차는 권력억제형(權力抑制型) 소송이라고 분류할 수도 있을 것이다.

3. 우리나라의 형사소송 구조와 수사 구조

(1) 형사소송의 구조

형사소송의 구조를 직권주의와 당사자주의 중 어느 것으로 할 것인가는 입법정책의 문제로서, 양자의 조화를 통해 적정절차의 준수 하에서 실체적 진실발견이 이루어질 수 있도록 하는 최적의 형사소송구조를 지향하여야 한다.

우리 형사소송법은 조문의 체계나 내용 면에서 미국식 **당사자주의**가 대폭 도입되어 있다. **공소제기단계**에서 검사는 공소장에 피고인 수에 상당하는 부본을 첨부하여야 하고(법 제254조 제2항) 심판범위를 특정하여야 하며(법 제254조 제4항), 공소장일본주의에 따라 법원에 예단이 생기게 할 수 있는 서류 기타 물건을 첨부하거나 그 내용을 인용하여서는 아니 된다(규칙 제118조 제2항). **공판준비절차**에서 법원은 피고인 또는 변호인에 대해 공소장부본을 송달하여야 하고(법 제266조) 공소제기 후 피고인·변호인은 검사가 보관하고 있는 서류 등의 열람·등사권을 가지며(법 제266조의3,) 당사자의 공판기일 변경신청권(법 제270조)과 공판기일 전의 증거조사신청권도 인정된다(법 제273조). 공판절차에서의 교호신문제도(법 제161조의2), 검사 및 피고인의 출석권(법 제275조 제2항, 제276조), 당사자의 증거신청권(법 제294조) 또한 당사자주의에 따른 것이다.

하지만 형사소송법은 법원의 직권에 의한 공소장변경요구(제298조 제2항)와 구속 및 압수·수색·검증(법 제70조, 제106조, 제139조 등), 피고인신문(법 제296조의2 제2항) 등 직권주의적인 내용도 두고 있고, 전문증거의 증거능력에 대한 당사자의 동의가 있다 하더라도 법원이 최종적으로 증거능력 여부를 인정하도록 하는(법 제318조 제1항) 등 당사자주의와 직권주의적 요소를 동시에 담고 있는 규정도 있다.

위에서 개략적으로 살펴본 바와 같이 우리나라의 형사소송 구조는 전반적으로 당사자주의를 기본으로 삼으면서[65] 직권주의를 통하여 당사자주의의 문제점을 어느 정도 규제·보충하는 절충적인 구조를 취하고 있는 것으로 이해할 수 있다. 형사소송법상의 직권주의적인 규정들, 예컨대 재판장에게 부여한 소송지휘권 규정(법 제279조)은 어디까지나 소송진행을 원활하게 하기 위한 직권발동에 지나지 않는 것으로 소송의 실체문제에 직접적으로 작용하는 것은 아니며, 직권에 의한 증거조사 규정(법 제295조)도 당사자의 증거조사를 보충하는 기능을 하는 것이 원칙이고 더구나 피고인의 방어능력을 보충하기 위한 직권증거조사는 당사자주의와 모순되는 것도 아니다.

(2) 수사절차의 구조

수사절차의 구조에 대해서도 **탄핵주의**가 적용되어 있다는 입장이 있다. 이 견해는 수사를 공판절차를 위한 보조활동으로 이해하고 수사기관과 피의자를 당사자 또는 준당사자로 보며 강제수사의 주체 또한 수사기관이 아닌 법원으로 보아 수사절차에서의 영장은 법원의 **명령장**에 해당한다고 한다.[66]

이러한 입장은 피의자의 권리보장에 있어 친화적이긴 하나 현행 형사소송법의 체계와 잘 맞지 않아 그대로 받아들이기는 어렵다. 형사소송법은 임의수사원칙 및 강제수사법정주의에 따라 수사의 주체인 수사기관이 임의수사를 우선으로 하되 강제수사는 법률의 명확한 근거가 있는 경우에만 이루어질 수 있도록 하고, 체포, 구속, 압수, 수색 등 강제수사의 근거규정을 두

65) 대법원 1983. 3. 8. 선고 82도3248 판결; 헌법재판소 1995. 11. 30. 선고 92헌마44 전원재판부 결정.
66) 신현주 178; 이/김 166; 차/최 156.

고 있으며 강제수사는 법관으로 부터 발부받은 **허가장**으로서의 영장에 의해 이루어짐을 원칙으로 하고 있으므로 그 근간을 **규문주의**에 두고 있음은 부정할 수 없다. 다만 형사소송법은 수사절차에서도 피의자에게 방어권을 보장하고, 법률전문가인 변호인에게 피의자의 방어권 행사를 조력하기 위한 다양한 권리와 권한을 부여하고 있다. 이처럼 수사기관은 법관의 통제는 받지만 주체적으로 수사절차를 개시, 진행, 종결하고 있고, 피의자와 변호인도 그 과정에서 나름의 방어권을 행사하고 있으므로, 우리나라의 수사구조는 규문주의의 기반 위에 탄핵주의가 가미된 **융합형** 구조라고 할 수 있다.

제 4 절　형사소송의 주체와 형사절차의 관계인

Ⅰ. 개관

형사소송의 **주체**란 형사소송에서 법률관계를 형성시킬 권리 또는 권한을 가진 자를 말한다. 우리나라는 검사에 의한 기소독점주의를 채택하고 있으므로, 형사소송은 공소권의 주체인 검사가 공소를 제기하여야 개시된다. 공소제기에 따라 재판권의 주체인 법원에 피고사건의 소송계속이 발생하면, 형사소송의 당사자인 검사와 피고인은 각자의 입장에 따라 소송행위를 하게 된다. 검사는 공익의 대표자로서 피고인의 범죄를 증명하고 적정한 처벌을 받게 하기 위한 소송행위를, 피고인은 방어권의 주체로서 자신의 결백함을 소명하거나 과도한 형사처벌이 부과되지 않도록 하기 위한 소송행위를 한다. 법원은 적정절차에 따른 신속하고 공정한 소송진행을 통하여 그 범위에서 실체적 진실을 발견하기 위한 소송행위를 한다. 이처럼 형사소송의 주체는 법원, 검사, 피고인이고, 형사소송은 이들 소송주체의 소송행위를 통하여 진행·발전된다.

한편 **소송보조인**이란 형사절차에서 소송주체를 보조하는 자를 말한다. 변호인은 피고인의 보조인으로서 형사절차에서 다양한 권리 또는 권한을 행사하고, 법정대리인, 법인대표자, 특별대리인 등도 제한된 범위 내에서 피고인의 보조인으로서 권한을 행사한다. 소송당사자와 소송보조인을 합하여 **소송관계인**이라 한다.

그런데 형사절차는 수사절차, 공판절차, 형집행절차로 이어지는 일련의 절차로서, 수사절차는 수사기관이기도 한 검사의 주도로 진행되고, 피고인은 수사절차에서 피의자로서 방어권을 행사하며, 변호인은 수사절차에서도 피의자의 방어권 행사를 위한 다양한 권리와 권한을 행사한다. 수사절차에서의 참고인은 공판절차에서는 증인이 될 수 있고, 범죄 피해자는 소송주체는 아니지만 고소권을 가지며 소송결과에 대해 누구보다도 큰 이해관계를 가지고 있다. 이에 형사소송법은 피해자에 대해 형사절차에 참여할 일정한 권리를 보장하고 있고, 최근에는 피해자의 보조자인 **피해자국선변호사제도**의 적용범위를 점차 확장하고 있다. 이처럼 형사절차에는 소송주체 외에도 수사기관, 피해자, 참고인, 증인 등 다양한 관계인이 존재하고, 그들의 행위는 형사소송의 과정과 결과에 적지 않은 영향을 미치게 되므로, 소송주체와 더불어 설명한다.

Ⅱ. 법원

1. 개관

(1) 법원과 법관의 의미

법원은 사법권의 주체인 형사사법기관으로서, 형사소송법에서 법원이란 주로 구체적 사건에서 재판권을 행사하는 소송주체로서의 재판기관인 **수소법원**을 의미한다. 이 책에서도 법원이라 함은 특별한 경우를 제외하고는 수소법원을 가리키는 것으로 한다. 한편 법원은 행정단위로서의 의미도 가지고 있다. 행정단위로서 법원에는 대법원, 고등법원, 특허법원, 지방법원, 가정법원, 행정법원, 회생법원, 지방법원 지원, 가정지원, 시·군법원 등이 포함된다(법원조직법 제3조).

법관은 행정단위로서의 법원에 소속되어 사법권을 행사하는 공무원을 말한다. 법관은 대법관과 대법관이 아닌 법관으로 나뉘는데(헌법 제101조 제1항, 제102조 제2항), 대법관 외의 법관을 판사라 한다(법원조직법 제5조). 법관은 합의제 법원의 구성원 또는 단독판사로서 구체적 사건에 대하여 헌법과 법률에 의해 양심에 따라 독립하여 심판하고(헌법 제103조), 탄핵 또는 금고 이상의 형의 선고에 의하지 아니하고는 파면되지 아니하며, 징계처분에 의하지 아니하고는 정직·감봉 기타 불리한 처분을 받지 아니하는 헌법기관이다(헌법 제106조 제1항).

(2) 법원의 구성

법원은 구성방법에 따라 한 명의 법관으로 구성되는 **단독제** 법원과 2명 이상의 법관으로 구성되는 **합의제** 법원으로 나뉘는데, 일반적으로는 단독제 법원을 **단독판사**라고 부른다. 형사소송의 제1심은 단독판사의 사물관할을 원칙으로 하고, 법정형이 사형, 무기 또는 단기 1년 이상의 징역 또는 금고에 해당하는 사건 등 중대한 사건에 대해서만 예외적으로 합의제 법원의 사물관할로 한다(법원조직법 제32조). 형사소송의 제2심 및 제3심, 즉 상소심은 3명의 법관으로 구성된 합의제로 운영된다(동법 제7조 제3항, 제5항).

형사소송에서 합의제 법원은 1인의 재판장과 2인 이상의 합의부원으로 구성된다. 재판장은 소송절차 진행에서 독자적 소송지휘권을 가지고 있지만 심판에 있어서는 합의부원과 동등한 권한을 갖는다.

(3) 수명법관, 수탁판사, 수임판사

합의제 법원이 자신의 소속 합의부원에게 특정 소송행위를 하도록 명하는 경우 그 명을 받은 법관을 **수명법관**이라 하고, 법원이 다른 법원 소속 법관에게 특정 소송행위를 하도록 촉탁한 경우 그 촉탁을 받은 법관을 **수탁판사**라 한다.

한편 형사소송법은 압수, 수색, 검증, 체포, 구속 등 수사상의 강제처분 및 수사상의 증거보전·증인신문은 지방법원판사가 발부한 영장에 의함을 원칙으로 하고, 통신비밀보호법, 금융실명거래 및 비밀보장에 관한 법률, 신용정보의 이용 및 보호에 관한 법률 등 다수의 특별법 또한 특정한 개인정보의 수사상 증거수집은 법관이 발부한 영장에 의하도록 하고 있다. 수사절차는 공소제기 이전 절차이므로 수소법원이 존재하지 아니하고 이에 영장 발부를 통하여 수사기관의 강제수사 등을 통제할 법관이 따로 필요한데, 이렇듯 수소법원과는 독립적으로 형사소송법상의 권한을 행사하는 법관을 **수임판사**라 한다. 수임판사의 수사절차상 구체적 권한 행사는 주로 영장의 발부 또는 기각으로 이루어진다.

수임판사가 수사절차에 미치는 영향은 점점 확대되고 있다. 수사기관이 수임판사의 통제 없이 진행할 수 있는 수사는 임의수사로 제한되는데, 각종 특별법과 개인정보보호법 등으로 인해 임의수사의 영역이 점점 줄어들고 있고, 인권과 기본권에 대한 사회전반의 인식변화로 피의자와 변호인의 권리가 확대되고 그 보장이 강화되고 있기 때문이다. 대법원은 강제수사의 요건 충족 여부는 물론 그 절차와 한계에 대해 엄격한 심사기준을 제시하고, 그에 부합하는 증거의 증거능력만을 인정함으로써 수사기관의 적정절차원칙 위반을 엄중히 규제하고 있다.

2. 관할

(1) 개관

(가) 재판권과 관할권의 의의

재판권이란 전체로서의 법원이 사건에 대해 심판할 수 있는 일반·추상적 심판권을, **관할**이란 헌법에 따라 개별 법원에게 부여된 구체적인 재판권을, **관할권**은 특정 법원이 재판권과 관할을 전제로 특정 사건에 대해 재판할 수 있는 소송법상의 권한을 의미한다.

형사소송에 있어 법원은 재판권이 인정되지 않는 경우 공소기각판결을 하여야 하고(법 제327조 제1호), 관할권이 인정되지 않는 경우 원칙적으로 관할위반판결을 하여야 한다(법 제319조). 다만 실무상 관할권이 인정되지 않는 법원에 공소가 제기된 경우 수소법원은 당해 사건을 관할권이 인정되는 다른 법원으로 **이송**하는 것이 일반적이다.

(나) 관할법정주의

관할은 법원의 심리 편의와 사건의 능률적 처리, 그리고 피고인의 출석과 방어권 행사의 편의를 고려하여 법률에 규정된 일반·추상적 기준에 따라 **획일적**으로 결정되는데 이를 **관할법정주의**라 한다.

관할법정주의에 따라 법원조직법 및 형사소송법은 **고유관할**로서 사물관할, 토지관할, 심급관할을 규정하고 있고, 고유관할과 관련성이 인정되는 사건에 대하여 **관련사건관할**을 규정하고 있다. 관할이 불명확한 경우 형사소송법은 검사의 신청에 의해 상급법원이 이를 결정하도록 하고 있는데, 상급법원에 의해 결정되는 관할을 **재정관할**이라 한다.

(2) 고유관할

고유관할이란 법률상 규정에 따라 일정한 법원에게 주어진 관할을 말한다. 고유관할에는 사물관할, 토지관할, 심급관할이 있다. 상소심의 고유관할은 직관적으로도 쉽게 이해할 수 있으나, 제1심의 사물관할 및 토지관할은 법원조직법, 형사소송법 등의 관할 관련 규정의 내용에 유의할 필요가 있다.

(가) 사물관할

사물관할이란 제1심 재판에서 사안의 경중이나 성질에 따른 관할을 말한다. 제1심 재판은 지방법원 **단독판사**의 관할을 원칙으로 한다. 하지만 사안이 중대하거나 성질상 단독판사의 관할로 두기 상당하지 아니한 경우로서 합의부가 스스로 심판할 것으로 결정한 사건, 법정형이 사형·무기·단기 1년 이상인 중대한 사건,[67] 단독판사에 대한 제척·기피사건은 지방법원 **합의부**가 관할하고(법원조직법 제7조, 제32조), 다액 20만 원 이하의 벌금 또는 구류나 과료에 처할 즉결심판 사건은 **시군법원**이 관할한다(동법 제34조 제1항 제3호, 제3항).

사물관할은 공소제기시부터 판결시까지 심리의 전체과정에 계속 존재해야 하는 것으로, 소송 계속 중 사물관할이 인정되지 아니하면 법원은 관할위반의 판결로서 소송을 종결함이 원칙이다.

(나) 토지관할

토지관할은 지역적 관계에 의한 관할의 분배를 말한다.

1) 행정단위로서 법원의 토지관할

행정 단위로서 대법원은 대한민국 영토 전체에 대해 토지관할을 가지고 있고, 고등법원과 지방법원 및 지원의 토지관할은 각급 법원의 설치와 관할구역에 관한 법률의 규정에 따른다.

고등법원은 서울, 대전, 대구, 부산, 광주, 수원에 설치되고, 각 고등법원의 토지관할 내에 각자의 토지관할을 가진 지방법원과 지원이 설치된다. 예를 들어 서울고등법원은 서울특별시, 인천광역시, 강원도 등을 관할하는데, 서울고등법원 관할 내에 설치된 서울중앙지방법원은 서울특별시 종로구, 중구, 강남구 등을 관할하고, 인천지방법원은 인천광역시를, 춘천지방법원은 춘천시, 화천군, 양구군 등을 관할한다(법원설치법 제4조, 별표3).

2) 수소법원의 토지관할

수소법원으로서 제1심 법원의 토지관할은 범죄지, 피고인의 주소, 거소 또는 현재지이고(법 제4조 제1항) 이들 사이에는 우열이 없다. 따라서 검사는 토지관할을 가진 법원이 여럿인 경우 그 중 어느 법원이든 공소를 제기할 수 있다.

범죄지는 범죄의 구성요건에 해당하는 사실의 전부 또는 일부가 발생한 장소로서 실행행위지, 중간지, 결과발생지는 물론 공모공동정범의 경우 공모한 장소, 교사범과 방조범의 경우 교사·방조가 이루어진 장소, 부작위범의 경우 부작위의 장소 및 작위 의무를 행하여야 할 장

---

67) 다만 법정형이 단기 1년 이상의 징역이나 금고에 해당하는 사건이라도 단독판사 관할사건으로 다루어지는 경우가 있다. 예를 들면 형법상 특수상해, 특수절도, 특수공갈사건, 폭력행위 등 처벌에 관한 법률상 누범폭력행위에 해당하는 사건, 특정범죄 가중처벌 등에 관한 법률상 도주치사·치상, 위험운전치사상사건, 도로교통법상 음주운전·음주측정불응사건 등은 단독판사 관할사건이다(법원조직법 제32조 제1항 제3호 단서).

소를 포함한다. 예비·음모는 구성요건과는 직접 관계가 없으므로 **예비·음모지**는 범죄지에 해당하지 아니하나, 이를 처벌하는 별도의 규정이 있는 경우에는 예비·음모지 또한 범죄지에 해당한다.

주소·거소지는 민법상 개념과 동일하여 전자는 피고인의 생활 근거가 되는 곳을, 후자는 피고인이 일정기간 동안 계속적으로 거주하는 곳을 말한다. 주소·거소지는 **공소제기시를 기준**으로 판단하는 것으로써 공소제기시 주소·거소지에 따른 토지관할이 인정되면 소송계속 중 변동이 발생하여도 토지관할에는 영향을 미치지 아니한다.

현재지는 피고인이 공소제기 당시에 실제로 존재하는 장소를 말한다. 예를 들어 구속되어 구치소에 수감 중인 피의자에 대해 공소가 제기되는 경우 피고인의 현재지는 구치소가 된다. 주소·거소지와 마찬가지로 현재지의 판단시점 또한 공소제기 당시이므로, 구치소에 구속되어 공소가 제기된 피고인이 소송계속 중 석방되거나 도주하더라도 이미 발생한 토지관할에는 영향을 미치지 아니한다. 다만 피고인이 위법하게 연행되어 인치·구금된 장소는 현재지에 해당하지 않는다.[68]

(다) 심급관할

심급관할이란 상소관계에 있어서의 관할을 의미한다. 사물관할에서 살펴본 바와 같이 제1심 재판의 사물관할은 단독판사 또는 합의부에 있는데, 제1심 재판의 관할이 단독판사에 있는 경우 그에 대한 상소는 지방법원 본원 합의부를 거쳐 대법원에 의해 이루어지고, 제1심 재판의 관할이 지방법원 합의부에 있는 경우 그에 대한 상소는 고등법원을 거쳐 대법원에 의해 이루어지는 것이 원칙이다.

지방법원 본원 합의부는 지방법원 또는 지원 단독판사의 제1심 결정·명령에 대한 항고심과 판결에 대한 항소심을 관할한다. **고등법원**은 지방법원 합의부의 제1심 결정·명령에 대한 항고심과 판결에 대한 항소심을 관할한다. **대법원**은 고등법원 및 지방법원 본원 합의부의 결정·명령에 대한 항고심과 재항고심 및 판결에 대한 상고심을 관할한다. 제1심 판결에 대한 **비약상고**의 관할 또한 대법원이 가지고 있다.

(3) 관련사건 관할

(가) 의의

관련사건이란 관할이 인정된 하나의 사건을 전제로 그 사건과 주관적 또는 객관적으로 관

68) 대법원 2011. 12. 22. 선고 2011도12927 판결.

련성이 인정되는 사건을 의미한다. 형사소송법은 1인이 범한 수죄(주관적·인적관련), 수인이 공동으로 범한 죄, 수인이 동시에 동일장소에서 범한 죄, 범인은닉죄, 증거인멸죄, 위증죄, 허위감정통역죄 또는 장물에 관한 죄와 그 본범의 죄를(객관적·물적관련) 관련사건으로 정의하고(법 제11조), 일정한 경우 고유관할을 가진 법원에 대하여 관련사건에 대한 관할도 인정한다.

주관적 관련사건의 경우 동일한 피고인에 대한 중복 심리를 피할 수 있고, 피고인이 범한 수개의 범죄를 하나의 절차에서 경합범으로 처리함으로써 피고인에게 양형상의 불이익을 입지 않게 할 수 있다. **객관적 관련사건**의 경우 하나의 절차에서 재판이 이루어짐으로써 동일 증거·증인에 대한 불필요한 중복 심리를 피할 수 있고, 판결의 모순·저촉을 방지할 수 있다. 이처럼 관련사건 관할은 피고인의 이익과 소송경제의 도모를 위한 것으로 이해할 수 있다.

한편 관련사건의 관할은 관련사건이 반드시 병합기소되거나 병합심리되어야 함을 전제로 하는 것은 아니다. 따라서 고유관할사건 계속 중인 법원에 그 사건과 관련사건이 계속된 경우, 양 사건이 병합되어 심리되지 아니한 채 고유관할사건에 대한 심리가 먼저 종결되었다 하더라도 관련사건에 대한 관할권은 여전히 유지된다.[69]

(나) 관련사건에 대한 병합관할

1) 사물관할이 다른 경우

사물관할을 달리하는 수개의 사건이 관련된 때에는 법원합의부가 병합관할한다. 다만 법원합의부는 결정으로 단독판사 관할사건을 단독판사에게 이송할 수 있다(법 제9조). 따라서 검사가 단독판사 관할사건과 지방법원 합의부 관할사건을 하나의 공소장에 병합하여 기소하면 지방법원 합의부는 단독판사 관할사건에 대해서도 관련사건의 병합관할이 인정되므로 단독판사 관할사건에 대해서도 심판하고, 이미 지방법원 합의부에 소송계속 중인 사건의 피고인에 대하여 검사가 단독판사 관할사건을 추가기소하는 경우에도 지방법원 합의부가 이를 소송계속 중인 사건에 병합하여 심판한다. 사물관할의 병합관할은 **항소심에서도 인정**되므로 고등법원과 지방법원본원 합의부 사건이 관련되면 고등법원이 병합하여 심판한다.

다만 형사소송법과 군사법원법에 따라 군사범죄에 대해서는 군사법원이 전속적 재판권을 가지고 있으므로(법 제16조의2, 군사법원법 제2조, 제3조), 1인이 범한 수죄 중 군사법원에 전속적 재판권이 있는 군사범죄가 포함되어 있는 경우에는 법원의 관련사건 병합관할은 인정되지 아니한다. 따라서 이 경우 법원은 군사범죄를 분리하여 재판권이 있는 같은 심급의 군사법원으로 이송하여야 한다.[70]

---

69) 대법원 2008. 6. 12. 선고 2006도8568 판결.

2) 사물관할은 동일하지만 토지관할이 다른 경우

사물관할은 동일하지만 토지관할을 달리하는 수 개의 사건이 관련된 경우, 그 중 하나의 사건에 대해 토지관할을 가진 법원은 토지관할을 가지지 아니한 다른 사건에 대해서도 관할할 수 있다(법 제5조). 따라서 검사가 사물관할은 동일하지만 토지관할을 달리하는 수 개의 사건 중 하나의 사건에 대한 토지관할을 가진 법원에 그 사건과 관련성이 인정되는 모든 사건을 병합하여 기소하면, 법원은 기소된 사건 전체에 대해 심판할 수 있다.

(다) 관련사건의 병합심리

관련사건의 병합심리란 병합관할을 가진 법원이 소송계속 중인 여러 관련사건을 병합하여 하나의 소송절차에서 심리하는 것을 말한다.

1) 사물관할이 다른 경우

사물관할을 달리하는 수개의 관련사건이 각각 법원합의부와 단독판사에 계속된 때에는 합의부는 결정으로 단독판사에 속한 사건을 병합하여 심리할 수 있다(법 제10조). 이처럼 합의부에게 단독판사 관할사건에 대한 병합관할을 인정하는 것을 **합의부 우선원칙**이라 한다.

2) 사물관할은 동일하지만 토지관할이 다른 경우

사물관할은 같지만 토지관할이 다른 여러 개의 관련사건이 각각 다른 법원에 계속된 때에는 관할을 가진 여러 법원이 동등한 지위에 있으므로 합의부 우선원칙이 적용될 수 없다. 이러한 경우 형사소송법은 각 법원의 공통되는 바로 위의 상급법원이 검사나 피고인의 신청에 의하여 결정으로 하나의 법원으로 하여금 여러 사건을 병합심리하게 할 수 있도록 하였다(법 제6조).

여기에서 **'공통되는 바로 위 상급법원'**은 각급 법원의 설치와 관할구역에 관한 법률에 따른 관할구역에 의해 정해진다. 따라서 제1심 재판에서 토지관할의 병합심리 여부는 제1심 법원들의 소속 고등법원이 동일한 경우에는 그 고등법원의 결정에 의하고, 소속 고등법원이 서로 상이할 경우에는 대법원의 결정에 의한다.[71]

(라) 관련사건의 심리분리

병합관할이 있다 하더라도 병합심리의 필요성이 없다면 굳이 하나의 법원이 심리할 이유가 없다. 따라서 토지관할을 달리하는 수개의 관련사건이 동일법원에 계속된 경우에 병합심리의 필요가 없는 때에는 법원은 결정으로 이를 분리하여 관할권 있는 다른 법원에 이송할 수 있

70) 대법원 2016. 6. 16.자 2016초기318 전원합의체 결정.
71) 대법원 2006. 12. 5.자 2006초기335 전원합의체 결정.

다(법 제7조). 이를 **토지관할의 심리분리**라 한다.

(4) 재정관할

재정관할이란 법원의 재판으로 정해지는 관할을 말한다. 재정관할에는 관할의 지정과 관할의 이전이 있다.

(가) 관할의 지정

관할의 지정이란 법원의 관할이 명확하지 아니한 때 또는 관할위반을 선고한 재판이 확정된 사건에 관하여 다른 관할법원이 없는 때에 검사의 신청에 따라 상급법원이 제1심 법원의 관할을 지정하는 것을 말한다(법 제14조).

이 경우 검사는 관할이 있을 개연성이 인정되는 제1심 법원들의 공통되는 바로 위 상급법원에 그 사유를 기재한 신청서를 제출함으로써 관할의 지정을 신청하여야 하고, 공소를 제기한 이후인 경우에는 즉시 공소를 접수한 법원에 이를 통지하여야 한다(법 제16조). 여기에서도 '공통되는 바로 위 상급법원'은 각급 법원의 설치와 관할구역에 관한 법률에 따른 관할구역에 의해 정해진다. 제1심 법원들의 소속 고등법원이 동일한 경우에는 그 고등법원이 상급법원이 되고, 소속 고등법원이 서로 상이할 경우에는 대법원이 상급법원이 된다.

(나) 관할의 이전

관할의 이전이란 관할법원이 법률상의 이유 또는 특별한 사정으로 재판권을 행할 수 없는 때 또는 범죄의 성질, 지방의 민심, 소송의 상황 기타 사정으로 재판의 공평을 유지하기 어려운 염려가 있는 때에 검사 또는 피고인의 신청에 따라 사건이 계속 중인 법원의 상급법원이 관할을 다른 법원으로 이전하는 것을 말한다(법 제15조). 여기에서의 상급법원 또한 각급 법원의 설치와 관할구역에 관한 법률에 따른 관할구역에 의해 정해진다.

검사 또는 피고인은 위와 같은 사유가 있는 경우 상급법원에 관할의 이전을 신청할 수 있고, 신청을 받은 상급법원은 신청이유가 인정되는 경우 관할을 이전할 수 있다. 관할의 이전을 신청하는 검사 또는 피고인은 그 사유를 기재한 **신청서를 상급법원에 제출**하여야 하고, 공소제기 후인 경우 공소를 접수한 법원에 통지하여야 한다(법 제16조).

(5) 관할의 경합

관할의 경합이란 하나의 사건에 대하여 여러 개의 법원이 동시에 관할권을 가지는 경우를 말한다. 여러 법원이 동일 사건에 대해 심리를 진행하는 것은 소송경제를 저해하고, 상호 모순된 판결이 나올 가능성도 있으므로 형사소송법은 관할 경합시 우선순위를 규정하고 있다.

사물관할이 다른 여러 개의 법원에 동일 사건에 대한 소송계속이 동시에 발생한 경우에는 합의부 우선원칙에 따라 법원합의부가 심판한다(법 제12조). 사물관할이 같은 여러 개의 법원에 동일 사건에 대한 소송계속이 발생한 경우에는 합의부 우선원칙이 적용될 수 없다. 이 경우에는 먼저 공소가 제기된 법원이 심판함을 원칙으로 하지만 각 법원에 공통되는 바로 위의 상급법원은 검사나 피고인의 신청에 의하여 결정으로 뒤에 공소를 받은 법원으로 하여금 심판하게 할 수 있다(법 제13조).

동일 사건에 대한 관할경합으로 인해 **심판하지 않게 된 법원**은 당해 사건에 대하여 **공소기각결정**을 해야 한다(법 제328조 제3호). 동일 사건에 대하여 뒤에 공소가 제기된 법원의 재판이 이미 확정된 경우, 먼저 공소가 제기된 법원은 동일 사건에 대해 확정판결이 있는 경우이므로 당해 사건에 대해 **면소판결**을 하여야 한다(법 제326조 제1호). 동일 사건에 대해 여러 법원의 판결이 모두 확정된 경우에는 **먼저 확정된 판결이 우선**되고 뒤에 확정된 판결은 무효가 된다.

한편 동일 사건이 같은 법원에 **이중기소**되어 계속된 경우, 법원은 뒤에 공소제기된 사건에 대해 **공소기각판결**을 하여야 한다(법 제327조 제3호).

(6) 사건의 이송

사건의 이송이란 공소장변경에 의한 피고인의 현재지 변경, 사물관할의 변경, 군사법원 관할사건 등의 사유로 법원이 소송계속 중인 사건을 다른 법원으로 이전하는 것을 말한다. 사건의 이송 결정을 한 법원은 사건의 기록, 증거물을 이송법원에 송부하여야 한다.

(가) 피고인의 현재지가 변경된 경우

법원은 피고인이 그 관할구역 내에 현재하지 아니하는 경우에 특별한 사정이 있으면 결정으로 사건을 피고인의 현재지를 관할하는 동급 법원에 이송할 수 있다(법 제8조 제1항). 여기에서 **특별한 사정**은 사건이송이 심리의 편의와 피고인의 이익에 부합하는 경우에 한하여 인정함이 상당하다.[72]

72) 대법원 1978. 10. 10. 선고 78도2225 판결.

(나) 공소장변경에 의해 관할이 변경된 경우

1) 단독판사 관할이 합의부 관할로 변경된 경우

단독판사의 관할사건이 공소장변경에 의하여 합의부 관할사건으로 변경된 경우에 법원은 결정으로 관할권이 있는 법원에 이송한다(법 제8조 제2항).

검사가 단독판사의 관할사건으로 공소를 제기한 후 공판 진행 중 합의부 관할사건으로 공소장변경을 신청한 경우 법원은 그 신청이 이유 있음을 인정하면 공소장변경을 허가하여야 하는데(법 제298조 제2항), 이때 법원의 사건 처리에 대해서는 형사소송법 제319조를 우선 적용하여 단독판사가 관할위반의 판결을 선고하고 그 확정 후 검사가 다시 관할법원인 합의부에 공소를 제기하여야 한다는 견해(319조 우선적용설)와, 형사소송법 제8조 제2항을 우선 적용하여 단독판사가 합의부로 사건을 이송하여야 한다는 견해(8조2항 우선적용설)가 있다. 형사소송법 제8조 제2항은 관할위반의 효과에 있어 형사소송법 제319조에 대한 **특별규정**으로 봄이 상당하고, 관할위반의 판결선고 후 공소를 다시 제기하는 것은 불필요한 절차의 반복에 불과하여 소송경제를 저해할 뿐이므로 **합의부로 사건을 이송**하여야 한다는 후자의 견해(8조2항 우선적용설)가 타당하다.

한편 **항소심에서 공소장변경**에 의하여 단독판사의 관할사건이 합의부 관할사건으로 변경되는 경우, 항소심의 관할은 지방법원 본원 합의부에서 고등법원으로 변경되게 된다. 대법원은 이 경우에도 형사소송법 제8조 제2항에 따라 항소심 법원인 지방법원 본원 합의부는 직권으로 관할권이 있는 **고등법원으로 사건을 이송**하여야 한다는 입장이다.[73]

2) 합의부 관할이 단독판사 관할로 변경된 경우

합의부 관할사건이 공소장변경으로 단독판사 관할사건이 된 경우 형사소송법은 사건이송에 대한 명문의 규정을 두지 아니하고 있다. 이 경우 대법원은 신중한 심리를 기한다는 측면에서 합의부에서 단독사건을 심리함에는 아무런 문제가 없고, 사건이송은 소송경제에 반하므로 합의부는 공소장변경 이후에도 관할권을 갖는다는 입장을 취하고 있다. 따라서 이 경우 합의부는 단독판사에게 사건을 이송하거나, 공소장변경을 불허한 후 사건을 단독판사에게 재배당 할 수 없다.[74]

---

73) 대법원 1997. 12. 12. 선고 97도2463 판결.
74) 대법원 2013. 4. 25. 선고 2013도1658 판결.

(다) 군사법원 관할사건

법원은 공소가 제기된 사건에 대해 군사법원이 재판권을 가졌거나 재판권을 가졌음이 판명된 때에는 결정으로 사건을 재판권 있는 같은 심급의 군사법원으로 **이송**하여야 하고(법 제16조의2 전단), 군사법원은 공소가 제기된 사건에 대하여 재판권을 가지지 아니하게 되었거나 재판권을 가지지 아니하였음이 밝혀진 경우에는 결정으로 사건을 재판권이 있는 같은 심급의 법원으로 이송하여야 한다(군사법원법 제2조 제3항 전단). 이는 **소송경제**를 위한 것으로 이 경우 법원 및 군사법원은 피고사건에 대해 재판권이 없음을 이유로 공소기각판결을 해서는 아니 된다.

절차유지의 원칙에 따라 군사법원 관할사건에 대해 법원이 이송 전에 행한 소송행위는 이송 후에도 그 효력을 갖는다(법 제16조의2 후단). 군사법원이 법원으로 사건을 이송한 경우에도 마찬가지이다(군사법원법 제2조 제3항 후단).

(라) 치료감호사건

치료감호사건의 제1심 재판관할은 지방법원 본원 및 지원 합의부에 있고, 치료감호사건과 피고사건의 관할이 다른 때에는 치료감호사건의 관할에 따른다(치료감호법 제3조 제2항). 따라서 제1심 피고사건의 재판관할이 단독판사에 있다 하더라도 검사가 치료감호를 청구하면 **합의부 관할사건**이 된다.

이러한 점은 **항소심**에 있어서도 마찬가지이다. 검사는 공소제기한 사건의 항소심 변론종결시까지 치료감호를 청구할 수 있으므로(동법 제4조 제5항) 단독판사 관할인 피고사건의 항소심 사건이 지방법원 합의부에 계속 중인 때에도 피고인에 대한 치료감호를 청구할 수 있다. 이 경우 피고사건의 항소심 관할은 지방법원 합의부에 있지만 치료감호사건의 관할 법원은 고등법원이 되고, 치료감호사건과 피고사건의 관할이 다른 때에 해당하여 항소심의 관할은 모두 고등법원에 있다. 따라서 지방법원 합의부는 **치료감호사건과 피고사건을 모두 고등법원에 이송**하여야 한다.[75)]

(마) 소년사건

법원은 소년에 대한 피고사건을 심리한 결과 보호처분에 해당할 사유가 있다고 인정하면 결정으로써 사건을 관할소년부에 송치하여야 한다(소년법 제50조). 소년부는 송치받은 사건을 조사 또는 심리한 결과 사건의 본인이 19세 이상인 것으로 밝혀지면 결정으로서 송치한 법원에 사건을 다시 이송해야한다(동법 제51조). 본인이 19세 이상인지 여부는 **조사심리 당시**를 기

75) 대법원 2009. 11. 12. 선고 2009도6946,2009감도24 판결.

준으로 판단한다.

(바) 사건의 이송과 구속기간

피고인이 구속상태인 피고사건의 항소심에서 지방법원 합의부가 고등법원으로 사건을 이송한 경우, 지방법원 합의부에서 경과한 구속기간은 사건을 이송받은 고등법원의 구속기간에 포함된다. 고등법원 입장에서는 구속기간 부족으로 심리가 부실해질 우려가 있다고 주장할 수도 있겠으나, 피고인의 입장에서는 검사의 (실수로 인한) 공소장변경에 따라 구속기간이 연장되는 것을 수인하라는 것은 불합리, 불공평하기 때문이다. 형사소송법도 이러한 점에서 사건이송에 대한 구속기간 연장을 규정하지 아니하였다고 이해함이 상당하다.

한편 항소심인 지방법원 합의부가 고등법원으로 이송해야 할 사건에 대해 실체재판을 하였다는 이유로 **상고**한 경우, 대법원은 원심판결을 파기하고(법 제391조) 판결로써 사건을 관할권 있는 법원에 이송하여야 하는데(법 제394조) 이때 파기이송 후 항소심법원의 구속기간에 대하여는 **명문의 규정이 없다**. 실무상 파기환송심은 항소심이 새로이 계속된 것으로 보는데, 이러한 실무관행에 따를 때 파기이송심의 구속기간은 대법원의 구속기간 만료일 다음날부터 두 번의 갱신으로 4개월 또는 피고인의 증거신청 등에 의하여 부득이하게 추가심리가 필요한 때에는 세 번의 갱신으로 6개월 동안 연장될 수 있다고 볼 수 있을 것이다(법 제92조). 그러나 이 경우에도 피고인의 이익보호 취지에서 파기이송심의 구속기간은 파기된 원심의 구속기간을 제외한 나머지 기간으로 제한된다 함이 상당하다.

(7) 관할인정 및 관할위반 인정 오류의 효과

관할의 존재는 소송조건으로서 공소제기시부터 존재하여야 하고 소송계속 중에는 계속 유지되어야 한다. 소송조건은 법원의 직권조사사항이므로 법원은 당사자의 주장 여부와 관계없이 직권으로 관할의 존부를 조사하여야 하는데(법 제1조), 형사소송법은 관할인정 및 관할위반 인정의 오류에 대해 심급별로 그 효과를 달리 규정하고 있다.

다만 토지관할의 존부는 피고인의 신청이 있는 경우에만 문제된다. 토지관할위반에 대한 피고인의 신청은 피고사건에 대한 모두진술이 끝나기 전에 이루어져야 하고, 피고인이 토지관할 위반에 대한 신청 없이 피고사건에 대하여 진술하게 되면 관할위반의 하자는 치유되어 법원은 관할위반의 판결을 할 수 없다(법 제320조). 따라서 토지관할은 일종의 기한부 소송조건이라 할 수 있다.

(가) 제1심 법원

제1심 법원은 피고사건이 법원관할에 속하지 아니한 때에는 판결로써 관할위반의 선고를 하여야 한다(법 제319조). 제1심 법원이 관할이 없음에도 관할이 있음을 전제로 관할위반판결 외의 재판을 하거나, 관할이 있음에도 관할위반판결을 한 경우 위법한 판결로써 절대적 항소 및 상고이유가 된다(법 제361조의5 제3호, 제383조 제1호).

(나) 항소법원

1) 제1심 법원이 관할위반판결을 하지 아니한 경우

제1심 법원에게 관할이 없음에도 제1심 법원이 관할이 있음을 전제로 관할위반판결 외의 재판을 한 경우, 항소법원은 관할인정이 법률에 위반됨을 이유로 제1심 판결을 파기하고 판결로써 사건을 관할이 있는 법원으로 **이송**하여야 하고, 항소법원으로부터 사건을 이송받은 법원은 제1심 법원으로서 이를 심판하여야 한다. 다만 항소법원이 그 사건의 제1심 관할이 있는 때에는 제1심으로서 심판하여야 한다(법 제367조 단서). 예를 들어 항소법원인 지방법원 합의부가 사물관할 위반을 이유로 단독판사의 제1심 판결을 파기하는 경우에는 지방법원 합의부가 제1심 법원으로서 이를 직접 심판하여야 한다.

2) 제1심 법원이 관할위반판결을 한 경우

제1심 법원에 관할이 있음에도 제1심 법원이 관할위반의 판결을 한 경우, 항소법원은 관할위반의 인정이 법률에 위반됨을 이유로 제1심 판결을 파기하고 판결로써 사건을 제1심 법원에 **환송**하여야 한다(법 제366조). 항소법원으로부터 사건을 환송받은 제1심 법원은 이를 다시 심판하여야 한다.

(다) 대법원

항소법원 또는 제1심 법원이 관할이 **없음에도** 관할이 있음을 전제로 관할위반판결 외의 재판을 하였을 경우, 대법원은 관할인정이 법률에 위반됨을 이유로 항소심 판결 또는 제1심 판결을 파기하고 판결로써 사건을 관할있는 법원에 **이송**하여야 한다(법 제394조).

항소법원 또는 제1심 법원이 관할이 **있음에도** 관할위반의 판결을 한 경우, 대법원은 관할위반의 인정이 법률에 위반됨을 이유로 항소심 판결 또는 제1심 판결을 파기하고 판결로써 사건을 항소법원 또는 제1심 법원에 **환송**하여야 한다(법 제395조).

(라) 관할위반이 개별소송행위에 미치는 영향

관할위반이 밝혀진 경우에도 그 절차를 형성하는 개별 소송행위의 효력에는 영향을 미치지 않는다(법 제2조). 이는 소송경제적 측면을 고려한 것으로써 관할위반의 판결이 선고된 공판절차에서 작성된 공판조서, 증인신문조서, 검증조서 등은 사건이 이송 또는 환송된 경우는 물론 공소가 다시 제기된 경우에도 증거로 사용될 수 있다.

3. 제척, 기피, 회피

공정한 법원에 의해 재판이 이루어져야 한다는데 대해서는 이론이 있을 수 없다. 다른 소송과 비교해 볼 때 형사소송에서 법원은 소송진행에 있어 상당히 큰 직권을 행사할 수 있고, 형사소송의 결과에 따라서는 신체의 자유를 장기간 제한당하는 등 피고인의 인권에 중대한 영향을 미치므로 **공정한 법원에 의한 재판**의 요청은 매우 절실하다고 하겠다. 이에 따라 형사소송법은 불공정한 재판의 우려가 있는 법관을 법원의 구성에서 배제하도록 하는 제척, 기피 및 회피 제도를 두고 있다.

제척, 기피 및 회피는 전심재판 관여 외에는 법원서기관, 법원사무관, 법원주사, 법원주사보 및 통역인에게도 준용된다(법 제25조 제1항). 이들의 공정한 재판에 대해 미칠 수 있는 악영향 또한 허용되어서는 안 되기 때문이다.

(1) 제척

제척이란 사건을 담당할 법관이 불공정한 재판을 할 염려가 매우 높은 유형적인 경우를 법률로써 미리 정하고, 이에 해당하면 구체적인 사안에서의 불공정한 재판의 가능성에 대한 평가 없이도 법관을 법원의 구성에서 **당연 배제**하는 것을 말한다. 형사소송법은 법관이 당해 사건의 당사자 또는 그에 준하는 경우와, 법관이 당해 사건의 절차 또는 그와 밀접한 관계가 있는 절차에 이미 관여한 경우를 제척원인으로 열거하여(제한적 열거사유), 직무에서 자동 배제되도록 하고 있다(법 제17조).

(가) 법관이 당사자 또는 그에 준하는 경우

법관이 당해 사건에 대해 당사자 또는 그에 준하는 자인 경우 공정한 재판을 기대하기 어렵다. 형사소송법은 법관과 당해 사건과의 현재 또는 과거의 관계로 인한 제척원인으로서 법관이 당해 사건의 검사 또는 사법경찰관이었던 경우, 법관과 당해 피고인 사이에 밀접한 관계가 있는 경우, 법관이 당해 사건의 피해자 또는 피해자와의 사이에 밀접한 관계가 있는 경우를 제척원인으로 두고 있다.

1) 법관이 사건에 관하여 검사 또는 사법경찰관의 직무를 행한 때(법 제17조 제6호)

이는 수사기관으로서 당해 사건의 수사에 관여한 자가 이후 법관으로 임용되어 그 사건을 배당받은 경우를 의미하는 것으로, 이에는 직접 수사를 담당한 수사기관뿐만 아니라 직속 상관으로서 당해 사건에 대해 수사지휘를 한 자 및 사법경찰관의 수사에 직접 영향을 미친 검사도 포함된다. 하지만 법관 임용 전에 선거관리위원장으로서 공직선거법 위반으로 수사의뢰를 한 자가 법관으로 임용되어 그 사건의 재판을 담당한 경우와 같이 수사기관이 아니었던 자로서 수사와 밀접한 관계에 있었던 자가 이후 법관으로 임용되어 그 사건을 배당받았다 하더라도 당해 사건에 대한 제척원인에 해당되지는 않는다.[76)]

2) 법관과 당해 피고인 사이에 밀접한 관계가 있는 경우

형사소송법은 법관과 당해 피고인 사이에 현재 또는 과거의 밀접한 관계로 인한 제척원인으로서 법관이 피고인의 법정대리인·후견감독인인 때(법 제17조 제3호), 피고인의 친족 또는 친족관계가 있었던 자인 때(동조 제2호), 당해 사건에 관하여 피고인의 대리인·변호인·보조인으로 된 때(동조 제5호), 당해 사건에 관하여 피고인의 변호인이거나 피고인·피해자의 대리인인 법무법인 등에서 퇴직한지 2년 이내인 때(동조 제8호), 당해 사건의 피고인인 법인·기관·단체에서 임원 또는 직원으로 근무하다가 퇴직한 지 2년 이내인 때(동조 제9호)를 두고 있다. 이 중 제8호 및 제9호의 제척원인은 법조일원화에 따라 변호사 경력자가 법관으로 임용되면서 법관 임용 전에 소속되었던 로펌이나 기업과의 관계에 대한 염려, 즉 소위 **후관예우**에 대한 대응규정이라 할 수 있다.

법관과 피고인 사이의 친족, 법정대리인, 후견감독인의 관계 여부는 **민법**에 따른다. 따라서 법관이 피고인과 **사실혼** 관계에 있는 경우는 제척원인에는 해당하지 아니하나 기피원인에는 해당할 수 있다.[77)]

3) 법관이 피해자 또는 피해자와의 사이에 밀접한 관계가 있는 경우

형사소송법은 법관이 당해 사건의 피해자인 경우(법 제17조 제1호) 및 피해자와 현재 또는

---

76) 대법원 1999. 4. 13. 선고 99도155 판결.

77) 대법원 2011. 4. 14. 선고 2010도13583 판결. "사실혼관계에 있는 사람은 민법에서 정한 친족이라고 할 수 없어 형사소송법 제17조 제2호에서 말하는 친족에 해당하지 않으므로, 통역인이 피해자의 사실혼 배우자라고 하여도 통역인에게 형사소송법 제25조 제1항, 제17조 제2호에서 정한 제척사유가 있다고 할 수 없다."

과거의 밀접한 관계로 인한 제척원인으로서 당해 사건 피해자의 법정대리인·후견감독인인 때(동조 제3호), 당해 사건에 관하여 피해자의 대리인이 된 때(동조 제4호), 피해자의 친족 또는 친족관계가 있었던 자인 때(동조 제2호)를 두고 있다.

법관이 당해 사건의 피해자인 때란 범죄의 **직접** 피해자인 경우를 말하고, 법관과 피고인 또는 피해자 사이의 친족, 법정대리인, 후견감독인의 관계 여부는 민법에 따른다. 따라서 법관이 범죄로 인해 간접적 피해를 입은 경우 또는 피해자와 사실혼 관계에 있는 경우에는 기피원인에 해당할 수 있을 뿐이다.

(나) 법관이 당해 사건에 이미 관여한 경우

1) 법관이 전심재판에 관여한 때(법 제17조 제7호)

① 전심재판의 범위

전심재판이란 상소에 의해 불복이 신청된 당해 사건을 기준으로 그 이전 심급을 의미하는 것으로, 소송계속의 이전을 통해 선행절차와 후행절차 사이에 연결성이 인정되는 경우에 한해 선행절차가 전심재판으로 인정되게 된다. 따라서 법관이 수사절차에서 영장을 발부한 경우,[78] 증거보전·증인신문절차에 관여한 경우, 분리 심리된 다른 공범의 사건에 관여한 경우, 동일 피고인의 다른 사건에 관여한 경우, 파기환송 전의 원심에 관여한 법관이 환송 후의 재판에 관여하는 경우,[79] 재심청구의 대상이 되는 확정판결에 관여한 법관이 재심청구사건에 관여하는 경우,[80] 상고심에 관여한 법관이 판결정정 신청사건에 관여하는 경우는 전심재판에 관여한 때에 해당하지 아니한다.

약식명령 불복에 의한 정식재판에서 약식명령이 전심재판에 해당하는지에 대하여, 약식명령을 한 법관은 당해 사건을 실질적으로 심리하므로 그 불복절차인 정식재판에서 예단을 가질 수 있다는 이유로 전심재판에 관여한 것으로 보아야 한다는 **적극설**(실질설)과[81] 약식명령과 정식재판은 심급을 같이하는 재판이므로 전심재판에 해당하지 않는다는 **소극설**(형식설)의[82] 대립이 있다. 피고인으로 하여금 공정한 재판을 받을 권리를 널리 보장하고자 하는 적극설의 태도도 경청할 부분이 있지만, 조문의 문언범위를 벗어난 해석을 받아들일 수는 없다. 비록 불복에 의한 선후관계의 절차라 하더라도 약식절차와 정식재판 청구에 의한 제1심 공판절차의 **심급은**

78) 대법원 1989. 9. 12. 선고 89도612 판결.
79) 대법원 1979. 2. 27. 선고 78도3204 판결.
80) 대법원 1982. 11. 15.자 82모11 결정. 법원은 이 경우 기피원인에도 해당하지 아니한다고 하였다.
81) 김기두 41; 신현주 80.
82) 백형구 570; 손/신 47; 신동운 536; 신/조 404; 이/조/이 416; 임동규 43; 차/최 56.

동일하여 약식명령을 제1심 공판절차의 전심재판이라 할 수 없으므로 소극설이 타당하다. **대법원**도 같은 이유로 **소극설**의 입장에 서 있다.[83] 물론 약식명령을 한 판사가 당해 정식재판에 대한 항소심에 관여한 경우에는 심급을 달리하므로 제척원인에 해당한다.[84]

즉결심판을 한 판사가 정식재판에 관여하는 경우도 이와 마찬가지이다. 즉결심판과 그 불복으로서의 정식재판은 심급을 같이 하므로, 즉결심판은 그 불복으로서의 정식재판에 대한 전심재판에 해당하지 아니한다.

② 관여의 의미

관여란 사건에 대한 판단으로서 재판의 합의 및 판결서의 작성 등 전심재판의 내용 성립에 실질적으로 영향을 미친 때를 의미한다. 따라서 제1심 판결에서 피고인의 유죄의 증거로 사용된 증거를 조사한 경우는 전심재판에 관여한 경우에 해당하지만, 재판의 내용과 관련 없이 선고만 한 경우, 사실심리나 증거조사 없이 공판기일 연기재판에만 관여한 경우는 전심재판에 관여한 경우에 해당하지 아니한다.

2) 법관이 전심재판의 기초되는 조사, 심리에 관여한 때(법 제17조 제7호)

이는 법관이 전심재판의 내용 형성에 사용될 자료의 수집·조사에 관여하고, 그 결과가 전심재판에서 **사실인정의 자료**로 쓰인 경우를 말한다.[85] 수사단계에서 구속영장의 발부, 구속적부심사, 보석허가결정 등은 전심재판에서의 피의자 구속에 대한 심사일 뿐 전심재판의 사실인정과는 관계가 없으므로 전심재판의 기초되는 조사, 심리에 관여한 때에 해당하지 아니한다. 하지만 전심재판의 공판기일에서 증거조사에 관여한 법관은 판결 전 경질되었다 하더라도 그 기초되는 조사, 심리에는 관여하였으므로 상소심에서의 제척원인이 된다.[86]

한편 **대법원**은 증거보전절차나 증인신문절차에 관여한 법관 등에 대해서도 전심의 기초되는 조사·심리 관여로서의 제척원인에는 해당하지 아니한다는 입장이지만[87] 증거보전절차 등에서 작성된 법관작성 조서는 증거능력이 인정되어 그 자체로서 본안에서의 실체형성과 밀접한 관련이 있고, 증거보전절차 등에서의 법관은 본안에서의 법원 또는 재판장과 동일한 권한을 가지고 있으므로 이에 대한 관여는 전심재판의 기초되는 조사 심리에 관여한 때로서 제척원인에 해당한다고 봄이 옳다.

83) 대법원 2002. 4. 12. 선고 2002도944 판결.
84) 대법원 1985. 4. 23. 선고 85도281 판결.
85) 대법원 1999. 4. 13. 선고 99도155 판결.
86) 대법원 1999. 10. 22. 선고 99도3534 판결.
87) 대법원 1971. 7. 6. 선고 71도974 판결.

3) 법관이 사건에 관하여 증인·감정인·피해자의 대리인으로 된 때(법 제17조 제4호)

법관이 증인 등으로 '된 때'란 당해 사건에 증인 등으로서 **실제 관여**한 경우를 의미한다. 따라서 증인 등으로 신청된 경우 또는 신청이 허가되어 증인 등으로 소환되었다 하더라도 실제 증언 또는 감정을 하지 아니한 경우는 이에 해당하지 아니한다. 또한 수사기관에서 참고인으로 소환되어 진술한 때에는 참고인, 감정수탁인으로서 감정한 경우에는 감정수탁인일 뿐 증인 또는 감정인이 아니므로 증인 등이 된 때에 해당하지 아니한다.

(다) 제척의 효과와 제척원인 있는 법관이 관여한 판결의 효력

1) 제척의 효과와 제척되는 재판

제척원인이 인정되는 법관은 직무집행에서 **당연 배제**된다. 제척은 해당 원인의 존재만으로도 공정한 재판의 저해에 대한 우려가 큰 법관을 직무집행에서 강제로 배제되도록 법률로써 정한 것이기 때문이다.

제척원인으로 인하여 법관이 제척되는 재판이란 불복신청이 된 당해 사건의 판결절차를 말한다. 따라서 전심재판에 관여한 법관이 항소심 공판진행에 관여하였다 하더라도 이후 경질되어 그 판결에는 관여하지 아니한 경우 그 법관이 불복이 신청된 당해 사건의 재판에 관여하였다고 할 수는 없다.[88] 이러한 점은 기피원인이 되는 재판에 대해서도 마찬가지이다.

2) 제척원인 있는 법관이 관여한 판결의 효력

제척원인이 있다 하더라도 법관이 스스로 회피신청을 하지 아니하고 당사자도 기피신청을 하지 아니하는 경우 또는 기피신청과 회피신청이 모두 기각되는 경우 법관은 당해 재판에 관여하게 된다. 제척원인 있는 법관의 재판 관여는 절대적 항소이유(법 제361조의5 제7호) 및 상대적 상고이유(법 제383조 제1호)에 해당하지만, 재판의 당연무효 또는 재심이유에 해당하지는 아니한다.

(2) 기피

(가) 의의

기피란 제척원인 또는 그에 준하는 원인이 있어 불공정한 재판을 할 염려가 있는 법관이 재판에 관여하는 경우, 당사자의 **신청**에 의하여 당해 법관을 직무집행에서 배제시키는 것을 말한다. 검사 또는 피고인은 법관이 제척원인 중 하나의 사유에 해당되는 때 또는 법관이 불공평

88) 대법원 1985. 4. 23. 선고 85도281 판결.

한 재판을 할 염려가 있는 때에 법관의 기피를 신청할 수 있고, 변호인은 피고인의 명시한 의사에 반하지 아니하는 경우에 한하여 법관에 대한 기피를 신청할 수 있다(법 제18조).

(나) 불공정한 재판을 할 염려의 의미

불공정한 재판을 할 염려가 있는 때란 **통상인**을 기준으로 판단할 때 법관과 사건 사이의 관계를 보아 불공평한 재판의 의혹을 갖는 것이 합리적이라고 인정할 만한 객관적인 사정이 있는 때를 말한다.[89)]

제척에 준하는 원인이 있어 불공정한 재판의 **염려가 인정되는 예**로는, 법관이 증명되지 않은 사실을 언론에 발표한 경우, 심리 중 유죄를 예단하는 취지로서 미리 법률판단을 한 경우,[90)] 심리 중 피고인에게 매우 모욕적인 말을 한 경우, 피고인에게 진술을 강요한 경우 등을 들 수 있다. 하지만 법관이 형사소송법이 부여한 권한 내에서 피고인에게 불이익한 행위를 하였다는 이유만으로는 불공정한 재판의 염려는 **인정되지 아니한다**. 그러한 **예**로는, 법관이 피고인에게 공판기일에 성실히 출석할 것을 촉구한 경우,[91)] 피고인이 신청한 증거를 채택하지 아니하거나 증거결정을 취소 또는 증인신문권의 본질적 부분을 침해하지 아니하는 범위 내에서 피고인의 증인신문을 제지한 경우,[92)] 피고인의 법정구속시에 죄질이 나쁘다고 말한 경우, 피고인에게 유리한 검사의 공소장변경허가신청을 불허한 경우,[93)] 재항고인의 소송기록열람신청에 대하여 국선변호인을 통하여 신청을 하도록 하게 하거나 국선변호인에게 성실한 변론을 하도록 촉구하지 아니한 경우[94)] 등을 들 수 있다.

(다) 기피 절차

1) 신청권자의 기피신청

신청권자는 **변론종결시까지** 관할을 준수하여 기피신청을 하여야 하고, 신청일부터 3일 이내에 그 사유를 소명한 서면을 관할법원 또는 법관에게 제출하여야 한다.

① 신청권자와 신청관할

기피 **신청권자**는 검사, 피고인, 변호인이다. 다만 변호인은 피고인의 명시적 의사에 반하지 아니하는 경우에 한하여 기피신청을 할 수 있다(법 제18조).

---

89) 대법원 2001. 3. 21.자 2001모2 결정.
90) 대법원 1974. 10. 16.자 74모68 결정.
91) 대법원 1969. 1. 6.자 68모57 결정.
92) 대법원 1995. 4. 3.자 95모10 결정.
93) 대법원 2001. 3. 21.자 2001모2 결정.
94) 대법원 1996. 2. 9.자 95모93 결정.

기피신청의 **관할**은 합의제 법원의 법관에 대한 기피는 그 법관의 소속법원에 있고, 수명법관·수탁판사·단독판사에 대한 기피는 당해 법관에게 있다(법 제19조 제1항).

② 신청시기와 방법

형사소송법상 기피신청의 시기에 대한 제한 규정은 없다. 하지만 기피신청이 있는 경우 소송진행은 정지됨이 원칙이므로(법 제22조) 소송지연만을 목적으로 한 당사자의 권리·권한남용을 허용할 이유는 없다. 따라서 기피신청의 시기는 변론종결시로 제한함이 옳다. 대법원도 같은 입장이다.[95]

기피신청의 방법에는 제한이 없다. 다만 신청인은 신청일로부터 **3일 이내**에 기피원인을 소명한 **서면**을 제출하여야 한다(법 제19조 제2항).

2) 기피신청에 대한 결정과 불복

① 간이기각결정

기피신청을 받은 법원 또는 법관은, 판결을 선고하는 도중의 기피신청과 같이 소송지연의 목적임이 명백한 경우,[96] 기피신청 관할을 위반한 경우, 기피사유 기재 서면을 미제출한 경우에 결정으로 이를 기각한다(법 제20조 제1항). 이를 **간이기각결정**이라 한다. 간이기각결정에 대하여 신청인은 **즉시항고**를 할 수 있다(법 제23조 제1항).

② 인용결정 간주

법원 또는 법관이 간이기각결정을 하지 아니하면 기피당한 법관은 기피신청에 대한 의견서를 제출하여야 하는데, 그 내용이 기피사유를 인정하는 경우에는 **기피결정**으로 **간주**된다(법 제20조 제2항, 제3항). 이를 인용결정 간주라 한다. 이에 대하여는 항고할 수 없다(법 제403조 제1항).

③ 인용 또는 기각결정

간이기각결정 또는 인용결정 간주가 없는 경우에는 기피당한 법관 또는 판사의 소속법원 **합의부**는 결정으로서 기피신청에 대한 재판을 하여야 한다. 기피당한 법관은 자신에 대한 기피결정에 관여하지 못하고, 기피당한 판사의 소속법원이 합의부를 구성하지 못하는 때에는 **직근 상급법원**이 인용 여부를 결정하여야 한다(법 제21조).

인용결정에 대해서는 항고할 수 없으나(법 제403조 제1항), 기피결정에 대해 신청인은 즉시

---

95) 대법원 2002. 11. 13. 선고 2002도4893 판결. 대법원은 기피신청에 의하여 정지될 소송진행은 그 피고사건의 실체적 재판에의 도달을 목적으로 하는 본안의 소송절차를 말하고, 판결의 선고는 이에 해당하지 않는다고 하였다.

96) 대법원 1985. 7. 23.자 85모19 결정.

항고 할 수 있다(법 제23조 제1항).

3) 소송의 집행정지효

기피신청에는 소송의 집행정지효가 인정된다. 기피신청이 있으면 급속을 요하는 경우 외에는 그 결정이 있을 때까지 소송진행이 정지되고(법 제22조), 그 기간은 법원의 피고인 구속기간에 산입되지 아니한다(법 제92조 제3항). 다만 소송의 집행정지효는 법원이 간이기각결정을 하는 경우에는 인정되지 아니한다(법 제22조). 또한 즉시항고에는 소송의 집행정지효가 인정됨이 원칙이나(법 제410조), 간이기각결정에 대한 즉시항고에는 소송의 집행정지효가 인정되지 아니한다(법 제23조 제2항).

(3) 회피

회피란 법관이 자신에게 기피원인이 있다고 판단한 때에 **자발적으로** 직무집행에서 탈퇴하는 것을 말한다. 형사소송법은 법관에게 회피신청의 의무를 부과하고 있다(법 제24조).

법관이 자신에게 기피원인이 있다고 사료한 때에는 소속법원에 서면으로 회피를 신청하여야 한다. 회피신청을 받은 소속법원합의부는 결정으로서 회피신청에 대한 재판을 하여야 한다. 회피신청을 한 법관은 자신에 대한 회피결정에 관여하지 못하고, 회피신청을 한 판사의 소속법원이 합의부를 구성하지 못하는 때에는 직근 상급법원이 인용 여부를 결정하여야 한다(법 제24조, 제21조). 회피신청에 대한 인용결정 또는 기각결정에 대해서는 항고할 수 없다(법 제403조 제1항).

Ⅲ. 검사와 수사기관

1. 검사

(1) 검사와 검찰의 의의

검사란 범죄수사, 공소의 제기 및 그 유지, 재판 집행의 지휘·감독 등 검찰권을 행사하는 형사사법기관을 말한다(검찰청법 제4조 제1항). 검사는 수사개시에 있어 일정한 제한이 있고, 일부 수사기관에 대해 지휘권의 제한이 있으나 모든 수사의 종결권과 영장청구권을 가지고 있어 실질적으로는 유일한 수사주체라 할 수 있다. 또한 검사는 기소독점주의, 기소편의주의, 기소변경주의에 따라 법원에 앞서 피고인의 처벌 여부를 결정할 수 있고, 형 집행의 지휘·감독권을 가지고 있다. 이처럼 우리나라는 형사절차에서 사법부에게 주어진 재판권 외의 모든 국가권한을 검사에게 부여하고 있는 독특한 제도를 가지고 있다.

한편 검찰은 행정단위로서의 법원에 대응하는 개념으로, 검찰청법에 따라 대법원에 대응하는 대검찰청, 고등법원에 대응하는 고등검찰청, 지방법원에 대응하는 지방검찰청, 지원에 대응하는 지청이 각 설치되어 있다.

(2) 검사의 법적 성격

(가) 준사법기관으로서의 성격과 객관의무

1) 준사법기관

검사는 형사사건의 심리와 재판의 주체가 아니므로 사법기관은 아니다. 하지만 검사는 수사주체이자 기소권을 독점하고, 기소유예권 및 공소취소권까지 가지고 있어 실질적으로는 법원에 앞서 피고인의 범죄사실에 대해 심리하고 재판하는 것과 동등한 권한 또는 그 이상의 권한을 가지고 있다. 이처럼 검사는 사법기관으로서의 성격도 없지 아니한바, 검사를 준사법기관이라고 부르는 것도 이러한 이유에서이다.

2) 객관의무

준사법기관으로서 검사는 단지 수사주체 또는 소송절차에서의 당사자가 아니라 **공익의 대표자**로서 기능한다(검찰청법 제4조 제1항). 따라서 검사는 직무를 수행할 때 국민 전체에 대한 봉사자로서 헌법과 법률에 따라 국민의 인권을 보호하고 적법절차를 준수하며, 정치적 중립을 지켜야 하고 주어진 권한을 남용하지 아니할 의무를 가진다(동법 제4조 제3항). 이를 검사의 객관의무라 한다. 객관의무에 따라 검사는 수사절차에서 다른 수사기관의 인권침해를 통제할 권한을 가지고 있음은 물론 적극적으로 피고인이나 피의자의 인권을 옹호할 의무도 진다(형법 제139조). 검사는 수사 및 공판절차에서 피고인·피의자에게 유리한 증거도 수집하여야 하고, 이를 발견한 경우 공판절차에서 법원에 제출하여야 한다.[97] 확정판결에 대하여 피고인을 위한 검사의 **재심청구**(법 제424조) 또는 검찰총장의 **비상상고**(법 제441조 등)도 검사의 객관의무에서 비롯된 것이라 볼 수 있다.

3) 검사의 회피와 제척·기피의 인정 여부

이처럼 검사는 공익의 대표자로서 객관의무를 지고 있는바, 검사와 사법경찰관의 상호협

97) 대법원 2002. 2. 22. 선고 2001다23447 판결

력과 일반적 수사준칙에 관한 규정에 따라 검사는 피의자나 사건관계인과 친족관계 또는 이에 준하는 관계가 있거나 그 밖에 수사의 공정성을 의심 받을 염려가 있는 사건에 대해서는 소속 기관의 장의 허가를 받아 그 수사를 **회피**해야 한다(수사준칙 제11조).

검사에 대한 제척·기피의 인정 여부에 대해서는 긍정설과 부정설의 대립이 있으나 이를 인정하는 명문의 근거규정이 없으므로 **부정설**이 타당하다. 하지만 피고인의 이익보호는 물론 국가형벌권의 적정한 실현을 담보한다는 측면에서 검사에 대한 제척·기피를 인정하는 것이 불공정한 검찰권행사라는 불필요한 논란을 잠재울 수 있는 하나의 방책이 될 수 있다고 본다. 검사와 사법경찰관의 상호협력과 일반적 수사준칙에 관한 규정 제11조에서 회피에 대한 규정을 두고 있는 것도 이러한 취지의 연장선상에 있는 것으로 볼 수 있을 것이다. 따라서 검사의 제척·기피를 인정하는 명문의 규정을 신설할 필요가 있고, 그때까지는 검사의 **체임**(替任)을 적극적으로 활용할 필요가 있을 것이다.

(나) 단독제 관청과 검사동일체 원칙과의 관계

1) 단독제 관청

형사소송법에 따라 검사는 형사절차에 있어 스스로 국가의 의사를 결정하고 이를 외부에 표시할 권한을 가진다. 그런데 법원과 달리 검사는 합의부 제도를 가지고 있지 아니하므로 모든 검사는 단독제 관청이다.

따라서 검사는 공익을 대표하여 자신의 이름으로 소송행위를 하고, 검찰청 내부의 결재를 거치지 아니하는 등 그 행위에 행정절차상의 하자가 있다 하더라도 소송법상 법률효과를 발생시키는데 지장을 주지 아니한다.

2) 검사동일체의 원칙과의 관계

검사동일체의 원칙이란 모든 검사는 검찰총장을 정점으로 피라미드형의 계층적 조직체를 형성하고 일체불가분의 유기적 통일체로 활동한다는 원칙을 말한다. 이를 통하여 형사절차에서 검찰권의 행사는 통일적이고 효율적으로 이루어지게 된다.

검사동일체의 원칙에 따라 검사는 검찰사무에 관하여 소속 상급자의 지휘·감독에 따라야 하고(검찰청법 제7조 제1항), 검찰총장, 각급 검찰청의 검사장 및 지청장은 소속 검사로 하여금 그 권한에 속하는 직무의 일부를 처리하게 할 수 있으며(직무이전권), 소속 검사의 직무를 자신이 처리하거나(직무승계권) 다른 검사로 하여금 처리하게 할 수 있다(동법 제7조의2). 검사동일체의 원칙에 따라 수사절차나 공판절차에서 검사가 교체되더라도 각 절차를 갱신할 필요가 없다.

검사동일체의 원칙은 준사법기관이자 **단독제 관청**으로서의 검사의 법적 성격과 **충돌**할 우려가 있다. 하지만 검사가 준사법기관으로서 부여받은 객관의무는 행정기관으로서의 검사동일체의 원칙에 월등히 우월한 헌법적 가치를 가지고 있다. 따라서 검사는 소속 하급 검사의 준사법기관으로서의 지위를 보장하여야 하고, 이를 저해할 수 있는 지휘·감독을 하여서는 아니 된다. 검사는 준사법기관으로서의 객관의무와 상급 검사의 지휘·감독이 충돌할 경우, 객관의무를 준수하여 단독제 관청으로서 적정한 권한행사를 하여야 한다.

2. 수사기관으로서의 검사와 검사 외 수사기관

(1) 의의

수사기관이란 법률에 의하여 수사권을 부여받은 형사사법기관으로 **검사**, **사법경찰관리**, **수사처검사** 및 **수사처수사관**을 말한다. 과거 형사소송법은 검사만이 수사의 개시·진행·종결권을 가지고 모든 사법경찰관리는 수사절차 전반에 걸쳐 검사의 지휘를 따르도록 하여 수사기관의 권한과 수사기관 사이의 관계를 단순 명료하게 설정하고 있었다. 하지만 형사소송법과 검찰청법의 개정 및 고위공직자범죄수사처 설치 및 운영에 관한 법률의 제정으로 수사기관의 권한과 관계에 큰 변화가 생겨났다.

검사는 명실상부한 수사의 주체로서 모든 범죄에 대한 수사권을 가지고 있으나, 스스로 개시할 수 있는 범죄는 일정한 범죄로 제한된다.

사법경찰관리에는 제한 없는 수사권을 가진 **일반사법경찰관리**와 토지 또는 사물관할이 제한된 수사권을 가진 **특별사법경찰관리**가 있다. 경찰공무원인 일반사법경찰관은 일정부분 검사의 통제를 받으나 모든 범죄에 대한 수사 개시·진행권과 1차적 수사종결권을 가지고 있다. 검찰공무원인 일반사법경찰관리는 검사의 지휘 없이 단독으로는 수사권을 행사할 수 없다. 특별사법경찰관리는 토지관할 또는 사물관할이 제한된 수사권을 가지고 있는데, 일정한 범위 내에서 검사의 지휘 없이 수사를 개시·진행할 수 있다.

수사처검사는 고위공직자의 특정 범죄에 대해 독립적 수사권을 가지고 있는 수사기관이자 공소권을 가지고 있는 소추기관이고, **수사처수사관**은 수사처검사의 지휘에 따라 사법경찰관의 직무를 수행하므로 특별사법경찰관에 해당한다.

이와 같이 수사기관의 권한이 재설정됨에 따라 검사와 경찰공무원인 일반사법경찰관리는 **수평적 협력관계**에 가까워졌고, 검사와 특별사법경찰관리는 여전히 수직적 지휘관계에 있으나 일정부분에서는 협력관계가 되었다. 검사와 검찰공무원인 일반사법경찰관리는 전과 같이 수직적 지휘관계에 있고, 수사처검사와 수사처수사관도 수직적 지휘관계이다. 한편 수사처검사는 독립적인 수사·소추기관으로 자신의 권한범위 내에서는 우월적 지위에서 타 수사기관과 협조관계에 있다.

(2) 검사와 검찰공무원인 일반사법경찰관리

(가) 검사

비록 직접 수사를 개시할 수 있는 범죄는 제한되어 있으나, 검사는 수사대상 범죄에 제한이 없고 **영장청구권, 증인신문청구권, 증거보전청구권**을 독점하고 있으므로 온전한 수사권을 지닌 유일한 수사기관이다. 게다가 검사는 경찰공무원인 사법경찰관리의 수사에 대한 통제권을 가지고 있고, 그 외 사법경찰관리에 대해서는 지휘권을 가지고 있다. 따라서 후술하는 수사절차의 내용은 곧 검사의 수사권에 대한 구체적인 설명이라고도 할 수 있다.

검사의 수사개시권은 부패범죄, 경제범죄 등으로서 대통령령으로 정하는 중요 범죄, 경찰공무원·법률에 따라 사법경찰관리의 직무를 행하는 자·고위공직자범죄수사처 소속 공무원이 범한 범죄 및 사법경찰관이 송치한 범죄와 관련하여 인지한 각 해당 범죄와 직접 관련성이 있는 범죄에 대해서만 수사를 개시할 수 있다(검찰청법 제4조 제1항).

이렇듯 검사의 수사개시권을 제한하는 것은 옳고 그름의 문제라기보다는 견제와 균형의 원리(checks and balances)에 따라 특정 형사사법기관의 권한집중방지를 우선할 것인가, 아니면 형사소송 절차 전반에 걸쳐 공익을 대표할 기관을 두어 형사절차의 효율성을 우선할 것인가에 대한 선택의 문제라 할 수 있다. 우리나라의 검사제도는 절대선도 절대악도 아닌 형사절차상 형사사법기관 운영의 유형 중 하나에 지나지 않는다. 최근 검사가 자신이 수사를 개시한 범죄에 대해서는 스스로 공소를 제기할 수 없도록 한 것은 검사의 권한분화와 형사절차의 효율성을 모두 고려한 정책적 선택의 예라 하겠다(동법 제4조 제2항).

(나) 검찰공무원인 일반사법경찰관리

검찰공무원인 검찰주사, 마약수사주사, 검찰주사보, 마약수사주사보 및 5급 상당부터 7급 상당까지의 별정직공무원으로서 검찰총장 또는 각급 검찰청 검사장의 지명을 받은 공무원은 사법경찰관의 직무를 수행하고, 검찰서기, 마약수사서기, 검찰서기보, 마약수사서기보 및 8급 상당 및 9급 상당 별정직공무원으로서 검찰총장 또는 각급 검찰청 검사장의 지명을 받은 공무원은 사법경찰리의 직무를 수행한다(법 제245조의9, 검찰청법 제47조).

검찰공무원인 사법경찰관리는 모든 형사사건에 대하여 수사권을 가지고 있어 일반사법경찰관리이지만, 모든 수사에 있어 검사의 지휘를 받아야 하므로 단독으로 수사를 개시·진행·종결할 권한이 없다(법 제245조의9). 따라서 검찰공무원인 사법경찰관리는 독자적인 수사기관으로서 지위를 가지고 있지 아니하고, 검사와 마찬가지로 일정한 범죄에 대해서만 수사를 개시할 수 있다.

(3) 경찰공무원인 일반사법경찰관리

경찰공무원인 경무관, 총경, 경정, 경감, 경위는 사법경찰관이고, 경사, 경장, 순경은 사법경찰리이다. 경찰공무원인 사법경찰관리는 노동관계 법령에 따른 사건 수사를 제외한(근로기준법 제105조) 모든 형사사건에 대하여 수사권을 가지고 있어 일반사법경찰관리라 한다. 일반적으로 사법경찰관리라 함은 경찰공무원인 일반사법경찰관리를 가리킨다.

(가) 사법경찰관

1) 사법경찰관의 권한

사법경찰관은 독자적으로 수사를 개시·진행하고 1차적으로 종결할 권한을 가지고 있다. 사법경찰관은 범죄의 혐의가 있다고 사료하는 때에는 범인, 범죄사실과 증거를 수사한다(법 제197조 제1항). 사법경찰관은 수사에 관하여는 공무소 기타 공사단체에 조회하여 필요한 사항의 보고를 요구할 수 있고(법 제199조 제2항), 피의자의 출석을 요구하여 진술을 들을 수 있으며(법 제200조), 법률의 명확한 규정이 없다 하더라도 임의수사의 범위 내에서는 수사목적 달성에 필요한 조사를 할 수 있다(법 제199조 제1항 본문).

사법경찰관은 체포, 구속, 압수, 수색, 검증 **영장**을 검사에게 **신청**할 수 있고, 영장이 발부되면 이를 집행하여 각 강제수사를 할 수 있으며(법 제200조의2, 제200조의4, 제201조, 제215조 내지 제217조) 임의제출물과 유류물을 영장 없이 압수할 수 있다(법 제218조).

사법경찰관은 이러한 수사과정을 거친 후 범죄혐의가 인정되면 검사에게 사건을 송치하고, 그렇지 아니하는 경우 **불송치** 함으로써 수사를 종결한다(법 제245조의5). 사법경찰관은 사건을 불송치한 경우 관계 서류와 증거물을 지체 없이 검사에게 송부하여야 하는데, 검사는 불송치함이 상당하지 아니할 경우 **재수사**를 요청할 수 있고 사법경찰관은 그 요청에 따라야 한다(법 제245조의8). 이처럼 수사의 종결 여부는 검사에 의해 최종 결정되므로 사법경찰관의 수사종결권을 **1차적 수사종결권**이라 한다.

2) 검사와의 관계

사법경찰관은 검사와 상호 협력관계에 있다(법 제195조 제1항). 사법경찰관에게 독자적 수사기관의 지위 부여는 경찰 수사의 효율성과 수사기관 사이의 견제와 균형이라는 긍정적 효과를 가져 올 수 있다. 하지만 이로 인하여 위험방지 전반에 걸친 권한과 수사권을 가진 형사사법기관이 탄생하여 또 다른 권한집중의 문제가 야기될 우려도 있다. 이에 형사소송법은 공익의 대표자인 검사에게 사법경찰관의 수사에 대한 다양한 **통제장치**를 마련하였고, 사법경찰관에게도 검사의 정당한 이유 없는 영장불청구에 대한 **이의신청권**을 부여하고 있다.

3) 검사의 사법경찰관에 대한 통제

① 시정조치요구권

검사는 사법경찰관의 수사전반에 걸쳐 법령위반, 인권침해 또는 현저한 수사권 남용 등에 대한 통제권을 가진다. 사법경찰관은 피의자를 신문하기 전에 법령위반 등이 있는 경우 검사에게 구제신청을 할 수 있음을 알려야 한다. 검사는 사법경찰관의 법령위반 등이 의심되는 사실의 신고가 있거나 그러한 사실을 인식하게 된 경우, 사법경찰관에게 사건기록 등본의 송부를 요구할 수 있고 필요시 **시정조치**를 요구할 수 있다. 사법경찰관이 정당한 이유 없이 검사의 시정조치 요구를 따르지 아니한 경우, 검사는 사법경찰관에게 **사건송치**를 요구할 수 있고, 사법경찰관은 그 요구에 따라야 한다. 검사장은 사법경찰관의 수사과정에서의 법령위반 등을 확인한 경우 징계권자에게 **징계**를 요구할 수 있다(법 제197조의3).

② 송치사건에 대한 보완수사요구권

검사는 사법경찰관의 수사종결에 대해 보완수사요구권과 재수사요청권을 가진다. 사법경찰관이 사건을 송치한 경우 검사는 송치사건의 공소제기 여부 결정 또는 공소의 유지에 관하여 필요한 경우 사법경찰관에게 **보완수사**를 요구할 수 있다. 사법경찰관은 정당한 이유가 없는 한 검사의 요구를 지체 없이 이행하고, 그 결과를 검사에게 통보하여야 한다. 사법경찰관이 정당한 이유 없이 보완수사요구에 따르지 아니한 경우, 검찰총장과 검사장은 징계권자에게 당해 사법경찰관의 **직무배제** 또는 **징계**를 요구할 수 있다(법 제197조의2).

③ 불송치사건에 대한 이의신청 및 송치의무

사법경찰관은 사건을 불송치한 경우 고소인·고발인·피해자 또는 그 법정대리인에게 불송치의 취지와 이유를 통지하여야 한다. 이에 대해 고소인 등이 이의를 신청한 경우에는 사법경찰관은 당해 사건을 검사에게 송치하여야 한다(법 제245조의6, 제245의7).

④ 불송치사건에 대한 재수사요청권

검사는 사건의 불송치가 위법 또는 부당한 때에는 사법경찰관에게 **재수사**를 요청할 수 있고, 사법경찰관은 그 요청에 따라야 한다(법 제245조의8). 사법경찰관이 재수사를 하였음에도 불송치결정을 유지하는 경우, 검사는 다시 재수사를 요청허가나 송치 요구를 할 수 없다.

하지만 사법경찰관의 불송치결정이 관련 법령 또는 법리에 위반된 경우, 범죄 혐의의 유무를 명확히 하기 위해 재수사를 요청한 사항에 관하여 그 이행이 이루어지지 않은 경우, 송부받은 관계 서류 및 증거물과 재수사 결과만으로도 범죄의 혐의가 명백히 인정되는 경우, 공소시효 또는 형사소추의 요건을 판단하는데 오류가 있는 경우로서 수사할 필요가 있는 경우에는 검사는 재수사결과를 통보받을 날로부터 30일 이내에 **사건송치**를 **요구**할 수 있고, 사법경찰관은 그 요구에 따라야 한다(법 제197조의3, 검사와 사법경찰관의 상호협력과 일반적 수사준칙에 관한 규정 제64조).

4) 검사의 영장불청구에 대한 사법경찰관의 심의신청권

체포·구속·압수·수색 등 전통적인 강제수사를 비롯하여 통신수사, 금융수사 등 새로운 수사영역에서 법관의 영장이나 허가서에 의하도록 하는 예가 늘어나고 있고 개인정보 보호법으로 인해 임의수사의 영역이 크게 제한되고 있다. 따라서 검사의 영장청구권 독점은 사법경찰관의 수사를 통제하는 강력한 수단이 되지만, 사법경찰관을 독자적 수사기관으로 인정한 이유를 견제와 균형의 원칙이라 할 때, 검사의 부당한 영장불청구에 대해 사법경찰관에게도 불복수단을 인정할 필요가 있다. 이에 형사소송법은 검사의 영장불청구에 대한 사법경찰관의 **심의신청권**을 규정하고 있다.

검사가 정당한 이유 없이 사법경찰관이 신청한 영장을 청구하지 아니한 경우, 사법경찰관은 그 검사 소속의 지방검찰청 소재지 관할 **고등검찰청**에 영장 청구 여부에 대한 심의를 신청할 수 있다. 사법경찰관의 심의신청에 따른 영장불청구의 심의는 각 고등검찰청에 설치되어 있는 **영장심의위원회**에서 이루어지는데, 영장심의위원회는 위원장 1명을 포함한 10명 이내의 외부 위원으로 구성되고, 위원은 고등검찰청 검사장이 위촉한다(법 제221조의5).

검사와 사법경찰관은 심의위원회에 출석하여 의견을 개진할 수 있다(법 제221조의5 제4항, 영장심의위원회 규칙 제20조, 제21조). 심의위원회는 심의결과로 영장 청구가 적정 또는 부적정함을 통보하는데, 검사는 청구적정 통보에 대해 기속되지 아니하고 사법경찰관은 청구부적정 통보에 대해 재심신청권을 가지지 아니한다(동 규칙 제25조, 제26조).

이처럼 영장심의위원회의 중립성이 보장되지 않고 심의결과에 구속력이 인정되지 아니하며 불복수단도 없다는 점에서 사법경찰관의 심의신청권의 실효성은 크지 아니하다. 하지만 검사의 영장청구권 독점에 대한 유일한 견제장치로서 심의신청권의 의미를 부정할 수는 없을 것이다.[98)]

(나) 사법경찰리

사법경찰리는 사법경찰관의 수사를 보조한다(법 제197조 제2항). 사법경찰리는 사법경찰관의 보조기관에 불과하여 스스로 수사권을 행사할 수 없다. 하지만 사법경찰관으로부터 구체적 사건에 관한 특정한 명령을 받은 경우에는 사법경찰리도 그 범위 내에서 수사권을 행사할 수 있는데, 이를 **사법경찰관사무취급**이라 한다. 따라서 사법경찰리의 단독 수사가 적법한지 여부는 사법경찰관의 보조기관으로서의 수사권 행사인지 또는 사법경찰관의 구체적 사건에 대한 특정 명령 범위 내의 수사권 행사인지 여부로 판단한다.

(4) 특별사법경찰관리

(가) 의의

특별사법경찰관리란 삼림, 해사, 전매, 세무, 군수사기관 그밖에 특별한 사항에 관하여 사법경찰관리의 직무를 행하는 자로서, 대부분의 경우 공무원이지만 선장, 기장 등 사인인 경우도 있다. 특별사법경찰관리라는 명칭에서 드러나듯 특별사법경찰관리가 수사권을 행사할 수 있는 직무범위는 제한되어 있는데, 교도소장, 선장, 기장과 같이 토지관할은 제한되어 있으나 모든 범죄에 대한 수사권이 있어 사물관할은 제한되어 있지 않은 경우와, 삼림 공무원과 같이 토지관할 내에서의 특정범죄에 대한 수사권만 인정되어 토지관할 및 사물관할이 모두 제한된 경우가 있다(사법경찰직무법 제6조).

(나) 분류 및 검사와의 관계

특별사법경찰관리는 지위에 따라 법률상 당연직과 검사의 지정에 의한 자로 나뉘고, 권한에 따라 수사권을 가진 특별사법경찰관과 그 보조자인 특별사법경찰리로 나뉜다(법 제245조의10 제1항, 제3항, 사법경찰직무법 제3조 내지 제5조). 특별사법경찰관은 수사에 있어 검사의 지휘를 받지만 검사의 지휘가 없다 하더라도 일정 범위 내에서 수사를 개시·진행할 권한을 가지고 있는데, 그 구체적인 내용은 '특별사법경찰관리에 대한 검사의 수사지휘 및 특별사법경찰관리의

98) "광주고검 영장심의위 '검찰의 영장기각 부당' … 수사권 조정 후 첫 사례," 조선일보 2021. 8. 2. "심의위 결정에 대해 검찰은 '경찰이 영장을 재신청한다면 심의위 결과와 수사 기록을 존중해 처리할 방침'이라고 밝혔다."

수사준칙에 관한 규칙'에 따른다.

(5) 수사처검사와 수사처수사관

고위공직자범죄수사처는 고위공직자와 그 가족의 일정한 범죄에 대한 수사와 기소를 위해 설치된 독립적 수사기구로 대통령 등 어떠한 국가기관의 지휘도 받지 아니한다(공수처법 제3조). 고위공직자범죄수사처에는 수사처검사의 직을 겸하는 수사처장, 차장 및 일정 범죄에 대한 수사권과 소추권의 주체인 수사처검사와 수사처검사의 지휘를 받아 수사권을 행사하는 수사처수사관을 둔다(동법 제8조, 제17조 내지 제21조).

(가) 수사처검사

1) 수사처검사의 권한

수사처검사는 검찰청법 제4조에 따른 검사의 직무 및 군사법원법 제37조에 따른 군검사와 동일한 직무권한을 가진 자로(공수처법 제8조 제4항), 고위공직자범죄등에 관한 수사와 그 중 일부 범죄의 공소제기 및 유지에 필요한 행위를 한다(동법 제20조 제1항).

수사처검사는 고위공직자범죄의 혐의가 있다고 사료하는 때에는 범인, 범죄사실과 증거를 수사하여야 하므로(동법 제23조) 수사처검사가 수사대상 범죄의 수사절차에서 임의수사를 할 수 있음에는 의문이 없다. 하지만 강제수사에 있어 수사처검사에게 **영장청구권**이 인정되는지에 대해서는 견해의 대립이 있다. **부정설**은 수사처검사는 법률의 규정에 따른 일부 범죄에 대해서만 수사권을 가지고 있고, 수사권을 가진 범죄 중에서도 일부에 대해서만 공소제기·유지권을 가지고 있으므로 근본적으로 특별사법경찰관에 불과하여 영장청구권이 부정된다고 한다. 이에 비해 **제한적 긍정설**은 수사처검사는 수사처의 공소권과 수사종결권이 모두 인정되는 범죄(대법원장, 대법관, 검찰총장, 판사, 검사, 경무관 이상 경찰공무원이 재직 중 본인 또는 가족이 범한 고위공직자범죄 및 관련범죄)에 대해서는 형사소송법 및 검찰청법에 따라 검사의 직무권한을 행사하므로 영장청구권이 인정된다고 한다.

헌법상 영장청구권자인 검사는 법률전문가로서 공익의 대표자이자 인권옹호기관으로서의 지위에서 그에 부합하는 직무를 수행하는 자를 의미하는 것으로서, 검찰청법상 검사만을 의미한다고 할 수 없다.[99] 수사처검사는 7년 이상 경력의 변호사로서 검찰청법상 검사의 직무를 행하는 법률전문가이고, 일정한 범죄에 대해 독립적으로 수사권과 소추권을 행사하는 공익의 대표자이다. 따라서 수사처검사는 수사권 범위 내의 범죄로서 자신이 수사를 진행하고 있는 사

99) 헌법재판소 2021. 1. 28. 선고 2020헌마264 등 전원재판부 결정.

건에 대해서는 공소제기·유지권의 대상범죄가 아니라 하더라도 영장청구권이 인정된다고 보는 것이 상당하다(긍정설). 다만 고위공직자범죄수사처는 타 기관으로부터 독립된 수사기관으로서, 수사처수사관이 아닌 사법경찰관이 수사처검사에게 영장을 신청하거나 이를 수사처검사가 청구하는 것은 허용될 수 없다. 이러한 방식의 영장청구는 형사소송법이 예정하고 있는 수사구조와 맞지 아니하기 때문이다.

2) 수사처검사와 타 수사기관의 관계

수사처검사는 자신의 권한범위 내에서는 다른 기관보다 우월한 지위에서 상호 협조하는 관계에 있다. 수사처 처장은 수사처에서 진행 중인 수사와 중복되는 다른 수사기관의 수사에 대하여 수사처로 **사건이첩**을 요청할 수 있고, 해당 수사기관은 그 요청에 따라야 한다. 수사처 처장은 다른 수사기관이 고위공직자범죄등을 수사하는 것이 적절하다고 판단한 경우 해당수사기관에 사건을 이첩할 수 있다. 다른 수사기관은 고위공직자범죄등을 인지한 경우 그 사실을 즉시 수사처에 통보하여야 하고(공수처법 제24조), 검사의 고위공직자범죄 혐의를 발견한 경우에는 수사처에 이첩하여야 한다(동법 제25조 제2항). 다만 수사처검사의 범죄혐의에 대해서는 검사가 수사한다(동법 제25조 제1항).

수사처검사가 공소권이 있는 범죄에 대한 수사를 종결하여 기소함이 상당하다고 판단하면 특별한 사정이 없는 이상 **서울중앙지방법원**에 공소를 제기하여 유지한다(동법 제31조). 수사처검사가 공소권이 있는 범죄에 대한 수사를 종결하여 불기소함이 상당하다고 판단하면 불기소결정을 하고, 수사처 처장은 해당 범죄의 수사과정에서 알게 된 관련범죄 사건을 대검찰청에 이첩하여야 한다(동법 제27조). 수사처검사가 공소권이 없는 범죄에 대한 수사를 종결하면 관계서류와 증거물을 지체 없이 서울중앙지방검찰청 소속 검사에게 송부하여야 한다. 이를 송부받아 사건을 처리하는 검사는 수사처 처장에게 해당 사건의 공소제기 여부를 신속하게 통보하여야 한다(동법 제26조).

수사처검사가 공소를 제기한 사건의 재판이 확정된 경우 제1심 관할지방법원에 대응하는 검찰청 소속 검사가 그 형을 집행하고, 이 경우 수사처 처장은 원활한 형의 집행을 위하여 해당 사건 및 기록 일체를 관할 검찰청의 장에게 인계한다(동법 제28조).

(나) 수사처수사관

수사처수사관은 수사처검사의 지휘·감독을 받아 고위공직자범죄 및 관련범죄에 대한 수사에 관하여 형사소송법 제197조 제1항에 따른 사법경찰관의 직무를 수행한다(공수처법 제20조, 제21조). 수사처수사관은 고위공직자범죄 및 관련범죄에 한정된 수사권을 가지고 있는 특별사법경찰관으로, 수사처검사의 지휘를 받아 수사하여야 하므로 단독으로 수사를 개시·진행·종결할 권한은 없다. 따라서 수사처수사관도 검찰공무원인 일반사법경찰관과 마찬가지로 독자적인 수사기관으로서 의미를 가지고 있지는 아니하다.

Ⅳ. 피고인과 피의자

1. 의의

피고인이란 공소가 제기되어 형사처벌 여부에 대한 법원의 판단대상이 된 자를 말하고, 피의자란 수사가 개시되어 형사처벌 가능성에 대한 수사기관의 판단대상이 된 자를 말한다. 수사기관이 범죄혐의를 인식하여 수사를 개시하면 그 상대방은 피의자가 되고, 피의자에 대한 수사결과 검사가 공소를 제기하면 피의자는 피고인이 된다.

2. 법적 지위

(1) 피고인

과거 규문주의 소송구조에서 피고인은 형사절차의 대상이자 증거방법에 불과하였다. 규문판사에 의한 국가형벌권의 실현 과정에서 피고인은 심판의 객체일 뿐으로서 당사자로서의 지위를 인정받지 못하였다. 하지만 인권 의식의 신장과 함께 형사소송의 구조도 규문주의를 벗어나 탄핵주의로 바뀌게 되었고, 소송절차에서 피고인은 당사자로서의 지위를 얻게 되었다.

특히 당사자주의 하에서 검사가 적극적 당사자인 공소권의 주체라면, 피고인은 소극적 당사자인 방어권의 주체로서 검사에 준하는 권리를 보장받을 당위성이 도출되었고, 형사소송법은 직권주의와 당사자주의가 혼합된 형태로서 공판절차에서 피고인에게 상당히 폭넓은 권리를 보장하고 있다. 하지만 실체적 진실발견을 통하여 형사처벌 여부를 결정하는 형사절차의 특성상 당사자주의 하에서도 피고인은 절차의 대상이라는 지위로부터 완전히 벗어날 수는 없다. 형사소송법도 피고인에게 절차의 대상으로서 다양한 의무를 부과하고 있다.

이처럼 피고인에게 당사자로서의 지위가 인정됨에 따라 공판절차에서 피고인에게도 당사자능력과 소송능력이 요구된다. 이와 관련하여 법인에게도 당사자능력이 인정되는지, 당사자능력 또는 소송능력의 흠결에 따른 법적 효과는 어떠한지 여부가 주로 문제된다.

(2) 피의자

탄핵주의 하에서도 수사절차에서 피의자는 여전히 절차의 대상 또는 객체라는 지위에 있다. 그러나 수사절차와 공판절차는 실체적 진실발견을 목적으로 하는 일련의 과정으로서 검사가 제출하는 증거는 대부분 수사절차에서 수집된다는 점에서 피의자에게도 일정 부분 권리 주체로서의 지위를 인정할 필요가 있다. 이에 형사소송법은 수사절차에서 피의자에게도 방어권 행사를 위한 일정한 권리를 보장하고 있다.

3. 객체로서의 지위에 따른 의무

피고인은 소송절차의 대상으로서 소환, 구속, 압수, 수색 등 강제처분의 객체이고(법 제68조, 제69조, 제106조, 제107조, 제109조 제139조), 인적 증거방법으로서 피고인신문의 대상이 되며(법 제296조의2), 물적 증거방법으로서 그의 신체는 검증의 대상이 된다(법 제139조).

피의자도 마찬가지이다. 피의자는 수사절차의 대상으로서 체포, 구속, 압수, 수색 등 강제처분의 객체이고(법 제200조의2, 제200조의3, 제201조, 제215조 내지 제217조), 피의자신문의 대상이 되며(법 제241조), 그의 신체는 검증 대상이 된다(법 제215조 내지 제217조).

4. 당사자로서의 지위에 따른 권리

(1) 개관

형사소송법은 피고인의 방어권을 실질적으로 보장하기 위한 다양한 권리를 명시하고, 피의자의 방어권도 일정한 범위 내에서 보장하고 있다. 피고인은 형사절차 전반에 걸쳐 진술거부권과 변호인 조력권을 가진다. 피고인은 방어권 행사의 준비를 위한 권리로서 서류·증거물 열람·등사권(법 제35조), 증거개시신청권(법 제266조의3), 공판조서 열람·등사 청구권(법 제55조), 증거·증인 등 신청권(법 제294조 제1항)을, 방어권 행사가 필요한 절차에 참여할 권리로서 공판기일 출석권(법 제276조), 증인신문, 검증, 감정, 압수·수색, 공판준비절차의 증거조사 참여권(법 제145조, 제163조, 제176조, 제121조, 제273조)을, 방어권의 행사로서 검사가 제출한 증거에 대한 의견진술권(법 제293조), 증거조사에 대한 이의신청권(법 제296조 제1항), 증인신문권(법 제161조의2), 변론재개 신청권(법 제305조), 공판절차 정지신청권(법 제298조 제4항), 재판장의 소송지휘 관련 처분에 관한 이의신청권(법 제304조)을 가진다. 피고인은 법관에 대한 기피신청권(법

제18조), 관할이전 신청권(법 제15조) 및 관할위반 신청권(법 제320조)을 가지고 있어 법원의 구성에도 관여할 수 있고, 약식명령·즉결심판에 대한 정식재판 청구권(법 제453조, 즉심절차법 제14조)과 원심재판에 대한 상소권(법 제338조)을 통해 최소 3심 이상의 재판을 받을 권리를 가진다.

피의자 또한 수사절차에서 진술거부권과 변호인 조력권을 비롯하여 서류 열람·복사 신청권(수사준칙 제69조), 압수·수색·검증에 대한 참여권(법 제219조), 피의자신문시 의견진술권 및 증거제출권(법 제242조, 수사준칙 제25조), 체포·구속적부심사 청구권(법 제214조의2) 등을 가진다.

변호인의 선임에 대한 구체적인 내용은 헌법 제12조 제4항 부분에서 전술한 바와 같고,[100] 변호인으로부터 받을 수 있는 구체적인 조력의 내용은 후술하는 변호인 부분에서 다루기로 한다.[101] 그 외 피의자와 피고인의 권리는 각 절차에서 살펴보기로 하고, 여기에서는 권리를 고지받을 권리와 진술거부권에 대해서 설명한다.

(2) 권리를 고지받을 권리

헌법과 형사소송법은 피고인의 방어권 보장을 위해 다양한 권리를 명시하고 있지만, 법률전문가가 아닌 피고인이 이를 온전히 행사할 것을 기대하기는 어렵다. 따라서 피고인의 방어권 보장은 법률전문가인 변호인으로부터 충분한 조력을 받을 권리를 실질적으로 보장하는 것으로부터 시작된다 할 수 있는바, 이를 위해 피고인에게는 **변호인 조력권**이 있다는 사실을 고지받고 이를 행사할 것인지를 선택할 기회가 주어져야 한다. 한편 형사절차에서 피고인의 진술 여부 및 진술내용은 자기부죄의 가능성이 있으므로, **진술거부권**의 고지 또한 피고인의 방어권을 공고히 보장하는 중요한 역할을 한다.

형사소송법은 방어권 행사에 결정적 영향을 미치는 시점에서 피고인에게 변호인조력권 및 진술거부권을 고지받을 권리가 있음을 명시하고 있다. 피고인은 구속시 변호인을 선임할 수 있음을 고지받을 권리가 있고(법 제72조, 제88조) 인정신문에 앞서 진술거부권을 고지받을 권리가 있으며(법 제283조의2) 공판기일마다 진술거부권을 고지받을 권리가 있다(법 제266조의8 제6항). 형사소송법은 피의자에 대해서도 체포·구속시 변호인선임권 및 진술거부권이 있음을 고지받을 권리(법 제200조의5, 수사준칙 제32조)와 피의자신문시 진술거부권 및 변호인조력권을 고지받을 권리를 규정하고 있다(법 제244조의3).

이외에도 형사소송법이 권리를 고지받을 권리의 대상으로 삼고 있는 권리로는 구속시 변

100) 25페이지 참조.
101) 83페이지 참조.

호인 선임권자에 대한 변호인선임권(법 제87조), 증인의 증언거부권(법 제160조), 사법경찰관의 수사권 남용에 대한 피의자의 구제신청권(법 제197조의3 제8항), 피의자의 체포·구속적부심사청구권(제214조의2 제2항), 피고인의 증거조사신청권(법 제293조) 등이 있다.

(3) 진술거부권

(가) 의의

헌법 제12조 제2항에 따라 모든 국민은 형사상 자기에게 불리한 진술을 강요당하지 아니한다. 이를 구체화한 형사소송법은 피고인이 공판절차에서 진술하지 아니할 수 있음은 물론 개개의 질문에 대해 진술을 거부할 수 있음을 명시하고, 인정신문에 앞서 재판장에게 진술거부권의 고지의무를 부과하고 있다(법 제283조의2). 또한 수사절차에서는 피의자신문에 앞서 수사기관이 피의자에게 이를 고지할 의무를 둠으로써(법 제244조의3) 형사절차 전반에 걸쳐 진술거부권이 실질적으로 보장될 수 있는 장치를 마련하고 있다.

(나) 주체

형사소송법은 진술거부권의 주체로 피고인과 피의자만을 규정하고 있으나, 헌법 제12조 제3항에 따라 형사상 불이익을 받을 우려가 있는 자인 이상 내사의 객체 또는 수사절차에서의 참고인 등 누구든지 진술거부권의 주체가 될 수 있다. 다만 공판절차에서의 증인에게는 증언의무가 있으나, 자신이 형사소추 또는 공소제기를 당하거나 유죄판결을 받을 사실이 드러날 염려가 있는 증언은 거부할 수 있고(법 제148조) 재판장은 신문 전에 증인에게 증언거부권을 고지하여야 한다(법 제160조).

이렇듯 형사상 불이익의 우려가 인정되는 이상 진술거부권의 주체에는 제한이 없으나, 형사소송법은 용의자 등 내사절차의 객체나 수사절차에서의 참고인에게는 진술거부권을 고지받을 권리를 규정하고 있지 아니하다. 헌법이 보장하는 것은 진술거부권일 뿐 이를 고지받을 권리는 아니므로 형사소송법이 일정한 신분자에 대해서만 권리를 고지받을 권리를 부여한 것을 두고 위헌이라 할 수는 없다. 하지만 과거 수사실무상 수시기관은 범죄사실을 인지하였음에도 입건하지 않은 채 실질적으로는 피의자에 해당하는 자를 용의자 등의 신분에 머무르게 하고, 이를 기화로 진술거부권을 고지하지 아니한 채 신문을 진행하여 진술을 청취하는 방법으로 수사를 진행한 예가 많았다. 물론 이러한 문제가 부각될 때마다 법원은 수사기관이 범죄사실을 인지한 시점에서 수사는 즉시 개시되는 것이고, 이에 형식적으로 입건을 하지 아니하였다 하더라도 피의자의 지위를 인정해야 한다면서 진술거부권의 고지를 하지 않은 채 진술을 청취하는 것은 위법하다 하였지만,[102] 실무상 수사관행의 개선이 쉽게 이루어지지는 아니하였다. 이에 검사와 사법경찰관의 상호협력과 일반적 수사준칙에 관한 규정은 수사기관이 출석조사, 압수 수색 등 일정한 행위에 착수한 때에는 수사를 개시한 것으로 보고 수사기관은 즉시 입건을 해야 한다는 의무규정을 두게 되었다(수사준칙 제16조 제1항).

(다) 대상

1) 진술의 내용에 따라 진술주체가 형사처벌을 받을 우려가 있는 경우

형사처벌을 받을 우려란 진술주체가 현재 또는 장래에 그 진술로 인하여 형사처벌을 받을 가능성이 있다고 인정되는 경우를 말한다. 따라서 진술주체가 피의자 또는 피고인으로서 진술 시점에 이미 형사절차의 객체가 된 경우뿐만 아니라 아직 수사는 물론 내사조차 진행되지 아니하였다 하더라도 진술주체를 기준으로 진술내용에 따라 형사처벌의 우려가 있는 이상 진술거부권을 향유할 수 있다.

형사처벌의 우려 여부는 진술주체를 기준으로 평가할 수밖에 없다. 객관적 기준에 따라 수사기관이나 법원이 진술주체가 우려하는 범죄가 무엇이고 그러한 우려가 상당한 것인지를 파악한다면 그 자체로 진술거부권의 보장은 무의미해지기 때문이다.

2) 진술

좁은 의미에서 진술이란 진술주체가 자신의 기억, 생각, 의견 등 주관적 관념을 정신작용의 일환인 말이나 글로 표현하는 것을 말하는 것으로, 주관적 관념의 외부적 표출에 해당하면 진술에 포함된다. 따라서 폴리그래프 검사에서 질문에 대한 답변,[103] 마취분석을 통한 진술청취,[104] 인정신문에 대한 답변,[105] 검증의 일환으로 이루어지는 범행재연 등 기록의 방법이나

102) 대법원 2015. 10. 29. 선고 2014도5939 판결 등.

103) 폴리그래프 검사에 진술거부권이 적용되는지에 대해서는 견해의 대립이 있다. 소극설은 폴리그래프검사는 신체의 생리적 변화를 검증하는 것에 불과하므로 진술거부권의 보호대상이 아니라고 한다(서일교 252). 적극설은 폴리그래프 검사의 측정대상은 질문에 따른 대답으로 인해 발생하는 생리변동이기 때문에 진술거부권의 보호대상이 된다고 한다(이/조/이 98, 차/최 99－100). 진술은 주관적 관념의 외부 표출이라는 점에서 적극설이 타당하다. 수사실무상 폴리그래프 검사는 피검사자의 동의를 전제로 행하는바, 피검사자의 자발적 동의에 의한 것이라면 진술거부권의 문제는 발생하지 아니한다.

104) 다수설은 마취분석은 상대방의 동의에 의한 것이라 하더라도 진술거부권을 침해하므로 위법하다고 한다(이/김 92; 이/조/이 98; 차/최 100).

105) 인정신문에 대해 진술거부권이 적용되는지에 대해서는 견해의 대립이 있다. 소극설은 인정신문은 형사상 불리한 진술이 아니므로 진술거부권이 적용되지 않는다고 하고(서일교 254), 적극설은 진술거부권의 범위와 시기에는 제한이 없으므로 인정신문에도 진술거부권이 인정된다고 하며(신/조 565; 신현주 131; 이/김 94; 이/조/이 100; 임동규 423), 절충설은 인정신문에 대한 답변이 형사상 불리한 경우에 한하여 진술거부권이 인정된다고 한다(김기두 60면). 형사상 불이익의 평가주체는 진술주체라는 점에서 적극설

형태를 불문하고 진술주체의 말이나 글은 진술에 해당한다. 하지만 지문, 사진, DNA 추출, 음주측정[106] 등 검증 또는 신체검사는 진술에 해당하지 아니한다.

(라) 보호 범위와 허위 진술

헌법 제12조 제2항은 진술거부권의 보호범위를 형사상 불리한 진술로 제한하고 있으나, 형사소송법은 피고인과 피의자의 진술에 대해 그러한 제한을 두지 아니하고 있다. 전술한 바와 같이 진술거부권의 온전한 보장은 형사상 불리한 진술인지의 여부에 대한 평가를 진술하는 주체에 맡기지 않는 이상(평가주체=진술주체) 실현될 수 없다. 형사소송법은 증인과 달리 피고인과 피의자의 진술거부권은 절대적으로 보장되도록 하여 이에 부합한다 하겠다.

진술거부권은 말 그대로 진술을 거부할 권리를 말하는 것일 뿐 실체적 진실발견에 대한 적극적 허위 진술까지 그 보호대상으로 삼는다고는 할 수 없다. 하지만 진술거부권의 보호 범위 밖에 있다고 하여 허위 진술이 금지된다고 할 수도 없다. 특별한 경우 외에는 자신의 형사처벌을 피하고자 하는 행위에 대하여 법적 비난가능성이 있다고 보기는 어렵기 때문이다. 따라서 허위진술은 피고인에게 보장된 방어권 행사의 범위를 넘어 사회통념상 용인될 수 없는 정도에 이른 경우에 한하여 양형 상 불이익한 조건으로 참작될 수 있을 것이다.[107]

(마) 효과

1) 불이익 추정의 금지[108]

진술거부권에 따라 피고인이나 피의자가 진술을 거부한다 하더라도 이를 피고인에 대한 **불이익한 간접증거**로 삼거나 이를 근거로 **유죄의 추정**을 하는 등 불이익이 주어져서는 안 된다. 사실인정의 면에서 진술거부권의 행사에 따른 불이익 추정은 허용되지 아니한다는 점에 대해서는 이견이 없다고 해도 무방하다.

진술거부권의 행사가 **구속사유**와 **양형**에 있어서는 피고인에게 불이익한 영향을 미칠 수 있다는 견해가 있다. 진술거부는 구속사유에 있어 증거인멸의 의도에 해당하고,[109] 양형에 있어서는 불리한 양형인자에 해당한다는 것이다.[110] 하지만 진술거부권의 행사는 소극적으로 자

이 타당하다. 형사소송규칙도 인정신문에 앞서 진술거부권의 고지가 이루어질 것을 명시하여 이를 뒷받침하고 있다(규칙 제127조).

106) 대법원 2009. 9. 24. 선고 2009도7924 판결. "음주측정은 호흡측정기에 입을 대고 호흡을 불어넣음으로써 신체의 물리적, 사실적 상태를 그대로 드러내는 행위에 불과하므로 이를 두고 '진술'이라 할 수 없다."

107) 대법원 2001. 3. 9. 선고 2001도192 판결.

108) 이에 대해서는 민영성, "진술거부권의 행사와 불이익추정의 금지," 저스티스 66권(2002.4.) 참조.

109) 이/조/이 103; 이창현 120; 임동규 423.

신의 방어권을 행사하는 것일 뿐 진술거부의 사실만으로 피고인 등이 적극적으로 증거인멸까지 할 우려가 있다고 할 수는 없고, 비록 진술거부를 통해 실체적 진실발견이 저해되었다 하더라도 헌법상 보장된 기본권의 행사가 양형에 반영되어 실질적인 불이익으로 돌아오게 할 수는 없다.[111] 이를 허용한다면 형사절차는 결국 형사사법기관의 편의에 따라 자백을 중심으로 진행될 수밖에 없을 것이고, 이는 곧 규문주의 시대로의 회귀와 다를 바 없기 때문이다. 법원도 단순히 진술을 거부한다는 사실만으로는 양형 상 불이익을 줄 수 없다는 입장이다.[112]

2) 진술거부권의 침해와 진술의 증거능력

진술거부권은 고문, 기망, 회유 등 진술을 강요하는 일체의 방법이 사용된 경우 즉시 침해되고, 그로 인하여 얻어진 진술의 임의성은 부정된다. 형사소송법은 진술거부권의 침해로 얻어진 피고인과 피의자의 자백의 증거능력을 배제하고(법 제309조), 진술주체를 막론하고 임의로 된 것이 아닌 모든 진술의 증거능력 또한 부정한다(법 제317조 제1항). 임의성이 부정되는 자백과 그 외 진술은 **증거동의**의 대상이 되지 아니하고 **탄핵증거**로도 사용될 수 없다.

5. 당사자능력과 소송능력

(1) 의의

소송에 있어 **당사자능력**이란 소송절차의 주체가 될 수 있는 일반·추상적인 능력을, **당사자적격**이란 특정한 소송을 수행하고 그 소송의 결과로서 본안판결을 받을 자격을, **소송능력**은 소송의 주체로서 유효하게 소송행위를 할 수 있는 능력을, **변론능력**은 법정에서 변론을 할 수 있는 자격을 의미한다.

형사절차에서 검사에 대해서는 당사자능력, 당사자적격, 소송능력, 변론능력의 문제가 발생하지 아니한다. 당사자능력이나 소송능력이 없는 자는 검사가 될 수 없거나 검사의 직무를 수행할 수 없고, 검사는 공소를 제기함으로써 즉시 당사자적격이 인정되며, 형사소송법은 검사의 변론능력을 제한하지 아니하기 때문이다.

검사의 공소제기로 피고인에게도 당사자적격은 인정되나, 형사소송법에 따라 피고인은 상고심에서는 변론능력이 부정된다(법 제387조). 당사자능력은 소송조건으로서 법원의 **직권조사사항**이 되고, 피고인의 당사자능력 흠결은 **공소기각결정**의 사유가 되며(법 제328조 제1항 제2호),

110) 김재환 489; 이/조/이 103; 이창현 121; 임동규 424.
111) 배/홍 71; 손/신 83-84; 신동운 554; 이/김 96; 차/최 105.
112) 대법원 2001. 3. 9. 선고 2001도192 판결.

소송능력의 흠결은 **공판절차 정지**의 사유가 된다(법 제306조 제1항).

(2) 당사자능력

(가) 인정 여부

자연인은 살아있는 동안 형사소송에서 당사자능력을 가진다. 그 결과 태아나 사망한 자연인의 당사자능력은 부정된다.

법인도 법인에 대한 형사처벌 규정이 존재하는 이상 책임능력 인정 여부와 관계없이 당사자능력을 가진다. 법인에 대한 형사처벌 규정이 존재하지 아니하는 경우 법인의 당사자능력이 인정되는지에 대해서는 견해의 대립이 있다. **긍정설**은 당사자능력은 소송주체가 될 수 있는 일반적·추상적인 능력을 의미하는 것으로서 법인의 당사자능력은 형사처벌 규정의 존재 유무와 무관하게 인정된다고 한다.[113] 이에 대해 **부정설**은 법인은 형사처벌 규정의 존재에 의해 형사처벌의 대상이 될 뿐이므로 그 전제인 형사처벌 규정이 존재하지 아니하는 이상 당사자능력은 인정될 수 없다고 한다.[114] 당사자능력은 일반적·추상적인 능력이고 처벌규정의 존재 여부는 구체적 사안에서의 문제일 뿐이므로 긍정설이 옳다. 따라서 형사처벌 규정이 없음에도 법인에 대한 공소가 제기된 경우 무죄판결의 대상이 된다(법 제325조).

(나) 당사자능력의 흠결과 그 효과

자연인의 경우 검사가 피고인이 태아 또는 사망한 사실을 알고 있음에도 공소를 제기하는 것은 있을 수 없다. 다만 검사가 피고인이 사망한 사실을 모르고 공소를 제기한 경우에는 **공소기각결정**을 하는 것이 옳을 것이다.[115] 이 경우 형사소송법은 명확한 규정을 두고 있지 아니하나, 공소제기 후 피고인이 사망하였다면 법원은 공소기각결정을 하여야 하므로(법 제328조 제1항 제2호) 공소제기시에 이미 당사자적격이 없는 경우에도 이를 유추적용 하는 것이 가장 적절하고 소송경제에도 부합하기 때문이다.

법인의 경우 존속하지 아니하게 되었을 때 법원은 공소기각결정을 하여야 한다(법 제328조 제1항 제2호). 법인이 존속하지 아니한다는 의미에 대하여 대법원은 일반적으로 법인의 청산결료의 등기가 경료되면 당사자능력이 상실되는 것으로 추정할 것이나, 청산사무가 실질적으로 종결되지 아니하는 동안에는 당사자 능력은 존속한다고 한다.[116]

---

113) 신동운 542; 신현주 123; 이/김 80; 이/조/이 431; 차/최 111.
114) 김기두 62; 신/조 433; 임동규 70.
115) 배/홍 73; 신동운 543; 이/조/이 432.
116) 대법원 1986. 10. 28. 선고 84도693 판결.

(3) 소송능력

형사소송에서 피고인의 소송능력은 자신의 지위와 상황을 이해하고 방어권을 행사할 수 있는 능력을 말한다. 자연인이 피고인인 경우 소송능력은 실체법상의 책임능력과 구분된다. 인정 여부 평가의 실질은 상호 유사하다 하더라도 실체법상 **책임능력**의 판단시기는 **행위시**이고 책임무능력자에 대한 공소제기시 그 효과는 책임조각으로 인한 **무죄판결**이지만(법 제325조), 절차법상 **소송능력**의 판단시기는 **공판시**이고 그 효과는 피고인이 이미 행한 **소송행위의 무효**와 **공판절차 정지**의 사유인 것이다(법 제306조 제1항). 형사소송법은 소송능력이 없는 피고인의 보호를 위하여 피고인에게 의사능력이 없는 경우 법정대리인 또는 특별대리인이 피고인의 소송행위를 대리하도록 하고 있다(법 제26조, 제28조).

법인의 경우 자연인인 대표자에 의해 소송행위가 이루어지고(법 제27조) 법인을 대표할 자가 없는 때에는 법원은 직권 또는 검사나 청구에 의하여 특별대리인을 선임하여 소송행위를 하도록 한다(법 제28조 제1항).

V. 변호인

1. 의의

변호인이란 형사절차에서 피의자 또는 피고인이 방어권을 충분히 행사할 수 있도록 도와주는 보조자이다. 법원과 검사는 피의자·피고인의 정당한 이익을 위한 소송활동을 할 권한과 의무가 있지만, 피의자·피고인으로 하여금 적극적으로 자신의 방어권을 행사할 수 있도록 도와줄 것을 기대하기는 어렵다. 게다가 일반적으로 피의자·피고인은 법률지식이 없으므로 헌법과 형사소송법이 보장하는 권리를 적극적으로 활용하여 자신을 방어할 능력이 없다. 이에 변호인제도는 법률전문가인 변호사를 피의자·피고인의 변호인으로 두어 조력을 받을 수 있도록 함으로써 무기평등을 기반으로 한 공정한 재판을 실현하도록 하는 제도적 장치라고 할 수 있다.

형사변호인제도 확충의 역사는 형사사법 근대화의 이정표란 말이 있듯이 형사사법 근대화의 과정에서 형사변호인제도는 눈부신 확충의 역사를 밟아왔다. 그리고 피의자·피고인을 절차의 구성원·당사자로서 위치지우는 현행 형사소송법 하에서 변호제도가 담당하는 기능은 무죄추정의 원칙을 향유하는 피의자·피고인을 위하여 실질적이고 충분하며 유효한 변호활동을 해야 한다는 점에서 구해진다.

변호인에는 피고인·피의자가 민법상의 계약을 통해 선임한 사선변호인과 사선변호인의 선임이 없는 경우로서 형사소송법이 정한 요건의 충족시 법원 또는 지방법원판사가 선정하는 국선변호인이 있다.

2. 소송법상 지위

(1) 이중적 지위

변호인은 피의자·피고인의 정당한 이익을 위한 보호자로서의 지위를 갖고 있는 동시에 실체적 진실발견을 통한 사법정의에 기여할 공익적 지위도 가지고 있다. 변호사법도 변호사의 사명은 기본적 인권의 옹호와 사회정의의 실현으로 명시하고 있다(변호사법 제1조 제1항).

변호인은 피의자·피고인의 **보호자**로서 형사절차에서 피의자·피고인에게 이익되는 증거를 수집하여 제출하고 그들을 위해 변론하여야 한다. 형사소송법은 변호인에게 독립대리권과 고유권까지 부여함으로써 변호인이 피고인의 대리인을 넘어 보호자로서의 역할에 충실할 수 있도록 배려하고 있다. 또한 변호인은 **공익적 지위**에서 법원이 실체적 진실을 발견하는 데 기여하여야 한다. 수사기관은 범인발견과 혐의입증이라는 합목적성의 추구를 본질로 할뿐만 아니라, 공판절차에서 검사에게는 준사법기관으로서 실체적 진실발견과 피고인의 인권을 옹호할 법률상 의무가 인정된다 하더라도 당사자로서의 지위에 의해, 그 역할이 희석될 우려가 크다. 변호인은 수사기관과 검사의 반대편에서 피의자와 피고인에게 유리한 증거를 제출하고 변론함으로써 실체적 진실발견에 기여하는 것이다.

(2) 이중적 지위로 인한 의무의 충돌과 조화

이러한 변호인의 이중적 지위는 필연적으로 의무의 충돌 상황을 야기한다. 검사는 준사법기관으로서 피고인의 정당한 이익을 보호할 의무가 있으나 반대 당사자의 입장에서 적극적으로 피고인의 범죄를 증명하여 처벌받도록 할 지위에 있으므로, 그 대척점에 있는 변호인은 공익적 지위도 물론 인정되지만 당사자인 피고인을 적극적으로 도와 처벌을 받지 않도록 하거나 합당한 만큼의 처벌만을 받도록 하는 보호자적 지위를 우선시키는 것이, 무기대등의 원칙과 공정한 재판에 부합한다고 하겠다.

따라서 공익적 지위에서 변호인이 실체적 진실발견에 기여할 의무는 소극적 의무에 그치므로, 변호인은 실체적 진실발견에 도움이 되는 경우라 하더라도 피고인·피의자가 자백하지 아니하는 이상 그들에게 불리한 사실을 알려서는 아니 된다. 또한 변호인은 피고인이 유죄임을 알고 있다 하더라도 무죄변론을 할 수 있고, 진술거부권을 행사하도록 권유할 수도 있다.[117] 하지만 변호인은 그 직무를 수행할 때에 진실을 은폐하거나 거짓진술을 하여서는 아니 될 **진실의무도** 가지므로(변호사법 제24조 제2항) 피고인·피의자로 하여금 허위 진술 또는 증거를 인멸하도록 하거나,[118] 변호인 스스로 증거를 인멸하는 등 실체적 진실발견을 적극적으로 방해하여서는 아니 된다.

이렇듯 보호자의 지위를 우선하여 공익적 지위와의 충돌을 해소하는 것은, 변호인의 비밀유지의무(변호사법 제26조), 변호인의 증언거부권(법 제149조) 및 진실의무의 소극적 성격과도 부합한다. 변호인은 피고인·피의자의 이익을 우선으로 하되 실체적 진실발견을 적극적으로 방해하여서는 안 된다.

3. 사선변호인

(1) 자격

사선변호인은 법률전문가인 변호사의 자격이 있는 자로 제한됨이 원칙이다. 다만 대법원 이외의 법원은 특별한 사정이 있으면 변호사 아닌 자의 변호인선임을 허가할 수 있는데(법 제31조), 이러한 예외는 피고인의 이익과 공정한 재판에 부합하는 경우에만 제한적으로 인정하여야 한다.

(2) 사선변호인의 선임

(가) 법적성질

사선변호인의 선임이란 피고인·피의자가 자신의 변호인으로서 방어권을 행사할 자를 수사절차에서는 수사기관에, 공판절차에서는 법원에 알리는 소송행위를 말한다. 사선변호인의 선임으로 변호인에게는 피고인·피의자를 위한 방어권 행사의 권리·의무가 발생하므로, 선임 전 변호인의 행위[119] 및 수사기관이나 법원이 해임된 변호사에게 한 행위는 무효이다.

변호인 선임은 피의자·피고인과 변호인 사이의 민사상 수임계약의 효력유무에 영향을 받지 아니한다. 수임계약이 무효 또는 취소되었다 하더라도 적법하게 선임이 이루어진 이상 피고인 등의 해임 또는 변호인의 사임이 있을 때까지 선임의 효력은 유지된다. 또한 변호사법에 따

117) 대법원 2007. 1. 31.자 2006모656 결정.

118) 대법원 2012. 8. 30. 선고 2012도6027 판결.

119) 대법원 2017. 7. 27.자 2017모1377 결정. "변호인선임신고서를 제출하지 않은 변호인이 변호인 명의로 재항고장을 제출한 경우, 그 재항고장은 적법·유효한 재항고로서의 효력이 없다."

라 한명의 변호인이 수인의 피고인과 수임계약 후 변호하는 동시변호는 금지되지만(변호사법 제31조 제1항), 피고인들 스스로 변호인을 선임한 사건에서는 특별한 사정이 없는 한 그러한 위법으로 인하여 변호인의 조력을 받을 권리가 침해되었다거나 소송절차가 무효로 된다고 볼 수는 없다.120)

(나) 선임권자

피고인 또는 피의자는 변호인을 선임할 수 있고(법 제30조 제1항), 피고인·피의자의 법정대리인, 배우자, 직계친족과 형제자매는 독립하여 변호인을 선임할 수 있다(법 제30조 제2항). 형사소송법은 법정대리인 등의 변호인선임권을 독립대리권으로 명시하고 있는데, 이를 통하여 변호인의 조력권을 널리 보장하고자 한 것으로 이해할 수 있다. 따라서 법정대리인 등은 피고인 또는 피의자의 의사에 반하여 변호인을 선임할 수 있고, 피고인 또는 피의자가 변호인을 해임하지 아니하는 이상 선임의 효력은 유지된다.

(다) 선임절차 및 대표변호인의 지정

사선변호인의 선임은 피의자·피고인이 변호인과 연명날인한 서면, 즉 변호인선임신고서를 수사절차에서는 수사기관, 공판절차에서는 심급마다 법원에 제출함으로써 이루어진다(법 제32조 제1항).

피의자·피고인이 선임할 수 있는 사선변호인의 수에는 제한이 없다. 수인의 변호인이 있는 때에는 수사절차에서는 검사가, 공판절차에서는 재판장이 피고인·피의자 또는 변호인의 신청 또는 직권에 의하여 3인 이하의 대표변호인을 지정할 수 있고, 그 지정을 철회 또는 변경할 수 있다. 대표변호인 지정시의 대표변호인에 대한 통지 또는 서류의 송달은 변호인 전원에 대하여 효력이 있다(법 제32조의2).

(라) 선임의 효력범위

변호인 선임은 소송행위이므로 그 효력범위는 선임권자의 의사에 따른다. 따라서 선임신고서에 특정 절차에 대해서만 변호인을 선임함을 명시한 경우 선임의 효력범위는 그 절차에만 미친다. 다만 형사소송법은 형사절차의 안정성과 피고인·피의자의 방어권 보장을 위해 변호인 선임의 효력은 사건 단위로 해당 심급 전체에 미치도록 하고 있다.

사건단위의 면에서 변호인 선임은 선임신고서에 기재된 사건과 기본적 사실관계가 동일한 사건에까지 미침을 원칙으로 하되, 피고인 또는 변호인이 다른 의사표시를 하지 아니하는

120) 대법원 2009. 2. 26. 선고 2008도9812 판결.

이상 동일법원의 동일피고인에 대하여 병합된 다른 사건에 관하여도 그 효력이 인정된다(규칙 제13조).

심급과의 관계에서 변호인 선임은 각 심급에서만 효력을 미치되, 수사절차에서 선임의 효력은 제1심에 미침을 원칙으로 한다(법 제32조). 심급의 종료는 재판의 확정 또는 상소로 인하여 이심(移審)의 효력이 발생하는 시점이므로 변호인은 피고인을 위하여 상소권 행사까지 할 수 있고(법 제341조 제1항), 상소심이 파기환송이나 파기이송을 한 경우에는 원심에서의 변호인 선임의 효력은 파기환송·이송심에도 미친다(규칙 제158조). 원심과 파기환송·이송심의 심급은 동일하기 때문이다.

4. 국선변호인

(1) 자격

국선변호인은 법원의 관할구역 안에 사무소를 둔 변호사, 공익법무관 또는 사법연수원생 중에서 선정함을 원칙으로 한다. 관할 구역 내 변호사 등을 선정할 수 없는 부득이한 때에는 인접 법원 관할 내 변호사, 공익법무관 또는 사법연수원생 중에서 선정할 수 있으며, 이 역시 선정할 수 없는 때에는 법원의 관할구역 안에 거주하는 변호사 아닌 자 중에서 선정할 수 있다(규칙 제14조).

(2) 국선변호인의 선정

(가) 법적성질

국선변호인의 선정은 법원의 단독적 의사표시로서의 재판이다. 따라서 법원이 국선변호인을 선정하였음을 고지하면 변호인은 그 즉시 변호인으로서의 권리의무를 가지게 된다. 국선변호인의 선정에는 변호인의 동의를 요하지 아니하며, 변호인의 사임에는 법원의 허가를 필요로 한다(규칙 제20조).

국선변호인도 동시변호는 금지되지만 수인의 피고인 또는 피의자 사이에 이해가 상반되지 아니할 때에는 그 수인의 피고인 또는 피의자를 위하여 동일한 국선변호인을 선정할 수 있다(규칙 제15조 제2항).

(나) 선정사유

국선변호인의 선정은 법원의 의무로서, 일정한 사안에 해당하면 즉시 법원에게 선정의무가 발생하는 경우와 피고인의 청구에 의해 법원에 선정의무가 발생하는 경우 및 법원의 직권 판단에 따라 선정의무가 발생하는 경우가 있다.

1) 필요적 선정사유

형사소송법이 열기한 국선변호인의 필요적 선정사유는 피고인이 구속된 때, 미성년자인 때, 70세 이상인 때, 듣거나 말하는 데 모두 장애가 있는 사람인 때, 심신장애가 있는 것으로 의심되는 때, 사형, 무기 또는 단기 3년 이상의 징역이나 금고에 해당하는 사건으로 기소된 때이다. 이 경우 법원은 직권으로 국선변호인을 선정하여야 한다(법 제33조 제1항).

① 구속 피고인

'피고인이 구속된 때'란, 피고인이 해당 형사사건에서 구속되어 재판을 받고 있는 경우에 한정되는 것이 아니라, 피고인이 **별건으로** 구속영장이 발부되어 집행되거나 **다른 형사사건에서** 유죄판결이 확정되어 그 판결의 집행으로 구금 상태에 있는 경우도 포함하는 개념이다.[121] 이러한 해석은, 형사절차에서 침해될 수 있는 인신의 자유, 절차적 기본권 등 국민의 인권을 최대한 보장하기 위하여 구속 피고인에 대하여도 필요적으로 국선변호인을 선정하도록 한 **헌법정신**을 살리고, 변호인이 구속 피고인의 방어력을 보충함으로써 형사재판의 법정에서 '무죄 추정을 받는 피고인'과 '검사'가 **대등한** 지위에서 적법한 절차에 따라 공방을 할 수 있게 하고 이를 통하여 **공정한** 재판에 대한 당사자나 일반 국민의 신뢰를 높일 수 있다는 점에서 타당하다고 하겠다.

② 농아 피고인

필요적 선정사유 중 듣거나 말하는 데 **모두** 장애가 있는지 여부는 장애인 등록 여부가 아니라 일상생활에서 의사소통에 **실질적** 어려움이 있는지 여부로 판단하여야 하고, 심신장애의 의심 또한 의료인의 진단 여부를 참작하여야 하나 그에 기속되어 판단할 것은 아니다. 국가에 의한 피고인의 방어권보장이라는 국선변호인제도의 본질에 비추어 볼 때 장애 여부가 명확하지 아니한 경우에는 법원은 피고인의 이익을 좇아 국선변호인을 선정하여야 할 것이다.

③ 영장실질심사 등

지방법원판사는 **영장실질심사**와 **체포·구속적부심사**시 사선변호인의 선임이 없는 경우에는 사유를 불문하고 국선변호인을 선정하여야 하고(법 제201조의2 제8항, 제214조의2 제10항), 법원은 **공판준비절차**(법 제266조의8 제4항), **국민참여재판**(국민참여재판법 제7조), **재심사건**(법 제438조 제4항), **치료감호사건**(치료감호법 제15조 제2항) 등에서 변호인의 선임이 없는 경우에는 국선변호

121) 대법원 2024. 5. 23. 선고 2021도6357 전원합의체 판결.

인을 선정하여야 한다.

2) 청구 또는 직권판단에 의한 선정사유

법원은 피고인이 빈곤이나 그 밖의 사유로 변호인을 선임할 수 없는 경우에 피고인이 청구하면 국선변호인을 선정하여야 하고(법 제33조 제2항), 피고인의 나이·지능 및 교육 정도 등을 참작하여 권리보호를 위하여 필요하다고 인정하면 피고인의 명시적 의사에 반하지 아니하는 범위에서 변호인을 선정하여야 한다(법 제33조 제3항).

필요적 국선변호인 선정사유에서와 마찬가지의 이유로 빈곤, 나이, 지능, 교육정도 등에 따른 국선변호인 선정 여부는 피고인의 이익에 따라 결정하여야 한다. 대법원도 제1심에서 국선변호인이 선정되어 공판이 진행되었고 항소심에서 특별한 사정변경이 없는 경우,[122] 유죄판결에 대해 검사만이 양형부당을 이유로 항소하고 항소법원이 이를 받아들이는 경우[123]에는 공판심리단계에서부터 국선변호인의 선정을 적극적으로 고려하여야 한다고 하고 있다. 특히 대법원은 무죄판결에 대해 검사만이 항소하였으나 항소법원이 국선변호인의 선정 없이 유죄판결을 한 사안에서, 항소법원은 피고인의 나이, 지능 및 교육 정도, 건강상태, 다투는 내용에 관하여 피고인 홀로 방어권 행사가 가능한 수준과 정도, 피고인의 재판을 도와줄 가족이 있는지 여부 등을 충분히 살펴 권리보호를 위하여 필요하다고 인정되면 피고인의 명시적 의사에 반하지 아니하는 범위에서 국선변호인을 선정하여야 한다면서, 그러한 요건이 갖추어져 있었음에도 국선변호인을 선임하지 아니하였다는 이유로 유죄를 선고한 원심판결을 파기환송한 바 있다.[124]

(다) 선정절차

국선변호인은 피고인 또는 피의자마다 1인을 선정함을 원칙으로 하고, 사건의 특수성에 비추어 필요하다고 인정할 때에는 1인의 피고인 또는 피의자에게 수인의 국선변호인을 선정할 수 있다(규칙 제15조 제1항).

1) 영장실질심사 또는 체포·구속적부심사시

영장실질심사, 체포·구속적부심사가 청구된 피의자에게 변호인이 없는 때에는 법원 또는 지방법원 판사는 지체 없이 국선변호인을 선정하고, 피의자와 변호인에게 그 뜻을 고지하여야 한다(규칙 제16조 제1항).

---

122) 대법원 2013. 7. 11. 선고 2013도351 판결.
123) 대법원 2019. 9. 26. 선고 2019도8531 판결.
124) 대법원 2024. 7. 11. 선고 2024도4202 판결.

2) 공소제기시

공소제기가 있는 때에는 재판장은 변호인 없는 피고인에게 국선변호인의 선정에 대해 서면으로 고지하여야 한다. 그리고 구속 피고인 등 형사소송법이 열기한 필요적 국선변호선정사유에 해당하는 피고인이 변호인을 선임하지 아니한 때에는 법원은 지체없이 국선변호인을 선정하여야 한다(규칙 제17조 제1항 내지 제3항).

빈곤 등 사유로 피고인이 국선변호인 선정을 청구하는 경우 피고인은 소명자료를 제출하여야 한다. 다만, 기록에 의하여 그 사유가 소명되었다고 인정될 때에는 그러하지 아니하다(규칙 제17조의2). 법원은 국선변호인 선정청구가 있거나 피고인의 권리보호 필요성이 인정될 때에는 지체없이 국선변호인을 선정하고, 피고인 및 변호인에게 그 뜻을 고지하여야 한다(규칙 제17조 제3항).

공소제기 후 변호인이 없게 된 때에도 국선변호인의 선정은 위와 동일한 절차에 따른다(규칙 제17조 제4항).

(3) 선정 취소 및 사임

(가) 선정 취소

법원이 국선변호인의 선정을 취소한 때에는 지체 없이 그 뜻을 해당되는 국선변호인과 피고인 또는 피의자에게 통지하여야 한다.

법원 또는 지방법원 판사는 피고인 또는 피의자에게 변호인이 선임된 때, 국선변호인이 자격을 상실한 때, 법원 또는 지방법원 판사가 국선변호인의 사임을 허가한 때에는 국선변호인의 선정을 **취소하여야** 한다. 법원·지방법원 판사는 국선변호인이 그 직무를 성실하게 수행하지 아니하는 때, 피고인 또는 피의자의 국선변호인 변경 신청이 상당하다고 인정하는 때, 그밖에 국선변호인의 선정결정을 취소할 상당한 이유가 있는 때에는 국선변호인의 선정을 **취소할 수** 있다(규칙 제18조).

법원은 사선변호인이 선임된 경우 외에는 국선변호인의 선정취소시 새로운 국선변호인을 선정하여야 한다.

(나) 사임

국선변호인은 질병 또는 장기여행으로 인하여 국선변호인의 직무를 수행하기 곤란할 때, 피고인 또는 피의자로부터 폭행·협박 또는 모욕을 당하여 신뢰관계를 지속할 수 없을 때, 피고인 또는 피의자로부터 부정한 행위를 할 것을 종용받았을 때, 그 밖에 국선변호인으로서의 직무를 수행하는 것이 어렵다고 인정할 만한 상당한 사유가 있을 때에는 법원 또는 지방법원 판사의 허가를 얻어 사임할 수 있다(규칙 제20조).

법원이 국선변호인의 사임을 허가할 때에는 국선변호인의 선정을 취소하고 새로운 국선변호인을 선정하여야 한다.

5. 변호인의 권한과 권리

(1) 개관

변호인은 그 유형에 관계없이 피고인·피의자의 방어권 행사를 위한 대리권과 고유권을 가진다. **대리권**이란 변호인이 자신의 이름으로 피고인·피의자의 소송행위를 대리하고 그 법률효과를 피고인·피의자에게 귀속시킬 권한을 말하는 것으로, 본인의 의사에 종속하는 종속대리권, 본인의 **묵시적** 의사에 반할 수 있는 **독립대리권**, 본인의 **명시적** 의사에 반할 수 있는 **독립대리권**으로 나뉜다. **고유권**이란 변호인이 피고인·피의자로 부터 독립하여 스스로 가지는 권리를 말하는 것으로, 대리권과 달리 변호인에게 독자적으로 인정되는 권리이므로 피고인·피의자의 권리가 소멸되더라도 그 존속에 영향이 없다.

변호인의 권한과 권리의 구체적 분류는 형사소송법의 문언과 법적성질에 따라 결정된다. 형사소송법상 변호인만이 권리주체로 명시된 경우에는 고유권이고, 피고인만이 권리주체로 명시된 경우에는 종속대리권이다. 피고인·피의자와 변호인이 모두 권리주체로 명시된 경우에는 본인의 의사에 반할 수 있는지에 대한 규정의 존재 여부 및 권한·권리의 구체적인 내용에 따라 고유권인지, 대리권인지 여부가 결정되게 된다.

(2) 대리권

변호인제도의 본질상 형사절차에서도 변호인은 대리인으로서 **포괄적 대리권**을 가지므로 피고인만이 권리주체로 명시된 경우에도 변호인은 종속대리권을 갖게 된다.

형사소송법은 그 성질상 변호인의 독자적인 권리인 고유권으로 볼 수 없음에도 변호인을 피고인·피의자와 함께 권리주체로 명시하고, 일정한 경우에는 본인의 명시적 의사에는 반할 수 없다는 규정을 두고 있다. 형사절차상 변호인 지위의 특수성에 비추어 변호인은 본인보다 변호인 자신의 판단을 우선할 필요가 있는 경우에는 본인의 명시적 의사에도 반할 수 있는 독립대리권을 가지고, 변호인의 판단을 존중할 필요가 있는 경우에는 본인의 묵시적 의사에는 반할 수 있는 독립대리권을 갖게 된다.

피고인만이 권리주체로 규정되어 있어 **종속대리권**에 해당하는 것에는 관할이전신청권(법 제15조), 관할위반신청권(법 제320조), 상소취하(법 제349조), 정식재판청구권(법 제453조 제1항) 등이 있다. 피고인과 변호인이 권리주체로 규정된 경우로서 변호인이 본인의 **명시적** 의사에도 반할 수 있는 독립대리권에는 구속취소청구권(법 제93조), 보석청구권(법 제94조), 증거보전청구권(법 제184조), 증거조사에 관한 이의신청권(법 제296조) 등이 있고, 명문의 규정에 의해 본인의 **묵시적** 의사에만 반할 수 있는 변호인의 독립대리권에는 기피신청권(법 제18조 제2항), 상소제기권(법 제341조 제2항) 등이 있다.

(3) 고유권

형사소송법은 법률전문가인 변호인에게 보호자로서의 지위를 원활히 행사할 수 있도록 하기 위하여 일정한 권리에 대해서는 **변호인만을** 권리의 주체로 두고 있다. 이에는 접견교통권(법 제34조), 피의자신문참여권(법 제243조의2 제1항), 피고인 신문권(법 제296조의2), 상고심 변론권(법 제387조) 등이 있다.

한편 피의자·피고인과 **함께** 변호인을 권리주체로 명시한 권리로서 그 성질상 고유권으로 인정되는 것으로는 서류·증거물 열람복사권(법 제35조), 압수·수색 참여권(법 제121조), 증인신문참여권(법 제163조), 증인·증거신청권(법 제294조), 최종의견진술권(법 제303조) 등이 있다.

Ⅵ. 피해자와 피해자 변호사

1. 지위

사인소추를 불허하는 형사소송절차에서 범죄 피해자는 형사절차의 대상으로서의 지위를 가질 뿐 당사자로서의 지위를 가지지 아니한다. 형사소송은 공익의 대표자인 검사와 피고인 사이의 다툼을 전제로 하는 것으로 그동안 피해자는 고소권 또는 처벌불원의사를 표시할 권리를 가지고 친고죄 및 반의사불벌죄에 있어 피고인의 처벌에 영향을 미칠 수 있을 뿐이었다.

하지만 형사소송에 있어 실질적 이해당사자는 피해자임을 부인하기 어려운바, 피해자를 배제한 국가중심 형사사법체계는 더 이상 명분을 유지하기 어렵게 되었다. 이에 피해자도 형사절차상 범죄피해자 권리에 관한 정보를 제공받을 권리(범죄피해자 보호법 제8조의2 제1항), 수사절차에서 사법경찰관의 불기소처분시 이를 **통지받을** 권리(법 제245조의6), 검사로부터 사건의 공소제기 여부를 통지받을 권리(법 제259조의2), 수사서류 열람·복사 신청권(수사준칙 제69조), 공판절차에서 검사로부터 공판의 일시·장소, 재판결과, 피의자·피고인의 구속·석방 등 구금에 관한 사실 등을 통지받을 권리(법 제259조의2), 공판기록 열람·등사 신청권(법 제294조의4), 자신을 증인으로 신청하여 공판절차에서 진술할 권리(법 제161조의2, 제294조의2) 등 일정한 권리를 갖게 되었다.

피해자도 변호사를 선임하여 공판절차에서 자신의 권리행사를 대리하게 할 수 있다. 다만 피해자 변호사는 피해자의 대리인으로서의 지위를 가질 뿐으로 고유권을 가지고 있지는 않다.

2. 피해자의 권리

(1) 정보를 제공받을 권리

범죄피해자 보호법은 형사소송법상 피해자가 자신의 권리와 형사절차 진행상황 관련 정보를 제공받을 권리를 구체적으로 규정하고 있다.

검사 또는 사법경찰관리는 범죄피해자를 조사할 때에 범죄피해자에게 **재판절차참여진술권** 등 형사절차상 범죄피해자의 권리에 관한 정보 및 **범죄피해구조금 지급** 등 범죄피해자의 지원에 관한 정보 등을 제공해야 한다. 다만, 범죄피해자에 대한 조사를 하지 않은 경우에는 사법경찰관리는 사건 송치 또는 불송치시, 검사는 사건 처분시 위 정보를 제공해야 한다(범죄피해자 보호법 제8조의2, 동법 시행령 제10조의2 제1항).

범죄피해자는 가해자에 대한 **형사절차 진행상황 관련 정보**의 제공을 요청할 수 있고, 피해자의 요청을 받은 형사사법기관은 이를 제공하여야 한다. 다만, 형사절차 관련 정보의 제공으로 사건 관계인의 명예나 사생활의 비밀 또는 생명·신체의 안전이나 생활의 평온을 해칠 우려가 있는 경우에는 형사절차 관련 정보를 제공하지 아니할 수 있다. 제공대상 정보에는 수사 관련 사항으로서 수사기관의 기소 또는 불기소처분, 공판진행 사항으로서 공판기일, 공소가 제기된 법원, 판결 주문, 선고일, 재판의 확정 및 상소 여부 등, 형집행 상황으로서 가석방·석방·이송·사망 및 도주 등, 보호관찰 집행 상황으로서 관할 보호관찰소, 보호관찰·사회봉사·수강명령의 개시일 및 종료일, 보호관찰의 정지일 및 정지 해제일 등이 있다(범죄피해자 보호법 제8조, 동법 시행령 제10조).

(2) 형사절차 관련 서류의 열람·복사 신청권

(가) 수사서류 열람·복사 신청권

피해자는 검사 또는 사법경찰관이 수사 중인 사건에 관한 피해자 본인의 진술이 기재된 부분 및 본인이 제출한 서류의 전부 또는 일부(수사준칙 제69조 제1항), 검사가 불기소 결정을 하거나 사법경찰관이 불송치결정을 한 사건에 관한 기록의 전부 또는 일부의 열람·복사를 신청할 수 있다(수사준칙 제69조 제2항). 또한 체포·구속된 피의자 또는 그 변호인은 현행범인체포서, 긴급체포서, 체포영장, 구속영장의 열람·복사를 신청할 수 있다(수사준칙 제69조 제4항).

검사 또는 사법경찰관은 위 신청을 받은 경우에는 해당 서류의 공개로 피해자나 참고인의 개인정보나 영업비밀이 침해될 우려가 있거나 범인의 증거인멸·도주를 용이하게 할 우려가 있는 경우 등 정당한 사유가 있는 경우를 제외하고는 열람·복사를 허용해야 한다(수사준칙 제69조 제6항). 피해자가 신청인인 경우 위 예외사유에 해당하는 경우는 많지 않을 것임에도 실무상 불송치결정 기록에 대한 신청은 기각됨이 일반적인바, 이러한 관행은 개선되어야 할 것이다. 피해자의 신청 역시 피의자와 마찬가지로 **정보공개청구**로 이루어지고, 신청기각에 대해서는 피해자도 행정소송으로 다툴 수 있다.

(나) 공판기록 열람·등사 신청권

소송계속 중인 사건의 피해자, 법정대리인, 이들로 부터 위임을 받은 피해자 본인의 배우자·직계친족·형제자매·변호사는 소송기록의 열람 또는 등사를 재판장에게 신청할 수 있다.

재판장은 피해자 등의 권리구제를 위하여 필요하다고 인정하거나 그 밖의 정당한 사유가 있고, 상당하다고 인정하는 때에는 열람 또는 등사를 허가할 수 있다. 재판장은 등사 허가시 사용목적을 제한하거나 적당하다고 인정하는 조건을 붙일 수 있고, 소송기록을 열람 또는 등사한 자는 이를 사용함에 있어서 부당하게 관계인의 명예나 생활의 평온을 해하거나 수사와 재판에 지장을 주지 아니하도록 하여야 한다. 재판장의 위 재판에 대해서는 불복할 수 없다(법 제294조의4).

(3) 공판절차 진술권

범죄 피해자 또는 그 법정대리인의 신청이 있는 경우, 법원은 피해자 등이 이미 당해 공판절차에서 충분히 진술하였거나 이로 인하여 공판절차가 현저하게 지연될 우려가 있지 아니한 이상 피해자 등을 증인으로 신문하여야 한다. 법원은 피해자 등을 신문하는 경우 피해의 정도 및 결과, 피고인의 처벌에 관한 의견, 그 밖에 당해 사건에 관한 의견을 진술할 기회를 주어야 한다(법 제294조의2).

3. 피해자변호사제도

(1) 의의

피해자변호사제도란 성폭력범죄, 아동·청소년 대상 성범죄, 아동·장애인 학대관련 범죄, 인신매매, 스토킹범죄 등 일정한 범죄 피해자에 대해 검사가 국선변호사를 선정하여 수사절차부터 공판절차에 이르기까지 피해자에게 법률지원을 하도록 하는 제도를 말한다(성폭력처벌법 제27조, 청소년성보호법 제30조, 아동학대처벌법 제16조, 장애인복지법 제59조의15, 인신매매방지법 제16조, 스토킹처벌법 제17조의4). 피해자변호사제도는 성폭력범죄의 처벌 등에 관한 특례법에서 시작되어 다른 법률은 이를 준용하거나 유사한 내용을 규정하고 있으므로, 이하에서는 성폭력범죄의 처벌 등에 관한 특례법만을 살펴보기로 한다.

성폭력범죄의 처벌 등에 관한 특례법은 성폭력범죄의 피해자 및 그 법정대리인의 변호사 선임권을 명시하고, 검사가 임의로 국선변호사를 선정하도록 하되 19세 미만 또는 심신미약자인 피해자에게 필요적으로 변호사를 선정하도록 하고 있다. 피해자 변호사는 형사절차에서 피해자등의 대리가 허용될 수 있는 모든 소송행위에 대한 포괄적인 대리권을 가진다(성폭력처벌법 제27조 제1항, 제5항, 제6항).

(2) 형사절차 참여권 및 의견진술권

수사절차에서 피해자 변호사는 검사 또는 사법경찰관의 피해자 등에 대한 조사에 참여하여 조사 도중에는 검사 또는 사법경찰관의 승인을 받아 의견을 진술할 수 있고, 조사 전후에는 승인 없이 의견을 진술할 수 있다(성폭력처벌법 제27조 제2항). 또한 피해자 변호사는 피의자에 대한 구속 전 피의자심문, 증거보전절차, 공판준비기일 및 공판절차에 출석하여 피해의 정도 및 결과, 피고인의 처벌에 관한 의견, 그 밖에 당해 사건에 관한 의견 진술을 신청할 수 있다. 법원은 이미 충분한 의견진술이 이루어진 경우, 공판절차의 현저한 지연이 우려되는 경우, 의견이 해당사건과 관련이 없는 경우 등에 해당하지 아니하는 이상 변호인이 위 의견을 진술하게 하여야 한다(동법 제27조 제3항, 성폭력범죄 등 사건의 심리·재판 및 피해자 보호에 관한 규칙 제6조).

공판절차에서 법원은 피해자변호사의 선임 등을 증명할 수 있는 서류가 제출된 때에는 피해자 변호사에게 공판기일을 통지함으로써 피해자 변호사의 공판절차 의견진술권을 보장하여야 한다(동 규칙 제4조).

(3) 소송관계 서류 열람·등사권

피해자 변호사는 증거보전 후 관계 서류나 증거물, 소송계속 중의 관계 서류나 증거물을 열람하거나 등사할 수 있다(성폭력처벌법 제27조 제4항). 성폭력범죄의 처벌 등에 관한 특례법상 피해자 변호사는 열람·등사 **신청권이 아닌 열람·등사권**을 가지고 있으므로 재판장은 그 청구가 있는 경우에는 피해자에 대한 사실적·법률적 조력을 위하여 필요한 범위 내에서 이를 허가하여야 한다.

(4) 일반적 신청권의 유무

형사소송의 기본 구조를 생각할 때 피해자는 명문의 규정이 없는 이상 소송절차에서의 일반적 신청권이 인정되지 아니하고 이는 피해자 변호사도 마찬가지이다. 피해자 변호사는 형사절차에서 피해자의 이익을 위한 경우는 물론 피해자의 절차상 권리가 침해되었다 하더라도 그에 대한 이의를 신청할 수 없다.

Ⅶ. 참고인과 증인

1. 참고인

참고인이란 형사절차에서 피의자 또는 피고인 아닌 자로서 피해자, 목격자, 신고자, 이해관계인 등 범죄사실과 관련성을 가진 모든 사람을 말한다(법 제70조 제2항, 제245조. 제390조 제2항).

수사절차에서 참고인은 주로 범죄혐의사실에 대한 정보 또는 증거를 가진 자를 의미한다. 수사기관은 참고인의 진술을 청취하고(법 제221조 제1항 전단) 참고인으로부터 증거를 임의제출받아 범죄혐의사실을 밝히는 데 도움을 얻게 된다. 참고인의 진술은 진술조서에 기록되고(법 제244조의4 제3항), 참고인의 진술도 영상녹화 될 수 있다(법 제221조 제1항 후단).

수사 및 공판절차에서 참고인에 대한 위해우려는 피의자·피고인의 구속사유 심사시 고려사항이 되고(법 제70조 제2항, 제201조 제1항), 상고심에서 법원은 필요한 경우에는 특정한 사항에 관하여 변론을 열어 참고인의 진술을 들을 수 있다(법 제390조).

2. 증인

(1) 의의

증인이란 공판정에서 법원 또는 법관에게 자신이 과거에 직접 체험한 사실을 진술하는 자를 말한다. 검사는 공소사실의 증명을 위하여 필요한 경우 수사절차에서의 참고인이었던 사람을 공판절차에서 증인으로 신청할 수 있고, 법원이 이를 채택하면 증인신문이 이루어진다. 피고인 또한 자신에게 유리한 증언을 해 줄 사람을 증인으로 신청할 수 있고, 법원도 직권으로 증인채택을 할 수 있다.

감정증인이란 공판정에서 법원 또는 법관에게 자신이 가진 특별한 지식에 의해 체험한 사실을 진술하는 자를 말한다. 증인이 오감의 작용으로 공소사실과 직·간접적으로 관련된 사실을 직접 체험한 자인데 비하여, 감정증인은 공소사실과 관련된 사안에 대해 자신의 전문지식을 통해 직접 감정을 한 자라는 차이점이 있다. 하지만 양자는 **비대체적**인 지식을 가지고 있다는 점에서는 동일하다.

일반적으로 검사는 공소사실의 증명을 위하여 필요한 경우 수사기관의 감정위촉에 의해 수사절차에서 감정을 하였던 사람, 수사기관에 소속된 자로서 자신의 전문지식에 기반하여 검증을 한 사람 등을 감정증인으로 신청하고, 피고인은 검사의 주장을 탄핵하거나 자신의 결백을 직접 증명하기 위하여 스스로 감정을 위탁한 후 그 사람을 감정증인으로 신청한다. 법원은 필요시 직권으로 감정을 촉탁하고 감정을 수행한 감정인을 감정증인으로 채택할 수 있다.

(2) 증인적격

(가) 의의

증인적격이란 증인이 될 수 있는 자격을 말한다. 증인적격이 없는 자는 증인으로 채택될 수 없고, 증인으로 채택되어 증언을 한다 하더라도 그 증언에는 증거능력이 부정된다. 형사소송법은 법률에 이를 금지하는 규정이 없는 이상 증인적격에 제한을 두고 있지 아니하지만(법 제146조) 형사소송법의 체계에 따라 법관 등은 증인적격이 부정될 수 있다.

한편 형사소송법은 감정증인의 증인적격에 대한 규정을 두지 아니하고 있지만, 당연히 감정을 수행할 전문적인 지식을 가진 자로서 일반적인 증인의 증인적격이 부정되는 자가 아닌 자로 제한된다 함이 상당하다.

(나) 법관 및 법원사무관 등의 증인적격

법관과 법원사무관 등은 법원의 기관이므로 탄핵주의 구조를 취하는 이상 소속 법원에서 진행 중인 사건에 대해서는 증인적격이 당연히 부정된다. 법관 또는 법원사무관 등이 증인이 되고자 하는 경우에는 당해 사건에 대한 직무에서 완전히 배제되어야 하며, 형사소송법은 법관 및 법원사무관이 증인이 된 경우를 **제척사유**로 삼고 있다(법 제17조 제4호, 제25조).

(다) 검사의 증인적격

형사소송법은 검사의 증인적격을 부정하는 규정을 두고 있지 아니하므로 공판에 관여하지 아니하는 검사에게 증인적격이 인정된다는 점에 대해서는 이론의 여지가 없다. 하지만 **공판에 관여하고 있는 검사에게 증인적격이 인정되는지**에 대해서는 견해의 대립이 있다.

긍정설은 형사소송법상 증인적격에는 제한이 없고 공판관여 검사에게도 실체적 진실발견을 위하여 증인신문을 할 필요가 있을 수 있으며 검사가 증인으로서 증언하였다 하더라도 직무수행을 제한할 이유가 되지는 않으므로 증인이 될 수 있다고 한다.[125] 이에 비하여 **부정설**은 공판검사는 소송의 당사자이므로 증인신문의 필요가 있는 경우라 하더라도 공판검사로서의 지위를 벗어나지 아니하는 이상 증인이 될 수 없고, 공판관여검사의 지위에서 강제적으로 물러나게 할 현실적인 방법도 없다는 것을 이유로 한다.[126]

검사는 소송의 당사자로서 제3자가 아니므로 공판검사에게는 증인적격이 부정된다고 함이 옳고, 공익의 대표자로서 법관에 준하는 객관의무를 지니는 이상 이미 증인으로 증언한 검사는 공소유지에서 제척되어 공판검사가 될 수 없다고 함이 상당하다.[127]

(라) 변호인의 증인적격

형사소송법은 변호인의 증인적격을 부정하는 규정을 두고 있지 아니하지만, 변호인의 보호자적 지위의 특수성을 고려하여 변호인의 증인적격을 부정하는 견해가 있다.[128] 하지만 변호인은 소송의 당사자가 아닐 뿐더러 피고인의 이익보호 차원에서 변호인을 증인으로 신문할 필요성이 있을 수 있고 변호인의 증인적격을 인정하더라도 변호인은 피고인에게 불리한 사실에 대해서는 증언거부권을 가지므로 보호자적 지위에 반할 위험도 없다는 점에서, 변호인의 증인적격은 인정된다고 보는 것이 타당하다.[129]

---

125) 신동운 609; 임동규 658; 신현주 528.
126) 이/김 524; 이/조/이 553; 손/신 521; 신/조 593; 이창현 759.
127) 손/신 522; 이/김 524; 이창현 760.
128) 신현주 529; 이/김 525; 이/조/이 554; 이창현 760.

(마) 피고인의 증인적격(공동피고인의 상피고인에 대한 증인적격)

피고인은 당사자이고 진술거부권을 갖고 있으므로 자신의 사건에 있어서의 증인적격은 당연히 부정된다. 2인 이상의 피고인이 동일한 절차에서 공동으로 심판받는 경우 각 피고인을 공동피고인이라 하고, 한 공동피고인의 입장에서 다른 피고인을 상피고인이라 부르는데, 여기서 **공동피고인이 상피고인의 사건에 대해서 증인적격이 인정되는지**가 문제된다.

1) 견해의 대립과 법원의 태도

긍정설은 공동피고인은 상피고인에 대해서는 제3자이므로 상피고인의 사건에 대해서는 증인적격이 인정된다고 하고,[130] **부정설**은 피고인은 진술거부권이 인정되므로 변론을 분리하지 아니하는 한 공동피고인은 공범 여부와 무관하게 상피고인에 대해 증인적격이 부정된다고 하며,[131] **절충설**은 공범인 공동피고인은 실질적으로 하나의 피고인이므로 상피고인에 대한 증인적격이 부정되지만, 공범 아닌 공동피고인은 상호 제3자의 입장에 불과하므로 상피고인에 대하여 증인적격이 인정된다고 한다.[132]

대법원은 절충설의 입장에 서있다. 대법원은 공범아닌 공동피고인은 서로에 대해 증인적격이 인정되고,[133] 형법총칙 상 공범은[134] 물론 **대향범**인 공동피고인도 소송절차의 분리로 피고인의 지위에서 벗어난 경우에는 다른 공동피고인에 대한 공소사실에 관하여 증인적격이 인정된다고 하였다.[135] 당연한 논리적 귀결로써 대법원은 공범인 공동피고인이 증인으로써 허위의 사실을 증언한 경우, 증인신문에 앞서 공판절차가 분리되지 아니하면 위증죄가 성립하지 아니하고,[136] 공판절차가 분리되었다면 위증죄가 성립한다고 한다.[137]

2) 검토

피고인에게 증인적격이 인정되지 아니하는 이유는 피고인이 당사자이기 때문이다. 상피고인과의 관계에서 당사자가 아니라면 공동피고인의 증인적격을 부정할 이유는 없으므로 절충설이 타당하다. 따라서 사실적·규범적으로 제3자에 지나지 않는 **공범 아닌 공동피고인**은 변

129) 신동운 609; 임동규 659.
130) 김기두 162; 서일교 197; 신현주 528.
131) 강구진 446; 정/이 396.
132) 강/황/이/최 437; 손/신 524; 송광섭 513; 이/김 527; 이/조/이 555; 이창현 762; 임동규 661; 정승환 449.
133) 대법원 2006. 1. 12. 선고 2005도7601 판결. "절도범과 그 장물범 사이는 공범인 공통피고인에 해당하지 않는다."
134) 대법원 2008. 6. 26. 선고 2008도3300 판결.
135) 대법원 2012. 3. 29. 선고 2009도11249 판결.
136) 대법원 2012. 12. 13. 선고 2010도10028 판결.
137) 대법원 2024. 2. 29. 선고 2023도7528 판결.

론분리와 관계없이 상피고인에 대해 증인이 될 수 있지만, 피고사건에 대하여 실질적 관련성을 맺고 있는 **공범인 공동피고인은 변론이 분리**되지 아니하는 이상 상피고인에 대해 증인이 될 수 없다.

(3) 증인의 의무와 권리

(가) 증인의 의무

증인은 정당한 사유가 없는 이상 법원으로부터 소환을 받으면 공판정에 출석하여야 하고, 선서무능력자가 아닌 이상 재판장의 지시에 따라 선서하여야 하며, 증언거부권이 인정되는 내용이 아닌 이상 법원 및 당사자의 신문에 관해 자신의 기억에 따라 사실만을 증언하여야 한다.

1) 출석의무

① 출석의무와 불출석에 대한 제재

법원으로부터 **소환장**을 송달받은 증인은 정당한 사유가 없는 이상 증인으로 출석하여야 한다. 다만 외교관계에 관한 비엔나협약에 따라 외교관, 공관의 행정·기능직원 및 그 가족에게는 증언의무가 없으므로, 이들에 대해서는 출석의무도 없다고 봄이 상당하다(동 협약 제31조 제2항, 제37조 제1항, 제2항).

소환장을 송달받은 증인이 정당한 사유 없이 출석하지 아니한 때에는, 법원은 사안의 진상해명에 있어 증인이 갖는 중요성을 반영하여 결정으로 당해 불출석으로 인한 **소송비용**을 증인이 부담하도록 명하고, 500만 원 이하의 **과태료**를 부과할 수 있다(법 제151조 제1항). 증인이 과태료 재판을 받고도 정당한 사유 없이 다시 출석하지 아니한 때에는, 법원은 결정으로 증인을 7일 이내의 **감치**에 처하고, 감치재판기일에 증인을 소환하여 불출석의 정당한 사유가 있는지의 여부를 심리하여야 한다(법 제151조 제2항, 제3항). 법원의 소송비용부담, 과태료부과, 감치결정에 대해서는 **즉시항고**할 수 있다. 다만 이 경우 **집행정지의 효력**은 인정되지 **않는다**(동조 제8항). 또한 법원은 정당한 사유 없이 소환에 응하지 아니하는 증인을 **구인**할 수 있다(법 제152조). 증인의 구인은 피고인의 구인과 같은 방법으로 이루어진다(법 제155조).

공판 전 증거보전절차와(법 제184조) 수사상 증인신문절차(법 제221조의2)에서의 증인에게도 위와 동일한 출석의무가 있다.

한편 법원은 필요한 때에는 결정으로 지정한 장소에 증인의 동행을 명할 수 있다(동행명령, 법 제166조 제1항). 이는 소환되어 이미 법원에 출석해 있는 증인에 대하여 법정 외에서 신문할 필요가 있어 법원 밖의 장소까지 재판부 또는 수명법관과 함께 갈 것을 명하는 결정을 말한다.[138] 증인이 정당한 사유 없이 동행을 거부하는 때에는 **구인**할 수 있다(동조 제2항).

② 불출석의 정당한 사유

형사소송법은 불출석의 정당한 사유로서, 공무원 또는 공무원이었던 자가 그 직무에 관하여 알게 된 사실에 관하여 본인 또는 당해 공무소가 직무상 비밀에 속한 사항임을 신고한 경우에 그 소속공무소 또는 감독관공서가 국가의 중대한 이익을 이유로 그 증언에 대한 승낙을 거부하는 경우만을 들고 있다(법 제147조). 이를 사유로 증인이 불출석할 경우 법원은 증언 대상이 직무상 비밀에 해당하는지, 증언을 하는 것이 국가의 중대한 이익을 해하는 경우인지를 심리하여 과태료 및 감치 여부를 결정하여야 한다.

위의 증인거부권자(법 제147조)와는 달리 증언거부권을 가진 자(법 제148조, 제149조)에게는 출석의무가 **인정**되므로 증언의 내용은 불출석의 정당화 사유가 될 수 없다. 예를 들어 증언으로 인하여 자신이 형사소추를 당할 염려가 있는 자라 하더라도 일단 출석한 후 증언거부권을 행사하여야 한다. 이처럼 증인적격이 부정되는 **증인거부권자**는 증인신문 자체를 거부할 수 있기 때문에 출석의무도 인정되지 않는 반면, **증언거부권자**는 증언을 거부할 수 있을 뿐으로 출석 자체를 거부할 수는 없는 것이다.

2) 선서의무

공판정에 출석한 증인은 선서무능력자가 아닌 이상 선서할 의무가 있다. **선서무능력자**란 16세 미만의 자 또는 선서의 취지를 이해하지 못하는 자로서, 증인이 선서무능력자인지에 대하여 의문이 있는 때에는 재판장은 선서 전에 그 점에 대하여 신문하고, 필요하다고 인정할 때에는 선서의 취지를 설명하여야 한다(규칙 제72조).

① 증인이 선서무능력자가 아닌 경우

증인이 선서무능력자가 아닌 경우 재판장은 증인신문에 앞서 증인에게 위증의 벌을 경고하고 선서하게 하여야 한다(법 제156조, 제158조). 재판장은 증인에게 "양심에 따라 숨김과 보탬이 없이 사실 그대로 말하고 만일 거짓말이 있으면 위증의 벌을 받기로 맹세합니다."라고 기재된 **선서서**를 낭독하고 기명날인하거나 서명하게 하여야 한다. 증인은 선서서에 따라 일어서서 엄숙하게 선서 하여야 한다.[139] 다만, 증인이 선서서를 낭독하지 못하거나 서명을 하지 못하는 경우에는 참여한 법원사무관 등이 대행한다(법 제157조 제3항).

증인이 정당한 이유 없이 선서나 증언을 **거부**한 때에는 법원은 결정으로 50만 원 이하의

---

138) 법원실무제요 Ⅱ 205.

139) 현행 선서제도의 문제점과 개선방안에 관한 제언으로서, 민영성·송시섭, "형사소송법상 '증인선서'제도에 대한 재고(再考)," 법학연구 63권 3호(2022.8) 참조.

과태료에 처할 수 있고, 과태료 결정에 대하여 증인은 **즉시항고**를 할 수 있다(법 제161조).

② 증인이 선서무능력자인 경우

증인이 선서무능력자인 경우 법원은 선서하게 하지 아니하고 신문하여야 한다(법 제159조). 선서무능력자라 하여도 그 증언 내지 진술의 전후 사정으로 보아 의사판단능력이 있다고 인정된다면 그 증언의 증거능력은 인정된다.[140)]

3) 증언의무

공판정에 출석한 증인은 증언거부권이 인정되지 아니하는 이상 법원 및 당사자의 신문에 대하여 자신의 기억에 따라 숨김과 보탬이 없이 증언할 의무가 있다. 증인이 정당한 이유 없이 증언을 거부한 때에는 결정으로 50만 원 이하의 **과태료**에 처할 수 있고(법 제161조 제1항), 선서한 증인이 자신의 기억에 반하는 허위의 진술을 한 때에는 위증의 벌을 받는다(형법 제152조 제1항).

(나) 증인의 권리

증인은 일정한 법정사유가 인정되면 증언을 거부할 수 있다. 또한 증인은 여비, 일당, 숙박료 등 **비용청구권**(법 제168조), 증인신문조서의 **열람·복사청구권**(규칙 제84조의2), 특정범죄신고자 등 보호법에 따른 **신변보호청구권 및 구조금청구권**을 가진다.

1) 증언거부권

증언거부권이란 일정한 법정사유에 따라 증인이 증언을 거부할 수 있는 권리를 말한다. 증언거부권은 증인의 권리이므로 증인은 이를 포기하고 증언할 수 있고, 이를 행사하고자 할 때에는 그 사유를 소명하여야 한다(법 제150조).

① 법정사유

모든 증인은 자기 자신, 친족이거나 친족이었던 사람, 법정대리인, 후견감독인이 **형사소추** 또는 공소제기를 당하거나 **유죄판결**을 받을 사실이 드러날 염려가 있는 증언을 거부할 수 있다(법 제148조). 거부할 수 있는 증언은, 형사책임의 존부는 물론 형의 경중에 관하여 불이익을 초래할 수 있는 사실, 예컨대 누범가중이나 상습성 인정의 기초되는 사실, 집행유예의 취소·실효에 관한 사실 등이 해당된다. 다만 형사소추나 유죄판결을 받을 가능성에는 합리성과 객관성이 뒷받침 되어야 하므로 단순히 위증죄로 소추될 위험성이 있다는 염려만으로는 증언을 거부할 정당한 이유가 인정되지 않는다. 또한 이미 **확정판결**을 받은 사람에게는 동일 사안에 대하

140) 대법원 1984. 9. 25. 선고 84도619 판결.

여 증언거부권이 인정되지 아니한다.[141)]

증인 중 변호사, 변리사, 공증인, 공인회계사, 세무사, 대서업자, 의사, 한의사, 치과의사, 약사, 약종상, 조산사, 간호사, 종교의 직에 있는 자 또는 이러한 직에 있던 자인 경우, 그 업무상 위탁을 받은 관계로 알게 된 사실로서 타인의 비밀에 관한 것은 증언을 거부할 수 있다. 단, 본인의 승낙이 있거나 중대한 공익상 필요 있는 때에는 증언을 거부할 수 없다(법 제149조). 이는 비밀의 주체인 본인에게 **개인정보자기결정권**을 보장해 주기위한 것으로, 증언거부 불가사유인 중대한 공익상 필요는 사실인정에 있어서의 비밀의 필요성·중요성과 대체가능성, 범행의 중대성, 비밀의 내용 등을 보아 공익상의 요청이 사익침해를 압도하는 예외적인 경우에만 인정된다.

② 증언거부권의 고지

재판장은 증인에게 형사소송법 제148조, 제149조에 의한 증언거부권이 인정되는 경우에는 신문 전에 증언을 거부할 수 있음을 설명하여야 한다(법 제160조). **증언거부권을 고지하지 아니하고 신문한 경우의 증언의 증거능력**에 대해서는, 증언거부권의 불고지와 증언 사이에 인과관계가 인정되는 경우에 한하여 증거능력이 부정된다는 **제한적 긍정설**[142)]과, 적정절차원칙 위반으로 증거능력이 부정된다는 **부정설**[143)]의 견해대립이 있다. 대법원은 증언거부권을 고지하지 아니하였다 하더라도 선서하고 증언한 이상 그 증거능력을 인정한 바 있으나 이는 상당히 오래전의 판례이고,[144)] 증언거부사유가 있음에도 증인이 증언거부권을 고지 받지 못함으로 인하여 그 증언거부권을 행사하는 데 사실상 장애가 초래되었다고 볼 수 있는 경우에는 위증죄의 성립을 부정한다고 하여 제한적 긍정설과 같은 입장을 취하였다.[145)]

형사소송법은 증언거부권 고지를 재판장의 의무로 규정하고 있고, 적법절차원칙은 절차위반으로 인한 결과발생의 유무뿐만 아니라 일정한 경우에는 그 절차규정이 담고 있는 가치 자체를 보호의 대상으로 삼는다. 특히 증인의 증언거부권이 자기부죄거부특권에 관한 것일 때에는 증언거부권을 고지받을 권리는 피의자·피고인이 진술거부권을 고지받을 권리와 다를 바 없다고 하겠다. 따라서 부정설이 타당하다.

2) 신변보호청구권 및 구조금청구권

'특정범죄신고자 등 보호법'은 범죄신고자등에 증인을 포함하고 있으므로(범죄신고자법 제2

141) 대법원 2011. 11. 24. 선고 2011도11994 판결.
142) 김재환 514.
143) 이/김 533; 이/조/이 561; 이창현 770; 임동규 667.
144) 대법원 1957. 3. 8. 선고 4290형상23 판결.
145) 대법원 2010. 1. 21. 선고 2008도942 전원합의체 판결.

조 제2호, 제3호) 증인은 동법에 따른 신변보호청구권 및 구조금청구권을 가진다.

① 신변보호청구권

증인 및 그 법정대리인 등은 재판장·검사 또는 주거지나 현재지를 관할하는 경찰서장에게 신변안전조치를 신청할 수 있고, 재판장 또는 판사는 공판준비 또는 공판진행 과정에서 검사에게 신변안전조치를 하도록 요청할 수 있다.

검사 또는 경찰서장은 직권 또는 증인의 신청이나 재판장 등의 요청에 따라 증인이나 그 친족등이 보복을 당할 우려가 있는 경우에는 일정기간 동안 신변안전조치를 할 수 있다(범죄신고자법 제13조). 신변안전조치에는 일정 기간 동안의 특정시설에서의 보호, 일정기간 동안의 신변경호, 참고인 또는 증인으로 출석·귀가 시 동행, 대상자의 주거에 대한 주기적 순찰이나 폐쇄회로 텔레비전의 설치 등 주거에 대한 보호, 그 밖에 신변안전에 필요하다고 인정되는 조치 등이 있다(동법 제13조의2).

② 구조금청구권

증인은 '특정범죄신고자 등 보호법'에 따라 친족등이 보복을 당할 우려가 있는 경우로서 중대한 경제적 손실 또는 정신적 고통을 받았거나 이사·전직 등으로 비용을 지출하였거나 지출할 필요가 있을 때에는 지방검찰청에 구조금의 지급을 신청할 수 있다.

지방검찰청 구조심의회는 특정범죄신고자 등 보호법 시행령의 규정에 따라 필요한 사항을 고려하여 구조금을 지급할 수 있다(범죄신고자법 제14조, 동법 시행령 제9조).

제 5 절 형사소송의 객체와 죄수

Ⅰ. 의의

민사소송에서는 심판의 대상이 되는 기본단위(구체적 사항), 즉 소송의 객체를 소송물이라고 하는바 소송물은 다른 말로 소송의 목적이 되는 권리나 의무를 가리킨다. 이에 비하여 형사소송에서 소송의 객체란 형사절차를 통하여 실체적 진실을 밝히고자 하는 범죄혐의사실을 말한다.

민사소송과 달리 형사소송은 공소제기 이전부터 절차가 시작되고, 각 절차에서 범죄혐의사실은 서로 다른 이름을 가지고 있다. 범죄혐의사실은 내사단계에서는 내사사항, 수사단계에서는 범죄사실, 공소제기시부터 판결시까지는 공소사실, 종국재판의 재판서에는 범죄사실이라 한다. 한편 형사소송의 객체로서 하나의 범죄혐의사실은 절차법(소송법)상 일죄가 된다. 절차법상 일죄는 과형상 일죄라고도 한다.

Ⅱ. 형사소송의 객체

1. 내사사항

내사사항이란 수사기관이 수사를 개시할 필요가 있는지를 확인하고자 하는 과거의 사실을 말한다. 내사사항은 범죄혐의가 인정되는 과거의 사실이 존재하는 것으로 가정하여 작성되는 것으로, 6하 원칙에 따라 구성요건요소를 충족시키는 사실을 기재하는 방식으로 작성된다. 하지만 이는 범죄혐의의 인지 이전에 작성되므로 구체적 사실의 명시를 요하지는 아니한다. 주체나 객체를 불상자로 기재하거나, 범행의 일시장소를 불상으로 기재하여도 어떠한 범죄에 해당하는지만 알 수 있다면 충분하다.

2. 수사단계의 범죄사실

(1) 의의

수사단계의 범죄사실이란 수사기관이 범죄혐의가 있다고 판단하여 수사를 진행하고자 하는 과거의 사실을 말한다. 공소사실과 달리 범죄사실은 수사절차 내에서 수사기관의 재량으로 언제든지 수정·변경될 수 있다.

(2) 역할

수사절차에서 범죄사실은 수사기관의 수사진행 방향을 설정하고 강제수사시 그 한계를 설정하며 수사종결시에 수사가 이루어진 범위를 설정한다. 수사기관은 범죄사실을 통하여 어떠한 범죄에 대해 수사가 진행되는지를 명확히 하고 그 범죄의 실체적 진실을 밝히기 위한 증거자료를 수집하게 된다. 증거자료의 수집과정에서 강제수사가 필요한 경우가 있는데, 강제수사는 영장에 의함을 원칙으로 하고 그 한계는 영장에 기재된 범죄사실과 관련성이 있는 것으로 제한된다.

수사기관은 수사의 결과물에 따라 범죄사실에 대하여 유죄판결이 가능한지 여부를 판단하여 수사를 종결하게 된다. 검사가 당해 범죄사실에 대해 공소를 제기하면 공판절차로 나아가고, 공소를 제기하지 아니하면 고소인 등에 의한 불복의 객체가 된다.

(3) 기재방법

범죄사실은 수사기관이 인지한 범죄혐의, 즉 과거 발생한 사실로서 구성요건을 충족시키는 것이 존재하는 것으로 가정하여 작성되는 것이므로 6하 원칙에 따라 구성요건요소를 충족시키는 구체적인 사실을 기재하는 방식으로 작성된다. 주체, 객체, 행위, 결과, 인과관계와 같은 객관적 구성요건요소는 물론 고의, 과실, 목적과 같은 주관적 구성요건요소도 기재되어야 하고, 미수범, 공범 등의 경우에는 그 유형도 명확히 하여야 한다. 다만 범죄사실은 수사가 진행 중인 사실이므로 공소사실 만큼의 구체적 사실의 명시를 요하지는 아니한다. 예를 들어 마약 투약의 범행일시를 명확히 하기 위하여 소변, 혈액 등을 압수대상물로 하는 압수·수색영장의 범행일시가 '불상의 일시장소에서'라고 기재되어 있다 하여 법원이 반드시 영장의 발부를 기각하는 것은 아니다. 일부 사실이 명확하지 아니하여 구체적인 기재가 이루어지지 아니하였다 하더라도 범죄혐의의 소명이 충분하고 강제수사의 필요성이 인정되면 법원은 수사의 진행을 위해 영장을 발부하고, 범죄사실은 영장의 집행 등 수사의 진행을 통해 점차 구체화 될 수 있는 것이다.

실무상 범죄사실은 죄명에 따라 일정한 방식으로 작성되고 있다. 예를 들어 사기죄의 경우 '피의자는 타인으로 부터 돈을 빌리더라도 이를 갚을 의사나 능력이 없었다. 그럼에도 피의자는 20○○년 ○○월 ○○일 부산 금정구 ○○로 ○○길에 있는 ○○식당에서 대학동창인 피해자 김○○에게 "급히 병원비로 써야 하는데 다음 달 월급이 나오면 갚아줄 테니 100만원을 빌려주면 110만원으로 갚아 주겠다."고 거짓말을 하였다. 피의자는 이에 속은 피해자로부터 위 일시장소에서 계좌이체의 방법으로 100만원을 교부받았다.'라는 방식으로 작성된다. 특별법의 경우에는 금지되는 조문의 내용을 기재한 후 피의자가 이를 위반한 구체적인 사실을 기재하는 방식으로 작성된다.

3. 공소사실

공소사실이란 검사가 법원에 재판을 청구한 사실로서 범죄 구성요건을 충족시키는 구체적 사실을 말한다. 공소사실의 구체적인 기재방법은 수사단계의 범죄사실의 기재방법과 크게 다를 바 없다. 하지만 공소사실은 변경이 자유롭지 못하고 불특정시에는 공소기각판결(법 제327조 제2호)의 대상이 되는 등 범죄사실과는 많은 차이가 있다. 공소사실에 대한 자세한 내용은

후술하는 공소제기 부분에서 설명하기로 한다.[146)]

4. 종국재판 재판서의 범죄사실

재판서의 범죄사실이란 검사의 공소제기에 의해 당해 재판절차를 통하여 종국재판에 이른 구체적 사실을 말한다. 재판서의 범죄사실의 구체적인 기재방법 또한 수사단계의 범죄사실의 기재방법과 크게 다를 바 없는데, 실무상 공소사실이 재판서의 범죄사실로 옮겨지는 경우가 많다. 공소사실의 작성방식은 재판서의 범죄사실 작성방식의 예를 따른 것이고, 수사절차의 범죄사실 작성방식은 공소사실의 작성방식의 예를 따른 것이라고 할 수 있기 때문이다.

Ⅲ. 절차법상 일죄

1. 의의

형사소송절차에서는 각 범죄혐의사실에 따른 법률효과의 평가만이 필요하다. 따라서 절차법상 죄수는 일죄에 대해서만 논해지고 있다.

절차법상 일죄는 수사기관의 수사권 및 강제처분의 제한기준(법 제196조, 제197조의4, 제200조의2 제4항, 제200조의4, 제201조, 제208조, 제214조의2 내지 제214조의4), 법원의 관할 기준(법 제12조), 보석취소시 보증금 몰취의 조건으로서 형선고 대상 범죄의 판단기준(법 제103조), 공소장변경의 한계(법 제298조 제1항), 피해자 법정 진술권의 제한기준(법 제294조의2) 등은 물론 공소제기의 효력, 공소장변경의 한계, 기판력의 범위가 되는데, 형사소송법은 위 조문에서 모두 **'동일한 범죄사실'**이라는 문언을 사용하고 있다. 따라서 형사소송법의 문언에 따를 때 절차법상 일죄는 **'범죄혐의사실 및 그와 동일성이 인정되는 사실'**이 된다. 이에 동일성의 의미가 문제된다.

2. 동일성의 의미에 대한 두 가지 접근

시간적 흐름을 기준으로 할 때 동일성의 의미는 특정시점과 일정기간이라는 두 가지 방향에서 접근할 수 있다. 다수설인 **광의설**은 특정시점에서의 동일성은 단일성이라 하고, 일정기간에서의 동일성은 협의의 동일성이라고 하면서 단일성은 실체법상 죄수에 종속된다고 한다. 소

146) 410페이지 참조.

수설인 **협의설**은 단일성의 독자적 기능은 무용한 것이라며 절차법상 죄수는 형사절차에서 하나의 사건으로서 처리되는 기준이므로 일정기간의 흐름에 따라 파악하는 것으로 충분하다고 한다.

광의설은 동일성을 세분하여 단일성이라는 개념을 제시하지만, 절차법상 죄수를 파악함에 있어 특정시점을 분리하여 실체법과의 관계를 비교하는 것에는 특별한 실익이 없다. 단일성을 따로 고찰하는 것은 동일성의 개념을 과도하게 복잡하게 할 뿐으로 협의설이 타당하다.

3. 동일성의 의미

(1) 과거 학설의 대립

동일성의 의미에 대한 논의는 공소장변경의 한계에서 집중적으로 논의되는데, 과거 죄질동일설, 구성요건공통설, 소인공통설 등의 대립이 있었다. **죄질동일설**은 공소사실과 변경된 사실의 구성요건을 비교하여 양 사실의 죄질이 동일한 경우에만 동일성이 인정된다고 하고, **구성요건 공통설**은 공소사실과 변경사실에 적용되는 구성요건이 상호 일정 부분 이상을 공유하는 경우에만 동일성이 인정된다고 한다. **소인공통설**은 미국법에서 유래된 견해로서 공소사실을 소인(count)[147]으로 보고, 소인 즉 검사가 주장하는 구체적 범죄사실과 변경된 소인이 주요 부분에서 공통되면 동일성이 인정된다는 견해이다.

죄질동일설과 구성요건공통설은 피고인의 방어권 보장을 중심으로 공소사실의 변경이라는 관점에서만 보면 그 의의가 있겠지만, 절차법상 죄수 설정이라는 동일성의 본래 기능에는 반할 우려가 크다. 소인공통설은 사실을 중심으로 동일성을 파악하고 있으나 소인이라는 개념 자체가 미국법에서 유래된 것으로 미국법은 형사소송과 민사소송에서 소인의 구분조차 없고 형사법상 죄수의 개념도 우리와는 전혀 다르다. 이런 연유로 위의 학설들은 사실상 그 존재의의를 상실했다고 봐도 무방할 것이다.

---

147) 内田文昭 外, 118－119. 소인개념을 도입하고 있는 일본 형사소송법 하에서 심판의 대상을 둘러싸고 공소사실설과 소인설의 대립이 있다. **공소사실설**은 공소사실이 심판의 대상이고 소인은 공격·방어의 수단 내지 지표에 지나지 않는다고 하는 견해이다. **소인설**은 소인이 심판대상이고 공소사실은 소인변경의 한계를 획정하는 기능적인 개념에 지나지 않는다고 한다. 소인설은 영미법의 당사자주의소송구조를 전제로 하는 것으로 공소의 제기는 법원에 대한 검사의 처벌청구이고, 소인이란 검사가 범죄구성요건에 짜 맞추어 법률적으로 구성한 구체적인 범죄사실의 주장이라고 한다.

(2) 기본적 사실관계 동일설과 대법원의 태도

통설인 기본적 사실관계 동일설은 동일성이란 일정한 시공간에서 행위자가 저지른 역사적 사실로서 법적인 관점을 배제하고 사회적 관점에서 하나의 사실로 파악되는 사실이라는 견해이다. 동일성을 절차법상 죄수의 기준이라 할 때 동일성 판단에 규범적 평가가 개입되는 것은 마땅치 아니하다. 규범적 평가의 개입은 심판범위의 불확실성을 야기하고, 기판력의 범위를 흐리게 하여 일사부재리 원칙의 불안정을 초래하기 때문이다. 기본적 사실관계 동일설은 동일성 판단에서 규범적 평가를 완전히 배제함으로써 소송절차의 안정성을 도모하고 일사부재리원칙에 부합한다.

대법원은 원칙적으로는 기본적 사실관계 동일설을 취하면서도 처벌결과의 정당성을 얻기 위한 목적으로 객관적 기판력의 인정범위를 축소하는 등 예외적인 경우에는 동일성 인정에 규범적 평가를 동원한다.[148] 예를 들어 신호위반을 한 운전자가 그 위반으로 인한 사고로 피해자를 사망에 이르게 하였음에도 신호위반에 대한 형사처벌만이 확정되었고 이후 피해자의 사망사실이 밝혀진 경우, 규범적 평가의 개입이 없다면 운전자에게 피해자의 사망에 대한 형사책임을 물을 수는 없다는 결론에 이르게 된다. 그런데 이 같은 경우 대법원은 규범적 평가를 통해 동일성의 인정범위를 축소시킴으로써 이미 가벼운 범죄로 처벌받은 피고인에 대해 적절한 형사처벌이 가능하도록 수정하고 있는 것이다(수정된 기본적 사실관계 동일설). 현실적 요청에 눈감을 수 없는 법원의 고충을 이해하지 못할 바는 아니지만, 이러한 접근방식을 받아들이는 것은 형사절차의 근간을 부정하는 것이라 아니할 수 없다.

4. 절차법상 일죄의 의미

기본적 사실관계 동일설에 따를 때 절차법상 일죄 또는 과형상 일죄라 함은 '범죄혐의사실 및 법적인 관점을 배제하고 사회적 관점에서 범죄혐의사실과 하나로 파악되는 사실'이라 할 수 있다. 따라서 절차법상 일죄의 정의에서 '범죄혐의사실'을 '범죄사실'로 바꾸면 수사절차상 일죄의 정의 및 종국재판 이후의 일죄의 정의가 되고, 이를 '공소사실'로 바꾸면 공판절차상 일죄의 정의가 된다.

148) 대법원 1994. 3. 22. 선고 93도2080 전원합의체 판결.

제 6 절 소송행위와 소송조건

Ⅰ. 소송행위

1. 의의

소송행위란 소송절차를 조성하는 행위로서 소송법상 효과가 인정되는 것을 말한다. 좁은 의미에서 소송행위는 공판절차에서 이루어지는 것을 말하지만, 고소, 처벌불원의사표시 등과 같이 소송절차에 영향을 미치는 이상 수사절차에서 이루어지는 것도 포함한다.

소송행위는 당해 소송절차에서 소송법상 효과를 발생시키는 것이어야 한다. 따라서 법률효과를 발생시키지 아니하는 순수한 사실행위 또는 소송법상 효과를 발생시키지 아니하거나 실체법상 효과만을 발생시키는 행위는 소송행위에 포함되지 아니한다.

2. 소송행위의 가치판단

소송행위에 대한 가치판단은 소송행위가 성립하였는지, 성립된 소송행위가 적법·유효한지의 순서로 이루어진다. 당사자의 유효한 소송행위로서 법원의 재판을 구하는 소송행위에 대해서는 이유의 유무에 따른 인용 여부에 대한 판단이 추가로 이루어진다.

(1) 소송행위의 성립 여부

소송행위의 성립이란 어떠한 행위가 소송행위로서의 본질적 개념요소를 갖추어 외관상 소송행위의 정형을 갖춘 것을 말한다. 소송행위의 성립요건에는 주체, 절차, 방식, 내용이 있는데, 이 중 주로 문제되는 것은 주체와 방식이다.

(가) 주체

1) 소송행위적격자

일정한 소송행위를 할 수 있는 자격을 가진 자를 소송행위적격자라 하는데, 형사소송법이 규정하고 있는 소송행위적격자로는 법원, 검사, 피고인, 고소인 등이 있다. 소송행위적격자가 아닌 자의 행위는 소송행위가 갖추어야 할 최소한의 정형을 갖추지 못하여 소송행위로서 성립하지 아니한다. 예를 들어 사법경찰관의 공소제기나 검사의 판결선고, 상소권자 아닌 자의 상소제기는 소송행위적격 없는 자의 행위로서 소송행위로서 성립하지 아니한다.

2) 대리의 허용 여부

형사소송법은 피고인·피의자의 방어권을 보장하기 위하여 일정한 대리권의 행사를 명문으로 인정하고 있다. 변호인(법 제36조), 의사무능력자의 법정대리인(법 제26조), 법인의 대표자는 포괄적 대리권을 가진다(법 제27조). 고소 및 그 취소(법 제236조), 구속적부심사청구(법 제214조의2), 재정신청(법 제264조), 변호인선임(법 제30조) 등에 대해서는 개별적 대리가 인정된다.

명문의 근거가 없는 경우에도 대리가 인정되는지에 대하여, 소송행위적격자 본인의 이익에 반하지 아니하고 대리권의 존재가 명확한 경우에는 대리가 허용된다는 견해(긍정설)도 있지만,[149] 변호인제도를 두고 있는 이상 명문의 근거가 없음에도 대리를 인정할 필요성이 크지 아니하고 형사절차의 형식적 확실성의 요청과 소송행위의 일신전속적 성격을 고려할 때 명문의 근거가 없는 이상 대리는 허용되지 않는다(부정설)고 함이 옳다.[150] **대법원**도 반의사불벌죄에서 명문의 규정 없이 법정대리인이 피해자를 대리하여 처벌불원의사를 결정하거나 처벌의사를 철회할 수 있는가와 관련하여, **반의사불벌죄의 경우**에는 친고죄의 고소와 고소취소에 대해서 법정대리인이 대리할 수 있다는 형사소송법 제236조와 같은 근거규정도 없고 이를 준용하는 규정도 두고 있지 않은바, 성년후견인이라 할지라도 이러한 행위를 **할 수 없고**, 이는 성년후견인의 법정대리권 범위에 통상적인 소송행위가 포함되어 있거나 성년후견개시심판에서 정하는 바에 따라 성년후견인이 소송행위를 할 때 **가정법원의 허가를 얻었다 하더라도** 마찬가지라고 하여 엄격한 입장을 취하고 있다.[151]

(나) 방식

형사소송법은 소송행위의 방식으로 구두주의를 채택한 경우, 서면주의를 채택한 경우, 양자 모두를 채택한 경우가 있고, 그 방식을 명시하지 아니한 경우도 있다. **구두주의**란 공판장에서 말로써 하는 소송행위의 방식을, **서면주의**란 문서를 통해 이루어지는 소송행위의 방식을 말한다. 형사소송법이 일정한 방식으로 행하도록 제한해 놓은 소송행위를 그 방식과 다른 방식으

149) 강구진 42; 김기두 86; 신/조 469; 이/조/이 468; 정/이 118.
150) 김재환 386; ; 배/홍 29; 이창현 165.
151) 대법원 2023. 7. 17. 선고 2021도11126 전원합의체 판결. 처벌불원에 관한 법정대리인의 의사표시를 피해자 본인의 의사와 같은 것으로 볼 수도 없고, 피해자의 진실한 의사에 부합한다는 담보도 없다는 점도 그 실질적인 이유로 들 수 있다.

로 한 경우에는 소송행위로서 성립되지 아니한다.

1) 구두주의의 예

구두주의는 법원이 심증을 형성하는데 직접적인 영향을 미치는 소송행위, 즉 **실체형성행위** 및 법원의 소송행위 중 당사자에게 즉시 효력을 발생시키기 위해 직접 청취하도록 할 필요가 있는 것에 대해 적용되는 것을 원칙으로 한다.

실체형성행위로서 구두주의가 적용된 예로는 **증언**, **피고인진술**, **변론** 등이 있는데, 이들에 대해 구두주의가 채택된 것은 법원이 공판정에서 이루어지는 진술을 직접 청취하는 것이 글로써 그 내용을 파악하는 것에 비하여 심증형성에 도움이 될 수 있기 때문으로 이해할 수 있다. 법원의 소송행위로서 구두주의가 채택된 예로는 **소송지휘**, **판결선고**, **결정** 및 **명령** 등을 들 수 있다.

2) 서면주의의 예

서면주의는 **형식적 확실성**이 우선되는 행위에 대해 적용되는 것을 원칙으로 한다. 형사소송법은 공소제기(법 제254조), 약식명령청구(법 제449조), 정식재판청구(법 제453조), 영장의 청구·발부(법 제113조, 제215조), **변호인선임신고**(법 제32조), 상소제기(법 제343조), 비상상고(법 제442조), 재정신청(법 제260조) 등에 대해서는 서면주의를 취하고 있다.

3) 양자 모두 허용하는 예

형사소송법은 **고소**(법 제237조), **고발**(법 제239조), 공소취소(법 제255조), **상소의 포기·취하**(법 제352조), 정식재판청구의 포기·취하(법 제458조, 제352조) 등에 대해서는 구두주의와 서면주의를 모두 채택하고 있다. 이는 법률전문가가 아닌 피고인, 피의자, 고소인 등이 소송행위적격자인 경우 형식적 확실성만을 추구함으로써 일반인에게 발생할 수 있는 피해를 방지하기 위한 것으로 이해할 수 있다.

한편 형사소송법은 기피신청(법 제18조), 증거조사신청(법 제273조), 증거조사에 대한 이의신청(법 제296조), 재판장의 처분에 대한 이의신청(법 제304조), 변론의 분리와 병합신청(법 제300조), 변론재개신청(법 제305조) 등 공판정에서 법원 또는 법관을 상대로 한 당사자의 의사표시에 대해서는 그 방식을 명시하지 아니하고 있다. 이러한 소송행위 역시 비법률전문가인 피고인이 그 주체에 포함되므로 소송행위의 방식을 제한하는 명문의 규정이 없는 이상 구두와 서면이 모두 허용된다고 봄이 옳다.

(2) 소송행위의 적법성 여부

소송행위가 최소한의 외관을 갖추어 성립하였다면 그 다음의 가치판단은 적법성 여부에 대해서 이루어진다. 소송행위의 적법성 판단은 소송행위가 법률규정을 준수하였는지의 여부에 따라 판단되는 것으로, 법률규정을 준수한 소송행위는 적법하고 그러하지 아니한 소송행위는 위법하다.

(3) 소송행위의 효력 여부

소송행위가 성립하였고 그 적법성이 인정된다면, 그 다음의 가치판단은 소송행위의 효력이 인정되는지의 여부이다. 소송행위의 효력 여부는 소송행위에 그 **본래적 효력**이 인정되는지의 문제로서, 적법하게 성립된 소송행위에는 그 본래적 효력이 인정되고 위법한 소송행위에는 효력이 인정되지 아니함을 원칙으로 한다.

한편 **무효인 소송행위**에는 그 본래의 효력이 인정되지 아니하나, 본래 효력이 아닌 다른 일정한 효력을 발생시키는 경우가 있다. 예를 들어 무효인 공소제기라 하더라도 일단 성립한 이상 공소시효는 정지되고, 당해 사건은 공소기각판결의 대상이 된다.

(가) 성립의 하자

소송행위가 성립하지 아니하면 그러한 소송행위는 존재하지 아니하는 것과 같다. 따라서 성립의 하자가 있는 소송행위에는 어떠한 효력도 발생하지 아니한다.

(나) 효력규정의 위반과 훈시규정의 위반

소송행위를 규정하고 있는 법률규정은 효력규정과 훈시규정으로 나눌 수 있다. 이는 규정의 본질 및 그 위반시의 소송행위의 효력유무에 따른 분류로서, **효력규정**을 위반한 소송행위는 위법하고 무효이지만 **훈시규정**을 위반한 소송행위는 위법함에도 그 효력이 인정된다.

형사소송법은 어떠한 규정이 효력규정 또는 훈시규정인지에 대하여 명시하고 있지 아니하다. 하지만 위법·유효한 소송행위의 인정은 국민의 권리의무에 직접적인 영향을 미치지 아니하는 예외적인 경우로 제한되어야 한다. 따라서 소송행위 관련 규정은 원칙적으로 효력규정으로 보아야 한다. 대법원이 훈시규정으로 인정한 것으로는 고소사건의 처리시한 규정(법 제257조),[152] 소송기록과 증거물 송부 기간 규정(법 제361조)[153] 등이 있다.

---

152) 헌법재판소 2017. 4. 11. 선고 2017헌마296 결정.

(다) 의사표시의 하자

착오, 사기, 강박 등 의사표시의 하자가 있다 하더라도 실체형성행위가 무효로 되지 않는다는 점에 대해서는 이론의 여지가 없다. 절차형성행위에 대해서는 견해의 대립이 있는데, 하자있는 의사표시에 의한 절차형성행위도 원칙적으로 유효하고 다만 중요한 적법절차원칙의 위반에 대해서만 예외적으로 무효라는 견해가 유력하다.154) 대법원도 같은 입장으로 중요한 점에 대한 착오가 존재하고, 소송행위자의 과실이 없으며, 그 효력을 인정하는 것이 현저히 정의에 반하는 경우에 한하여 하자있는 의사표시에 의한 절차형성행위의 효력을 부정한다.155)

(4) 이유유무의 판단

당사자의 유효한 소송행위로서 법원의 재판을 구하는 신청 또는 청구에 대해서는 그 내용이 정당한지에 대한 판단을 추가로 하여야 한다. 법원은 당사자의 신청 또는 청구에 정당성이 인정되면 '이유 있음'으로 인용하여 당사자가 원하는 법률효과를 발생시키는 재판을 하고, 그러한 정당성이 없는 경우에는 '이유 없음'으로 기각하여 그러한 법률효과를 발생시키지 아니하는 재판을 한다.

(5) 무효의 치유

소송행위는 개별적으로 이루어지지만 재판의 결과를 향한 소송절차의 형성이라는 점에서 연속성을 가진다. 따라서 하나의 소송행위가 무효이면 전체 소송절차 또한 무효가 됨이 원칙이다. 다만 소송경제의 측면에서 이미 상당부분 조성된 소송절차를 무효화 하는 것이 오히려 불합리한 경우에는 그 예외를 인정하는 것이 타당한데, 이러한 예외를 인정하는 원칙을 **절차유지의 원칙**이라 한다. 절차유지원칙에 따라 일정한 경우 무효인 소송행위에 대한 치유가 인정되어 전체 소송절차의 효력이 인정될 수 있다. 이처럼 무효의 치유란 무효인 소송행위가 사정변경에 의하여 유효하게 되는 것을 말한다.

---

153) 대법원 1972. 5. 23. 선고 72도840 판결. "소송기록과 증거물의 송부의 규정은 훈시적 규정이므로 동 규정의 기간을 준수하지 아니하였다고 하여 그 소송 절차가 무효라고 할 수 없다."

154) 배/홍 32; 신/조 475; 이/김 137; 이/조/이 479; 이창현 184; 임동규 120.

155) 대법원 1992. 3. 13.자 92모1 결정.

(가) 당사자의 이의제기

명문의 규정이 없는 이상 형사절차에서 당사자의 이의제기 여부는 소송행위의 효력유무에 영향을 미치지 아니함이 원칙이다. 그러나 법원은 민사소송에서의 책문권 포기를 원용하여 무효인 소송행위에 대해 당사자의 이의제기가 없는 경우 그 효력을 인정하는 경우가 있다. 법원이 **책문권의 포기**로서 무효의 치유를 인정한 예로는 **공소장부본송달, 항소이유서 송달, 증거조사시 참여권 하자** 등이 있다.

다만 당사자의 이의제기가 없었음을 이유로 무효의 하자가 치유되기 위해서는 당사자의 권리에 대한 본질적인 침해에 해당하지 아니하는 등 그 하자가 소송절차 전반에 미친 **영향이 미미한 경우**이어야 한다. 형사절차는 국가의 형벌권을 실현시키는 절차로서 적정절차원칙은 절차유지원칙에 우선하기 때문이다. 따라서 공소장 부본의 송달 하자는 피고인이 공소사실에 관하여 충분히 진술할 기회를 부여받은 경우 치유되나[156] 진술기회가 없었던 경우에는 치유되지 아니하고,[157] 항소이유서의 송달 하자는 항소 상대방이 공판기일에 출석하여 변론의 기회가 주어진 경우 치유된다는 대법원의 태도는 받아들일 수 있다.[158] 하지만 증인신문시 반대신문의 실질적 기회를 부여하지 아니하였음에도 책문권 포기의사를 명시한 경우 그 하자가 치유되었다는 대법원의 태도[159]에는 동의하기 어렵다.

(나) 소송행위의 추완

소송행위의 추완이란 무효인 소송행위의 **하자를 추후에 보완**함으로써 그 효력을 인정하는 것을 말한다. 변호인선임, 공소장, 고소의 추완 등 **보완적 추완**의 인정 여부가 주로 문제된다.

1) 변호인선임

변호인으로 선임되기 전에 한 변호인의 소송행위는 성립요건의 하자로서 무효인데, **선임신고서의 제출로 그 하자가 치유되어 효력이 인정되는지** 여부가 문제된다. 이에 대하여 피고인의 실질적 이익 보호를 위해 변호인 선임의 추완을 인정하는 견해가 유력하지만[160] **대법원**은 정식재판청구서를 제출하고 그 청구기간이 도과한 이후에 변호인선임서를 제출한 경우,[161] 상고이유서를 제출하고 그 제출기간이 도과한 이후에 변호인선임서를 제출한 경우[162] 등에서 변호

156) 대법원 1962. 11. 22. 선고 62도155 판결.
157) 대법원 2013. 5. 23. 선고 2013도3462 판결.
158) 대법원 2001. 12. 27. 선고 2001도5810 판결.
159) 대법원 2010. 1. 14. 선고 2009도9344 판결.
160) 이/김 139; 이/조/이 480; 이창현 187.
161) 대법원 2005. 1. 20.자 2003모429 결정.

인선임의 추완을 부정하였다.

변호인의 고소취소 후 고소취소 기간 내에 선임신고서가 제출되는 경우와 같이 변호인선임의 추완을 인정하지 아니하면 소송경제에 반할 뿐인 경우에는 당연히 그 추완이 인정된다. 변호인선임의 추완을 부정함에 따라 피고인에게 상당한 불이익이 발생하는 경우에는 형식적 명확성의 요청을 다소 후퇴시킬 필요가 있다. 형사절차에서 형식적 확실성이 요청되는 가장 큰 이유 또는 근거 중 하나는 피고인의 이익임을 부정할 수 없기 때문이다. 따라서 위의 경우 보정적 추완을 부정하는 대법원의 태도에는 동의하기 어렵다.

2) 공소장

공소장은 공소사실 등 법원의 심판범위를 확정하는 실질적인 부분과 검사의 기명날인 등 형식적인 부분으로 나눌 수 있다. **실질적인 부분**은 곧 피고인의 방어대상이므로 그에 대한 추완은 허용될 수 없다. 하지만 **형식적인 부분**의 하자에 대한 치유를 완전히 부정하면 공소기각의 대상이 되어 절차의 무의미한 반복을 초래하고 이는 피고인에게도 반드시 유리하다고만 할 것은 아니다. 따라서 공소장의 형식적 부분에 대한 추완은 피고인에게 불리하지 아니한 범위 내에서 인정할 필요가 있다. 대법원도 검사의 기명날인 또는 서명이 누락된 공소장에 대해 추완을 인정한 바 있다.[163]

3) 고소

고소가 없음에도 친고죄로 공소를 제기한 경우 고소의 추완을 인정할 것인지 여부가 문제된다. 이에 대해서는 일단 공소기각판결을 한 후 고소를 받아 재기소하는 것은 소송경제와 고소기간 도과의 문제가 있으므로 고소의 추완을 인정해야 한다는 견해(적극설)와[164] 비친고죄로 공소제기 후 심리과정에서 친고죄로 밝혀지거나 친고죄가 추가된 경우에 한하여 고소의 추완을 인정하자는 견해(절충설)도 있으나,[165] 소송조건은 공소제기의 유효조건인 바 공소제기의 형식적 확실성과 피고인의 이익(해당 절차로부터의 조속한 해방)을 위해 고소의 추완을 부정하는 다수설(소극설)이 타당하다.[166] 대법원도 다수설과 같은 입장을 취한다.[167]

162) 대법원 2015. 2. 26. 선고 2014도12737 판결.
163) 대법원 2021. 12. 16. 선고 2019도17150 판결.
164) 백형구 67.
165) 김기두 203.
166) 신동운 490; 이/김 140; 이/조/이 482; 이창현 190; 임동규 123; 차/최 437.
167) 대법원 1982. 9. 14. 선고 82도1504 판결.

Ⅱ. 소송조건

1. 의의와 분류

(1) 의의

소송조건이란 형사절차가 개시되어 유·무죄 재판, 즉 피고사건의 실체에 대한 심판을 할 수 있게 하는 전제조건을 말한다. 소송조건은 형사절차가 진행되는 동안 계속적으로 유지되어야 하는 것으로, 소송조건에 흠결이 발생하면 그 즉시 형사절차는 중단된다.

(2) 분류

일반적으로 소송조건은 법원의 직권조사의무 여부에 따라 절대적·상대적 소송조건, 일정한 사정의 존재 또는 부존재 여부에 따라 적극적·소극적 소송조건, 절차의 문제 또는 실체의 문제인지에 따라 형식적·실체적 소송조건으로 나뉜다.

(가) 절대적 소송조건과 상대적 소송조건

절대적 소송조건은 **법원의 직권조사의무**가 인정되는 소송조건을 말하고, 상대적 소송조건은 당사자의 이익을 위하여 정해진 조건으로서 당사자의 신청을 기다려 비로소 법원이 조사하는 것으로 법원의 직권조사의무가 적용되지 않는 소송조건을 말한다. 소송조건은 원칙적으로 절대적 소송조건이지만, 토지관할의 경우 법원은 피고인의 신청이 없으면 관할위반의 선고를 하지 못하므로 상대적 소송조건이다(법 제320조 제1항).

(나) 적극적 소송조건과 소극적 소송조건

적극적 소송조건은 일정한 사유의 **존재**가 소송조건이 되는 것을 말하고, 소극적 소송조건은 일정한 사유의 **부존재**가 소송조건이 되는 것을 말한다. 전자의 예로는 관할권·재판권의 존재, 친고죄의 고소를, 후자의 예로는 동일 사건에 관하여 확정판결이 없을 것, 반의사불벌죄에서 처벌불원의사표시가 없을 것을 들 수 있다.

(다) 형식적 소송조건과 실체적 소송조건

형식적 소송조건은 소송**절차의 문제**로서의 소송조건을 말하고, 실체적 소송조건은 **실체의 문제**로서의 소송조건을 말한다. 전자의 예로는 관할위반(법 제319조) 또는 공소기각의 재판(법

327조, 제328조)을 하는 경우로 규정되어 있는, 법원의 관할위반, 재판권의 흠결, 공소제기 절차의 무효, 공판 중인 동일사건에 대한 재기소, 공소취소 후 재기소제한의 위반, 친고죄의 고소취소, 반의사불벌죄의 처벌불원의사표시, 공소취소, 피고인의 사망 등을 들 수 있다. 후자의 예로는 면소의 판결을 해야 할 것으로 규정되어 있는, 동일사건에 대한 확정판결, 사면, 공소시효의 완성, 범죄 후 형의 폐지 등을 들 수 있다.

2. 소송조건의 심사와 흠결의 효과

(1) 소송조건의 심사

토지관할을 제외한 소송조건은 절대적 소송조건이므로 수사절차에서는 수사기관이, 공판절차에서는 법원이 직권으로 그 존재 여부를 심사하여야 한다. 소송조건은 공소제기시부터 판결시까지 소송의 **전과정**에 걸쳐 존재하여야 한다. 다만 토지관할은 **공소제기시**에 존재하면 족하다. 공판절차에서 검사는 소송조건의 증명책임을 진다. 소송조건의 존재는 합리적 의심이 없을 정도의 증명을 요하고, 그 방법은 **자유로운 증명**의 방법에 의하면 된다. 따라서 법원으로서는 소송조건의 존부를 판단하기 위하여 정식의 증거조사를 거칠 필요는 없다.

(2) 소송조건 흠결의 효과

소송조건의 흠결은 형사절차를 종결시키는 효과를 가진다. 다만 소송조건 흠결의 효과는 장래를 향해 발생하는 것이 원칙이므로, 소송조건의 흠결로 인하여 형사절차가 종결된다 하더라도 소송조건이 유지되던 동안의 형사절차를 위법하게 하는 것은 아니다.

(가) 수사절차상 효과

수사기관은 소송조건이 흠결된 경우 수사를 개시하여서는 아니 된다. 수사가 진행되는 도중 소송조건이 흠결되면 사법경찰관은 불송치 처분을 하여야 하고, 검사는 불기소 처분을 함으로써 수사를 종결하여야 하며 공소를 제기하여서는 아니 된다. 수사기관이 소송조건이 흠결되었음을 알면서도 수사를 개시·진행하였거나 검사가 공소를 제기한 경우에는 수사권 남용 또는 공소권 남용으로 위법하다.

(나) 공판절차상 효과

공소제기 이후 소송조건이 흠결되면 검사는 **공소취소**를 하여야 한다. 검사가 공소취소를 하지 아니하면 법원은 소송조건의 흠결 사유에 따라 관할위반판결(법 제319조), 면소판결(법 제326조), 공소기각판결(법 제327조) 또는 공소기각결정(법 제328조)을 하여야 한다. 소송조건의 흠결이 있음에도 법원이 이를 판단하지 아니하고 유죄판결을 한 경우에는 상소심에서 파기환송의 대상이 된다. 다만 무죄 판결의 경우에는 상소이익이 없으므로 상소의 대상이 되지 아니한다.

형식재판 우선의 원칙에 따라 소송조건의 흠결이 있는 경우에 법원은 실체판결(무죄판결, 면소판결)을 할 수 있다 하더라도 형식재판을 우선하여야 하고, 소송조건 흠결사유가 여러 개인 경우에는 피고인을 형사절차에서 신속히 해방시켜준다는 점에서 구두변론을 요하지 아니하는 **공소기각결정을 최우선**으로 선택함이 상당하다. 예를 들어 반의사불벌죄에서 처벌을 원하는 의사표시를 철회한 경우 피고사건에 대한 공소시효가 완성되었더라도 법원은 실체재판인 면소판결(법 제326조 제3호)이 아닌 공소기각의 판결(법 제327조 제6호)로 소송을 종결하여야 한다. 다만 이미 진행된 심리를 통해 무죄 또는 면소판결을 할 수 있다면, 법원이 공소기각재판이 아니라 무죄 또는 면소판결을 선택한다 하여 위법하다 할 수는 없다.[168] 양자는 기판력을 발생시키므로 형사절차의 종결 시점이 동일하다면 공소기각재판에 비하여 피고인에게 더 유리하기 때문이다.

3. 소송조건의 추완

소송조건의 추완이란 소송조건이 흠결된 상태에서 형사절차가 진행된 이후 소송조건을 보완하는 것을 말한다. 소송조건의 추완을 인정하면 소송조건의 흠결로 인한 위법한 형사절차가 치유되어 적법하게 된다. 수사절차는 유동적인 것으로 일정한 경우 소송조건의 추완을 인정할 필요가 있으나, 공판절차에서는 절차의 형식적 확실성의 요청과 신속한 재판을 통한 피고인의 형사절차에서의 해방을 꾀한다는 점에서 소송조건의 추완은 부정함이 옳다. 대법원도 친고죄나 전속고발사건에서 고소·고발 전에 수사를 하였다 하더라도 공소제기 전에 고소·고발을 접수하였다면 이를 위법하다고 할 수는 없지만[169] 비친고죄로 공소제기 되었으나 친고죄로 공소장을 변경한 이후에 고소장을 제출한 것은 위법하다는 입장이다.[170]

---

168) 대법원 2015. 5. 14. 선고 2012도11431 판결.
169) 대법원 2011. 3. 10. 선고 2008도7724 판결.
170) 대법원 1982. 9. 14. 선고 82도1504 판결.

제 2 장

수사절차

제 2 장

수사절차

제 1 절 수사의 기초

Ⅰ. 수사와 내사

1. 수사의 의의

수사란 범죄혐의의 유무를 명백히 하고 공소를 제기·유지하는 것이 상당한지 여부를 판단하기 위하여 수사기관이 범인을 발견·확보하고 증거를 수집·보전하는 활동을 말한다. 따라서 수사기관이 범죄혐의가 있다고 사료하여 수사를 개시한 후 공소제기 여부를 판단하기까지의 활동은 물론 공소제기 이후 그 유지 또는 취소 여부 결정을 위한 활동도 수사에 포함된다.

수사개시부터 공소제기 여부 결정까지 이어지는 일련의 과정을 수사절차라 하는데, 수사절차는 형사절차의 첫 단계로 형사소송의 이념인 실체적 진실주의, 적정절차의 원칙 및 신속한 수사원칙이 적용된다. 따라서 수사기관은 적정절차를 준수하면서 신속하고 공정한 수사를 통하여 피의자의 범죄혐의에 대한 객관적 진실을 명백히 밝힐 의무가 있다.

2. 내사

(1) 의의

내사란 범죄를 의심할 만한 정황에 따라 수사기관이 수사개시 여부를 판단하기 위하여 사실관계를 확인하는 활동을 말한다. 수사기관은 수사개시에 앞서 자체적인 정보수집 또는 형사처벌 의사를 명백히 하지 아니한 진정, 탄원, 수사의뢰 등의 수리에 따라 내사를 진행하는데, 내사는 입건 전 조사활동에 그치므로 진정인 등 관계인에 대한 조사, 사실조회, 현장탐문 등 임의적인 방법으로 진행하여야 한다.

인지란 내사결과 수사기관이 범죄혐의가 있다고 사료하는 것을 말한다. 수사기관은 내사 진행의 결과로 범죄혐의를 인지하면 **수사**를 **개시**하고, 인지하지 아니하면 내사종결한다. 수사기관은 범죄혐의를 인지하면 범죄인지서를 작성하여 형사사법정보시스템에 등록하여 사건번호를 부여받는데, 이처럼 형식적으로 수사를 개시하였음을 기록하는 행위를 **입건**이라 한다.

(2) 문제점과 개선입법

과거 형사소송법은 내사에 대한 근거규정을 두지 아니하였고 당연히 피내사자나 피해자의 권리에 대한 규정도 두지 않았던바, 수사기관이 이러한 틈을 악용한 예가 적지 않았다. 수사기관은 실질적으로는 수사를 진행하였음에도 입건하지 않음으로써 실질적인 피의자에게 변호인조력권, 진술거부권 등 형사소송법상의 권리를 향유하지 못하도록 하였던 것이다. 이러한 문제에 대해 대법원은 수사기관이 인지를 하였을 때 수사는 즉시 개시된 것이고, 형식적으로 입건을 하여야만 수사가 개시되는 것은 아니라는 입장을 지속하였으나,[1] 인지 시점에 대한 구체적 기준이 존재하지 않아 수사기관이 내사를 가장한 수사를 진행할 위험은 상존하였다.

이러한 문제점을 개선하기 위해 '검사와 사법경찰관의 상호협력과 일반적 수사준칙에 관한 규정'은 수사개시 간주 시점을 구체적으로 규정하였다. 이에 의하여 수사기관이 피혐의자의 수사기관 출석조사, 피의자신문조서의 작성, 긴급체포, 체포·구속영장의 청구 또는 신청, 사람의 신체, 주거, 관리하는 건조물, 자동차, 선박, 항공기 또는 점유하는 방실에 대한 압수·수색 또는 검증영장(부검을 위한 검증영장은 제외)의 청구 또는 신청 중 어느 하나에 해당하는 행위에 착수한 때에는 수사를 개시한 것으로 간주되게 된다(수사준칙 제16조 제1항).

한편 진정인, 탄원인, 수사의뢰인 등에게는 고소·고발인과 달리 항고권 및 재정신청권이 인정되지 아니하는 등(검찰청법 제10조, 법 제260조)[2] 내사는 피해자의 권리행사에도 지장을 초래할 수 있다. 수사기관은 피해자 또는 제3자가 형사처벌의 의사를 명백히 하였음에도 피의자의 불특정 등을 사유로 진정서로 접수한 후 내사를 진행하는 예가 있는데, 이러한 경우에는 고

1) 대법원 2011. 11. 10. 선고 2010도8294 판결; 대법원 2013. 7. 25. 선고 2012도8698 판결; 대법원 2015. 10. 29. 선고 2014도5939 판결 등.

2) 대법원 1991. 11. 5.자 91모68 결정.

소 또는 고발로 수리한 후 수사를 진행하여 피해자 등의 권리를 보장하여야 할 것이다.

Ⅱ. 임의수사와 강제수사, 그리고 영장주의

1. 임의수사와 강제수사

(1) 의의 및 논의의 실익

형사소송법은 "수사에 관하여는 그 목적을 달성하기 위하여 필요한 조사를 할 수 있다. 다만, 강제처분은 이 법률에 특별한 규정이 있는 경우에 한하며, 필요한 최소한도의 범위 안에서만 하여야 한다."라고 규정하여, 수사는 비례원칙에 따라 임의수사에 의함이 원칙이고 강제수사는 임의수사로는 그 목적 달성이 어려울 뿐만 아니라 형사소송법상 명확한 근거규정이 있는 경우에 그에 따라 이루어져야 함을 명시하고 있다(법 제199조 제1항). 하지만 형사소송법은 강제수사 및 임의수사의 정의를 두지 아니하고 양자를 구분할 명확한 기준도 제시하지 않고 있어 개념정의를 통한 강제수사와 임의수사의 구분은 쉽지 아니하다.

강제수사와 임의수사의 구분은 임의수사의 한계 및 형사소송법에 명시적으로 규정되지 아니한 수사방식의 법적 성질과 합헌성 평가의 기준이 된다는 점에서 논의의 실익이 매우 크다. 과학기술의 발달로 인하여 형사소송법 제정시에는 생각조차 하지 못하였던 다양하고 새로운 방식의 수사기법이 도입되고 있다. 하지만 형사소송법은 그동안 이러한 시대의 변화를 빠르게 수용하지 못하였고, 그 사이 여러 특별법들은 각자의 적용범위 내에서 개별적인 수사 규정을 두기에 이르렀을 뿐만 아니라 아직 명확한 근거규정이 없는 수사방법도 계속 생겨나고 있다. 강제수사와 임의수사의 구분을 통해 새로운 방식의 수사기법은 물론 그 성격이 모호하였던 기존의 수사기법의 법적 성격을 명확히 파악할 수 있게 되고, 구체적 사안에서 수사의 적법성 및 그러한 수사기법 자체의 합헌성을 평가할 수 있게 된다는 점에서 양자의 구별은 적지 않은 의미를 갖고 있다.

(2) 학설의 대립

강제수사와 임의수사의 정의 및 구별기준과 관련하여 크게 형식설과 실질설이 대립하고 있다. 형식설은 강제수사는 상대방에게 물리력을 행사하거나 의무이행을 부담시키는 수사기관의 작용이라는 견해로서, 형사소송법 제199조 제1항 단서에 따라 형사소송법의 특별한 규정에 의한 수사만이 강제수사라 한다.[3] 이 견해는 형사소송법에 명확히 규정되지 아니한 이상 물리력을 행사하거나 의무이행을 부담시키는 방법의 수사는 원천적으로 불가능하도록 하여 상대방의 신체·주거의 자유 및 재산권 보장에 충실하다는 장점이 있다. 하지만 이 견해는 물리력 행사나 의무이행 부담 외의 방법으로 상대방의 기본권을 제한하는 다양하고 새로운 수사방법의 법적 성질을 파악하는데 어려움이 있고, 이로 인하여 자칫 임의수사의 영역이 과도하게 넓게 설정될 우려가 있다. 게다가 형사소송법 제199조 제1항 단서의 문언에 충실하자면 강제수사의 근거 규정은 형사소송법 외에는 둘 수 없어야 할 것인데, 통신비밀보호법상 통신사실확인자료의 제공과 같이(통신비밀보호법 제15조의2) 이미 다양한 법률에 의무이행을 부담시키는 방식의 수사 규정을 두고 있는 우리 법제와도 맞지 아니하다.

통설인 **실질설**에는 강제수사는 상대방의 의사에 반하여 실질적으로 그의 법익을 침해하는 수사방법이라는 견해[4]와 헌법상 명시된 기본권 또는 명시되지 아니하였다 하더라도 최소한의 기본적 인권의 침해를 가져오는 수사방법이라는 견해,[5] 상대방의 동의 없이 기본권을 침해하는 수사방법이라는 견해[6] 등이 주장된다. 이러한 견해는 법익 또는 기본권 침해라는 실질적 요소를 기준으로 강제수사와 임의수사를 구분하므로, 체포, 구속, 압수, 수색 등 형사소송법상 강제수사는 물론 다른 법률에 규정된 수사 또는 명확한 법률상의 근거가 없는 새로운 수사방법의 법적 성질을 파악하는데 용이하다. 하지만 실질설은 법익 또는 기본권의 주체를 수사상대방으로 제한하고 있는데, 수사의 본질은 피의자의 범죄혐의를 밝히는 것으로서 수사 과정에서 법익 또는 기본권 침해의 평가기준으로 피의자를 배제하는 것은 이해하기 어렵다. 실질설에 따를 때 수사상대방과 피의자가 상이한 경우 피의자에 대한 법익 또는 기본권 침해는 강제수사의 평가기준으로서 작동할 수 없는 것이다.

한편 수사에 대한 현행 법률의 규정방식에 따라 영장발부를 요건으로 법률의 명확한 근거가 있는 강제수사, 영장발부를 요하지 아니하지만 법률의 명확한 근거가 있는 강제수사, 법률의 명확한 근거를 요하지 아니하는 임의수사로 구분하는 견해가 있다.[7] 이 견해는 현행법상 수사의 유형을 명확하게 분류하고 구체적인 수사작용의 적법성을 쉽게 평가할 수 있다는 장점은 있으나, 강제수사의 본질과 임의수사와의 구분에 대한 명확한 기준을 제시하는 데는 아쉬움이 있다.

3) 강구진 180; 김기두 204; 차/최 190.
4) 이/김 214; 이/조/이 131; 이주원 121; 임동규 169.
5) 신동운 153; 신현주 227.
6) 배/홍 112.
7) 신/조 86.

(3) 검토

수사는 헌법과 법률에 따라 이루어져야 한다. 헌법 제37조 제2항에 따라 형사사법기관에 의한 국민의 기본권 제한은 명확한 법률상 근거를 요한다. 따라서 국민의 기본권을 제한하는 수사작용에도 명확한 법률상의 근거가 필요하다. 이때 제한되는 기본권의 주체를 개별 수사작용의 직접 상대방으로 제한할 수는 없다. '물리력의 행사 또는 의무이행 부담' 여부는 '수사작용의 직접 상대방'을 기준으로 평가할 수밖에 없지만, '법익 또는 기본권의 제한' 여부는 '수사작용으로 인하여 기본권이 제한되는 자'를 기준으로 평가하여야 하기 때문이다.

이러한 헌법상 기본권 제한의 원리에 따를 때, 강제수사와 임의수사의 구별은 그 수사작용으로 인하여 기본권의 제한이 발생하는지의 여부에 따라 결정함이 옳다. 이러한 기준에 따를 때 기본권의 제한이 발생하면 그 주체가 누구이든 그의 동의가 없는 이상 강제수사이고, 기본권 제한이 발생하였으나 그 주체의 동의가 있거나, 기본권 제한이 발생하지 아니하면 임의수사라고 할 수 있다(기본권 제한설).

2. 영장주의의 적용범위

(1) 의의 및 논의의 실익

영장주의는 형사절차상 강제처분은 법원 또는 법관이 발부한 영장에 의하여야 한다는 원칙을 말한다. 이는 형사절차에서 형사사법기관에 의한 국민의 기본권 제한을 최소화 하고 적정절차의 준수를 담보하는 실질적인 장치로서, 특히 수사절차에서 수사기관의 강제수사를 통제하는 역할을 한다. 헌법 제12조 제3항과 제16조는 체포, 구속, 압수, 수색은 법관이 발부한 영장에 의하여야 함을 명시하고 있으므로 형사절차상 위 네 가지 처분에는 영장주의가 적용됨이 명백하다. 하지만 위 네 가지 처분 외의 처분에도 영장주의가 적용되는지 여부에 대해서는 명문의 규정이 없고, 애초에 강제처분에 영장주의가 적용된다는 명제를 명확히 이해하려면 강제처분의 정의가 있어야 할 것인데 위에서 살펴보았듯이 우리 형사소송법은 강제처분의 정의조차 두지 아니하고 있다. 이에 따라 영장주의의 적용범위에 대한 견해의 다툼이 있다.

영장주의의 적용범위에 대한 논의의 실익은 새로운 수사기법의 근거 규정을 입법할 때 영장에 의하도록 하여야 할 것인지의 결정 및 이미 존재하는 수사기법의 근거 규정 중 영장에 의하지 아니하는 것의 위헌성 평가에 있어서 유용하다는 점에 있다.

(2) 학설의 대립 및 헌법재판소의 태도

(가) 학설의 대립

영장주의의 적용범위에 대하여 기본권을 제한하는 모든 수사에는 영장주의가 적용된다는 통설과, 체포·구속·압수·수색 외의 강제수사에는 영장주의가 적용되지 아니한다는 소수설이 대립하고 있다. **통설**은 시대적 변화에 따라 '체포 등'은 모든 유형의 기본권을 침해하는 강제처분을 의미한다고 해석되므로 체포 등 직접적·물리적인 강제처분은 물론이고 심리적·간접적 강제처분 등 모든 강제처분에 대해서 영장주의가 적용된다고 한다. 반면 **소수설**은 헌법상 기본권 제한의 구조와 문언 자체에 주목하여, 헌법은 체포 등 네 가지 처분에 대해서만 영장주의가 적용됨을 명시하고 있고 그 외 기본권을 제한하는 처분은 법률유보원칙에 의하도록 하고 있으므로, 영장주의의 적용범위는 체포 등 네 가지 처분으로 제한된다고 한다. 그 외 기본권을 제한하는 처분이 영장에 의하도록 할 것인지 여부는 입법자의 선택에 달려 있다는 것이다.

(나) 헌법재판소의 태도

헌법재판소는 수사기관의 기본권 침해를 강제수사의 본질로 파악하고, 모든 강제수사에 대해 영장주의가 적용된다는 입장이지만, 피의자를 기본권의 주체로 인정한 경우와 부정한 경우가 있어 구체적인 적용에 있어 혼란을 주고 있다. 헌법재판소는 영장주의의 본질은 "체포·구속·압수·수색 등 기본권을 제한하는 강제처분을 함에 있어서는 중립적인 법관의 구체적 판단을 거쳐야 한다는데 있다."면서 통신비밀보호법상 통신사실확인자료 제공요청(통신비밀보호법 제13조)은 정보주체의 통신의 비밀, 사생활의 비밀과 자유 등을 제한하는 수사기관의 강제처분이고 이에 영장주의가 적용된다고 하였으나,[8] 형사소송법 제199조 제2항에 의한 공사단체 조회 및 전기통신사업법 상 통신자료제공(전기통신사업법 제83조)은 정보주체의 개인정보자기결정권을 제한하지만 정보제공자에게 정보제공 의무를 부담시키지 아니하므로 임의수사에 해당하고 이에 영장주의가 적용되지 않는다고 하였다.[9]

(3) 검토

소수설의 견해가 옳다. 헌법 제12조 제3항은 영장주의의 적용범위를 체포, 구속, 압수, 수색으로 명시하여 열거하고 있고, 체포, 구속, 압수, 수색의 문언적 의미는 형사절차상 신체의

8) 헌법재판소 2018. 6. 28. 선고 2012헌마191 등 전원재판부 결정.
9) 헌법재판소 2018. 8. 30. 선고 2016헌마483 전원재판부 결정.

자유와 주거의 자유를 제한하는 강제처분을 의미하며, 헌법 제37조 제2항은 국가에 의한 기본권 제한은 법률에 의하도록 하고 있기 때문이다. 헌법제정 당시에 입법자가 해석을 통한 영장주의의 적용범위의 확대여지를 두려 했다면 체포, 구속, 압수, 수색 뒤에 '등'이라는 글자를 덧붙였을 것이다. 나아가 헌법상 영장주의의 적용범위를 문언대로 제한한다 하더라도 입법자는 체포, 구속, 압수, 수색에 해당하지 아니하는 형사절차상 강제처분도 법관이 발부한 영장에 의하도록 선택할 수 있으므로, 헌법상 영장주의의 적용범위의 확대해석이 적정절차준수를 통한 수사 대상자의 기본권 보장에 필수불가결한 요소라 할 수도 없다.

물론 시대의 변화에 따라 기본권과 그 제한에 대한 가치 재정립을 통해 영장주의의 적용범위를 확대할 필요성이 있음을 부정하기는 어렵다. 하지만 헌법제정 당시에 예상하지 못했던 새로운 수사기법으로 인하여 양심의 자유, 사생활의 비밀, 개인정보자기결정권 등이 제한되고 있다는 현실은 개헌 필요성의 논거는 될 수 있을지언정 모든 강제수사에 헌법상 영장주의가 적용된다는 해석의 논거가 될 수는 없다고 생각한다.

같은 이유로 체포, 구속, 압수, 수색 '등' 강제처분에 대해 영장주의가 적용된다며 위 네 가지 처분을 영장주의의 적용범위에 대한 예시로 보고, 이에 해당하지 아니하더라도 기본권을 제한하는 모든 강제수사에 대해서도 헌법상 영장주의가 적용된다는 헌법재판소의 태도에도 동조할 수 없다. 헌법 조문에는 '등'이라는 의존명사도 없다. 게다가 헌법재판소는 형사소송법 제199조 제2항 및 전기통신사업법 제83조 제3항은 피의자의 개인정보자기결정권을 제한하지만 정보제공자에게 정보제공의무를 부과하지 아니하여 정보제공자의 기본권을 제한하지 아니하므로 임의수사에 해당하고, 이에 영장주의가 적용되지 아니한다고 하였는데, 기본권의 주체에서 피의자를 배제하고 정보제공자만을 판단기준으로 삼아 강제수사와 임의수사를 구별한 후 이를 통해 영장주의의 적용범위를 판단한 것은 본말을 전도한 것이라 아니할 수 없다.

3. 형사소송법상 사전영장에 의한 강제처분의 예외와 그 근거

(1) 사전영장에 의한 강제처분의 예외

헌법은 체포, 구속, 압수, 수색은 법관이 발부한 사전영장에 의하여야 함을 천명하고(헌법 12조 제3항, 제16조), 그 예외로는 사후영장에 의한 현행범인체포와 긴급체포만을 두고 있다. 이에 형사소송법도 사전영장에 의한 체포, 구속, 압수, 수색을 원칙으로 하고, 그 예외로 대인적 강제처분에 있어서는 현행범인체포(법 제212조)와 긴급체포(법 제200조의3)를, 대물적 강제처분에 있어서는 체포·구속을 위한 피의자 수색(법 제216조 제1항 제1호), 체포·구속현장에서의 압수수색(법 제216조 제1항 제2호), 긴급체포 후 압수수색(법 제217조 제1항), 범죄장소에서의 압수수색(법 제216조 제3항)을 두고 있다.

(2) 이론적 근거

이러한 예외를 인정하는 이론적 근거로는 긴급처분설과 부수처분설의 대립이 있다. **긴급처분설**은 강제처분의 필요 상황에서 사전영장을 발부받지 못할 긴급한 사정, 즉 사전영장을 발부받을 시간적 여유가 없는 경우에 한하여 사전영장에 의한 강제처분의 예외를 인정한다는 입장이다. 이에 비하여 **부수처분설**은 적법한 강제처분으로 일정한 기본권의 제한이 이루어졌으므로 그보다 작은 기본권의 제한은 이에 부수되어 함께 제한될 수 있다는 입장이다.

헌법이 명시하고 있는 사전영장에 의한 강제처분의 예외는 현행범인체포와 긴급체포 두 가지 밖에 없고 이 두 가지 예외의 공통점은 긴급성이므로, 그 확장으로서 인정할 수 있는 사전영장에 의한 강제처분의 예외 또한 긴급성을 근거로 함이 상당하다. 부수처분설은 체포·구속이라는 신체의 자유에 대한 제한은 압수·수색에 의한 기본권 제한보다 더 큰 침해임을 전제로 하고 있으나, 현대사회에서 이 전제가 받아들여질 수 있는 것인지는 의문이다. 예를 들어 단기간의 체포로 인한 신체의 자유에 대한 제한과 휴대전화의 압수·수색으로 인한 내밀한 사생활의 비밀에 대한 제한 중 어느 것이 더 큰 침해인지에 대해서는 이견이 존재할 것이다. 따라서 긴급처분설이 옳다고 생각한다.

형사소송법도 긴급성을 긴급체포, 체포·구속을 위한 피의자 수색, 긴급체포 후 압수·수색, 범죄장소에서의 압수·수색의 요건으로 명시하고 있고, 현행범인 및 준현행범인 체포는 각각의 정의에 따라 체포시 긴급성의 충족을 전제로 하고 있으며, 체포·구속현장에서의 압수·수색도 '현장'에서의 압수·수색이므로 긴급성의 충족을 전제로 한다.

(3) 현행 형사소송법의 문제점

현행 형사소송법이 사전영장에 의하지 아니한 강제처분을 규정함에 있어 무죄추정원칙, 영장주의, 적정절차원칙 등 헌법정신을 그대로 구체화한 것인지에 대해서는 의문이 있다. 헌법은 현행범인체포와 긴급체포에 대해 사후영장에 의할 수 있음을 규정하고 있고, 압수·수색의 경우 사후영장의 예외를 전혀 두지 아니하고 있다. 그렇다면 형사소송법은 사전영장에 의하지 아니한 체포, 압수·수색에 대해서는 최소한 사후영장제도를 구체적으로 규정하였어야 할 것이다. 그러나 형사소송법은 현행범인체포, 긴급체포, 체포·구속을 위한 피의자 수색에 대해서는 사후영장 제도를 규정하고 있지 아니하고, 체포·구속현장에서의 압수·수색과 긴급체포 후 압수·수색에 대해서는 압수한 물건이 있고 그 압수물을 계속 압수할 필요가 있는 경우에만 사후영장을 청구하도록 규정하고 있을 뿐이다. 그 결과, 예를 들어 수사기관이 긴급체포를 위해 타인 A의 주거지를 영장 없이 수색하고 그 과정에서 피의자 B를 긴급체포한 경우, 긴급체포의 범죄사실과 관련성이 인정되는 피의자 B의 소유물이 또 다른 타인 C의 주거지에 보관중일 개연성이 인정되면 영장 없이 C의 주거지를 수색할 수 있다. 수사기관이 C의 주거지 수색으로 증거물을 압수하였는데, 수사기관 사무실에서 재확인한 결과 계속 압수할 필요가 없어 환부하였다면, 이 과정에서 수사기관은 단 하나의 영장도 발부받을 필요가 없게 된다. 보다 구체적이고 실효적인 규제가 있어야 할 것이다.

4. 소결

기본권의 제한이 없거나 제한되는 기본권 주체의 동의에 의한 수사는 임의수사이고, 기본권 주체의 동의 없이 기본권을 제한하는 수사는 강제수사이다. 기본권 주체에는 처분의 직접 상대방은 물론 피의자도 포함된다. 국민의 기본권은 법률에 따라 제한될 수 있는 것이므로 강제수사는 명확한 법적 근거를 요한다.

헌법상 기본권 제한의 구조와 문언에 따라 영장주의는 체포, 구속, 압수, 수색에만 적용되고 그 외의 강제수사에는 적용되지 아니한다. 그 외의 강제수사가 영장에 의하도록 할 것인지 여부는 입법자의 선택에 맡겨진 것으로, 영장에 의하지 아니하였다는 이유로 곧바로 위헌이라고 할 수는 없다.

Ⅲ. 수사의 조건

수사의 조건은 수사기관이 수사를 개시하고 실행하는 데 있어서 요구되는 전제조건을 말한다. 수사의 조건은 수사의 개시시점부터 종결시점까지 유지되어야 한다. 개별적인 수사에 대해 추가로 요구되는 조건에 대해서는 해당 부분에서 후술하기로 하고, 여기에서는 모든 수사에 대해 요구되는 조건으로서 수사의 필요성과 상당성에 대해 살펴본다.

1. 수사의 필요성

(1) 의의

수사의 필요성이란 범죄혐의의 인정에 따른 혐의유무를 밝힐 필요성 또는 공소제기 및 유지 여부 결정에 대한 필요성을 의미한다. 수사기관은 범죄혐의가 있다고 사료하는 때 수사를 개시한다(법 제196조 제1항, 제197조 제1항). 이때의 범죄혐의란 구체적 사실에 근거한 주관적 혐의로, 수사기관은 단순한 추측이나 의심만으로는 수사를 개시할 수 없다. 따라서 객관적 사실에 근거한 범죄혐의의 존재는 모든 수사의 조건이 된다.

개개의 수사는 그 목적인 공소제기 및 유지 여부 결정에 필요한 것으로 제한된다. 따라서 공소시효나 소추요건에 흠결이 있음이 명백한 경우에는 수사기관은 수사를 개시할 수 없고, 수사진행 중 그러한 사실이 밝혀진 경우에는 수사기관은 더 이상 수사를 진행해서는 안 된다.

(2) 친고죄의 고소와 전속고발사건의 고발

(가) 문제점

친고죄는 피해자의 고소가 있어야 공소를 제기할 수 있음이 명시된 범죄로서, 친고죄에서 피해자의 고소는 소송조건(소추요건)이다. 전속고발사건이란 특정 행정기관의 고발이 있어야 공소를 제기할 수 있음이 명시된 범죄로서,[10] 전속고발사건에서 권한 있는 행정기관의 고발은 소추요건이 된다. 따라서 수사절차에서 친고죄에 대해 피해자의 고소가 취소된 경우 또는 전속고발사건에서 행정기관의 고발이 취소된 경우에는 공소제기가 불가능하고, 이에 수사기관은 더 이상 수사를 진행하여서는 아니 됨이 명백하다. 하지만 수사기관이 **친고죄나 전속고발사건에서 고소·고발이 이루어지기 전에 수사를 개시·진행할 수 있는지**에 대해서는 견해의 대립이 있다.

(나) 학설의 대립과 법원의 태도

이에 대한 학설로는 허용설, 불허설, 제한적 허용설이 있다. **허용설**은 수사절차와 공판절차는 상호 독립적인 절차임을 전제로, 친고죄에 있어서 고소는 공소제기의 요건일 뿐 수사개시의 요건이 아니므로 친고죄의 고소나 전속고발사건의 고발이 없더라도 수사를 개시할 수 있다

10) 전속고발사건을 규정하고 있는 예로는 관세법 제284조, 조세범처벌법 제21조, 출입국관리법 제101조, 공정거래법 제129조 등이 있다.

는 견해이다.[11] **불허설**은 수사절차는 공판절차의 수단임을 전제로, 그러한 고소나 고발 없이는 공소제기가 불가능하므로 그에 선행하는 수사 또한 허용되지 아니한다는 견해이다. 다수설인 **제한적 허용설**은 고소나 고발이 없더라도 수사는 허용되지만, 그 가능성이 전혀 없는 경우에는 허용되지 않는다는 견해이다.[12] 이 견해는 특히 친고죄에서 고소기간이 경과한 경우, 고소를 취소한 경우, 고소불원의사를 명백히 표시한 경우에는 공소제기가 불가능하므로 수사가 개시되어서는 아니 된다고 한다.

대법원은, 친고죄나 전속고발사건에서 고소 또는 고발은 소추조건일 뿐 수사의 조건은 아니므로, 고소·고발 전에 수사가 이루어졌다 하더라도 **고소·고발의 가능성**이 없었다는 특단의 사정이 없는 한 그 수사가 위법한 것은 아니라 하여[13] 제한적 허용설의 입장에 서있다. 따라서 제한적 허용설이나 허용설에 의하는 경우 친고죄에 있어서 수사기관 작성의 피의자신문조서나 진술조서는 고소가 있기 전에 작성되었다는 이유만으로 증거능력이 부정되는 것은 아니다.

(다) 검토

제한적 허용설이 옳다. 수사의 목적이 공소제기 여부의 결정 및 그 유지를 위한 준비인 이상 수사를 공소제기로부터 완전히 분리할 수는 없지만, 친고죄의 고소나 전속고발사건의 고발은 소추조건일 뿐 수사의 조건이라 할 수는 없기 때문이다. 따라서 친고죄의 고소기간 도과 등과 같이 공소제기의 가능성이 전혀 없는 사건에 대한 수사는 개시되어서는 아니 되고, 수사 진행 중 그러한 사실이 밝혀진 때에는 당해 수사는 즉시 종결되어야 한다. 이러한 점은 전속고발사건에서도 마찬가지이다. 친고죄와 달리 전속고발사건의 고발에는 고발기간의 제한 및 재고발의 제한이 없지만, 고발권자인 행정기관의 고발 취소 또는 고발불원의사표시가 있는 이상 그 사건에 대한 수사는 즉시 종결되어야 한다.

2. 수사의 상당성

(1) 의의

수사의 상당성이란 수사는 수사비례원칙과 수사의 신의칙을 준수하여야 함을 말한다.

---

11) 허용설은 독일의 통설, 불허설은 일본의 견해로(이/조/이, 104), 우리나라에서 이를 따르는 견해는 찾기 어렵다.

12) 김재환 61; 배/홍 96; 신현주 198; 이/김 176; 이/조/이 105; 이창현 215; 임동규 135.

13) 대법원 2011. 3. 10. 선고 2008도7724 판결.

(가) 수사비례원칙

수사비례원칙이란 구체적 수사작용은 그 목적인 공소제기 결정 및 유지에 적합하여야 하고, 목적달성에 적합한 수사작용이 여러 개인 경우에는 그 중 수사 대상자의 사익제한을 최소화하는 것이어야 하며, 당해 수사작용으로서 추구하는 수사상 공익은 그로 인하여 제한되는 수사대상자의 사익보다 우월하여야 한다는 원칙이다. 따라서 임의수사와 강제수사 중 어느 것을 통해서도 수사목적의 달성이 가능하다면 수사기관은 임의수사를 취하여야 하고, 임의수사로는 수사목적을 달성할 수 없다 하더라도 당해 수사의 공익이 미미한 경우에는 강제수사는 제한될 수 있다. 형사소송법이 경미범죄를 저지른 피의자는 주거불명인 경우에 한하여 현행범인체포의 대상이 되도록 한 것은 수사비례원칙의 성문화라 할 수 있다(법 제214조).

(나) 수사의 신의칙

수사의 **신의칙**이란 수사작용은 수사기관에 의한 공권력의 행사이므로 사회통념상 용인될 수 있는 범위 내에 있어야 함을 말한다. 따라서 수사기관은 사술을 이용하거나 피의자를 곤궁한 상태로 빠뜨린 후 이를 이용하는 방식의 수사를 하여서는 아니 된다. 수사의 신의칙은 특히 함정수사에서 문제된다.

(2) 함정수사

(가) 의의

함정수사란 수사기관이나 수사기관의 의뢰를 받은 사람(정보원)이 자신의 신분을 속인 채 범죄를 권유하거나 범죄를 저지를 기회를 제공한 후 그 실행을 기다려 범인을 체포하고 증거를 수집하는 행위를 말한다. 함정수사는 수사의 상당성을 준수하는 범위 내에서만 허용되는데, 특히 마약범죄, 성착취물·신체촬영물 관련범죄, 조직범죄 등 은밀성과 반복성을 특징으로 하는 중대 범죄는 수사의 필요성이 크지만 일반적인 수사방법으로는 수사를 진행하기 어려워 불가피하게 활용되고 있다.

(나) 허용범위에 대한 학설과 판례의 태도

1) 학설의 대립

함정수사의 허용범위에 대해서는 주관설, 객관설, 종합설의 견해대립이 있다. **주관설**은 함정수사의 적법성을 피유인자의 주관적 내심을 기준으로 판단하는 견해로서 수사기관이 범의를 가지지 아니한 자에게 범의를 불러 일으켜 범행에 이르게 하는 **범의유발형** 함정수사는 위법하지만, 이미 범의를 가지고 있는 자에게 범행기회를 제공함에 그치는 **기회제공형** 함정수사는 적법하다고 한다.[14] **객관설**은 피유인자의 주관적 의사는 평가의 대상에서 배제하고 수사행위 자체를 평가의 대상으로 삼아 함정수사의 위법성을 판단하는 견해로서, 수사행위가 사회통념상 통상의 일반인도 범죄에 이르게 할 정도의 현저한 사술에 해당하면 위법하다고 한다. 객관설에 따르면 범의유발형 함정수사도 적법할 수 있고, 기회제공형 함정수사도 위법할 수 있다.[15]

종합설은 당해 수사행위와 관련된 주관적, 객관적 요소를 종합적으로 판단하여 함정수사의 위법성을 판단하는 견해이다. 종합설은 해당 범죄의 종류와 성질, 유인자의 지위와 역할, 유인의 경위와 방법, 유인에 따른 피유인자의 반응, 피유인자의 처벌 전력, 유인행위 자체의 위법성 등을 종합하여 함정수사의 적법성을 판단한다.[16]

2) 판례의 태도

대법원은 종래 주관설의 입장을 취하고 있었으나, 이후 태도를 변경하여 종합설의 입장에 서 있는 것으로 보인다. 대법원은 일반적으로 수사기관이 직접 사술이나 계략을 이용하여 범의를 유발하는 함정수사는 위법하다고 하고[17] 사인이 유인자인 경우에는 범의가 유발되었다 하더라도 '유인자와 수사기관과의 직접 관련 여부'와 '피유인자의 범의유발에 개입한 정도'를 기준으로 함정수사의 위법성을 판단한다.[18]

이러한 기준에 따라 대법원은 경찰관이 인도에 쓰러진 취객을 발견하였으나 절도범을 단속하기 위하여 감시하고 있다가 피고인이 절도의 실행에 착수하자 체포한 경우,[19] 경찰관이 불법 유흥주점 영업 신고에 따라 당해 노래연습장에서 손님으로 가장하여 출입한 후 여성 유흥종사자를 불러줄 것을 요구하자 피고인이 이에 즉시 응한 경우,[20] 수사기관과 무관한 유인자가 수차례 부탁을 하였을 뿐 개인적인 친밀관계를 이용한 동정심의 유발, 금전적·심리적 압박이나 위협, 거절하기 힘든 유혹, 범행방법의 구체적 제시 및 범행에 사용될 금전 제공 등 적극적 사술을 사용하지 아니한 경우[21]에는 위법한 함정수사가 아니라 하였다. 하지만 피고인이

---

14) 백형구 42.

15) 대법원 2008. 10. 23. 선고 2008도7362 판결. "범의를 가진 자에 대하여 단순히 범행의 기회를 제공하거나 범행을 용이하게 하는 것에 불과한 수사방법이 경우에 따라 허용될 수 있음은 별론으로 하고…."

16) 김재환 68; 노/이166; 신현주 230; 이/김 179; 이/조/이 108; 임동규 137; 정/최/김 78.

17) 대법원 2005. 10. 28. 선고 2005도1247 판결.

18) 대법원 2007. 7. 12. 선고 2006도2339 판결.

19) 대법원 2007. 5. 31. 선고 2007도1903 판결.

20) 대법원 2005. 4. 14. 선고 2005도499 판결.

수사기관의 적극적 범의유발에 의해 마약을 수입한 경우,[22] 경찰관이 단속 실적을 올리기 위하여 제보나 첩보가 없는데도 손님으로 가장하고 노래연습장에 들어가 유흥종사자를 불러줄 것을 거듭 요구하여 피고인이 마지못해 응한 경우,[23] 경찰관이 면허정지자의 차량이 주차되어 있음을 발견하고 공사나 교통방해가 없는데도 차량 이동을 요청하는 문자를 두 번 보내어 피고인이 차량을 20미터 정도 이동시키자 무면허운전으로 현행범체포를 한 경우[24]에는 위법한 함정수사라 하였다.

3) 검토

수사행위의 정당성 평가는 수사의 신의칙을 근거로 삼음이 상당하므로 함정수사의 적법성은 수사행위 자체를 평가의 대상으로 삼아야 한다. 함정수사로 인해 수사대상자가 어떠한 영향을 받았는지 여부는 그 수사행위가 객관적으로 사회통념상 허용되는 것인지를 평가하는 하나의 요소에 불과한 것이다. 따라서 객관설이 타당하다고 본다.

주관설은 미국 연방대법원의 판례[25]에서 비롯된 견해로서 우리 형사법제와는 맞지 아니한 접근방법이다. 영미법계는 전통적으로 행위반가치에서 형사처벌의 이유를 찾는다. 범죄를 저지르려는 의사를 가지고 실행에 옮겼다면 그 자체로 형사처벌의 대상이 되고 결과발생은 우연의 산물일 뿐이라는 것이다. 이에 미국의 형사법제하에서 함정수사는 형사소송법이 아닌 형법에서 책임조각(defenses)[26] 사유의 하나로 논의되어 위법한 함정수사로 인해 범죄를 저지른 피고인에 대해서는 형사처벌을 할 수 없다는 결론에 이른다.

수사의 신의칙이라는 원칙을 가지고 있는 우리가 다른 형사법제에서 통용되는 접근만을 좇을 이유는 없다. 게다가 수사의 신의칙에 따라 객관적인 기준으로 평가할 때 함정수사의 적법성 평가기준은 명확해지고, 이를 통하여 수사기관의 권한남용을 억제하는 기능은 더욱 활성화 될 것이다. 이에 주관설 및 절충설에 해당하는 종합설은 받아들이기 어렵다.

21) 대법원 2007. 7. 12. 선고 2006도2339 판결.
22) 대법원 2005. 10. 28. 선고 2005도1247 판결.
23) 대법원 2008. 10. 23. 선고 2008도7362 판결.
24) 대법원 2009. 7. 23. 선고 2009도3034 판결.
25) Sorrells v. United States, 287 U.S. 435 (1932).
26) 일반적으로 미국 형법은 위법성과 책임을 구분하지 아니하고 하나의 영역(defenses)에서 설명하고 있는데, 본문에서는 우리 형법체계와의 비교 및 기술편의상 책임조각사유라 하였다.

(다) 위법한 함정수사가 공소제기에 미치는 효과

1) 학설의 대립과 대법원의 태도

위법한 함정수사의 결과로 공소가 제기되었을 때, 어떠한 재판을 하여야 하는지에 대하여 가벌설과 불가벌설의 대립이 있다. **가벌설**은 비록 수사기관이 범의를 유발하였다 하더라도 피고인이 자유로운 의사로 범행을 한 이상 범죄의 성립요건, 처벌조건, 소추요건 등 형사처벌에 필요한 어떠한 요건도 결여되지 아니하므로 피고인을 처벌할 수 있다는 견해이다.[27] 이 견해는 위법수집증거배제법칙에 따라 위법한 함정수사의 결과로 얻은 증거는 증거능력이 부정되지만, 그 외의 증거로 합리적 의심이 없을 정도의 증명이 가능하다면 유죄판결을 통해 처벌할 수 있다고 한다.

불가벌설은 무죄판결설과 공소기각판결설로 나뉜다. **무죄판결설**은 함정수사에 의한 행위는 범죄성립요건을 조각하거나 범죄사실의 증명이 없는 경우에 해당하므로 무죄판결의 대상이 된다는 견해이고,[28] **공소기각판결설**은 위법한 함정수사로 인한 공소제기는 적정절차원칙을 위반하여 제기된 것으로 그 절차가 법률의 규정에 위반하여 무효이므로 공소기각판결의 대상이 된다는 견해이다.[29] 대법원은 일관되게 공소기각판결설의 입장에 서있다.[30]

2) 검토

함정수사는 수사의 신의칙을 위반한 수사행위로서 헌법상의 적법절차원칙에 대한 중대한 위법을 수반한다. 일반적으로 수사절차의 위법은 증거능력에 영향을 미칠 뿐, 그 이유만으로 공소제기절차가 법률에 위반된다고 볼 수는 없다. 하지만 위법한 함정수사는 수사기관이 사회통념상 받아들일 수 없는 방법을 이용하여 범죄행위를 발생시키는 것이므로, 함정수사와 공소제기의 적법성 평가는 **불가분의 일체**를 이루고 있다. 즉, 함정수사의 위법성이 곧바로 공소제기의 위법성으로 평가될 수 있는 **구조적 특성**을 가지고 있는 것이다. 따라서 위법한 함정수사에 이은 공소제기는 그 절차가 법률의 규정에 위반하여 무효인 때에 해당하므로 공소기각판결의 대상이 된다고 할 것이다(법 제327조 제2호).

---

27) 이/조/이 111면; 손/신 172.
28) 이창현 232.
29) 노이 167; 이/김 181; 임동규 138.
30) 대법원 2005. 10. 28. 선고 2005도1247 판결 등.

(라) '아동·청소년의 성보호에 관한 법률'상 함정수사의 성문화(成文化)

1) 의의

'아동·청소년의 성보호에 관한 법률'은 아동·청소년성착취물 및 신체촬영물 관련 범죄와 아동·청소년의 성을 사는 행위와 관련된 범죄 등 디지털성범죄에 대한 함정수사로서, 신분비공개수사와 신분위장수사에 대하여 규정하고 있다. 인터넷을 이용하는 등 은밀한 방법으로 이루어지는 아동·청소년 대상 성범죄의 발생이 증가함에 따라 함정수사의 필요성이 커지자 법률로써 특정한 함정수사의 요건, 절차 및 한계를 명확히 정한 것이다.

2) 신분비공개수사

신분비공개수사란 아동·청소년 대상 디지털성범죄에 대한 수사로서 사법경찰관리가 신분을 비공개하고 정보통신망 등 범죄현장 또는 범인으로 추정되는 자들에게 접근하여 범죄행위의 증거 및 자료 등을 수집하는 행위를 말한다(청소년성보호법 제25조의2 제1항).

사법경찰관리가 신분비공개수사를 진행하고자 할 때에는 사전에 상급 경찰관서 수사부서의 장의 승인을 받아야 한다(동법 제25조의3 제1항). 이에 대한 통제는 수사종결 후 국가수사본부장은 국가경찰위원회에, 국가경찰위원회는 국회 소관 상임위원회에 관련자료를 보고함으로써 사후적으로 이루어진다(동법 제25조의6).

3) 신분위장수사

신분위장수사란 아동·청소년 대상 디지털성범죄에 대한 수사로서 사법경찰관리가 신분을 위장하기 위한 문서·도화·전자기록 등을 작성·변경·행사하는 것, 위장 신분을 사용하여 계약 또는 거래하는 것, 아동·청소년성착취물 또는 성폭력범죄의 처벌 등에 관한 특례법상 신체촬영물을 소지·판매·광고하는 것을 말한다(청소년성보호법 제25조의2 제1항).

사법경찰관리는 디지털 성범죄를 의심할 만한 충분한 이유가 있고, 범죄예방, 범인의 체포 또는 증거의 수집에 대해 보충성이 인정되면 신분위장수사의 구체적인 내용을 기재한 서면과 소명자료를 첨부하여 검사에게 신분위장수사의 허가를 신청할 수 있다(동법 제25조의2 제1항, 제25조의3 제3항, 제4항). 사법경찰관리의 신청에 이유가 있는 경우 검사는 법원에 허가를 청구할 수 있고, 법원은 이를 허가할 수 있다(동법 제25조의3 제3항, 제5항). 다만 긴급을 요하는 경우 사법경찰관리는 법원의 허가 없이 신분위장수사를 개시할 수 있다. 이 경우 사법경찰관리는 지체 없이 검사에게 허가를 신청하여야 하고, 48시간 이내에 법원의 허가를 받지 못한 때에는 즉시 신분위장수사를 중지하여야 한다(동법 제25조의4).

신분위장수사의 기간은 3개월을 초과할 수 없고 그 수사기간 중 수사의 목적이 달성되었을 경우에는 즉시 종료하여야 한다(동법 제25조의3 제7항).

4) 함정수사의 남용에 대한 우려와 적용범위의 확장

아동·청소년의 성보호에 관한 법률은 함정수사의 남용을 차단하기 위해 신분비공개수사와 신분위장수사의 기간을 3개월로 제한하고, 신분위장수사의 경우 목적 달성시 이를 즉시 종료하도록 하고 있다(청소년성보호법 제25조의3 제1항, 제7항). 또한 신분비공개수사와 신분위장수사로 수집한 증거의 증거능력을 당해 범죄와 관련범죄로 제한하고(동법 제25조의5), 신분비공개수사 또는 신분위장수사에 관여한 공무원 또는 그 직에 있었던 자에게 비밀준수의무를 부과하고 있다(동법 제25조의7).

최근 딥페이크 기술을 이용한 디지털 성범죄가 기승을 부림에 따라, 성폭력범죄의 처벌 등에 관한 특례법을 개정하여 '신분비공개수사 및 신분위장수사 허용 특례'를 성인 피해자를 대상으로 한 허위영상물 관련 범죄까지 확대하자는 논의가 진행되었고, 그 결과물로 동법 개정안이 국회에 제출되어 있다. 신분비공개수사 및 신분위장수사는 함정수사의 남용문제로부터 자유롭지 못하므로 이러한 적용범위의 확장에 대해서는 신중한 검토가 필요하다고 본다.

(마) 통제배달

1) 의의

통제배달(controlled delivery)이란 수사기관이 입국심사절차, 세관절차에서 발견된 마약, 향정신성물질 등 금제품을 그 자리에서 압수하지 않은 채 엄중한 감시 하에 배달하게 하고 이를 '추적'하여 부정거래에 관여하는 자를 발견·검거하는 수사기법을 말한다. 통제배달은 수사기관이 범죄를 인식하였음에도 이를 중단시키지 않았다는 점에서 넓은 의미에서 함정수사의 일종으로 볼 수도 있겠으나, 마약범죄의 중대성에 비추어 사회통념상 용인되는 범위 내의 수사로서 수사의 신의칙에 반하지 않는다고 할 수 있다. 함정수사의 위법성 판단기준 중 종합설을 따르더라도 통제배달은 범죄의 진행을 방지하지 아니하였음에 불과하여 소극적 기회제공에 그치므로 위법한 함정수사에 해당하지 아니한다.

2) 법적 근거

통제배달과 관련하여 우리나라는 다자조약인 '마약 및 향정신성물질의 불법거래방지에 관한 국제연합협약'에 가입하였고, 국내법으로 '마약류 불법거래 방지에 관한 특례법'을 입법하였다. 마약류 불법거래 방지에 관한 특례법에 따라 검사는 마약류의 분산 및 마약사범으로 의심되는 외국인의 도주를 방지하기 위하여 충분한 감시체제가 확보되어 있고 마약류범죄의 수사에 관하여 그 외국인을 입국시킬 필요가 있는 경우에는, 그 외국인의 입국허가를 요청할 수 있고 사법경찰관은 검사에게 이를 신청할 수 있다. 검사의 요청을 받은 출입국관리 공무원은 법무부장관의 승인을 받아 그 외국인의 입국을 허가할 수 있다(마약거래방지법 제3조 제1항, 제2항, 제5항).

마약류 불법거래 방지에 관한 특례법에 따라 검사는, 마약류의 분산을 방지하기 위하여 충분한 감시체제가 확보되어 있고 마약류범죄의 수사에 관하여 그 마약류가 외국으로 반출되거나 대한민국으로 반입될 필요가 있는 경우에는, 세관장에게 관세법상 화물 또는 우편물에 대한 수출입 또는 반송면허 발급 등 수사상 필요한 조치를 요청할 수 있고, 사법경찰관은 검사에게 이를 신청할 수 있다. 검사의 요청을 받은 세관장은 관세법에 따른 화물 또는 우편물 검사시에 마약류가 감추어져 있다고 밝혀지거나 그러한 의심이 드는 경우 검사의 요청에 따른 조치를 할 수 있다(동법 제4조).

3) 통제배달의 구체적 방법

통제배달을 위한 '추적'의 방법은 상당한 것이어야 한다. 그렇다면 추적의 대상이 되는 금제품 등의 하물(荷物)에 추적수단으로서 전파발신기를 설치하는 것은 허용된다고 볼 것인가? 추적 그 자체는 마약류 불법거래 방지에 관한 특례법에 따른 '수사상 필요한 조치'로서 가능하지만 전파발신기는 기계적 정확성을 갖고 언제나 끊임없이 소재(所在)를 발신하는 것이므로 단순한 추적 이상의 강력한 프라이버시 침해를 동반하게 된다. 하지만 통제배달에서 전파발신기의 사용은 현재 진행 중인 마약관련 중대범죄를 계속해서 수사하기 위한 것이고 취득되는 정보도 설치된 하물(荷物)의 소재를 드러내는데 지나지 않는다. 마약범죄의 중대성, 수사상 필요성 및 긴급성에 비추어 이러한 방법의 추적방법은 상당성을 갖추고 있다 할 것이므로 위법하다고 볼 수는 없을 것이다.

4) 통제배달이 압수·수색에 해당하는 경우

통제배달의 형식을 띄고 있으나 그 실질이 수사기관에 의한 압수·수색에 해당하는 경우에는 당연히 영장주의가 적용된다. 대법원은 검사가 마약이 밀수되는 사실을 알고 세관공무원에게 지시하여 특정 특송화물을 가져오도록 하여 개봉·검사하여 마약을 발견한 후, 세관공무원으로부터 임의제출의 형식으로 그 점유를 취득하고 대체물을 수령인에게 배달하도록 한 것은, 압수·수색에 해당하므로 사전영장에 의하지 아니하는 이상 위법하다고 하였다.[31] 세관공

31) 대법원 2017. 7. 18. 선고 2014도8719 판결.

무원이 관세법에 따른 통상적 통관절차에서 발견한 마약을 수사기관에 임의제출하는 경우에는 보관자나 소지자의 지위가 인정되지만[32] 위 사안의 경우에 세관공무원은 수사기관의 지시를 따랐을 뿐이므로 당해 마약의 보관자나 소지자로서 임의제출 하였다고도 볼 수 없다.

Ⅳ. 수사의 적법성 판단기준과 판단시점

1. 적법성 판단기준

개별·구체적인 수사활동의 적법성 판단은 구체적 사안에 있어 수사기관이 어떠한 수사방법을 선택하였는지 및 선택한 수사방법을 적법하게 수행하였는지의 순서로 평가한다.

먼저 수사기관이 구체적 수사활동을 선택함에 있어서는 상당한 재량이 주어져 있다. 실체적 진실발견을 위한 구체적 직무를 수행함에 있어 수사기관은 자신에게 부여된 권한을 적절하게 행사할 수 있고 이러한 권한행사는 수사기관의 합리적인 재량에 위임되어 있다. 따라서 형사소송법 등 관련 법령의 취지와 목적에 비추어 구체적인 사정에 따라 경험칙이나 논리칙을 기준으로 합리성을 긍정할 수 없는 정도에 이르지 아니하는 이상 수사기관의 수사방법 선택을 위법하다 할 수는 없다.

다음으로 수사기관이 일정한 수사방법을 선택하였다면 그 근거가 되는 법률 조항의 내용을 엄격히 준수하여야 한다. 임의수사를 선택하였다면 상대방의 자발적 동의의 범위를 벗어나서는 아니 되고, 강제수사를 선택하였다면 법률이 규정하고 있는 요건, 절차, 한계 등을 엄격히 준수하여야 한다.

2. 적법성 판단시점

이러한 적법성 판단은 행위시를 기준으로 이루어져야 하고, 수사의 결과로서의 불기소 또는 무죄판결 등은 수사의 적법성 판단에 영향을 미치지 아니한다. 예를 들어 수사기관이 적법하게 영장을 발부받아 강제처분을 한 경우, 강제수사의 선택에 대해서는 경험칙이나 논리칙에 비추어 합리성이 긍정되지 아니하는 예외적 경우가 아닌 이상 위법하다 할 수 없다. 영장의 신청 및 청구에 하자가 없다면 영장의 발부는 지방법원 판사의 심사에 의한 것이고 영장에 의한 강제처분은 영장집행의 결과일 뿐이기 때문이다. 따라서 수사기관이 영장 발부에 관한 결정에 영향을 줄 수 있는 증거나 자료를 확보하였음에도 그 증거나 자료를 일부라도 누락하거나 조

32) 대법원 2013. 9. 26. 선고 2013도7718 판결.

작하는 경우처럼 수사기관의 독자적인 위법행위가 인정되는 등의 특별한 사정이 없는 한 '판사의 영장 발부에 관한 결정'이나 '영장의 집행 결과에 따른 피의자의 체포 내지 구속 그 자체'를 이유로 위법한 수사라 할 수 없다. 이는 수사결과 불기소처분 또는 무죄판결이 있는 경우에도 마찬가지이다.[33)]

제 2 절 수사의 개시

Ⅰ. 수사의 단서

수사의 단서란 수사기관이 범죄의 혐의가 있다고 판단하게 만든 원인 또는 그러한 판단의 근거를 말한다. 수사기관은 수사의 단서를 통해 주관적 범죄혐의를 갖게 되면 수사를 개시한다.

수사의 단서에는 현행범인체포, 변사자검시, 여죄수사 등 수사기관 스스로의 경험에 의한 것과 고소, 고발, 범죄신고, 자수 등 타인의 경험에 의한 것이 있다. 한편 수사기관 중 사법경찰관리는 경찰관직무집행법에 근거하여 불심검문 등 다양한 위험방지 권한도 가지고 있는데, 위험방지 작용은 수사에 선행하여 이루어지면서 수사의 단서가 되는 경우는 물론 강제수사와 경합하는 경우도 있다. 이에 형사소송법에 규정된 수사의 단서와 사법경찰관리의 위험방지작용에 대해 살펴본다.

Ⅱ. 고소

1. 의의

고소란 범죄의 피해자 등 고소권자가 수사기관에 대하여 일정한 범죄사실을 신고하여 범인의 처벌을 구하는 의사표시를 말한다. 고소는 형사절차상 일정한 소송법적 효과를 발생시키는 것을 목적으로 하는 고소권자의 의사표시이므로 법률행위적 소송행위이다. 먼저 고소의 일반적인 내용을 살펴보고, 친고죄의 고소는 소추요건에도 해당하여 독자적인 문제점이 있기에 따로 설명한다.

한편 사법경찰관은 고소, 고발, 자수를 접수한 경우에는 신속히 조사하여 관계서류와 증

---

33) 대법원 2024. 3. 12. 선고 2020다290569 판결.

거물을 검사에게 송부하여야 하는데(법 제238조), 검사에 대한 사법경찰관의 수사기록 송부에 대해서는 수사기관에 대한 설명에서 전술한 바와 같다.[34)]

2. 고소권자

고소권자는 범죄의 피해자, 피해자의 법정대리인, 피해자의 친족, 검사가 지정한 고소권자이다. 고소권자 아닌 자가 수사기관에 대하여 범인의 처벌을 구하는 의사표시는 고발이고, 범인이 자신의 처벌을 구하는 의사표시는 자수로서 고소와 구별된다.

(1) 범죄 피해자

범죄로 인한 피해자는 고소할 수 있다(법 제223조). 피해자는 범죄행위의 직접적인 상대방이자 보호법익의 주체로서 자연인은 물론 법인도 포함된다. 범죄행위의 직접적인 상대방과 보호법익의 주체가 다른 경우에는 양자 모두 고소권자가 되고, 법인이 피해자인 경우에는 법인의 대표자가 고소권을 행사한다.

고소는 법률행위적 소송행위이므로 고소권자에게는 고소능력이 요구된다. 고소능력은 피해를 입은 사실을 이해하고 고소에 따른 사회생활상의 이해관계를 알아차릴 수 있는 사실상의 의사능력으로서, 민법상 행위능력에 이를 것을 요하는 것은 아니다.[35)]

(2) 피해자의 법정대리인

피해자의 법정대리인은 독립하여 고소할 수 있다(법 제225조 제1항). 법정대리인이란 **친권자**, **후견인** 등 무능력자의 행위에 대해서 일반적으로 대리할 수 있는 권한을 가진 자를 말하는 것으로, 일반적 대리권한이 없는 파산관재인, 재산관리인 등은 법정대리인에 해당하지 않는다. 모자관계는 호적에 입적되어 있는 여부와는 관계없이 자의 출생으로 법률상 당연히 생기는 것이므로 고소당시 이혼한 **생모**라도 피해자인 그의 자의 친권자로서 독립하여 고소할 수 있다.[36)]

부재자 재산관리인은 재산관리를 위하여 필요한 경우 법원의 허가를 받아 관리행위의 범위를 넘는 행위를 할 수 있으므로 관리대상 재산에 관한 범죄행위에 대하여 법원으로부터 고소권 행사 허가를 받은 경우에는 독립하여 고소권을 가지는 법정대리인에 해당한다.[37)]

---

34) 69페이지 참조.

35) 대법원 2011. 6. 24. 선고 2011도4451,2011전도76 판결. 따라서 민법상 행위능력이 없는 사람도 그러한 사실상의 의사능력을 갖추고 있다면 고소능력은 인정된다.

36) 대법원 1987. 9. 22. 선고 87도1707 판결.

법정대리인의 고소권의 법적 성질에 대해서는 **독립대리권설**[38]과 **고유권설**[39]의 대립이 있다. 범죄 피해자가 민법상 행위능력은 부정되지만 고소능력은 인정되는 경우 범죄 피해자와 법정대리인은 모두 고소권자가 된다. 이러한 경우 독립대리권설에 따르면 법정대리인에게도 고소기간의 기산점은 피해자(본인)의 범죄 인식시점이고, 피해자의 의사에 반한 법정대리인의 고소 및 취소는 무효이며, 피해자는 법정대리인의 고소를 취소할 수 있다. 하지만 고유권설을 취하면 고소기간의 기산점은 법정대리인의 범죄 인식시점이고, 피해자의 의사에 반한 법정대리인의 고소 및 취소도 유효하며, 피해자는 법정대리인의 고소를 취소할 수 없다.

법정대리인의 고소권을 명시적으로 두고 있는 이유는 판단능력이 부족한 무능력자의 보호를 두텁게 하기 위한 것이라는 점에서 고유권설이 타당하다. 대법원도 같은 입장이다.[40]

(3) 피해자의 친족

피해자의 친족은 피해자가 사망한 경우 및 피해자의 법정대리인 또는 그 친족이 피의자인 경우에 고소권자가 된다.

(가) 피해자가 사망한 때

피해자가 사망한 때에는 피해자의 배우자, 직계친족 또는 형제자매는 고소할 수 있다. 다만 피해자의 친족은 피해자가 사망하기 전에 표시한 명시적 의사에 반하여 고소할 수는 없다(법 제225조 제2항).[41] 위의 신분관계는 피해자가 사망한 때에 있으면 된다.

피해자 친족의 고소권의 법적 성질에 대해서는 피해자의 고소권에 기한 **독립대리권**이라는 견해와 피해자 사망에 따른 고소권 소멸을 대신하는 **고유권**이라는 견해의 대립이 있으나, 피해자가 사망한 이후 비로소 친족에게 인정되는 권리라는 점에서 고유권으로 봄이 옳다.

한편 **사자명예훼손죄**에 대해서는 피해자의 친족 또는 자손은 고소할 수 있다(법 제227조). 형법은 사자명예훼손죄를 친고죄로 규정하고 있고 범행시 피해자는 이미 사망한 상태이므로 이 경우 피해자 친족의 고소권도 고유권에 해당한다.

---

37) 대법원 2022. 5. 26. 선고 2021도2488 판결.
38) 신현주 212; 이/조/이 128.
39) 김재환 78; 이/김 185; 이창현 241; 임동규 145; 정/최/김 136.
40) 대법원 1999. 12. 24. 선고 99도3784 판결.
41) 대법원 1967. 8. 29. 선고 67도878 판결.

(나) 법정대리인 또는 법정대리인의 친족이 피의자인 때

피해자의 법정대리인이 피의자이거나 법정대리인의 친족이 피의자인 때에는 피해자의 친족은 독립하여 고소할 수 있다(법 제226조).[42] 이는 피해자에게 고소능력이 없고 이해관계로 인하여 법정대리인에게 고소권자의 지위를 인정할 수 없는 경우에 피해자의 보호를 두텁게 하기 위한 규정이다. 따라서 이 경우 피해자 친족의 고소권은 고유권으로 봄이 옳다.

(4) 검사의 지정에 의한 고소권자

친고죄에 대하여 고소할 자가 없는 경우에 이해관계인의 신청이 있으면 검사는 10일 이내에 고소할 수 있는 자를 지정하여야 한다(법 제228조). 친고죄에서 고소는 소추요건인데 고소권자의 부재로 인해 공소를 제기할 수 없는 경우가 있어서는 안 되므로 이에 대비하기 위해 둔 규정이다. 따라서 신청권을 가진 이해관계인은 널리 인정하는 것이 바람직하다.

피해자의 보호를 두텁게 하고자하는 조문의 취지를 고려할 때, 수사기관이 스스로 고소할 자가 없다는 사실을 인식하였으나 고소권자 지정의 신청이 없는 경우에 검사는 직권으로 고소권자를 지정하여야 한다. 인권의 옹호자로서의 검사도 널리 이해관계자에 포함된다고 해석하지 못할 바 없기 때문이다. 예를 들어 친족이 없는 고소무능력자의 법정대리인이 그 고소무능력자에게 범행을 저질렀고 수사기관이 이를 인지하여 고소 없이 수사가 진행된 경우, 공소제기에 앞서 이해관계자의 신청이 없다면 검사는 직권으로 고소권자를 지정한 후 고소를 접수받아 공소를 제기하여야 할 것이다.

3. 의사표시의 내용, 상대방, 방식

(1) 범인의 처벌을 구하는 의사표시

고소는 범인의 처벌을 구하는 의사표시이다. 따라서 고소로 인정되기 위해서는 범죄 피해자가 일정한 범죄의 범인에 대하여 **처벌의사**를 명백하게 표시하여야 한다.

(가) 고소사실 특정의 정도

여기에서 일정한 범죄란 공소사실과 같이 범인, 범행일시, 장소 등이 명확히 특정된 것을 의미하는 것은 아니다. 고소사실의 특정은 일정한 범죄사실을 지정하여 범인의 처벌을 구하

42) 대법원 2010. 4. 29. 선고 2009도12446 판결.

는 의사표시가 있었다고 볼 수 있을 정도면 충분하고, 범인의 성명이 불상 또는 오기가 있었다거나 범행의 일시·장소·방법 등이 명확하지 않거나 틀리는 것이 있다고 하더라도 고소의 효력에는 아무런 영향이 없다.[43] 고소사실의 특정이 다소 부족한 경우 그 구체적인 특정은 수사기관의 수사에 의해 이루어져야 하기 때문이다. 실무상 피의자의 특정이 없다는 이유로 수사기관이 진정서로 사건을 접수하여 내사를 진행하는 경우가 있는데, 이는 명백히 잘못된 관행이다.

(나) 처벌의사 표시의 정도

처벌의 의사표시는 명백하여야 한다. 처벌의사가 명백하지 아니한 경우에는 범죄신고, 진정, 민원, 탄원 등에 그치는 것으로 고소로 볼 수 없고,[44] 이에 대해 수사기관은 수사가 아닌 내사를 진행하게 된다.

물론 진정서의 접수 등 고소 외의 형식으로 접수가 이루어졌다 하더라도 고소권자의 범인에 대한 처벌의사가 포함되어 있다면 그 실질에 따라 고소로 인정된다. 고소에 해당하는지 여부는 형식적으로 고소권자가 제출한 서류 또는 접수의 방식에 의해 정해지는 것이 아니라 특정 범죄의 범인에 대한 처벌의사의 표시라는 실질적 내용에 따라 결정되기 때문이다.

(2) 수사기관에 대한 의사표시

고소는 수사기관에게 하여야 한다. 따라서 피해자가 수사기관이 아닌 자에게 범인의 처벌을 구하는 의사표시를 하였다면 고소에 해당하지 아니한다. 예컨대 소송 중 피해자가 법원에 피고인의 엄벌을 원한다는 취지의 진술서를 제출하거나, 증인으로 출석하여 그러한 취지의 진술을 한 것만으로는 고소에 해당하지 않는 것이다.[45]

(3) 고소의 방식

고소는 고소인 또는 그 대리인이 서면 또는 구술로써 검사 또는 사법경찰관에게 하여야 한다.

(가) 고소의 대리

고소는 대리인으로 하여금 하게 할 수 있다(법 제236조). 대리의 방식에는 제한이 없지만

43) 대법원 1984. 10. 23. 선고 84도1704 판결.
44) 대법원 2012. 2. 23. 선고 2010도9524 판결.
45) 대법원 1984. 6. 26. 선고 84도709 판결.

적법한 고소권자로부터 대리가 이루어졌음을 실질적으로 증명할 수 있어야 한다. 실무상 고소권자의 인감 등을 첨부한 고소대리인 지정서 등이 고소장과 함께 접수되면 수사기관은 고소권자에게 대리 여부를 직접 확인한다.

(나) 서면의 형식

고소의 방식으로서 서면의 형식에는 아무런 제한이 없다. 서면에 고소권자, 고소사실 및 범인에 대한 처벌의사가 기재된 이상 그 명칭 여하 또는 작성 방식을 불문하고 고소로 인정된다. 실무상 수사기관은 고소인과 피고소인의 인적사항, 고소사실, 증거방법 등의 기재란으로 이루어진 고소장 양식을 제공하고 있다.

(다) 구술에 의한 고소시 수사기관의 조치

검사 또는 사법경찰관이 구술에 의한 고소 또는 고발을 받은 때에는 조서를 작성하여야 한다(법 제237조). 이때의 조서는 독립된 것(고소장)일 필요는 없지만 적법한 절차와 방식에 따른 것이어야 한다. 예를 들어 고소권자가 참고인으로서 수사기관에 진술하면서 범인의 처벌을 요구하는 의사를 표시하고, 그 내용이 적법한 절차와 방식에 따라 작성된 진술조서에 기재되면 고소에 해당한다.[46]

4. 고소권의 포기와 고소의 취소

(1) 고소권의 포기

고소권의 포기란 고소권자가 장차 고소를 하지 않을 의사를 표시하는 것을 말한다. 그 인정 여부에 대해서는 견해의 대립이 있으나, 고소는 공권이므로 명문의 규정이 없는 이상 사인인 고소권자에게 그 포기를 인정할 수는 없다. 대법원도 피해자의 고소권은 공권이므로 자의적으로 처분할 수 없다는 입장이다.[47] 즉 고소권자는 고소를 하지 아니하거나 고소 후 이를 취소할 수는 있을 뿐 고소 전에 고소권을 포기할 수는 없고, 고소를 하지 않겠다는 의사를 표시했다 하더라도 이후 고소를 하는데 어떠한 지장도 없다.

46) 대법원 2009. 7. 9. 선고 2009도3860 판결.
47) 대법원 1967. 5. 23. 선고 67도471 판결.

(2) 고소의 취소와 재고소의 금지

(가) 고소의 취소

1) 의의

고소취소란 고소권자가 고소의 효력을 소급하여 소멸하게 하는 의사표시를 말한다. 고소인은 제1심 판결선고 전까지 고소를 취소할 수 있다(법 제232조 제1항). 고소취소의 의사는 명확하여야 하고, 고소취소의 의사표시는 공소제기 전이라면 수사기관에게, 공소제기 후라면 법원에게 도달되어야 한다. 따라서 민·형사상 일체 이의하지 않는다는 내용이 기재된 합의서만 작성된 경우, 서로 상대방에게 제기한 형사고소사건을 모두 취하한다는 내용의 민사조정이 성립된 경우[48] 등은 고소취소라 할 수 없다.

2) 고소취소의 취소

대법원은 합의서를 제1심 법원에 제출하여 고소취소의 의사표시를 하였으나, 이후 고소인이 법정에서 고소취소의 의사가 없다고 진술 또는 증언한 경우[49]에도 고소취소의 효력이 없다고 판시하고 있다. 그 이유는 분명치 않으나, 합의서의 제출로 고소취소의 효력이 일단 발생하기는 하나 고소인이 그 후 법정에 나와서 고소취소의 의사가 없다고 증언하면 일단 발생한 고소취소의 효력이 상실된다는 의미, 또는 합의서가 수소법원에 제출되면 수소법원은 공판기일에 고소인을 소환하여 고소취소 여부를 확인하는 것이 통례이므로, 법원의 확인시 즉 고소인의 진술·증언 시에 고소취소의 효력이 확정적으로 발생한다는 논리구성을 한 것으로 짐작된다.

그러나 이러한 논리구성은, 합의서의 제출로 고소취소의 효력을 인정하는 다른 대법원판례와 모순될 수 있다는 점, 결과적으로 고소취소한 사건에 대해서 또다시 고소를 인정하는 것과 동일하여 재고소금지(법 제232조 제2항)의 취지에 반한다는 점, 가해자로부터 피해배상, 위자료 등을 받은 후 합의서를 자의로 작성해 준 고소인이 그 합의서가 수소법원에 제출된 후에 법정에 나가서 고소취소의 의사가 없다고 진술하였다고 하여 고소취소의 효력이 부인된다고 한다면 고소취소제도가 오히려 악의의 고소인에게 악용될 소지가 있다는 점 등을 고려해 볼 때, 위 판례는 재고될 필요가 있다고 생각된다.

48) 대법원 2004. 3. 25. 선고 2003도8136 판결.
49) 대법원 1981. 10. 6. 선고 81도1968 판결.

(나) 재고소의 금지

고소를 취소한 자는 다시 고소할 수 없다(법 제232조 제2항). 이는 고소권의 남용을 막기 위한 규정으로서 친고죄에 있어 큰 의미가 있다. 비친고죄의 경우에는 고소 또는 그 취소가 소추요건이 아니므로 재고소가 금지된다 하더라도 수사기관은 스스로 인지하여 수사를 진행할 수 있고, 공소제기 이후에도 재고소 되었다는 사실은 어떠한 법적 효과도 발생시키지 아니하기 때문이다.

5. 친고죄의 고소 관련 문제와 반의사불벌죄 및 전속고발사건

(1) 의의

친고죄에서 고소는 수사의 단서가 될 뿐만 아니라 수사의 조건 및 소추요건에도 해당한다. 비친고죄의 고소는 수사의 단서에 불과하므로 고소가 없다 하더라도 수사기관은 수사를 개시할 수 있고, 고소의 취소가 있다 하더라도 수사기관은 수사를 계속 진행할 수 있으며, 검사의 공소제기 및 법원의 재판에도 영향을 미치지 아니한다. 하지만 친고죄의 고소는 소추요건이므로 그 가능성이 전혀 없다면 수사기관은 수사를 개시하여서는 아니 되고, 수사절차에서 고소취소가 있으면 수사기관은 즉시 수사를 종결하고 검사는 불기소처분을 하여야 하며, 공판절차에서 고소취소가 있으면 법원은 **공소기각판결**(법 제327조 제5호)을 하여야 한다.

이처럼 친고죄에서 고소는 형사절차의 안정성에 큰 영향을 미치는바, 형사소송법은 사인의 의사로 인해 형사절차가 장기간에 걸쳐 불안정한 상태에 놓이는 것을 방지하기 위하여 친고죄의 고소에 대해 다양한 제한을 두고 있다. 같은 취지에서 전속고발사건의 고발과 반의사불벌죄의 처벌불원 의사표시에 대한 제한 여부도 문제되므로 해당 사안에 대해서는 여기에서 함께 설명한다.

(2) 고소기간

친고죄의 고소기간은 특별한 규정이 없는 한 6개월로 제한되고 그 기산점은 범인을 알게 된 날이다. 다만 고소할 수 없는 불가항력의 사유가 있는 때에는 그 사유가 없어진 날로부터 기산한다(법 제230조).

(가) 범인을 알게 된 날

1) 의미

범인을 알게 된다는 것은 통상인의 입장에서 보아 고소권자가 고소를 할 수 있을 정도로 범죄사실과 범인을 아는 것을 의미하고, 범죄사실을 안다는 것은 고소권자가 친고죄에 해당하는 범죄의 피해가 있었다는 사실관계에 관하여 확정적인 인식이 있음을 말한다.[50)]

범죄피해 사실에 대한 인식은 절대적 친고죄에서는 범인의 특정을 포함하지 아니하지만, 범인과 피해자의 인적관계로 인한 상대적 친고죄의 경우에는 그러한 인적 관계에 있는 사람이 범인이라는 특정을 포함한다. 그러한 인식이 없는 이상 고소권자가 친고죄인 범죄피해의 사실관계를 확정적으로 인식했다 할 수 없기 때문이다.

2) 고소권자 사이에 범인을 알게 된 날이 다를 경우

전술하였듯 법정대리인의 고소권은 고유권으로 보는 것이 옳다. 따라서 고소권자인 범죄피해자와 법정대리인이 범인을 알게 된 날이 서로 다른 경우, 고소기간은 각자가 범인을 알게 된 날로부터 기산하고 따라서 피해자의 고소기간이 도과되었다 하더라도 법정대리인은 자신의 고소기간이 도과하지 아니한 이상 고소할 수 있다.

(나) 불가항력의 사유

형사소송법 제230조 단서가 규정하고 있는 피해자가 고소를 할 수 없는 '불가항력의 사유'로는 피해자에게 고소능력이 없는 경우, 물리적으로 고소할 수 없는 사정이 있는 경우, 고소가 사실상 불가능하다고 인정되는 객관적인 사유가 있는 경우 등을 들 수 있다.

1) 고소능력이 없는 경우

고소능력은 피해사실을 이해하고 고소에 따른 사회생활상의 이해관계를 알아차릴 수 있는 사실상의 의사능력을 의미한다. 예를 들어 피해자가 정신장애인 또는 유년기 아동으로서 피해사실이 범죄임을 이해하지 못하거나 고소제도 자체를 알지 못한다면 고소능력이 부정된다. 이후 피해자가 피해사실이 범죄에 해당함을 알게 되고 고소의 의미와 취지를 이해하게 되면 그 때에 비로소 고소능력이 인정되게 되고, 그 시점이 고소의 기산점이 된다.[51)]

2) 물리적으로 고소할 수 없는 사정

물리적으로 고소할 수 없는 사정의 예로는 피해자가 감금상태에 있어 고소할 수 없는 경

50) 대법원 2018. 7. 11. 선고 2018도1818 판결.
51) 대법원 2007. 10. 11. 선고 2007도4962 판결.

우를 들 수 있다. 이러한 때에는 피해자가 그 상태에서 해방되어 물리적으로 고소할 수 있는 시점이 고소의 기산점이 된다.

3) 고소가 사실상 불가능하다고 인정되는 객관적인 사유

고소가 사실상 불가능하다고 인정되는 객관적인 사유는 물리적으로 고소할 수 없는 사정에 버금갈 정도에 이르러야 한다. 예를 들어 피해자가 종교, 사상 등으로 인해 범인에 대해 절대적 복종관계에 있는 것과 같이 심리적 지배가 물리적으로 고소할 수 없는 사정과 다를 바 없는 경우에는 고소가 사실상 불가능하다 할 수 있다. 하지만 직장·가족·기타 친분관계, 고소에 대한 보복의 두려움 등 단지 고소가 곤란하였다는 사정만으로는 고소가 사실상 불가능하다고 인정되는 객관적인 사유라 할 수 없다.[52]

(3) 피고소인의 제한

범죄 피해자는 자기 또는 배우자의 직계존속을 고소하지 못한다(법 제224조). 하지만 피해자가 무능력자이고 법정대리인이 직계존속인 경우, 피해자의 친족은 독립하여 피해자의 직계존속을 고소할 수 있다(법 제226조). 또한 '성폭력범죄의 처벌 등에 관한 특례법'상 성폭력범죄와 '가정폭력범죄의 처벌 등에 관한 특례법'상 가정폭력범죄의 피해자는 양 법률의 특별규정에 의해 자기 또는 배우자의 직계존속을 고소할 수 있다(성폭력처벌법 제18조, 가정폭력처벌법 제6조 제2항).

피고소인의 제한은 비친고죄에 대해서도 적용되지만, 비친고죄의 경우 피해자가 고소를 할 수 없다 하더라도 수사기관이 사건을 직접 인지한 이상 수사를 진행하는데 지장이 없고, 검사의 공소제기에도 영향을 미치지 아니하므로 피고소인의 제한은 크게 문제되지 아니한다. 하지만 친고죄에서 고소는 소추요건이므로 피고소인이 제한됨에 따라 고소할 수 없는 경우에는 수사기관은 수사를 개시·진행하여서는 아니 되고 검사는 공소를 제기할 수 없다.

(4) 고소권의 포기와 고소의 취소

(가) 고소권의 포기

친고죄에서 고소권의 포기는 소추요건의 흠결을 의미한다. 전술한 바와 같이 고소권의 포기는 인정되지 아니하고, 친고죄의 고소기간은 6개월로 제한되며 고소인은 고소취소권을 갖고 있으므로 고소의 포기를 인정할 실익도 별로 없다.

---

52) 대법원 1985. 9. 10. 선고 85도1273 판결.

(나) 고소의 취소

1) 시점

① 친고죄와 비친고죄에서의 의미

고소인은 **제1심 판결선고 전까지** 고소를 취소할 수 있다(법 제232조 제1항). 비친고죄에 있어서 고소는 수사의 단서에 불과하여 고소취소 시점의 제한은 큰 의미가 없다. 고소취소가 있었다는 사실은 그 시점이 언제이든 유죄 판결을 하는 경우에 있어 양형자료에 불과하기 때문이다.

하지만 친고죄의 고소는 소추요건으로서 제1심 판결선고 이후에는 고소를 취소할 수 없다는 것에 큰 의미가 있다. 제1심 판결선고 전에 고소인이 고소를 취소한 경우 그 시점이 수사절차라면 수사기관은 수사를 종결하고 검사는 불기소처분을 하여야 하며, 공판절차라면 법원은 공소기각판결을 하여야 한다(법 제327조 제5호). 그 시점이 제1심 판결선고 이후라면 고소취소의 의사표시가 있다 하더라도 그 법적 효력이 인정되지 아니하므로 친고죄의 소추요건으로서는 어떠한 하자도 발생하지 아니한다. 따라서 이 경우에 법원은 다른 형식재판의 사유가 없는 이상 실체재판을 하게 된다.

② 반의사불벌죄의 경우

반의사불벌죄의 경우에도 처벌불원의사의 표시는 **제1심 판결선고 전**에 이루어지는 경우에만 그 법적 효력을 발생시킨다(법 제232조 제3항). 따라서 제1심 판결선고 전에 피해자가 처벌불원의사를 표시한 경우 수사절차라면 검사는 불기소처분을 하여야 하고 공판절차라면 법원은 공소기각판결을 하여야 한다(법 제327조 제6호). 하지만 제1심 판결선고 이후에 그 의사가 표시된 경우에는 반의사불벌죄의 소추요건으로서는 어떠한 하자도 발생하지 아니한다.

한편, 의사능력이 있으면 소송능력이 있다는 형사소송절차에 있어서의 소송능력에 관한 일반원칙에 따라, 반의사불벌죄에 있어서 의사능력이 있는 피해자는 단독으로 처벌불원 의사표시 또는 처벌희망 의사표시의 철회를 할 수 있고, 그에 대한 법정대리인의 동의가 있어야 한다거나 법정대리인에 의해 대리되어야만 하는 것은 아니다.[53]

2) 제1심 법원의 의미

① 견해의 대립과 대법원의 태도

제1심 법원의 의미에 대하여, 친고죄인 공소사실을 실제로 심리한 첫 번째 법원을 의미한

53) 대법원 2009. 11. 19. 선고 2009도6058 전원합의체 판결.

다는 **실질설**과 형식적으로 제1심에 해당하는 법원을 의미한다는 **형식설**의 대립이 있다. 예를 들어 비친고죄의 공소사실로 기소되었으나 제2심 심리 중 공소장변경절차 또는 직권으로 공소사실이 친고죄로 변경된 경우, 실질설을 따르면 항소심이라 하더라도 고소의 취소에 있어서는 실질적으로는 제1심에 해당하므로 항소심에서의 고소취소도 유효하다고 하게 된다. 이에 비하여 형식설에 따르면 항소심은 어디까지나 제2심이므로 이러한 경우에는 고소취소는 유효하지 않다고 하게 된다.

절차법에서 문언의 내용은 엄격히 해석해야 하고 친고죄에서 고소취소의 기간을 제1심 판결 선고 전까지로 제한한 것은 국가형벌권의 행사가 전적으로 고소인에 의해 좌우되는 것을 방지하기 위함이므로 형식설이 타당하다. 대법원도 위의 사안에서 형식설을 취하였고[54] 같은 취지에서 항소심에서 파기환송된 경우의 환송 후 제1심[55]에서의 고소취소는 유효하다 하였다.

② 반의사불벌죄의 경우

대법원은 반의사불벌죄에서 처벌의사표시의 철회에 대해서도 같은 태도를 취하고 있다. 대법원은 반의사불벌죄에 있어 제1심법원에 재심을 청구하여 재심개시결정이 내려진 경우에는 재심의 제1심 판결 선고 전까지 처벌을 희망하는 의사표시를 철회할 수 있으나, 상소권회복청구를 하여 항소심 재판을 받게 된 경우에는 항소심 절차에서 처벌을 희망하는 의사표시를 철회할 수는 없다 하였다.[56]

3) 공소장변경과 공소제기 흠결의 치유

피해자의 고소가 없거나 고소가 취소되었음에도 친고죄로 기소되었다가 공판절차에서 비친고죄로 공소장변경이 허용된 경우, 그 공소제기의 흠은 치유된다. 이러한 경우에 법원은 변경된 공소사실에 대하여 심리·판단하여야 한다. 이는 반의사불벌죄에서 있어서도 마찬가지이다.[57]

4) 재고소의 금지

① 친고죄와 비친고죄에서의 의미

고소인은 제1심 판결 선고 전까지 고소를 취소할 수 있다(법 제232조 제1항). 비친고죄에

54) 대법원 1999. 4. 15. 선고 96도1922 전원합의체 판결.
55) 대법원 2011. 8. 25. 선고 2009도9112 판결. "상소심에서 제1심의 판결을 파기하고 사건을 제1심 법원에 환송함에 따라 다시 제1심 절차가 진행된 경우 종전의 제1심 판결은 이미 파기되어 효력을 상실하게 되므로, 환송 후의 제1심 판결 선고 전에는 고소취소의 제한사유가 되는 제1심 판결 선고가 없는 경우에 해당한다."
56) 대법원 2022. 11. 30. 선고 2022도11786 판결.
57) 대법원 2011. 5. 13. 선고 2011도2233 판결.

있어서 고소는 수사의 단서에 불과하여 재고소의 금지는 큰 의미가 없다. 하지만 친고죄에 있어서 고소는 소추요건이므로 재고소의 금지에 따라 재고소는 소추요건의 흠결을 가져온다. 따라서 수사절차에서 친고죄의 재고소가 발견된 경우 수사기관은 수사를 종결하여야 하고, 공판절차에서 그 사실이 발견된 경우 법원은 공소기각판결을 하여야 한다(법 제327조 제5호).

② 전속고발사건의 경우

전속고발사건에서의 고발권을 가진 공무원이 고발 후 이를 취소하였다고 하더라도, 재고발은 금지되지 아니한다고 함이 옳다. 형사소송법은 이를 금지하지 아니하고 있고, 공무원의 전속적 고발권의 행사는 공익을 위한 것으로서 고발과 그 취소에 있어 전문적 판단을 전제로 하기 때문이다. 대법원도 같은 입장이다.[58]

(5) 고소불가분의 원칙

(가) 의의

고소불가분의 원칙이란 고소나 고소취소의 효력은 나눌 수 없다는 원칙을 말한다. 비친고죄에서 고소는 수사의 단서에 불과하고 공판절차에서는 양형요소에 해당할 뿐이므로 범인 또는 범죄사실 별로 이루어지더라도 문제가 없다. 하지만 친고죄에서 고소는 소추요건으로 개별적인 고소의 허용은 국가 형벌권의 심각한 저해를 가져올 수 있다. 이에 형사소송법은 친고죄의 공범 중 그 1인 또는 수인에 대한 고소 또는 그 취소는 다른 공범자에 대하여도 효력이 있다고 규정하여 주관적 고소불가분의 원칙을 명시하고 있다(법 제233조). 형사소송법이 주관적 고소불가분의 원칙을 명시한 이상 객관적 고소불가분의 원칙은 해석상 당연히 인정된다.

(나) 객관적 고소불가분의 원칙

객관적 고소불가분의 원칙이란 하나의 범죄사실 중 일부에 대한 고소나 취소는 그 범죄사실 전부에 미친다는 원칙을 말한다. 따라서 '하나의 범죄사실'로 인정되는 범위가 문제된다.

1) 단순일죄

단순일죄의 경우 객관적 고소불가분의 원칙은 예외 없이 적용된다. 따라서 구성요건의 일부가 친고죄인 경우 친고죄 부분만 따로 떼어 고소하거나 취소하여도 그 효력은 범죄사실 전체에 미치게 된다. 예를 들어 공갈죄의 수단으로서 한 협박은 공갈죄에 흡수될 뿐 별도로 협박죄를 구성하지 아니하므로, 고소인이 협박죄로 고소하였다 하더라도 그 고소 및 고소취소의 효

58) 대법원 2009. 10. 29. 선고 2009도6614 판결.

력은 공갈죄 전체에 미치게 되는 것이다.[59)]

2) 과형상 일죄

① 과형상 일죄관계의 범죄가 모두 친고죄이고 피해자가 한 사람이 경우

과형상 일죄관계의 범죄가 모두 친고죄이고 피해자가 한 사람인 경우에는 과형상 일죄에 대해서도 객관적 고소불가분의 원칙이 적용된다. 예를 들어 피고인이 한 사람의 피해자에 대해 모욕적 언사를 하였는데 그 내용이 또한 피해자의 비밀을 침해하는 것이라면 피고인에게는 모욕죄와 비밀침해죄가 성립하고 양자는 과형상 일죄의 관계에 서게 된다. 이 경우에는 두 범죄는 하나의 범죄사실에 해당하고 피해자는 한 사람이므로 피해자가 그 중 일부에 대해서만 고소나 고소취소를 하여도 그 효력은 전부에 미치게 된다.

② 과형상 일죄관계의 범죄가 모두 친고죄이고 피해자가 여러 사람이 경우

과형상 일죄관계의 범죄가 모두 친고죄이고 피해자가 여러 사람인 경우에는 그 중 한 명의 고소 또는 그 취소의 효력은 다른 피해자에 대한 범죄에 효력을 미치지 아니한다. 이러한 경우에는 피해자 간에 고소 또는 취소에 대한 우열이 있다고 할 수 없을 뿐만 아니라, 모든 피해자의 동의 외에는 그 어떤 기준으로 그러한 우열을 정한다 한들 고소 또는 취소를 특정 피해자의 의사에 따르도록 하는 것은 형사소송법이 친고죄를 두어 피해자에게 고소권을 부여한 취지를 몰각시키기 때문이다. 예를 들어 피고인이 세 명의 피해자를 모욕하는 내용의 글을 작성하여 인터넷에 게시하였다면 피고인에게는 세 명의 피해자 각각에 대해 과형상 일죄 관계에 있는 모욕죄가 성립하게 된다. 이 경우에는 객관적 불가분원칙의 적용이 없으므로 일부의 피해자가 한 고소나 취소는 자신이 피해자인 범죄사실 부분에 대하여 효력이 미칠 뿐 다른 피해자의 범죄사실 부분에는 영향을 미치지 아니하는 것이다.

③ 과형상 일죄관계의 범죄 중 친고죄가 아닌 것이 포함된 경우

과형상 일죄에서 객관적 고소불가분의 원칙은 친고죄로서 과형상 일죄 관계에 있는 범죄에 대해서만 적용됨에 유의하여야 한다. 과형상 일죄관계에 있다 하더라도 비친고죄에 대한 고소나 그 취소의 효력은 친고죄에 영향을 미치지 아니하고, 친고죄의 고소나 그 취소의 효력은 비친고죄에 영향을 미치지 아니한다. 예를 들어 동일한 피해자에 대한 범죄로서 과형상 일죄관계에 있는 업무방해죄와 모욕죄에 대하여, 피해자가 이를 모두 고소한 후 비친고죄인 업무방해죄만 고소를 취소한다 하더라도 친고죄인 모욕죄에 대한 고소는 여전히 효력이 있는 것이다.

59) 대법원 1996. 9. 24. 선고 96도2151 판결.

(다) 주관적 고소불가분의 원칙

1) 의의

친고죄의 공범 중 그 1인 또는 수인에 대한 고소 또는 그 취소는 다른 공범자에 대하여도 효력이 있다(법 제233조). 이는 형사절차의 불안정화를 최소화하고 고소권자에 의한 선택적 형사처벌이라는 국가 형벌권의 자의적(恣意的) 적용을 방지하기 위한 규정으로, 이때 공범에는 임의적 공범은 물론 필요적 공범도 포함되고, 그 존재 여부는 법원의 심리대상으로 고소사실에 기속되지 아니 한다. 즉 공범 여부는 고소인의 고소사실을 기준으로 하여 판단하는 것이 아니라 현재 공범 여부가 문제되는 사건을 심판하는 법원이 판단하게 되는바, 심리 결과 공범관계임이 밝혀진 경우에만 주관적 불가분의 원칙이 적용되게 된다.

2) 절대적 친고죄와 상대적 친고죄

형사소송법 제233조의 문언에 따라 절대적 친고죄에 대해 주관적 고소불가분의 원칙은 예외없이 적용된다. 예를 들어 절대적 친고죄의 경우 고소권자가 친고죄의 공범 A, B 중 A만을 고소한 경우 고소의 효력은 B에게도 미치고, A와 B를 모두 고소했다가 A에 대하여만 고소를 취소하더라도 고소취소의 효력은 B에게도 미친다.[60] 대법원은 친고죄로서 양벌규정에 의해 법인이 처벌대상이 되는 경우에도 행위자인 자연인에 대한 고소만 있으면 법인에 대하여 별도의 고소를 요하지 아니한다는 입장이다.[61]

하지만 상대적 친고죄의 경우에는 고소는 일정한 신분관계 있는 자에 대해서만 소추요건이 되므로 주관적 고소불가분의 원칙 또한 친고죄의 적용이 있는 신분자 사이에서만 적용된다. 예를 들어 친족상도례에 의한 상대적 친고죄에서 둘 이상의 공범이 모두 신분자인 경우 하나의 신분자에 대한 고소는 다른 신분자에게도 그 효력이 미치지만, 공범이 신분자와 비신분자인 경우 비신분자에 대한 고소의 효력은 신분자인 친족에게는 미치지 아니한다.

3) 공범에 대한 제1심 판결선고 후 다른 공범에 대한 고소취소의 효력

친고죄의 공범 중 그 일부에 대하여 제1심 판결이 선고된 경우, 아직 제1심 판결이 선고되지 아니한 다른 공범자에 대하여 고소취소를 할 수 있는가 그리고 그 고소취소는 유효한가가 문제되는바, 이에 대하여는 긍정설과 부정설의 견해 대립이 있다. 예를 들어 친고죄의 공범 A, B 중 A에 대해서만 제1심에서 유죄의 판결이 선고되어 확정되었는데 그 후 B에 대해 고소

60) 대법원 1985. 11. 12. 선고 85도1940 판결.
61) 대법원 1996. 3. 12. 선고 94도2423 판결.

권자가 고소를 취소한 경우, 고소권자의 의사를 존중해야 한다는 이유로 이를 인정하는 **긍정설**에 따르면 고소취소의 효력이 인정되므로 법원은 B에 대하여 공소기각판결을 하여야 하고, 형평성의 견지에서 이를 부정하는 **부정설**에 따르면 고소취소의 효력이 부정되므로 다른 형식재판의 사유가 없는 이상 법원은 B에 대하여 실체재판을 하여야 한다.

부정설이 타당하다. 위의 경우 A에게 제1심 판결이 선고된 후 B에 대한 고소취소를 인정하게 되면 이미 확정판결을 받은 A에 대해서는 고소취소의 효력이 미칠 수 없게 되므로 주관적 고소불가분의 원칙에 어긋나게 되고, A와 B는 공범임에도 확정판결의 시점이라는 우연한 사정에 따라 서로 다른 재판을 받게 되므로 형평성에도 부합하지 아니하기 때문이다. 친고죄의 취지는 국가형벌권의 발생까지는 피해자의 의사를 존중한다는 것이지만 형벌의 선택권까지 부여하는 것은 아니다.

이러한 법리는 필요적 공범이든 임의적 공범이든 구별 없이 모두 적용된다.[62] 다만 상대적 친고죄의 신분자와 비신분자 간에는 고소불가분의 원칙이 적용되지 않으므로 비신분자에 대한 제1심 판결 선고 후라도 공범인 신분자에 대한 고소취소는 유효하다.

4) 반의사불벌죄와 전속고발범죄에 있어서의 불가분원칙의 인정 여부

친고죄, 반의사불벌죄 및 전속고발범죄는 고소권자 또는 고발권자의 범인에 대한 처벌의사가 소추요건이라는 공통점이 있다. 하지만 반의사불벌죄 및 전속고발범죄에 대해서는 불가분원칙에 대한 규정이 존재하지 아니한다. 이에 양자에 대해서도 불가분원칙이 인정되는지 여부가 문제된다.

① 객관적 불가분의 원칙

객관적 불가분원칙은 양자에게도 적용된다. 예를 들어 전속고발범죄인 범칙사건에 대한 고발의 효과는 과형상 일죄로 인정되는 범위, 즉 기본적사실관계가 동일한 범칙사실 전부에 미친다.[63]

② 주관적 불가분의 원칙

반의사불벌죄와 전속고발범죄에 대한 주관적 불가분원칙의 인정 여부에 대한 논의는 처벌의사표시라는 사실상 동일한 행위에 대하여 동일한 법적 효과를 인정할 것인가를 중심으로 이루어진다. **긍정설**은 양 범죄는 친고죄와 마찬가지로 처벌의사를 소추요건으로 삼고 있는바, 반의사불벌죄의 고소나 전속고발범죄의 고발은 피고인에 대한 형사처벌의 의사표시이고 처벌불원의사표시 또는 고발취소는 피고인에 대한 형사처벌불원의 의사표시로서 친고죄에서의 고소 및

62) 대법원 1985. 11. 12. 선고 85도1940 판결.
63) 대법원 2009. 7. 23. 선고 2009도3282 판결.

그 취소와 동일하므로 친고죄에서의 고소불가분원칙은 반의사불벌죄나 전속고발범죄에도 적용된다고 한다. 긍정설은 이를 통하여 반의사불벌죄와 전속고발범죄의 공범 사이에도 공평한 형사처벌을 도모할 수 있다고 한다.

그러나 명시적 규정이 없는 이상 형사소송법이 부여한 범죄 피해자의 선택권을 제한함으로써 피고인의 형사처벌을 확대할 수는 없다. 형사소송법은 반의사불벌죄에 대하여 고소취소의 시한과 재고소금지에 관한 제232조 제1항 및 제2항의 규정을 준용하도록 규정하면서도 고소의 불가분에 관한 제233조를 준용하는 규정을 두고 있지 않고, 전속고발범죄에 대해서도 고발불가분의 원칙을 두고 있지 아니하다. 친고죄와 달리 양자에 대해서 불가분원칙을 규정하지 아니한 입법자의 의도는, 반의사불벌죄의 경우는 사적분쟁해결의 촉진을 우선하겠다는 데에, 전속고발범죄의 경우는 차별적 형사처벌을 통한 국가적 차원의 공익 달성이라는 목적을 우선한 데에 있는 것으로 봐야 하고, 그를 위해서는 그 가분성이 당연히 전제된다고 봐야 한다. 결국 양자에 대하여 고소·고발의 주관적 불가분원칙의 원칙을 규정하지 아니한 것은 양자의 취지·성질을 고려하여 친고죄와는 달리 그 공범자 간에 불가분의 원칙을 적용하지 아니하고자 하는 입법자의 의도 내지 정책적 결단이라고 볼 것이지(부정설) 입법자가 실수로 빠뜨린 것으로(긍정설) 볼 것은 아니라고 하겠다. 대법원도 반의사불벌죄의 공범에 대한 고소 후 그 중 일부에 대한 처벌불원 의사표시는 다른 공범에게는 그 효력이 미치지 아니하고,[64] 전속고발사건의 공범 일부에 대한 고발은 다른 공범에게는 그 효력이 미치지 아니한다는 입장을 취한다.[65]

③ 전속고발사건으로 양벌규정이 적용되는 경우 주관적불가분 원칙의 적용

명문의 규정이 없음에도 불구하고 고발되지 아니한 자에게까지 고발의 효력이 미친다고 보는 것은 피고인에게 **불리한 유추해석**이라고 볼 수밖에 없고, 전문적 판단을 중시하여 해당 공무원에게 전속적 고발권을 인정한 취지에도 반한다고 할 것이므로 전속고발범죄의 양벌규정의 경우 주관적 불가분의 원칙은 적용되지 않는 것으로 보아야 한다. 따라서 고발의 구비 여부는 양벌규정에 의하여 처벌받는 자연인인 행위자와 법인에 대하여 **개별적으로** 논하여야 한다. 대법원도 같은 입장이다.[66]

(6) 고소의 추완

고소의 추완이란 고소가 없는 상태에서 친고죄에 대한 공소가 제기된 이후에 이를 보완하

64) 대법원 1994. 4. 26. 선고 93도1689 판결.
65) 대법원 2010. 9. 30. 선고 2008도4762 판결.
66) 대법원 2004. 9. 24. 선고 2004도4066 판결.

는 것을 말한다. 이를 통하여 무효인 공소제기가 유효로 될 수 있는가가 문제된다.

(가) 견해의 대립

고소 추완의 인정 여부에 대하여는, 소송은 일종의 유기체적 성격을 띠는바 형사소송의 발전적 성격에 비추어 당해 사건이 친고죄인지 여부가 심리진행에 따라 비로소 판명되는 경우가 있고, 이 경우 형식논리에 따라 공소기각판결을 하고 그 후 다시 친고죄로 공소제기를 하도록 하는 것은 소송경제와 절차유지원칙에 반하므로 고소 추완을 인정해야 한다는 **적극설**, 친고죄에서 고소는 공소제기의 적법·유효조건이므로 고소 없는 공소제기는 무효이고 공소제기는 절차의 형식적 확실성이 강하게 요청되는 소송행위이므로 고소의 추완을 인정해서는 안 된다는 **소극설**, 검사의 친고죄 인식시점을 공소제기 전후로 나누어 공소제기 전에 친고죄임을 인지했음에도 고소 없이 공소를 제기한 것은 비난받아 마땅하므로 고소의 추완을 부정해야 하지만 공소제기 후 친고죄임을 인지한 경우(심리 결과 친고죄로 변경되거나 친고죄가 추가된 경우)에는 검사의 공소제기에 비난할 점은 없으므로 고소의 추완을 인정하자는 **절충설**이 대립하고 있다.

(나) 검토

소추요건은 공소제기의 유효조건이다. 형사소송법이 친고죄에서 고소를 소추요건으로 삼은 것은 고소권자의 형사처벌의사를 존중하여 공소권을 제한하고 피고인을 형사절차로부터 조기에 해방시키기 위한 것인데, 고소의 추완을 인정하게 되면 이러한 친고죄의 본질이 훼손될 수밖에 없다. 공소제기의 적법조건을 구비하지 못한 경우 피고인을 그 소송에서 즉시 해방시키는 것은 소송경제보다 중요한 이익이므로 소송경제가 형사소송법이 친고죄를 둔 본질적 이유를 배제할 정도의 가치를 지녔다고 볼 수는 없다. 따라서 소극설이 타당하다.

소극설을 취함으로써 검사의 무분별한 공소제기를 규제하는 효과도 기대할 수 있을 것이다. 대법원도 강간치사죄로 기소되었다가 공소사실을 강간죄로 변경한 후에 이르러서 비로소 고소장을 제출한 경우에 그러한 공소제기는 그 절차가 법률의 규정에 위반하여 무효인 때에 해당한다 하여 소극설의 입장을 취하고 있다.[67] 또한 대법원은 전속고발범죄에 있어서 고발의 추완도 부정한다.[68]

---

67) 대법원 1982. 9. 14. 선고 82도1504 판결.
68) 대법원 1970. 7. 28. 선고 70도942 판결.

Ⅲ. 고발과 자수

1. 고발

(1) 의의

누구든지 범죄가 있다고 사료하는 때에는 고발할 수 있다(법 제234조 제1항). 범죄 피해자 등 고소권자의 범인에 대한 형사처벌 의사표시는 고소, 자신에 대한 형사처벌 의사표시는 자수이므로, 고발은 고소권자와 범인 외의 제3자가 수사기관에게 일정한 범죄사실에 대하여 범인의 형사처벌을 구하는 의사를 표시하는 것을 말한다.

(2) 주체

고발권자에는 제한이 없다. 고소와 달리 명문의 규정이 없으므로 대리는 인정되지 아니하고, 자기 또는 배우자의 직계존속에 대해서는 고발할 수 없다(법 제235조).

다만 공무원은 그 직무를 행함에 있어 범죄가 있다고 사료하는 때에는 고발하여야 한다(법 제234조 제2항). 공무원에게는 직무범위 내 고발의무가 주어져 있으므로 가벌성이 없다고 인정되는 등 고발하지 아니함이 상당하다고 인정되는 경우가 아닌 이상 공무원의 고발의무 위반은 직무유기죄를 구성한다.[69)]

(3) 절차

고발에 대한 수사기관의 조치(법 제238조), 의사표시의 상대방, 고발의 방식(법 제237조), 고발의 취소(법 제239조) 등 고발절차에 대한 내용은 고소와 동일하다. 이미 살펴본 것처럼 전속고발사건에 있어서는 고발 취소 후 재고발에 대한 제한이 없고, 불가분원칙도 적용되지 아니한다.[70)]

2. 자수

(1) 의의

자수란 범인이 일정한 범죄사실에 대하여 스스로 자신의 형사처벌을 구하는 의사를 수사

---

69) 서울고등법원 1970. 9. 3. 선고 69노558 제2형사부 판결.
70) 153, 156페이지 참조.

기관에 표시하는 것을 말한다. 의사표시의 상대방이 수사기관이라는 점에서 피해자에 대한 의사표시인 **자복**과 다르고, 범인 스스로 의사표시를 하여야 한다는 점에서 수사기관의 신문이나 법원의 심문에 따라 범행을 인정하는 **자백**과는 다르다.[71] 자수는 모든 범죄에 대한 임의적 형감면, 자복은 반의사불벌죄에 대한 임의적 형감면, 자백은 위증, 무고 등 일정한 범죄에 대한 필요적 형감면 등 그 법률효과가 상이하므로 구별에 유의하여야 한다.

(2) 시기

범인은 범행발각 여부와 상관없이 범행 후 **언제든지** 자수할 수 있다. 일단 자수가 성립한 이상 자수의 효력은 **확정적**으로 발생하므로, 그 후에 범인이 수사기관이나 법정에서 범행을 부인한다고 하여 그 효력이 소멸하는 것은 아니다.

하지만 범인이 자수에 앞서 수사과정에서 자신의 범행을 부인하였다면 자수는 성립하지 아니하고, 일단 자수가 성립하지 아니한 이상 그 이후의 수사과정이나 재판과정에서 범행을 시인하였다고 하더라도 새롭게 자수가 성립할 여지는 없다. 이러한 경우에는 자백에 불과한 것이다.[72]

(3) 절차

자수의 방식은 고소의 방식과 동일하고(법 제240조), 자수에 대한 수사기관의 조치 또한 고소의 처리절차와 동일하다.

Ⅳ. 현행범인 체포

현행범인 체포란 범죄를 실행하고 있거나 실행하고 난 직후의 사람 및 그에 준하는 사람에 대한 영장 없는 체포를 말한다(법 제211조, 제212조). 현행범인 체포의 주체에는 제한이 없으므로 수사기관은 물론 **사인도** 현행범인을 체포할 수 있다. 그런데 수사기관이 현행범인을 발견한 때 또는 사인이 체포한 현행범인을 수사기관에 인도하는 때에 수사기관은 범죄혐의를 인식하게 되므로 현행범인 체포는 **수사의 단서**에 해당한다. 다만 수사기관의 현행범인 체포는 강제수사에도 해당하므로 현행범인 체포의 요건, 절차 등 강제수사로서의 구체적인 내용에 대해서는 강제수사 부분에서 후술한다.[73]

---

71) 대법원 2011. 12. 22. 선고 2011도12041 판결.
72) 대법원 2011. 12. 22. 선고 2011도12041 판결.

Ⅴ. 변사자 검시

1. 의의

변사자 검시란 사망원인이 명확하지 아니한 사체인 변사체에 대해 수사기관이 범죄로 인한 사망 여부를 판단하기 위해 오감의 작용을 통하여 그 상태 및 상황을 확인하는 것을 말한다. 검사는 변사체를 발견하면 검시하여야 하고 사법경찰관은 검사의 명령에 따라서 검시하여야 한다(법 제222조 제1항, 제3항).

2. 영장주의 적용 여부 및 부검과의 관계

변사자 검시는 범죄혐의를 확인하는 과정으로 **수사의 단서**에 불과하므로 유족의 동의나 영장에 의함을 요하지 아니한다. 검시결과 범죄혐의가 인정되고 긴급을 요할 경우 수사기관은 영장 없이 검증할 수 있고, 이에 대하여는 사후영장의 발부를 요하지 아니한다(법 제222조 제2항). 한편 **부검**이란 전문가가 해부학 등 과학적 방법을 통하여 변사체의 사망원인을 명확히 밝히는 것을 말한다. 검시에 이은 긴급검증으로서의 처분에는 부검은 포함되지 아니하므로, 부검은 영장에 의함을 원칙으로 한다.

실무상 변사체의 발견시 사체와 현장상황을 보아 범죄혐의가 인정되는 경우, 수사기관은 과학수사에 의한 현장감식을 진행하는데 이에는 변사자 검시가 포함된다. 현장감식 후 수사기관은 국립과학수사연구원 등 전문가에게 변사체의 부검을 의뢰하고, 부검을 위한 압수·수색·검증영장을 신청·청구한다. 부검을 수행한 전문가는 사망원인 등을 수사기관에 회시하고 공소제기 이후 필요시 법정에 증인으로 출석하여 전문가 증언을 하게 된다.

Ⅵ. 위험방지 작용

1. 의의

위험방지 작용이란 공공의 안녕과 질서에 대한 위험을 예방하고 위험의 실현으로 인한 장해발생시 이를 제거하는 국가 또는 지방자치단체의 작용을 말한다. 수사기관 중 경찰공무원인 사법경찰관리는 경찰관직무집행법을 비롯한 다양한 법률의 근거에 의해 위험방지의 권한을 가

---

73) 198페이지 참조.

지는데, 위험의 구체적인 내용이 범죄혐의에도 해당하는 경우에는 위험에 대한 사법경찰관리의 인식은 수사의 단서에도 해당하고, 사법경찰관리가 위험방지 작용을 하는 중 범죄혐의를 인식하는 경우도 있다.

한편 법률의 명확한 근거가 있는 경우 위험방지 작용은 일정한 범위 내에서 신체의 자유, 주거의 자유, 재산권 등에 대한 제한을 포함할 수 있는바, 사실적 면에서 위험방지 작용으로서 신체의 자유에 대한 제한은 체포와, 주거의 자유에 대한 제한은 수색과, 재산권에 대한 제한은 압수와 상당히 유사한 모습을 띈다.

2. 불심검문

(1) 정지와 질문 및 흉기조사

경찰관은 수상한 행동이나 그 밖의 주위 사정을 합리적으로 판단하여 볼 때 어떠한 죄를 범하였거나 범하려 하고 있다고 의심할 만한 상당한 이유가 있는 사람을 정지시켜 질문할 수 있고, 질문을 할 때에 그 사람이 흉기를 가지고 있는지를 조사할 수 있다(경찰관 직무집행법 제3조 제1항 제1호, 제3항). 경찰관은 질문을 할 때 자신의 경찰공무원증을 제시하면서 소속과 성명을 밝히고 질문의 목적과 이유를 설명하여야 한다(동법 제3조 제4항, 동법 시행령 제5조). 피검문자는 형사소송에 관한 법률에 따르지 아니하고는 신체를 구속당하지 아니하며, 그 의사에 반하여 답변을 강요당하지 아니한다(동법 제3조 제7항).

경찰관직무집행법 제3조에 따라 사법경찰관리는 불심검문시에 현행범인 체포나 긴급체포의 범죄혐의에 미치지 아니하는 정도의 혐의가 인정되는 자가 수사에 협조하지 아니할 경우에는 정지, 질문, 흉기조사 등 일정한 한도 내에서 최소한의 수사진행을 할 수 있다. 피검문자가 도주하는 경우에는 사법경찰관리는 피검문자를 불심검문의 원인이 된 범죄의 준현행인으로 보아 체포할 수 있는 경우가 있고, 불심검문 도중 경찰관에게 폭행이나 협박을 하면 공무집행방해죄의 현행범인으로 체포할 수 있다. 이때 수사의 적법성 평가의 출발점은 불심검문의 적법성 여부이므로, 이와 관련하여 정지요구에 불응하는 자에 대한 유형력의 행사 및 그 한계, 도주하는 자에 대한 체포가능성, 정지시간의 한계, 흉기조사의 한계, 권리고지의 흠결 등에 대해 설명한다.

(가) 유형력 행사가능 여부 및 한계

경찰관이 정지요구에 불응하는 사람에게 유형력을 행사하여 정지시킬 수 있는지에 대하여는 견해가 대립하지만, 대법원은 '범행의 경중, 범행과의 관련성, 상황의 긴박성, 혐의의 정도, 질문의 필요성'이 인정되면 '필요한 최소한의 범위 내에서 사회통념상 용인될 수 있는 상당한 방법으로 대상자를 정지시킬 수 있다'고 하여 **제한적 허용설**의 입장을 취한다.

불심검문의 성격상 '상황의 긴박성'과 '질문의 필요성'은 일반적으로 인정된다. '범행의 경중'과 관련하여 대법원은 절도죄,[74] 강간 등 성폭력범죄,[75] 사기죄[76] 등이 의심되는 거동불심자에 대한 정지시에 유형력을 행사할 수 있다고 한바 있다. 그 외의 범죄에 대해서는 범행의 성격, 피해의 정도 등 다양한 요소를 고려하여 그 충족 여부를 결정해야 하며 단지 법정형의 경중만으로 '범행의 경중'을 따질 것은 아니다.

'범행과의 관련성'과 '혐의의 정도'는 불심검문 대상자의 범죄혐의 정도를 의미하는 것으로, 대법원은 체포나 구속에 이를 정도의 범죄혐의를 의미하는 것은 아니라면서 피해자의 묘사와 상당히 유사한 자가 절도 신고 직후 범행장소와 근접한 장소에서 발견된 경우, 연쇄 성폭력범죄 발생에 따라 수사기관이 수집한 정보에 부합하는 자가 심야시간에 공원에서 발견된 경우, 무전취식 신고에 따라 경찰관이 출동한 식당에서 유일한 손님이 경찰관을 보자마자 바로 나가려 한 경우 유형력 행사의 대상이 된다 하였다.[77] 위 사안에서 경찰관이 행사한 유형력은 피검문자의 **앞을 가로막거나 뒤에서 가볍게 잡는 정도**였는데 대법원은 이러한 정도의 유형력 행사는 사회통념상 용인되는 상당한 방법에 해당한다고 하였다.

한편 일본 판례 중에는 자동차 엔진 키를 돌려서 스위치를 끈 경우를 '정지'의 범위에 들어간다고 한 예도 있다.[78] 이는 임의성의 한계를 넘어선 것이지만 우리 대법원의 태도를 따를 때 사회통념상 용인되는 상당한 방법으로 인정될 여지는 있다고 생각된다.

(나) 도주자에 대한 체포 가능성

유형력 행사의 대상이 되는 피검문자가 경찰관의 정지요구에 불응하고 도주하는 경우에는 신체나 의복류에 증거가 될 만한 뚜렷한 흔적이 있을 때 또는 누구인지 묻자 도망하려고 할 때에 해당하여 준현행범인 체포의 대상이 될 수 있다.[79] 따라서 이에 해당하는 경우에는 사법경찰관리는 도주하는 피검문자를 준현행범인으로 체포할 수 있다.

---

74) 대법원 2012. 9. 13. 선고 2010도6203 판결.
75) 대법원 2014. 2. 27. 선고 2011도13999 판결.
76) 대법원 2014. 12. 11. 선고 2014도7976 판결.
77) 대법원 2012. 9. 13. 선고 2010도6203 판결; 대법원 2014. 2. 27. 선고 2011도13999 판결; 대법원 2014. 12. 11. 선고 2014도7976 판결.
78) 最決昭 53·9·22 刑集 32巻 6号 1774頁.
79) 울산지방법원 2019. 6. 13. 선고 2018노1309 판결.

(다) 정지시간의 한계

사법경찰관리가 유형력을 행사하여 피검문자를 정지시킨 경우 그 시간적 한계가 문제된다. 대법원은 이를 직접 판시한 바는 없지만, 버스정류장에 승용차를 정차시키는 등 음주운전의 의심이 있는 자가 술에 취한 상태로 운전하였다는 상당한 이유가 없다면서 경찰관의 음주측정을 거부하고 현장을 이탈하려하자 경찰관이 그의 앞을 가로막는 방법으로 약 40분간 정지시키고 주변 CCTV를 확인한 사안에서, 이러한 정지는 음주측정의 일부이고 앞을 가로막은 경찰의 유형력 행사는 사회통념상 용인되는 상당한 정도에 그쳐 체포에 해당하지는 않는다고 하였다.[80]

도로교통법상 술에 취한 상태에서 운전하였다고 의심할 만한 상당한 이유가 있는 자는 곧 경찰관직무집행법상 죄를 지었다고 의심할 만한 상당한 이유가 있는 자라 할 것이고, 음주단속을 위한 차량의 정지는 곧 불심검문에서의 정지와 다를 바 없다. 사안에서 40분의 시간은 음주운전 여부를 확인할 필요최소한의 시간을 초과했다고 보기는 어렵고, 위 판례에 따라 사법경찰관리는 불심검문에서도 불심검문의 목적 달성에 필요최소한의 시간 동안 피검문자를 정지시킬 수 있다고 본다.

(라) 흉기조사의 한계

대법원은 불심검문시 질문에 수반하여 흉기의 소지 여부를 조사할 수 있다[81]고 하면서도 그 구체적인 방법에 대해서는 명확히 판시한 바 없다. 학설상으로는 피검문자의 옷 위를 가볍게 두드려보는 외표검사 후 개피요구를 할 수 있다는 견해가 유력하다.

경찰관직무집행법의 문언상 흉기조사에 강제개피가 포함된다고 보기는 어렵고, 피검문자의 의사에 반한 흉기조사는 위험방지의 목적을 달성함에 있어 필요최소한도의 범위 내에서 이루어져야 한다. 따라서 흉기조사는 강제개피를 포함하지 아니한다고 함이 옳다.

(마) 절차상 흠결

불심검문시 경찰관의 경찰공무원증 제시, 소속·성명 및 불심검문의 목적·이유의 고지는 기속행위로 규정되어 있다. 하지만 대법원은 경찰관이 근무복을 입고 있는 등 정황상 객관적으로 경찰관의 공무집행임을 누구나 인식할 수 있었고 피검문자들이 경찰관의 신분확인을 요구하지 아니하였다면, 신분표시의 증표를 제시하지 않았다는 이유만으로 불심검문이 위법한 것

80) 대법원 2021. 7. 23.자 2021도7368 결정.

81) 대법원 2012. 9. 13. 선고 2010도6203 판결.

은 아니라는 입장이다.[82)]

불심검문의 절차는 현장에서 피검문자의 수인을 유도하고 사후 권리구제를 위한 최소한의 정보를 제공하기 위한 장치이다. 하지만 불심검문은 단시간 내에 종료되어 권리침해가 지속되지 아니하고, 경찰관이 근무복을 착용한 경우 이름과 계급 등의 권리구제를 위한 정보는 자연적으로 제공된다. 따라서 피검문자가 도주하려 하는 등 긴급한 상황에서는 절차상 일부 흠결이 있다는 이유만으로 그 불심검문을 곧바로 위법하다 할 수는 없다.

(2) 동행요구

경찰관은 피검문자를 정지시킨 장소에서 질문을 하는 것이 그 사람에게 불리하거나 교통에 방해가 된다고 인정될 때에는 질문을 하기 위하여 가까운 경찰서관서로 동행할 것을 요구할 수 있다. 이 경우 동행을 요구받은 사람은 그 요구를 거절할 수 있다(경찰관 직무집행법 제3조 제2항). 경찰관은 동행요구를 할 때 자신의 신분을 표시하는 증표를 제시하면서 소속과 성명을 밝히고 질문의 목적과 이유를 설명하여야 한다. 이때 동행한 사람의 가족이나 친지 등에게 동행한 경찰관의 신분, 동행 장소, 동행 목적과 이유를 알리거나 본인으로 하여금 즉시 연락할 수 있는 기회를 주어야 하며, 변호인의 도움을 받을 권리가 있음을 알려야 한다(동법 제3조 제4항, 제5항). 경찰관은 동행한 사람을 6시간을 초과하여 경찰관서에 머물게 할 수 없고(동법 제3조 제6항), 피검문자는 형사소송에 관한 법률에 따르지 아니하고는 신체를 구속당하지 아니하며, 그 의사에 반하여 답변을 강요당하지 아니한다(동법 제3조 제7항).

피검문자의 입장에서는 특별한 경우 외에는 장소이동이 더욱 불리할 것이고, 불심검문으로 인한 교통방해상황도 이례적이므로 경찰관직무집행법상 동행요구는 요건조차 충족되기 어렵다. 게다가 피검문자는 동행요구에 거절할 수 있으므로 요건이 충족되었다 하더라도 강제동행은 있을 수 없다. 대법원도 경직법상 동행요구가 수사로 귀결되면 수사상 임의동행과 마찬가지로 임의성이 인정되어야 한다는 입장이다.[83)] 경찰관직무집행법상 동행요구와 수사상 임의동행은 법적성질, 요건, 절차가 다르지만, 상대방의 동의에 의한 경우에만 가능하다는 점에서 구별에 큰 실익은 없다.

82) 대법원 2014. 12. 11. 선고 2014도7976 판결.
83) 대법원 2006. 7. 6. 선고 2005도6810 판결.

3. 보호조치

(1) 의의

경찰관은 수상한 행동이나 그 밖의 주위 사정을 합리적으로 판단해 볼 때 정신착란을 일으키거나 술에 취하여 자신 또는 다른 사람의 생명·신체·재산에 위해를 끼칠 우려가 있음이 명백하고 응급구호가 필요하다고 믿을 만한 상당한 이유가 있는 사람(구호대상자)을 발견하였을 때에는 보건의료기관이나 공공구호기관에 긴급구호를 요청하거나 경찰관서에 보호하는 등 적절한 조치를 할 수 있고(경찰관 직무집행법 제4조 제1항 제1호), 구호대상자가 휴대하고 있는 무기·흉기 등 위험을 일으킬 수 있는 것으로 인정되는 물건을 경찰관서에 임시로 영치할 수 있다(동법 제4조 제3항). 구호대상자의 경찰관서 내 보호기간은 24시간을 초과할 수 없고, 임시영치 기간은 10일을 초과할 수 없다(동법 제4조 제7항).

구호대상자인 주취자나 정신질환자가 타인의 생명·신체·재산에 위해를 끼칠 우려가 있음이 명백한 경우에는 경찰관은 상해죄, 폭행죄, 손괴죄 등의 범죄혐의를 인식하게 되므로 수사의 단서에도 해당하게 되는바, 24시간 이내의 경찰관서 내 구호대상자 보호와 체포의 요건이 동시에 충족되는 경우, 10일 이내의 위험물 영치와 압수의 요건이 동시에 충족되는 경우에는 사법경찰관은 어떠한 작용을 우선하여야 하는지 여부가 문제된다.

(2) 강제수사와의 경합시 우선순위

수사와 위험방지 작용은 법적 성질을 달리하는 상호 동등한 관계로, 양자의 요건이 모두 충족되는 경우 어느 한 쪽이 우선한다 할 수는 없다. 대법원도 이러한 경우 평균적인 경찰관의 수준에서 합리적인 판단에 따라 상황에 가장 적절한 작용이 선택되었다면 수사나 위험방지 중 어느 작용을 선택했다 하더라도 그 적법성을 인정한다.[84)]

그러나 경찰관이 적법절차를 준수하지 아니한 채 수사를 진행하였음에도 사후적으로 이를 위험방지로 보아 그 하자의 치유를 인정할 수는 없다.[85)] 예를 들어 구호대상자인 주취자가 폭행죄를 저지르고 있는 경우에 경찰관이 권리고지 없이 그를 현행범인으로 체포하였다면 이는 불법체포에 해당할 뿐이고, 발견 당시에는 보호조치가 가능하였다는 이유로 사후적으로 보호조치로 보아 이를 적법하다 할 수는 없다.

---

84) 대법원 2013. 9. 26. 선고 2013도643 판결.

85) 대법원 2017. 3. 9. 선고 2013도16162 판결.

(3) 음주운전자에 대한 수사와 보호조치

주취자로서 강제 보호조치 대상자는 음주로 인하여 정상적 판단능력과 의사능력을 상실한 상태에 있는 자로서,[86] 사법경찰관리는 음주운전자 중 구호대상자에 대해서는 현행범인 체포 등 수사를 할 수도 있고 보호조치를 할 수도 있다.

적법한 보호조치 중 이루어진 음주측정 요구는 적법하므로, 이에 응하여 측정된 혈중알코올농도의 증거능력은 인정되고 이를 거부하면 측정불응죄가 성립한다. 하지만 위법한 보호조치 중 이루어진 음주측정 요구는 선행절차의 위법으로 인하여 위법하므로, 이에 응하여 측정된 혈중알코올농도의 증거능력은 부정되고 이를 거부하더라도 측정불응죄는 성립하지 아니한다.[87]

4. 위험방지를 위한 출입

(1) 의의

경찰관은 범죄로 인하여 사람의 생명·신체 또는 재산에 대한 위해가 임박한 때에 그 위해를 방지하거나 피해자를 구조하기 위하여 부득이하다고 인정하면 합리적으로 판단하여 필요한 한도에서 다른 사람의 토지·건물·배 또는 차에 출입할 수 있다(경찰관 직무집행법 제7조 제1항).

경찰관이 이에 근거하여 특정한 장소에 출입할 때에는 그 신분을 표시하는 증표를 제시하여야 하며, 함부로 관계인이 하는 정당한 업무를 방해해서는 아니 된다(동법 제7조 제4항).

(2) 강제출입의 가능성

경찰관 직무집행법에는 형사소송법 제120조와 같은 강제출입의 명시적 근거가 없고 영장에 의하는 것이 아니므로 강제출입의 허용 여부가 문제된다. 헌법재판소는 즉시강제에는 영장주의가 적용되지 않는다면서 특정 조문이 즉시강제에 해당하는지 여부는 영장주의를 배제할 만한 합리적인 이유로서의 급박성이 인정되는지 여부로 결정된다고 한다.[88] 경찰관 직무집행

86) 대법원 2017. 3. 9. 선고 2013도16162 판결.

87) 대법원 2006. 11. 9. 선고 2004도8404 판결.

88) 헌법재판소 2002. 10. 31. 선고 2000헌가12 전원재판부 결정. "행정상 즉시강제는 상대방의 임의 이행을 기다릴 시간적 여유가 없을 때 하명 없이 바로 실력을 행사하는 것으로서, 그 본질상 급박성을 요건으로 하고 있어 법관의 영장을 기다려서는 그 목적을 달성할 수 없다고 할 것이므로, 원칙적으로 영장주의가 적용되지 않는다고 보아야 할 것이다. … 어떤 법률조항이 영장주의를 배제할 만한 합리적인 이유가 있

법 제7조에 따른 출입으로 제한되는 사익은 주거의 자유, 사생활의 비밀과 자유 등으로 결코 가볍다 할 수는 없지만, 추구되는 공익은 사람의 생명·신체로서 특히 생명은 모든 기본권의 전제가 되는 기본권으로 침해시 회복될 수도 없다. 게다가 출입의 요건을 갖추기 위해서는 위험이 명백하고 다른 방법으로는 그러한 위험을 제거하기 어려운 급박한 상황이어야 한다. 따라서 경찰관 직무집행법 제7조에 따른 위험방지를 위한 출입은 헌법재판소가 요구하는 즉시강제의 성격을 갖추고 있고, 이에 그 요건 충족시 사법경찰관리는 해당 장소에 영장 없이 강제출입할 수 있다.

대법원도 경찰관 직무집행법상의 강제출입이 가능함을 전제로 출입의 적법성을 판단한다. 대법원은 납치의심 목격자의 신고내용이 명확하고 신고 직전 피해자와 통화하던 제3자가 통화 도중 갑자기 전화가 끊어졌다고 진술하였으며 목격자가 진술한 납치 의심장소가 위 제3자가 진술한 피해자의 집과 동일한 곳인 경우, 경찰관 직무집행법상의 출입에 근거하여 경찰관에게 납치의심 장소로 강제출입할 의무가 있다고 하였다.[89)]

(3) 특별법상 위험방지를 위한 출입

가정폭력, 아동학대, 스토킹행위에 대한 신고가 있는 경우, 경찰관은 각 특별법에 따라 범죄 현장에 출입할 수 있다(가정폭력방지법 제9조의4 제2항, 아동학대처벌법 제11조 제2항, 스토킹방지법 제14조 제2항). 이때 출입에 강제출입이 포함되는지 여부가 문제되는데, 각 행위가 진행 중이라는 취지의 신고가 있었던 경우에는 경찰관이 신고장소에 강제출입할 수 있음은 명백하다. 이러한 범죄 또는 행위에 대한 신고를 접수한 경찰관에게는 가해자와 피해자의 분리, 가해자에 대한 수사, 피해자에 대한 보호조치의 법률상 의무가 부과되어 있는데(가정폭력처벌법 제5조 등, 아동학대처벌법 제12조 등, 스토킹처벌법 제3조 등), 범행이 진행 중인 장소에 경찰관의 강제출입이 가능함을 전제하지 아니하고는 이러한 의무를 이행할 방법이 없기 때문이다. 이는 헌법재판소의 즉시강제 인정기준에도 부합하고, 대법원도 진행 중인 가정폭력 범죄신고를 접수한 경우 강제출입이 가능하다는 입장이다.[90)]

다만 위와 같은 "신고"에 명백한 오인신고나 허위신고까지 포함될 수는 없다. 대법원은 이웃거주자라는 제3자가 타인의 주거지 내에서 가정폭력범죄가 진행 중이라고 신고하였으나, 현장에 출동한 경찰관이 가정폭력범죄를 의심할 수 있는 객관적인 정황이 전혀 없었고, 신고내

을 정도로 급박성이 인정되지 아니함에도 행정상 즉시강제를 인정하고 있다면, 이러한 법률조항은 이미 그 자체로 과잉금지의 원칙에 위반되는 것으로서 위헌이라고 할 것이다."

89) 대법원 2009. 3. 26. 선고 2008다88238 판결.

90) 대법원 2019. 7. 4. 선고 2019도4821 판결.

용이 현장상황과 상이하여 신고내용의 신빙성을 전혀 인정할 수 없는 경우에는 경찰관의 강제출입은 위법하다 하였다.[91]

제 3 절 수사의 진행

Ⅰ. 개관

수사의 진행은 수사의 단서, 범죄의 유형과 구체적 상황, 피의자의 협조 여부 등에 따라 다양한 양상을 띤다. 예를 들어 범행 발생 시점에서 상당한 시간이 지난 경제범죄에 대하여 고소나 고발로 수사가 개시되는 경우에는 수사의 진행은 일반적으로 고소·고발인의 자진출석에 이은 진술청취 및 그 기록, 고소·고발인의 증거물 임의제출, 피고소·고발인에 대한 출석요구, 피고소·고발인의 자진출석 또는 체포영장에 의한 체포에 이은 진술청취 및 그 기록, 피고소·고발인의 증거물 임의제출 또는 영장에 의한 증거물의 압수·수색 등의 순서로 이어진다. 이에 비해 진행 중인 강력범죄에 대해 112신고로 수사가 개시되는 경우에는 수사의 진행은 범인의 추적 및 현행범인체포 또는 긴급체포, 체포에 따른 증거물의 압수·수색, 피해자의 진술청취 및 기록, 목격자의 진술청취 및 기록, 관련 증거물의 압수·수색, 범인의 구속 등의 순서로 진행된다. 이처럼 수사의 진행은 구체적 사건에서 수사목적 달성에 필요한 다양한 수사방법이 선후의 유기적 관계를 유지하면서 종합적으로 이루어지게 된다.

전술한 것처럼 임의수사와 강제수사에 대한 전통적인 구별방법은 현행법에 규정된 다양한 수사방법을 효과적으로 분류하는데 어려움이 있다. 이에 이하에서는 임의수사의 의의와 그 한계를 먼저 살펴본 후, 형사소송법 및 다른 법률에 명시적으로 규정되어 있는 수사방법을 대인적 수사, 대물적 수사 및 정보수집형 수사로 나누어 설명하고자 한다. 증거보전과 증인신문은 검사의 청구로 지방법원판사에 의해 이루어진다는 점에서 가장 마지막에 살펴본다.

91) 대법원 2019. 7. 4. 선고 2019도4821 판결.

Ⅱ. 임의수사의 의의와 그 한계

1. 임의수사의 의의와 적법성 평가의 기준

(1) 의의

전술한 바와 같이 임의수사와 강제수사는 기본권 제한의 유무로 구분하여야 한다. 임의수사란 기본권의 제한이 없거나 제한되는 기본권 주체의 동의에 의한 수사를 말한다. 기본권의 제한이 없다는 점에서 형사소송법 등 법률에 구체적으로 규정된 수사방법은 물론 구체적으로 규정되지 아니한 수사방법이라 하더라도 임의수사의 방법으로 이루어진다면 적법하다. 물론 임의수사에 대한 구체적인 근거규정이 있는 경우에는 수사기관은 그 규정을 준수하여야 한다.

(2) 적법성 평가의 기준

임의수사의 적법성 평가는 당해 수사로 인하여 제한되는 기본권의 존재 여부에 대한 평가와 제한되는 기본권이 있는 경우에는 그에 대한 기본권 주체의 동의의 유효성 평가로 이루어진다.

기본권 주체의 동의는 오로지 자발적인 의사로 이루어진 경우에 한하여 유효하며 그 증명책임은 당연히 검사에게 있다.[92] 자발적 의사에 따른 동의로 인정되기 위해서는 동의의 사실적 의미와 법률적 효과를 이해할 수 있는 능력, 즉 **동의능력**이 인정되어야 한다. 다만 수사 상대방의 자발적 동의에 의하였다 하더라도 적정절차원칙 등 헌법상 가치를 훼손하는 수사방법은 허용될 수 없다. 예를 들어 피해자에 의한 강제추행범행의 재현, 수술적 방법에 의한 신체내부의 확인, 약물을 통해 진술을 얻는 마취분석 등은 수사 상대방이 동의한다 하여도 허용될 수 없다.

2. 구체적 검토

(1) 대인적 수사

(가) 임의동행

형사소송법은 임의동행에 대하여 명확한 규정을 두지 아니하고 있으나 상대방의 자발적

92) 대법원 2006. 7. 6. 선고 2005도6810 판결.

동의에 의한 경우 적법한 임의수사에 해당한다. 다만 수사기관은 구체적 사안에서 체포의 요건이 충족되지 아니한 상대방의 신병을 확보하기 위해 임의동행으로 가장한 체포를 해 온 경우가 왕왕 있었고, 이에 대해 대법원은 자발적 동의 여부에 대하여 매우 엄격한 심사기준을 제시해 왔다. 즉, 동행을 요구받은 상대방의 신체의 자유가 현실적으로 제한되어 **실질적으로 체포와 유사한 상태**에 놓이게 되었는가를 기준으로 임의동행의 적법성 여부를 판단해야 한다면서, 실질적으로 체포와 유사한 상태에 놓였다면 임의동행이 아닌 강제연행(불법체포)으로 보고 있다. 대법원은 구체적으로 동행시간, 동행장소, 경찰관의 수와 태도 등 동행 방법, 동행 후의 신문방법, 식사나 용변 등의 경우 감시가 있었는지 여부, 퇴거의 희망이나 동행거부의 유무 등을 종합적으로 고려해서 임의동행의 적법성 여부를 판단하는데, 수사관이 동행에 앞서 피의자에게 **동행을 거부할 수 있음을 알려 주었거나** 동행한 피의자가 언제든지 자유로이 동행과정에서 이탈 또는 동행장소로부터 퇴거할 수 있었음이 인정되는 등 **오로지** 피의자의 **자발적인 의사**에 의하여 수사관서 등에의 동행이 이루어졌음이 객관적인 사정에 의하여 명백하게 입증된 경우에 한하여, 그 적법성이 인정되는 것으로 봄이 상당하다고 한다. 이처럼 대법원은 임의동행시에 유형력 행사가 없어야 함은 물론 상대방의 동의는 자발적인 것으로서 심리적 강제도 없어야 한다고 하면서, 자발적 동의의 담보를 위해 수사기관은 상대방에게 임의동행에 거부할 권리가 있다는 점을 고지하여야 하고 그러한 사실의 이행 여부에 대해서는 검사가 객관적 사정에 의해 명백히 증명할 것을 요구하고 있다.[93)]

대법원은 피의자의 진술거부권을 고지 받을 권리에 대해 형식적인 답변기재 방식의 위반만으로도 피의자신문조서의 증거능력을 부정한 바 있는데[94)] 이는 대법원이 진술거부권을 고지 받을 권리를 단지 진술의 임의성을 담보하기 위한 장치가 아니라 적정절차의 본질적 내용 중 하나로 본 것이라 할 수 있다. 이러한 대법원의 태도에 따르면 임의동행에 앞서 동행거부권 및 퇴거권을 고지 받을 권리의 법적 성격 또한 적정절차의 일부로 봄이 상당하다. 따라서 권리고지 위반만으로도 임의동행은 위법하게 된다고 하겠다. 이러한 대법원의 태도에 발맞추어 '검사와 사법경찰관의 상호협력과 일반적 수사준칙에 관한 규정'은 수사기관이 임의동행을 요구하는 경우 동행거부권과 퇴거권의 제한이 없음을 고지하도록 규정하여 자발적 동의를 담보할 수 있도록 하고 있다(수사준칙 제20조).

93) 대법원 2006. 7. 6. 선고 2005도6810 판결.
94) 대법원 2013. 3. 28. 선고 2010도3359 판결.

(나) 수사기관에서의 진술과 영상녹화물의 작성

우리 헌법은 적정절차원칙, 자기부죄금지원칙, 고문금지원칙 등의 천명을 통해(헌법 제12조) 피의자는 물론 모든 인간에 대한 진술의 강요를 금지하고 있다. 진술강요의 금지를 담보하기 위하여 형사소송법은 피의자신문조서의 작성방식을 상세하게 규정하고 있고(법 제241조 내지 제245조), 이 중 일부를 참고인진술조서의 작성에 준용하고 있다(법 제244조의4).

진술강요의 금지는 영상녹화물의 작성에서도 준수되어야 한다. 참고인의 경우 동의 없는 영상녹화는 금지되고(법 제221조 제1항), 비록 피의자의 경우 동의 없는 영상녹화가 이루어질 수는 있으나(법 제244조의2. 미리 알려주기만 하면 됨) 영상녹화시에도 피의자는 당연히 진술을 거부할 수 있다. 형사소송법상 조서 및 영상녹화물의 작성에 대한 구체적인 내용은 후술하는 대인적 수사에서 설명하기로 한다.[95)]

(다) 거짓말탐지기 검사[96)]

거짓말탐지기 검사란 수사기관이 진술자의 진술시의 호흡, 맥박, 전기반응 등 생리적 반응의 변동을 기계적 장치를 이용하여 측정함으로써 진술의 진실 여부를 가리는 검사를 말하는데, 이에 대해 형사소송법은 어떠한 규정도 두지 아니하고 있다.

임의수사로서 거짓말탐지기 검사를 허용할지에 대하여는, 거짓말탐지기 검사의 결과를 들이대어 피검사자에 대해 진술을 강요하거나 인격권을 침해할 수 있다는 등의 이유로 허용되어서는 아니 된다는 견해가 있다.[97)] 하지만 피검사자에게 유리한 결과가 나온 경우에는 수사절차가 피검사자에게 유리한 방향으로 조기에 종결될 수 있고, 자발적 동의에 의한다면 피검사자의 기본권이 제한된다고 볼 수 없으며 검사방법이 적정절차원칙을 위반하였다고 볼 수도 없다. 또한 진술의 강요는 어떠한 경우에도 허용될 수 없으므로 사실상 진술강요를 초래할 수 있다는 점만으로는 거짓말탐지기 검사를 금지할 이유가 된다고 보기 어렵다는 점에서,[98)] 자발적 동의에 의한 거짓말탐지기 검사를 굳이 금지된다고 볼 필요는 없을 것이다.

대법원은 거짓말탐지기 검사결과의 증거능력을 **부정**하고 있다. 다만 그 이유를 진술의 강요가 아닌 **사실적 관련성**의 부재에서 찾고 있음을 주목할 필요가 있다. 대법원은 거짓말탐지기 검사로는 진술의 진실성 여부를 평가할 수 없다는 이유로 증거능력을 부정하고 있는 것이

95) 236페이지 참조.

96) 정식 명칭은 폴리그래프 검사(polygraph test) 이지만, 이 책에서도 일반적 명칭인 거짓말탐지기 검사로 부르기로 한다.

97) 신동운 857; 신/조 101.

98) 이/김 220; 이/조/이 142; 이창현 286; 임동규 596.

다.[99] 그런데 대법원은 거짓말탐지기 검사결과를 피고인 진술의 증명력에 대한 **탄핵증거**로 사용할 수는 있다는 취지의 판시를 하기도 하였다.[100] 사실적 관련성의 부재를 이유로 거짓말탐지기 검사의 증거능력을 부정한다면 탄핵증거로서의 사용도 금지된다고 보는 것이 논리일관적일 것이다.

(라) 최면수사

최면수사란 수사기관이 피검사자를 최면상태로 유도하고 적절한 질문기법을 통하여 기억의 인출을 촉진하는 수사기법을 말한다. 최면수사는 주로 범행현장의 목격자가 자신의 기억을 인출하여 진술하지 못하는 경우 활용되고 있는데, 이에 대해서도 형사소송법은 어떠한 규정도 두고 있지 아니하다.

최면수사는 최면상태의 유도와 질문 등 검사방법에 적정절차 위반의 요소를 찾을 수 없으므로 피검사자의 자발적 동의가 전제되는 한 금지할 이유가 없다. 하급심 법원의 경우 그 증명력을 높게 평가하지는 않았으나, 최면수사로 얻은 진술의 증거능력을 인정한 바 있다.[101]

(마) 범인식별절차

범인식별절차란 수사기관이 목격자에게 범인으로 추정하는 자의 실물, 사진, 또는 영상을 제시하여 범인인지 여부를 확인받는 절차를 말한다. 범인식별절차에는 용의자를 포함한 다수의 비교대상자를 목격자에게 대면시키는 방법(line-up)과 범인으로 추정되는 자 1명을 목격자에게 대면시키는 방법(show-up)이 있는데, 형사소송법에는 범인식별절차에 대한 규정이 없다. 하지만 범인으로 추정되는 자 및 목격자의 동의에 의한 경우에는 범인식별절차를 임의수사로서 허용하지 않을 이유는 없고, 범인으로 추정되는 자의 사진이나 영상이 적법하게 확보된 상태라면 이를 이용한 범인식별절차 또한 임의수사로서 허용된다.

대법원도 대면 또는 사진에 의한 범인식별절차의 증거능력이 인정된다는 전제하에 그 증명력을 높이 인정받을 수 있는 방법을 제시하고 있다. 대법원은 line-up 방식의 범인식별절차에서 그 결과에 **높은 증명력이 인정되기 위해서는** 대면 전에 범인의 인상착의 등에 관한 목격자의 진술을 상세하게 기록하고, 목격자와 용의자 및 비교대상자들의 사전접촉 금지, 목격자와 용의자 및 인상착의가 비슷한 여러 비교대상자의 동시대면, 범인식별의 과정과 결과의 서면화 조치 등이 이루어져야 한다고 하고 있다.[102] 또한 대법원은 일반적으로 show-up 방식에 의

---

99) 대법원 2005. 5. 26. 선고 2005도130 판결.

100) 대법원 2003. 2. 26. 선고 2001도1314 판결.

101) 대전고등법원 2007. 11. 23. 선고 2007노53 판결.

한 범인식별절차의 결과는 기억력의 한계와 무의식적 암시의 가능성으로 인하여 증명력을 낮게 보아야 하지만, 달리 증명력을 높게 볼 부가적인 사정이 있는 경우가 있다면 그러하지 아니하다고 한다. 예컨대 대법원은 범죄 발생 직후 목격자의 기억이 생생하게 살아있는 동안의 범죄현장이나 그 부근에서의 일대일 대면의 증명력은 높게 평가한 바 있다.[103)]

(2) 대물적 수사

(가) 임의수색

형사소송법은 압수와 달리 상대방의 동의에 의한 수색에 대한 규정을 두지 않고 있다. 하지만 기본권 주체의 자발적 동의에 의한 수색은 임의수사로서 허용된다.

제한되는 기본권의 주체는 수색의 유형에 따라 다르다. 수색은 그 대상을 기준으로 사람의 신체에 대한 수색과 사물이나 장소에 대한 수색으로 대별할 수 있는데, 전자에 대해서는 수색의 대상이 된 사람의 기본권만 문제되나, 후자의 경우에는 사물이나 장소의 사실상 점유자, 위탁에 의한 보관자, 소유자, 공동거주자 등 다양한 사람의 기본권이 문제될 수 있다.

1) 사람의 신체에 대한 수색

사람의 신체에 대한 수색의 동의는 동의능력 있는 상대방의 자발적 의사에 의하여야 한다. 다만 수술적 방법 등을 통한 신체 내부에 대한 수색은 동의가 있다 하더라도 적정절차를 위반한 수사방법으로서 허용될 수 없다.

2) 사물이나 장소에 대한 수색

사물이나 장소에 대한 수색의 동의에 있어서는 누구를 동의의 주체로 인정할 것인지가 문제된다. 예를 들어 부모와 미성년자로 구성된 가족의 주거지에 대해 부모는 미성년자의 방에 대한 수색을 동의할 수 있는지, 미성년자는 집 전체에 대한 수색에 동의할 수 있는지 등의 문제에 있어 동의의 주체와 동의의 효력의 한계를 평가할 수 있는 기준이 필요하나, 아직 이와 관련된 유의미한 판례는 눈에 띄지 않는다.

이에 대해 미국 연방법원은 사생활의 기대가 합리적으로 인정되는 장소의 수색에 대해서는 영장주의가 적용되지만 사생활의 주체가 동의하면 압수·수색에 대한 영장주의의 적용을 배제할 수 있음을 전제로[104)] 수색에 동의할 권한 있는 자를 판단할 기준을 제시하고 있다. 미국

102) 대법원 2008. 7. 10. 선고 2006도2520 판결.

103) 대법원 2009. 6. 11. 선고 2008도12111 판결. 범인식별절차에 관한 보다 상세한 내용은 민영성, “목격자에 의한 범인식별진술의 적정한 신용성 평가를 위한 담보방안,” 저스티스 79호(2004) 참조.

104) Stephen 533.

연방법원은 소유자의 허락에 의해 수색 대상물을 이용할 권리가 인정되는 자[105] 또는 수색 대상 동산이나 부동산을 일반적 이용 목적으로 공동으로 접근하거나 관리할 실질적인 권리(actual authority)가 인정되는 자는 수색에 대한 동의의 주체가 된다고 하면서, 부동산의 공동이용자[106], 모텔방의 현재 이용자,[107] 부모 자식 간의 관계에서 부모, 군대의 상급자와 하급자의 관계에서 상급자[108] 등의 동의에 의한 수색은 적법하다고 하였다. 이는 곧 동의주체와 동의능력이라는 두 가지 판단기준이라 할 수 있는바, 우리나라에서도 이러한 두 가지 기준으로 동의에 의한 수색의 적법성을 평가하는 것이 유용하지 않을까 생각된다.

(나) 임의제출

임의제출이란 압수대상물을 제출할 수 있는 자가 수사기관에 자발적으로 압수대상물을 제출하는 것을 말한다. 검사와 사법경찰관은 소유자, 소지자 또는 보관자가 임의로 제출한 물건을 영장없이 압수할 수 있다(법 제218조). 임의제출에 의한 압수의 절차와 압수 후의 조치는 영장에 의한 압수와 다를 바 없지만, 수사기관의 압수물 확보과정이 제출자의 자발적인 의사에 의하여야 한다는 점에서는 임의수사로서의 성격도 가진다.

임의제출 역시 임의동행과 마찬가지로 오로지 피의자의 자발적 의사에 의하였음이 합리적 의심을 배제할 수 있을 정도로 증명된 경우에 한하여 그 적법성이 인정된다.[109] 임의제출에 관한 자세한 내용은 강제수사의 해당 부분에서 후술하기로 한다.[110]

(다) 실황조사

실황조사란 수사상대방에 대한 기본권의 제한 없이 수사기관이 오감의 작용을 통하여 대상물의 존재와 상태를 인식하는 것을 말한다. 실황조사는 임의로 이루어진다는 점 외에는 검증과 동일하다.[111] 따라서 실황조사는 기본권 제한이 없는 경우 또는 제한되는 기본권의 주체가 자발적으로 동의한 경우에는 임의수사의 하나로서 허용된다.

---

105) Frazier v. Cupp, 394 U.S. 731 (1969).
106) United States v. Matlock, 415 U.S. 164 (1974).
107) United States v. Kimoana, 383 F.3d 1215 (2004).
108) Georgia v. Randolph, 574 U.S. 103 (2006).
109) 대법원 2023. 6. 1. 선고 2020도2550 판결.
110) 299페이지 참조.
111) 검찰사건사무규칙 제51조와 경찰수사규칙 제41조는 실황조사를 규정하고 있다.

(3) 정보수집형 수사

(가) 의의

수사기관은 수사목적 달성을 위해 범죄사실과 관련성 있는 정보를 제3자로부터 제공받거나 독자적으로 수집하게 되는데 이러한 수사를 정보수집형 수사로 분류하기로 한다. 제3자의 정보제공에 의한 정보수집에 대하여 형사소송법은 공사단체 조회를 규정하고 있고, 개인정보보호법은 개인정보처리자의 개인정보 제공 및 수사기관의 수집을 규정하고 있으며, 그 외에도 다양한 법률에 특정 정보의 제공에 대한 규정이 있는바 이에 대한 자세한 내용은 후술하기로 하고[112] 여기에서는 수사기관의 독자적 정보수집으로서 미행, 잠복, 감시, 사진촬영 등에 대해 살펴본다.

(나) 미행 및 잠복

형사소송법은 수사기관의 미행이나 잠복에 대해 어떠한 규정도 두지 아니하고 있다. 미행이나 잠복은 그 성격상 수사 대상자의 동의에 의할 수 없으므로, 명문의 규정이 없는 이상 수사대상자의 사생활의 비밀이나 개인정보자기결정권이 침해되는 방법의 미행이나 잠복은 허용될 수 없다.

불특정 다수에게 공개된 공간에서의 사회적 활동에 대한 정보로서 오감의 작용에 의한 자연적 방법으로 인식할 수 있는 정보는 누구든지 자유롭게 수집할 수 있는 것으로 보아야 한다. 따라서 정보주체의 동의를 받지 아니하였다 하더라도 수사기관은 미행이나 잠복으로 그러한 정보를 수집할 수 있다. 하지만 불특정 다수에게 공개되지 아니한 공간에서의 정보수집 또는 오감의 기계적·기술적 확장을 통해 자연적 방법으로는 인식이 불가능한 정보의 수집은 사생활의 비밀이나 개인정보자기결정권을 제한하므로 임의수사라 할 수 없다. 예를 들어 공개된 장소에서 차량을 이용한 미행이나 망원경을 통한 관찰은 임의수사라 할 수 있을 것이나, 공개된 장소라 하더라도 GPS 위치 수신기의 부착을 통한 위치정보의 수집, 비공개된 장소 내부에 대하여 열화상 망원경이나 촬영기기를 이용한 조망 및 촬영, 기계적 장치를 이용한 타인간 대화의 청취 또는 녹음 등은 임의수사라 할 수 없다. 이 중 기계적 장치를 이용한 타인간의 대화의 청취 또는 녹음에 대하여 통신비밀보호법은 법원이 발부한 영장에 의하도록 함으로써(통신비밀보호법 제14조) 임의수사로 보지 않고 있다.

---

112) 318페이지 참조.

(다) 사진·영상의 촬영

1) 학설의 대립과 법원의 태도

영상물·사진 촬영행위의 법적 성질에 대하여, 공개된 장소에서는 실황조사와 마찬가지로 임의수사로 보아 영장이 불요하지만 비공개된 장소에서는 강제수사로 보아 영장이 필요하다는 견해, CCTV, 블랙박스 영상정보와 같이 추정적 동의가 인정되지 아니하는 이상 공개된 장소에서도 강제수사로 보아 영장이 필요하다는 견해 등이 있으나,[113] 다수설은 사생활의 비밀과 자유를 침해하는 검증에 해당하므로 영장주의가 적용되어야 하지만 현실적 필요성과 사진촬영의 특성을 고려하여 필요성, 긴급성, 상당성이 충족되는 경우 영장주의가 적용되지 아니한다고 한다.[114]

대법원은 다수설과 마찬가지로 비공개 장소에서 수사목적으로 영상물이나 사진을 촬영하는 행위에 대하여는 영장주의가 적용됨을 원칙으로 하지만[115] 공개된 장소에 대해서는 '범행 직전부터 직후'라는 시간적 한계 내에서, '증거보전의 필요성', '긴급성', '상당한 방법'이라는 세 가지 요소를 갖춘 경우 강제처분으로 단정할 수 없어 영장주의가 적용되지 아니한다는 입장에서 있다.[116]

2) 검토

사진이나 영상물의 촬영은 수사기관이 시각으로 인식한 결과를 기록한 것으로, 사진·영상물의 촬영에 대한 명확한 근거를 두지 아니하고 있는 현행 형사소송법에 따를 때 상대방의 동의에 의하지 아니하면 검증에 준하는 것으로, 상대방의 동의에 의하면 실황조사에 준하는 것으

113) 배/홍 118.
114) 임동규 278; 이/김 351; 이/조/이 144; 이창현 287.
115) 대법원 2019. 10. 31. 선고 2019도10226 판결
116) 대법원 2023. 7. 13. 선고 2021도10763 판결. "일반음식점 영업자인 피고인이 업소에서 음향시설을 갖추고 손님들이 춤을 추는 것을 허용하여 영업의 종류에 따른 준수사항을 위반하였다는 이유로 식품위생법 위반죄로 기소된 사안에서, 원심은 ㉠ 특별사법경찰관이 업소(음식점)에 출입하면서 식품위생법 제22조 제3항이 정하는 그 권한을 표시하는 증표 및 조사시간 등이 기재된 서류를 제시하지 않았고 ㉡ 업소에 손님으로 가장하고 출입하여 다른 손님들이 춤을 추는 모습을 촬영하는 것은 강제수사에 해당하는데도 사전 또는 사후에 영장을 발부받지 않았으므로 그 촬영물(현장사진, 현장 동영상)은 위법수집증거로서 증거능력이 없다는 등의 이유로 무죄를 선고하였다. 이에 대해 대법원은, ㉠ 특별사법경찰관은 영업소에 출입하여 범죄수사를 위한 증거수집을 하였을 뿐 식품위생법상의 행정조사를 하려 한 바가 없으므로 그 과정에서 증표 등을 제시하지 않았더라도 출입이나 증거수집절차가 위법하다고 할 수 없고, ㉡ 특별사법경찰관이 범죄혐의가 포착된 상태에서 증거를 보전하기 위해 공개된 장소인 영업소에 통상적인 방법으로 출입하여 영업소 내에 있는 사람이라면 누구나 볼 수 있었던 손님들이 춤추는 모습을 촬영한 것을 영장 없이 이루어졌다는 이유로 위법하다고는 볼 수 없다."고 하여 원심을 파기하였다.

로 보는 것이 상당하다. 동의에 의하지 아니한 이상 공개된 장소라 하더라도 수사 대상자에 대한 촬영은 초상권의 제한을 가져오고, 상당한 방법으로 촬영하였다 하더라도 초상권의 제한에 대한 정당성을 찾을 수는 없으므로 이를 임의수사라 할 수는 없다. 법원도 수사기관이 실황조사의 형식을 취하였다 하더라도 교통사고 현장에서 동의 없이 수사 대상자의 사진을 촬영한 것은 검증에 해당한다고 한 바 있다.[117] 따라서 공개된 장소에서의 촬영에 대해 필요성, 긴급성 등이 인정되는 경우에는 형사소송법 제216조 제3항에 따른 사후영장에 의한 검증에 준해서 다루는 것이 타당할 것이다.

한편 도로의 신호과속 무인단속장치(도로교통법 제4조의2), 고정형 및 이동형 영상정보처리기기(개인정보 보호법 제25조, 제25조의2), 경찰관의 경찰착용기록장치(경찰관 직무집행법 제10조의5), 순찰차 영상장치(112신고처리법 제11조) 등은 법률에 사진·영상물 촬영의 명시적 근거를 두고 있다. 특히 경찰관직무집행법 제10조의5는 경찰관이 형사소송법에 따라 피의자를 체포·구속하는 경우, 범행 중이거나 범행 직전 또는 직후로서 증거보전의 필요성 및 긴급성이 있는 경우에 상대방의 의사와 무관하게 경찰착용기록장치를 사용하여 영상물을 촬영할 수 있다고 규정하고 있다. 따라서 향후 이를 근거로 사법경찰관리가 영장 없이 촬영한 영상물이 증거로 제출될 것인데 그 증거능력에 대한 상당한 혼란이 야기될 것으로 우려된다. 형사소송법에 수사기관의 사진·영상물 촬영에 대한 법률상의 명시적 근거를 따로 둠으로써 그 법적 성질과 적법성 평가에 대한 불필요한 혼란을 잠재울 필요가 있다.

(라) 공개출처 정보

수사기관은 임의수사의 한 방법으로 정보주체가 불특정 다수에게 공개한 정보를 수집하여 수사목적으로 이용할 수 있다. 정보주체의 결정에 의해 정보가 공개되었다는 점에서 정보주체의 개인정보자기결정권이 침해되었다고 할 수는 없기 때문이다. 물론 정보제공자 등 제3자가 존재하는 경우 그의 기본권 제한에 대해서도 검토하여야 하는 바 이는 특히 인터넷상 공개출처 정보에서 문제된다.

크롤링(crawling)이란 프로그램을 이용하여 웹사이트에서 기계적인 방법으로 정보를 수집하는 행위를 말한다. 인터넷 서비스 제공자가 자신이 운영하는 인터넷 사이트의 적정한 운영을 위하여 크롤링에 대한 보안조치를 한 경우, 수사기관이 이를 우회하여 크롤링으로 공개출처 정보를 대량 수집함으로써 데이터베이스의 통상적인 이용과 충돌하거나 인터넷 서비스 제공자의 이익을 부당하게 해치는 경우에는 저작권법상 데이터베이스제작자의 권리를 침해하게 되고(저

117) 대법원 1989. 3. 14. 선고 88도1399 판결.

작권법 제93조 제2항), 정보처리에 장애가 현실적으로 발생하는 경우라면 형법상 컴퓨터등장애 업무방해죄에 해당하므로(형법 제314조 제2항)[118] 임의수사라 할 수 없다.

(마) 기타 새로운 수사방법

과학기술의 발달에 따라 과거에는 불가능하였던 다양한 정보수집형 수사가 기술적으로 가능해지고 있고, 이에 따라 새로운 수사방법의 법적 성질과 임의수사로서의 허용 여부에 대한 문제는 끊임없이 제기될 것이다.

새로운 수사방법이 압수, 수색, 검증 중 어디에도 해당하지 아니한다면 그 법적 성질은 기본권 제한 여부를 기준으로 판단하여야 할 것이다. 기본권의 제한이 없다면 임의수사로서 허용될 수 있을 것이나, 기본권의 제한이 있다면 강제수사로서 법률의 명확한 근거가 필요하고 그러한 근거가 없는 이상 위헌이므로 허용되어서는 아니 된다. 예를 들어 수사기관이 상대방의 동의 없이 그의 휴대전화에 스파이웨어(정보 빼내기 프로그램)를 설치하여 휴대전화에 저장된 모든 정보를 수집하는 행위는 상대방의 개인정보자기결정권, 사생활의 비밀을 현저히 침해하는 것이 명백하여 강제수사에 해당하지만 압수, 수색, 검증 중 그 어디에도 해당한다고 보기 어렵다. 하지만 현행법상 그에 대한 구체적인 법적 근거는 따로 존재하지 아니하므로 이러한 수사방법은 위헌이라 아니할 수 없다.

이렇듯 새로운 수사방법에 대한 근거법을 입법할 때에는 두 단계의 검토가 필요하다. 먼저 우리 헌법상 형사절차에서 준수가 요구되는 근본적인 가치를 잠탈하는 방식의 수사는 허용되어서는 아니 된다. 예를 들어 일반적인 대화의 내용만으로도 그 진실 여부를 명백히 가릴 수 있는 기술이 개발된다 하더라도 이러한 방식의 거짓말탐지 검사는 자기부죄금지원칙에 반하므로 허용될 수 없고 이에 그 근거법이 입법이 되어서는 아니 된다. 다음으로 새로운 수사방법이 허용될 수 있는 범위 내에 있다면 법관이 발부한 영장에 의할지 여부를 결정하여야 하는데, 이는 제한되는 기본권과 제한의 정도를 면밀히 평가하여 압수·수색·검증에 준하는지에 따라 결정하여야 한다. 이러한 두 단계의 검토를 거친 후 적정절차원칙에 따라 적정한 요건과 절차에 대한 구체적인 입법이 이루어져야 할 것이다.

118) 대법원 2022. 5. 12. 선고 2021도1533 판결.

Ⅲ. 대인적 수사

1. 개관

형사소송법에 규정된 대인적 수사방법으로는 출석요구, 체포, 구속, 조서·영상녹화물의 작성이 있다. 출석요구란 수사기관이 피의자나 참고인에게 특정 일시에 수사기관 사무실로 출석하여 특정 범죄사실에 대하여 진술해 줄 것을 요구하는 것을, 체포는 수사기관이 비교적 단기간 동안 피의자의 신체적 자유를 제한함으로써 신병을 확보하는 것을, 구속은 수사기관이 비교적 장기간 동안 피의자의 신체적 자유를 제한함으로써 신병을 확보하는 것을, 조서는 소송절차의 경과와 내용을 기록하기 위하여 법원이나 수사기관이 작성하는 문서를, 영상녹화물은 피의자나 참고인의 진술을 촬영하여 녹화한 것을 말한다. 형사소송법은 출석요구, 체포, 진술의 기록, 구속으로 이어지는 대인적 수사에 대해 각 요건, 절차, 한계 등을 구체적으로 규정하고 있다.

형사소송법은 법원의 공판절차상 대인적 강제처분을 먼저 규정하고 이 중 다수를 수사기관의 수사절차상 대인적 강제처분에 준용하도록 하고 있다. 따라서 법원의 대인적 처분과 수사기관의 대인적 수사의 내용은 상호 동일하거나 유사한 경우가 많다. 이에 아래에서는 수사의 진행순서에 따라 수사기관의 대인적 수사에 대해 살펴보고, 필요한 경우에는 법원의 대인적 처분도 함께 설명한다.

2. 출석요구

(1) 의의

검사 또는 사법경찰관은 수사에 필요한 때에는 피의자 또는 참고인의 출석을 요구하여 진술을 들을 수 있다(법 제200조, 제221조). 출석요구는 임의수사로 이해되고 있으나 피의자의 경우에는 정당한 사유 없이 출석요구에 불응하면 체포영장발부의 사유가 된다.

(2) 출석요구의 방법

검사 또는 사법경찰관은 피의자에게 출석요구를 하려는 경우 피의사실의 요지 등 출석요구의 취지를 구체적으로 적은 **출석요구서**를 발송해야 한다. 다만, 신속한 출석요구가 필요한 경우 등 부득이한 사정이 있는 경우에는 전화, 문자메시지, 그 밖의 상당한 방법으로 출석요구를 할 수 있다(수사준칙 제19조 제3항).

수사기관은 출석요구시 상대방에게 어떠한 사유로 출석을 요구하는 것인지 알려야 하고 출석요구의 사유를 적극적으로 속여서는 아니 된다. 수사기관이 출석요구의 사유를 속여 피의자의 변호인조력권 또는 변호인의 피의자신문참여권의 침해가 이루어지면 당연히 위법하다. 대법원도 수사기관이 고소인과의 대질조사 목적이었음을 숨기고 피의자에게 출석요구를 하고 이에 피의자가 변호인 없이 출석하였다면 피의자에게 진술거부권을 고지하였다 하더라도 불법행위를 구성한다고 한 바 있다.[119]

(3) 출석의무 여부

출석요구를 받은 자는 이에 따를 의무가 없으므로 자신의 의사에 따라 출석 여부를 결정할 수 있음은 물론 출석 후 퇴거할 수도 있다. 다만 피의자의 경우 수사기관의 출석요구에 정당한 이유 없이 불응할 경우에는 체포영장의 발부사유가 된다(법 제200조의2 제1항). 여기서 정당한 이유의 예로는 합리적인 범위 내에서의 **출석일자 조정요청**, 수사관서와의 거리로 인한 **출석장소 변경요청** 등을 들 수 있다.

검사 또는 사법경찰관은 출석요구를 할 때에는 피의자의 생업에 지장을 주지 않도록 충분한 시간적 여유를 두도록 하고, 피의자가 출석 일시의 연기를 요청하는 경우 특별한 사정이 없으면 출석 일시를 조정하는 등 피의자 및 변호인과 조사의 일시·장소에 관하여 협의해야 한다(수사준칙 제19조 제1항, 제2항).

3. 체포와 구속

(1) 개관

수사기관이 피의자의 신체의 자유를 제한하는 수사작용은 크게 체포와 구속으로 나눌 수 있다. 체포란 수사기관이 피의자의 신체의 자유를 제한하여 48시간 이내의 단기간 동안 수사기관 사무실, 유치장 등 일정한 장소에 강제로 인치하는 것을 말한다. 헌법 제12조에 따라 체포는 사전영장에 의함이 원칙으로 하고, 그 예외로는 현행범인 체포와 긴급체포만이 있다. 형사소송법은 이를 구체화하여 체포는 영장에 의하도록 하고, 긴급체포와 현행범인 체포의 요건과 절차를 자세히 규정하고 있다.

구속이란 수사기관이 피의자의 신체의 자유를 장기간 동안 제한하여 최장 30일 이내의 기

119) 대법원 2021. 11. 25. 선고 2019다235450 판결

간 동안 유치장 등 일정한 장소에 강제로 구금하는 것을 말한다. 헌법 제12조에 따라 구속은 사전영장에 의함을 원칙으로 하고 그 예외는 인정되지 아니하며, 형사소송법은 구속의 요건과 절차를 자세히 규정하고 있다.

한편 법원은 공판절차에서 피고인을 구속할 수 있다(법 제70조). 피고인의 구속은 공소제기 이후 법원에 의한 강제처분으로 수사기관의 강제처분인 피의자 구속과 다르지만 양자의 요건은 동일하고, 구속영장의 효력, 피의자와 피고인의 권리 등 다양한 면에서 같이 설명하는 것이 효율적이므로 여기에서 함께 설명한다.

(2) 영장에 의한 체포

(가) 의의

헌법과 형사소송법에 따라 체포는 체포영장에 의함을 원칙으로 하는데, 원칙적인 체포 방법이라는 의미로서 이를 **통상체포**라고도 한다. 형사소송법은 피의자에 대하여 상당한 범죄혐의가 인정됨에도 피의자가 자진출석을 하지 아니하거나 출석하지 아니할 **우려**가 있는 경우에는, 수사기관이 피의자의 신체의 자유를 제한하여 그 신병을 강제로 확보함으로써 수사를 진행할 수 있도록 한 것이다. 이하에서는 영장에 의한 체포의 요건을 먼저 살펴본 후 체포가 이루어지기까지의 시간순서에 따라 체포영장의 신청·청구 및 발부, 체포영장의 집행절차, 체포영장 집행 후 절차로 나누어 살펴본다.

(나) 체포영장에 의한 체포의 요건

피의자가 죄를 범하였다고 의심할 만한 상당한 이유가 있고, 정당한 이유 없이 출석요구에 응하지 아니하거나 응하지 아니할 우려가 있는 때에는 검사는 관할 지방법원판사에게 체포영장의 발부를 청구할 수 있고, 사법경찰관은 검사에게 체포영장 청구를 신청할 수 있다. 다만 다액 50만 원 이하의 벌금, 구류 또는 과료에 해당하는 사건은 피의자가 일정한 주거가 없는 경우 또는 정당한 이유없이 출석요구에 응하지 아니한 경우에 한한다(법 제200조의2 제1항).

지방법원판사는 검사의 영장청구가 상당하다고 인정할 때에는 명백히 체포의 필요가 인정되지 아니하는 경우 외에는 체포영장을 발부한다(법 제200조의2 제2항).

이처럼 체포영장의 청구 및 발부요건은 범죄혐의의 상당성, 출석불응 또는 출석불응의 우려(경미 사건에서는 주거부정 또는 출석불응), 체포 필요성의 부존재가 명백하지 아니할 것으로서, 체포영장이 발부되면 피의자 발견 즉시 영장에 의한 체포로 이어지므로 체포영장 청구·발부요건은 곧 영장에 의한 체포의 요건이라 할 수 있다.

1) 범죄혐의의 상당성

범죄혐의의 상당성은 피의자가 특정한 범죄를 저질렀음을 인정할 개연성을 말하는데, 구체적으로 어느 정도의 소명을 의미하는지에 대해 일률적이고 구체적인 설명을 하기는 쉽지 않다. 이를 구체적으로 설명하기 위해서는 관련 판례가 축적되거나 영장의 청구 단계에서의 수사기록에 대한 전반적인 검토, 영장의 청구사유, 영장기각시 기각사유의 검토 등에 대한 면밀한 검토가 필요한데 그러한 연구는 찾아보기 힘들다. 더구나 지방법원판사의 재판인 영장기각에 대해서는 다툴 수 없기 때문에[120] 향후 그러한 연구를 기대하기도 힘들다.

같은 이유로 그나마 판례가 형성되어 있는 현행범인 체포에서의 범죄혐의의 정도를 제외하면, 긴급체포나 구속을 위한 범죄혐의의 정도, 나아가 유죄판결을 위한 증명의 정도에 대한 구체적인 평가기준의 제시 또한 상당히 어렵다. 다만 실무상으로는 체포영장은 다른 체포요건이 갖춰진 경우, 범죄혐의에 대한 고소인의 피해진술과 이를 일부 뒷받침할 증거만으로 발부되기도 한다. 예를 들어 사기죄에서 고소인의 피해 진술 및 금원교부에 대한 진술과 부합하는 계좌이체내역 또는 차용증으로도 범죄혐의의 상당성은 충족된다고 보는 것이다. 인권보장과 수사의 필요성 사이의 적절한 해결점을 찾는다는 측면에서도 범죄혐의의 평가기준에 대한 보다 면밀한 검토가 뒤따라야 할 것이다.

2) 출석불응과 그 우려 및 주거부정

출석불응은 피의자가 정당한 사유 없이 수사기관의 출석요구에 불응하는 것을 말한다. 출석불응의 예로는 2회 이상의 출석요구에도 아무런 사유의 소명 없이 출석하지 아니하는 경우, 수회에 걸친 출석요구에 대해 정당하지 아니한 사유로 지속적으로 기일의 변경을 요구하는 경우, 출석하지 않을 의사를 명백히 하는 경우 등을 들 수 있다. 따라서 수사기관이 일방적으로 지정한 기일과 장소에 피의자가 출석하지 아니하였다는 사실만으로는 출석불응이라 할 수 없다. 범죄혐의가 상당하다 하더라도 무죄추정원칙과 변호인조력권 보장에 따라 피의자는 변호인 선임, 변론에 필요한 자료 수집은 물론 급박한 개인사정에 따라 수사기관과 출석장소 및 출석일을 조율할 권리가 있기 때문이다.

출석불응의 우려는 객관적인 사정에 따라 수사기관이 피의자에게 출석요구를 하여도 피의자가 이에 불응할 개연성이 매우 높은 경우를 말한다. 이를 체포영장 발부의 사유로 삼은 것은 수사의 효율성을 위함이지만, 적정절차원칙 및 최소침해원칙 또한 간과할 수 없다. 따라서 형사소송법은 다액 50만원 이하의 벌금, 구류 또는 과료에 처해질 경미 범죄에 대해서는 주거부

---

120) 대법원 2006. 12. 18.자 2006모646 결정

정 또는 출석불응을 체포영장의 발부요건으로 규정함으로써 출석불응의 우려를 그 요건에서 배제하고 있다.

주거부정이란 피의자가 일정한 장소에 주거하지 아니하는 것을 말한다. 주거부정의 여부는 피의자의 의사, 주거의 안정성(주민등록 여부, 주거기간 등), 직업, 가족관계 등을 종합적으로 고려하여 판단한다.

3) 체포 필요성의 부존재가 명백하지 아니할 것

체포 필요성은 도망, 도망의 염려 또는 증거인멸의 염려를 말한다. 형사소송법은 구속의 요건(법 제70조 제1항) 및 긴급체포의 요건(법 제200조의3)으로 증거인멸 염려, 도망 또는 도망의 염려를 명시하고 있으나, 영장에 의한 체포의 경우에는 체포 필요성의 적극적 존재를 영장발부의 요건으로 삼지 아니하고 그 **명백한 부존재를 영장기각 요건**으로 두고 있음에 유의할 필요가 있다(법 제200조의2 제3항, 규칙 제96조의2).

범죄혐의가 상당하여 피의자에 대한 조사가 불가피함에도 피의자가 지속적으로 출석요구에 불응하거나, 출석요구를 하여도 피의자가 이에 불응할 객관적인 사정이 인정된다면 특별한 사정이 없는 이상 체포 필요성의 부존재가 명백하다고 할 수는 없을 것이다.

(다) 체포영장의 청구 및 발부

1) 영장의 신청과 청구

체포영장 발부사유가 충족되는 경우 사법경찰관은 검사에게 영장의 청구를 신청할 수 있고, 검사는 관할 지방법원판사에게 체포영장의 발부를 청구할 수 있다(법 제200조의2 제1항).

검사는 체포영장 청구서에 피의자의 성명(불상인 경우 그 밖에 피의자를 특정할 수 있는 사항), 주민등록번호, 직업, 주거, 피의자에게 변호인이 있는 때에는 그 성명, 죄명 및 범죄사실의 요지, 7일을 넘는 유효기간을 필요로 하는 때에는 그 취지 및 사유, 여러 통의 영장을 청구하는 때에는 그 취지 및 사유, 인치 구금할 장소, 체포의 사유, 동일 피의자의 동일한 범죄사실에 대한 영장 재청구시 그 취지 및 이유, 현재 수사 중인 다른 범죄사실에 관하여 동일 피의자에 대해 발부된 유효한 체포영장이 있는 경우 그 취지 및 그 범죄사실을 기재하고(규칙 제95조), 체포의 사유 및 필요를 인정할 수 있는 자료를 제출하여야 한다(규칙 제96조 제1항).

2) 체포영장의 발부와 기각

지방법원판사는 체포영장 발부요건이 충족되어 검사의 영장청구가 상당하다고 인정할 때에는 체포영장을 발부한다(법 제200조의2 제2항). 영장발부시 지방법원판사는 영장에 피고인의 성명, 주거, 죄명, 공소사실의 요지, 인치 구금할 장소, 발부년월일, 유효기간과 그 기간을 경과하면 집행에 착수하지 못하며 영장을 반환하여야 한다는 취지, 영장을 청구한 검사의 성명과 그 검사의 청구에 의하여 발부한다는 취지를 기재하여 서명날인한다(법 제200조의6, 제75조, 규칙 제94조).

검사의 영장청구가 상당하지 아니하다고 인정하여 영장을 발부하지 아니할 때에는 지방법원판사는 청구서에 그 취지 및 이유를 기재하고 서명날인하여 청구한 검사에게 교부한다(법 제200조의2 제3항).

3) 사실적 진행과정

실무상 수사기관은 죄종, 피해의 정도, 피의자의 상황 등을 보아 피의자에게 도주 또는 증거인멸의 우려가 없는 등 피의자가 긴급체포의 대상이 되지 아니하는 이상 우편, 전화 등을 이용하여 출석을 요구한다.

피의자가 출석하면 수사는 체포 없이 진행된다. 하지만 피의자가 출석요구에 불응하면 수사기관은 피의자에 대한 소재수사를 실시하고, 피의자가 소재불명이거나 소재수사를 통하여 피의자에게 대면으로 출석을 요구하였음에도 피의자가 재차 출석하지 아니하는 경우에는 수사기관은 범죄로 인한 피해와 소명의 정도 등에 비추어 피의자 발견시에 신병을 즉시 확보할 필요성이 인정되면 체포영장을 발부받아 피의자를 추적 및 수배한다. 체포영장에 의한 수배시 피의자가 발견되면 수사기관은 즉시 영장을 집행하여 체포한다. 한편 피의자 발견시 피의자의 신병을 즉시 확보할 필요성이 인정되지 아니하는 경우에는 수사기관은 체포영장의 발부 없이 피의자를 수배한다.

(라) 체포영장의 집행절차와 유형력 행사의 한계

체포영장은 검사의 지휘에 의하여 사법경찰관리가 집행한다(법 200조의6, 제81조 제1항). 사법경찰관리가 체포영장을 집행하여 피의자를 체포할 때에는 영장의 제시 및 사본 교부와 더불어 체포시 피의자 권리를 고지하여야 한다.

1) 영장의 제시와 사본 교부

① 원본제시 원칙과 예외

수사기관이 체포영장을 집행함에는 피의자에게 반드시 이를 제시하여야 한다. 다만 영장을 소지하지 아니한 경우에 급속을 요하는 때에는 피의자에 대하여 공소사실의 요지와 영장이 발부되었음을 고하고 집행할 수 있고, 이후 영장원본을 신속히 제시하여야 한다(법 제200조의6,

제85조).

체포영장 집행시 수사기관은 피체포자에게 영장 원본을 제시하는 것이 원칙이다. 하지만 사전 계획에 따라 이루어지는 압수·수색영장의 집행상황과는 달리 체포영장의 집행은 우연히 발견된 피의자에 대해 이루어져야 하는 경우도 있다. 모든 검사와 사법경찰관리가 항시 체포영장을 소지하는 것은 물리적으로 불가능하므로 형사소송법은 이러한 경우를 대비하여 급속한 경우 체포영장의 원본제시는 체포 후 신속히 이루어질 수 있도록 한 것이다. 실무상 체포영장으로 수배된 자가 우연히 발견된 경우, 수사기관은 체포현장에서 영장발부의 사실을 알리고 체포지 인근 수사기관 사무실에 피의자를 인치한 후(일반적으로 인치장소를 수배관서 및 체포지 인근 수사기관 사무실로 기재하여 영장을 발부받는다) 영장사본을 제시하고, 피의자를 수배한 검사 또는 사법경찰관리가 피의자를 인수할 때 영장원본을 제시한다.

② 제시의 시기

체포영장은 집행에 앞서 피체포자에게 제시하는 것이 원칙이다. 하지만 피체포자가 영장 집행에 따른 체포에 대해 저항하는 경우에는 수사기관은 피체포자의 저항을 제압한 후 영장을 제시할 수 있다.[121] 우연히 발견된 체포영장에 의한 수배자의 경우에 영장제시의 시기는 바로 위에서 전술한 바와 같다.

③ 제시범위와 사본의 교부

체포영장의 제시는 피체포자가 영장의 법정기재사항인 피의자의 성명, 주거, 죄명, 범죄사실의 요지, 인치 구금할 장소, 발부년월일, 유효기간 등을 충분히 확인할 수 있을 정도로 이루어져야 한다. 실무상 영장의 첫 면에 법정기재사항의 구체적인 내용까지 담는 것은 불가능하므로, 범죄사실의 요지 등 분량이 많은 것은 별지로 처리되고 영장의 첫 면 해당란에는 "별지기재"라고만 기재한다. 따라서 사법경찰관리는 피체포자에게 영장의 별지까지 제시하여야 한다.

형사소송법은 영장제시를 통한 피의자의 권리보호를 강화하기 위해 수사기관에게 체포시 영장사본의 교부의무를 부과하였다. 수사기관은 체포영장 집행시에 체포된 피의자에게 영장의 사본을 교부하여야 하고, 급속을 요하는 경우에는 상당한 시간 내에 사본을 교부할 수 있다(법 제200조의6, 제85조). 다만 피의자가 사본의 수령을 거부하는 경우에는 영장사본 교부확인서에 그 취지를 기록하고 사본을 교부하지 아니할 수 있다(수사준칙 제32조의2 제4항).

영장의 원본제시와 사본교부가 의무화됨에 따라 영장에 기재된 사항은 모두 피체포자에게 노출되게 되고 그 결과 범죄사실, 체포의 필요성 등에 피해자나 목격자의 진술이 포함되는 경우에는 그러한 사건관계인의 개인정보가 피체포자에게 노출될 우려가 있다. 일단 발부된 영장

121) 대법원 2008. 2. 14. 선고 2007도10006 판결.

에 기재된 내용은 모두 제시와 사본교부의 대상이 되므로, 수사기관은 사건관계인의 개인정보가 피의자의 방어권 보장을 위해 필요한 정도를 넘어 불필요하게 노출되지 않도록 영장의 신청·청구시 관계 수사서류의 작성에 유의하여야 한다(수사준칙 제32조의2 제2항).

2) 권리고지

① 고지의 내용

검사 또는 사법경찰관은 피의자를 체포하는 경우 피의사실의 요지, 체포의 이유, 변호인을 선임할 수 있음을 말하고 변명할 기회를 주어야 하며, 일체의 진술을 하지 아니하거나 개개의 질문에 대하여 진술을 하지 아니할 수 있다는 것, 진술을 하지 아니하더라도 불이익을 받지 아니한다는 것, 진술을 거부할 권리를 포기하고 행한 진술은 법정에서 유죄의 증거로 사용될 수 있다는 것 등 진술거부권을 알려주어야 한다(법 제200조의5, 수사준칙 제32조).

형사소송법은 체포시의 권리고지의 내용에 체포적부심사청구권의 고지를 포함하고 있지 아니 하나, 피의자를 체포한 검사 또는 사법경찰관에게 체포된 피의자 및 그 변호인 등 체포적부심사 청구권자 중 피의자가 지정하는 사람에게 체포적부심사청구권의 고지의무를 부과하고 있다(법 제214조의2). 따라서 검사 또는 사법경찰관은 체포시 피의자에게 체포적부심사청구권도 함께 고지하는 것이 바람직할 것이다.

② 고지의 정도

체포시 권리고지는 법정 내용 그대로의 준수 또는 흠결이라는 두 가지의 경우만이 존재하지만, 형사소송법은 고지내용이 어느 정도로 구체적이어야 하는지에 대해서는 규정하고 있지 아니하다. 따라서 피의사실의 요지와 체포의 이유 고지를 어느 정도까지 하여야 하는지에 대해서는 이견의 여지가 있는데, 최소한 피의자가 자신의 체포사유를 이해하고 그에 대해 체포적부심청구 등을 통한 권리구제가 가능한 정도로는 이루어져야 할 것이다. 영장에 의한 체포시에는 영장의 제시와 사본의 교부가 이루어지므로, 이 부분에 대한 권리고지는 이중으로 보장된다.

③ 고지의 시기

체포영장의 제시와 마찬가지로 권리고지는 체포시 **실력행사에 앞서서 미리** 하는 것이 원칙이다. 대법원도 정당한 사유 없이 체포로부터 30분 상당이 지난 후에 권리고지가 이루어진 경우 권리고지의무 위반으로 불법체포에 해당한다고 하고 있다.[122] 다만 피체포자가 실력으로 체포에 저항하는 경우 검사 또는 사법경찰관은 피의자를 제압한 후 권리고지를 할 수 있다.[123]

---

122) 대법원 2017. 3. 15. 선고 2013도2168 판결.
123) 대법원 2012. 2. 9. 선고 2011도7193 판결.

3) 체포시 유형력 행사와 그 한계

① 비례원칙의 준수

수사기관이 영장에 의해 피의자를 체포하는 경우에는 비례원칙의 준수범위 내에서 유형력을 행사할 수 있다. 따라서 영장의 집행에 피의자가 순순히 응하는 경우 수사기관은 수갑 사용 등 체포에 필수적으로 수반되는 최소한의 유형력을 행사하는 데 그쳐야 하고, 피의자가 체포에 불응하고 폭력 등으로 저항하는 경우에는 저항의 정도에 따라 그를 제압하는 데 필요 최소한의 유형력을 행사할 수 있다. 체포 요건이 갖추어졌다 하더라도 체포시의 수사기관의 유형력 행사가 위법하다면 당해 체포는 위법함을 면할 수 없다.

한편 영장에 의한 체포시 유형력 행사와 그 한계는 긴급체포와 현행범인 체포에서도 동일하게 적용된다.

② 경찰관 직무집행법에 따른 사법경찰관리의 유형력 행사

실무상 대부분의 체포는 사법경찰관리에 의해 이루어지는바, 경찰관 직무집행법상 체포시 사법경찰관리의 유형력 행사에 대해 살펴본다. 경찰관 직무집행법은 경찰관의 체포시 유형력 행사와 관련하여 경찰장구, 분사기, 무기로 나누어 그 사용 요건과 절차를 규정하고 있는데, 사법경찰관리는 경찰관이므로 경찰관 직무집행법의 규정을 준수하여 유형력을 행사하여야 한다.

ⓐ 장구

경찰관은 현행범이나 사형·무기 또는 **장기 3년 이상**의 징역이나 금고에 해당하는 죄를 범한 범인의 체포를 위하여 필요하다고 인정되는 상당한 이유가 있을 때에는 그 사태를 합리적으로 판단하여 필요한 한도에서 **수갑**, **포승**, **경찰봉**, **방패** 등 경찰장구를 사용할 수 있다(경찰관 직무집행법 제10조의2).

하급심 법원은 경찰관이 체포를 위한 수갑사용 과정에서 피의자의 팔을 과도하게 뒤로 꺾어 피의자에게 우측 상완 분쇄골절의 영구장해를 입힌 경우에 대하여,[124] 대법원은 가정폭력 신고에 따라 현장에 출동한 경찰관의 모자를 치며 테이저건을 쏠 테면 쏘아보라며 말로서 도발하는 피의자에게 테이저건을 쏜 경우[125] 등에 대하여 과도한 유형력의 행사로 위법하다고 하였다.

ⓑ 분사기

경찰관은 범인의 체포 또는 범인의 도주 방지를 위하여 부득이한 경우 필요한 최소한의 범위에서 분사기를 사용할 수 있다(경찰관 직무집행법 제10조의3).

124) 서울고등법원 2006. 5. 11. 선고 2005나87953 판결.

125) 대법원 2015. 11. 27. 선고 2015도15185 판결.

하급심 법원은 검찰수사관이 마약밀매사범을 체포하는 과정에서 손도끼를 휘두르며 격렬히 저항하는 범인의 안면부에 분사기를 발사하여 실명하게 한 경우 적법하다 하였으나,[126] 차량으로 도주하는 마약사범을 추적하는 과정에서 경찰관이 도주 차량에 매달린 다른 경찰관과 차량 사이의 틈에 손을 넣어 분사기를 발사하여 피의자의 안면부에 적중시킴으로써 실명하게 한 경우는 위법하다 하였다.[127]

테이저건이 충분히 보급된 이후에 실무상 경찰관이 체포시 분사기를 사용하는 예는 찾아보기 어렵다.

ⓒ 무기

경찰관은 범인의 체포, 범인의 도주 방지, 자신이나 다른 사람의 생명·신체의 방어 및 보호, 공무집행에 대한 항거의 제지를 위하여 필요하다고 인정되는 상당한 이유가 있을 때에는 그 사태를 합리적으로 판단하여 필요한 한도에서 권총 등 무기를 사용할 수 있다.

다만 사람에게 위해를 끼치는 방법으로 사용할 수 있는 경우로는, 형법상 정당방위와 긴급피난에 해당할 때 및 보충성이 인정되는 경우로서 사형·무기 또는 장기 3년 이상의 징역이나 금고에 해당하는 죄를 범하거나 범하였다고 의심할 만한 충분한 이유가 있는 사람이 경찰관의 직무집행에 항거하거나 도주하려고 할 때, 영장집행 과정에서 경찰관의 직무집행에 항거하거나 도주하려고 할 때, 제3자가 위 두 가지 경우에 해당하는 사람을 도주시키려고 경찰관에게 항거할 때, 범인이 무기·흉기 등 위험한 물건을 지니고 경찰관으로부터 3회 이상 물건을 버리라는 명령이나 항복하라는 명령을 받고도 따르지 아니하면서 계속 항거할 때로 제한된다(경찰관 직무집행법 제10조의4).

무기의 사용은 치명적인 결과를 가져올 수 있으므로 경찰관 직무집행법은 정당방위나 긴급피난에 해당하지 아니하는 이상 체포과정에서 피의자의 신체에 무기를 직접 사용할 수 있는 전제로서 보충성을 요구한다. 따라서 경찰관은 정당방위 또는 긴급피난에 해당하지 아니하는 이상 보충성이 인정되는 이례적인 경우 외에는 피의자의 신체에 직접 무기를 사용하여서는 아니 된다. 대법원도 정당방위로서 경찰관이 피의자의 신체에 권총사격을 가한 것은 적법하지만[128] 경찰관이 총을 겨눈 상태에서 투항명령을 하였으나 이에 불응하고 도주하는 자,[129] 경

126) 서울지방법원 1999. 4. 14. 선고 97가합80905 판결.

127) 부산지방법원 2013. 6. 27. 선고 2011가합21849 판결.

128) 대법원 2004. 3. 25. 선고 2003도3842 판결. “경찰관의 무기 사용이 경찰관 직무집행법 제10조의4의 요건을 충족하는지 여부는 범죄의 종류, 죄질, 피해법익의 경중, 위해의 급박성, 저항의 강약, 범인과 경찰관의 수, 무기의 종류, 무기 사용의 태양, 주변의 상황 등을 고려하여 사회통념상 상당하다고 평가되는지 여부에 따라 판단하여야 하고, 특히 사람에게 위해를 가할 위험성이 큰 권총의 사용에 있어서는 그 요건을 더욱 엄격하게 판단하여야 한다.” 다만 동일 사안에 대한 국가배상사건(대법원 2008. 2. 1. 선고 2006

찰관에게 체포된 후 경찰관을 폭행하고 다시 도주한 자,[130] 교통신호 위반에 대한 경찰관의 정지명령을 무시한 채 수차례 신호위반 등을 하며 도주한 운전자[131] 등의 체포를 위해 경찰관이 피의자의 신체에 권총사격을 가한 것은 위법하다고 하였다.

(마) 체포 후 절차

1) 체포통지 및 체포적부심사청구권의 통지

수사기관이 피의자를 체포한 때에는 변호인이 있는 경우에는 변호인에게, 변호인이 없는 경우에는 그 법정대리인, 배우자, 직계친족과 형제자매 등 변호인 선임권자 중 피의자가 지정한 자에게 사건명, 체포일시 및 장소, 범죄사실의 요지, 체포의 이유, 변호인을 선임할 수 있다는 취지를 알려야 한다(법 제200조의6, 제87조).

피의자를 체포한 검사 또는 사법경찰관은 체포된 피의자 및 체포적부심사 청구권자 중 피의자가 지정하는 사람에게 체포적부심사를 청구할 수 있음을 알려야 한다(법 제214조의2). 피의자가 지정하는 사람에 대한 체포적부심청구권 고지는 체포시로부터 24시간 이내에 서면으로 이루어져야 한다(수사준칙 제33조 제3항).

2) 구속영장의 청구 또는 석방

사법경찰관이 체포한 피의자를 구속하고자 할 때에는 검사에게 구속영장의 청구를 신청하여야 하고(법 제201조 제1항), 검사가 체포한 피의자를 구속하고자 할 때에는 체포한 때부터 48시간 이내에 구속영장을 청구하여야 하여야 하며, 그 기간 내에 구속영장을 청구하지 아니하는 때에는 피의자를 즉시 석방하여야 한다(법 제200조의2 제5항). 체포시로부터 48시간은 영장청구의 한계 시간일 뿐이므로 수사기관은 피의자를 구속하지 않는 것이 상당하다고 판단하면 그 즉시 피의자를 석방하여야 한다. 특히 자백을 얻기 위해서나 별건수사를 위하여 석방시기를 지연시키는 것은 수사권남용에 해당하여 위법하다.

피의자 등이 체포적부심사를 청구한 경우, 수사 관계 서류와 증거물이 법원에 접수된 때부터 법원의 체포적부심사 결정 후 검찰청에 반환된 때까지의 기간은 영장청구 제한기간에 산입하지 아니한다(법 제214조의2 제13항).

한편 구속영장이 청구된 경우 영장의 발부 여부는 판사의 대면심문을 통한 영장실질심사

다6713 판결)에서는 정당방위로 인정하지 아니하였다.

129) 대법원 1991. 5. 28. 선고 91다10084 판결.

130) 대법원 1994. 11. 8. 선고 94다25896 판결.

131) 대법원 1999. 6. 22. 선고 98다61470 판결.

에서 결정된다. 영장실질심사는 영장청구일 다음날까지 이루어질 수 있으므로(법 제201조의2 제1항) 체포된 피의자에 대해 영장이 청구된 경우 피의자는 구속되지 아니하더라도 체포시점으로부터 4일 상당까지 구금될 수 있다.

(3) 긴급체포

체포는 영장에 의함이 원칙이지만 사전에 영장을 발부받을 수 없음이 명백한 경우에는 그 예외를 둘 필요가 있다. 그 첫 번째 예외로서 형사소송법은 중대한 범죄에 대한 긴급체포를 규정하고 있다.

(가) 긴급체포의 요건

검사 또는 사법경찰관은 피의자가 사형·무기 또는 **장기 3년 이상**의 징역이나 금고에 해당하는 죄를 범하였다고 의심할 만한 상당한 이유가 있고 피의자가 증거를 인멸할 염려가 있거나 도망하거나 도망할 우려가 있는 경우에, 긴급을 요하여 지방법원판사의 체포영장을 받을 수 없는 때에는 그 사유를 알리고 영장없이 피의자를 체포할 수 있다. 이 경우 긴급을 요한다 함은 피의자를 우연히 발견한 경우 등과 같이 체포영장을 받을 시간적 여유가 없는 때를 말한다(법 제200조의3).

이처럼 긴급체포의 요건은 **중대범죄 혐의의 상당성**, **긴급성**, **체포의 필요성**으로, 이 세 가지 요건 중 하나라도 결여되면 위법한 긴급체포에 해당한다. 긴급체포의 요건을 갖추었는지 여부는 사후에 밝혀진 사정을 기초로 판단하는 것이 아니라 **체포 당시의 상황**을 기초로 판단하여야 하고, 이에 관한 검사 또는 사법경찰관의 판단에는 **상당한 재량의 여지**가 있다고 할 것이다. 하지만 긴급체포 당시의 상황으로 보더라도 그 요건의 충족 여부에 관한 판단이 경험칙에 비추어 **현저히 합리성을 잃은 경우**에는 그 체포는 위법하다.[132)]

1) 중대 범죄 혐의의 상당성

피체포자가 법정형이 사형· 무기 또는 장기 3년 이상의 징역이나 금고에 해당하는 죄를 범하였다고 의심할 만한 상당한 이유가 있어야 한다.

---

132) 대법원 2002. 6. 11. 선고 2000도5701 판결. 이처럼 판례가 수사주체의 판단에 상당한 재량의 여지를 인정한 후, 그 판단이 경험칙에 비추어 현저히 합리성을 잃은 경우에 위법하다고 하여 지나치게 수사기관의 입장을 편들고 있는 듯한 인상을 주고 있으나, 이는 어느 정도 현실을 반영한 판단이라는 생각도 든다. 구속영장을 청구하면 영장실질심사를 거치게 되는데 영장이 기각되는 경우가 적지 않고 그 경우 수사기관이 피의자의 신병을 확보한 상태에서 조사하는 것이 어려워질 수 있는바, 그러한 사정을 어느 정도 감안, 배려한 판결이라고 볼 수도 있을 것이다.

① 범죄의 중대성

체포대상 범죄의 법정형이 장기 3년 이상의 징역이나 금고에 해당하여야 한다. 절도죄는 6년 이하의 징역형을(형법 제329조), 사기죄는 10년 이하의 징역형을(형법 제347조 제1항) 두고 있는 등 형법상 다수의 범죄는 법정형으로 장기 3년 이상의 징역형을 두고 있다. 하지만 벌금형만을 두고 있는 도박죄(형법 제246조 제1항), 1년 이하의 징역형을 두고 있는 도로교통법상 무면허운전(도로교통법 제152조 제1호), 2년 이하의 징역형을 두고 있는 폭행죄(형법 제260조 제1항), 과실치사죄(형법 제267조), 사실적시 명예훼손죄(형법 제307조 제1항) 등에 대한 긴급체포는 법규정상 허용되지 않는다.

2) 혐의의 상당성

체포 대상자가 범죄를 저질렀다고 의심할 만한 상당한 이유가 있어야 한다. 따라서 상당한 이유는 긴급체포의 요건으로서 매우 중요하지만 어느 정도의 소명을 의미하는지에 대한 판례나 의미 있는 연구는 그다지 눈에 띄지 않아 그 판단기준을 제시하기가 쉽지는 않다.

다만 긴급체포와 영장에 의한 체포에서 범죄혐의는 '상당한 이유'로 문언이 동일하고, 상당한 이유는 유죄판결을 위한 입증의 정도인 '합리적인 의심이 없는' 정도의 증명보다는 낮은 정도의 증명을 의미함은 분명하다. 한편 법원은 현행범인 체포의 범죄 혐의인 명백성에 대해 다수의 구체적 사안에서 그 의미를 밝힌 바 있는데, 비록 현행범인 체포와 긴급체포는 체포 상황이나 요건을 달리하긴 하지만, 명백성이라는 문언의 의미는 범죄혐의의 상당성 보다는 높은 정도 또는 최소한 동일한 수준의 소명을 의미한다고 하겠다. 따라서 현행범인 체포에서의 명백성을 충족시키는 정도의 범죄 혐의라면 긴급체포에서의 상당성을 충족시킨다고 할 수 있을 것이다.

3) 긴급성과 체포의 필요성

① 긴급성

긴급성은 수사기관의 체포영장 없는 긴급체포를 허용하는 정당화 사유의 핵심으로, 조문의 내용과 같이 검사 또는 사법경찰관이 물리적으로 "체포영장을 받을 시간적 여유가 없는 때를 말한다." 사법경찰관이 영장을 신청하는 경우 영장발부는 사법경찰관의 관련서류 작성 및 영장신청, 검사의 기록검토 및 영장청구, 지방법원 판사의 기록검토 및 영장발부의 절차를 거치게 되는데, 일반적으로 이러한 절차에는 2, 3일 상당의 시간이 소요되고, 영장을 신청한 사법경찰관이 직접 검찰청과 법원을 방문하여 영장을 발부받는다 하더라도 최소 수 시간 이상의 시간이 소요될 수밖에 없다. 따라서 긴급성은 검사 또는 사법경찰관이 영장발부를 위한 절차를 진행하는데 소요되는 최소시간 내라면 인정된다.

② 체포의 필요성

체포의 필요성은 조문의 내용과 같이 피의자가 증거를 인멸할 염려가 있거나, 도망 또는 도망할 우려가 있는 경우 인정된다. 그 예로는 피의자가 체포사유가 된 범죄의 중요증거를 즉시 처분할 수 있거나 이미 처분하였다고 인정할 만한 상당한 이유가 있는 경우, 피의자가 도주 중에 발각되어 체포된 경우, 피의자의 일정한 주거를 확인할 수 없어 자진출석을 기대하기 어렵고 중형이 예상되어 도주가 우려되는 경우 등을 들 수 있다.

증거인멸의 염려, 도망 또는 도망우려는 구속사유에도 해당하는바, 통상체포의 경우 구속사유를 요하지 않으나 긴급체포의 경우에는 이를 요하는 이유는 필요 상황에 따라 영장 없는 긴급체포를 허용은 하되 그 요건을 엄격히 함으로써 긴급체포의 남용을 방지하려는 취지에서라고 할 수 있다.

③ 양자의 관계와 법원의 태도

긴급성과 체포의 필요성의 관계는 마치 동전의 양면과 같다. 체포영장을 발부받기 위해 시간을 지체하게 되면 피의자가 증거를 인멸하거나 도주 또는 도주할 우려가 있다는 말은 곧 피의자가 증거를 인멸하거나 도주 또는 도주할 우려가 있기 때문에 체포영장을 발부받을 시간적 여유가 없었다는 말과 다를 바 없기 때문이다. 전술한 바와 같이 형사소송법은 통상체포와는 달리 긴급체포에서는 체포의 필요성을 체포의 적극적 요건으로 명시하고 있는데, 만약 그러하지 아니하다 하더라도 수사기관은 체포의 필요성을 긴급성 소명의 내용으로 삼을 수밖에 없을 것이다.

대법원도 긴급성과 체포의 필요성을 상호 연계하여 검토하고 있는바, 그 판단에 있어 수사기관의 재량을 널리 인정한다고 하면서도 실질적인 충족 여부의 평가기준은 엄격히 설정하고 있다. 대법원은 수뢰혐의를 받는 현직 군수가 도망하거나 증거인멸을 할 의도가 없었음이 명백하고 출석요구에 응할 것이 충분히 예상되는 경우,[133] 참고인 조사를 받는 줄 알고 검찰청에 자진출석하였는데 예상과는 달리 갑자기 피의자로 조사한다고 하므로 임의수사에 의한 협조를 거부하면서 조사를 시작하기도 전에 귀가를 요구한 경우,[134] 고발접수 후 10일 내에 체포영장을 발부받을 시간적 여유가 있었던 경우,[135] 기소유예처분된 사건에 대해 불기소처분을 원하며 재수사를 요구하는 진정인이 검찰청에 자진출석하였음에도 담당 검사의 교체를 요구한다는 이유로 기소유예처분을 받은 당해 사건의 피의자로 긴급체포한 경우[136]에 긴급성 또는

133) 대법원 2002. 6. 11. 선고 2000도5701 판결.
134) 대법원 2006. 9. 8. 선고 2006도148 판결.
135) 대법원 2007. 1. 12. 선고 2004도8071 판결.
136) 대법원 2003. 3. 27.자 2002모81 결정.

체포의 필요성이 인정되지 아니하여 위법하다고 하였다.

다만 대법원의 태도와 같이 물리적인 시간을 기준으로 긴급성의 충족 여부를 평가한다 하더라도 자진출석한 자에 대한 긴급체포가 반드시 불가능한 것은 아니다. 자진출석한 자라 하더라도 증거인멸 또는 도망우려가 인정되고 체포영장을 발부받을 시간적 여유가 없는 경우에는 긴급체포를 할 수 있는 것이다. 예를 들어 수사기관이 영장신청 또는 청구를 결정하고 관련서류를 준비하는 단계에서 피의자가 자진출석하였는데 피의자의 자진출석 후 피의자신문과정에 이르러서야 긴급체포의 요건이 충족되었음이 밝혀진 경우에는 자진출석한 피의자라도 긴급체포할 수 있다.

(나) 긴급체포의 절차와 유형력의 행사

1) 긴급체포의 절차

긴급체포시에는 영장이 존재하지 아니하므로 영장의 제시나 사본교부 절차는 필요 없다. 따라서 긴급체포의 절차는 체포시 권리고지이다.

① 권리고지의 내용

검사 또는 사법경찰관은 긴급체포시 피체포자에게 체포시의 권리고지를 하여야 한다(제200조의5). 형사소송법은 긴급체포시에 그 사유를 알릴 것을 따로 규정하고 있지만(제200조의3 제1항). 이는 체포시의 권리고지의 내용 중 하나인 체포의 이유와 다르지 않다. 긴급체포시의 권리고지의 실질적인 내용은 통상체포시의 권리고지와 동일하다.

하지만 긴급체포에는 영장의 제시와 사본 교부의 절차가 존재하지 아니하여 피의자는 이를 통한 피의사실의 요지와 체포이유의 확인이 불가능하다. 따라서 긴급체포시의 수사기관의 권리고지는 통상체포보다 명확하여야 할 것임에도, 체포시의 진술거부권의 고지를 규정하고 있는 '검사와 사법경찰관의 상호협력과 일반적 수사준칙에 관한 규정' 제32조는 그 표제를 "체포·구속영장 집행시의 권리고지"라 하여 긴급체포시에는 적용되지 아니한다고 해석할 여지가 있다. 하지만 '검사와 사법경찰관의 상호협력과 일반적 수사준칙에 관한 규정' 제32조의 본문에는 권리고지를 영장의 집행시로 제한한다는 내용이 없고, 영장에 의해 체포·구속된 피의자와 긴급체포 또는 현행범인으로 체포된 피의자의 권리고지 내용을 달리 할 이유도 없다. 더구나 적정절차원칙에 따라 체포의 적법성에 대한 법관의 사전심사를 거친 영장에 의한 체포시에도 이루어져야 하는 권리고지가 법관의 사전심사를 거치지 아니한 체포시에는 이루어지지 않아도 된다고 볼 이유는 더더욱 없다. 따라서 긴급체포시에도 '검사와 사법경찰관의 상호협력과 일반적 수사준칙에 관한 규정'에 따른 진술거부권의 고지는 이루어져야 한다.

② 권리고지의 시기

긴급체포시 권리고지의 시기는 통상체포시의 권리고지의 시기와 동일하다.

2) 긴급체포시 유형력의 행사

긴급체포시 유형력 행사의 한계는 통상체포시와 동일하다. 따라서 검사 또는 사법경찰관은 긴급체포시 비례원칙을 준수하여 유형력을 행사하여야 하고, 이를 위반하면 당해 체포는 위법함을 면할 수 없다.

(다) 체포 후 절차

1) 사법경찰관의 긴급체포시 검사의 승인

① 긴급체포 승인제도의 의의와 한계

사법경찰관은 긴급체포시 즉시 검사의 승인을 얻어야 한다(법 제200조의3 제2항). 긴급체포와 현행범인 체포 후 구속영장의 청구 없이 석방하는 경우 그 체포의 적법성에 대한 법원의 평가는 당해 형사절차에서 이루어지지 아니하거나, 이루어진다 하더라도 상당한 시간이 지난 후 본안에서 다루어지게 된다. 따라서 사법경찰관의 긴급체포에 대한 승인은 공익의 대표자인 검사가 수사기관의 성격만을 가진 사법경찰관의 독자적 긴급체포를 통제하도록 함으로써 긴급체포권의 오남용을 방지하기 위한 것으로 이해할 수 있다. 하지만 수사기관으로서의 검사의 긴급체포의 경우에는 즉각적인 외부적 통제장치가 없다는 것은 여전히 문제라 하겠다.

② 승인요청 시한

사법경찰관이 소속 경찰관서 소재 광역시도 외의 장소에서 기소중지자를 체포한 경우 및 해양경비법에 따른 경비수역에서 긴급체포한 경우에는 체포시로부터 24시간, 그 외의 장소인 경우에는 체포시로부터 12시간 이내에 검사에게 승인을 요청해야 한다(수사준칙 제27조 제1항). 일반적으로 사법경찰관은 체포대상인 기소중지자에 대해 체포영장을 발부받아 수배하고, 사법경찰관이 경비수역에서 긴급체포를 하는 경우는 매우 드물다. 따라서 대부분의 경우 긴급체포시 승인요청 시한은 체포시로부터 12시간이라 할 수 있다.

③ 승인요청의 방법과 검사의 승인

사법경찰관이 긴급체포의 승인을 얻고자 할 때에는 범죄사실의 요지, 긴급체포의 일시·장소, 긴급체포의 사유, 체포를 계속해야 하는 사유 등을 적은 **긴급체포 승인요청서로** 요청해야 한다. 다만, 긴급한 경우에는 형사사법정보시스템 또는 팩스를 이용하여 긴급체포의 승인을 요청할 수 있다.

검사는 사법경찰관의 긴급체포 승인 요청이 이유 있다고 인정하는 경우에는 지체 없이 긴급체포 승인서를 사법경찰관에게 송부해야 하고, 이유 없다고 인정하는 경우에는 지체 없이 사법경찰관에게 불승인을 통보해야 한다. 검사가 긴급체포를 불승인한 경우 사법경찰관은 긴급체포된 피의자를 즉시 석방하고 그 석방 일시와 사유 등을 검사에게 통보해야 한다(수사준칙 제27조).

2) 긴급체포서의 작성

검사 또는 사법경찰관은 긴급체포한 경우에는 범죄사실의 요지, 긴급체포의 사유 등을 기재한 긴급체포서를 즉시 작성하여야 한다(법 제200조의3 제3항, 제4항). 긴급체포서는 긴급체포의 주요 내용을 기록한 것으로서 긴급체포의 적법성을 평가함에 있어 중요한 자료이다. 따라서 검사가 긴급체포된 피의자에 대하여 구속영장을 청구하는 때에는 긴급체포서를 첨부하여야 한다(법 제200조의4 제1항).

3) 체포통지 및 체포적부심사 청구권의 통지

체포통지 및 체포적부심사 청구권 통지의 내용은 통상체포에서의 내용과 동일하다.

4) 구속영장의 청구 또는 석방

① 구속영장의 청구

검사 또는 사법경찰관이 긴급체포한 피의자를 구속하고자 할 때에는 검사는 지체 없이 관할지방법원판사에게 구속영장을 청구하여야 하고, 사법경찰관은 검사에게 신청하여 검사의 청구로 관할지방법원판사에게 구속영장을 청구하여야 한다. 이 경우 구속영장은 피의자를 체포한 때부터 48시간 이내에 청구하여야 하며 긴급체포서를 첨부하여야 한다(법 200조의4 제1항). 다만 피의자가 체포적부심사를 청구하면 법원이 수사 관계 서류와 증거물을 접수한 때부터 결정 후 검찰청에 반환된 때까지의 기간은 48시간의 영장청구 제한기간에 산입하지 아니한다(법 제214조의2 제13항).

체포시로부터 48시간의 의미, 영장실질심사시 긴급체포에 따른 최장 구금기간 등은 영장에 의한 체포와 동일하다.

② 석방

사법경찰관은 긴급체포한 피의자에 대하여 구속영장을 신청하지 아니하면 피의자를 석방하여야 하고 이 경우 즉시 검사에게 보고하여야 한다(법 200조의4 제6항). 구속영장을 청구하지 아니하거나 발부받지 못한 때에는 검사 또는 사법경찰관은 피의자를 즉시 석방하여야 한다(법 제200조의4 제2항).

검사는 구속영장을 청구하지 아니하고 피의자를 석방한 경우에는 석방한 날부터 30일 이내에 긴급체포서의 사본을 첨부하여 서면으로 긴급체포 후 석방된 자의 인적사항, 긴급체포의 일시·장소와 긴급체포하게 된 구체적 이유, 석방의 일시·장소 및 사유, 긴급체포 및 석방한 검사 또는 사법경찰관의 성명을 **법원에 통지**하여야 한다(법 200조의4 제4항).

③ 문제점과 입법론

이처럼 검사 또는 사법경찰관은 긴급체포한 때부터 **48시간 이내에 구속영장을 청구**하기만 하면 되고 그 안에 반드시 발부받아야 하는 것은 아니다. 결국 긴급체포 후 구속영장을 청구할 때까지의 48시간 동안은 사실상 영장 없는 구속이 가능하게 되는 셈이다. 그 결과 구속대상이 되지 않는 사람을 일단 체포부터 하고 보는 긴급체포의 남용현상이 일어날 소지가 생기게 된다.

이에 형사소송법은 사법경찰관과 검사가 긴급체포 후 구속영장을 청구하지 않고 석방한 경우에는 이를 각각 검사 및 법원에 보고, 통지하게 함으로써 긴급체포의 남용을 규제하려고 하고 있으나 그러한 심리적 부담만으로 얼마만큼 효과를 거둘 수 있을지는 미지수이다. 더구나 대법원은 긴급체포 과정이 적법한 이상 단지 사후 석방통지가 이루어지지 않았다는 사정만으로 긴급체포 중의 피의자신문조서의 작성이 소급하여 위법하게 된다고 볼 수는 없다는 입장을 취하고 있다.137) 이런 점에서도 긴급체포 후 반드시 **사후영장을 청구**하도록 하여야 한다는 **입법론**적 주장이 꾸준히 제기되고 있다.

(라) 긴급체포 후 석방된 자의 권리

1) 동일범죄에 대한 긴급체포의 금지

검사 또는 사법경찰관은 긴급체포 후 구속영장을 불청구하거나 구속영장의 기각으로 석방된 피의자에 대해 **체포영장에 의하지 아니하는 한** 동일한 범죄사실에 관하여 체포하지 못한다(법 제200조의4 제3항). 이미 긴급체포의 사유가 된 범죄는 범행시로부터 상당한 시간이 경과하였으므로 시간·장소적 접착성의 결여로 현행범인 체포의 대상이 될 수 없음은 명백하다. 하지만 긴급체포의 경우 수사기관이 석방 즉시 긴급성과 체포의 필요성이 충족되었음을 이유로 재체포에 나설 우려가 있기에 형사소송법은 이를 명시적으로 금지한 것이다. 따라서 긴급체포된 후 석방된 자는 **동일 범죄로 다시 긴급체포되지 아니할 권리**가 있다.

---

137) 대법원 2014. 8. 26. 선고 2011도6035 판결.

2) 긴급체포 관련서류의 열람·등사권

긴급체포 후 석방된 자 및 그 변호인·법정대리인·배우자·직계친족·형제자매는 긴급체포시의 통지서 등 관련 서류를 열람하거나 등사할 수 있다(법 200조의4 제5항). 긴급체포 후 석방된 자는 이러한 자료를 수집하여, 긴급체포되었던 범죄사실로 공소가 제기되는 경우 긴급체포가 불법임을 주장하면서 체포 이후 수집된 증거에 대해 위법수집증거임을 주장하여 증거능력을 부정하게 하거나 불법체포로 인한 국가배상소송에 증거로 사용하는 등, 권리구제의 수단으로 활용할 수 있다.

(4) 현행범인 체포

현행범인이란 범죄를 실행하고 있거나 실행하고 난 직후의 사람을 말하고, 준현행범인이란 범인으로 불리며 추적되고 있는 사람, 장물이나 범죄에 사용되었다고 인정하기에 충분한 흉기나 그 밖의 물건을 소지하고 있는 사람, 신체나 의복류에 증거가 될 만한 뚜렷한 흔적이 있는 사람, 누구냐고 묻자 도망하려고 하는 사람을 말한다(법 제211조). 이러한 상황에서는 사전에 영장을 발부받을 수 없음이 명백한바, 형사소송법은 영장에 의한 체포의 두 번째 예외로서 현행범인 체포를 규정하고 있다.

(가) 체포의 주체

현행범인은 누구든지 영장없이 체포할 수 있다(법 제212조). 현재 범죄를 실행하고 있거나 실행하고 난 직후의 사람 또는 그에 준하는 사람에 대해서는 범행의 중단, 추가범죄의 예방, 형사절차의 신속한 종결을 위해 누구든지 체포를 할 수 있도록 할 필요가 있다. 이에 형사소송법은 다른 체포의 경우 그 주체를 검사와 사법경찰관으로 제한하고 있는데 비해 현행범인 체포의 주체에는 제한을 두지 아니하고 있다. 따라서 사법경찰리는 물론 사인도 현행범인 체포의 주체가 될 수 있다.

(나) 체포의 요건과 한계

1) 현행범인 체포의 요건

형사소송법은 현행범인 체포의 요건을 두지 않고 있지만 현행범인의 정의인 범죄 실행 중 또는 직후에서 **현행성**(시간적·장소적 접착성)과 범죄의 **명백성**이 도출되고, 강제수사라는 점에서 **비례성**이 도출된다. 대법원은 이 두 가지 요건에 더하여 **체포의 필요성** 또한 현행범인 체포의 요건이라는 입장이다.[138] 다만, 법정형이 다액 50만 원 이하의 벌금, 구류, 과료에 해당하는 경미사건은 주거 부정의 경우에만 현행범인 체포가 가능하다(법 제214조).

현행범인 체포의 요건 충족 여부에 따른 적법성 평가는 **체포 당시의 구체적 상황을 기초로** 객관적으로 판단하여야 하고 사후에 피체포자가 범인으로 인정되었는지에 의할 것은 아니다.[139]

① 현행성(시간적·장소적 접착성)

ⓐ **의의**

현행성은 범행시로부터 시간적·장소적으로 접착되어 있음을 의미하는 것으로, 현행범인 체포가 영장주의의 예외로 규정된 본질적인 이유이다. 현행성이 인정되는 경우는 영장을 발부받을 시간적 여유가 없다는 점에서 긴급체포의 요건 중 하나인 긴급성과 유사한 면이 있다.

ⓑ **구체적 판단기준**

현재 체포자의 눈앞에서 범행 중인 범죄자의 체포에 대해 현행성은 즉시 인정된다. 하지만 범행 직후는 어느 정도의 시간경과와 장소변경에까지 인정될 수 있을지 여부가 문제되는데, 대법원은 범죄를 실행하고 난 직후란 범죄행위를 실행하여 **끝마친 순간 또는 이에 아주 접착된 시간적 단계**를 의미하는 것이라면서[140] 장소변경 여부와 시간경과 정도의 상관관계를 보아 현행성의 인정 여부를 판단한다.

구체적으로 대법원은 목욕탕 탈의실에서 폭행한 자를 범행시로부터 25분가량 지난 후 그 장소에서 체포한 경우,[141] 노상에서 폭행한 자를 범행으로부터 10분이 지난 후 범행장소 인근 학교 운동장에서 체포한 경우[142]에는 현행성을 인정하였지만, 학교 교장실에서 협박한 자를 범행으로부터 40분이 지난 후 서무실에서 체포한 경우,[143] 음주운전한지 40분 지난 후 길가에 앉아있는 운전자에게서 술냄새가 나는 경우,[144] 음주운전 35분 후 운전자가 지구대로 자진출석한 경우[145]에는 현행성을 부정하였다. 대법원은 장소변경이 있는 경우에 비하여 장소변경이 없는 경우의 시간의 경과에 대해 다소 완화된 태도를 보이고 있다 하겠다.

② 범죄의 명백성

현행범인 체포의 요건으로서의 범죄의 명백성은, 체포의 주체인 수사기관 또는 일반·평균

---

138) 대법원 2017. 4. 7. 선고 2016도19907 판결.
139) 대법원 2013. 8. 23. 선고 2011도4763 판결.
140) 대법원 1991. 9. 24. 선고 91도1314 판결.
141) 대법원 2006. 2. 10. 선고 2005도7158 판결.
142) 대법원 1993. 8. 13. 선고 93도926 판결.
143) 대법원 1991. 9. 24. 선고 91도1314 판결.
144) 대법원 2007. 4. 13. 선고 2007도1249 판결.
145) 대법원 2015. 9. 24. 선고 2015도7096 판결.

인의 입장에서 보아 피체포자에 의해 특정한 범행이 이루어졌음이 명백하고 그 행위에 위법성 또는 책임조각사유는 존재하지 아니한다고 판단할 만한 상당한 이유가 있는 경우라 하겠다.

범죄와 관련하여 일반적으로 객관적 구성요건요소의 충족 여부보다는 주관적 구성요건요소의 충족 여부를 판단하는 것이, 구성요건요소의 충족 여부보다는 위법성 조각사유 또는 책임조각 사유의 존재 여부를 판단하는 것이 더 어렵다. 더구나 체포시에 현장에서 위법성 또는 책임조각사유를 즉시 판단하는 것은 대단히 어렵다. 따라서 현행범인 체포의 적법성은 체포 당시의 구체적 상황을 기초로 **객관적으로 판단**하여야 하고, 사후에 범인으로 인정되었는지에 의할 것은 아닌 것이다.

대법원도 체포당시의 구체적 사정에 근거하여 객관적으로 보아 피고인이 특정 범죄의 현행범이라고 인정할 만한 충분한 이유가 있는 경우 범죄의 명백성은 인정되고, 사후적으로 피체포자에 대해 체포의 원인이 된 범죄에 대한 무죄판결이 있다는 이유만으로 그 체포가 위법한 것은 아니라는 입장이다.[146]

③ 체포의 필요성

형사소송법은 현행범인 체포의 요건으로 체포의 필요성, 즉 증거인멸, 도주 또는 도주우려를 두지 아니하고 있다. 체포의 필요성이 현행범인 체포의 요건에 해당하는지에 대해서는 긍정설[147]과 부정설[148]의 대립이 있으나, 대법원은 체포주체가 수사기관이든[149] 사인이든[150] 모두 체포의 필요성을 현행범인 체포의 요건으로 보고 있다.

무죄추정의 원칙상 체포의 필요성이 없다면 어떠한 체포도 이루어져서는 아니 된다는 **긍정설**의 논거도 경청할 만하다. 하지만 현행범인 체포는 수사는 물론 진행 중인 범죄를 중단시켜 범죄현장의 안전과 질서를 회복하는 유일한 수단이라는 점도 간과하여서는 아니 된다. 따라서 경우를 나누어, **진행 중인 범죄**의 즉각적인 중단이 필요하고 현행범인 체포 외에는 달리 이를 중단시킬 방법이 없는 경우에는 체포의 필요성이 없다는 이유만으로 당해 현행범인 체포를

146) 대법원 2013. 8. 23. 선고 2011도4763 판결.
147) 신동운 234; 이창현 335; 임동규 199.
148) 김재환 146; 이/김 254면; 이조이 174; 정/최/김 192.
149) 대법원 2011. 5. 26. 선고 2011도3682 판결. 피고인이 경찰관의 불심검문을 받아 운전면허증을 교부한 후 경찰관에게 큰 소리로 욕설을 하여 경찰관이 모욕죄의 현행범으로 체포한 사안에서, 대법원은 "피고인은 경찰관의 불심검문에 응하여 이미 운전면허증을 교부한 상태이고, 경찰관뿐 아니라 인근 주민도 욕설을 직접 들었으므로, 피고인이 도망하거나 증거를 인멸할 염려가 있다고 보기는 어렵고, 피고인의 모욕 범행은 불심검문에 항의하는 과정에서 저지른 일시적·우발적인 행위로서 사안 자체가 경미할 뿐 아니라, 피해자인 경찰관이 범행현장에서 즉시 범인을 체포할 급박한 사정이 있다고 보기도 어려우므로, 경찰관이 피고인을 체포한 행위는 적법한 공무집행이라고 볼 수 없다."고 하였다
150) 대법원 1999. 1. 26. 선고 98도3029 판결.

위법하다고 하여서는 안 될 것이나, **범행이 끝난 직후**라면 현행범인 체포의 남용을 방지하기 위하여 체포의 필요성을 요한다고 보는 것이 타당할 것이다.

2) 준현행범인 체포의 요건

준현행범인은 어떠한 범죄를 저지른 때로부터 상당한 시간적·장소적 범위 내에 있는 자라는 징후를 가진 자를 말한다. 상당한 시간적·장소적 범위는 현행성과, 범죄 징후는 범죄의 명백성과 밀접한 관계에 있는 것으로서 준현행범인 체포의 요건은 현행범인 체포 요건의 확장이라 할 수 있다.

① 범인으로 불리며 추적되고 있는 사람

추적자가 도주자를 특정한 범죄의 범인이라 외치며 추적하고 있는 경우에는 그 사실자체로서 특정 범죄가 발생한 때로부터 상당한 시간적·장소적 범위 내에 있고 도주자는 그 범인이라는 징후가 인정된다. 따라서 이 경우 도주자는 준현행범인에 해당한다.

② 장물이나 범죄에 사용되었다고 인정하기에 충분한 흉기나 그 밖의 물건을 소지하고 있는 사람

장물이나 흉기 등은 그 존재만으로는 이와 관련된 범죄가 상당한 시간적·장소적 범위 내에 벌어졌고 그 소지자가 범인이라는 징후가 인정된다고 보기는 어렵다. 따라서 이러한 물건의 소지자가 발견되었다는 이유만으로 즉시 준현행범인의 대상이 된다고 볼 수는 없다. 당해 물건과 직접적인 관련이 있는 범죄가 벌어졌고 범죄의 일시·장소와 소지자가 발견된 일시·장소 사이에 어느 정도의 시간적·장소적 접착성도 인정되는 경우에 한하여 그 물건의 소지자는 준현행범인 체포의 대상이 되는 것이다.

대법원은 교통사고를 일으킨 승용차가 특정 방면으로 도주하였다는 무전연락 이후 다수 경찰관의 무전에 의한 연계추적이 이루어진 끝에 운전석 범퍼 부분이 파손된 승용차에서 내리는 자를 체포한 경우,[151] 하급심 법원은 도로에서 운행 중인 차량에 개를 던져 교통을 방해하는 자에 대한 신고를 받은 경찰관이 신고자로부터 피고인이 특정 방면으로 도주하였다는 진술을 얻은 후 피고인이 도착할 것으로 예상되는 장소에 미리 도착하여 기다리던 중 개를 안고 걸어오던 피고인을 발견한 경우[152]에 준현행범인에 해당한다 하여 위와 같은 입장에 있다.

③ 신체나 의복류에 증거가 될 만한 뚜렷한 흔적이 있는 사람

장물 등 물건 소지자에 대해 살펴본 바와 같이 이 경우에도 증적과 직접적인 관련이 있는

151) 대법원 2000. 7. 4. 선고 99도4341 판결.
152) 울산지방법원 2019. 6. 13. 선고 2018노1309 판결.

범죄가 벌어졌고 범죄장소와 그러한 증적이 인정되는 자가 발견된 장소 사이에 어느 정도의 시간적·장소적 접착성도 인정되는 경우에 한하여 준현행범인 체포의 대상이 된다.

④ 누구냐고 묻자 도망하려고 하는 사람

범죄의 명백성과 관련하여 정복이나 근무복을 착용하고 근무 중인 사법경찰관리가 인적사항을 확인하려 하는데 즉시 도주하는 자는 범죄와 관련성이 있는 자로 볼 개연성이 인정되지만, 그 외의 경우에는 누구냐고 묻는데 도망한다는 이유만으로 범죄를 저지른 자라 보기는 어렵다.

범죄의 명백성 관련 요소가 충족된다 하더라도 준현행범인으로 인정되기 위해서는 현행성 관련 요소 또한 충족되어야 한다. 현행성과 관련하여서는 특정한 범죄가 발생하였고 그 범죄의 일시·장소와 도망하려 하는 자가 발견된 일시·장소가 접착되어야 한다. 따라서 어떠한 범죄도 발생하지 아니한 상황에서는 정복이나 근무복을 착용한 사법경찰관리의 신분확인에 불응한다 하더라도 현행성 요소가 충족되지 아니하므로 준현행범인 체포의 대상이 된다고 하기는 어렵다.

3) 사법경찰관리의 위험방지 작용과의 관계

영장주의원칙과 적정절차원칙의 중요성에 비추어 볼 때 현행범인 체포의 요건을 엄격하게 해석하는 것은 당연하지만 이로 인하여 수사실무상 적지 않은 문제가 발생하는 것도 사실이다. 대다수의 현행범인 체포는 경찰공무원인 사법경찰관리에 의해 이루어지는데, 사법경찰관리가 범죄행위에 대한 신고를 받아 현장에 출동하였으나 범행이 이미 종료되어 범행을 직접 목격하지 못한 경우 범죄혐의를 밝힐 객관적인 사실을 즉시 확인하기는 매우 어렵다. 그런데 판례의 태도에 따르면 피신고인이 범행을 저질렀다는 신고인의 주장과 그렇지 않다는 피신고인의 주장 외에는 다른 증거가 없는 경우, 사법경찰관리는 현행범인 체포나 긴급체포를 할 수 없어 임의수사를 해야 한다. 따라서 피신고인이 임의수사에 전혀 협조하지 아니하고 현장을 이탈하려 하면 수사의 영역에서 사법경찰관리는 사실상 속수무책이 된다.

이처럼 강제수사의 요건이 충족되지 아니하고 임의수사로는 수사목적의 달성이 불가능한 지점에서 경찰관 직무집행법상 위험방지작용은 상당히 의미 있는 역할을 할 수 있다. 사법경찰관리는 범행의 경중, 혐의의 정도 등에 비추어 피검문자의 앞을 가로 막거나 피검문자를 가볍게 잡는 등 사회통념상 용인되는 상당한 정도의 유형력을 행사하여 피신고자를 정지시키고, 체포 요건의 충족 여부를 확인하기 위한 정보를 수집할 수 있다.[153] 이러한 정보수집을 통해 긴

153) 162페이지 참조.

급체포 또는 현행범인 체포의 요건이 갖추어지면 사법경찰관은 피신고자를 긴급체포하거나 현행범인으로 체포할 수 있다. 또한 이 과정에서 피신고자가 경찰관을 폭행하거나 협박하면 공무집행방해죄가 성립하여 현행범인 체포의 대상이 될 수 있고, 범행 후 범행장소의 인근에서 누구냐고 묻자 도망하려고 하는 사람은 준현행범인으로서 체포의 대상이 될 수도 있다.

4) 현행범인 체포의 한계

모든 국가기관의 작용은 비례원칙을 준수하여야 하고, 현행범인 체포의 경우 긴급체포와는 달리 범죄의 중대성이 체포의 요건은 아니다. 따라서 경미한 범죄에 대해서는 현행범인 체포를 제한할 필요가 있다.

형사소송법은 "다액 50만원 이하의 벌금, 구류 또는 과료에 해당하는 죄의 현행범인에 대하여는 범인의 주거가 분명하지 아니한 때에 한하여 현행범인으로 체포할 수 있다."고 하여 죄질이 가벼운 범죄에 대해서는 현행범인 체포를 제한하고 있는데(법 제214조), 이는 현행범인 체포의 요건으로서 비례원칙을 성문화한 것으로 볼 수 있다.

(다) 현행범인 체포의 절차

1) 수사기관이 체포한 경우

수사기관은 현행범인 체포에 앞서 체포시 권리고지를 하여야 한다. 권리고지의 구체적인 내용은 긴급체포시 권리고지와 동일하다(법 제213조의2, 제200조의5, 수사준칙 제32조).

2) 사인이 체포한 경우

① 피의자 인도

사인이 현행범인을 체포한 때에는 즉시 검사 또는 사법경찰관리에게 인도하여야 한다(법 213조 제1항). 여기에서 즉시란 현실적으로 인도가 가능한 시점으로부터 **불필요한 지체**가 없어야 한다는 뜻으로, 물리적 거리 등으로 인해 수사기관으로의 인도가 불가능한 사정이 있는 경우에는 그 사정이 없어진 때로부터 불필요한 지체 없이 인도하면 된다.[154] 체포한 사인이 피체포자를 즉시 인도하지 아니하고 장시간 체포상태를 유지하거나 스스로 피체포자를 석방할 경우 당해 현행범인 체포는 위법하고 체포자에게는 불법체포죄가 성립할 수 있다.

② 권리고지

검사 또는 사법경찰관리가 현행범인의 인도를 받은 때에는 피체포자에게 체포시 권리를

154) 대법원 2011. 12. 22. 선고 2011도12927 판결. "반드시 체포시점과 시간적으로 밀착된 시점이어야 하는 것은 아니고, '정당한 이유 없이 인도를 지연하거나 체포를 계속하는 등으로 불필요한 지체를 함이 없이'라는 뜻으로 볼 것이다."

고지하여야 하고(법 제213조의2, 제200조의5), 사법경찰관리가 현행범인의 인도를 받은 때에는 체포자의 성명, 주거, 체포의 사유를 물어야 하며 필요한 때에는 경찰관서에 동행함을 요구할 수 있다(법 제213조 제2항).

여기에서 필요한 때의 의미는 피체포자에 대한 범죄 혐의를 명확히 하기 위해 추가진술이 필요한 경우나 체포자에게 불법체포죄 등의 혐의가 있어 그에 대한 수사가 필요한 경우를 말하는데, 동행요구 및 그에 따른 동행은 모두 임의수사이므로 만약 체포자가 동행을 거부한다면 사법경찰관리는 그를 강제로 동행시킬 수 없다. 사법경찰관리는 체포자에게 불법체포죄 등에 대한 현행범인 체포 또는 긴급체포의 요건이 갖추어 진 경우에 한하여 동행불응시 체포로 나아갈 수 있을 뿐이다.

(라) 체포 후 절차

1) 통지

수사기관이 현행범인을 체포하거나 인도받은 경우, 수사기관은 체포 통지 및 체포적부심사 청구권의 통지를 하여야 한다. **체포통지** 및 **체포적부심사청구권 통지**에 대한 내용은 영장에 의한 체포에서와 동일하다(법 제213조의2, 제214조의2 제2항).

2) 피의자 조사 또는 석방

검사 또는 사법경찰관은 현행범인을 체포하거나 체포된 현행범인을 인수받은 때에는 조사가 현저히 곤란하다고 인정되는 경우가 아니면 지체 없이 조사해야 하며, 조사결과 계속 구금할 필요가 없다고 인정할 때에는 현행범인을 즉시 석방하여야 한다(수사준칙 제28조 제1항).

검사 또는 사법경찰관은 현행범인을 석방했을 때에는 석방 일시와 사유 등을 적은 피의자 석방서를 작성해 사건기록에 편철한다. 이 경우 사법경찰관은 석방 후 지체 없이 검사에게 석방 사실을 통보해야 한다(수사준칙 제28조 제2항).

3) 구속영장의 청구 또는 석방

구속영장의 청구 또는 석방의 구체적인 내용은 영장에 의한 체포와 동일하다(법 제213조의2, 제200조의2 제5항, 제214조의2 제13항). 다만 사인이 현행범인을 체포하여 수사기관에 인도한 경우 구속영장의 청구기간 기산시점은 체포시가 아니라 **인도시**이다.[155]

155) 대법원 2011. 12. 22. 선고 2011도12927 판결.

(5) 구속

(가) 구속의 의의

구속이란 수사기관이 수사절차에서 피의자를, 법원이 공판절차에서 피고인을 일정한 장소에 강제로 구인하거나 구금하는 것으로(법 제69조), 구인은 피의자·피고인을 수사기관 사무실 등 일정한 장소에 일시적으로 인치하는 것을, 구금은 피의자·피고인을 구치소 또는 교도소에 장기간 동안 감금하는 것을 말한다. 피고인의 구속은 공소제기 이후 법원에 의한 강제처분으로 수사기관의 강제처분인 피의자 구속과 다르지만 양자의 요건은 동일하고, 구속영장의 효력, 피의자와 피고인의 권리 등 다양한 면에서 같이 설명하는 것이 효율적이므로 여기에서 함께 설명한다.

(나) 구속요건과 고려사항

법원은 피고인이 죄를 범하였다고 의심할 만한 상당한 이유가 있고, 구속사유 중 하나 이상에 해당하는 경우 피고인을 구속할 수 있다. 구속사유는 피고인이 일정한 주거가 없는 때, 피고인이 증거를 인멸할 염려가 있는 때, 피고인이 도망하거나 도망할 염려가 있는 때이다(법 제70조 제1항).

검사는 피의자가 죄를 범하였다고 의심할 만한 상당한 이유가 있고 법원의 구속사유 중 하나 이상에 해당하는 경우, 관할 지방법원판사에게 청구하여 구속영장을 발부받아 피의자를 구속할 수 있고, 사법경찰관은 검사에게 신청하여 검사의 청구로 관할지방법원판사의 구속영장을 받아 피의자를 구속할 수 있다(법 제201조 제1항, 제70조 제1항).

이처럼 피의자와 피고인의 구속요건은 '범죄혐의의 상당성' 및 '하나 이상의 구속사유'로서 서로 같다.

1) 범죄혐의의 상당성

무죄추정원칙에 따라 유죄판결이 있기 전까지 피의자와 피고인은 무죄로 추정되고, 구속된 피의자·피고인은 상당기간 동안 신체의 자유를 박탈당함으로써 방어권 행사에 커다란 제약을 받게 된다. 따라서 수사절차와 공판절차는 피의자·피고인의 불구속 상태에서 진행됨이 원칙이고, 구속요건으로서 범죄혐의의 상당성은 증거에 의하여 무죄추정을 깨뜨릴 정도의 높은 개연성을 의미하는 것으로 해석된다.

따라서 구체적인 사안에서 구속요건으로서의 범죄혐의의 상당성은 유죄판결에서와 같이 범죄혐의에 대한 합리적인 의심이 없을 정도의 증명에 이르지는 아니하더라도, 압수·수색이나 체포요건으로서의 범죄혐의보다는 높은 정도의 소명을 요하는 것이다. 예를 들어 피의자·피고인의 자백과 그에 부합하는 증거가 있는 경우 또는 범죄사실의 인정에 대한 다툼이 있으나 피의자·피고인의 범행을 인정할 객관적인 증거가 충분히 뒷받침되어 영장발부 시점에서 유죄판결의 가능성이 높게 인정되는 경우에는 범죄혐의의 상당성이 인정될 수 있을 것이다.

2) 하나 이상의 구속사유에 해당할 것

범죄혐의가 상당한 정도로 소명되었다 하더라도 아직 유죄판결을 받지 아니한 피의자나 피고인을 구속하기 위해서는 장기간에 걸친 신체자유의 박탈을 정당화할 사유가 필요하다. 형사소송법은 그 사유로서 피의자·피고인의 증거인멸 염려, 도망 또는 도망할 염려, 주거부정을 두고 있다(법 제70조 제1항).

① 증거인멸 염려

증거인멸 염려란 객관적인 사정에 의해 피의자나 피고인이 형사절차에서 자신의 범죄사실과 관련된 물증을 멸실, 은닉, 훼손하여 증명력을 현저히 감소시키는 행위 또는 참고인이나 증인이 범죄사실 또는 공소사실과 관련된 진술을 하지 못하게 하거나 경험한 사실과 다르게 진술하도록 영향을 미치는 행위를 할 고도의 개연성이 있는 것을 말한다.

물증의 경우 수사기관 또는 법원이 이미 충분한 증거방법을 확보한 경우에는 증거인멸의 염려는 인정될 수 없겠으나, 증인에 대한 위협 또는 회유에 의한 진술의 거부 또는 변경 가능성은 공판진행 중에도 언제든지 발생할 수 있으므로 그러한 사실이 확인되는 경우에는 증거인멸의 염려가 인정될 수 있다.

② 도망 또는 도망할 염려

도망이란 피의자나 피고인이 형사절차를 회피할 의사로 종적을 감추는 것이고, 도망할 염려는 객관적 사정을 근거로 향후 피의자나 피고인이 도망할 고도의 개연성이 있는 경우를 말한다.

도망은 형사절차의 회피의사에 의하여야 하므로 상당기간 동안의 일체의 연락두절 및 주거지 이탈의 경우에는 인정되지만, 정당한 사유에 의한 출석기일 변경이나 단기간의 연락두절만으로는 인정될 수 없다.

도망할 염려는 객관적 사실에 기초하여 판단해야 하는데 이전 형사절차에서의 출석태도 및 도망 여부, 피의사실 또는 공소사실의 인정 여부, 범행의 경중에 따른 유죄판결시에 예상되는 형량의 정도 등 범행과 직결된 것뿐만이 아니라, 직장의 유무 및 종류, 가족관계, 주거의 형태까지 종합적으로 고려하여 도망할 고도의 개연성이 있는 경우에만 인정된다.

③ 주거부정

주거부정이란 피의자나 피고인이 일정한 기간 동안 계속하여 삶을 영위하는 주소 또는 거소가 없거나 일정하지 아니한 경우를 말한다. 이는 주거지의 유무, 주거 형태, 기간 등을 종합하여 판단하게 된다.

구속은 피의자나 피고인의 신병을 미리 확보하지 아니하면 형사절차의 적정한 진행이 심히 우려되는 경우에만 이루어져야 한다는 점에서, 주거부정은 독자적인 구속사유라기 보다는 도망할 염려에 대한 고려요소로 보아야 한다. 따라서 주거가 부정하다 하더라도 도망할 염려가 있다고 단정하기 어렵고 자진출석에 의한 신병확보를 기대할 수 있다면 구속사유가 충족된 것으로 보기는 어렵다.

한편 다액 50만 원 이하의 벌금, 구류 또는 과료에 해당하는 사건의 경우에는 주거부정만이 구속사유에 해당하는데(법 제70조 제3항), 이는 경미범죄에 있어 증거인멸 염려나 도망 또는 도망할 염려만으로는 피의자나 피고인을 구속하지 못하게 함으로써 과도한 구속을 방지하기 위한 것이다. 따라서 경미범죄의 경우에도 단지 주거부정이라는 이유만으로는 구속사유가 충족되는 것은 아니고, 주거부정인 피의자 또는 피고인이 향후 도망할 염려가 인정되는 경우에 한하여 그 요건이 충족된다고 보아야 한다.

3) 구속사유 심사시의 고려사항

법원은 피고인의 구속사유를 심사함에 있어 범죄의 중대성, 재범의 위험성, 피해자 및 중요 참고인 등에 대한 위해우려 등을 고려하여야 하고(법 제70조 제2항), 수사기관도 피의자에 대한 구속영장의 신청·청구시 이를 고려하여야 한다(법 제209조, 제70조 제2항).

범죄의 중대성 등은 독자적인 구속사유가 아니라 구속사유의 인정 여부를 심사할 때 고려할 사항으로, 예를 들어 범죄의 중대성으로 인해 중한 형이 예상된다는 것은 피의자나 피고인의 도망 염려에 대한 심사에서 고려할 사항이고, 피해자 등에 대한 위해우려는 증거인멸 염려에 대한 심사에서 고려할 사항이다. 따라서 구속사유가 없거나 구속의 필요성이 적은데도 이 같은 의무적 고려사항만을 고려하여 구속하는 것은 허용되지 않으며, 나아가 구속사유가 존재한다고 하여 바로 구속이 결정되는 것이 아니라 의무적 고려사항까지 집어넣어 종합적으로 판단하여 구속 여부를 결정하여야 한다.[156)]

156) 헌법재판소 2010. 11. 25. 선고 2009헌바8 전원재판부 결정.

(다) 구속의 한계

1) 비례원칙의 준수

구속은 유죄판결에 앞서 장기간 피의자·피고인의 신체의 자유를 비롯하여 다양한 기본권을 제한하므로 비례원칙의 엄격한 준수가 요구된다. 따라서 구속의 적법성은, 필요 최소한도의 범위 내에서 형사절차의 적정진행이라는 공익상의 요청이 구속으로 인해 제한되는 피의자 또는 피고인의 기본권보다 우월한 경우에 한하여 인정된다. 범죄의 중대성을 구속사유 심사시에 고려사항으로 둔 것이나 경미범죄의 구속사유를 주거부정으로 제한한 것은 이러한 비례원칙을 성문화한 것이라 할 수 있다.

비례원칙은 **구속의 계속에 대한 심사기준**이기도 하다. 유죄판결시에 선고될 수 있는 최고형보다 장기간에 걸친 구속 상태의 유지 또는 집행유예가 충분히 예상되는 시점 이후의 구속 상태의 유지는 비례원칙을 위반하므로 허용되지 아니한다.

2) 수사기관의 재구속 제한

검사 또는 사법경찰관에 의하여 구속되었다가 석방된 자는 **다른 중요한 증거를 발견한 경우**를 제외하고는 동일한 범죄사실에 관하여 재차 구속하지 못한다. 하나의 목적을 위하여 동시 또는 수단과 결과의 관계에서 행하여진 행위는 동일한 범죄사실로 간주한다(법 제208조).

'구속되었다가 석방된 자'란 '**구속영장에 의하여**' 구속되었다가 석방된 자를 말한다. '다른 중요한 증거'란 최초의 구속영장 청구시에 구속의 필요를 인정할 수 있는 자료로 제출되지 아니한 증거로서, 수사기관이 피의자를 재구속하여야 할 이유를 충분히 소명할 수 있는 것이어야 한다. '동일범죄'란 최초의 구속영장 기재 범죄사실과 기본적 사실관계가 동일한 범죄로서 그와 목적이 같은 범죄 및 견련관계에 있는 범죄는 동일범죄로 간주된다.

한편 다른 중요한 증거가 발견되었다 하더라도 구속적부심사로 석방된 피의자 및 보증금납입조건부로 석방된 피의자에 대해서는 각 재구속 요건의 **특칙**을 두고 있으므로, 그 요건을 충족시키지 아니하는 이상 재구속할 수 없다. 이에 대해서는 구속적부심사와 보증금납입조건부 석방에서 후술한다.[157]

3) 법원의 재구속

수사기관의 재구속 제한은 수사기관에 의한 반복적인 구속을 방지하여 피의자의 인권과 방어권을 보장하기 위한 것으로, 법원에 의한 동일범죄 재구속을 제한하는 규정은 따로 존재하

157) 227페이지 참조.

지 아니한다. 따라서 법원은 그 필요성이 인정될 경우 동일범죄에 대해서 피고인을 재구속할 수 있다.[158]

(라) 구속절차

1) 미체포 피의자

미체포 상태의 피의자에 대한 구속은 구속영장의 청구, 영장실질심사를 위한 구인용 구속영장의 발부 및 집행, 영장실질심사, 구속영장의 발부 및 집행의 순서로 이루어진다.

① 구속영장의 청구

ⓐ 청구절차

검사는 관할 지방법원판사에게 구속영장을 청구할 수 있고, 사법경찰관은 검사에게 구속영장청구를 신청할 수 있다(법 제201조 제1항).

사법경찰관이 영장을 신청한 경우 검사는 영장의 청구 여부를 결정함에 있어 필요한 경우 **보완수사**를 요구할 수 있고(법 제197조의2 제1항 제2호), 검사가 정당한 이유 없이 이를 판사에게 청구하지 아니한 경우 사법경찰관은 그 검사 소속의 지방검찰청 소재지를 관할하는 고등검찰청에 영장청구 여부에 대한 **심의를 신청**할 수 있다(법 제221조의5 제1항).

ⓑ 청구방법

검사는 구속영장의 청구서에 피의자의 성명, 주민등록번호 등, 직업, 주거, 피의자에게 변호인이 있는 때에는 그 성명, 죄명 및 범죄사실의 요지, 7일을 넘는 유효기간을 필요로 하는 때에는 그 취지 및 사유, 여러 통의 영장을 청구하는 때에는 그 취지 및 사유, 인치 구금할 장소, 구속사유, 미체포 피의자라는 사실(규칙 제95조의2), 동일한 범죄사실에 관하여 그 피의자에 대하여 전에 구속영장을 청구하거나 발부받은 사실이 있을 때에는 다시 구속영장을 청구하는 취지 및 이유를 기재하여야 하고(법 제201조 제5항), 구속의 필요를 인정할 수 있는 자료를 제출하여야 한다(법 제201조 제2항).

② 영장실질심사를 위한 구인용 구속영장의 발부 및 집행

ⓐ 구인용 구속영장의 발부

미체포 피의자에 대하여 구속영장을 청구받은 판사는 피의자가 죄를 범하였다고 의심할 만한 이유가 있는 경우에 구인을 위한 구속영장을 발부하여 피의자를 구인한 후 심문하여야 한다(법 제201조의2 제2항). 이는 구속영장의 발부에 앞서 법관이 구속요건 충족 여부에 대한 실질적인 심사를 하도록 한 것으로, 실무상 영장실질심사라 한다.

---

158) 대법원 1985. 7. 23.자 85모12 결정.

구속영장을 청구받은 판사는 구속영장 청구서의 기재내용 및 제출자료를 검토하여 범죄혐의가 전혀 없는 경우, 청구서의 방식이 법령에 현저히 위반한 경우, 친고죄에 있어 고소취소가 있거나 반의사불벌죄에 있어 처벌불원 의사표시가 있을 때와 같이 구속영장청구를 기각하여야 할 것이 명백한 경우에는 영장실질심사 없이 구속영장을 기각하고,[159] 그 외의 경우에는 구인용 구속영장을 발부한다.

ⓑ **구인용 구속영장의 집행**

판사가 영장실질심사를 위한 구인용 구속영장을 발부하면 검사의 지휘에 의하여 사법경찰관리가 집행한다(법 제201조의2 제10항, 제81조 제1항).

구인용 구속영장을 집행함에는 피의자에게 범죄사실의 요지, 영장실질심사를 위한 구인의 이유와 변호인을 선임할 수 있음을 말하고 변명할 기회를 주어야 한다. 또한 구인용 구속영장을 제시하고 그 사본을 교부하여야 하며, 영장실질심사의 장소로 영장에 인치장소로 기재된 법원 등에 신속히 인치하여야 한다(법 201조의2 제10항, 제85조 제1항, 제200조의5).

③ 영장실질심사

미체포 피의자에 대한 구속영장의 발부는, 피의자가 도망하는 등의 사유로 판사가 피의자를 심문할 수 없는 경우 외에는, 영장실질심사를 거쳐야 한다(법 제202조의2 제2항).

영장실질심사에서 피의자의 심문은 법원청사 내에서 하여야 한다. 다만 피의자가 출석을 거부하거나 질병 기타 부득이한 사유로 법원에 출석할 수 없는 때에는 경찰서, 구치소 기타 적당한 장소에서 심문하거나(규칙 제96조의15), 피의자의 출석 없이 심문절차를 진행할 수 있다(규칙 제96조의13 제1항).

ⓐ **심문 전 절차**

지방법원판사는 피의자를 인치한 후 즉시 검사, 피의자 및 변호인에게 심문기일과 장소를 **통지**하여야 한다(법 제201조2 제3항). 심문할 피의자에게 변호인이 없는 때에는 지방법원판사는 **직권으로 변호인을 선정**하여야 한다. 이 경우 변호인의 선정은 피의자에 대한 구속영장 청구가 기각되어 효력이 소멸한 경우를 제외하고는 제1심까지 효력이 있다(법 제201조2 제8항). 일반적으로 영장실질심사는 미체포 피의자가 법원에 인치된 당일 이루어지고, 지방법원판사는 영장실질심사에 앞서 사선변호인이 없는 피의자에 대해 국선변호인을 미리 선임해 둔다.

변호인은 구속영장이 청구된 피의자에 대한 심문 시작 전에 피의자와 **접견**할 수 있고(규칙 제96조의20 제1항), 지방법원 판사에게 제출된 구속영장청구서 및 그에 첨부된 고소·고발장, 피의자의 진술을 기재한 서류 및 피의자가 제출한 서류를 **열람**할 수 있다. 이에 대해 검사는 증

159) 법원실무제요 Ⅲ 63.

거인멸 또는 피의자나 공범 관계에 있는 자가 도망할 염려가 있는 등 수사에 방해가 될 염려가 있는 때에는 지방법원 판사에게 구속영장청구서 외의 서류의 열람 제한에 관한 의견을 제출할 수 있고, 지방법원 판사는 검사의 의견이 상당하다고 인정하는 때에는 그 전부 또는 일부의 열람을 제한할 수 있다(규칙 제96조의21 제1항, 제2항).

ⓑ 심문 절차

영장실질심사는 공개하지 아니함을 원칙으로 하고(규칙 제96조의14) 지방법원판사는 공범의 분리심문이나 그 밖에 수사상의 비밀보호를 위하여 필요한 조치를 하여야 한다(법 201조의2 제5항). 다만 지방법원판사는 상당하다고 인정하는 경우에는 피의자의 친족, 피해자 등 이해관계인의 방청을 허가할 수 있고(규칙 제96조의14), 심문을 위하여 필요하다고 인정하는 경우에는 호송경찰관 기타의 자를 퇴실하게 하고 심문을 진행할 수 있다(규칙 제96조의16 제7항).

지방법원판사는 피의자에게 구속영장청구서에 기재된 범죄사실의 요지를 고지하고, 피의자에게 일체의 진술을 하지 아니하거나 개개의 질문에 대하여 진술을 거부할 수 있으며, 이익되는 사실을 진술할 수 있음을 알려주어야 한다(규칙 제96조의16 제1항).

지방법원판사는 구속 여부를 판단하기 위하여 필요한 사항에 관하여 신속하고 간결하게 심문하여야 한다. 증거인멸 또는 도망의 염려를 판단하기 위하여 필요한 때에는 피의자의 경력, 가족관계나 교우관계 등 개인적인 사항에 관하여 심문할 수 있고(규칙 제96조의16 제2항), 구속 여부의 판단을 위하여 필요하다고 인정하는 때에는 방청을 허가받아 심문장소에 출석한 피해자 그 밖의 제3자를 심문할 수 있다(규칙 제96조의16 제5항). 피의자는 판사의 심문 도중에도 변호인에게 조력을 구할 수 있다(규칙 제96조의16 제4항).

검사와 변호인은 판사의 심문이 끝난 후에 의견을 진술할 수 있다. 다만, 필요한 경우에는 심문 도중에도 판사의 허가를 얻어 의견을 진술할 수 있다(규칙 제96조의16 제3항). 피의자의 법정대리인, 배우자, 직계친족, 형제자매나 가족, 동거인 또는 고용주는 판사의 허가를 얻어 사건에 관한 의견을 진술할 수 있다(규칙 제96조의16 제6항).

법원사무관 등은 위와 같이 진행된 심문의 요지 등을 조서로 작성하여야 한다(법 201조의2 제6항). 이때 조서는 공판조서의 작성 관련 규정을 준용하여 작성한다(법 201조의2 제10항).

ⓒ 심문 후 절차

영장실질심사 후 피의자는 사법경찰관리에 의해 호송되어 구속영장발부 여부가 결정될 때까지 경찰서 유치장 등에 유치된다(법 제71조의2).

④ 구속영장의 발부 및 집행

영장실질심사를 마친 지방법원판사는 신속히 구속영장의 발부 여부를 결정하여야 한다(법

제201조 제3항).

ⓐ **영장발부시 절차**

지방법원판사는 구속요건이 충족되면 구속영장을 발부한다. 영장에는 피의자의 성명, 주거, 죄명, 공소사실의 요지, 인치 구금할 장소, 발부년월일, 그 유효기간과 그 기간을 경과하면 집행에 착수하지 못하며 영장을 반환하여야 한다는 취지가 기재되어야 하고 이를 발부한 지방법원판사가 서명날인하여야 한다(법 제209조, 제75조).

구속영장은 검사의 지휘에 의하여 사법경찰관리가 집행한다(법 제209조, 제81조 제1항). 구속영장이 집행되면 경찰서 유치장 등에 유치되어 있던 피의자는 그 영장의 효력에 의해 계속 구속 상태에 있게 된다. 구속영장의 집행절차로서 권리고지, 영장제시 및 사본교부는 영장실질심사를 위한 구인용 구속영장에서 살펴본 것과 동일하다(법 제209조).

검사 또는 사법경찰관이 피의자를 구속한 때에는 변호인이 있는 경우에는 변호인에게, 변호인이 없는 경우에는 피의자의 법정대리인 등 변호인선임권자 중 피고인이 지정한 자에게 피의사건명, 구속일시·장소, 범죄사실의 요지, 구속의 이유와 변호인을 선임할 수 있는 취지를 지체 없이 서면으로 알려야 한다(법 제209조, 제87조). 또한 구속된 피의자 및 그 변호인, 법정대리인 등 구속적부심사청구권자 중 피의자가 지정한 자에게 구속적부심사를 청구할 수 있음을 알려야 하는데(법 제214조의2 제1항, 제2항), 구속시로부터 24시간 이내에 서면으로 통지하여야 한다(수사준칙 제33조 제3항).

ⓑ **영장기각시의 절차**

지방법원판사는 구속요건이 충족되지 아니한 경우 영장을 기각한다. 이때에는 구속영장청구서에 그 취지 및 이유를 기재하고 서명날인하여 청구한 검사에게 교부한다(법 제201조 4항).

지방법원판사는 법원, 재판장, 수명법관 중 어느 하나에도 해당하지 아니하므로 그 결정은 항고 또는 준항고의 대상이 되지 아니한다. 따라서 검사는 지방법원판사의 영장기각에 대해 **영장을 재청구**할 수 있을 뿐 **항고나 준항고**로 이를 다툴 수 없다.[160)]

160) 대법원 2006. 12. 18.자 2006모646 결정. 이 대법원 결정에 대해서는, 영장재판도 재판인 이상 3심의 기회, 즉 항고, 재항고까지 인정해주어야 하고, 법 제184조에 따르면 수임판사인 증거보전을 담당하는 판사가 청구를 기각한 결정에 대해서는 항고를 허용하고 있으므로 같은 수임판사인 영장담당판사가 내린 기각결정에 대해서도 불복의 길을 열어주는 것이 마땅하다는 등의 이유를 들어 비판적인 견해도 만만찮다. 그러나 법 제402조와 제416조의 해석상의 논거에 더하여, 영장재판에 대한 직접적인 불복을 허용하게 되면 피의자의 구속 여부에 대한 결정이 지연되고(단순한 구속사유 유무를 결정하는 데에서 죄의 유무에 대한 판단에까지 진전되어 사실상 실체재판과 마찬가지로 될 수 있다), 그 결과 피의자의 지위가 불안정하게 된다는 점과, 만약 재항고까지 허용하게 되면 그렇잖아도 업무가 과중한 대법원에 엄청난 부담을 주게 된다는 현실적인 문제도 있어서 이 결정을 뒤엎기에는 장애가 적지 않다고 하겠다.

구속영장이 기각되면 그 즉시 경찰서 유치장 등에 유치되어 있던 피의자는 석방된다(규칙 제100조 제2항).

2) 체포된 피의자

체포된 피의자에 대한 구속은 구속영장의 청구, 영장실질심사, 구속영장의 발부 및 집행의 순서로 이루어진다. 미체포 피의자의 구속절차와 비교해 볼 때, 피의자가 이미 체포된 상태이므로 검사의 영장청구시 영장실질심사를 위한 구인용 구속영장의 발부 없이 영장실질심사가 이루어지고, 영장실질심사의 심문기일은 구속영장 청구일 다음 날까지로 제한되며(법 제201조의2 제1항), 검사는 영장실질심사에 피의자를 출석시킬 의무가 있다는 **차이점**이 있다(법 제201조의2 제3항). 그 외에는 구속영장의 기각이나 발부 및 그 집행에 있어 미체포 피의자에 대한 구속절차의 내용과 동일하다.

3) 피고인

법원의 피고인 구속은 권리고지, 구속영장의 발부 및 집행의 순서로 이루어진다. 법원의 피고인 구속은 법원에 의한 강제처분이라는 점에서 검사의 영장청구를 요하지 아니하고,[161] 영장실질심사도 필요로 하지 아니한다.

① 구속 전 피고인에 대한 권리고지

법원은 구속에 앞서 피고인에 대하여 범죄사실의 요지, 구속의 이유와 변호인을 선임할 수 있음을 말하고 변명할 기회를 주어야 한다(법 제72조). 구속 피고인에 대한 권리고지는 법원이 피고인을 대면하여 하는 것을 원칙으로 하지만 법원은 합의부원으로 하여금 이를 이행하게 할 수 있고, 피고인이 출석하기 어려운 특별한 사정이 있고 상당하다고 인정하는 때에는 검사와 변호인의 의견을 들어 비디오 등 중계장치에 의한 중계시설을 통하여 피고인의 권리를 고지할 수 있다(법 제72조의2). 다만, 피고인이 도망한 경우에는 그러하지 아니하다(법 제72조).

수사기관의 피의자 구속시 권리고지는 영장집행시의 절차임에 비하여, 법원의 피고인 구속시 권리고지는 구속 전 절차라는 차이가 있다. 즉 구속영장을 발부함에 있어 수소법원 등 법관이 취하여야 하는 **사전청문절차**인 것이다. 법원이 구속 전 권리고지 절차를 거치지 아니한 채 구속영장을 발부하였다면 그 발부결정은 원칙적으로 **위법**하다. 다만 대법원은 권리고지 절

다만, 불복을 허용하게 되면 결국 재항고를 통해 대법원의 재판을 받을 수 있고 그를 통해 구속기준이 좀 더 명확해짐으로써 결과적으로 피의자의 인권보장에도 기여할 수 있다는 긍정적 효과도 기대할 수 있는 만큼, 입법론적 검토는 필요하지 않은가 생각된다. 이 경우 영장재판은 개개의 법관이 하는 것이므로 항고보다는 준항고에 의하는 방식설정이 타당할 것이다.

161) 대법원 1996. 8. 12.자 96모46 결정.

차의 전부 또는 일부를 거치지 아니한 채 구속영장을 발부하였다 하더라도, 공판과정에서 피고인에게 자신의 범죄사실 및 구속사유에 관하여 변명할 기회가 충분히 보장되는 등 그 절차적 권리가 실질적으로 보장되었다고 볼 수 있는 경우에는, 그 **절차의 흠결이 치유**되어 구속영장 발부결정이 위법하게 되는 것은 아니라는 입장이다.[162]

② 구속영장의 발부

법원이 피고인을 구속하기 위해서는 구속영장을 발부하여야 한다(법 제73조). 구속영장에는 피고인의 성명, 주민등록번호·외국인등록번호 또는 생년월일 및 성별, 직업, 주거, 죄명, 공소사실의 요지, 구속의 사유, 인치 구금할 장소, 발부년월일, 그 유효기간과 그 기간을 경과하면 집행에 착수하지 못하며 영장을 반환하여야 할 취지를 기재하고 재판장 또는 수명법관이 서명날인하여야 한다. 피고인의 성명이 분명하지 아니한 때에는 인상, 체격, 기타 피고인을 특정할 수 있는 사항으로 피고인을 표시할 수 있고, 피고인의 주거가 분명하지 아니한 때에는 그 주거의 기재를 생략할 수 있다(법 제75조, 규칙 제46조).

③ 구속의 촉탁

법원은 피고인의 현재지의 지방법원판사에게 피고인의 구속을 촉탁할 수 있다. 수탁판사는 피고인이 관할구역 내에 현재하지 아니한 때에는 그 현재지의 지방법원판사에게 전촉할 수 있고, 그 외의 경우에는 구속영장을 발부하여야 한다(법 제77조).

④ 구속영장의 집행

ⓐ 구속영장의 집행주체

구속영장은 검사의 지휘에 의하여 사법경찰관리가 집행함을 원칙으로 하고, 교도소 또는 구치소에 있는 피고인에 대하여 발부된 구속영장은 검사의 지휘에 의하여 교도관이 집행한다(법 제81조 제1항 본문, 제3항). 검사의 지휘에 의하여 구속영장을 집행하는 경우에는 구속영장을 발부한 법원이 그 원본을 검사에게 송부하여야 한다(규칙 제48조).

급속을 요하는 경우에는 재판장, 수명법관 또는 수탁판사가 구속영장의 집행을 지휘할 수 있다. 이 경우에는 재판장 등은 법원사무관 등에게 그 집행을 명할 수 있고, 법원사무관 등은 그 집행에 관하여 필요한 때에는 사법경찰관리·교도관 또는 법원경위에게 보조를 요구할 수 있으며 관할구역 외에서도 집행할 수 있다(법 제81조 제1항 단서, 제3항). 이러한 영장의 집행방식은 주로 **법정구속**을 하는 경우에 활용된다.

피고인의 현재지가 분명하지 아니한 때에는 재판장은 고등검찰청검사장 또는 지방검찰청검사장에게 피고인의 소재조사 및 구속영장의 집행을 촉탁할 수 있다(법 제84조).

162) 대법원 2000. 11. 10.자 2000모134 결정; 대법원 2016. 6. 14.자 2015모1032 결정.

ⓑ **구속영장의 집행절차**

구속영장을 집행함에는 피고인에게 반드시 이를 제시하고 그 사본을 교부하여야 하며 신속히 지정된 법원 기타 장소에 인치하여야 한다. 구속의 촉탁에 따라 수탁판사가 발부한 영장을 집행한 때에는 영장을 발부한 판사에게 피고인을 인치하여야 한다(법 제85조 제1항, 제2항).

구속영장을 소지하지 아니한 경우에 급속을 요하는 때에는 피고인에 대하여 공소사실의 요지와 영장이 발부되었음을 고하고 집행할 수 있다. 이 경우 집행을 완료한 후에는 신속히 구속영장을 제시하고 그 사본을 교부하여야 한다(법 제85조 제3항, 제4항).

⑤ 구속영장의 집행 후 절차

ⓐ **구속 후 권리고지**

피고인을 구속한 때에는 법원은 피고인에게 그 즉시 공소사실의 요지와 변호인을 선임할 수 있음을 알려야 한다(법 제88조). 이렇듯 구속영장의 집행 전후에 걸쳐 권리를 고지받을 권리를 중복 보장하는 것은 도망으로 인하여 구속 전 권리고지를 받지 못한 피고인의 방어권을 보장하자는데 그 의의가 있다.

ⓑ **구속통지**

법원은 24시간 이내에 지체 없이 변호인이 있는 경우에는 변호인에게, 변호인이 없는 경우에는 변호인선임권자(법 제30조 제2항) 중 피고인이 지정한 자에게, 양자가 모두 없는 경우에는 피고인이 지정하는 자에게 피고사건명, 구속일시·장소, 범죄사실의 요지, 구속의 이유와 변호인을 선임할 수 있는 취지를 알려야 한다(법 제87조, 규칙 제51조 제1항, 제2항). 변호인이 없고, 피고인이 변호인선임권자는 물론 그 외의 사람조차 통지받을 사람으로 지정하지 아니하는 경우에는 그 취지를 기재한 서면을 기록에 철하여야 한다(규칙 제51조 제3항).

통지방법은 서면을 원칙으로 한다(규칙 제51조 제2항). 급속을 요하는 경우에는 구속되었다는 취지 및 구속의 일시·장소를 전화 또는 모사전송기 기타 상당한 방법에 의하여 통지할 수 있으나, 이 경우 구속통지는 다시 서면으로 하여야 한다(규칙 제51조 제3항).

(마) 구속기간

1) 수사기관의 구속기간

① 구속기간의 기산점

수사기관의 구속기간 기산점은 미체포 피의자의 경우에는 영장실질심사를 위한 구인용 구속영장에 의해 **구인된** 날이고, 체포된 피의자의 경우에는 **체포된** 날이다(법 제203조의2). 기산점이 된 초일은 시간을 계산하지 아니하고 1일로 산정하고, 기간의 말일이 공휴일이거나 토요일이라 해도 구속기간에 산입한다(법 제66조 제1항, 제3항).

② 구속기간

수사기관은 최장 30일 동안 피의자를 구속할 수 있다. 사법경찰관이 피의자를 구속한 때에는 10일 이내에 피의자를 검사에게 인치하지 아니하면 석방하여야 한다(법 제202조). 검사가 피의자를 구속한 때 또는 사법경찰관으로부터 피의자의 인치를 받은 때에는 10일 이내에 공소를 제기하지 아니하면 석방하여야 한다(법 제203조). 다만 검사는 수사를 계속함에 상당한 이유가 있는 경우 구속기간 연장에 필요한 자료를 제출하여 구속기간 연장을 신청할 수 있고, 지방법원판사는 상당한 이유가 있다고 인정한 때에는 10일을 초과하지 아니하는 한도에서 1차에 한하여 검사의 구속기간 연장을 허가할 수 있다(법 제205조).

지방법원판사의 결정은 항고나 준항고의 대상이 아니므로 지방법원판사의 구속기간 연장 허가 또는 불허에 대해서는 **다툴 수 없다**.

③ 불산입기간

영장실질심사 및 체포구속적부심사로 인하여 수사기록 및 증거물이 법원에 접수된 기간 동안 수사기관은 수사를 진행할 수 없으므로, 이 기간은 구속기간에 산입되지 아니한다. 즉, 수사기관의 구속기간에는 **영장실질심사**를 하는 경우 법원이 구속영장청구서·수사 관계 서류 및 증거물을 **접수한 날부터 구속영장을 발부하여 검찰청에 반환한 날까지**의 기간(법 제201조의2 제7항) 및 **체포구속적부심사**를 위해 수사 관계 서류와 증거물이 법원에 접수된 때부터 결정 후 검찰청에 반환된 때까지의 기간은 구속기간에 산입하지 **아니한다**(법 제214조의2 제13항).

2) 법원의 구속기간

① 구속기간의 기산점

법원의 구속기간 기산점은 수사기관에서 이미 구속된 후 기소된 피고인의 경우에는 **공소제기일**이고, 법원이 불구속 기소된 피고인을 구속한 경우에는 피고인을 **구속한 날**이다. 기산점이 된 초일은 시간을 계산하지 아니하고 1일로 산정하고, 월 단위로 계산하며 기간의 말일이 공휴일이거나 토요일이라 해도 구속기간에 산입한다(법 제66조).

② 구속기간

법원의 구속기간은 2개월이다. 하지만 특히 구속을 계속할 필요가 있는 경우에는 심급마다 2개월 단위로 2차에 한하여 결정으로 갱신할 수 있고, 상소심에서는 피고인 또는 변호인이 신청한 증거의 조사, 상소이유를 보충하는 서면의 제출 등으로 추가 심리가 필요한 부득이한 경우에는 3차에 한하여 갱신할 수 있다(법 제92조 제1항). 따라서 제1심에서는 2개월의 구속 이후 2차의 갱신이 가능하여 총 6개월간, 2심 및 3심에서는 각 3차의 갱신이 가능하여 각 6개월간 구속기간이 연장될 수 있다. 결국 **최장 18개월 동안** 피고인을 구속할 수 있게 되는 셈이다. 법원의 구속기간 갱신결정은 피고인의 구금에 대한 판결 전 결정으로 **항고**대상이 된다.

③ 불산입기간

법원의 구속은 법원의 본안 심리상 필요에 의한 것으로 법관에 대한 기피신청, 공소장변경, 피고인의 심신상실이나 질병으로 공판절차가 정지되어 실질적인 심리가 이루어질 수 없는 기간은 구속기간에 산입되지 아니한다. **공소제기 전의 체포·구인·구금 기간**도 법원이 본안심리에 이용한 기간이 아니므로, 피고인 구속기간에 산입하지 아니한다(법 제92조 제3항).

(바) 구속영장의 효력범위

1) 의의

구속영장의 효력범위에 대해서는 견해의 대립이 있다. 통설인 **사건단위설**은 구속영장은 영장기재 범죄혐의사실 및 그와 기본적 사실관계가 동일한 범죄까지 미친다고 한다. 사건단위설에 따르면 이미 구속되어 있는 피의자나 피고인에 대해 다른 범죄사실에 대한 영장을 발부하는 것은 가능하지만, 구속영장 기재 범죄사실 외의 범죄를 수사하기 위한 별건구속은 허용될 수 없다. 한편 **인단위설**은 구속영장은 구속 피의자 또는 피고인의 모든 범죄사실에 미친다고 한다. 인단위설에 따르면 이미 구속되어 있는 자에 대해 다시 영장을 발부할 이유가 없고, 별건구속도 허용된다.

사건단위설이 옳다. 구속영장은 영장기재 범죄사실이라는 특정한 범죄의 수사 또는 공판을 목적으로 피의자나 피고인의 신병을 확보하기 위한 수단으로 발부되고, 영장의 발부 요건의 충족 여부는 **영장기재 범죄사실을 기준**으로 판단하기 때문이다. 대법원도 사건단위설의 입장을 취한다.[163)]

2) 이중구속

이중구속이란 이미 구속된 피의자 또는 피고인에 대해 최초의 구속영장 기재 범죄사실과 다른 범죄사실에 대해 새로운 구속영장을 발부받아 집행하는 것으로, 피의자나 피고인이 둘 이상의 구속영장의 효력에 의해 구속이 되었다는 의미에서 이중구속이라 한다.

사건단위설에 따를 때 구속된 범죄사실과 다른 범죄사실에 대해 새로운 구속영장을 발부받는 것이 허용된다는 점에 대해서는 이론의 여지가 없다. 다만 이미 구속된 피의자나 피고인

---

163) 대법원 2001. 5. 25.자 2001모85 결정.

에게 새로운 구속영장을 집행하여 이중구속 상태에 둘 수 있는지에 대해서는 견해의 대립이 있다. **긍정설**은 구속된 피의자나 피고인에 대한 영장집행이 형사소송법에 명시되어 있고(법 제81조 제3항, 제209조) 그 현실적인 필요성도 있음을 논거로 하고[164] 있는 반면, **부정설**은 이미 구속되어 있는 피의자나 피고인은 도망할 수 없고 그 염려도 없으므로 새로운 영장집행의 필요성이 없다는 점을 논거로 한다.[165]

형사소송법상 구속 피의자나 피고인에 대한 영장집행을 명문의 규정으로 허용하고 있고, 도망염려는 구속영장 청구 및 발부의 요건이지 집행의 요건이 아니다. 게다가 부정설에 따르면 결국 최초 영장에 의한 구속에서 석방되는 즉시 새로운 영장을 집행하여야 하는데, 석방에 앞서 미리 집행하는 것과 큰 차이가 없다. 따라서 긍정설이 옳다. 대법원도 같은 입장이다.[166]

3) 별건구속

① 별건구속과 여죄수사

별건구속이란 수사기관이 본래 수사하려고 한 범죄사실에 대한 구속 요건이 충족되지 아니하는 경우 그 사실에 대한 수사를 위하여 구속 요건이 충족되는 다른 범죄사실로 피의자를 일단 구속하는 것으로, 본건의 수사를 위해 별건으로 구속상태에 둔다는 의미에서 별건구속이라 한다. 별건구속은 형식적 하자가 없다 하더라도 **실질적으로는** 수사기관에 의한 사술적 수사방법이라 아니할 수 없으므로 허용될 수 없다.

한편 여죄수사란 구속 피의자에 대한 본건의 수사를 진행하는 기회에 이루어지는 별건에 대한 수사로서, 신속한 수사·재판 등 형사절차의 경제성을 생각해 볼 때 굳이 이를 금지할 이유가 없다.

② 양자의 구별기준

별건구속과 여죄수사는 구속영장 기재 범죄사실과 다른 범죄사실에 대한 수사가 이루어진다는 점에서 쉽사리 구별하기 어렵다는 문제점이 있다. 양자의 **구별기준**으로 영장기재 범죄사실과 추가 수사가 이루어진 다른 범죄사실의 **유사성**, 양 범행의 **경중**, 다른 범죄사실에 대한 수사진행의 **사유**, 실제 수사에 소요된 **시간** 등을 들 수 있는데, 수사기관은 별건수사시 그 의도를 적극적으로 속일 수 있으므로 이에 대한 평가는 **객관적 사정**을 종합하여 피의자·피고인의 이익을 충분히 보장할 수 있는 엄격한 기준에 따라 이루어져야 한다.

---

164) 신현주 275; 이/김 277; 이창현 367; 정/최/김 202.
165) 이/조/이 191; 정승환 142.
166) 대법원 2000. 11. 10.자 2000모134 결정.

예를 들어 본건과 다른 사건이 동일하거나 유사한 유형의 범죄로서 본건 수사과정에서 자연스럽게 별건이 인지될 수 있고 본건이 다른 사건보다 중대한 범죄이며 수사시간도 다른 사건보다 훨씬 많이 소요된 경우나, 본건의 수사과정에서 피의자가 임의로 다른 사건을 자수한 것이 객관적 사정에 따라 명백히 증명된 경우 등에 있어 다른 사건의 수사는 여죄수사로서 적법하다 할 수 있을 것이다. 그러나 본건과 관련성이 떨어지는 다른 사건으로서 그 인지과정이 부자연스럽거나 다른 사건의 수사에 과도한 시간이 소요된 경우 등에는 별건수사로 보아 위법하다 함이 상당하다.

(6) 체포·구속된 피의자·피고인의 권리 및 구제제도

(가) 접견교통권

1) 의의

접견교통권이란 체포·구속된 피의자·피고인이 타인과 접견할 권리인 **접견권**, 서류나 물건을 수수할 권리인 **수수권** 및 의사의 진료를 받을 권리인 **수진권**을 말한다. 헌법은 체포·구속 시 변호인의 조력권을 천명하고 있는데(헌법 제12조 제4항), 형사소송법은 변호인 조력권의 구체적 실현을 위해 체포·구속된 피의자·피고인에게 변호인과의 접견교통권은 물론 일정한 범위 내에서 변호인 아닌 자와의 접견교통권을 보장하고 있다.

2) 변호인과의 접견교통권

① 체포·구속된 피의자·피고인의 범위

체포·구속된 피의자·피고인은 관련 법률이 정한 범위에서 타인과 접견하고 서류나 물건을 수수하며 의사의 진료를 받을 수 있다(법 제89조, 제209조). 여기에서 타인에 변호인은 당연히 포함되므로 체포·구속된 피의자·피고인은 변호인과의 접견교통권을 가진다. 또한 **감정유치**, **임의동행** 등에 따라 수사기관이나 법원으로부터 실질적으로 신체의 구속을 당하고 있는 자들도 변호인과의 접견교통권의 주체가 된다.[167)]

그러나 형이 확정되어 집행 중에 있는 **수형자**는 체포·구속된 피의자나 피고인과 마찬가지로 신체의 자유를 제한받고는 있지만 피의자·피고인은 아니다. 따라서 재심개시 여부를 결정하는 재심청구절차에서 수형자는 접견교통권의 주체라 할 수 없다.[168)]

---

167) 대법원 1996. 6. 3.자 96모18 결정.
168) 대법원 1998. 4. 28. 선고 96다48831 판결.

② 변호인의 범위

체포·구속된 피의자·피고인의 변호인과의 접견교통권은 변호인의 조력을 받을 권리와 표리관계에 있는 헌법상의 권리로서 그 실질적 보장이 요청된다. 따라서 변호인에는 **'변호인이 되려는 자'도 포함**된다.[169] 변호인이 되려는 변호사의 의사표시는 형사사법기관이 그 의사를 인식하는 데 적당한 방법을 사용하면 되고, 반드시 문서로서 그 의사를 표시하여야 할 필요는 없다.[170]

③ 보장의 정도

체포·구속된 피의자·피고인의 변호인과의 접견교통권은 헌법상의 변호인 조력권의 구체화로서 피고인·피의자·피내사자의 인권보장과 방어준비를 위하여 필수불가결한 권리이다. 따라서 변호인접견권은 대화내용에 대하여 비밀이 완전히 보장되고 어떠한 제한, 영향, 압력 또는 부당한 간섭 없이 자유롭게 대화할 수 있는 접견이 보장되어야 한다. 이를 위해 '형의 집행 및 수용자의 처우에 관한 법률'은 미결수용자와 변호인은 접촉차단시설이 설치되지 아니한 장소에서 접견하도록 하고(형집행법 제41조 제2항 제1호), 변호인 접견에는 교도관이 참여하지 못하며 그 내용을 청취 또는 녹취하지 못하고, 접견의 시간과 횟수를 제한하지 아니한다고 규정하고 있다(동법 제84조 제1항 본문, 제2항).

법원과 헌법재판소도 이와 같은 기준에서 체포·구속된 피의자·피고인의 변호인과의 접견권을 실질적으로 보장하고 있다. 대법원은 접견신청일이 경과하도록 변호인 접견이 이루어지지 아니한 경우 실질적으로 접견불허처분과 동일하여 위법하다 하였고,[171] 변호인이 피의자를 접견할 때 국가정보원 직원이 승낙 없이 사진촬영을 한 것은 접견교통권을 침해한 것이라 하였으며,[172] 체포·구속된 피의자의 구금장소를 임의적으로 변경하는 것은 피의자의 방어권 및 접견교통권의 행사에 중대한 장애를 초래하므로 위법하다고 하였다.[173] 헌법재판소도 변호인 접견에 교도관이 참여할 수 있다고 규정한 구 행형법(현 형집행법) 규정[174] 및 미결수용자의 변호인 접견의 횟수와 접견시간을 일반접견과 동일하게 제한한 구 행형법 시행령 조항은 접견교

169) 헌법재판소 2019. 2. 28. 선고 2015헌마1204 전원재판부 결정. "'변호인이 되려는 자'의 접견교통권은 피의자 등을 조력하기 위한 핵심적인 부분으로서, 피의자 등이 가지는 헌법상의 기본권인 '변호인이 되려는 자'와의 접견교통권과 표리의 관계에 있다. 따라서 피의자 등이 가지는 '변호인이 되려는 자'의 조력을 받을 권리가 실질적으로 확보되기 위해서는 '변호인이 되려는 자'의 접견교통권 역시 헌법상 기본권으로서 보장되어야 한다."

170) 대법원 2003. 1. 10. 선고 2002다56628 판결.

171) 대법원 1991. 3. 28.자 91모24 결정.

172) 대법원 2003. 1. 10. 선고 2002다56628 판결.

173) 대법원 1996. 5. 15.자 95모94 결정.

174) 헌법재판소 1992. 1. 28. 선고 91헌마111 전원재판부 결정.

통권을 부당하게 제한하여 재판청구권을 침해하므로 위헌이라고 하였다.[175]

④ 제한

헌법 제37조 제2항에 따라 변호인과의 접견교통권도 국가안전보장·질서유지 또는 공공복리를 위해 필요한 경우에는 법률 및 합헌적 위임에 따른 법규명령으로써 제한될 수 있다. 그렇다 하더라도 변호인과의 접견교통권은 수사기관의 처분은 물론 법원의 결정에 의해서도 제한될 수 없다.[176] 형사소송법은 변호인 이외의 자와의 접견교통권에 대해서는 체포·구속된 피의자·피고인이 도망하거나 범죄의 증거를 인멸할 염려가 있다고 인정할 만한 상당한 이유가 있는 때에는 법원의 결정으로 일정부분 제한할 수 있다고 규정하고 있으나(법 제91조, 제209조), 변호인과의 접견교통권에 대해서는 이러한 규정을 두고 있지 아니하다.[177]

ⓐ 접견시간

'형의 집행 및 수용자의 처우에 관한 법률'의 위임에 따라 동법 시행령은 수용자 접견시간을 국가공무원 복무규정에 따른 근무시간으로 규정하고 있다(형집행법 시행령 제58조 제1항). 따라서 미결수용자 또는 변호인이 원하는 특정시점이 수용자 접견시간 외의 시간이라는 사유로 불허되었다 하더라도 그 자체로는 위법하지 아니하다. 접견 전후의 상황과 변호인 조력권의 실질적 보장 여부에 따라 그 침해 여부를 판단하여야 하기 때문이다.[178] 이러한 점은 '형의 집행 및 수용자의 처우에 관한 법률'이 준용되는 경찰서 유치장에서의 접견에 있어서도 마찬가지이다(동법 제87조).

ⓑ 가시거리 내 관찰

'형의 집행 및 수용자의 처우에 관한 법률'은 미결수용자와 변호인 및 변호인이 되려고 하는 자와의 접견에는 교도관이 참여하지 못하며 그 내용을 청취 또는 녹취하지 못하지만, 보이는 거리에서 미결수용자를 관찰할 수 있다고 규정(형집행법 제84조 제1항)하여 변호인과의 접견교통권에 대한 일정한 제한을 두고 있다.

이와 관련하여 헌법재판소는 변호인 접견실에 CCTV를 설치하여 교도관이 변호인 접견상황을 관찰한 행위는 육안관찰을 CCTV로 대체한 것에 불과하고 교정시설 내 질서유지의 공익은 중대하므로, 녹음을 하지 아니하는 이상 접견교통권 침해가 아니라고 한다.[179]

175) 헌법재판소 2015. 11. 26. 선고 2012헌마858 결정.
176) 대법원 1996. 6. 3.자 96모18 결정.
177) 대법원 1996. 6. 3.자 96모18 결정.
178) 헌법재판소 2011. 5. 26. 선고 2009헌마341 전원재판부 결정.
179) 헌법재판소 2016. 4. 28. 선고 2015헌마243 결정.

⑤ 위반의 효과

변호인 접견권이 침해당한 상태에서의 수사는 당연히 위법하다. 따라서 검사에 의하여 피의자에 대한 변호인의 '접견이 부당하게 제한되고 있는 동안에' 작성된 피의자신문조서는 증거능력이 부정된다.[180] 하지만 변호인 접견 전에 작성된 피의자신문조서라는 이유만으로 반드시 증거능력이 부정되는 것은 아니다.[181] 피의자가 피의자신문시에 권리고지를 통하여 진술거부권과 변호인조력권을 고지받았다면, 수사기관으로 인해 자신의 권리를 행사할 수 없었다는 특별한 사정이 없는 한, 변호인의 접견이 없었다는 이유만으로 접견이 부당하게 제한되고 있는 동안이라 할 수는 없기 때문이다.

⑥ 구제수단

접견교통권 침해에 대한 구제는 침해한 형사사법기관에 따라 다르다.

법원의 결정에 의하여 침해된 경우 접견교통권에 관한 결정은 '판결 전의 소송 절차'에 관한 것으로서 구금에 관련된 처분으로 볼 수 있는데, 형사소송법은 이에 대한 즉시항고를 규정하고 있지 아니하므로, 이를 침해당한 피고인은 보통항고로써 구제받을 수 있다(법 제403조).

검사 또는 사법경찰관의 접견교통권 제한은 구금과 관련된 수사기관의 처분이므로 준항고로써 구제받을 수 있다(법 제417조). 수사기관의 접견거부처분에 대한 준항고절차에서 법원이 접견거부처분 취소결정을 하였음에도 수사기관이 이를 무시하고 다시 접견거부처분을 한 경우는, 더 이상 준항고절차에 의거하여서는 권리구제의 기대가능성이 없게 되었다 할 것이므로 다른 법률에 의한 구제절차가 없는 경우로서 보충성의 예외에 해당되어 헌법소원의 대상이 된다.[182]

교도소, 구치소 소장 등 교정공무원의 접견불허 처분에 의해서 접견교통권이 침해된 경우는 법원이나 수사기관의 처분이 아니어서 준항고의 대상이 되지 아니하고, 접견불허처분에 대한 행정소송은 소의 이익이 없어 부적법 각하의 대상이 될 수 있으므로, 헌법재판소는 이러한 경우에는 보충성의 예외가 인정되어 헌법소원을 청구할 수 있다고 한다.[183]

국가기관의 불법행위로 인한 손해는 국가배상청구소송의 대상이 되므로, 법원, 수사기관, 교도소장 등 형사사법기관의 처분으로 인한 접견교통권의 침해로 재산상 손해가 발생한 경우에는 피의자·피고인은 국가배상법에 따른 손해배상청구로서 이를 간접적으로 구제받을 수 있다(국가배상법 제2조).

180) 대법원 1990. 8. 24. 선고 90도1285 판결.
181) 대법원 1990. 9. 25. 선고 90도1613 판결.
182) 헌법재판소 1991. 7. 8. 선고 89헌마181 전원재판부 결정.
183) 헌법재판소 2011. 5. 26. 선고 2009헌마341 전원재판부 결정.

3) 변호인 아닌 자와의 접견교통권

체포·구속된 피의자·피고인은 변호인 아닌 자와도 접견교통권을 가진다. 하지만 변호인 아닌 자와의 접견교통권에는 법률상 다양한 제한이 따른다.

형사소송법에 따라 법원과 수사기관은 도망하거나 범죄의 증거를 인멸할 염려가 있다고 인정할 만한 상당한 이유가 있는 때에는 체포·구속된 피의자·피고인과 변호인이나 변호인이 되려는 자 이외의 타인과의 접견을 금지할 수 있고, 서류나 그 밖의 물건을 수수하지 못하게 하거나 검열 또는 압수할 수 있다(법 제91조, 제209조). '형의 집행 및 수용자의 처우에 관한 법률'에 따라 교도소장 등은 형사법령에 저촉되는 행위를 할 우려가 있는 경우 등 일정한 경우 체포·구속된 피의자·피고인과 변호인 아닌 자와의 접견을 금지할 수 있고(형집행법 제41조), 범죄의 증거인멸시 변호인 아닌 자와의 접견을 중단시킬 수 있으며(동법 제42조), 변호인 아닌 자와의 편지수수와 전화통화에도 일정한 제한을 가할 수 있다(동법 제43조, 제44조).

다만 이러한 제한은 의류·양식·의료품의 수수에 대해서는 적용되지 아니한다(법 제91조 단서, 제209조). 구금의 목적과도 무관할 뿐 아니라 어떠한 경우에도 피의자·피고인이 인간으로서 누려야 할 최소한의 기본적 인권에 대한 제한은 허용될 수 없기 때문이다.

(나) 피의자의 체포·구속적부심사 청구권

1) 체포·구속적부심사제도의 의의

체포·구속적부심사제도란 피의자 등 청구권자의 청구에 의해 법원이 피의자의 체포 또는 구속의 적법성과 체포·구속 계속의 필요성을 심사하여 부적법하거나 부당한 경우 피의자를 석방시키는 제도를 말한다. 헌법은 누구든지 체포 또는 구속을 당한 때에는 적부의 심사를 법원에 청구할 권리를 가진다고 하여 피의자의 체포·구속적부심사청구권을 천명하고 있고(헌법 12조 6항), 형사소송법은 이를 구체화하여 보장하고 있다.

피의자가 통상체포, 긴급체포 또는 현행범인 체포상태에 있을 때에는 단기간 내에 구속영장의 청구에 따른 영장실질심사가 이루어지거나 영장의 불청구에 따른 석방이 이루어지므로 권리구제수단으로서 체포적부심사의 의미는 그다지 크다고 보기는 어렵다. 하지만 피의자가 구속 상태에 있을 때에는 구속적부심사는 구속영장의 적법성에 대한 재심사로서 기능하고, 특히 구속계속의 필요성에 대한 심사로서는 매우 큰 의미가 있다.

2) 청구권자

체포·구속적부심사의 청구권자는 체포되거나 구속된 피의자, 변호인, 법정대리인, 배우자, 직계친족, 형제자매, 가족, 동거인, 고용주이다(법 제214조의2 제1항). 피고인은 청구권자가 아니다. 형사소송법은 청구권자의 권리보장을 위해 피의자를 체포·구속한 검사 또는 사법경찰관에게 피의자 및 그 외 청구권자 중 피의자가 지정하는 사람에게 적부심사청구권을 고지할 의무를 부과하고 있다(법 제214조의2 제2항).

3) 청구절차

① 청구권자의 청구

체포·구속적부심사는 법원의 직권조사사항이 아니므로 청구권자의 청구를 필요로 한다. 청구권자는 체포·구속된 피의자의 성명, 주민등록번호, 주거, 체포·구속 일자, 청구 취지 및 청구 이유, 청구인의 성명 및 체포·구속된 피의자와의 관계를 기재한 체포·구속의 적부심사청구서를 관할법원에 제출하여야 한다(규칙 제102조).

청구 이유는 체포·구속의 적부이므로 체포·구속 요건, 절차, 한계 등에 대한 법률위반은 물론, 적법하게 체포·구속됐지만 그 이후 합의가 이루어지거나 피해자측에서 고소를 취소한 경우 등 사정변경으로 인해 더 이상 구속의 필요성이 인정되지 아니하는 경우도 청구 이유에 포함된다.

② 법원의 조치 등

ⓐ 간이기각결정

법원은 청구권자 아닌 사람이 청구한 경우나 동일한 체포영장 또는 구속영장의 발부에 대하여 재청구한 경우 또는 공범이나 공동피의자의 순차청구가 수사 방해를 목적으로 하고 있음이 명백한 경우에는 피의자 심문 없이 결정으로 청구를 기각할 수 있다(법 제214조의2 제3항). 이를 간이기각결정이라 하는데, 이 결정에 대해 피의자 등 청구인은 항고할 수 없다(법 제214조의2 제8항).

ⓑ 법원의 통지 및 수사기관의 증거물 제출

간이기각결정을 하지 아니하는 경우 법원은 지체 없이 청구인, 변호인, 검사 및 피의자를 구금하고 있는 관서의 장에게 적부심사를 위한 심문기일과 장소를 통지하여야 하고, 사건을 수사 중인 검사 또는 사법경찰관은 심문기일까지 수사관계서류와 증거물을 법원에 제출하여야 한다(규칙 제104조 제1항, 제2항).

ⓒ 국선변호인의 선정

영장실질심사에서와 마찬가지로 체포·구속된 피의자에게 변호인이 없는 경우 등 국선변호인 선정사유에 해당하면 법원은 직권으로 국선변호인을 선정하여야 한다(법 제214조의2 제10

항, 제33조).

ⓓ **피의자 등의 관련서류 열람권**

피의자와 심문에 참여할 변호인은 법원에 제출된 구속영장청구서 및 그에 첨부된 고소·고발장, 피의자의 진술을 기재한 서류 및 피의자가 제출한 서류를 열람할 수 있다(규칙 제96조의21 제1항).

4) 심사절차

① 법원의 구성

체포영장이나 구속영장을 발부한 법관은 체포·구속 적부심의 심문, 조사, 결정에 관여할 수 없다. 다만 그 법관 외에는 심문, 조사, 결정을 할 판사가 없는 경우에는 그러하지 아니하다(법 제214조의2 제12항).

② 피의자의 출석 및 심문의 개시

피의자를 구금하고 있는 관서의 장은 위 심문기일에 피의자를 법원에 출석시켜야 한다(규칙 제104조 제2항). 피의자의 출석으로 피의자 심문기일은 시작되고, 법원은 청구이유를 중심으로 피의자 심문을 진행한다. 법원은 합의부원에게 피의자 심문을 명할 수 있다(규칙 제105조 제4항). 영장실질심사와 달리 명문의 규정은 없으나(규칙 제96조의16 제5항) 법원은 피의자 심문 중 필요시 검사, 변호인, 피의자 아닌 청구인 등에게도 질문할 수 있다.

③ 피의자 등의 권리

피의자는 판사의 심문 도중에도 변호인에게 조력을 구할 수 있다(규칙 제105조 제2항). 법원은 변호인이 악의적으로 법원의 심문을 방해하는 것이 아닌 이상 변호인 조력권을 실질적으로 보장해야 한다. 피의자는 법원의 심문이 끝난 후 의견을 진술할 수 있고 필요한 경우에는 심문 도중에도 판사의 허가를 얻어 의견을 진술할 수 있다(규칙 제105조 제1항).

변호인 및 청구인이 피의자가 아닌 경우 그 청구인도 심문기일에 출석하여 법원의 심문이 끝난 후 의견을 진술할 수 있고 필요한 경우에는 심문 도중에도 판사의 허가를 얻어 의견을 진술할 수 있다(규칙 제105조 제1항). 심문기일에 출석한 피의자, 변호인, 피의자 외 청구인은 피의자에게 유리한 자료를 법원에 제출할 수 있다(규칙 제105조 제3항).

④ 검사의 의견진술권

검사는 심문기일에 출석하여 법원의 심문이 끝난 후 의견을 진술할 수 있고 필요한 경우에는 심문 도중에도 판사의 허가를 얻어 의견을 진술할 수 있다(규칙 제105조 제1항).

⑤ 심문조서의 작성

법원사무관 등은 공판조서 작성의 방식에 따라 심문의 요지 등을 조서로 작성하여야 한다(법 제214조의2 제14항). 체포·구속적부 심문조서는 전문증거이지만 특히 신용할 만한 정황에 의하여 작성된 문서로서 증거능력이 인정된다(법 제315조 제3호). 다만 피의자는 체포·구속적부 심사시 뉘우치고 있다거나 구속 계속의 사유가 없음을 어필하기 위해 허위자백을 할 개연성이 있으므로 체포·구속적부심사조서에 기록된 자백의 증명력 평가는 신중하여야 한다.[184]

5) 법원의 결정

① 인용 또는 기각결정

ⓐ 의의

법원은 청구가 이유 없다고 인정한 경우에는 결정으로 이를 기각하고, 이유 있다고 인정한 경우에는 결정으로 체포되거나 구속된 피의자의 석방을 명하여야 한다. 이러한 결정은 청구서가 접수된 때부터 48시간 이내에, 피의자에 대한 심문이 종료된 때로부터는 24시간 이내에 이루어져야 한다(법 제214조의2 제4항, 규칙 제106조).

형사소송법은 피의자로서 체포·구속적부심사를 청구하였다면 이후 공소제기 여부와 관계없이 동일한 권리를 보장한다(법 제214조의2 제4항). 이른바 전격기소의 횡포를 막기 위해서이다. 피의자가 체포·구속적부심 청구 후 공소가 제기되었고, 이후 법원의 인용결정이 있으면 법원은 결정으로 피의자였던 피고인의 석방을 명하여야 한다.

ⓑ 항고 가능성

검사 및 피의자 등 청구인은 체포·구속적부심사에 대한 법원의 인용 또는 기각결정에 대하여는 항고할 수 없다(법 제214조의2 제8항). 체포·구속적부심사에 대한 결정은 판결 전의 소송절차에 관한 것으로서 구금에 대한 결정이므로 금지규정이 없는 이상 보통항고의 대상이 되는데도, 형사소송법이 체포·구속적부심사에 대한 항고를 금지하고 있는 이유는, 이를 허용할 경우 본안의 진행이 상당히 지체되어 소송경제에 반하고, 피의자의 입장에서도 오히려 신속한 재판이 더 유리할 수 있음을 고려한 입법자의 결단이라 할 수 있다.

ⓒ 재체포·구속의 제한

체포·구속적부심사의 인용결정에 의하여 석방된 피의자에 대해서는 도망하거나 범죄의 증거를 인멸하는 경우를 제외하고는 동일한 범죄사실로 재차 체포하거나 구속할 수 없다(법 제214조의3 제1항).

---

184) 대법원 2004. 1. 16. 선고 2003도5693 판결.

② 보증금납입조건부 석방결정

ⓐ **의의**

보증금납입조건부 석방결정이란 법원이 체포·구속적부심사 결과 체포·구속 그 자체는 적정하여 청구 이유가 인정되지 아니함에도 구속된 피의자에 대하여 출석을 보증할 만한 보증금의 납입을 조건으로 석방을 결정하는 것을 말한다. 불구속수사의 원칙을 살린다는 취지이다. 다만 법원은 범죄의 증거를 인멸할 염려가 있다고 믿을 만한 충분한 이유가 있는 경우 또는 피해자, 당해 사건의 재판에 필요한 사실을 알고 있다고 인정되는 사람, 그 친족의 생명·신체·재산에 해를 가하거나 가할 염려가 있다고 믿을 만한 충분한 이유가 있는 경우에는 보증금납입조건부 석방결정을 할 수 없다(법 제214조의2 제5항).

보증금납입조건부 석방결정은 적법한 구속을 전제로 한 조건부 석방이라는 점에서 피고인 보석제도와 유사한 면이 있다. 하지만 필요적 결정사유가 없으므로 그 결정은 전적으로 법원의 직권, 재량에 따른다는 점, 보증금의 납입만을 조건으로 한다는 점, 석방시 영장의 효력이 상실되므로 구속취소에 의한 석방과 마찬가지로 석방된 피의자를 구속하기 위해서는 다시 구속절차를 거쳐야 한다는 점(보석을 취소하면 일단 멈춰 있던 영장의 효력이 다시 살아나게 되므로 다시 구속절차를 거칠 필요가 없다) 등의 차이가 있다. 또한 보증금납입조건부 피의자석방제도는 구속적부심사를 청구한 경우에 한해 출석을 담보할 만한 보증금납입을 조건으로 석방을 명하는 제도로서, 피의자는 직접 보증금납입조건부 석방을 청구할 수는 없다. 피의자보석이라는 용어를 쓰지 않는 이유도 피의자에게 보석권을 인정하는 것은 아니기 때문이다. 보증금납입조건부 석방결정의 경우에도 보증금을 납입한 후가 아니면 이를 집행할 수 없다(법 제214조의2 제7항, 규칙 제100조 제1항=선이행 후집행).

ⓑ **적용범위**

형사소송법의 문언과 체계에 따를 때 체포 상태의 피의자는 보증금납입조건부 석방 결정의 대상이 될 수 없다. 형사소송법은 체포와 구속을 엄격히 구분하고 있고 체포·구속적부 심사 절차와 관련해서도 대부분 양자를 병기하고 있지만, 보증금납입조건부 석방결정에 대해서는 구속된 피의자만을 그 객체로 명기하고 있기 때문이다.[185] 실질적으로 보더라도 체포시간은 48시간의 단기간에 그치므로 체포된 피의자에 대해 보증금납입조건부 석방결정을 인정하지 않는다 하더라도 불구속수사의 원칙이나 비례원칙에 별달리 지장을 주는 것도 아니어서 인정해야 할 실익도 별반 없다.

185) 대법원 1997. 8. 27.자 97모21 결정.

ⓒ **조건의 부가와 그 한계**

법원은 보증금납입조건부 석방 결정시 주거의 제한, 법원 또는 검사가 지정하는 일시·장소에 출석할 의무, 그 밖의 적당한 조건을 부가할 수 있다(법 제214조의2 제6항). 법원이 이러한 조건을 정할 때에는 범죄의 성질·죄상, 증거의 증명력, 피고인의 전과·성격·환경 및 자산, 피해자에 대한 배상 등 범행 후의 정황에 관련된 사항을 고려하여야 하는데, 피고인의 자금능력 또는 자산 정도로는 이행할 수 없는 조건을 정할 수는 없다(법 제214조의2 제7항, 제99조). 피고인이 이행할 수 없는 조건을 부가하는 것은 이 제도의 취지를 몰각시키는 것이기 때문이다.

ⓓ **불복방법**

보증금납입조건부 석방결정은 판결 전의 소송절차에 관한 것으로서 구금에 대한 결정에 해당하므로 검사 또는 청구인은 그 결정에 대하여 **보통항고**로서 불복할 수 있다.[186] 형사소송법은 체포·구속적부심사의 인용 또는 기각 결정에 대해서는 항고할 수 없다는 명문의 규정을 두고 있는 반면, 보증금납입조건부 석방결정에 대해서는 그러한 규정을 두고 있지 않으며, 인용 또는 기각결정과 달리 보증금납입조건부 석방결정은 청구 이유의 인정 여부와 석방 여부가 일치하지 아니하여 그 법적 성격을 달리하므로, 체포·구속적부심사의 인용 또는 기각결정에 대한 항고금지 규정을 보증금납입조건부 석방결정에 확장 적용할 수도 없기 때문이다.

ⓔ **재체포·구속의 제한과 보증금의 몰수**

보증금납입조건부 석방결정으로 석방된 피의자에 대해서는 도망한 경우, 도망하거나 범죄의 증거를 인멸할 염려가 있다고 믿을 만한 충분한 이유가 있는 경우, 출석요구를 받고 정당한 이유 없이 출석하지 아니한 경우, 주거의 제한이나 그 밖에 법원이 정한 조건을 위반한 경우 중, 어느 하나에 해당하는 사유가 있는 경우를 제외하고는, 동일한 범죄사실로 재차 체포하거나 구속할 수 없다(법 제214조의3).

보증금납입조건부 석방결정으로 석방된 피의자를 **재구속**하는 경우 또는 공소제기로 피고인으로 신분이 변경된 후 동일한 범죄사실에 관하여 재구속하는 경우에 법원은, 직권 또는 검사의 청구에 의하여 결정으로, 보증금의 전부 또는 일부를 **몰수할 수 있다**(법 제214조의4 제1항). 피고인이 동일한 범죄사실에 관하여 형의 선고를 받고 그 **판결이 확정된 후 이를 집행하기 위한** 소환을 받았음에도 정당한 이유 없이 출석하지 아니하거나 도망한 경우에는, 법원은 직권 또는 검사의 청구에 의하여 결정으로, 보증금의 전부 또는 일부를 **몰수하여야 한다**(법 제214조의4 제2항).

---

186) 대법원 1997. 8. 27.자 97모21 결정.

(다) 피의자·피고인의 구속취소 청구권

1) 의의

구속취소란 구속 당시 구속사유가 없었음이 구속 후 밝혀지거나 구속 당시에는 구속사유가 있었으나 구속 후 그 사유가 소멸한 경우에 구속영장의 효력을 상실시키고 피고인 또는 피의자를 석방하는 것을 말한다. 예를 들어 수사절차에서 자백한 피고인이 구속 후에도 자백상태를 유지하면서 피해자와 합의하여 피해자가 법원에 처벌불원의사를 표시한 경우와 같이 더 이상 피고인에게 증거인멸이나 도주우려가 있다고 보기 어려운 경우에 법원은 구속 사유의 소멸을 이유로 구속을 취소할 수 있다.

2) 수사절차에서 구속취소

수사절차에서 구속의 사유가 없거나 소멸된 경우, 검사는 **직권** 또는 피의자, 변호인, 변호인선임권자의 **청구**에 의하여 결정으로 구속을 취소하여야 한다(법 제209조, 제93조).

피의자, 변호인, 변호인선임권자 등 청구권자의 구속취소 청구가 있는 경우, 특별한 사정이 없는 한 검사는 청구일로부터 7일 이내에 구속취소 여부를 결정하여야 한다(규칙 제55조). 구속을 취소하는 경우 검사는 영장을 발부한 법원에 그 사유를 서면으로 통지하여야 한다(법 제204조).

3) 공판절차에서 구속취소

공판절차에서 구속의 사유가 없거나 소멸된 경우, 법원은 **직권** 또는 검사, 피고인, 변호인, 변호인선임권자의 **청구**에 의하여 결정으로 구속을 취소하여야 한다(법 제93조).

검사, 피고인, 변호인, 변호인선임권자 등 청구권자의 청구가 있는 경우, 특별한 사정이 없는 한 법원은 청구일로부터 7일 이내에 구속취소 여부를 결정하여야 한다(규칙 제55조). 피고인 등의 청구에 따라 구속을 취소하는 결정에 대하여 검사는 **즉시항고**를 할 수 있다(법 제97조 제4항).

(라) 피고인의 보석청구권

1) 의의와 유형

① 의의

보석제도란 일정한 보증금의 납부 등을 조건으로 구속영장의 효력을 유지한 채 그 집행만을 정지하여 구속 중인 피고인을 석방하는 제도를 말한다. 보석제도는 보석조건을 통해 피고인의 증거인멸과 피해자 등에 대해 위해를 가하는 것을 방지하고 재판에의 출석을 담보하면서도, 불구속 상태에서 공판을 진행하여 피고인의 방어권을 보장해 주는데 그 의의가 있다.

② 유형

보석에는 청구권자의 청구에 의한 필요적 보석과, 청구 또는 법원의 직권에 의한 임의적 보석이 있다. 법원은 보석의 청구가 있는 때에는 형사소송법이 명시한 예외사유에 해당하지 아니하는 한 보석을 허가하여야 한다. 이를 **필요적 보석**이라 하는데, 형사소송법이 정한 필요적 보석의 예외사유는 피고인이 사형, 무기 또는 **장기** 10**년**이 넘는 징역이나 금고에 해당하는 죄를 범한 때, 피고인이 누범에 해당하거나 상습범인 죄를 범한 때, 피고인이 죄증을 인멸하거나 인멸할 염려가 있다고 믿을 만한 **충분한** 이유가 있는 때, 피고인이 도망하거나 도망할 염려가 있다고 믿을 만한 충분한 이유가 있는 때, 피고인의 주거가 분명하지 아니한 때, 피고인이 피해자, 당해 사건의 재판에 필요한 사실을 알고 있다고 인정되는 자 또는 그 친족의 생명·신체나 재산에 해를 가하거나 가할 염려가 있다고 믿을 만한 충분한 이유가 있는 때이다(법 제95조). 따라서 피고인이 집행유예 기간 중에 있어 **집행유예 결격자**라 하더라도 이는 필요적 보석의 예외사유에는 해당하지 아니하므로 그 사유만으로는 보석허가 결정이 위법하다 할 수 없다.[187]

법원은 위 필요적 보석의 예외사유에 해당한다 하더라도 상당한 이유가 있는 때에는 직권 또는 청구에 의하여 결정으로 보석을 허가할 수 있다(법 제96조). 이를 **임의적 보석**이라 한다.

2) 청구권자의 청구

보석 청구권자는 피고인, 변호인, 법정대리인, 배우자, 직계친족, 형제자매, 가족, 동거인 또는 고용주로서(법 제94조), 청구권자는 공소제기 이후 재판이 확정되기 전까지 **심급**을 **불문**하고 보석을 청구할 수 있다(법 제94조, 제105조).

3) 법원의 결정

① 보석결정 또는 기각결정

법원은 예외사유에 해당하지 아니하는 이상 보석결정을 하여야 하고, 예외사유에 해당하더라도 상당한 이유가 있으면 보석결정을 할 수 있다(법 제95조, 제96조).

예외사유 중 다수는 규범적 평가의 대상이므로 그 평가에 대해서는 이견의 여지가 있다. 이에 형사소송법은 재판장에게 보석에 관한 결정을 하기 전에 검사의 의견을 묻도록 하고 있다(법 제97조 제1항). 재판장의 의견제시 요청시 검사는 지체 없이 의견을 표명하여야 한다(법 제97조 제3항). 다만 검사의 의견에 대한 청취절차는 보석제도의 본질은 아니므로 그 흠결만으

187) 대법원 1990. 4. 18.자 90모22 결정.

로 보석 허가결정을 취소할 수는 없다.[188)]

② 결정기한

보석청구에 대한 결정은 특별한 사정이 없는 한 청구일로부터 7일 이내에 이루어져야 한다(규칙 제55조). 이는 기간에 대한 규정으로서 훈시규정이라 할 수 있지만, 보석제도의 본질에 비추어 볼 때 보석 청구에 대한 결정을 의도적으로 미룬 후 구속기간만료 직전에 일정한 조건을 부과하여 보석을 허가하는 실무관행은 적정절차원칙의 위반이라 아니할 수 없다. 피고인의 보석청구권은 피고인의 이익을 위한 것인바, 이러한 실무관행은 피고인의 이익을 의도적으로 훼손하는 악습으로 보석청구권을 인정한 취지를 정면으로 뒤엎는 것이기 때문이다.

③ 보석조건

법원은 보석을 허가하는 경우, 범죄의 성질 및 죄상, 증거의 증명력, 피고인의 전과·성격·환경 및 자산, 피해자에 대한 배상 등 범행 후의 정황에 관련된 사항을 고려하여(법 제99조 제1항) 필요하고 상당한 범위 안에서 형사소송법이 명시한 조건 중 하나 이상을 보석조건으로 정하여야 한다.

보석조건에는 법원이 지정하는 일시·장소에 출석하고 증거를 인멸하지 아니하겠다는 **서약서**를 제출할 것, 법원이 정하는 보증금에 해당하는 금액을 납입할 것을 약속하는 **약정서**를 제출할 것, 법원이 지정하는 장소로 주거를 제한하고 주거를 변경할 필요가 있는 경우에는 법원의 허가를 받는 등 도주를 방지하기 위하여 행하는 조치를 받아들일 것, 피해자, 당해 사건의 재판에 필요한 사실을 알고 있다고 인정되는 사람 또는 그 친족의 생명·신체·재산에 해를 가하는 행위를 하지 아니하고 주거·직장 등 그 주변에 접근하지 아니할 것, 피고인 아닌 자가 작성한 **출석보증서**를 제출할 것, 법원의 허가 없이 외국으로 출국하지 아니할 것을 **서약**할 것, 법원이 지정하는 방법으로 피해자의 권리 회복에 필요한 금전을 **공탁**하거나 그에 상당하는 담보를 제공할 것, 피고인이나 법원이 지정하는 자가 **보증금**을 **납입**하거나 담보를 제공할 것 등이 있다(법 제98조).

다만 법원은 피고인의 자금능력 또는 자산 정도로는 이행할 수 없는 조건을 정할 수는 없다(법 제99조 제2항). 피고인이 이행할 수 없는 조건을 부가하는 것은 보석제도의 취지를 몰각하는 것이기 때문이다.

④ 불복방법

보석결정 또는 기각결정은 판결 전의 소송절차에서의 구금에 대한 결정이고 그에 대한 즉시항고 규정은 존재하지 아니한다. 따라서 검사 또는 청구인은 그 결정에 대하여 **보통항고**로서

188) 대법원 1997. 11. 27.자 97모88 결정.

다툴 수 있다.[189)]

4) 보석집행의 절차

① 보석조건의 선이행

보석의 조건 중 출석 약속 등 서약서의 제출, 보증금 납입 약정서의 제출, 피고인 아닌 자가 작성한 출석보증서의 제출, 공탁 또는 담보제공, 피고인 등의 보증금 납입 또는 담보제공은 그 조건을 **이행한 후**가 아니면 보석허가결정을 **집행**할 수 없다. 또한 법원은 필요하다고 인정하는 때에는 다른 보석조건에 관하여도 그 이행 이후 보석허가결정을 집행하도록 정할 수 있다(법 제100조 제1항).

② 보증금 납입

법원은 보석청구자 이외의 자에게 보증금의 납입을 허가할 수 있고(법 제100조 제2항), 유가증권 또는 피고인 외의 자가 보증금액을 언제든지 납입할 것을 기재하여 제출한 **보증서**로서 보증금에 **갈음**함을 허가할 수 있다(법 제100조 제3항, 제4항). 따라서 법원의 허가에 따라 제3자도 보증금을 납부할 수 있고, **보석보증 보험증권**을 첨부한 보증서로 보증금 납부에 갈음할 수 있다.

③ 관공소 등의 협조요구

법원은 보석허가결정에 따라 석방된 피고인이 보석조건을 준수하는데 필요한 범위 안에서 관공서나 그 밖의 공사단체에 대하여 적절한 조치를 취할 것을 요구할 수 있다(법 제100조 제5항). 이 규정은 보석조건 중 주거제한·주거변경시 법원의 허가 등 **도주방지**를 위한 조치, 피해자 등에 대한 **위해행위 및 접근금지**, **출국시** 법원의 허가 등 관련 관공소나 공사단체의 협조가 필요한 경우를 대비한 규정이라 할 수 있다.

5) 보석조건의 변경

법원은 직권 또는 보석청구권자의 신청에 따라 결정으로 피고인의 보석조건을 **변경**하거나 일정기간 동안 당해 조건의 이행을 **유예**할 수 있다(법 제102조 제1항).

6) 보석의 취소와 조건위반에 대한 제재

① 보석의 취소

법원은 피고인이 보석 취소 사유 중 어느 하나에 해당하는 경우에는 직권 또는 검사의 청구에 따라 결정으로 보석을 취소할 수 있다. 보석취소사유로는 피고인이 도망한 때, 도망하거나 죄증을 인멸할 염려가 있다고 믿을 만한 **충분한** 이유가 있는 때, 소환을 받고 정당한 사유 없이 출석하지 아니한 때, 피해자·당해 사건의 재판에 필요한 사실을 알고 있다고 인정되는

189) 대법원 1997. 4. 18.자 97모26 결정.

자 또는 그 친족의 생명·신체·재산에 해를 가하거나 가할 염려가 있다고 믿을 만한 충분한 이유가 있는 때, 법원이 정한 조건을 위반한 때가 있다(법 제102조 제3항).

보석허가 후에도 **구속영장의 효력은 유지**된다. 따라서 법원은 보석을 취소하면서 재구속절차 없이 피고인을 구속할 수 있다.

② 불복방법

보석취소 결정은 판결 전의 소송절차에서의 구금에 대한 결정이고 그에 대한 즉시항고 규정은 존재하지 아니하므로 피고인은 보석취소 결정에 대해 **보통항고**로 다툴 수 있다.

다만 항고법원 또는 고등법원의 결정에 대하여는 재판에 영향을 미친 헌법·법률·명령 또는 규칙의 위반이 있음을 이유로 하는 때에 한하여 대법원에 즉시항고를 할 수 있는바(법 제415조), **고등법원의 보석취소결정에 대한 재항고로서의 즉시항고에 보통항고와는 달리 집행정지효가 발생하는지**가 문제된다. 이에 대해 대법원은 보석취소결정의 취지인 신속한 피고인의 신병확보는 심급에 따라 달라지는 것이 아니고, 보통항고의 경우에도 법원의 결정으로 집행정지가 가능하므로 집행정지효는 즉시항고의 **본질적 속성이 아니며**, 고등법원의 구속집행정지, 보석허가 등 다른 결정에 대한 재항고에도 일률적으로 집행정지효를 인정하게 되면 오히려 피고인을 신속히 석방하지 못하는 등 **부당한 결과가 발생**할 수 있다면서, 이 경우 즉시항고에는 집행정지효가 발생하지 **아니한다**는 입장이다.[190]

③ 보석조건 위반에 대한 제재

법원은 피고인이 정당한 사유 없이 보석조건을 위반한 경우에는 결정으로 피고인에 대하여 1천만 원 이하의 과태료를 부과하거나 20일 이내의 감치에 처할 수 있다. 피고인은 법원의 결정에 대해 **즉시항고**를 할 수 있다(법 제102조 제3항, 제4항).

법원은 피고인 아닌 자가 작성한 출석보증서 제출을 조건으로 한 보석허가결정에 따라 석방된 피고인이 정당한 사유 없이 기일에 불출석하는 경우에는 결정으로 그 **출석보증인**에 대하여 500만 원 이하의 과태료를 부과할 수 있다. 출석보증인은 법원의 결정에 대해 **즉시항고**를 할 수 있다(법 제100조의2).

7) 보증금 등의 처리

① 임의적 몰취와 필요적 몰취

법원은 보석을 취소하는 때에는 직권 또는 검사의 청구에 따라 결정으로 보증금 또는 담보의 전부 또는 일부를 **몰취할 수 있다**(법 제103조 제1항). 보석취소시 보증금의 몰취 여부는 법

190) 대법원 2020. 10. 29.자 2020모633 결정.

원의 재량사안으로, 보석취소와 동시에 이루어지거나 보석취소 후 별도의 보증금 몰수 결정에 의해 이루어질 수 있으며,[191] 보증금을 전혀 몰취하지 않을 수도 있다.

다만 법원은 보증금의 납입 또는 담보제공을 조건으로 석방된 피고인이 동일한 범죄사실에 관하여 형의 선고를 받고 그 판결이 확정된 후 집행하기 위한 소환을 받고 정당한 사유 없이 출석하지 아니하거나 도망한 때에는 직권 또는 검사의 청구에 따라 결정으로 보증금 또는 담보의 전부 또는 일부를 **몰취하여야 한다**(법 제103조 제2항).

② 몰취사건의 사물관할

보증금 몰취사건의 사물관할은 **지방법원 단독판사**이다. 따라서 제1심 합의부나 항소심 합의부에서 소송절차 계속 중에 보석허가결정 또는 그 취소결정 등을 하였다 하더라도 그 법원이 보증금 몰취사건의 사물관할을 가지게 되는 것은 아니다.[192]

③ 환부청구권

보석을 취소하면서 법원이 몰취하지 아니한 보증금 또는 담보가 존재하는 경우, 보증금을 납입한 자 또는 담보를 제공한 자는 그 환부를 청구할 수 있다. 법원은 청구를 받은 날로부터 7일 이내에 보증금 또는 담보를 환부하여야 한다(법 제104조).

8) 전자장치부착조건부 보석제도

① 의의

법원은 보석조건으로 피고인에게 전자장치 부착을 명할 수 있다(전자장치부착법 제31조의2 제1항). '전자장치 부착 등에 관한 법률'은 피고인에 대한 전자장치 부착을 조건으로 하는 보석제도를 규정하고 있는데, 이 법률은 전자장치부착을 형사소송법상 보석 조건인 '그 밖에 피고인의 출석을 보증하기 위하여 법원이 정하는 적당한 조건'(법 제98조 제9호)에 해당하는 것으로 보면서 관련 절차를 두고 있다.

② 절차

법원은 전자장치 부착을 명하기 위해 필요하다고 인정하면 법원 소재지 또는 피고인 주거지 관할 보호관찰소장에게 피고인에 관한 사항의 조사를 의뢰할 수 있고, 보호관찰소장은 조사의뢰 사항에 대하여 지체 없이 조사하여 서면으로 법원에 통보하여야 한다(전자장치부착법 제31조의2 제2항, 제3항).

법원은 전자장치 부착을 명한 경우 지체 없이 그 결정문의 등본을 피고인의 주거지 관할

191) 대법원 2001. 5. 29.자 2000모22 전원합의체 결정.
192) 대법원 2002. 5. 17.자 2001모53 결정.

보호관찰소장에게 송부하여야 하고, 피고인은 법원이 지정한 일시까지 주거지를 관할하는 보호관찰소에 출석하여 신고한 후 보호관찰관의 지시에 따라 전자장치를 부착하여야 하며, 보호관찰소장은 피고인의 보석조건 이행 여부 확인을 위하여 적절한 조치를 하여야 한다(동법 제31조의3 제1항 내지 제3항).

보호관찰소장은 피고인의 보석조건 이행 상황을 법원에 정기적으로 통지하여야 한다. 피고인이 전자장치 부착명령을 위반한 경우와, 전자장치 부착을 통하여 피고인에게 부과된 다른 보석조건을 위반하였음을 확인한 경우에는, 지체 없이 법원과 검사에게 이를 통지하여야 한다. 이를 통지받은 법원이 피고인의 보석조건을 변경하거나 취소하는 경우에는, 보호관찰소장에게 이를 통지하여야 한다(동법 제31조의4 제1항 내지 제3항).

③ 집행종료 시점

전자장치의 부착은 구속영장의 효력이 소멸한 경우, 보석이 취소된 경우, 보석조건이 변경되어 전자장치를 부착할 필요가 없게 되는 경우에 그 집행이 종료된다(전자장치부착법 제31조의5).

(마) 피의자·피고인에 대한 구속집행정지제도

1) 의의

구속집행정지란 구속영장의 효력을 **유지**한 채 그 집행만을 정지하여 구속 중인 피고인 또는 피의자를 석방하는 것을 말한다. 구속집행정지는 오로지 법원 또는 검사의 **직권**에 의해 결정되는 것으로, 피의자 또는 변호인에게 신청권 또는 청구권은 인정되지 아니한다. 따라서 그 신청이 있다 하더라도 이는 법원 또는 검사의 직권 발동을 촉구하는 의미를 지닐 뿐이다.

다만 헌법 제44조에 따라 **국회의원**이 회기 전 영장에 의한 체포, 긴급체포 또는 구속된 경우 국회의 구속집행정지 요구가 있으면 **당연히** 구속영장의 집행이 정지되고, 국회로부터 석방요구의 통고를 받은 검찰총장은 피고인을 즉시 석방을 지휘하고 그 사유를 수소법원에 통지하여야 한다(법 제101조 제4항, 제5항).

2) 요건과 절차

① 요건

검사는 수사절차에서, 법원은 공판절차에서 상당한 이유가 있는 때에는 결정으로 구속된 피고인을 친족·보호단체 기타 적당한 자에게 부탁하거나 피고인의 주거를 제한하여 구속의 집행을 정지할 수 있다(법 제101조 제1항, 제209조). 여기에서 상당한 이유란 널리 인정될 수 있으며, 실무상 질병으로 인한 요양, 장례 참석 등도 구속집행정지 사유로 인정되고 있다.

② 절차

법원은 구속집행정지 결정을 함에 앞서 검사의 의견을 물어야 한다. 다만 급속을 요하는 경우에는 그러하지 아니하다(법 제101조 제2항).

검사가 직권 또는 사법경찰관의 신청을 받아 구속집행정지 결정을 한 때에는 영장을 발부한 법원에 그 사유를 서면으로 통지하여야 한다(법 제204조).

3) 구속집행정지의 취소

수사절차에서 구속집행정지 취소사유가 발각된 경우에 검사는 직권으로 구속집행정지를 취소할 수 있고(법 제102조 제2항, 제209조), 공판절차에서 그 사유가 발각된 경우에는 법원은 직권 또는 검사의 청구에 따라 이를 취소할 수 있다(법 제102조 제2항).

구속집행정지의 취소사유는 피의자·피고인이 도망한 때, 도망하거나 죄증을 인멸할 염려가 있다고 믿을 만한 **충분한** 이유가 있는 때, 소환을 받고 정당한 사유 없이 출석하지 아니한 때, 피해자, 당해 사건의 재판에 필요한 사실을 알고 있다고 인정되는 자 또는 그 친족의 생명·신체·재산에 해를 가하거나 가할 염려가 있다고 믿을 만한 충분한 이유가 있는 때, 법원 또는 검사가 정한 조건을 위반한 때로서, 보석의 취소조건과 **동일**하다(법 제102조 제2항).

구속집행정지의 취소는 판결 전의 소송절차에서 이루어지는 구금에 대한 결정이므로 **보통항고**의 대상이 된다.

4. 진술의 청취와 기록(조서 및 영상녹화물)

(1) 의의

수사기관은 자진출석한 참고인, 자진출석 또는 체포된 피의자로부터 범죄혐의사실에 대한 진술을 청취하게 되는데, 진술인의 신병확보 방법의 여하에 관계없이 진술의 청취는 임의적인 방법에 의하여야 한다. 헌법은 모든 국민은 고문을 받지 아니하고 형사상 자기에게 불리한 진술을 강요당하지 아니하며(헌법 제12조 제2항) 피고인의 자백이 고문·폭행·협박·구속의 부당한 장기화 또는 기망 기타의 방법에 의하여 자의로 진술된 것이 아니라고 인정될 때 또는 정식재판에 있어서 피고인의 자백이 그에게 불리한 유일한 증거일 때에는 이를 유죄의 증거로 삼거나 이를 이유로 처벌할 수 없다고 규정(헌법 제12조 제7항)하여, 수사기관에 의한 피의자 또는 참고인의 진술청취는 임의적인 방법에 의하여야 함을 천명하고 있다.

형사소송법은 진술청취에 있어 적정절차에 의한 진술의 임의성을 담보하기 위해 진술의 기록방식으로 조서와 영상녹화물을 두고, 그 작성에 대한 구체적 내용을 규정하고 있다. 나아가 형사소송법은 이러한 규정을 위반한 진술의 기록은 진술의 임의성과 관계없이 그 증거능력을 부정함을 원칙으로 한다. 증거법에 대한 내용은 추후 다루기로 하고, 여기서는 진술의 청취절차와 그 기록의 작성에 대해 살펴본다.

(2) 피의자의 진술

수사기관의 신문에 의한 피의자의 진술은 피의자신문조서로서 기록되어야 한다(법 제244조 제1항). 피의자신문은 변호인 등의 참여권이 보장된 상태에서 검사나 사법경찰관에 의해 이루어지고, 인정신문, 권리고지, 수사기관과 피의자의 문답, 피의자신문조서의 확인의 순서로 진행되는데, 이 모든 과정은 인정신문면(面), 권리고지면, 범죄사실에 대한 문답면, 조서 기재내용 확인면, 수사과정확인서의 순서로 구성된 피의자신문조서에 기재된다.

따라서 수사기관이 피의자 신문을 하였음에도 피의자에게 자신의 진술내용을 자필로 기재한 진술서를 작성하도록 한 후 이를 제출받는다거나 어떠한 기록도 남기지 않는 등 형사소송법이 정한 피의자의 진술기록 방식의 의도적 위반·왜곡은 그 자체로서 위법하다. 물론 피의자가 진술서의 작성 및 제출을 희망하는 경우[193] 또는 체포현장에서의 피의자 신문과 같이 긴급한 경우에는 피의자신문조서의 작성이 이루어지지 아니할 수도 있겠지만, 그러한 경우에도 진술거부권과 변호인조력권 등 피의자의 권리는 엄격히 보장되어야 한다.

(가) 피의자신문의 주체와 참여인

1) 피의자신문의 주체

검사가 피의자를 신문함에는 검찰청수사관 또는 서기관이나 서기를 참여하게 하여야 하고, 사법경찰관이 피의자를 신문함에는 사법경찰관리를 참여하게 하여야 한다(법 제243조).

피의자신문의 주체는 검사 및 사법경찰관이다. 사법경찰리는 검사나 사법경찰관의 구체적 지휘에 따라 피의자를 신문하고 조서를 작성할 수 있을 뿐으로 독자적으로 피의자를 신문할 수는 없다.[194] 여기서 구체적인 지휘란 특정 사건에 대한 수사지휘를 의미하는 것으로 피의자신문의 유무와 그 내용까지 세세하게 지휘하여야 함을 의미하는 것은 아니다.

193) 경찰수사규칙 제39조, 검찰사건사무규칙 제38조. 다만 이들 규칙은 진술 사항이 복잡한 경우, 서면 진술을 하는 것이 상당하다고 인정하는 경우 등에도 피의자신문조서를 대신하여 진술서를 작성할 수 있다고 규정하고 있는데, 이는 형사소송법에 반하므로 허용되어서는 아니 된다.

194) 대법원 1982. 12. 28. 선고 82도1080 판결.

2) 수사기관의 참여인과 참여의 의미

수사기관의 참여인은 검사가 신문주체인 경우 검찰청수사관, 서기관 또는 서기이고, 사법경찰관이 신문주체인 경우 사법경찰관리이다. 여기에서의 참여란 참여인이 신문장소에 현존하여 신문과정을 자신의 경험으로서 직접 인식하는 것을 말한다. 따라서 참여인이 신문장소에 현존한 이상 피의자에게 직접 문답을 하는 등 신문과정에 적극적으로 개입하지 아니하여도 참여로 인정된다.

형사소송법이 피의자신문의 주체를 제한하고 수사기관의 참여인을 두도록 한 것은 피의자에 대한 진술청취 과정의 적법성을 담보하기 위한 것이다. 따라서 이를 위반한 피의자신문은 그 자체로서 위법하다.

3) 피의자측 참여인과 참여의 의미

변호인과 신뢰관계인은 피의자측 참여인으로서 피의자신문에 참여할 수 있다.

① 변호인

검사 또는 사법경찰관은 피의자 또는 그 변호인·법정대리인·배우자·직계친족·형제자매의 신청에 따라 변호인을 피의자와 접견하게 하거나 정당한 사유가 없는 한 피의자에 대한 신문에 **참여하게 하여야 한다**(법 제243조의2 제1항). 신문에 참여하고자 하는 변호인이 2인 이상인 때에는 피의자가 신문에 참여할 변호인 1인을 지정한다. 지정이 없는 경우에는 검사 또는 사법경찰관이 이를 지정할 수 있다(법 제243조의2 제2항). 이때의 피의자에는 **불구속 피의자**도 **포함**된다.

한편 여기에서 **참여**란 피의자신문절차에서 변호인이 형사소송법이 보장하는 범위 내에서 신문과정에 개입하는 것을 말한다. 따라서 검사 또는 사법경찰관은 피의자신문에 참여한 변호인이 피의자의 옆자리 등 실질적인 조력을 할 수 있는 위치에 앉도록 하여야 한다(수사준칙 제13조 제1항). 변호인 참여권 **배제의 정당한 사유**란 변호인이 피의자의 자발적 자백을 방해하는 등 피의자신문을 방해하거나 수사기밀을 누설할 염려가 있음이 객관적으로 명백한 경우에 한하는 것으로[195] 그러한 사유가 없는 이상 검사 또는 사법경찰관은 변호인의 피의자에 대한 법적인 조언·상담을 보장하고 이를 위한 변호인의 메모를 허용해야 한다(수사준칙 제13조 제1항). 또한 검사 또는 사법경찰관은 피의자신문이 아닌 단순 면담 등이라는 이유로 변호인의 참여·조력을 제한해서는 아니 된다(수사준칙 제13조 제2항).

변호인의 참여는 피의자의 실질적 권리보장을 위한 것이므로 이를 위반한 피의자신문은

---

195) 대법원 2008. 9. 12.자 2008모793 결정.

그 자체로서 위법하고 이를 기록한 피의자신문조서의 증거능력은 부정된다.[196] 또한 정당한 이유 없이 피의자신문 참여권을 부정당하였다면 그로 인해서 정신적 고통을 받았다는 이유로 피의자와 변호인 **모두** 국가배상법 제2조 제1항에 의해 국가배상(위자료)을 청구할 수 있다.[197]

② 신뢰관계인

검사 또는 사법경찰관은 피의자가 신체적 또는 정신적 장애로 사물을 변별하거나 의사를 결정·전달할 능력이 미약한 때 또는 피의자의 연령·성별·국적 등의 사정을 고려하여 그 심리적 안정의 도모와 원활한 의사소통을 위하여 필요한 경우에, 직권 또는 피의자·법정대리인의 신청에 따라 피의자의 직계친족, 형제자매, 배우자, 가족, 동거인, 보호·교육시설의 보호·교육 담당자 등 피의자와 신뢰관계에 있는 사람을 피의자신문시에 **동석하게 할 수 있다**(법 제244조의 5, 수사준칙 제24조 제1항). 피의자 또는 그 법정대리인이 신뢰관계에 있는 사람의 동석을 신청한 경우 검사 또는 사법경찰관은 그 관계를 적은 동석신청서를 제출받거나 조서 또는 수사보고서에 그 관계를 적어야 한다(수사준칙 제24조 제2항).

이는 피의자의 특성에 따라 신뢰관계인을 피의자신문에 참여시킴으로써 의사소통의 원활과 심리적 안정을 도모하기 위한 것으로, 검사 또는 사법경찰관이 신뢰관계인을 직권으로 참여시키지 아니하거나 그 신청을 거부하였다 하여 곧바로 위법하다고 할 수는 없다. 다만 신뢰관계인의 참여가 보장되지 아니한 상태에서의 진술은 그 임의성 평가에 영향을 미칠 수 있다.

(나) 인정신문과 권리고지

1) 인정신문

검사 또는 사법경찰관이 피의자를 신문함에는 먼저 그 성명, 연령, 등록기준지, 주거와 직업을 물어 피의자임에 틀림없음을 확인하여야 한다(법 제241조). 피의자신문조서 양식 첫 면에는 위 정보를 기재하는 인정신문란이 있고, 실무상 수사기관은 인정신문시 피의자의 주민등록증 등 신분증을 확인하고 사본을 조서말미에 첨부한다. 인정신문에 대해 진술거부권이 인정되는지에 대해서는 견해의 대립이 있으나, 인정신문은 피의자의 신분을 확인하는 것으로 범죄사실의 일부를 이루게 되므로 이에 대해서도 **진술거부권**이 **인정**된다고 봄이 옳다.

2) 권리고지

인정신문 후 검사 또는 사법경찰관은 피의자신문에 앞서 "일체의 진술을 하지 아니하거나 개개의 질문에 대하여 진술을 하지 아니할 수 있다는 것," "진술을 하지 아니하더라도 불이익

196) 대법원 2013. 3. 28. 선고 2010도3359 판결.
197) 대법원 2021. 11. 25. 선고 2019다235450 판결.

을 받지 아니한다는 것," "진술을 거부할 권리를 포기하고 행한 진술은 법정에서 유죄의 증거로 사용될 수 있다는 것," "신문을 받을 때에는 변호인을 참여하게 하는 등 변호인의 조력을 받을 수 있다는 것"을 알려주고, 피의자가 진술을 거부할 권리와 변호인의 조력을 받을 권리를 행사할 것인지의 여부를 질문한 후 이에 대한 피의자의 답변을 조서에 기재하여야 한다.

이에 대한 피의자의 답변은 피의자로 하여금 조서에 자필로 기재하게 하거나 검사 또는 사법경찰관이 피의자의 답변을 기재한 부분에 기명날인 또는 서명하게 하여야 한다(법 제244조의3). 피의자 신문조서 두 번째 면은 권리고지면(面)으로서 위 권리고지의 문언이 그대로 기재되어 있고, 피의자의 답변을 기재하는 란을 두고 있다.

피의자에 대한 권리고지는 피의자신문시의 적정절차의 핵심이다. 대법원도 권리고지에 대한 답변의 기재방식 위반을 이유로 피의자가 증거동의한 피의자신문조서의 증거능력을 부정하는 등[198] 권리고지의 중요성을 인정하고 있다. 따라서 권리고지를 하지 아니하거나 조문의 내용과 다른 내용으로 고지하는 것은 당연히 위법하고, 전회(前回)의 신문시 이미 권리고지가 이루어졌다 하더라도 신문을 하는 수사기관이 변경된 경우 또는 전회의 신문으로부터 상당한 시간이 경과한 후 다시 신문이 시작된 경우에는 새로운 권리고지와 답변의 기재가 이루어져야 한다.

(다) 수사기관과 피의자의 문답 및 변호인의 관여

1) 수사기관과 피의자의 문답

검사 또는 사법경찰관은 피의자에 대하여 범죄사실과 정상에 관한 필요사항을 신문하여야 하며 그 이익되는 사실을 진술할 기회를 주어야 한다(법 제242조). 피의자신문은 수사기관이 피의자로부터 어떠한 범죄가 발생하였는지, 범인은 누구인지 등 범죄사실 관련 정보 및 범행이유, 범행과정, 범행 후 사정 등 양형관련 정보를 얻기 위한 것으로, 권리고지 이후의 피의자신문은 이와 관련된 수사기관의 질문과 그에 대한 피의자의 답변으로 진행된다. 피의자는 진술거

198) 대법원 2013. 3. 28. 선고 2010도3359 판결. "비록 사법경찰관이 피의자에게 진술거부권을 행사할 수 있음을 알려 주고 그 행사 여부를 질문하였다 하더라도, 형사소송법 제244조의3 제2항에 규정한 방식에 위반하여 진술거부권 행사 여부에 대한 피의자의 답변이 자필로 기재되어 있지 아니하거나 그 답변 부분에 피의자의 기명날인 또는 서명이 되어 있지 아니한 사법경찰관 작성의 피의자신문조서는 특별한 사정이 없는 한 형사소송법 제312조 제3항에서 정한 '적법한 절차와 방식'에 따라 작성된 조서라 할 수 없으므로 그 증거능력을 인정할 수 없다." 이 판례에 대해서는, 진술거부권의 고지에 대한 피의자의 답변 기재방식의 위반은 사소한 위법에 지나지 않으므로 위법수집증거배제법칙의 예외에 해당하여 증거능력을 인정할 수 있다는 반론이 있을 수도 있겠으나, 법 제244조의3 제2항의 신설취지가 진술거부권의 고지를 실질화, 내실화해야 한다는 데 있음을 고려하다면 이를 사소한 위법이라고 할 수는 없을 것이다.

부권을 가지므로 수사기관의 질문에 대해 일체의 답변을 거부할 수도 있고, 특정한 질문에 대해서만 답변을 거부할 수도 있다.

수사기관은 피의자가 범죄사실 및 양형과 관련하여 자신에게 유리한 진술을 할 기회를 주어야 한다. 실무상 피의자신문조서의 범죄사실 및 양형과 관련된 마지막 질문은 피의자에게 유리한 진술이 있는지를 확인하는 것이다.

2) 변호인의 관여

신문 중 변호인은 수사에 방해가 되지 아니하는 범위 내에서 법률상의 조언을 할 수 있고(수사준칙 제13조 제1항) 피의자를 모욕하거나 과도한 유도신문 등 부당한 신문방법에 대하여 이의를 제기할 수 있으며, 신문을 주재하는 검사 또는 사법경찰관의 승인을 받아 의견을 진술할 수 있다. 이 경우 수사기관은 변호인의 진술내용을 조서에 기재하여야 한다(법 제243조의2 제3항, 제4항).

3) 피의자와 변호인의 관련자료 제출권

신문 중 피의자 또는 변호인은 수사기관의 요청이 있는 경우는 물론 스스로 관련자료를 임의제출할 수 있다. 신문을 주재하는 검사 또는 사법경찰관은 신문과정에서 피의자 또는 그 변호인이 사실관계 등의 확인을 위해 자료를 제출하는 경우 그 자료를 수사기록에 편철하고, 조사를 종결하기 전에 피의자 또는 그 변호인에게 자료 또는 의견을 제출할 의사가 있는지를 확인한 후 자료 또는 의견을 제출받은 경우에는 이를 수사기록에 편철한다(수사준칙 제25조).

(라) 피의자신문조서 기재내용의 확인 및 수사과정확인서의 작성

1) 피의자신문조서 기재내용의 확인

범죄사실과 양형에 대한 질문이 종결되면 검사 또는 사법경찰관은 피의자에게 피의자신문조서를 열람하게 하거나 읽어 들려주고 피의자로부터 조서내용이 피의자가 진술한 대로 기재되지 아니하였거나 사실과 다른 부분이 있는지 여부를 확인받아야 한다(법 제244조 제2항).

피의자가 조서기재 내용에 대해 이의나 의견이 없음을 진술한 때에는 피의자로 하여금 그 취지를 자필로 기재하게 하고 조서에 간인한 후 기명날인 또는 서명하게 한다(법 제244조 제3항). 이때 피의자는 인장이 없으면 지장으로 날인할 수 있다(법 제59조).

피의자가 조서기재 내용에 대해 증감 또는 변경을 청구하는 등 이의를 제기하거나 의견을 진술한 때에는 이를 조서에 추가로 기재하여야 하는데, 추가기재를 통해 조서의 기재내용을 변경할 때에는 변경된 부분은 읽을 수 있도록 남겨두어야 한다(법 제244조 제2항). 피의자신문조서의 일부를 삭제하거나 추가 기재할 때에는 변경된 곳에 날인하고 그 자수를 난외에 기재하여야 하는데(법 제58조 제2항) 실무상 조서 내 추가기재 또는 원 기재내용에 줄을 긋는 등 삭제의 표시를 한 부분에는 수사기관이, 난외 기재부분에는 피의자가 날인한다. 피의자가 더 이상 조서에 대하여 이의나 의견이 없음을 진술한 때에 비로소 피의자의 자필기재, 간인, 기명날인 또는 서명이 이루어진다. 피의자의 확인 후 검사 또는 사법경찰관도 간인 후 기명날인 또는 서명한다(법 제57조).

변호인이 참여한 경우 검사 또는 사법경찰관은 변호인의 신문참여 및 그 제한에 관한 사항을 피의자신문조서에 기재하여야 하고, 변호인이 피의자신문 중 이의를 제기하거나 피의자신문 후 의견을 진술하여 그 내용이 기재된 피의자신문조서는 변호인에게 열람하게 한 후 변호인으로 하여금 그 조서에 기명날인 또는 서명하게 하여야 한다(법 제243조의2 제4항, 제5항).

2) 수사과정확인서의 작성

검사 또는 사법경찰관은 피의자가 조사장소에 도착한 시각, 조사를 시작하고 마친 시각, 그 밖에 조사과정의 진행경과를 확인하기 위하여 필요한 사항 등을 피의자신문조서에 기록하거나 별도의 서면에 기록한 후 수사기록에 편철하여야 한다(법 제244조의4 제1항). 이를 수사과정의 기록이라 하는데, 실무상 수사과정의 기록은 피의자신문조서 기재내용의 확인 후 별도의 서면인 수사과정확인서로 작성되어 조서말미에 첨부되는 방식으로 이루어진다.

수사과정확인서의 기재내용 확인 방법은 피의자신문조서 기재내용의 확인 방법을 준용하고 있다(법 제244조의4 제2항). 검사 또는 사법경찰관은 피의자가 수사과정확인서를 확인한 후 그 기재 내용에 대해 이의나 의견이 없음을 진술하면 그 취지를 자필로 기재하고, 간인 및 기명날인 또는 서명하게 한다.

(마) 피의자신문의 시간적 한계

심야에 이루어지거나 장기간에 걸친 피의자신문은 피의자에게 육체적 피로와 심리적 압박을 가져오고 이로 인하여 진술의 강요로 이어질 개연성이 크다. 이에 '검사와 사법경찰관의 상호협력과 일반적 수사준칙에 관한 규정'은 피의자신문의 시간적 한계를 규정하고 있다.

1) 심야조사의 제한

검사 또는 사법경찰관은 조사, 신문, 면담 등 그 **명칭을 불문**하고 피의자에 대해 **오후 9시부터 오전 6시까지** 사이의 심야조사를 해서는 안 된다. 그 예외로는, 이미 작성된 조서의 열람을 위한 경우(단, 자정 이전까지), 피의자를 체포한 후 48시간 이내에 구속영장의 청구 또는 신청 여부를 판단하기 위해 불가피한 경우, 공소시효가 임박한 경우, 피의자가 출국, 입원, 원거리 거주, 직업상 사유 등 재출석이 곤란한 구체적인 사유를 들어 심야조사를 요청하고 변호인이 심야조사에 동의하지 않는다는 의사를 명시하지 아니하며 해당 요청에 상당한 이유가 있다고 인정되는 경우, 그 밖에 사건의 성질 등을 고려할 때 심야조사가 불가피하다고 판단되는 경우 등 법무부장관, 경찰청장 또는 해양경찰청장이 정하는 경우로서 검사 또는 사법경찰관의 소속 기관의 장이 지정하는 인권보호 책임자의 허가 등을 받은 경우가 있다. 이러한 예외사항에 해당하여 심야조사를 한 경우, 검사 또는 사법경찰관은 심야조사의 사유를 조서에 명확하게 기재하여야 한다(수사준칙 제21조).

2) 장시간조사의 제한

검사 또는 사법경찰관은 조사, 신문, 면담 등 그 명칭을 불문하고 피의자를 조사하는 경우에는 대기시간, 휴식시간, 식사시간 등 모든 시간을 합산한 **총 조사시간이** 12**시간**을 초과하지 않도록 해야 한다. 그 예외로는, 피의자나 사건관계인의 서면 요청에 따라 조서를 열람하는 경우 및 심야조사의 예외사유 중 하나에 해당하는 경우가 있다(수사준칙 제22조 제1항).

검사 또는 사법경찰관은 특별한 사정이 없으면 총 조사시간 중 식사시간, 휴식시간 및 조서의 열람시간 등을 제외한 **실제 조사시간이** 8**시간**을 초과하지 않도록 해야 하고, 피의자나 사건관계인에 대한 조사를 마친 때부터 8시간이 지나기 전에는 다시 조사할 수 없다. 다만, 심야조사의 예외사유 중 하나에 해당하는 경우에는 예외로 한다(동 준칙 제22조 제2항, 제3항).

3) 휴식시간의 보장

검사 또는 사법경찰관은 조사에 상당한 시간이 소요되는 경우에는 특별한 사정이 없으면 피의자 또는 사건관계인에게 조사 도중에 최소한 **2시간마다** 10**분 이상**의 휴식시간을 주어야 하고, 조사 도중 피의자 또는 그 변호인으로부터 휴식시간의 부여를 요청받았을 때에는 그때까지 조사에 소요된 시간, 피의자 또는 사건관계인의 건강상태 등을 고려해 적정하다고 판단될 경우에는 휴식시간을 주어야 한다. 조사 중인 피의자의 건강상태에 이상 징후가 발견되면 의사의 진료를 받게 하거나 휴식하게 하는 등 필요한 조치를 해야 한다(수사준칙 제23조).

(3) 참고인의 진술

검사 또는 사법경찰관은 수사에 필요한 때에는 피의자가 아닌 자, 즉 참고인의 출석을 요구하여 진술을 들을 수 있다(법 제221조 제1항). 참고인의 진술은 조서에 기재하여야 한다는 규정이 없으므로, 참고인의 진술은 조서로 기록될 수도 있고 진술서 등 조서 외의 형태로 기록될

수도 있다.[199]

참고인의 진술청취는 권리고지를 제외하고는 피의자신문과 동일한 순서로 이루어지는데, 그 내용이 조서의 형태로 기록될 경우에는 진술조서는 인정신문면, 수사기관과 참고인의 문답면, 진술조서 기재내용 확인면, 수사과정기록서의 순서로 구성된다. 피의자신문의 시간적 한계는 참고인의 진술청취에 대해서도 그대로 적용된다. 따라서 여기서는 피의자신문과의 차이를 중심으로 참고인진술의 청취과정과 그 기록에 대해 살펴본다.

(가) 참고인 진술청취의 주체와 참여인

1) 참고인 진술청취의 주체와 수사기관의 참여인

형사소송법은 참고인의 진술청취 주체를 검사 및 사법경찰관으로 제한하지 아니하고, 수사기관의 참여인도 규정하고 있지 아니하다. 따라서 검사 또는 사법경찰관리는 수사기관의 참여인 없이 참고인의 진술을 청취할 수 있다.

2) 참고인 측 참여인

참고인 중 범죄로 인한 피해자의 경우 피해자 변호사와 신뢰관계인은 일정한 범위 내에서 수사기관의 참고인 진술청취 절차에 참여할 수 있다.

① 피해자 변호사

'성폭력범죄의 처벌 등에 관한 특례법'상 성폭력범죄의 피해자 및 그 법정대리인은 형사절차상 입을 수 있는 피해를 방어하고 법률적 조력을 보장하기 위하여 변호사를 선임할 수 있고, 피해자 변호사는 검사 또는 사법경찰관의 피해자등에 대한 조사에 참여하여 의견을 진술할 수 있다(성폭력처벌법 제27조 제1항, 제2항).

피해자에게 변호사가 없는 경우 검사는 국선변호사를 선정할 수 있으며, 19세 미만인 피해자나 신체적인 또는 정신적인 장애로 사물을 변별하거나 의사를 결정할 능력이 미약한 피해자에 대해서는 필요적으로 국선변호사를 선정하여야 한다(동법 제27조 제6항).

'성폭력범죄의 처벌 등에 관한 특례법'상 피해자 변호사에 대한 위 내용은 '아동·청소년의 성보호에 관한 법률'상 아동·청소년대상 성범죄의 피해자 및 그 법정대리인에게 준용된다(청소년성보호법 제30조).

② 신뢰관계인

수사기관이 범죄로 인한 피해자의 진술을 청취하는 경우 피해자의 연령, 심신의 상태, 그

199) 경찰수사규칙 제39조, 검찰사건사무규칙 제38조는 참고인의 진술은 조서에 기록됨을 원칙으로 하되 진술서에 기록될 수 있다고 규정하고 있다.

밖의 사정을 고려하여 피해자가 현저하게 불안 또는 긴장을 느낄 우려가 있다고 인정하는 때에는 수사기관은 직권 또는 피해자·법정대리인의 신청에 따라 피해자와 신뢰관계에 있는 자를 동석하게 할 수 있다(법 제221조 제3항, 제163조의2 제1항).

수사기관은 범죄로 인한 피해자가 13세 미만이거나 신체적 또는 정신적 장애로 사물을 변별하거나 의사를 결정할 능력이 미약한 경우(법 제221조 제3항, 제163조의2 제2항), '성폭력범죄의 처벌 등에 관한 특례법'상 특수강간 등 주요범죄의 피해자 및 19세 미만인 피해자나 신체적인 또는 정신적인 장애로 사물을 변별하거나 의사를 결정할 능력이 미약한 피해자인 경우(성폭력처벌법 제34조 제1항, 제2항), 아동·청소년대상 성범죄의 피해자인 경우로서 피해자 또는 그 법정대리인이 신청한 경우에는(청소년성보호법 제28조 제1항, 제2항) 피해자의 진술을 청취함에 있어 수사에 지장을 초래할 우려가 있는 등 부득이한 경우가 아닌 한 피해자와 신뢰관계에 있는 자를 동석하게 하여야 한다.

신뢰관계인으로서 피해자의 진술청취에 참여한 자는 수사기관의 질문 또는 피해자의 진술을 방해하거나 그 진술의 내용에 부당한 영향을 미칠 수 있는 행위를 하여서는 아니 된다(법 제221조 제3항, 제163조의2 제3항).

(나) 인정신문과 권리고지

형사소송법은 참고인에 대한 인정신문을 규정하고 있지 아니하나, 진술의 주체를 명확히 하여 그 진술과 범죄사실과의 관련성을 파악할 필요가 있고 사실적으로도 진술인에 대한 인정신문 없이 곧바로 진술을 받을 수는 없다. 이에 진술조서 양식 첫 면에는 진술인의 이름, 주민등록번호 등을 기재하는 인정신문란(欄)이 있고, 수사기관은 인정신문시에 참고인의 주민등록증 등 신분증을 확인하고 사본 후 조서말미에 첨부한다.

참고인에게도 진술거부권은 당연히 인정되지만, 형사소송법은 참고인에 대한 권리고지를 규정하고 있지 아니하고 실무상으로도 수사기관은 참고인 진술에 앞서 진술거부권을 고지하지 아니한다. 물론 수사기관이 실질적 피의자에 대한 입건을 해태하여 참고인의 지위를 형식적으로 유지시킨 상태에서 권리고지 없이 신문하여 그 내용을 진술조서에 기록한 경우, 권리고지 및 진술의 기록방법 위반으로 위법하다.

(다) 수사기관과 참고인의 문답 및 피해자 변호사의 관여

1) 수사기관과 참고인의 문답

참고인 진술청취는 수사기관의 범죄사실 등 수사상 필요한 내용에 대한 질문과 그에 대한 참고인의 답변으로 진행된다. 참고인도 진술거부권을 가지므로 수사기관의 질문에 대해 일체의 답변을 거부할 수도 있고, 특정한 질문에 대해서만 답변을 거부할 수도 있다. 참고인도 사건관계인으로서 자료 및 의견의 제출기회를 보장받는데 그 구체적인 내용은 피의자신문에서 살펴본 것과 같다(수사준칙 제25조).

2) 피해자 변호사의 관여

'성폭력범죄의 처벌 등에 관한 특례법' 및 '아동·청소년의 성보호에 관한 법률'상 피해자 변호사는 검사 또는 사법경찰관의 피해자등에 대한 조사에 참여하여 의견을 진술할 수 있다. 다만 조사 도중에는 검사 또는 사법경찰관의 승인을 받아 의견을 진술할 수 있다(성폭력처벌법 제27조 제2항, 청소년성보호법 제30조 제2항).

(라) 진술조서 기재내용의 확인 및 수사과정확인서의 작성

1) 진술조서 기재내용의 확인

형사소송법은 참고인 진술의 내용이 진술조서에 기록된 경우에 그 기재내용의 확인에 대하여 피의자신문조서에서와 같은 명시적 규정을 두고 있지 아니하다. 하지만 진술조서의 경우 수사과정기록은 피의자신문조서의 내용을 준용하고(법 제244조의4 제3항), 간인, 기명날인 등에 대해서는 형사소송법상 문서작성과 관련된 일반규정이 적용되므로(법 제57조 내지 제59조) 실무상 진술조서 기재내용의 확인도 피의자신문조서 기재내용의 확인과 동일한 방식으로 이루어지고 있다.

이와 관련하여 '특정범죄신고자 등 보호법' 제7조 제4항은 특정범죄 신고자의 진술을 기재한 조서 등에 성명을 기재하지 아니하는 경우에는 서명은 가명으로, 간인 및 날인은 무인으로 하게 하도록 규정하고 있는데, 대법원은 형사소송법상 조서에 실명을 기재하여야 한다는 규정이 존재하지 아니하므로 피해자 보호의 필요성 등이 인정되면 특정범죄에 해당하지 아니하는 범죄에 대한 가명조서도 적법한 절차와 방식에 위반하지 아니한 바 있다.[200]

2) 수사과정확인서의 작성

진술조서에도 수사과정은 기록되어야 하고 그 방법은 피의자신문조서와 동일하다(법 제244조의4 제3항). 참고인의 진술이 수사과정에서 진술서의 형식으로 기록된 경우에도 형사소송법이 규정한 적법한 절차와 방식에 따라야 한다. 따라서 그러한 진술서에는 수사과정확인서가 첨부되어야 한다(법 제312조 제4항, 제5항, 제244조의4 제3항).[201]

200) 대법원 2012. 5. 24. 선고 2011도7757 판결.

(마) 참고인 진술청취의 시간적 한계

참고인의 진술청취에도 피의자신문과 동일하게 심야조사 및 장기간 조사는 제한되고, 참고인에게는 조사과정에서 충분한 휴식시간이 보장되어야 한다(수사준칙 제21조 내지 제23조).

(4) 대질신문

검사 또는 사법경찰관은 사실을 발견함에 있어 필요한 때에는 피의자와 다른 피의자 또는 피의자 아닌 자와 대질하게 할 수 있다(법 제245조). 대질신문이 한 명의 피의자와 한 명 이상의 참고인, 두 명 이상의 피의자 또는 두 명 이상의 피의자와 참고인 사이에 이루어지게 되는 경우에는, 피의자의 진술이 포함되게 되므로 **피의자신문조서**로서 기록된다.

피의자신문의 주체, 참여인, 권리고지, 문답, 변호인 참여권, 기재내용의 확인, 수사과정기록서의 작성 등과 관련된 구체적인 내용은 앞에서 살펴본 것과 같다. 다만 권리고지와 조서의 확인은 각 진술의 주체에 따라 **개별적으로** 이루어져야 한다. 예를 들어 2명 이상의 피의자에 대해 대질조사를 할 때에는 각 피의자에게 개별적으로 권리고지 및 그 확인을 받아야 하고, 수사과정기록서도 각 피의자별로 작성하여야 한다.

(5) 영상녹화물

수사기관은 피의자의 경우 동의와 무관하게, 참고인의 경우 동의가 있는 경우에 한하여 그 진술을 영상녹화 할 수 있다. 영상녹화물은 피고인 및 증인의 수사절차상 진술이 기재된 조서의 증거능력 인정요건으로서의 기능을 전제로 도입되었으므로, 형사소송법은 동일성과 무결성의 담보를 위해 신문 또는 진술청취 과정 전체의 영상녹화, 원진술자에 의한 확인 및 봉인을 영상녹화의 절차로 규정하였고, 구체적인 절차도 형사소송규칙의 증거조사 부분에 규정되어 있다.

형사소송법의 개정으로 영상녹화물은 증인의 수사절차상 진술이 기재된 **진술조서의 증거능력 인정요건**에 불과하게 되어(법 제312조 제4항) 그 증거법상 가치는 상당히 감소되었다. 하지만 영상녹화물에는 수사기관이 피의자나 참고인의 진술을 얻는 모든 과정이 온전히 기록되어 수사과정의 **투명화**(가시화)를 담보하므로 신문절차 및 진술청취 절차에서 수사기관의 인권침해를 방지할 수 있다는 점에서는 여전히 큰 의미가 있다.

---

201) 대법원 2015. 4. 23. 선고 2013도3790 판결.

(가) 피의자

수사기관은 피의자신문시 피의자의 진술을 영상녹화할 수 있다. 피의자의 진술을 영상녹화할 경우에 수사기관은 피의자에게 미리 영상녹화사실을 알려주어야 하며, 영상녹화를 시작하고 마친 시각 및 장소, 조사를 종료한 시각, 신문하는 수사기관과 참여자의 성명과 직급, 진술거부권, 변호인의 참여 요청권 등의 고지 및 조사를 중단·재개하는 경우 중단 이유와 중단 시각, 중단 후 재개하는 시각 등 조사의 개시부터 종료까지의 전 과정 및 객관적 정황을 영상녹화하여야 한다(법 제244조의2 제1항, 규칙 제134조의2 제3항).

영상녹화물은 조사가 행해지는 동안 조사실 전체를 확인할 수 있도록 녹화된 것으로 진술자의 얼굴을 식별할 수 있는 것이어야 하고, 영상녹화물의 재생 화면에는 녹화 당시의 날짜와 시간이 실시간으로 표시되어야 한다(규칙 제134조의2 제4항, 제5항).

수사기관은 영상녹화가 완료된 때에는 피의자 또는 변호인 앞에서 지체 없이 그 원본을 봉인하고 피의자로 하여금 기명날인 또는 서명하게 하여야 한다. 이 경우 피의자 또는 변호인의 요구가 있는 때에는 영상녹화물을 재생하여 시청하게 하여야 하고, 그 내용에 대하여 이의를 진술하는 때에는 그 취지를 기재한 서면을 첨부하여야 한다(법 제244조의2 제2항, 제3항).

(나) 참고인

1) 일반적인 경우

검사 또는 사법경찰관은 참고인의 진술을 청취하는 경우 그의 동의를 받아 영상녹화할 수 있다(법 제221조 제1항). 참고인이 영상녹화에 동의한 경우에 수사기관은 참고인으로부터 영상녹화에 동의하였음을 확인하고 기명날인 또는 서명한 서면을 교부받아 수사기록에 첨부하여야 한다(규칙 제134조의3 제2항).

그 외에 영상녹화물에 대한 구체적인 내용은 진술거부권 및 변호인 참여 요청권의 고지 외에는 피의자신문시 영상녹화물과 동일하다(규칙 제134조의3 제3항).

2) 특정 피해자인 경우

'성폭력범죄의 처벌 등에 관한 특례법'과 '아동·청소년의 성보호에 관한 법률'은 19세 미만 성폭력범죄 피해자등과 아동·청소년대상 성범죄 피해자의 진술내용과 조사과정이 들어간 영상녹화물에 대한 특칙을 두고 있는데(성폭력처벌법 제30조, 청소년성보호법 제26조), 그 내용은 대동소이하므로 성폭력범죄의 처벌 등에 관한 특례법상의 규정만을 살펴본다.

검사 또는 사법경찰관은 19세 미만 피해자등을 조사하기 전에 조사 과정이 영상녹화된다는 사실 및 영상녹화된 영상녹화물이 증거로 사용될 수 있다는 사실을 피해자의 나이, 인지적 발달 단계, 심리 상태, 장애 정도 등을 고려한 적절한 방식으로 설명하고, 19세 미만 피해자 등의 진술 내용과 조사 과정을 영상녹화하여 그 영상녹화물을 보존하여야 한다(성폭력처벌법 제30조 제1항, 제2항). 다만 19세 미만 피해자 등 또는 그 법정대리인(법정대리인이 가해자이거나 가해자의 배우자인 경우는 제외)이 이를 원하지 아니하는 의사를 표시하는 경우에는 영상녹화를 하여서는 아니 된다(성폭력처벌법 제30조 제3항).

검사 또는 사법경찰관은 영상녹화를 마쳤을 때에는 지체 없이 피해자 또는 변호사 앞에서 봉인하고 피해자로 하여금 기명날인 또는 서명하게 하여야 하고, 피해자가 영상녹화 장소에 도착한 시각, 영상녹화를 시작하고 마친 시각, 그 밖에 영상녹화 과정의 진행경과를 확인하기 위하여 필요한 사항 등 영상녹화 과정의 진행 경과의 구체적인 내용을 조서 또는 별도의 서면에 기록한 후 수사기록에 편철하여야 한다(성폭력처벌법 제30조 제4항 내지 제6항). 검사 또는 사법경찰관은 19세 미만 피해자 등이나 그 법정대리인이 신청하는 경우에는 영상녹화 과정에서 작성한 조서의 사본 또는 영상녹화물에 녹음된 내용을 옮겨 적은 녹취서의 사본을 신청인에게 발급하거나 영상녹화물을 재생하여 시청하게 하여야 한다(성폭력처벌법 제30조 제7항).

그 외 영상녹화의 방법에 관하여는 피의자신문에 따른 피의자 진술의 영상녹화의 내용을 준용한다(성폭력처벌법 제30조 제9항).

Ⅳ. 대물적 수사

1. 개관

형사소송법에 규정된 대물적 수사방법으로는 압수, 수색, 검증, 감정이 있다. 형사소송법은 대물적 수사에 있어서도 법원의 공판절차상 대물적 처분을 먼저 규정한 후 그 중 대부분을 수사기관의 수사절차상 대물적 수사에 준용하는 형태를 취하고 있다.

형사소송법은 법원의 압수·수색을 먼저 규정하고 군사상 비밀과 압수(법 제110조), 집행 중의 출입금지(법 제119조), 집행과 필요한 처분(법 제120조), 통지와 참여(법 제121조 내지 제123조), 집행중지와 필요한 처분(법 제127조) 등의 규정을 법원의 검증에 준용하고 있다(법 제145조). 또한 수사기관의 압수·수색·검증은 묶어서 사전영장에 의함을 원칙으로 하고 특정 요건이 갖추어진 경우 사후영장에 의할 수 있도록 하면서(법 제215조 내지 제217조), 법원의 압수(법 제106조), 우체물의 압수(법 제107조), 수색(법 제109조), 군사상 비밀과 압수(법 제110조), 공무상비밀과 압수(법 제111조), 업무상 비밀과 압수(법 제112조), 영장의 방식(법 제114조), 영장의 집행(법 제115조 중 일부), 영장의 제시와 사본 교부(법 제118조), 집행중의 출입금지(법 제119조), 집행과 필요한 처분(법 제120조), 통지와 참여(법 제121조 내지 제123조), 여자의 수색과 참여(법 제124조), 야간집행의 제한과 예외(법 제125조, 제126조), 집행중지와 필요한 처분(법 제127조), 증명서와 목록의 교부(법 제128조, 제129조), 압수물의 보관과 폐기(법 제130조, 제131조), 압수물의 대가보관(법 제132조), 압수장물의 피해자환부(법 제134조), 압수물처분과 당사자에의 통지(법 제135조), 검증과 필요한 처분(법 제140조), 신체검사에 관한 주의(법 제141조) 등을 수사기관의 압수·수색·검증에 준용하고 있다(법 제219조).

아래에서는 수사기관의 대물적 수사를 중심으로 법원의 대물적 처분도 함께 설명한다.

(1) 의의

(가) 압수, 수색, 검증, 감정의 의미

압수에는 압류, 제출명령, 영치가 포함된다. **압류**란 법원 또는 수사기관이 직접 실력을 행사하여 물건의 점유를 강제로 이전하는 것을, **제출명령**이란 법원이 점유이전을 명령하여 물건의 점유를 강제로 이전하는 것을, 영치란 법원 또는 수사기관에 의한 강제적 점유이전은 없으나 점유이전 이후에는 압류와 동일한 효력이 발생하는 것을 말한다. 일반적으로 압수라 함은 압류를 의미하고, 영치에는 **임의제출물**과 **유류물의 압수**가 있다.

수색이란 법원 또는 수사기관이 체포·구속의 대상자나 압수물을 발견하기 위하여 일정한 장소, 물건, 사람의 신체 등을 강제로 뒤져보는 것을 말한다.

검증이란 법원 또는 수사기관이 시각, 청각, 후각, 촉각, 미각 등 **오감의 작용**을 통하여 사람이나 물건 등 검증 대상의 존재와 상태를 인식하는 것을 말하고, **감정**이란 법원 또는 수사기관이 사실인정에 있어 특별한 전문지식이 필요한 경우 그러한 지식을 가진 제3자에게 감정대상에 대한 구체적 사실판단을 보고하도록 명령·촉탁하는 것을 말한다.

(나) 상호간의 관계

압수에는 수색의 선행이 필요한 경우가 대부분이고, 일정한 장소의 검증에는 그 장소에 대한 강제 출입과 오감에 의한 인식작용 즉 수색이 전제되어야 한다. 이처럼 압수, 수색, 검증은 그 법적성질을 달리하지만 상호 밀접한 연관관계에 있고, 실무상 압수·수색·검증 영장은 하나의 양식을 사용하고 있다. 형사소송법도 법원의 강제처분으로서 압수·수색을 먼저 규정한 후 검증을 따로 규정하면서 압수·수색의 주요 내용을 준용하고 있고, 수사기관의 강제처분으로서 압수·수색·검증은 하나로 묶어 규정하면서 법원의 압수·수색·검증의 주요내용을 준용하고 있다.

한편 영치인 임의제출과 유류물의 압수는 점유이전의 강제가 없다는 점에서 압류와 그 성격을 달리하고, 감정은 형사사법기관의 촉탁을 받은 제3자에 의해 이루어지는 것으로 임의조사를 원칙으로 하는 등 압수·수색·검증과는 그 성질을 크게 달리한다.

(2) 압수, 수색, 검증, 감정의 대상

(가) 압수의 대상

압수의 정의에 따라 그 대상은 점유의 이전이 가능한 유체물로서, 형사소송법은 우체물이 압수의 대상임을 따로 떼어 규정하고 있다(법 제107조 제1항). 따라서 지문, 족적, 혈흔 등은 그 자체로는 압수의 대상이 되지 아니하고 과학적 방법을 이용하여 이를 확보하는 행위만으로는 강제처분으로 볼 수 없다.[202]

한편 형사소송법은 압수의 목적물이 컴퓨터용디스크 등 정보저장매체인 경우에는 특정한 정보를 지정하여 출력 또는 복제하여 제출받음을 원칙으로 하고(법 제106조 제3항) 전자적 방식에 의한 정보의 송수신에 관한 것으로서 체신관서 등이 소지 또는 보관하는 물건을 압수의 대상으로 규정하여(법 제107조 제1항) 압수대상이 전자정보인지, 전자정보가 저장되어 있는 정보저장매체인지 여부를 명확히 규정하고 있지 아니하다. 하지만 대법원은 전자정보가 압수의 대상임을 명확히 하였고,[203] 대법원의 태도에 따라 '검사와 사법경찰관의 상호협력과 일반적 수사준칙에 관한 규정'도 "전자정보의 압수·수색 또는 검증"이라는 표제를 두어 전자정보가 압수의 대상임을 명백히 하고 있다(수사준칙 제41조, 제42조).

(나) 수색, 검증, 감정의 대상

수색의 대상은 장소, 물건, 신체 등 압수물이 존재할 수 있는 모든 것이 된다. 압수·수색은 일반적으로 물건에 대한 소유권 또는 점유권을 침해하는 것으로 이해되지만, 수색만 놓고 보면 주거의 자유나 신체의 자유를 제한하는 경우가 많다. 수색과 마찬가지로 검증과 감정도 장소, 물건, 신체 등 그 필요성이 인정되는 모든 것을 대상으로 한다.

202) 대법원 2008. 10. 23. 선고 2008도7471 판결.
203) 대법원 2015. 7. 16.자 2011모1839 전원합의체 결정.

(3) 압수, 수색, 검증의 한계

(가) 시간적 한계

일출 전, 일몰 후에는 영장에 야간집행을 할 수 있는 기재가 없으면 그 압수·수색·검증영장을 집행하기 위하여 타인의 주거, 간수자 있는 가옥, 건조물, 항공기 또는 선차 내에 들어가지 못한다(법 제219조, 제145조, 제125조). 다만 도박 기타 풍속을 해하는 행위에 상용된다고 인정하는 장소 및 여관, 음식점 기타 야간에 공중이 출입할 수 있는 장소로서 대중에게 공개된 시간 내에 압수·수색영장을 집행하는 경우에는 위와 같은 제한을 받지 아니한다(제219조, 제145조, 제125조).

따라서 야간집행이 가능하다는 취지의 기재가 있는 영장이 발부된 경우, 주간에 출입하여 영장의 집행이 계속되던 중 일몰을 맞이한 경우, 압수·수색 대상 장소가 도박 등에 상용된다고 인정되는 장소이거나 공중이 출입할 수 있는 장소로서 공개시간 내인 경우에는 야간집행의 제한을 받지 아니한다.

(나) 장소적 한계

군사상 비밀을 요하는 장소는 그 책임자의 승낙 없이는 압수, 수색, 검증을 할 수 없다. 그 책임자는 국가의 중대한 이익을 해하는 경우를 제외하고는 승낙을 거부하지 못한다(법 제219조, 제145조, 제110조).

군사상 비밀은 "일반인에게 알려지지 아니한 것으로서 그 내용이 누설되면 국가안전보장에 명백한 위험을 초래할 우려가 있는 군 관련 문서, 도화, 전자기록 등 특수매체 기록 또는 물건으로서 군사기밀이라는 뜻이 표시 또는 고지되거나 보호에 필요한 조치가 이루어진 것과 그 내용"을 말한다(군사기밀보호법 제2조). 책임자는 군사상 비밀을 요하는 시설 등에 대한 직접적 관리책임을 가진 최고위 공무원으로 보아야 할 것이다.

이에 대해서는 승낙시기와 절차, 국가의 중대이익에 대한 결정주체 등의 문제가 있다. 조문 구조상 군사상 비밀을 요하는 장소의 수색에는 책임자의 승낙이 전제되어야 하고, 그러한 책임자의 승낙 여부는 영장의 청구 전에 확인되어야 할 것이다. 하지만 책임자의 승낙유무 확인으로 인한 증거인멸 또는 도망의 우려가 매우 큰 경우, 검사는 그 사유를 소명하여 국가의 중대이익에 대한 심사를 포함하여 영장을 청구할 수 있을 것이다. 이러한 과정을 거친 후 발부된 영장에 대해서는 책임자가 그 집행의 승낙을 거부한다 하더라도 집행할 수 있다고 보아야 한다. 국가의 중대이익에 대한 최종적 결정주체는 결국 수사단계에서는 지방법원 판사, 공판절

차에서는 법원이라 할 수밖에 없기 때문이다.[204)]

(다) 대상적 한계

1) 공무상 비밀

공무원이 소지 또는 보관하는 물건이 비밀임을 신고한 때에는 소속 공무소 또는 당해 감독 관공서의 승낙 없이는 압수하지 못한다. 소속 공무소 등은 국가의 중대한 이익을 해하는 경우를 제외하고는 승낙을 거부하지 못한다(법 제219조, 제111조).

공무상 비밀은 "반드시 법령에 의하여 또는 인위적으로 비밀로 분류 명시된 사항뿐만 아니라 정치적·경제적·군사적·외교적 또는 사회적 필요에 따라 비밀로 된 사항은 물론 정부나 공무소 또는 국민이 객관적 일반적인 입장에서 외부에 알려지지 않는 것에 상당한 이익이 있는 사항을 포함한다."[205)] 당해 감독 관공서는 소속 관공서의 감독권을 가진 직근 상급기관으로 보아야 할 것이다.

승낙시기와 절차, 국가의 중대이익에 대한 결정주체 등의 문제는 군사상 비밀을 요하는 장소에서 살펴본 바와 같다.

2) 업무상 비밀

변호사, 변리사, 공증인, 공인회계사, 세무사, 대서업자, 의사, 한의사, 치과의사, 약사, 약종상, 조산사, 간호사, 종교의 직에 있는 자 또는 이러한 직에 있던 자가 그 업무상 위탁을 받아 소지 또는 보관하는 물건으로 타인의 비밀에 관한 것은 압수를 거부할 수 있다. 단, 그 타인의 승낙이 있거나 중대한 공익상 필요가 있는 때에는 예외로 한다(법 제219조, 제112조). 여기에서 타인의 비밀이란 객관적인 비밀은 물론, 변호사, 의사, 종교인 등 비밀성의 보장이 강하게 요구되는 경우에는 본인이 비밀로 할 것을 요청한 경우도 포함한다.[206)]

업무상 비밀에 대한 압수거부권은 변호사 등에게만 주어진 권리로서, 변호사 등과 그 상

---

204) 노태악 Ⅰ 882. 다만 법원실무제요는 승낙권자의 거부의사가 명백한 때에는 영장발부가 허용되지 아니하고 국익관련 중대성의 판단주체는 승낙권자라는 입장을 보이고 있고(법원실무제요 Ⅲ 137), 대법원은 그와 상반되는 입장을 취한 바 있는 등 이 문제에 대해서는 실무상 상당한 혼란이 있다(대법원 2015. 7. 16. 선고 2015도2625 판결. "검사가 위 휴대전화를 압수한 후에 국가정보원이 직무상 비밀에 관한 것임을 신고하고 그 압수의 승낙을 거부한 사실은 인정되나, 그 승낙의 거부 사유가 형사소송법 제111조 제2항에서 정하고 있는 '국가의 중대한 이익을 해하는 경우'에 해당하지 않는다고 보아 위 휴대전화에 저장된 증거의 증거능력이 있다."는 원심의 판단은 정당하고 "공무상 비밀과 압수에 관련된 증거능력 인정요건에 관한 법리를 오해한 잘못이 없다."). 따라서 이를 해결하기 위한 입법적 보완이 필요하다 본다.

205) 대법원 1981. 7. 28. 선고 81도1172 판결

206) 이에 대해서는 문재완, "변호인의 조력을 받을 권리와 법률자문의 보호," 인권과 정의 335호, 대한변호사협회(2004) 참조.

대방의 관계에 따라 상호 적용되는 특권이 아니다. 따라서 변호인이 업무상 위탁을 받은 관계로 알게 된 타인의 비밀을 피고인이 보관하고 있는 경우 피고인은 그 압수를 거부할 수 없다.[207]

변호사 등이 압수를 거부할 경우, 거부의사 확인시기와 절차, 중대한 공익상 필요에 대한 판단주체 등의 문제는 군사상 비밀을 요하는 장소에서 살펴본 것과 같다.

2. 사전영장에 의한 압수·수색

수사기관의 압수·수색은 사전영장에 의함을 원칙으로 한다. 형사소송법은 사전영장의 청구와 발부, 집행시 통지와 참여, 영장의 제시와 사본교부, 압수물의 유무에 따른 압수조서작성 및 목록제공 또는 수색증명서의 교부 등의 절차를 세세하고 엄격하게 규정함으로써 수사기관의 압수·수색으로 인한 국민의 기본권 제한을 엄격히 통제하고 있다.

한편 공판정 내에서의 법원의 압수·수색은 영장을 요하지 아니한다. 공판정 외에서의 법원의 압수·수색은 법원이 발부한 영장을 검사의 지휘에 따라 사법경찰관이 집행하는 방법으로 이루어진다(법 제113조, 제115조).

(1) 사전영장에 의한 압수·수색의 요건

검사는 범죄수사에 필요한 때에는 피의자가 죄를 범하였다고 의심할 만한 정황이 있고 해당 사건과 관계가 있다고 인정할 수 있는 것에 한정하여 지방법원판사에게 압수·수색영장을 청구할 수 있고(법 제215조), 지방법원판사는 검사의 영장청구가 상당하다고 인정할 때에는 압수·수색영장을 발부한다(법 제219조, 제114조).

이처럼 수사절차상 압수·수색영장의 청구 및 발부요건은 압수의 필요성, 범죄혐의의 정황, 압수물과 범죄사실의 관련성으로서, 압수·수색영장이 발부되면 이에 의하여 압수·수색이 이루어지므로 압수·수색영장의 청구·발부 요건은 곧 사전영장에 의한 압수·수색의 요건이라 할 수 있다.

(가) 범죄수사에 필요한 때(압수의 필요성)

범죄수사에 필요한 때란 압수대상물을 압수하지 않으면 수사목적을 달성할 수 없는 경우를 말한다. 따라서 대상 범죄가 특정되지 않는 경우, 압수·수색을 하지 아니하더라도 수사목적

207) 대법원 2012. 5. 17. 선고 2009도6788 전원합의체 판결.

을 달성할 수 있는 경우, 압수·수색을 하더라도 수사목적을 달성할 수 없음이 명백한 경우에는 압수·수색은 허용되지 아니한다.

범죄수사의 필요성이 인정된다 하더라도 압수·수색은 비례원칙의 범위 내에서 이루어져야 한다. 예를 들어 폐수무단방류사건의 수사를 위해 공장부지, 건물, 기계류 일체 등을 압수한 경우에는 그러한 압수가 수사목적 달성에 반드시 필요하다고 보기도 어렵고, 그 필요성이 인정된다 하더라도 비례원칙의 위반으로 위법하다고 하겠다.[208] 단순 음주운전사건, 일반교통방해사건에서 그에 이용된 차량을 압수하는 것 역시 특별한 사정이 존재하지 아니하는 한 압수의 필요성이 인정된다고 보기는 어려울 것이다.

(나) 피의자가 죄를 범하였다고 의심할 만한 정황(범죄혐의의 정황)

1) 피의자의 특정

피의자에 대한 범죄의심의 소명이 필요하므로 압수·수색영장은 피의자의 특정 이후 발부되어야 함이 원칙이다. 하지만 압수·수색 외의 방법으로는 피의자의 특정이 어렵거나, 피의자에 대한 특정보다 범죄사실에 대한 증거수집이 우선되어야 할 사유가 인정되는 등 예외적인 경우에는 압수·수색영장은 피의자의 특정 없이 발부될 수도 있다(규칙 제107조 제1항).

2) 범죄혐의의 소명

범죄혐의의 정도는 정황에 그친다. 문언상 정황은 현행범인 체포의 명백성, 영장에 의한 체포 또는 긴급체포의 상당한 이유보다 낮은 정도의 혐의로서, 최초의 혐의 내지 단순한 혐의와 같은 의미라 할 수 있다.[209] 따라서 범죄의 정황은 사안에 따라 고소인·고발인·목격자 등의 구체적인 진술만으로도 인정될 수 있다.

형사소송법이 사전 압수·수색영장의 발부요건으로서 범죄혐의의 소명을 다소 낮게 규정한 것은 구체적 사안에 따라 법원이 압수·수색의 허용 여부를 탄력적으로 결정할 수 있도록 함으로써 법원의 통제 하에서의 원활한 수사진행을 도모하고자 한 것으로 이해할 수 있다.

(다) 해당 사건과 관계가 있다고 인정할 수 있는 것(관련성)

1) 의의

압수·수색영장의 발부요건으로서 관련성이란 영장기재 범죄혐의사실에 대한 압수물의 구체적·개별적 연관성을 말한다. 압수물에 대하여 범죄혐의사실과의 관련성이 인정된다 함은 그

208) 대법원 2004. 3. 23.자 2003모126 결정.
209) 이창현 429.

압수물이 범죄혐의사실에 대해 구체적·개별적으로 연관되어 직접증거 또는 간접·정황증거가 될 수 있음을 의미하고, 관련성이 부정된다 함은 직접증거 또는 간접·정황증거가 될 수 없음을 의미하는 것이다. 따라서 영장청구·발부시에 범죄혐의사실에 대하여 증거로 사용될 수 없는 것은 압수물로 기재되어서는 안 된다.

관련성은 비례원칙의 준수를 전제로 하고 있는 강제수사의 본질상 압수·수색영장의 청구·발부의 요건으로 당연히 인정된다. 하지만 과거 형사소송법은 관련성을 압수·수색의 요건으로 명시하지 아니하였고, 종래의 대법원도 압수물이 영장기재 범죄사실과 동종·유사 범죄에 대해 증거로 사용될 수 있는 경우에까지 관련성을 인정하는 느슨한 태도를 보여 왔다.

하지만 2011년 형사소송법 개정과 함께 관련성은 압수·수색영장의 청구·발부 요건으로 명시되었고, 대법원도 관련성을 객관적 관련성과 인적 관련성으로 나누어 범죄사실과 압수물 사이의 관련성을 엄격히 심사하고 있다. 대법원은 사전 압수·수색영장에 의한 압수에서 객관적 관련성은 압수물이 '영장기재 범죄사실 및 기본적 사실관계가 동일한 범죄'에 대한 '직접증거, 간접증거, 정황증거'로 사용될 수 있는 경우에 인정되고, 인적 관련성은 '영장기재 대상자, 공동정범, 교사범 등 공범, 간접정범, 필요적 공범' 즉 최광의의 공범에까지 인정된다고 한다.[210]

2) 압수·수색시 적법성 평가 기준으로서의 중요성

관련성은 압수·수색영장의 발부요건이지만 오히려 영장집행 및 그 이후에 주로 문제된다. 영장 발부 단계에서는 지방법원판사가 관련성이 없음을 이유로 영장을 기각하면 검사가 영장을 재청구하거나 이를 포기하는 등 형사사법기관 사이의 문제가 생길 뿐이고 영장이 발부되더라도 그 자체만으로는 수사대상자나 피처분자의 기본권을 제한하는 바는 없다. 하지만 영장집행시 수색은 관련성이 인정되는 압수물을 발견하기 위해 필요최소한도의 범위 내에서 이루어져야 하고, 압수 또한 관련성이 인정되는 것으로 제한되어야 하기 때문이다. 이렇듯 영장집행시의 관련성 준수 여부는 압수·수색의 적법성 판단 및 공판에서의 그 압수물의 증거능력 인정 여부의 결정에 있어 매우 중요한 요소가 된다.

3) 수색과 관련성

수색에서의 관련성은 영장기재 수색 장소, 신체, 물건 등에 영장기재 범죄사실에 대한 직접·간접·정황증거에 해당하는 영장기재 압수물이 존재할 개연성을 말한다. 형사소송법은 피의자·피고인 아닌 자의 신체, 물건, 주거 등을 수색하는 경우에만 압수물이 존재할 개연성을

---

210) 대법원 2021. 11. 18. 선고 2016도348 전원합의체 판결.

수색의 요건으로 명시하고 있으나(법 제219조, 제109조), 압수할 물건에 대한 관련성의 심사기준을 엄격히 설정한 이상 피의자·피고인의 신체 등에 대한 수색에서도 이를 그 요건으로 삼는 것이 타당하다. 따라서 영장기재 범죄혐의사실과 압수할 물건 사이에 객관적 관련성이 인정된다 하더라도 그러한 압수물이 영장기재 압수·수색 장소 등에 있을 개연성이 충분히 소명되지 아니하였다면 그 장소 등에 대한 압수·수색영장은 발부되어서는 아니 된다. 대다수의 경우 피고인·피의자의 신체 등에는 압수물이 존재할 개연성이 쉽게 인정되겠지만, 그러한 개연성이 인정되지 아니한 경우라면 피고인·피의자의 신체 등이라 하더라도 수색이 허용되어서는 안 될 것이다.

4) 압수와 객관적 관련성

① 객관적 관련성의 구체적 심사

압수·수색영장 발부 단계에서 객관적 관련성은 영장기재 범죄혐의사실과 영장기재 압수물 사이에 인정되어야 하는 것으로, 이 시점에서는 객관적 관련성은 영장의 발부 여부를 결정할 뿐 그 외에는 크게 문제될 것이 없다. 하지만 영장의 집행으로 수색 후 발견된 물건 등에 대해 객관적 관련성이 인정되는지 여부는 수사기관이 이를 압수할 수 있는지 및 증거능력이 인정되는지 여부를 결정하는 매우 중요한 요소이다. 아래의 사례를 살펴보자

> 수사기관이 피해자 a에 대한 '성폭력범죄의 처벌 등에 관한 특례법'상 신체촬영죄의 범죄사실 A를 영장기재 범죄사실로 하는 압수·수색영장을 발부받았다.
>
> 수사기관이 이 영장을 집행하여 범죄사실 A의 직접증거에 해당하는 신체촬영물(이를 피해자 a 신체촬영물이라 한다)은 물론 피해자 a의 신체촬영물이기는 하지만 범죄사실 A가 아닌 다른 범죄의 신체촬영물(이를 피해자 a−1 신체촬영물, 그 범죄를 범죄사실 A−1 이라 한다) 및 피해자 a 외의 피해자의 신체촬영물(이를 피해자 b 신체촬영물, 그 범죄를 범죄사실 B 라 한다)을 발견하였다.

피해자 a 신체촬영물은 영장기재 범죄혐의사실인 범죄사실 A에 대한 직접증거로서 관련성이 인정됨은 당연하고 그러한 압수는 적법하며 증거능력도 인정된다. 하지만 피해자 a−1 신체촬영물 및 피해자 b 신체촬영물의 관련성 인정 여부는 곧바로 평가하긴 어렵다.

① 범죄사실 A−1 또는 범죄사실 B가 범죄사실 A와 기본적 사실관계가 동일한 범죄라면, 피해자 a−1 신체촬영물 또는 피해자 b 신체촬영물은 범죄사실 A에 대하여 직접증거에 해당한다. 따라서 이러한 경우에는 a−1 신체촬영물 또는 피해자 b 신체촬영물의 압수는 적법하

고, 그 증거능력도 인정된다. ② 범죄사실 A－1 또는 범죄사실 B가 범죄사실 A와 기본적 사실관계가 동일한 범죄가 아니라면, 피해자 a－1 또는 피해자 b 신체촬영물은 범죄사실 A에 대한 직접증거에는 해당하지 아니한다. 하지만 범죄사실 A는 경향범으로서 피해자 a－1 신체촬영물 또는 피해자 b 신체촬영물이 범죄사실 A의 범행일시, 장소, 수법, 피해자 등에서 유사한 측면이 있다면 범죄사실 A에 대한 간접증거나 정황증거에 해당할 수 있다. 따라서 이러한 경우에는 피해자 a－1 신체촬영물 또는 피해자 b 신체촬영물의 압수는 적법하고, 그 증거능력도 인정된다. ③ 범죄사실 A－1 또는 범죄사실 B가 범죄사실 A와 기본적 사실관계가 동일한 범죄가 아니고, 피해자 a－1 신체촬영물 또는 피해자 b 신체촬영물이 범죄사실 A의 범행일시, 장소, 수법, 피해자 등에서 유사한 측면도 없다면 범죄사실 A에 대한 간접증거나 정황증거에도 해당할 수 없다. 따라서 이러한 경우에는 a－1 신체촬영물 또는 피해자 b 신체촬영물의 압수는 위법하고 그 증거능력도 부정된다.

② 규범적 평가에 따른 실무상 문제점

이처럼 객관적 관련성의 평가는 범죄사실 사이의 기본적 사실관계의 동일성 여부 및 간접·정황증거 인정 여부 등 규범적 평가를 동반하는 경우가 많아 실무상 크게 문제되고 있다. 대법원은 적법한 압수·수색 도중 관련성이 부정되는 증거가 발견되면 수사기관은 수색을 중단하고 새로운 압수·수색영장을 발부받거나 임의제출권자로부터 임의제출을 받을 것을 요구하지만, 규범적 평가는 평가주체에 따라 다른 결론에 이르기 쉬우므로 일관된 기준을 제시하기 어렵고, 수사기관이 새로운 영장을 발부받으려면 범죄사실의 특정이 필요한데 그 특정이 지난한 경우도 많으며, 임의제출을 받는 것 역시 쉽지 않다는 점에서 실체적 진실발견의 요청을 지나치게 도외시하고 있는 것이 아닌가 하는 아쉬움이 있다.

ⓐ 규범적 평가의 일관성 요청

대법원은 영장기재 범죄사실 또는 임의제출의 동기가 된 범죄사실과 다른 범죄의 신체촬영물은 피고인 진술의 신빙성, 범행동기, 성적 취향, 피해자 진술의 신빙성을 증명하는 간접증거나 정황증거에 해당할 수 있다면서, 그 판단 요소로 양 범죄혐의사실의 시간적 근접성, 피해자의 유사성, 범행방법의 동일성, 범행수단의 동일성 등을 들고 있는데, 이 기준 자체는 별다른 문제가 없다. 다만 대법원은 그 적용에 있어 일관적이지 못한 태도를 보이고 있다.

대법원은 공공장소에서 이루어진 불특정 여성 피해자의 신체 촬영 범죄사실과 안마시술소 내에서 여종업원인 피해자의 나체를 몰래 촬영한 신체촬영물의 객관적 관련성은 인정하면서도,[211] 교수인 피고인이 자신의 집에서 자신의 휴대전화를 이용하여 술에 취한 20대 중반의

211) 대법원 2022. 1. 13. 선고 2016도9596 판결.

남성 제자의 성기 등을 촬영한 범죄사실과 1년 전 동일한 장소에서 동일한 수법으로 동일한 유형의 다른 피해자의 성기 등을 촬영한 신체촬영물의 객관적 관련성은 부정하였다.[212] 전자는 범죄사실과 신체촬영물 사이에 시간적 근접성, 피해자의 유사성, 범행방법의 동일성, 범행수단의 동일성 등에 현저히 차이가 있음에도 간접·정황증거가 된다고 한 반면, 후자는 전자에 비해 모든 요소의 충족 정도가 상당히 우월함에도 간접·정황증거가 될 수 없다고 한 것이다.

대법원은 마약 투약이나 교부와 관련된 사안에서도 같은 문제를 보였다. 대법원은 마약투약 사건에서 수사기관이 영장 청구 범죄사실로 '영장 청구일로부터 수일 전의 마약투약', 압수대상물 중 하나로 '피의자의 소변' 등을 기재하고, 피의자 추적을 이유로 유효기간이 수개월인 압수·수색영장을 발부받아 영장유효기간 내이지만 영장발부일로부터 수개월이 지난 후에 집행하여 피의자의 소변을 압수한 사안에 대해서는 영장기재 범죄사실상 투약된 마약이 수개월 후에도 피의자의 체내에 남아 있을 수는 없다는 등의 이유로 관련성을 부정하였다.[213] 하지만 이와 유사한 사안에서는 영장청구시 제출된 자료에 영장청구시점 이후에 마약을 투약할 우려가 크다는 취지의 기재가 있었고 지방법원판사도 장래 범죄에 대한 우려를 감안하여 영장을 발부하였다는 이유로 관련성을 인정하였다.[214]

ⓑ **새로운 범죄사실의 특정 및 임의제출**

수사기관이 수색을 진행하는 과정에서 영장기재 범죄사실에 대한 증거에는 해당하지 아니하나 다른 범죄의 증거에 해당하는 것은 명백한데 그 범죄를 특정하기 어려운 상황에 봉착하는 경우가 더러 있다. 이러한 경우 대법원은 수사기관이 새로운 영장을 발부받거나 피압수자로부터 이를 임의제출받을 것을 요구한다.

하지만 피의자가 새로운 범죄에 대해 자백하거나, 새로운 범죄의 피해자가 즉시 확보되는 이례적인 경우 외에는 새로운 범죄사실을 특정하기 어렵고, 이에 범죄사실의 불특정으로 인하여 수사기관이 새로운 압수·수색영장을 발부받는 것 또한 상당히 어렵다. 수사기관은 피의자로부터 새로운 증거를 임의제출받을 수 있으나, 피의자는 이를 거부할 수 있다. 따라서 이러한 경우 수사기관은 단지 특정이 되지 아니하였을 뿐 명백히 발생하였던 범죄에 대한 직접증거를 눈앞에 두고도 압수할 수 없게 된다.

③ 소결

이처럼 객관적 관련성에 대한 추상적 정의와 그 평가기준은 명확해 보이지만 구체적 적용

212) 대법원 2021. 11. 18. 선고 2016도348 전원합의체 판결.

213) 대법원 2019. 10. 17. 선고 2019도6775 판결.

214) 대법원 2021. 8. 26. 선고 2021도2205 판결. 이러한 압수·수색영장은 아직 발생하지 아니한 범죄에 대한 영장이라는 점에서 미래영장이라는 문제도 내포하고 있다.

에 있어서는 다양한 문제가 발생하고 있다. 관련성을 명시함으로써 사전영장에 의한 압수·수색의 한계를 명확히 하고 이를 통하여 적정절차원칙을 구현하고자 한 입법취지가 무색하게도 관련성에 대한 대법원의 지나치게 엄격한 판단 내지 일관성 없는 판단은 수사 현장에서의 혼란과 법정에서의 다툼만을 가중시키고 있다는 비판도 피해가기 어려울 것이다.

영장에 의한 압수·수색에서 압수물은 영장기재 범죄사실에 대한 증거로 제한하고, 적법한 수색 중 우연히 발견된 다른 범죄의 증거물에 대해서는 우연발견의 법리(plain view doctrine)[215] 에 따른 일반적 사후영장제도의 도입을 통해 해결할 필요가 있다고 본다. 관련성이 준수된 수색 도중 다른 범죄에 대한 증거물이 우연히 발견된 경우에 수사기관이 이를 압수할 수 있도록 하고 사후영장제도를 통해 법관으로부터 그 적법성을 평가하게 한다면, 수사상 긴급성과 필요성의 요청을 충족시키면서도 사전영장제도에 준하는 법관의 통제가 이루어짐으로써 적정절차원칙 또한 준수될 수 있기 때문이다.

5) 압수와 인적관련성

통설과 대법원은 인적 관련성의 독자적 지위를 인정하고 있다. 하지만 객관적 관련성은 '범죄 혐의사실'과 '압수할 물건' 사이의 관계로서, 범행 주체가 없는 범죄 혐의사실은 존재할 수 없으므로 객관적 관련성의 평가는 인적 관련성의 평가를 당연히 포함하고 있다. 따라서 인적 관련성을 독자적으로 평가할 필요가 있는지에 대해서는 의문이 없지 않다. 더구나 대법원은 인적 관련성을 엄격히 제한한다면서도 그 인정범위 내에 대향범까지 포함시키고 있는바, 대향범은 영장기재 범죄혐의 사실을 저지른 자가 아니므로 이러한 법원의 태도에는 이해하기 어려운 면이 있다.

대법원은 불상자(不詳者)가 인터넷상 아동·청소년 성착취물을 게시하였다는 범죄사실에 대해 영장기재 피의자와 실제 범인이 다르다는 이유로 사전영장에 의한 압수·수색이 위법하다 한 바 있다. 사안에서 수사기관은 성착취물이 업로드된 장소를 특정하고 주민등록표를 확인하여 부모와 아들이 거주함을 확인한 후 아들을 피의자로 특정하였는데 영장집행시 현장에서 주민등록이 되어 있지 아니한 다른 아들이 범인이라는 것을 그의 모(母)로부터 듣게 되었다.[216] 이처럼 피의자 특정에 어려움이 있는 상황에서 그 특정에 특히 문제시 할 만큼의 하자가 없는 경우에도 인적 관련성을 강조하여 영장의 효력을 제한하는 대법원의 태도에 따른다면 위 상황에서 수사기관은 영장집행을 멈추고 퇴거 후 새로운 영장을 발부받거나 임의제출을 받아야 한다. 하지만 추가 범행의 우려가 명백히 인정되는 상황이라는 점에서 이러한 대법원의 태도는

215) Stephen 396.

216) 대법원 2021. 7. 29. 선고 2020도14654 판결.

쉽게 수긍하기 어렵다고 하지 않을 수 없다.[217)]

(2) 압수·수색영장의 청구 및 발부

(가) 영장의 신청과 청구

압수·수색영장 발부사유가 충족되는 경우 사법경찰관은 검사에게 압수·수색영장의 청구를 신청할 수 있고, 검사는 관할 지방법원판사에게 압수·수색영장의 발부를 청구할 수 있다(법 제215조).

1) 청구방법

검사는 압수·수색 영장의 청구시 ① 압수·수색영장 청구서, ② 피의자에게 범죄의 혐의가 있다고 인정되는 자료 및 ③ 압수, 수색 또는 검증의 필요성 및 해당 사건과의 관련성을 인정할 수 있는 자료를 지방법원판사에게 제출하여야 한다(규칙 제108조 제1항). 피의자 아닌 자의 신체, 물건, 주거 기타 장소의 수색을 위한 영장의 청구를 할 때에는 위 자료에 더하여 압수하여야 할 물건이 그 장소에 있다고 인정될 만한 자료 또한 제출하여야 한다(규칙 제108조 제2항).

2) 영장 청구서 기재사항

압수·수색영장 청구서에는 피의자의 성명(불상인 경우 그 밖에 피의자를 특정할 수 있는 사항), 주민등록번호, 직업, 주거, 피의자에게 변호인이 있는 때에는 그 성명, 죄명 및 범죄사실의 요지, 7일을 넘는 유효기간을 필요로 하는 때에는 그 취지 및 사유, 여러 통의 영장을 청구하는 때에는 그 취지 및 사유, 압수할 물건, 수색 또는 검증할 장소·신체나 물건, 압수·수색 또는 검증의 사유, 일출전 또는 일몰후에 압수·수색 또는 검증을 할 필요가 있는 때에는 그 취지 및 사유, 통신비밀보호법 제2조 제3호에 따른 전기통신을 압수·수색하고자 할 경우 그 작성기간 등을 기재하여야 한다(규칙 제107조 제1항).

(나) 영장의 발부와 기각

지방법원판사는 압수수색영장 발부요건이 충족되어 검사의 영장청구가 상당하다고 인정할 때에는 압수수색영장을 발부하고, 그렇지 아니한 때에는 영장을 기각한다.

---

217) 위와 같은 상황에서는 수색장소에 성착취물이 존재함을 이유로 청소년성보호법상 성착취물 소지죄의 범행이 진행 중인 범죄장소로 보아 형사소송법 제216조 제3항이 적용될 여지가 있다. 하지만 형사소송법 제216조 제3항의 적용범위에 대해서는 견해의 대립이 있고, 사안과 달리 수색 중인 장소를 범죄장소로 볼 수 없는 경우에는 이마저도 적용될 수 없다.

(3) 압수·수색영장의 집행절차

영장의 집행은 참여권자에 대한 통지, 참여권자의 참여, 권리고지 및 집행현장에서 피처분자에 대한 영장의 제시와 사본 교부, 수색의 실행, 압수물을 발견한 경우 압수, 압수조서 작성 및 압수목록의 교부로 이어진다. 압수물을 발견하지 못한 경우에는 수색증명서의 교부로서 영장의 집행은 마무리된다.

(가) 통지와 참여

압수·수색의 참여권자는 공판절차에서는 사건의 당사자인 검사, 피고인, 변호인, 압수·수색 장소의 책임자·주거주이고, 수사절차에서도 검사는 영장집행 지휘의 주체로서 압수·수색영장의 집행에 참여할 수 있으며, 피의자, 변호인, 책임자·주거주도 참여권자로서 참여할 수 있다. 형사소송법은 압수·수색영장 집행시 적정절차의 준수와 참여권자의 권리를 실질적으로 보장하기 위해 주거주를 제외한 모든 참여권자에게 통지받을 권리를 규정하고 있는데, 각 참여권자에 따라 통지의 방법이 다르다는 점에 유의할 필요가 있다.

한편 피고인·피의자는 압수·수색 장소의 책임자나 주거주에 해당할 수도 있는데 이때에는 각 지위에 따른 권리가 모두 보장되어야 한다. 예를 들어 피의자가 공무소의 책임자에도 해당하는 경우에는 피의자로서 미리 통지받을 권리 및 참여권이 보장되어야 함은 물론, 공무소 책임자로서 통지받을 권리 및 참여권도 보장되어야 하는 것이다.

통지와 참여규정에 대한 위반으로 얻은 증거는 위법수집증거배제법칙에 따라 증거능력이 부정됨이 원칙이지만, 증거능력을 인정하는 것이 도리어 본질적인 사법정의의 실현에 부합하는 경우에는 예외적으로 증거능력이 인정될 수 있다.[218] 아래에서는 피고인에 대한 내용은 피의자와 동일하여 생략한다.

1) 검사

공판절차에서 검사는 법원의 압수·수색영장의 집행에 참여할 수 있다(법 제121조). 법원은 압수·수색영장을 집행함에 있어 미리 집행의 일시와 장소를 검사에게 통지하여야 한다. 단 검사가 참여하지 아니한다는 의사를 명시한 때 또는 급속을 요하는 때에는 예외로 한다(법 제122조).

공판절차에서 법원의 압수·수색은 이례적일 뿐 아니라, 법원으로부터 미리 통지받은 검사가 압수·수색에 참여하지 아니하거나 법원이 검사에게 압수·수색을 미리 통지하지 못할 정도로 급속을 요하는 경우는 사실상 생각하기 어렵다.

218) 대법원 2015. 7. 16.자 2011모1839 전원합의체 결정.

수사절차에서 검사는 영장집행 지휘의 주체로서 사법경찰관의 영장집행에 당연히 참여할 수 있다.

2) 피의자와 변호인

① 통지

피의자 또는 변호인은 수사기관의 압수·수색영장의 집행에 참여할 수 있다(법 제219조, 제121조). 수사기관은 압수·수색영장을 집행함에는 미리 집행의 일시와 장소를 피의자 및 변호인에게 통지하여야 한다. 단 피의자 또는 변호인이 참여하지 아니한다는 의사를 명시한 때 또는 급속을 요하는 때에는 예외로 한다(법 제219조, 제122조). 여기에서 피의자에는 직접적인 피압수자 외에도 인터넷서비스업체의 서버에 대한 압수시 서비스 이용자인 피의자와 같은, 소위 **실질적 피압수자**를 포함한다.[219)]

피의자와 변호인에게는 압수·수색에 앞서 미리 통지함이 원칙이다. 여기에서 '미리'란 단지 영장집행 전에 통지가 이루어지면 된다는 뜻이 아니라, 피의자와 변호인의 영장집행 참여권이 실질적으로 보장될 수 있을 만큼의 충분한 시간적 여유를 주라는 의미이다. 하지만 영장집행을 미리 통지하면 피의자나 변호인에 의한 증거인멸 또는 피의자의 도주가 우려되거나 시간의 지체에 따른 압수대상물의 멸실이나 훼손이 우려되는 등 급박한 경우에는 수사기관은 피의자와 변호인에게 통지하지 아니할 수 있다. 피의자나 변호인에 대한 압수·수색영장 집행의 사전 통지는 증거인멸이나 도주를 야기할 우려를 낳는 것이 대체적이므로 실무상 **급속의 예외**가 오히려 원칙으로 자리 잡고 있다.

한편 변호인의 참여권은 **고유권**이므로, 피의자로부터 압수·수색에 참여하지 않겠다는 명시적 의사를 서면으로 확인받았다 하더라도 수사기관은 변호인에게 개별적으로 통지하여 그의 참여권을 보장하여야 한다.[220)]

② 참여

피의자 또는 변호인이 참여의사를 가지고 압수·수색현장에 있다면 참여시켜야 한다. 하지만 피의자와 변호인이 통지를 받았음에도 영장집행의 장소에 현존하지 아니하거나 급속의 예외에 해당하여 통지를 받지 못함으로써 영장집행 장소에 현존하지 아니하는 경우에는, 참여시키지 아니하더라도 위법한 것은 아니다.[221)]

---

219) 대법원 2022. 5. 31.자 2016모587 결정.

220) 대법원 2020. 11. 26. 선고 2020도10729 판결.

221) 대법원 2015. 1. 22. 선고 2014도10978 전원합의체 판결.

3) 공무소 책임자 및 공무소 외 장소의 주거주 등

수색장소인 공무소 등의 책임자와 공무소 외 장소의 주거주 등은 압수·수색영장의 집행에 참여할 수 있다. 책임자와 주거주 등은 직접 압수·수색을 당하는 **피처분자**로서 참여권을 가지는 것으로 이해할 수 있다.

피처분자로서 참여자는 최소한 압수·수색절차의 의미를 이해할 수 있는 정도의 능력을 갖춘 사람, 즉 참여능력을 갖춘 사람으로 제한된다.[222] 참여능력의 유무는 공무소 외 장소의 주거주 등으로 인정될 수 있는지 여부를 결정하는 중요한 요소가 된다.

① 공무소 등 책임자

공무소, 군사용 항공기 또는 선박·차량 안에서 압수·수색영장을 집행하려면 그 책임자에게 참여할 것을 통지하여야 한다(법 제123조 제1항, 제219조). 영장집행시 공무소 등의 책임자는 그 공무소의 장 또는 직무대리자를 가리키며, 형사소송법은 당사자에 대한 통지(법 제122조)와는 달리 공무소 등 책임자에 대한 통지는 '미리' 이루어지도록 규정하고 있지는 않으므로 영장집행 전에만 통지가 이루어지면 된다.

형사소송법은 당사자와는 달리 공무소 등 책임자의 압수·수색 참여권을 명문으로 규정하고 있지는 않지만, 통지받을 권리의 내용 중 '참여할 것'을 통지하라고 규정하고 있는바, 이는 공무소 등 책임자가 압수·수색 참여권 또는 참여의무가 있음을 전제로 한 것이라고 할 수 있다. 한편 형사소송법은 공무소 등 책임자의 부재시 제3자의 참여를 규정하고 있지는 아니한데, 공무소 등에 영장집행시 책임자로 인정되는 공무원이 누구도 없는 경우는 생각하기 어렵다. 다만 공무소 등에 대해서는 책임자 부재시 제3자 참여규정이 없다 하더라도 참여자가 전혀 없는 상태에서의 영장집행이 이루어져서는 안 될 것이다.

② 공무소 외 장소의 주거주 등

공무소, 군사용 항공기 또는 선박·차량이 아닌 타인의 주거, 간수자 있는 가옥, 건조물, 항공기 또는 선박·차량 안에서 압수·수색영장을 집행할 때에는 법원 또는 수사기관은 주거주, 간수자 또는 이에 준하는 사람을 참여하게 하여야 한다(법 제219조, 제123조 제2항). 주거주 등을 참여하게 하지 못할 때에는 **이웃 사람** 또는 **지방공공단체의 직원**을 참여하게 하여야 한다(법 제219조, 법 제123조 제3항).

ⓐ 주거주 등의 참여권과 참여능력

주거주, 간수자 또는 수색 대상 장소에서 주거하고 있거나 그 장소에 대한 관리권이 있다

222) 대법원 2024. 10. 8 선고 2020도11223 판결.

고 인정할 만한 상당한 이유가 있는 자는 당해 장소의 압수·수색에 참여할 수 있다. 주거주 등은 참여능력을 가진 자를 말하는 것으로, 해당 장소에서 주거하고 있다 하더라도 참여능력이 없는 연소자 또는 지적장애인은 여기에서의 주거주 등에 해당하지 아니한다.[223]

ⓑ **이웃사람 등의 대체참여**

주거주 등은 압수수색시 참여권을 가지고 있지만 압수·수색영장의 집행에 참여하라는 통지를 받을 권리는 없다. 따라서 주거주 등은 영장집행시 그 장소에 현존하지 아니할 수 있는데 그럴 경우에는 그들 대신 이웃 사람 또는 지방공공단체의 직원을 참여시켜야 한다. 예를 들어 피의자가 소유 및 거주하는 개인주택을 압수·수색하는 경우, 수사기관은 피의자에게는 급속의 예외에 기하여 통지하지 아니할 수 있고, 수색대상 장소가 개인주택이므로 피의자를 포함하여 그 주택에 거주하는 자에 대해서도 통지하지 아니할 수 있다. 따라서 피의자는 물론 주거주 등은 영장이 집행된다는 사실을 알지 못하여 압수·수색에 참여하지 못하게 되는 상황이 발생할 수 있는데, 이런 경우에는 수사기관은 이웃사람 등 제3자를 반드시 참여시켜야 하는 것이다.

대체참여가 적법하기 위해서는 두 가지 요소가 충족되어야 한다. 먼저 대체참여자는 수사기관 및 당해 사건과는 무관한 자로서 이웃사람 또는 지방공공단체 공무원으로 제한된다. 형사소송법이 대체참여를 인정한 것은 주거주 등의 권리를 보장하면서도 수사절차의 원활한 진행을 보장하기 위함이지, 오로지 수사기관의 편의만을 위한 것은 아니기 때문이다. 따라서 수사기관과는 소속이 다르다 하더라도 경찰청 또는 검찰청 소속 공무원은 물론 수사기관 또는 당해 사건과 밀접한 관계를 가지고 있는 자는 이웃사람 또는 지방공공단체 공무원이라 하더라도 대체참여자로 인정될 수 없다. 다음으로 대체참여자도 당연히 참여능력을 갖춘 자이어야 한다. 연소자, 지적장애인 등으로서 참여능력을 가지지 못한 자가 주거주 등을 대신할 수 없음은 자명하기 때문이다.

4) 여성의 신체수색과 성년 여성의 참여

여자의 신체에 대하여 수색할 때에는 성년의 여자를 참여하게 하여야 한다(법 제124조, 제219조). 이는 형사소송법 제정시부터 존재한 규정으로, 당시에는 여성인 검사 및 사법경찰관이 드물었기 때문에 신체적 접촉을 필연적으로 수반하는 여성의 신체수색시에 성년 여성의 필요적 참여를 규정함으로써 불필요한 오해와 부당한 인권침해를 막으려 한 것으로 보인다. 이러한 취지에 비추어, 명시적 규정은 존재하지 아니하지만, 신체수색의 주체는 피수색자와 동성인 검

223) 대법원 2024. 10. 8 선고 2020도11223 판결.

사 또는 사법경찰관에 의해 이루어지도록 하면 될 것이다.

5) 참여권자 아닌 자의 참여

압수·수색은 주거의 자유나 사생활의 비밀과 자유를 중대하게 제한하는 강제처분이므로 그 절차는 엄격히 준수되어야 한다. 따라서 수사기관의 압수수색영장 집행에 형사소송법상 참여권자나 참여할 수 있도록 규정된 사람 이외의 사람을 참여시킬 수는 없고, 수사기관이 특별한 사정없이 참여권자 등이 아닌 자를 임의로 참여케 하여 압수수색영장을 집행하거나 영장 없이 압수수색을 하면 위법하다.

여기에서 특별한 사정이란 강제채혈, 강제채뇨 등과 같이 강제처분이 법률상 의료인 아닌 자가 수행할 수 없는 의료행위를 수반하는 경우, 잠금장치 해제, 전자정보의 복호화나 중량 압수물의 운반과 같이 단순한 기술적, 사실적 보조가 필요한 경우, 압수수색 후 환부 대상이 될 도품의 특정을 위하여 필요한 경우 등 제3자의 집행조력이 반드시 필요한 경우를 말하는 것으로, 이러한 경우에도 제3자의 집행조력은 영장의 집행기관인 사법경찰관리의 엄격한 감시감독 하에 이루어져야 한다.[224]

(나) 영장의 제시, 사본의 교부 및 권리고지

1) 의의

압수·수색영장은 영장집행에 앞서 처분을 받는 자에게 **원본으로 제시**하여야 하고, 처분을 받는 자가 피고인·피의자인 경우에는 그 **사본을 교부**하여야 한다. 다만 처분을 받는 자가 현장에 없는 등 영장의 제시나 그 사본의 교부가 현실적으로 불가능한 경우 또는 처분을 받는 자가 영장의 제시나 사본의 교부를 거부한 때에는 예외로 한다(법 제118조, 제219조). 권리고지 또한 영장집행에 앞서 처분을 받은 자에게 이루어져야 한다.

224) 대법원 2024. 12. 16.자 2020모3326 결정. 수사기관은 강제채혈, 강제채뇨 등과 같이 강제처분이 법률상 의료인인 아닌 자가 수행할 수 없는 의료행위를 수반하는 경우, 잠금장치 해제, 전자정보의 복호화나 중량 압수물의 운반과 같이 단순한 기술적, 사실적 보조가 필요한 경우, 압수수색 후 환부 대상이 될 도품의 특정을 위하여 필요한 경우 등 제한적 범위 내에서 압수·수색영장의 집행기관인 사법경찰관리의 엄격한 감시·감독 하에 제3자의 집행 조력이 정당화될 수 있는 예외적인 경우가 아닌 이상 압수·수색 현장에 형사소송법상 참여권자나 참여할 수 있도록 규정된 사람 이외의 사람을 참여시킬 수는 없고, 참여가 허용된 사람 이외의 제3자를 임의로 참여케 하여 압수·수색영장을 집행하거나 영장 없이 압수·수색을 한 것은 위법하다.

2) 영장의 제시

① 제시의 상대방

압수·수색영장 제시의 상대방은 처분을 받는 자, 즉 영장에 의해 수색과 압수를 실제로 당하는 사람이다. 다수의 경우 피처분자는 피의자이겠지만, 그렇지 아니한 경우에는 **피의자가 아닌 피처분자**가 영장제시의 상대방임에 유의할 필요가 있다.

따라서 피처분자가 여러 명인 경우, 예를 들어 관리책임자가 여럿이거나 실제 압수수색을 당하는 자가 여럿인 경우에는, 영장의 제시는 그 모두에게 **개별적으로** 이루어져야 한다(수사준칙 제38조 제2항).

② 영장제시의 시기

압수·수색영장은 수색 개시 전에 현장에서 제시되어야 하는 것으로, 압수·수색영장의 제시에는 체포영장과 같은 **사후제시의 예외가 없다**. 이렇듯 압수·수색영장에 대해 사후제시의 예외가 규정되지 아니한 것은, 압수·수색영장은 사전에 발부되고, 우연하게 집행될 여지는 없으므로, 영장집행시 검사·사법경찰관은 영장을 소지할 것이 예정되어 있기 때문으로 이해할 수 있다.

한편 두 곳 이상의 장소에 압수·수색영장을 동시에 집행할 필요가 있는 경우에는 수사기관은 영장집행 장소의 수만큼의 영장을 발부받을 수 있다. 따라서 이러한 경우에도 영장의 제시는 수색 개시 전에 이루어져야 한다.

③ 제시방식

형식적 측면에서 압수·수색영장의 제시는 원본으로 이루어져야 하고, 실질적 측면에서 영장의 제시는 그 주요내용을 정확히 알 수 있도록 충분히 이루어져야 한다. 영장제시 방식의 하자는 변호인에 대한 사후제시로서는 치유될 수 없다.[225]

ⓐ 원본제시

포털사이트, 은행 등 신뢰할 수 있는 제3자로부터 정보제공의 형태로 압수·수색영장을 집행하는 경우에 수사기관이 영장을 팩스로 전송함으로써 그 사본을 제시하는 경우가 있는데, 이처럼 **팩스**를 이용한 압수·수색영장의 집행은 원본제시에 해당하지 아니하므로 **위법**하다. 비록 실무상 팩스 등을 이용한 집행의 필요성이 인정된다 하더라도, 형사소송법의 문언을 벗어난 집행방법은 위법하다고 하지 않을 수 없는 것이다. 다만 대법원은 팩스 등을 통해 사전에 영장사본을 보냈다 하더라도 **자료를 건네받기 전에 영장원본을 제시하면 적법**하다고 하였다.[226] 나

225) 대법원 2020. 4. 16.자 2019모3526 결정.
226) 대법원 2017. 9. 7. 선고 2015도10648 판결.

아가 대법원은 금융정보 등의 경우 검사가 금융계좌추적용 영장을 금융회사에 팩스로 전송하여 피의자의 금융거래자료 일체를 제공받은 후, 이를 분석하여 관련성 있는 자료를 확인한 다음 금융회사 사무실에서 영장원본을 제시하면서 관련성이 있는 자료만을 다시 압수하는 경우도 적법하다 한 바 있다.[227)]

이러한 문제의 해결을 위해 2024년 10월에 **전자영장제도**가 도입되었다. 형사사법절차에서의 전자문서 이용 등에 관한 법률에 따라 검사 또는 사법경찰관리는 체포·구속·압수·수색영장, 감정유치장, 감정허가장, 금융실명거래 및 비밀보장에 관한 법률상 영장, 통신비밀보호법상 통신제한조치 허가서·통신사실확인자료 요청허가서 등이 전자문서로 발부된 경우에는 전자문서를 제시하거나 전송하는 방법으로 이를 집행할 수 있게 된 것이다(형사절차문서법 제17조). 다만 기술적 문제로 인하여 실무상 아직까지는 전자영장이 발부되고 있지는 아니한데, 향후 전자영장이 상용화됨에 따라 영장의 원본제시 문제는 자연스레 해소될 것으로 생각된다.

ⓑ 전체제시

압수·수색영장의 제시는 필요적 기재사항을 충분히 알 수 있도록 이루어져야 한다.[228)] 압수·수색·검증영장은 A4용지 크기로 인쇄되는데, 그 1면에 필요적 기재사항을 모두 기재할 수는 없다. 따라서 일반적으로 영장 1면의 필요적 기재 사항 란에는 '별지기재'라고 기재되고, 구체적인 내용은 별지로 작성되어 그 뒤에 첨부되는데, 압수·수색영장은 처분의 상대방에게 별지까지 충분히 확인할 수 있도록 제시되어야 하는 것이다.

3) 사본의 교부

법원과 수사기관은 피처분자가 피고인·피의자인 경우에는 영장의 사본을 교부하여야 한다. 그 외의 피처분자에 대해서는 사본을 교부할 의무가 없으나, 그렇다고 하여 그 외의 피처분자가 영장을 사진으로 찍는다든지 영장을 소리내어 읽어 녹음한다든지 하는 등의 방법으로 그 내용을 기록하는 행위를 금지시킬 수는 없다. 따라서 법원 및 수사기관은 압수·수색영장에 피해자나 주요 참고인의 인적사항, 연락처 등의 개인정보가 기재되지 아니하도록 유의하여야 한다(수사준칙 제38조 제3항).

4) 영장제시와 사본 교부의 예외

영장제시와 사본 교부가 현실적으로 불가능한 경우에는 양자 모두 이루어지지 아니할 수 있다. 예를 들어 피의자가 혼자 거주하는 개인주택을 대상으로 압수·수색영장을 집행할 경우,

227) 대법원 2022. 1. 27. 선고 2021도11170 판결.
228) 대법원 2017. 9. 21. 선고 2015도12400 판결.

피의자에 대한 사전통지는 이루어지지 아니하고 이로 인해 피의자가 개인주택에 현존하지 아니할 경우 어떠한 참여자도 존재하지 아니하므로 수사기관은 이웃주민 등을 참여시켜 영장을 집행하게 된다. 이 경우 영장을 제시할 자도, 사본을 교부할 자도 없게 되는데, 이러한 현실을 반영하여 형사소송법은 피처분자의 부재 또는 사본 수령 거부시 영장의 제시와 사본교부의 예외를 명시하고 있다(법 제219조, 제118조 제1항 단서).

5) 권리고지

검사 또는 사법경찰관은 압수·수색영장을 제시할 때에는 처분을 받는 자에게 ① 법관이 발부한 영장에 따른 압수·수색 또는 검증이라는 사실, ② 영장에 기재된 범죄사실, ③ 수색 또는 검증할 장소·신체·물건 및 압수할 물건 등을 명확히 알려야 한다(수사준칙 제38조 제1항). 이러한 고지내용은 영장에 기재되어 있는 것으로서, 수사기관이 피처분자에게 영장의 제시에 더하여 그 주요 내용을 구두로 고지하도록 함으로써 압수·수색에서의 적정절차를 강화하기 위한 것으로 이해할 수 있다.

6) 영장집행시 가능한 처분과 집행중지

① 영장집행시 가능한 처분

압수·수색영장의 집행시에는 타인의 출입을 금지할 수 있고, 영장집행에 필요한 처분을 할 수 있다. 압수·수색영장의 집행 중에는 타인의 출입을 금지할 수 있고, 이를 위배한 자에게는 퇴거하게 하거나 집행종료시까지 간수자를 붙일 수 있다(법 제219조, 제119조). 여기에서 타인이란 영장의 집행주체와 참여권자를 제외한 모든 사람을 말한다.

압수·수색영장의 집행에 있어서는 건정을 열거나 개봉 기타 필요한 처분을 할 수 있다. 이러한 처분은 압수물에 대하여도 할 수 있다(법 제219조, 제120조). 영장집행에 **필요한 처분**[229)]으로서 **유형력 행사**의 대상에 사물이 포함된다는 점에 대해서는 이론의 여지가 없고, 필요시 사람에 대한 유형력 행사도 포함될 수 있을 것이다. 예를 들어 사법경찰관이 압수·수색영장의 집행을 위해 건물 내로 들어가려는 것을 방해하는 자가 있다면 유형력을 행사하여 그를 제압할 수 있고, 이때 사법경찰관은 경찰관직무집행법에 따라 장구나 무기의 사용도 가능하다(경찰관 직무집행법 제10조의2, 제10조의4). 물론 이러한 유형력 행사는 엄격한 비례원칙의 준수가 요구된다.

② 영장의 집행중지

압수·수색영장의 집행을 중지한 경우에 필요한 때에는 집행이 종료될 때까지 그 장소를

229) '필요한 처분'에 관한 자세한 내용은, 민영성, "압수, 수색영장의 집행에 있어서 '필요한 처분'과 영장사전제시원칙의 예외," 인권과 정의, 357호(2006.5.) 참조.

폐쇄하거나 간수자를 둘 수 있다(법 제127조, 제219조).

형사소송법은 영장의 집행중지가 가능하고 그에 필요한 처분을 할 수 있다고 규정하고 있으나, 중지의 요건이나 절차 등에 대해서는 규정하고 있지 아니하다. 하지만 압수·수색영장의 집행 중지는 영장에 일정한 사유가 있으면 집행을 중지할 수 있다는 취지의 기재가 있고, 그러한 사유가 영장집행 도중 실제로 발생한 경우에 한하여 허용되어야 한다. 영장집행 주체의 자의에 의한 영장의 집행중지를 허용한다면 압수대상물의 발견시까지 지속적인 영장의 집행과 중지가 반복될 수 있다는 납득하기 어려운 결론에 이를 수 있기 때문이다. 특히 수사기관이 영장집행의 주체인 경우에는 자의적 집행중지의 허용으로 인한 폐단은 영장주의와 적정절차원칙의 잠탈을 넘어 형해화를 초래하게 될 것이다.

(다) 수색의 실행과 압수

1) 수색의 실행

압수·수색영장을 집행할 때에는 영장에 수색할 장소 등으로 기재된 장소, 신체, 물건 등에 한하여 영장기재 압수대상물이 현실적으로 존재할 수 있는 곳만을 수색하여야 한다. 좀 과장된 예일 수 있으나 압수할 물건으로 기재된 것이 '대형 트럭'인 경우 이를 찾기 위해 피의자의 방안을 뒤져 보아서는 아니 되는 것이다.

2) 압수

수색을 통해 영장기재 압수대상물이 발견되면 관련성이 인정되는 경우에 한하여 압수할 수 있다. 압수·수색영장 기재 압수대상물은 주로 일반 명사로 기재되고, 비대체적 특정물 또는 고유명사로 기재되는 것은 이례적이다. 따라서 영장에 압수대상물로 기재된 것이라 하더라도 반드시 영장기재 범죄사실과 관련성이 인정되는 것은 아니다. 관련성에 대한 내용은 이미 자세히 살펴보았으므로[230] 여기서는 생략한다.

(라) 기록과 정보제공

1) 압수·수색의 기록

압수 또는 수색에 관하여는 조서를 작성하여야 한다. 압수조서에는 품종, 외형상의 특징과 수량을 기재하여야 한다(법 제49조 제1항, 제3항). 다만 검사나 사법경찰관이 피의자신문조서나 진술조서, 검증조서에 압수의 취지를 적은 경우에는 압수조서를 따로 작성하지 아니할 수 있다

230) 255페이지 참조.

(수사준칙 40조).

압수·수색 시에 조서를 작성하도록 하는 것은 검사·사법경찰관으로 하여금 압수·수색 절차의 경위를 기록하도록 함으로써 **사후적으로 절차의 적법성을 심사·통제**하기 위한 것인데, 그렇다면 피의자신문조서 등에 압수·수색의 취지를 기재하여 조서를 갈음할 수 있도록 한다 하더라도 압수·수색 절차의 적법성 심사·통제 기능에 실질적인 차이를 낳는 것은 아니라고 볼 수 있기 때문이다.[231)]

2) 수색증명서 또는 압수목록의 제공

법원 또는 수사기관은 수색하였으나 압수한 증거물 또는 몰취할 물건이 **없는** 때에는 그 취지를 기재한 증명서를(법 제219조, 제128조), 압수한 경우에는 압수물을 **구체적으로 기재한 목록**을 작성하여 소유자, 소지자, 보관자 기타 이에 준하는 자에게 **교부**하여야 한다(법 제219조, 제129조).

수색증명서와 압수목록의 제공은 압수·수색으로 인한 불이익 처분의 상대방에게 최소한의 정보제공을 보장하기 위한 것이므로, 그 교부시기는 **압수 직후**여야 한다.[232)] 즉, 압수목록의 제공은 수사기관의 압수 처분에 대한 사후적 통제수단임과 동시에 피압수자 등이 압수물에 대한 환부·가환부 청구를 하거나 부당한 압수처분에 대한 준항고를 하는 등 권리행사절차를 밟는 데 가장 기초적인 자료가 되는 것이므로, 그러한 권리행사에 지장이 없도록 하기 위해서 시간제한을 둔 것이다. 다만, 압수물의 수량, 종류, 특성 기타의 사정상 압수 직후 현장에서 압수목록을 작성·교부하지 않을 수 있다는 취지가 영장에 명시되어 있고, 압수·수색 현장에서 영장에 기재된 특수한 사정이 실제로 존재하는 경우에 한하여 일정한 기간 경과 후의 작성·교부도 허용된다. 이러한 점에 대해서는 당연히 검사의 증명을 요한다.[233)]

(4) 압수물에 대한 사후조치

(가) 보관과 폐기

1) 보관

법원 또는 수사기관은 압수물을 온전히 보관할 수 있는 조치를 취하여 보관하여야 한다(법 제219조, 제131조). 압수물은 압수한 법원이나 수사기관의 청사로 운반하여 직접 보관하는

231) 대법원 2023. 6. 1. 선고 2020도2550 판결.
232) 대법원 2009. 3. 12. 선고 2008도763 판결.
233) 대법원 2024. 1. 5.자 2021모385 결정.

것이 원칙이다. 이를 **자청보관의 원칙**이라 한다. 그런데 압수물의 부피가 상당히 크다거나 냉동 수산물처럼 보관에 특별한 기술적 조치가 필요한 경우, 이를 운반·보관하는 데에는 상당한 비용이 따르거나 자칫 압수물이 훼손될 우려도 있다. 이러한 경우 법원과 검사는 소속 공무원 등을 간수자로 하여 압수물을 현존장소에 그대로 두거나, 소유자 등 이를 온전히 보관할 수 있는 적당한 자의 승낙을 얻어 그가 압수물을 보관하게 할 수 있는데, 이를 **위탁보관**이라 한다. 사법경찰관이 자청보관 또는 위탁보관을 함에는 검사의 지휘를 받아야 한다(법 제219조, 제130조 제1항).

한편 환부나 가환부의 대상이 되지 아니하거나, 사실상 환부나 가환부를 할 수 없는 압수물이 멸실·파손·부패 또는 현저한 가치 감소의 염려가 있거나 그 외 사유로 보관하기 어려운 경우, 이를 그대로 방치함으로써 재산상 손해가 발생하게 하여서는 안 될 것이다. 따라서 법원 또는 검사는 **몰수**하여야 할 압수물 또는 **환부**하여야 할 압수물 중 환부를 받을 자가 누구인지 알 수 없거나 그 소재가 불명한 경우로서 위 사유에 해당하는 압수물은 매각하고 그 대가를 보관할 수 있다. 이를 **대가보관**이라 하는데, 사법경찰관이 대가보관을 함에는 검사의 지휘를 받아야 한다(법 제219조, 제132조).

2) 폐기

법원 또는 검사는 법령상 생산·제조·소지·소유 또는 유통이 금지된 압수물로서 부패의 염려가 있거나 보관하기 어려운 압수물은 소유자 등 권한 있는 자의 동의를 받아 폐기할 수 있고(법 제219조, 제130조 제3항), 위험발생의 염려가 있는 압수물도 폐기할 수 있다(법 제219조, 제130조 제2항). 폐기는 개인의 소유권에 대한 중대한 침해를 야기할 수 있으므로, 위험발생의 염려 있는 압수물이라 함은 위험 발생의 개연성이 아주 큰 압수물을 가리키는 것으로 엄격히 해석할 필요가 있다. 사법경찰관이 압수물을 폐기함에는 검사의 지휘를 받아야 한다(법 제219조).

(나) 환부와 가환부

1) 의의

환부란 압수물을 계속 압수할 필요가 없는 경우 수사절차에서는 검사 또는 검사의 지휘에 따라 사법경찰관이, 공판절차에서는 법원이 압수의 효력을 소멸시키고 소유자, 소지자, 보관자 또는 제출인에게 압수물의 점유를 **종국적으로** 이전해 주는 것을 말한다. 여기에서 계속 압수할 필요가 없는 경우란 ① 압수물이 원본으로서 증거로 사용되어야 하는 경우, ② 몰수 대상물로서 본안 판결시까지 압수의 계속이 필요한 경우, ③ 금제품 등으로 즉시 폐기 대상이 되는 경우 등에 해당하지 **아니하는** 경우를 말한다. 한편 형사소송법은 장물인 압수물의 **피해자 환부**는 별도로 규정하고 있다.

압수물의 환부는 환부를 받는 자에게 환부된 물건에 대한 소유권 기타 실체법상의 권리를 부여하거나 그러한 권리를 확정짓는 것이 아니라 단지 압수를 해제하여 **압수 이전의 상태로 환원**시킬 뿐이다. 따라서 피압수자 등 환부를 받을 자가 압수 후에 그 소유권을 포기하는 등 실체법상의 권리를 상실하는 일이 있다고 하더라도, 그로 인하여 압수를 계속할 필요가 없는 압수물을 환부하여야 하는 수사기관의 **필요적 환부의무가 면제되는 것은 아니다.**[234)]

가환부란 증거에 사용할 압수물을 수사절차에서는 검사 또는 검사의 지휘에 따라 사법경찰관이, 공판절차에서는 법원이 압수의 효력을 존속시킨 채로 소유자, 소지자, 보관자 또는 제출인에게 압수물의 점유를 **잠정적으로** 이전해 주는 것을 말한다.

2) 환부·가환부의 절차

① 수사절차

ⓐ 환부·가환부의 청구

수사절차에서 압수물의 소유자, 소지자, 보관자 또는 제출인은 검사에게 압수물의 환부 또는 가환부를 청구할 수 있다(법 제218조의2 제1항). 소유자는 압수·수색의 피처분자인지와 상관없이 환부·가환부의 청구권자에 해당하지만, 소지자와 보관자는 압수·수색의 피처분자 또는 이를 임의제출한 자인 경우에 한하여 청구권자로 인정된다.

ⓑ 검사의 환부·가환부 및 거부시 불복방법

검사는 환부 또는 가환부의 이유가 인정되는 경우에는 이를 청구인에게 환부 또는 가환부하여야 한다(법 제218조의2 제1항). 검사가 환부 또는 가환부를 거부하는 경우, 신청인은 해당 검사의 소속 검찰청에 대응한 법원에 압수물의 환부 또는 가환부를 청구할 수 있다(법 제218조의2 제2항). 법원이 환부 여부를 결정하면 검사는 그에 따라야 한다(법 제218조의2 제3항). 법원의 **환부 기각결정**에 대해 신청인은 **보통항고**로서 다툴 수 있다(법 제403조 제2항).

이와 별도로 압수물의 환부, 가환부에 관한 수사기관의 처분에 대하여는 **준항고**(법 제417조) 나아가 **재항고**를 할 수 있다. 수사기관의 거부처부에 대한 환부·가환부 청구(법 제218조의2 제2항)와 준항고는 특별규정과 일반규정의 관계에 있고, 신청인은 어느 권리든 **선택적으로** 행사할 수 있다.[235)]

---

234) 대법원 1996. 8. 16.자 94모51 전원합의체 결정.

235) 이주원 208.

② 공판절차

공판절차에서는 법원이 환부 또는 가환부의 주체가 된다. 법원은 환부, 가환부결정을 함에는 검사, 피해자, 피고인 또는 변호인에게 미리 **통지**하여야 한다(제135조). 이는 위의 피고인 등으로 하여금 압수물의 환부, 가환부에 대한 의견을 진술할 기회를 주기 위한 조치라 할 수 있으므로, 그러한 의견을 진술할 기회를 부여하지 아니한 채 내린 환부, 가환부결정은 위법하고 그 위법은 재판의 결과에 영향을 미친 것으로 봐야 한다.[236]

ⓐ **환부**

법원은 압수를 계속할 필요가 없다고 인정되는 압수물은 피고사건 종결 전이라도 결정으로 환부하여야 한다(법 제133조 제1항). 법원의 환부에 대해서는 청구권이 명시되어 있지 아니하므로 그 청구 또는 신청은 법원의 결정을 촉구하는 의사표시에 불과하다.

ⓑ **가환부**

법원은 증거에 공할 압수물은 소유자, 소지자, 보관자 또는 제출인의 청구에 의하여 가환부할 수 있다(법 제133조 제1항). 이를 **임의적 가환부**라 한다. 몰수 대상물로서 압수된 압수물은 가환부의 대상이 되지 아니하지만, 임의적 몰수의 대상인 경우 몰수 여부는 법원의 재량에 달려 있으므로 법원은 본안판단에 앞서 이를 가환부할 수 있다.[237]

법원은 증거에만 공할 목적으로 압수한 물건으로서 그 소유자 또는 소지자가 계속 사용하여야 할 물건은 사진촬영 기타 원형보존의 조치를 취하고 신속히 가환부하여야 한다(법 제133조 제2항). 이를 **필요적 가환부**라 한다. 필요적 가환부의 경우 청구권이 명시되어 있지 아니하므로 그 청구 또는 신청은 법원의 결정을 촉구하는 의사표시에 불과하다.

ⓒ **불복방법**

법원의 환부 또는 가환부 결정에 대하여는 **보통항고**(법 제403조 제2항)를, 재판장 또는 수명법관의 처분에 대하여는 **준항고**(법 제416조 제1항 제2호)을 통하여 불복할 수 있다.

3) 압수장물의 피해자 환부

법원 또는 검사는 압수한 장물이 피해자에게 환부할 이유가 명백한 때에는 피고사건의 종결 전이라도 결정으로 피해자에게 압수장물을 환부할 수 있고, 사법경찰관은 검사의 지휘로 이를 환부할 수 있다(법 제219조, 제134조).

압수장물의 피해자 환부는 재산범죄의 피해자가 **명백한** 경우, 빠른 피해회복을 위해 본안의 종국판단에 앞서 **피압수자가 아닌 피해자에게** 환부할 수 있도록 한 것이다. 따라서 인도 청

236) 대법원 1980. 2. 5.자 80모3 결정.
237) 대법원 1998. 4. 16.자 97모25 결정.

구권자에 대한 사실상·법률상 다툼이 있는 경우와 같이 피해자가 누구인지 다소라도 의문이 있는 경우에는, 압수장물의 피해자 환부를 하여서는 아니 된다.[238]

3. 사전영장에 의한 검증과 감정

(1) 의의

검증이란 법원 또는 수사기관이 **오감의 작용**을 통하여 검증 대상의 존재와 상태를 인식하는 강제처분을 말한다. 여기에서의 강제는 검증 대상의 확보 또는 검증 절차에 대한 상대방의 수인(받아들임)에 대한 강제를 의미한다. 실무상 법원이나 수사기관이 오감의 작용을 통해 임의로 특정 대상의 존재와 상태를 인식하는 것을 **실황조사**라 하는데, 그 대표적 예로는 영장 없이 이루어지는 교통사고 현장의 실황조사를 들 수 있다. 법원의 검증은 법원의 압수·수색 관련 규정 중 다수를 준용하고 있고, 수사기관의 검증은 법원의 압수 및 검증 관련 규정 중 일부를 준용하고 있으므로 주체별로 나누어 검증의 고유한 내용을 중심으로 살펴본다.

한편 **감정**이란 법원 또는 수사기관이 사실인정에 있어 **특별한 전문지식**이 필요한 경우 그러한 지식을 가진 제3자에게 감정대상에 대한 구체적 사실판단을 보고하도록 촉탁하는 것을 말하는데, 감정인 또는 감정수탁자가 전문지식을 적용하여 사실판단을 하는 과정 자체를 의미하기도 한다. 감정과 검증은 주체, 절차, 결과의 법정 현출방식 등에 있어 상당한 차이가 있으나 오감의 작용에 의한 인식이 필요하다는 점에서 동일하고, 형사소송법은 검증과 감정시에 필요한 처분의 내용을 거의 동일하게 규정하고 있으므로 감정에 대해서도 여기에서 함께 설명한다.

(2) 법원의 검증

(가) 의의

법원은 사실을 발견함에 필요한 때에는 **영장없이** 검증할 수 있다(법 제139조). 형사소송법은 법원의 압수를 법정 내외로 구분하여 법정 외 압수에 대해서는 영장에 의하도록 하고 있는 것과는 달리, 법원의 검증은 영장에 의하지 아니하도록 하고 있다. 이러한 차이점은 공판절차에서 영장의 발부주체는 법원이고 검증은 법원에 의해 직접 다루어진다는 점에서 그 이유를 찾을 수 있다. 즉, 검증은 그 본질상 법원의 직접적인 경험을 요하므로 법정 외에서 이루어지

238) 대법원 1984. 7. 16.자 84모38 결정.

더라도 법원이 직접 검증 및 그에 필요한 처분을 하게 되고, 따라서 형사소송법은 법정 내외를 불문하고 법원의 검증에는 영장을 요하지 않는 것으로 하고 있는 것이다.

(나) 검증시 참여권의 보장

압수·수색 시의 참여권 보장규정의 준용에 의하여, 법원은 검증시에도 압수·수색 시와 동일하게 당사자 등의 참여권을 보장하여야 한다(법 제121조 내지 제123조, 제145조).

(다) 검증시 처분

법원은 검증을 함에 있어 신체의 검사, 사체의 해부, 분묘의 발굴, 물건의 파괴 기타 필요한 처분을 할 수 있다(법 제140조). 또한 준용규정에 따라 법원은 검증시에도 타인의 출입을 금지시킬 수 있고(법 제119조, 제145조), 건정을 해제하는 등 검증에 필요한 처분을 할 수 있으며(법 제120조, 제145조), 필요시 검증을 중지하고 집행을 종료할 때까지 그 장소를 폐쇄하거나 간수자를 두는 등 필요한 처분을 할 수 있다(법 제127조, 제145조).

(라) 검증의 한계

1) 시간적 한계

법원은 일출 전, 일몰 후에는 가주, 간수자 또는 이에 준하는 자의 승낙이 없으면 검증을 하기 위하여 타인의 주거, 간수자 있는 가옥, 건조물, 항공기, 선차 내에 들어가지 못한다. 다만 일출 후에 출입하여서는 검증의 목적을 달성할 수 없을 염려가 있는 경우(법 제143조 제1항), 도박 기타 풍속을 해하는 행위에 상용된다고 인정하는 장소, 여관, 음식점 기타 야간에 공중이 출입할 수 있는 장소(단, 공개된 시간 내에 한함)에는 야간이라 하더라도 가주 등의 승낙 없이 검증을 위한 장소에 출입할 수 있다(법 제143조 제3항).

2) 장소적 한계

준용규정에 따라 군사상 비밀을 요하는 장소는 그 책임자의 승낙 없이는 검증할 수 없다(법 제110조, 제145조).

(마) 검증의 기록으로서 검증조서의 작성

법원은 검증을 함에 있어 검증조서를 작성하여야 하고, 검증조서에는 도화나 사진을 첨부할 수 있다(법 제49조 제1항, 제2항). 검증조서에는 조사 또는 처분의 연월일시·장소, 작성 연월일, 소속공무소를 기재하고 그 처분을 행한 자와 참여한 법원사무관 등이 기명날인 또는 서명한 후 간인하여야 한다(법 제50조, 제57조). 검증조서에 기재된 문자는 변개할 수 없고, 삽입, 삭제 또는 난외기재를 할 때에는 그 기재한 곳에 날인하고 그 자수를 기재하여야 한다. 단, 삭제한 부분은 해득할 수 있도록 자체를 존치하여야 한다(법 제58조).

(3) 수사기관의 검증

수사기관의 검증은 사전영장에 의함을 원칙으로 한다(법 제215조). 형사소송법은 수사기관의 압수·수색·검증을 묶어서 규정하고, 법원의 압수·수색·검증 관련 규정 중 다수를 준용하도록 하고 있다. 이 중 수사기관의 검증에 준용되는 규정으로는 군사상 비밀과 압수(법 제110조), 영장의 방식(법 제114조), 영장의 집행(법 제115조 중 일부), 영장의 제시와 사본 교부(법 제118조), 집행 중의 출입금지(법 제119조), 집행과 필요한 처분(법 제120조), 통지와 참여(법 제121조 내지 제123조), 여자의 수색과 참여(법 제124조), 야간집행의 제한과 예외(법 제125조, 제126조), 집행중지와 필요한 처분(법 제127조), 검증과 필요한 처분(법 제140조), 신체검사에 관한 주의(법 제141조)가 있다.

검사 또는 사법경찰관이 검증을 한 경우에는 검증의 일시·장소, 검증 경위 등을 적은 검증조서를 작성해야 한다(수사준칙 제43조). 검사·사법경찰관의 검증조서도 공무원의 서류이므로 이를 작성한 검사·사법경찰관은 작성 연월일과 소속공무소를 기재하고 기명날인 또는 서명한 후 간인하여야 한다(법 제57조). 검증조서에 기재된 문자는 변개할 수 없으며, 삽입, 삭제 또는 난외기재를 할 때에는 그 기재한 곳에 날인하고 그 자수를 기재하여야 한다. 단, 삭제한 부분은 해득할 수 있도록 자체를 존치하여야 한다(법 제58조). 비록 명시규정은 없으나, 법원의 검증조서와 마찬가지로 수사기관의 검증조서에도 필요시 도화나 사진을 첨부할 수 있다.

(4) 신체검사

(가) 의의

사람의 신체 또는 사체가 증거방법인 경우 그 존재와 상태에 대한 인식은 오감의 작용으로 이루어진다. 이에 형사소송법은 신체검사, 사체해부, 분묘발굴을 검증시에 필요한 처분으로 규정하고, 그 민감성에 따라 몇몇 특칙을 두고 있다. 한편 신체 내부의 수색이나 강제채뇨·채혈 등은 신체검사는 아니지만 사람의 신체를 대상으로 한다는 점에서 신체검사와 유사하므로 여기에서 함께 살펴본다.

(나) 신체검사, 시체의 해부, 분묘의 발굴

1) 신체검사

① 의의

신체검사란 검증을 위해 사람의 신체 자체를 대상으로 행하는 처분을 말한다. 예를 들어 목격자가 범인의 등에 특정한 문신이 있다고 증언한 경우에 피의자나 피고인의 등을 확인하기 위해서는 시각으로 등 부위를 확인하여야 하는데, 이를 위해 피의자나 피고인을 탈의시켜 등 부위를 볼 수 있도록 하는 것이 신체검사이다.

② 법적 성질

형사소송법은 신체검사를 감정에 필요한 처분으로도 규정하고 있는데(법 제173조 제1항), 신체검사에 이은 검증으로 얻는 정보에 비하여 감정으로 얻는 정보가 질적으로 정확하고 양적으로도 더 풍부하다면 신체검사는 **감정에 필요한 처분**으로서 이루어지는 것이 상당할 것이다. 실무상으로도 법원은 신체검사에 대한 과학적 지식과 기술을 전혀 보유하고 있지 아니하므로 전문가에게 신체검사의 감정을 의뢰하는 경우가 많고, 수사기관은 자체적인 기술을 보유하고 있는 분야에 대해서는 직접 검증을, 그러하지 아니한 분야에 대해서는 전문가에게 감정을 의뢰하고 있다.

③ 한계

신체검사는 살아있는 사람을 대상으로 하므로 검사를 받는 사람의 성별, 나이, 건강상태 그 밖의 사정을 고려하여 그 사람의 건강과 명예를 해하지 아니하도록 주의하여야 한다(법 제219조, 제141조 제1항). 또한 피의자나 피고인 아닌 자도 신체검사의 객체가 될 수 있으나, 이는 증거가 될 만한 흔적을 확인할 수 있는 현저한 사유가 있는 경우로 제한된다(법 제219조, 제141조 제2항).

한편 신체검사의 대상이 **여자인 경우에는 의사나 성년 여자를 참여**하게 하여야 하는데(제141조 제3항) 특히 성적으로 민감한 신체부위에 대한 신체검사는 여성인 판사, 검사, 사법경찰관이 실시하여야 하고, 여성인 의사를 참여시키는 것이 바람직하다.

2) 시체의 해부, 분묘의 발굴

시체의 해부 또는 분묘의 발굴을 하는 때에는 예에 어긋나지 아니하도록 주의하고 미리 유족에게 통지하여야 한다(법 제219조, 제141조 제4항).

비전문가인 법원이 분묘발굴이나 시체해부에 이은 검증으로 인식할 수 있는 정보는 매우 제한적이고 수사기관도 이에 대해서는 충분한 지식을 가지고 있지 아니하다. 따라서 일반적으로 시체해부와 분묘발굴은 **감정에 필요한 처분**(법 제173조 제1항)으로 이루어진다. 감정의뢰에 따른 시체 해부를 **부검**이라 한다.

(다) 신체내부 수색과 강제채뇨·채혈

1) 신체내부 수색

① 의의 및 법적 성질

신체내부의 수색이란 신체내부에 증거물 등 압수 대상물이 존재할 개연성이 높은 경우, 이를 찾기 위해 신체내부를 확인하는 것을 말한다.

신체내부 수색은 오감의 작용에 의해 검증대상의 존재와 상태를 인식한다기보다는 신체내부에서 압수대상물을 수색하고 이를 발견하면 압수하는 것이므로, 법원 또는 수사기관이 직접 실시한다면 **압수·수색**으로 볼 여지도 있고 법원이나 수사기관이 보유하지 못한 기술에 의하는 경우라면 **감정**으로 이루어지게 된다. 하지만 그 어느 쪽으로 보더라도 수사기관이 신체내부 수색을 함에 있어서는 지방법원판사로부터 **압수·수색·검증영장** 또는 **감정처분허가장**을 발부받아야 한다.

② 한계

신체내부 수색은 피검사자의 인격권과 인간으로서의 존엄성을 크게 해칠 수 있으므로 중대한 범죄에 대한 중요한 증거가 신체내부에 존재한다는 높은 개연성이 인정되는 경우에 한하여, 엄격한 수사비례원칙에 따라 이루어져야 한다. 따라서 중대범죄의 중요증거가 존재한다는 높은 개연성이 인정되는 경우라 하더라도, 엑스레이 등 과학적 기술에 의한 방법은 허용될 수 있을지언정, 성기나 항문 등에 대한 시각 또는 촉각에 의한 확인은 보충성이 인정되는 경우에 한해서 허용될 수 있을 뿐이다. 나아가 외과적 수술에 의한 신체내부 수색은 어떠한 경우에도 허용될 수 없다고 하겠다.

2) 강제채혈·채뇨

① 의의 및 법적성질

강제채혈·채뇨란 사람의 신체에서 혈액이나 소변을 강제로 채취하는 것을 말한다. 마약투약 또는 알코올 섭취 후 사람의 소변이나 혈액에서는 상당기간 동안 마약 또는 알코올 성분이 검출되므로 강제채혈은 주로 음주운전사건에서, 강제채뇨는 마약사건에서 행해진다.

강제채혈·채뇨의 법적 성격에 대해서는 **검증**이라는 견해, **압수·수색에 이은 감정**이라는 견해, **압수·수색 또는 감정처분**으로 볼 수 있다는 견해 등이 대립하고 있다. 생각건대 강제채혈·채뇨의 과정은 전문 의료인에 의해 이뤄져야 하지만 이는 혈액이나 소변의 점유이전 방법의 상당성을 보장하기 위한 방편에 불과한 것이고, 강제적 점유이전의 주체는 어디까지나 법원 또는 수사기관이다. 따라서 강제채혈·채뇨는 압수로 봄이 상당하다. 대부분의 강제채혈·채뇨는 수사기관에 의해 이루어지는데, 혈액 또는 소변의 성분을 수사기관이 직접 분석한다면 압수에 이은 검증으로 보는 것이, 전문가에게 분석을 의뢰한다면 압수물에 대한 감정으로 보는 것이 상당할 것이다.

② 허용 여부

대법원은 강제채혈·채뇨는 압수·수색 또는 감정에 필요한 처분으로서 압수·수색영장 또는 감정처분허가장에 의해 이루어질 수 있다는 입장이다.[239] 대법원은 보충성이 인정되는 경우 숙련된 의료인이 적합한 의료장비와 시설을 갖춘 곳에서 피의자의 신체와 건강을 해칠 위험이 적고 피의자의 굴욕감 등을 최소화하는 방법으로 하는 경우에 한하여 강제채뇨가 허용된다고 한다.[240]

강제채혈의 경우 전문적 의료인이 하도록 함으로써 안정성이 확보되고, 피채취자의 인격권과 인간의 존엄성을 보장하는 방법으로 이루어진다면 허용하지 못할 바도 아니다. 하지만 **강제채뇨**의 경우에는 상당한 육체적 고통과 정신적 굴욕감을 동반하므로 과연 수사방법으로서 허용될 수 있는 것인지에 대한 회의감이 든다. 피채취자의 하반신을 벗겨 요도에 고무로 만든 도뇨관(Catheter)을 삽입하여 방광에 다다르게 하여 강제로 배뇨시키는 행위는 외과적 수술에

239) 대법원 2018. 7. 12. 선고 2018도6219 판결. 강제채혈에 관해서는 대법원 2012. 11. 15. 선고 2011도15258 판결 참조.

240) 대법원 2018. 7. 12. 선고 2018도6219 판결. "피고인이 메트암페타민(일명 '필로폰')을 투약하였다는 마약류 관리에 관한 법률 위반(향정) 혐의에 관하여, 피고인의 소변(30cc), 모발(약 80수), 마약류 불법사용 도구 등에 대한 압수·수색·검증영장을 발부받은 다음 경찰관이 피고인의 주거지를 수색하여 사용 흔적이 있는 주사기 4개를 압수하고, 위 영장에 따라 3시간가량 소변과 모발을 제출하도록 설득하였음에도 피고인이 계속 거부하면서 자해를 하자 이를 제압하고 수갑과 포승을 채운 뒤 강제로 병원 응급실로 데리고 가 응급구조사로 하여금 피고인의 신체에서 소변(30cc)을 채취하도록 하여 이를 압수한 사안에서, 피고인에 대한 피의사실이 중대하고 객관적 사실에 근거한 명백한 범죄 혐의가 있었다고 보이고, 경찰관의 장시간에 걸친 설득에도 피고인이 소변의 임의 제출을 거부하면서 판사가 적법하게 발부한 압수영장의 집행에 저항하자 경찰관이 다른 방법으로 수사 목적을 달성하기 곤란하다고 판단하여 강제로 피고인을 소변 채취에 적합한 장소인 인근 병원 응급실로 데리고 가 의사의 지시를 받은 응급구조사로 하여금 피고인의 신체에서 소변을 채취하도록 하였으며, 그 과정에서 피고인에 대한 강제력의 행사가 필요 최소한도를 벗어나지 않았으므로, 경찰관의 조치는 형사소송법 제219조, 제120조 제1항에서 정한 '압수영장의 집행에 필요한 처분'으로서 허용되고, 한편 경찰관이 압수영장을 집행하기 위하여 피고인을 병원 응급실로 데리고 가는 과정에서 공무집행에 항거하는 피고인을 제지하고 자해 위험을 방지하기 위해 수갑과 포승을 사용한 것은 경찰관 직무집행법에 따라 허용되는 경찰장구의 사용으로서 적법하다."

의한 신체검사와 다르다고 보기도 쉽지 않다. 마약사범이 끼치는 사회적 해악과 그에 대한 단속을 위한 수사의 필요성을 감안하더라도 신체적 고통과 정신적 타격에 더하여 인간의 존엄성을 심하게 훼손하는 수사방법인 강제채뇨를 허용하는 것이 과연 타당한 것인가? 정액의 강제채취도 마찬가지이다. 이는 채뇨 이상으로 인간의 존엄성을 해칠 위험이 있으므로 더더욱 허용되어서는 아니 될 것이다.

(5) 감정

(가) 법원의 감정명령

1) 의의

법원은 필요한 경우 학식·경험이 있는 자에게 감정을 명할 수 있다(법 제169조). 법원은 감정인에게 감정 전 선서서에 의하여 **선서**하게 하여야 한다(법 제170조).

감정은 법원 내에서 이루어지는 것이 원칙이지만, 고정된 전문 장비의 사용이 필요한 경우나 타인의 주거 등에 대한 감정이 필요한 경우와 같이 법원 외에서 이루어져야 할 필요가 있는 때에는, 법원은 감정인에게 법원 외에서 감정하게 할 수 있다. 이때 감정물이 유체물인 경우 법원은 감정인에게 그 물건을 교부할 수 있다(법 제172조). 과학기술의 발전에 따른 전문 장비의 이용 필요성이 커짐에 따라 대다수의 감정은 법원 외에서 이루어지고, 그 결과는 감정이 종료된 후 서면으로 법원에 보고된다.

2) 감정인의 권한과 감정에 필요한 처분

① 감정인의 권한

감정인은 감정에 관하여 필요한 경우에는 재판장의 허가를 얻어 서류와 증거물을 **열람 또는 등사**하고 피고인 또는 증인의 신문에 **참여**할 수 있고, 피고인 또는 증인의 신문을 구하거나 재판장의 허가를 얻어 직접 **발문**할 수 있다(법 제174조).

② 감정에 필요한 처분

ⓐ 의의

감정인은 법원의 허가를 얻어 감정에 필요한 처분을 할 수 있다. 감정인은 감정에 관하여 필요한 때에는 법원의 허가를 얻어 타인의 주거, 간수자 있는 가옥, 건조물, 항공기, 선차 내에 들어 갈 수 있고 신체의 검사, 사체의 해부, 분묘발굴, 물건의 파괴를 할 수 있다.

법원이 감정에 필요한 처분을 허가할 때에는 피고인의 성명, 죄명, 들어갈 장소, 검사할 신체, 해부할 사체, 발굴할 분묘, 파괴할 물건, 감정인의 성명과 유효기간을 기재한 **허가장**을 발부하여야 하고, 감정인이 그 처분을 할 때에는 처분을 받는 자에게 허가장을 제시하여야 한다. 다만 감정인이 **공판정에서** 감정에 필요한 처분을 하는 경우에는 허가장의 발부와 제시를 요하지 아니한다(법 제173조).

ⓑ **한계**

감정에 필요한 처분에 대해서는 검증시의 신체검사에 관한 주의 및 시각의 제한규정이 준용된다(법 제173조 제5항, 제141조, 제143조). 감정은 감정인에 의해 이루어지므로 법원은 주의사항과 시각제한이 준수될 수 있도록 감정을 명하여야 하는데, 특히 법원 외에서 이루어지는 감정에서는 더욱 세심한 주의가 요구된다.

법원은 감정인이 이용할 신체감정의 방법이 피감정인의 건강과 명예를 해하지 아니하는 것인지를 확인한 후 이에 부합하는 경우에 한하여 신체감정을 명하여야 하고, 감정인은 이를 준수하여야 한다. 법원은 신체감정의 대상이 피고인이 아닌 자인 경우에는 증거가 될 만한 흔적을 확인할 수 있는 현저한 사유가 있는 경우에만 신체감정을 명할 수 있고, 그 대상이 여자인 경우 여성 감정인에게 성인의 여성 또는 의사를 참여시킬 것을 명시하여 신체감정을 명하여야 한다. 감정인은 여성의 신체감정시에는 가급적 성인인 여성 의사를 참여시키는 것이 바람직하다. 사체의 해부 또는 분묘의 발굴은 법원 외에서만 일어나므로 법원은 이를 허가할 때에는 감정인이 사체해부 등을 실시하기에 앞서 유족에게 통지하여야 함을 허가장에 명기하고, 감정인은 이를 준수하여야 한다(법 제173조 제5항, 제141조).

법원이 감정인에게 타인의 주거 등에 대한 출입을 허가할 때에는 일출 전, 일몰 후에는 가주 등의 승낙이 없으면 타인의 주거 등에 출입할 수 없음을 명시하고, 일몰 후 일출 전에 출입할 필요가 인정되는 때에는 이를 명시하여 허가서를 발부하여야 한다. 감정인은 일몰 전에 감정을 착수한 때에는 일몰 후라도 이를 계속할 수 있다(법 제173조 제5항, 제143조).

1) 감정유치

① 의의

피고인의 정신 또는 신체에 관한 감정에 필요한 때에는 법원은 기간을 정하여 병원 기타 적당한 장소에 피고인을 유치하게 할 수 있다. 이를 감정유치라 한다.

법원은 감정유치를 함에는 **감정유치장**을 발부하여야 하고, 필요한 때에는 직권 또는 피고인을 수용할 병원 기타 장소의 관리자의 신청에 의하여 사법경찰관리에게 피고인의 간수를 명할 수 있다. 법원은 필요한 때에는 유치기간을 연장하거나 단축할 수 있으나, 감정이 완료되면 즉시 감정유치를 해제하여야 한다(법 제172조 제3항 내지 제6항).

② 구속관련 규정의 준용

감정유치에는 특별한 규정이 없는 한 보석을 제외한 구속관련 규정이 준용된다. 감정유치는 미결구금일수의 산입에 있어서는 구속으로 간주한다(법 제172조 제7항, 제8항). 구속 중인 피고인에 대하여 감정유치장이 집행되었을 때에는 피고인이 유치되어 있는 기간 동안 구속은 그 집행이 정지된 것으로 간주하고, 이후 감정유치 처분이 취소되거나 유치기간이 만료된 때에는 **구속의 집행정지**가 취소된 것으로 간주한다(법 제172조의2).

4) 당사자의 참여

검사, 피고인 또는 변호인은 감정에 참여할 수 있다. 법원 내에서의 감정은 공판기일에 이루어지므로 따로 통지할 이유가 없으나, 법원 외에서의 감정의 경우는 감정인이 감정처분허가장에 따라 감정을 집행하기에 앞서 미리 집행의 일시와 장소를 검사, 피고인 또는 변호인에게 통지하여야 한다. 다만 검사 등이 불참의사를 명시한 때 또는 감정대상물의 멸실이 우려되는 등의 사유로 급속을 요하는 때에는 예외로 한다(법 제176조).

5) 감정결과의 보고와 그 법적효과

① 감정결과의 보고

감정인은 감정을 마친 후 그 경과와 결과를 서면으로 제출하여야 하고, 감정결과에는 판단의 이유를 명시하여야 한다. 법원은 필요한 때에는 감정인에게 감정의 경과와 결과에 대해 설명하게 할 수 있다(법 제171조). 이 경우 감정인의 진술 내용은 오로지 감정인으로서의 학식과 경험에 의하여 얻은 일정한 원리 또는 판단에 대한 것으로서, 그러한 진술청취는 감정인신문의 방법에 의한다.

형사소송법은 감정인신문의 구체적인 방법은 구인을 제외하면 일반적인 증인신문과 다를 바 없는 것으로 규정하고 있다(법 제177조). 하지만 전문적 학식과 경험에 의한 판단은 대체적인 것이므로, 사안의 실체 규명을 위해 대체가능성이 없는 증인에게 인정되는 법정 출석 의무를 감정인신문의 대상이 된 감정인에게 부과할 수는 없다. 따라서 감정인이 감정인신문을 위한 소환장을 송달받고 출석하지 않았더라도 그 제재로서 구인은 물론 과태료(법 제151조 제1항)도 부과할 수는 없다함이 옳다. 대법원도 같은 입장이다.[241]

한편 법원이 감정인에게 특별한 지식에 의하여 알게 된 과거의 사실을 신문하는 경우에는 형사소송법 제12장의 증인신문 규정에 따른다. 이때의 감정인을 **감정증인**이라 한다(법 제179조).

241) 대법원 2024. 10. 31.자 2023모358 결정.

② 법적 효과

감정결과의 내용은 일반적으로 **정황증거**로서 기능하고, 법원은 그 결과에 구속되지 아니한다. 하지만 DNA 감정에 의한 개인식별의 경우와 같이 감정방법에 상당한 신뢰성이 인정되고 감정 대상의 동일성과 무결성이 담보되면 사실인정에 상당한 구속력을 가지는 경우가 있는데, 이러한 경우에는 법원은 합리적 이유 없이 그 결과를 배척할 수 없다.[242] 여기서 유의할 점은 정황증거인 감정결과에 의해 인정되는 구속력의 범위는 정황의 인정에 그친다는 점이다. 예를 들어 강간사건에서 고소인의 신체에서 채취된 체액이 동일성과 무결성이 유지된 상태에서 감정에 이르게 되었고, 전문가인 감정인이 일반적으로 승인된 방법을 오류 없이 적용하여 감정한 결과 피고인의 체액으로 밝혀졌다면, 법원이 인정해야 하는 사실은 고소인과 피고인 사이에 간음 또는 그에 준하는 **신체적 접촉이 있었다는 점뿐**이다. 이 경우 법원이 합리적인 이유 없이 고소인과 피고인 사이에 간음 등이 있었다는 사실조차 인정하지 아니한다면 경험칙·논리칙을 위반하는 것이지만, 그 감정결과 만으로 폭행이나 협박까지 인정한다면 그 또한 경험칙·논리칙의 위반에 해당하는 것이다.

(나) 법원의 감정촉탁

법원은 필요하다고 인정하는 때에는 공무소·학교·병원 기타 상당한 설비가 있는 단체 또는 기관에 대하여 감정을 촉탁할 수 있다. 감정과 비교할 때, 감정촉탁은 감정인에게 적용되는 **선서에 관한 규정은 적용하지 아니한다**는 차이점이 있다(법 제170조 제1항, 제2항).

법원은 감정촉탁을 받은 공무소 등이 지정한 자로 하여금 감정서의 설명을 하게 할 수 있다(법 제179조의2).

(다) 수사기관의 감정위촉

1) 의의

검사 또는 사법경찰관은 수사에 필요한 때에는 감정을 위촉할 수 있다(법 제221조 제2항). 수사기관의 감정위촉은 임의적인 감정의뢰에 따라 감정수탁자의 전문적 지식을 활용하는 것으로, 수사기관으로부터 감정을 위촉받은 **감정수탁자**는 감정인과 달리 선서의무가 없고, 허위감정죄로 처벌받지도 않으며, 별다른 권한도 없다. 또한 감정수탁자의 감정시에는 피의자나 변호인의 참여권도 인정되지 아니한다.

---

242) 대법원 2007. 5. 10. 선고 2007도1950 판결.

2) 법원의 허가에 따른 강제처분

수사기관의 감정위촉에 따른 감정에 강제처분이 필요한 경우에는 법원의 허가를 요한다.

① 감정에 필요한 처분

감정의 위촉을 받은 자는 검사의 청구로 판사의 허가를 얻어 타인의 주거, 간수자 있는 가옥, 건조물, 항공기, 선차 내에 들어가거나 신체의 검사, 사체의 해부, 분묘발굴, 물건의 파괴를 하는 등 감정에 필요한 처분을 할 수 있다. 판사는 검사의 청구가 상당하다고 인정할 때에는 허가장을 발부하여야 한다(법 제221조의4).

허가장이 발부되어 감정수탁자가 감정에 필요한 처분을 할 때에는 그 처분을 받는 자에게 허가장을 제시하여야 한다(법 제221조의4 제2항, 제173조).

② 유치처분

검사는 감정을 위촉하는 경우에 신체감정을 위한 유치처분이 필요할 때에는 판사에게 이를 청구하여야 하고, 판사는 그 청구가 상당하다고 인정할 때에는 기간과 장소를 정하여 유치처분을 하여야 한다(법 제221조의3, 제172조 제3항). 검사는 감정수탁자에 의해 감정이 완료되면 즉시 유치를 해제하여야 하고, 유치기간의 연장이 필요한 경우 법원의 허가를 받아 이를 연장할 수 있다(법 제221조의3, 제172조 제6항). 여기에서도 구속관련 규정은 준용되는데, 그 내용은 법원의 감정명령에서 살핀 바와 같다(법 제221조의3, 제172조, 제172조의2).

3) 감정결과의 보고 및 그 법적효과

감정수탁자는 감정을 마친 후 서면으로 그 결과를 수사기관에게 통보하는데, 이 서면을 **감정회보서**라 한다. 수사기관은 감정회보서에 기재된 감정결과를 수사에 활용하고 검사는 공소제기시에 이를 증거로 제출할 수 있다.

감정회보서가 증거로 제출되면 **전문증거**에 해당하므로 피고인의 법정자백이나 증거동의가 없는 이상 증거능력이 인정되기 위해서는 감정수탁자가 증인으로 출석하여 그 진정성립 등에 대한 증언을 하여야 한다. 이때 피고인 측에서는 감정수탁자, 감정기법 및 그 적용에 대한 신뢰성, 감정대상에 대한 동일성과 무결성 등을 따짐으로써 그 증명력을 다툴 수 있다.

4. 체포·구속시 압수·수색·검증

형사소송법은 사전 압수·수색영장에 의한 압수·수색을 원칙으로 하고 있으나, 수사기관이 피의자·피고인을 체포·구속하는 경우에는 사전영장을 발부받은 바 없다 하더라도 ① 체포대상자를 발견하기 위한 수색, ② 체포·구속 현장에서의 압수·수색·검증 및 ③ 긴급체포된 자가 소유·소지·보관하는 물건에 대한 압수·수색·검증을 허용하는 규정을 두고 있다.

(1) 체포·구속을 위한 피의자 수색

(가) 의의

검사 또는 사법경찰관은 피의자를 영장에 의한 체포, 긴급체포, 현행범인 체포를 하거나 구속영장에 의해 구속하는 경우에 필요한 때에는 영장 없이 타인의 주거나 타인이 간수하는 가옥, 건조물, 항공기, 선차 내에서 피의자를 수색할 수 있다. 다만 **영장에 의한** 체포·구속 시의 피의자 수색은 미리 수색영장을 발부받기 어려운 **긴급한** 사정이 있는 때에 한정한다(법 제216조 제1항 제1호).

주거지 등에서의 피의자·피고인 수색은 수색영장에 의함이 원칙이나, 체포·구속을 위한 수색장소를 미리 상정하여 영장을 발부받는 것이 어려운 경우가 있다. 이에 형사소송법은 긴급한 경우에는 체포·구속을 위한 수색에 대하여 **영장주의의 예외**를 인정하고 있는 것이다. 형사소송법은 이 경우 권리고지 절차를 두고 있지 않고, 사후영장의 발부를 요하지도 아니한다.

(나) 요건

1) 개연성

체포·구속 대상 피의자가 수색대상 장소에 존재한다는 개연성이 인정되어야 한다. 따라서 피의자에 대한 체포 또는 구속 요건은 이미 충족되어 있어야 하고, 통신사실 확인자료나 신뢰할 수 있는 목격자의 진술 등 객관적 근거에 의하여 피의자가 수색대상 장소에 있을 가능성이 높아야 한다.

2) 긴급성

긴급성이란 수사기관이 피의자 수색을 위한 사전영장을 발부받을 시간적 여유가 없는 경우를 말한다. 긴급체포에서와 마찬가지로 여기에서의 긴급성도 사전 수색영장을 발부받는 데 소요되는 시간 동안에 피의자가 도주하거나 증거를 인멸할 우려가 큰 경우에만 인정된다.

구 형사소송법 제216조 제1항 제1호는 구속과 모든 유형의 체포를 위한 경우, 영장에 의하지 아니한 피의자 수색을 규정하고 있었다. 이에 수사기관도 체포영장이나 구속영장을 이미 발부받은 경우에는 굳이 수색영장을 따로 발부받지 않았다. 하지만 구 형사소송법 제216조 제1항 제1호는 영장 없는 수색을 규정하면서도 긴급성을 그 요건으로 두지 아니하였고, 헌법재판소는 현행범인 체포나 긴급체포는 그 요건이 충족되면 긴급성도 함께 충족되지만 영장에 의한 체포·구속의 경우에는 긴급성이 인정되지 아니하는 경우도 있다면서 구 제216조 제1항 제1호에 대해 헌법불합치 결정을 하였다.[243)]

헌법재판소의 결정 이후 형사소송법의 개정으로 긴급성은 영장에 의한 체포·구속시 피의자 수색의 요건으로 명시되었다. 형사소송법 제216조 제1항 제1호는 긴급성을 현행범인 체포 및 긴급체포 대상 피의자 수색의 요건으로 명시하지 않고 있지만, 긴급체포의 경우 체포의 요건에 긴급성이 포함되어 있고 현행범인 체포는 긴급성을 전제로 한다. 따라서 긴급성은 모든 유형의 체포와 구속을 위한 영장 없는 피의자 수색의 요건이라 할 수 있다.

(다) 수색 절차와 한계

1) 수색 절차

체포·구속을 위한 피의자 수색의 절차는 사전영장에 의한 수색의 절차와 크게 다르지 아니하다. 다만 형사소송법은 **제216조에 근거한** 압수·수색에 대해서는 주거주 등의 참여를 요하지 아니하고, 야간집행의 제한이 없다는 **특칙**을 두고 있다(법 제220조).

따라서 체포·구속을 위한 피의자 수색시에 급속을 요하는 때에는 검사 또는 사법경찰관은 일몰 후부터 일출 전까지의 야간이라도 타인의 주거, 간수자 있는 가옥, 건조물, 항공기 또는 선차 내에 들어갈 수 있고(법 제220조, 제125조), 출입을 위해 필요한 경우에는 건정을 열거나 개봉 기타 필요한 처분을 할 수 있다(법 제219조, 제120조 제1항).

검사 또는 사법경찰관이 체포·구속을 위한 피의자 수색으로서 공무소, 군사용 항공기 또는 선박·차량을 수색할 경우 그 책임자에게 참여할 것을 통지하여 참여시켜야 하지만(법 제219조, 제123조 제1항), 공무소 등에 해당하지 아니하는 타인의 주거, 간수자 있는 가옥, 건조물, 항공기 또는 선박·차량을 수색할 경우 급속을 요하는 때에는 주거주 등의 참여를 요하지는 아니한다(법 제220조, 제123조 제2항). 검사 또는 사법경찰관은 수색 중에는 타인의 출입을 금지할 수 있고, 이를 위배한 자에게는 퇴거하게 하거나 수색종료시까지 간수자를 붙일 수 있다(법 제219조, 제119조).

2) 한계

체포·구속을 위한 피의자 수색은 **피의자·피고인을 찾기 위한 목적**에 그쳐야 하므로, 증거물 등의 압수를 위한 수색을 포함하지 아니한다. 수색대상 장소 내부에 존재하는 공간으로서 사람이 숨을 수 없는 곳에 대한 수색은 그 자체로 위법하고, 그러한 수색에 의해 발견된 증거

243) 헌법재판소 2018. 4. 26. 선고 2015헌바370 등 결정.

물은 위법수집증거로서 증거능력이 부정된다.

(2) 체포·구속 현장에서의 압수·수색·검증

(가) 의의 및 인정근거에 대한 견해대립

1) 의의

검사 또는 사법경찰관은 피의자를 영장에 의한 체포, 긴급체포, 현행범인 체포를 하는 경우에 영장 없이 체포·구속 현장에서 압수, 수색, 검증을 할 수 있다(법 제216조 제1항 제2호). 피고인에 대하여 구속영장을 집행하여 구속하는 경우도 마찬가지이다(법 제216조 제2항).

2) 견해의 대립

이러한 영장주의의 예외가 인정되는 근거에 대해서는 견해의 대립이 있다. **긴급행위설**(한정설)은 영장 없이는 압수, 수색, 검증을 할 수 없는 것이 원칙이므로 체포·구속 현장에서의 압수·수색·검증은 체포행위를 완수하기 위해 필요한 긴급한 조치로서 허용된다고 한다. 즉 체포·구속 현장에서의 압수·수색·검증은 피체포자의 도망을 방지하고 무기로부터 체포자의 안전을 꾀하며 증거인멸을 예방하는 **최소한의 긴급조치**로서만 허용된다는 것이다. **합리성설**은 체포영장이 발부될 상당한 이유가 있는 경우라면 체포현장에 증거가 존재할 개연성이 높으므로 체포·구속 현장에서의 압수·수색·검증은 **증거수집수단**으로서 허용된다고 한다. **부수처분설**은 체포·구속에 의해 가장 중한 기본권인 신체의 자유권이 침해되는 이상 그에 수반된 보다 경한 기본권 침해인 압수·수색·검증도 영장 없이 허용된다고 한다.

긴급행위설이 옳다. 합리성설은 체포·구속 현장에서의 압수·수색·검증의 당위성을 '상당한 이유'에 두고 있으므로 긴급행위설에 비해 체포와의 관련성을 경시하고 압수 등의 시간적·장소적 범위도 상대적으로 넓게 해석하는 경향이 있다. 합리성설에 따라 체포·구속 현장에서의 압수·수색·검증의 범위를 확장하면 상당한 이유만으로 체포와는 무관한 압수·수색 등이 영장 없이 행해질 수도 있다는 결론에 이를 수 있고 그 결과 헌법상 영장주의의 요청이 약화될 우려가 크다. 따라서 합리성설에 대해서는 동의하기 어렵다. 부수처분설도 압수·수색 등은 체포라고 하는 중대한 법익침해행위에 수반되는 것이라고 하나 그것과는 별개의 프라이버시 침해 등을 낳게 하고, 프라이버시 침해를 반드시 체포로 인한 단기간의 신체의 자유에 대한 침해보다 가벼운 기본권 침해라고 할 수 있는지도 의문이다. 따라서 그에 상응 내지 납득할 만큼의 근거가 제시되지 아니하는 이상 부수처분설에 대해서도 동의할 수 없다. 이들 견해에 비하여 긴급행위설은 허용되는 압수·수색 등과 체포와의 강한 관련성을 요구하고, 그 시간적·장소적 범위도 필요 최소한도로 제한적으로 해석된다. 따라서 헌법상의 영장주의의 요청에 비추어 볼 때 긴급행위설(한정설)이 가장 타당한 견해이다.

(나) 요건과 한계

1) 요건으로서 '체포·구속을 하는 경우'의 의미

'체포·구속을 하는 경우'는 체포·구속 현장에서 압수·수색·검증을 행할 수 있는 요건이 되는바, 그 의미를 어떻게 새기는지에 따라 압수·수색·검증의 개시 시점이 달라지게 된다.

① 견해의 대립과 대법원의 태도

체포·구속을 '하는' 경우의 의미에 대해서는, 피의자·피고인의 체포·구속의 완료를 의미한다는 **체포설**,[244] 체포·구속의 착수를 의미한다는 **체포착수설**,[245] 피의자가 체포·구속장소에 현존하고 있는 것을 의미한다는 **현장설**,[246] 피의자·피고인의 현존 여부와 무관하게 체포·구속과 압수·수색·검증이 시간적·장소적으로 접착되어 있음을 의미한다는 **접착설**[247]의 견해 대립이 있다. 압수·수색·검증의 개시 시점은 체포설을 따를 때는 체포·구속의 **완성시**, 체포착수설을 따를 때는 체포·구속의 착수시, 현장설을 따를 때는 피의자·피고인의 **현존시**, 접착설을 따를 때 체포·구속에 **접착한 전후 시점**이 된다. 따라서 수사기관의 입장에서는 접착설이, 피의자·피고인의 입장에서는 체포설이 가장 유리하다. 예를 들어 피의자가 현존하고 있으나 그에 대한 체포의 착수가 없는 경우 접착설이나 현장설에 따르면 수사기관은 그 장소에 대하여 압수·수색·검증을 할 수 있으나, 체포착수설이나 체포설에 따르면 그럴 수 없다.

대법원은 체포 착수 전 시점에는 형사소송법 제216조 제1항 제2호가 정하는 '체포현장에서의 압수·수색' 요건을 갖추지 못하였다고 하여 체포착수설의 입장을 취하고 있다.[248]

② 검토

형사소송법 제216조 제1항은 체포·구속 '한' 경우가 아니라 체포·구속 '하는' 경우로 규정하고 있고, 제217조 제1항은 긴급체포 '된' 자가 소유·소지·보관하는 물건에 대하여 사후영장에 의해 압수될 수 있다고 규정하고 있다. 이러한 형사소송법 제216조 제1항의 문언과 사후영장에 의한 압수·수색·검증이라는 유사한 성질을 가진 타 규정의 문언을 놓고 볼 때, '체포·구속하는 경우'란 체포 완성 이전의 일정 시점까지를 포함한다고 봄이 옳다. 따라서 체포설에는

244) 이주원 229.
245) 김재환 208; 이/김 341; 이/조/이 231; 이창현 485; 정/이 214.
246) 노/이 345; 정/최/김 273.
247) 임동규 265.
248) 대법원 2017. 11. 29. 선고 2014도16080 판결.

동의할 수 없다.

체포·구속하는 경우의 의미를 가장 널리 확장하면 수사기관이 그러한 의도를 가진 시점까지 포함될 수 있을 것이지만, 피의자·피고인의 방어권 보장과 수인가능성 및 적법성에 대한 객관적 평가의 필요성을 생각해 볼 때 적어도 수사기관의 주관적인 체포·구속의사가 외부에 객관적으로 표시된 시점으로 해석하는 것이 타당할 것이다. 수사기관은 체포·구속에 앞서 권리고지 등의 절차를 거쳐야 하는데 이때 체포·구속하고자 하는 의사를 외부에 명확히 표시한 것으로 볼 수 있다. 따라서 체포착수설이 옳다. 체포착수설에 따르면 일단 체포에 착수한 이상 피의자가 도망한 경우에도 체포를 시도한 현장에서의 압수·수색·검증이 허용된다.

2) 장소적 한계로서 '체포·구속 현장'의 의미

'체포·구속 현장'은 체포·구속 시에 압수·수색·검증이 가능한 장소이다. 따라서 이는 곧 체포·구속 현장에서의 압수·수색·검증의 장소적 한계를 말한다.

① 견해의 대립 및 대법원의 태도

'체포·구속 현장'의 의미에 대해서는, 체포·구속된 피의자의 신체와 그가 직접 지배하고 있는 장소로 제한된다는 견해와, 전자의 범위 및 그의 관리권한이 미치는 범위까지 인정된다는 견해가 대립한다.[249] 예를 들어 승용차량 안에 있는 피의자를 체포한 경우 전자에 따르면 피의자 및 차량의 실내만 수색할 수 있지만, 후자를 따르면 트렁크까지도 수색할 수 있다.

이와 관련하여 대법원은 수사기관이 피의자의 집에서 20미터 떨어진 곳에서 피의자를 체포한 후 피의자의 집을 수색하고 증거물을 발견하여 압수한 직후 임의제출동의서를 제출받는 것은 위법하다 하였는데[250] 이러한 경우에는 위 두 견해 중 어떠한 견해를 따르더라도 수사기관의 압수·수색은 위법함을 면할 수 없다.

② 검토

체포·구속 현장에 관리권한이 미치는 범위도 포함된다고 하면 자칫 압수·수색의 범위를 지나치게 확장할 우려가 있다. 따라서 체포·구속 현장은 체포 당시 피의자가 사실적이고 실질적으로 지배하는 범위까지 인정된다고 봄이 상당하다. 예를 들어 피의자가 자신이 거주하는 아파트 가내에서 체포된 경우 현관을 기준으로 가내 공간은 모두 체포현장에 해당하지만, 피의자 사무실 내에서 체포된 경우 피의자의 사무공간까지만 체포현장에 해당할 뿐 같은 사무실 내에 있는 제3자의 사무공간은 체포·구속 현장에 해당하지 아니한다.

---

249) 노태악 Ⅱ 465.

250) 대법원 2010. 7. 22. 선고 2009도14376 판결.

3) 관련성에 의한 대상의 제한

압수·수색·검증의 대상은 체포·구속의 사유가 된 범죄사실과 관련성이 있는 것으로 제한된다. 다수설 및 대법원의 태도에 따르면 **객관적 관련성**은 체포·구속 사유가 된 범죄사실 및 그 사실과 기본적 사실관계가 동일한 범죄사실에 대해 직접·간접·정황 증거가 될 수 있는 것에 대해서 인정되고, **인적 관련성**은 체포·구속된 피의자·피고인 및 그 공범에 대해서 인정된다. 이에 따를 때, 체포·구속 현장에서의 압수·수색·검증에서 객관적 관련성의 평가기준은 체포·구속의 사유가 된 범죄사실이 되고, 인적 관련성의 평가기준은 피체포자가 된다. 관련성에 대한 구체적인 내용은 사전영장에 의한 압수수색에서 충분히 설명하였으므로 여기에서는 생략한다.

(다) 절차

1) 압수·수색·검증시 절차

체포·구속 현장에서의 압수·수색·검증 시의 절차는 그 대상이 피의자로 제한되지 아니한다는 점을 제외하면 체포·구속을 위한 피의자 수색시의 절차와 동일하다.

'검사와 사법경찰관의 상호협력과 일반적 수사준칙에 관한 규정'은 사전영장에 의한 압수·수색에 대해서만 권리고지를 규정하고 있으나(수사준칙 제32조), 압수·수색시 권리고지는 피의자·피고인의 방어권 보장을 위해 인정됨에 비추어 볼 때 체포·구속 현장에서의 압수·수색·검증에 대해서도 압수·수색의 근거, 범죄사실, 압수·수색의 장소 및 압수대상물은 관련성이 인정되는 범위 내로 제한된다는 취지 등을 알려주는 것이 상당할 것이다.

2) 사후절차

압수한 물건이 있고 이를 계속 압수할 필요가 있는 경우 검사는 지체 없이, 늦어도 체포시로부터 48시간 이내에, 압수·수색영장을 청구하여야 한다(법 제217조 제1항). 지방법원판사가 사후영장을 발부하면 압수의 효력은 온전히 인정되지만, 사후영장이 기각되면 수사기관은 압수물을 즉시 피압수자에게 반환하여야 한다(법 제217조 제3항). 이 규정의 취지는 체포·구속 현장에서 수사기관의 영장 없는 압수·수색·검증의 잠정적 효력을 인정하여 수사의 효율성을 담보하면서도, 영장발부의 주체인 지방법원판사의 사후심사를 통해 그 효력 인정 여부를 조속히 결정하도록 함으로써 적정절차원칙의 훼손을 가능한 막고자 하는데 있다. 따라서 이를 위반한 경우에는 압수물에 대해 피고인이나 변호인의 증거동의가 있다 하더라도 증거능력이 부정된다.[251]

검사가 시한 내에 사후영장을 청구하지 아니하거나 지방법원판사가 압수·수색이 위법함을 이유로 사후영장을 기각하는 경우에는 압수물의 증거능력은 부정됨이 원칙이다. 또한 지방법원판사가 사후영장을 발부하였다 하여 압수물의 증거능력이 반드시 인정되는 것은 아니다. 수소법원이 지방법원판사의 판단을 따라야만 하는 것은 아니기 때문이다.[252]

(3) 긴급체포된 피의자의 소유·소지·보관물의 압수·수색·검증

(가) 의의

검사 또는 사법경찰관은 긴급체포된 자가 소유·소지 또는 보관하는 물건에 대하여 긴급히 압수할 필요가 있는 경우에는 체포한 때부터 24시간 이내에 한하여 영장 없이 압수·수색 또는 검증을 할 수 있다(법 제217조 제1항). 검사 또는 사법경찰관은 압수한 물건을 계속 압수할 필요가 있는 경우에는 지체 없이, 늦어도 체포시로부터 48시간 이내에, 압수·수색영장을 청구하여야 하고(법 제217조 제2항), 압수·수색영장을 발부받지 못한 때에는 압수한 물건을 즉시 반환하여야 한다(제217조 제3항).

형사소송법은 여타의 체포시와는 달리 긴급체포시에는 피체포자의 신체와 지배범위를 벗어난 압수수색을 허용하고 있다. 이는 긴급체포 대상 범죄의 중대성, 체포상황의 긴급성 및 긴급한 증거확보의 필요성에 따라 여타 체포와는 달리 압수·수색·검증의 장소를 크게 확대한 것이라고 이해되고 있으나, 그 인정범위와 한계에 대해서는 엄격한 심사가 요구된다.

(나) 요건

1) 필요성

긴급체포 후 피체포자의 소유·소지·보관물에 대한 압수·수색·검증의 필요성이 인정되어야 한다. 필요성의 의미는 사전영장에 의한 압수·수색·검증에서의 필요성과 동일하다.

2) 긴급성

증거인멸 또는 그 우려로 인하여 사전영장을 발부받을 시간적 여유가 없어야 한다. 이는 긴급체포에 대한 긴급성과는 **별도로 소명**되어야 한다. 긴급체포의 요건으로서의 긴급성이 인정된다고 하여 반드시 피체포자의 소유·소지·보관물에 대한 압수 등에 대해서도 긴급성이 인정되는 것은 아니기 때문이다.

---

251) 대법원 2009. 12. 24. 선고 2009도11401 판결.
252) 대법원 2022. 7. 28. 선고 2022도2960 판결.

3) 특정장소에 소유·보관물이 있다는 개연성

체포시 소지하고 있지 아니하던 소유물 또는 보관물이 압수의 대상인 경우에는 소유·보관물의 존재 및 특정장소에 있을 개연성이 인정되어야 한다.

소유·보관물의 존재가 인정되지 않는다면 이 경우의 압수·수색·검증은 이루어질 수 없다. 소유·보관물의 존재가 인정된다면 피의자의 주거지나 거주지에는 소유·보관물이 현존할 개연성이 비교적 쉽게 인정될 수 있지만, 피의자 아닌 자의 신체, 주거 기타 장소에 관하여는 피의자의 자백 등 압수할 물건이 있음을 인정할 수 있는 객관적이고 구체적인 근거가 있는 경우에 한하여 소유·보관물이 현존할 개연성이 인정될 수 있을 것이다(법 제219조, 제109조 2항).

(다) 한계

1) 시간적·장소적 한계

긴급체포'된' 자라는 문언의 의미에 따라 이 경우 압수·수색·검증은 긴급체포가 완료된 이후에만 개시될 수 있고, 명문의 규정에 따라 체포시로부터 24시간 이내에 완료되어야 한다. 압수·수색·검증의 장소는 긴급체포된 자의 소유·소지·보관물이 현존할 개연성이 있는 장소로 제한된다.

2) 관련성에 의한 대상의 제한

압수·수색·검증의 대상은 긴급체포의 사유가 된 범죄사실과 관련성이 있는 것으로 제한된다. 다수설 및 대법원의 태도에 따르면 객관적 관련성은 긴급체포 사유가 된 범죄사실 및 그 사실과 기본적 사실관계가 동일한 범죄사실에 대해 직접·간접·정황 증거가 될 수 있는 것에 대해서 인정되고, 인적 관련성은 긴급체포된 피의자 및 그 공범에 대해서 인정된다. 이에 따를 때, 긴급체포된 자의 소유·소지·보관물에 대한 압수·수색·검증에서 객관적 관련성의 평가기준은 긴급체포의 사유가 된 범죄사실이 되고, 인적 관련성의 평가기준은 피체포자가 된다. 법원도 긴급체포의 사유가 된 범죄사실이 보이스피싱인 경우 피체포자의 주거지에서 발견된 다른 사람의 신분증은 보이스피싱 범죄에 대해 관련성이 있다 하였고,[253] 긴급체포의 사유가 된 범죄사실이 아동대상 간음유인인 경우 다른 아동 피해자에 대한 간음유인의 대화 내용은 아동대상 간음유인의 간접·정황증거에 해당한다 하였다.[254]

관련성에 대한 구체적인 내용은 사전영장에 의한 압수수색에서 충분히 설명하였으므로 여

253) 대법원 2008. 7. 10. 선고 2008도2245 판결.
254) 대법원 2020. 2. 13. 선고 2019도14341, 2019전도130(병합) 판결.

기에서는 생략한다.

(라) 절차

1) 압수·수색·검증시의 절차

주거주 등의 참여권과 야간집행제한의 예외로서 요급처분이 명문의 규정상 적용되지 아니한다는 점[255] 외에는 긴급체포된 자의 소유·소지·보관물에 대한 압수·수색·검증의 절차는 체포현장에서의 압수·수색·검증의 절차와 동일하다.

이에 대해 검사·사법경찰관이 긴급체포된 자의 소유·소지·보관물에 대한 압수·수색·검증 시에도 주거주 등의 참여권과 야간집행제한이 적용되지 않는다는 견해가 있고[256] 법원의 실무도 그에 따르고 있다.[257] 그러나 이에 대해서는 동의할 수 없다. 형사소송법 제220조는 제216조에 의한 처분에 대해서만 요급처분으로서 야간집행 및 참여인의 예외를 두고 있을 뿐인데도 이를 제217조에 의한 처분에까지 적용하는 것은 수사상 필요성을 이유로 형사소송법상 제한되어 있는 수사기관의 권한을 타 조문의 유추적용을 통해 확장하는 것이기 때문이다. 형사소송법 제217조 제1항은 사실상 2번의 영장주의의 예외를 인정하는 규정인데 여기에 요급처분의 예외까지 인정된다고 한다면 3번의 예외를 인정하는 셈이 된다. 무죄추정원칙과 적정절차원칙을 기반으로 하는 형사소송법의 해석에 있어, 법 개정의 필요성이 있다는 일각의 주장을 명문의 의미를 넘어선 확대해석의 근거로 삼아서는 안 될 것이다.

2) 사후절차

긴급체포된 자의 소유·소지·보관물에 대한 압수·수색·검증에 대한 사후절차의 규정은 법 제217조 제2항 및 제3항으로 체포·구속 현장에서의 압수·수색·검증에서의 사후절차 규정과 동일하다. 따라서 그 구체적인 내용도 동일하므로 여기에서는 생략한다.

5. 범죄장소에서의 압수·수색·검증

(1) 의의

검사 또는 사법경찰관은 범행 중 또는 범행직후의 범죄장소에서 긴급을 요하여 법원판사의 영장을 받을 수 없는 때에는 영장없이 압수, 수색 또는 검증을 할 수 있다. 이 경우에는 사

---

255) 배/홍 174; 이/김 345. 형사소송법 제220조는 제216조에 근거한 처분에 대해서만 주거주 등의 참여권과 야간집행제한의 적용이 배제된다고 규정하고 있다.

256) 신동운 310; 이/조/이 234.

257) 법원실무제요 Ⅲ 127.

후에 지체없이 영장을 받아야 한다(법 제216조 제3항).

이를 범죄장소에서의 압수·수색·검증이라 하는데, 체포가 이루어지지 않거나 경미범죄에 해당하여 체포를 하지 못하는 경우라 하더라도 압수의 필요성과 긴급성이 인정되는 경우에는 수사기관이 범죄장소에서 압수·수색·검증을 하고 사후에 법관의 심사를 받도록 한 것이다.

(2) 요건과 한계

(가) 범행 중 또는 범행직후(시간적 요건 및 한계)

1) 현행범인 상황의 경우

현행범인 체포의 시간적 요건이 충족되는 경우 범죄장소에서의 압수·수색·검증의 시간적 요건도 충족된다. 현행범인은 "범죄를 실행하고 있거나 실행하고 난 직후의 사람"으로서 범죄장소에서의 압수·수색·검증의 요건인 "범행 중 또는 범행직후"라는 시간의 범위에 현행범인 체포의 시간적 한계가 포함된다는 점에 대해서는 이론의 여지가 없기 때문이다.

2) 준현행범인 상황의 경우

준현행범인 상황도 범죄장소에서의 압수·수색·검증의 시간적 요건을 충족시킨다는 견해가 있는데[258] 여기에 대해서는 구체적으로 검토할 필요가 있다. "범인으로 호창되어 추적되고 있는 때"가 범행 직후에 포함된다면 범인이 추적되고 있는 한 시간의 경과와 관계없이 범행 직후라고 하게 될 것인데 이는 문언의 해석 범위를 넘어선 것으로 받아들이기 어렵다. "장물이나 범죄에 사용되었다고 인정함에 충분한 흉기 기타의 물건을 소지하고 있는 때," "신체 또는 의복류에 현저한 증적이 있는 때," "누구임을 물음에 대하여 도망하려 하는 때" 역시 수사기관이 이를 인식한 시점이 반드시 범행 발생 직후라 할 수는 없다. 예를 들어 범죄가 발생한 지 한 달이 지나 강도범죄에 사용한 것으로 인정함에 충분한 흉기를 소지하고 있는 자를 발견하였다고 하여 이를 범행 직후로 볼 수는 없지 않은가 하는 것이다. 이처럼 준현행범인 상황 자체가 범죄장소에서의 압수·수색·검증의 허용요건인 "범행 중 또는 범행직후"를 충족시킨다고 할 수는 없다.

범행발생시로부터 어느 정도의 시간이 경과한 때까지를 범행직후로 인정할지 여부는 범행의 종류, 긴급성의 정도, 압수의 필요성 등을 종합적으로 고려하여 결정해야 할 것으로, 개별 상황에 대해 사회통념상 상당한 시간 내라면 범행직후로 인정해도 무방할 것이다. 대법원도 같은 입장이다.[259]

---

258) 이창현 487.

(나) 범죄장소(장소적 요건 및 한계)

1) 범죄장소의 의미

범죄의 발현은 예비·음모, 실행착수, 기수, 범죄종료 및 결과발생의 순서로 이루어진다. 따라서 범죄장소는 예비·음모의 장소에서부터 결과발생의 장소까지를 모두 포함한다. 대법원은 교통사고 현장에서 음주운전의 증적이 명백한 피고인의 치료를 위해 후송한 병원을 범죄장소에 준한다고 하였는데,[260] 이는 범죄장소만을 압수·수색·검증의 대상으로 삼고 있는 형사소송법 제216조 제3항의 문언의 의미를 벗어난 것으로 수긍하기 어렵다. 음주운전 사고자를 엄벌에 처할 필요가 있고 그를 위해 긴급히 증거물인 혈액을 압수할 필요성은 부정할 수 없다 하더라도, 그렇다고 해서 형사소송법의 문언을 결과에만 맞추어 함부로 늘려 해석해선 안 되기 때문이다. 피고인의 처벌만을 강조한다면 형사소송법에 위법하게 수집된 증거의 증거능력을 배제하는 규정을 둘 이유도 없다.

2) 수사기관의 인식과 그 근거

범죄장소에서의 압수·수색·검증 허용의 장소적 요건인 범죄장소로 인정되기 위해서는, 수사기관의 입장에서 그 장소가 범죄장소라고 명백히 인정할 수 있는 객관적이고 충분한 근거가 있어야 한다. 수사기관이 범죄를 직접 목격하였다면 이는 쉽게 인정된다. 하지만 고소, 고발, 또는 112 신고 등의 민원이 있었다는 이유만으로는 그 장소를 범죄장소라 할 수는 없다. 만약 이를 인정한다면 영장주의 자체가 몰각될 것이기 때문이다.

다만 사법경찰관리는 가정폭력, 아동학대 또는 스토킹범죄가 진행 중이라는 신고를 접수한 경우, 각 특별법상의 근거규정에 따라 피해자의 보호와 가해자에 대한 수사를 위해 신고장소에 출입할 수 있다(가정폭력 방지법 제9조의4, 가정폭력 처벌법 제5조, 아동학대처벌법 제11조, 제12조, 스토킹 방지법 제14조, 스토킹 처벌법 제3조). 가정폭력범죄 등의 예방과 피해자의 보호를 우선하여 입법자가 사법경찰관리에게 영장 없는 신고장소 출입권한을 부여한 것으로, 신고장소는 범죄장소에도 해당하지만 위험방지를 위한 출입을 주된 목적으로 하기에 헌법상 영장주의의 적용범위에 포함되지 아니하는 것으로 이해할 수 있다.

(다) 긴급성

여기에서의 긴급성은 긴급체포에서의 긴급성과 마찬가지로 이해하면 된다. 따라서 범죄장

---

259) 대법원 2012. 11. 15. 선고 2011도15258 판결.
260) 대법원 2012. 11. 15. 선고 2011도15258 판결.

소에서의 압수·수색·검증의 요건으로서 긴급성은, 증거의 멸실이나 훼손이 우려되어 즉각적인 압수·수색·검증 및 관련 처분이 필요하나 압수·수색영장을 발부받을 시간적 여유가 없는 때를 가리키는 것으로, 수사기관이 이미 범죄장소라는 인식을 가지고 있고 영장을 발부받을 시간이 충분한 경우라면 긴급성은 부정된다.

대법원도 같은 입장이다. 대법원은 수사기관이 불법 오락실로 의심되는 장소에 들어가는 사람이 있자 그를 따라 들어간 경우,[261] 동일한 노래연습장에서 주류를 판매한다는 신고가 15일 전에도 있었음에도 다시 신고가 접수되자 노래연습장에 들어가려 한 경우에 대해[262] 범죄장소에서의 압수·수색·검증의 요건으로서의 긴급성이 부정된다 하였다.

(라) 관련성에 의한 대상의 제한과 적용범위의 재검토

1) 관련성에 의한 대상의 제한

범죄장소에서의 압수·수색·검증시 그 대상은 수사기관이 그 장소에서 진행 중이거나 직전에 종료되었음이 명백하다고 인식한 범죄사실과 관련성이 있는 것으로 제한된다. 다수설 및 판례의 태도에 따르면, 객관적 관련성은 수사기관이 그 장소를 범죄장소로 인식하게 된 사유가 된 범죄사실 및 그 사실과 기본적 사실관계가 동일한 범죄사실에 대해 직접·간접·정황증거가 될 수 있는 것에 대해서 인정되고, 인적관련성은 그러한 범죄를 저지른 자 및 그 공범에 대해 인정될 것이다. 관련성에 대한 구체적인 내용은 사전영장에 의한 압수·수색에서 충분히 설명하였으므로 여기에서는 생략한다.

2) 적용범위에 대한 재검토의 필요성

수사기관의 압수·수색·검증에 대한 관련성의 엄격한 심사 및 그에 따른 대상물의 제한은 범죄장소에서의 압수·수색·검증의 적용범위에 대한 재검토의 필요성을 부각시키고 있다. 사전영장에 의한 압수·수색에서의 영장기재 범죄사실 및 체포·구속시 압수수색에서의 체포·구속의 사유가 된 범죄사실은 압수·수색의 실행시에는 변경할 수 없다. 따라서 이 두 가지 유형의 압수·수색 실행 도중 범죄사실과는 다른 범죄에 대한 증거가 발견된다면, 수사기관은 새로운 영장을 발부받거나 피압수자로부터 이를 임의제출 받아야 한다. 관련성 평가의 기준은 범죄사실이고 평가의 객체는 압수물이라 할 때, 이 두 압수·수색은 그 실행에 앞서 관련성 평가의 기준인 범죄사실이 확정적으로 설정되고, 객체에 대한 관련성 평가는 압수 이후에 이루어지는 것이다.

---

261) 대법원 2012. 2. 9. 선고 2009도14884 판결.

262) 대법원 2017. 11. 29. 선고 2014도16080 판결.

하지만 범죄장소에서의 압수·수색은 관련성 평가의 객체가 발견된 때 관련성 평가의 기준이 설정된다. 예를 들어 범죄사실 A에 대한 적법한 압수·수색 도중 증거물의 존재 자체가 범죄인 범죄사실 B에 대한 증거물이 발견된 경우, 이 증거물의 발견으로 인해 압수·수색 장소는 범죄사실 B의 범죄장소에도 해당하게 된다. 수사기관이 사기죄(범죄사실 A)에 대하여 사전영장으로 압수·수색을 하던 도중 마약을 발견하였다면 그 장소는 마약소지죄(범죄사실 B)의 범죄장소가 되는 것이고, 이에 수사기관은 범죄장소에서의 압수로서 그 마약을 압수할 수 있는 것이다. 이렇듯 존재 자체로서 그 장소를 범죄장소로 만드는 압수 대상물의 대표적인 예로는 총포도검화약류, 신체촬영물, 성착취물, 마약류 등이 있다. 법원실무도 이러한 유형의 압수·수색을 인정하고 있다.[263)]

(3) 절차

범죄장소에서의 압수·수색·검증의 절차관련 규정은 체포·구속현장에서의 압수·수색·검증시의 절차관련 규정과 대체로 동일하다. 다만 체포·구속현장에서의 압수·수색·검증의 경우에는 압수물을 계속 압수할 필요성이 있을 때 사후영장을 청구하여야 하지만(법 제217조 제2항), 범죄장소에서의 압수·수색·검증 시에는 지체 없이 영장을 발부받아야 한다(법 제216조 제3항). 물론 체포·구속현장에서의 압수·수색에서도 영장의 발부가 없는 이상 압수물의 증거능력은 부정됨이 원칙이므로, 압수물이 있는 경우에는 양자의 사후영장 규정에는 실질적인 차이가 없다. 하지만 범죄장소에서의 압수·수색·검증 시에는 압수물이 없다고 하더라도 영장을 발부받아야 한다는 점에서 큰 차이가 있다.

한편 형사소송법상 범죄장소에서 압수된 물건에 대해 사후영장이 발부되지 아니하면 환부하여야 한다는 명시적 규정은 존재하지 않지만, 적법절차원칙과 영장주의의 요청에 따라 이 경우에도 사후영장이 기각되면 압수물은 즉시반환의 대상이 된다고 보아야 한다. 따라서 사후영장이 기각되면 수사기관은 압수한 물건을 곧바로 반환하는 것이 현저히 곤란하다는 등의 특별한 사정이 없는 한, 영장이 기각되는 바로 그 때에 압수물을 돌려주기 위한 절차에 착수하여 적극적으로 압수 이전의 상태로 회복시켜주어야 한다.[264)]

---

263) 법원실무제요 Ⅲ 127.

264) 대법원 2024. 10. 8. 선고 2024도10062 판결. "휴대전화를 압수하고 이에 대한 사후압수영장이 기각되었음에도 즉시 반환하지 아니하다가 그 사이에 이 사건 사전압수영장을 발부받아 이 사건 휴대전화를 형식적으로 반환한 외관을 만든 후 다시 압수하는 것(환부와 동시에 사전영장을 집행하여 압수함)은 적법절차의 원칙이나 영장주의를 잠탈하는 것으로 허용할 수 없다."

6. 임의제출물과 유류물의 압수

형사소송법은 수사기관으로의 점유이전이 임의로 이루어지는 압수, 즉 영치에 해당하는 것으로서 임의제출과 유류물을 규정하고 있다. 이들은 점유이전의 임의성과 압수로서의 강제성이라는 이중적 지위를 가지고 있으며, 형사소송법은 압수·수색의 절차규정을 임의제출과 유류물의 압수에도 준용하고 있다.

(1) 임의제출물의 압수

(가) 의의

검사, 사법경찰관은 소유자, 소지자 또는 보관자가 임의로 제출한 물건을 영장없이 압수할 수 있다(법 제218조). 임의제출권자의 범위, 임의성의 의미, 관련성의 제한, 압수로서의 절차 등이 문제된다.

(나) 요건

1) 임의제출의 주체(소유자, 소지자, 보관자)

① 의의

형사소송법은 임의제출의 주체를 소유자, 소지자, 보관자라고 규정하고 있다. **소유자**는 압수물의 적법한 소유권을 가진 자, **보관자**는 위탁관계에 의하여 타인의 소유물을 보관하는 자, **소지자**는 자기를 위하여 사실상 어떠한 물건을 점유하고 있는 자를 말한다.

수사기관이 증거물을 먼저 발견한 후 피해자로부터 이를 임의제출받는 것과 같이 소유자, 소지자, 보관자에 해당하지 않음이 명백한 자로부터 임의제출을 받으면 위법하다는 데 대해서는 이론의 여지가 없다.[265] 하지만 소유자, 소지자, 보관자에 해당하면 임의제출의 주체로 즉시 인정되는지 여부에 대해서는 다툼이 있다.

② 견해의 대립과 법원의 태도

통설은 소유자는 임의제출의 주체가 될 수 있고, 소지자와 보관자는 임의제출을 하는 물건에 대해 반드시 적법한 권리자일 필요는 없으나[266] 소유자의 사생활의 비밀 기타 인격적 법익이 침해되는 경우에는 소유자의 의사에 반하여 임의제출을 할 수 없다고 한다.[267] **소수설**은

265) 대법원 2010. 1. 28. 선고 2009도10092 판결.
266) 신/조 255면; 이/김 346; 이/조/이 235; 이주원 238; 이창현 493.
267) 이/김 347; 이주원, 239.

피의자만이 임의제출을 할 수 있다고 한다. 이 견해는 임의제출도 강제수사라는 점에서 피의자의 동의가 있어야 하는바, 소유자, 소지자, 보관자는 피의자가 임의제출물을 사실상 지배하고 있는 상태를 기준으로 구별해 놓은 것일 뿐으로 피의자 외의 자는 피의자의 명시적 동의 또는 추정적 동의가 없는 이상 임의제출을 할 수 없다고 한다.[268)]

대법원은 사생활의 비밀 기타 인격적 법익의 제약이 예측되는지, 소유자가 사생활의 비밀에 대한 정당한 기대를 주장할 자격이 있는지를 기준으로 소지자·보관자가 임의제출의 주체에 해당하는지 여부를 판단한다. 대법원은 교도관이 재소자가 맡겨둔 비망록을 수사기관에 제출한 경우[269)]와 간호사가 진료목적으로 병원에 보관중인 피의자의 혈액을 수사기관에 제출한 경우[270)]는 사생활의 비밀에 대한 제약이 없다는 이유로, 세관공무원이 통관검사를 위해 직무상 소지하거나 보관하는 물품을 수사기관에 제출한 경우는 통관절차상 사생활의 비밀에 대한 제약이 예측되고, 그 소유자는 사생활의 비밀에 대한 기대를 주장할 자격이 없다는 이유로 적법하다고 하였다.[271)]

③ 검토

소수설은 형사소송법의 문언과 체계에 맞지 아니하여 받아들일 수 없으나, 기본권 제한의 여부에 따라 소유자, 소지자, 보관자에 일정한 제한이 따라야 한다는 점에서는 옳다. 통설은 소유자는 임의제출의 주체로 인정하고, 소지자나 보관자는 소유자의 사생활의 비밀 기타 인격적 법익 제한 여부를 기준으로 주체로서 인정 여부를 결정한다고 하지만 그 구체적인 기준을 제시하지는 못한다.

임의제출은 압수로 이어진다는 점에서 소유자, 소지자, 보관자가 임의제출을 할 수 있는지 여부는 기본권 제한의 존부와 기본권 제한시의 그 정당화 사유의 존부에 따라 결정된다고 보아야 한다. 임의로 제출되었음을 전제로 할 때 제출자의 기본권 제한에는 정당화 사유가 존재하므로, 소유자, 소지자, 보관자가 임의제출을 할 수 있는지는 제3자의 기본권 제한 여부 및 기본권 제한이 있는 경우 정당화 사유의 존부를 기준으로 평가함이 상당하다는 것이다.

임의제출을 하여도 제3자의 기본권 제한이 존재하지 아니한다면 소유자, 소지자, 보관자는 임의제출을 할 수 있다. 하지만 제3자의 기본권 제한이 존재한다면 그에 대한 정당화 사유가 필요하다. 정당화 사유로는 기본권 주체의 동의 또는 기본권 제한의 법률상 근거를 들 수 있다. 형사절차가 추구하는 공익의 크기를 생각할 때 이때의 동의에는 추정적 동의도 포함하

268) 배/홍 125.
269) 대법원 2008. 5. 15. 선고 2008도1097 판결.
270) 대법원 1999. 9. 3. 선고 98도968 판결.
271) 대법원 2017. 7. 18. 선고 2014도8719 판결.

고, 법률상의 근거는 제출의 근거는 물론 그에 앞선 보관 또는 소지의 근거도 포함한다. 예를 들어 피의자인 절도범이 도품을 임의제출 하는 경우에는 제3자에 대한 기본권 제한이 존재하지 아니하므로 피의자는 소지자로서 임의제출의 주체가 되고, 체포된 피의자인 신체촬영범이 신체촬영물을 임의제출하는 경우에는 피해자의 인격권에 대한 제약이 있으나 피해자의 명시적, 묵시적 또는 최소한 추정적 동의를 인정할 수 있으므로 피의자는 소지자로서 임의제출의 주체가 된다.[272]

이러한 평가기준은 판례의 태도와도 부합한다. 소지자·보관자의 임의제출로 인하여 제한되는 기본권이 제3자의 사생활의 비밀 기타 인격적 법익인 경우, 대법원은 사생활의 비밀 기타 인격적 법익의 제약이 예측되는지, 소유자가 사생활의 비밀에 대한 정당한 기대를 주장할 자격이 있는지를 기준으로 적법성 여부를 판단하고 있다. 사생활의 비밀 기타 인격적 법익의 제약에 대한 기본권 주체의 명시적·묵시적·추정적 동의가 인정되거나 그러한 제한에 대한 법률상의 근거가 존재하고 소유·소지·보관자가 그 법률규정을 준수하였다면, 제3자는 사생활의 비밀 기타 인격적 법익의 제약을 예측할 수 있거나 그러한 제약에 대한 정당한 기대를 주장할 자격이 인정되지 않는 것이다.

2) 임의성

① 임의성의 의미와 증명

임의제출물의 압수는 그 제출이 제출자의 자발적 의사에 따라 이루어져야만 적법하게 된다. 이는 제출자의 기본권 제한을 정당화하는 사유이므로, 수사기관이 임의제출을 강요하거나, 임의제출 거부시의 불이익을 제출자에게 직·간접적으로 고지하였다면 그 제출은 위법하다.[273]

임의제출이 제출자의 자발적 의사에 따라 이루어졌음은 객관적인 사정에 의해 합리적인 의심을 배제할 정도로 명백히 증명되어야 하고[274] 그 증명책임은 검사에게 있다.[275] 임의동행과 마찬가지로 임의제출에 앞서서 제출의 의무가 없고 제출 후에는 임의로 취거할 수 없다는 취지의 **고지**가 이루어졌음이 증명된다면, 합리적 의심을 배제할 정도의 증명으로 볼 수 있을 것이다. 이를 보다 명확히 하기 위해 **임의제출거부권제도**를 명문화 할 필요가 있다고 본다.[276]

② 위법한 압수에 이은 임의제출

위법하게 수집한 압수물을 일단 피압수자에게 반환(환부)한 후 다시 임의제출을 받아 압수

272) 대법원 2019. 11. 14. 선고 2019도13290 판결.
273) 대법원 2016. 3. 10. 선고 2013도11233 판결.
274) 대법원 2023. 6. 1. 선고 2020도2550 판결.
275) 대법원 2024. 3. 12. 선고 2020도9431 판결.
276) 이주원 240.

한 경우, 압수 후 임의제출에 대한 임의성이 증명되는 경우에는 최초의 절차위반행위와 최종적인 증거수집 사이의 인과관계가 일응 단절된 것으로 볼 수 있을 것이다. 하지만 위법한 압수가 있은 직후에 반환 및 임의제출이 이루어진 것이라면 제출의 임의성을 인정하기는 어려울 것이고,[277] 반환 후 다시 제출받는 과정에서 수사기관의 우월적 지위에 기하여 실질적으로는 강제적인 압수가 이루어진 경우에는 당연히 그 절차는 위법하고 제출한 압수물의 증거능력도 부정된다고 하지 않을 수 없다.[278] 그러한 사정이 존재하지 않는다는 데 대해서는 앞에서 설명한 대로 검사가 합리적 의심을 배제할 수 있을 정도로 증명하여야 한다.

(다) 한계

1) 관련성에 따른 대상의 제한

이에 대한 논의는 전자정보의 압수에서 주로 다루어지고 있지만, 임의제출도 압수로서 형사소송법 제219조에 따라 그 압수물은 범죄혐의사실과 관련성이 있는 것으로 제한된다. 임의제출은 제출자의 의사에 따르므로 관련성 판단 기준인 범죄사실 또한 제출자의 의사에 따라 결정되어야 할 것이다. 따라서 수사기관은 임의제출자에게 어떠한 범죄에 대한 증거 등으로 사용할 것인지에 대해 고지하여야 하고, 제출자의 의사를 확인하여야 한다.

2) 개인정보보호법에 의한 제한

개인정보가 임의제출의 형식으로 제공되는 경우, '개인정보 보호법'의 적용요건이 갖추어지면 개인정보 보호법이 형사소송법에 우선 적용되는 것이 원칙이다. 이에 대해서는 후술하는 정보수집형 수사에서 자세히 다룬다.[279]

(라) 절차

임의제출도 압수이므로 형사소송법은 법원의 압수절차를 임의제출에도 모두 준용하고 있다. 따라서 영장의 제시, 사본의 교부 등 임의제출의 성격상 불가능한 절차 외에는 임의제출시에도 압수절차가 준수되어야 한다. 임의제출시에도 준수되어야 하는 절차로는 통지와 참여, 기록과 정보제공, 압수물에 대한 사후조치로서 환부, 가환부, 압수장물의 피해자 환부 등이 있다.

---

277) 대법원 2010. 7. 22. 선고 2009도14376 판결.
278) 대법원 2016. 3. 10. 선고 2013도11233 판결.
279) 318페이지 참조.

1) 통지와 참여

임의제출물의 압수는 일정한 장소 또는 신체에 대한 수색을 전제로 하지 아니하기 때문에 참여권자로서 공무소 책임자나 공무소 외 주거주 등은 존재하지 아니한다. 하지만 임의제출에도 **피의자 및 변호인**은 존재하므로 급속의 예외에 해당하지 아니하는 이상 그들의 **통지받을 권리와 참여권**은 보장되어야 한다. 다만 임의제출물이 정보저장매체가 아닌 **유체물**인 경우 임의제출로 즉시 압수가 종료되어 피의자나 변호인에게 이를 알릴 시간이 없고, 피의자가 특정되지 아니하는 경우도 있다. 따라서 이러한 경우는 **급속의 예외**로서 피의자 및 변호인의 통지 및 참여권이 보장되지 아니하여도 위법하다 할 수 없다.

정보저장매체의 탐색시에는 피의자가 누구인지 특정되지 아니하는 경우 외에는 급속의 예외가 적용되지 아니한다. 따라서 피의자가 특정되면 피의자·변호인의 통지 및 참여권이 보장되어야 한다. 하지만 대법원은 정보저장매체의 임의제출시에는 실질적 피압수자에 대해서만 통지 및 참여권이 인정된다는 입장으로, 이에 대해서는 전자정보의 압수수색 부분에서 후술한다.[280]

2) 기록과 정보제공

임의제출로서 압수된 압수물에 대해서도 압수의 효력은 영장에 의한 압수의 경우와 동일하므로,[281] 임의제출자에게는 헌법상 기본권에 관한 수사기관의 부당한 침해로부터 신속하게 구제받을 권리가 보장되어야 한다. 따라서 수사기관은 임의제출자에게 객관적·구체적으로 작성된 **압수목록**을 신속하게 작성·**교부**하여야 한다.[282]

(2) 유류물의 압수

(가) 의의

검사, 사법경찰관은 피의자 기타인의 유류한 물건을 영장없이 압수할 수 있다(법 제218조). 유류물이란 소유·소지·보관자의 의사로 버려지거나 그 의사와 무관하게 사실상의 관리 범위를 완전히 벗어난 물건으로서 유실물보다는 **넓은** 개념이다. 유류물에 대해 새로운 소유·소지·보관자가 존재하는 경우에는 유류물로서 압수할 것이 아니라 그들로부터 임의제출받아야 할 것이다.

---

280) 317페이지 참조.

281) 대법원 2021. 11. 18. 선고 2016도348 전원합의체 판결.

282) 대법원 2024. 1. 5.자 2021모385 결정.

유류물의 압수는 그 성질상 관련성, 참여권 및 압수장물의 피해자 환부 외에는 영장에 의한 압수수색 관련규정들이 준용된다고 보기는 어렵다.

(나) 관련성

유류물의 압수에도 관련성은 준수되어야 한다(법 제219조). 유류물의 압수에 있어서 압수물은 수사기관이 유류물을 압수한 사유가 되는 범죄혐의사실에 대해 관련성이 있는 것으로 제한된다.

관련성에 의한 압수물의 제한은 특히 정보저장매체에 있어 그 의미가 크다. 대법원은 정보저장매체가 유류된 경우 그 유류된 매체에 저장된 전자정보의 압수에는 관련성의 제한이 없다는 입장을 취하고 있는데, 이에 대해서는 전자정보의 압수·수색부분에서 후술한다.[283]

(다) 통지와 참여

1) 책임자, 주거주 등

유류물의 압수는 일정한 장소 또는 신체에 대한 수색을 전제로 하지 아니하므로 참여권자로서 공무소 책임자나 공무소 외 주거주 등은 존재하지 아니한다. 따라서 유류물의 압수에 있어 이들에 대한 통지·참여권은 문제되지 아니한다.

2) 피의자, 변호인

임의제출에서의 통지 및 참여와 마찬가지로, 유류물의 압수에 있어서도 피의자가 특정되는 이상 피의자·변호인의 통지받을 권리 및 참여권은 보장되어야 한다. 하지만 유류물은 발견 즉시 압수되어야 하므로 급속의 예외에 해당하지 않는 경우를 생각하기 어렵다.

한편 유류물이 정보저장매체이고, 이를 탐색하는 경우에는 급속의 예외가 적용되지 아니한다. 따라서 피의자가 누구인지 특정되는 이상 유류된 정보저장매체를 탐색하는 경우에도 피의자·변호인의 통지·참여권은 보장되어야 한다. 하지만 대법원은 정보저장매체가 유류된 경우에는 실질적 피압수자가 존재하지 아니하므로 이를 탐색함에 있어서는 통지와 참여를 요하지 아니한다는 입장으로, 이에 대해서는 전자정보의 압수·수색부분에서 후술한다.[284]

---

283) 317페이지 참조.
284) 317페이지 참조.

7. 전자정보의 압수·수색

(1) 의의

전자정보의 압수·수색은 정보와 저장매체의 관계, 저장매체의 특수성, 저장방식과 관리의 다양성 등으로 인하여 일반적인 압수·수색과는 상당한 차이가 있다.

강도에 사용된 흉기가 피해자를 타격한 부분과 그렇지 아니한 부분으로 나뉘어 압수·수색의 대상이 되는 것이 아니듯이 유체물은 그 존재 자체가 범죄사실과 관련성이 있다면 그 전체가 압수·수색의 대상이 된다. 전자정보의 저장매체(이하 '정보저장매체'라 함)가 대중화되고 기술의 발달에 따라 정보저장매체에 저장될 수 있는 정보량이 비약적으로 커지기 전까지는, 전자정보가 압수·수색의 대상인 경우에도 정보저장매체 그 자체를 압수하는 것이 당연한 것으로 받아들여졌다. 압수대상인 정보가 그 정보저장매체에 기록되어 있다는 사실 자체가 범죄사실의 증명에 필요한 것으로 인식되었고, 정보저장매체의 크기와 그에 기록된 정보량의 상관관계가 쉽게 확인되었으며, 일기장과 같이 특별한 경우 외에는 정보저장매체 자체를 압수한다 하여 사생활의 비밀 등 기본권의 심각한 침해도 그다지 발생하지 않았기 때문이다.

하지만 손톱보다 작은 정보저장매체에도 수천만권의 책에 담길 전자정보가 저장될 수 있는 시대가 되었다. 휴대전화, 노트북, PDA 등 개인용 정보저장매체에는 이를 이용하는 사람의 사생활이 기록되면서 일상의 내밀한 흔적까지 담기게 되었고, 공사단체의 정보처리도 정보저장매체를 통해 이루어지게 되었다. 게다가 전자정보는 얼마든지 복제되어 여러 정보저장매체에 기록될 수 있고 클라우드 등을 통해 국경을 넘어선 동시기록도 가능하다고 하는 특성을 갖고 있다.

이러한 급속한 상황 변화에 수반하여 전자정보의 압수·수색시 **정보와 정보저장매체에 대한 새로운 관계설정**이 요구되고 있다. 적지 않은 혼선과 진통 끝에 전자정보의 압수·수색시 관련성 요건의 설정과 구체적이고 세부적인 집행절차의 기준이 마련되는 등 발전적인 모습을 보이고 있으나, 여전히 미흡한 부분이 있음을 부정하기 어렵다.

이에 본서는 전자정보의 압수·수색에 대하여 따로 항목을 두고 이에 대해 구체적으로 살펴보고자 한다. 형사소송법과 대법원의 판례를 기준으로 전자정보의 압수·수색을 유형별로 나눈 후 일반적인 압수수색과의 차이점을 중심으로 설명한다.

(2) 전자정보 압수·수색의 유형

전자정보의 압수·수색도 일반적인 압수·수색과 마찬가지로 사전영장에 의함이 원칙이나 사후영장 또는 임의제출에 의할 수도 있다. 전자정보가 유류될 수는 없지만, 정보저장매체가 유류된 경우에는 유류물로서 압수될 수도 있다.

(가) 사전영장에 의한 압수·수색의 유형

형사소송법과 판례의 태도에 따를 때 사전영장에 의한 전자정보 압수의 유형은 총 5가지로 나누어진다. 제1 유형은 피압수자로부터 전자정보를 제공받아 압수하는 방식, 제2 유형은 정보저장매체의 수색 현장에서 정보저장매체를 탐색하여 전자정보를 출력·복제하여 압수하는 방식, 제3 유형은 정보저장매체의 복제본을 반출하여 수사기관 사무실에서 이를 탐색한 후 전자정보를 압수하는 방식, 제4 유형은 정보저장매체의 원본을 반출하여 수사기관 사무실에서 복제본을 생성시킨 후 복제본을 탐색하여 전자정보를 압수하는 방식, 제5 유형은 정보저장매체 원본 자체를 압수하는 방식으로, 그 순위에 따라 우선 적용된다.

1) 제1 유형

제1 유형은 수사기관이 피처분자로부터 영장에 압수할 물건으로 기재된 전자정보를 제공받아 압수하는 방식이다. 법원·검사·사법경찰관은 압수의 목적물이 정보저장매체인 경우에는 기억된 정보의 범위를 정하여 출력하거나 복제하여 제출받아야 하고(법 제106조 제3항, 제219조), 전자정보를 제공받은 경우 '개인정보 보호법' 제2조 제3호에 따른 정보주체에게 해당 사실을 지체 없이 알려야 한다(법 제106조 제4항, 제219조).

제1 유형은 실질적으로는 임의제출에 가까운 것으로, 객관적으로 보아 수사에 성실히 협조할 것으로 신뢰할 수 있는 자가 압수·수색처분의 상대방인 경우를 전제로 한다. 그렇지 아니한 경우에는 압수·수색의 목적을 달성할 수 없기 때문이다. 예를 들어 '성폭력범죄의 처벌 등에 관한 특례법'상 카메라등이용촬영죄(성폭력처벌법 제14조)를 수사함에 있어 피의자의 휴대전화에 저장된 신체촬영물을 압수하는 경우, 피의자가 신체촬영물을 성실히 제출할 것을 기대하기는 어렵다. 이에 비하여 국내 주요 포털 사이트의 서버에 저장된 특정 정보가 압수·수색의 대상물인 경우, 수사기관은 그들로부터 그 정보를 제공받는 것으로도 압수·수색의 목적을 달성할 수 있으므로 제1 유형에 따라 압수수색을 하여야 한다.

2) 제2 유형

제2 유형은 압수·수색 현장에서 수사기관이 정보저장매체를 탐색하여 관련성이 인정되는 전자정보를 출력 또는 복제하는 방식이다. 검사 또는 사법경찰관은 전자정보를 압수하는 경우에는 해당 정보저장매체의 소재지에서 수색 또는 검증한 후 범죄사실과 관련된 전자정보의 범위를 정하여 출력하거나 복제하는 방법으로 한다(수사준칙 제41조).

제1 유형과 달리 압수수색의 상대방을 신뢰할 수 없는 경우라면 수사기관이 직접 정보저장매체를 탐색할 필요가 있다. 압수 대상물은 정보저장매체가 아닌 전자정보이므로, 제2 유형은 전자정보의 탐색과 압수는 정보저장매체가 현존하는 장소에서 이루어지도록 한 것이다.

3) 제3 유형

제3 유형은 정보저장매체의 복제본을 생성시켜 반출한 후, 수사기관 사무실에서 그 복제본을 탐색하여 관련성이 인정되는 전자정보를 압수하는 방식이다. 검사 또는 사법경찰관은 제1 및 제2 유형의 실행이 불가능하거나 그 방법으로는 압수의 목적을 달성하는 것이 현저히 곤란한 경우에는 압수·수색 또는 검증 현장에서 정보저장매체에 들어 있는 전자정보 전부를 복제하여 그 복제본을 정보저장매체의 소재지 외의 장소로 반출할 수 있다(수사준칙 제41조 제2항).

대법원은 제3 유형의 전자정보 압수는 압수·수색영장에 '제1 유형 및 제2 유형으로는 압수·수색의 목적을 달성할 수 없는 사정이 있는 때에는 사본 반출이 가능하다'는 기재가 있고, 그러한 사유가 압수·수색 현장에서 실제 발생한 경우에만 가능하다고 한다.[285] 예를 들어 사전 압수·수색영장에 '압수 대상인 전자정보 중 일부가 삭제된 정황이 있어 디지털 포렌식 등 기술적 조치를 통해 그 확인이 필요한 경우에는 복제본을 생성시켜 반출할 수 있다'고 기재되어 있고, 압수·수색 현장에서 실제로 그러한 경우가 발생하면 수사기관은 복제본을 생성·반출한 후 수사기관 사무실에서 탐색함으로써 영장기재 범죄사실과 관련성이 인정되는 전자정보를 압수할 수 있다.

4) 제4 유형

제4 유형은 정보저장매체 원본을 반출한 후 수사기관 사무실에서 이를 복제하고 원본은 반환한 후 복제본의 탐색을 통해 전자정보를 압수하는 방식이다. 검사 또는 사법경찰관은 제1 유형, 제2 유형 및 제3 유형에 따른 압수방법의 실행이 불가능하거나 그 방법으로는 압수의 목적을 달성하는 것이 현저히 곤란한 경우에는 피압수자, 정보저장매체의 수색 장소인 공무소 책임자 또는 공무소 외 주거주 등 참여권자가 참여한 상태에서 정보저장매체의 원본을 봉인하여

285) 대법원 2011. 5. 26.자 2009모1190 결정.

정보저장매체의 소재지 외의 장소로 반출할 수 있다(수사준칙 제41조 제3항).

대법원은 제4 유형은 압수·수색영장에 제1 유형, 제2 유형 및 제3 유형으로는 압수·수색의 목적을 달성할 수 없는 사유의 발생시에는 원본 반출이 가능하다는 기재가 있고 그러한 사유가 압수·수색 현장에서 실제 발생한 경우에만 가능하다고 한다.[286] 예를 들어 사전 압수·수색영장에 '기술적인 문제나 장비의 한계로 현장에서의 원본의 복제가 불가능한 경우에는 원본을 수사기관 사무실로 반출한 후 복제본을 생성시키고 반환할 수 있다'고 기재되어 있고, 압수수색 현장에서 실제로 그러한 경우가 발생하면 수사기관은 원본을 반출한 후 수사기관 사무실에서 복제본을 생성시키고 원본은 피처분자에게 반환한 후 복제본을 탐색함으로써 영장기재 범죄사실과 관련성이 인정되는 전자정보를 압수할 수 있다.

5) 제5 유형

제5 유형은 정보저장매체의 원본 자체를 압수하는 방식이다. 법원·검사·사법경찰관은 범위를 정하여 출력 또는 복제하는 방법이 불가능하거나 압수의 목적을 달성하기에 현저히 곤란하다고 인정되는 때에는 정보저장매체 등을 압수할 수 있다(법 제219조, 제106조 제1항).

제5 유형은 압수·수색영장에 정보저장매체 원본 그 자체가 압수의 대상으로서 제1 내지 제4 유형의 압수·수색 방법으로 제한된다는 취지의 기재가 없어야 한다. 정보저장매체의 원본 자체가 압수·수색의 대상이 되는 예로는, 압수대상물이 피의자의 휴대전화로 촬영된 후 저장되어 있는 전자정보로서 '성폭력범죄의 처벌 등에 관한 특례법'상 신체촬영물 또는 '아동·청소년의 성보호에 관한 법률'상 성착취물을 들 수 있다. 수사기관이 이러한 점을 소명하여 정보저장매체 자체가 압수대상임이 명시된 압수·수색영장을 발부받으면 정보저장매체 자체를 압수할 수 있다.

한편 위의 예와 같은 경우에는 휴대전화는 '범죄행위에 제공된 물건'에 해당하고, 신체촬영물·성착취물은 '범죄행위로 인하여 생긴 물건'에 해당하므로 양자는 모두 몰수대상이 되고, 이에 압수된 휴대전화는 반환은 물론 환부나 가환부의 대상도 되지 아니한다.[287]

(나) 사후영장에 의한 압수·수색 및 영장에 의하지 아니한 압수의 경우

1) 사후영장에 의한 압수·수색의 유형

사후영장에 의한 전자정보의 압수·수색 또한 사전영장에 의한 경우와 마찬가지로 5가지의 유형으로 나누어지고, 그 우선 적용순위도 사전영장에 의한 경우와 동일하다. 하지만 특별

286) 대법원 2011. 5. 26.자 2009모1190 결정.
287) 대법원 2017. 10. 23. 선고 2017도5905 판결.

한 경우가 아니라면 체포·구속시 피체포자가 관련성 있는 전자정보만을 제출해 줄 것을 신뢰할 수는 없고, 체포·구속 현장에서 원본을 복제하기가 어려운 경우도 많다. 이러한 점은 범죄현장에서도 마찬가지이다. 따라서 사후영장에 의한 전자정보의 압수·수색은 제4 유형 또는 제5 유형으로 이루어지는 것이 일반적이다.

2) 임의제출에 의한 압수·수색의 유형

정보저장매체가 임의제출이 된 경우도 전자정보의 압수는 사전영장에 의한 압수·수색과 마찬가지로 5가지의 유형으로 행해질 수 있고, 그 우선 적용순위도 사전영장에서와 동일하다.

사후영장에 의한 압수·수색과는 달리 전자정보 임의제출의 경우 제출자를 신뢰할 수 있으면 제1 유형이, 현장에서의 탐색이나 복제본 제작이 가능한 경우는 제2 유형 또는 제3 유형이 적용된다. 물론 앞의 유형들로는 압수·수색의 목적 달성이 현저히 곤란하다면 제4 유형으로도, 정보저장매체가 몰수·폐기의 대상이라면 제5 유형으로도 이루어질 수 있다.

3) 유류물인 경우 압수·수색의 유형

정보저장매체가 유류물인 경우, 정보저장매체를 유류된 장소에 방치할 수는 없고 당장 이를 반환할 상대방 또한 존재하지 아니하므로, 곧바로 제5 유형으로 압수가 이루어질 수 있다.

(3) 일반적인 압수·수색과의 차이점

(가) 제1 유형 및 제2 유형

제1 유형 및 제2 유형의 압수·수색은 영장집행 장소에서 이루어지므로 일반적인 압수·수색과 큰 차이가 있다고 보기 어렵다. 제1 유형의 경우에도 영장집행시에는 원본을 제시하여야 하고, 참여권자의 참여권을 보장하여야 하며, 특정한 전자정보만을 압수·수색의 대상으로 하므로 압수목록 제공시 각각의 전자정보가 기재된 상세목록을 교부하여야 한다. 다만 형사실무에서는 참여권 보장, 영장의 원본집행 등에 대한 문제가 왕왕 발생하고 있다.

1) 통지 및 참여권

사전영장에 의한 압수·수색시 피의자와 변호인에게 통지하지 아니할 수 있는 급속의 예외는 시간적 한계 또는 통지시 증거인멸·도주우려가 인정되는 경우로 제한된다. 예를 들어 제1 유형 및 제2 유형에서 피의자나 변호인에게 압수·수색 사실을 알릴 시간적 여유가 있고, 통지 후 피의자가 압수대상물인 전자정보를 멸실·훼손하거나 도주할 우려가 없다면, 급속의 예외가 적용될 수 없다.[288] 따라서 이러한 경우에는 검사 또는 사법경찰관은 피의자 및 변호인에게 개별적으로 통지하고 각자의 참여권을 보장하여야 한다.[289] 그럼에도 실무상 '금융실명거래 및 비밀보장에 관한 법률'상의 영장을 집행하는 경우 또는 신뢰할 수 있는 포털사이트에 대해 정보제공을 요구하는 내용의 압수·수색영장을 집행하는 경우에 피의자·변호인에게 참여권을 인정하는 예는 찾아보기 어렵다.

2) 영장의 원본집행

제1 유형의 실질은 신뢰할 수 있는 상대방으로부터 정보를 제공받는다는 것이다. 따라서 실무상 팩스 등을 통해 압수·수색영장의 사본을 전송하고 상대방이 이를 확인한 후 해당 전자정보를 제공하는 경우가 있다. 하지만 압수·수색 영장의 집행은 원본에 의함이 원칙이고(법 제118조, 제219조), 제1 유형에 대하여 '통신비밀보호법'상의 통신사실확인자료의 제공처럼 사본집행의 예외(통신비밀보호법 시행령 제37조 제5항)가 명문으로 규정되어 있는 것도 아니다. 따라서 제1 유형에서 팩스 등을 이용한 사본에 의한 영장집행은 위법하다.[290]

다만 대법원은 '금융실명거래 및 비밀보장에 관한 법률' 제4조에 따른 금융영장의 경우 팩스로 영장사본을 전송하였다 하더라도 압수물인 거래정보를 건네받는 시점까지 영장원본을 제시하면 적법하고,[291] 그 정보양이 방대한 경우에는 팩스로 영장사본을 전송하여 거래정보를 건네받아 압수 대상물을 특정한 후 영장원본을 제시하여 압수 대상물인 거래내역만을 압수하여도 적법하다는 입장이다.[292] 명문의 규정에 따른 원칙이 존재함에도 현실적인 필요에 따라 법원이 자의적으로 예외를 인정하는 것은 수사현장에 혼란만을 가중시킬 뿐이다. 법원은 입법기관이 아니다.

3) 해결방안

헌법이 예정하고 있는 압수·수색의 본질은 장소, 물건, 신체 등에 대한 수색과 유체물인 압수물의 점유이전이라 할 수 있고, 형사소송법은 다수의 강행절차를 둠으로써 압수·수색에 대한 적정절차원칙을 구체화하고 있다. 그런데 제1 유형은 이러한 압수·수색의 본질 중 어디에도 해당하지 아니함에도 형사소송법은 이를 압수·수색으로 규정한다. 이로 인하여 제1 유형의 압수·수색 시에도 피의자 및 변호인의 통지·참여권은 보장되어야 하고, 영장의 원본제시가 이루어져야 하는 것이다. 하지만 자원의 한계로 인하여 현실적으로 볼 때 수사기관이 이를 준

288) 대법원 2022. 5. 31.자 2016모587 결정.
289) 대법원 2020. 11. 26. 선고 2020도10729 판결.
290) 대법원 2022. 5. 31.자 2016모587 결정.
291) 대법원 2017. 9. 7. 선고 2015도10648 판결.
292) 대법원 2022. 1. 27. 선고 2021도11170 판결.

수하는 것은 사실상 불가능에 가깝고, 이에 대법원은 일정한 예외를 인정하여 현실과 타협해 온 것으로 보인다.

제1 유형은 헌법이 규정하고 있는 압수·수색과는 본질적인 차이가 있으므로, 그 해결방법으로서 제1 유형을 압수·수색 관련조항에서 삭제하고 정보제공형 수사의 근거규정을 신설하여 이에 포함시키는 것이 타당하다고 생각된다. 다만 이를 실현함에는 상당한 시간이 소요될 수밖에 없으므로 그 때까지는 형사소송법에 제1 유형에 적용될 다수의 예외 규정을 추가하는 것도 임시방편으로 생각해 볼 수 있을 것이다. 형사사법절차에서의 전자문서 이용 등에 관한 법률의 개정에 따른 최근의 **전자영장의 도입**(동법 제17조)도 이러한 문제를 해결하기 위한 하나의 시도라고 볼 수 있을 것이다. 향후 전자영장제도가 어떠한 형태로 정착될지 귀추가 주목된다.

(나) 제3 유형 내지 제5 유형

1) 압수·수색의 사실적 진행과 법적 성질

제3 유형 내지 제5 유형은 정보저장매체의 수색과 발견, 정보저장매체 복제본(제3 유형) 또는 원본의 반출(제4 유형 및 제5유형), 수사기관 사무실에서의 복제본(제3 유형 또는 제4유형) 또는 원본의 탐색(제 5 유형)이라는 순서로 진행되는데, 법원은 이러한 일련의 과정을 하나의 압수·수색으로 보고 있다.

일반적인 압수·수색은 수색 후 압수 대상물을 수색현장에서 압수하는 것으로 종료되고, 이후 압수물에 대해서는 검증 또는 감정이 이루어지만, 전자정보의 압수·수색은 수색현장에서의 정보저장매체의 점유이전부터 수사기관 사무실 내에서 이루어지는 디지털포렌식 등 기술적인 조치까지 모두 압수·수색의 일부가 되는 것이다. 따라서 수사기관 내에서 이루어지는 복제본의 탐색에도 통지, 참여, 세부목록의 제공 등 압수·수색의 절차는 준수되어야 한다. 나아가 제3 유형 내지 제5 유형은 관련성에 따른 탐색과 압수의 제한, 무관정보의 폐기, 원격지에 저장된 전자정보의 압수·수색 허용 여부가 문제되는 등 일반적인 압수·수색과는 많은 차이가 있다.

2) 통지와 참여

제3 유형 내지 제5 유형에서 통지·참여권은 정보저장매체의 수색과 정보저장매체의 탐색시 각각 보장되어야 한다.

① 정보저장매체의 수색시

정보저장매체 수색시의 통지·참여권 보장은 일반적인 압수·수색과 다를 바 없다. 피의자·변호인에게는 급속의 예외가 적용될 수 있고, 공무소 책임자 및 공무소 외 주거주 등의 참여권은 여타의 압수·수색과 마찬가지로 보장되어야 한다.

② 정보저장매체의 탐색시

정보저장매체 탐색시의 통지·참여권 보장은 일반적인 압수·수색과는 상당히 다르다. 정보저장매체의 탐색은 수사기관이 정보저장매체 원본 또는 복제본을 확보한 후 이루어지므로 피의자·변호인에게 정보저장매체 탐색의 사실을 통지하여도 증거인멸의 우려는 없고, 특별한 경우가 아닌 한 통지로 인하여 피의자의 도주우려가 발생한다거나 통지하지 못할 시간적 급박성을 인정하기도 어렵다. 따라서 이러한 경우임에도 피의자·변호인이 통지를 받지 못하여 탐색에 참여할 수 없었다면 위법하다.[293)]

한편 정보저장매체가 발견되어 그 점유가 이전되었던 장소의 책임자 또는 주거주 등은 정보저장매체의 탐식시에도 참여권이 보장되어야 할 것이다. 정보저장매체의 탐색은 전자정보의 압수·수색의 일부를 이루고, 공무소 책임자와 공무소 외 주거주 등은 피처분자로서 압수·수색시 참여권을 가지므로 수사기관 사무실에서 이루어지는 정보저장매체의 탐색시에도 피처분자로서의 참여권을 가진다고 보지 않을 수 없기 때문이다.

3) 관련성에 따른 제한

① 정보저장매체의 탐색과 전자정보 압수의 제한

정보저장매체의 탐색은 관련성 있는 전자정보에 대해서만 이루어져야 하고, 기술적으로도 일정한 종류의 전자정보만을 복원하거나 탐색하는 것이 가능하다. 따라서 압수 대상물인 전자정보와 상이한 종류의 전자정보는 탐색조차 허용되지 아니한다. 예를 들어 배임사건에서 회계장부가 압수 대상물인 경우, 문서인 전자정보는 탐색의 대상이 되지만 영상인 전자정보는 특별한 사정이 없는 한 탐색의 대상에 해당하지 아니한다.

탐색을 통해 압수대상인 전자정보와 동일한 종류로 확인된 전자정보는 범죄사실과 관련성이 인정되는 범위 내에서만 압수할 수 있다. 최근 관련성에 대한 판례 중 대다수는 전자정보의 압수·수색에 대한 것으로, 그 구체적인 내용은 사전영장에 의한 압수·수색에서 살펴본 바와 같다.[294)]

② 무관정보의 폐기

전자정보의 압수·수색에 있어서도 관련성 없는 전자정보는 압수의 대상이 되지 아니한다. 제3 유형 내지 제5 유형에 따라 수사기관이 정보저장매체의 복제본 또는 원본을 반출하거나

293) 대법원 2015. 7. 16.자 2011모1839 전원합의체 결정.
294) 254페이지 참조.

원본 자체를 압수하는 시점에서는 그 매체에 유관정보와 무관정보가 혼재되어 있을 수밖에 없다. 하지만 정보저장매체의 탐색을 거친 후에는 유관정보와 무관정보를 명확히 구분할 수 있게 된다.

이러한 이유로 실무상 전자정보에 대한 압수·수색영장에는 압수·수색방법의 제한 중 하나로 '탐색 후 무관정보의 삭제·폐기 또는 반환'이 기재되고 있다. 압수·수색영장에 정보저장매체의 탐색 후 관련성 없는 정보는 폐기 또는 반환하도록 하였음에도 전체 파일을 계속 보관하는 것은 그 자체로서 위법하고,[295] 영장집행에 의한 정보저장매체 탐색 후 무관정보를 포함하고 있는 복제본을 폐기하지 아니하였다면 설사 지방법원판사로부터 새로운 영장을 발부받았다 하더라도 이를 재탐색하는 것은 위법하다.[296]

이처럼 최근 대법원은 일련의 판례를 통하여 무관정보에 대한 수사기관의 삭제·폐기 또는 반환의무를 강조하고 이를 위배한 경우 무관정보를 이용한 2차 증거 등의 증거능력도 부정하고 있다. 대법원은 사후 압수·수색영장이 발부되었다거나 피고인·변호인이 이를 증거로 하는데 동의하였다 하더라도 그 위법성이 치유될 수 없다고 하고, 수사기관이 임의로 보관 중인 무관정보는 위법수집증거로 보고 그에 대해서는 독수독과이론의 예외도 인정하지 않는다고 하는 등 이에 대해 엄격한 입장을 취하고 있는 것이다.

③ 스마트폰의 특수성

휴대전화, 특히 스마트폰은 정보저장매체의 특성을 가지고 있기는 하나 통신매체의 특성도 가지고 있고, SNS 등 통신, 개인 일정, 인터넷 검색기록, 전화번호, 위치정보 등 통신의 비밀이나 사생활에 관한 방대하고 광범위한 정보가 집적되어 있다. 따라서 스마트폰에 저장된 전자정보는 다른 정보저장매체에 저장된 전자정보와는 그 분량이나 내용, 성격 면에서 현저한 차이가 있으므로, 휴대전화에 대한 압수·수색으로 얻을 수 있는 전자정보의 범위와 그로 인한 기본권 침해의 정도도 크게 다르다.

대법원은 법관이 압수·수색영장을 발부하면서 '압수할 물건'을 특정하기 위하여 기재한

---

295) 대법원 2022. 1. 14.자 2021모1586 결정; 대법원 2023. 6. 1. 선고 2018도19782 판결. 이와 관련하여 수사기관이 압수한 전체 이미지파일을 법원에 보관하면서 선별작업을 하는 디지털포렌식 수사관들에게 접근권한만을 일시적으로 부여한 후 선별작업이 끝나면 법원의 압수영장에 의해 유관정보만을 보관하고 무관정보는 폐기하도록 하는 방안이 주장된다(정지훈, "압수과정에서 취득한 전자정보의 사후적 이용에 대한 통제방안," 2024년도 3개 거점국립대 법학연구소(원) 공동학술대회 발표자료집, 2024. 10. 25.). 압수집행의 주체와 전자정보의 보관·폐기의 주체의 분리를 통해서 수사기관이 무관정보를 별건수사에 활용할 가능성을 차단할 수 있다는 제언인바, 이론의 여지는 없지 않으나 경청할 만한 의견이라고 생각된다.

296) 대법원 2023. 10. 18. 선고 2023도8752 판결.

문언은 엄격하게 해석해야 한다면서, 위와 같은 스마트폰의 특성에 따라 압수·수색영장에 '압수할 물건'으로 '휴대전화에 저장된 전자정보'가 명시되어 있지 아니하다면 특별한 사정이 없는 한 그 영장으로 휴대전화에 저장된 전자정보를 압수할 수는 없다고 하였다.[297)]

4) 원격지 소재 정보저장매체에 저장된 전자정보

① 의의

클라우드 서비스란 인터넷을 통해 자료, 소프트웨어, 플랫폼 등의 서비스를 원격으로 제공하는 것을 말한다. 클라우드 서비스 제공자는 국내 또는 국외의 일정한 장소에 정보저장매체를 두고 있지만, 인터넷의 이용만 가능하다면 서비스가 제공되는 장소에는 제한이 따르지 아니한다.

그런데 클라우드 기술의 발달로 개인이 점유·사용하는 다수의 정보저장매체에 기록된 전자정보는 클라우드 서비스 제공자가 운영하는 정보저장매체, 즉 원격지 서버에도 함께 저장된다. 따라서 클라우드 서비스를 이용하는 자의 정보저장매체를 압수·수색함에 있어서는 클라우드 서비스 제공자의 원격지 정보저장매체에 대한 압수·수색이라는 새로운 문제가 부각된다.

② 국내 소재 원격지 정보저장매체에 저장된 전자정보

수사기관이 개인이 점유·사용하는 정보저장매체에 저장된 전자정보를 압수·수색하면서 원격지 서버에 저장된 전자정보까지 압수·수색하기 위해서는 영장에 그러한 내용이 명확히 기재되어 있어야 한다.

예를 들어 휴대전화에 기록된 전자정보가 원격지 서버에 자동으로 저장되는 클라우드 서비스를 이용하는 피의자가 휴대전화로 '아동·청소년의 성보호에 관한 법률'상 성착취물을 제작하면 그 성착취물은 피의자의 휴대전화는 물론 원격지 서버에도 저장된다. 수사기관이 압수할 물건으로 '피의자의 휴대전화에 저장된 전자정보'만 기재되어 있는 영장을 발부받아 집행하는 경우, 그 휴대전화의 탐색시 클라우드 서비스에 로그인되어 있음을 이용하여 클라우드 서비스의 원격지 서버를 탐색하거나 그 서버에 저장된 성착취물을 압수할 수는 없다.[298)] 압수·수색영장에 '클라우드 서비스에 저장된 전자정보'가 압수물로 기재되어 있지 아니한 이상 이는 탐색 및 압수의 대상에 해당하지 아니하기 때문이다. 따라서 이러한 경우에는 피의자로부터 클라우드 서비스의 원격지 서버의 탐색에 대한 동의 또는 새로운 사전 압수·수색 영장의 발부를 필요로 한다.

297) 대법원 2024. 9. 25.자 2024모2020 결정.
298) 대법원 2022. 6. 30.자 2020모735 결정.

③ 외국 소재 원격지 정보저장매체에 저장된 전자정보

원격지 서버가 외국에 있는 경우 형사사법공조 절차의 대상이 되지 아니하거나 대상이 된다 하더라도 원격지 서버에 저장된 전자정보의 압수에는 상당한 시간이 소요되게 된다. 이에 압수·수색영장으로 외국 소재 원격지 서버에 저장된 전자정보의 압수가 가능한지 여부가 문제된다.

이와 관련하여 대법원은 압수·수색의 실질이 국내에서 이루어지는 이상 적정절차만 준수된다면 외국 소재 원격지 서버에 저장된 전자정보의 압수도 가능하다는 입장이다. 수사기관이 영장을 발부받아 피의자·변호인에게 통지·참여권을 보장하고, 영장기재 수색장소인 한국인터넷진흥원에서 그 소속 직원과 일반인 포렌식 전문가를 참여시켜 영장원본을 제시한 후, 그곳에 설치된 컴퓨터에 적법한 수사과정에서 취득한 피의자의 아이디와 비밀번호를 입력함으로써 외국 이메일 홈페이지에 로그인하여 범죄사실과 관련된 이메일의 일부를 출력한 사안에서, 대법원은, 이러한 전자정보의 압수·수색은 적법절차를 준수하였고 영장집행의 장소적 범위를 국외로 확대하였다고 볼 수도 없으며, 로그인 후 탐색 및 출력 과정은 압수·수색영장의 집행에 필요한 처분으로서 인터넷 서비스 제공자의 의사에 반한 것도 아니므로 적법하다고 하였다.[299] 또한 대법원은 수사기관이 영장을 집행하면서 피의자로부터 임의로 휴대전화를 제출받고 클라우드 서비스의 아이디와 비밀번호 또한 임의로 제공받은 후 클라우드 서비스에 접속 및 탐색하여 성착취물을 압수하였다면, 피의자가 임의제출한 것으로 볼 수 있어 적법하다고 하였다.[300]

④ 정보저장매체가 클라우드 서비스에 접속되어 있는 경우

수사기관이 전자정보를 압수수색하는 과정에서 정보저장매체가 클라우드 서비스에 접속되어 있는 경우, 수사기관은 피의자 및 클라우드 서비스 제공자의 의사에 반하여 클라우드 서버를 탐색하고 전자정보를 압수할 수 있는가? 강제수사의 본질상 원격지 정보저장매체(클라우드 서버)가 국내에 있는 경우에는 양자의 의사에 반하더라도 압수수색의 적법절차만 준수되면 문제될 것이 없지만, 원격지 정보저장매체가 국외에 있는 경우에는 클라우드 서비스 제공자의 의사에 반해서는 아니된다는 문제가 발생한다.

이와 관련하여 대법원은 사인이 타인의 인터넷 계정이 로그인 되어 있는 상태를 이용하여 그 계정의 사진첩에 들어가는 행위는, 그 타인 또는 인터넷 서비스 제공자의 승낙이나 동의를 얻지 아니하는 이상 정보통신망 침입에 해당한다 하였다.[301] 대법원이 향후 수사기관에게도

299) 대법원 2017. 11. 29. 선고 2017도9747 판결.
300) 대법원 2021. 7. 29. 선고 2020도14654 판결.

동일한 기준을 적용한다면, 피의자 또는 클라우드 서비스 제공자의 동의가 없는 이상 수사기관이 압수수색 과정에서 정보저장매체가 클라우드 서비스에 접속되어 있음을 기화로 외국 소재 원격지 서버에 저장된 전자정보를 탐색·압수하는 행위는 국외에 있는 클라우드 서비스 제공자의 의사에 반한 것으로 위법하다 할 수밖에 없을 것이다.

5) 압수목록

전자정보의 압수시에는 각 파일을 개별적으로 기재하여 피처분자에게 압수목록을 교부함이 원칙인바, 이러한 압수목록을 **전자정보 상세목록**이라 한다. 다만 대법원은 참여권이 보장된 상태에서 피처분자가 압수된 전자정보를 파일별로 확인하였다면 전자정보 상세목록을 교부하지 않았더라도 절차규정이 보장하고자 하는 취지가 실질적으로 침해되었다고 보기는 어렵다는 이유로 적법하다는 태도를 취하고 있다. 대법원은 휴대전화 포렌식 후 1개의 압축파일로 압수하고, 개별파일이 아닌 압축파일만을 기재한 전자정보 상세목록을 교부한 것은 위법하지만,[302] 피의자로부터 휴대전화를 임의제출 받아 피의자 참여하에 탐색하던 중 추가 영상물이 발견되자 피의자가 각 영상에 대해 구체적으로 진술한 경우에는 전자정보 상세목록을 제공하지 아니하여도 적법하다고 하였다.[303]

압수목록은 수사기관의 압수 처분에 대한 사후적 통제수단임과 동시에 피압수자의 환부·가환부, 준항고 등 권리행사 절차의 기초적인 자료로서, 형사소송법은 압수목록의 교부에 대한 예외를 두지 않고 있다. 따라서 '실질적 침해'라는 규범적 평가기준을 내세워 수사기관의 절차 위반을 대수롭지 않게 보는 듯한 대법원의 태도에는 아쉬움이 많이 남는다.

(다) 정보저장매체가 임의제출된 경우

1) 임의제출의 주체

휴대전화와 같이 소유자의 사생활이 고스란히 담겨있는 정보저장매체가 임의제출되면 소유자의 사생활의 비밀에 대한 심각한 침해가 생겨난다. 따라서 이러한 정보저장매체의 임의제출이 적법하다고 인정되기 위해서는 소유자의 사생활의 비밀에 대한 침해를 정당화할 사유가 필요하다.

이러한 경우에도 정보저장매체의 소유자는 임의제출의 주체가 된다. 소유자가 임의제출을

301) 대법원 2024. 11. 14 선고 2021도5555 판결.
302) 대법원 2022. 1. 14.자 2021모1586 결정.
303) 대법원 2021. 11. 25. 선고 2019도6730 판결; 대법원 2022. 2. 17. 선고 2019도4938 판결; 대법원 2023. 6. 1. 선고 2020도2550 판결.

하는 경우에는 자신의 사생활의 비밀을 포기하였거나 그에 대한 침해를 스스로 감수한 것이라 할 수 있기 때문이다. 하지만 소지자 또는 보관자는 임의제출로 인하여 소유자의 사생활의 비밀에 대한 침해를 정당화할 특별한 사유가 인정되는 경우에 한하여 임의제출의 주체로 인정함이 옳다. 예를 들어 보관자가 소유자의 허락을 얻어 이러한 정보저장매체를 임의제출하였다면 적법하다 할 것이나, 소지자가 이를 절취하여 임의제출하였다면 위법하다고 하여야 할 것이다. 다만 정보저장매체의 임의제출에 있어 소지자나 보관자의 지위에 대한 주요 사례는 아직 눈에 띄지 않는다.

2) 통지 및 참여권

정보저장매체의 탐색을 하나의 압수·수색 절차에서 이루어지는 일련의 과정으로 보는 이상, 제3 유형 내지 제5 유형과 마찬가지로 임의제출시 정보저장매체의 복제본 또는 원본의 탐색에도 피의자·변호인의 통지 및 참여권은 보장되어야 한다. 양자는 정보저장매체의 점유이전 방법에는 차이가 있으나, 정보저장매체의 탐색에 있어서는 동일하기 때문이다.

다만 대법원은 소지지나 보관자가 임의제출한 경우에는 피의자가 **실질적 피압수자**인 경우에 한하여 피의자의 참여권을 인정한다. 대법원은 피해자가 임의제출한 피의자 소유 휴대전화의 탐색시에도 피의자의 참여권은 보장되어야 하지만,[304] 피의자가 현실적으로 지배·관리한 것이 아닌 정보저장매체로서 그에 기록된 전자정보에 대해 피의자의 **전속적 관리처분권**이 인정되지 아니한다면 제3자가 이를 임의제출한 경우 그 탐색에는 피의자의 통지·참여권을 보장하지 아니할 수 있다고 한다.[305] 또한 대법원은 본범이 증거은닉을 교사하면서 정보저장매체를 교부한 경우처럼 피의자의 의사에 따라 전속적 관리처분권이 양도 또는 포기되었다면 제3자가 제출한 피의자 소유의 정보저장매체를 탐색할 때에는 제출자만 참여시키면 되고 피의자의 통지·참여권은 보장하지 않아도 적법하다고 하고 있다.[306]

이처럼 대법원은 '실질적 피압수자'에 해당하는 경우에 한하여 피의자·변호인에게 통지·참여권을 인정하고 있는바, 형사소송법에 규정되지 아니한 '실질적 피압수자'라는 개념을 도입하여 형사소송법이 명시적으로 보장하고 있는 피의자·변호인의 통지·참여권을 제한하고 있으므로 이에 대해서는 원칙적으로 동의할 수 없다.

3) 관련성의 제한

정보저장매체의 임의제출시 관련성 판단의 기준이 되는 범죄사실은 제출자의 의사에 따르

304) 대법원 2021. 11. 18. 선고 2016도348 전원합의체 판결.
305) 대법원 2022. 1. 27. 선고 2021도11170 판결.
306) 대법원 2023. 9. 18. 선고 2022도7453 전원합의체 판결.

고, 수사기관이 그 의사를 확인하지 못하였을 경우에는 임의제출의 동기가 된 범죄사실로 제한된다.[307] 이외에 관련성에 대한 구체적인 내용 및 그 문제점은 제3 유형 내지 제5 유형에서 살펴본 것과 대동소이하다.

(라) 정보저장매체가 유류된 경우

대법원은 정보저장매체가 유류된 경우 **관련성의 제한이 적용되지 아니하고, 피의자·변호인의 참여권도 보장되지 않는다는** 입장이다.[308] 대법원은 유류물 압수에는 임의제출자조차 존재하지 아니하므로 관련성 평가의 기준인 범죄혐의사실을 설정할 방법이 없고 실질적 피처분자를 인정하기도 어렵다는 것을 그 이유로 들고 있다. 즉, 정보저장매체를 소지하던 사람이 그에 관한 권리를 포기하였거나 포기한 것으로 인식할 수 있는 경우에는 전자정보의 압수시 관련성의 제한이 있다고 볼 수 없고, 매체의 탐색시 참여권자의 참여가 필수적이라 볼 수 없다는 것이다.

하지만 이러한 대법원의 태도에 대해서는 선뜻 동의하기 어렵다. 대법원은 유류물의 압수시 범죄혐의사실을 설정할 방법이 없다고 하고 있으나 수사기관이 유류물을 압수하는 사유가 된 범죄혐의사실을 얼마든지 관련성 평가기준으로 설정할 수 있고, 통지·참여권의 경우에도 대법원은 실질적 피압수자라는 개념에 집착하여 유류물 압수의 경우 형사소송법이 명시적으로 보장하는 피의자·변호인의 통지·참여권을 완전히 배제하고 있기 때문이다.

Ⅴ. 정보수집형 수사

1. 개관

(1) 의의

정보수집형 수사란, 다양한 정의가 있을 수 있겠지만, 여기서는 수사기관이 수사목적 달성을 위하여 정보를 수집하는 일체의 수사방법을 가리키는 것으로 정의한다.

수사유형의 전통적 분류는 정보수집형 수사를 대물적 수사에 포함시키고 있지만, 유체물과 정보는 그 본질이 상이하고 각자에 대한 수사로 인하여 제한되는 기본권도 전혀 다르다. 예를 들어 정보의 수집에는 유체물의 점유이전이 불필요하지만 유체물의 압수에는 유체물의 점

307) 대법원 2021. 11. 18. 선고 2016도348 전원합의체 판결.
308) 대법원 2024. 7. 25. 선고 2021도1181 판결.

유이전을 그 정의에 포함하고 있고, 그 결과 전자에 의해 제한되는 기본권은 개인정보자기결정권, 사생활의 비밀 등이지만 후자에 의해 제한되는 기본권에는 주거의 자유, 재산권 등이 들어간다. 게다가 이미 다수의 정보수집형 수사는 형사소송법이 아닌 개별법에 그 근거규정이 마련되어 있고, 그 요건, 절차 및 통제방법은 압수·수색·검증 등 대물적 수사에서의 그것과 다르게 규정되어 있다. 따라서 이 책에서는 정보수집형 수사를 독자적 수사영역으로 분리하여 설명하고자 한다.

(2) 정보수집형 수사에 대한 법률의 적용체계

형사소송법 제정 이후 상당기간 동안 수사기관은 형사소송법 제199조 제2항에 근거하여 공사단체로부터 수사목적 달성에 필요한 정보를 임의로 제공받을 수 있었다. 그러다가 '의료법', '신용정보의 이용 및 보호에 관한 법률', '금융실명거래 및 비밀보장에 관한 법률', '위치정보의 보호 및 이용 등에 관한 법률', '통신비밀보호법' 등이 제정되면서 각기 특정한 정보의 처리에 대한 규정을 두었고 이에는 수사를 위한 특정 정보의 제공과 수사기관의 수집관련 규정도 들어가 있다. 그런데 위 법률들은 형사소송법 제199조 제2항과는 달리 특정 정보의 처리요건으로 법관의 영장·허가서 또는 정보주체의 동의를 요하거나 수사목적 제공을 금지하는 등 정보처리의 요건, 절차, 내용을 형사소송법 제199조 제2항의 그것과는 **전혀 다르게 규정**하고 있다. 따라서 수사기관이 위 법률들에 규정되어 있는 환자에 관한 정보, 금융거래정보, 위치정보, 통신사실확인자료 등을 수집함에 있어서는 형사소송법 제199조 제2항이 아닌 각 특별법의 해당 조항의 적용을 받게 되고, 그 만큼 형사소송법 제199조 제2항의 적용범위는 축소되게 되었다.

그런데 이처럼 수사기관은 특별법상의 특정 정보는 그 법률의 규정에 따라, 그 외의 정보는 형사소송법 제199조 제2항에 따라 수집한다고 하는 2원적 법률적용체계는, 2011년 '개인정보 보호법'이 제정되면서 더 이상 유지될 수 없게 되었다. 개인정보 보호법은 개인정보 처리자의 개인정보의 수집·이용·제공 등 처리에 대한 일반법으로서 수사목적의 개인정보 처리를 그 적용범위에 포함하고 있고, 개인정보 처리자의 수사목적 개인정보 제공과 개인정보처리자인 수사기관의 수사목적 개인정보 수집은 형사소송법 제199조 제2항이 아닌 개인정보 보호법을 따르도록 규정하고 있기 때문이다.

따라서 현재 정보수집형 수사에 대한 법률의 적용체계는 개인정보 보호법의 적용요건이 충족되는 경우와, 그렇지 아니한 경우로 나뉜다. 전자의 경우 다른 법률의 특별한 규정이 있으면 그 규정이 적용되고, 그렇지 아니하면 개인정보 보호법이 적용되게 된다. 후자의 경우는 다른 법률의 특별한 규정이 있으면 그 규정이 적용되고, 그렇지 아니한 경우에는 형사소송법 제199조 제2항이 적용되게 된다. 그런데 수사기관은 개인정보처리자이고 다수의 정보제공자 또한 개인정보처리자에 해당하며, 수사기관이 수사상 필요에 의해 수집하는 정보는 개인정보에 해당하는 것이 일반적이다. 따라서 일반적으로 수사기관의 정보수집에는 '개인정보 보호법'이 적용되고, 정보제공자의 정보제공 역시 그 대다수는 개인정보 보호법의 적용을 받게 된다.

이하에서는 '개인정보 보호법'과 형사소송법 제199조 제2항에 대해 검토한 후, '통신비밀보호법' 등 특별법상 정보수집형 수사 관련 규정에 대해 살펴본다.

2. 개인정보 보호법과 형사소송법 제199조 제2항[309]

(1) 개인정보 보호법과 형사소송법 제199조 제2항의 관계

형사소송법 제199조 제2항은 수사기관이 공사단체에 필요한 정보의 제공을 요구할 수 있다고 규정하고 있다. 하지만 수사상 증거수집에 개인정보 보호법의 적용요건이 충족되면 다른 법률의 특별한 규정이 없는 이상 '개인정보 보호법'상 관련 규정이 적용된다. 이에 양자의 관계에 대한 명확한 이해를 위해 개인정보 보호법의 적용요건 및 형사소송법 제199조 제2항이 '개인정보 보호법'상 '다른 법률의 특별한 규정'에 해당하는지 여부에 대해 살펴본다.

(가) 수사상 증거수집에 대한 개인정보 보호법의 적용요건

수사상 증거수집에 개인정보 보호법이 적용되기 위해서는 ① 증거로 수집되는 정보가 개인정보이어야 하고, ② 정보제공자가 개인정보처리자 또는 업무상 개인정보를 알게 된 자이어야 하며, ③ 그러한 증거수집이 개인정보 보호법 제3장 내지 제8장에 규정된 개인정보처리 관련 규정의 적용배제 사유에 해당하지 않아야 한다.

1) 개인정보

개인정보란 정보의 전체 또는 일부가 살아있는 자연인에 대한 정보로서, 정보주체의 신원을 특정하기 위해 의도적으로 생성된 정보, 다른 사람과 구별되는 정보주체의 특징에 대한 정보, 두 정보 중 어느 하나에 결합되어 있는 정보 또는 다른 정보와 쉽게 결합하여 두 정보 중 어느 하나에 해당하는 정보를 얻을 수 있도록 하는 정보를 말한다(개인정보 보호법 제2조 제1호).

309) 이에 대한 자세한 내용은 김형규, "형사소송법 제199조 제2항의 적용범위 축소에 따른 문제점과 개선방안," 법학연구 제65권 제1호(2024) 참조.

어떠한 정보가 다른 정보와 쉽게 결합하는지는 개인정보처리자에 따라 달라지는 상대적인 것으로, 특정 개인정보처리자가 기존에 보유하고 있는 정보의 종류와 양, 특정 정보의 가치를 확장시키는데 도움이 되는 추가 정보를 수집할 수 있는 역량, 정보를 해석해 내는 기술 수준 또는 그러한 기술을 가지고 있는 제3자로부터 협조를 얻을 수 있는 지위에 따라 결정되게 된다.

수사기관은 다양하고 방대한 정보를 수집하여 보관하고 있고, 특정 정보의 가치를 확장시키는 데 도움이 되는 추가 정보를 손쉽게 얻을 수 있는 역량과 법적근거를 갖추고 있으며, 정보를 해석해 내는 상당한 기술을 자체적으로 보유하고 있음은 물론 제3자로부터 손쉽게 협조를 구할 수 있는 지위에 있다. 따라서 수사기관이 증거로 수집하는 대부분의 정보는 '개인정보 보호법'상 개인정보에 해당한다.

2) 개인정보처리자 및 업무상 개인정보를 처리하거나 처리하였던 자

개인정보처리자란 업무를 목적으로 개인정보파일을 운용하기 위하여 스스로 또는 다른 사람을 통하여 개인정보를 처리하는 공공기관, 법인, 단체 및 개인 등이고(개인정보 보호법 제2조 제5호), 개인정보파일이란 개인정보를 쉽게 검색할 수 있도록 일정한 규칙에 따라 체계적으로 배열하거나 구성한 개인정보의 집합물을 말한다(동법 제2조 제4호).

'개인정보 보호법'상 업무는 사회생활상 지위, 계속성, 사무성을 갖추어야 하고, 이에는 공무나 위험성이 없는 업무도 포함되므로 수사는 위 세 요건을 갖춘 공무로서 업무성이 인정된다. 수사기관이 운영하고 있는 형사사법정보시스템은 수사 대상자의 이름, 사건번호 등 일정한 규칙에 따라 체계적으로 배열·구성된 개인정보의 집합물이므로 개인정보파일에 해당한다. 따라서 수사기관은 수사를 목적으로 개인정보파일인 형사사법정보시스템을 운영하기 위하여 개인정보를 처리하므로 공공기관인 개인정보처리자에 해당한다.

정보제공자가 개인정보처리자에 해당하는지 여부는 사안에 따라 개별적으로 판단하여야 할 것이지만, 공공기관은 일반적으로 개인정보파일의 운영을 위해 개인정보를 처리하므로 개인정보처리자에 해당한다.[310)]

310) 다만 대법원은 개개의 사건에 대하여 재판사무를 담당하는 수소법원은 '개인정보처리자'에서 제외된다고 한다. 재판사무의 주체로서 법원이 개별 사건을 단위로 재판 과정에서 개인정보를 처리하더라도, 다수의 개인정보 그 자체를 쉽게 검색할 수 있도록 일정한 규칙에 따라 체계적으로 배열하거나 구성한 집합물, 즉 개인정보파일을 운용하기 위하여 개인정보를 처리하는 것이라고 볼 수는 없고, 이에 수소법원이 재판권에 기하여 법에서 정해진 방식에 따라 행하는 공권적 통지행위로서 소송서류 등을 송달하는 경우에는 '개인정보처리자'로서 개인정보를 제공한 것으로 볼 수 없다는 것이다(대법원 2024. 12. 12. 선고 2021도12868 판결). 이러한 대법원의 태도는 동일한 자라 하더라도 처리되는 정보에 따라 개인정보처리자로서의 지위가 인정될 수 있는지 여부를 개별적으로 결정하여야 한다는 점에서 옳다.

한편 개인정보를 처리하거나 처리하였던 자가 업무상 알게 된 개인정보를 누설하거나 권한없이 다른 사람이 이용하도록 제공하는 행위는 금지되는데(동법 제59조 제2호), 이러한 자가 수사기관에 개인정보를 제공하는 것은 누설 또는 권한없는 제공에 해당한다.[311] 따라서 정보제공자가 개인정보처리자에 해당하지 아니한다 하더라도, 업무상 개인정보를 처리하거나 처리하였던 자라면 개인정보 보호법의 적용요건이 충족된다.

3) 개인정보 보호법상 개인정보처리 관련 규정의 적용배제 사유

개인정보 보호법 제58조 제1항에 따라 국가안전보장과 관련된 정보 분석을 목적으로 수집 또는 제공 요청되는 개인정보의 처리에는 '개인정보 보호법'상 개인정보처리 관련 규정이 적용되지 아니한다. 따라서 형법상 내란의 죄, 외환의 죄, 군형법상 반란죄, 국가보안법상 반국가단체구성죄, 국민보호와 공공안전을 위한 테러방지법상 테러단체구성죄 등 국가안전보장과 직결된 범죄에 대한 수사상 증거수집에는 개인정보 보호법이 적용되지 아니한다. 다만 이에 대한 수사는 이미 개시되어 진행 중이거나, 최소한 수사를 개시할 만큼의 객관적 단서가 충분히 확보되어 있어야 한다.

(나) 형사소송법 제199조 제2항의 '다른 법률의 특별한 규정'해당 여부

1) 다른 법률의 특별한 규정의 의미

개인정보 보호법 제6조 제1항은 "개인정보의 처리 및 보호에 관하여 다른 법률에 특별한 규정이 있는 경우를 제외하고는 이 법에서 정하는 바에 따른다."고 규정하고 있다. 여기서 다른 법률이란 개인정보 보호법 외 법률 또는 법률의 명확한 위임에 의한 법규명령을 말한다.

특별한 규정의 의미에 대해서는 **처리대상정보가 명시적·개별적으로 나열되어 있어야 하는지 여부**를 중심으로 견해가 갈리는데, 다수의 견해는 처리대상정보가 명시적·개별적으로 나열된 경우에 한하여 특별한 규정에 해당한다는 입장을 취한다. 하지만 개인정보 보호법은 주민등록번호나 여권번호와 같이 처리정보의 개별적 나열을 요구하는 경우에는 구체적 규정이라는 표현을 사용하고 있고(개인정보보호법 제24조 제1항 제2호, 제24조의2 제1항 제1호) 구 개인정보 보호법상 특별한 규정의 예시로 명시되어 있었던 구 정보통신망법과 구 '신용정보의 이용 및 보호에 관한 법률'은 특정 주체의 일반적인 개인정보 또는 특정한 개인정보의 처리에 대해 구체적으로 규정하고 있을 뿐 처리정보의 명시적·개별적 나열을 요하지 않았다. 더구나 특별한 규정으로 인정되기 위해서는 처리되는 정보의 명시적 나열이 요구된다고 한다면 압수·수색을 규

311) 대법원 2022. 10. 27. 선고 2022도9510 판결.

정하고 있는 형사소송법 제106조도 특별한 규정에 해당할 수 없게 된다. 그러나 법관이 발부한 영장에 따른 정보처리는, 이를 규정하고 있지 아니한 '개인정보 보호법'보다 우선 적용되어져야 한다. 따라서 특별한 규정은 특별법상 처리되는 정보가 개별적으로 나열된 규정 및 형사소송법 제106조 등과 같이 정보처리가 법관·법원이 발부한 영장에 의하도록 한 규정을 가리킨다고 보아야 한다.

2) 형사소송법 제199조 제2항의 '다른 법률의 특별한 규정' 해당 여부 및 그 적용범위의 축소

형사소송법 제199조 제2항은 처리대상 정보를 명시적·개별적으로 나열하고 있지 아니하고, 법관이 발부한 영장이나 허가서도 요하지 아니하고 있다. 따라서 형사소송법 제199조 제2항은 위 견해 중 어떠한 것을 따르더라도 다른 법률의 특별한 규정에 해당하지 아니한다.

이처럼 형사소송법 제199조 제2항은 다른 법률의 특별한 규정에 해당하지 아니하는바, 그 적용범위는 상당히 축소되게 되었다. 통신사실확인자료, 금융거래정보, 개인위치정보 등과 같이 특정 개인정보의 처리에 대한 다른 법률의 특별한 규정이 존재한다면 수사기관의 정보수집과 정보제공자의 정보제공에는 당해 특별법상 규정이 적용되게 된다. 특별법이 존재하지 아니하는 개인정보에 대해서는 개인정보 보호법의 적용요건이 충족되면 개인정보 보호법이 적용된다(개인정보 보호법 제15조 내지 제19조, 제59조). 형사소송법 제199조 제2항은 위 두 경우에 해당하지 아니하는 경우에만 적용되는 것이다.

(2) 개인정보 보호법상 수사목적 개인정보처리 관련 규정의 주요내용

개인정보 보호법은 형사소송법 제199조 제2항과 달리 수사상 증거수집에 대해 다양한 제한을 두고 있다. 제3자의 개인정보 제공과 수사기관의 개인정보 수집으로 나누어 개인정보 보호법상의 수사상 증거수집관련 규정에 대해 살펴본다.

(가) 제3자의 개인정보 제공

개인정보 보호법은 정보주체의 동의가 없는 경우, 정보제공자가 수사목적으로 수사기관에 개인정보를 제공할 수 있는지 여부에 대하여 정보제공자의 지위, 개인정보를 수집한 목적과 제공하는 목적 등에 따라 복잡하게 규정하고 있다.

1) 공공기관인 개인정보 처리자

개인정보 보호법상 공공기관에는 국회, 헌법재판소, 중앙행정기관 및 그 소속기관, 지방자치단체 그 밖의 국가기관, 국가인권위원회, 고위공직자범죄수사처, 각급 학교, 공공기관의 운영에 관한 법률상 공공기관, 지방공기업법에 따른 지방공사와 지방공단, 특별법에 따라 설립된 특수법인 등이 있다(개인정보 보호법 제2조 제6호).

공공기관인 개인정보처리자는 정보주체의 동의가 있는 경우(동법 제17조 제1항 제1호), 수집목적과 제공목적이 동일한 경우(동법 제17조 제1항 제2호), 수집목적과 제공목적이 밀접한 관련성이 인정되는 경우(동법 제17조 제4항), 정보주체 또는 제3자의 이익을 부당하게 침해할 우려가 없고 수사목적 달성을 위해 필요한 경우(동법 제18조 제2항 제7호)에 자신이 수집한 개인정보를 수사기관에 증거로 제출할 수 있다. 따라서 공공기관인 개인정보처리자는 정보주체의 동의를 받지 아니하더라도, 비례원칙만 준수하면 수사목적이 아닌 목적으로 수집한 개인정보를 수사기관에 증거로 제공할 수 있다.

헌법재판소도 비례원칙을 기준으로 공공기관인 개인정보처리자가 정보주체의 동의없이 개인정보를 수사기관에 증거로 제출할 수 있는지 여부를 판단하고 있다. 헌법재판소는 시장이 활동보조인의 급여비용 부정수급 수사목적으로 수사기관에게 수사대상자의 이름 등을 제공한 사안에서, 이름 등은 민감정보에 해당하지 않고 부정수급 수사상 필요시에는 수사기관에 제공될 것이 예정되어 있음을 이유로 합헌이라 하였다.[312] 하지만 건강보험공단이 수사초기에 수사목적으로 수사기관에게 요양급여내역을 제공한 사안에서는, 요양급여는 민감정보로서 수사초기에 불가피한 사유 없이 이를 수사기관에 제공하는 것은 과잉금지원칙 위반으로 위헌이라 하였다.[313]

2) 공공기관 아닌 개인정보 처리자

개인정보처리자가 공공기관이 아닌 경우에도 정보주체의 동의가 있는 경우, 수집목적과 제공목적이 동일한 경우, 수집목적과 제공목적이 밀접한 관련성이 인정되는 경우에는 수사목적 외의 목적으로 수집한 개인정보를 수사기관에 증거로 제공할 수 있다. 하지만 제3자의 이익을 부당하게 침해할 우려가 없고 수사목적 달성을 위해 필요한 경우라 하더라도 공공기관 아닌 개인정보처리자는 수사목적 외의 목적으로 수집한 개인정보를 수사기관에 증거로 제공할 수 없다(개인정보 보호법 제18조 제2항 제7호).

그런데 공공기관 아닌 개인정보처리자가 정보주체에게 수사목적 제공의 동의를 받거나, 정보주체가 이에 동의하기를 기대하기는 어렵다. 공공기관 아닌 개인정보처리자는 수사기관이 될 수 없고, 수사기관이 아닌 이상 업무상 수사목적으로 개인정보를 수집하는 것은 그 자체로

312) 헌법재판소 2018. 8. 30. 선고 2016헌마483 전원재판부 결정.
313) 헌법재판소 2018. 8. 30. 선고 2014헌마368 전원재판부 결정.

서 개인정보 보호법에 위반되므로(동법 제3조), 공공기관 아닌 개인정보처리자가 수집목적과 동일목적 또는 관련목적으로 개인정보를 수사기관에 제공할 수 있는 경우는 쉽게 생각하기 어렵다. 대법원도 공공기관이 아닌 개인정보처리자가 업무상 처리한 개인정보를 정보주체의 동의 없이 수사기관에 임의로 제공한 것은 위법하다고 하였다.[314)]

3) 업무상 개인정보를 처리하거나 처리하였던 자

개인정보를 처리하거나 처리하였던 자는 업무상 알게 된 개인정보를 누설하거나 권한 없이 다른 사람이 이용하도록 제공할 수 없다(개인정보 보호법 제59조 제2호). 이에 대하여 대법원은 수사기관에 증거로 제공하는 것도 개인정보의 누설 등에 해당하므로, 정보주체의 동의가 없는 이상 업무 목적으로 개인정보를 처리하였던 자는 개인정보를 수사기관에 증거로 제공할 수 없다고 하고,[315)] 업무 목적으로 개인정보를 처리하였던 자가 고소장에 자신이 처리한 개인정보를 증거로 첨부하는 것도 개인정보 보호법상 개인정보의 누설에 해당하므로 정당행위에 해당하지 아니하는 이상 위법하다고 하였다.[316)]

4) 개인정보처리자로부터 개인정보를 제공받은 자

개인정보처리자로부터 개인정보를 제공받은 자는 정보주체로부터 별도의 동의를 받거나, 다른 법률에 특별한 규정이 있는 경우 외에는 개인정보를 제공받은 목적 외의 용도로 이용하거나 이를 제3자에게 제공하여서는 아니 된다(개인정보 보호법 제19조). 따라서 개인정보처리자로부터 개인정보를 제공받은 자는 위 두 예외에 해당하지 아니하는 이상 그 개인정보를 수사기관에 증거로 제공할 수 없다.

(나) 수사기관의 개인정보 수집 및 이용

수사기관은 공공기관인 개인정보처리자로서 정보주체의 **동의** 또는 **수사상 불가피성**이 인정되는 경우 개인정보를 증거로 수집하여 당해 사건의 수사에 이용할 수 있다(개인정보 보호법 제15조 제1항).

수사기관이 정보주체로부터 동의를 받을 때에는 개인정보 보호법이 규정한 매우 구체적인 방법에 따라야 하는데, 피의자로부터 그러한 동의를 얻는 것은 기대하기 어렵고 동의를 얻을 수 있다 하더라도 그 과정에서 수사정보의 노출로 인한 수사의 비밀성이나 효율성의 저하를 피하기 어렵다. 이처럼 정보주체의 동의에 의하여 수사기관이 개인정보를 증거로 수집하는 것

---

314) 대법원 2015. 7. 16. 선고 2015도2625 전원합의체 판결.
315) 대법원 2022. 10. 27. 선고 2022도9510 판결.
316) 대법원 2022. 11. 10. 선고 2018도1966 판결.

은 사실상 불가능에 가깝다. 다만 수사기관은 정보주체의 동의가 없다 하더라도 수사상 불가피성이 인정되면 개인정보를 증거로 수집할 수 있다. 여기에서 '불가피성'이란 수사기관이 개인정보를 수집하지 아니하고서는 수사권을 행사할 수 없거나 수사가 현저히 곤란한 경우를 의미하는바[317] 수사기관의 수사상 개인정보 수집은 필요최소한의 범위 내에서 이루어져야 한다.

(3) 형사소송법 제199조 제2항

수사기관은 수사에 관하여 공무소 및 공사단체에 조회하여 필요한 사항의 보고를 요구할 수 있다(법 제199조 제2항). 이에 대해 **통설**은 이러한 요구를 받은 공무소 및 공사단체에는 보고의무가 있지만 이를 강제할 방법은 없으므로 **임의수사**라 한다.[318] 그런데 위에서 살펴본 것과 같이 형사소송법 제199조 제2항은 다른 법률의 특별한 규정이 존재하지 아니하고 개인정보 보호법도 적용되지 아니하는 경우에만 적용되므로, 그 적용범위는 크게 제한되어 있다.

이러한 법률 체계에 대해서는 찬반론이 있을 수 있겠으나, 수사나 재판에 대해 이 정도로 개인정보의 이용을 제한하는 것은 지나치다는 느낌을 지우기 어렵다. 따라서 개인정보 보호법을 정보주체의 개인정보자기결정권과 수사·재판의 공익이 조화될 수 있는 방향으로 개정할 필요가 있다고 본다.

3. 통신수사

(1) 의의

통신수사란 수사기관이 전기통신사업자로부터 통신주체, 통신내역, 통신내용 등 전기통신의 사용에 따라 생성되는 개인정보를 제공받아 수사에 활용하는 것을 말한다. 통신수사는 수사대상자의 통신의 자유를 침해하므로 그 법적 근거를 요하는바, 통신주체 관련정보는 '전기통신사업법'에 규정되어 있고 통신내역 및 통신내용 관련정보는 '통신비밀보호법'에 규정되어 있다. 양 법률은 통신수사의 대상정보에 대해 명시적으로 나열하고 있고, 통신내역 및 통신내용 관련정보의 수사목적 제공·수집은 법관이 발부한 영장에 의한다. 따라서 이들 규정은 개인정보 보호법상 다른 법률의 특별한 규정에 해당한다.

이론상 수사기관은 통신서비스 서버 자체에 대한 압수·수색으로도 영장발부 시점에 이미

317) 개인정보보호위원회 88; 개인정보보호위원회 2020. 1. 13. 제2020-01-004호 결정.

318) 강/황/이/최 257; 배/홍, 125; 손/신 250; 신동운 182; 이/김 237; 이/조/이 156; 이주원 135; 이창현 301; 다만, 차/최(281), 신/조(88)는 이를 강제수사라 한다.

존재하는 통신정보를 확보할 수 있다. 하지만 압수대상물인 정보저장매체의 물리적인 크기와 그에 기록된 정보의 방대함 및 보완조치 등으로 인해 필요한 정보를 탐색하여 적시에 압수하는 것은 불가능에 가까울 뿐만 아니라, 압수수색시에 발생하는 통신장애로 인한 피해로 인해 이를 허가하는 압수·수색영장이 발부될 가능성은 거의 없다고 해도 무방하다. 또한 통신수사는 실시간 또는 장래를 향해 생성될 정보에 대해서도 이루어질 필요가 있는데, 압수·수색 시에는 통지·참여·영장제시 등의 절차가 준수되어야 하므로 이러한 형태의 강제수사에는 적용되기 어렵다. 이에 실무상으로도 통신수사는 전기통신사업법 및 통신비밀보호법에 근거한 정보수집의 방식으로 이루어지고 있다. 아래에서는 통신주체에 대한 정보인 통신이용자정보, 통신내역에 대한 정보인 통신사실확인자료, 통신내용에 대한 정보인 통신제한조치로 나누어 살펴본다.

(2) 통신이용자정보

(가) 의의

통신이용자정보란 전기통신 서비스 이용자의 성명, 주민등록번호, 주소, 전화번호, 아이디, 가입일 또는 해지일을 말한다. 전기통신사업자는 법원, 검사 또는 수사관서의 장이 재판, 수사, 형의 집행을 위한 정보수집을 위하여 통신이용자정보의 열람 또는 제출을 요청하면 그 요청에 따를 수 있다(전기통신사업법 제83조 제3항).

통신이용자정보의 제공은 법관의 허가를 요하지 아니하고, 전기통신사업자에게는 정보제공의무도 부과되어 있지 아니하여, 일반적으로 임의수사로 이해되고 있다. 헌법재판소[319)]와 대법원[320)]도 같은 입장이다.

(나) 요건

전기통신사업법은 통신이용자정보의 제공과 수집에 대해 명시적인 요건을 두고 있진 않지만, 수사를 위한다고 함은 곧 당해 정보가 수사에 필요하다는 의미와 동일하므로, 통신이용자정보 제공의 요건은 수사의 필요성이라 할 수 있다.

(다) 절차

1) 수사기관의 제공요청

통신이용자정보 제공 요청은 요청사유, 해당 이용자와의 연관성, 필요한 통신이용자정보

319) 헌법재판소 2012. 8. 23. 선고 2010헌마439 전원재판부 결정.
320) 대법원 2016. 3. 10. 선고 2012다105482 판결.

의 범위를 기재한 **정보제공요청서**로 하여야 한다. 다만 긴급한 사유가 있는 때에는 수사기관은 정보제공요청서에 의하지 아니하는 방법으로 요청할 수 있으며, 그 사유가 없어지면 지체 없이 전기통신사업자에게 정보제공요청서를 제출하여야 한다(전기통신사업법 제83조 제4항).

2) 전기통신사업자의 제공

전기통신사업자는 수사기관의 통신이용자정보제공 요청을 따를 수 있을 뿐 그 요청을 따라야할 의무가 있는 것은 아니다(전기통신사업법 제83조 제3항). 대법원도 전기통신사업자는 수사기관의 정보제공요청을 거부할 수 있다는 입장이다.[321)]

실제로 전기통신사업자가 통신이용자정보의 제공을 거부하는 예가 종종 있다. 이 경우 수사기관은 압수·수색영장을 발부받아 정보제공을 요청하고 있고, 전기통신사업자가 그러한 영장에 따른 정보제공 요청을 거부하는 사례는 찾아보기 어렵다. 다만 전기통신사업자가 영장에 따른 정보제공 요청마저 거부하는 경우, 그에 대한 수사기관의 대응책은 마련되어 있지 아니하다.

3) 수사기관의 수집 및 사후통지

전기통신사업자가 통신이용자정보를 제공하여 수사기관이 이를 수집한 경우, 검사 또는 수사관서의 장은 통신이용자정보를 제공받은 날부터 30일 이내에 통신이용자정보 조회의 주요 내용 및 사용 목적, 통신이용자정보 제공을 받은 자 및 통신이용자정보 제공을 받은 날짜를 정보주체에게 서면 또는 전자적 방법으로 통지하여야 한다(전기통신사업법 제83조의2 제1항).

다만 통지유예의 사유에 해당하는 경우에는 그 기간이 종료된 날부터 30일 이내에 통지할 수 있다. 통지사유에는 해당사유 해소시까지 그 통지가 유예되는 것과, 두 차례에 한정하여 각 3개월의 범위 내에서 통지가 유예되는 것이 있다. 전자는 국가 및 공공의 안전보장을 위태롭게 할 우려가 있는 경우, 피해자 또는 그 밖의 사건관계인의 생명이나 신체의 안전을 위협할 우려가 있는 경우이고, 후자는 증거인멸, 도주, 증인 위협 등 공정한 사법절차의 진행을 방해할 우려가 있는 경우, 피의자, 피해자 또는 그 밖의 사건관계인의 명예나 사생활을 침해할 우려가 있는 경우, 질문·조사 등의 행정절차의 진행을 방해하거나 과도하게 지연시킬 우려가 있는 경우이다. 유예사유 및 그 기간에 대한 입증책임은 당연히 검사에게 있다.

구 전기통신사업법은 통신이용자정보 제공시 수사기관에게 사후 통지의 의무를 두지 않고 있었는데, 헌법재판소는 통지규정의 부재에 대해 적법절차원칙의 위반을 사유로 헌법불합치 결정을 하였다.[322)] 이에 전기통신사업법에 통신이용자정보 제공에 대한 사후 통지규정이 신설

321) 대법원 2016. 3. 10. 선고 2012다105482 판결.

되게 된 것으로, 미통지 또는 사후 통지기간 도과는 피의자·피고인의 방어권 행사에 직접적 영향을 미쳤는지 여부와 상관없이 적정절차원칙 위반으로 바로 위법하다.

(3) 통신사실확인자료

(가) 의의

통신사실확인자료는 가입자의 전기통신일시, 전기통신개시·종료시간, 발·착신 통신번호 등 상대방의 가입자번호, 사용도수, 컴퓨터통신 또는 인터넷의 사용자가 전기통신역무를 이용한 사실에 관한 컴퓨터통신 또는 인터넷의 로그기록자료, 정보통신망에 접속된 정보통신기기의 위치를 확인할 수 있는 발신기지국의 위치추적자료, 컴퓨터통신 또는 인터넷의 사용자가 정보통신망에 접속하기 위하여 사용하는 정보통신기기의 위치를 확인할 수 있는 접속지의 추적자료 등 전기통신사실에 관한 자료를 말한다(통신비밀보호법 제2조 제11호).

통신사실확인자료의 제공은 법관의 허가에 의하고, 전기통신사업자에게는 정보제공 의무도 부과되어 있어 일반적으로 **강제수사**로 이해되고 있다. 한편 통신비밀보호법은 검사의 청구에 따른 통신사실확인자료 제공요청의 허가주체를 법원으로 표기하고 있는데, 이는 수사절차에서는 지방법원판사를 의미한다.

(나) 요건과 대상의 한계

1) 요건

통신비밀보호법은 통신사실확인자료 중 발신기지국 실시간 위치추적자료, 정보통신기기 접속지 실시간 위치추적자료, 특정 기지국 통신사실확인자료와 그 외 통신사실확인자료의 제공요건을 서로 달리 규정하고 있다. **실시간 위치추적자료**란 휴대전화가 접속해 있는 기지국의 위치 또는 정보통신기기가 접속해 있는 실시간 위치정보를 말하고, **특정기지국 통신사실확인자료**란 그 기지국을 통해 생성된 모든 통신사실확인자료를 말하는데, 구 통신비밀보호법 제13조는 실시간 위치추적 자료 및 특정 기지국 자료 제공의 요건을 별도로 규정하지 아니하였고, 이

322) 헌법재판소 2022. 7. 21. 선고 2016헌마388 등 전원재판부 결정. "당사자에 대한 통지는 당사자가 기본권 제한 사실을 확인하고 그 정당성 여부를 다툴 수 있는 전제조건이 된다는 점에서 매우 중요하다. 효율적인 수사와 정보수집의 신속성, 밀행성 등의 필요성을 고려하여 사전에 정보주체인 이용자에게 그 내역을 통지하도록 하는 것이 적절하지 않다면 수사기관 등이 통신자료를 취득한 이후에 수사 등 정보수집의 목적에 방해가 되지 않는 범위 내에서 통신자료의 취득사실을 이용자에게 통지하는 것이 얼마든지 가능하다. 그럼에도 이 사건 법률조항은 통신자료 취득에 대한 사후통지절차를 두지 않아 적법절차원칙에 위배된다."

에 대하여 헌법재판소는 양 정보의 민감성과 제공되는 정보의 대량성에도 불구하고 그 제공요건으로 수사상 필요성만을 두고 있어 과잉금지원칙을 위반하였다며 헌법불합치 결정을 하였다.[323] 이에 따라 통신제한조치 대상 범죄 또는 전기통신이 수단인 범죄 외의 범죄수사를 위한 실시간 위치추적 자료 및 특정기지국 자료 제공요청의 요건은 보충성에 준하도록 개정되었다.

① 일반적인 통신사실확인자료

검사 또는 사법경찰관은 수사상 필요한 경우 전기통신사업자에게 통신사실 확인자료의 제공을 요청할 수 있다(통신비밀보호법 제13조 제1항).

② 실시간 위치추적 자료 및 특정기지국 자료

검사 또는 사법경찰관은 다른 방법으로는 범죄의 실행을 저지하기 어렵거나 범인의 발견·확보 또는 증거의 수집·보전이 어려운 경우에 한하여 전기통신사업자에게 발신기지국 실시간 위치추적자료, 정보통신기기 접속지 실시간 위치추적자료 또는 특정 기지국 통신사실확인자료의 제공을 요청할 수 있다.

다만 통신비밀보호법상 통신제한조치의 대상이 되는 범죄(통신비밀보호법 제5조 제1항) 또는 전기통신을 수단으로 하는 범죄에 대한 수사시에는 실시간 위치추적 자료 등의 제공 요건도 수사상 필요성이 된다. 즉 일반적인 통신사실확인자료 제공 요건과 동일한 것이다(동법 제13조 제2항).

2) 실시간 GPS 위치정보의 문제

통신사실확인자료는 발신기지국과 정보통신기기 접속지의 실시간 위치추적자료를 포함하고 있으나, GPS 위치정보는 포함하고 있지 아니하다. '위치정보의 보호 및 이용 등에 관한 법률'은 GPS 위치정보를 포함한 개인 위치정보 처리에 대해 규정하고 있는데, **긴급구조**를 위하여 필요한 경우 위치정보사업자에게 GPS 위치정보를 포함한 개인위치정보를 경찰관서에 제공할 의무를 규정하고 있으나(위치정보법 제29조), 정보주체의 **동의**가 없는 이상 오로지 **수사만**을 목적으로 한 개인위치정보제공은 금지하고 있다(동법 제18조 내지 제21조). 따라서 수사기관은 긴급구조와 수사가 동시에 이루어지는 경우에는 실시간 GPS 위치정보를 제공받을 수 있으나, 오로지 수사만을 위한 경우에는 이를 제공받을 수 없다.

사전영장에 의한 압수·수색은 영장집행시에 존재하는 정보에 대해서만 이루어질 수 있다. 위치정보사업자의 사무실이 범죄장소이거나 그 장소에서 체포가 이루어지는 경우는 이례적이고, 그러한 경우라 하더라도 범죄장소로 인식한 사유가 된 범죄사실 또는 체포의 사유가 된 범

323) 헌법재판소 2018. 6. 28. 선고 2012헌마538 전원재판부 결정.

죄사실과 실시간 GPS 위치정보 사이에는 관련성이 인정되기도 어렵다. 따라서 수사기관은 실시간 GPS 위치정보를 사전 또는 사후영장으로도 제공받기가 매우 어렵다.

실시간 GPS 위치정보의 정확성 및 그 제공에 따른 수사의 효율성에 비추어 볼 때, 중대한 범죄 및 보충성 등 엄격한 요건이 충족되는 경우에는 법관의 사전 또는 사후 허가서에 의해 수사기관이 이를 제공받을 수 있는 근거규정을 마련할 필요가 있다.

(다) 절차

1) 수사기관의 제공요청

① 검사의 청구

검사는 통신사실확인자료 제공요청의 요건이 구비된 경우에는 통신 당사자 쌍방 또는 일방의 주소지·소재지·범죄지 또는 통신당사자와 공범관계에 있는 자의 주소지·소재지를 관할하는 지방법원 또는 지원에 대하여 각 피의자별 또는 각 피내사자별로 통신사실확인자료 제공요청의 허가를 청구할 수 있고, 사법경찰관은 검사에게 이를 신청할 수 있다(통신비밀보호법 제13조 제9항, 제6조 제1항, 제2항, 제3항).

검사의 허가청구는 요청사유, 해당 가입자와의 연관성 및 필요한 자료의 범위 등을 기록한 청구서로 하여야 하며, 청구이유에 대한 소명자료를 첨부하여야 한다. 이 경우 동일한 범죄사실에 대하여 그 피의자 또는 피내사자에 대하여 통신사실확인자료 제공요청의 허가를 청구하였거나 허가받은 사실이 있는 때에는 다시 통신사실확인자료의 제공요청 허가를 청구하는 취지 및 이유를 기재하여야 한다(동법 제13조 제3항, 제9항, 제6조 제4항).

② 법원의 허가서 발부

법원은 청구가 이유 있다고 인정하는 경우에는 각 피의자별 또는 각 피내사자별로 통신사실확인자료의 제공요청을 허가하고, 이를 증명하는 허가서를 청구인에게 발부한다(통신비밀보호법 제13조 제9항, 제6조 제4항). 법원이 청구를 기각하는 경우 검사는 다시 허가를 청구할 수 있을 뿐, 준항고로 이를 다툴 수는 없다.

③ 통신사실확인자료의 제공요청과 허가서 표지의 사본발급

허가서를 발부받은 검사 또는 사법경찰관은 통신사실확인자료의 제공을 요청할 수 있다. 검사 또는 사법경찰관이 이를 요청할 때에는 전기통신사업자에게 허가서 표지의 사본을 발급하고 자신의 신분을 표시할 수 있는 증표를 제시하여야 한다. 이때 사본의 발급과 신분증 제시는 모사전송의 방법에 의할 수 있다(통신비밀보호법 시행령 제37조 3항, 제5항, 제12조).

④ 긴급 통신사실확인자료 제공요청

법원의 사전 허가를 받을 수 없는 긴급한 사유가 있는 때에는 수사기관은 긴급 통신사실확인자료 제공요청서의 표지 사본을 발급하고 자신의 신분을 표시할 수 있는 증표를 전기통신사업자에게 제시함으로써 통신사실확인자료의 제공을 요청할 수 있다(통신비밀보호법 제13조 제3항 단서, 동법 시행령 제37조 제3항, 제5항, 제12조). 이 경우 검사는 지체 없이 지방법원판사로부터 허가를 받아 그 허가서를 전기통신사업자에게 송부하여야 한다(동법 제13조 제3항 단서).

검사가 지방법원 또는 지원의 사후 허가를 받지 못한 경우에는 지체 없이 제공받은 통신사실확인자료를 폐기하여야 한다(동법 제13조 제4항).

2) 전기통신사업자의 제공

전기통신사업자는 검사 또는 사법경찰관이 통신비밀보호법에 따라 집행하는 통신사실 확인자료제공의 요청에 협조하여야 한다(통신비밀보호법 제15조의2). 하지만 통신비밀보호법은 전기통신사업자의 협조의무 불이행에 대한 제재를 규정하고 있지 아니하고, 실무상 전기통신사업자가 통신사실확인자료의 제공을 거부하는 예도 있다. 이러한 경우 수사기관에게는 이를 강제할 방법이 없다.

3) 수사기관의 사후통지

통신사실확인자료를 제공받은 검사 또는 사법경찰관은 수사기간 및 수사종결의 유형에 따라 통신비밀보호법이 정한 기간 내에 통신사실 확인자료제공을 받은 사실과 제공요청기관 및 그 기간 등을 정보주체에게 서면으로 통지하여야 한다.

통신비밀보호법은 수사종결 처분일로부터 30일 이내에 사후통지가 이루어질 것을 원칙으로 하되, 기소중지·참고인중지·수사중지 처분시에는 1년 내지 3년을 경과한 날로부터 30일 이내에, 수사가 진행 중인 경우에는 통신사실확인자료를 제공받은 때부터 1년이 경과한 날로부터 30일 이내에 사후통지가 이루어지도록 하는 등 사후통지 기한을 매우 복잡하게 규정하고 있다(통신비밀보호법 제13조의3 제1항).

통지유예의 사유에는 국가의 안전보장, 공공의 안녕질서를 위태롭게 할 우려가 있는 경우, 피해자 또는 그 밖의 사건관계인의 생명이나 신체의 안전을 위협할 우려가 있는 경우, 증거인멸, 도주, 증인 위협 등 공정한 사법절차의 진행을 방해할 우려가 있는 경우, 피의자, 피해자 또는 그 밖의 사건관계인의 명예나 사생활을 침해할 우려가 있는 경우 등이 들어있다. 이에 해당하는 경우 검사 또는 사법경찰관은 미리 관할 지방검찰청 검사장의 승인을 받아 그 사유가 해소될 때까지 통지를 유예할 수 있다(동법 제13조의3 제2항, 제3항). 검사 또는 사법경찰관은 통지유예 사유가 해소된 때에는 그 날부터 30일 이내에 정보주체에게 서면으로 통지하여야 한다(동법 제13조의3 제4항).

4) 정보주체의 제공요청 사유 공개신청 및 그 처리

검사 또는 사법경찰관으로부터 통신사실확인자료 제공의 통지를 받은 정보주체는 해당 통신사실확인자료 제공의 요청사유를 공개해 줄 것을 서면으로 신청할 수 있다(통신비밀보호법 제13조의3 제5항).

정보주체로부터 제공 요청사유 공개 신청을 받은 검사 또는 사법경찰관은 통지유예 사유 중 어느 하나에 해당하는 경우를 제외하고는 그 신청을 받은 날부터 30일 이내에 해당 통신사실 확인자료 제공 요청사유를 서면으로 통지하여야 한다(동법 제13조의3 제6항). 이는 '공공기관의 정보공개에 관한 법률'에 대한 특칙으로, 검사 및 사법경찰관에게 정보공개 의무를 부과하여 정보주체의 알권리를 보장하기 위한 것이다.

(라) 비밀준수의무 및 사용제한

1) 비밀준수의무

통신비밀보호법은 통신제한조치에 대한 비밀준수 및 자료의 사용제한 규정을 통신사실확인자료에도 준용하고 있다. 통신사실확인자료 제공요청의 허가·집행·통보 및 각종 서류작성 등에 관여한 공무원 또는 그 직에 있었던 자는 직무상 알게 된 통신사실확인자료 제공요청에 관한 사항을 외부에 공개하거나 누설하여서는 아니 되고(통신비밀보호법 제13조의5, 제11조 제1항), 이에 관여한 통신기관의 직원 또는 그 직에 있었던 자는 통신사실확인자료 제공요청에 관한 사항을 외부에 공개하거나 누설하여서는 아니 된다(동법 제13조의5, 제11조 제1항).

2) 사용제한

통신사실확인자료는 자료제공의 목적이 된 범죄 또는 이와 관련되는 범죄의 수사·소추, 자료제공의 목적이 된 범죄의 예방, 자료제공의 목적이 된 범죄나 관련범죄로 인한 징계절차, 정보주체가 제기하는 손해배상소송을 목적으로 하는 경우 및 다른 법률의 규정에 그 사용이 구체적으로 허용된 경우 외에는 사용할 수 없고(통신비밀보호법 제13조의5, 제12조), 누구든지 통신사실확인자료를 외부에 공개하거나 누설하여서는 아니 된다(동법 제11조 제3항).

따라서 통신사실확인자료는 통신비밀보호법의 절차에 따라 제공요청의 사유가 된 범죄사실 및 그와 기본적 사실관계가 동일한 범죄의 증거로서만 사용될 수 있고, 다른 범죄의 증거로는 사용될 수 없다.

(4) 통신제한조치

(가) 의의

통신제한조치란 우편물의 검열 또는 전기통신의 감청을 말한다(통신비밀보호법 제3조 제2항). 여기에서 **우편물**은 우편법에 의한 통상우편물과 소포우편물을, **검열**이란 당사자의 동의 없이 우편물을 개봉하거나 기타의 방법으로 그 내용을 지득 또는 채록하거나 유치하는 것을, **전기통신**이란 전화·전자우편·회원제정보서비스·모사전송·무선호출 등과 같이 유선·무선·광선 및 기타의 전자적 방식에 의하여 모든 종류의 음향·문언·부호 또는 영상을 송신하거나 수신하는 것을, **감청**이란 전기통신에 대하여 당사자의 동의 없이 전자장치·기계장치 등을 사용하여 통신의 음향·문언·부호·영상을 청취·공독하여 그 내용을 지득 또는 채록하거나 전기통신의 송·수신을 방해하는 것을 말한다(동법 제2조 제2호, 제3호, 제6호, 제7호).

이처럼 통신제한조치는 수사기관이 직접 우편물 또는 전기통신의 내용을 확인한다는 점에서 압수·수색과 유사한 방식의 강제수사라 할 수 있다. 하지만 수사기관은 전기통신사업자에게 통신제한조치의 집행을 위탁할 수 있고, 전기통신사업자는 집행위탁에 대한 협조의무가 있으므로, 통신제한조치도 일반적으로는 **정보제공의 방식**으로 이루어진다.

(나) 요건 및 기간

1) 요건

통신제한조치는 내란죄 등 통신비밀보호법 제5조 제1항에 나열된 범죄를 계획 또는 실행하고 있거나 실행하였다고 의심할만한 충분한 이유가 있고, 다른 방법으로는 그 범죄의 실행을 저지하거나 범인의 체포 또는 증거의 수집이 어려운 경우에 한하여 허가될 수 있다(통신비밀보호법 제5조). 따라서 통신제한 조치의 요건은 특정범죄의 충분한 혐의와 그 범죄의 수사를 위한 정보의 보충성이라 할 수 있다.

2) 기간

통신제한조치의 기간은 2개월을 초과하지 못하고, 그 기간 중 통신제한조치의 목적이 달성되었을 경우에는 즉시 종료하여야 한다. 다만 허가요건이 존속하는 경우 검사는 소명자료를 첨부하여 2개월의 범위에서 통신제한조치기간의 연장을 청구할 수 있다(통신비밀보호법 제6조 제7항). 통신제한조치의 총 연장기간은 내란의 죄 등 일정한 범죄에 대해서는 총 3년을, 그 외의 범죄에 대해서는 1년을 초과할 수 없다(동법 제6조 제8항).

(다) 대상

통신제한조치의 대상은 수사 대상자가 발송·수취하는 특정한 우편물, 송·수신하는 특정한 전기통신, 일정한 기간에 걸쳐 발송·수취하는 우편물, 일정기간에 걸쳐 송·수신하는 전기통신 등 통신제한조치 개시 시점을 기준으로 장래에 생성될 정보이다.

통신비밀보호법은 이미 생성이 완료되어 저장된 통신내역을 압수·수색·검증의 대상으로 규정하고(통신비밀보호법 제9조의3), 법원도 송·수신이 완료되어 저장된 문자 메시지의 열람은 전기통신의 감청이 아니라 하였다.[324]

따라서 수사기관은 **이미 존재하는** 우체물과 전기통신의 내용은 **압수·수색영장**에 의하여 압수하여야 하고,[325] **장래 생성될** 우체물과 전기통신의 내용은 **통신제한조치**로 수집하여야 한다.

(라) 절차

1) 허가서의 청구 및 발부

① 검사의 허가서 청구

검사는 통신제한조치의 요건이 구비된 경우에는 통신 당사자 쌍방 또는 일방의 주소지·소재지, 범죄지 또는 통신당사자와 공범관계에 있는 자의 주소지·소재지를 관할하는 지방법원 또는 지원에 대하여 각 피의자별 또는 각 피내사자별로 통신제한조치의 허가를 청구할 수 있고, 사법경찰관은 검사에게 이를 신청할 수 있다(통신비밀보호법 제6조 제1항, 제2항, 제3항).

통신제한조치 허가서의 청구는 필요한 통신제한조치의 종류·그 목적·대상·범위·기간·집행 장소·방법 및 당해 통신제한조치가 허가요건을 충족하는 사유 등의 청구이유를 기재한 청구서로 하여야 하고, 청구이유에 대한 소명자료를 첨부하여야 한다. 동일한 범죄사실에 대하여 그 피의자 또는 피내사자에 대하여 통신제한조치의 허가를 청구하였거나 허가받은 사실이 있는 때에는 다시 통신제한조치를 청구하는 취지 및 이유도 기재하여야 한다(동법 제6조 제4항).

② 법원의 허가서 발부

법원은 청구가 이유 있다고 인정하는 경우에는 각 피의자별 또는 각 피내사자별로 통

---

324) 대법원 2012. 10. 25. 선고 2012도4644 판결.
325) 대법원 2016. 10. 13. 선고 2016도8137 판결.

신제한조치를 허가하고 이를 증명하는 허가서를 청구인에게 발부한다. 청구가 이유 없다고 인정하는 경우에는 청구를 기각하고 이를 청구인에게 통지한다(통신비밀보호법 제6조 제4항, 제9항).

법원의 청구 기각에 대해서 검사는 다시 허가를 청구할 수 있지만, 준항고로 다툴 수는 없다.

2) 허가서의 집행과 집행위탁

통신비밀보호법은 수사기관이 통신제한조치를 **직접 집행**하는 것을 원칙으로 한다. 다만 기술적·시간적 한계 등을 고려하여 전기통신사업자에 대한 수사기관의 **집행위탁** 규정을 두고 있다.

통신제한조치는 이를 청구 또는 신청한 검사, 사법경찰관 또는 정보수사기관의 장이 집행한다. 이 경우 검사, 사법경찰관 또는 정보수사기관의 장은 체신관서 기타 관련기관 등에 그 집행을 위탁하거나 집행에 관한 협조를 요청할 수 있다(통신비밀보호법 제9조 제1항). 검사, 사법경찰관 또는 정보수사기관의 장이 통신제한조치의 집행을 위탁하거나 집행에 관한 협조를 요청하는 때에는 통신기관 등에 통신제한조치허가서 **사본을 교부**하여야 한다(동법 제9조 제2항). 전기통신사업자는 검사, 사법경찰관 또는 정보수사기관의 장의 통신제한조치의 집행위탁에 협조하여야 한다(동법 제15조의2).

통신제한조치는 그 정의에 따라 정보가 생성 또는 발견된 시점에 이를 **즉시 수집**하는 방식으로 이루어져야 하고, 이는 전기통신사업자가 그 집행을 위탁받은 경우에도 마찬가지이다. 따라서 통신제한조치의 집행을 위탁받은 전기통신사업자가 통신이 완료되어 서버에 저장되어 있는 3~7일간의 자료를 반복 제공하는 것은 통신제한 집행방법 위반으로 위법하다.[326)]

3) 수사기관의 사후통지

통신제한조치를 한 경우 그 주체인 수사기관은 통신제한조치를 한 사건에 대해 일정한 처분이 있은 날로 부터 30일 이내에 서면으로 이를 정보주체에게 통지하여야 한다. 한편 송·수신이 완료된 전기통신에 관한 압수·수색·검증시 이를 집행한 검사 및 사법경찰관은 정보주체에게 사후통지를 하여야 하는데, 그 구체적인 내용은 통신제한조치와 동일하다(통신비밀보호법 제9조의3).

① 검사의 사후통지

검사는 통신제한조치를 집행한 사건에 관하여 공소제기, 불기소처분 또는 불입건처분을

326) 대법원 2016. 10. 13. 선고 2016도8137 판결.

한 때에는 그 처분을 한 날부터 30일 이내에 우편물 검열의 경우에는 그 대상자에게, 감청의 경우에는 그 대상이 된 전기통신의 가입자에게 통신제한조치를 집행한 사실, 집행기관, 그 기간 등을 서면으로 통지하여야 한다. 다만 기소중지결정 또는 참고인중지결정을 한 경우에는 검사는 사후통지의 의무를 지지 아니한다(통신비밀보호법 제9조의2 제1항).

② 사법경찰관의 사후통지

사법경찰관의 통지 기한은 내사사건에 대해서는 불입건처분을 한 날부터, 불송치사건에 대해서는 불송치처분을 한 날부터, 송치사건에 대해서는 검사로부터 기소 또는 불기소 처분의 통보를 받은 날부터 30일 이내이다. 다만 사법경찰관의 불송치처분이 수사중지결정인 경우와 송치사건에서 검사의 불기소처분이 기소중지 또는 참고인중지결정인 경우에는 사법경찰관은 사후통지의 의무를 지지 아니한다(통신비밀보호법 제9조의2 제2항).

③ 통지유예

통지유예의 사유에 해당하는 경우 검사 또는 사법경찰관은 미리 관할 지방검찰청 검사장의 승인을 받아 그 사유가 해소될 때까지 같은 항에 따른 통지를 유예할 수 있다(통신비밀보호법 제9조의2 제4항, 제5항). 통지유예 사유에는 통신제한조치를 통지할 경우 국가의 안전보장·공공의 안녕질서를 위태롭게 할 현저한 우려가 있는 때와, 통신제한조치를 통지할 경우 사람의 생명·신체에 중대한 위험을 초래할 염려가 현저한 때가 해당된다. 검사 또는 사법경찰관은 통지유예 사유가 해소된 때에는 그 사유가 해소된 날부터 30일 이내에 통지를 하여야 한다(동법 제9조의2 제6항).

4) 인터넷 감청으로 얻은 정보에 대한 법원의 추가 승인

① 의의

인터넷 감청은 인터넷 회선을 통하여 흐르는 전기신호 형태의 패킷을 중간에 확보한 다음 재조합 기술을 거쳐 그 내용을 파악하는 소위 **'패킷감청'**의 방식으로 이루어진다. 그런데 인터넷 회선은 감청 대상자 외에도 많은 사람들이 함께 이용하므로, 수사기관이 특정 회선에 대해 감청하면 그 회선을 이용하는 모든 사람들이 송·수신하는 전자정보를 들여다 볼 수 있게 된다. 따라서 인터넷 감청에 대해서는 **일반영장**의 문제가 계속 제기되어 왔는데, 대법원은 패킷감청은 일반영장금지의 원칙에 저촉되지 아니한다는 입장이었고,[327] 헌법재판소도 일반영장의 문제에 대해서는 명확한 입장을 밝히지 아니하면서도 관련성 없는 방대한 자료의 수집에 대한 사후 통제수단이 없음을 이유로 헌법불합치 결정을 하였다.[328] 이에 따라 통신비밀보호법은

327) 대법원 2012. 10. 11. 선고 2012도7455 판결.

328) 헌법재판소 2018. 8. 30. 선고 2016헌마263 전원재판부 결정.

인터넷 감청을 통해 수집한 정보의 사용 및 보관에 대한 법원의 추가승인을 규정하게 되었다. 이로써 법원의 사후통제 하에 수사기관은 여전히 패킷감청을 할 수가 있다.

② 추가승인의 절차

검사는 통신제한조치로 수집한 전기통신 관련정보를 사용·보관하려면 통신제한조치 집행종료일부터 14일 이내에 사용·보관이 필요한 전기통신을 선별하여 통신제한조치를 허가한 법원에 승인을 청구하여야 한다(통신비밀보호법 제12조의2 제1항).

사법경찰관이 사용·보관을 신청하는 경우 그 신청은 통신제한조치 집행종료일부터 14일 이내에 이루어져야 하고, 그에 따른 검사의 청구는 사법경찰관의 신청일로부터 7일 이내에 이루어져야 한다(동법 제12조의2 제2항).

법원은 청구가 이유 있다고 인정하는 경우에는 사용·보관을 승인하고 이를 증명하는 승인서를 발부한다. 법원은 청구가 이유 없다고 인정하는 경우에는 청구를 기각하고 이를 청구인에게 통지한다(동법 제12조의2 제4항).

③ 전기통신의 폐기

검사 또는 사법경찰관은 사용·보관 승인의 청구나 신청을 하지 아니하는 경우에는 통신제한조치의 집행종료일부터 14일 이내에 통신제한조치로 취득한 전기통신을 폐기하여야 한다. 검사가 사법경찰관의 신청을 기각한 경우에는 그 날부터 7일 이내에 이를 폐기하여야 한다(통신비밀보호법 제12조의2 제5항).

법원이 청구의 전부 또는 일부를 기각한 경우, 검사 또는 사법경찰관은 7일 이내에 법원의 승인을 받지 못한 전기통신을 폐기하여야 한다(동법 제12조의2 제5항).

(마) 비밀준수의무, 자료의 사용제한 및 증거능력 특칙

1) 비밀준수의무와 자료의 사용제한

통신제한조치에 대해서는 비밀준수의무와 자료의 사용제한이 적용되는데, 그 내용은 통신사실확인자료에서 살펴본 것과 동일하다.[329]

2) 위법수집증거배제법칙의 특칙

통신비밀보호법은 불법검열에 의하여 취득한 우편물이나 그 내용 및 불법감청에 의하여 지득 또는 채록된 전기통신의 내용은 재판 또는 징계절차에서 증거로 사용할 수 없다고 하여 위법한 통신제한조치로 얻은 증거에 대한 증거능력배제의 특칙을 두고 있다(통신비밀보호

329) 333페이지 참조.

법 제4조).

형사소송법에서 이미 위법수집증거배제법칙을 명시하고 있는데도 통신비밀보호법이 이러한 특칙을 둔 것은 보다 명확하고 엄격한 증거능력 배제의 요청이라 하겠다. 따라서 통신비밀보호법을 위반한 통신제한조치로 수집한 통신정보는 위반의 주체가 형사사법기관인 경우는 물론 사인인 경우에도 그 증거능력이 부정됨을 원칙으로 한다. 대법원도 같은 입장이다.[330]

(바) 긴급통신제한조치

통신제한조치는 법관의 사전허가에 의함이 원칙이지만, 중대한 범죄에 대한 통신제한조치 요건이 충족되고 사전허가를 받을 시간적 여유가 없는 경우에는 **사후허가**에 의해서도 행해질 수 있다.

검사는 국가안보를 위협하는 음모행위, 직접적인 사망이나 심각한 상해의 위험을 야기할 수 있는 범죄 또는 조직범죄 등 중대한 범죄의 계획이나 실행 등의 긴박한 상황으로 사전허가를 받을 수 없는 때에는 법원의 허가 없이 통신제한조치를 할 수 있고, 사법경찰관은 검사의 사전지휘 또는 긴급시 사후승인을 얻어 법원의 허가 없이 통신제한 조치를 할 수 있다(통신비밀보호법 제8조 제1항, 제3항). 검사 또는 사법경찰관이 긴급통신제한조치를 하고자 하는 경우에는 반드시 **긴급검열서** 또는 **긴급감청서**에 의하여야 한다(동법 제8조 제4항).

검사는 긴급통신제한조치의 집행에 착수한 후 지체 없이 법원에 그 허가를 청구하여야 하고(동법 제8조 제2항), 검사 또는 사법경찰관은 긴급통신제한조치의 집행에 착수한 때부터 36시간 이내에 법원의 허가를 받지 못한 경우에는 해당 조치를 즉시 중지하고 해당 조치로 취득한 자료를 폐기하여야 한다(동법 제8조 제5항).

긴급통신제한조치에 대해서도 비밀준수의무, 자료의 사용제한, 증거능력 특칙, 법원의 추가 승인 등은 적용되고, 그 내용은 일반적인 통신제한조치의 내용과 동일하다.

(5) 타인간 대화의 녹음 및 청취

(가) 의의

통신비밀보호법은 공개되지 아니한 타인간의 대화의 녹음 및 전자장치 또는 기계적 수단을 이용한 청취를 금지하고, 수사기관이 이를 행함에는 허가서의 청구 및 발부, 허가서의 집행, 수사기관의 사후통지, 비밀준수의무, 자료의 사용제한 및 증거능력 특칙 등 통신제한조치 관련

330) 대법원 2019. 3. 14. 선고 2015도1900 판결.

규정을 준용하도록 하고 있다(통신비밀보호법 제14조). 따라서 수사기관의 타인 간 대화녹음 및 청취의 요건과 절차 등에 대한 구체적인 내용은 통신제한조치의 내용과 동일하다.

(나) 주요 쟁점

1) 공개되지 않은 대화

대화의 비공개 여부는 발언자의 의사와 기대, 대화의 내용과 목적, 상대방의 수, 장소의 성격과 규모, 출입의 통제 정도, 청중의 자격 제한 등 객관적인 상황을 종합적으로 고려하여 판단하여야 한다.331) 대법원은 초등학교 교실 내에서 수업 중 학생들만을 상대로 이루어진 교사의 발언은 공개된 대화가 아니므로, 대화의 당사자가 아닌 학부모가 학생에게 녹음기를 숨겨 두어 이를 녹음하는 것은 위법하고 녹음파일의 증거능력은 부정된다 하였다.332)

2) 타인 간의 대화

통신비밀 보호법이 금지하는 것은 타인 간 대화의 녹음 등이므로, 대화 주체가 상대방의 허락 없이 대화를 녹음하였다하여 통신비밀보호법 위반이라 할 수는 없다.333)

수사기관 또는 사인이 대화주체가 될 자(이를 'A'라 한다)에게 타인(이를 'B'라 한다)과의 대화를 녹음할 것을 부탁하고, 이를 허락한 A가 B와의 대화를 녹음한 경우에 대해, 대법원은 수사기관인 경우334)는 물론이고 사인인 경우335)에도 녹음파일의 증거능력을 부정하였다. 하지만 A가 녹음한 대화는 대화주체인 A와 B 사이에 이루어진 것이므로 타인 간의 대화라 할 수 있을지 의문이 든다. 수사기관이 공범의 자백 유도 또는 체포 등을 위한 목적으로 이러한 방식의 수사를 하였다면 이는 통신비밀보호법 위반이라기보다는 사술에 의한 적정절차원칙을 위반한 수사의 결과물로 보아 그 녹음파일의 증거능력은 부정된다고 보는 것이 타당할 것이다.

3) 대화

대화는 현장에 있는 당사자들이 육성으로 말을 주고받는 의사소통행위를 가리키는 것으로, 이에는 당사자가 마주 대하여 이야기를 주고받는 경우뿐만 아니라 강연과 같이 당사자 중 한 명이 일방적으로 말하고 상대방은 듣기만 하는 경우도 포함된다.336) 하지만 비명소리나 탄식 등은 이에 해당하지 아니한다.337)

331) 대법원 2022. 8. 31. 선고 2020도1007 판결.
332) 대법원 2024. 1. 11. 선고 2020도1538 판결.
333) 대법원 2008. 10. 23. 선고 2008도1237 판결.
334) 대법원 2010. 10. 14. 선고 2010도9016 판결.
335) 대법원 2002. 10. 8. 선고 2002도123 판결; 대법원 2019. 3. 14. 선고 2015도1900 판결.
336) 대법원 2015. 1. 22. 선고 2014도10978 전원합의체 판결.

4) 청취

통신비밀보호법 제3조는 공개되지 아니한 타인간 대화의 녹음·'청취'를 금지하고, 제14조는 공개되지 아니한 타인간 대화의 녹음 또는 **'전자장치·기계적 수단을 이용한 청취'**를 금지하고 있다. 그런데 제3조 위반에 대한 형사처벌은 제16조에 규정되어 있으나 제14조 위반에 대한 형사처벌은 규정되어 있지 아니하다. 따라서 모든 청취가 형사처벌의 대상이 되는지, 전자장치 등을 이용한 청취만이 형사처벌의 대상이 되는지 여부 및 그 근거 규정은 무엇인지 등이 문제된다.

이에 대해 대법원은 청취에 대한 일반적 금지 규정을 두고 구체적으로 금지되는 행위를 제시하고 있는 통신비밀보호법의 입법 취지와 체계에 따라 형사처벌의 대상이 되는 청취는 **전자장치 등을 이용한 경우로 한정**되고, 그 처벌의 근거는 통신비밀보호법 제3조 및 제16조라고 하고 있다.[338]

5) 집행의 위탁

통신비밀보호법은 대화의 녹음이나 청취에 대해 통신제한조치의 집행위탁은 준용하고 있지 않다(통신비밀보호법 제14조 제2항, 제9조 제1항). 하지만 대법원은 대화의 녹음에 대해서도 수사기관의 집행위탁과 그에 따른 제3자의 집행이 가능하다는 입장이다.[339]

6) 통신제한조치시 압수·수색·검증영장의 필요 여부

통신제한조치 또는 대화의 녹음은 특정 장소에 대한 출입을 반드시 수반하는 것이 아니어서, 통신비밀보호법에는 통신제한조치 또는 대화의 녹음을 위해 일정한 장소에 들어가는 등 필요한 처분을 할 수 있다는 규정이 존재하지 아니한다. 이에 통신제한조치 또는 대화의 녹음을 위하여 별도의 압수·수색·검증영장이 필요한지 여부가 문제된다.

① 통신제한조치 허가서를 발부받은 경우

통신제한조치 또는 대화녹음에 대한 허가서에는 집행의 일시·장소가 기재되므로, 비록 명문의 규정은 없으나 허가서를 발부받은 이상 그 효력은 수사기관이 허가서에 기재된 집행 장소에 들어가는 행위를 **포함**한다고 할 수 있다. 따라서 허가서를 발부받은 경우 수사기관은 별

337) 대법원 2017. 3. 15. 선고 2016도19843 판결. "통신비밀보호법에서 보호하는 타인 간의 '대화'는 원칙적으로 현장에 있는 당사자들이 육성으로 말을 주고받는 의사소통행위를 가리킨다. 따라서 사람의 육성이 아닌 사물에서 발생하는 음향은 타인 간의 '대화'에 해당하지 않는다. 또한 사람의 목소리라고 하더라도 상대방에게 의사를 전달하는 말이 아닌 단순한 비명소리나 탄식 등은 타인과 의사소통을 하기 위한 것이 아니라면 특별한 사정이 없는 한 타인 간의 '대화'에 해당한다고 볼 수 없다."

338) 대법원 2022. 8. 31. 선고 2020도1007 판결.

339) 대법원 2015. 1. 22. 선고 2014도10978 전원합의체 판결.

도의 압수·수색·영장을 발부받을 필요는 없다.

② 통신제한조치 허가서를 발부받지 아니한 경우

수사기관이 통신제한조치 또는 대화녹음에 대한 허가서를 발부받지 아니한 경우에는 녹음 등을 위해 일정한 장소에 들어가는 행위가 수색 또는 검증에 해당하는지 여부에 따라 영장발부의 필요성 여부를 결정하는 것이 타당하다. 예를 들어 수사기관이 자신을 대화주체로 삼아 타인과의 대화를 녹음하기 위해 일정한 장소에 들어가는 경우, 그 장소가 일반인의 자유로운 출입이 가능하고 수사기관의 출입방법이 상당한 경우에는 이를 수색 또는 검증이라 할 수 없을 것이고, 이에 영장의 발부를 요하지 아니한다고 함이 옳다.

대법원은 이에 대해 사진 촬영시 영장이 필요한지 여부에 대한 평가기준과 동일한 기준을 적용하여야 한다는 입장이다. 대법원은 수사기관이 현재 범행이 행하여지고 있거나 행하여진 직후이고, 증거보전의 필요성 및 긴급성이 있으며, 일반적으로 허용되는 상당한 방법으로 범행현장에서 현행범인 등 관련자들과의 대화를 녹음한 경우라면, 그 녹음이 영장 없이 이루어졌다 하여 위법하다고 단정할 수는 없다고 하였다. 또한 일반적으로 허용되는 상당한 방법으로 녹음하였는지 여부는 수사기관이 녹음장소에 통상적인 방법으로 출입하였는지, 녹음의 내용이 대화의 비밀 내지 사생활의 비밀과 자유 등에 대한 보호가 합리적으로 기대되는 영역에 속하는지 등을 종합적으로 고려하여 신중하게 판단하여야 한다고 하였다.340)

4. 특별법상 정보수집형 수사관련 규정

(1) 의의

금융실명거래 및 비밀보장에 관한 법률, 신용정보의 이용 및 보호에 관한 법률, 의료법 등 다수의 특별법은 특정한 개인정보의 처리를 제한하면서 그 예외로 수사기관의 증거수집에 대한 규정을 두고 있다. 이들 규정의 공통점은 특정 개인정보의 수사상 증거수집은 지방법원판사의 허가 또는 정보주체의 동의에 의하여야 한다는 점이다. 수사 실무상 자주 활용되는 규정의 내용과 문제점에 대해 간단히 살펴본다.

(2) 금융실명거래 및 비밀보장에 관한 법률

금융실명거래 및 비밀보장에 관한 법률은 명의인의 동의가 없는 경우 금융회사등에 종사하는 자가 거래정보 등을 제3자에게 제공하는 것을 금지하고, 그 예외 중 하나로 법원의 제출

340) 대법원 2024. 5. 30. 선고 2020도9370 판결.

명령과 법관이 발부한 영장에 의한 제공을 두고 있다(금융실명법 제4조 제1항).[341] 이에 따라 수사기관은 지방법원판사로부터 거래기간, 거래정보 등이 기재된 **금융계좌추적용 압수·수색영장**을 발부받아 금융회사 등에 거래정보등의 제공을 요구하고, 금융회사 등이 이에 따라 거래정보 등을 제공하면 이를 증거로 수집하고 있다.

금융실명거래 및 비밀보장에 관한 법률상 거래정보등의 제공에 대해서는 **세 가지 문제점**이 있다. 먼저 금융회사등 종사자에게는 영장에 의한 정보제공 요구에 응할 의무가 규정되어 있지 아니하다. 금융실명거래 및 비밀보장에 관한 법률은 거래정보 등의 제공을 요구받은 금융회사 등 종사자가 이를 거부하지 아니하는 행위만으로도 형사처벌을 하도록 규정하고 있지만(동법 제6조 제1항, 제4조 제3항) 금융회사 등 종사자에게 영장에 의한 금융정보 등의 제공 의무를 규정하지 아니하고, 수사기관의 영장에 의한 제공요청을 거부하더라도 형사처벌은 물론 과태료 등 어떠한 제재도 두지 않고 있다.

다음으로 거래정보의 제공은 법원의 허가, 수사기관의 정보제공요청 및 정보제공자의 정보제공으로 이루어지므로 금융계좌추적용 압수·수색영장의 본질은 통신비밀보호법상 통신사실확인자료 허가장과 다를 바 없다. 하지만 법원은 금융계좌추적용 압수·수색영장의 집행에 있어서도 원본제시, 피의자 참여 등 형사소송법상 영장집행절차를 준수하도록 하면서도 사안에 따라 다수의 예외를 둠으로써 상당한 혼란을 야기하고 있다.

끝으로 금융실명거래 및 비밀보장에 관한 법률은 긴급한 상황에서 사후영장에 의한 압수·수색규정을 두지 아니하고 있는바, 형사소송법상 사후영장에 의한 압수·수색규정은 거래정보의 압수에는 적용되기가 어렵다. 금융회사 등이 체포·구속현장이거나 범죄장소인 경우로서 범죄사실과 금융정보 등 사이에 관련성이 인정되는 경우가 아닌 이상 형사소송법상 사후영장에 의한 압수·수색규정은 적용될 수 없는 것이다. 따라서 일반적으로 수사기관이 거래정보 등을 증거로 수집하여야 할 급박한 상황이 있다 하더라도 수사기관은 이를 사후영장에 의해 압수할 수 없다.

341) 이와 관련하여 헌법재판소는 제4조 제1항 본문 중 '누구든지 금융회사 등에 종사하는 자에게 거래정보 등의 제공을 요구하여서는 아니 된다'는 부분 및 그 위반에 대한 벌칙인 제6조 제1항 해당부분에 대해 금융정보 등의 제공 요청자에 대해서까지 형사처벌 규정을 둔 것은 과잉금지원칙을 위반하였다며 단순위헌결정을 하였다(헌법재판소 2022. 2. 24. 선고 2020헌가5 결정). 그러나 금융회사 등에 종사하는 자가 수사기관에 수사목적으로 금융정보 등을 제공하기 위해서는 영장이 요구되므로, 수사기관은 금융회사 등에 금융정보 등의 제공을 요청할 때에는 영장에 의하여야 한다.

(3) 신용정보의 이용 및 보호에 관한 법률

신용정보의 이용 및 보호에 관한 법률에 따라 신용정보제공·이용자가 개인신용정보를 타인에게 제공하려는 경우에는 신용정보의 주체로부터 개별적이고 구체적인 동의를 받음을 원칙으로 하면서(신용정보법 제32조 제1항 내지 제5항, 제50조 제2항 제6호, 동조 제6항), 그 예외 중 하나로 법원의 제출명령 또는 법관이 발부한 영장에 따라 제공하는 경우를 두고 있다.

(가) 사전 압수·수색영장에 의한 제공

검사는 법관이 발부한 압수·수색영장에 의하여 개인신용정보의 제공을 요구할 수 있다(신용정보법 제32조 제6항 제5호). 금융실명거래 및 비밀보장에 관한 법률과 마찬가지로 신용정보의 이용 및 보호에 관한 법률은 사전영장에 의한 제공요구에 대한 신용정보제공·이용자의 제공의무를 규정하지 아니하여 그 이행을 강제할 방법이 마땅치 아니하고, 제공요구에 대한 법관의 허가를 '영장'으로 표기하고 있으므로 형사소송법상 압수·수색영장의 집행절차 준수가 요구된다는 문제가 있다.

(나) 사후 압수·수색영장에 의한 제공

검사 또는 사법경찰관은 범죄 때문에 피해자의 생명이나 신체에 심각한 위험 발생이 예상되는 등 긴급한 상황에서 법관의 영장을 발부받을 시간적 여유가 없는 경우에 개인신용정보의 제공을 요구할 수 있다(신용정보법 제32조 제6항 제6호).

신용정보의 긴급제공시 개인신용정보를 제공받은 검사는 지체 없이 법관에게 영장을 청구하여야 하고, 사법경찰관은 검사에게 신청하여 검사의 청구로 영장을 발부받아야 한다. 검사 또는 사법경찰관이 개인신용정보를 제공받은 때부터 36시간 이내에 영장을 발부받지 못하면 지체 없이 개인신용정보를 폐기하여야 한다(동법 제32조 제6항 제6호).

신용정보의 이용 및 보호에 관한 법률은 긴급성을 이유로 한 고유한 사후영장제도를 두고 있다는 점에서 주목할 만하다. 다른 법률에도 이러한 규정을 둘 필요가 있다고 본다.

(4) 의료법

의료법은 의료인 등이 정보주체인 환자 외의 다른 사람에게 환자에 관한 기록을 열람하게 하거나 그 내용을 확인하도록 하는 것을 금지하고 그 위반은 형사처벌의 대상으로 삼으면서(의료법 제21조 제2항, 제88조 제1호), 그 예외 중 하나로 형사소송법 제215조 또는 제218조에 따른 제공을 두고 있다. 의료법은 형사소송법 제215조 또는 제218조에 따른 제공요청이 있는 경우 의료인 등이 환자의 기록 제공을 요청하는 자에게 그 기록을 확인시켜줄 의무를 부과하고 있다(의료법 제21조 제3항).

(가) 형사소송법 제215조에 따른 제공

수사기관은 사전 압수·수색 영장을 발부받아 환자에 관한 기록의 제공을 요구할 수 있고, 의료인 등은 그 요구에 따라야 한다. 다만 의료법은 의료인 등의 정보제공 의무위반에 대한 제재를 규정하고 있지는 아니하므로, 의료인 등이 이를 거부하는 경우에는 수사기관은 직접 압수·수색을 할 수밖에 없다.

(나) 형사소송법 제218조에 따른 제공

환자에 관한 기록이 유류물이 될 수는 없으므로 여기에서 형사소송법 제218조는 임의제출을 의미한다. 임의제출의 주체는 소유자, 소지자, 보관자로서 의료인 등은 보관자에 해당한다. 하지만 의료법은 의료인 등에게 의료법 제21조 제3항에 따라 기록 제공의무를 부과하고 있으므로, 소유·소지·보관자의 자발적 제출을 전제로 하는 임의제출의 본질상 의료인 등은 임의제출의 주체가 될 수 없다.

따라서 여기에서 임의제출의 주체는 정보주체인 환자로 제한함이 옳다. 즉 정보주체인 환자가 의료인 등에게 자신의 기록을 제출할 것을 요청하면, 의료인은 이를 수사기관에 제공하여야 하는 것이지, 의료인 등이 정보주체의 동의 없이 환자의 기록을 수사기관에게 제출할 수는 없다. 이러한 해석은 의료법이 환자에게 자신에 관한 기록의 **내용확인 요청권**을 부여하고 환자의 요청에 대해 의료인 등이 정당한 사유 없이 거부할 수 없다고 규정하고 있는 것과도 부합한다(의료법 제21조 제1항).

Ⅵ. 수사상 증거보전과 증인신문

1. 개관

공소제기 전에는 수소법원이 존재할 수 없고 공소제기 후에도 법원의 증거조사나 증인신문은 공판기일에서만 이루어질 수 있다. 따라서 증거인멸이 명백히 예상되는 등 그 필요성이 인정되어도 제1회 공판기일까지는 법원에 의한 증거조사나 증인신문은 이루어질 수 없다. 이러한 문제를 해결하기 위해 형사소송법은 지방법원판사에 의한 증거보전제도와 증인신문제도를 두고 있다.

2. 수사상 증거보전제도

(1) 의의

증거보전이란 검사 또는 피고인, 피의자, 변호인이 지방법원판사에게 제1회 공판기일 전에 압수·수색·검증·증인신문 또는 감정을 청구하여 그 결과를 보전해 두는 제도를 말한다. 검사, 피고인, 피의자 또는 변호인은 미리 증거를 보전하지 아니하면 그 증거를 사용하기 곤란한 사정이 있는 때에는 제1회 공판기일 전이라도 판사에게 압수, 수색, 검증, 증인신문 또는 감정을 청구할 수 있다(법 제184조). 증거보전은 주로 수사절차에서 이루어지므로 일반적으로 수사상 증거보전이라고 한다.

형사소송법은 피의자나 피고인도 증거보전 청구권자로 인정하여 증거확보를 할 수 있게 해주므로 방어권 보장수단으로서의 의미가 크다. 임의수사는 물론 강제수사를 통해 증거를 수집할 수 있는 수사기관과 달리, 피의자의 입장에서는 수사절차에서 달리 증거를 확보할 방법이 마땅치 아니하기 때문이다.

(2) 요건

수사상 증거보전의 요건은 증거보전의 필요성, 즉 현재의 증거가치가 제1회 공판기일에까지 유지되지 아니할 개연성이다. 증거보전의 필요성이 인정되는 예로는, 물증에 대해 의도적인 손괴·은닉·변경의 우려가 있거나 시간의 경과에 따른 자연적 멸실·훼손 우려가 있는 경우 또는 증인의 사망·연락두절 등이 예견되는 경우 등을 들 수 있다.

물증의 증명력 변경 우려와 달리, 진술번복의 우려는 검사에 의한 청구의 경우에는 증거보전의 필요성을 충족시키지 못한다고 본다. 비록 명시적 규정은 없으나 이를 허용할 경우 공판중심주의에 반하고 피고인의 공정한 재판을 받을 권리를 침해할 수 있기 때문이다.[342] 다만 피의자·피고인이 청구하는 경우에는 허용될 수 있다고 본다.

---

342) 헌법재판소 1996. 12. 26. 선고 94헌바1 전원재판부 결정.

(3) 절차

(가) 증거보전 청구

1) 청구권자 및 청구시기

수사상 증거보전 청구권자는 검사, 피고인, 피의자 또는 변호인이다(법 제184조 제1항). 따라서 피내사자는 증거보전을 청구할 수 없다.[343] 증거보전 청구권자는 제1심 제1회 공판기일 전까지만 증거보전을 청구할 수 있다. 제1심 제1회 공판기일 이후에는 수소법원이 직접 증거조사를 할 수 있기 때문이다. 제1회 공판기일 전이란 모두절차가 끝난 때까지를 말한다. 제1심 제1회 공판기일 이후에는 허용되지 않으므로 상소심, 파기환송 후의 절차, 재심청구사건에서는 증거보전절차는 허용되지 아니한다.[344]

2) 청구 대상 및 방법

증거보전으로 청구할 수 있는 것은 압수, 수색, 검증, 증인신문 및 감정이다. 따라서 피의자나 피고인의 신문을 청구할 수는 없으나,[345] 공동피고인이나 공범자를 증인으로 신문하는 것은 가능하다.[346]

청구권자가 증거보전 청구를 함에는 서면으로 압수, 수색, 검증, 증인신문, 감정 등을 청구하는 사유를 소명하여야 한다(법 제184조 제1항, 제3항).

(나) 지방법원판사의 결정

지방법원판사는 청구이유가 있는 경우 증거보전을 실시한다. 지방법원판사는 증거보전에 있어 법원 또는 재판장과 동일한 권한을 가지므로(법 제184조 제2항) 증거보전에는 법원의 압수, 수색, 검증, 증인신문, 감정 관련 규정이 준용된다. 따라서 명시적 규정이 없다 하더라도 당사자의 참여권 등 법원의 강제처분시 절차규정 또한 준용된다고 하겠다.[347]

---

343) 대법원 1979. 6. 12. 선고 79도792 판결.

344) 대법원 1984. 3. 29.자 84모15 결정.

345) 대법원 1979. 6. 12. 선고 79도792 판결.

346) 대법원 1988. 11. 8. 선고 86도1646 판결.

347) 대법원 1992. 2. 28. 선고 91도2337 판결. "증거보전절차에서 증인신문을 하면서 증인신문의 일시와 장소를 피의자 및 변호인에게 미리 통지하지 아니하여 증인신문에 참여할 수 있는 기회를 주지 아니하였고 또 변호인이 제1심 공판기일에 위 증인신문조서의 증거조사에 관하여 이의신청을 하였다면, 위 증인신문조서는 증거능력이 없다 할 것이고, 그 증인이 후에 법정에서 그 조서의 진정성립을 인정한다 하여 다시 그 증거능력을 취득한다고 볼 수도 없다." **비교판례.** "참여의 기회를 주지 아니한 경우라도 피고인과 변호인이 증인신문조서를 증거로 할 수 있음에 동의하여 별다른 이의 없이 적법하게 증거조사를 거

지방법원판사는 청구이유가 없는 경우 이를 기각한다. 청구인은 청구기각결정에 대하여 3일 이내에 항고할 수 있는데(법 제184조 제4항), 여기에서의 항고는 **보통항고**를 의미하므로 청구인은 기각결정에 대해 즉시항고로 불복할 수는 없다.[348)]

(다) 증거보전절차에서 작성된 조서의 열람 및 등사

증거보전절차를 거친 증거물과 증인신문조서 등 그 과정에서 작성된 서류는 증거보전을 행한 판사가 소속된 법원에서 보관한다. 검사, 피고인, 피의자 또는 변호인은 판사의 허가를 얻어 증거보전절차에서 작성된 서류와 증거물을 **열람 또는 등사**할 수 있다(법 제185조).

증거보전절차를 거친 증거물과 그 과정에서 작성된 서류의 증거능력은 **당연히** 인정된다. 증거보전절차는 지방법원판사에 의해서 행해지므로 그 과정에서 작성된 서류에는 위법증거수집의 문제는 생각하기 어렵고, 형사소송법 **제311조**에 의해 법관이 작성한 조서는 전문증거라는 이유로 증거능력이 부정될 수는 없기 때문이다.

3. 수사상 증인신문 제도

(1) 의의

(가) 의의

증인신문이란 검사가 지방법원판사에게 제1회 공판기일 전에 증인신문을 청구하여 그 결과를 보전해 두는 것을 말한다. 범죄의 수사에 없어서는 아니 될 사실을 안다고 명백히 인정되는 자가 전조의 규정에 의한 출석 또는 진술을 거부한 경우에는 검사는 제1회 공판기일 전에 한하여 판사에게 그에 대한 증인신문을 청구할 수 있다(법 제221조의2 제1항). 증거보전과 마찬가지로 증인신문도 주로 수사절차에서 이루어지므로 일반적으로는 수사상 증인신문청구라 한다.

수사상의 증인신문은 특히 뇌물범죄, 조직범죄 등 내부자의 증언이 반드시 필요한 범죄의 중요 참고인이 신분노출의 위험으로 공판정에 증인으로 출석하여 증언하는 것을 거부할 우려가 있는 경우 큰 의미가 있다. 다만 검사는 수사상의 증거보전 및 증인신문을 모두 청구할 수 있는데 비해 피의자, 피고인, 변호인은 수사상의 증거보전만을 청구할 수 있으므로 수사상 증인신문은 지나치게 수사편의(편중)주의적이라는 이유로 폐지되어야 한다는 비판론도 만만찮다.

친 경우에는 위 증인신문조서는 증인신문절차가 위법하였는지의 여부에 관계없이 증거능력이 부여된다"(대법원 1988. 11. 8. 선고 86도1646 판결).

348) 대법원 1984. 3. 29.자 84모15 결정.

(나) 증거보전제도와의 비교

수사상 증인신문과 증거보전은 지방법원판사가 담당하나 직권에 의해서는 행할 수 없다는 점, 제1심 제1회 공판기일 전까지만 허용된다는 점, 피의자, 피고인 또는 변호인의 참여권이 인정된다는 점, 작성된 조서는 법관의 조서로서 당연히 증거능력이 인정된다는 점 등의 **공통점**이 있다.

반면 증거보전과 달리 증인신문의 청구권자는 검사로 제한되고, 증인신문에서 작성된 조서는 검사에게만 송부되고 피의자의 열람·등사가 허용되지 아니하며, 증인신문청구 기각결정에 대해서는 다툴 수 없다는 점 등의 **차이**가 있다.

(2) 요건

수사상 증인신문의 청구의 요건은 범죄의 수사에 없어서는 아니 될 사실을 안다고 명백히 인정되는 참고인의 존재와 그의 출석불응 또는 진술거부이다. 진술거부에는 진술조서에 서명날인을 거부하는 경우도 포함된다.

과거에는 참고인의 진술번복 우려도 그 요건으로 명시되어 있었으나, 헌법재판소는 진술번복 우려를 이유로 증인신문을 허용하는 것은 공판중심주의 및 적법절차원칙에 반하고 공정한 재판을 받을 권리를 침해한다는 이유로 위헌결정을 하였고,[349] 이에 따라 진술번복의 우려는 증인신문의 요건에서 삭제되었다.

(3) 절차

(가) 증인신문 청구

검사는 제1회 공판기일 전에 한하여 지방법원판사에게 증인신문을 청구할 수 있다(법 제221조의2 제1항). 수사상 증거보전과 달리 증인신문의 청구권자는 검사로 제한된다. 하지만 청구시기가 제1회 공판기일 전이라는 점, 심리 주체가 지방법원판사라는 점, 지방법원판사의 직권에 의해 행해질 수는 없다는 점은 수사상의 증거보전과 동일하다.

(나) 지방법원판사의 결정

지방법원판사는 검사의 청구가 이유 있는 경우 증인신문을 한다. 지방법원판사는 증인신문에 관하여 법원 또는 재판장과 동일한 권한이 있고(법 제221조의2 제4항), 증인신문기일을 정

349) 헌법재판소 1996. 12. 26. 선고 94헌바1 전원재판부 결정.

한 때에는 피고인·피의자 또는 변호인에게 이를 통지하여 증인신문에 참여할 수 있도록 하여야 한다(법 제221조의2 제5항). 이처럼 수사상 증거보전과 마찬가지로 지방법원판사의 증인신문에는 법원의 증인신문 규정이 준용되고, 당사자에게는 참여권이 보장된다.

지방법원판사는 청구이유가 없는 경우 이를 기각한다. 증인신문청구 기각결정은 판결 전 소송절차에 관한 결정으로, 구금, 보석, 압수나 압수물의 환부에 관한 결정에 해당하지 않을 뿐 아니라, 증거보전절차와는 달리 판사의 증거보전청구 기각결정에 대하여는 3일 이내에 항고할 수 있다(법 제184조 제4항)는 것과 같은 규정도 두어져 있지 않다. 따라서 검사는 증인신문청구 기각결정에 대해 다툴 수 없다.

(다) 증인신문절차에서 작성된 서류의 송부

판사는 증인신문을 한 때에는 지체 없이 이에 관한 서류를 검사에게 송부하여야 한다(법 제221조의2 제6항). 수사상 증거보전과 달리 증인신문절차에서 작성된 조서 등은 검사에게 송부된다. 수사절차에서는 특별한 규정이 없는 이상 피의자·변호인에게 검사가 보관중인 수사기록에 대한 열람·등사권은 인정되지 아니하는바, 그러한 열람·등사권을 허용하는 규정이 없다.

따라서 피의자·변호인은 공소제기 이후에 이르러서야 법원에 소송계속 중 관계 서류의 열람·등사를 신청하거나(법 제35조), 검사에게 공판기일 전에 행한 진술을 기재한 서류 등의 열람·등사 또는 교부를 신청하여(법 제266조의3 제1항 제3호. 이른바 증거개시) 수사상의 증인신문절차에서 작성된 조서 등을 볼 수 있게 된다. 이러한 점에서도 검사의 입장에서는 수사상의 증인신문절차에 따른 증인신문이 증거보전절차에 따른 증인신문보다 더 유리한 면이 있다.

제 4 절 수사의 종결

Ⅰ. 개관

1. 의의

수사종결이란 수사기관이 사건의 실체 파악과 법률적용을 통해 공소제기 여부를 판단하고 더 이상 수사를 진행하지 아니한다는 의사를 표시하는 처분을 말한다. 수사종결은 수사기관의 처분에 불과하여 일사부재리의 효력이 없으므로, 수사기관은 불기소처분을 한 사건에 대하여 공소시효기간 내에서는 얼마든지 재수사를 할 수 있다. 하지만 실무상 유력한 증거가 새로이 발견되는 등 특별한 사정이 없는 이상 수사종결된 사건을 수사기관이 스스로 재수사하는 경우는 매우 드물다.

과거에는 검사만이 수사종결권을 가지고 있었으므로 수사종결은 곧 검사의 기소 또는 불기소 처분이었고 그에 대한 불복은 곧 기소 또는 불기소처분에 대한 불복이었다. 하지만 고위공직자범죄수사처가 설치되고 경찰공무원인 사법경찰관도 1차적 수사종결권을 가지게 되면서 수사종결의 유형이 다양해졌다. 수사종결의 사실적 모습을 대략적으로 살펴본 후 대표적인 수사기관인 사법경찰관과 검사의 수사종결에 대해 자세히 설명하기로 한다.

2. 수사개시 주체에 따른 수사종결의 사실적 모습

일반적으로 수사종결은 수사 주체가 누구였는지에 따라 서로 다른 모습을 띠게 된다. 경찰공무원인 사법경찰관은 자신이 개시·진행한 사건에 대해 1차적 수사종결권을, 수사처검사는 자신이 개시·진행한 사건에 대해 공소권을 갖는지 여부에 따라 최종적 수사종결권 또는 1차적 수사종결권을, 검사는 수사처검사가 수사종결권을 가지고 있는 사건 외의 모든 사건에 대해 최종적 수사종결권을 가지고 있다. 검사의 최종적 수사종결인 불기소처분에 대해 고소인은 항고권 및 재정신청권을 갖는다(법 제260조).

(1) 경찰공무원인 사법경찰관이 수사를 개시·진행한 사건

경찰공무원인 사법경찰관은 자신이 수사를 개시·진행한 사건에 대하여 1차적 수사종결권을 가지고 있으므로, 검사가 공소를 제기함이 상당하다고 판단하면 검사에게 사건을 송치하고 그렇지 아니하다고 판단하면 불송치함으로써, 1차적으로 수사를 종결한다(법 제245조의5). 경찰공무원인 사법경찰관의 불송치결정에 대해 고소인은 **이의신청권**을 가지고(법 제245조의7), 검사는 **재수사요청권**을 가진다(법 245조의8).

송치결정에 따라 사법경찰관으로부터 사건을 송치받은 검사는 당연히 사법경찰관의 의견에 구속되지 아니한다. 검사는 **보완수사요구권**을 통해 사법경찰관에게 보완수사를 요구할 수 있고(법 제197조의2) 스스로 추가수사를 진행할 수도 있다. 검사는 수사를 진행한 후 유죄의 판결을 받을 수 있다고 판단하면 당해 사건을 기소하고, 그렇지 아니하다고 판단하면 불기소처분을 함으로써 최종적으로 수사를 종결한다.

(2) 수사처검사가 수사를 개시한 사건

수사처검사는 자신이 수사를 개시·진행한 사건 중 공소권이 있는 사건은 기소 또는 불기소처분을 함으로써 스스로 수사를 종결하고(공수처법 제31조), 공소권이 없는 사건은 검사에게 사건을 송치 또는 불송치 함으로써 1차적으로 수사를 종결한다(동법 제26조). 검사는 수사처검사의 불송치 처분에 대한 통제권을 가지고 있지는 않다.

수사처검사의 송치결정에 대해서 검사는 구속되지 아니한다. 수사처검사로부터 사건을 송치 받은 검사는 수사진행 후 기소 또는 불기소처분을 함으로써 최종적으로 수사를 종결한다.

(3) 특별사법경찰관이 수사를 개시·진행한 사건

특별사법경찰관은 수사종결권이 없으므로 그들이 수사를 개시·진행한 사건은 검사만이 종결할 수 있다. 특별사법경찰관은 범죄를 수사한 때에는 지체 없이 검사에게 사건을 송치하고, 관계 서류와 증거물을 송부하여야 한다(법 제245조의10 제5항). 이때의 송치는 특별사법경찰관이 작성한 수사기록 일체가 검사에게 이첩됨을 의미할 뿐 수사의 종결처분이 아니므로 고소·고발인은 이에 대해 다툴 수 없다.

특별사법경찰관으로부터 사건을 송치 받은 검사는 직접 **추가수사**를 하거나 특별사법경찰관으로 하여금 **보완수사**를 하도록 지휘할 수 있다(법 제245조의10 제2항). 검사는 수사를 진행한 후 기소 또는 불기소처분을 함으로써 수사를 종결한다.

(4) 검사 또는 검찰공무원인 사법경찰관이 수사를 개시·진행한 사건

검사가 수사를 개시·진행한 사건은 검사가 기소 또는 불기소 처분을 함으로써 스스로 종결함이 당연하고, 검찰공무원인 사법경찰관의 모든 수사는 검사의 지휘를 받으므로 그 종결 또한 검사가 행한다.

Ⅱ. 경찰공무원인 사법경찰관의 수사종결

1. 의의

경찰공무원인 사법경찰관(이하 '사법경찰관'이라 한다)이 사건을 수사한 경우에는 법원송치, 검찰송치·불송치, 수사중지, 이송 중 하나의 결정을 하여야 한다(수사준칙 제51조). 다만 경찰서장은 즉결심판청구권을 가지고 있으므로 즉결심판 대상인 20만 원 이하의 벌금, 구류 또는 과료에 처해질 사건의 수사는 사법경찰관인 경찰서장이 최종적으로 종결하고 즉결심판 청구 여부까지 결정한다.

(1) 종국처분

법원송치, 검찰송치·불송치는 사법경찰관의 종국처분에 해당한다. 하지만 송치받은 기관이 그에 구속되지는 아니하므로 실질적으로는 종국처분이라 보기 어렵다.

법원송치란 소년법에 따라 경찰서장이 형벌 법령에 저촉되는 행위를 한 10세 이상 14세 미만의 **촉법소년** 또는 형벌 법령에 저촉되는 행위를 할 우려가 있는 10세 이상 19세 미만의 **우범소년**을 가정법원소년부 또는 지방법원**소년부**에 **송치**하는 것을 말한다(소년법 제4조). 사법경찰관으로부터 사건을 송치받은 소년부는 소년법에 따라 조사와 심리를 거쳐 보호처분 등 적절한 처분을 하는데, 형사처벌의 필요가 있다고 인정하거나 19세 이상인 것이 밝혀지면 결정으로 사건을 관할 지방법원에 대응한 검찰청 검사에게 송치하여야 한다(동법 제7조).

즉결심판 및 법원송치 대상 사건의 예외에 해당하지 아니하는 사건에 대하여 수사를 종결한 경우, 사법경찰관은 당해 사건을 검찰에 송치하거나 불송치하는 결정을 하여야 한다.

(2) 중간처분

수사중지나 **이송**은 사법경찰관의 중간처분에 해당한다. 사법경찰관이 수사중지 또는 이송을 한 경우에는 당해 사건은 수사계속의 대상이 된다.

2. 송치결정

(1) 의의

송치결정이란 사법경찰관이 피의자에 대한 공소제기시 유죄판결을 받을 수 있다고 판단하여 검사에게 사건일체를 송부하는 것을 말한다. 사법경찰관은 고소·고발 사건 등을 수사하여 범죄의 혐의가 있다고 인정되는 경우에는 지체 없이 검사에게 사건을 송치하고 관계 서류와 증거물을 검사에게 송부하여야 한다(법 제245조의5 제1호). 여기에서 혐의가 있다고 인정되는 경우란 유죄판결의 요건이 모두 갖추어졌다고 인정할 수 있는 경우를 말한다.

(2) 통지

사법경찰관은 사건을 송치한 경우 그 내용을 고소인·고발인·피해자 또는 그 법정대리인과 피의자에게 통지하여야 한다(수사준칙 제53조 제1항). 송치결정에 대해서는 불복수단이 존재하지 아니하는데, 그 이유는 고소인은 불복할 이유가 없고 피의자는 검사의 수사대상이 되어 수사계속이 이루어지기 때문이다.

(3) 검사의 통제

검사는 사법경찰관으로부터 송치받은 사건에 대해 **보완수사**가 필요하다고 인정하는 경우에는 직접 보완수사를 하거나 사법경찰관에게 보완수사를 요구할 수 있다. 다만 시정조치, 경합사건으로서 검사의 송치요구 또는 체포·구속장소 감찰 후 송치명령에 의해 송치된 사건 등은 검사가 직접 보완수사하는 것을 원칙으로 한다(수사준칙 제59조 제1항).

검사가 보완수사를 요구한 경우 사법경찰관은 정당한 이유가 없는 한 검사의 요구를 지체없이 이행하고, 그 결과를 검사에게 통보하여야 한다. 검찰총장과 검사장은 사법경찰관이 정당한 이유 없이 보완수사요구에 따르지 아니한 경우 징계권자에게 직무배제 또는 징계를 요구할 수 있다(법 제197조의2).

3. 불송치결정

(1) 의의

(가) 의의

불송치결정이란 사법경찰관이 피의자에 대한 공소제기시 유죄판결을 받을 수 없다고 판단하여 검사에게 사건기록을 조건부로 송부하는 것을 말한다. 사법경찰관은 고소·고발 사건을 포함하여 범죄를 수사하였으나 범죄의 혐의가 있다고 인정되지 아니하는 경우에는 불송치결정을 하고, 그 이유를 명시한 서면과 함께 관계 서류와 증거물을 지체 없이 검사에게 송부하여야 한다. 검사는 사법경찰관의 불송치에 하자가 없는 경우 불송치 사건기록을 송부 받은 날부터 90일 이내에 사법경찰관에게 그 기록을 반환하여야 한다(법 제245조의5 제2호).

(나) 불송치결정의 유형

혐의가 있다고 인정되지 아니하는 경우란 유죄판결의 요건이 모두 갖추어지지 아니하였음을 의미하는 것으로, 불송치결정에는 혐의없음, 죄가안됨, 공소권없음, 각하결정이 있다(수사준칙 제51조).

혐의없음에는 범죄인정안됨과 증거불충분이 있는데, 전자는 피의사실이 구성요건을 충족시키지 못하여 형사소송법 제325조 전단무죄에 해당하는 경우를 말하고, 후자는 합리적 의심 없는 정도의 증명이 이루어지지 아니하여 형사소송법 제325조 후단무죄에 해당하는 경우를 말한다.

죄가안됨이란 위법성·책임조각 등 구성요건 외의 범죄성립조각사유가 있어 형사소송법 제325조 전단무죄에 해당하는 것을 말하고, **공소권없음**이란 면소판결이나(법 제326조) 공소기각판결·결정(법 제327조, 제328조)의 대상이 되는 경우를 말한다.

각하란 고소나 고발의 내용만으로도 혐의없음, 죄가안됨, 공소권없음이 명백한 경우, 새로운 증거 없이 이미 불기소처분이 있었던 사실에 대한 재고소·고발이 있는 경우, 수사와 소추의 이익이 극히 경미한 경우 등의 사유로 사법경찰관이 즉시 수사를 종결하는 것을 말한다.

(2) 통지 및 불복절차

사법경찰관은 사건을 불송치한 경우 고소인·고발인·피해자 또는 그 법정대리인 및 피의자에게 불송치의 취지와 이유를 통지하여야 한다(법 제245조의6, 수사준칙 제53조 제1항).

사법경찰관의 불송치결정에 대해 고소인, 피해자 또는 그 법정대리인이 이의를 신청한 경우, 사법경찰관은 지체 없이 검사에게 사건을 송치하고 관계 서류와 증거물을 송부하여야 하며 처리결과와 그 이유를 신청인에게 통지하여야 한다(법 제245의7).

(3) 검사의 통제

불송치 사건기록 일체를 송부받은 검사는 사건의 불송치가 위법 또는 부당한 때에는 사법경찰관에게 **재수사**를 요청할 수 있고, 사법경찰관은 그 요청에 따라야 한다(법 제245조의8). 검사의 재수사요청에 따라 사법경찰관이 재수사를 하였음에도 불송치결정을 유지하는 경우, 검사는 다시 재수사를 요청하거나 송치 요구를 할 수 없다.

다만 사법경찰관의 불송치결정이 관련 법령 또는 법리에 위반된 경우, 범죄 혐의의 유무를 명확히 하기 위해 재수사를 요청한 사항에 관하여 그 이행이 이루어지지 않은 경우, 송부받은 관계 서류 및 증거물과 재수사 결과만으로도 범죄의 혐의가 명백히 인정되는 경우, 공소시효 또는 형사소추의 요건을 판단하는 데 오류가 있는 경우로서 수사할 필요가 있는 경우에는 검사는 재수사결과를 통보받은 날부터 30일 이내에 사건송치를 요구할 수 있고, 사법경찰관은 그 요구에 따라야 한다(법 제197조의3, 수사준칙 제64조).

4. 수사중지결정

(1) 의의 및 행정조치

수사중지결정이란 피의자 또는 고소인·고발인·목격자 등 중요 참고인의 소재불명 등으로 인하여 수사기관이 그들을 발견할 때까지 수사를 중지하는 것을 말한다. 사법경찰관은 수사중지된 사건의 피의자 또는 참고인을 발견하는 등 수사중지 결정의 사유가 해소된 경우에는 즉시 수사를 진행해야 한다(수사준칙 제55조 제3항).

이처럼 수사중지결정은 **피의자중지**와 **참고인중지**로 나뉘는데, 피의자중지에 대해서는 피의자의 발견 및 신병확보를 위한 행정조치로서 지명수배나 지명통보가 이루어진다. 형사소송법은 참고인의 출석을 강제할 수 있는 근거규정을 두고 있지 아니하므로, 국가보안법과 같이 참고인을 강제구인할 수 있는 특별법상의 근거가 없는 이상(국가보안법 제18조) 참고인중지결정의 대상이 된 참고인이 발견된다 하여도 그를 강제구인할 수는 없다.

(가) 지명수배

지명수배란 사법경찰관이 피의자에 대한 체포영장을 발부받은 후 경찰전산망에 피의자를 체포대상자로 등록하는 것을 말한다. 다만 긴급한 경우에는 체포·구속영장의 발부 없이 지명수배할 수도 있는데, 이 경우 사법경찰관은 지체 없이 영장을 발부받아야 한다.

지명수배대상자는 법정형이 사형, 무기 또는 **장기 3년 이상**의 징역이나 금고에 해당하는 죄를 범하였다고 의심할 만한 상당한 이유가 있어 체포영장 또는 구속영장이 발부된 사람과, 지명통보의 대상인 사람 중 특히 지명수배의 필요가 있어 체포영장 또는 구속영장이 발부된 사람이다(경찰수사규칙 제45조). 지명수배자가 발견되면 사법경찰관은 체포·구속영장을 집행하여 피의자를 체포·구속함으로써 수사중지 되었던 사건의 수사가 재개된다.

(나) 지명통보

지명통보란 사법경찰관이 경찰전상망에 피의자가 수사대상자로서 수배되어 있음을 등록하는 것을 말한다. 지명통보 대상자는 법정형이 장기 3년 미만의 징역 또는 금고, 벌금에 해당하는 죄를 범했다고 의심할 만한 상당한 이유가 있고 출석요구에 응하지 않은 사람 및 법정형이 장기 3년 이상의 징역이나 금고에 해당하는 죄를 범했다고 의심되더라도 사안이 경미하고, 출석요구에 응하지 않은 사람이다(경찰수사규칙 제47조).

지명통보자가 발견되면 사법경찰관은 피의자에게 수배사실 및 발견시로부터 1개월 이내에 피의자를 수배한 수사기관에 자진하여 출석하지 않으면 체포될 수 있음을 고지한다. 지명통보자가 출석기일 내에 경찰관서에 자진출석하면 미체포 상태에서 수사가 재개된다. 지명통보자가 출석기일 내에 출석하지 아니할 때에는 일반적으로 그를 지명통보하였던 사법경찰관은 체포영장을 발부받아 그를 지명수배한다.

(2) 통지 및 불복절차 등

사법경찰관은 수사중지 결정을 한 경우 고소인·고발인·피해자 또는 그 법정대리인(이하 '고소인 등'이라 한다) 및 피의자에게 그 내용을 통지한다. 단 피의자 중지결정은 고소인 등에게만 통지한다(수사준칙 제53조 제1항). 통지시 사법경찰관은 해당 수사중지 결정이 법령위반, 인권침해 또는 현저한 수사권 남용이라고 의심되는 경우 검사에게 시정조치요구를 위한 신고를 할 수 있음을 함께 고지하여야 한다(수사준칙 제54조 제3항, 제4항, 법 제197조의3 제1항).

사법경찰관으로부터 수사중지 결정의 통지를 받은 사람은 해당 사법경찰관이 소속된 바로 위 상급경찰관서의 장에게 이의를 제기할 수 있고(수사준칙 제54조 제1항), 법령위반, 인권침해 또는 현저한 수사권 남용이라고 의심되는 경우 검사에게 시정조치요구를 위한 신고를 할 수 있다(법 제197조의3 제1항).

시정조치요구를 위한 신고를 받은 검사는 사법경찰관에게 사건기록 등본의 송부를 요구할 수 있고 필요시 시정조치를 요구할 수 있다. 사법경찰관이 정당한 이유 없이 검사의 시정조치요구에 따르지 아니한 경우, 검사는 사법경찰관에게 사건송치를 요구할 수 있고 사법경찰관은 그 요구에 따라야 한다. 검사장은 사법경찰관의 수사과정에서의 법령위반 등을 확인한 경우 징계권자에게 징계를 요구할 수 있다(법 제197조의3).

5. 이송결정

이송결정이란 사법경찰관이 소속된 경찰관서에서 다른 경찰관서로 사건의 관할을 옮기는 것을 말한다. 경찰관서의 토지관할은 법원의 토지관할과 마찬가지로 범죄지, 피의자의 주소, 거소, 현재지로서, 관할 없는 경찰관서에 접수된 사건은 관할 있는 경찰관서로 이송되고, 관할 있는 경찰관서에 접수된 사건은 다른 경찰관서로 이송될 수 없음을 원칙으로 한다(사건의 관할 및 관할사건수사에 관한 규칙 제5조, 제7조).

사법경찰관은 이송결정을 한 경우 고소인·고발인·피해자 또는 그 법정대리인 및 피의자에게 그 내용을 통지한다(수사준칙 제53조 제1항). 이송의 경우 수사계속이 이루어지므로 그 결정에 대해서는 불복수단이 존재하지 아니한다.

Ⅲ. 검사의 수사종결

1. 의의

검사는 사법경찰관으로부터 사건을 송치받거나 직접 수사를 개시·진행하여 종결하는 경우에는 공소제기, 불기소, 기소중지, 참고인중지, 공소보류, 이송, 소년보호사건·가정보호사건·성매매보호사건·아동보호사건 송치 중 하나의 결정을 하여야 한다(수사준칙 제52조 제1항). 이들 결정 중 공소제기 및 불기소결정은 **종국처분**이고, 기소중지, 참고인중지, 공소보류, 이송은 **중간처분**으로 수사계속의 대상이 된다.

한편 형사소송법은 검사가 소속검찰청에 대응한 법원의 관할에 속하지 아니한 사건을 관할법원에 대응한 검찰청검사에게 송치하는 것을 타관송치(법 제256조), 군사법원 관할에 속하는 사건을 군검사에게 송치하는 것을 군검사에의 사건송치(법 제256조의2)라 하는데, 실무상 이는 이송과 동일하게 처리된다.

2. 공소제기

검사는 수사결과 유죄판결의 요건이 모두 갖추어졌다고 판단하면 수사를 종결하고 관할법원에 공소장을 제출하여 공소를 제기한다. 검사는 공소제기와 동시에 서면으로 약식명령청구서를 제출하여 약식절차가 개시되게 할 수도 있는데, 실무상 전자는 검사가 법원에 공판절차를 거친 재판을 요구한다는 의미에서 **구공판**, 후자는 약식명령을 요구한다는 의미에서 **구약식**이라 한다.

3. 불기소결정과 공소보류결정

(1) 불기소결정

불기소결정이란 검사가 수사결과 공소를 제기하여도 유죄판결을 받을 수 없다고 판단하여 공소를 제기하지 아니하고 수사를 종결하는 처분을 말한다. 불기소 결정에는 **기소유예**, **혐의없음**, **죄가안됨**, **공소권없음**, **각하** 결정이 있는데, 기소유예를 제외한 각 결정의 의미는 사법경찰관의 불송치결정에서의 그것과 동일하다(검찰사건사무규칙 제115조 제3항).

기소유예란 유죄판결의 요건이 모두 갖추어져 있으나 제반사정에 비추어 피의자가 형사처벌을 받지 아니하도록 함이 상당하다고 판단하여 공소를 제기하지 아니하는 결정을 말한다(동항 제1호). 검사는 기소권을 독점하고 있으므로 검사의 기소유예 결정은 곧 형사처벌의 완전한 면제를 의미한다. 형사정책적 측면에서 그 유용성도 부정할 순 없으나, 공익의 수호자이기도 한 검사는 자칫 기소유예권을 남용하는 일이 없도록 신중하게 처리하여야 할 것이다.

(2) 공소보류결정

공소보류란 **국가보안법 위반사범**에 대해 유죄판결의 요건이 모두 갖추어져 있으나 형법상 양형조건을 참작하여 공소제기를 보류하는 것을 말한다(국가보안법 제20조 제1항).

공소보류는 유죄판결을 받을 수 있음에도 검사의 재량에 따라 공소를 제기하지 않는 것이라는 점과, 공소보류결정 후에도 이를 취소하고 공소를 제기할 수 있다는 점에서는 기소유예와 성질을 같이 하나, 공소제기 없이 2년을 경과한 때에는 공소를 제기할 수 없게 되는 것(동법 제20조 제3항)은 기소유예와 다른 점이다.

4. 기소중지결정, 참고인중지결정, 이송결정

(1) 기소중지결정과 참고인중지결정

검사는 피의자의 소재불명 등의 사유로 수사를 종결할 수 없는 경우에는 그 사유가 해소될 때까지 기소중지의 결정을 할 수 있고(검찰사건사무규칙 제120조), 검사가 참고인·고소인·고발인 또는 같은 사건 피의자의 소재불명으로 수사를 종결할 수 없는 경우에는 그 사유가 해소될 때까지 참고인중지의 결정을 할 수 있다(동 규칙 제121조).

이는 사법경찰관의 수사중지결정과 실질적으로 동일한 처분이라 할 수 있는 것으로, 피의자의 발견시 행정조치 등의 내용은 사법경찰관의 수사중지결정에서 살펴본 것과 동일하다.

(2) 이송결정

이송결정이란 검사가 소속된 검찰청에서 다른 검찰청으로 사건의 관할을 옮기는 것을 말한다. 검찰청의 토지관할은 법원의 토지관할과 마찬가지로 범죄지, 피의자의 주소, 거소, 현재지이다(검찰청법 제3조 제4항).

검사는 이송결정을 한 경우 고소인·고발인·피해자 또는 그 법정대리인 및 피의자에게 그 내용을 통지한다(수사준칙 제53조 제1항). 이송의 경우 수사계속이 이루어지므로 그 결정에 대해서는 불복수단이 존재하지 아니한다.

5. 소년보호사건 등의 송치

소년법, 가정폭력범죄의 처벌 등에 관한 특례법, 성매매알선 등 행위의 처벌에 관한 법률, 아동학대범죄의 처벌 등에 관한 특례법에 따라 검사는 소년범, 가정폭력 사범, 성매매여성, 아동학대 사범 등에 대해 형사처벌보다는 법원의 보호처분을 함이 상당하다고 인정하면 사건을 지방법원 소년부, 가정법원 등에 송치함으로써 수사를 종결한다(소년법 제49조 제1항, 가정폭력처벌법 제11조 제1항, 성매매처벌법 제12조 제1항, 아동학대처벌법 제28조 제1항).

검사로부터 사건을 송치 받은 법원은 각 법률에 따라 조사·심리를 거쳐 보호처분 등 적절한 처분을 하고(소년법 제32조, 가정폭력처벌법 제40조, 성매매처벌법 제14조, 아동학대처벌법 제36조), 형사처벌의 필요가 있는 경우에는 결정으로서 사건을 관할 지방법원에 대응한 검찰청 검사에게 송치하여야 한다(소년법 제7조, 가정폭력처벌법 제37조, 성매매처벌법 제17조, 아동학대처벌법 제44조).

6. 검사의 수사종결 결정 통지 및 불복수단

(1) 의의

형사소송법은 검사의 수사종결시 고소인 등에 대한 통지의무와 불기소결정에 대한 불복수단을 규정하고 있다. 검사의 공소제기는 소송계속이 발생하므로 피의자는 이에 대해 별도의 불복수단이 인정되지 아니하나, 불기소결정에 대해서는 고소인·고발인·피해자 또는 그 법정대리인에게 불복수단을 둘 필요가 있다. 따라서 형사소송법은 검사의 불기소결정에 대한 불복수단을 마련하고 고소인 등의 권리를 온전히 보장하기 위해 검사의 수사종결시 통지의무를 둔 것이다.

(2) 통지

(가) 고소인, 고발인, 피해자, 법정대리인에 대한 통지

1) 통지

형사소송법은 검사가 고소·고발 사건에 관하여 공소제기, 불기소 처분, 공소의 취소, 타관송치를 한 때에는 그 처분일로부터 7일 이내에 서면으로 고소·고발인에게 그 취지를 통지하여야 하고(법 제258조 제1항), 피해자나 그 법정대리인의 신청이 있는 때에는 공소제기 여부, 피의자·피고인의 구금에 관한 사실 등을 신속하게 통지하여야 한다고 규정하고 있다(법 제259조의2). 그러나 '검사와 사법경찰관의 상호협력과 일반적 수사준칙에 관한 규정'은 검사는 수사종결에 따른 결정을 한 경우에는 그 내용을 고소인·고발인·피해자 또는 그 법정대리인에게 통지해야 한다고 규정하고 있으므로(수사준칙 제53조 제1항), 검사는 수사종결 결정시 수사의 단서, 결정의 유형 및 피해자의 신청 여부와 관계없이 고소인, 고발인은 물론 피해자와 그 법정대리인에게도 결정의 내용을 통지하여야 한다.

2) 불기소결정서의 교부

검사는 고소 또는 고발 있는 사건에 관하여 공소를 제기하지 아니하는 처분을 한 경우에 고소인 또는 고발인의 청구가 있는 때에는 7일 이내에 고소인 또는 고발인에게 그 이유를 서면으로 설명하여야 한다(법 제259조). 실무상 이 서면을 불기소결정서 또는 불기소이유서라 한다.

(나) 피의자에 대한 통지

형사소송법은 검사가 불기소 또는 타관송치를 한 경우에 한하여 피의자에게 즉시 그 취지를 통지하여야 한다고 규정하고 있다(법 제258조 제2항). 그러나 '검사와 사법경찰관의 상호협력과 일반적 수사준칙에 관한 규정'은 검사는 수사종결에 따른 결정을 한 경우에는 그 내용을 피의자에게도 통지해야 한다고 규정하고 있고, 피의자에 대한 통지의 예외로는 기소중지결정 및 피의자에 대한 출석요구 전 이송결정 또는 수사개시 전 이송결정만을 두고 있다(수사준칙 제53조 제1항). 따라서 검사는 예외사유에 해당하지 아니하는 이상 수사종결 결정시 그 종결유형에 관계없이 피의자에게 결정의 내용을 통지하여야 한다.

(3) 불복수단

(가) 의의

검사의 불기소결정은 고소인·고발인에게 불리한 결정으로서 불기소결정을 받은 고소·고발인에게는 이를 다툴 법률상의 이익이 있다. 검찰청법과 형사소송법은 이에 대한 불복수단으로 검찰항고제도와 재정신청제도를 마련해 두고 있다.

고소인과 형법 제123조 내지 제126조에 규정된 직권남용, 불법체포·감금, 폭행·가혹행위, 피의사실공표죄를 고발한 고발인 및 공직선거법 등 특별법상 일부 고발인(이하 '재정신청권자인 고발인'이라 한다)은 검사의 불기소결정에 대해 검찰항고를 거쳐 재정신청을 할 수 있다. 그 외 고발인(이하 '재정신청권자 아닌 고발인'이라 한다)은 검찰항고 후 재항고를 할 수 있으나 재정신청은 할 수 없다.

형사소송법은 **고소를 하지 아니한 피해자**에 대해서는 불기소결정에 대한 불복수단을 따로 두지 아니하고 있고, 기소유예 결정에 대한 피의자의 불복수단도 규정하지 아니하고 있다. 이에 헌법재판소는 이들의 불복수단으로서 **헌법소원**을 허용하고 있다.

(나) 검찰항고

1) 의의

검찰항고란 고소인 또는 고발인이 검찰청 내부의 경정수단을 통하여 공소의 제기를 구하는 검사의 불기소처분에 대한 불복수단이다.

검찰항고권자는 고소·고발인이므로, 피의자는 자신에 대한 불이익 처분에 대해 검찰항고를 할 수 없다. 다만 불기소처분이 상당함을 주장하는 피의자에게 기소유예는 불이익 처분에 해당하는바, 헌법재판소는 이 경우 헌법소원을 불복수단으로 인정하고 있다.

검찰항고의 대상은 불기소처분이므로, 이에는 **기소유예, 기소중지, 참고인중지결정 등이 포함된다.**[350] 하지만 **공소취소**는 기소결정 이후의 처분으로 불기소처분이라 할 수 없으므로 검찰항고의 대상에 포함되지 **아니한다.**

2) 절차

① 항고절차

검사의 불기소처분에 불복하는 고소인·고발인은 불기소처분의 통지일로부터 30일 이내

350) 대법원 1988. 1. 29.자 86모58 결정.

또는 자신에게 책임이 없는 사유로 기간 이내에 항고하지 못한 것을 소명하면 그 사유가 해소된 때부터 30일 이내에(검찰청법 제10조 제4항, 제6항) 그 검사가 속한 지방검찰청 또는 지청을 거쳐 서면으로 관할 고등검찰청 검사장에게 항고할 수 있다(동법 제10조 제1항). 항고 기간이 지난 후 접수된 항고는 기각하여야 한다. 다만, 중요한 증거가 새로 발견된 경우 고소인이나 고발인이 그 사유를 소명하였을 때에는 그러하지 아니하다(동법 제10조 제7항).

불기소처분을 한 지방검찰청 또는 지청의 검사는 항고가 이유 있다고 인정하면 그 처분을 경정하여야 한다(동법 제10조 제1항). 따라서 불기소처분을 한 검사는 스스로 그 처분을 경정하여 공소를 제기할 수 있다.

불기소처분을 한 검사가 공소를 제기하지 아니하면 항고를 받은 고등검찰청 검사장이 그 경정 여부를 결정한다. 고등검찰청 검사장은 항고가 이유 있다고 인정하면 소속 검사로 하여금 지방검찰청 또는 지청 검사의 불기소처분을 직접 경정하게 할 수 있다. 이 경우 고등검찰청 검사는 지방검찰청 또는 지청의 검사로서 직무를 수행하는 것으로 본다(동법 제10조 제2항).

② 재항고절차

고등검찰청 검사장이 항고를 기각하거나 항고일로부터 3개월 동안 인용 여부를 결정하지 아니하면 **재정신청권자 아닌 고발인**은 그 고등검찰청을 거쳐 서면으로 검찰총장에게 재항고할 수 있다. 고소인 및 재정신청권자인 고발인은 재정신청만을 할 수 있을 뿐 재항고를 할 수는 없다(검찰청법 제10조 제3항).

재항고 제기기간은 항고기각 결정을 통지받은 날 또는 항고 후 항고에 대한 처분이 이루어지지 아니하고 3개월이 지난날부터 30일 이내로(동법 제10조 제5항), 이 경우에도 자신에게 책임이 없는 사유로 재항고를 하지 못한 것을 소명하면 재항고 기간은 그 사유가 해소된 때부터 기산하고, 기간이 지난 후 접수된 재항고는 기각하여야 하지만 고발인이 중요한 증거가 새로 발견되었음을 소명하였을 때에는 그러하지 아니하다(동법 제10조 제6항, 제7항).

고등검찰청의 검사는 재항고가 이유 있다고 인정하면 그 처분을 경정하여야 하고(동법 제10조 제3항), 공소를 제기하지 아니하는 경우 재항고를 받은 검찰총장이 그 경정 여부를 결정한다.

(다) 재정신청

1) 의의

재정신청이란 고소인 또는 **재정신청권자인 고발인**이 검사의 불기소처분에 대한 불복으로서의 항고를 거친 후 항고기각결정에 대한 불복으로서 검사에 대한 법원의 기소명령을 구하는 것을 말한다(법 제260조 제1항). 이처럼 재정신청은 **항고전치를 원칙**으로 하는데, 항고전치의 예외사유로는 항고 이후 수사가 이루어진 다음에 다시 불기소결정의 통지를 받은 경우, 항고 신청 후 항고에 대한 처분이 행하여지지 아니하고 3개월이 경과한 경우, 검사가 공소시효 만료일 30일 전까지 공소를 제기하지 아니하는 경우가 있다(법 제260조 제1항, 제2항).

다만 수사처검사에 대해서는 상급기관이 존재하지 아니하므로 **수사처검사의 불기소결정**은 항고를 전제로 하지 아니하는 **재정신청**의 대상이 된다. 수사처검사로부터 공소를 제기하지 아니한다는 통지를 받은 고소·고발인은 통지일로부터 30일 이내에 수사처 처장에게 재정신청서를 제출하여 서울고등법원에 그 당부에 관한 재정을 신청할 수 있다(공수처법 제29조).

2) 재정신청권자 및 대상

재정신청권자는 고소인 또는 재정신청권자인 고발인이고, 제정신청의 대상은 고소·고발사건에 대한 검사의 불기소처분이다. 따라서 고소·고발 후 이를 취소한 자는 재정신청권자로서의 지위가 인정되지 아니하므로 재정신청을 할 수 없고, 검사의 내사종결처리는 불기소처분에 해당하지 않으므로 재정신청의 대상이 되지 아니한다.[351)]

3) 절차

① 재정신청권자의 재정신청서 제출

재정신청권자는 항고기각결정을 통지받은 날 또는 항고전치 예외사유가 발생한 날부터 10일 이내에 지방검찰청검사장 또는 지청장에게 재정신청서를 제출하여야 한다(법 제260조 제3항). 다만 검사가 공소시효 만료일 30일 전까지 공소를 제기하지 아니하는 경우에는 공소시효 만료일 전날까지 재정신청서를 제출할 수 있다(법 제260조 제3항 단서).

재정신청서에는 재정신청의 대상이 되는 사건의 범죄사실 및 증거 등 **재정신청을 이유있게 하는 사유를 기재**하여야 한다(법 제260조 제4항). 그러한 기재가 없음에도 법원이 재정신청을 인용하여 공소가 제기된 경우의 처리와 관련해서는, 공소제기절차가 법률의 규정을 위반하여 무효인 때(법 제327조 제2호)에 해당하므로 공소기각판결을 하여야 한다는 견해(공소기각판결설)와, 형사소송절차의 안정성 유지를 이유로 법원의 공소제기결정에 따른 공소제기에 일정한 하자가 있다 하더라도 공소사실에 대한 실체판단에 나아가야 한다는 견해(실체판결설)가 대립하고 있다. 대법원은 실체판결설의 입장에 서 있다.[352)] 즉, 법원의 잘못된 판단으로 공소가 제기되었다 하더라도 일단 **본안사건의 절차가 개시된 후라면**, 다른 특별한 사정이 없는 한, 그 본안

351) 대법원 2005. 2. 1.자 2004모542 결정.
352) 대법원 2010. 11. 11. 선고 2009도224 판결.

사건에서 그와 같은 잘못을 다툴 수는 없고, 공소제기절차상의 잘못은 본안사건에서 공소사실 자체에 대하여 무죄, 면소, 공소기각 등을 할 사유에 해당하는지를 살펴 무죄 등의 판결을 함으로써 결과적으로 그 잘못을 바로잡을 수 있을 뿐만 아니라, 본안사건에서 심리한 결과 범죄사실이 유죄로 인정되는 때에는 이를 처벌하는 것이 오히려 형사소송의 이념인 실체적 정의를 구현하는 데도 일조할 수 있다는 것이다.

한편 대법원은 재정신청 **대상범죄가 아님에도** 법원이 공소제기결정을 하였고 공소가 제기되어 본안사건의 절차가 개시된 후에는 특별한 사정이 없는 한 본안에서는 그 하자를 다툴 수 없다고 하여[353]고 하여 위 판례와 같은 태도를 취하고 있다. 이 두 판례에서 대법원은 절차상의 잘못에 대해 지나치게 관대한 것이 아닌가 하는 아쉬움도 있지만, 결론에 있어서는 별반 불합리하다고는 생각되지 않는다.

② 지방검찰청검사장 등의 처리

재정신청서를 제출받은 지방검찰청검사장 또는 지청장은 재정신청서를 제출받은 날부터 7일 이내에 재정신청서·의견서·수사관계 서류 및 증거물을 관할 고등검찰청을 경유하여 관할 고등법원에 송부하여야 한다.

다만 항고전치 예외사유에 해당하는 경우에는 지방검찰청검사장 등은 신청이 이유 있는 것으로 인정하는 때에는 즉시 공소를 제기하고 그 취지를 관할 고등법원과 재정신청인에게 통지하여야 하고, 신청이 이유 없는 것으로 인정하는 때에는 재정신청서 등을 30일 이내에 관할 고등법원에 송부하여야 한다(법 제261조).

③ 법원의 심리

ⓐ 피의자에 대한 통지

법원은 재정신청서를 송부받은 때에는 송부받은 날부터 10일 이내에 피의자에게 그 사실을 통지하여야 한다(법 제262조 제1항). 하지만 피의자에게 통지하지 아니하였다 하더라도 법원의 공소제기결정에 따라 공소가 제기되어 본안사건의 절차가 개시된 후에는 다른 특별한 사정이 없는 한 본안사건에서 그러한 잘못을 다툴 수 없으므로 공소기각판결을 할 수 없다.[354]

ⓑ 심리

재정신청사건의 심리는 특별한 사정이 없는 한 **공개하지 아니하고**(법 제262조 제3항), 재정신청사건의 심리 중에는 관련 서류 및 증거물을 **열람 또는 등사할 수 없다.** 다만 법원은 재정신청의 심리를 위해 실시한 증거조사 과정에서 작성된 서류의 전부 또는 일부의 열람·등사를 허

353) 대법원 2017. 11. 14. 선고 2017도13465 판결.
354) 대법원 2017. 3. 9. 선고 2013도16162 판결.

가할 수 있다(법 제262조의2).

법원은 재정신청사건의 심리를 위해 필요한 **증거를 조사**할 수 있다(법 제262조 제2항). 이에 따라 재정법원이 증인신문, 감정, 검증, 피의자신문을 할 수 있다는 점에 대해서는 이론이 없으나, 피의자 구속, 압수·수색과 같은 **강제처분을 할 수 있는지**가 문제된다. 이에 대해서는 재정사건의 심리절차는 항고절차에 준하기 때문에 재정법원도 강제처분을 할 수 있다는 견해와(긍정설), 공소제기 전 절차이므로 강제처분을 허용하는 명문의 규정이 없는 이상 강제처분을 할 수 없다는 견해가 대립하고 있다(부정설). 재정법원은 공소제기 여부에 대한 결정을 해야 한다는 점에서 수사기관에 의하여 제출된 증거 이외에도 재정법원이 직접 증거조사를 할 필요성은 부정할 수 없으나, 당사자의 출석을 전제로 하지 아니하고 비공개 심리를 원칙으로 하는 재정절차의 특수성을 고려하면 재정절차에서의 증거조사는 공판절차에서의 그것과 동일하게 인정하기는 어렵다. 증거조사는 증거수집을 전제로 하는바 공소제기 여부를 판단함에 있어서 불가결한 정도의 증거수집을 위한 압수·수색은 불가피하다고 하겠으나, 본안사건을 다루는 수소법원이 아닌 그 전단계로서의 재정법원에서 구속까지 할 수 있다고 보는 것은 비례의 원칙에 비추어보더라도 지나치다는 점에서 허용될 수 없다고 하겠다(절충설).

④ 법원의 결정

법원은 재정신청서를 송부받은 날부터 3개월 이내에 그 인용 여부를 결정하여야 한다. 법원은 신청이 법률상의 방식에 위배되거나 이유 없는 때에는 신청을 기각하고, 신청이 이유 있는 때에는 사건에 대한 공소제기를 결정한다(법 제262조 제2항).

재정신청에 대한 결정을 한 때에는 법원은 즉시 그 정본을 재정신청인·피의자와 관할 지방검찰청검사장 또는 지청장에게 송부하여야 한다. 특히 공소제기결정을 한 때에는 법원은 관할 지방검찰청검사장 또는 지청장에게 사건기록을 함께 송부하여야 한다(법 제262조 제5항).

법원의 공소제기결정에 대하여는 불복할 수 없다. 그러나 법원의 재정신청 기각결정에 대하여는 재정신청인은 **즉시항고**를 할 수 있다. 재정신청 기각결정이 확정된 사건에 대하여는 다른 중요한 증거를 발견한 경우를 제외하고는 소추할 수 없다(법 제262조 제4항).

⑤ 검사의 공소제기

법원의 공소제기결정에 따른 재정결정서를 송부받은 관할 지방검찰청 검사장 또는 지청장은 지체 없이 담당 검사를 지정하고 지정받은 검사는 공소를 제기하여야 한다(법 제262조 제6항). 공소제기결정에 대하여 검사는 다툴 수 없다. 따라서 제정신청제도는 기소강제절차라고도 불린다.

4) 공소시효

재정신청일로부터 재정결정의 확정일까지 공소시효의 진행은 정지된다. 공소제기결정이 있는 때에는 공소시효에 관하여 그 결정이 있는 날에 공소가 제기된 것으로 본다(법 제264조의4).

5) 재소자 특칙의 적용 여부

재소자가 교도관에게 재정신청의 기간 내에 재정신청서를 제출하였고 교도관이 이를 법원에 발송하였으나 기간 내 도달하지 못한 경우, 상소제기 기간에 대한 재소자 특칙이 재정신청에도 준용되는지가 문제된다. 이에 대해 대법원은 형사소송법 제344조 제1항과 같은 명시적인 특례규정이 없으므로 재소자 특칙은 준용되지 아니한다는 입장이다.[355] 따라서 재정신청서는 형사소송법 제260조 제2항이 정하는 기간 안에 불기소 처분을 한 검사가 소속한 지방검찰청의 검사장 또는 지청장에게 도달하여야만 적법하다.

(라) 기타 불복 또는 구제수단

1) 헌법소원

고소인이 아닌 범죄피해자는 검사의 불기소처분에 대해 헌법소원심판을 청구할 수 있다. 검사의 불기소처분으로 인하여 범죄피해자의 재판절차진술권과 평등권이 침해되고, 범죄피해자는 항고, 재항고, 재정신청 등으로 구제를 받을 방법이 없기 때문이다. 여기에서 범죄피해자는 범죄행위로 인해 직접 피해를 입은 자로 제한된다.[356]

기소유예결정을 받은 피의자도 헌법소원심판을 청구할 수 있다. 기소유예처분도 공권력의 행사에 해당하고, 검사의 기소유예처분으로 인하여 피의자의 평등권과 행복추구권이 침해되며, 피의자는 항고, 재항고 등으로 구제받을 방법이 없기 때문이다.[357]

2) 형사보상 및 명예회복에 관한 법률상 피의자에 대한 보상

피의자로서 구금되었던 자 중 검사로부터 불기소처분을 받거나 사법경찰관으로부터 불송치결정을 받은 자는 국가에 대하여 그 구금에 대한 보상을 청구할 수 있다. 다만 구금된 이후 불기소처분 또는 불송치결정의 사유가 발생한 경우와, 해당 불기소처분 또는 불송치결정이 종국처분이 아닌 경우 및 기소유예처분인 경우에는 그러하지 아니하다(형사보상법 제27조 제1항).

355) 대법원 1998. 12. 14.자 98모127 결정.
356) 헌법재판소 1992. 1. 28. 선고 90헌마227 전원재판부 결정.
357) 헌법재판소 2008. 11. 27. 선고 2008헌마399 등 전원재판부 결정.

제 3 장

공판절차

제 3 장

공판절차

제 1 절 공판절차의 기초

Ⅰ. 공판절차의 기본원칙

1. 공판중심주의

공판중심주의란 형사사건의 실체에 대한 유·무죄의 심증 형성은 법정에서의 심리에 의하여야 한다는 원칙을 말한다.[1)] 심리절차의 투명성과 판결의 신뢰성을 담보하기 위하여 재판과정은 대중에 공개되어야 하고, 편견으로부터 자유로운 실체적 진실발견을 위해 법원은 법정에서 조사된 증거만을 사실인정의 기초로 삼아야 하며, 공판절차의 진행에서 검사와 피고인은 구두로 자신의 주장을 펼칠 권리를 보장받아야 한다. 이처럼 공판중심주의는 공개재판주의, 직접심리주의, 구두변론주의를 하위 실천원칙으로 삼는다.

(1) 공개재판주의

(가) 의의

공개재판주의란 법원의 심리과정과 판결은 일반 대중에게 공개되어야 한다는 원칙을 말한다(헌법 제109조 본문). 공개재판주의는 심리과정의 투명성과 재판결과의 신뢰성을 담보하기 위한 헌법상의 원리로서, 공판기일에 대한 정보는 공개됨을 원칙으로 하고 공판의 방청을 위한

1) 대법원 2006. 12. 8. 선고 2005도9730 판결.

법정에의 출입은 제한되지 아니한다. 공개재판주의에 위반한 경우 절대적 항소이유 및 상고이유가 된다(법 제361조의5 제9호, 제383조 제1호).

공개재판의 요청은 소송기록의 공개에도 미친다. 형사소송법 제59조의2는 헌법 제109조의 공개재판의 원칙을 확장하여 재판의 공정성을 담보하기 위해 **재판확정기록의 열람·등사**를 규정하고 있다.

(나) 한계

1) 공개재판주의의 한계 — 심리 비공개 결정

법원은 심리를 공개할 경우 국가의 안전보장 또는 안녕질서를 방해하거나 선량한 풍속을 해할 염려가 있을 때에는 결정으로서 그 일부 또는 전부를 공개하지 아니할 수 있다(헌법 제109조 단서). 공개재판은 필연적으로 사실인정에 필요한 정보를 대중에게도 노출시키게 되므로, 법원은 공익상의 요청에 따라 직권으로 심리를 비공개할 수 있다. 법원은 심리의 비공개 결정 시 그 이유를 밝혀 선고하여야 하고, 비공개 결정을 한 경우에도 재판장은 적당하다고 인정되는 사람에 대해서는 법정 안에 있는 것을 허가할 수 있다(법원조직법 제57조 제2항, 제3항).

성폭력범죄의 경우 법원은 피해자의 사생활을 보호하기 위하여 결정으로 심리를 공개하지 아니할 수 있고, 증인으로 소환 받은 성폭력범죄 피해자와 그 가족은 사생활보호 등을 이유로 증인신문의 비공개를 신청할 수 있다(성폭력처벌법 제31조). 비록 증인으로 소환 받은 때에 한하긴 하지만 '성폭력범죄의 처벌 등에 관한 특례법'이 피해자에게 심리비공개 신청권을 부여한 것은 형사절차에서의 2차 피해방지를 단순히 법원의 배려에 그치는 것이 아니라 피해자의 권리로 격상시킨 것이라는 점에서 그 의미가 적지 않다고 하겠다.

2) 입정금지·퇴정명령

재판장은 비공개결정을 하지 아니하더라도 법정의 존엄과 질서를 해칠 우려가 있는 사람의 입정 금지 또는 퇴정을 명하는 등 법정의 질서유지에 필요한 명령을 할 수 있다(법원조직법 제58조 제2항). 또한 재판장은 증인·감정인이 피고인 또는 다른 재정인의 면전에서 충분한 진술을 할 수 없다고 인정한 때에는 피고인 또는 다른 재정인을 퇴정하게 하고 진술하게 할 수 있으며, 피고인이 다른 피고인 면전에서 충분히 진술할 수 없다고 인정한 때에는 다른 피고인을 퇴정하게 하고 진술하게 할 수 있다(법 제297조 제1항).

3) 법정 내 녹화 등의 제한

재판장의 허가 없는 법정 내 녹화, 촬영, 중계방송 등은 금지된다(법원조직법 제59조). 일반

국민이 재판을 방청하는 것을 허용하는 것을 직접공개라고 한다면, 법정 내 녹화 등은 보도기관을 통하여 일반국민에게 정보를 전달하는 간접공개라 할 수 있는바, 간접공개는 취재활동과 법정의 질서유지와의 조화라는 점에서 특히 문제된다.

이와 관련하여 1981년 미국연방대법원은 챈들러판결[2]에서 법정 내의 TV방영이 공평한 재판의 원칙에 반하지 않는 한 허용된다는 취지의 판결을 내렸고, 이 판결을 계기로 많은 주에서 법정 내의 TV방영이 허용되게 되었다. 그러나 사법에 대한 국민참가의 실적을 배심재판의 채용을 통해서 착실하게 쌓아온 미국법제의 현상을 그대로 우리나라에 적용하는 데에는 해결해야 할 문제가 적지 않다. 법정 내의 TV방영의 마이너스효과에 대한 대응책을 면밀히 세워가면서 그것의 플러스효과를 뽑아내기 위한 세심한 검토가 있어야 할 것이다.

4) 재판확정기록 열람·등사의 제한

형사소송법은 국민의 알권리를 보장하고 사법에 대한 국민의 신뢰를 제고하려는 목적에서 누구든지 권리구제 등 목적으로 재판이 확정된 사건의 소송기록을 보관하고 있는 검찰청에 그 소송기록의 열람 또는 등사를 신청할 수 있다고 하면서도(법 제59조의2 제1항), 형사재판절차 및 그 소송기록이 가지는 특수성을 고려하여 기록공개에 일정한 제한 혹은 한계를 설정하고 있다.

검사는 심리가 비공개로 진행된 경우, 소송기록의 공개로 인하여 국가의 안전보장, 선량한 풍속, 공공의 질서유지 또는 공공복리를 현저히 해할 우려가 있는 경우, 소송기록의 공개로 인하여 사건관계인의 명예나 사생활의 비밀 또는 생명·신체의 안전이나 생활의 평온을 현저히 해할 우려가 있는 경우, 소송기록의 공개로 인하여 공범관계에 있는 자 등의 증거인멸 또는 도주를 용이하게 하거나 관련 사건의 재판에 중대한 영향을 초래할 우려가 있는 경우, 소송기록의 공개로 인하여 피고인의 개선이나 갱생에 현저한 지장을 초래할 우려가 있는 경우, 소송기록의 공개로 인하여 사건관계인의 영업비밀이 현저하게 침해될 우려가 있는 경우, 소송기록의 공개에 대하여 당해 소송관계인이 동의하지 아니하는 경우에는 소송기록의 전부 또는 일부의 열람 또는 등사를 제한할 수 있다(법 제59조의2 제2항 본문).

다만, 위 사유에 해당한다 하더라도 검사는 소송관계인이나 이해관계 있는 제3자가 열람 또는 등사에 관하여 정당한 사유가 있다고 인정되는 경우에는 소송기록의 열람·등사를 제한할 수 없는데(법 제59조의2 제2항 단서), 여기서 '열람 또는 등사에 관하여 정당한 사유가 있다고 인정되는 경우'란 재판확정기록의 열람 또는 등사로 인하여 국가·사회 및 사건관계인 등에게 초

---

2) Chandler v. Florida, 449 U.S. 560 (1980).

래될 불이익보다 이로 인하여 소송관계인이나 이해관계 있는 제3자가 얻게 될 이익이 우월한 경우를 뜻하고, 구체적인 사안이 이에 해당하는지 여부는 형사재판절차와 그 소송기록의 특수성을 고려하여 신청인의 열람 또는 등사의 목적과 필요성, 그로 인하여 생길 수 있는 사건관계인의 피해의 내용과 정도 등 제반 사정을 종합적으로 비교·교량하여 신중하게 판단하여야 한다.[3)]

(2) 직접심리주의

직접심리주의란 법원은 공판기일에 직접 조사한 증거만을 재판의 기초로 삼을 수 있다는 원칙을 말한다. 직접심리주의에 따라 증인신문, 피고인신문과 물증에 대한 증거조사는 법원에 의하여 공판기일에 법정 내에서만 이루어지게 된다.

직접심리주의는 형식적 직접심리주의와 실질적 직접심리주의로 나누어진다. **형식적** 직접심리주의란 직접심리주의의 외형적·형식적 요소가 갖추어져진 것을 말한다. 형식적 직접심리주의에 따라 증거조사, 증인신문 및 피고인신문은 법원을 주체로 공판기일에 법정 내에서 이루어짐을 원칙으로 하고, 수명법관 또는 수탁판사에 의한 법정 외 증거조사는 법정 외 증인신문·감정 등(법 제167조, 제177조) 법률에 근거규정이 있는 경우에 한하여 예외적으로 허용된다.

실질적 직접심리주의란 요증사실과 가장 가까운 원본 증거를 재판의 기초로 삼아야 하고, 원본 증거의 대체물 사용은 원칙적으로 허용되어서는 아니 된다는 것을 말한다. 이는 진술증거 및 비진술증거 모두에게 적용되는 원칙으로, 대법원은 사진은 원본의 존재, 원본의 소실 등 대체물인 사진 제출의 불가피성, 원본과 대체물의 동일성이 증명되면 증거능력이 인정될 수 있고,[4)] 수사기관 작성 조서는 원본 증거인 원진술자의 진술에 비하여 본질적으로 낮은 정도의 증명력을 가질 수밖에 없다는 한계를 지니므로 원진술자의 법정 출석 및 반대신문이 이루어지지 못한 경우에는 진정한 증거가치를 가진 것으로 인정받을 수 없다고 하였다.[5)] 형사소송법상 명시적 근거가 없음에도 대법원은 실질적 직접심리주의에 따라 비진술증거의 경우 원본에 대해서만 증거능력이 인정됨을 원칙으로 하고, 진술증거의 경우 원본인 법정 내 증언에 비하여 전문증거인 법정 외 진술에 대해서는 원진술자에 대한 직접심리와 반대신문의 기회가 주어지지 아니하는 이상 증명력이 없는 것으로 보고 있는 것이다.

3) 대법원 2024. 11. 8. 선고 2024모2182 결정.
4) 대법원 2008. 11. 13. 선고 2006도2556 판결.
5) 대법원 2006. 12. 8. 선고 2005도9730 판결.

(3) 구두변론주의

구두변론주의란 형사절차는 구두로 이루어지는 당사자의 공격과 방어에 따라 진행된다는 원칙을 말한다. 공판정에서의 변론은 구두로 하여야 하고(법 제275조의3), 판결은 법률에 다른 규정이 없으면 구두변론을 거쳐야 한다. 다만 결정이나 명령은 구두변론을 거치지 아니할 수 있다(법 제37조 제1항, 제2항). 구두변론주의는 구두주의와 변론주의로 나뉜다.

(가) 구두주의

구두주의란 법원은 소송관계인이 법정에서 말로써 제공한 소송자료에 근거하여 재판하여야 한다는 원칙을 말한다. 공개재판주의와 직접심리주의는 구두주의에 의해 그 가치가 온전히 실현될 수 있다. 따라서 서면에 의한 소송자료의 제공은 공판조서와 같이 기록의 정확성이 요청되거나 당사자의 신청과 같이 의사표시의 명확성과 확정성의 요청에 의해 형사소송법에 서면주의로 명시된 경우에 한한다.

다만 상소심에서는 구두주의가 반드시 적용되는 것은 아니다. 항소법원은 항소이유 없음이 명백한 때에는 소송기록에 의하여 변론없이 판결로써 항소를 기각할 수 있고(법 제364조 제5항) 상고법원은 소송기록에 의하여 변론없이 판결할 수 있다(법 제390조 제1항). 이는 신속한 재판의 원칙과의 조화를 위하여 둔 구두주의의 제한이라 할 수 있다.

(나) 변론주의

변론주의란 형사절차의 진행은 당사자의 공격과 방어에 따라 진행되어야 한다는 원칙을 말한다. 변론주의의 실현을 위해 형사소송법은 공판기일의 시작부터 종료까지 검사와 피고인에게 공격과 방어의 기회를 제공하고 있다.

공판정은 검사가 출석하여 개정하고(법 제275조 제2항), 피고인이 공판기일에 출석하지 아니한 때에는 특별한 규정이 없으면 개정하지 못한다(법 제276조). 검사와 피고인은 모두진술을 할 권리(법 제285조, 제286조)와 증거신청권을 가지고(법 제294조 제1항), 증인신문에 참여하여 그를 직접 대면하고 반대신문을 할 실질적 기회를 보장받는다(법 제163조). 이러한 과정을 거쳐 변론의 종결은 검사의 논고(법 제302조)와 피고인의 최후진술(법 제303조)에 의해 이루어진다.

다만 직권주의적 성격이 가미된 우리나라의 형사소송구조에 따라 법원은 당사자의 공방 여부와 무관하게 직권으로 압수·수색·검증을 하거나 증인을 소환하여 신문하는 등 형사절차를 진행할 권한을 가지고 있다. 따라서 형사절차에서의 변론주의는 절차진행을 지배하는 원리라기보다는 당사자인 검사와 피고인의 절차상 권리를 보장하는 원리로서의 성격을 갖는 것으로 이해하는 것이 옳을 것이다.

2. 집중심리주의

집중심리주의란 사건에 대한 심리는 하나의 공판기일에서 집중적으로 이루어져야 한다는 원칙을 말한다. 신속한 재판의 원칙을 실현하고 잦은 심리중단으로 인한 법원의 심증형성의 저해를 방지하기 위해 형사소송법은 집중심리주의를 명시적으로 규정하고 있다.

공판기일의 심리는 집중되어야 하고, 심리에 2일 이상이 필요한 경우에는 부득이한 사정이 없는 한 매일 계속 개정하여야 하며, 매일 계속 개정하지 못하는 경우에도 특별한 사정이 없는 한 전회의 공판기일부터 14일 이내로 다음 공판기일을 지정하여야 한다(법 제267조의2). 사안이 복잡하고 방어권 행사를 위한 준비에 충분한 시간적 간격이 필요하여 여러 공판기일의 지정이 필요한 경우 재판장은 공판기일을 일괄하여 지정할 수 있는데(법 제267조의2 제3항), 이 경우에도 집중심리가 이루어질 수 있도록 각 공판기일은 적정한 시간적 간격을 유지하여야 한다. 또한 형사소송법은 판결의 선고에 있어서도 변론을 종결한 기일에 하여야 한다는 **즉일선고의 원칙**을 명언하고 있다(법 제318조의4 제1항).

그런데 형사소송법상 명시적 규정이 무색하게도 국민참여재판을 제외하면 집중심리주의의 모습은 찾아보기 어렵다. 법원은 증거개시제도와 공판준비기일을 활용하여 공판기일의 횟수를 최소화하여야 하고, 공판기일에서는 집중심리를 통해 단기간 내에 심리를 마칠 수 있도록 해야 할 것이다. 그 경우에도 졸속재판에 흐르지 않도록 방어권 보장에 특히 세심한 주의를 기울여야 함은 물론이다.

Ⅱ. 공판정의 구성과 소송지휘권

1. 공판정의 구성과 공판정의 개정

(1) 공판정의 의의 및 구성

공판정이란 공판을 행하는 법정을 말한다. 법정은 공판이 진행될 수 있는 공간이라는 일반·추상적 개념인데 비하여 공판정은 특정한 공판이 행해지는 장소라고 하는 구체적 개념이라는 점에서 차이가 있다.

공판정은 무죄추정원칙과 당사자주의원칙을 관철시킬 수 있도록 구성되어야 한다. 형사소송법은 공판정의 구성에 관하여 법대를 가운데에 두고 검사의 좌석과 피고인 및 변호인의 좌석을 법대의 좌우측에 두되 상호 대등하게 위치하도록 하고, 증인의 좌석은 법대의 정면에 위치하도록 하고 있다. 공판정에서의 좌석 배치부터 법원의 우월적·중립적 지위와 증인의 중립적 지위 및 당사자간의 동등·대립적 지위를 보여주고 있는 것이다. 다만 피고인신문을 하는 때에는 피고인은 증인석에 좌석한다(법 제275조 제3항).

(2) 공판정의 개정

공판기일에는 공판정에서 심리하고, 공판정은 판사와 검사, 법원사무관등이 출석하여 개정한다(법 제275조 제1항, 제2항). 피고인이 공판기일에 출석하지 아니한 때에는 특별한 규정이 없으면 개정하지 못하고(법 제276조), 필요적 변호사건에서는 변호인 없이 개정하지 못한다(법 제282조). 따라서 판사, 검사, 법원사무관, 피고인 및 필요적 변호사건에서 변호인의 출석은 공판정 개정의 요건이 된다.

(가) 검사의 출석

검사동일체의 원칙에 따라 소속 직급 등과 관계없이 검사라면 누구든지 공판기일에 출석함으로써 공판정 개정 요건을 충족시킬 수 있다. 다만 검사직무대리는 검찰청법에 따라 합의부의 심판사건은 처리하지 못하므로(검찰청법 제32조 제3항) 검사직무대리가 합의부 심판사건에 출석한다 하더라도 공판정 개정요건을 충족시킬 수는 없다.

검사가 공판기일의 통지를 2회 이상 받고 출석하지 아니하거나 판결만을 선고하는 때에는 검사의 출석 없이 개정할 수 있다(법 제278조). 검사가 2회 이상 통지를 받았음에도 출석하지 아니하는 경우에는 재판장은 공판정에서 소송관계인에게 그 취지를 고지하고 공판정을 개정하여 공판절차를 진행할 수 있다(규칙 제126조의6).

(나) 피고인의 출석

피고인의 출석은 공판정 개정의 요건이다. 피고인의 공판정 출석은 피고인의 권리인 동시에 의무이기도 하므로, 출석한 피고인은 재판장의 허가 없이 퇴정할 수 없다(법 제281조 제1항). 여기서는 피고인이 출석하지 아니하거나 대리인이 출석하여도 공판정을 개정할 수 있는 예외적인 경우에 대해 살펴본다.

1) 피고인에게 유리한 재판인 경우

공소기각 또는 면소의 재판을 할 것이 명백한 사건에 대해서는 피고인의 출석을 요하지 아니한다. 이 경우 피고인은 대리인을 출석하게 할 수 있다(법 제277조 제2호). 피고인이 의사무능력자이거나, 질병으로 인하여 출정할 수 없는 때에는 공판을 정지함을 원칙으로 하지만(법 제306조 제1항, 제2항), 그러한 경우에도 피고사건에 대하여 무죄, 면소, 형의 면제 또는 공소기각의 재판을 할 것이 명백한 때에는 피고인의 출정없이 재판할 수 있다(동조 제4항).

2) 경미사건인 경우

다액 500만원 이하의 벌금 또는 과료에 해당하는 사건 및 약식명령에 대하여 피고인만이 정식재판을 청구하여 판결을 선고하는 사건에 대해서는 피고인의 출석을 요하지 아니한다(법 제277조 제1호, 제4호) 여기에서 다액 500만원 이하의 벌금 또는 과료란 선고형이 아닌 법정형을 기준으로 한다. 이에 해당하여 피고인이 출석하지 아니하는 경우, 피고인은 대리인을 출석하게 할 수 있다(법 제277조 후단).

3) 피고인이 법인 또는 의사무능력자인 경우

① 피고인이 법인인 경우

피고인이 법인인 경우에는 법인의 대표자가 공판기일에 출석하는 것을 원칙으로 하고(법 제27조), 대표자가 없어 법원이 특별대리인을 선임한 때에는 특별대리인이 공판기일에 출석하는 것을 원칙으로 한다(법 제28조). 다만 대표자 또는 특별대리인은 대리권을 대리인에게 수여한 사실을 증명하는 서면을 법원에 제출하고(규칙 제126조), 그 대리인이 공판기일에 출석하게 할 수 있다(법 제276조 단서).

② 피고인이 의사무능력자인 경우

피고인이 의사무능력자인 경우에는 피고인을 대신하여 법정대리인이 공판기일에 출석하고(제26조), 법정대리인이 없어 법원이 특별대리인을 선임한 때에는 특별대리인이 출석한다(법 제28조). 법인이 피고인인 경우와 달리 이 경우에는 대리권의 수여에 따른 대리인의 출석은 허용되지 아니한다.

4) 피고인이 불출석신청을 하거나 출석을 거부하는 경우

① 피고인이 불출석신청을 한 경우

장기 3년 이하의 징역 또는 금고, 다액 500만원을 초과하는 벌금 또는 구류에 해당하는 사건에서 피고인의 불출석허가신청이 있고 법원이 피고인의 불출석이 그의 권리를 보호함에

지장이 없다고 인정하여 이를 허가한 사건에 대해서는 피고인의 출석을 요하지 아니하고, 피고인은 대리인을 출석하게 할 수 있다. 다만 이 경우에도 피고인은 인정신문절차를 진행하는 제1회 공판기일과 판결을 선고하는 공판기일에는 출석하여야 한다(법 제277조 제3호).

② 피고인이 출석을 거부하는 경우

피고인이 출석하지 아니하면 개정하지 못하는 경우에 구속된 피고인이 정당한 사유 없이 출석을 거부하고, 교도관에 의한 인치가 불가능하거나 현저히 곤란하다고 인정되는 때에는 피고인의 출석 없이 공판절차를 진행할 수 있다. 이 경우 법원은 출석한 검사 및 변호인의 의견을 들어야 한다(법 제277조의2).

5) 특례에 해당하는 경우

① 송달불능인 경우

제1심 공판절차에서 피고인에 대한 송달불능보고서가 접수된 때부터 6개월이 지나도록 피고인의 소재를 확인할 수 없는 경우에는 2회 이상의 공시송달을 거친 후 피고인의 진술 없이 재판할 수 있다. 다만, 사형, 무기 또는 장기 10년이 넘는 징역이나 금고에 해당하는 사건의 경우에는 그러하지 아니하다(소송촉진법 제23조, 동법 규칙 제19조).

② 항소심 및 약식명령에 대한 정식재판의 경우

항소심에서 피고인이 공판기일에 출정하지 아니한 때에는 다시 기일을 정하여야 하고, 피고인이 정당한 사유 없이 다시 정한 기일에 출정하지 아니한 때 즉, 2회 연속 불출석한 때에는 피고인의 진술 없이 심리·판결을 할 수 있다(법 제365조)[6].

약식명령에 불복하여 정식재판을 청구한 피고인이 정식재판절차의 공판기일에 출석하지 아니하는 경우에도 마찬가지이다(법 제458조 제2항, 제365조).

(다) 변호인의 출석

1) 의의

변호인의 출석은 공판정의 개정요건은 아니다. 하지만 필요적 변호사건(법 제33조 제1항)으로서 국선변호인이 선정된 사건은 변호인 없이 개정하지 못한다. 단, 판결만을 선고할 경우에는 예외로 한다(법 제282조).

따라서 필요적 변호사건에서 변호인 없이 이루어진 공판절차에서의 소송행위는 무효이다.

---

6) 대법원 2019. 10. 31. 선고 2019도5426 판결. "피고인이 불출석한 상태에서 그 진술 없이 판결할 수 있기 위해서는 피고인이 적법한 공판기일 통지를 받고서도 2회 연속으로 정당한 이유 없이 출정하지 않은 경우에 해당하여야 한다."

이러한 경우가 제1심에서 발생하였다면 항소법원은 제1심 판결을 파기하고 항소심에서 이루어진 증거조사에 따라 판결하여야 한다.[7] 다만 필요적 변호제도는 피고인의 이익을 위한 것이므로, 필요적 변호사건에서 변호인 없이 공판절차가 이루어졌다 하더라도 무죄판결에 대해서는 영향을 미치지 아니한다.[8]

2) 국선변호인의 퇴정

피고인이 진술하지 아니하거나, 재판장의 허가없이 퇴정하거나, 재판장의 질서유지를 위한 퇴정명령을 받은 때에는 피고인의 진술없이 판결할 수 있다(법 제330조).

필요적 변호사건에서 변호인이 재판장의 허가 없이 퇴정하거나 재판장의 퇴정명령을 받은 경우에 위 조항을 유추적용할 수 있는지에 대해서는 견해의 대립이 있다. **적극설**은 변호인의 자발적 퇴정은 방어권의 남용 내지 변호권의 포기에 해당하므로 이를 유추적용할 수 있다고 하지만,[9] **소극설**은 피고인에게 불리한 유추해석은 적법절차원칙에 위배되므로 이를 유추적용할 수 없다고 한다.[10] 적법절차원칙이 지배하는 형사소송법에서 피고인에게 불리한 유추적용은 명확한 정당화 사유가 있는 경우에 한하여 예외적으로만 허용될 수 있다. 그러나 형사소송법은 필요적 변호사건에 대해 변호인의 출석 없이 개정하지 못하도록 하고 판결의 선고 외에는 그 예외를 두지 아니하고 있으며, 변호인이 출석하지 아니한 때에는 법원에게 직권으로 변호인을 선정할 의무를 부여하고 있다(법 제283조). 따라서 이 경우 유추적용하여야 할 것은 변호인의 불출석에 따른 법원의 변호인 선정의무라 봄이 상당하므로 소극설이 타당하다.

다만 대법원은 피고인과 변호인이 모두 재판장의 허가 없이 퇴정한 사안에서 적극설의 입장을 취한 바 있다.[11] 비록 피고인에게 귀책사유가 인정된다 하더라도 변호인제도의 본질과 형사소송법의 규정에 비추어 볼 때 이러한 경우에도 법원은 국선변호인을 새로이 선정하여 공판절차를 진행하여야 할 것이다.

---

7) 대법원 2011. 9. 8. 선고 2011도6325 판결

8) 대법원 2003. 3. 25. 선고 2002도5748 판결. "필요적 변호사건에서 변호인 없이 개정하여 심리를 진행하고 판결한 것은 소송절차의 법령위반에 해당하지만, 피고인의 이익을 위하여 만들어진 필요적 변호의 규정 때문에 피고인에게 불리한 결과를 가져오게 할 수는 없으므로, 그와 같은 법령위반은 무죄판결에 영향을 미친 것으로는 되지 아니한다."

9) 김재환 474; 이/김 494.

10) 배/홍279; 이창현 733.

11) 대법원 1991. 6. 28. 선고 91도865 판결.

2. 소송지휘권

(1) 의의

소송지휘란 재판절차를 신속하고 원활하게 진행하기 위한 법원의 합목적적 활동을 말하고, 소송지휘권이란 이러한 활동을 할 수 있는 권한을 말한다. 형사소송법은 소송지휘를 통한 재판절차의 효율성을 기하기 위해 재판장에게 포괄적 소송지휘권을 부여하고(법 제279조), 변론의 분리와 병합처럼 소송진행의 본질적인 내용에 해당하거나(법 제300조) 피고인의 구속처럼 피고인의 기본권을 크게 제한하는 규정에 대해서만 법원에게 소송지휘권을 남겨 두고 있다(법 제70조). 하지만 재판장은 법원을 대표하여 소송지휘권을 행사하는 것이므로 긴급을 요하지 아니하는 한 부원과 사실상의 합의를 거쳐 소송지휘권을 행사하는 것이 바람직하다.[12]

소송지휘권은 사건의 실체를 밝히기 위한 권한이라는 점에서 법정 내의 질서를 유지하는 권한인 법정경찰권과 구별된다. 하지만 법정 내의 질서유지는 사건의 실체를 밝히기 위한 전제조건이라는 점에서 법정경찰권도 넓은 의미에서는 소송지휘권에 포함된다고 하겠다.

(2) 소송지휘권의 내용과 당사자의 불복방법

(가) 소송지휘권의 구체적인 내용

재판장은 포괄적 소송지휘권을 가지고 있다(법 제279조). 따라서 국선변호인의 선임(법 제283조), 증거조사에 대한 이의신청의 결정(법 제296조 제2항), 공소장변경의 허가(법 제298조 제1항), 변론의 분리·병합·재개(법 제300조, 제305조)와 같은 중요사항으로서 형사소송법이 명문의 규정으로 법원에만 소송지휘권을 유보시켜 놓은 경우 외에는, 재판장은 모든 소송지휘권을 행사할 수 있다. 또한 형사소송법[13]과 형사소송규칙[14]은 다수의 소송지휘권을 재판장에게 명시

12) 법원실무제요 Ⅰ 303.

13) 형사소송법은 재판장의 소송지휘권으로 대표변호인의 지정(법 제32조의2), 판결의 선고 또는 고지(법 제43조), 피고인·변호인의 서류열람복사시 개인정보보호조치(법 제35조 제3항), 일정사실의 공판조서 기재명령(법 제51조 제2항 제12호), 구속관련 요급처분(법 제80조), 소재조사 및 구속영장집행의 촉탁(법 제84조), 보석결정(법 제97조), 압수·수색영장의 집행명령(법 제115조 제1항), 증인에 대한 감치집행명령(법 제151조 제4항), 증인선서시 선서서의 낭독 및 기명날인·서명의 명령(법 제157조 제3항), 증인에 대한 위증의 경고 및 증언거부권의 고지(법 제158조, 제160조), 증인신문의 순서와 방식결정(법 제161조의2), 감정인의 피고인·증인신문 참여허가(법 제174조), 공판준비절차 회부(법 제266조의5), 공판준비를 위한 서면제출 명령 및 제출서류에 대한 석명(법 제266조의6 제2항, 제4항), 피고인에 대한 진술거부권 고지(법 제266조의8 제6항, 제283조의2 제2항), 공판기일의 지정과 변경(법 제267조, 제267조의2, 제270조), 공판기일 전의 증거조사(법 제273조 제2항), 장애인 등 신문시 신뢰관계자 동석(법 제276조의2), 전

적으로 부여하고 있다. 여기에서는 소송지휘권 중 석명권의 행사와 불필요한 변론의 제한에 대해서만 살펴본다.

1) 석명권의 행사

석명권이란 재판장이 사건의 소송관계를 명확하게 하기 위하여 당사자에 대하여 사실상 및 법률상의 사항에 관하여 질문을 하고 그 진술 내지 주장을 보충 또는 정정할 기회를 부여하는 권한을 말한다.[15] 재판장은 소송관계를 명료하게 하기 위하여 검사, 피고인 또는 변호인에게 사실상과 법률상의 사항에 관하여 석명을 구하거나 입증을 촉구할 수 있고, 합의부원은 재판장에게 고하고 이를 행할 수 있다(규칙 제141조 제1항 제2항). 검사, 피고인 또는 변호인은 재판장에 대하여 석명을 위한 발문을 요구할 수 있다(규칙 제141조 제1항, 제3항).

석명권의 행사는 원칙적으로 재판장의 재량이지만 석명권을 행사하지 않는 것이 피고인의 방어권 행사에 실질적인 불이익을 초래할 것이 명백한 경우에는 재판장은 직권으로 석명권을 행사하여야 한다. 예를 들어 위력에 의한 추행으로 기소된 사안에서 법원이 검사에게 적용법조에 대한 석명을 구하지 아니하고 피고인에게 방어권 행사의 기회도 제공하지 아니한 채 직권으로 강제추행죄를 적용한 사안에 대하여, 대법원은 피고인의 방어권 행사와 관련된 법리를 오

문심리위원의 직접질문 허가(법 제279조의2 제3항), 공판정에서의 피고인 신체구속명령(법 제280조), 피고인의 퇴정허가(법 제281조), 피고인 인정신문(법 제284조), 쟁점정리를 위한 질문 및 당사자 진술의 명령(법 제287조), 증거조사(법 제291조, 제292조, 제292조의2, 제293조), 피해자 등의 공판기록 열람·등사 허가(법 제294조의4), 피고인 신문(법 제296조의2), 피고인등의 퇴정명령(법 제297조), 불필요한 변론의 제한(법 제299조), 피고인의 최후진술 기회부여(법 제303조), 형선고시 피고인에 대한 상소고지(법 제324조), 재심청구 이유에 대한 사실조사(법 제431조), 재심에서의 필요적 국선변호인 선임(법 제438조 제4항) 등을 규정하고 있다.

14) 형사소송규칙은 재판장의 소송지휘권으로 국선변호인 선정관련 고지(규칙 제17조), 서면 등의 조서 인용시 피고인, 증인 등의 진술 중 중요사항의 조서기재명령(규칙 제29조), 공판조서의 낭독명령(규칙 제30조), 속기록 작성시 속기록의 조서 인용(규칙 제33조), 녹음물 또는 영상물의 녹취서의 작성 및 조서인용(규칙 제38조), 속기록·녹음물 등의 사본교부 및 그 제한(규칙 제38조의2), 증인신문(규칙 제66조, 제70조의2, 제71조, 제74조, 제75조, 제76조, 제79조, 제80조, 제81조, 제83조, 제84조의3, 제84조의6), 감정유치(규칙 제85조 제1항, 제89조의2), 기일외 공판준비(규칙 제123조의9), 공판기일의 지정(규칙 제124조, 제124조의2), 신뢰관계자의 동석 중지(규칙 제126조의2 제3항), 피고인 또는 검사의 출석없이 공판절차를 진행한다는 취지의 고지(규칙 제126조의6), 전문심리위원에 대한 설명(규칙 제126조의8, 제126조의10, 제126조의11, 제126조의12), 피고인에 대한 진술거부권등의 고지(규칙 제127조, 제127조의2), 간이공판절차의 취지설명(규칙 제131조), 증거조사(규칙 제134조의4 제4항, 제134조의6 제2항, 제134조의10, 제134조의11), 피고인 신문시 재정인의 퇴정(규칙 제140조의3), 석명권(규칙 제141조), 공판절차의 갱신(규칙 제144조), 변론시간의 제한(규칙 제145조), 판결의 선고(규칙 제147조, 제147조의2), 항소심에서 제1심의 증거관계 등 요지 고지, 피고인신문, 의견진술(규칙 제156조의5, 제156조의6, 제156조의7) 등을 규정하고 있다.

15) 대법원 2011. 2. 10. 선고 2010도14391 등 판결.

해함으로써 필요한 심리 등을 다하지 아니한 심리미진으로 인하여 판결에 영향을 미친 위법이 있다고 하였다.[16)]

2) 불필요한 변론의 제한

재판장은 소송관계인의 진술 또는 신문이 중복된 사항이거나 그 소송에 관계없는 사항인 때에는 소송관계인의 본질적 권리를 해하지 아니하는 한도에서 이를 제한할 수 있다(법 제299조).

중복사항 또는 관련성이 없는 사항인지의 여부는 진술 또는 신문 내용의 실질을 보아 평가하여야 한다. 외견상 이미 이루어진 변론과 다소 중복이 있거나 소송과의 관계가 명백히 드러나지 아니한다 하더라도 재판장은 당사자로부터 변론의 취지를 명확히 확인한 후, 그 실질적인 내용이 검사의 소추권 또는 피고인의 방어권 행사와 무관하거나 유의미한 부분이 거의 없어 소송의 지연만을 가져올 것이 명백히 예상되는 경우에 당사자의 변론을 제한할 수 있는 것이다.

(나) 당사자의 불복방법

1) 당사자의 이의신청

검사, 피고인 또는 변호인은 재판장의 처분에 법령의 위반이 있는 때에는 이의신청을 할 수 있다(법 제304조 제1항, 규칙 제136조). 이의신청은 개개의 행위, 처분 또는 결정시마다 그 이유를 간결하게 명시하여 즉시 이루어져야 한다(규칙 제137조). 다만 이의신청에 대한 결정에 의하여 판단이 된 사항에 대하여는 다시 이의신청을 할 수 없다(규칙 제140조).

2) 법원의 결정

재판장의 처분에 대해 당사자의 이의신청이 있는 때에는 법원은 이의신청 즉시 그에 대한 결정을 하여야 한다(법 제304조 제2항, 규칙 제138조). 법원은 시기에 늦은 이의신청 또는 소송지연만을 목적으로 하는 것임이 명백한 이의신청은 결정으로 이를 기각하여야 한다. 다만, 시기에 늦은 이의신청이 중요한 사항을 대상으로 하고 있는 경우에는 시기에 늦은 것만을 이유로 하여 기각하여서는 아니 된다(규칙 제139조 제1항).

그 외의 경우 법원은 이의신청이 이유없다고 인정되면 결정으로 이를 기각하여야 하고, 이의신청이 이유있다고 인정되면 결정으로 이의신청의 대상이 된 행위, 처분 또는 결정을 중지, 철회, 취소, 변경하는 등 그 이의신청에 상응하는 조치를 취하여야 한다(규칙 제139조 제2항, 제3항).

---

16) 대법원 2011. 2. 10. 선고 2010도14391 등 판결.

(3) 법정경찰권

(가) 의의

법정경찰권이란 공판정의 안전과 질서를 유지하고 심판의 방해를 제지하기 위한 법원의 권력작용을 말한다. 이는 원활한 공판절차의 진행을 위한 사법행정행위로서[17] 일종의 위험방지작용으로 볼 수 있다. 법원조직법은 재판장에게 법정경찰권을 부여함으로써 공판정에서 발생할 수 있는 위험 또는 장해를 신속하고 효율적으로 예방 또는 제거할 수 있도록 하고 있다.

(나) 법정경찰권의 내용과 불복방법

1) 법정경찰권의 내용

법정의 질서유지는 재판장이 담당한다. 재판장은 법정의 질서를 유지하기 위하여 필요한 처분 또는 명령을 할 수 있는 포괄적 권한을 가진다(법 제281조 제2항, 법원조직법 제58조 제2항). 재판장은 법정의 존엄과 질서를 해칠 우려가 있는 사람의 입정 금지 또는 퇴정을 명할 수 있고(법원조직법 제58조), 피고인이 폭력을 행사하거나 도망할 염려가 있다고 인정하는 때에는 피고인의 신체의 구속을 명하거나 기타 필요한 조치를 할 수 있으며(법 제280조), 피고인이 재판장의 허가없이 퇴정하려 하면 피고인의 퇴정을 제지할 수 있다(법 제281조). 법정 안에서의 녹화, 촬영, 중계방송 등은 원칙적으로 금지되지만, 재판장은 이를 허가할 수 있다(법원조직법 제58조).

이와 같은 법정경찰권의 실질적인 행사를 위해 재판장은 개정 전후에 상관없이 법정에서의 질서유지를 위한 경찰공무원의 파견요구권 및 파견경찰관에 대한 법정 내외의 질서유지에 관한 지휘권을 가진다(동법 제60조).

2) 법정경찰권의 실효성 확보

법정경찰권은 감치와 과태료처분을 통하여 그 실효성이 확보된다. 법원은 직권으로 법정 내외에서 입정 금지·퇴정명령 또는 무허가 녹화 등을 하거나 폭언, 소란 등의 행위로 법원의 심리를 방해하거나 재판의 위신을 현저하게 훼손한 사람에 대하여 결정으로 20일 이내의 **감치**에 처하거나 100만 원 이하의 **과태료**를 부과할 수 있다. 이 경우 감치와 과태료는 **병과**할 수 있다(법원조직법 제61조 제1항).

법원은 감치를 위하여 법원직원 등으로 하여금 즉시 행위자를 구속하게 할 수 있고, 구속한 때부터 24시간 이내에 감치에 처하는 재판을 하여야 한다. 감치는 경찰서유치장, 교도소 또

17) 헌법재판소 2011. 6. 30. 선고 2008헌바81 전원재판부 결정.

는 구치소에 유치함으로써 집행한다. 구속한 때부터 24시간 이내에 감치재판을 하지 아니하면 법원은 즉시 석방을 명하여야 한다(동법 제61조 제2항, 제3항). 이외에 감치·과태료 재판에 대한 구체적인 내용은 '법정등의질서유지를위한재판에관한규칙'에 규정되어 있다.

3) 불복방법

재판장의 법정경찰권 행사는 사법행정행위로서 형사소송법상 불복방법이 규정되어 있지도 아니하다. 따라서 법정경찰권 행사에 대한 불복은 행정소송 또는 헌법소원에 의하여야 할 것인데, 법정경찰권의 행사는 특정한 공판기일 이후에는 지속되지 아니하므로 행정소송의 경우 소의 이익이 인정될 수 없다. 따라서 법정경찰권의 행사에 대해서는 사실상 헌법소원 외에는 다툴 방법이 없다.

감치 또는 과태료 재판에 대해서는 **항고** 또는 **특별항고**를 할 수 있다(법원조직법 제61조 제5항). 감치·과태료 재판에 대한 구체적인 불복방법은 '법정등의질서유지를위한재판에관한규칙'에 규정되어 있다.

Ⅲ. 심판의 대상

1. 의의

심판의 대상이란 형사절차에서 법원이 심리·판단할 수 있는 대상을 말한다. 심판의 대상은 곧 심판의 범위 또는 그 한계가 되고, 공소제기의 효력범위, 이중기소금지의 적용범위, 공소장변경의 허용범위, 확정판결의 효력범위, 기판력의 발생범위와 같게 된다.

탄핵주의를 취하는 이상 법원의 심판대상은 검사의 공소제기에 따라 결정되고(소추 없으면 심판 없다=불고불리의 원칙), 공소장에 기재된 공소사실이 심판대상에 포함된다는 점에 대해서는 이론의 여지가 없다. 법원의 심판범위가 공소장에 기재된 공소사실 외에 어디까지 미치는지에 대한 논의를 심판대상론 또는 소송물론이라 한다.

2. 학설의 대립

(1) 이원설

통설인 이원설은 공소장에 기재된 공소사실은 현실적 심판대상이고 공소사실과 동일성이 인정되는 사실은 **잠재적 심판대상**이라는 견해이다.[18] 이 견해에 따를 때, 검사의 공소제기시

심판대상은 공소사실에 그치지만, 공소사실과 동일성이 인정되는 사실은 공소장변경을 통해 심판대상이 되고, 공소제기의 효력은 공소사실과 동일성이 인정되는 사실에까지 미친다. 따라서 공소사실과 동일성이 인정되는 사실에 대한 재기소는 이중기소로서 금지되고, 공소장변경은 공소사실과 동일성이 인정되는 사실까지만 허용되게 되며, 확정판결의 효력과 기판력의 발생범위 또한 공소사실과 동일성이 인정되는 사실에까지 미치게 된다.

이처럼 이원설에 따르면 심판대상에 대한 논의는 공소사실의 동일성에 대한 논의와 다를 바 없게 된다. 동일성의 판단기준에 대한 통설은 기본적 사실관계 동일설로서, 이 견해는 일정한 시공간에서 행위자가 저지른 역사적 사실이 사회적 관점에서 하나의 사실로 파악되는 경우 동일성이 인정된다고 한다. 이에 대한 자세한 논의는 후술한다.

(2) 범죄사실대상설

범죄사실대상설은 공소장에 기재된 공소사실과 동일성이 인정되는 사실이 심판대상이라는 견해이다.[19] 이 견해는 공소사실과 동일성이 인정되는 사실 전체가 검사의 공소제기에 의해 즉시 심판대상이 된다는 것으로, 이원설과 비교할 때 현실적·잠재적 심판대상을 구분하지 않고 공소장변경이 없더라도 이원설에서의 잠재적 심판대상도 심판대상이 된다는 차이가 있다.

(3) 소인대상설

소인대상설은 소인(count)이라는 개념을 전제로 하여 소인에 해당하는 공소사실이 심판대상이라고 하는 견해이다.[20] 이 견해는 소인이란 구성요건에 해당하는 구체적 사실을 기재한 것으로, 우리나라도 당사자주의 형사절차를 취하고 있는 이상 영미법과 마찬가지로 소인의 개념을 인정하여야 하고, 공소장에 기재된 공소사실은 곧 소인에 해당하므로 심판의 대상이 된다고 한다.

3. 검토

범죄사실대상설은 공소사실의 동일성을 기준으로 소송법상 효력이 미치는 하나의 사건을 일치시킨다는 장점이 있다. 하지만 범죄사실대상설은 형사소송법이 명시적으로 규정하고 있는 기소편의주의와 공소장변경제도를 무의미하게 하고, 방어대상을 불명확하게 함으로서 피고인

18) 강/황/이/최 385; 김재환 429; 신현주 469; 이/김 453; 이/조/이 363; 이주원 303; 이창현 637; 임동규 338.
19) 신동운 452.
20) 차/최 352.

의 방어권 행사를 저해할 수도 있다. 소인대상설은 우리 형사소송법과는 전혀 맞지 않는 견해로서 받아들이기 어렵다. 형사소송법은 공소사실이 심판의 대상임을 명시하고 있어 굳이 영미법상 소인의 개념을 받아들일 필요도 없다.

이원설은 현실적 심판대상을 명확히 하여 피고인의 방어권 행사에 유리하고, 이중기소금지 및 기판력의 발생범위를 잠재적 심판대상에까지 인정하여 형사처벌의 범위를 제한하므로 피고인에게 유리하다. 게다가 형사소송법은 공소사실과 동일성이 인정되는 범위에서 공소장의 변경이 가능하다고 명시하여 공소장변경제도를 채택하고 있고(법 제298조), 기소편의주의도 채택하고 있다(법 제247조). 따라서 피고인에게 이익이 됨은 물론 형사소송법의 문언과 체계에 비추어보더라도 이원설이 타당하다.

Ⅳ. 재판의 기초

1. 재판의 의의와 종류

재판이란 법원 또는 법관이 구체적인 쟁송을 해결하기 위하여 행하는 공권적 판단으로서의 의사표시를 내용으로 하는 법률행위적 소송행위를 말한다. 재판은 그 기능, 주체 및 형식, 내용 등에 따라 다음과 같이 분류할 수 있다.

(1) 기능에 따른 분류

재판은 기능에 따라 종국재판과 종국 전의 재판으로 나뉜다. 종국재판이란 당해 심급을 종결시키는(당해 심급으로부터 이탈시키는 효과를 갖는) 재판을 말한다. 제1심의 종국재판에는 유·무죄판결, 면소판결, 공소기각 판결, 공고기각 결정, 관할위반 판결이 있고, 상소심에서의 종국재판에는 상소기각, 파기자판, 파기환송, 파기이송 판결 등이 있다. 종국재판이 외부적으로 성립하면 그 구속력에 의해 법원은 이를 변경하거나 취소할 수 없으나, 당사자는 이에 대해 상소할 수 있다.

종국 전의 재판이란 당해 심급 내에서의 절차에 관한 재판을 말하는 것으로, 종국 전의 재판으로는 결정과 명령이 있다. 종국 전의 재판은 종국재판으로 나아가는 과정에 불과하므로 법원은 이를 변경하거나 취소할 수 있고, 당사자는 일정한 경우 외에는 이를 다툴 수 없음이 원칙이다. 당사자가 종국 전의 재판에 대해 다툴 수 있는 경우로는 그 재판이 구금, 보석, 압수, 압수물의 환부, 피고인의 감정유치에 관한 것이거나, 형사소송법에 '즉시항고할 수 있다'고 명시된 경우로 제한된다(법 제403조 제1항).

(2) 주체 및 형식에 따른 분류

재판은 형식에 따라 판결, 결정, 명령으로 나뉜다. **판결**은 법원이 구두변론을 거쳐 내리는 재판으로서 종국재판의 원칙적 형태이다. **결정**은 법원이 구두변론을 거치지 아니하고 내리는 재판으로서 종국 전의 재판의 원칙적 형태이다. **명령**은 법원의 구성원인 재판장이나 수명법관 또는 법원으로부터 일정한 사항에 대한 촉탁을 받은 수탁판사가 변론을 거치지 아니하고 내리는 재판을 말한다. 따라서 재판절차는 명령, 결정, 판결의 순으로 엄격해 진다 할 수 있다.

한편 약식명령은 그 명칭에도 불구하고 명령이 아니라 독립된 형태의 재판이다.

(3) 내용에 따른 분류

재판은 사건의 내용(실체)에 들어가 심판한 것인지 여부에 따라 실체재판과 형식재판으로 나뉜다. **실체재판**이란 공소사실의 인정 여부를 판단하는 재판으로서 본안재판이라고도 하며, 이에는 종국재판인 유죄판결과 무죄판결이 있다. **형식재판**이란 재판의 절차적·형식적 법률관계를 판단하는 재판으로서, 이에는 면소판결, 공소기각 판결, 공고기각 결정, 관할위반 판결이 있다.

2. 재판의 성립과 재판서

(1) 재판의 성립

재판의 성립은 내부적 성립과 외부적 성립으로 나뉜다. 재판의 내부적 성립이란 재판기관 내부에서 재판의 내용이 결정되는 것을 말한다. 재판이 내부적으로 성립하면 이후 법관의 경질이 있어도 공판절차를 갱신하지 아니할 수 있다는 점에서 내부적 성립 방법과 시점을 논하는 실익이 있다. 한편 재판의 **외부적 성립**이란 재판이 선고 또는 고지되어 그 내용이 외부적으로 인식될 수 있는 상태에 이른 것을 말한다. 재판이 외부적으로 성립하면 재판의 효력이 발생하여 종국재판의 경우에는 구속력이 발생하므로 법원은 이를 철회하거나 변경할 수 없게 되고, 외부적 성립일은 곧 **상소기간의 기산점**이 된다는 점에서 외부적 성립의 방법과 시점을 논하는 실익이 있다.

재판이 내부적으로 성립한 이상에는 설령 재판의 내부적 성립에 관여하지 않은 판사가 재판을 선고하였다 하더라도 재판의 외부적 성립에는 아무런 영향을 미치지 않는다.

(가) 내부적 성립의 방법과 시점

1) 합의부의 경우

합의부의 경우 재판의 내부적 성립은 구성원인 법관의 합의가 이루어진 시점에 이루어진다. 합의심판은 헌법 및 법률에 다른 규정이 없으면 구성원인 법관의 과반수로 결정하고, 합의에 관한 의견이 3개 이상의 설로 나뉘어 각각 과반수에 이르지 못할 때에는 과반수에 이르기까지 피고인에게 가장 불리한 의견의 수에 차례로 유리한 의견의 수를 더하여 그 중 가장 유리한 의견에 따른다(법원조직법 제66조 제1항, 제2항 제2호). 예를 들어 제1심 또는 2심의 합의부는 3명의 법관으로 구성되는데 2명 이상의 의견이 동일한 경우에는 그 의견에 따라 재판의 내부적 성립이 이루어지고, 3명의 의견이 각각 다를 때에는 그 중 피고인에게 두 번째로 유리한 의견에 따라 재판의 내부적 성립이 이루어지게 된다.

심판의 합의에 관한 사항은 공개하지 아니한다(동법 제65조).

2) 단독판사의 경우

단독판사의 경우 재판의 내부적 성립은 어떠한 재판을 할 것인지에 대한 판사의 의사가 결정된 시점, 즉 **재판서의 작성**(성립)**시**에 이루어진다. 따라서 재판의 내부적 성립시점을 외부적 성립시점과 분리하여 특정하는 것은 불가능하므로, 단독판사가 재판의 외부적 성립이 이루어지기 전에 경질되면 공판절차는 갱신되어야 한다.

(나) 외부적 성립

종국 전의 재판은 결정 또는 명령이므로 재판장이 이를 **고지**함으로써 외부적으로 성립하고, 종국재판 중 판결은 **선고**함으로써, 결정은 **고지**함으로써 외부적으로 성립한다. 여기에서 선고란 재판장이 공판정에서 재판의 내용을 구술로 선언하는 것을 말하고, 고지란 선고 외의 방법으로 재판의 내용을 소송관계인에게 알리는 것을 말한다.

(2) 재판서

(가) 의의

재판서란 재판의 내용을 기재한 독립된 문서를 말한다. 재판에는 판결, 결정, 명령이 있으므로 그에 대응하여 재판서에는 판결서, 결정서, 명령서가 있다. 형사소송법은 재판은 법관이 작성한 재판서에 의함을 원칙으로 하고(법 제38조) 재판의 선고 또는 고지는 공판정에서는 재판서에 의하여야 한다고 규정하여(법 제42조) 재판의 외부적 성립은 재판서에 의함을 원칙으로 삼고 있다.

다만 법원은 결정 또는 명령을 고지하는 경우에는 재판서를 작성하지 아니하고 그 내용을 조서에만 기재할 수 있고, 재판의 선고 또는 고지를 공판정에서 하지 아니하는 경우에는 재판서 등본의 송달 또는 다른 적당한 방법으로 하면 된다(법 제38조, 제42조).

(나) 재판서의 기재내용 및 법관의 서명날인

1) 재판서의 기재내용

재판서에는 법률에 다른 규정이 없으면 재판을 받는 자의 성명, 연령, 직업과 주거를 기재하여야 하고, 재판을 받는 자가 법인인 때에는 그 명칭과 사무소를 기재하여야 한다. 재판서 중 판결서에는 이에 더하여 기소한 검사와 공판에 관여한 검사의 관직, 성명과 변호인의 성명도 기재하여야 한다(법 제40조).

상소를 불허하는 결정 또는 명령 외의 재판에는 그 이유를 명시하여야 한다(법 제39조). 따라서 상소를 불허하는 재판의 결정서 또는 명령서 외의 재판서에는 이유가 기재되어 있어야 한다.

2) 법관의 서명날인

재판서에는 재판한 법관이 서명날인하여야 한다. 합의부의 경우 재판장이 서명날인할 수 없는 때에는 다른 법관이 그 사유를 부기하고 서명날인하여야 하며, 다른 법관이 서명날인할 수 없는 때에는 재판장이 그 사유를 부기하고 서명날인하여야 한다. 판결서와 각종 영장 외의 재판서에 대해서는 서명날인을 대신하여 기명날인할 수 있다(법 제41조, 규칙 제25조의2).

(다) 재판서의 등·초본

재판서의 원본은 보존대상으로서, 재판서 또는 재판을 기재한 조서의 등본 또는 초본은 원본에 의하여 작성하여야 하고, 부득이한 경우에는 등본에 의하여 작성할 수 있다(법 제46조).

검사의 집행지휘를 요하는 재판은 재판서 또는 재판을 기재한 조서의 등본 또는 초본을 재판을 선고 또는 고지한 때로부터 10일 이내에 검사에게 송부하여야 한다. 단, 법률에 다른 규정이 있는 때에는 예외로 한다(법 제44조). 피고인 기타의 소송관계인은 비용을 납입하고 재판서 또는 재판을 기재한 조서의 등본 또는 초본의 교부를 청구할 수 있다(법 제45조).

제2절 공소의 제기

Ⅰ. 개관

1. 공소와 공소제기

공소란 검사가 법원에 대하여 특정한 형사재판을 구하는 것을 말한다. 민사소송에서 소송의 의미를 원고가 법원에 피고와의 법률관계를 확정할 재판을 구하는 것이라 할 때, 형사절차에서는 검사만이 소를 제기·유지할 권한을 가지고 있으므로 형사재판을 통하여 피고인에 대한 유죄판결을 구하는 공적인 소송이라는 의미에서 공소라 한다.

공소제기란 검사가 공소를 시작하고자 하는 의사를 법원에 표시하는 법률행위적 소송행위를 말한다. 검사는 공소장을 법원에 제출함으로써 공소를 제기하게 되는데 탄핵주의 하에서 검사의 공소제기가 없는 이상 법원은 형사재판을 할 수 없고, 재판의 범위도 공소장에 의해 검사가 심판을 구하는 공소사실의 범위 내로 제한되게 된다.

2. 공소권의 개념과 본질

(1) 개념

공소권이란 공소를 제기·유지할 수 있는 검사의 권한을 말하는 것으로, 공소권이 행사됨으로써 공판절차가 개시된다. 검사는 공소권에 기하여 피고인의 유죄판결을 구하는 소송행위를 함을 원칙으로 하지만, 공익의 수호자로서 피고인에게 유리한 소송행위도 한다.

(2) 본질

(가) 견해의 대립

공소권의 법적 성질에 대해서는 추상적 공소권설, 구체적 공소권설, 실체판결청구권설 등 견해의 다툼이 있다. **추상적 공소권설**은 공소권을 검사가 형사소송을 제기할 수 있는 일반적·추상적 권한이라고 보는 견해이고, **구체적 공소권설**(유죄판결청구권설)은 공소권을 추상적 공소권을 가진 검사가 구체적 사건에 대해 유죄판결을 청구하는 권한이라고 보는 견해이며, **실체판결청구권설**은 검사가 구체적 사건에 대해 유죄 또는 무죄의 실체판결을 청구하는 권한이라고 보는 견해이다. 한편 공소권은 소송조건의 일부에 불과한 것이고 그 본질에 대한 논의는 공소권 제한과는 논리필연적 관계에 있지도 않다면서 이러한 논의는 연혁적 의미 외에는 불필요한 것이라는 견해도 있다. 이를 **공소권이론무용론**이라 한다.

(나) 검토

공소권의 법적 성질에 대한 견해의 대립은 **공소권의 본질과 그 제한을 논하는데 실익**이 있는 것으로, 공소권이론무용론은 탄핵주의 소송구조를 취하고 있는 이상 따르기는 어렵다. 추상적 공소권설은 공소권을 기소독점주의에 따른 검사의 일반적·추상적 권한으로 이해하는데 그치므로 검사의 공소권남용의 의미와 그 제한을 위한 이론적 토대를 제공하지 못한다. 실체판결청구권설은 검사의 권한을 구체적으로 제시하나 공소권에 무죄판결을 받을 권한까지 포함시키고 있어 검사의 공소권남용을 방지할 수 없는 결과를 초래하므로 받아들이기 어렵다. 이에 비하여 구체적 공소권설에 따르면 검사는 구체적 사안에 대하여 소송조건이 갖추어져 있고 유죄판결을 위한 충분한 증명이 이루어진 경우에 한하여 공소를 제기할 수 있으므로 공소권의 본질과 제한을 명확히 보여준다. 따라서 구체적 공소권설이 타당하다.

3. 공소제기의 기본원칙

(1) 국가소추주의

국가소추주의란 형사소추를 할 권한을 국가기관이 독점하는 제도를 말한다. 형사소송법 제246조는 "국가소추주의"라는 표제 하에 "공소는 검사가 제기하여 수행한다."고 규정하여 우리나라는 검사에게 공소권을 독점시킨 국가소추주의를 취하고 있음을 명시하고 있다.

한편 사인소추주의란 범죄피해자인 개인에게 형사소추의 권한을 인정하는 제도로서, 독일[21] 등 일부 국가들은 사인소추를 여전히 허용하고 있다. 그럼에도 우리나라에서 사인소추제도를 인정하지 않고 있는 것은, 사인소추로 인한 남소의 폐해가 우려될 뿐만 아니라 기소·불기소에 대한 확립된 표준(기준)을 깨뜨려 불공평한 결과를 낳을 수 있으며, 형벌제도의 발달추세에도 반한다는 점을 그 주된 이유로 들 수 있을 것이다.

이처럼 우리나라는 사인소추를 명시적으로 인정하고 있지 아니하지만, 그와 유사한 기능을 가진 재정신청제도를 두고 있다. 검사의 불기소처분에 대하여 범죄 피해자인 고소인은 항고

21) 디텔름 29. 독일은 형사소송법 제347조 제1항에 열거된 일정한 범죄에 대해 피해자의 사소를 허용하고 있다.

를 거쳐 재정신청을 할 수 있고 재정신청의 판단주체는 법원이므로 재정신청제도는 사실상 사인소추를 대체하는 기능을 가지고 있다고도 할 수 있는 것이다. 형사소송법은 사인소추의 요청이 가장 크다 할 수 있는 직권남용 권리행사방해죄, 직권남용 체포·감금죄, 독직폭행·가혹행위죄, 피의사실 공표죄(형법 제123조 내지 제126조)에 대해서는 고발인에게도 재정신청권을 인정함으로써 그 요청에 부응하고 있다.

(2) 기소독점주의

기소독점주의란 국가기관 중 하나의 기관에 공소권을 독점시키는 제도를 말한다. 형사소송법 제246조는 공소권은 검사에게 독점되어 있음을 명시하고 있다.

기소독점주의는 일관되고 공평한 공소제기와 그에 이은 공정한 재판에 기여할 수 있다는 장점이 있다. 하지만 경미범죄에까지 기소독점주의가 적용될 경우 신속한 재판을 저해할 우려가 있고, 검사에 대한 외적 견제장치가 거의 없어 권한남용으로부터 취약하다는 단점이 있다. 이에 기소독점주의의 예외로서 경미범죄에 대해서는 경찰서장이 즉결심판 청구권을 가지고(즉결심판법 제3조), 고위공직자 등이 저지른 일정한 범죄에 대해서는 고위공직자범죄수사처 소속 검사에게도 공소권이 주어져 있다(공수처법 제20조 제1항).

(3) 기소편의주의

기소편의주의란 검사의 공소권 행사에 상당한 재량을 인정하여 유죄판결을 받을 수 있는 조건이 모두 갖추어진 경우 즉, 소송조건과 혐의가 충분히 갖춰진 경우에도 공소를 제기하지 아니할 수 있는 권한 및 이미 공소를 제기한 상태에서 이를 취소할 수 있는 권한을 부여하고 있는 제도를 말한다. 형사소송법은 제247조에서 "기소편의주의"라는 표제 하에 "검사는 형법 제51조의 사항을 참작하여 공소를 제기하지 아니할 수 있다."고 규정하고, 제255조에서 "공소의 취소"라는 표제 하에 "공소는 제1심판결의 선고 전까지 취소할 수 있다."고 규정하면서도 거기에 어떠한 조건이나 제한도 두지 아니하여 기소편의주의를 취하고 있음을 밝히고 있다.

한편 **기소법정주의**란 유죄판결을 받을 수 있는 조건이 모두 갖추어진 경우 검사는 반드시 공소를 제기하도록 법에 규정되어 있는 제도로서, 독일의 경우 기소법정주의를 원칙으로 한다.[22] 기소편의주의는 검사를 신뢰할 수 있는 경우 형사사법의 효율적 운용을 통해 소송경제를 꾀할 수 있고, 기소유예제도를 활용하여 형사절차가 아닌 비공식적인 사건처리절차(이른바

22) 디텔름 33. 독일에서 검사는 수사결과 충분한 혐의가 있으면 공소를 제기하여야 하고, 공판절차에서 공소취소를 할 수 없다(독일 형사소송법 제170조 제1항, 제156조).

다이버전)를 거치게 함으로써 낙인효과를 피하고 범죄자의 조속한 사회복귀에도 기여할 수 있다는 장점을 갖고 있는 제도이지만, 검사의 자의적인 공소권 행사 등 권한남용을 견제할 장치가 거의 없다는 문제점도 함께 가지고 있다. 기소편의주의에 대한 국민의 신뢰가 무너지게 된다면 기소법정주의에로의 선회도 피하기 어렵게 될 것이다.

4. 공소권남용이론

(1) 의의

국가소추주의와 기소독점주의를 취하는 결과 검사는 수사절차를 종결시키고 공판절차를 개시할 권한을 가진 단독제의 국가기관이다. 그러므로 검사는 공소권을 행사함에 있어 그 재량을 일탈하거나 남용하는 일이 있어서는 아니 된다.

공소권남용이론이란 검사가 공소권을 남용하여 공소를 제기한 경우 법원이 어떠한 조치를 취해야 하는가에 대한 이론이다. 통설은 이러한 경우 법원이 실체를 파악하여 유·무죄 재판에 이르도록 소송절차를 진행할 것이 아니라, 그 사실을 알게 된 즉시 공소기각 또는 면소의 형식재판을 함으로써 피고인을 형사절차에서 해방시켜야 한다는 입장을 취한다. 이를 통해 소추재량의 자의적 행사를 억제하려고 하는 것이다. 대법원도 검사가 미필적이나마 어떠한 의도를 가지고 "자의적으로 공소권을 행사하여 피고인에게 실질적인 불이익을 줌으로써 소추재량권을 현저히 일탈"한 경우에는 공소권의 남용으로 보아 공소제기의 효력을 부인할 수 있다면서[23] 구체적 사안에 따라 공소권 남용 여부를 판단하고 있다.

(2) 공소권남용의 유형

공소권남용이론은 검사의 부당한 공소제기 및 유지에 적용된다. 주로 논의되는 구체적인 유형으로는 혐의 없는 기소, 기소유예 대상 사건에 대한 기소, 불평등한 기소, 중대한 위법수사에 기한 기소, 의도적인 누락기소 등이 있다.

(가) 혐의 없는 기소

혐의 없는 기소란 검사가 유죄판결의 혐의가 충분하지 아니함을 알면서도 공소를 제기한 경우를 말한다. 이 경우에 대한 종국재판의 유형에 대해서는 무죄판결설, 공소기각판결설, 공소기각결정설의 대립이 있다.

---

23) 대법원 1999. 12. 10. 선고 99도577 판결.

1) 견해의 대립

무죄판결설은 혐의유무는 실체판결의 대상일 뿐이므로 혐의가 없음에도 기소된 사건은 형사소송법 제325조에 따라 무죄판결의 대상이 된다고 한다.[24)]**공소기각판결설**은 혐의 없는 사건의 공소제기는 그 절차가 법률의 규정에 위반하여 무효이므로 형사소송법 제327조 제2호에 의해 공소기각판결의 대상이 된다고 하고,[25)]**공소기각결정설**은 공소장에 기재된 사실이 진실하다 하더라도 범죄가 될 만한 사실이 포함되지 아니하는 때에 해당하므로 형사소송법 제328조 제4호에 의해 공소기각결정의 대상이 된다고 한다.[26)]

2) 검토

혐의 없는 기소라 하더라도 공소사실은 혐의가 충족되는 가정적 사실이 기재되므로 그 기재대로라면 범죄가 될 사실이 포함되지 아니하였다 할 수 없다. 따라서 공소기각결정설은 동의할 수 없다. 검사가 혐의없음이 명백하거나 유죄의 증거가 충분하지 아니하여 유죄판결을 받을 수 없음을 알고 있음에도 제기한 공소는 공소권의 남용을 넘어 일탈이라 할 것이므로 공소제기가 법률을 위반한 것이라 할 수밖에 없다. 이 점에서는 일응 공소기각판결설이 타당하다고 하겠다. 하지만 혐의에 대한 증명의 충족유무는 대단히 주관적인 것으로, 객관적으로 혐의없음이 명백한 경우가 아니라면 검사가 유죄판결을 얻을 수 있다고 판단하여 공소를 제기하는 경우까지 공소권을 남용하였다 할 수는 없다. 법원의 입장에서도 검사의 주장에 명백한 하자가 없고 그러한 주장을 증명할 일정한 증거가 갖추어져 있는 이상 그에 대한 실체심리를 거치는 것이 옳다. 따라서 공소제기 시점에서 객관적으로 혐의없음이 명백한 경우가 아니라면 법원은 실체심리를 거쳐 증거불충분을 이유로 무죄판결을 하는 것이 옳을 것이다. 혐의라고 하는 실체적인 사실에 관하여는 유죄·무죄의 실체재판을 전제하고 있는 현행 형사소송절차에서 무죄판결 이외의 형식으로 처리하려고 하는 것에는 일단 무리가 따른다고 하겠다.

그런데 공소기각설과 무죄판결설의 차이는 위의 이론적인 측면 외에도 피고인의 조기의 구제(석방)와 안정적인 구제 중 무엇을 중시할 것인가 하는 실제적인 측면에서도 나타난다. 여기서 보다 탄력적인 해석을 한다면, 피고인이 일사부재리의 효력이 있는 무죄판결을 원한다면 굳이 혐의부존재를 주장하지 않고 심리를 진행시켜 무죄판결을 얻도록 하고, 피고인이 조기의 석방을 원한다면 혐의부존재를 모두진술 직후에 주장하여 이 점에 대한 심리를 거쳐 혐의가 없으면 공소기각판결을 받도록 하는 것이, 안정적 지위의 확보(일사부재리의 효력이 있는 무죄판

24) 이/조/이 300.
25) 이/김 387.
26) 차/최 313.

결의 획득) 또는 조기석방을 바라는 피고인의 이익을 다함께 고려하는 실제적인 해결방안이 될 수 있을 것이다. 객관적인 입장에서 본다면 기판력을 통해 동일한 사안에 대한 형사절차의 반복이 금지되고 형사보상까지 청구할 수 있는 실체재판인 무죄판결을 받는 것이 유리할 것으로 생각된다.

(나) 기소유예 대상 사건에 대한 기소

기소유예 대상 사건에 대한 기소란 검사가 기소유예를 함이 상당한 사건에 대해 공소를 제기한 경우를 말한다. 이 경우 유죄판결을 해야 할 것인가 공소기각판결을 해야 할 것인가에 대한 견해의 대립이 있다.

1) 견해의 대립

유죄판결설은 기소유예의 참작사항인 범인의 연령, 성행, 지능과 환경, 피해자에 대한 관계, 범행의 동기, 수단과 결과, 범행 후의 정황 등은 선고유예, 집행유예 또는 양형결정시의 참작사유일 뿐이므로 공소가 제기된 이상 이를 절차법상의 소송조건으로 볼 수는 없다고 한다.[27]

이에 비하여 **공소기각판결설**은 검사가 소추재량을 현저히 일탈·남용하여 공소권을 행사한 이상 공소제기절차가 법률의 규정을 위반하여 무효인 때에 해당하므로 형사소송법 제327조 제2호에 따라 공소기각판결을 하여야 한다고 한다.[28]

2) 검토

유죄판결설은 공소권남용이론 자체를 부정하지 아니하는 이상 받아들이기 어렵다. 결국 공소의 제기가 부당한 경우 공소기각판결의 대상이 되는 것은 당연한 것으로, 문제는 어떠한 경우를 기소유예처분을 함이 상당한 사건에 대한 기소로 볼 것인가 하는 것이다.

기소유예 참작사유는 그 자체로서 상당히 주관적인 것으로, 기소유예하지 않은 것이 공소권남용에 해당하는 것으로 인정될 수 있으려면 객관적 사정에 의해 검사의 의도가 명백히 드러난 경우여야 한다고 할 수 밖에 없다. 대법원도 일반적으로는 검사가 기소유예처분을 할 수 있었다는 사정은 유죄판결시의 양형사유에 불과하다고 하고 있지만,[29] 기소유예처분 후 사정변경이 없었음에도 4년 경과 후 공소를 제기한 사안에서는 공소권을 자의적으로 행사하여 소추재량권을 현저히 일탈한 경우에 해당한다고 하면서 공소기각판결의 대상이 된다고 한

27) 이/조/이 301.
28) 차/최 314.
29) 대법원 2013. 4. 11. 선고 2012도6292 판결.

바 있다.[30)]

(다) 불평등한 기소

불평등한 기소란 동일하거나 유사한 성질의 범죄를 저질렀음에도 일정한 피의자에 대해서만 공소를 제기하는, 소위 **차별적 기소**를 말한다. 일부 피의자에 대해서는 공소를 제기하지 아니한다는 점에서 **선별기소**라고도 한다. 이에 대해서는 유죄판결설과 공소기각판결설의 대립이 있다.

1) 견해의 대립

유죄판결설은, 기소편의주의를 채택하고 있는 이상 이 경우 공소가 제기된 피고인에 대해서는 어떠한 영향도 미칠 수 없고, 불고불리의 원칙에 따라 공소가 제기되지 아니한 자에 대한 심리는 이루어질 수 없으므로, 이러한 사정은 양형사유에 해당될 수 있을지언정 공소기각판결의 사유에는 해당하지 아니한다고 한다.[31)]

공소기각판결설은, 불평등한 기소는 헌법이 규정한 평등원칙에 위반한 공소권의 행사로서 공소제기가 법률의 규정에 위반하여 무효인 때에 해당하므로 공소기각판결의 대상이 된다고 한다.[32)]

2) 검토

기소편의주의에 따라 검사에게는 선별적인 기소를 할 권한이 있고, 선별적인 기소의 대상이 되었다하여 범죄를 저지른 피고인이 형사처벌을 받는 것 자체가 평등원칙을 위반하였다고 할 수도 없다. 불법행위에 대해서는 평등원칙은 적용되지 아니하기 때문이다.

하지만 그러한 불이익이 검사의 자의적이고 악의적인 차별에 의한 것이고 이로 인하여 피고인에게 실질적 불이익을 초래하였다면 이는 소추재량을 현저히 일탈한 경우로서 헌법상의 평등원칙을 위반한 것이라 할 것이므로, 이 경우 법원은 공소권남용을 이유로 공소기각판결을 함이 옳다. 여기서 **자의적인 공소권의 행사**라 함은 단순히 직무상의 과실에 의한 것만으로는 부족하고 적어도 미필적이나마 어떤 의도가 있어야 한다.[33)] 대법원도 불평등한 기소에 대한 공소권 남용 여부의 평가기준에 대해서는 같은 입장을 취하고 있으나,[34)] 구체적 사안에서 불평

30) 대법원 2021. 10. 14. 선고 2016도14772 판결.
31) 이/조/이 302.
32) 차/최 315.
33) 대법원 2001. 9. 7. 선고 2001도3026 판결.
34) 대법원 2004. 4. 27. 선고 2004도482 판결; 대법원 2012. 7. 12. 선고 2010도9349 판결; 대법원 2017. 8. 23. 선고 2016도5423 판결.

등한 기소임을 이유로 공소기각판결을 하여야 한다고 한 사례는 찾기 어렵다.

(라) 중대한 위법수사에 기한 기소

수사절차에 위법이 있다 하여 곧바로 공소의 제기가 위법하다고 할 수는 없다. 하지만 그 **하자가 중대한 경우**의 처리에 대해서는 실체판결설과 공소기각설의 대립이 있다.

1) 견해의 대립

실체판결설은 중대한 위법수사에 기한 기소가 이루어졌다 하더라도 그 효과는 그러한 수사에 의해 수집한 증거의 증거능력이 부정될 뿐으로 당해 사건은 실체판결의 대상이 된다고 한다.

이에 비하여 **공소기각판결설**은 위법한 함정수사와 같이 하자의 중대성이 심한 경우에는 공소권의 남용에 해당하므로 공소기각판결의 대상이 된다고 한다.[35)]

2) 검토

수사절차에서 수사기관의 수사에 다소간의 하자가 있었다는 이유만으로 공소제기를 위법하다고 할 수는 없다. 하지만 공익의 대표자인 검사는 위법한 수사로 인해 유죄판결의 가능성이 전혀 없는 경우에는 공소를 제기하지 아니하여야 하고, 이를 충분히 예상하면서도 공소를 제기하였다면 객관의무 위반으로 공소권남용에 해당한다고 봐야 한다.

예를 들어 중대한 위법수사에 해당하는 위법한 함정수사의 경우 수사의 개시부터 위법하여 이후 수사절차 전체가 위법에 오염됨을 면하기 어렵고 이에 따라 수집한 증거의 증거능력 또한 부정될 수밖에 없다. 따라서 검사는 이러한 경우 공소를 제기하여서는 아니 된다. 대법원도 범의유발형 함정수사에 이은 공소제기는 법률의 규정을 위반한 것으로 공소기각판결의 대상이 된다 한 바 있다.[36)]

(마) 의도적인 누락기소

1) 의의 및 문제점

누락기소란 검사가 동시에 공소를 제기할 수 있었던 여러 사건 중 일부에 대한 공소를 제기하지 않았다가, 먼저 공소제기 한 사건의 항소심 판결이 선고된 이후에 누락된 사건에 대해 공소를 제기하는 것을 말한다. 이른바 **항소심 판결 선고 후의 누락사건의 추가기소의 문제**이다.

이 유형의 기소가 문제되는 것은 주로 양형상의 불이익 우려 때문이다. 2005. 7. 형법의

35) 차/최 316.

36) 대법원 2008. 10. 23. 선고 2008도7362 판결.

개정으로 사후 경합범의 경우 그 형을 감형 또는 면제할 수 있게 되었고(형법 제39조 제1항), 집행유예의 결격요건도 종래에 비해 대폭 완화되어(형법 제62조 제1항 단서) 누락기소로 인한 피고인의 불이익은 많이 해소되었다고는 하나, 의도적인 누락기소로 인하여 병합될 수 있었던 사건이 분리됨으로써 피고인에게 여러 번의 재판을 거치게 한다는 점만으로도 피고인에게는 적지 않은 불이익이 발생하게 되는 것이다.

2) 공소권남용 해당 여부

기소편의주의에 따라 검사는 일정시점에 공소를 제기할 수 있는 모든 사건에 대해 동시에 공소를 제기할 의무는 없고(동시소추의무의 원칙적 부정), 누락기소의 금지는 자칫 과잉수사를 초래하고 신속한 재판의 저해를 가져올 수도 있다는 점에서 신중한 취급을 요한다. 따라서 법원은 누락기소된 사건에 대해서 원칙적으로 실체재판을 함이 옳다. 다만 피고인에게 실질적인 불이익을 초래하기 위한 의도적이고 악의적인 누락기소는 소추재량권을 현저히 일탈한 것으로서 공소권의 남용에 해당한다고 봐야 하고, 이 경우 법원은 공소제기절차가 법률의 규정에 위반하여 무효인 때에 해당하는 것으로 보아 공소기각판결을 하여야 한다.

대법원도 같은 입장이다. 대법원은 악의적 의도 없이 누락기소가 이루어졌다는 사실만으로는 공소권남용에 해당하지 아니하나, **미필적이나마 어떠한 의도가 있는 경우**에는 공소권남용으로 공소기각판결의 대상이 된다고 한다.[37] 여기서 '어떠한 의도'는 적법하게 보이는 공소권 행사의 형식을 빌어서 피고인에게 양형상의 불이익을 주기 위하여 악의적으로 분리 기소했음이 추인될 수 있다거나, 부인하는 피고인을 응징하기 위한 의도에서 행해진 경우에 인정될 수 있을 것이다.

Ⅱ. 공소시효

1. 의의

(1) 의의 및 공소시효 완성의 효과

공소시효란 검사가 공소를 제기할 수 있는 시간적 한계를 말하는 것으로, 형의 확정 후

37) 대법원 2001. 9. 7. 선고 2001도3026 판결. "피고인이 절취한 차량을 무면허로 운전하다가 적발되어 절도 범행의 기소중지자로 검거되었음에도 무면허 운전의 범행만이 기소되어 유죄의 확정판결을 받고 그 형의 집행 중 가석방되면서 다시 그 절도 범행의 기소중지자로 긴급체포되어 절도 범행과 이미 처벌받은 무면허 운전의 일부 범행까지 포함하여 기소된 경우, 그 후행 기소가 적법한 것으로 보아 유죄를 인정한 원심판결에는 공소권 남용에 관한 법리 오해 또는 심리미진의 위법이 있다."

일정기간이 지나면 그 집행을 면제하는 형법상 형의 시효(형법 제77조 내지 제80조)와 더불어 형사처벌에 관한 대표적 시효 중 하나이다.

공소시효가 완성되면 국가의 소추권은 소멸된다. 그러므로 공소시효가 완성되면 검사는 공소권 없음을 이유로 불기소처분을 하여야 하고, 그럼에도 검사가 공소를 제기하면 법원은 면소판결을 선고하여야 한다(법 제326조 제3호). 따라서 공소시효의 미완성은 소극적 소송조건이 된다. 이러한 점은 공소 제기 후 판결의 확정이 없이 25년을 경과하면 공소시효가 완성한 것으로 간주되는, 이른바 의제공소시효(법 제249조 제2항)가 완성된 경우에도 마찬가지이다.

(2) 본질

공소시효제도의 본질에 대해서는 견해의 대립이 있다. **실체법설**은, 공소시효의 본질은 일정기간이 경과함에 따라 사회 및 피해자의 처벌욕구가 약화되고 범인의 악성도 희박해짐에 따라 형사처벌의 필요성이 약화되는 점에 있다고 하고, **소송법설**은 기간의 경과에 따라 증거의 산일에 의해 실체적 진실발견이 그만큼 어려워져 소송경제에도 반한다는 점에 그 본질이 있다고 한다. 그러나 시간의 경과만으로 형사처벌의 필요성이 약화된다고 볼 수는 없고, 실체적 진실발견이 어렵다거나 소송경제에 반한다는 이유만으로 국가형벌권이 소멸된다고 할 수도 없다. 공소시효의 기능은 일정 기간 소추되지 않은 사실상태로 인한 피고인의 지위의 안정을 존중하여 국가는 더 이상 소추권을 발동해서는 안 된다고 하는 **소추억제 또는 자제의 요청**에서 그 본질을 찾는 것이 타당하다고 생각한다. 국가의 태만으로 인한 잘못을 개인에게 덮어씌워서는 안 되기 때문이다(신소송법설).

어쨌든 현실적으로 모든 범죄에 대해 무한정 수사를 진행하고 공소를 제기할 수는 없으므로, 형사소송법은 공소시효제도를 채택하면서도 일정한 중요범죄에 한해서는 공소시효의 배제를 규정하여 이러한 문제에 탄력적으로 대처하고 있다. 또한 일정한 범죄에 대해서는 특별법에 의해 공소시효의 정지·연장·배제가 적용된다.

2. 공소시효의 기간

(1) 법정형에 따른 시효기간

형사소송법은 법정형에 따라 공소시효의 기간을 달리 규정하고 있다. 법정 최고형이 사형인 경우 공소시효는 25년, 무기징역·금고인 경우 15년, 장기 10년 이상의 징역·금고인 경우 10년, 장기 10년 미만의 징역·금고인 경우 7년, 장기 5년 미만의 징역·금고, 장기 10년 이상의 자격정지, 벌금의 경우 5년, 장기 5년 이상의 자격정지인 경우 3년, 장기 5년 미만의 자격정지, 구류, 과료, 몰수인 경우 1년이 경과함으로써 공소시효는 완성된다(법 제249조 제1항). 공소 제기 후 판결의 확정이 없이 25년을 경과하면 공소시효가 완성한 것으로 간주되는데(법 제249조 제2항), 이는 영구미제사건을 종결시키기 위한 실무상 필요에 따른 규정으로, 의제공소시효라고도 한다.

한편 도로교통법 제159조와 같은 양벌규정에 의하여 행위자 이외에 법인이나 사업주를 처벌하는 경우에 후자의 시효기간은 누구를 기준으로 정하여야 하는가가 문제되는바, 행위자와 사업주의 처벌의 일관성을 이유로 행위자를 기준으로 해야 한다는 견해도 있으나, 자기책임원칙에 따라 **사업주기준설**이 타당하다고 본다.

(2) 적용기준

(가) 원칙

공소시효는 공소제기시를 기준으로 공소사실마다 그 법정형에 따라 개별적으로 정하되, 두 개 이상의 형을 병과하거나 과형상 일죄의 경우에는 가장 중한 형에 따라 정함을 원칙으로 한다(법 제250조). 예를 들어 공소사실에는 예비적·택일적 기재도 포함되므로 이들에 대한 공소시효 또한 개별적으로 정하고,[38] 살인죄(형법 제250조 제1항)는 법정형이 '사형, 무기 또는 5년 이상의 징역'으로 규정되어 있으므로 그 중 가장 중한 형인 사형에 해당하는 죄로 산정한다.

(나) 형을 가중 또는 감경한 경우

형사소송법은 **형법**에 의하여 형을 가중 또는 감경한 경우에는 가중 또는 감경하지 **아니한** 법정형을 기준으로 공소시효의 기간을 정하도록 규정하고 있으나(법 제251조), 형법이 아닌 특별법에 의하여 형을 가중 또는 감경한 경우에 대해서는 어떠한 규정도 두지 아니하고 있다. 이와 관련하여 대법원은 **특별법**에 의한 형의 가중·감경의 경우에는 그 법(특별법)에 정한 법정형 **그대로를** 기준으로 공소시효기간을 결정하여야 한다고 하였다.[39]

---

38) 대법원 2001. 8. 24. 선고 2001도2902 판결.

39) 대법원 1973. 3. 13. 선고 72도2976 판결; 대법원 1979. 4. 24. 선고 77도2752 판결. "특정범죄가중처벌등에관한법률 제8조는 연간 포탈세액이 일정액 이상이라는 가중사유를 구성요건화 하여서 조세범처벌법 제9조 제1항의 행위와 합쳐서 하나의 범죄유형으로 하고 그에 대한 법정형을 규정한 것이라고 할 것이므로, 위 특정범죄가중처벌등에관한법률 제8조 위반죄의 공소시효기간은 동법조항의 법정형에 따라야 할 것임에도 …"

(다) 법률개정으로 법정형이 가벼워진 경우

범죄 후 법률의 개정에 의하여 법정형이 가벼워진 경우에는 형법 제1조 제2항에 의하여 당해 범죄사실에 적용될 가벼운 법정형인 신법의 법정형이 공소시효의 기준이 된다.[40] 이는 구법의 법정형을 기준으로 공소시효 기간 내에 이미 공소가 제기된 이후 법률 개정으로 신법의 법정형이 가벼워진 경우에도 마찬가지이다.

(라) 과형상 일죄 중 일부에 대한 공소시효 만료

과형상 일죄에 공소시효를 적용함에 있어서는, 과형상 일죄는 본래 수죄이므로 그 공소시효도 각 죄별로 진행하다고 해석해야 할 것이다. 따라서 과형상 일죄 중 일부인 경한 형의 범죄에 대한 공소시효가 완성되었다 하더라도, 중한 형에 대한 공소시효가 완성되는 것은 아니다.[41]

(마) 공소장변경의 경우

공소장변경이 이루어진 경우에 공소시효는 공소제기시를 기준으로 변경된 사실의 법정형에 따라야 한다.[42] 공소제기의 객관적 효력은 기본적사실관계가 동일한 범죄에도 미치기 때문이다. 공소사실과 변경사실의 법정형이 다른 경우에도 공소시효는 공소제기시를 기준으로 변경된 사실의 법정형에 따라야 하고,[43] 이는 법원이 공소장변경절차 없이 직권으로 공소사실과 다른 사실을 인정하는 경우[44] 및 공소장변경을 통해 기존의 공소사실에 예비적 사실로서 공소사실이 추가된 경우에도 마찬가지이다.[45]

변경사실에 대한 법정형을 기준으로 공소제기시에 이미 공소시효가 완성된 경우에는 법원은 공소시효의 완성을 이유로 면소판결을 선고하여야 한다.[46]

3. 공소시효의 계산

(1) 기산점

공소시효는 범죄행위를 종료한 때로부터 진행한다(법 제252조 제1항). 여기에서 범죄행위의

40) 대법원 2008. 12. 11. 선고 2008도4376 판결.
41) 대법원 2006. 12. 8. 선고 2006도6356 판결.
42) 대법원 2018. 10. 12. 선고 2018도6252 판결.
43) 대법원 2001. 8. 24. 선고 2001도2902 판결.
44) 대법원 2013. 7. 26. 선고 2013도6182 등 판결.
45) 대법원 1992. 4. 24. 선고 91도3150 판결.
46) 대법원 2001. 8. 24. 선고 2001도2902 판결.

종료는 결과의 발생을 포함하므로,[47] 결과범의 경우 결과가 발생한 시점, 결과적 가중범의 경우 중한 결과가 발생한 시점이 공소시효의 기산점이 된다(결과발생시설).[48] 시효는 객관적인 사실상태를 놓고 판단해야 하기 때문이다. 한편 계속범의 경우에는 법익침해가 종료한 시점,[49] 거동범이나 위험범의 경우 구성요건을 충족하는 행위를 한 시점,[50] 미수범의 경우 행위를 종료하지 못한 시점 또는 더 이상 결과의 발생이 불가능한 시점,[51] 포괄일죄의 경우 **최종** 범죄행위가 종료된 시점이 공소시효의 기산점이 된다.

공범이 있는 경우, **최종행위**가 종료한 때로부터 **전체 공범**에 대한 시효기간을 기산한다(법 제252조 제2항). 이는 공범 전체를 일률적으로 취급함으로써 처벌의 형평성을 추구하기 위함이다. 공범에는 공동정범·교사범·방조범·집합범이 포함되지만, 뇌물공여죄와 뇌물수수죄 사이와 같은 **대향범**은 각자 자신의 구성요건을 실현하고 별도의 형벌규정에 따라 처벌되는 등 각자의 범죄를 실현하는 관계에 있으므로 여기에서의 공범에는 포함되지 **아니한다**.[52] **동시범**도 공동가공의 의사 없이 독립하여 각자의 범행을 실현한 단독정범이므로 동시범 중 1인에 대한 공소제기는 다른 동시범에 대하여 시효정지의 효력이 미치지 않는다.

(2) 계산방법

공소시효의 계산은 형사소송법상 기간의 계산에 따른다. 따라서 범죄종료일은 시각의 계산 없이 공소시효의 초일이 되고, 역서에 따른 계산상 말일은 공휴일 또는 토요일 여부와 무관하게 공소시효의 말일이 된다(법 제66조 제1항, 제3항). 공소시효는 시효의 말일을 지나 그 익일이 됨으로써 완성된다.

4. 공소시효 정지·연장·배제

(1) 공소시효의 정지

(가) 의의

공소시효의 정지란 일정한 사유가 있는 때 공소시효의 진행이 정지되고 그 사유가 소멸되

47) 대법원 2003. 9. 26. 선고 2002도3924 판결.
48) 대법원 1996. 8. 23. 선고 96도1231 판결.
49) 대법원 2001. 9. 25. 선고 2001도3990 판결.
50) 대법원 2012. 2. 23. 선고 2011도7282 판결.
51) 대법원 2017. 7. 11. 선고 2016도14820 판결.
52) 대법원 2015. 2. 12. 선고 2012도4842 판결.

면 나머지 시효기간이 계속 진행하는 것을 말한다. 공소시효에 대해서는 일정한 사유발생시 처음부터 다시 시효기간을 진행하는 중단제도는 존재하지 아니한다.

형사소송법상 공소시효의 정지사유에는 공소제기, 형사처분을 면할 목적의 국외도피, 재정신청이 있다. 특별법상 공소시효의 정지사유에는 성폭력범죄의 피해자가 미성년인 경우, 소년부 판사가 소년보호사건에 대한 심리개시결정을 한 경우 등이 있다.

한편 헌법 제84조에 따라 대통령은 내란·외환의 죄를 범한 경우를 제외하고는 재직 중 형사상의 소추를 받지 아니하는데, 헌법재판소는 비록 명문의 규정은 없으나 "위 헌법규정은 바로 공소시효진행의 소극적 사유가 되는 국가의 소추권행사의 법률상 장애사유에 해당하므로, 대통령의 재직 중에는 공소시효의 진행이 당연히 정지"된다고 한다.[53]

(나) 공소제기

공소시효는 공소의 제기로 진행이 정지된다(법 제253조 제1항). 공소시효를 정지시키기 위한 공소제기가 반드시 적법·유효한 것일 필요는 없다.

1) 객관적 효력

공소제기로 인한 공소시효정지의 효력은 공소사실의 동일성이 인정되는 사건 전체에 미친다. 따라서 포괄일죄나 과형상 일죄의 일부에 대해서만 공소가 제기되었다 하더라도 공소가 제기되지 아니한 부분에 대해서도 공소시효가 정지된다.

2) 주관적 효력

① 원칙

공소시효정지의 효력은 원칙적으로 공소제기된 피고인에 대해서만 미친다. 따라서 진범이 아닌 자에 대해 공소제기를 한 경우, 진범 아닌 자에 대한 공소제기는 진범의 공소시효 진행에 영향을 미치지 않는다.

② 공범간의 특칙

공범 간에는 처벌의 형평성을 기할 필요가 있으므로, 형사소송법은 공범의 1인에 대한 공소제기에 따른 시효정지의 효력은 다른 공범에게도 미친다는 것을 명시하고 있다. 이때 공범관계에 있는지 여부는 공소제기 당시의 법원이 아니라 현실적으로 시효문제를 다루고 있는 법원이 판단하여 결정하게 된다.

다른 공범의 공소제기로 인하여 정지되었던 시효는 당해 사건의 재판이 확정된 때로부터

53) 헌법재판소 1995. 1. 20. 선고 94헌마246 전원재판부 결정.

다시 진행한다(법 제253조 제2항). 여기에서 당해 사건의 확정은 종국재판의 확정을 의미하는바, 형식재판, 실체재판은 물론 약식명령이 확정된 때에도 다른 공범에 대한 공소시효는 다시 진행된다.[54]

다만 공범의 1인으로 기소된 피고인이 구성요건이나 위법성 조각을 사유로 무죄판결을 받은 경우, 피고인은 그 범죄의 공범이라 할 수 없다. 따라서 이 경우 피고인 아닌 다른 범인에 대한 공소시효정지의 효력은 발생하지 아니한다.[55]

(다) 국외도피

범인이 형사처분을 면할 목적으로 국외에 있는 경우 그 기간 동안 공소시효는 정지되고 (제253조 제3항), 공소시효가 완성되는 것으로 간주되는 25년의 진행 또한 정지된다(법 253조 제4항, 제249조 제2항). 다만, 국외도피의 경우에는 공범의 특칙이 적용되지 않아 다른 공범에게는 시효정지의 효력이 미치지 않는다.

범인이 국외에서 범죄를 저지르고 형사처분을 면할 목적으로 국외에서 계속 체류하는 경우에도 위와 마찬가지로 그 기간 동안 공소시효는 정지된다.[56] 이는 범인의 국외체류가 도피수단으로 악용되는 것을 방지하여 형벌권의 적정한 실현을 꾀하기 위한 것으로, 형사처분을 면할 목적이 유일한 해외체류의 목적일 필요는 없다.

범인의 국외체류의 시작이 형사처분을 면하기 위한 것이었다면 '형사처분을 면할 목적'과 양립할 수 없는 범인의 주관적 의사가 명백히 드러나는 객관적 사정이 존재하지 않는 한, 국외체류기간 동안 '형사처분을 면할 목적'은 계속 유지된다. 그러한 객관적 사정이 존재하는 경우에는 형사처분을 면할 목적이 여전히 유지되는지에 대한 입증책임은 당연히 검사에게 있다. 검사는 객관적인 사정에 근거하여 이를 증명하여야 하는바, 예를 들어 외국에서 수감 중인 자가 수감된 기간은 객관적으로 보아 국외도피 기간으로 보기 어려우므로 검사가 증명하지 못하는 이상 그 기간 동안 공소시효가 정지된다고 할 수는 없다.[57]

---

54) 대법원 2012. 3. 29. 선고 2011도15137 판결.

55) 대법원 1999. 3. 9. 선고 98도4621 판결. "공범의 1인으로 기소된 자가 구성요건에 해당하는 위법행위를 공동으로 하였다고 인정되기는 하나 책임조각을 이유로 무죄로 되는 경우와는 달리 범죄의 증명이 없다는 이유로 공범 중 1인이 무죄의 확정판결을 선고받은 경우에는 그를 공범이라고 할 수 없어 그에 대하여 제기된 공소로써는 진범에 대한 공소시효정지의 효력이 없다."

56) 대법원 2015. 6. 24. 선고 2015도5916 판결.

57) 대법원 2008. 12. 11. 선고 2008도4101 판결.

(라) 재정신청

재정신청이 있으면 재정결정이 확정될 때까지 공소시효의 진행이 정지되고(법 제262조의4 제1항), 재정신청이 인용되면 공소시효에 관하여 그 결정이 있는 날에 공소가 제기된 것으로 본다(법 제262조의4 제2항).

재정신청에 대한 공소시효 정지규정을 검사의 불기소처분에 대한 헌법소원심판 청구에 유추적용할 수는 없다. 공소시효의 정지는 피고인에게 상당한 불이익을 주기 때문에 특별히 법률로써 명문의 규정을 둔 경우에만 적용되기 때문이다.[58)]

(마) 미성년인 성폭력범죄 피해자

미성년자에 대한 성폭력범죄의 공소시효는 해당 성폭력범죄로 피해를 당한 미성년자가 성년에 달한 날부터 진행하고(성폭력처벌법 제21조 제1항), 아동·청소년에 대한 성범죄의 공소시효 또한 해당 성범죄의 피해 아동·청소년이 성년에 달한 날부터 진행한다(청소년 성보호법 제20조 제1항). 이는 미성년자인 피해자를 보다 두텁게 보호하기 위해 마련한 특칙이다.

'성폭력범죄의 처벌 등에 관한 특례법'상 성폭력범죄에는 형법상 강간과 추행의 죄, 강도강간죄를 비롯하여 성풍속에 관한 죄 중 일부와 약취, 유인 및 인신매매의 죄 중 일부도 포함되고(성폭력처벌법 제2조 제1항), 아동·청소년대상 성범죄에는 만19세 미만자에 대한 강간, 유사강간, 강제추행죄를 비롯하여 성착취물 관련범죄, 아동·청소년의 성을 사는 행위와 그와 관련된 행위 및 아동복지법상 성적학대행위도 포함된다(청소년성보호법 제2조 제2호).

(바) 소년보호사건에 대한 심리개시결정

소년부 판사가 소년보호사건에 대해 심리개시결정을 한 경우, **심리개시결정이 있었던 때로부터 그 사건에 대한 보호처분의 결정이 확정될 때까지** 공소시효는 그 진행이 정지된다(소년법 제54조). 소년부는 심리한 결과 금고 이상의 형에 해당하는 범죄사실이 발견되고 그 동기와 죄질이 형사처분을 할 필요가 있다고 인정하는 경우 또는 소년 본인이 19세 이상으로 밝혀진 경우에는 결정으로써 사건을 관할 지방법원에 대응한 검찰청 검사에게 송치하여야 하고(동법 제7조) 검사는 이를 수사하여야 한다. 이러한 경우에는 소년보호사건으로서 심리된 기간 동안에는 수사가 진행될 수 없으므로 공소시효를 정지하도록 한 것이다.

---

58) 헌법재판소 1993. 9. 27. 선고 92헌마284 전원재판부 결정.

(2) 공소시효의 연장

(가) 의의

공소시효의 연장이란 일정한 사유가 있는 때 원래의 공소시효에 일정한 기간을 더하여 이를 늘리는 것을 말한다. 형사소송법에는 공소시효 연장 규정이 존재하지 아니하지만, '성폭력범죄의 처벌 등에 관한 특례법'은 미성년자에 대한 성폭력범죄에 대하여, '아동·청소년의 성보호에 관한 법률'은 아동·청소년에 대한 성범죄에 대하여 디엔에이(DNA)증거 등 그 죄를 증명할 수 있는 과학적인 증거가 있는 때에는 공소시효가 10년 **연장**된다는 규정을 두고 있다(성폭력처벌법 제21조 제2항, 청소년성보호법 제20조 제2항).

(나) 시효연장 요건으로서 과학적 증거의 의미

'성폭력범죄의 처벌 등에 관한 특례법'과 '아동·청소년의 성보호에 관한 법률'은 DNA 등 과학적 증거의 존재를 시효연장 요건으로 두고 있다. 따라서 DNA 외에 어떠한 증거가 과학적 증거로 인정될 수 있는지가 문제된다.

일반적으로 과학적 증거란 신뢰할 수 있는 과학적 지식과 절차를 바탕으로 얻어진 증거방법 및 그 절차를 진행한 전문가의 보고서 또는 법정증언을 말한다. 과학적 증거의 존재가 시효연장의 요건이 된 것은, 시간의 경과에 따른 과학기술의 발달로 인해 실체적 진실발견이 오히려 용이해지고 이로 인해 소송경제에도 그다지 마이너스가 되지 아니한다는 점에 그 근거를 찾을 수 있다. 그렇다면, DNA와 유사한 정도의 증명력을 가진 과학적 증거는 시효연장의 요건에 해당한다고 할 수 있겠다. DNA에는 핵DNA, 미토콘드리아DNA, X-DNA, Y-DNA 등이 있는데, 핵DNA는 개인식별에 있어 매우 높은 신뢰도를 가지고 있는 증거방법으로서 이와 동일한 수준으로 신뢰받는 증거방법으로는 **지문** 외에는 생각하기 어렵다.

아직 법원이 DNA 외에 과학적 증거로서 공소시효를 연장한 사례를 찾기는 어렵다. 그러나 지문은 공소시효 연장요건으로서의 과학적 증거라 아니할 수 없고, 과학기술이 발전함에 따라 앞으로 더 많은 증거방법이 이에 들어가게 될 것으로 예상된다.

(3) 공소시효의 배제

공소시효는 모든 범죄에 적용되는 것이 원칙이나, 입법자의 결단에 따라 명시적 규정을 두는 경우에는 그 범죄에 대해서는 적용이 배제될 수 있다.

형사소송법상 시효가 배제되는 범죄로는 사람을 살해한 범죄로 사형에 해당하는 범죄(종범은 제외)가 있고(법 제253조의2), 특별법에 따라 시효가 배제되는 범죄로는 13세 미만 또는 장애아동·청소년에 대한 강간 등 성폭력범죄, 형법상 강간등살인죄, 아동·청소년성착취물 제작·수입 또는 수출죄(성폭력처벌법 제21조 제3항, 제4항, 청소년성보호법 제20조 제3항, 제4항) 및 '헌정질서 파괴범죄의 공소시효 등에 관한 특례법'상 헌정질서 파괴범죄로 규정된 형법상 내란의 죄, 외환의 죄, 군형법상 반란의 죄, 이적의 죄, 그리고 '집단살해죄의 방지와 처벌에 관한 협약'상 집단살해죄가 있다(헌정범죄시효법 제3조, 집단살해죄의 방지와 처벌에 관한 협약 제2조).

5. 공소시효 규정의 개정시 소급효의 가능성

(1) 의의

공소시효는 소추조건에 대한 것으로 원칙적으로 형벌불소급의 원칙은 적용되지 아니한다.[59] 하지만 공소시효에 소급효금지원칙이 적용되지 아니한다고 하여 반드시 소급효를 인정하여야 한다는 것도 아니므로, 공소시효 규정의 개정시 소급효 여부는 입법자의 의사에 따라 부칙에서 정한 바대로 결정될 수 있다. 다만 법적안정성에 비추어 공소시효 개정에 따른 진정소급효를 인정할 수는 없을 것이다.

이에 피고인에게 불이익한 공소시효 개정시 소급효에 대한 부칙이 없는 경우 소급효의 인정 여부 및 피고인에게 불이익한 공소시효의 개정시 진정소급효를 규정한 부칙의 위헌 여부가 문제된다.

(2) 진정소급효

공소시효 규정의 진정소급효란, 공소시효를 정지·연장·배제하는 개정이 있는 경우 공소시효가 이미 완성된 공소사실에 대해서도 개정된 규정을 소급적용하여 공소시효를 정지·연장·배제하는 것을 말한다.

부칙규정이 없는 경우 공소시효 규정의 진정소급효는 당연히 부정된다. 진정소급효를 인정하면 이미 법적·사회적 안정성을 부여받은 피고인에게 실체적 죄형을 신설하여 소급적으로 처벌하는 것과 실질적으로 동일하게 되기 때문이다.

같은 이유로 진정소급효를 인정하는 부칙규정은 형벌불소급의 원칙에 위배되므로 위헌으로 보아야 한다. 그러나 헌법재판소는 '5·18민주화운동 등에 관한 특별법'상의 진정소급효 규

59) 헌법재판소 2021. 6. 24. 선고 2018헌바457 전원재판부 결정.

정에 대하여 합헌결정을 하였고,[60] 대법원은 이 결정을 근거로 동법 제3조 헌정질서파괴범죄행위에 대한 공소시효 적용배제 규정의 진정소급효를 인정한 바 있다.[61] 이는 현실적인 필요와 헌법재판소의 선행결정에 따른 것으로, 대법원이 또다시 진정소급효를 인정하는 일은 쉽게 일어나지 않을 것으로 본다.

(3) 부진정소급효

(가) 부칙이 있는 경우

공소시효 규정의 부진정소급효란 공소시효를 정지·연장·배제하는 개정이 있는 경우, 공소시효가 아직 완성되지 아니한 공소사실에 대해 개정된 규정을 소급적용하여 공소시효를 정지·연장·배제하는 것을 말한다.

부진정소급효 여부는 부칙에서 정한 바에 따른다. 예를 들어 2007. 12. 21. 시행된 구 형사소송법(법률 제8730호)은 공소시효를 전체적으로 연장하였는데 부칙 제3조는 변경된 공소시효의 부진정소급효를 인정하지 않음을 명시하고 있다. 이에 비하여 2015. 7. 31. 시행된 구 형사소송법(법률 제13454호)은 사람을 살해한 범죄로 사형에 해당하는 범죄에 대한 공소시효 배제를 규정하면서 부칙 제2조에서 변경된 공소시효의 부진정소급효를 인정할 것을 명시하고 있다.

(나) 부칙이 없는 경우

부진정소급효에 대한 부칙규정이 없는 경우 이를 결정할 일반원칙은 없다. 이 경우 법원은 적법절차원칙과 소급금지원칙을 바탕으로 법적 안정성과 신뢰보호원칙을 포함한 법치주의 이념을 기준으로 부진정효급효 여부를 판단하여야 할 것이다. 이에 따라 대법원은 2011. 11. 17. 시행된 '성폭력범죄의 처벌 등에 관한 특례법'(법률 제11088호)에서 공소시효관련 개정을 하면서 부칙을 두지 않은데 대하여 그 전후의 공소시효 개정시에는 부진정소급효를 인정하는 부칙을 두었다는 이유 등을 들어 그 정지·연장·배제에 대한 부진정소급효를 부정하였으나,[62] '아동학대범죄의 처벌 등에 관한 특례법'상 공소시효 개정에 대해서는 규정의 문언과 취지, 입법목적 등에 비추어 부칙 규정이 없음에도 부진정소급효를 인정하였다.[63]

공소시효는 소추조건에 대한 것으로서 형벌불소급의 원칙이 적용되지 아니하나, 공소시효 관련 규정의 개정을 통해 추정할 수 있는 입법자의 의사는 부진정소급효를 인정하는데 있다고

60) 헌법재판소 1996. 2. 16. 선고 96헌가2 등 전원재판부 결정.
61) 대법원 1997. 4. 17. 선고 96도3376 전원합의체 판결.
62) 대법원 2015. 5. 28. 선고 2015도1362,2015전도19 판결.
63) 대법원 2021. 2. 25. 선고 2020도3694 판결.

생각된다. 따라서 특별한 예외사정이 인정되지 않는 한 부칙규정이 존재하지 않는 경우에도 부진정소급효는 인정되는 것으로 보는 것이 상당할 것이다.

Ⅲ. 공소제기의 방식과 효과

1. 공소제기의 방식

(1) 서면주의

검사는 공소를 제기함에는 공소장을 관할법원에 제출하여야 한다(법 제254조 제1항). 공소제기에 엄격한 서면주의가 적용되는 것은 법원의 심판대상을 명확히 하고 피고인의 방어권을 보장해주기 위함에 있으므로, 공소장 제출 외의 방법 예컨대 구두, 전보, 팩스 등의 방법으로는 공소를 제기할 수 없다. 대법원도 공소사실 중 일부를 전자문서화 하여 이를 공소장에 첨부하여 제출한 사안에서 첨부된 전자문서 부분은 서면주의에 위반한 것이므로 서면인 공소장에 기재된 사실에 대해서만 적법한 공소제기가 있은 것으로 봐야한다고 하고 있다.[64)]

(2) 공소장의 기재사항

(가) 필요적 기재사항

공소장에는 피고인의 성명 기타 피고인을 특정할 수 있는 사항, 죄명, 공소사실, 적용법조, 피고인의 주민등록번호, 직업, 주거, 등록기준지 또는 피고인이 법인인 때에는 사무소 및 대표자의 성명과 주소, 피고인의 구속 여부가 반드시 기재되어야 한다(법 제254조 제3항, 규칙 제117조 제1항) 공소장은 공무원인 검사가 작성하는 서류이므로 공소장의 말미에는 검사가 기명날인 또는 서명하여야 한다(법 제57조).

1) 피고인의 특정

피고인의 특정은 성명과 주민등록번호에 의함이 원칙이다. 대한민국 성인은 주민등록이 되어 있으므로 검사는 수사단계에서 지문을 통해 피고인의 성명과 주민등록번호를 알 수 있다. 주민등록 누락 등의 이유로 이를 알 수 없는 때에는 피고인의 외모묘사, 사진첨부, 구속된 피고인의 경우에는 유치번호를 기재하는 방법 등으로 타인과 구별할 수 있을 정도로만 특정하면 된다.

64) 대법원 2016. 12. 15. 선고 2015도3682 판결. "(설령) 전자적 형태의 문서의 양이 방대하여 그와 같은 방식의 공소제기를 허용해야 할 현실적인 필요가 있다거나, 피고인과 변호인이 이의를 제기하지 않고 변론에 응하였다고 하더라도 결론은 마찬가지이다."

2) 죄명과 적용법조

검사는 공소장 및 불기소장에 기재할 죄명에 관한 예규(대검찰청 예규)에 따라 공소사실로 기재된 범죄의 죄명을 기재한다. 이 예규는 형법, 군형법, 특정범죄가중처벌등에관한법률, 특정경제범죄가중처벌등에관한법률, 그 외 법률로 나누어 각 법률상 범죄의 죄명을 구체적으로 규정하고 있다.

검사는 적용법조로서 공소사실의 재판에 적용되는 모든 법률조항을 기재하여야 한다. 따라서 형법각칙 및 특별법상 구성요건을 규정하고 있는 조항뿐만 아니라 공범, 미수, 죄수 등 형법총칙상의 규정이 적용되는 경우에는 그 또한 기재하여야 한다. 실무상 공소장의 적용법조 기재는 죄명별 구분 없이 나열하는 방식으로 기재하고 있는데, 죄명별로 기재하여 정리하는 방식으로 개선될 필요가 있다.

공소장에 죄명과 적용법조를 기재하는 이유는, 공소사실의 법률적 평가를 명확히 하여 피고인의 방어권을 보장하고자 하는데 있다. 따라서 적용법조의 기재에 오기나 누락이 있더라도 피고인의 방어에 실질적인 불이익을 주지 않는 한 공소제기의 효력에는 영향이 없고, 법원도 공소장변경의 절차를 거침이 없이 곧바로 공소장에 기재되어 있지 않은 법조를 적용할 수 있다.[65]

3) 공소사실

① 의의 및 특정의 정도

공소사실이란 검사가 법원에 재판을 청구한 사실로서 범죄 구성요건을 충족시키는 구체적 사실을 말한다. 공소사실의 특정은 법원에 대하여 심판대상과 범위를 명확히 하고, 피고인에 대하여 방어범위를 한정시켜 방어권 행사를 용이하게 하는 데에 그 취지가 있다. 대법원은 공소사실의 일시는 이중기소나 시효에 저촉되지 않는 정도, 장소는 토지관할을 가름할 수 있는 정도, 범행방법은 범죄의 구성요건을 밝히는 정도로 특정되면 족하다는 입장이다.[66] 따라서 상상적 경합범은 하나의 공소사실로 기재되나 실체적 경합범은 각각의 범죄사실이 개별적으로 기재되어야 하고, 교사범과 종범은 각 범죄사실 및 정범의 범죄사실까지 개별적으로 특정되어 기재되어야 한다.[67] 다만 포괄일죄는 범행의 시기와 종기, 범행방법, 공범과 피해자 또는 상대방, 범행횟수와 피해액의 합계 등이 명시되는 등 법원의 심판대상을 한정하고 피고인의 방어권 행사에 지장이 없는 정도로 특정되면 충분하다.[68]

65) 대법원 2006. 4. 28. 선고 2005도4085 판결.
66) 대법원 1992. 7. 24. 선고 92도1148 판결.
67) 대법원 2001. 12. 28. 선고 2001도5158 판결.
68) 대법원 2012. 8. 30. 선고 2012도5220 판결.

② 불특정의 효과

공소사실의 불특정은 공소장 기재방식의 위반에 해당하므로 공소제기의 절차가 법률의 규정을 위반하여 무효인 때에 해당하여 **공소기각판결**의 대상이 된다(법 제327조 제2호). 다만 법원은 공소사실이 특정되지 않았다고 판단한 경우 규칙 제141조에 따라 검사에게 **석명을 구하여야** 하고, 그럼에도 검사가 이를 명확하게 하지 않은 때에 비로소 공소사실의 불특정을 이유로 공소기각판결을 하여야 한다.69) 법원의 석명권 행사는 원칙적으로 재량행위이지만 공소사실 불특정에 대한 석명권 행사는 **기속행위**로 해석되고 있다. 공소사실의 특정 여부는 규범적 평가의 대상이어서 평가주체에 따라 그 특정 여부에 대한 판단이 다를 수 있고, 공소사실의 특정이 가능함에도 검사에게 이를 시정할 기회를 주지 아니한 채 공소기각판결을 해버리면 검사는 이를 특정하여 다시 공소제기를 해야 하므로 그러한 불필요한 절차의 반복을 피할 필요가 있기 때문이다.

4) 검사의 기명날인 및 서명

① 전부 누락의 경우

공소장은 공무원이 작성한 서면이므로 검사의 기명날인 또는 서명이 있어야 한다(법 제57조). 이들이 모두 누락된 공소장은 법률의 규정을 위반하여 무효이고, 이러한 공소장으로 제기된 공소는 공소제기의 절차가 법률의 규정을 위반하여 무효이므로 **공소기각판결**의 대상이 된다(법 제327조 제2호). 다만 대법원은 이를 절차상 하자에 불과한 것으로 보아 공판계속 중에 검사가 공소장에 기명날인 또는 서명함으로써 그 **하자가 치유**될 수 있다고 한다.70) 그렇지만 법원이 그러한 하자의 보완을 요구할 의무가 있다고 보지는 않는다.71)

② 일부 누락의 경우

대법원은 일부누락의 경우에는 다소 완화된 태도를 취하고 있다. 대법원은 검사의 **간인**이 일부 누락된 경우는, 그럼에도 그 공소장의 형식과 내용이 연속된 것으로 일체성이 인정되고 동일한 검사가 작성하였다고 인정되는 한 그 공소장을 효력이 없는 서류라고 할 수는 없다고 하였다.72)

---

69) 대법원 2022. 1. 13. 선고 2021도13108 판결.
70) 대법원 2012. 9. 27. 선고 2010도17052 판결.
71) 대법원 2021. 12. 16. 선고 2019도17150 판결.
72) 대법원 2021. 12. 30. 선고 2019도16259 판결.

(나) 임의적 기재사항: 공소사실과 적용법조의 예비적 택일적 기재

1) 예비적·택일적 기재의 의의

검사는 공소사실 또는 적용법조를 확정하기 곤란한 경우에는 여러 개의 공소사실과 적용법조를 예비적 또는 택일적으로 기재할 수 있다(법 제254조 제5항).

예비적 기재란 검사가 수 개의 공소사실 또는 적용법조에 대하여 법원이 우선 심판할 **순위를 정하여** 기재하는 것을 말한다. 이때 선순위 심판대상을 주위적 공소사실, 후순위 심판대상을 예비적 공소사실이라 한다. 법원은 검사가 정하는 순서에 기속되어 주위적 공소사실에 대해 먼저 심판하여야 하고, 그에 대해 유죄판결을 할 수 없는 경우에만 예비적 공소사실에 대해 심판한다.

택일적 기재란 검사가 수 개의 공소사실 또는 적용법조에 대하여 법원이 우선 심판할 **순위를 정하지 아니하고** 기재하는 것을 말한다. 이때는 심판순서에 제약이 없으므로 법원의 재량에 따라 우선 심판할 공소사실이 결정되게 된다.

2) 허용범위

예비적·택일적 기재는 공소사실과 적용법조의 확정에 필요한 사실적·법률적 평가에 대한 검사의 부담을 덜어주고 소송경제에 부합한다는 장점이 있으나, 피고인의 방어권 보장에는 취약할 수 있다는 것이 단점으로 지적된다. 이에 예비적·택일적 기재를 **공소사실의 동일성 범위 내로 한정해야 하는지**에 대한 견해의 다툼이 있다.

① 견해의 대립

한정설은 공소사실의 동일성이 인정되지 않는 수 개의 사실에 대한 예비적·택일적 기재를 허용하는 것은 **조건부** 공소제기를 인정하는 것과 다를 바 없고, 동일성이 인정되지 않는 범죄사실은 경합범으로 기소하거나 추가기소를 하는 것이 마땅하므로 예비적·택일적 기재는 공소사실의 동일성의 범위 내에서만 허용된다는 입장이다. 이 견해를 취하는 입장에서는, 공소사실의 동일성이 부정되는 수 개의 사실에 대해 예비적·택일적인 기재가 있는 경우에는 법원은 공소장변경 없이 이를 실체적 경합범으로 보아 각각 심판하거나, 검사로 하여금 경합범으로 공소장을 보정하게 한 후 심판하여야 한다는 견해(다수설)[73]와 공소제기절차가 부적법함을 이유로 공소기각판결을 하여야 한다는 견해[74]로 다시 나뉜다.

비한정설은 형사소송법 제245조 제5항은 예비적·택일적 기재를 공소사실의 동일성이 인

---

73) 노/이 360; 이/조/이 331; 이창현 589; 정/최/김 400.
74) 이/김 407.

정되는 범위 내로 한정하고 있지 않은바 그 취지는 예비적·택일적 기재는 공소사실의 동일성의 범위 내에서만 허용되는 **공소장변경의 한계를 보완**하기 위한 것이므로 그런 점에서 예비적·택일적 기재는 공소사실의 동일성의 범위와 무관하게 허용된다는 입장이다.[75]

② 검토

비한정설이 더 합리적이라고 생각한다. 예비적·택일적 기재를 공소사실과 동일성이 인정되는 사실로 한정하게 되면 검사는 하나의 공소장에 수개의 공소사실을 기재하거나, 여러 개의 범죄사실을 하나씩 나누어 기재한 수개의 공소장을 제출하게 될 터인데, 이럴 경우 예비적·택일적 기재의 범위제한과 피고인의 방어범위는 실질적으로 별다른 상관관계가 없는 반면 소송경제적인 측면에서는 마이너스가 될 수밖에 없기 때문이다. 형사소송법도 '수개의 범죄사실과 적용법조를 예비적 또는 택일적으로 기재할 수 있다.'고 명시하고 있다(법 제254조 제5항). 대법원도 같은 입장이다.[76]

3) 법원의 심리

① 예비적 기재

예비적 기재의 경우 법원은 주위적 공소사실을 우선 심판하여야 한다. 주위적 공소사실에 대해 유죄판결을 하는 경우 예비적 공소사실에 대해서는 판단하지 아니한다. 만약 법원이 주위적 공소사실을 판단하지 않고 예비적 공소사실만 판단하면 위법하여 상소이유가 된다.[77]

주위적 공소사실이 유죄로 인정되지 아니하고 예비적 사실이 유죄로 인정되는 경우, 법원은 판결이유에서 주위적 공소사실이 유죄로 인정되지 아니하는 이유를 명시하여야 한다.

주위적·예비적 공소사실이 모두 유죄로 인정되지 아니하는 경우, 법원은 주문에서 무죄판결을 선고하고 판결이유에서 그 이유를 개별적으로 명시하여야 한다.

② 택일적 기재

택일적 기재의 경우 법원은 자신의 재량으로 우선 심판할 공소사실을 결정한다. 법원은 어느 한 공소사실에 대해 유죄판결을 하는 경우 다른 공소사실에 대해서는 판단하지 아니한다. 택일적 기재사항이 모두 유죄로 인정되지 아니하는 경우에는 법원은 판결이유에서 그 이유를 기재사항마다 개별적으로 명시하여야 한다.

---

75) 송광섭 413; 이주원 297; 임동규 328.
76) 대법원 1966. 3. 24. 선고 65도114 전원합의체 판결.
77) 대법원 1976. 5. 25. 선고 76도1126 판결.

2. 공소장일본주의

(1) 의의

공소장일본주의란 공소장에는 법원의 예단이 생기게 할 수 있는 서류 등을 첨부하거나 인용해서는 아니 된다는 원칙을 말한다(규칙 제118조 제2항). 이는 헌법상 공정한 재판을 받을 권리의 보장을 위해 법원의 공판 전 예단을 배제함으로써 공판중심주의와 당사자주의 소송구조의 근간을 구축하기 위한 것으로, 공소장일본주의의 채용은 공소를 범죄사실에 대한 검사의 주장이라고 파악하는 기반을 제공함과 동시에, 검사는 당사자적 지위에 서고 법원은 공평한 제3자적 판단자로서의 역할을 담당한다는 것을 분명히 해준다. 그 결과 법원의 심증형성이 당사자 쌍방의 주장과 입증에 기하여 행해지는 공판중심주의·변론주의를 관철할 수 있게 하고 당사자주의의 제 원칙이 제대로 기능할 수 있도록 해준다고 할 수 있다. 공소장일본주의의 채용은 형사절차전반을 관철하는 예단배제의 원칙이 공소제기 단계에서 구체화 된 것으로 평가할 수 있을 것이다.

형사소송규칙은 제정 당시부터 공소장일본주의를 명시하고 있었다. 그런데도 근래에 이르기까지 검사는 공소제기시 수사기록 일체를 공소장과 함께 법원에 제출하는 실무관행이 있었는데, 법원이 공소장일본주의의 위반은 공소제기방식의 중대한 위반에 해당하므로 공소기각의 판결을 선고해야 하는 것이 원칙이라고 한 이후로는[78] 실무에서도 이를 엄격히 준수하고 있다. 아이러니하게도 공소장일본주의의 강화는 검사가 수집한 증거에 대한 공판 전 열람·등사(증거개시)의 필요성을 강하게 부각시키고 있다. 공소장일본주의에 의하여 피고인은 검사가 증거로 제출하지 아니한 수사기록을 확인할 수 없게 되었기 때문이다.

(2) 적용범위

공소장일본주의는 공소장의 제출에 의한 공소제기 시에만 적용되고, 약식명령청구서나 즉결심판청구서의 제출 시에는 적용되지 아니한다. 검사는 약식명령의 청구와 동시에 약식명령을 함에 필요한 증거서류 및 증거물을 법원에 제출하여야 하고(규칙 제170조) 경찰서장은 즉결심판의 청구와 동시에 즉결심판을 함에 필요한 서류 또는 증거물을 판사에게 제출하여야 한다(즉결심판법 제4조).

---

78) 대법원 2009. 10. 22. 선고 2009도7436 전원합의체 판결.

(3) 공소장의 첨부서류 및 금지대상

(가) 필요적 첨부서류

검사는 공소제기 전에 변호인이 선임되거나 보조인의 신고가 있는 경우 그 변호인선임서 또는 보조인신고서를, 공소제기 전에 특별대리인의 선임이 있는 경우 그 특별대리인 선임결정 등본을, 공소제기 당시 피고인이 구속되어 있거나 체포·구속된 후 석방된 경우 체포영장, 긴급체포서, 구속영장 기타 구속에 관한 서류를 공소장에 첨부하여야 한다(규칙 제118조 제1항).

이러한 서류는 원활하고 신속한 소송진행에 기여하면서도 그 기재내용은 공판 전 예단의 형성과는 무관하거나 별다른 관련성이 없어 공정한 재판을 해할 우려도 없다. 이에 형사소송규칙은 이들 서류를 공소장에 반드시 첨부하도록 하고 있는 것이다.

(나) 금지대상

1) 예단형성의 우려가 있는 서류 등의 첨부 또는 인용

검사는 법원에 예단이 생기게 할 수 있는 서류 등을 공소장에 첨부하거나 그 내용을 인용할 수 없다(규칙 제118조 제2항). 이를 반대 해석하면 검사는 필요적 첨부서류에 해당하지 아니하는 서류 기타 물건 중 법원에 예단을 초래할 우려가 없는 것을 공소장에 첨부하거나 그 내용을 인용할 수는 있다. 따라서 어떠한 서류 등이 법원에 예단을 초래할 수 있는지가 문제된다.

예단의 우려가 인정되어 첨부될 수 없는 서류 등의 대표적인 예로는 **수사기관이 작성한 수사서류와 압수물**이 있다. 이들은 수사기관이 피고인의 범죄를 증명하기 위해 의도적으로 작성 또는 압수한 것으로서 그 내용은 당연히 법원이 예단을 품게 할 우려가 큰 것들이다. 따라서 이러한 서류나 물건에 대해서는 **인용도 금지**된다. 다만 공소사실은 역사적으로 이미 발생한 사실을 그에 관한 자료를 기초로 하여 재구성함으로써 표현하는 것이기 때문에 정도의 차이는 있을지언정 장차 증거로 제출될 서류 기타 물건에 담긴 정보를 기술하는 형식을 취할 수밖에 없다. 특히 **명예훼손·모욕·협박** 등과 같이 특정한 표현의 구체적인 내용에 따라 범죄의 성부가 갈라지는 경우나, **특허권·상표권침해사범**처럼 사안의 성질상 도면 등에 의한 특정이 필요한 경우에는, 서류 기타 물건의 내용을 직접 인용하거나 요약 또는 사본하여 첨부하여도 무방하다.[79]

2) 예단형성의 우려가 있는 내용의 공소장 기재

공소장 내에 예단을 초래하는 내용의 기재를 금지한다는 명시적 규정은 존재하지 않는

79) 대법원 2009. 10. 22. 선고 2009도7436 전원합의체 판결.

다. 하지만 공소장일본주의의 본질적 취지가 공판중심주의와 당사자주의의 실현에 있다는 점에 비추어 볼 때, 공소장 내에 예단을 초래할 수 있는 내용의 기재가 금지되어야 하는 것은 당연하다.

이는 특히 공소사실 기재에 있어 피고인의 전과, 성격, 성향, 성장과정, 범행동기, 여죄 등의 기재(여사기재)가 허용되는지 여부와 관련하여 문제된다. 예를 들어 누범에서의 전과와 같이 구성요건의 일부를 이루는 경우나 전과를 수단으로 한 공갈처럼 범죄사실의 중요한 내용을 이루는 경우에는 기재하여도 무방하지만, 그 외의 경우에는 공소사실의 기재에 있어 필요불가결하지 않은 이상 허용되어서는 안 될 것이다. 대법원은, 공소장의 공소사실 첫머리에 피고인이 전에 받은 소년부송치처분과 직업 없음을 기재하였다 하더라도 이는 피고인을 특정할 수 있는 사항에 속하는 것이어서 공소장일본주의에 위반한다고 할 수 없고 또 헌법상의 무죄추정조항이나 평등조항에 위배되는 것도 아니라고 하고 있으나,[80] 전과 특히 **동종전과**의 기재는 강한 예단효과를 불러일으킬 수 있는 만큼 그 기재가 필요불가결한 경우가 아닌 이상 허용되어서는 안 된다고 할 것이다.

(4) 위반의 효과

(가) 원칙

공소장일본주의 위반은 공소제기방식의 중대한 위반으로서 공소제기 절차가 법률의 규정에 위반하여 무효인 때에 해당하므로 형사소송법 제327조 제2호에 의해 **공소기각판결**의 대상이 됨이 원칙이다.[81]

(나) 하자치유의 가능성

이미 예단이 형성된 법원에게 공정한 재판을 기대할 수는 없고, 소송절차의 동적 안정성과 소송경제가 공정한 재판을 받을 권리에 우선할 수는 없다. 법원의 예단은 공정한 재판을 받을 권리와 정면으로 배치되므로 공소장일본주의 위반의 하자는 치유될 수 없다고 봄이 상당하다.

그런데도 대법원은 피고인이 그 위반에 대한 **책문권의 행사 포기**, 즉 이의제기권의 포기시에는 공소장일본주의 위반의 하자는 치유된다고 한다. 대법원은 공소장 기재의 방식에 관하여

80) 대법원 1990. 10. 16. 선고 90도1813 판결. 일본의 하급심판례 중에도 "상해의 공범사건의 공소장에 '피고인 A는 Y폭력단의 부장이고 피고인 B, 동 C는 Y폭력단의 단원인데'라고 기재하였다 하더라도 이는 '피고인과 공범자 간의 관계를 명확히 함으로써 공모의 태양을 명시하고 공소사실을 특정하기 위한 것'이므로 공소장일본주의에 위배되지 않는다."고 한 예가 있다(大阪高判昭和 57·9·27 判タ 481号146).

81) 대법원 2009. 10. 22. 선고 2009도7436 전원합의체 판결.

피고인의 이의제기가 없고 공판절차가 진행되어 증거조사절차가 마무리된 경우에는 그 하자가 치유되지만, 피고인의 유효한 이의제기가 있는 이상 공판절차가 진행되어 법관의 심증형성단계에 이르렀다 하더라도 그 하자는 치유되지 아니한다고 하였다.[82] 대법원은 피고인 측의 이의제기 여부에 따라 공소장일본주의 흠결의 치유가 좌우되는 것으로 판시하고 있는데, 이러한 결론은 법관은 어떠한 경우에도 예단을 품지 않는다는 것을 전제하지 아니하고서는 성립될 수 없는 것이고, 예단배제의 원칙은 당사자에게 그 처분권을 맡겨도 될 정도로 사소한 것이 아니다. 이에 대법원의 태도에 대해서는 동의하기 어렵다.

3. 공소제기의 효과

(1) 소송계속

(가) 의의

소송계속이란 검사의 공소제기에 의하여 피고사건이 수소법원의 심리와 재판의 대상이 되어 있는 상태를 말한다. 수소법원이란 검사로부터 공소를 제기 받은 법원이라는 뜻으로 일반적으로는 이를 줄여 법원이라고 하는데, 법원은 소송계속 중인 사건을 심리하고 중간재판을 거쳐 종국재판으로서 유죄·면소·무죄판결, 공소기각 판결·결정 등을 함으로써 공판절차를 종결한다.

(나) 효과

1) 적극적 효과

소속계속 중에 법원, 검사, 피고인, 변호인 등은 소송상 권리·의무의 주체가 된다. **법원**은 공정하고 신속한 재판을 위해 소송을 지휘하고 심리하여 재판할 권리와 의무의 주체가 된다. 당사자인 **검사**는 피고사건에 대한 증명책임을 지고 공소를 유지하여 유죄판결을 구할 권리와 의무의 주체가 되며, **피고인**은 방어권을 행사하고 법원의 심판을 받을 권리와 의무의 주체가 된다. 보조자인 **변호인**은 피고인의 방어권 행사를 보조할 권리와 의무의 주체가 된다.

2) 소극적 효과(이중기소금지효)

검사는 소송계속 중인 사건과 동일성이 인정되는 사건에 대해 다시 공소를 제기할 수 없다. 이를 소송계속에 의한 이중기소금지효과라 하는데, 검사가 이중기소를 한 경우 법원은 이

82) 대법원 2015. 1. 29. 선고 2012도2957 판결.

중기소된 사건에 대해 **공소기각판결**을 하여야 한다(법 제327조 제3호).

동일사건을 여러 개의 법원에 이중으로 공소제기 하는 것도 당연히 허용되지 않는다. 이때 여러 개의 법원이 사물관할을 달리하는 경우에는 **법원합의부**가 심판하고(법 제12조), 사물관할을 같이 하는 경우에는 **먼저 공소를 받은** 법원이 심판하는 것을 원칙으로 하며(제13조. 선착수의 원칙), 그에 따라 심판할 수 없게 된 법원은 **공소기각의 결정**을 하여야 한다(법 제328조 제1항 제3호).

(2) 공소제기의 효력범위

(가) 인적효력범위

공소제기의 효력은 검사가 피고인으로 지정한 자에게만 미친다(법 제248조 제1항). 따라서 법원은 공소장에 피고인으로 기재된 자에 대하여만 심리·재판할 수 있고, 그 외의 사람에 대해서는 심판할 수 없다. 예를 들어 친고죄의 고소의 경우 주관적 불가분의 원칙이 적용되지만, 주관적 불가분원칙이 적용되는 공범 중 일부에 대해서만 공소가 제기된 경우 그 효과는 오로지 피고인에게만 미치는 것이다. 이와 관련하여 성명모용과 위장출석의 문제가 발생한다.

1) 성명모용

① 의의

성명모용이란 피고인(모용자)이 수사절차에서 다른 사람(피모용자)의 성명을 자신의 것으로 속이고, 검사가 이를 알아채지 못하여 공소장에 피모용자의 성명이 피고인의 성명으로 기재되는 것을 말한다. 이때 공소제기의 효력이 피고인에게 미치는지, 피모용자에게 미치는지는 검사가 피고인으로 지정한 자가 누구를 의미하는지에 따라 달라지는데 이에 대해서는 견해의 대립이 있다.

② 학설의 대립과 대법원의 태도

검사가 지정한 피고인의 의미에 대하여 전통적 견해로는, 검사의 의사를 기준으로 결정하여야 한다는 **의사설**, 공소장에 피고인으로 기재되어 있는 자를 의미한다는 **표시설**, 실제로 피고인으로 행위한 자를 의미한다는 **행위설**이 있다. 성명모용시 공소제기의 효력은 의사설에 따르면 피고인에게 미치지만, 표시설에 따르면 피모용자에게 미친다. 행위설에 따르면 피모용자가 피고인으로서 소송행위를 한 경우에 한하여 피모용자에게 공소제기의 효력이 미친다. 현재는 이 중 어느 하나만을 채택하고 있는 견해는 찾기 어렵고, 표시설과 행위설, 의사설을 모두 종합하여 판단한다고 하는 **종합설 내지 실질적 표시설**(수정된 표시설)이 통설의 입장이라고 할 수 있는데, 형식적 확실성이 강조되는 소송행위의 특성상 표시설을 기준으로 하되 애매한 경우에는 의사설과 행위설을 가미하여 판단하면 될 것이다.

다만 대법원은 **의사설**의 입장이다. 대법원은 피모용자가 피고인으로 기재되어 있는 것은 표시상의 착오일 뿐이므로 검사는 공소장 **정정절차**를 통해 피고인의 표시를 바로 잡아야 하고, 검사가 공소장을 정정하지 아니하면 피고인 특정에 대한 법률규정에 위반한 공소제기로서 공소기각판결의 대상이 된다고 한다.[83] 피모용자가 소송행위를 하여 형식상 또는 외관상 피고인의 지위를 갖게 된 경우에 대해서도 대법원은 피모용자에게 적법한 공소의 제기가 없었음을 밝히는 의미에서 형사소송법 제327조 제2호를 유추적용하여 **공소기각의 판결**을 하여야 한다고 한다.[84]

③ 약식명령에 대한 정식재판에서의 문제

피모용자가 약식명령에 대하여 정식재판을 청구하여 피모용자를 상대로 심리를 하는 과정에서 성명모용사실이 발각된 경우에는 피모용자는 형식상·외관상 피고인의 지위를 갖게 된다. 따라서 이 경우 법원으로서는 피모용자에게 적법한 공소의 제기가 없었음을 밝혀 주는 의미에서 형사소송법 제327조 제2호를 유추적용하여 공소기각의 판결을 함으로써 피모용자의 불안정한 지위를 명확히 해소해 주어야 한다.

한편 피모용자가 정식재판을 청구하였다 하더라도 모용자(피고인)에게는 아직 약식명령의 송달이 없을 것이므로, 검사는 공소장에 기재된 피고인의 표시를 정정할 수 있고, 법원은 이에 따라 약식명령의 피고인 표시를 경정할 수 있으며, 본래의 약식명령정본과 함께 이 경정결정을 모용자에게 송달하면 이때에 약식명령의 적법한 송달이 있다고 할 수 있다. 이에 대하여 소정의 기간 내에 정식재판의 청구가 없으면 약식명령은 확정되게 된다.[85]

2) 위장출석

위장출석이란 피고인 아닌 자(형식적 피고인 또는 부진정피고인)가 피고인(실질적 피고인 또는 진정피고인)인 것처럼 공판정에 출석하고 피고인으로서의 소송행위를 하는 것을 말한다. 공소제기의 효력은 피고인에게만 미치므로. 위장출석이 밝혀진 시점에 따라 법원의 조치가 달라진다.

인정신문 단계에서 위장출석이 밝혀진 경우에는 법원은 형식적 피고인을 퇴정시키고, 실질적 피고인을 소환하여 공판절차를 진행하여야 한다.

인정신문 이후 **사실심리 단계**에서 위장출석이 밝혀진 경우에는 형식적 피고인에 대해 이미 소송계속이 이루어졌으므로, 법원은 형사소송법 제327조 제2호를 유추적용하여 공소기각판

83) 대법원 1993. 1. 19. 선고 92도2554 판결.
84) 대법원 1997. 11. 28. 선고 97도2215 판결.
85) 대법원 1993. 1. 19. 선고 92도2554 판결.

결을 선고하고, 실질적 피고인에 대해서는 공판정에 소환하여 공소제기 이후의 제1심 공판절차를 진행하면 된다.

형식적 피고인에게 **판결이 선고된 이후**에 위장출석이 밝혀진 경우에는 그 판결의 효력은 형식적 피고인에게만 미치게 되므로 상소를 하여 공소기각판결을 선고하고, 실질적 피고인에 대해서는 제1심의 공판절차를 새로이 진행하여야 한다.

형식적 피고인에게 **유죄판결이 확정된 이후**에 위장출석이 밝혀진 경우에는 형식적 피고인은 재심절차로 구제받아야 한다는 견해와 비상상고로 구제받아야 한다는 견해가 대립하고 있다. 기본적으로 이는 사실오인의 문제라고 할 수 있으므로 이론적으로는 **재심설**이 좀 더 타당하다고 할 수 있겠으나, 신속한 구제의 필요성을 생각할 때 비상상고든 재심이든 피고인을 구제할 수 있다면 어느 쪽이든 이를 금지할 이유가 없으므로 양자 모두 구제수단으로서 허용된다 함이 상당하다.

(나) 물적 효력범위

공소제기의 효력은 공소장에 기재된 공소사실 및 그와 동일성이 인정되는 사실 **전부**에 미친다(법 제248조 제2항). 공소제기로 법원의 현실적인 심판대상이 되는 것은 공소장에 기재된 공소사실에 한정되지만, 공소제기의 효력은 공소사실과 동일성이 인정되는 범위까지 미치므로 동일성의 인정 범위 내에서 공소장변경이 있는 경우 법원은 그에 대해서도 심판할 수 있게 된다.

통설은 공소장에 기재된 공소사실을 현실적 심판대상, 공소사실과 동일성이 인정되는 사실을 잠재적 심판대상이라고 하는 **이원설**을 취한다. 잠재적 심판대상의 범위는 이중기소의 범위, 공소장변경의 한계, 기판력의 객관적 범위와 일치한다. 즉 공소제기의 물적 효력은 잠재적 심판대상에까지 미치므로, 이미 공소가 제기된 공소사실과 동일성이 인정되는 범위 내의 사실에 대해 공소가 제기되면 이중기소로서 **공소기각판결**의 대상이 된다(법 제327조 제3호). 잠재적 심판대상은 공소장변경을 통해 현실적 심판대상이 되며, 확정판결의 효력 또한 공소사실의 동일성이 인정되는 사실에까지 미친다.

(다) 일죄 중 일부에 대한 공소제기와 추가기소

1) 의의

일죄의 일부에 대한 공소제기란 소송법상 일죄 중 일부에 대해서만 공소를 제기하는 하는 것을 말한다. 검사가 일죄 중 일부에 대해서만 유죄판결의 요건이 갖추어져 있다고 판단한 경우 그 부분에 대해서만 공소를 제기하는 것은 당연하고 아무 문제가 없다. 하지만 일죄의 **전부**

에 대해 **범죄혐의가 인정**되고 소송조건이 갖추어져 있음에도 검사가 그 일부에 대해서만 공소를 제기할 수 있는지에 대해서는 견해의 대립이 있다.

2) 일반적인 허용 여부

① 견해의 대립과 대법원의 태도

일죄 중 일부에 대한 공소제기의 허용 여부에 대해서는 견해의 대립이 있다. **허용설**은 기소편의주의에 따라 공소제기는 검사의 재량이고 일죄의 일부에 대한 공소제기도 검사의 재량권 범위 내에 있으므로 일죄 중 일부의 공소제기는 허용된다고 한다. 이에 비하여 **불허설**은 일죄 중 일부에 대한 공소제기는 실체적 진실발견을 가로막고, 공소권 행사의 재량범위를 일탈한 경우에 해당하므로 허용되지 아니한다고 한다. **절충설**은 원칙적으로는 이를 허용할 수 없으나, 범죄사실의 일부를 예비적·택일적으로 기재한 경우에는 예외적으로 허용된다고 한다.

대법원은 특별한 사정이 없는 한 검사는 증명의 난이 등 여러 사정을 고려하여 일죄의 일부에 대해서만 공소를 제기할 수 있다고 하여 **허용설**의 입장이다.86) 대법원은 과형상 일죄 중 일부에 대해서만 공소를 제기하거나87) 적용가능한 중한 범죄를 적용하지 아니하고 경한 범죄만을 적용하여 공소를 제기하는 것도 허용된다고 한다.88)

② 검토

당사자주의 하에서 심판의 대상을 어떻게 설정할 것인가는 원고인 검사의 전권사항이고, 공소불가분의 원칙을 규정하고 있는 형사소송법 제248조 제2항의 문언도 일죄의 일부에 대한 기소가 허용된다는 전제 하에서 입법된 것으로 해석할 수 있다. 게다가 검사는 공익의 대표자로서 소추권을 독점하고 기소유예권까지 가지고 있다. 따라서 형식적으로는 일죄 중 일부에 대한 공소제기는 문제되지 아니한다.

그러나 기소유예권의 남용을 허용할 수 없듯이 일죄의 일부에 대한 **기소의 남용**도 허용될 수는 없다. 예를 들어 일죄의 일부에 대한 기소가 형량거래를 통한 자백 수단으로 이용되어 적정절차의 실질적 잠탈에 해당한다면 이는 위법함을 면할 수 없다. 나아가 중대범죄로서 그 피해가 막심함에도 검사가 그 중 극히 일부밖에 기소하지 않은 경우는 공소권남용에 해당하는 것으로 적극적인 해석을 할 필요가 있다. 물론 기소 여부는 입증의 난이, 소송경제 등 제반 사정을 고려한 위에서 검사가 합리적으로 결정하는 것이므로 피해가 크다고 하여 곧바로 기소하여야 한다는 등식은 성립할 수 없다. 그러나 검사는 시민으로부터 소추권한을 위탁받아 시민을

86) 대법원 1999. 11. 26. 선고 99도1904 판결.
87) 대법원 2008. 2. 14. 선고 2005도4202 판결.
88) 대법원 1989. 6. 13. 선고 89도582 판결.

대신해서 공소권을 행사하는 것이므로(시민의 대리인) 당벌성 및 가벌성이 높고 입증도 비교적 용이하다고 사료되는 사건을 일부러 그 일부만 기소한다고 하는 '재량'은 허용되지 않는다고 해야 할 것이다.

3) 친고죄에 대한 허용 여부

친고죄에서 고소가 없거나 고소가 취소된 경우 또는 고소기간이 경과한 후에 고소가 있었던 경우, 검사는 친고죄에 대해서는 공소를 제기할 수 없음이 명백하다. 이때 친고죄의 수단인 폭행, 협박 등만을 따로 떼어내어 공소를 제기할 수 있는지가 문제되는데, 대법원은 일정한 범죄를 친고죄로 규정한 입법취지에 비추어 친고죄의 일부를 이루는 범죄에 대해서만 공소를 제기할 수는 없다며 그러한 공소제기가 있다면 공소기각의 판결을 선고해야 한다고 하였다.[89] 현재는 비친고죄를 구성요건의 일부로 삼고 있는 친고죄는 존재하지 아니한다.

4) 일죄의 일부에 대한 추가기소

일죄의 일부에 대한 기소 이후 기소되지 않은 부분에 대해 추가기소가 이루어진 경우, 법원은 추가기소 부분에 대해 바로 실체판결을 할 수 있는지, 할 수 없다면 추가기소를 공소장변경으로 보아 따로 공소장변경을 하지 않더라도 실체판결을 할 수 있는지가 문제된다.

① 추가기소 부분에 대한 실체판결 여부

통설과 판례는 공소장에 기재된 공소사실은 현실적 심판대상이고 공소사실과 기본적 사실관계가 동일한 사실은 잠재적 심판대상으로서, 잠재적 심판대상은 공소장변경에 의하여 현실적 심판대상이 된다는 이원설을 취하고 있다. 이원설에 따를 때 일죄의 일부에 대해서만 공소제기를 한 경우 공소가 제기되지 아니한 나머지 부분은 모두 잠재적 심판대상이 되고, 공소불가분의 원칙에 따라 공소제기의 효력은 잠재적 심판대상에 대해서도 미치게 된다. 따라서 일죄의 일부에 대해 기소가 행해진 후 나머지 부분에 대해서 한 추가기소는 이미 공소제기의 효력이 미치는 사실에 대한 기소로서 이중기소에 해당하게 된다. 따라서 이 경우 법원은 원칙적으로 실체판결을 할 수 없고 형사소송법 제327조 제3호에 따라 공소기각판결을 하여야 한다.

② 추가기소를 공소장변경신청으로 의제할 수 있는지 여부

검사가 일죄의 일부에 대해 추가기소를 하지 아니하고 공소장변경신청을 통해 그 부분을 새로운 공소사실에 포함시킨다면 범죄사실 전체가 실체재판의 대상이 될 수 있다.[90] 이에 일죄의 일부에 대한 추가기소를 공소장변경신청으로 의제하여 범죄사실 전체를 실체재판의 대상

89) 대법원 2002. 5. 16. 선고 2002도51 전원합의체 판결.
90) 대법원 1996. 10. 11. 선고 96도1698 판결.

으로 삼을수 있는지에 대하여 견해의 대립이 있다.

공소장변경 의제설은 실체적 진실발견의 필요성과 소송경제적 측면에서 추가기소는 공소장변경신청으로 의제된다고 한다. **석명후 판단설**은 명확한 법적 근거가 없음에도 추가기소를 공소장변경신청으로 의제하는 것은 피고인에게 불리하므로 법원이 석명권을 발동하고 검사의 석명을 통해 추가기소가 공소장변경신청의 취지임이 확인되는 경우에 한하여 추가기소를 공소장변경신청으로 의제할 수 있다고 한다. 대법원은 석명후 판단설의 태도를 따르기도 하고,[91] 공소장변경 의제설의 태도를 취하기도 하였다.[92]

일죄의 일부에 대한 추가기소는 이중기소에 해당하고, 일죄의 일부에 대한 확정판결의 기판력은 나머지 부분 전부에 미치므로 일죄의 일부에 대한 추가기소는 확정판결 이전이라면 공소기각판결의, 확정판결 이후라면 면소판결의 대상이 됨이 원칙이다. 하지만 일죄의 일부에 대한 공판이 진행 중임에도 법원이 그 추가기소가 이중기소에 해당함을 이유로 곧바로 공소기각판결을 선고한다면 이는 사법정의에 반한다고 아니할 수 없다. 나아가 최초 기소에 대해 공소장변경절차를, 추가기소에 대해 공소취소절차를 거치게 하는 것은 소송경제에 반함이 명백하고, 추가기소를 전후에 걸쳐 기소된 모든 범죄사실에 대해 처벌해달라는 검사의 의사표시로 보지 못할 것도 없다. 다만 아무런 절차 없이 추가기소를 바로 공소장변경신청으로 의제한다면 피고인의 입장에서는 방어의 대상변경을 명확히 인지하지 못하는 문제가 발생하여 방어권 보장에 적지 않은 대미지를 입게 된다는 문제가 있다. 이에 검사의 의사를 명확히 하여(석명) 피고인으로 하여금 방어대상을 명백히 인식할 수 있도록 해주는 것이 피고인의 방어권 보장에 부합한다는 측면에서 석명후 판단설을 취하는 것이 바람직하다고 생각한다.

Ⅳ. 공소장변경

1. 공소장변경제도의 의의와 취지

(1) 의의

공소장변경이란 검사가 공소를 제기한 후 법원의 허가 하에 공소장에 기재한 공소사실 또는 적용법조를 공소사실의 동일성이 인정되는 범위 내에서 추가, 철회 또는 변경하는 것을 말한다. 이 경우 법원은 공소사실의 동일성을 해하지 아니하는 한도에서 공소장변경을 허가하여

91) 대법원 1999. 11. 26. 선고 99도3929등 판결.
92) 대법원 2012. 6. 28. 선고 2012도2087 판결.

야 한다(법 제298조 제1항). 공소장변경은 공소사실의 동일성의 범위 내에서 이루어지므로 공소사실의 동일성의 범위 밖에 있는 사실에 대한 추가기소나, 경합범 관계에 있는 수개의 공소사실(공소사실의 동일성이 인정되지 않음) 중 일부를 철회하는 일부 공소취소와는 다르다.

(2) 취지

공소사실 및 적용법조는 법원의 심판범위의 한계와 피고인의 방어범위를 설정하므로, 법원은 불고불리의 원칙에 따라 공소장에 기재된 것만을 심판대상으로 삼아야 하고, 이를 함부로 변경하는 것은 허용되지 아니한다. 하지만 공소사실의 동일성이 인정되는 범위 내라면 공소장변경을 허용하더라도 피고인의 방어권이 침해된다고 보기 어렵고, 이 범위 내에서의 공소장변경조차 허용하지 않는다면 검사는 이미 행한 공소를 취소하고 새로운 공소사실로 다시 공소를 제기해야 하므로 소송경제적인 면에서 커다란 마이너스가 된다. 이에 형사소송법은 명문으로 동일성이 인정되는 범위 내에서 검사의 공소장변경 신청권과 법원의 허가의무를 부여하고 있다.

한편 공소장변경이 없이 법원이 공소장 기재와 다른 사실 또는 법조로 심판하더라도 피고인에게 어떠한 실질적 불이익도 초래되지 아니한다면 피고인의 방어권과 소송경제에 비추어 굳이 공소장변경절차를 거치게 할 필요가 없다. 따라서 이하에서는 어떠한 경우 공소장변경이 필요하고 공소장변경이 필요하다면 어느 범위까지 변경이 가능한지에 대해 설명한다.

2. 공소장변경의 필요성

(1) 의의

법원이 공소사실과 다소 다른 사실로 심판한다 하더라도 피고인에게 실질적인 불이익을 주지 않는다면, 이미 성립한 소송절차를 무효화하고 새로운 소송을 처음부터 다시 시작하게 하는 것은 소송경제에 반할 뿐만 아니라, 피고인에게도 장기간에 걸쳐 불안정한 지위에 놓이게 하는 불이익을 초래한다. 따라서 공소장변경은 변경된 사실로 심판하는 것이 피고인에게 실질적인 불이익을 초래하는 경우에만 필요하다.

(2) 과거 학설의 대립과 현재 통설인 사실기재설

(가) 종래의 학설

공소장변경의 필요성은 사실변경에 따른 실질적 불이익의 인정 여부로 결정된다. 이에 대해 종래 법률적용과 그 결과를 중심으로 한 동일벌조설과 법률구성설의 대립이 있었다.

동일벌조설은 사실관계가 달라짐에 따라 구성요건 또는 처벌규정에 변동이 있는 경우 실질적 불이익이 인정되어 공소장변경을 필요로 한다는 견해이고, **법률구성설**은 법률구성에 변동이 있는 경우 실질적 불이익이 인정되어 공소장변경을 필요로 한다는 견해이다. 예를 들어 재물사기와 이득사기는 구성요건과 처벌규정의 변동은 없으나 그 법률구성을 달리한다. 따라서 이러한 경우 동일벌조설에 따를 때에는 공소장변경을 요하지 아니하나, 법률구성설을 따를 때에는 공소장변경을 요하게 된다.

이들 견해는 피고인의 방어권 행사 대상의 핵심인 '사실'에 대한 부분을 고려함이 없이 오로지 법률적 관점에서만 피고인의 실질적 불이익 여부를 고찰하였는바, 이제는 사실상 학설사적 유물로만 남아 있다고 해도 과언이 아니다.

(나) 사실기재설

사실기재설은 법원이 공소장에 기재된 공소사실과 실질적으로 다른 사실을 인정함으로써 피고인의 방어권 행사에 실질적 불이익을 초래하게 되는 경우 공소장변경의 필요성을 인정하는 견해이다. 전술한 법률구성설이 공소사실의 법적 측면 즉, 법률구성 내지 구성요건에 착안하여 법적 평가가 변화하는 경우에만 공소장변경이 필요한 것으로 보는 반면, 사실기재설은 공소사실의 사실적 측면을 중시하여 **중요한 점에서 사실에 변화**가 있으면 구성요건이 동일하더라도 공소사실의 동일성은 부정되고 따라서 공소장변경이 필요하다고 한다. 공소사실의 중요한 기능인 방어의 대상의 명시라고 하는 점에서도 사실기재설이 타당하다고 하겠다. 예를 들어 다 같은 '살인'이라도 범행방법이 권총에 의한 사살인가 엽총에 의한 사살인가에 고집하는 사실기재설 쪽이 방어방법의 차이를 실질적으로 절차에 반영할 수 있는 것이다. 통설도 사실기재설의 입장이다.

(3) 법원의 태도

대법원도 사실기재설과 같은 입장으로, 사실 및 법률 변경을 종합적으로 고려하여 피고인의 방어권 행사에 실질적 불이익이 있는지 여부를 판단하고, 그 여부에 따라 공소장변경의 필요성을 결정한다. 대법원에 따르면, "피고인의 방어권 행사에 실질적인 불이익을 초래할 염려가 없는 경우에는 법원이 공소장변경절차 없이 일부 다른 사실을 인정하거나 적용법조를 달리한다고 할지라도 불고불리의 원칙에 위배되지 아니하지만, 방어권 행사에 있어서 실질적인 불이익 여부는 그 공소사실의 기본적 동일성이라는 요소 외에도 법정형의 경중 및 그러한 경중의 차이에 따라 피고인이 자신의 방어에 들일 노력·시간·비용에 관한 판단을 달리할 가능성이 뚜렷한지 여부 등의 여러 요소를 종합하여 판단하여야 한다."[93]

(가) 구성요건이 동일한 경우

공소사실과 법원이 인정하고자 하는 사실의 구성요건이 동일한 경우, 방어권의 실질적 불이익 존부는 방어 대상과 방어 방법의 변경 여부에 따라 결정된다.

범죄의 일시장소는 알리바이 입증에 중요한 의미를 가지므로 이를 임의적으로 변경하는 것은 피고인의 방어권 행사에 실질적 불이익을 초래한다. 따라서 공소사실 중 범죄의 일시장소가 변경되면 구성요건이 동일하다 하더라도 공소장변경을 필요로 한다. 이에 비하여 범죄의 수단·방법 및 객체·결과의 변경은 피고인의 방어권 행사에 미치는 영향의 정도에 따라 공소장변경의 필요성 여부가 결정된다.

대법원은 전치 4주의 상해죄로 기소되었으나 전치 8주의 상해를 인정한 경우,[94] 사기죄에서 재산상의 피해자가 달라진 경우,[95] 뇌물전달자를 공소장에 기재된 자와 다른 사람으로 인정한 경우[96]에는 피고인이 방어할 사실적 내용이 달라진 것이 없음을 이유로 공소장변경을 필요로 하지 아니한다고 하였지만, 피고인이 범죄단체에 가입한 시기를 공소사실보다 1년 후로 인정한 경우,[97] 절취한 신용카드를 사용한 사기로 기소되었으나 단지 신용카드를 사용한 사기로 인정하는 것은 그 범죄행위의 내용, 태양이 서로 다르고, 이에 대응할 피고인의 방어방법이 달라질 수 있으므로 공소장변경을 요한다고 한다.[98]

(나) 구성요건이 다른 경우

1) 원칙

공소사실과 법원이 인정하고자 하는 사실의 구성요건이 서로 다른 경우, 사실의 변경과 함께 적용법조도 달라지게 되므로 피고인의 방어권 행사에 실질적 불이익을 초래하게 되고, 이에 공소장변경을 필요로 하게 된다.

대법원은 고의범(장물보관죄)으로 기소되었으나 과실범(업무상과실장물보관죄)을 인정한 경우,[99] 공동정범의 공소사실로 기소되었으나 방조범의 범죄사실이 인정된 경우,[100] 명예훼손죄

93) 대법원 2007. 12. 27. 선고 2007도4749 판결.
94) 대법원 1984. 10. 23. 선고 84도1803 판결.
95) 대법원 2002. 8. 23. 선고 2001도6876 판결.
96) 대법원 1984. 5. 29. 선고 84도682 판결.
97) 대법원 1992. 12. 22. 선고 92도2596 판결.
98) 대법원 2003. 7. 25. 선고 2003도2252 판결.

로 기소되었으나 모욕죄가 인정된 경우[101] 등과 같이 구성요건의 변경으로 피고인의 방어방법이 크게 달라져 실질적 불이익을 초래하면 공소장변경이 요구된다고 하였다. 대법원은 미수범을 예비·음모죄로 바꾸는 경우에도, 예비·음모죄는 독립된 구성요건을 갖는 별개의 죄에 해당하여 질적 변경이 있는 경우이므로 방어권 행사에 있어 실질적 불이익을 줄 수 있기 때문에 공소장변경을 요한다고 한다.[102]

2) 예외

① 심리과정에서 다른 사실에 대한 당사자의 공방이 있었던 경우

심리과정에서 공소사실과 다른 사실에 대한 검사와 피고인의 공방이 있었다거나 공소장변경 관련 논의가 있었다면, 다른 사실을 인정한다 하더라도 피고인에게 방어권 행사에 실질적 불이익이 초래된다고 보기는 어렵다. 따라서 그러한 사정이 인정되는 경우에는 공소장변경을 필요로 하지 아니한다.

대법원은 심리과정에서 변경된 범죄사실에 대한 공방 또는 공소장변경의 논의가 있었던 경우에는, 간접정범[103] 또는 공동정범의[104] 공소사실로 기소되었으나 방조범의 범죄사실이 인정된 경우, 단독정범의 공소사실로 기소되었으나 공동정범의 범죄사실이 인정되는 경우[105]에도 공소장변경을 요하지 아니한다 하였다.

② 축소사실의 인정

방어권 행사의 실질적 불이익 여부라는 기준에 따라, 인정하고자 하는 사실이 공소사실의 축소사실인 경우에도 공소장변경을 필요로 하지 아니한다. 축소사실(小)은 공소사실(大) 안에 포함되어 있는 사실이므로 종전의 大인 공소사실에 대한 방어가 행해져왔다면 거기에 포섭(포함)되는 小인 축소사실을 인정하더라도 그 축소사실은 사실상 묵시적·예비적으로 함께 주장되어 왔다고도 할 수 있으므로, 그 결과 小로 구성요건이 변경된다 하더라도 피고인의 방어권 행사에 실질적 불이익을 낳는다고 볼 필요는 없기 때문이다.

대법원은 수뢰후부정처사죄로 기소되었으나 뇌물수수죄가 인정된 경우,[106] 결합범인 강도상해죄로 기소되었으나 야간주거침입절도죄와 상해죄로 분리되어 인정된 경우,[107] 강간치사죄

99) 대법원 1984. 2. 28. 선고 83도3334 판결.
100) 대법원 2011. 11. 24. 선고 2009도7166 판결.
101) 대법원 1981. 6. 23. 선고 81도1250 판결.
102) 대법원 1983. 4. 12. 선고 82도2939 판결.
103) 대법원 2007. 10. 25. 선고 2007도4663 판결.
104) 대법원 1982. 6. 8. 선고 82도884 판결; 대법원 1996. 2. 23. 선고 94도1684 판결.
105) 대법원 2018. 7. 12. 선고 2018도5909 판결.
106) 대법원 1999. 11. 9. 선고 99도2530 판결.

로 기소되었으나 강간미수죄가 인정된 경우,[108] 강간치상죄로 기소되었으나 강간죄로 인정된 경우,[109] 강제추행치상죄로 기소되었으나 강제추행죄로 인정된 경우,[110] 강도강간죄로 기소되었으나 강간죄로 인정된 경우,[111] 성폭법위반(강제추행)으로 기소되었으나 성폭법위반(위력에 의한 추행)으로 인정된 경우,[112] 허위사실적시출판물이용명예훼손죄로 기소되었으나 사실적시출판물이용명예훼손죄로 인정된 경우[113] 등에 이를 인정하였다.

하지만 대법원은 살인죄로 기소하였으나 심리결과 폭행치사죄로 인정된 경우, 살인죄의 구성요건이 반드시 폭행치사 사실을 포함한다고 할 수 없고 그럼에도 공소장의 변경 없이 폭행치사죄를 인정함은 결국 폭행치사죄에 대한 피고인의 방어권 행사에 불이익을 주는 것이므로 공소장변경 없이는 폭행치사죄로 처단할 수 없다고 한다.[114] 또한 대법원은 폭행치상죄로 기소되었으나 폭행죄가 인정되는 경우에는 공소장변경을 거치지 않는 한 폭행죄로 처벌할 수 없다고 한 바 있는데,[115] 대법원은 그 이유로 기소편의주의에 대한 불신도 내비치고 있는바, 축소이론 자체의 논리보다는 검사의 권한남용에 대한 제재라는 측면을 중시하여 내린 판단으로 사료된다.

(다) 죄수에 대한 법적 평가만을 달리하는 경우

죄수에 대한 법적 평가만이 변경되는 경우는 일반적으로 피고인의 방어권 행사에 실질적 불이익이 초래된다고 보기는 어렵다. 대법원도 같은 입장으로, 실체적 경합범의 공소사실로 기소되었으나 포괄일죄로 인정한다거나[116] 상상적 경합범으로 인정하는 경우,[117] 포괄일죄의 공소사실로 기소되었으나 실체적 경합범으로 인정하는 경우[118]에는 공소장변경을 요하지 않는다고 하였다.

---

107) 대법원 1965. 10. 26. 선고 65도599 판결.
108) 대법원 1969. 2. 18. 선고 68도1601 판결.
109) 대법원 1980. 7. 8. 선고 80도1227 판결.
110) 대법원 1999. 4. 15. 선고 96도1922 전원합의체 판결.
111) 대법원 1987. 5. 12. 선고 87도792 판결.
112) 대법원 2013. 12. 12. 선고 2013도12803 판결. "이 사건 공소사실인 강제추행에는 '위력에 의한' 추행이 포함되어 있다고 볼 수 있으므로, 공소장변경 없이 위력에 의한 추행을 유죄로 인정하더라도 피고인의 방어권행사에 불이익이 없다."
113) 대법원 1997. 2. 14. 선고 96도2234 판결.
114) 대법원 2001. 6. 29. 선고 2001도1091 판결.
115) 대법원 1971. 1. 12. 선고 70도2216 판결.
116) 대법원 1987. 7. 21. 선고 87도546 판결.
117) 대법원 1980. 12. 9. 선고 80도2236 판결.
118) 대법원 1980. 3. 11. 선고 80도217 판결.

3. 공소장변경의 가능성과 한계

(1) 의의

공소장변경이 필요하다고 하여 공소장변경이 제한 없이 허용되는 것은 아니다. 형사소송법에 따라 공소장변경은 공소사실과 동일성이 인정되는 범위 내, 즉 소송법상 일죄 내에서만 허용된다(법 제298조 제1항). 나아가 헌법 제13조 제1항 후문 '이중처벌금지 원칙'의 정신에 비추어 피고인의 인권과 법적 안정성 보장의 관점에서 볼 때, 동일성이 인정되는 범위 내라 하더라도 공소장변경이 얼마든지 허용된다고 볼 수는 없다.

(2) 동일성

(가) 의의

공소장변경은 공소사실의 동일성 범위 내에서 가능함을 원칙으로 한다. 따라서 동일성은 공소장변경이 가능한 범위를 설정하고 동시에 그 한계가 된다.

동일성은 소송법상 죄수의 판단기준이므로 그 판단에는 규범적 평가가 개입되어서는 아니된다. 동일성은 기본적 사실관계 동일설에 따라 일정한 시공간에서 행위자가 저지른 역사적 사실로서, 법적인 관점을 배제하고 사회적 관점에서 하나의 사실로 파악되는 사실인 것이다.[119]

(나) 공소장변경의 한계로서 동일성의 구체적 판단기준

기본적 사실관계 동일설에 따를 때, 공소장변경의 한계로서의 동일성은 공소사실과 변경사실을 법적 관점을 배제하고 그 기초가 되는 사회적 사실로 환원시켰을 때 양 사실이 기본적으로 동일한 경우에 인정된다.

양 사실의 기본적 사실관계가 동일한지 여부는 시간·장소, 수단·방법, 객체·피해자 등에 대한 종합적 고려를 통하여 양 사실이 **양립가능**한지를 기준으로 판단한다.[120] 양 사실이 양립할 수 있다 함은 곧 이들이 서로 다른 사실로서 동일하지 아니하다는 것이고, 양 사실이 양립할 수 없다 함은 곧 이들이 서로 동일한 사실이라는 것이다. 양 사실이 양립할 수 없는 경우, 즉 **비양립관계 내지 택일관계**라면 양 사실에는 동일성이 인정되므로 공소장변경이 가능해진다.

대법원은 타인의 재물을 취득하였음을 중요부분으로 하는 절도죄의 공소사실에서 장물보

119) 109페이지 참조.
120) 대법원 2012. 5. 24. 선고 2010도3950 판결.

관죄로 변경하는 경우,[121] 목을 조르고 폭행한 사실을 중요부분으로 하는 살인미수죄의 공소사실에서 강간치상죄로 변경하는 경우,[122] 범인의 체포를 방해하기 위해 거짓말 하도록 협박한 사실을 중요부분으로 하는 협박죄의 공소사실을 범인도피죄로 변경하는 경우,[123] A 회사의 대표이사가 B 회사 측으로부터 A 회사와 B 회사 사이에 체결된 토지 매매계약의 매매대금을 지급받아 횡령하였다는 공소사실에서 B 회사로부터 A 회사 소유 토지를 양도해 달라는 부정한 청탁을 받고 개인적인 대가 명목으로 위 금원을 교부받았다는 배임수재죄로 변경하는 경우[124]에는 공소사실의 동일성이 인정된다 하였지만, 아파트를 사전분양하였다는 주택건설촉진법위반죄의 공소사실에서 건축·분양할 의사나 능력 없이 분양대금을 편취하였다는 사기죄로 변경하는 경우,[125] 필로폰을 교부하였다는 마약류관리법위반죄의 공소사실에서 필로폰을 구해주겠다고 속여 대금을 편취한 사기죄로 변경하는 경우[126]에는 공소사실과 변경사실은 양립가능하여 동일성이 부정된다 하였다.

(3) 피고인의 방어권 보장에 따른 제한

동일성이 인정되는 범위 내의 변경이라 하더라도 공소장변경으로 인하여 피고인의 지위가 과도하게 불안정하게 되거나, 피고인의 방어권이 본질적으로 침해되는 것과 같은 특별한 사정이 있는 경우에는 공소장변경은 원칙적으로 허용될 수 없다.

그러한 특별한 사정이 있는지 여부는 검사의 공소장변경허가신청의 실질적 의도와 시기(특히 검사가 공소장변경허가신청 기회가 충분히 있는데도 불구하고 장기간 권한행사를 하지 않다가 피고인의 방어가 성공한 단계 이후에 전격적으로 공소장변경허가신청을 한 것인지 여부), 공소장변경허가신청의 횟수, 경과 및 공소사실의 철회, 추가, 변경 등 유형(특히 검사의 신청이 특정 공소사실에 대하여 현실적 심판대상에서 제외하였다가 다시 이를 번복하는 취지인지 여부), 기존 공소사실과 변경하려는 공소사실에 대한 방어 내용의 차이, 공소장변경허가신청을 전후로 이루어진 피고인의 방어권 행사 내용과 과정 등 심리의 경과에 비추어 공소장변경으로 인해 그 이전에 해 온 피고인의 방어활동이 무위로 돌아가는지 여부 및 변경하려는 공소사실에 대한 피고인의 실질적이고도 충분한 방어가 가능한지 여부 등 제반 사정들을 종합적으로 고려하여 판단하여야 한

121) 대법원 1964. 12. 29. 선고 64도664 판결.
122) 대법원 1984. 6. 26. 선고 84도666 판결.
123) 대법원 1987. 2. 10. 선고 85도897 판결.
124) 대법원 2024. 12. 12. 선고 2020도3273 판결.
125) 대법원 2011. 6. 30. 선고 2011도1651 판결.
126) 대법원 2012. 4. 13. 선고 2010도16659 판결.

다. 다만, 위와 같은 특별한 사정이 있더라도 공소장변경 없이는 적정절차에 의한 신속한 실체적 진실의 발견이라는 형사소송의 목적에 비추어 현저히 정의와 형평에 반하는 결과를 초래하는 경우에는 예외적으로 그러한 공소장변경도 허용될 여지가 있으나, 그러한 예외가 인정되는지 여부도 피고인의 법적 안정성 보장과 공소장변경제도의 가치 등을 고려하여 매우 엄격하고 신중하게 판단해야 한다.[127)]

4. 공소장변경 절차

(1) 검사의 공소장변경 신청

(가) 공소장변경 신청의 방법

검사가 공소장에 기재한 공소사실 또는 적용법조의 추가, 철회 또는 변경을 하고자 하는 때에는 그 취지를 기재한 공소장변경 허가신청서에 피고인의 수에 상응한 부본을 첨부하여 법원에 제출하여야 한다(법 제298조 제1항, 규칙 제142조 제1항, 제2항).

다만 검사는 피고인이 재정하는 공판정에서는 구술에 의하여 공소장변경을 신청할 수 있고, 이 경우 법원은 피고인에게 이익이 되거나 피고인이 동의하는 경우에 한하여 공소장변경을 허가할 수 있다(규칙 제142조 제5항). 구술에 의한 공소장변경 신청을 허용하는 것은 공판기일의 공전을 방지하고 절차의 신속을 도모하기 위한 것으로, 구술에 의한 신청도 변경하고자 하는 내용을 모두 포함하고 있어야 한다. 따라서 검사가 구술로써 변경하려는 공소사실의 일부만 진술하고 나머지는 문서파일이 저장된 저장매체를 제출한 경우, 변경신청이 있는 것으로 인정되는 부분은 공판정에서 구체적으로 진술한 부분에 한한다.[128)]

(나) 공소장변경의 신청 시기

대법원에 따르면, 공소장변경 신청은 제1심 및 항소심의 **심리종결 전까지** 할 수 있다. 그리하여 "항소심법원이 변론기일에 변론을 종결하였다가 그 후 변론을 재개하여 심리를 속행한 다음 직권으로 증인을 심문한 뒤 검사의 공소장변경 신청을 허가하였다고 하더라도 이와 같은 항소심의 조처는 형사소송법의 절차나 규정에 위반하였다고 볼 수 없다."고 한다.[129)]

그런데 위 판결 당시의 구체적인 사정은 알 수 없으나, 공소장변경권한의 도를 넘는 행사, 즉 **권한남용**에 대해서는 적절한 통제를 가할 필요가 있다고 본다. 예를 들어 공소장에 기재된

127) 대법원 2024. 12. 12. 선고 2020도11949 판결.
128) 대법원 2016. 12. 29. 선고 2016도11138 판결.
129) 대법원 1995. 12. 5. 선고 94도1520 판결.

공소사실에 대한 방어활동이 주효하여 무죄가 예견되는 결심을 앞둔 시점에 이르러서야 장기간의 방어의 성과를 뒤집어엎듯이 공소장변경(추가)을 신청하는 경우를 상정해 보면, 이는 장기간에 걸쳐 성실하게 방어권을 행사해 온 피고인과 변호인에게 불의의 공격을 가하는 것으로서 심히 공정성을 결한 것이고, 공정한 공격방어를 주안으로 하는 당사자주의의 이념에도 어긋나는 것으로 허용되어서는 안 될 것이다. 즉 위의 예에서와 같은 경우에는 공소장변경신청을 할 수 없다고 하는, 일정한 **시기적 한계를 둘 필요**가 있다고 본다.

물론 법원은 검사나 피고인의 변론재개 신청을 허가할 의무는 없으므로, 판결선고 기일까지 고지한 후에 이르러서야 검사가 변론재개 신청과 함께 공소장변경을 신청한 경우, 법원으로서는 종결한 공판의 심리를 재개하여 공소장변경을 허가할 의무는 없다.[130)]

(2) 법원의 부본 송달

법원은 검사로부터 공소장변경 허가신청서를 받은 경우, 공소장변경 허가신청서 부본을 피고인 또는 변호인에게 즉시 송달하여야 한다(법 제298조 제3항, 규칙 제142조 제3항).

송달은 피고인 또는 변호인 어느 한 쪽에게만 이루어져도 적법하지만[131)] 양자 어느 쪽에도 이루어지지 아니하면 당연히 위법하다. 다만 대법원은 공소장변경에 따라 변경된 내용이 피고인의 방어권과 변호인의 변호권 행사에 지장이 없는 것이거나, 피고인과 변호인이 공판기일에서 변경된 공소사실에 대하여 충분히 변론할 기회를 부여받는 등 피고인의 방어권이나 변호인의 변호권이 본질적으로 침해되지 않았다고 볼 만한 특별한 사정이 있다면, 부본이 송달되지 아니하였다 하더라도 판결에 영향을 미친 법령 위반에 해당하지는 않는다는 입장이다.[132)] 대법원은, 강제추행죄의 공소사실에 공연음란죄를 예비적 공소사실로 추가하는 공소장변경 허가신청서를 피고인·변호인에게 송달하지 아니하고 달리 공연음란죄에 대한 적절한 방어권 행사의 기회마저 부여하지 아니한 것은 위법하지만,[133)] 협박죄의 공소사실에 협박미수죄를 예비적 공소사실로 추가하는 공소장변경 신청허가서를 변호인·피고인에게 송달하지 아니하였다고 하더라도, 피고인이 이미 해악의 고지에 대해 다투어왔고 검사가 항소이유서에 협박미수로의 공소장변경을 언급하였으며 그를 위한 속행을 요청하기도 하였다면, 피고인의 방어권과 변호인의 변호권이 본질적으로 침해된 것은 아니라고 한다.[134)]

130) 대법원 2003. 12. 26. 선고 2001도6484 판결.
131) 대법원 2001. 4. 24. 선고 2001도1052 판결.
132) 대법원 2021. 6. 30. 선고 2019도7217 판결.
133) 대법원 2021. 6. 30. 선고 2019도7217 판결.
134) 대법원 2007. 6. 1. 선고 2006도3983 판결.

(3) 법원의 결정과 허가결정의 취소

(가) 법원의 결정

법원은 공소사실의 동일성이 인정되는 경우에는 공소장변경을 허가하여야 하고, 그렇지 않은 경우에는 공소장변경을 불허하여야 한다(법 제298조 제1항). 대법원도 공소사실의 동일성이 인정되는 범위내의 공소장변경허가는 법원의 의무사항이라는 입장이다.[135]

1) 허가시 조치

단독판사의 관할사건이 공소장변경에 의하여 합의부 관할사건으로 바뀐 경우 법원은 결정으로 관할권 있는 법원에 이송하여야 한다(법 제8조 제2항). 합의부 관할사건이 단독판사 관할사건으로 공소장변경에 의하여 바뀐 경우에 대해서는 명문의 규정은 없으나, 대법원은 제1심에서 합의부 관할사건에 관하여 단독판사의 관할사건으로 죄명, 적용법조를 변경하는 공소장변경허가신청서가 제출된 경우 합의부는 사건의 실체에 들어가 심판하여야 하고 이를 단독판사에게 재배당할 수는 없다고 한다.[136] 보다 신중하고 철저한 심리를 꾀할 수 있고 소송경제에도 부합한다는 점에서 타당한 판결이라고 생각된다.

공소장의 변경이 허가된 경우 검사는 공판기일에 공소장변경허가신청서에 의하여 변경된 공소사실·죄명 및 적용법조를 낭독하여야 한다. 다만 재판장은 필요하다고 인정하는 때에는 공소장변경의 요지를 진술하게 할 수 있다(규칙 제142조 제4항).

2) 불복방법

검사와 피고인은 공소장변경에 대한 법원의 결정에 대해 직접 다툴 수는 없고, 그 하자를 이유로 한 상소로서 다툴 수 있을 뿐이다. 법원의 공소장변경허가 또는 불허결정에 대해서는 즉시항고 할 수 있다는 규정이 없고 공소장변경허가에 대한 결정은 보통항고의 대상에도 해당하지 아니하기 때문이다(법 제403조).[137]

(나) 법원의 허가결정 취소

공소장변경 허가 후 공소사실이 동일성이 인정되지 아니 하는 등 공소장변경이 위법하다는 것이 판명된 경우, 법원은 직권으로 그 공소장변경 허가결정을 취소할 수 있다.[138]

---

135) 대법원 1999. 5. 14. 선고 98도1438 판결.
136) 대법원 2013. 4. 25. 선고 2013도1658 판결.
137) 대법원 1987. 3. 28.자 87모17 결정.
138) 대법원 2001. 3. 27. 선고 2001도116 판결.

5. 공소장변경 요구

(1) 의의

공소장변경 요구란 일정한 사유가 인정될 때 법원이 검사에게 공소장변경을 요구하는 것을 말한다. 법원은 심리의 경과에 비추어 상당하다고 인정할 때에는 검사에게 공소사실 또는 적용법조의 추가 또는 변경을 요구하여야 한다(법 제298조 제2항). 다만 공소사실의 철회는 요구할 수 없다.

공소장변경 요구제도는 법원의 소송지휘권에 기해 적정한 형사사법절차를 운용하기 위한 것으로, 공소장변경 요구는 공판정에서 구두로 고지하는 것을 원칙으로 하고 그 시기는 "심리의 경과" 이후이므로 최소한 제1회 공판기일 이후여야 한다.

(2) 법적 성질 및 그 효력

형사소송법의 문언상 법원의 변경요구는 의무사항으로 규정되어 있지만, 불고불리의 원칙상 법원에게 공소사실의 변경요구의무가 있다고 볼 수 있을지에 대해서는 다툼의 여지가 있다. 또한 형사소송법은 법원이 공소장변경 요구를 한 경우 검사가 이에 따라야 하는지 여부를 명시적으로 규정하고 있지 아니하다. 이에 공소장변경 요구의 법적성질이 문제된다.

(가) 법원의 의무 여부

1) 견해의 대립

공소장변경 요구가 법원의 의무사항인지에 대해서는 의무설, 재량설, 예외적 의무설 등의 견해 대립이 있다.

의무설은 형사소송법의 문언에 따라 공소장변경 요구는 법원의 의무라는 견해이다.[139] 이 견해는 법원이 공소장변경의 필요성과 가능성을 인지하였음에도 이를 요구하지 아니하고 공소사실에 대해 유죄 이외의 판결이나 결정을 한다면 이는 **심리미진의 위법**에 따른 상소사유가 된다고 한다. **재량설**은 우리 형사소송법은 당사자주의 소송구조를 채택하고 있으므로 검사가 신청하지 아니한 이상 법원의 공소장변경 요구는 재량사항일 뿐이라는 견해이다.[140] 이 견해는 법원은 검사가 제기한 공소사실의 범위 안에서 판결을 하면 족한 것이므로 공소장변경 요구를

139) 신/조 514; 이창현 699.
140) 신현주 491; 차/최 379.

하지 아니하였다는 이유만으로 심리미진의 위법이 있다고는 할 수 없다고 한다. **예외적 의무설**은 공소장변경 요구는 원칙적으로는 법원의 재량이지만 예외적인 경우에는 법원의 의무에 해당한다는 견해이다.[141] 이 견해는 범죄의 **명백성**과 **중대성**에 비추어 공소장변경 요구를 하지 않고 유죄판결 외의 재판·결정을 하는 것이 **현저히 정의와 형평에 반하는** 것으로 인정될 수 있는 예외적인 경우에 한하여 공소장변경요구는 법원의 의무사항이 된다고 보므로, 이러한 경우에 공소장변경 요구를 하지 아니하였다면 심리미진의 위법이 있다고 한다.

2) 대법원의 태도

대법원은 "법원이 검사에게 공소장의 변경을 요구할 것인지의 여부는 법원의 **재량**에 속하는 것이므로 법원이 검사에게 공소장의 변경을 요구하지 아니하였다고 하여 위법하다고 볼 수 없다"거나,[142] "원심이 검사에게 공소제기된 장물보관죄를 업무상과실장물보관죄로 공소장변경을 촉구 또는 요구하지 아니하였다고 하여 심리미진이라고 할 수 없다"고 하여[143] **재량설**의 입장에 서있다.

다만 근래 들어 예외적 의무설에 서있는 듯한 판례가 나오고 있어 대법원은 예외적 의무설의 입장을 취하고 있다고 단정적으로 분류하는 주장도 있다. 대법원은 상해죄로 기소된 사안에서 폭행은 인정됨에도 공소장변경 요구를 하지 아니한 경우,[144] 허위사실적시명예훼손죄로 기소된 사안에서 사실적시명예훼손죄는 인정됨에도 공소장변경 요구를 하지 아니한 경우[145]에는 중대한 범죄로의 변경이 아니므로 공소장변경 요구는 법원의 재량에 따른다고 하였다. 하지만 필로폰 투약죄의 기수범으로 기소된 사안에서 미수는 인정됨에도 필로폰 투약죄(기수)에 대해 무죄 판결을 한데 대해서는 마약범죄의 중대성에 비추어 현저히 정의와 형평에 반하는 예외적인 경우에 해당한다며 위법하다 하였다.[146] 대법원은 범죄의 중대성 평가와 관련해서는 단지 법정형만을 기준으로 판단해서는 안 된다고 한다. 대법원은 장물취득죄로 기소되었으나 그에 대한 입증은 없고 장물보관죄는 인정됨에도 공소장이 변경되지 않았다는 이유로 장물취득죄에 대해 무죄판결을 하고 종결한 사안에서, 장물보관죄의 법정형은 그다지 높지 않지만 장물죄는 범죄유인의 악영향이 큰 만큼 **사회적 의미에 있어서는 범죄의 중대성**이 충분히 인정된다면서, 이는 공소장변경 없이 심판할 수 있는 범위에 관한 법리를 오해함으로써 판결에 영향을

141) 배/홍 262; 이/김 470; 정/최/김 432.
142) 대법원 1999. 12. 24. 선고 99도3003 판결.
143) 대법원 1984. 2. 28. 선고 83도3334 판결.
144) 대법원 1993. 12. 28. 선고 93도3058 판결.
145) 대법원 2008. 10. 9. 선고 2007도1220 판결.
146) 대법원 1999. 11. 9. 선고 99도3674 판결.

미친 위법이 있다고 하였다.[147)]

3) 검토

법원의 공소장변경 요구는 재량사항으로 보는 것이 옳다. 법을 해석함에 있어 문언의 고찰은 그 문장만이 아니라 문장 전체의 전후 맥락을 따져 이루어져야 하는바, 형사소송법 제298조 제2항은 법원은 심리의 경과에 비추어 상당하다고 인정할 때에는 공소사실 또는 적용법조의 추가 또는 변경을 요구하여야 한다고 규정하고 있다. 이를 반대해석하면 법원은 상당하다고 인정하지 아니하면 공소장변경을 요구하지 않아도 된다는 것이다. 결국 법원이 상당성을 결정하는 이상 공소장변경의 요구 여부는 법원의 **재량**에 달린 것이라 하지 않을 수 없다. 예외적 의무설이 드는 범죄의 중대성 요건도 사회적 의미에서의 중대성이라는 의미로까지 넓혀진다면 그 역시 법원의 판단에 따라 결정될 수밖에 없는바, 그 기준의 불명확성에 더하여 결국은 법원의 재량(판단)범위에 들어가게 되는 것이다.

체계해석을 따를 때에도 마찬가지이다. 형사소송법은 당사자주의를 형사절차의 기본구조로 삼고 있으므로 공소권의 주체인 검사의 공소제기에 법원이 변경을 요구해야 할 의무를 인정한다는 것은 논리모순이다.

대법원의 근래 태도 또한 예외적 의무설을 취한 것이라 보기는 어렵다. 이러한 판례들은 축소사실에 대한 법원의 직권에 의한 심판의무를 다루고 있는 것으로서 엄밀히 말하면 법원의 공소장변경 요구의무와는 그 성격이 같지 않은 것으로, **축소사실에 대한 법원의 심판의무**를 인정한다는 것과 공소장변경을 요구할 의무가 있다는 것은 동의어도 아니고 양자가 반드시 매치되어야 할 이유도 없는 것이다.

일본 형사소송법 제312조 제2항은 "법원은 심리의 경과에 비추어 적당하다고 인정하는 때에는 소인 또는 벌조를 추가 또는 변경할 것을 명할 수 있다."라고 규정하여 공소장변경 요구는 법원의 재량사항임을 명확히 하고 있는바, 논란의 여지를 없애기 위해 형사소송법 제298조 제2항도 위와 같이 개정될 필요가 있지 않은가 생각된다.

(나) 검사의 공소장변경 의무 여부

법원의 공소장변경 요구가 검사에게 강제력을 미치는지와 관련하여 권고효설과 명령효설이 대립하고 있다. **권고효설**은 공소제기 및 유지의 주체는 어디까지나 검사이므로 법원의 공소장변경 요구는 단순히 권고로서의 의미(효력)을 갖는데 지나지 않고, 따라서 검사는 법원의 공소장변경 요구가 있다 하더라도 공소장변경을 신청할 의무는 없다고 한다. **명령효설**은 법원은

147) 대법원 2003. 5. 13. 선고 2003도1366 판결.

소송지휘권을 가지고 있고 검사는 법원의 소송지휘에 대한 **복종의무**가 있으므로 법원의 공소장변경 요구가 있으면 검사는 공소장변경을 신청하여야 한다고 한다.

소송지휘권이 법원에 있는 이상 검사는 소송지휘에 관한 사항에 대해 복종하는 것이 타당하므로 명령효설이 옳다. 그러나 검사가 공소장변경을 거부하는 경우에 법원은 검사에게 공소장변경을 강요할 수는 없으므로 이 경우 검사는 불이익한 판결을 감수할 수밖에 없다. 다만 공소장변경 요구는 곧 법원이 공소사실에 대하여 유죄판결을 하지 아니하겠다는 명시적 경고이므로, 공소장변경 요구가 있음에도 검사가 공소장변경을 신청하지 않는 것은 이례적일 것이다.

6. 상소심에서의 공소장변경

사실심리를 행하는 이상 상소심에서 공소장변경을 허용하지 아니할 이유는 없다. 그러나 상고심은 사실심리는 원칙적으로 그 대상이 아니고 법률의 해석과 적용에 대해서만 판단하는 법률심이므로 상고심에서는 공소장변경이 허용되지 않는다는 점에 대하여는 이론이 없다.

항소심에서 공소장변경이 허용되는가와 관련해서는 항소심의 구조를 어떻게 이해하는가에 따라 결론이 달라진다. 항소심의 구조를 제1심에서 판단한 자료를 가지고 원판결의 당부만을 판단하는 **사후심**으로 보면 공소장변경은 허용되지 아니하지만, 제1심의 계속적 성격을 가진 **속심**으로 보면 공소장변경은 당연히 허용된다. 이에 대하여 대법원은 항소심을 **원칙적 속심**으로 보아 항소심에서의 공소장변경도 가능하다는 입장이다.[148] 또한 대법원은 파기환송심도 속심으로 보아 공소장변경이 허용된다고 한다.[149]

V. 공소취소

1. 의의

공소취소란 검사가 공소를 제기한 공소사실의 전부 또는 일부를 철회하는 법률행위적 소송행위를 말한다. 형사소송법은 기소편의주의를 취하고 있으므로 검사의 공소취소권은 당연히 인정되고, 기소독점주의에 따라 검사의 공소제기에 대해 다른 기관의 간섭이 허용되지 아니하듯이 검사의 공소취소에 대해서도 법원 등 다른 기관에 의한 제약은 없는 것이 원칙이다. 다만

148) 대법원 1995. 12. 5. 선고 94도1520 판결. 제1심의 경우 심리미진의 예도 적지 않고 따라서 현실적으로 제2심에서 좀 더 사실조사를 해야 할 필요성이 크다는 점에서 항소심의 구조는 속심이라고 이해하는 것이 바람직할 것이다.

149) 대법원 2004. 7. 22. 선고 2003도8153 판결.

재정신청 인용에 따른 법원의 기소명령은 검사에게 공소제기의 의무를 부여하게 되므로(기소강제), 검사는 재정신청 인용에 따라 공소를 제기한 때에는 이를 취소할 수 없다(법 제264조의2).

다만 공소사실과 동일성이 인정되는 범위 내에서 일부 철회는 공소장변경에 의한다. 공소제기의 효력이 동일성이 인정되는 공소사실 전체에 미치듯, 공소취소의 효력 또한 동일성이 인정되는 공소사실 전체에 미치기 때문에 공소사실에 대한 일부 취소는 곧 동일성이 인정되는 사실에 대해서는 전부 철회를 의미하기 때문이다. 따라서 동일성이 인정되지 아니하는 수개의 공소사실 중 일부를 소추대상에서 철회하려면 공소의 일부 취소절차에 의하여야 하지만,[150] 동일성이 인정되는 공소사실 중 일부를 소추대상에서 철회하려면 공소장변경의 방식에 의하여야 한다. 이와 관련하여 대법원은 동일성이 인정되지 아니하는 공소사실 중 일부를 삭제한다는 내용으로 검사가 공소장변경을 신청하였다 하더라도, 그 신청서의 내용상 공소취소의 취지가 명백하다면 공소기각결정을 하여야 한다는 입장이다.[151]

2. 절차

(1) 검사의 공소취소

검사는 제1심 판결의 선고 전까지 이유를 기재한 서면을 법원에 제출하여 공소를 취소할 수 있다. 다만 공판정에서는 구술로써 공소를 취소할 수 있다(법 제255조 제2항). 공소의 취소 기한은 고소취소의 기한과 마찬가지로 제1심 판결 선고 전까지로 제한되는데, 그 이유는 당사자인 검사의 의사에 의하여 종국재판의 효과까지 번복시키는 것은 허용할 수 없다는데 있다.

(2) 법원의 공소기각결정

검사가 공소를 취소하면 법원은 취소된 전부 또는 일부의 공소사실에 대해 공소기각결정을 한다(법 제328조 제1호). 검사의 의사는 진위 여부를 가릴 필요가 없고, 공소취소의 형식은 서면주의를 취하고 있어 그 내용이 명백하여 판결의 엄격한 형식과 절차를 취할 필요가 없으며, 공소기각은 피고인에게 유리한 종국재판이기 때문에, 이러한 재판형식을 취하고 있는 것이다.

150) 대법원 1986. 9. 23. 선고 86도1487 판결.
151) 대법원 1986. 9. 23. 선고 86도1487 판결.

3. 약식명령 및 재심절차에서의 공소취소

(1) 약식명령

약식명령절차의 경우 검사의 약식명령 청구는 공소제기와 동일한 법적 성격을, 법원의 약식명령 발령은 유죄판결과 동일한 법적 성격을 가지고 있다. 따라서 약식명령절차에서 검사는 **약식명령 발령 전까지** 약식명령의 청구를 취소할 수 있다. 물론 약식명령 발령 후 정식재판 청구에 따라 제1심이 개시·진행된 경우, 검사는 제1심의 판결선고 전까지 공소취소를 할 수 있다.

(2) 재심절차

검사는 제1심 판결에 대한 재심절차에서는 공소취소를 할 수 없다. 이 경우 제1심 판결은 이미 확정되었고, 재심절차는 제1심 판결의 잘못을 따져 다시 재판을 하는 것이지 그 자체로서 제1심이라 할 수는 없기 때문이다.[152]

Ⅵ. 공소제기 후의 수사

1. 의의

공소제기 후의 수사란 공소제기 후 공소의 유지 또는 취소 여부를 결정하기 위한 검사의 수사를 말한다. 형사소송법은 공소제기 후 수사의 허부에 대한 명시적 규정을 두고 있지 아니하고, 실무상 검사는 공소제기 후 수사를 진행하는 경우가 있어 그 허부가 문제된다.

2. 피고인의 진술청취

(1) 견해의 대립과 검토

(가) 견해의 대립

형사소송법은 공소제기 이후에 검사는 공판정에서 피고인을 신문할 수 있다고 규정하고 있을 뿐(법 제296조의2 제1항), 검사가 공판정 외에서 피고인을 신문하는 등 그 진술을 청취할

152) 대법원 1976. 12. 28. 선고 76도3203 판결.

수 있는지에 대해서는 규정하고 있지 아니하다. 이에 그 허용 여부와 관련하여 적극설, 소극설, 절충설의 견해 대립이 있다.

적극설은 피고인신문은 임의수사라는 전제 하에 형사소송법 제199조 제1항에 따른 임의수사에는 방법이나 시기 제한이 없고, 제200조의 출석요구는 피고인에 대한 출석요구를 포함하므로 검사는 공소제기 후에도 피고인신문을 할 수 있다고 한다.[153] **소극설**은 제200조는 피의자에 대한 출석요구를 규정하고 있을 뿐 피고인에 대한 출석요구를 규정하고 있지 않고, 공소제기 후에 피고인을 신문하는 것은 당사자주의 및 공판중심주의에도 반하므로 공소제기 후 검사는 제1회 공판기일 전후를 불문하고 피고인신문을 할 수 없다고 한다.[154] **절충설**은 피고인의 당사자로서의 지위와 공소제기 후의 피고인신문의 필요성을 조화시키는 입장에서 공소제기 후라도 검사는 제1회 공판기일 전에는 피고인을 신문할 수 있다고 한다.[155]

(나) 검토

공소제기 후 피고인은 즉시 당사자의 지위를 얻게 되므로 검사의 공판정 외에서의 피고인 진술청취는 당사자주의 및 공판중심주의에 반한다. 게다가 검사의 신문은 고권적으로 이루어지는 본질을 벗어날 수 없으므로 이를 허용하면 피고인의 방어권 보장에 심각한 장애를 초래하게 된다. 형사소송법이 공판정 내에서의 검사의 피고인신문만을 규정하고 있는 것도 공판정 외에서의 신문은 불허한다는 반증이 될 수 있을 것이다. 따라서 **소극설**이 타당하다.

다만 공소제기 후 수사기관의 피고인신문 금지는 피고인의 이익을 위한 것이므로, 이를 허용하는 것이 오히려 피고인에게 유리한 경우에까지 불허할 이유는 없다. 예를 들어 피고인이 자신의 이익을 위해 스스로 검사와의 면담을 요구하는 경우이거나, 진범의 발견으로 인하여 검사가 피고인으로부터 참고인으로서의 진술청취를 요청하고 피고인이 이에 응한 경우에서 수사기관의 피고인신문은, 피고인에게 유리하거나 말 그대로 참고인으로서 조사받는데 지나지 않기 때문에 금지되지 아니한다.

(2) 대법원의 태도와 비판

대법원은 적극설의 입장에서 피고인이 원진술자인 검사작성의 진술조서가 공소제기 후에 작성된 것이라는 이유만으로는 증거능력이 부정되지 아니한다는 입장이다.[156] 하지만 위 견해

153) 이창현 558.
154) 손/신 447; 신/조 350; 이/김 381; 이/조/이 291.
155) 백형구 39.
156) 대법원 1984. 9. 25. 선고 84도1646 판결.

의 대립에서 살펴본 것과 같이 공소제기 후 피고인에 대한 수사기관의 진술청취는 피고인에게 이익이 되는 등 예외적인 경우 외에는 위법하다고 해야 한다.

한편 형사소송법의 개정과 판례의 변경으로 피고인이 원진술자인 경우에는 검사작성조서라 하더라도 그 형태를 불문하고 피고인이 그 내용을 인정한 경우, 즉 법정자백을 한 경우에 한하여 증거능력이 인정된다. 따라서 조서의 작성시기가 공소제기 전후인지의 여부는 중요하지 않다고 오해할 수 있다. 하지만 전문증거로서 증거능력이 부정되는 조서라 하더라도 탄핵증거로서의 이용까지 막을 수는 없고, 조사자 증언제도에 따라 피고인의 진술이 법정에 증거로 현출될 수 있으며(법 제316조 제1항), 위법수집증거의 증거능력 배제에도 그 예외가 인정되므로 수사기관이 피고인의 진술을 통해 얻은 정보와 그를 통해 추가적으로 확보한 증거에 대한 증거능력이 반드시 배제되는 것도 아니다. 따라서 공소제기 후 피고인에 대한 검사의 진술청취 및 그 기록은 피고인의 이익을 위한 경우 외에는 허용되어서는 아니 된다.

3. 증인 또는 참고인의 진술청취

수사기관의 참고인진술청취는 고권적 지위에서 이루어지는 것이 아니므로, 공소제기 이후라 하더라도 피고인의 방어권 행사에 부당한 침해를 초래하지 아니하는 이상 원칙적으로 허용된다. 따라서 방어권 행사에의 부당한 침해 여부가 허용 여부를 결정짓는 중요한 잣대가 된다.

(1) 증언번복을 위한 증인의 진술청취

검사가 공판준비 또는 공판기일에 이미 피고인에게 유리한 증언을 한 증인을 자신의 사무실에 참고인으로 출석시켜 조사하면서, 피고인에게 유리한 증언을 번복시키고 피고인에게 불리한 진술을 하도록 하는 것은 허용될 수 없다. 이는 증인신문제도를 형해화 하여 공판중심주의에 정면으로 반하기 때문이다.

대법원도 이러한 방식의 진술청취는 당사자주의, 공판중심주의, 직접주의를 지향하는 형사소송법의 소송구조에 어긋나고, 법관의 면전에서 증거자료가 조사·진술되고 피고인의 방어권이 실질적으로 보장되는 헌법상 공정한 재판을 받을 권리를 침해하는 것이라고 한다.[157] 다만 대법원은 피고인의 **증거동의가 있으면** 이러한 진술청취에 따른 조서의 증거능력이 인정될 수 있다고 하고 있는데, 그 의미와 문제점에 대해서는 전문증거의 증거능력 부분에서 후술하기로 한다.[158]

---

157) 대법원 2012. 6. 14. 선고 2012도534 판결.

(2) 증인신문을 대신한 참고인의 진술청취

검사가 공소제기 후 법원에서 증언할 증인을 자신의 사무실에 참고인으로 출석시켜 조사하면서 피고인에게 불리한 진술을 청취하는 것은 허용될 수 없다. 공소가 제기된 이상 증인신문은 형사소송법과 형사소송규칙의 규정에 따라 법정에서 증인신문절차를 통하여 이루어져야 하는 것으로, 그와 다른 방식으로 이루어지는 진술청취는 피고인의 방어권 행사에 지장을 초래하지 아니하는 경우에만 허용될 수 있기 때문이다.

대법원도 검사가 항소심 공판기일에 증인으로 신청하여 신문할 수 있는 사람을 특별한 사정없이 미리 수사기관에 소환하여 진술을 청취한 후 이를 기록한 진술조서나 피의자신문조서는 당사자주의, 공판중심주의, 직접주의를 위반한다고 하였다.[159] 여기에서도 법원은 피고인의 증거동의가 있으면 이러한 조서의 증거능력이 인정될 수 있다고 하는데, 그 의미와 문제점에 대해서는 전문증거의 증거능력 부분에서 후술한다.[160]

4. 구속

검사가 피의자를 불구속 상태에서 기소한 후 지방법원판사로부터 구속영장을 발부받아 피고인을 구속할 수는 없다. 형사소송법 제70조 제1항에 따라 공소제기 이후 피고인의 구속은 수소법원이 결정하고, 검사는 피고인에 대한 영장청구권도 가지고 있지 아니하기 때문이다. 따라서 공소제기 후 검사는 법원에 피고인의 구속을 촉구할 수 있을 뿐 이를 청구할 수는 없다.

이러한 조문 해석은 공판절차에서의 검사와 피고인의 지위를 고려해 보았을 때에도 타당하다. 공판절차에서 피고인과 검사는 당사자로서 대등한 지위에 있으므로, 한 쪽 당사자인 검사가 다른 당사자인 피고인을 구속하는 것은 허용될 수 없는 것이다.

5. 압수· 수색· 검증

(1) 견해의 대립과 법원의 태도

(가) 견해의 대립

공소제기 후 검사의 대물적 강제수사가 허용되는지 여부에 대해서는 허용설과 불허설의

---

158) 585페이지 참조.

159) 대법원 2020. 1. 30. 선고 2018도2236 전원합의체 판결.

160) 585페이지 참조.

대립이 있다. **허용설**은 당사자인 검사가 직접 증거를 수집하고 보전하는 것이 당사자주의에 부합하므로 제1회 공판기일 이전까지 검사는 지방법원판사의 영장을 발부받아 압수·수색·검증을 할 수 있다고 한다.[161] **불허설**은 형사소송법은 공소제기 이전과 이후의 압수·수색·검증의 주체를 달리 하고 있으므로 그 문언과 입법취지를 보아 공소제기 이후에는 법원만이 압수·수색·검증의 주체가 된다고 한다.[162]

(나) 법원의 태도

대법원도 **불허설**의 입장이다. 대법원은 헌법상 보장된 적법절차의 원칙과 공정한 재판을 받을 권리, 공판중심주의, 당사자주의, 직접주의를 지향하는 현행 형사소송법의 소송구조, 관련 법규의 체계, 문언형식, 내용 등을 종합해 보면, 공소가 제기된 후에는 피고사건에 관하여 수사기관인 검사로서는 압수·수색·검증을 할 수 없다고 하고 있다.[163]

(다) 검토

형사소송법은 공소제기 후 압수·수색·검증의 주체를 법원으로 제한하고 있고, 검사에게는 공소제기 후 영장청구권을 부여하고 있지 아니하다. 게다가 검사는 제1회 공판기일 전에 압수·수색·검증을 해야 할 긴급한 사정이 있는 경우에는 **증거보전절차**를 이용할 수 있고, 제1회 공판기일 이후는 정상적인 증거조사 절차에서 법원의 압수·수색·검증을 촉구할 수 있다. 이처럼 공소제기 후 검사의 압수·수색·검증은 형사소송법의 문언과 체계에 따라 허용될 수 없고, 그 필요성조차 크지 아니하므로 불허설이 옳다.

(2) 예외적으로 허용되는 경우

(가) 구속영장 집행현장에서의 압수·수색·검증

형사소송법은 검사 또는 사법경찰관이 피고인에 대한 구속영장을 집행하는 경우, 필요한 때에는 그 집행현장에서 영장 없이 압수·수색·검증을 할 수 있다고 규정하고 있다(법 제216조 제2항, 제1항 제2호). 피고인에 대한 구속은 법원의 강제처분이고 수사기관은 재판의 집행기관으로서 구속영장을 집행하는데 지나지 않지만, 그 집행과정에서 이루어지는 압수·수색·검증은 수사에 속하는 강제처분이므로 형사소송법은 구체적 사안에서 그 필요성이 인정될 경우를 대비하여 구속영장 집행시 수사기관의 압수·수색·검증을 명시적으로 허용하고 있는 것이다.

161) 노/이 320; 차/최 280.
162) 김재환 259; 손/신 446; 신/조 354; 신현주 283; 이/김 379; 이/조/이 287; 임동규 306.
163) 대법원 2011. 4. 28. 선고 2009도10412 판결.

구속영장 집행현장에서 압수·수색·검증한 물건은 구속영장집행의 결과물이 아니라 수사기관에 의한 강제수사의 결과물이므로, 검사는 이로써 압수한 물건을 법원에 제출해야 할 이유는 없고, 직접 보관한 후 필요시 증거로서 법원에 제출한다.

(나) 임의제출물

임의제출물의 압수는 점유이전 후 압수물의 처리에 있어서는 영장에 의한 압수와 동일하지만, 기본권 제한의 핵심이라 할 수 있는 점유이전의 면에서는 임의수사라 할 수 있다. 따라서 공판절차는 물론 수사절차에서도 임의제출물의 압수는 영장에 의함이 없이 허용된다.

공소제기 후라 하더라도 수사기관의 임의제출물의 압수는 고권적 지위에서 이루어지는 것이 아니고, 그로 인하여 피고인의 방어권 행사에 부당한 지장을 초래하는 것도 아니다. 만약 이를 허용하지 않는다면 수사기관은 임의제출물의 수령(점유이전)을 거절하고 법원에 임의제출할 것을 권고하거나, 검사가 법원에 어떤 사람(임의제출자)이 증거물을 제출하고자 하는 용의가 있으니 압수를 통해 증거물을 확보해 달라고 촉구하고 법원은 그 증거물에 대해 영장의 발부여부를 결정해야 한다는, 복잡하고도 불필요한 우회절차를 거쳐야 하는 문제가 발생하게 된다. 따라서 수사기관은 공소제기 후에도 임의제출물을 압수할 수 있다.

제3절 공판의 진행

Ⅰ. 개관

공판의 진행은 제1회 공판기일을 중심으로 그 이전 절차와 그 이후 절차로 나눌 수 있다. 제1회 공판기일 이전 절차에서는 이후의 공판절차에 대한 준비가 이루어진다. 법원은 피고인·변호인에게 공소장 부본을 송달하고, 피고인·변호인은 공소사실에 대한 인정 여부 등을 담은 의견서를 법원에 제출한다. 변호인이 선정되지 아니한 경우 법원은 피고인에게 공소장 부본의 송달과 함께 국선변호인 선임에 대한 고지를 하고 요건 충족시 국선변호인을 선임한다. 검사와 피고인은 상대방에게 증거의 개시를 요청할 수 있고, 제1회 공판기일 이전에도 증거조사를 신청할 수 있으며, 법원은 제1회 공판기일에 앞서 증거조사를 하거나 공판준비기일을 열어 공판준비절차를 진행할 수 있다.

제1회 공판기일에서는 가장 먼저 모두절차가 진행된다. 모두절차에서 피고인이 공소사실을 인정하면 검사의 증거신청에 대한 피고인의 증거동의가 간주되고 증인신문 및 피고인신문은 대체로 생략되며, 검사의 의견인 논고, 구형 및 변호인의 최종변론과 피고인의 최후진술이 모두 이루어지게 된다. 이 경우 제1회 공판기일은 선고기일을 지정하는 것으로 마무리된다.

모두절차에서 피고인이 공소사실을 부인하면 당사자의 증거신청에 대한 상대방의 증거동의 또는 부동의, 법원의 증거채부결정, 당사자의 증인신청 및 그에 따른 증인신문, 피고인신문 등이 이어지고 이에는 상당한 시간이 소요되므로 기일의 속행에 따라 차회의 공판기일이 지정된다. 법원은 심리가 충분히 이루어질 때까지 수회의 공판기일을 열 수 있고, 심리가 충분히 이루어지면 변론을 종결하고 검사의 논고 및 구형, 변호인의 최종변론, 피고인의 최후진술을 거친 후 선고기일을 지정하게 된다(법 제303조).

Ⅱ. 제1회 공판기일 이전의 절차

1. 필요적 절차

(1) 공소장 부본의 송달과 피고인 또는 변호인의 의견서 제출

(가) 공소장 부본의 송달

법원은 공소의 제기가 있는 때에는 지체없이 공소장의 부본을 피고인 또는 변호인에게 송달하여야 한다. 단, 공소장 부본은 제1회 공판기일 전 5일까지 송달하여야 한다(법 제266조). 공소장 부본의 송달은 피고인에게 공소제기의 사실을 알리고 공소사실에 대한 방어를 준비할 수 있도록 하는데 그 의의가 있다.

1) 송달받을 사람

공소장 부본은 피고인 또는 변호인 중 1인에게만 송달되면 된다. 수사절차에서 변호인이 선임되지 아니한 경우에는 당연히 피고인에게만 송달이 이루어진다.

① 피고인이 자연인인 경우

피고인이 자연인으로서 구속되어 있지 아니한 경우에는 피고인 본인이 송달받을 사람이 되는 것을 원칙으로 한다. 다만 피고인이 의사능력이 없는 경우에는 법정대리인 또는 특별대리인이 소송행위를 대리하므로 공소장 부본의 송달 또한 그들에게 이루어져야 한다.

피고인이 자연인으로서 구속되어 구치소, 교도소, 경찰서 유치장 등에 구금되어 있는 경우에는 구치소장, 교도소장, 경찰서장이 송달받을 사람이 된다(법 제65조, 민사소송법 제182조).

② 피고인이 법인인 경우

피고인이 법인인 경우에는 법인의 대표자가 송달받을 사람이 된다.

③ 송달영수인을 신고한 경우

피고인, 대리인, 대표자, 변호인 또는 보조인이 법원 소재지에 송달받을 수 있는 주거 또는 사무소를 두지 아니한 때에는 법원 소재지에 주거 또는 사무소 있는 자를 송달영수인으로 선임하여 신고하여야 한다(법 제60조 제1항). 이러한 신고가 있는 경우 송달영수인은 송달에 관하여 본인으로 간주되어 송달받을 자가 된다(법 제60조 제2항).

2) 송달방법

① 교부송달 원칙

형사소송법은 서류의 송달방법을 규정하고 있지 아니하고, 서류의 송달에 관하여 법률에 다른 규정이 없는 때에는 민사소송법을 준용한다. 민사소송법상 서류의 송달방법은 교부송달을 원칙으로 하므로 공소장부본의 송달방법은 교부송달을 원칙으로 한다(법 제65조, 민사소송법 제178조).

교부송달은 우편 또는 집행관에 의한다. 우편송달은 우편집배원이 하고(민사소송법 제176조 제2항), 집행관을 사용하기 어려운 사정이 있다고 인정될 때에는 법원은 법원경위로 하여금 공소장부본을 송달하게 할 수 있다(법원조직법 제64조 제3항).

② 공시송달

피고인의 소재불명으로 공소장 부본의 교부송달이 이루어지지 아니하는 경우에는 피고인의 불출석 재판이 가능한 사건인지에 따라 송달방법 또는 그 이후 절차가 달라진다.

법정형이 **장기 10년 미만**의 징역이나 금고에 해당하여 불출석재판이 가능한 사건에서는, 피고인에 대한 송달불능보고서가 접수된 때부터 6개월이 지나도록 피고인의 소재를 확인할 수 없는 경우에 피고인에 대한 송달은 공시송달의 방법에 의하고, 2회 이상의 공시송달 이후에도 피고인이 출석하지 아니하면 법원은 피고인의 진술 없이 재판할 수 있다(소송촉진법 제23조, 소송촉진 등에 관한 특례규칙 제19조).

법정형이 **장기 10년 이상**인 징역이나 금고에 해당하여 불출석재판이 불가능한 사건에 대해서는 위 절차를 거친 후 **영구미제사건**으로 처리한다. 법원은 피고인의 소재조사, 구속영장의 발부 등으로 영구미제사건을 관리하는데 피고인의 발견시에는 공판절차를 계속 진행하고 피고인의 발견 없이 공소시효가 완성된 때에는 면소판결로서(법 제326조 제3호) 사건을 종결한다.

공시송달은 법원이 교부송달을 위한 모든 노력을 다 하였음에도 송달이 불가능한 경우에 한하여 예외적으로 허용될 뿐이므로[164] 그 불가피성이 명백히 소명되지 아니하는 이상 공시송달에 이은 불출석재판은 위법하다. 대법원은 소재불명임이 명백한 피고인이라 하더라도 피고인과 전화통화가 되었던 이상 송달받을 장소를 확인하지 아니하고 구두로만 제1회 공판기일에 출석을 요구한 것은 공시송달의 요건을 충족시키지 못한다고 하였다.[165]

3) 송달의 하자

공소장 부본의 송달이 없거나 제1회 공판기일로부터 5일 이내의 기간에 송달된 후 제1회 공판기일이 개시된 경우, 피고인 또는 변호인은 이의를 신청할 수 있다. 이때 법원은 공판진행을 중단하고 공소장 부본의 송달이 없었던 경우에는 즉시 송달한 후 5일 이후의 날을 제1회 공판기일로 다시 지정하여야 하고, 송달이 있었던 경우에는 송달일로부터 5일 이후의 날을 제1회 공판기일로 다시 지정하여야 한다.

다만 피고인·변호인의 이의신청은 늦어도 피고인의 모두진술 단계에서 이루어져야 하고, 피고인이 이에 대한 이의제기 없이 사건의 실체에 관하여 진술한 경우에는 그 하자는 치유된다.[166] **송달의 하자**는 법률위반으로 상소이유가 되지만(법 제361조의5, 제383조) 피고인이 이의함이 없이 공소사실에 관하여 충분히 진술할 기회를 부여받은 이상 그 하자는 치유되어 판결 결과에는 영향이 없으므로 적법한 상소이유가 될 수 없다.[167]

(나) 피고인 또는 변호인의 의견서 제출

피고인 또는 변호인은 공소장 부본을 송달받은 날부터 7일 이내에 공소사실에 대한 인정 여부, 공판준비절차에 관한 의견 등을 기재한 의견서를 법원에 제출하여야 한다. 다만, 피고인이 진술을 거부하는 경우에는 그 취지를 기재한 의견서를 제출할 수 있다. 법원은 의견서가 제출된 때에는 이를 검사에게 송부하여야 한다(법 제266조의2).

의견서의 제출은 피고인의 공소사실에 대한 인정 여부를 미리 확인하여 심리계획의 수립을 용이하게 하기 위한 참고자료에 불과하고 피고인에게는 진술거부권이 보장되므로, 피고인이 의견서를 제출하지 아니하거나 기간 내에 제출하지 아니하였다는 이유로 피고인에게 불이익을 줄 수는 없다. 또한 의견서를 제출하였다 하여 피고인·변호인의 변론이 의견서의 내용에 기속되는 것도 아니다. 예를 들어 의견서에 공소사실을 인정한다는 내용이 기재되어 있다 하더라도 피고인·변호인은 무죄변론을 펼칠 수 있고, 의견서에 기재된 내용을 자백으로 보아 유죄

164) 대법원 2015. 2. 12. 선고 2014도16822 판결.
165) 대법원 2011. 5. 13. 선고 2011도1094 판결.
166) 이/조/이 501; 이에 대해 피고인의 방어권보장 측면에서 하자치유를 부정하는 견해가 있다(배/홍 268).
167) 대법원 1992. 3. 10. 선고 91도3272 판결.

의 증거로 사용할 수도 없다.[168)]

(2) 국선변호인 선정에 관한 고지 및 국선변호인의 선정

(가) 국선변호인 선정에 관한 고지

국선변호인 제도의 온전한 시행을 위해 형사소송규칙은 피고인에게 국선변호인 선정에 대해 고지받을 권리를 보장하고 있다. 특히 청구 또는 직권판단에 의한 국선변호인 선정 사유에 해당하는 경우에 대하여 이러한 권리고지는 피고인의 방어권보장을 위한 핵심권리 중 하나라 할 수 있다.

재판장은 공소제기가 있는 때에 변호인이 없는 피고인에게 형사소송법 제33조 제1항에 따라 필요적 국선변호인 선정사유가 있는 때에는 변호인 없이 개정할 수 없는 취지와 피고인 스스로 변호인을 선임하지 아니할 경우에는 법원이 국선변호인을 선정하게 된다는 취지를, 제33조 제2항에 따라 청구에 의한 국선변호인 선정사유가 있는 때에는 피고인은 법원에 대하여 국선변호인의 선정을 청구할 수 있다는 취지를, 제33조 제3항에 따라 직권에 의한 국선변호인 선정사유가 있는 때에는 피고인은 국선변호인의 선정을 희망하지 아니한다는 의사를 표시할 수 있다는 취지를 서면으로 고지하여야 한다(규칙 제17조 제1항, 제2항).

(나) 국선변호인의 선정

1) 필요적 국선변호인 선정사유에 해당하는 경우(법 제33조 제1항)

필요적 국선변호인 선정사유에 해당함에도 피고인이 변호인을 선임하지 아니한 경우, 법원은 제1회 공판기일 전에 피고인에게 국선변호인을 선택할 기회를 주고 그 의사를 참작하여 지체없이 국선변호인을 선정하여야 한다. 국선변호인을 선정한 후 법원은 피고인 및 변호인에게 그 뜻을 고지하여야 한다(규칙 제17조 제3항, 국선변호에관한예규 제6조, 제10조).

2) 청구에 의한 국선변호인 선정사유에 해당하는 경우(법 제33조 제2항)

피고인이 청구에 의한 국선변호인 선정사유를 들어 국선변호인 선정을 청구하였고 청구서의 내용만으로도 빈곤 등 그 사유에 해당한다고 인정되는 경우, 법원은 제1회 공판기일 전에 피고인에게 국선변호인을 선택할 기회를 주고 피고인의 의사를 참작하여 지체없이 국선변호인을 선정하여야 한다. 국선변호인을 선정한 후 법원은 피고인 및 변호인에게 그 뜻을 고지하여야 한다(규칙 제17조 제3항, 국선변호에관한예규 제6조, 제10조).

---

168) 이/김 474; 이창현 706.

청구서의 기재만으로는 국선변호인 선정사유의 인정 여부가 명백하지 아니한 경우, 법원은 제1회 공판기일의 심리를 통해 이를 확인하고 청구이유가 인정되면 지체없이 국선변호인을 선정하여야 한다(규칙 제17조 제3항, 국선변호에관한예규 제7조).

3) 직권에 의한 국선변호인 선정사유에 해당하는 경우(법 제33조 제2항)

법원이 직권에 의한 국선변호인 선정사유에 해당한다고 판단하여 국선변호인 선정에 대한 피고인의 의사를 확인하고, 피고인이 국선변호인 선정 불원의사를 표시하지 아니한 경우, 법원은 제1회 공판기일 전에 피고인에게 국선변호인을 선택할 기회를 주고 그 의사를 참작하여 지체없이 국선변호인을 선정하여야 한다. 국선변호인을 선정한 후 법원은 피고인 및 변호인에게 그 뜻을 고지하여야 한다(규칙 제17조 제3항, 국선변호에관한예규 제6조, 제10조).

(다) 공소제기 후 변호인이 없게 된 경우

국선변호인 선정에 대한 고지 및 국선변호인의 선정 관련 규정은 공소제기 후 변호인이 없게 된 때에도 준용된다(규칙 제17조 제4항). 따라서 이러한 경우로서 국선변호인을 선정할 때에도 법원은 피고인에게 국선변호인을 선택할 기회를 제공하고 그 의사를 참작하여야 하는바, 피고인이 제1심 국선변호인을 항소심에서도 국선변호인으로 선택한 경우에는 법원은 특별한 사정이 없는 이상 그 변호사를 국선변호인으로 선정한다(국선변호에관한예규 제10조).

(3) 제1회 공판기일의 지정과 변경

(가) 제1회 공판기일의 지정

1) 의의

공판기일이란 법관, 당사자 등 소송관계인이 법정 등 일정한 장소에 모여 소송행위를 하도록 정해진 일시를 말한다. 공소장 부본이 송달되고 국선변호인 선정절차가 완료되면 재판장은 공소장 부본 송부일로부터 최소 6일 이후의 날을 제1회 공판기일로 정하여야 한다(법 제267조 제1항). 피고인의 국선변호인 선임 청구에 대한 이유가 불명확하여 제1회 공판기일에서 그 심리가 필요한 경우에도 마찬가지이다.

2) 소환과 통지

법원은 제1회 공판기일을 지정한 때에는 피고인, 대표자 또는 대리인을 소환하여야 하고, 검사, 변호인과 보조인에게 통지하여야 한다(법 제267조 제2항, 제3항). 제1회 공판기일은 소환장의 송달 후 5일 이상의 유예기간을 두어야 한다. 다만 피고인이 이의없는 때에는 유예기간을 두지 아니할 수 있다(법 제269조).

3) 장소

제1회 공판기일의 장소는 법정으로 한다(법원조직법 제56조 제1항). 법원장은 필요에 따라 법원 외의 장소에서 개정하게 할 수 있으나(법원조직법 제56조 제2항), 제1회 공판기일에는 그 필요가 인정되기 어렵다.

(나) 공판기일의 변경

1) 의의

공판기일의 변경이란 재판장이 직권 또는 검사, 피고인, 변호인의 신청에 의하여 이미 지정한 공판기일을 취소하고 다른 일시장소로 공판기일을 지정하는 것을 말한다(법 제270조 제1항, 규칙 제125조). 공판기일에 개정하여 심리를 하지 아니하고 다음 기일을 지정하는 것을 **기일의 연기**, 심리를 하였으나 이를 계속할 필요가 있어 다음 기일을 지정하는 것을 **기일의 속행**이라 하는데, 심리가 이루어지지 아니하였다는 점에서 기일의 연기도 넓은 의미에서는 공판기일의 변경에 포함된다.

2) 절차

재판장은 직권 또는 검사, 피고인이나 변호인의 신청에 의하여 공판기일을 변경할 수 있다(법 제270조 제1항). 공판기일 변경신청의 방법에 대한 규정은 없으므로 공판기일 변경신청은 서면 또는 구술로 할 수 있다. 다만 구술로 할 때에는 법원사무관등의 면전에서 하여야 하고, 법원사무관등은 조서를 작성하고 기명날인하여야 한다(규칙 제176조).

법원이 직권 또는 변경신청을 인용하여 공판기일을 변경한 경우에는 검사, 피고인, 변호인 등 원 공판기일에 소환된 자 또는 이를 통지받은 자에게 공판기일 변경명령을 송달하여야 한다. 변경신청을 기각한 명령은 송달하지 아니한다(법 제270조 제2항).

2. 임의적 절차

(1) 공판기일 전의 증거조사

(가) 의의

형사소송법은 명시적으로 공판기일 전의 증거조사에 관한 규정을 두고 있다. 검사, 피고인 또는 변호인은 공판기일 전에 서류나 물건을 증거로 법원에 제출할 수 있고(법 제274조), 법원의 피고인·증인신문, 검증·감정·번역 명령, 공무소·공사단체에 대한 필요한 사항의 보고 또는 보관서류 송부명령을 신청할 수 있다(법 제272조 제1항, 제273조 제1항).

법원은 검사, 피고인 또는 변호인의 신청에 의하여 공판준비에 필요하다고 인정한 때에는 공판기일 전에 피고인 또는 증인을 신문할 수 있고 검증, 감정 또는 번역을 명할 수 있다(법 제273조 제1항). 또한 법원은 직권 또는 검사, 피고인이나 변호인의 신청에 의하여 공무소 또는 공사단체에 조회하여 필요한 사항의 보고 또는 그 보관서류의 송부를 요구할 수 있다(법 제272조 제1항). 법원이 당사자의 신청을 기각함에는 결정으로 하여야 한다(법 제272조 제2항, 제273조 제2항).

(나) 허용 여부

1) 견해의 대립

공판기일 전 증거조사의 허용 여부에 대해서는 견해의 대립이 있다. **허용설**은 공판기일 전의 증거조사는 공판기일의 심리를 준비하기 위한 것으로 제1회 공판기일을 포함한 모든 공판기일 전에 가능하다고 하고,[169] **제한적 허용설**은 제1회 공판기일 이전의 증거조사는 공소장일본주의에 위반되므로 공판기일 전의 증거조사는 제1회 공판기일 이후에만 허용된다고 한다.[170] **불허설**은 국민참여재판과 통상재판은 절차적 동질성이 유지되어야 하는데, 국민참여재판에서 공판준비기일에는 배심원이 참여하지 아니하므로 공판기일 전의 증거조사를 허용하면 배심원은 이를 통한 심증형성을 할 수 없게 되고, 이에 양 절차에서의 사실인정에 본질적 차이가 발생하므로 공판기일 전의 증거조사는 전면적으로 금지된다고 한다.[171]

2) 검토

불허설은 입법정책적 측면에서 음미할만하지만 형사소송법의 문언에 따를 때 공판기일 전의 증거조사가 전면적으로 허용되지 아니한다고 할 수는 없다. 제한적 허용설은 공소장일본주의를 이유로 제1회 공판기일 이전의 증거조사는 금지된다고 하지만 공소장일본주의는 당사자주의, 공판중심주의, 직접심리주의, 증거재판주의를 위한 제도적 장치라 할 때[172] '공판준비에 필요하다고 인정한 때'에 한해 당사자의 신청에 의하여 법원이 당사자의 주장과 증거를 정리하고 심리계획을 수립하여 공판기일에 집중심리가 가능하도록 하기 위한 제1회 공판기일 전의

---

169) 김재환 456; 이창현 708; 임동규 403.
170) 배/홍 271; 이/김 477; 이/조/이 503.
171) 신동운 b 869.
172) 대법원 2009. 10. 22. 선고 2009도7436 전원합의체 판결.

증거조사를, 공소장일본주의에 반한다고 하여 허용될 수 없다고까지 하는 것은 지나친 과민반응이라고 생각된다. 따라서 이러한 범위 내에서의 증거조사는 제1회 공판기일 전이라 하더라도 허용된다고 봄이 옳다. 다만 공판기일의 심리절차가 무색해질 정도의 조사는 당연히 자제되어야 할 것이다.

대법원도 이러한 점을 고려하여 제1회 공판기일 전에도 증거조사는 가능하지만, 피고인신문이나 증인신문 등은 공소장일본주의나 공판중심주의와 상충될 우려가 있으므로 행하지 아니하는 것이 바람직하다는 입장이다.[173]

(2) 증거개시

(가) 의의

증거개시란 공판기일에 앞서 검사와 피고인·변호인이 자신이 가지고 있는 증거를 상대방에게 보여주는(공개하는) 것을 말한다. 이 제도는 당사자가 상대방의 증거를 미리 확인하여 공판절차에 대비하도록 함으로써 집중심리에 의한 소송절차의 효율성을 도모하고, 대부분의 증거는 검사에 의해 수집되어 제출된다는 점에서 무기대등원칙의 실효성을 담보하여 피고인의 방어권 행사를 실질적으로 보장하는데 그 의의가 있다.

형사소송법도 이를 위해 검사가 확보한 증거는 전면적으로 증거개시의 대상이 되도록 하였고, 피고인이 확보한 증거는 피고인이 현장부재·심신상실 또는 심신미약 등에 대한 법률상·사실상의 주장을 한 때에 한하여 증거개시의 대상이 되도록 하였다. 이처럼 증거개시는 강제수단을 사용함이 없이 당사자 간의 증거의 편재를 해결할 수 있는 대단히 유용한 제도라고 할 수 있다.[174]

(나) 검사의 증거개시

1) 피고인 또는 변호인의 증거개시 신청

피고인 또는 변호인은 검사에게 공소제기된 사건에 관한 서류, 물건의 목록 및 공소사실의 인정 또는 양형에 영향을 미칠 수 있는 것으로서 피고인 또는 변호인이 행한 법률상·사실상 주장과 관련된 서류 등의 열람·등사 또는 서면의 교부를 신청할 수 있다. 다만 피고인에게 변호인이 있는 경우에는 피고인은 서류 등에 대한 열람만을 신청할 수 있다

173) 법원실무제요 Ⅰ 250.

174) 증거개시에 관한 자세한 내용은 민영성, "형사증거개시제도의 바람직한 운용방향," 사법 제1권 제3호 (2008.1) 참조.

서류 등에는 도면, 사진, 녹음테이프, 비디오테이프, 컴퓨터용 디스크, 그밖에 정보를 담기 위하여 만들어진 물건으로서 문서가 아닌 특수매체 등이 포함되고, 증거개시의 대상이 되는 서류 등에는 검사가 증거로 신청할 서류 등, 검사가 증인으로 신청할 사람의 성명·사건과의 관계 등을 기재한 서면 또는 그 사람이 공판기일 전에 행한 진술을 기재한 서류 등, 이상의 서면 또는 서류의 증명력과 관련된 서류 등, 형사재판확정기록, **불기소처분기록** 등이 포함된다(법 제266조의3 제1항, 제6항).

2) 검사의 결정

① 증거개시결정과 열람·등사된 서류 등의 남용금지

피고인·변호인의 신청을 접수한 검사는 신청내용에 따라 증거를 개시하여야 한다(법 제266조의3 제2항). 피고인 또는 변호인은 검사가 열람 또는 등사하도록 한 서면 및 서류 등의 사본을 당해 사건 또는 관련 소송의 준비에 사용할 목적이 아닌 다른 목적으로 다른 사람에게 교부 또는 제시하여서는 아니 된다(법 제266조의16 제1항).

② 거부·제한 결정

검사는 국가안보, 증인보호의 필요성, 증거인멸의 염려, 관련 사건의 수사에 장애를 가져올 것으로 예상되는 구체적인 사유 등 열람·등사 또는 서면의 교부를 허용하지 아니할 상당한 이유가 있다고 인정하는 때에는 열람·등사 또는 서면의 교부를 **거부**하거나 그 범위를 제한할 수 있다(법 제266조의3 제2항). 이 경우 검사는 그 이유를 서면으로 통지하여야 한다(동조 제3항).

검사가 피고인·변호인의 신청을 거부하거나 제한하는 경우에도 서류 등의 **목록**에 대하여는 열람 또는 등사를 거부할 수 **없다**(법 제266조의3 제5항). 이처럼 목록의 경우 반드시 개시해야 하는 것으로 한 데에는 상당히 중요한 의미가 있다. 피고인 측에서 증거개시를 신청하기 위해서는 일단 검사가 어떠한 증거를 보유하고 있는지를 알고 있어야 그 중에서 사건과의 관련성, 방어의 필요성에 비추어 선별하여 증거개시를 신청할 수 있다. 또한 전면적 증거개시를 채택하고 있는 현행법 하에서 피고인 측에서 요구한 증거가 모두 다 개시되었는가를 확인하기 위해서도 목록개시는 필요불가결하기 때문이다. 그런데 검사의 입장에서는 힘껏 노력하여 수집한 증거를 아무런 대가없이 피고인 측에게 넘겨주는데 대해서 당연히 거부감을 가질 수 밖에 없다. 그 결과 실무에서는 공판정에 제출하고자 하는 증거만을 기재한 목록, 즉 **증거목록**을 '서류등의 목록'이라며 피고인에게 교부하는 예가 종종 있었다. 그러나 이때의 '서류등의 목록'은 당연히 수사자료 일체의 목록 즉, **수사서류의 목록**을 지칭하는 말이지 증거목록을 가리키는 것이 아니다. 형사소송법은 그에 대한 대응조치로서 "검사·사법경찰관리와 그밖에 직무상 수사에 관계있는 자는 수사과정에서 수사와 관련하여 작성하거나 취득한 서류 또는 물건에 대한 목록을 빠짐없이 작성하여야 한다."는 수사기관의 **목록작성의무**를 명시하고 있다(법 제198조 제3항).

3) 검사의 거부·제한결정 등에 대한 피고인·변호인의 증거개시명령 신청

피고인·변호인은 검사가 서류등의 열람·등사 또는 서면의 교부를 거부하거나 그 범위를 제한한 때 또는 증거개시신청으로부터 48시간이 경과하였을 때 법원에 증거개시(교부)명령을 신청할 수 있다(법 제266조의4 제1항).

법원은 피고인 등의 신청이 있는 때에는 열람·등사 또는 서면의 교부를 허용하는 경우에 생길 폐해의 유형·정도, 피고인의 방어 또는 재판의 신속한 진행을 위한 필요성 및 해당 서류등의 중요성 등을 판단하고, 이를 위해 필요하다고 인정하는 때에는 검사에게 해당 서류등의 제시를 요구하거나 피고인 등 이해관계인을 심문할 수 있다(법 제266조의4 제2항, 제4항).

법원은 신청에 이유 있는 때에는 검사에게 열람·등사 또는 서면의 교부를 명할 수 있다. 이 경우 법원은 검사에게 의견을 제시할 수 있는 기회를 부여하여야 한다. 법원은 신청을 인용하는 경우에는 열람 또는 등사의 시기·방법을 지정하거나 조건·의무를 부과할 수 있다(법 제266조의4 제2항, 제3항).

4) 법원의 증거개시명령에 대한 검사의 불복시 제재

① 형사소송법상의 제재

법원의 증거개시명령은 판결 전의 소송절차에 관한 결정으로, 별도로 즉시항고 규정을 두고 있지 아니하다. 따라서 검사는 법원의 증거개시명령에 대해 보통항고의 방법으로 불복할 수 없고[175] 결정내용에 따라 지체 없이 증거를 개시하여야 한다.[176] 검사가 법원의 결정을 이행하지 아니하는 때에는 해당 증인 및 서류등에 대한 증거신청을 할 수 없다(법 제266조의4 제5항).

② 문제점 및 헌법재판소와 대법원의 대응

검사가 열람·등사 또는 서면의 교부에 관한 법원의 결정을 지체 없이 이행하지 아니하는 때에는 해당 증인 및 서류등에 대한 증거신청을 할 수 없다고 하는 제재는 사실상 의미가 없다는 비판이 제기된다. 검사가 개시하지 않으려고 하는 증거는 피고인에게 유리한 증거일터이기 때문이다.

---

175) 대법원 2013. 1. 24.자 2012모1393 결정.

176) 헌법재판소 2022. 6. 30.자 2019헌마356 전원재판부 결정.

이와 관련하여 헌법재판소는, "검사가 그와 같은 불이익을 감수하기만 하면 법원의 열람·등사 결정을 따르지 않을 수도 있다는 의미가 아니라, 피고인의 열람·등사권을 보장하기 위하여 검사로 하여금 법원의 열람·등사에 관한 결정을 신속히 이행하도록 강제하는 한편, 이를 이행하지 아니하는 경우에는 증거신청상의 불이익도 감수하여야 한다는 의미로 해석하여야 할 것"이라고 하면서 "그러한 검사의 거부행위는 피고인의 열람·등사권을 침해하고, 나아가 피고인의 신속·공정한 재판을 받을 권리 및 변호인의 조력을 받을 권리까지 침해하게 되는 것"이라고 하고 있다. 그러면서 "수사서류에 대한 법원의 열람·등사 허용 결정이 있음에도 검사가 열람·등사를 거부하는 경우 수사서류 각각에 대하여 검사가 열람·등사를 거부할 정당한 사유가 있는지를 심사할 필요 없이 그 거부행위 자체로써 청구인들의 기본권을 침해하는 것"이라고 하고,[177] "변호인이 수사서류를 열람은 하였지만 등사가 허용되지 않는다면 변호인은 형사소송절차에서 청구인들에게 유리한 수사서류의 내용을 법원에 현출할 수 있는 방법이 없어 불리한 지위에 놓이게 되고, 그 결과 청구인들을 충분히 조력할 수 없음이 명백하므로, 피청구인이 수사서류에 대한 등사만을 거부하였다 하더라도 청구인들의 신속·공정한 재판을 받을 권리 및 변호인의 조력을 받을 권리가 침해되었다고 보아야 한다."고 판시하고 있다.

대법원도 "법원이 검사의 열람·등사 거부처분에 정당한 사유가 없다고 판단하여 수사서류의 열람·등사를 허용하도록 명한 이상, 법에 기속되는 검사로서는 당연히 법원의 그러한 결정에 지체 없이 따랐어야 함에도 이 사건 검사는 약 9개월 동안 법원의 결정에 반하여 이 사건 수사서류의 열람·등사를 거부하였고, 그렇다면 이 사건 열람·등사 거부 행위 당시 이 사건 검사에게 국가배상법 제2조 제1항에서 규정하는 과실이 있었다고 인정되므로 국가는 손해를 배상해야 한다."고 판시하였다.[178] 또한 대법원은 공무소등에 대한 조회에서 법원의 불기소결정서 송부요구를 검찰청이 거부한 사안에 대하여, 송부요구한 서류가 피고인의 무죄를 뒷받침할 수 있거나 법관의 유·무죄에 대한 심증을 달리할 만한 상당한 가능성이 있는 중요증거에 해당함에도 그 송부를 거절하는 것은, 피고인의 신속·공정한 재판을 받을 권리와 변호인의 조력을 받을 권리를 중대하게 침해하므로, 송부요구를 한 법원은 해당 서류의 내용을 밝혀 서류가 제출되면 유·무죄의 판단에 영향을 미칠 상당한 개연성이 있다고 인정될 경우에는 공소사실이 합리적 의심의 여지없이 증명되었다고 보아서는 아니 된다고 하였다.[179] 검찰청이 법원의 송부요구를 거부하는 것과 검사가 법원의 증거개시 결정을 거부하는 것은 사실적·법적으로 동일

177) 헌법재판소 2010. 6. 24. 2009헌마257 결정.
178) 대법원 2012. 11. 15. 선고 2011다48452 판결.
179) 대법원 2012. 5. 24. 선고 2012도1284 판결.

한 성격을 가지고 있으므로, 이러한 법리는 검사의 증거개시 결정 거부에도 동일하게 적용될 것이다.

이처럼 검사는 증거개시 결정 불이행시 단지 증거의 사용을 포기하는 것이 아니라 그로 인한 **무죄판결의 위험을 감수**하여야 한다. 헌법재판소도 대법원도 법규정의 미비점으로 인한 허점을 피고인의 이익을 위한 적극적인 해석을 통하여 메꾸고 있는 것이다.[180]

(다) 피고인의 증거개시

1) 검사의 증거개시 요구

피고인 또는 변호인이 공판기일 또는 공판준비절차에서 **현장부재·심신상실 또는 심신미약** 등에 대한 법률상·사실상의 주장을 한 때에는, 검사는 피고인 또는 변호인에게 증거로 신청할 서류등, 증인으로 신청할 사람의 성명, 사건과의 관계 등을 기재한 서면, 이상의 서류등 또는 서면의 증명력과 관련된 서류등, 피고인 또는 변호인이 행한 법률상·사실상의 주장과 관련된 서류등의 열람·등사 또는 서면의 교부를 요구할 수 있다(법 제266조의11 제1항). 서류등에는 도면·사진·녹음테이프·비디오테이프·컴퓨터용 디스크, 그밖에 정보를 담기 위하여 만들어진 물건으로서 문서가 아닌 특수매체가 포함된다(법 제266조의11 제5항, 제266조의3 제6항).

여기서 '현장부재·심신상실 또는 심신미약 등'이란 예시적 규정인지 열거적 규정인지가 문제된다. 그런데 우리나라의 증거개시제도는 절차의 신속한 진행을 위해서라기보다는 피고인의 방어권 보장에 더 중점을 두고 도입된 제도라고 할 수 있는바, 피고인이 보유하는 증거를 검사에게 개시하는 것은 피고인의 방어권 보장과는 거리가 있는 만큼 위 조항의 내용은 가능한 좁게, 제한적으로 해석하는 것이 바람직하다. 따라서 이는 **한정적·열거적 규정**으로 보아야 한다.

2) 피고인·변호인의 증거개시

피고인·변호인은 검사의 증거개시요구에 따라야 하지만, 검사가 증거개시를 거부한 경우에는 피고인·변호인도 서류 등의 열람·등사 또는 서면의 교부를 거부할 수 있다. 다만 검사가 증거개시를 거부하여 피고인·변호인이 법원에 증거개시명령을 신청하였으나 법원이 이를 기각한 경우에는 피고인·변호인은 검사의 증거개시요구를 거부할 수 없다(법 제266조의11 제2항).

---

180) 참고로 민사소송법은 당사자가 법원의 문서제출 명령에 따르지 아니하거나 당사자가 상대방의 사용을 방해할 목적으로 제출의무가 있는 문서를 훼손하여 버리거나 이를 사용할 수 없게 한 때에는, 법원은 그 문서의 기재에 대한 상대방의 주장을 진실한 것으로 인정할 수 있도록 명시하고 있다(동법 제349조, 제350조) 또한 미국에서는 이러한 경우 공판절차의 정지, 법정모욕제재, 공소기각 등을 통하여 매우 강하게 대처하고 있다.

3) 검사의 증거개시명령 신청과 법원의 증거개시명령에 대한 불복시 제재

피고인 또는 변호인이 증거개시 요구를 거부한 때에는, 검사는 법원에 그 서류등의 열람·등사 또는 서면의 교부를 허용하도록 할 것을 신청할 수 있다(법 제266조의11 제3항).

이 경우 법원의 증거개시명령에 대해서는 피고인·변호인이 증거개시명령을 신청한 경우에 대한 규정이 준용된다(법 제266조의11 제4항, 법 제266조의4 제2항 내지 제5항). 따라서 피고인·변호인이 열람·등사 또는 서면의 교부에 관한 법원의 결정을 지체 없이 이행하지 아니하는 때에는 해당 증인 및 서류 등에 대한 **증거신청을 할 수 없다**.

검사의 경우와는 달리 피고인·변호인에 대한 제재는 증거신청의 불허로 충분하다. 증거개시를 통한 신속한 재판의 도모가 무죄추정의 원칙에 비하여 우월한 가치를 가질 수는 없고, 입증책임은 언제나 검사에게 있으므로 피고인·변호인이 무죄 변론을 뒷받침할 증거를 사용할 수 없다는 사실만으로도 충분한 제재의 효과가 있기 때문이다.

(3) 공판준비절차

(가) 의의

공판준비절차란 공판기일의 효율적이고 집중적인 심리를 위하여 공판기일에 앞서 쟁점정리, 증거신청·증거결정과 관련한 증거정리, 증거개시의 당부판단, 공판절차의 진행과 관련한 사항등을 다루는 절차를 말한다.

공판준비절차에서 법원은 공소사실 또는 적용법조를 명확하게 하는 행위, 공소사실 또는 적용법조의 추가·철회 또는 변경을 허가하는 행위, 공소사실과 관련하여 주장할 내용을 명확히 하여 사건의 쟁점을 정리하는 행위, 계산이 어렵거나 그 밖에 복잡한 내용에 관하여 설명하도록 하는 행위, 증거신청을 하도록 하는 행위, 신청된 증거와 관련하여 입증 취지 및 내용 등을 명확하게 하는 행위, 증거신청에 관한 의견을 확인하는 행위, 증거 채부의 결정을 하는 행위, 증거조사의 순서 및 방법을 정하는 행위, 서류등의 열람 또는 등사와 관련된 신청의 당부를 결정하는 행위, 공판기일을 지정 또는 변경하는 행위, 그 밖에 공판절차의 진행에 필요한 사항을 정하는 행위를 할 수 있다(법 제266조의9 제1항).

공판준비절차는 국민참여재판에서는 **필요적** 절차이지만(국민참여재판법 제36조 제1항) 통상의 일반재판에서는 **임의적** 절차로서, 재판장은 공판기일의 효율적이고 집중적인 심리를 위하여 사건을 공판준비절차에 부칠 수 있다.

(나) 공판준비절차의 방식

공판준비절차는 주장 및 입증계획 등을 서면으로 준비하게 하거나 공판준비기일을 열어 진행한다(법 제266조의5 제1항, 제2항). 검사, 피고인 또는 변호인은 증거를 미리 수집·정리하는 등 공판준비절차가 원활하게 진행될 수 있도록 협력하여야 한다(동조 제3항).

1) 공판준비를 위한 서면의 제출

검사, 피고인 또는 변호인은 법률상·사실상 주장의 요지 및 입증취지 등이 기재된 서면을 법원에 제출할 수 있다. 당사자가 이러한 서면을 제출하지 아니하는 경우 재판장은 위 서면의 제출을 명할 수 있다(법 제266조의6 제1항, 제2항). 법원은 위 서면이 제출된 때에는 그 부본을 상대방에게 송달하여야 한다(동조 제3항).

재판장은 검사, 피고인 또는 변호인에게 공소장 등 법원에 제출된 서면에 대한 설명을 요구하거나 그 밖에 공판준비에 필요한 명령을 할 수 있다(동조 제4항).

2) 공판준비기일

① 기일의 지정

검사, 피고인 또는 변호인은 법원에 대하여 공판준비기일의 지정을 신청할 수 있고, 법원은 검사, 피고인 또는 변호인의 의견을 들어 공판준비기일을 지정할 수 있다. 기일지정 신청에 대한 법원의 결정에 대해서는 불복할 수 없다(법 제266조의7 제1항, 제2항).

② 통지와 소환

법원은 검사, 피고인 및 변호인에게 공판준비기일을 통지하여야 하고(법 제266조의8 제3항), 필요하다고 인정하는 때에는 공판준비기일에 피고인을 소환할 수 있다(동조 제5항).

법원은 공판준비기일을 지정한 경우 변호인이 없는 때에는 직권으로 변호인을 선정하여야 한다. 공판준비절차를 거친 경우에는 이후의 공판에서 증거조사신청이 제한될 수 있기 때문에 **필요적 변호사건**으로 다루고 있는 것이다(동조 제4항).

③ 기일의 진행

ⓐ 공개원칙

공판준비기일은 공개한다. 다만, 공개하면 절차의 진행이 방해될 우려가 있는 때에는 공개하지 아니할 수 있다(법 제266조의7 제4항). 이러한 점은 일본이 공판준비라는 이유로 공판준비기일은 공개를 원칙으로 하고 있는 것과는 다르다.

ⓑ **당사자의 출석 및 참여**

공판준비기일에는 검사 및 변호인이 출석하여야 하고, 법원사무관등이 참여한다(법 제266조의8 제1항, 제2항). 피고인은 법원의 소환유무와 관계없이 공판준비기일에 출석할 수 있다(법 제266조의8 제5항). 공판준비기일에 피고인의 출석은 임의사항이나, 피고인이 출석한 경우 재판장은 피고인에게 진술을 거부할 수 있음을 고지하여야 한다(법 제266조의8 제6항).

ⓒ **진행**

공판준비기일의 진행은 법원에 의함을 원칙으로 하지만 법원은 합의부원으로 하여금 공판준비기일을 진행하게 할 수 있다. 이 경우 수명법관은 공판준비기일에 관하여 법원 또는 재판장과 동일한 권한이 있다(법 제266조의7 제3항).

공판준비기일에 법원은 공소사실과 적용법조의 정리, 사건의 쟁점 정리, 증거신청과 증거신청에 관한 의견확인, 증거 채부의 결정, 증거조사의 순서 및 방법 지정, 제1회 공판기일의 지정 등을 할 수 있다(법 제266조의9 제1항). 검사, 피고인, 변호인은 이에 대한 법원의 결정에 대해 이의를 신청할 수 있다. 법원은 이의신청에 대한 결정을 하여야 한다(동조 제2항, 제296조, 제304조).

ⓓ **종료**

법원은 공판준비기일을 종료하는 때에는 검사, 피고인 또는 변호인에게 쟁점 및 증거에 관한 정리결과를 고지하고 이에 대한 이의의 유무를 확인하여야 하며, 쟁점 및 증거에 관한 정리결과를 공판준비기일조서에 기재하여야 한다(법 제266조의10). 공판기일의 심리절차가 일종의 요식 행위에 그칠 수 있다는 우려 때문에 '쟁점 및 증거에 관한 정리결과'를 공판준비기일조서에 기재하도록 한 것이다. 공판준비기일조서는 형사소송법 제311에 의하여 증거로 할 수 있다.

ⓔ **영상공판준비기일**

피고인이 출석하지 아니하는 경우 법원은 상당하다고 인정하는 때에는 검사와 변호인의 의견을 들어 비디오 등 중계장치에 의한 중계시설을 통하거나 인터넷 화상장치를 이용하여 공판준비기일을 열 수 있다(제266조의17 제1항, 제2항). 이를 '영상공판준비기일'이라고 한다.

영상공판준비기일의 경우 법원은 검사, 변호인을 법원청사에 설치된 중계시설에 출석하게 하거나 인터넷 화상장치를 이용하여 지정된 인터넷주소에 접속하게 하고, 그 진행은 영상과 음향의 송수신에 의하여 법관, 검사, 변호인이 상대방을 인식할 수 있는 방법으로 한다(규칙 제123조의13 제1항).

영상공판준비기일에서의 서류 등의 제시는 비디오 등 중계장치에 의한 중계시설이나 인터넷 화상장치를 이용하거나 모사전송, 전자우편, 그 밖에 이에 준하는 방법으로 할 수 있다(규칙 제123조의13 제4항).

(다) 공판준비절차의 종결사유와 종결의 효과

법원은 ① 쟁점 및 증거의 정리가 완료된 때, ② 사건을 공판준비절차에 부친 뒤 3개월이 지난 때, ③ 검사·변호인 또는 소환받은 피고인이 출석하지 아니한 때 중 어느 하나에 해당하는 사유가 있는 때에는 공판준비절차를 종결하여야 한다. 다만, 준비절차 개시 후 3개월 경과 및 검사 등의 불출석에 해당하는 경우로서 공판의 준비를 계속하여야 할 상당한 이유가 있는 때에는 그러하지 아니하다(법 제266조의12).

공판준비기일이 종결되면 원칙적으로 **증거신청권**에 대한 **실권효**가 발생한다. 공판준비절차의 실효성을 담보한다는 취지에서이다. 따라서 일정한 예외사유가 없는 한 공판준비기일에서 신청하지 못한 증거는 공판기일에서도 신청할 수 없다. 즉 공판기일에서의 신청으로 인하여 소송을 현저히 지연시키지 아니하는 경우나, 중대한 과실 없이 공판준비기일에 제출하지 못하는 등 부득이한 사유를 소명한 경우에 한하여 그 예외사유가 인정된다(법 제266조의13 제1항).

물론 법원은 공판준비기일에 신청되지 아니한 증거라 하더라도 직권으로 증거를 조사할 수 있고(법 제266조의13 제1항), 직권 또는 검사, 피고인이나 변호인의 신청에 의하여 결정으로 종결한 공판준비기일을 재개할 수 있다(법 제266조의14, 제305조).

(라) 문제점 및 개선방안

공판준비절차의 주재자는 수소법원의 재판장이다. 그런데 법원은 순백의 상태에서 제1회 공판기일에 임하는 것이 예단배제의 원칙 내지 공소장일본주의의 요청이자 귀결이라고 한다면, 수소법원이 공판준비절차를 주재하는 것에는 아무래도 의문부호가 붙지 않을 수 없다.

물론 공판준비절차에는 소추측만이 아니라 변호인도 출석하여 당사자 쌍방의 절차관여 하에 쟁점정리 등이 이루어지는 것이므로 어느 한 쪽에 치우친 예단·편견을 줄 염려는 없다는 생각도 있을 수 있겠지만, 소송의 전과정에 걸쳐서 법관을 예단·편견으로부터 지키는 것이 **예단배제의 원칙**이라고 하는 점을 재삼 상기한다면 법원은 순백의 상태에서 공판에 임해야 할 것이고, 비록 심증형성을 하지 않는다고는 하나 공판기일 전에 증거에 접하는 것은 결코 바람직하다고 할 수는 없을 것이다. 변호인의 공판준비를 위한 철저한 대비 내지 대응이 지켜지지 않는 한 공판준비절차는 졸속재판을 낳을 위험성이 적지 않다는 점에서 제도개선과 함께 예단의 위험성을 최소화 할 수 있는 신중한 운영이 요구된다.

Ⅲ. 제1회 공판기일 및 그 이후의 절차

1. 모두절차

(1) 의의

모두절차란 공판절차 중 가장 먼저 이루어지는 절차로서 공소사실을 명확히 하고 피고인의 자백 여부를 확인하는 절차를 말한다. 형사소송법은 모두절차로서 '재판장의 피고인에 대한 진술거부권의 고지 → 재판장의 피고인에 대한 인정신문 → 검사의 공소사실에 대한 모두진술 → 피고인의 공소사실 인정 여부에 대한 모두진술 → 재판장의 쟁점정리'를 규정하고 있으나, 재판실무에서는 매 공판기일마다 재판장의 **사건호명**과 **개정선언**이 가장 먼저 이루어지므로 모두절차도 사건호명 및 개정선언 이후에 위 순서대로 진행된다.

(2) 진술거부권의 고지

재판장은 인정신문을 하기 전에 피고인에게 진술하지 아니하거나 개개의 질문에 대하여 진술을 거부할 수 있고, 이익되는 사실을 진술할 수 있음을 고지하여야 한다(법 제283조의2, 규칙 제127조). 따라서 피고인은 공판절차에서 일체의 진술을 거부할 수도 있고, 일정한 부분에 대해서만 진술을 거부할 수도 있다. 피고인이 일체의 진술을 거부할 의사를 명백히 하였다면 공판조서에 이를 기록하고 피고인신문은 생략할 수 있을 것이다. 나아가 비록 고지내용에 포함되어 있지는 않으나 피고인의 방어권 보장을 위하여 재판장은 진술거부권의 행사를 포기하고서 법정에서 행한 피고인의 진술은 유죄의 증거가 될 수 있다는 점에 대해서도 고지하는 것이 바람직하다.

진술거부권의 고지는 매 사건마다 1회만 이루어지면 충분하므로 속행에 따른 이후 공판기일에는 필요치 아니하다. 다만 공판절차가 갱신된 경우에는 인정신문에 앞서 다시 이루어져야 한다(규칙 제144조).

(3) 인정신문

인정신문이란 재판장이 피고인으로 출석한 자의 신분을 확인하여 공소장 기재 피고인과 동일인임을 판단하기 위한 신문을 말한다. 재판장은 피고인의 성명, 연령, 등록기준지, 주거와 직업을 물어서 피고인임에 틀림없음을 확인하여야 한다(법 제284조). 피고인이 법인, 의사무능력자인 경우 등으로 대표자 또는 대리인이 출석한 경우에는 재판장은 그 사람의 성명, 연령 등 및 피고인과의 관계를 물어 출석한 사람이 피고인의 대표자 또는 대리인이 틀림없음을 확인하여야 한다. 피고인이 진술하는 인적사항이 공소장 기재 인적사항과 다르거나 그 외의 사유로 성명모용 또는 위장출석이 의심되는 경우, 재판장은 검사에게 확인을 명하는 등 적절한 소송지휘를 하는 것이 바람직하다.

피고인의 진술거부권은 인정신문에 대해서도 당연히 보장된다. 형사소송법도 피고인에 대한 진술거부권의 고지 후에 인정신문을 하도록 규정하고 있다.

(4) 검사의 모두진술

검사의 모두진술이란 검사가 공소장의 주요 기재사항을 법정에서 낭독하는 것을 말한다. 인정신문이 끝나면 재판장은 검사에게 모두진술을 명하고, 검사는 공소장에 의하여 공소사실, 죄명 및 적용법조를 **낭독**하여야 한다(법 제285조 본문). 구두변론주의의 관철을 위해 공소장의 낭독은 공개된 장소(공판정)에서 이루어지도록 한 것이다. 이를 통하여 공소장의 기재내용을 법정 내의 피고인을 포함한 관계인들이 쉽게 이해할 수 있도록 해줌으로써 법원의 소송지휘와 피고인의 방어권 보장뿐만이 아니라 공개재판주의 및 공판중심주의를 실현하는데도 기여하게 된다. 이런 이유로 검사의 모두진술은 생략할 수 없다.

다만 공소장의 분량이 방대하여 전부를 낭독하면 심리의 지연이 우려되고 검사가 그 요지만을 진술하더라도 피고인의 방어권 보장에 지장이 없는 경우라면 반드시 전부를 낭독하게 할 필요는 없다고 하겠다. 형사소송법은 이러한 경우를 상정하여 재판장은 필요하다고 인정하는 때에는 검사에게 **공소의 요지**를 진술하게 할 수 있도록 하고 있다(법 제285조 단서).

(5) 피고인의 모두진술

피고인의 모두진술이란 피고인이 검사가 낭독 또는 요지를 진술한 공소사실에 대하여 구두로써 인정 여부의 의사를 표시하고 필요시 자신에게 유리한 진술을 하는 것을 말한다.

(가) 공소사실 인정 여부에 대한 진술

검사의 모두진술이 끝난 뒤에 재판장은 피고인에게 공소사실의 인정 여부를 묻고, 피고인은 그 인정 여부를 진술하여야 한다(법 제286조 제1항 본문). 피고인이 공소사실을 인정하여 자백하면 간이공판절차로 진행될 수 있으므로, 피고인의 인정 여부가 불명확한 경우 재판장은 이를 명확히 확인하여야 한다. 피고인의 진술거부권은 형사절차 전반에 걸쳐 인정되므로 공소사실의 인정 여부에 대해서도 피고인은 **진술거부권**을 행사하여 그 진술을 거부할 수 있다(법 제286조 제1항 단서).

전술하였듯이 일반적으로 피고인이 모두진술에서 공소사실을 인정하면 이후 절차는 제1회 공판기일에서 모두 다 이루어지고, 공소사실을 부정하면 이후 절차는 한 번 이상의 차회 공판기일에서 이루어지게 된다.[181]

(나) 이익되는 사실에 대한 진술

피고인은 모두진술시 자신에게 이익이 되는 사실 등도 진술할 수 있다(법 제286조 제2항). 형사소송법은 피고인의 이익되는 사실에 대한 구체적인 제한을 두지 아니하고 있으므로 피고인은 공소사실 또는 양형에 관련된 것이면 어떠한 내용이든 진술할 수 있다. 다만 진술 주제나 내용이 중복되거나 공소사실 또는 양형과 관계가 없는 사항인 경우에는 소송관계인의 본질적 권리를 해하지 아니하는 한도에서 재판장은 이를 제한할 수 있다(법 제299조).

피고인이 이익되는 사실을 진술하는 것은 독립적인 절차로서 피고인이 그 권리를 포기하지 아니하는 이상 재판장의 쟁점정리 이전에 이루어져야 한다. 또한 피고인은 모두절차 이후의 공판절차에서도 방어권의 행사로서 언제든지 자신에게 이익되는 진술을 할 권리를 갖는다.[182]

한편 피고인은 늦어도 피고사건에 대한 진술 전인 이 모두진술의 기회에 **토지관할의 위반**의 신청(법 제320조 제2항), 제1회 공판**기일의 유예기간**에 대한 이의신청(법 제269조 제2항), 공소**장부본의 송달하자** 주장(법 제266조)을 해야 한다. 그렇지 않으면 하자가 치유되어 피고인은 더 이상 그에 대해 다툴 수 없게 된다.

(6) 재판장의 쟁점정리

재판장은 피고인의 모두진술이 끝난 다음에 피고인 또는 변호인에게 쟁점의 정리를 위하여 필요한 질문을 할 수 있고, 증거조사를 하기에 앞서 검사 및 변호인으로 하여금 공소사실 등의 증명과 관련된 주장 및 입증계획 등을 진술하게 할 수 있다(법 제287조 제1항, 제2항 본문). 이를 통하여 재판장은 향후 공판절차를 효율적으로 진행할 수 있고, 검사와 피고인은 공방의 핵심쟁점을 파악하여 미리 대비할 수 있게 된다.

다만 검사 및 피고인은 증거로 할 수 없거나 증거로 신청할 의사가 없는 자료에 기초하여 법원에 사건에 대한 예단 또는 편견을 발생하게 할 염려가 있는 사항은 진술할 수 없다(법 제

181) 5페이지 참조.
182) 배/홍 283.

287조 제2항 단서). 증거조사의 대상이 될 수 없거나 그 가능성이 희박한 자료에 기초한 진술은 쟁점을 흐리게 만들고 법원에 예단이나 편견을 낳게 할 수 있으므로, 증거조사 전 단계인 재판장의 쟁점정리에서도 금지한 것이다.

(7) 기소인부제도의 의의와 도입가능성

영미법에서는 피고인의 공소사실 인정(유죄답변)에 기하여 사실심리를 거치지 않고 유죄를 선고할 수 있게 하는 기소인부제도(Arraignment)가 널리 이용되고 있다. 통상적으로 기소인부제도란 기소 후에 피고인을 법원에 출석시켜 공소사실 등을 고지하고 그에 대한 피고인의 답변을 구하는 절차를 말한다. 피고인의 답변에는 기본적으로 **유죄답변, 불항쟁답변,**[183] **무죄답변**의 3종류가 있고, 유죄 또는 불항쟁의 답변에 대해 법원이 이를 수리한 경우에는 사실심리를 거치지 않고 바로 유죄로 인정한 뒤 양형절차로 넘어가게 된다. 유죄답변은 기소인부절차에서만 행해져야 하는 것은 아니고 무죄답변에 이어서 공판심리에 들어간 후라도 배심의 평결이 내려지기까지는 언제라도 할 수 있다.

미국에서 기소인부제도는 형사절차상 매우 중요한 위치를 점하고 있다. 피고인은 검사와의 형량거래를 통해 형사처벌을 최소화하고, 검사는 입증책임을 경감하여 소송경제에 크게 이바지하고 있는 것이다.[184]

형사사건의 장기화로 인한 소송경제의 요청으로 기소인부제도를 우리나라에 도입해야 한다는 의견도 있다. 하지만 실체적 진실주의와 헌법 제12조의 적법절차보장에 포함되는 오판방지의 관점에서 볼 때 기소인부제도는 우리나라에는 도입될 수 없다고 함이 옳다. 비록 그 필요성이 인정된다 하더라도 우리의 헌법적 가치와 요청을 뛰어넘을 수는 없는 것이다.

2. 증거조사절차

(1) 의의

증거조사란 법원이 공판기일에 공판정에서 사실인정과 양형에 관한 심증을 얻기 위하여

183) nolo contendere. 유죄를 인정하거나 무죄를 주장하는 것은 아니지만 형사처벌은 받겠다는 답변. 미국 연방법원에서는 이를 허용하고 있으나, 주 법원은 이를 불허하는 경우도 있다. 불항쟁 답변은 형사사건에서 유죄답변과 같이 취급되어 형사처벌을 최소화 하고, 향후 민사사건에서는 이를 다투고자 할 때 주로 선택한다.

184) Stephen 1166. 통계에 의하면 1999년 미국 연방법원에서는 전체 피고인의 94.6%가 유죄답변을 하였고, 그 이후 10년간 유죄답변율도 94-97%에 이른다고 한다.

법정의 방식으로 증거방법을 조사하여 그 내용인 증거자료를 탐지하는 소송행위를 말한다. 형사소송법은 증인 등 인증(人證), 증거서류와 증거물 및 그 밖의 증거를 구분한 다음 각각의 증거방법에 대한 증거조사 방식을 개별적·구체적으로 규정하고 있는바, 적법한 증거조사 절차를 거치지 않은 증거는 사실인정의 자료로 삼을 수도 없고 피고인이나 변호인이 그러한 절차 진행에 동의하였다거나 사후에 그와 같은 증거조사 결과에 대하여 이의를 제기하지 아니하였다 하더라도 그 위법성은 치유되지 아니한다.[185] 따라서 수명법관 또는 수탁판사의 기일 외 증인신문·검증·감정 및 공소제기 전 지방법원판사의 증인신문·검증·감정의 결과도 법원에 제출되어 적법한 증거조사를 거쳐야 증거능력이 인정된다.

증거조사절차는 증거신청 → 증거결정 → 이의신청 → 증거조사의 순서로 이루어진다. 증거법은 그 분량이 방대하므로 따로 떼어 후술하도록 하고,[186] 여기에서는 증거조사의 절차적인 모습만을 시계열로 살펴본다.

(2) 당사자의 증거신청 및 법원의 직권에 의한 증거조사결정

(가) 당사자의 증거신청에 의한 증거조사결정

1) 신청권자

검사, 피고인 또는 변호인은 서류나 물건을 법원에 증거로 제출할 수 있고, 법원에 대하여 증인·감정인·통역인 또는 번역인의 신문(법 제294조 제1항) 또는 공무소·공사단체에 조회하여 필요한 사항의 보고·보관서류의 송부요구를 신청할 수 있다(법 제272조).

2) 신청시기

당사자의 증거신청은 공소제기 후부터 사실심의 변론종결시까지 사이에 이루어져야 한다. 다만 공판준비기일을 거친 경우 공판준비기일이 종결되면 증거신청권에 대한 실권효가 발생하므로, 당사자는 공판준비기일 종결 이후에는 증거신청으로 인하여 소송을 현저히 지연시키지 아니하는 경우나 중대한 과실 없이 공판준비기일에 제출하지 못하는 등 부득이한 사유를 소명한 경우에 한하여 증거를 제출할 수 있다(법 제266조의13 제1항).

---

185) 대법원 2024. 9. 12. 선고 2020도14843 판결. "형사소송법에서 정한 절차와 방식에 따른 증인신문절차를 거치지 아니한 채 증인에 대하여 선서 없이 법관이 임의의 방법으로 청취한 진술과 그 진술의 형식적 변형에 불과한 증거(녹음파일 등)는 적법한 증거조사 절차를 거치지 않은 증거로서 증거능력이 없다. 따라서 사실인정의 자료로 삼을 수도 없고, 피고인이나 변호인이 그러한 절차 진행에 동의하였다거나 사후에 그와 같은 증거조사 결과에 대하여 이의를 제기하지 아니하고 그 녹음파일 등을 증거로 함에 동의하였더라도 그 위법성이 치유되지 않는다."

186) 497페이지 참조.

3) 신청방법

증거신청은 검사가 먼저하고 그 다음에 피고인 또는 변호인이 한다(규칙 제133조). 당사자가 증거를 신청할 때에는 그 증거와 증명하고자 하는 사실과의 관계를 구체적으로 명시하여야 한다(규칙 제132조의2 제1항). 이를 **입증취지**라 한다.

당사자는 특별한 사정이 없는 한 필요한 증거를 일괄하여 신청하여야 하고(규칙 제132조), 증거로 할 부분을 특정 및 명시하여 서류나 물건의 일부에 대해서만 증거신청을 할 수 있다(규칙 제132조의2 제3항).

① 증인신청

당사자의 증인신청도 서류나 물건 등 다른 증거신청과 함께 이루어지는 것이 원칙이다(규칙 제132조). 그러나 일반적으로 검사는 증인의 증언을 대신하여 그 증인의 증언내용이 기록된 진술조서 또는 진술서를 증거로 신청하므로, 검사의 증인신청은 피고인이 모두절차에서 범행을 부인하면서 진술조서 등 전문증거에 대해 증거동의를 하지 아니하는 경우에 이루어진다.

증인을 신청하는 자는 증인의 소재, 연락처와 출석 가능성 및 출석 가능 일시 그 밖에 증인의 소환에 필요한 사항을 미리 확인하는 등 증인 출석을 위한 합리적인 노력을 다하여야 한다(법 제150조의2 제2항, 규칙 제67조의2 제2항).

② 문서 외 정보저장매체에 저장된 정보의 증거신청

컴퓨터용디스크 그 밖에 이와 비슷한 정보저장매체에 기억된 문자정보, 도면, 사진을 증거자료로 하는 경우, 당사자는 정보저장매체 자체 또는 해당 정보를 읽을 수 있도록 출력하여 인증한 등본을 증거로 신청할 수 있다. 컴퓨터디스크 등에 기억된 문자정보, 도면, 사진을 증거로 하는 경우에 증거조사를 신청한 당사자는 법원이 명하거나 상대방이 요구한 때에는 컴퓨터디스크 등에 입력한 사람과 입력한 일시, 출력한 사람과 출력한 일시를 밝혀야 한다(규칙 제134조의7).

당사자가 녹음·녹화테이프, 컴퓨터용디스크, 그 밖에 이와 비슷한 방법으로 음성이나 영상을 녹음 또는 녹화하여 재생할 수 있는 매체에 대한 증거조사를 신청하는 때에는, 음성이나 영상이 녹음·녹화 등이 된 사람, 녹음·녹화 등을 한 사람 및 녹음·녹화 등을 한 일시·장소를 밝혀야 한다. 녹음·녹화매체 등에 대한 증거조사를 신청한 당사자는 법원이 명하거나 상대방이 요구한 때에는 녹음·녹음매체 등의 녹취서, 그 밖에 그 내용을 설명하는 서면을 제출하여야 한다(규칙 제134조의8 제1항, 제2항).

③ 검사의 증거신청 관련특례

ⓐ 자백보강증거 또는 정상에 관한 증거

검사는 피고인의 자백을 보강하는 증거나 정상에 관한 증거는 보강증거 또는 정상에 관한 증거라는 취지를 명시하여 그 조사를 신청하여야 한다(규칙 제132조의2 제2항).

ⓑ 수사기록의 일부

검사는 증거로 할 부분을 특정하여 개별적으로 제출함으로써 수사기록의 일부에 대해서만 증거신청을 할 수 있다(규칙 제132조의3). 이를 증거분리제출제도라고 한다.

ⓒ 영상녹화물

검사는 수사절차에서 참고인이었던 원진술자가 공판준비 또는 공판기일에서 수사과정에서 작성된 진술조서의 기재 내용이 자신이 진술한 내용과 동일하지 아니하다고 증언하는 경우, 즉 실질적 진정성립을 부인하는 경우에는 부인부분의 실질적 진정성립을 증명하기 위하여 적법한 절차와 방식으로 작성된 영상녹화물의 조사를 신청할 수 있다(규칙 제134조의2, 제134조의3 제1항, 제3항). 검사는 영상녹화물의 조사를 신청하는 때에는 참고인이었던 원진술자가 영상녹화에 동의하였다는 취지로 기재하고 기명날인 또는 서명한 서면을 첨부하여야 한다(규칙 제134조의3 제2항). 검사가 영상녹화물의 조사를 신청한 경우, 법원은 이에 관한 결정을 함에 있어 원진술자와 함께 피고인 또는 변호인으로 하여금 그 영상녹화물이 적법한 절차와 방식에 따라 작성되어 봉인된 것인지 여부에 관한 의견을 진술하게 하여야 한다(규칙 제134조의4 제1항).

형사소송규칙상 검사는 피고인 아닌 피의자의 진술을 영상녹화한 사건에서도 실질적 진정성립을 증명하기 위하여 영상녹화물의 조사를 신청할 수 있다(규칙 제134조의2 제1항). 하지만 형사소송법의 제312조의 개정과 함께 법원은 피의자신문조서의 경우 그 작성주체를 불문하고 피고인의 내용인정이 없는 이상 그 증거능력을 부정하므로,[187] 이 규정은 사문화 된 것으로 볼 수 있다.

검사는 원진술자의 기억환기를 위하여 영상녹화물을 증거신청 할 수 있다. 이 경우 법원은 이에 관한 결정을 함에 있어 원진술자와 함께 피고인 또는 변호인으로 하여금 그 영상녹화물이 적법한 절차와 방식에 따라 작성되어 봉인된 것인지 여부에 관한 의견을 진술하게 하여야 한다(규칙 제134조의4 제1항, 제134조의5 제2항).

187) 대법원 2022. 10. 14. 선고 2022도9284 판결; 대법원 2023. 4. 27. 선고 2023도2102 판결.

4) 법원의 결정

① 의견청취

법원은 당사자의 증거신청에 대해 결정을 하여야 한다(법 제295조). 법원은 증거결정을 함에 있어서 필요하다고 인정할 때에는 그 증거에 대한 검사, 피고인 또는 변호인의 의견을 들을 수 있고(규칙 제134조 제1항), 서류 또는 물건이 증거로 제출된 경우에 이에 관한 증거결정을 함에 있어서는 제출한 자로 하여금 그 서류 또는 물건을 상대방에게 제시하게 하여 상대방으로 하여금 그 서류 또는 물건의 증거능력 유무에 관한 의견을 진술하게 하여야 한다. 다만, 간이공판절차에서 증거동의가 있는 것으로 간주되는 경우에는 그러하지 아니하다(규칙 제134조 제2항).

법원은 검사가 신청한 영상녹화물에 관한 증거결정을 함에 있어 원진술자와 함께 피고인 또는 변호인으로 하여금 그 영상녹화물이 적법한 절차와 방식에 따라 작성되어 봉인된 것인지 여부에 관한 의견을 진술하게 하여야 한다(규칙 제134조의4 제1항). 영상녹화물에 대한 증거조사는 피고인이 범행을 부인하고 진술조서에 대한 증거동의를 하지 아니한 경우에 이루어지므로 피고인에 대한 증거동의 여부의 추가확인은 필요로 하지 않는다.

② 증거신청에 대한 결정

ⓐ 각하·기각결정

법원은 검사, 피고인 또는 변호인이 고의로 증거를 뒤늦게 신청함으로써 공판의 완결을 지연하는 것으로 인정할 때에는 직권 또는 상대방의 신청에 따라 결정으로 이를 각하할 수 있고(법 제294조 제2항), 공판준비절차를 거친 경우에는 예외사유에 해당하지 아니함에도 당사자가 증거를 신청하면 이를 각하할 수 있다(법 제266조의13 제1항).

법원은 증거신청방식이 형사소송규칙에 정한 방식에 위반한 경우(규칙 제132조의2 제5항), 증명이 완료된 사실 또는 불요증사실에 관한 것이거나 요증사실에 대한 증명력이 없는 것으로서 증거조사의 필요성이 없는 경우, 법원이 증거를 수집하여 조사할 가능성이 없는 경우 등에는 증거신청을 기각할 수 있다. 법원은 신청된 증거가 증거능력이 없는 증거인 경우(법 제308조의2, 제309조, 제310조의2)에는 증거신청을 기각하여야 한다.

법원은 증거신청을 기각·각하하거나 증거신청에 대한 결정을 보류하는 경우 증거신청인으로부터 당해 증거서류 또는 증거물을 제출받아서는 아니 된다(규칙 제134조 제4항).

ⓑ 채택결정

각하 또는 기각 사유에 해당하지 아니하는 경우, 법원이 당사자가 신청한 증거를 반드시 채택하여야 하는지에 대해서는 견해의 대립이 있다. **자유재량설**은 법원의 증거결정을 자유재량으로 보아 증거채택에 대한 어떠한 의무도 존재하지 아니한다고 한다.[188] **기속재량설**은 법원의 증거결정은 기속재량행위로서 일정한 범위 내에서의 제한을 받는다고 하면서 그 예로 자유심증주의에 대한 제한을 제시한다.[189] 대법원은 일반적으로 증거채택을 법원의 재량행위라고만 하나,[190] 소재탐지나 구인장 발부가 불가능한 것이 아니었는데도 그 불출석한 핵심증인에 대해 소재탐지촉탁 및 구인결정 등을 하지 아니하고 증인채택결정을 취소한 사안에서는, 법원의 증인채택결정 취소는 재량을 벗어났다고 하여 기속재량설의 태도를 보이기도 하였다.[191]

기속재량설이 옳다. 형사소송법은 증거채택에 대한 법원의 의무를 명시하고 있지는 않지만, 법원의 소송지휘권에도 내재적 한계는 당연히 존재한다. 특히 피고인이 제출한 증거를 특별한 이유도 없이 채택하지 아니하는 것은 피고인의 방어권 보장 측면에서 수용하기 어렵다. 따라서 당사자가 법정방식에 따라 증거능력과 증명력을 갖춘 증거를 신청하였고 달리 이를 각하하거나 기각할 사유가 없는 이상 법원은 그 신청을 인용하여 증거채택을 하여야 한다.

5) 불복방법

검사, 피고인 또는 변호인은 증거신청에 대한 결정에 대해서는 **법령의 위반이 있는 경우**에 한하여 **이의신청**을 할 수 있다. 법원은 당사자의 이의신청에 대하여 결정을 하여야 한다(법 제296조, 제295조, 규칙 제135조의2 단서).

이러한 이의신청에 대한 법원의 결정은 판결 전 소송절차에 관한 결정으로서 이에 대해 즉시항고를 허용하는 규정이 없다. 따라서 당사자는 이를 보통항고로써 직접 다툴 수 없고(법 제403조), 판결에 영향을 미친 법령의 위반이 있는 때 또는 사실의 오인이 있어 판결에 영향을 미친 때에 해당한다는 것을 **상소이유**로 삼을 수 있을 뿐이다(법 제361조의5, 제383조).[192]

(나) 법원의 직권에 의한 증거조사결정

법원은 직권으로 증거조사를 할 수 있다(법 제272조, 제295조). 당사자는 법원의 직권 증거조사결정에 대해 법령의 위반이 있거나 상당하지 아니함을 이유로 하여 이의를 신청할 수 있다(법 제296조, 규칙 제135조의2 본문).

---

188) 김재환 498; 이/조/이 544; 임동규 651.
189) 노/이 502; 배/홍 287; 이창현 752.
190) 대법원 2011. 1. 27. 선고 2010도7947 판결."증거신청의 채택 여부는 법원의 **재량**으로서 법원이 필요하지 않다고 인정할 때에는 이를 조사하지 않을 수 있는 것이고, 법원이 적법하게 공판의 심리를 종결한 뒤에 피고인이 증인신청을 하였다 하여 반드시 공판의 심리를 재개하여 증인신문을 하여야 하는 것은 아니므로, 원심이 피고인의 변론재개신청을 받아들이지 아니하였다고 하여 위법하다고 할 수 없다."
191) 대법원 2020. 12. 10. 선고 2020도2623 판결
192) 대법원 1990. 6. 8. 선고 90도646 판결.

당사자주의를 근간으로 하는 형사소송구조에 따를 때 법원의 증거조사결정은 당사자의 입증활동이 미흡하여 실체적 진실발견에 상당한 지장을 주고 석명권의 행사를 통해서도 그 시정이 이루어지지 아니하는 때에 한하여 보충적으로 허용된다고 봄이 상당하다. 특히 검사가 주장하지 아니한 사실로서 피고인에게 불리한 내용을 확인하기 위한 법원의 증거조사는 허용될 수 없다. 하지만 실체적 진실발견의 책무에 따라 법원이 피고인에게 유리한 사실을 제대로 확인하지 아니하는 것은 심리미진에 해당하고, 이 경우 법원이 직권으로 증거조사를 하지 아니한다면 심리미진에 따른 사실의 오인으로 판결에 영향을 미친 때 또는 채증법칙 위반으로 상소이유가 된다.[193] 결국 법원의 직권에 의한 증거조사는 법원의 보충적 권한이면서 동시에 일정한 한도에서는 의무가 된다고 할 것이다.

(3) 증거물과 증거서류의 증거조사

법원은 채택된 증거 중 검사가 신청한 증거를 먼저 조사하고 피고인 또는 변호인이 신청한 증거를 그 다음 조사한 후, 법원이 직권으로 결정한 증거를 조사한다. 법원은 직권 또는 검사, 피고인·변호인의 신청에 따라 위 순서를 변경할 수 있다(법 제291조의2). 이는 입증책임을 진 검사가 신청한 증거를 먼저 조사하되 소송의 진행 상황에 따른 탄력적 대응을 위해 법원에게 그 순서를 변경할 수 있는 재량을 부여한 것으로 이해할 수 있다.

다만 수사기관 작성 조서·진술서(법 제312조) 및 수사기관 작성 조서 외의 진술서·진술기재 서류(법 제313조)가 피고인의 **자백** 진술을 내용으로 하는 경우에는 다른 증거를 **모두 조사한 후에** 조사하여야 한다(규칙 제135조). 이는 무죄추정의 원칙하에 법원의 예단을 방지하기 위한 것으로, 같은 취지에서 피고인신문은 서류, 물건에 대한 증거조사와 증인신문 종료 후에 이루어짐을 원칙으로 한다(법 제296조의2 제1항).

(가) 증거물

증거물은 이를 제출한 검사, 변호인 또는 피고인이 공판정에서 개별적으로 지시설명하여 조사하여야 한다(법 제291조).

검사, 피고인 또는 변호인의 신청에 따라 증거물을 조사하는 때에는 신청인이 이를 제시하여야 한다. 법원이 직권으로 증거물을 조사하는 때에는 소지인 또는 재판장이 이를 제시하여야 한다. 재판장은 법원사무관등으로 하여금 증거물을 제시하게 할 수 있다(법 제292조의2).

---

193) 대법원 1990. 11. 27. 선고 90도2205 판결.

(나) 증거서류

증거서류는 이를 신청한 자가 있는 경우 신청자가 낭독함으로써, 법원의 직권에 의한 경우는 재판장 또는 소지인이 낭독함으로써 조사함을 원칙으로 한다(법 제292조 제1항, 제2항). 다만 재판장은 증거서류의 분량이 방대하여 이를 모두 낭독하는데 상당한 시간이 소요되는 경우 등 필요하다고 인정하는 때에는 낭독에 갈음하여 그 요지를 진술하게 할 수 있다(규칙 제134조의6 제2항). 또한 재판장은 신청인을 대신하여 직접 그 내용의 요지를 고지하거나 증거서류를 제시하고 검사 또는 피고인이 이를 열람하게 함으로써 증거조사를 할 수 있고(법 제292조 제2, 제3항, 제5항, 규칙 제134조의6 제1항), 법원사무관으로 하여금 증거서류를 낭독하거나 그 내용의 요지를 고지하게 할 수 있다(법 제292조 제4항, 규칙 제134조의6 제2항).

이와 같이 증거서류에 대한 증거조사는 낭독을 원칙으로 하지만, 필요한 경우 낭독을 대신하여 입증취지와 관련된 본질적 부분의 고지에 의하게 하거나, 열람을 통해 그 내용을 하나하나 따져볼 수 있도록 함으로써 소송경제를 꾀하면서도 때로는 그 내용을 충분히 음미할 수 있도록 배려하고 있다. 예를 들어 폭행사건에서의 목격자 진술이 기재된 진술조서를 인정신문부터 조사과정확인서까지 모두 낭독하게 하는 것은 소송경제에 반할 뿐 아니라 실체적 진실발견에도 별달리 기여하는 바가 없다. 따라서 이때 증거조사는 목격자의 진술 중 입증취지인 폭행사실의 증명과 직접 관련된 부분에 대한 조서의 기재내용만을 낭독하거나 그 요지를 고지하면 되는 것이다. 하지만 낭독이나 요지의 고지로는 그 내용을 충분히 음미할 수 없는 경우, 예를 들어 교통사고현장조사확인서와 같이 일시, 장소, 현장상황 등의 각 항목별로 구체적인 내용을 확인할 필요가 있는 경우에는 열람에 의한 증거조사가 더 적절할 것이다.

(다) 증거물인 서면

증거물인 서면은 증거물이자 증거서류이다. 따라서 그 증거조사의 시작은 증거물과 마찬가지로 **제시**로 이루어지고, 그 증거조사의 끝은 증거서류와 마찬가지로 **내용의 낭독 또는 요지의 고지나 열람**으로 이루어진다.

검사, 피고인 또는 변호인의 신청에 따라 증거물인 서면을 조사하는 때에는 신청인이 이를 제시하여야 하고, 법원이 직권으로 조사하는 때에는 소지인 또는 재판장이 이를 제시하여야 한다. 재판장은 법원사무관등으로 하여금 증거서면의 제시를 대신하게 할 수 있다(법 제292조의2).

제시 이후의 증거조사는 증거서류의 증거조사와 동일하다. 예를 들어 검사가 증거물인 서면을 증거로 제출하였다면 그 증거조사는 검사가 그 서면을 제시하면서 낭독하게 하거나 이에

갈음하여 그 내용에 대해 고지 또는 열람하도록 하여야 한다.[194)]

(라) 문서 외 정보저장매체

1) 수사기관 작성 영상녹화물

수사기관 작성의 영상녹화물은 수사기관작성 진술조서의 실질적 진정성립을 위한 목적과 기억 환기용으로만 증거조사를 할 수 있다(법 제312조 제4항, 제318조2 제2항).

① 실질적 진정성립을 목적으로 하는 경우

법원은 공판준비 또는 공판기일에서 봉인을 해체하고 영상녹화물의 전부 또는 일부를 재생하는 방법으로 조사하여야 한다. 이때 영상녹화물은 그 재생과 조사에 필요한 전자적 설비를 갖춘 법정 외의 장소에서 이를 재생할 수 있다. 재판장은 조사를 마친 후 지체 없이 법원사무관 등으로 하여금 다시 원본을 봉인하도록 하고, 원진술자와 함께 피고인 또는 변호인에게 기명날인 또는 서명하도록 하여 검사에게 반환한다. 다만, 피고인의 출석 없이 개정하는 사건에서 변호인이 없는 때에는 피고인 또는 변호인의 기명날인 또는 서명을 요하지 아니한다(규칙 제134조의4 제1항, 제2항).

② 기억환기를 목적으로 하는 경우

기억환기를 위한 영상녹화물의 재생은 **검사의 신청이 있는 경우에 한하고, 기억의 환기가 필요한 피고인 또는 피고인 아닌 자에게만 이를 재생**하여 시청하게 하여야 한다. 그 구체적인 방법은 위의 경우와 같다(법 제318조의2 제2항, 규칙 제134조의5).

2) 컴퓨터용디스크 등에 기억된 전자정보

형사소송법은 도면·사진·녹음테이프·비디오테이프·컴퓨터용디스크, 그 밖에 정보를 담기 위하여 만들어진 물건으로서 문서가 아닌 증거의 조사에 관하여는 대법원규칙에 따르도록 하고 있다(법 제292조의3). 그러나 '형사사법절차에서의 전자문서 이용 등에 관한 법률'은 형사소송법상 증거조사 관련 규정에도 불구하고 형사재판에서 전자문서에 대한 증거조사는 문자, 그 밖의 기호, 도면·사진 등은 해당 전자문서를 모니터, 스크린 등을 통하여 열람하는 방법으로, 음성이나 영상정보에 대한 증거조사는 해당 전자문서의 음성을 청취하거나 영상을 재생하는 방법으로 이루어질 수 있다고 명시하고 있다(동법 제18조). 따라서 정보저장매체에 저장된 전자정보의 증거조사 방법은 '형사사법절차에서의 전자문서 이용 등에 관한 법률'의 증거조사 방법에 따른다.

---

194) 대법원 2013. 7. 26. 선고 2013도2511 판결.

형사소송규칙은 컴퓨터용디스크 등에 "기억된 문자정보를 증거자료로 하는 경우에는 읽을 수 있도록 출력하여 인증한 등본을 낼 수 있다"고만 규정하여(규칙 제134조의7 제1항) 전자정보가 저장된 정보저장매체 자체가 증거로 신청된 경우에는 그 증거조사 방법이 명확하지 아니하였다. 이에 실무상 법원은 정보저장매체 자체가 증거로 신청된 경우에는 그 안에 저장되어 있는 문자정보, 도면, 사진을 공판정 내 스크린에 화상으로 현출시킨 후 증거서류 또는 증거물인 서면의 증거조사방식으로 증거조사를 하였고, 그 등본이 증거로 제출된 경우에는 그 자체를 증거서류 또는 증거물인 서면으로 보아 각 증거조사 방법으로 증거조사를 하였다.[195] 이러한 문제를 해결하기 위해 '형사사법절차에서의 전자문서 이용 등에 관한 법률'에는 이러한 증거에 대한 증거조사방법을 명시한 것이다.

(4) 증인신문

(가) 의의

증인신문이란 범죄사실 또는 그와 관련된 과거의 사실에 대한 증인의 체험을 법원 또는 당사자의 신문을 통하여 증인의 진술로서 현출시키는 증거조사를 말한다. 증인에게는 출석, 선서, 증언의무가 부과되고 위반시에는 직·간접의 제재가 가해지므로 증인신문은 사실상 강제처분으로서의 성격을 갖고 있다고 하겠다.[196]

증인신문은 피고인이 부인하여 사실인정에 다툼이 있는 경우에 이루어지고, 증거방법인 사람(증인)의 진술을 증거자료로 삼기 때문에 형사소송법과 형사소송규칙은 그 순서와 방법을 자세히 규정하고 있다. 증인신문은 증인의 소환 → 당사자에 대한 참여통지 및 필요시 신문사항의 제출명령 → 증인의 출석과 동일성 확인 → 선서 → 신문의 순서로 이루어진다.

(나) 증인의 소환

1) 소환방법

법원은 소환장의 송달, 전화, 전자우편, 모사전송, 휴대전화 문자전송 그 밖의 상당한 방법으로 증인을 소환한다(법 제150조의2 제1항, 규칙 제67조의2 제1항). 다만 증인이 법원의 구내에 있는 때에는 소환함이 없이 신문할 수 있다(법 제154조).

① 소환장 송달

증인에 대한 소환장은 늦어도 출석할 일시 24시간 이전에 송달하여야 한다. 다만, 급속을

195) 법원실무제요 Ⅰ 438.
196) 이/조/이 551.

요하는 경우에는 그러하지 아니하다(규칙 제70조).

증인에 대한 소환장에는 그 성명, 피고인의 성명, 죄명, 출석일시 및 장소, 정당한 이유없이 출석하지 아니할 경우에는 과태료에 처하거나 출석하지 아니함으로써 생긴 비용의 배상을 명할 수 있고 구인할 수 있음을 기재하고 재판장이 기명날인하여야 한다(규칙 제68조).

② 소환장 송달 외의 방법

소환장의 송달 외의 방법으로 소환할 경우에는 출석일시로부터 늦어도 24시간 이전에 증인이 소환된 사실을 지득할 수 있도록 하여야 한다. 소환장의 송달 외의 방법으로 소환할 경우에도 소환장에 기재될 내용은 증인이 모두 지득할 수 있도록 하여야 한다.

2) 증인의 불출석 사유 신고

증인이 출석요구를 받고 기일에 출석할 수 없을 경우에는 법원에 바로 그 사유를 밝혀 신고하여야 한다(규칙 제68조의2). 법원은 그 사유를 보아 증인신문기일을 연기하거나 불출석에 대한 제재를 할 수 있다. 증인의 불출석에 대한 제재로서 과태료·감치결정, 구인 등에 대해서는 전술한 바와 같다.[197]

(다) 당사자의 참여권 보장과 신문사항의 제출

1) 당사자에 대한 참여권 보장

① 참여 통지

증인의 소환이 이루어지면 법원은 충분한 시간적 여유를 두고 증인신문 참여권자인 검사, 피고인 또는 변호인에게 증인신문의 시일과 장소를 통지하여야 한다. 단, 당사자 또는 변호인이 증인신문에 참여하지 아니한다는 의사를 명시한 때에는 법원은 해당 의사표시를 한 자에게 이를 통지하지 아니할 수 있다(법 제163조).

방어권(반대신문권) 행사의 중요성을 감안할 때, 이때 변호인의 참여권은 압수·수색영장 집행시의 변호인 참여권[198]과 마찬가지로 **고유권**으로 보아야 한다. 따라서 참여통지 및 참여권 보장은 피고인과 변호인에게 **각각** 이루어져야 한다. 그러나 이와 관련하여 대법원은 당사자에 대한 참여 통지 없이 이루어진 증인신문은 위법하다면서도, 신문결과를 증인신문조서에 의하여 고지받은 당사자 및 변호인이 이의를 제기하지 않았다면 **책문권의 포기**로 그 절차적 하자는 치유된다고 한다.[199] 또한 대법원은 같은 취지에서 법원의 퇴정명령에 따른 피고인의 퇴정 후

---

197) 100페이지 참조.

198) 대법원 2020. 11. 26. 선고 2020도10729 판결.

199) 대법원 1974. 1. 15. 선고 73도2967 판결.

이루어진 증인신문에 대해 피고인에게 반대신문의 기회가 주어지지 아니하였다 하더라도, 이후 증인신문조서에 의하여 신문결과를 고지받고 그에 대한 이의를 제기하지 아니하였다면 책문권의 포기로 그 하자는 치유된다고 하고 있다.[200)]

이러한 판례들은 대법원이 수사절차와 달리 공판절차에서는 참여권 위반에 대해서도 증거동의가 가능하다는 전제하에 논리를 전개하고 있음을 보여주는 것이라고 할 수 있겠는데, 증인신문은 사실인정에 있어 큰 다툼이 있는 부분에 대해서 이루어진다는 점에 비추어 볼 때 증인신문시 참여권에 대한 절차위반은 피고인의 방어권 행사에 큰 지장을 초래한다고 아니할 수 없다. 수사기관이 의도적이든 아니든 법률을 위반하여 수집한 증거에 대해서 증거능력을 부정하는 이유는 적법절차의 원칙하에 설령 실체적 진실발견에 어려움을 겪는다 하더라도 형사사법기관의 권한남용을 억제하려는데 있다고 한다면, 법원에 대해서도 동일한 논리가 적용되지 아니할 이유는 없다. 권리침해를 당한 당사자가 단지 사후적으로 이의를 제기하지 아니하였다는 이유만으로 중대한 하자가 치유된다고 보아서는 안 될 것이다.

② 참여권의 실질적 보장

참여권의 실질적 보장은 신문권의 실질적 보장에 의해 이루어진다. 증인신문에 참여한 검사, 피고인, 변호인은 자신이 신청한 증인에 대해서는 주신문 및 재주신문을 할 권리가, 상대방이 신청한 증인에 대해서는 반대신문을 할 권리가 있다(법 제161조의2, 규칙75조 내지 제78조).

신문권은 실질적으로 보장되어야 하는바, 특히 반대신문의 기회는 주신문에서 이루어진 증언에 대해 실질적이고 효과적으로 신문할 기회이어야 한다. 대법원도 피해자인 증인이 증인신문시 주신문에 대해서만 답변하고 반대신문에 대해서는 답변하지 않다가 이후 법정에 불출석한 경우, 피고인에게 불출석에 대한 귀책사유가 없는 이상 주신문에서의 증언에는 증거능력이 부정된다고 한다. 다만 이 경우에도 대법원은 당사자의 명시적 의사표시로 이루어진 책문권 포기로 하자치유가 가능하다고 한다.[201)]

③ 증인신문 불참시 신문청구권과 진술내용을 고지받을 권리

검사, 피고인 또는 변호인이 증인신문에 참여하지 아니할 경우에는 법원에 대하여 필요한

200) 대법원 2010. 1. 14. 선고 2009도9344 판결. "형사소송법 제297조에 따라 변호인이 없는 피고인을 일시 퇴정하게 하고 증인신문을 한 다음 피고인에게 실질적인 반대신문의 기회를 부여하지 아니한 채 이루어진 증인의 법정진술은 위법한 증거로서 증거능력이 없다고 볼 여지가 있으나, 그 다음 공판기일에서 재판장이 증인신문 결과 등을 공판조서(증인신문조서)에 의하여 고지하였는데 피고인이 '변경할 점과 이의할 점이 없다'고 진술하여 책문권 포기 의사를 명시함으로써 실질적인 반대신문의 기회를 부여받지 못한 하자가 치유되었다."

201) 대법원 2022. 3. 17. 선고 2016도17054 판결.

사항의 신문을 청구할 수 있다. 피고인 또는 변호인의 참여없이 증인을 신문한 경우에 피고인에게 예기치 않은 불이익한 증언이 진술된 때에는, 법원은 반드시 그 진술내용을 피고인 또는 변호인에게 알려주어야 한다(법 제164조).

2) 신문사항의 제출

재판장은 피해자·증인의 인적사항의 공개 또는 누설을 방지하거나 그 밖에 피해자·증인의 안전을 위하여 필요하다고 인정할 때에는, 증인의 신문을 청구한 자에 대하여 사전에 신문사항을 기재한 서면의 제출을 명할 수 있다. 제출명령을 받은 자가 신속히 그 서면을 제출하지 아니한 경우에는 법원은 증거결정을 취소할 수 있다(규칙 제66조, 제67조).

신문사항이 제출된 경우 인적사항 등 피해자·증인의 안전에 위해를 초래할 내용이 포함되어 있으면 법원은 그 내용을 수정하여 신문할 것을 명할 수 있고, 금지된 신문방법(규칙 제74조 제2항)에 해당하는 사안이 포함된 경우에는 수정을 명할 수 있다.

(라) 증인의 출석과 동일성 확인 및 선서

증인이 공판기일에 출석하면 재판장은 먼저 증인으로부터 주민등록증 등 신분증을 제시받거나 그 밖의 적당한 방법으로 증인임이 틀림없음을 확인하여야 한다(규칙 제71조).

증인이 틀림없음을 확인한 후 재판장은 증인이 선서무능력자가 아닌 경우 위증의 벌을 경고하고 선서하게 한 후 신문하여야 하고(법 제156조, 제158조), 선서무능력자인 경우 선서하게 하지 않고 신문하여야 한다(법 제159조). 증인의 선서에 대한 자세한 내용은 전술한 바와 같다.[202]

(마) 증인신문의 실시

1) 증인신문의 원칙

① 구두주의

증인신문은 구두로 함을 원칙으로 한다. 다만 증인이 들을 수 없는 때에는 서면으로 묻고, 말할 수 없는 때에는 서면으로 답하게 할 수도 있다(규칙 제73조).

② 직접심리

증인신문은 공판기일에 공판정에서 실시하며 피고인의 대면권을 보장함을 원칙으로 한다. 다만 일정한 경우 증인신문은 법정 외의 장소에서도 실시될 수 있고, 비디오 등 중계장치에 의한 중계시설을 통한 방식으로 실시될 수도 있다(법 제165조의2).

202) 101페이지 참조.

ⓐ **법정 외 증인신문**

법원은 증인의 연령, 직업, 건강상태 기타의 사정을 고려하여 검사, 피고인 또는 변호인의 의견을 묻고 법정 외에 소환하거나 현재지에서 신문할 수 있다(법 제165조).

ⓑ **증인보호를 위한 중계시설 등을 이용한 증인신문**

법원은 증인의 보호를 위해 중계시설 또는 차폐시설(가림시설)을 이용하여 증인신문을 할 수 있다. 중계장치를 통한 증인신문과 차폐시설을 이용한 증인신문의 차이점은, 중계장치를 통한 증인신문은 법정이 아닌 곳에서 증인신문이 진행되고, 차폐시설은 법정 안에서 증인신문이 진행된다는 점이다.

아동복지법 및 '아동·청소년의 성보호에 관한 법률'상 일부범죄[203]의 피해자 또는 범죄의 성질 등으로 인하여 피고인 등과 대면하여 진술할 경우 정신의 평온을 현저하게 잃을 우려가 있다고 인정되는 사람을 증인으로 신문하는 경우, 법원은 상당하다고 인정할 때에는 검사와 피고인 또는 변호인의 의견을 들어 비디오 등 중계장치에 의한 중계시설을 통하여 신문하거나 차폐시설 등을 설치하고 신문할 수 있다(법 제165조의2 제1항). 법원은 증인신문의 결정시 어떠한 방법으로 신문할 것인지를 결정하여야 하고, 증인신문 전 또는 증인신문 중에도 이를 결정할 수 있다(규칙 제84조의4).

법원은 차폐시설을 설치함에 있어 피고인과 증인이 서로의 모습을 볼 수 없도록 필요한 조치를 취하여야 한다. 비디오 등 중계장치에 의한 중계시설을 통하여 증인신문을 할 때에 중계장치를 통하여 증인이 피고인을 대면하거나 피고인이 증인을 대면하는 것이 증인의 보호를 위하여 상당하지 않다고 인정되는 경우에는, 재판장은 검사, 변호인의 의견을 들어 증인 또는 피고인이 상대방을 영상으로 인식할 수 있는 장치의 작동을 중지시킬 수 있다(규칙 제84조의9).

법원은 비디오 등 중계장치에 의한 중계시설 또는 차폐시설을 통하여 증인을 신문하는 경우, 증인의 보호를 위하여 필요하다고 인정하는 경우에는 결정으로 이를 공개하지 아니할 수 있고, 증인으로 소환받은 증인과 그 가족은 증인보호 등의 사유로 증인신문의 비공개를 신청할 수 있다. 재판장은 비공개 신청의 허가 여부 및 공개, 법정외의 장소에서의 신문 등 증인의 신문방식 및 장소에 관하여 결정하여야 한다(규칙 제84조의5).

ⓒ **국민참여재판에서 중계시설 등을 이용한 증인신문**

국민참여재판에서 배심원에게도 증인신문시 피해자(증인)를 볼 수 없게 차폐시설을 설치할 수 있을지가 문제되는데, 이에 대한 결론은 배심원이 어떤 자격으로 당해 재판에 관여하는

203) 아동복지법 제71조 제1항 제1호, 제1호의2, 제2호, 제3호, 청소년성보호법 제7조, 제8조, 제11조부터 제15조까지 및 제17조 제1항.

지에 따라 달라질 수 있을 것이다. 배심원은 유·무죄에 대해서는 판단자로서 참여하는 것이고, 증인의 비언어적 표현인 태도는 그 판단에 중요한 영향을 미치게 되므로 차폐시설을 설치할 수는 없다고 하겠다. 게다가 배심원에게 증언하는 모습을 보여준다는 것이 무죄추정의 원칙에 반하는 것도 아니고, 오히려 이를 보여주는 것이 공판중심주의, 직접주의의 관점에 부합한다고 할 수 있다.

ⓓ 증인편의를 위한 중계시설을 이용한 증인신문

법원은 증인이 멀리 떨어진 곳 또는 교통이 불편한 곳에 살고 있거나 건강상태 등 그 밖의 사정으로 말미암아 법정에 직접 출석하기 어렵다고 인정하는 때에는 검사와 피고인 또는 변호인의 의견을 들어 비디오 등 중계장치에 의한 중계시설을 통하여 신문할 수 있다(법 제165조의2 제2항). 이 경우에는 증인을 보호하기 위한 조치는 따로 필요치 아니하다.

ⓔ 변호인에 대한 차폐시설 설치의 문제

증인이 가명증인으로 등장하는 경우 통상 피고인은 퇴정조치를 당하게 되는데 이 경우 그 **변호인에 대해서 차폐시설을 설치할 수 있는지**가 문제된다. 이에 대해 **긍정설**(허용설)은 피해자의 보호를 위해 변호인에 대해서도 차폐시설을 설치할 수 있다고 한다. 예를 들어 조직폭력범죄의 피해자인 경우에 대개 보복의 두려움으로 인해 가명증인으로 출석하게 되는데 이 경우 피해자가 안정된 상태에서 증언을 하도록 하는 것도 중요하지만 그것보다 더 중요한 것은 그 **증인의 익명성**을 보호해 주는데 있다 할 것인바, 변호인에 대해서 차폐시설을 설치하지 않으면 피고인은 변호인을 통해서 증인을 특정할 수 있고 보복까지 할 수 있게 된다. 따라서 구체적인 경우에 재판장의 판단에 따라서 가림시설의 설치를 허용할 수 있다는 것이다. 반면에 **부정설**(불허설)은 피고인의 방어권 행사에 조력하기 위한 보호자의 지위에 있고 실체적 진실발견에 협력해야 할 공익적 지위에 있는 **변호인의 지위와 역할**을 고려할 때, 변호인에게까지 차폐시설을 설치하는 것은 허용되어서는 안 된다고 한다. 즉 증인보호라는 명목으로 변호인에 대해서까지 차폐시설의 설치를 허용하는 것은 반대신문권의 실질적인 보장이라는 측면에서 바람직하지 않고 이는 무기대등의 원칙에도 반한다는 것이다.

이에 대해 **대법원은**, 형사소송법 제165조의2 제1항 제3호의 요건이 충족될 경우에는 피고인 뿐만 아니라 검사, 변호인, 방청인에 대해서도 차폐시설을 설치하는 방식으로 증인신문을 할 수 있다고 한다. 다만, 증인이 변호인을 대면하여 증언함에 있어 심리적인 부담으로 정신의 평온을 현저히 잃을 수 있다는 것은 일반적으로 쉽게 상정할 수는 없으므로, 변호인에 대한 차폐시설의 설치는 **특정범죄신고자 등 보호법 제7조에 따라** 범죄신고자 등이나 그의 친족 등이 보복을 당할 우려가 있다고 인정되어 조서 등에 인적사항을 기재하지 아니한 범죄신고자 등을 증인으로 신문하는 경우와 같이, 이미 인적사항에 관하여 **비밀조치가 취해진 증인**이 변호인을 대면하여 진술함으로써 자신의 신분이 노출되는 것에 대하여 심한 심리적 부담을 느끼는 등의 특별한 사정이 있는 경우에 **예외적으로 허용**될 수 있을 뿐이라고 한다.[204)]

대법원의 판시는 증인의 안전에 대한 현실적 위험성을 고려하면서도 변호인의 반대신문권을 완전히 배제하는 것은 아닌 절충적 입장으로, 증인보호와 반대신문권 보장이라는 상반된 가치사이에서 그 조화점을 찾으려 애쓴 흔적이 보인다고 하겠다. 다만, 대법원도 지적하듯이 보복의 우려가 현저하고 증인의 인적사항이 문제되는 경우는 일반적으로 상정하기 어려우므로, 변호인에 대한 차폐시설은 예외적인 경우에만 허용된다는 점을 유의해야 할 것이다.

③ 신속한 재판

재판장은 증인신문을 행함에 있어서 증명할 사항에 관하여 가능한 한 증인으로 하여금 개별적이고 구체적인 내용을 진술하게 하여야 한다(규칙 제74조 제1항).

당사자는 정당한 이유가 있는 경우에 한하여 이전의 신문과 중복되는 신문, 증인의 의견을 묻거나 의논에 해당하는 신문, 증인이 직접 경험하지 아니한 사항에 해당하는 신문을 할 수 있다(규칙 제74조 제2항 제2호 내지 제4호). 따라서 재판장은 이러한 내용의 신문에 정당한 사유가 없는 경우에는 불필요한 변론으로 보아 이를 제한할 수 있다(법 제299조).

④ 증인의 보호

ⓐ 위협적이거나 모욕적·명예훼손적인 신문의 금지

법원 및 당사자는 증인에 대하여 위협적이거나 모욕적인 신문을 하여서는 아니 된다(규칙 제74조 제2항 제1호). 법원 및 당사자는 증언의 증명력을 다투기 위하여 증인의 경험, 기억 또는 표현의 정확성 등 증언의 신빙성에 관한 사항 및 증인의 이해관계, 편견 또는 예단 등 증인의 신용성에 관한 사항에 관하여 신문할 수 있으나, 이 경우에도 증인의 명예를 해치는 내용의 신문을 하여서는 아니된다(규칙 제77조).

재판장은 특히 피해자인 증인에게 모욕적이거나 명예훼손적인 신문은 즉시 제지하여야 한다. 예를 들어 성폭력범죄에 있어 피해자의 진술이 유일한 증거인 경우, 변호인이 피해자의 진술을 탄핵한다는 미명하에 피해자의 성적 취향·이력 등에 대해 신문하는 것은 결코 허용되어서는 아니 된다.

---

204) 대법원 2015. 5. 28. 선고 2014도18006 판결. 대법원은 이러한 결론은 형사소송법 제165조의2 제3호와 달리 형사소송규칙 제84조의9는 '피고인과' 증인 사이의 차폐시설 설치만을 규정하고 있다고 하여 달리 볼 것은 아니라고 한다.

ⓑ **신뢰관계자의 동석**

㉠ 임의적 동석

법원은 범죄로 인한 피해자를 증인으로 신문하는 경우 증인의 연령, 심신의 상태, 그 밖의 사정을 고려하여 증인이 현저하게 불안 또는 긴장을 느낄 우려가 있다고 인정하는 때에는 직권 또는 피해자·법정대리인·검사의 신청에 따라 피해자와 신뢰관계에 있는 자를 동석하게 할 수 있다(법 제163조의2 제1항). 신뢰관계자의 동석을 신청하는 자는 동석하고자 하는 자와 피해자 사이의 관계, 동석이 필요한 사유 등을 명시하여야 한다(규칙 제84조의3 제2항).

㉡ 필요적 동석

법원은 범죄로 인한 피해자가 13세 미만이거나 신체적 또는 정신적 장애로 사물을 변별하거나 의사를 결정할 능력이 미약한 경우, 재판에 지장을 초래할 우려가 있는 등 부득이한 경우가 아닌 한 피해자를 증인으로 신문할 때에는 신뢰관계에 있는 자를 동석하게 하여야 한다(법 제163조의2 제2항). 비디오 등 중계장치에 의한 중계시설을 통하여 이러한 피해자에 대해 증인신문을 하는 경우에 신뢰관계에 있는 자를 동석하게 할 때에는 중계시설에 동석하게 한다(규칙 제84조의7 제1항).

㉢ 신뢰관계자의 의미와 한계

신뢰관계에 있는 사람은 피해자의 배우자, 직계친족, 형제자매, 가족, 동거인, 고용주, 변호사, 그 밖에 피해자의 심리적 안정과 원활한 의사소통에 도움을 줄 수 있는 사람 등 피해자의 심리적 안정과 원활한 의사소통에 도움을 줄 수 있는 사람을 말하는 것으로(규칙 제84조의3 제1항), 피해자와 일정한 인적관계에 있는 자 또는 특별한 자격이나 지식을 가진 자로 제한되지 아니한다. 따라서 피해자가 고용한 심리상담사, 피해자와 특별한 관계를 맺고 있는 시민단체에 속한 사람, 피해자의 의료진 등도 신뢰관계인의 범위에 들어갈 수 있다.

그렇다면 당해사건의 수사검사도 신뢰관계자가 될 수 있는가? 그에 관한 명문의 규정은 없으나 결국 피해자의 의사가 가장 중요하다고 한다면 수사검사도 신뢰관계자에 포함될 수 있다고 볼 것이다. 반려동물은 어떠한가? 피해자의 심리적 안정감 확보라는 동 제도의 입법취지에 비추어 봤을 때 반려동물의 동석도 충분히 논의의 여지는 있어 보인다. 형사소송법에는 신뢰관계에 있는 '자'라고 규정되어 있으나(법 제163조의2), 형사소송규칙에는 이 경우 "증인은 증언을 하는 동안 담요, 장난감, 인형 등 증인이 선택하는 물품을 소지할 수 있다"고 규정하고 있으므로 반려동물도 허용될 여지가 있다고 본다(규칙 제84조의8 제2항).

한편, 신뢰관계자는 법원·소송관계인의 신문 또는 증인의 진술을 방해하거나 그 진술의 내용에 부당한 영향을 미칠 수 있는 행위를 하여서는 아니 된다(법 제163조의2 제3항). 재판장은 신뢰관계자가 부당하게 재판의 진행을 방해하는 때에는 동석을 중지시킬 수 있다(규칙 84조의3 제3항).

ⓒ **진술조력인 제도**

성폭력범죄의 처벌 등에 관한 특례법 제36조, 제37조, 아동·청소년의 성보호에 관한 법률 제25조, 장애인복지법 제59조의16, 아동학대범죄의 처벌 등에 관한 특례법 제17조 등은 수사 및 공판절차에서 진술조력인 제도를 두고 있다.

진술조력인 제도는 피해자의 편이 아니라 **중립적인 지위**에서 법원·수사기관이 정확한 사실관계를 파악함에 도움을 주는데 그 취지를 두고 있다. 진술조력인은 법원·수사기관과 피해자 사이에서 의사소통 역할을 담당하게 되는데, 피해자의 진술을 수사기관에 정확하게 전달함으로써 피해자 진술의 증명력 내지는 신빙성을 높일 수도 있다. 이러한 점에서 진술조력인은 피해자에게 법률적인 조력을 해주는 피해자변호사와는 그 역할과 자격 요건에서 차이가 있다.

ⓓ **중계시설 등을 이용한 증인신문**

전술한 아동복지법 및 아동·청소년의 성보호에 관한 법률 상 일부범죄 피해자 등에 대한 중계시설 또는 차폐시설을 이용한 증인신문은 증인의 보호를 위한 것이기도 하다. 중계시설 또는 차폐시설을 이용하여 증인신문을 하는 경우, 증인은 증언을 보조할 수 있는 인형, 그림 그 밖에 적절한 도구를 사용할 수 있고, 증언을 하는 동안 담요, 장난감, 인형 등 증인이 선택하는 물품을 소지할 수 있다(규칙 제84조의8).

2) 증인신문의 순서와 방법

① 교호신문제도

형사소송법은 증인을 신청한 당사자가 먼저 신문을 하고(주신문), 상대 당사자가 그 내용에 대해 신문한 후(반대신문) 신청 당사자가 다시 신문하는(재주신문) 형태를 취하고 있다(법 제161조의2 제1항). 당사자가 서로 번갈아 가면서 신문을 한다고 하여 이를 교호신문제도(cross examination)라 한다.

다만 법원이 직권으로 신문할 증인이나, 범죄로 인한 피해자의 신청에 의하여 신문할 증인의 신문방식은, 재판장이 정하는 바에 의한다(법 제161조의2 제4항). 법원의 직권 또는 피해자의 신청으로 신문할 증인에 대하여 재판장이 먼저 신문한 후 검사, 피고인 또는 변호인이 신문하는 때에는 반대신문의 예에 의한다(규칙 제81조).

② 주신문

주신문이란 증인을 신청한 당사자가 하는 신문으로서, 증명할 사항 및 그와 관련된 사항에 관하여 하게 된다. 또한 증언의 증명력을 다투기 위하여 증언의 신빙성과 증인의 신용성에 관하여 필요한 사항에 관한 신문을 할 수 있다. 다만, 증인의 명예를 해치는 내용의 신문을 하여서는 아니 된다(규칙 제77조).

주신문에 있어서는 특정한 답변을 암시 내지 유도하는 유도신문(leading question)을 하여서는 아니 된다. 주신문자와 증인은 대개 우호적 관계에 있기 때문에 증인이 부지불식간에 주신문자의 의도하는 바대로 영합적인 증언을 할 우려가 있어서 원칙적으로 **유도신문이 금지**되는 것이다. 따라서 그러한 위험과는 무관한 경우 즉, ① 증인과 피고인과의 관계, 증인의 경력, 교우관계등 실질적인 신문에 앞서 미리 밝혀둘 필요가 있는 준비적인 사항에 관한 신문의 경우, ② 검사, 피고인 및 변호인 사이에 다툼이 없는 명백한 사항에 관한 신문의 경우, ③ 증인이 주신문을 하는 자에 대하여 적의 또는 반감을 보일 경우, ④ 증인이 종전의 진술과 상반되는 진술을 하는 때에 그 종전진술에 관한 신문의 경우, ⑤ 기타 유도신문을 필요로 하는 특별한 사정이 있는 경우에는 유도신문을 할 수 있다. 재판장은 위 사유에 해당하지 아니하는 경우의 유도신문은 제지하여야 하고, 유도신문의 방법이 상당하지 아니하다고 인정할 때에는 이를 제한할 수 있다(규칙 제75조). 이와 관련하여 대법원은 유도신문에 의한 주신문이 있었다 하더라도 피고인이 책문권 포기 의사를 밝혔다면 그 하자는 치유된다고 한다.[205]

③ 반대신문

반대신문이란 주신문에 나타난 사항과 이에 관련된 사항 및 증언의 증명력을 다투기 위한 사항에 관하여 반대당사자가 하는 신문을 말한다. 반대신문에 있어서 필요할 때에는 **유도신문을 할 수 있다**. 재판장은 유도신문의 방법이 상당하지 아니하다고 인정할 때에는 이를 제한할 수 있다.

반대신문의 기회에 주신문에 나타나지 아니한 새로운 사항에 관하여 신문하고자 할 때에는 재판장의 허가를 받아야 한다. 이 경우 신문사항에 관하여는 주신문으로 본다(규칙 제76조).

④ 재주신문

재주신문은 반대신문이 끝난 후 주신문자가 반대신문에서 나타난 사항과 이와 관련된 사항에 관하여 한다. 재주신문에서도 주신문과 같이 유도신문은 원칙적으로 허용되지 아니하고, 새로운 사항에 관하여 신문하고자 할 때에는 재판장의 허가를 받아야 한다(규칙 제78조).

⑤ 재판장의 신문

재판장은 당사자의 신문이 끝난 뒤에 신문함을 원칙으로 한다. 하지만 직권주의에 의한 수정·보완으로서 재판장은 필요하다고 인정하면 어느 때나 신문할 수 있고, 당사자의 신문순

205) 대법원 2012. 7. 26. 선고 2012도2937 판결.

서를 변경할 수 있다(법 제161조의2 제3항).

재판장이 검사, 피고인 및 변호인에 앞서 신문을 한 경우에 있어서 그 후에 하는 당사자의 신문에 관하여는 이를 신청한 자와 상대방의 구별에 따라 위 교호신문의 방식을 준용하고(규칙 제80조 제1항 전단), 당사자의 신문순서를 변경한 경우의 신문방법은 재판장이 정하는 바에 의한다(규칙 제80조 제1항 후단).

3) 물건 등의 활용

증인신문은 증인의 기억을 인출하는 과정이지만, 필요한 경우에는 신문을 원활하게 보조할 물건 등을 이용할 수 있다.

① 서류 또는 물건의 동일성 등에 관한 신문을 하는 경우

증인에 대하여 서류 또는 물건의 성립, 동일성 기타 이에 준하는 사항에 관한 신문을 할 때에는 그 서류 또는 물건을 제시할 수 있다(규칙 제82조 제1항). 성립의 진정이나 동일성에 대한 증언이 어떠한 서류나 물건에 대한 것인지 명백하지 아니한 경우에는 신문에 많은 시간이 소요되고 진술내용이 불분명해질 우려가 있기 때문이다.

그러나 증인신문의 기회에 아직 증거조사가 이루어지지 않은 서류 등이 공판정에 현출되도록 하여서는 아니 될 것이다. 따라서 서류 또는 물건이 증거조사를 마치지 않은 것일 때에는 상대방이 이의를 제기하지 아니하는 이상 상대방에게 이를 먼저 열람할 기회를 주어야 한다(규칙 제82조).

② 기억의 환기를 요하는 경우

증인의 기억이 명백치 아니한 사항에 관하여 기억을 환기시켜야 할 필요가 있을 때에는 재판장의 허가를 얻어 서류 또는 물건을 제시하면서 신문할 수 있다. 이 경우 제시하는 서류의 내용이 증인의 진술에 부당한 영향을 미치지 아니하도록 하여야 하고, 서류·물건이 증거조사를 마치지 않은 것일 때에는 상대방이 이의를 제기하지 아니하는 이상 상대방에게 이를 먼저 열람할 기회를 주어야 한다(규칙 제83조).

다만 검사의 신청에 따라 원진술자인 증인의 기억을 환기하기 위하여 영상녹화물을 재생할 때에는 기억의 환기가 필요한 증인에게만 이를 재생하여 시청하게 하여야 한다(규칙 제134조의5).

③ 증인의 진술을 명확히 할 필요가 있는 경우

증인의 진술을 명확히 할 필요가 있을 때에는 재판장의 허가를 얻어 도면, 사진, 모형, 장치등을 이용하여 신문할 수 있다(규칙 제84조 제1항). 이러한 도면 등의 내용은 증인의 진술에

부당한 영향을 미치지 아니하도록 하여야 한다(규칙 제83조).

형사소송규칙은 증거조사 전의 도면 등에 대한 조치를 규정하고 있지 아니하나, 여기에서의 도면 등을 동일성에 관한 신문에서의 서류 등과 달리 볼 이유가 없다. 따라서 도면 등이 증거조사를 마치지 않은 것일 때에는 상대방이 이의를 제기하지 아니하는 이상 먼저 상대방에게 이를 열람할 기회를 주어야 한다.

4) 피고인 또는 다른 재정인의 퇴정

재판장은 증인·감정인이 피고인 또는 어떤 재정인의 면전에서 충분한 진술을 할 수 없다고 인정한 때 또는 피고인이 다른 피고인의 면전에서 충분한 진술을 할 수 없다고 인정한 때에는 그 피고인 또는 재정인을 퇴정하게 하고 진술하게 할 수 있다. 이 경우 재판장은 증인, 감정인 또는 공동피고인의 진술이 종료된 때에는 퇴정한 피고인을 입정하게 한 후 법원사무관등으로 하여금 진술의 요지를 고지하게 하여야 한다.

피고인이 퇴정명령을 받았다 하더라도 반대신문권까지 배제되는 것은 아니다.[206] 따라서 변호인이 재정한 경우에는 변호인이 반대신문을 할 수 있고, 변호인이 재정하지 아니한 경우에는 피고인이 입정하여 진술의 요지를 고지받은 후 반대신문을 할 수 있다. 다만 대법원은 피고인의 퇴정 후 이루어진 증인신문에서 반대신문의 실질적 기회를 부여하지 아니하였음에도 책문권 포기의사를 명시한 경우 그 하자가 치유된다는 입장인데[207] 이에는 동의할 수 없다. 책문권의 포기로 소송절차의 하자가 치유되기 위해서는 그 하자가 당사자의 권리에 대한 본질적인 침해에 해당하지 아니하는 등 소송절차 전반에 미친 영향이 미미한 경우이어야 하기 때문이다.

(바) 증인신문을 통한 피해자의 재판절차진술권의 보장

1) 의의

형사피해자는 법률이 정하는 바에 의하여 당해 사건의 재판절차에서 진술할 수 있고(헌법 제27조 제5항), 국가는 범죄피해자가 해당 사건과 관련하여 재판절차에 참여하여 진술할 권리를 보장하여야 한다(범죄피해자보호법 제8조 제1항). 헌법 제27조 제5항은 형사피해자의 재판절차진술권을 독립된 기본권으로 규정하고 있고, 이에 따라 형사소송법은 증인신문절차에서 피해자의 재판절차진술권을 보장하고 있다.

형사피해자의 재판절차진술권 보장은 사인소추를 전면 배제하고 형사소추권을 검사에게 독점시키고 있는 현행 기소독점주의의 형사소송체계 하에서 형사피해자로 하여금 당해 사건의

206) 대법원 2012. 2. 23. 선고 2011도15608 판결.
207) 대법원 2010. 1. 14. 선고 2009도9344 판결.

형사재판 절차에 참여할 수 있는 청문의 기회를 부여하고, 그를 통하여 형사사건의 절차적 적정성을 확보하기 위한 것이라는데 의의가 있다. 피해자의 법정진술권의 보장은, 피해자 본인이 직접 공판정에서 진술함으로써 주도권을 가지고 형사절차에 참여할 수 있다는 적극적인 의미부여와 함께, 피해자에 대한 치유 내지는 치료 효과(카타르시스)도 부수적으로 기대할 수 있다는 의미를 갖는 것이다. 따라서 그 보장범위는 가급적 널리 인정함이 상당한바, 이때의 피해자의 범위는 형사실체법상으로는 직접적인 보호법익의 향유주체로 인정되지 않는 자라 할지라도 문제되는 범죄행위로 말미암아 법률상 불이익을 받게 되는 자를 포함한다.[208] 예를 들어 교통사고로 사망한 피해자의 부모는 형사실체법상 직접적인 보호법익의 향유주체는 아니지만 그 자녀가 교통사고로 사망함으로 인하여 극심한 정신적 고통을 받는 법률상 불이익을 받게 된 자에 해당하므로 부모 역시 헌법상 인정되는 피해자진술권을 갖게 된다.

2) 피해자의 신청 또는 법원의 직권

법원은 피해자 또는 그 법정대리인, 피해자가 사망한 경우에는 배우자·직계친족·형제자매(이하 '피해자 등'이라 한다)의 신청이 있으면 신청인을 증인으로 신문하여야 하고, 필요시 직권으로 피해자 등을 증인으로 채택할 수 있다(법 제294조의2, 규칙 제134조의10 제1항).

다만 신청인이 이미 당해 사건에 관하여 공판절차에서 충분히 진술하여 다시 진술할 필요가 없다고 인정되는 경우 또는 신청인의 진술로 인하여 공판절차가 현저하게 지연될 우려가 있는 경우에는 그러하지 아니하다(법 제294조의2 제1항). 한 번의 피해자진술로 인하여 공판절차가 현저히 지연될 우려는 있을 수 없으므로, 피해자 등은 당해 공판절차에서 최소 1회 이상 진술할 권리를 보장받는다.

동일한 범죄사실에서 피해자진술의 신청인이 여러 명인 경우에는 법원은 진술할 자의 수를 제한할 수 있다(동조 제3항). 하지만 서로 다른 다수의 범죄피해자가 각각 재판절차진술을 신청하는 경우에는 법원은 공판절차가 현저하게 지연될 우려가 있는 경우가 아닌 이상 각 신청인에게 진술할 기회를 보장하는 것이 바람직하다.

3) 피해자의 출석과 증인신문

신청인이 출석통지를 받고도 정당한 이유없이 공판기일에 출석하지 아니한 때에는 그 신청을 철회한 것으로 본다(법 제294조의2 제4항).

신청인이 공판기일에 출석한 때에는 법원은 신청인을 증인으로 신문한다. 신청인에 대한 증인신문은 교호신문방식에 의하지 아니하고 재판장이 정하는 바에 의한다(법 제161조의2 제4

208) 헌재 1993. 3. 11. 92 헌마 48 결정.

항). 법원은 신청인에게 피해의 정도 및 결과, 피고인의 처벌에 관한 의견, 그 밖에 당해 사건에 관한 의견을 진술할 기회를 주어야 한다(법 제294조의2 제2항).

4) 증인신문에 의하지 아니한 의견진술

① 의견진술의 의의

법원은 필요하다고 인정하는 경우에는 피해의 정도 및 결과, 피고인의 처벌에 관한 의견, 그 밖에 당해 사건에 관한 의견으로서 범죄사실의 인정에 해당하지 않는 사항에 관하여 증인신문에 의하지 아니하고 피해자등이 자유롭게 진술하게 할 수 있다(규칙 제134조의10 제1항). 따라서 피해자진술은 선서를 요하지 아니하여 위증죄가 적용될 여지가 없으므로 증인신문보다 심적으로 자유로운 상태에서 진술이 가능하게 된다는 차이가 있다.

② 의견진술의 방식

재판장은 재판의 진행상황 등을 고려하여 피해자등의 의견진술에 관한 사항과 그 시간을 미리 정할 수 있고(규칙 제134조의10 제2항), 피해자등의 의견진술에 대하여 그 취지를 명확하게 하기 위하여 질문할 수 있으며 설명을 촉구할 수 있다. 검사, 피고인 또는 변호인은 피해자 등이 의견을 진술한 후 그 취지를 명확하게 하기 위하여 재판장의 허가를 받아 피해자등에게 질문할 수 있다(동조 제3항, 제4항).

③ 의견진술의 범위

형사소송법은 피해자가 진술할 수 있는 내용으로, 피해의 정도 및 결과에 대한 진술(피해자 영향진술, V.I.S. Victim Impact Statement) 뿐만 아니라 피고인의 양형에 대한 진술(피해자 양형의견 진술, V.S.O. Victim Statement Opinion) 까지 인정하고 있다.

이에 대하여 피해자 진술의 범위에 양형의견 진술까지 포함하면 피고인이 공정한 재판을 받으면서 다툴 권리를 침해할 수 있고, 법원은 범죄행위에 비해 더 중한 처벌을 하게 될 것이며(책임주의 위반), 자유형의 대체수단으로서의 사회봉사명령 등의 활용에 소극적인 태도를 취하게 됨으로써 결국에는 교도소의 과밀화현상까지 초래할 수 있다는 점을 우려하는 비판적인 견해도 있다. 미국에서는 피고인의 인격적 특징이나 사회적 평가를 양형 사정으로 고려하여 형량을 결정하는 경우가 적지 않은데, 피해자 양형의견 진술을 인정하면 이러한 인종이나 성별 등에 따른 차별이 더욱더 심화될 수 있다는 점도 지적되고 있다.[209] 따라서 법원은 피해자 진술권을 보장하되, 위와 같은 영향을 받지 아니하도록 유의할 필요가 있다.

209) 이에 대한 자세한 내용은 민영성, "피해자의 양형절차에의 참가와 의견진술," 저스티스 93호(2006) 참조.

④ 제한

재판장은 피해자등이나 피해자 변호사가 이미 해당 사건에 관하여 충분히 진술하여 다시 진술할 필요가 없다고 인정되는 경우, 의견진술 또는 질문으로 인하여 공판절차가 현저하게 지연될 우려가 있다고 인정되는 경우, 의견진술과 질문이 해당 사건과 관계없는 사항에 해당된다고 인정되는 경우, 범죄사실의 인정에 관한 것이거나, 그 밖의 사유로 피해자등의 의견진술로서 상당하지 아니하다고 인정되는 경우에는 피해자등의 의견진술이나 검사, 피고인 또는 변호인의 피해자등에 대한 질문을 제한할 수 있다(규칙 제134조의10 제5항).

⑤ 의견진술에 갈음한 서면의 제출

재판장은 재판의 진행상황, 그 밖의 사정을 고려하여 피해자등에게 공판정에서의 의견진술에 갈음하여 의견을 기재한 서면을 제출하게 할 수 있다. 피해자등의 의견진술에 갈음하는 서면이 법원에 제출된 때에는 재판장은 검사 및 피고인 또는 변호인에게 그 취지를 통지하여야 하고, 공판기일에서 의견진술에 갈음하는 서면의 취지를 명확하게 하여야 한다. 이 경우 재판장은 상당하다고 인정하는 때에는 그 서면을 낭독하거나 요지를 고지할 수 있다(규칙 제134조의11).

⑥ 증거사용의 제한

증인신문에 의하지 아니한 의견진술 및 의견진술에 갈음한 서면은 범죄사실의 인정을 위한 증거로 할 수 없다(규칙 제134조의12). 대법원은 피해자의 진술은 공소사실의 존부를 직·간접적으로 증명하는 실질증거로는 물론 실질증거의 증명력을 강화시키는 증강증거로도 될 수 없다고 한다.[210]

범죄 피해자의 진술도 증인신문에 의하여 증언으로 이루어진 경우에는 증거능력이 인정된다. 하지만 형사소송규칙은 의견진술 또는 그에 갈음한 서면은 범죄사실의 인정에 해당하지 않는 사항만을 담고 있도록 하여 실질증거는 물론 보강증거로서도 사용될 수 없도록 전제한 후, 형사소송법이 정한 증거조사 방식이 아닌 자유로운 진술의 방법으로 피해자의 재판절차진술권을 보장하고 있는 것이다. 한편 일본에서는 범죄피해자나 그 유족이 법원의 허가를 얻어 **'피해자참가인'**으로 법정에 출석하여 증거조사의 청구나 논고 등 검사의 소송활동에 관하여 의견을 진술하거나 검사의 설명을 요구할 수 있고(검사 옆에 착석함), 정상에 관한 증인의 진술의 증명력을 다투기 위해 필요한 사항에 관하여 증인을 신문하거나, 의견진술을 위해 필요하다고 인정되는 때에는 피고인에게 질문할 수 있으며, 증거조사가 끝난 후 사실 또는 법률의 적용에 관하여 법정에서 의견을 진술할 수 있는 제도를 두고 있는바[211] 공판단계에서의 피해자 지원책으

210) 대법원 2024. 3. 12. 선고 2023도11371 판결.

로서 참고할 만하다고 하겠다.

(5) 피고인신문

(가) 의의

피고인신문이란 법원, 검사, 변호인이 피고인에게 공소사실 및 정상에 관하여 필요한 사항을 묻고, 피고인이 이에 답하는 것을 말한다. 피고인신문은 증거조사가 행해지는 사실심에서만 이루어질 수 있는데, 형사소송법은 사실심인 제1심에서 피고인신문에 대해 규정한 후 항소심에서 이를 준용하고 있다(법 제370조, 법 제296조의2).

피고인신문절차는 피고인의 증거방법으로서의 지위에 따라 인정되는 것으로, 형사소송법은 이를 신문권자의 필요에 따른 임의절차로 규정하고 있다(법 제296조의2 제1항, 제2항). 다만 변호인의 피고인신문권은 변호인의 소송법상 권리이므로, 변호인이 피고인을 신문하겠다는 의사를 표시한 때에는 재판장은 피고인을 신문할 수 있도록 조치하여야 한다. 따라서 변호인이 피고인을 신문하겠다는 의사를 표시하였음에도 재판장이 변호인에게 일체의 피고인신문을 허용하지 않았다면, 이는 변호인의 피고인신문권에 관한 본질적 권리를 침해하는 것으로서 소송절차의 법령위반에 해당한다.[212)]

(나) 시기

피고인신문은 **증거조사 이후**에 이루어짐을 원칙으로 한다. 검사 또는 변호인은 증거조사 종료 후에 피고인을 신문할 수 있고, 증거조사가 완료되기 전에는 그 필요를 소명하여 재판장의 허가를 얻은 경우에만 피고인을 신문할 수 있다(법 제296조의2 제1항).

재판장은 증거조사가 종료되고 당사자의 피고인 신문이 끝난 이후에 피고인을 신문하는 것을 원칙으로 하되, 필요시 증거조사 종료 전이라도 피고인을 신문할 수 있다(법 제296조의2 제1항, 제3항, 제161조의2 제3항). 합의부원은 재판장에게 고하고 신문할 수 있다(법 제296조의2 제3항, 제161조의2 제5항).

피고인신문을 증거조사 이후에 할 수 있도록 한 것은 피고인이 당사자의 지위에서 사실인정에 대해 충분히 다툴 기회를 제공하기 위한 입법자의 결단이다. 따라서 증거조사 완료 전의 피고인신문의 필요성은 단지 재판의 탄력적 운용이 필요하다는 이유만으로는 인정된다고 할 수 없고, 당사자의 방어권행사를 일정부분 제한할 필요성이 인정되는 예외적인 경우에만 허용

---

211) 이와 관련한 일본 법무성의 설명자료는 https://www.moj.go.jp/keiji1/keiji_keiji11－4.html 참조.

212) 대법원 2020. 12. 24. 선고 2020도10778 판결.

된다고 할 것이다.

(다) 방법

피고인신문을 하는 때에는 피고인은 증인석에 좌석한다(법 제275조 제3항 단서). 피고인신문은 이를 신청한 검사 또는 변호인, 그 상대방, 재판장의 순서로 이루어짐을 원칙으로 하되, 재판장은 필요하다고 인정하면 그 순서를 변경할 수 있다. 재판장은 검사와 피고인이 모두 신청한 경우 신문순서를 결정할 수 있다(법 제296조의2 제3항, 제161조의2 제1항 내지 제3항).

피고인을 신문함에 있어서 그 진술을 강요하거나 답변을 유도하거나 그밖에 위압적·모욕적 신문을 하여서는 아니 된다(규칙 제140조의2). 피고인은 진술거부권이 있으므로(법 제283조의2) 직접적인 진술의 강요나 위압적 신문은 당연히 금지되고, 형식적으로는 진술의 강요에는 이르지 아니한다 하더라도 실질적으로는 그러한 결과를 야기할 수 있는 유도신문이나 모욕적 신문도 금지된다.

(라) 신뢰관계자의 동석

재판장 또는 법관은 피고인이 신체적 또는 정신적 장애로 사물을 변별하거나 의사를 결정·전달할 능력이 미약하거나, 피고인의 연령·성별·국적 등의 사정을 고려하여 그 심리적 안정의 도모와 원활한 의사소통을 위하여 필요한 경우, 피고인신문시에 직권 또는 피고인·법정대리인·검사의 신청에 따라 피고인의 배우자, 직계친족, 형제자매, 가족, 동거인, 고용주 그밖에 피고인의 심리적 안정과 원활한 의사소통에 도움을 줄 수 있는 자를 동석하게 할 수 있다(법 제276조의2 제1항, 규칙 제126조의2 제1항).

피고인 등이 신뢰관계자의 동석을 신청하는 때에는 동석하고자 하는 신뢰관계자와 피고인 사이의 관계, 동석이 필요한 사유 등을 밝혀야 한다. 피고인과 동석한 신뢰관계자는 재판의 진행을 방해하여서는 아니 되며, 재판장은 동석한 신뢰관계자가 부당하게 재판의 진행을 방해하는 때에는 동석을 중지시킬 수 있다(규칙 제126조의2 제2항, 제3항)

(6) 증거조사결과에 대한 고지 및 증거조사에 대한 불복방법

(가) 증거조사결과에 대한 고지

재판장은 피고인에게 각 증거조사의 결과에 대한 의견을 묻고 권리를 보호함에 필요한 증거조사를 신청할 수 있음을 고지하여야 한다(법 제293조). 이는 법률전문가가 아닌 피고인에게 사실인정에 있어 자신에게 불리한 증거조사결과에 대하여 의견을 진술할 수 있는 기회를 제공

함과 동시에 자신에게 유리한 증거조사를 신청할 권리를 고지할 의무를 재판장에게 부여함으로써 피고인의 방어권을 실질적으로 보장하고자하는데 그 의의가 있다.

(나) 증거조사에 대한 불복방법

1) 이의신청

검사, 피고인 또는 변호인은 증거조사에 관하여 이의신청을 할 수 있다(법 제296조 제1항). 증거조사에 대한 이의신청 사유는 위법·부당이지만(규칙 제135조의2 본문), 증거신청 및 재판장의 처분에 대한 이의신청 사유는 위법으로 제한된다(규칙 제135조의2 단서, 제136조).

2) 법원의 결정

법원은 이의신청이 있으면 즉시 그에 대한 결정을 하여야 한다(법 제296조, 규칙 제138조). 법원은 시기에 늦은 이의신청, 소송지연만을 목적으로 하는 것임이 명백한 이의신청은 결정으로 기각하여야 한다. 다만, 시기에 늦은 이의신청이 중요한 사항을 대상으로 하고 있는 경우에는 시기에 늦은 것만을 이유로 하여 기각하여서는 아니된다(규칙 제139조 제1항).

그 외의 경우로서 이의신청이 이유 없다고 인정되는 경우에는 법원은 결정으로 이를 기각하여야 하고, 이의신청이 이유 있다고 인정되는 경우에는 결정으로 이의신청의 대상이 된 증거조사를 철회, 취소하는 등 그 이의신청에 상응하는 조치를 취하여야 한다(규칙 제139조 제2항, 제3항). 증거조사를 마친 증거가 증거능력이 없음을 이유로 한 이의신청을 이유 있다고 인정할 경우에는 그 증거의 전부 또는 일부를 배제한다는 취지의 결정을 하여야 한다(규칙 제139조 제4항).

검사, 피고인, 변호인은 이의신청에 대한 결정에 의하여 판단된 사항에 대하여는 다시 이의신청을 할 수 없다(규칙 제140조).

(7) 법원의 강제처분과 감정·통역·번역 명령

법원은 공판절차에서 사실인정에 필요한 경우 직접 수색, 압수, 검증, 구속 등 강제처분을 하고, 학식있는 제3자에게 감정, 통역, 번역을 명할 수 있다.

(가) 법원의 강제처분

법원은 필요한 경우 공판절차에서 수색, 압수, 검증, 구속 등의 강제처분을 할 수 있다. 형사소송법은 수사기관의 압수·수색·검증의 경우 법원의 강제처분 관련규정을 대부분 준용하고 있으므로, 법원의 수색, 압수, 검증의 절차, 한계 등은 앞서 수사절차에서 설명한 것과 별반 다를 바 없다. 이에 아래에서는 법원의 강제처분에 대해 근거조항을 중심으로 간단히 설명하되,

법원의 검증에 대해서는 수사기관의 검증에서 자세히 설명하였으므로 여기에서는 생략한다.[213)]

1) 수색

① 의의

수색은 압수, 검증, 구속의 선행 작용으로서 그 자체로서 주거의 자유, 사생활의 평온과 비밀 등 수색대상자의 기본권을 제한하는 독립적인 강제처분이다. 형사소송법도 법원의 수색을 압수, 검증 및 구속과 분리하여 따로 규정하고 있다.

법원은 필요한 때에는 피고사건과 관계가 있다고 인정할 수 있는 것에 한정하여 피고인의 신체, 물건 또는 주거, 그 밖의 장소를 수색할 수 있고, 피고인 아닌 자의 신체, 물건, 주거 기타 장소에 관하여는 압수할 물건이 있음을 인정할 수 있는 경우에 한하여 수색할 수 있다(법 제109조). 수색영장의 집행 중 출입금지(법 제119조), 영장집행에 필요한 처분(법 제120조), 영장의 집행과 책임자의 참여(법 제123조), 집행중지와 필요한 처분(법 제127조)의 구체적인 내용은 수사기관의 압수·수색영장집행 시의 그것과 동일하다(법 제138조, 제219조).

② 수색의 주체와 영장집행의 주체

수색의 주체는 법원이다. 공판정 내에서의 수색에는 영장을 필요로 하지 아니하지만, 공판정 외에서 수색을 함에는 영장을 발부하여 시행하여야 한다(법 제113조). 법원은 합의부원에게 수색을 명할 수 있고 그 목적물의 소재지를 관할하는 지방법원판사에게 수색을 촉탁할 수 있다. 수탁판사는 수색의 목적물이 그 관할구역 내에 없는 때에는 그 목적물 소재지의 지방법원판사에게 이를 전촉할 수 있다. 수명법관, 수탁판사가 행하는 수색에 관하여는 법원이 행하는 수색에 관한 규정을 준용한다(법 제136조).

수색영장은 검사의 지휘에 의하여 사법경찰관리가 집행한다. 단, 필요한 경우에는 재판장은 법원사무관 등에게 그 집행을 명할 수 있고, 법원사무관 등은 압수·수색영장의 집행에 관하여 필요한 때에는 사법경찰관리에게 보조를 구할 수 있다(법 제115조, 제117조).

③ 수색과 관련성

수색에서의 관련성은 수색의 대상이 되는 수색 장소, 신체, 물건 등에 범죄사실에 대한 직접·간접·정황증거에 해당하는 압수물이 존재할 개연성 또는 구속영장이 발부된 피고인이 수색장소에 존재할 개연성을 말한다.

형사소송법은 피의자·피고인 아닌 자의 신체, 물건, 주거 등을 수색하는 경우에만 압수물

---

213) 275페이지 참조.

이 존재할 개연성을 수색의 요건으로 명시하고 있으나(법 제109조), 압수할 물건에 대한 관련성의 심사기준을 엄격히 설정한 이상 피의자·피고인의 신체 등에 대한 수색 및 구속영장이 발부된 피고인에 대한 수색에서도 이를 그 요건으로 삼는 것이 타당하기 때문이다.

④ 피고인 수색

구속영장이 발부된 피고인의 수색은 수색영장에 의함을 원칙으로 한다. 다만 검사, 사법경찰관리, 법원사무관등은 미리 수색영장을 발부받기 어려운 긴급한 사정이 있는 경우에 한정하여 타인의 주거, 간수자 있는 가옥, 건조물, 항공기, 선차 내에 들어가 피고인을 수색할 수 있다(법 제137조).

구속영장의 집행으로 피고인을 구속하는 경우 검사 또는 사법경찰관은 구속 현장에서 압수, 수색, 검증을 할 수 있다(법 제216조 제1항 제2호, 제2항). 이때 각 처분은 구속영장 기재 범죄사실과 관련성이 인정되는 범위 내에서만 이루어질 수 있다(법 제219조, 제109조).

2) 압수

① 의의

형사소송법은 수사기관의 압수에 대해서는 그 요건과 사후절차만을 규정하고, 구체적인 절차 및 한계는 모두 법원의 압수규정을 준용하도록 하고 있다. 따라서 법원의 압수는 그 주체가 법원이고 수명법관이나 수탁판사도 주체가 될 수 있다는 점, 공판정 내에서는 영장을 필요로 하지 아니하지만 공판정 외에서는 영장을 필요로 한다는 점, 영장집행은 검사, 사법경찰관리 외에 법원사무관등에 의해서도 이루어진다는 점, 제출명령이 있다는 점(법 제106조 제2항) 외에는 수사기관의 압수와 별 차이가 없다. 군사상 비밀, 공무상 비밀, 업무상 비밀에 대한 압수의 제한(법 제110조 내지 제112조), 영장의 방식(법 제114조), 영장의 제시와 사본교부(법 제118조), 영장집행 중의 출입금지(법 제119조), 영장집행과 필요한 처분(법 제120조), 영장의 집행과 당사자 및 책임자의 참여 및 통지(법 제121조 내지 123조), 야간집행의 제한과 예외(법 제125조, 제126조), 집행중지와 필요한 처분(법 제127조), 증명서와 압수목록의 교부(법 제128조, 제129조), 압수물의 보관, 폐기, 대가보관(법 제130조, 내지 제132조), 압수장물의 피해자환부(제134조), 압수물처분과 당사자에의 통지(법 제135조)의 구체적인 내용은 수사기관의 압수에서의 그것과 같다(법 제219조).[214]

② 압수의 주체와 영장집행의 주체

법원은 필요한 때에는 피고사건과 관계가 있다고 인정할 수 있는 것에 한정하여 증거물

---

214) 249페이지 참조.

또는 몰수할 것으로 사료하는 물건을 압수할 수 있고(법 제106조 제1항 본문), 소유자, 소지자 또는 보관자가 임의로 제출한 물건 또는 유류한 물건은 영장 없이 압수할 수 있다(법 제108조).

수색과 마찬가지로 법원은 합의부원에게 압수를 명하거나 압수물 소재지 관할 지방법원판사에게 압수를 촉탁할 수 있고, 수탁판사는 이를 전촉할 수 있다(법 제136조).

법원은 공판정 내에서는 압수에 영장을 필요로 하지 아니하지만, 공판정 외에서 압수를 함에는 영장을 발부하여 시행하여야 한다(법 제113조). 압수영장의 집행 주체에 대한 내용은 수색영장 집행주체의 내용과 동일하다(법 제115조, 제117조).

③ 제출명령

법원은 압수할 물건을 지정하여 소유자, 소지자 또는 보관자에게 제출을 명할 수 있다(법 제106조 제2항). 상대방이 제출명령에 불응하면 법원은 영장을 발부하여 압수할 수 있다. 하지만 비밀번호의 해제 등 압수의 목적달성에 상대방의 비대체적 협조가 필요한 경우에는, 영장의 발부에 의한 압수는 제출명령 거부에 대한 실효성 있는 대안이 될 수 없다. 이러한 경우에 대한 대응방안으로 간접강제의 도입 필요성이 제기된다.[215]

④ 환부와 가환부

법원은 요건이 충족된 때에는 스스로 압수물을 환부하거나 가환부하여야 한다(법 제133조). 법원이 가환부한 장물에 대하여 별단의 선고가 없는 때에는 환부의 선고가 있는 것으로 간주한다(법 제333조 제3항).

재판장 또는 수명법관의 압수 또는 압수물환부에 관한 재판에 대해서는 그 법관소속의 법원에 재판의 취소 또는 변경을 청구하는 준항고를 할 수 있다(법 제416조 제1항 제2호).

3) 구속

피고인이 구속 상태로 기소된 경우, 기소된 날부터 구속의 주체는 법원으로 바뀌게 된다. 불구속 상태로 기소된 경우, 법원은 공판절차에서 피고인을 구속할 수 있다. 구속의 사유와 고려사항은 수사기관의 구속과 같다(법 제201조, 제209조, 제70조 제2항).

공소제기 이후부터 선고까지 법원의 구속시기나 장소에 제한은 없으나, 일반적으로 불구속 피고인의 구속은 자유형의 선고와 함께 법정에서 이루어진다. 물론 이 경우에도 법원은 피고인의 출석태도, 상소심에서의 방어권 보장의 필요성 등을 고려하여 법정구속을 하지 아니할 수 있다. 법원이 자유형을 선고하면서도 법정구속을 하지 아니하는 경우, 피고인이 상소장을 제출기일 내에 제출하면 원심이 확정되지 아니하므로 피고인은 상소심에서 불구속 상태로 재

---

215) 342페이지 참조.

판받을 수 있게 된다.

법원의 구속영장 발부, 피고인에 대한 권리고지, 구속영장의 집행, 구속기간 등에 대한 구체적인 내용은 수사기관의 구속에서 함께 설명하였으므로 여기에서는 생략한다.[216)]

(나) 감정·통역·번역명령

법원은 사실인정을 함에 필요한 경우 감정·통역을 명할 수 있다. 법정에서는 국어를 사용하므로(법원조직법 제62조) 법원은 국어에 능통하지 않은 자에 대해서는 통역인으로 하여금 통역하게 하여야 하고, 국어 아닌 문자 또는 부호에 대해서는 번역하게 하여야 한다(법 제180조, 제182조). 감정·통역·번역명령은 법원이 사실인정을 위하여 전문가의 지식을 빌린다고 하는 공통점이 있다.

1) 감정

감정이란 법원이 사실인정에 있어 특별한 전문지식이 필요한 경우 그러한 지식을 가진 제3자에게 감정대상에 대한 구체적 사실판단을 보고하도록 명령·촉탁하는 것을 말한다. 이에 대한 구체적인 내용은 수사기관의 감정 부분에서 설명한 바와 같다.[217)]

증인과 감정인을 비교해 보면, 증인은 자신이 과거에 체험한 사실을 진술하는 자이고, 감정인은 특별한 지식이나 경험에 의해서만 알 수 있는 법칙 또는 그 법칙을 구체적 사실에 적용하여 얻은 의견·판단을 법원에 보고하는 자이다. 따라서 전자는 **비대체적**인 반면 후자는 **대체적**이다. 그 결과 전자가 정당한 이유 없이 소환에 불응하는 경우에는 **구인**할 수 있는(법 제152조) 반면 후자에게는 그러한 강제가 따르지 않는다. 다만 둘 다 신문·감정 전에 선서서에 따라 **선서**하여야 하는 것은 같다(법 제156조, 제170조).

2) 통역

통역이란 외국어를 사용하고 국어로는 의사소통이 불가능한 자 또는 듣거나 말하는데 장애가 있는 사람에 대한 증거조사가 필요한 경우, 국어와 당해 언어 또는 수화 등에 대한 전문지식을 가진 자에게 의사소통을 촉탁하는 것을 말한다.

법원은 피고인 또는 증인이 국어에 통하지 아니하는 자로서 그의 진술을 청취하는 때에는 통역인으로 하여금 통역하게 하여야 하고, 듣거나 말하는 데 장애가 있는 자로서 그의 진술을 청취하는 때에는 통역인으로 하여금 통역하게 할 수 있다(법 제180조, 제181조).

통역에 대해서는 그 성격에 반하지 아니하는 범위 내에서 감정의 규정이 모두 준용된다

---

216) 205페이지 참조.
217) 281페이지 참조.

(법 제183조). 따라서 통역인은 객관적인 자격을 갖춘 학식있는 자로 제한되고(법 제169), 통역에 앞서 선서서에 의하여 선서하여야 한다(법 제170조). 통역인은 통역에 관하여 필요한 경우에는 재판장의 허가를 얻어 서류와 증거물을 열람 또는 등사할 수 있고, 당연히 피고인 또는 증인의 신문에 참여하여야 한다(법 제174조).

3) 번역

번역이란 국어 외의 언어로 작성된 문자 또는 부호를 국어로 옮기는 것을 말한다. 법원은 국어 아닌 문자 또는 부호는 번역하게 하여야 한다(법 제182조). 다만 방언이나 널리 통용되는 외래어는 번역할 필요가 없다.[218]

번역에 대해서도 그 성격에 반하지 아니하는 범위 내에서 감정의 규정이 모두 준용된다(법 제183조). 따라서 번역인은 객관적인 자격을 갖춘 학식있는 자로 제한되고(법 제169), 번역에 앞서 선서서에 의하여 선서하여야 한다(법 제170조). 번역인은 번역의 결과를 서면으로 법원에 제출하여야 하고(법 제171조), 번역은 법원 외에서 이루어질 수 있다(법 제172조). 번역인은 번역에 관하여 필요한 경우에는 재판장의 허가를 얻어 서류와 증거물을 열람 또는 등사할 수 있고, 피고인 또는 증인의 신문에 참여할 수 있다(법 제174조).

3. 최종변론과 판결선고

증거조사절차가 종료하면 검사의 논고·구형(법 제302조), 변호인의 최종변론(법 제303조), 피고인의 최종의견진술(최후진술, 법 제303조)이 행해진다. 조문상으로는 피고인, 변호인의 순서로 되어 있으나 실무에서는 변호인의 최종변론, 피고인의 최후진술의 순으로 진행된다.

(1) 논고와 구형

논고란 검사가 개개 증거의 증거능력, 증명력 등에 언급하면서 자신이 주장하는 증거구조를 다시금 명확히 드러내고, 변호인의 주장에 반박을 가하면서 공소사실에 관한 사실상·법률상의 의견을 진술하는 것을 말한다. 구형이란 논고에 이어 검사가 영형상의 사정에 언급하면서 소추자로서 기대하는 형을 표명하는 것을 말한다.

구형은 소송법상의 의무라고는 할 수 없으므로 구형을 하지 않았다고 하여 판결에 영향을 미친 법률위반이 있는 경우에 해당한다고 할 수 없고,[219] 법원도 검사의 구형에 구속되지

---

218) 이/조/이 578.
219) 대법원 2001. 11. 30. 선고 2001도5225 판결.

않는다.[220] 그 결과 구형을 초과하는 형이 선고되기도 한다. 그러나 당사자주의 소송구조라는 측면에서 볼 때 검사의 구형을 넘는 형을 선고하는 것은 특별한 사정이 없는 한 부당하다고 생각된다.

(2) 변호인의 최종변론과 피고인의 최후진술

재판장은 검사의 의견을 들은 후 피고인과 변호인에게 최종의 의견을 진술할 기회를 주어야 한다(법 제303조). 이러한 최종의견 진술의 기회는 피고인과 변호인의 소송법상 권리로서 피고인과 변호인이 사실관계의 다툼이나 유리한 양형사유를 주장할 수 있는 마지막 기회이므로, 그들에게 최종의견 진술의 기회를 주지 아니한 채 변론을 종결하고 판결을 선고하는 것은 소송절차의 법령위반에 해당한다.[221] 즉 피고인과 변호인 **모두에게** 최종의견 진술의 기회를 주지 않은 채 심리를 마치고 선고한 판결은 위법함을 면할 수 없다.[222]

(3) 판결선고

변호인의 최종변론과 피고인의 최후진술로써 심리는 종료되고, 공판절차의 최종단계라고 할 수 있는 판결선고절차에 들어간다.

(가) 일시·장소

판결선고는 재판장이 변론을 종결한 기일에 공판정에서 하는 것이 원칙이다(법 제318조의4 제1항). 이를 **즉일선고의 원칙**이라고 한다. 다만, 특별한 사정이 있는 때에는 선고일은 변론종결 후 14일 이내로 지정이 되어야 한다(법 제318조의4 제3항).

(나) 방법

판결의 선고는 공판정에서 재판장이 **재판서**에 의하여 한다(법 제43, 제42조). 형을 선고하는 경우에는 재판장은 피고인에게 상소할 기간과 상소할 법원을 고지하여야 한다(법 제324조). 판결을 선고하는 공판기일에도 피고인은 원칙적으로 출석하여야 한다. 다만, 피고인이 진술하지 아니하거나, 재판장의 허가 없이 퇴정하거나, 재판장의 질서유지를 위한 퇴정명령을 받은 때에는 피고인의 진술 없이 판결할 수 있다(법 제330조).

---

220) 대법원 1984. 4. 24. 선고 83도1789 판결.
221) 대법원 2018. 3. 29. 선고 2018도327 판결.
222) 대법원 1975. 11. 11. 선고 75도1010 판결.

(다) 효력

판결의 선고로 당해 심급의 공판절차는 종결되게 되고 7일의 상소제기기간이 진행되게 된다. 다만, 상소기간 중 또는 상소 중의 사건에 관하여 소송기록이 상소법원에 도달하지 아니하고 여전히 원심법원에 있는 경우에는, 구속기간의 갱신, 구속의 취소, 보석, 구속의 집행정지와 그 정지의 취소에 대한 결정은 원심법원이 하여야 한다(법 제105조).

제 4 절 사실인정과 증거법

Ⅰ. 개관

무죄추정의 원칙, 공정한 재판의 원칙, 적정절차원칙 등 헌법적 형사소송의 정신에 기초하여 형사소송법은 범죄사실의 인정은 증거에 의하여야 한다는 증거재판주의를 천명하고 있다(법 제307조 제1항).

범죄사실은 형사소송법의 엄격한 규정에 따라 적법하게 수집·조사된 증거에 의하여, 합리적 의심이 없는 정도의 증명이 있어야 인정된다(법 제307조 제2항). 앞서 살펴본 수사절차는 곧 수사기관의 증거수집 방법과 절차에 해당하고, 증거개시(법 제266조의3, 제266조의4, 제266조의11), 공판준비절차에서의 증거조사(법 제266조의5 내지 제266조의15), 공판기일 전 증거조사(법 제273조, 제274조), 공판기일에서의 증거조사(법 제290조 내지 제297조의2), 증인신문절차, 피고인신문절차 등은 곧 공판절차에서의 증거조사 절차이다.

형사소송법은 서류나 물건에 대하여 당사자의 동의가 있는 경우에는 진정성이 인정되면 증거로서 사용할 수 있다고 하면서도(제318조 제1항), 위법수집증거배제법칙(법 제308조의2), 자백배제법칙(법 제309조), 전문증거의 증거능력 배제와 그 예외(법 제310조의2 내지 제316조) 및 탄핵증거로서의 사용가능성(법 제318조의2), 임의성 없는 진술의 증거능력 배제를 규정하여(법 제317조) 증거능력 인정의 엄격한 기준을 명시하고 있다. 이렇듯 엄격한 절차와 방식을 거친 증거에 대해 법관은 경험칙과 논리칙의 범위 내에서 증거의 증명력을 자유롭게 평가할 수 있는 것이지만(법 제308조), 형사소송법은 헌법적 형사소송 이념의 담보를 위한 마지막 관문으로 자백보강법칙(법 제310조)도 아울러 규정하고 있다.

이상과 같이 형사소송법 전반에 걸친 사실인정 관련규정들은 넓은 의미에서 모두 증거법에 해당하다고 할 수 있는 것이나, 여기에서는 좁은 의미의 증거법, 즉 형사소송법 제3장 제2절의 증거법이라는 표제 하에 규정된 증거재판주의, 증거능력 및 증명력 관련 규정에 대해서 설명한다.

Ⅱ. 증거법의 기초개념

1. 요증사실과 불요증사실

공소사실은 검사의 증명을 필요로 하는 요증사실과 검사의 증명을 필요로 하지 아니하는 불요증사실로 구성된다. 형사소송에서 증명의 대상이 되는 '사실'은 원칙적으로 증명을 필요로 한다. 그러나 형사소송에서도 사실 그 자체의 성질상 증명을 요하지 않는 경우가 있다. 불요증사실로 논의되는 것으로는 사실상·법률상 추정된 사실, 공지의 사실, 거증금지사실, 법원의 직권조사사항 등이 있다.

(1) 사실상 추정

사실상 추정이란 일반 경험칙을 통해 추정되는 사실을 말한다. 예를 들어 구성요건이 충족되면 위법성과 책임은 사실상 추정된다. 사실상 추정은 피고인이 추정되는 사실의 존부를 다투기만 하면 즉시 깨어지고, 그 사실은 요증사실에 해당하게 된다. 따라서 사실상 추정은 반증을 통해서만 추정이 깨어지는 법률상 추정과 구별된다.

(2) 법률상 추정

(가) 의의

법률상 추정이란 법률의 명시적 규정에 의하여 추정되는 사실로서, 검사의 증명이 없어도 사실로 인정된다. 예를 들어 '환경범죄 등의 단속 및 가중처벌에 관한 법률' 제11조는 심각한 수준의 "오염물질을 불법배출한 사업자가 있는 경우 그 오염물질의 불법배출에 의하여 위해가 발생할 수 있는 지역에서 같은 종류의 오염물질로 인하여 생명·신체 등에 위해가 발생하고 그 불법배출과 발생한 위해 사이에 상당한 개연성이 있는 때에는 그 위해는 그 사업자가 불법배출한 물질로 인하여 발생한 것으로 추정한다."고 규정하고 있는데, 이처럼 법률에 일정한 사실이 추정된다는 명시적 규정이 있는 경우, 피고인의 반증으로 법원이 추정사실에 대해 합리적인 의심을 갖게 되지 않는 이상 그 규정의 내용대로 사실이 인정되는 것이다. 물론 피고인의 반증에 의해 법률상 추정이 깨어지면 그 사실은 요증사실이 된다.

(나) 문제점(거증책임의 전환)

이처럼 법률상의 추정도 피고인 측의 반증은 허용하지만 추정을 뒤엎기 위한 입증에 성공하지 못하면 추정사실의 존재가 인정된다. 따라서 그 한도에서 검사에게는 추정사실의 증명이 요구되지 아니하고, 피고인 측에 추정사실의 부존재를 입증할 책임이 부과된다.

이는 결과적으로 거증책임이 검사로부터 피고인에게 전환되는 것인데, 과연 소송법상 이러한 것이 허용될 수 있는지가 문제된다. 거증책임의 전환은 의심스러운 때에는 피고인의 이익으로의 원칙(in dubio pro reo), 실체적 진실주의, 자유심증주의와 충돌될 수 있기 때문이다. 따라서 거증책임의 전환이 위의 제 원칙과의 저촉을 최소화 하여 그 헌법적 가치와 부합하는 것으로 평가받을 수 있으려면 법률상의 추정은 엄격히 제한될 수 밖에 없다. 법률상 추정의 근거규정이 있다 하더라도 ① 전제사실의 존재로부터 추정사실의 존재를 추인하는 것이 합리적일 것(전제사실과 추정사실과의 합리적 관련성), ② 개개의 사안에서 추인이 부당하다고 하는 경우에는 피고인이 그 추인을 깨뜨리거나 추정사실이 존재한다는 것을 드러내는 증거를 제출하는 것이 곤란하지 않을 것(반증의 용이성)이라는 요건이 갖추어져야 한다. ③ 그 추정의 효과도 법원이 반드시 추정사실을 인정하지 않으면 안 된다고 하는 의무적·강제적 효과가 아니라, 전제사실의 입증에 의해 법원은 추정사실을 인정하는 것이 허용된다고 하는 **허용적 효과**에 그친다고 해야 할 것이다.[223)]

(3) 공지의 사실

공지의 사실이란 통상의 지식과 경험을 가진 평균적인 일반인에게 널리 알려져 있고, 객관적이고 쉬운 방법으로 확인이 가능한 사실을 말한다. 이러한 사실을 반드시 증거에 의하지 않고 인정하더라도 진실을 저해할 우려도 없고 재판의 공정을 해칠 염려도 없기 때문이다. 예를 들어 서울특별시 내에 강남구가 있다는 사실은 공지의 사실로서 검사의 증명을 요하지 아니한다.

이처럼 공지의 사실은 증명을 요하지 않은 채 그 사실을 인정해도 좋다고 하는 것이지만, 당사자주의의 원칙에서 본다면 당사자의 일방은 공지의 사실이라고 주장하더라도 다른 일방이 이를 반증하는 것을 막을 수는 없다. '공지'라고 할 수 있는 정도인가에 대해서 의심이 있으면 '공지'인가에 대한 증명이 필요하게 되는 것이므로, 결국 공지의 사실에 대하여도 반증이 금지

223) 松尾浩也 159－160.

되는 것은 아니다.[224)]

(4) 거증금지사실

거증금지사실이란 공무원 또는 공무원이었던 자의 직무상의 비밀에 속하는 사실처럼(법 제147조) 증명을 함으로써 얻게 되는 이익보다 더 큰 초소송법적 이익이 있기 때문에 증명이 금지된 사실을 말한다. 그 당연한 이치로 이러한 사실에 대하여는 검사의 증명을 요하지 않는다.

(5) 법원의 직권조사사항

직권조사사항이란 법원이 직권으로 조사하여 그 사실 여부를 확인하여야 하는 사항을 말한다. 예를 들어 법규의 존부 및 내용은 법원의 직권조사사항으로서 불요증사실에 해당하여 검사의 증명을 요하지 아니한다.

2. 증거, 증명, 입증취지

(1) 증거

증거란 과거의 사실을 추인하는 근거 자료를 말한다. 증거는 사실을 추인케 하는 것이지만 형사소송에서의 사실이란 범죄사실이므로 공판정에 제출되는 대부분의 증거는 유죄입증을 위한 적극증거이고, 수사·소추측이 공판준비를 위해서 수집하는 증거 또한 적극증거이다. 그렇지만 적정한 사실인정을 위해서는 피고인·피의자에게 적극증거를 탄핵하고 무죄입증을 위한 소극증거를 수집·활용할 기회를 충분히 보장할 필요가 있다.

증거는 다양한 기준에 따라 분류할 수 있는데, 이에 대한 이해는 각각의 기준에 따른 증거의 법적성질과 그에 따른 법적효과를 이해하기 위한 전제가 된다.

(가) 직접증거와 간접증거

1) 의의

증거는 요증사실과의 관계에 따라 직접증거와 간접증거로 나뉜다. **직접증거**는 요증사실의 존부를 직접 증명할 수 있는 증거를 말하고, **간접증거**는 요증사실을 직접 증명하지는 못하지만 그 존재를 통해 요증사실을 추단하는데 도움이 되는 증거를 말한다.

224) 이/조/이 615.

상해사건을 예로 양자의 구분을 구체적으로 살펴보자. 요증사실인 범죄혐의사실의 취지가 '피고인이 어느 때 어느 장소에서 피해자에게 상해를 입혔다.'인 경우, 피고인의 자백, 범죄현장을 직접 목격한 목격자의 증언, 범행장면이 촬영된 CCTV 영상정보 등은 피고인의 범죄혐의사실을 직접 증명하는데 쓰일 수 있으므로 직접증거이다. 하지만 범죄현장에서 발견된 피고인의 지문, 범행일시 직전·직후에 범죄장소 근처에서 피고인이 촬영된 CCTV 영상정보, 상해사건 직후의 상해진단서[225] 등은 피고인의 범죄혐의사실을 직접 증명하지 못하므로 직접증거가 아니다. 이 경우 지문은 피고인이 과거에 범죄장소에 최소 한 번 이상 존재하였음을, CCTV 영상정보는 범행일시 직전·직후에 피고인이 범죄현장 근처에 있었음을, 상해진단서는 피해자가 진단서에 기재된 상해를 입었음을 보여주는데 그치기 때문이다. 하지만 이들은 피고인이 범행을 저질렀음을 추단케 할 수 있으므로 간접증거에는 해당한다.

직접증거와 간접증거의 구분은 증거와 요증사실과의 관계에 따른 **상대적인** 분류이다. 예를 들어 피고인이 치사량에 해당하는 모르핀을 소지하고 있었다는 목격자의 증언은, 피고인이 마약인 모르핀을 정당한 사유 없이 소지하였다는 범죄혐의사실에 대해서는 직접증거가 되지만, 피고인이 모르핀을 과다 투여하여 피해자를 살해하였다는 범죄혐의사실에 대하여는 간접증거가 된다.

2) 분류의 실익

직접증거와 간접증거를 분류하는 실익은, 간접증거만으로도 요증사실을 증명할 수 있는지, 증명이 가능하다면 그 방법 및 어느 정도의 증명력을 가지고 있어야 하는지 등에서 찾을 수 있을 것이지만, 사실인정에 있어 자유심증주의를 취하는 이상(법 제308조) 그 실익은 그다지 크지 않다.

자유심증주의에 따라 법관은 직접증거이든 간접증거이든 그 증명력의 인정에 있어 상당한 재량을 갖는다. 직접증거가 간접증거보다 증명력이 높은 경우가 많겠지만 직접증거의 증명력이 반드시 간접증거의 증명력보다 높은 것은 아니고, 간접증거만으로도 합리적 의심이 없을 정도의 증명이 이루어진다면 사실인정은 가능하다. 사실인정에서 중요한 것은 어떠한 증거에 의한 증명이냐가 아니라, 합리적인 의심이 없을 정도의 증명이 이루어졌는지 여부이기 때문이다.

대법원도 과거에는 간접증거만으로는 사실인정을 할 수 없다는 입장이었지만[226] 그 태도를 변경하여 **살인죄 등과 같이 법정형이 높은 범죄의 경우에도 간접증거만으로 유죄를 인정할 수**

225) 대법원 2011. 1. 27. 선고 2010도12728 판결.
226) 대법원 1987. 6. 23. 선고 87도795 판결.

있다고 한다. 예를 들어 대법원은 피해자의 시체가 발견되지 아니하였더라도 간접증거를 종합적으로 고찰하여 살인죄의 공소사실을 인정할 수 있다고 한다.[227)]

(나) 실질증거와 보조증거

실질증거란 요증사실의 존부를 직·간접적으로 증명하기 위한 증거를 말하고, 보조증거란 실질증거의 증명력을 다투기 위한 증거를 말한다. **보조증거**는 실질증거의 증명력을 보강하는 **증강증거**와 실질증거의 증명력을 감쇄하는 **탄핵증거**로 구분된다.

증거를 실질증거와 보조증거로 분류하는 실익은 증거와 증거능력의 관계에서 찾을 수 있다. 형사소송법 제318조의2는 전문증거로서 증거사용의 예외(법 제312조 내지 제316조)에 해당하지 아니한다 하더라도 "피고인 또는 피고인이 아닌 자의 진술의 증명력을 다투기 위하여 증거로 할 수 있다"고 규정하고 있으므로, 전문증거는 실질증거로서는 증거능력이 부정되더라도 보조증거로서는 증거능력이 인정될 수 있다. 따라서 당사자가 전문증거를 증거 신청할 때에는 이를 실질증거로서 신청하는 것인지 보조증거로서 신청하는 것인지 여부를 명확히 하여야 하고, 법원도 그에 맞추어 증거조사를 하여야 한다.[228)]

(다) 진술증거와 비진술증거

진술증거란 사람의 구술에 의한 진술 또는 저장매체에 문자나 음성으로 기록된 진술이 증거로 사용되는 것을 말하고, 비진술증거란 진술증거 외의 모든 증거를 말한다.

양자의 구별실익은 증거조사의 방법과 전문법칙의 적용 여부에 있다. 진술증거의 증거조사는 법정 내 진술인 경우에는 증인·피고인신문을 원칙으로 하고, 법정 외 진술인 경우에는 전문법칙이 적용되어 증거능력이 부정됨이 원칙이다. 하지만 법정 외 진술에 대해서도 일정한 경우에는, 원진술자의 법정 내 증언 또는 법정 외 진술을 직접 기록하거나 청취한 자의 법정 내 증언 등에 따른 증거조사로서 그 증거능력이 인정될 수 있다(법 제312조 제4항 내지 제6항, 제313조 제1항, 제3항, 제316조 등). 비진술증거의 증거조사는 원본의 제시를 원칙으로 한다.

---

227) 대법원 2008. 3. 13. 선고 2007도10754 판결. "살인죄 등과 같이 법정형이 무거운 범죄의 경우에도 직접증거 없이 간접증거 만에 의하여 유죄를 인정할 수 있고, 피해자의 시체가 발견되지 아니하였더라도 간접증거를 상호관련 하에서 종합적으로 고찰하여 살인죄의 공소사실을 인정할 수 있다 할 것이나, 그러한 유죄 인정에 있어서는 공소사실에 대한 관련성이 깊은 간접증거들에 의하여 신중한 판단이 요구된다. 또한, 시체가 발견되지 아니한 상황에서 범행 전체를 부인하는 피고인에 대하여 살인죄의 죄책을 인정하기 위해서는 피해자의 <u>사망사실이 추가적·선결적으로 증명</u>되어야 함을 물론, 그러한 피해자의 사망이 살해의사를 가진 <u>피고인의 행위로 인한 것</u>임이 합리적인 의심의 여지가 없을 정도로 증명되어야 한다."

228) 대법원 2022. 10. 14. 선고 2022도9284 판결.

(라) 증거서류와 증거물인 서면

1) 구분

① 견해의 대립과 대법원의 태도

증거서류와 증거물인 서면의 구분에 대해서는 견해의 대립이 있다. **절차기준설**은 당해 소송절차에서 작성된 서면으로서 그 내용이 증거로 사용되는 것은 증거서류이고 그 이외의 서류는 증거물인 서면이라고 한다. **내용기준설**은 서면의 내용을 증거로 하는 것은 증거서류이고 서면의 내용 및 그 존재 또는 상태가 증거로 되는 것은 증거물인 서면이라고 한다. **작성자기준설**은 당해 소송절차에서 법원 또는 법관의 면전에서 법령에 의하여 작성된 서면이 증거서류이고 그 외의 서류는 증거물인 서면이라고 한다. 법원은 내용기준설의 입장에 있다.[229]

② 검토 및 양자의 구분

증거를 증거서류와 증거물인 서면으로 분류하는 실익은 증거조사의 방법 및 증거능력인정에 있어 전문법칙의 적용 여부에서 찾을 수 있다고 할 때, 내용기준설의 견해가 타당하다.

내용기준설에 따를 때, 증거서류란 종이에 기록된 문자의 내용이 요증사실의 증명에 대한 가치, 즉 증명력을 가진 증거를 말하고, 증거물인 서면이란 그러한 문자가 기록된 종이가 존재한다는 사실이 요증사실에 대한 증명력을 가진 증거를 말한다. 달리 말하면 종이가 진술증거만의 성격을 가진 경우는 증거서류, 진술증거 및 비진술증거로서의 성격을 모두 가진 경우는 증거물인 서면이다. 증거서류의 예로는 공판조서, 검증조서, **수사기관작성 피의자신문조서**, 참고인진술조서, **진술서**, 감정서 등이 있고, 증거물인 서면의 예로는 위조죄의 위조문서, 무고죄의 허위고소장, 공갈죄의 경우 협박내용을 담은 편지, 국가보안법 위반죄에서의 이적표현물 등이 있다. 증거서류와 증거물인 서면을 합쳐서 **서증**이라고도 한다.

2) 분류의 실익

① 증거조사의 방법

증거서류는 내용의 확인이 중요하므로 증거조사 방법은 **낭독**(또는 내용의 고지)을 원칙으로 하고, 증거물인 서면은 내용 및 그 내용이 기록된 종이가 존재한다는 사실이 중요하므로 증거조사 방법은 **제시 및 낭독**을 원칙으로 한다. 즉, 본래 증거물이지만 증거서류의 성질도 함께 가지고 있는 증거물인 서면을 조사하기 위해서는 그 서면을 제시하면서 낭독하게 하거나 이에 갈음하여 그 내용을 고지 또는 **열람**하도록 하여야 한다.[230] 증거조사 방식에 대한 자세한 내용

229) 대법원 2013. 7. 26. 선고 2013도2511 판결
230) 대법원 2013. 7. 26. 선고 2013도2511 판결

은 증거조사 부분에서 전술하였으므로 여기에서는 생략한다.[231)]

② 전문법칙의 적용 여부

증거서류는 오로지 그 내용만이 증거로서의 가치를 가지고 있고, 그 내용은 원진술자의 법정 내 진술을 대신하게 된다. 따라서 증거서류의 증거능력 평가에는 전문법칙이 적용된다. 반면, 증거물인 서면의 내용은 그 서면의 본질 또는 법적 성질을 결정짓는 것에 불과하고 그 내용 자체가 원진술자의 법정 내 진술을 대신하는 것은 아니다. 즉 증거물인 서면의 내용은 원진술자의 진술에 '갈음'하는 '대체물'이 아니기 때문에 전문법칙은 적용되지 아니한다.

예를 들어 피고인이 수표를 발행하였으나 예금부족으로 지급되지 아니하게 하였다는 공소사실을 증명하기 위하여 제출되는 수표는 그 서류의 존재 또는 상태 자체가 증거가 되는 것이어서 증거물인 서면에 해당하고, 어떠한 사실을 직접 경험한 사람의 진술에 갈음하는 대체물이 아니므로 그 증거능력은 증거물의 예에 의하여 판단하여야 한다. 따라서 전문법칙은 적용되지 않는다.[232)]

(마) 본증과 반증

본증이란 거증책임을 지는 자가 제출하는 증거를, 반증이란 거증책임을 지지 아니하는 자가 제출하는 증거를 말한다. 형사소송법상 거증책임은 검사에게 있으므로 검사가 제출하는 증거는 본증이 되고, 피고인이나 변호인이 제출하는 증거는 반증이 된다. 물론 거증책임이 전환되는 경우에는 그 반대가 된다.

(2) 증명과 입증취지

증명이란 증거에 의하여 요증사실의 일부 또는 전부가 진실임을 밝히는 것을 말한다. 실체재판의 요건이 갖추어지고 요증사실의 증명을 통해 공소사실이 진실임이 밝혀지면 법원은 피고인에 대해 유죄판결을 하게 된다.

입증취지란 증거와 요증사실과의 관계를 말한다. 검사, 피고인 또는 변호인이 증거신청을 함에 있어서는 그 증거와 증명하고자 하는 사실과의 관계를 구체적으로 명시하여야 한다(규칙 제132조의2 제1항). 예를 들어 상해죄의 공소사실을 증명하기 위해 검사가 범행 도구를 증거로 제출할 때에는 '범행도구를 통해 상해사실을 증명하고자 한다'는 입증취지를 기재하여야 한다. 증거조사 여부는 판사의 재량으로, 입증취지가 기재되지 아니한 증거신청은 판사의 직권 기각

231) 470페이지 참조.

232) 대법원 2015. 4. 23. 선고 2015도2275 판결.

의 대상이 된다(규칙 제132조의2 제5항).

3. 거증책임

(1) 의의

거증책임이란 당사자주의 소송구조 하에서 요증사실의 존부에 대한 증명이 불충분한 경우, 그로 인한 불이익을 받게 될 당사자의 법적지위 내지 그 위험부담을 의미한다. 거증책임은 입증책임 또는 진위불명시의 위험부담에 포커스를 맞추어 증명책임이라고도 한다.[233]

시간적, 공간적으로 한정된 소송이라는 시스템 속에서 진위불명(non liquet)의 상태에 빠지는 것은 어쩌면 당연하고, 그러한 경우에 대비하여 진위불명인 때에는 불이익한 법적 판단을 어떤 당사자에게 받게 할 것인가를 미리 정해둘 필요가 있다. 이러한 **불이익한 판단을 받을 당사자의 지위 내지 부담**을 거증책임이라고 하는 것이다.

형사소송에서 거증책임은 검사에게 있다. 이는 헌법상 무죄추정의 원칙에 따른 것으로(헌법 제27조 제4항), 검사가 요증사실을 합리적인 의심이 없을 정도로 충분히 증명하지 못한 경우 법원은 무죄를 선고하지 않으면 안 되고, 이에 그 불이익은 검사에게 주어질 수밖에 없는 것이다. 따라서 피고인은 법원이 사실인정에 대해 합리적 의심을 가지게만 하여도 무죄판결을 받을 수 있다.

(2) 거증책임의 종류

(가) 실질적 거증책임

실질적 거증책임이란 소송의 **종결시**에 존재하는 위험부담을 말하는 것으로, 형사소송에서 거증책임이라 하면 일반적으로 실질적 거증책임을 말한다.

형사소송에서 실질적 거증책임은 소송의 개시부터 종결시까지 검사에게 **고정**되어 있고, 명시적 전환규정 또는 해석상 명백히 전환규정으로 인정되는 규정이 존재하지 아니하는 이상 피고인에게 전환되지 아니한다. 검사는 공소사실, 처벌조건, 형의 가중사유의 존재 또는 감면사유의 부존재 등 피고인을 처벌하기 위한 모든 사실에 대해 실질적 거증책임을 진다.

증거능력 인정의 전제사실에 대한 거증책임도 검사에게 있다.[234] 예를 들어 자백의 임의성에 대한 다툼이 있을 때에는 피고인이 임의성을 의심할 만한 합리적이고 구체적인 사실이

233) 이주원 435.

234) 대법원 1998. 4. 10. 선고 97도3234 판결.

있음을 입증하여야 하는 것이 아니고, 검사가 그러한 의문점을 해소하는 입증을 하여야 하는 것으로, 검사가 이를 입증하지 못한 경우 자백의 증거능력은 부정되는 것이다.[235].

(나) 형식적 거증책임

형식적 거증책임이란 소송의 전개과정에서 어떠한 사실이 증명되지 아니하면 자신에게 불이익한 판단을 받을 가능성이 있는 당사자가 그 불이익을 면하기 위하여 증거를 제출하는 부담을 말한다. 이를 **입증의 부담** 또는 **증거제출책임**이라고도 한다.

예를 들어 사실적시 명예훼손사건에서 구성요건해당성에 대한 형식적 거증책임은 일단 검사에게 있다. 검사가 이를 증명한 경우, 피고인이 그것은 어디까지나 공공의 이익을 위한 행위였음을 드러내는 증거를 제시하지 못하면 유죄판결을 받을 가능성이 높아지므로 이 단계에서는 피고인이 증거를 제출할 부담을 지게 된다. 이렇듯 형식적 거증책임은 소송의 진행에 따라 일방에서 타방으로 **변전**된다.

(3) 거증책임의 전환

(가) 의의

거증책임의 전환이란 거증책임이 검사로부터 피고인으로 이전되는 것을 말한다. 거증책임의 전환은 명시적 근거 규정이 있는 경우 또는 명백히 전환규정으로 해석되는 규정이 있는 경우에 한하여 예외적으로 인정될 수 있다. 검사의 입장에서 범죄사실 중 일부의 입증이 곤란하다든가 검사에게 입증을 요구하면 오히려 소송경제에 반한다고 할 수 있는 경우로서 피고인에게 거증책임을 부담시키는 것이 적정하다고 인정될 수 있는 경우라 하더라도, 명시적 또는 명백한 근거규정도 없이 거증책임의 전환을 인정하는 것은 곧 피고인이 부적절한 방어방법을 택했기 때문에 유죄판결을 할 수 있다는 것과 다를 바 없고, 이러한 결론은 무죄추정의 원칙, 의심스러운 때에는 피고인의 이익으로의 원칙 및 적법절차 원칙에 반하기 때문이다.

(나) 거증책임의 전환이 문제되는 구체적 사례

1) 상해죄의 동시범 특례

형법 제263조는 "독립행위가 경합하여 상해의 결과를 발생하게 한 경우에 있어서 원인된 행위가 판명되지 아니한 때에는 공동정범의 예에 의한다."라고 규정하고 있다. 따라서 이러한 경우에 해당하면 행위자들은 각자 상해의 미수범으로 처벌받는 것이 아니라 기수범인 상해의

---

235) 대법원 2006. 11. 23. 선고 2004도7900 판결.

공동정범으로 처벌되게 된다.

통설과 판례는 형법 제263조는 실체법적 성격을 갖는데 그치는 것이 아니라 소송법상 거증책임을 전환시키는 효과가 있다고 한다.[236] 형법 제263조의 문언에 따라 동시범의 경우 인과관계가 증명되지 아니하면 피고인은 기수범으로 처벌받으므로 인과관계에 대한 거증책임은 피고인에게 전환되었다고 할 수밖에 없다.

2) 사실적시 명예훼손에서 위법성 조각

형법 제310조는 사실적시 명예훼손이 "진실한 사실로서 오로지 공공의 이익에 관한 때에는 처벌하지 아니한다."라고 규정하고 있다. 형법 제310조가 거증책임 전환규정인지에 대해서는 긍정설과 부정설의 대립이 있다.

긍정설은 형법 제310조의 입법취지는 공공의 이익을 위법성 조각사유로 두면서도 그 거증책임을 피고인에게 부과하여 피해자의 명예손상을 최소화 하려는 정책적 배려이므로 형법 제310조는 거증책임의 전환규정이라고 한다.[237] **부정설**은 형법 제310조는 위법성조각사유를 규정하고 있을 뿐 거증책임에 대해서는 아무런 내용을 두지 아니하고 있으므로 거증책임 전환규정이 아니라는 견해이다.[238] **대법원**은 기본적으로 긍정설의 입장에서 오로지 공공의 이익에 관한 때에 해당된다는 점은 **피고인이 증명**하여야 하나, 그 방법은 피고인의 증명부담을 완화하여 **자유로운 증명**으로 족하다고 함으로써[239] 증거능력 없는 전문증거에 의해서도 증명할 수 있다고 한다.

부정설이 옳다. 무죄추청의 원칙상 명시적 규정 또는 해석상 명백히 거증책임의 전환규정으로 인정되는 규정이 없는 이상 거증책임은 검사에게 있다고 할 수밖에 없는데, 우리 형법 제310조는 일본형법 제230조의2[240]와는 달리 거증책임에 관한 내용은 전혀 두지 않고 있고, 형법 제310조의 입법취지는 사실적시에 의한 명예훼손에 대해 무조건 형사처벌을 함으로써 언론의 자유 내지 표현의 자유가 과도하게 침해되는 것을 방지하기 위하여 이에 대한 위법성을 조각하는 데에 있는 것일 뿐(특수한 위법성 조각사유) 거증책임의 전환을 인정한 것으로 해석할 여지는 없기 때문이다. 구성요건의 증명에 의한 위법성의 추정은 사실상 추정에 그친다는 점 또

---

236) 헌법재판소 2018. 3. 29. 선고 2017헌가10 결정.

237) 이창현 823; 임동규 507.

238) 강/황/이/최 493; 배/홍 309; 이/김 605; 이/조/이 622.

239) 대법원 1996. 10. 25. 선고 95도1473 판결.

240) 일본 형법 제230조의2 제1항은 "전조 제1항의 행위가 공공의 이해에 관한 사실에 관계되고 또한 그 목적이 오로지 공익을 도모하는데 있었다고 인정되는 경우에는 사실의 진부를 판단하여 진실이라는 증명이 있으면 벌하지 아니 한다."라고 규정하여, 사실증명에 관한 거증책임이 피고인에게 있음을 명문으로 밝히고 있다.

한 형법 제310조를 거증책임 전환규정으로 볼 수 없음을 보여준다. 따라서 피고인이 사실적시가 공공의 이익을 위한 것이었다는 주장을 펼친 이상, 사실적시 명예훼손의 위법성 추정은 깨어지고 위법성 조각사유의 부존재는 요증사실이므로 검사가 이를 증명하여야 한다.

3) 양벌규정상 면책조항

대부분의 특별법은 행위자를 처벌하는 경우 그의 고용·감독인 또한 처벌하는 양벌규정을 두고 있고, 양벌규정을 두고 있는 이상 그에 대한 면책조항도 함께 두고 있다. 예를 들어 근로기준법 제115조는 사업주에 대한 양벌규정을 두면서 단서로 "사업주가 그 위반행위를 방지하기 위하여 해당 업무에 관하여 상당한 주의와 감독을 게을리하지 아니한 경우에는 그러하지 아니하다."라는 면책조항을 두고 있다.

양벌규정상 면책조항에 대해서는 기업이 부당하게 면책되는 것을 방지하기 위해 거증책임의 전환을 인정한 것으로 사업주가 과실이 없음을 증명하여야 한다는 주장도 있다. 하지만 양벌규정의 면책조항은 법인·사업주 등 고용·감독인에 대한 책임주의를 명시한 것일 뿐으로 명시적인 거증책임의 전환규정이 아님은 물론 전환규정으로 명백히 해석될 만한 내용을 담고 있지도 아니하다. 따라서 이 경우 과실 유무에 대한 거증책임은 여전히 검사에게 있다.[241] 대법원도 같은 입장이다.[242]

4. 증거방법, 증거자료 및 증거조사

(1) 증거방법과 증거자료

형사소송법은 수사절차상 수사기관의 증거수집 요건과 절차를 자세히 규정하고 있으나, 수사기관이 자신이 수집한 증거의 의미를 파악하여 지득하는 방법에 대해서는 규정하고 있지 아니하다. 하지만 형사소송법은 공판절차상 법원이 증거의 의미를 파악·지득하는 방법은 자세히 규정하고 있다. 헌법상 공개재판원칙과 적법절차원칙 및 형사소송법의 구체적 규정에 따라, 법원은 공개된 재판에서 적법한 절차와 방식으로 증거를 조사함으로써 증거의 의미 또는 내용을 확인하여야 하는 것이다.

이처럼 공판절차에서 증거는 사실인정에 사용될 수 있는 수단 그 자체라는 의미와, 법원이 사실인정을 위해 그 수단인 증거로부터 확인한 의미 또는 내용이라는 두 가지 의미를 가지는데, 전자를 증거방법이라 하고 후자를 증거자료라 한다. 예를 들어 증거물, 증인, 피고인은 증거방

---

241) 이/김 606; 이창현 826; 임동규 507; 정/최/김 593.
242) 대법원 2010. 7. 8. 선고 2009도6968 판결.

법이고, 증거물의 '존재·성질·상태' 및 증인과 피고인의 '진술'은 증거자료인 것이다.

(2) 증거조사

증거조사란 증거방법을 통해 증거자료를 확인하는 법정방식을 말한다. 증거조사의 구체적인 내용은 이미 증거조사절차 부분에서 증거물과 증거서류, 증인신문, 피고인신문 등으로 나누어 설명하였으므로 여기에서는 생략한다.[243]

(3) 구체적 이해

형사절차에서 목격자의 지위변화를 통해 이상의 내용을 구체적으로 살펴보자. 수사단계에서는 수사기관이 수사의 주체이고 피의자는 그 객체이며 목격자는 참고인의 지위를 가질 뿐이다. 형사소송법은 수사기관의 참고인에 대한 출석요구, 진술청취의 방법 및 기록의 방법 등을 구체적으로 규정하고 있다. 수사기관은 이러한 규정에 따라 참고인의 진술을 청취하면 즉시 그 내용을 파악하게 되고, 피의자는 그 과정에서 어떠한 권리도 갖고 있지 아니하다. 따라서 수사절차에서 참고인이라는 증거를 증거방법과 증거자료로 나누고, 증거방법의 수집과 증거조사를 통해 증거자료를 얻는 과정을 분리하여 개별적으로 적법성을 검토할 실익은 없다.

하지만 공소가 제기되면 목격자는 증인의 지위를 가지게 되고, 피고인은 당사자로 그 지위가 격상되어 소송절차에 있어 권리의무의 주체가 된다. 형사소송법은 증인이라는 증거방법에 대하여 공판기일에서 증인신문이라는 증거조사를 통해 증거자료인 증인의 진술을 청취하도록 규정하면서, 피고인에게는 증인신문권 등을 부여하여 증거조사 과정에서 피고인의 방어권을 보장하고 있다. 따라서 공판절차에 있어서는 '증거조사'에 대한 개별적인 적법성의 심사가 필수적으로 요구된다.

5. 증거능력과 증명력

증거능력이란 증거로 사용될 수 있는 법률상의 자격을 말한다. 예를 들어 자백의 증거능력이 인정된다 함은 그 자백을 유죄의 증거로 사용할 수 있음을 의미한다. 증거능력은 '법률상'의 자격이기 때문에 법률로써 그 인정요건이 정해져 있고, 법관은 법률의 범위 내에서 증거능력의 가부만을 판단할 수 있다.

증명력이란 증거가 가지고 있는 실질적 가치로서 신빙성 또는 신용성이라고도 한다. 자유

243) 470페이지 참조.

심증주의에 따라 증명력에 대한 평가는 법관의 재량에 맡겨져 있다(법 제308조).

Ⅲ. 증거재판주의

1. 개관

사실의 인정은 증거에 의하여야 한다(법 제307조 제1항). 형사절차는 실체적 진실주의를 채택하고 있으므로 당사자인 피고인의 공소사실 인정, 즉 법정 자백만으로는 공소사실을 인정할 수 없다. 형사소송법과 형사소송규칙 등 법령에 따라 증거능력 있는 증거에 대해 적법한 증거조사를 거치고, 증인적격이 인정되는 증인 및 피고인에 대해 적법한 신문절차를 거친 후 법원이 합리적인 의심이 없을 정도의 증명에 이르렀다고 판단할 때 비로소 공소사실은 인정되는 것이다(법 제307조 제2항). 이처럼 형사소송법은 증거재판주의를 통한 엄격한 증명의 법리를 채택하여 공정한 재판의 원칙과 적법절차원칙 하에서 실체적 진실발견을 추구하고, 법관의 재량권을 증명력의 평가로 제한하여 자의적 재판의 방지를 도모하고 있다.

2. 증거능력

(1) 의의

(가) 증거능력의 의미

공판절차에서 요증사실을 증명하는 방법으로는 엄격한 증명의 방법과 자유로운 증명의 방법이 있다. 검사는 형벌권의 존부와 형벌권의 범위에 관한 사실은 엄격한 방법으로 증명해야 하지만, 그에 해당하지 아니하는 소송법적 사실에 대해서는 자유로운 방법으로 증명하여도 충분하다.

이러한 요증사실 증명방법의 체계 하에서, 일반적으로 증거능력이란 엄격한 증명의 대상에 대한 사실인정의 자료로 사용될 수 있는 자격을 의미하고, 엄격한 증명이란 증거능력 있는 증거를 법정의 증거조사 방법[244]을 거쳐 증명하는 것이라고 설명된다.

하지만 이러한 설명은 증거능력과 엄격한 증명의 관계에 대한 것일 뿐, 증거능력이 인정되기 위한 구체적인 요건을 설명하지는 못한다. 이에 아래에서는 형사소송법상 증거능력 관련 규정 및 증거능력 관련 판례를 통하여 형사소송법상 증거능력 인정요건 및 불인정요건을 설명한다.

---

244) 증거물은 제시, 증거서류는 낭독 등. 470페이지 참조.

(나) 형사소송법상 증거능력 관련 규정의 검토

1) 증거능력 인정요건

① 진정성의 의미에 대한 통설의 태도와 그 문제점

형사소송법은 증거능력의 인정요건으로 "검사와 피고인이 증거로 할 수 있음을 동의한 서류 또는 물건은 진정한 것으로 인정한 때에는 증거로 할 수 있다."는 규정을 두고 있다(법 제318조 제1항).

서류와 물건의 진정성은 당사자의 증거동의시에만 증거능력 인정의 요건으로 규정되어 있고 통설도 이를 증거동의에 있어서의 증거능력 인정요건으로 보고 있으나, 당사자의 증거동의시에도 요구되는 증거능력 인정요건이, 증거동의가 없는 경우에는 요구되지 않는다고 할 수는 없다. 증거동의는 신속한 재판을 위해 당사자의 동의를 전제로 법원의 사실인정절차를 간소화하기 위한 제도적 장치에 불과하기 때문이다.

② 견해의 대립 및 검토

이처럼 서류와 물건의 진정성은 형사소송법상 증거능력 인정의 기본적인 요건이지만, 형사소송법은 그 의미를 명확히 하지 아니하여 그에 대한 견해의 대립이 있다.

임의성설은 진정성이란 증거**수집과정의 임의성**에 대한 판단을 의미한다면서 진술증거에서 임의성을 의심할 만한 사정이 없는 이상 진정성은 인정된다고 한다.[245] **유형적 상황설**은 진정성이란 서류 또는 물건의 **신용성이 보장되는 상황**을 의미한다면서 신용성에 의심이 있어 진정성이 부정되는 예로는 진술내용과 객관적 상황의 불일치, 현장사진 작성과정의 불확실성 등을 든다.[246]

임의성설은 진정성을 진술증거에 있어서만 증거능력 인정요건으로 본다. 하지만 형사소송법은 증거동의의 객체에 '물건'을 명시적으로 포함하고 있으므로 이 견해는 받아들일 수 없다. 유형적 상황설은 진정성을 신용성이 보장되는 상황으로 보고 있는데, 신용성은 곧 증명력을 의미하는 것으로 증명력을 증거능력의 인정요건으로 볼 수는 없다. 따라서 이 견해 또한 받아들이기 어렵다.

"진정한 것"의 문언적 의미는 '거짓이 없이 참된 것'이므로 문언의 의미에 충실할 때 증거능력 인정요건으로서의 진정성이란 **참된 서류 또는 물건, 즉 원본인 서류·물건 또는 원본과 동일성이 인정되는 대체물**을 의미한다고 하겠다. 따라서 서류·물건의 원본이 증거로 제출된 경우에는 증거능력이 인정되고, 사진, 영상 등 원본인 서류·물건의 대체물이 증거로 제출된 경우에

245) 임동규 609.

246) 이/김 725; 이/조/이 752.

는 원본의 존재 및 원본과 대체물 사이의 동일성이 증명되는 경우에 한하여 증거능력이 인정될 수 있다. 증거의 진정성은 증거능력의 요건으로 소송절차에 관한 것이기 때문에 원본 또는 대체물로서 진정성이 인정되는지 여부에 대한 증명은 **자유로운 증명**의 방법으로 족하다.

2) 증거능력 불인정요건

형사소송법은 위법하게 수집된 증거, 강제등에 의한 자백과 임의성 없는 진술 및 그 내용이 기재된 서류, 전문증거는 증거로 할 수 없다고 규정하고 있다. 다만 전문증거에 대해서는 증거능력이 인정되는 다수의 예외를 두고 있다.

① 위법수집증거배제법칙

위법수집증거배제법칙이란 형사소송법을 비롯한 여타 법률이 규정하고 있는 절차를 위반하거나, 헌법상 적법절차원칙을 위반하여 수집된 증거의 증거능력은 부정됨을 원칙으로 한다는 법칙을 말한다(법 제308조의2). 위법수집증거는 당사자의 증거동의가 있다 하더라도 증거능력이 부정되고, 탄핵증거로 쓰일 수도 없으며, 자유로운 증명의 자료가 될 자격도 인정되지 않는다.

② 자백배제법칙과 임의성없는 진술

자백배제법칙이란 피고인의 자백이 고문, 폭행, 협박, 신체구속의 부당한 장기화 또는 기망 기타의 방법으로 임의로 진술한 것이 아니라고 의심할 만한 이유가 있는 때에는 이를 유죄의 증거로 하지 못한다는 법칙을 말한다(법 제309조). 임의로 된 것이 아닌 이상 피고인 또는 피고인 아닌 자의 진술 또한 증거로 할 수 없다(법 제317조 제1항). 위법수집증거와 마찬가지로 이러한 증거들은 증거동의가 있다 하더라도 증거능력이 부정되고, 탄핵증거로 쓰일 수도 없으며, 자유로운 증명의 자료가 될 자격도 없다.

③ 전문증거

전문법칙이란 공판준비 또는 공판기일에서 진술자가 자신의 경험을 직접 진술하는 것 외의 진술증거 즉, 전문증거는 증거능력이 부정됨이 원칙이라는 법칙을 말한다(법 제310조의2). 하지만 형사소송법은 검사 또는 피고인의 증거동의를 비롯하여 전문증거에 대해 다양한 예외규정을 두고 있어 거의 모든 전문증거에 대해 증거능력이 인정될 여지가 있다(법 제311조 내지 제316조, 제318조). 전문법칙의 면에서 증거능력의 평가는 그 진술이 **전문에 해당**하는지 → 전문에 해당한다면 그에 대한 상대방의 **증거동의**가 있거나 있는 것으로 간주되는지(법 제318조, 제318조의3) → 증거동의가 없다면 전문증거의 **예외규정**에 해당하는지(법 제311조 내지 제316조)의 순서로 이루어진다.

한편 형사소송법은 전문증거로서 “증거로 할 수 없는 서류나 진술이라도 공판준비 또는 공판기일에서의 피고인 또는 피고인이 아닌 자의 진술의 증명력을 다투기 위하여 증거로 할 수 있다."고 규정하고 있다(법 제318조의2 제1항). 따라서 전문증거로서 증거능력이 부정되어 공소사실을 직접 증명할 수는 없다 하더라도, 진술의 증명력을 탄핵하기 위한 제한된 범위 내에서는 증거능력이 인정된다. 다만 위법수집증거나 임의성 없는 자백·진술은 어떠한 경우에도 증거로 사용될 수 없으므로, 전문증거가 위법수집증거 또는 임의성 없는 자백·진술에도 해당하면 탄핵증거로도 사용될 수 없다.

3) 소결

비진술증거의 증거능력 부정요건은 증거수집과정의 위법성이라 할 수 있고, 진술증거의 증거능력 부정요건은 증거수집과정의 위법성, 자백 및 그 외의 진술의 청취과정의 위법성, 전문증거 해당성이라 할 수 있다. 이에 대한 자세한 내용은 후술한다.[247]

(다) 증거능력 관련 판례의 검토

1) 사실적 관련성과 동일성·무결성·신뢰성

대법원은 과학적 증거 중 **거짓말탐지기 검사**에 대하여는 사실적 관련성을, 정보저장매체에 저장된 **전자정보**에 대하여는 동일성·무결성·신뢰성을 증거능력 인정요건으로 삼고 있다. 그러나 이들은 미국 연방증거규칙(Federal Rules of Evidence)에 따른 미국 연방법원에서의 증거 또는 증인의 허용성(admissibility) 인정요건으로, 우리 형사절차에서 이를 증거능력 인정요건으로 삼는 것은 적절치 아니하다.

하지만 이미 대법원은 일정한 경우 이들을 증거능력 인정요건으로 삼고 있으므로, 미국법상 '허용성', '관련성', '동일성·무결성·신뢰성'의 의미 및 우리 형사소송법과의 차이를 간단히 살펴보고, 대법원의 태도에 대해 설명하고자 한다.

① 미국 연방증거규칙상 허용성과 관련성의 의미

미국 연방증거규칙상 '허용성'이란 증거가 법정에서 조사될 수 있는 자격 또는 증인이 법정에서 증언할 수 있는 자격을 의미한다. 미국 연방증거규칙 제401조는 소송결과에 중요한 영향을 미치는 사실의 존부를 증명할 수 있는 증거는 관련성(relevance)이 있다고 규정한 뒤, 제402조는 관련성이 있는 증거는 허용성이 인정되고 관련성이 없는 증거는 허용성이 부정된다고 규정하고 있다. 뒤이어 제403조는 관련성이 인정된다 하더라도 증거조사로 인한 과도한 편견의 우려나 사회적 필요 등으로 인하여 허용성이 부정되는 경우를 규정하고 있다. 이처럼 미국

247) 517페이지 참조.

연방증거규칙상 허용성은 '사실인정에 도움이 되므로 증거조사의 가치가 있는가.'라는 것과 '그러한 가치가 있다 하더라도 사실인정의 주체인 배심원에게 과도한 편견을 불러일으키지는 아니한가.'라는 것, 즉 **증명력**과 **편견가치**의 **비교형량**으로 결정됨을 기초로 삼는다.

이러한 기초 위에 미국 연방증거규칙은 관련성이 인정된다 하더라도 편견가치에 따라 허용성이 부정되는 경우 및 그 예외(연방증거규칙 제404조 내지 제415조), 일반증인과 전문증인에게 경험 또는 지식에 근거한 의견 등을 증언할 허용성이 인정되는 경우(연방증거규칙 제601조 내지 제706조), 전문증거의 허용성 부정원칙과 허용성이 인정되는 예외(연방증거규칙 제801조 내지 제807조), 증거의 원본 또는 동일본 제출의 원칙과 그 예외 등을 구체적으로 규정하고 있다(연방증거규칙 제901조 내지 제1008조). 미국 연방증거규칙 상 구체적인 허용성의 인정 여부 또한 큰 틀에서 볼 때 증명력과 편견가치의 문제로 귀결되는 것이다.

② 미국 연방증거규칙상 동일성·무결성·신뢰성의 의미

이러한 구조 하에서 미국 연방증거규칙상 신뢰성은 전문가로서의 허용성 요건으로 제702조에, 원본성과 동일성은 원본 또는 동일본 제출의 원칙으로서 제902조에 규정되어 있다.

미국 연방증거규칙 제701조는 전문가로서 의견형태의 증언을 할 수 있는 자격이 인정되기 위해서는 전문가의 과학적, 기술적 지식이 법원(배심원)의 사실인정에 도움이 되어야 하고, 전문가의 증언이 충분한 사실이나 데이터에 기반하고 신뢰할 수 있는 원칙 또는 방법의 산물이어야 하며, 전문가는 구체적 사안에서 그러한 원칙이나 방법을 신뢰할 수 있게 적용하였어야 한다고 규정하고 있다. 미국 연방증거규칙은 전문가라는 자의 의견은 자칫 법원(배심원)의 편견을 불러올 수 있으므로, 사실인정에 필요한 전문적인 기술이나 지식을 가진 신뢰할 수 있는 전문가가 신뢰할 수 있는 방법을 구체적 사안에서 신뢰할 수 있도록 적용한 경우에 한하여 의견형태로 증언할 자격을 인정하는 것이다.

미국 연방증거규칙 제901조는 당사자는 증거제출시에 그 증거가 원본 또는 동일한 것임을 충분히 증명할 수 있는 다른 증거를 제출할 것을 규정하고, 원본 또는 동일한 것임을 알고 있는 자의 증언 등 증명방법의 예시를 제시하고 있다. 즉 미국 연방증거규칙상 형사절차에서의 동일성(identification)이란 검사 또는 피고인이 법정에 제출한 증거가 그 제출 전에 이미 존재하고 있었던 것으로써, 검사 또는 피고인이 존재하던 그대로의 상태로 수집하였고 법원에 증거로 제출된 때에도 수집 시와 동일한 상태가 유지되고 있음을 의미한다. 한편 무결성(chain of custody)이란 연계보관에 있어서의 하자가 없음을 의미하는데, 형사절차에서는 증거가 경찰과 검찰을 거쳐 법원에 제출되는 과정에서, 증거의 보관에 어떠한 하자도 없어야 함을 의미한다. 미국 연방법원은 수사기관이 의도적으로 증거를 조작하거나, 보관상의 하자로 증거가 변경되면 그 허용성을 부정한다.

③ 대법원의 태도

대법원은 거짓말탐지기 검사결과에 대해서는 사실적 관련성을, 정보저장매체에 저장된 전자정보에 대해서는 동일성·무결성·신뢰성을 증거능력 인정요건으로 삼고 있다.

ⓐ **거짓말탐지기 검사결과**(사실적 관련성)

대법원은 거짓말탐지기 검사결과에 대해 증거능력을 인정할 수 있으려면 "그 검사결과가 사실적 관련성, 즉 요증사실에 대하여 필요한 최소한도의 증명력을 가지고 있을 것"을 필요로 한다면서, 그러기 위해서는 "첫째로 거짓말을 하면 반드시 일정한 심리상태의 변동이 일어나고, 둘째로 그 심리상태의 변동은 반드시 일정한 생리적 반응을 일으키며, 셋째로 그 생리적 반응에 의하여 피검사자의 말이 거짓인지 아닌지가 정확히 판정될 수 있어야 한다는 세 가지 전제조건이 충족"되어야 한다고 하였다.[248]

대법원은 특히 세 번째 조건이 충족되기 위해서는 "피검사자의 생리적 반응을 정확히 측정할 수 있는 장치이어야 하고, 질문사항의 작성과 검사의 기술 및 방법이 합리적이어야 하며, 검사자가 탐지기의 측정내용을 객관성 있고 정확하게 판독할 능력을 갖춘 경우"라는 구체적 요건을 제시하였다.[249] 대법원이 제시한 거짓말탐지기 검사결과의 사실적 관련성은 미국 연방증거규칙 제401조 및 제402조의 관련성과 다를 바 없고, '세 번째 조건'의 충족요건은 미국 연방증거규칙 제702조의 신뢰성과 거의 동일하다.

ⓑ **정보저장매체에 저장된 전자정보**(동일성·무결성·신뢰성)

대법원은 일반적으로 동일성·무결성·신뢰성을 증명력의 문제로 보고 있지만,[250] 정보저장매체에 저장된 전자정보에 대해서는 증거능력 인정요건으로 삼고 있다.[251] 대법원은 "압수물인 디지털 저장매체로부터 출력한 문건을 증거로 사용하기 위해서는 디지털 저장매체 원본에 저장된 내용과 출력한 문건의 동일성이 인정되어야 하고, 이를 위해서는 디지털 저장매체 원본이 압수시부터 문건출력시까지 변경되지 않았음이 담보되어야 한다. 특히 디지털 저장매체 원본을 대신하여 저장매체에 저장된 자료를 '하드카피' 또는 '이미징'한 매체로부터 출력한 문건의 경우에는 디지털 저장매체 원본과 '하드카피' 또는 '이미징'한 매체 사이에 자료의 동일성도 인정되어야 할 뿐만 아니라, 이를 확인하는 과정에서 이용한 컴퓨터의 기계적 정확성, 프로그램의 신뢰성, 입력·처리·출력의 각 단계에서 조작자의 전문적인 기술능력과 정확성이 담보되어야 한다."라고 하였는데, 이는 미국 연방증거규칙상 동일성·무결성·신뢰성의 내용과 동일하다.

248) 대법원 2005. 5. 26. 선고 2005도130 판결.
249) 대법원 2005. 5. 26. 선고 2005도130 판결.
250) 대법원 2011. 5. 26. 선고 2011도1902 판결.
251) 대법원 2007. 12. 13. 선고 2007도7257 판결.

대법원은 “출력 문건과 정보저장매체에 저장된 자료가 동일하고 정보저장매체 원본이 문건출력시까지 변경되지 않았다는 점은 피압수·수색 당사자가 정보저장매체 원본과 ‘하드카피’ 또는 ‘이미징’한 매체의 해쉬(hash)값이 동일하다는 취지로 서명한 확인서면을 교부받아 법원에 제출하는 방법에 의하여 증명하는 것이 원칙”이라 한다. 즉 대법원은 해쉬함수에 대한 신뢰성을 바탕으로 피압수자의 확인을 통해 동일성과 무결성을 입증함으로써 정보저장매체에 저장된 전자정보의 증거능력이 인정된다는 것인데, 이는 다른 증거에 의한 동일성의 증명을 요구하는 미국 연방증거규칙 제901조의 증거능력 인정의 구조와 다를 바 없다.

④ 검토

형사소송법은 진정성을 증거능력 인정요건으로 두고 있으므로 동일성은 증거능력 인정요건에 해당한다. 하지만 형사소송법은 사실적 관련성 및 무결성·신뢰성은 증거능력 인정요건으로 두고 있지 아니하다.

사실적 관련성은 우리 형사증거법상 증거능력 인정요건이 아니다. 형사소송법상 사실적 관련성의 부족으로 인한 증거능력 부정의 명시적인 근거규정이 없기도 하거니와, 형사소송법 제308조에 따라 증명력의 평가는 법원의 자유심증에 맡겨져 있기 때문이다. 게다가 일반인인 배심원의 사실인정을 기초로 발전한 미국의 증거법과 달리 전문적인 직업 법관의 사실인정을 기초로 발전한 우리 형사증거법에 따를 때, 증명력과 편견가치의 비교형량을 증거능력 인정의 전제로 삼는 것은 타당하지도 아니하다. 만약 사실적 관련성을 증거능력 요건으로 인정한다면 모든 과학적 증거 또는 전문증인에 대해서도 신뢰성이 증거능력 또는 증인적격 인정요건이라 해야 할 것이다.

같은 이유로 무결성과 신뢰성 또한 우리 형사증거법상 증거능력 인정요건이라 할 수 없다. 무결성은 증거의 가치에 대한 평가기준이 될 수 있을 뿐이고, 신뢰성은 사실적 관련성과 다르지 아니하기 때문이다. 사실적 관련성이 부족한 증거, 연계보관에 흠결이 있는 증거 또는 신뢰할 수 없는 전문지식의 적용에 따라 얻어진 증거는 모두 공소사실을 증명할 가치가 미약하거나 부족하여 증명력이 없다고 할 것이지, 증거능력의 요건이라 할 수는 없다.

2) 대체물의 증거능력

대법원은 피고인이 피해자의 휴대전화에 공포심이나 불안감을 유발하는 글을 반복적으로 보냈다는 공소사실에 대하여, 그 글이 현출된 휴대전화의 화면을 찍은 사진에 증거능력이 인정되기 위해서는 원본인 휴대전화를 증거로 제출할 수 없거나 제출이 곤란한 사정이 있고, 그 사진의 영상이 휴대전화기의 화면에 표시된 문자정보와 정확하게 같다는 사실이 증명되어야 한

다고 하였다.[252)]

이러한 대법원의 태도에 대해 미국법상 **최량증거법칙**(best evidence rule)을 적용하여 설명하는 견해가 있다.[253)] 미국법상 최량증거법칙이란 원본의 증거제출이 가능한 경우에는 사본은 허용성이 부정된다는 원칙으로, 이는 사실적 관련성을 증거능력인정의 큰 틀로 삼고 있는 미국증거법 체계에 따른 허용성 부정요건이라 할 수 있다. 하지만 위에서 살펴보았듯 형사소송법은 진정성을 증거능력 인정의 요건으로 삼고 있을 뿐이므로, 대체물은 원본의 존재와 원본과 대체물의 동일성이 증명되면 그 증거능력이 인정된다고 함이 옳다. 물론 원본이 제출가능한 상황이라면 검사가 원본을 제출하지 아니할 이유도 없을 것이다.

(2) 증거능력 인정 여부의 검토순서

이상과 같이 형사소송법은 증거능력의 인정요건으로 진정성을, 불인정요건으로 위법수집증거, 임의성 없는 자백·진술, 전문증거라는 세 가지를 두고, 전문증거의 탄핵증거로서의 사용가능성을 규정하고 있다. 대법원은 일정한 경우 사실적 관련성과 동일성·무결성·신뢰성을 증거능력 인정요건으로 삼고 있으나, 사실적 관련성, 무결성 및 신뢰성은 우리 형사증거법상 증거능력 인정요건이라 할 수 없다. 다만 이미 법원이 이를 증거능력 인정요건으로 보고 있으므로, 이를 포함하여 실무상 증거능력 인정 여부의 검토순서에 대해 설명한다.

증거능력의 인정 여부는 ① 거짓말 탐지기 검사결과인 경우 사실적 관련성 검토 및 압수물이 전자정보인 경우 동일성·무결성·신뢰성 검토, ② 진정성으로서 원본 또는 대체물 여부 검토, ③ 위법수집증거배제법칙 검토, ④ 자백배제법칙 또는 임의성 없는 진술 검토, ⑤ 전문법칙 검토의 순서로 결정할 수 있다. 비진술증거는 ③단계에서 증거능력 인정 여부가 결정되고, 진술증거 중 비전문증거는 ④단계에서, 전문증거는 ⑤단계에서 증거능력 인정 여부가 결정된다. 다만 ④단계를 통과한 전문증거는 ⑤단계에서 증거능력이 부정된다 하더라도 탄핵증거로는 사용될 수 있다.

한편 피고인에게 거증책임이 전환되는 경우 또는 피고인이 검사가 제출한 증거를 탄핵하고자 하는 경우에는, 형사사법기관의 귀책사유로 인하여 증거능력이 부정되는 증거라 할지라도 피고인은 사용할 수 있다고 봄이 상당하다. 형사소송법이 형사사법기관의 귀책사유에 따라 일정한 증거의 증거능력을 배제하는 것은 적법절차의 준수를 통해 피고인에 대한 위법·부당한 형사처벌을 방지하기 위한 것이므로, 피고인이 방어권 행사를 위해 이를 사용하는 것을 막을

252) 대법원 2008. 11. 13. 선고 2006도2556 판결.
253) 이/조/이 731.

이유는 없기 때문이다.

3. 증명력

(1) 의의

증명력이란 요증사실의 인정에 있어서 증거의 가치를 말한다. 증명력의 정도에 따라 단 하나의 증거로도 요증사실이 합리적 의심이 없을 만큼 증명되는 경우도 있고, 수백 개의 증거가 있다 하더라도 요증사실이 증명되지 못하는 경우도 있다.

자유심증주의에 따라 증명력에 대한 평가는 법관의 재량에 맡겨져 있다(법 제308조). 상반되는 내용의 증거가 있는 경우 어떠한 증거를 채택할 것인지, 채택된 증거를 어느 정도 믿을 것인지, 이를 통하여 공소사실을 인정할 것인지 여부는 모두 법관의 선택에 달린 것이다.

하지만 사실인정에 대한 법관의 재량에도 당연히 그 한계는 존재한다. 법관의 사실인정은 경험적과 논리칙에 어긋나서는 아니 되고, 개별사실의 존부와 법률의 적용에 의심스러운 부분이 있는 경우에는 피고인에게 **유리하게** 판단하여야 한다. 자백보강법칙에 따라 자백이 유일한 증거인 경우에는 유죄판결을 할 수 없고, 공판조서의 절대적 증명력에 따라 공판조서의 기재내용은 사실로 인정된다.

이러한 한계를 위반할 경우에는 **채증법칙 위반으로 상소이유**가 된다. 대법원은 사후심이자 법률심이지만 채증법칙 위반은 '법칙'의 위반이므로, 채증법칙을 위반하여 사실을 인정한 경우에는 사실오인을 이유로 원심을 파기할 수 있다.

(2) 불문법에 따른 일반적 한계

(가) 경험칙과 논리칙

1) 경험칙

경험칙이란 일정한 시점을 기준으로 과거의 경험에 의한 귀납적 방법으로 얻어진 법칙을 말한다. 경험칙은 전문적 지식과 실험에 의한 증명을 기초로 한 과학적 경험칙과, 장시간에 걸친 일반·평균인의 경험을 바탕으로 한 일반적 경험칙으로 나뉜다.

① 과학적 경험칙

과학적 경험칙에 따라 비진술증거의 경우 시료의 무결성의 담보를 전제로 과학적 기법, 그 실행자 및 구체적 실행에 신뢰성이 인정되면 사실인정에 있어 상당한 구속력을 가지게 된다. 대법원은 전문가의 DNA 검사를 통한 개인식별,[254] 필적분석을 통한 동일인 확인,[255] 모발에서의 마약성분 채취를 통한 마약투약 여부 확인[256] 등의 결과는 법관이 사실인정을 함에 있어 상당한 정도로 구속력을 가지므로, 합리적 근거 없이 이를 배척하는 것은 자유심증주의의 한계를 벗어난다고 하였다. 이외에도 지문분석을 통한 개인식별, 혈흔분석을 통한 범행재현, 시강·시반·체온을 통한 사망시간추정 등은 신뢰성이 인정되는 과학적 방법이므로, 시료의 무결성과 실행자 및 구체적 실행의 신뢰성이 인정되면 그 결과는 상당한 구속력을 갖게 된다.

진술증거의 경우 대법원은 범인식별절차에서의 목격자 진술의 증명력 평가기준을 제시한 바 있다. 대법원은 일대 다수의 범인식별절차(line-up)에서 목격자 진술을 사전에 상세히 기록하고, 목격자와 용의자의 사전접촉을 금지하며, 용의자 및 그와 외모가 유사한 자를 목격자에게 동시 대면시킨 후 그 과정과 결과를 서면으로 기록하면 식별결과에 높은 증명력을 인정할 수 있다고 하였다. 사진제시에 의한 범인식별절차에 있어서도 기본적으로 이러한 원칙에 따라야 한다.[257] 한편 목격자와 용의자의 일대일 대면(show-up)의 결과는 일반적으로는 신뢰할 수 없으나, 범행발생 직후 범행현장 또는 그 부근에서 이루어질 경우에는 높은 증명력을 인정할 수 있다고 하였다.[258] 비진술증거와 달리 이 경우에는 사실인정의 구속력까지 인정하지는 아니하였으나, 대법원은 심리학적 전문지식에 기초하여 진술증거의 증명력을 담보하기 위한 요건을 제시하고 있는 것이다.

② 일반적 경험칙

일반적 경험칙에 따른 사실인정의 기준은 결국 법관이 설정하게 된다. 하지만 법관은 일반·평균인의 기준을 확인함으로써 이를 설정하는 것이지, 자의적 기준에 따라 이를 설정하는 것은 아니다. 성폭력범죄를 예로 들어 일반적 경험칙의 구체적 적용에 대해 살펴본다.

대법원은 성폭력범죄에서 피해자의 진술이 구체적이면서 일관되고, 범행상황의 묘사가 풍부하며, 범행당시 및 전후 사정을 보아 진술 자체에 모순점이 없으며, 원한 등 평소관계나 고소과정을 보아 고소인이 피고인을 무고할 이유가 없는 경우, 피해자의 진술에 대해 높은 증명력을 인정한다. 이에 더하여 피고인의 진술이 경험칙상 합리성이 없고 진술내용이 모순되면 고소인 진술의 신빙성을 뒷받침하거나 직접증거인 고소인 진술과 결합하여 공소사실을 증명하는 간접증거가 될 수 있다고 한다.[259] 또한 피해자다움은 편견일 뿐이므로 사실인정에 있어 이를

254) 대법원 2009. 3. 12. 선고 2008도8486 판결.
255) 대법원 1994. 9. 13. 선고 94도1335 판결.
256) 대법원 2008. 2. 14. 선고 2007도10937 판결.
257) 대법원 2008. 7. 10. 선고 2006도2520 판결.
258) 대법원 2009. 6. 11. 선고 2008도12111 판결.

기준으로 삼아서는 아니 되고,[260] 성적수치심이나 욕망의 여부는 피해자와 동일한 성별, 나이를 가진 일반·평균인의 입장에서 평가하여야 한다고 하였다.[261] 이처럼 법원은 일반적 경험칙을 진술증거의 증명력 평가기준 및 구성요건요소의 규범적 평가기준으로 삼고 있다.

2) 논리칙

논리칙이란 사고를 통한 연역적 방법으로 얻어진 법칙을 말한다. 논리칙에 따라 개별적 사실의 인정은 논리적 한계를 벗어날 수 없고, 공소사실 전체의 인정은 개별적 사실인정의 결과물로서 그 논리적 일관성이 유지되어야 한다. 예를 들어 피고인이 단독으로 주거침입절도를 저질렀다는 공소사실에 대하여, 피고인의 범행현장 부재가 명백한 경우 피고인이 그 범행을 실행하였다고 인정할 수는 없다.

(나) 의심스러울 때는 피고인의 이익으로(in dubio pro reo)

무죄추정의 원칙에 따라 검사는 공소사실의 인정은 물론, 공소사실에 적용되는 법률 및 그 해석에 관한 다툼이 있는 경우에는 그에 대해서도 합리적인 의심이 없을 정도로 증명하여야 한다. 법원은 합리적 의심이 드는 경우에는 피고인의 이익을 쫓아야 한다. 따라서 합리적 의심이 드는 경우에는 법원은 검사가 주장하는 사실을 인정하거나, 검사가 적용을 구하는 법률을 적용하여서는 아니 된다. 따라서 합리적 의심은 자유심증주의의 한계로서 기능한다.

(3) 자백보강법칙[262]

(가) 의의

자백보강법칙이란 피고인의 자백만으로는 요증사실이 증명될 수 없다는 원칙을 말한다.

259) 대법원 2022. 3. 31. 선고 2018도19037 판결.
260) 대법원 2020. 9. 7. 선고 2020도8016 판결.
261) 대법원 2017. 6. 8. 선고 2016도21389 판결.
262) 일반적으로 형사소송법 제310조는 피고인의 자백이 그에게 불리한 유일한 증거일 때의 자백의 증명력 제한을 규정한 것이라 설명한다. 그러나 형사소송법 제310조는 자백이 불이익한 유일한 증거인 경우 그 증거능력의 부정을 통해 자백배제법칙을 실현시키기 위한 장치로 이해하는 것이 옳다. 형사소송법 제310조의 문언은 "유죄의 증거로 하지 못한다."고 하여 증거능력의 배제임을 명백히 하고 있고, 자백배제법칙은 자백이 유일한 증거인 경우 그 증거능력을 부정하여 증거조사의 대상에서 배제함으로써 완벽하게 준수될 수 있기 때문이다. 자백보강법칙의 필요성을 자백의 진실성 담보 또는 자백 획득 과정에서의 인권침해 방지에서 찾을 때에도 자백의 증거능력 배제야말로 목적달성에 가장 부합하는 방법이다. 따라서 형사소송법 제310조는 피고인의 자백이 그에게 불리한 유일한 증거인 경우 그 자백의 증거능력을 배제함으로써 자백보강법칙을 완벽히 실현시키기 위한 입법자의 선택으로 보는 것이 타당하다. 다만, 자백보강법칙에 대한 일련의 논의가 이미 증명력의 범주 내에서 이루어지고 있으므로, 본서도 이를 증명력에서 다루기로 한다.

헌법 제12조 제7항 후단은 "정식재판에 있어서 피고인의 자백이 그에게 불리한 유일한 증거일 때에는 이를 유죄의 증거로 삼거나 이를 이유로 처벌할 수 없다."고 하여 자백보강법칙을 천명하고, 형사소송법 제310조 또한 불이익한 자백의 증거능력이라는 표제 하에 "피고인의 자백이 그 피고인에게 불이익한 유일의 증거인 때에는 이를 유죄의 증거로 하지 못한다."고 규정하고 있다.

(나) 자백보강법칙의 적용요건

1) 형사소송절차

자백보강법칙은 **정식 형사재판**에만 적용된다. 여기에서 정식 형사재판이란 검사의 공소제기에 따른 법원의 심판이 이루어지는 재판을 말하는 것으로, 자백보강법칙은 간이공판절차나 약식명령에는 적용되지만 **소년보호사건 또는 즉결심판**에는(즉결심판법 제10조) 적용되지 **아니한다**.

2) 피고인의 자백

자백보강법칙은 피고인의 자백인 이상, 자백이 이루어진 일시, 장소, 방법, 과정, 이유 등 모든 변수와 무관하게 적용된다. 따라서 자백배제법칙은 자백이 수사절차, 공판절차 또는 그 전후에 이루어졌는지 여부, 자백 당시 피고인이 피의자·피고인 신분이었는지 여부, 자백이 이루어진 장소가 수사기관 사무실 또는 공판정 내외인지 여부, 피고인이 스스로 자백한 것인지 신문에 의해 자백한 것인지 여부, 피고인의 자백이 기록된 서면 등이 증거로 제출된 것인지 이를 청취한 자의 전문진술 형태로 현출된 것인지 아니면 피고인이 공판정에서 구두로 자백한 것인지 여부[263] 등과 관계없이 모든 유형의 피고인 자백에 대해 적용된다.

3) 공범자의 자백

① 대법원의 태도와 문제점

대법원은 공범자의 자백은 피고인 본인의 자백과는 별개·독립의 것으로서 증인의 진술과 다를 바 없어 독립한 증거능력이 있고,[264] 따라서 피고인의 자백을 공범자의 자백으로 보강하여 피고인을 유죄로 할 수 있음은[265] 물론, 공범자 1인의 자백만으로도 부인하는 피고인을 유죄로 할 수 있다[266]는 입장을 취하고 있다.

그러나 공범자의 자백과 관련해서는 그것이 공범자 본인의 입장에서는 자백에 해당되므로

263) 대법원 1966. 7. 26. 선고 66도634 전원합의체 판결.
264) 대법원 1992. 7. 28. 선고 92도917 판결.
265) 대법원 1990. 10. 30. 선고 90도1939 판결.
266) 대법원 1985. 3. 9. 선고 85도951 판결.

본인의 자백과 마찬가지의 위험이 수반될 뿐만 아니라, 공범자의 자백이 갖고 있는 특유한 위험이 존재하기 때문에 일반적인 진술과는 구별하여 **특별취급**을 해야 하는 것이 아닌가 하는 문제의식이 필요하다. 즉, 공범자의 자백에는 자기의 죄책을 가볍게 하기 위해 무고한 자를 끌어들이거나, 다른 공범자에게 책임을 전가하기 위해 허위사실을 말하거나, 수사기관이 공범자의 자백을 끌어내기 위해 부당한 유도를 가할 위험이 있기 때문이다. 따라서 공범자의 자백과 관련해서는 그것을 '피고인(다른 공범자)에 대해 불이익한 증거로서 사용할 수 있는가' 라는 문제와, '공범자의 진술만으로(보강증거 없이) 피고인을 유죄로 인정할 수 있는가' 라는 문제가 있다.

② 학설의 대립

자백보강법칙이 공범자의 자백 또는 상피고인의 범행을 인정하는 진술에도 적용되는지에 대해 서는 학설의 대립이 있다. **보강증거 필요설**은, 공범자의 자백에 대해서도 자백보강법칙이 적용되고 따라서 피고인에 대한 공소사실의 인정에는 공범자의 자백 외에도 보강증거가 필요하다고 한다. 이 견해는 공범은 다른 공범에게 형사처벌을 떠넘기려는 경향이 있어 허위진술에 의한 오판의 위험을 방지할 필요가 있고, 공범자의 자백에 자백보강법칙이 적용되지 아니하면 자백한 공범은 처벌되지 아니함에도 자백하지 아니한 공범은 처벌된다는 **불합리한 결과**가 발생하므로 형사소송법 제310조는 공범의 자백에도 유추적용된다고 한다.[267]

반면 **보강증거 불요설**은, 공범자의 자백에 대해서는 자백보강법칙이 적용되지 아니하고 따라서 공범자의 자백만으로도 합리적 의심이 없는 정도로 증명되는 경우에는 피고인에 대한 공소사실을 인정할 수 있다고 한다. 이 견해는 공범자는 피고인에게 **제3자**에 불과하고, 공범자의 자백으로 인한 오판의 위험은 피고인의 **반대신문권 보장**으로 방지될 수 있으며, 처벌의 불합리성은 피고인에 대한 자백보강법칙에 필연적으로 따르는 결과일 뿐이라고 한다.[268]

한편 **절충설**은 공판정에서의 공범자의 자백에 대해서는 보강증거가 필요치 않지만 공판정 외에서의 공범자의 자백에 대해서는 보강증거가 필요하다고 한다. 이 견해는 공판정에서의 자백은 법관의 면전에서 이루어지고 당사자에게 반대신문의 기회도 보장됨을 그 근거로 한다.[269]

③ 학설의 대립

보강증거 필요설과 불요설의 차이는, 필요설이 보강법칙의 근본취지를 살려 공범자의 자백을 피고인 본인의 자백에 준하여 법률상 보강증거가 필요하다고 함으로써 공범자의 자백에

267) 배/홍 409; 정승환 662.
268) 김재환 780; 신현주 672: 이/김 660; 이/조/이 770; 이주원 635; 임동규 635.
269) 신동운 895.

수반되는 위험성을 배제하려고 하는데 대해, 불요설은 반대신문권의 보장과 자유심증주의의 합리적 운용에 의해서 그 위험에 대처할 수 있다고 하는 점에 있다. 그렇다면 공범자의 자백에도 보강증거를 요하는가의 문제는 그 해결의 단서를 우선 피고인의 자백에 보강증거를 요하는 이유가 무엇이고, 공범자의 자백에도 그 이유가 존재하는지의 여부를 검토하는 데서부터 접근할 필요가 있다.

자백에 **보강증거를 필요로 하는 이유**는, 자백의 진실성을 자백 이외의 증거에 의해 보강함으로써 오판의 위험을 피할 수 있고, 자백만으로 유죄인정이 가능하다고 하게 되면 수사기관은 자백획득을 위해 인권침해를 초래할 위험이 있으므로 인권옹호를 위해서라고 할 수 있다. 그런데 공범자의 자백에는 피고인의 자백보다 **더 큰 위험성**이 있다. 위의 피고인의 자백이 갖는 위험성에 더하여 책임전가를 위한 허위진술의 위험성이 있고, 공범자의 자백은 수사기관의 입장에서 볼 때 피고인 본인의 자백보다 훨씬 매력적이고 소중할 뿐만 아니라(공범자의 자백에는 보강증거를 요하지 않는다고 할 경우, 보강증거까지 필요한 피고인 본인의 자백보다 증거의 효용도가 훨씬 높다), 공범 중 1인과 거래하여 자백을 받아내기도 쉽기 때문에(자백하는 피의자에게는 그의 범행을 축소해 주거나, 기소단계나 구형단계에서 선처해 주기로 약속해 주는 등의 통모가 가능하다), 이해타산에 의한 허위자백의 가능성은 공범의 경우가 단독범보다 훨씬 더 높게 나타나는 것이다.

이러한 공범자의 자백이 갖는 매력 때문에 수사기관은 자백획득을 위해 부당한 수사방법을 사용할 위험성(인권침해의 위험성)도 더 커지게 되는 것이다. 사정이 이러함에도 피고인 본인의 자백에 대해서는 보강증거를 불가결로 하면서 오히려 그 보다 훨씬 신용성이 떨어지는 공범자의 자백에 대해서는 그 평가를 법관의 자유로운 판단에 맡긴다고 하는 것은 자가당착이라고 하지 않을 수 없다. 또한 공동피고인의 반대신문권은 법률상 보장되어 있지도 않고 설령 공범자의 자백에 대하여 피고인의 반대신문이 실제로 행해진다 하더라도 공범은 대개 범죄사실에 정통하고 있어서 반대신문의 성과를 거두기도 쉽지 않다. 그렇다면 실질적으로 보강법칙의 취지를 살리면서 그 실정법적 근거를 대는 방법으로서, 공범자의 자백에도 형사소송법 제310조가 유추적용 된다고 보거나, 공범자의 자백만에 의해 피고인의 범행에 대한 관여를 인정하는 것이야말로 경험칙 위반이고 '합리적인' 자유심증주의에 반한다고 할 것이므로, 자유심증주의와 적정절차조항에서 보강증거를 요하는 근거를 찾을 수도 있을 것이다.

보강증거필요설과 불요설의 중간적 입장에 서있는 절충설의 경우, 법관이 그 진술태도를 관찰할 수 있는 피고인의 공판정 자백에 대해서도 보강법칙을 적용하는 데에 학설과 판례가 일치하고 있음에 비추어 볼 때 설득력이 약하다고 하지 않을 수 없다.

이런 이유로 공범자의 자백에도 보강증거를 요한다고 하는 보강증거 필요설이 타당하다.

참고로 일반적으로 영미법에서는 공범자를 증인으로 불러 세워 철저하게 반대신문을 하고서도, 거기에 더하여 재판장이 배심원에게 보강증거 내지 공범의 경고(accomplice warning)[270]를 요구하고 있다.

(다) 보강증거의 자격

1) 독립증거

독립증거란 피고인의 자백으로부터 실질적으로 독립하여 별도의 증명력을 가지는 증거를 말한다. 독립증거라면 증거능력이 인정되는 이상 어떠한 형태의 증거라 하더라도 보강증거의 자격을 갖는다. 따라서 비진술증거는 물론 진술증거도 보강증거가 될 수 있고, 직접증거가 아닌 간접증거나 정황증거도 보강증거가 될 수 있다[271]

대법원은 범행동기에 대한 증명력을 가진 증거,[272] 피고인의 법정 외 자백을 원진술로 하는 전문진술[273]은 보강증거가 될 수 없다고 하였으나, 피고인이 업무추진 과정에서 지출한 자금 내역을 기록한 수첩의 기재 내용은 보강증거가 될 수 있다고 한다.[274] 대법원은 이러한 장부의 존재 자체 및 기재내용은 사무처리 내역을 판단할 수 있는 **별개의 독립된** 증거자료이므로, 공소사실에 일부 부합되는 사실의 기재가 있다고 하더라도 이를 피고인이 자백이라고 볼 수는 없다고 하였지만, 그 내용이 실질적으로 자백과 동일한 이상 보강증거의 자격을 갖추지 못한 것으로 보는 것이 타당하다.

2) 공범자 자백의 독립증거 인정 여부

① 견해의 대립과 대법원의 태도

앞에서 살펴보았던 공범자의 자백에 자백보강법칙이 적용되는지에 대한 견해의 대립은 공범자의 자백이 독립증거로 인정되는지에 대한 견해의 대립으로 이어진다. 공범자의 자백에는 자백보강법칙이 적용되지 않는다고 보는 견해는, 공범자의 자백을 피고인의 자백과는 독립된 것으로 본다. 따라서 이 견해를 따를 때 공범자의 자백은 다른 피고인의 자백에 대하여 독립증

270) 공범의 경고란 공판법관이 배심원에게 행하는 "공범자의 진술만으로 피고인유죄의 평결을 하는 것은 위험하다"는 취지의 설시를 말하는 것으로, 일반적으로 영미법계 국가는 이러한 경고를 법관의 의무사항으로 삼고 있다. 다만 최근 아일랜드 대법원은 피고인이 명시적으로 요구하지 아니하는 이상 법관이 이러한 경고를 하지 않았다 해도 위법한 것은 아니라고 한 바 있다(https://decisis.ie/trial-judge-not-obliged-to-give-accomplice-warning-to-jury-where-accused-had-not-sought-it/).

271) 대법원 2010. 12. 23. 선고 2010도11272 판결.

272) 대법원 1990. 12. 7. 선고 90도2010 판결.

273) 대법원 1981. 7. 7. 선고 81도1314 판결.

274) 대법원 1996. 10. 17. 선고 94도2865 전원합의체 판결.

거로 인정된다. 대법원은 이와 같은 입장으로서, 공범자의 자백은 독립증거로서 보강증거가 될 수 있다고 한다.[275)]

반면 공범자의 자백에도 자백보강법칙이 적용되어 보강증거를 필요로 한다고 보는 견해는, 공범자의 자백을 피고인의 자백과 동일하거나 그에 준하는 것으로 본다. 따라서 이 견해를 따를 때 공범자의 자백은 다른 피고인의 자백에 대하여 독립증거가 될 수 없다고 보아야 할 것이다. 하지만 보강증거 필요설의 입장을 취하는 대부분의 논자들은 공범자의 자백을 피고인의 자백에 대한 보강증거로 쓰는 데 대하여 반대하지 않고 있다. 이들은 형사소송은 정치적 결단이 배경을 이루고 있기 때문에 논리만이 아니라 실제적 필요에도 충실해야 한다거나, 자백편중의 위험에서 보면 소극적으로 해석하는 것이 논리적이지만 상호간에 독립된 2인 이상의 자백이 일치하는 때에는 법이 예상하는 정형적인 오판의 위험은 해소되고 따라서 그 한도에서 실무의 요구에 양보하는 것은 어쩔 수 없다는 것을 이유로 공범자의 자백에 반(半)증거가치(half proof)를 인정하여 보강증거로 쓸 수 있다고 한다.

② 검토

보강증거 필요설을 취하면서 공범자의 자백이 피고인의 자백을 보강하는 독립된 증거가 된다는 주장은 논리적 일관성을 결여한다. 나아가 자백편중과 오판의 방지라는 보강법칙의 취지를 실질적으로 관철하기 위해서는 공범자 자백에 대해 보강증거의 자격을 부인하는 것이 마땅하다. 공범자의 자백도 자백이고, 문제가 있는 자백이 두 개 있다하여 자백편중과 오판의 위험이라는 문제가 해소될 수는 없기 때문이다.

앞에서 살펴본 바와 같이 공범자의 자백은 피고인의 자백에 비해 더 믿기 어렵고, 따라서 보강법칙이 적용되어야할 필요성 또한 더 크다. 이에 공범자의 경우에도 자백보강법칙은 적용되어야 하고, 공범자의 자백에 자백보강법칙이 적용된다함은 곧 공범자의 자백은 피고인의 자백과는 독립된 것으로 볼 수 없음을 말한다. 그러므로 공범자의 자백은 피고인의 자백에 대한 보강증거가 될 수 없다고 함이 옳다.

(라) 보강의 범위와 정도

1) 보강의 범위와 정도에 대한 일반적 접근

일반적으로 자백 중 어느 부분에 대하여 보강이 필요한지 여부, 즉 보강의 범위에 대해서는 **형식설**(죄체설)과 **실질설**(진실성 담보설)의 견해 대립이 있다고 설명된다. 하지만 형식설은 자

275) 대법원 1992. 7. 28. 선고 92도917 판결; 대법원 1985. 3. 9. 선고 85도951 판결; 대법원 1990. 10. 30. 선고 90도1939 판결.

백한 사실 중 전부 또는 중요한 부분인 죄체(corpus delicti, body of crime)에 대하여 보강이 필요하다는 견해이고[276] 실질설은 보강증거는 자백의 진실성을 담보하는 정도로 족하다는 견해로서,[277] 엄밀히 볼 때 양 견해는 동일한 문제를 논하고 있지 아니하다. 전자는 보강의 **범위**에 대한 논의이지만, 후자는 보강의 **정도**에 대한 논의인 것이다. 따라서 각자로 나누어 검토한다.

2) 보강의 범위

실질설은 운용만 잘 된다면 탄력적 판단이 가능하고 구체적 타당성을 끌어내기 쉬운 장점을 가진 매력적인 견해이다. 하지만 판례가 말하는 "자백의 진실성을 보강할 수 있는 증거"란 보강을 요하는 범위를 직접 드러내는 것이 아니고 보강이 필요한 증명정도라고 하는 실질적 기준밖에 선언하지 않으며, 필요한 보강범위를 자백의 증명력과의 상호보완관계에서 결정된다고 하고 있어 그 기준이 명확하지 않다. 더구나 실질설의 접근방법은 자백편중에 대한 일반적 억지보다는 당해 사건의 진실규명(개별적 억지)에 중점이 놓여 있으므로, 그 유연성이 도리어 보강법칙을 형해화시킬 위험성이 있다. 결국 실질설은 보강을 요하는 범위를 법관의 재량에 맡기는 것과 다름이 없으므로 그 기준이 애매하여 실무의 운용에 따라서는 보강증거의 중요성이 경시될 위험성을 품고 있고, 나아가 수사활동의 규율이라고 하는 파생효과도 기대하기 어려워 받아들이기 어렵다.

형식설은 보강의 범위는 객관적 기준에 따라 결정되어야 한다는 견지에서, 자백 외에 보강증거가 필요한 범위는 범죄를 구성하는 중요한 부분(죄체)이라고 한다. 형식설은 보강의 범위에 대해 죄체라는 명확한 판단기준을 제시하는바, 죄체의 개념을 살펴 본 후 범인과 피고인의 동일성, 주관적 구성요건요소, 구성요건 외의 사실, 죄수에 대한 보강의 필요성 등 보강의 범위와 관련되어 주로 논의되는 구체적 사안에 대해 검토하기로 한다.

① 죄체의 개념

죄체의 개념과 관련하여, ① 객관적인 법익침해의 존재로 보는 견해, ② 범죄가 존재하는 것을 드러내는 객관적 사실의 존재로 보는 견해, ③ 객관적인 범죄사실의 존재만으로는 충분치 않고 피고인과 범죄와의 결부를 드러내는 사실의 존재로 보는 견해가 대립한다. 예를 들어 사체의 존재는 ①설을 따를 때 죄체에 해당하나, ②설 및 ③설을 따를 때에는 죄체에 해당하지 아니하고, 타살의 의심이 충분한 사체의 존재나 피해신고서의 존재는 ①설 및 ②설을 따를 때 죄체에 해당하나, ③설을 따를 때에는 죄체에 해당하지 아니한다.

①설이나 ②설의 견해를 취하게 되면, 범죄와 피고인의 결부를 드러내는 증거는 자백만으

276) 송광섭 740; 정/이 389.

277) 이/김 652; 이/조/이 775; 이창현 1039; 임동규 640.

로도 충분하다는 결론에 이르게 되므로 자백편중의 상황은 개선되지 않을 것으로 생각된다. 실제로 자백에 기인한 오판의 위험은, 대개 가공적인 범행에 대한 오인보다는 실존하는 범죄에 대해 피고인을 범인으로 오인하는데 있다. 범죄사실이 존재하지 않는데도 유죄로 오판하는 경우보다는 범죄사실은 존재하지만 진범인이 아닌 자를 유죄로 오판하는 경우가 주로 문제된다는 것이다. 그런데, 범죄사실의 존재에 대한 오판의 위험은 ②의 견해에 의하더라도 회피될 수 있지만, 진범에 대한 오판의 위험은 ③의 견해를 따르지 아니하는 이상 회피될 수 없다. 따라서 ③설이 타당하다고 하겠다.

② 범인과 피고인의 동일성

범인과 피고인의 동일성에 대해 보강을 요하는지와 관련하여, 필요설(③설)은 피고인이 범인이라는 점은 범죄사실의 핵심이므로 보강을 요한다고 하고[278] 불필요설(①설, ②설)은 범죄사실에 대한 보강이 이루어진 이상 피고인이 범인이라는 사실에 대해서는 굳이 보강을 요하지 아니한다고 한다.[279]

죄체의 개념에서 살펴보았듯이 범인과 피고인의 동일성이야말로 보강되어야 할 필요가 있는 것이다. 더구나 피고인이 자백한 범죄사실 중 객관적 구성요건요소는 보강의 대상이 된다는데 대해 이론의 여지가 없다고 할 것인바, 범인과 피고인의 동일성 여부는 객관적 구성요건요소의 핵심이므로 이 점에서도 보강의 대상이 된다고 보는 것이 타당하다.

이에 대하여 피고인과 범인의 동일성에 대해서까지 보강증거를 요구하게 되면 유죄의 입증이 불가능하게 될 것이라는 점에서, 범인과 피고인의 동일성에 대한 보강증거는 불필요하다는 것이 다수의 견해이다. 물론 피고인과 범인의 동일성에 대해서 자백이외의 증거인 보강증거를 요한다고 하는 요건은 언뜻 엄격한 요건으로 보일지도 모르지만, 제대로 수순을 밟은 수사를 한다면 실은 그다지 엄격한 요건은 아니다. 만약 피고인과 범인의 동일성을 증명하는 증거가 자백밖에 없는 것이 사실이라고 한다면 수사기관은 어떻게 해서 그 피의자에게 수사의 표적을 맞추었는지가 문제되지 않을 수 없다. 거꾸로 말하면 사람의 입(자백)을 통해서 증거물을 찾아내는 소위 "사람→물건"형의 수사를 행한 것이 아니라면, 수사의 표적을 그 피의자에게 맞출 만큼의 정황증거는 수집하고 있을 터이고, 이들 정황증거도 보강증거가 될 수 있음은 당연하다. 이와 같이 피고인과 범인의 동일성에 대해서 요구되는 보강증거는 정황증거라도 무방한 것이므로 입증상의 곤란은 생각만큼 그다지 크지는 않을 것으로 본다. 영미에서도 일반적으로 보강증거는 피고인과 범인의 결부에 대해서까지 요구된다.

278) 송광섭 740
279) 이/김 653; 임동규 641.

③ 주관적 구성요건요소

고의, 목적 등 주관적 구성요건요소에 대해서도 정황증거를 통한 보강을 요한다는 견해가 있지만[280], 다수설은 이에 대한 보강은 요하지 아니한다고 한다.[281] 객관적 구성요건요소에 대한 자백과 그에 대한 보강이 이루어진 이상 주관적 구성요건요소에 대한 별도의 보강을 요한다고 할 필요는 없으므로 다수설의 입장이 타당하다. 법원도 주관적 구성요건인 고의는 피고인의 자백만으로도 인정될 수 있다는 입장이다.[282]

④ 구성요건 외의 사실

통설은 객관적 처벌조건에 해당하는 사실, 누범가중의 원인이 되는 사실, 상습범 인정의 원인이 되는 전과 등 구성요건 외의 사실은 보강의 대상에 해당하지 아니한다고 하고, 대법원도 같은 입장이다.[283] 자백에 보강증거를 요하는 이유가 오판의 위험을 방지하자는데 있다는 점에서 볼 때 구성요건에 해당하지 아니하는 사실에 대해서는 굳이 보강을 요하지 않아도 무방하다. 따라서 통설과 판례의 태도가 옳다고 생각된다.

⑤ 죄수

소송법상 수죄인 실체적 경합범에 대해서는 당연히 각 범죄마다 보강증거가 필요하다.[284] 소송법상 일죄의 경우에는 그 유형에 따라 보강을 요하는 범위가 달라진다.

상상적 경합범의 경우 실체법상으로는 수죄이므로 각각의 범죄에 대한 보강이 필요하다는 견해[285]와 소송법상 일죄이므로 중한 죄에 대한 보강으로 충분하다는 견해[286]가 있다. 이론적으로는 전자의 견해가 타당하다고 보나, 소송법상 일죄이므로 중한 죄든 경한 죄든 하나의 범죄에 대한 보강은 대체적으로 전체에 대한 보강에 해당하기에 어느 입장에 의하더라도 결론이 달라지는 경우는 거의 없다고 보인다.[287]

포괄일죄의 경우 **상습범**과 같이 포괄일죄를 이루는 개개의 범죄가 독립적으로 구성요건을 충족시키는 경우에는 각 범죄에 대해 **개별적인** 보강이 필요하지만, **영업범**과 같이 개개의 범죄로 나눌 수 없는 경우에는 **전체로서의** 범죄에 대한 보강으로 충분하다.[288] 대법원도 같은 입장

280) 정/최/김 748.
281) 송광섭 740; 이/김 651; 이/조/이 776; 이창현 1040; 임동규 640.
282) 대법원 2018. 8. 1. 선고 2017도20682 판결.
283) 대법원 1981. 6. 9. 선고 81도1353 판결.
284) 대법원 2008. 2. 14. 선고 2007도10937 판결.
285) 송광섭 741; 이주원 602; 차/최 563.
286) 이/김 654.
287) 이/조/이 777; 이창현 1041; 임동규 641.
288) 이/김 654; 이/조/이 777; 임동규 641.

이다.[289)]

3) 보강의 정도

자백에 대한 보강증거를 요하는 이유를 오판의 위험성 배제에서 찾는다면 보강의 정도는 자백의 진실성을 담보할 수 있을 정도면 된다. 대법원은 "자백에 대한 보강증거는 범죄사실의 전부 또는 중요 부분을 인정할 수 있는 정도가 되지 아니하더라도 피고인의 자백이 가공적인 것이 아닌 진실한 것임을 인정할 수 있는 정도만 되면 족한 것"이라고 하고 있다.[290)]

(마) 위반의 효과

자백보강법칙의 위반은 판결에 영향을 미친 **법률위반**에 해당하므로 판결확정 전에는 **상소이유**가 되고(법 제361조의5 제1호, 제383조 제1항), 판결확정 후에는 **비상상고**의 이유가 된다(법 제441조). 다만 재심의 경우는 법률위반을 그 이유로 삼고 있지 아니하므로 자백보강법칙의 위반은 재심이유에는 해당하지 아니한다(법 제420조).

(4) 공판조서의 절대적 증명력

(가) 의의

1) 공판조서의 의미

공판조서란 공판기일의 소송절차를 기록한 문서를 말한다. 법원사무관 등은 공판조서를 작성함에 있어, 공판을 행한 일시와 법원, 법관·검사·법원사무관 등의 관직·성명, 피고인·대리인·대표자·변호인·보조인과 통역인의 성명, 피고인의 출석 여부, 공개의 여부와 공개를 금한 때에는 그 이유, 공소사실의 진술 또는 그를 변경하는 서면의 낭독, 피고인에게 그 권리를 보호함에 필요한 진술의 기회를 준 사실과 그 진술한 사실, 피고인·피의자·증인·감정인·통역인 또는 번역인의 진술, 증인·감정인·통역인 또는 번역인이 선서를 하지 아니한 때에는 그 사유, 증거조사를 한 때에는 증거될 서류·증거물과 증거조사의 방법, 공판정에서 행한 검증 또는 압수, 변론의 요지, 재판장이 기재를 명한 사항 또는 소송관계인의 청구에 의하여 기재를 허가한 사항, 피고인 또는 변호인에게 최종 진술할 기회를 준 사실과 그 진술한 사실, 판결 기타의 재판을 선고 또는 고지한 사실 등을 비롯하여 모든 소송절차를 기재하여야 한다(법 제51조).

289) 대법원 1996. 2. 13. 선고 95도1794 판결.
290) 대법원 2011. 9. 29. 선고 2011도8015 판결.

2) 공판조서의 절대적 증명력

형사소송법은 공판기일의 소송절차로서 공판조서에 기재된 것은 그 조서만으로써 증명하다고 규정하여(법 제56조) 공판조서에 절대적 증명력을 부여하고 있다. 이는 소송경제에 따른 요청으로서 공판조사에 기재된 내용에 대해서는, 명백한 오기인 경우를 제외하고는 별도의 증명을 요하지 아니하고, 반증도 허용되지 아니한다.[291] 따라서 이는 **자유심증주의의 예외**에 해당한다.

(나) 절대적 증명력의 인정요건과 범위

1) 인정요건

공판조서에 절대적 증명력이 인정되기 위해서는 조서의 성립이 유효하고 그 기재내용을 확인할 수 있어야 한다. 따라서 재판장과 법원사무관 등의 기명날인 또는 서명의 하자 등으로 인하여 **무효**인 공판조서에 대해서는 그 기재내용을 확인할 수 있다 하더라도 절대적 증명력이 인정되지 아니하고,[292] 유효하게 성립한 공판조서라 하더라도 멸실되어 그 **내용을 확인할 수 없는 경우**에는 절대적 증명력은 인정되지 아니한다.

이와 관련하여 공판조서가 무효 또는 멸실된 경우 상소심에서 다른 자료에 의해 원심의 공판절차의 위법 여부를 판단할 수 있는지에 대한 논의가 있다. 이 경우 상소심에서는 다른 자료를 사용하여서는 아니 되므로 원판결을 즉시 파기환송해야 한다는 견해도 있으나, 항소심은 **파기자판을 원칙**으로 하므로 다른 자료의 사용을 통해 원심의 공판절차의 위법 여부를 판단할 수 **있다는 통설**이[293] 타당하다.

2) 절대적 증명력의 범위

절대적 증명력은 당해 사건에 대한 공판기일의 소송절차로서 공판조서에 기재된 것에 한하여 인정된다.

① 당해사건

절대적 증명력은 당해사건의 공판조서에 기재된 것에 대해서만 인정되고, 다른 사건의 공판조서에 기재된 것은 전문증거의 예외로서 증거능력이 인정될 뿐(법 제315조 제3호) 절대적 증명력이 인정되는 것은 아니다.

② 공판기일

절대적 증명력은 공판기일의 소송절차의 기록에 대해서만 인정된다. 따라서 공판기일의 공

291) 대법원 2005. 12. 22. 선고 2005도6557 판결.
292) 대법원 1983. 2. 8. 선고 82도2940 판결.
293) 손/신 722; 신/조 861.

판조서에 대해서는 절대적 증명력이 인정되지만, 증거보전절차, 공판준비절차, 공판기일 외 절차등 공판기일이 아닌 절차에서 작성된 조서에 대해서는 절대적 증명력이 인정되지 아니한다.

③ 소송절차

절대적 증명력은 소송절차로서 공판조서에 기재된 것에만 인정된다. 위에서 보았듯 형사소송법은 공판조서에 공판을 행한 일시와 법원 등을 비롯하여 모든 소송절차가 필요적으로 기재되어야 한다고 규정하고 있는데, 절대적 증명력이 미치는 범위는 공판조서에 소송절차로서 기재된 사실일 뿐이고 사실인정 등 사건의 실체에 대한 내용에는 절대적 증명력이 미치지 아니한다. 예컨대 당사자가 증거동의를 한 사실이 기재되어 있는 경우 그러한 동의가 있었다는 사실에 대해서만 절대적 증명력이 인정되는 것이다.[294]

④ 공판조서에 기재된 것

절대적 증명력은 공판조서에 기재되어 있는 소송절차에 대해서 인정된다. 그러나 공판조서에 기재되어 있다 하더라도 그 기재에 하자가 있다면 절대적 증명력은 인정될 수 없다.

공판조서가 **위·변조** 되거나 **허위**로 작성되었음이 밝혀진 경우라면 그 기재사항에 대해서는 절대적 증명력이 인정되지 아니한다.[295] 공판조서에 기재되어 있으나 그 기재가 **불명확**하거나 기재된 내용에 **상호 모순**이 있는 경우[296] 및 조서 기재의 정확성에 대한 당사자의 **이의신청**이 있는 경우에는[297] 그 기재내용에 대해 절대적 증명력이 인정되지 아니하여 자유심증의 대상이 된다. **오기**임이 명백한 기재에 대해서는 당사자의 이의신청이 없다 하더라도 그 올바른 내용에 대해 절대적 증명력이 인정된다.[298] 오기의 명백성을 판단함에 있어 공판조서 외에 다른 자료도 이용할 수 있는지에 대하여, **오류의 명백성**이란 공판조서 기재 내용 자체만으로 판단할 수 있을 정도의 오류를 의미하므로 다른 자료의 이용을 부정하는 견해가 있다.[299] 하지만 공판조서의 절대적 증명력은 자유심증주의의 예외라는 점에서 오기의 명백성이 의심되는 경우에는 이를 확인하기 위하여 **다른 자료의 이용을 금지할 이유가 없다**고 생각된다.[300] 대법원도 피고인이 공판정에서 수회에 걸쳐 일관되게 공소사실을 부인하고 있는 이상 특정 공판기일에 자백취지의 피의자신문조서의 내용을 인정하였다는 공판조서의 기재는 명백한 오류라 하여 같은 입장이다.[301]

---

294) 대법원 2016. 3. 10. 선고 2015도19139 판결.
295) 임동규 643.
296) 대법원 1988. 11. 8. 선고 86도1646 판결.
297) 이/김 738; 이창현 1045; 임동규 644.
298) 대법원 1995. 12. 22. 선고 95도1289 판결.
299) 이/김 738; 임동규 644.
300) 김재환 791; 정/이 125; 이/조/이 780.

공판조서에 기재되어 있지 아니한 소송절차에 대해서는 당연히 절대적 증명력이 인정되지 아니한다. 다만 통상적인 절차 중 일부가 공판조서에 누락된 경우에는 절차가 적법하게 진행되었음이 사실상 추정된다.[302] 대법원도 인정신문의 기재가 없다 하더라도 공소사실에 대한 신문의 기재가 있으므로 인정신문이 있었던 사실이 추정된다고 한다.[303]

4. 증명의 방법으로서 엄격한 증명과 자유로운 증명

(1) 의의

엄격한 증명이란 법률상 **증거능력**이 있고 형사소송법과 형사소송규칙에 따른 **적법한 증거조사**를 거친 증거에 의한 증명을 말하고, **자유로운 증명**이란 증거능력이 없는 증거 또는 형사소송법과 형사소송규칙에 따른 적법한 증거조사를 거치지 아니한 증거에 의해서도 할 수 있는 증명을 말한다. 다만 위법수집증거, 강요등에 의한 자백·임의성 없는 진술은 자유로운 증명을 위한 용도로도 사용될 수 없다.

엄격한 증명과 자유로운 증명은 증명대상에 따른 증명방법에 대한 차이일 뿐, **증명의 정도에 대해서 차이가 있는 것은 아니다**. 즉 자유로운 증명의 대상이라 하더라도 사실인정을 위해서는 합리적 의심이 없는 정도의 증명을 요한다.

(2) 엄격한 증명의 대상

요증사실 중 **형벌권의 존부와 형벌권의 범위에 관한 사실** 즉 주요사실이 엄격한 증명의 대상이 된다. 따라서 형사처벌의 전제가 되는 법규의 존부 및 내용, 구성요건을 충족시키는 사실 및 간접사실, 위법성조각사유의 부존재 또는 책임조각사유의 부존재, 처벌조건 등은 엄격한 증명의 대상이 된다.

(가) 법규의 존부 및 내용

법규의 존부 및 내용은 법원의 직권조사사항이므로 불요증사실로서 증명을 요하지 아니한다. 하지만 법규의 존부 또는 그 내용이 명백하지 아니하여 요증사실에 해당하는 경우에는 엄격한 증명의 대상이 된다. 예를 들어 대한민국과 대한민국국민에 대한 외국인인 국외범의 경우(형법 제6조) 피고인의 행위가 행위지의 법률에 의하여 범죄를 구성하는지 여부는 엄격한 증명

301) 대법원 2010. 6. 24. 선고 2010도5040 판결.
302) 이창현 1045.
303) 대법원 1972. 12. 26. 선고 72도2421 판결.

의 대상이 된다.[304]

(나) 경험칙과 논리칙

경험칙과 논리칙은 사실인정에 대한 재량의 한계로서 작동하는 법칙이므로, 법규와 마찬가지로 그 존부와 내용은 법원의 직권조사사항으로서 불요증사실이다. 하지만 어떤 법칙이 경험칙 또는 논리칙에 해당하는지 여부가 명백하지 아니하다면 엄격한 증명의 대상이 된다. 또한 어떤 법칙이 경험칙 또는 논리칙으로 인정된다 하더라도, 구체적 사안에서의 적용은 엄격한 증명의 대상이 된다.

위드마크 공식을 예로 들어 경험칙의 증명에 대해 구체적으로 살펴보자. 위드마크 공식은 사람의 성별, 나이, 체중, 음주량 등을 통해 시간의 경과에 따른 혈중알코올농도의 증가 및 감소를 계산하는 공식으로, 음주운전 시점에서 피고인의 혈중알코올농도를 측정하지 못한 경우 이를 특정하기 위해 이용되고 있다. 위드마크 공식이 최초로 법정에 등장하였을 때 그 존재 및 내용은 엄격한 증명의 대상이었다. 하지만 많은 판례를 통하여 현재 위드마크 공식은 합리적 의심이 없을 정도로 신뢰할 수 있는 경험칙으로서 인정받고 있다. 따라서 위드마크 공식의 존재와 내용은 불요증사실에 해당하다고 할 수 있다.

이처럼 위드마크 **공식은 불요증사실**이라 하더라도 그 **적용은 여전히 요증사실로서 엄격한 증명의 대상**이 된다. 따라서 위드마크 공식의 변수인 사고 운전자의 최종음주시간, 총 음주량, 체중, 성별 등은 엄격한 증명의 대상이 된다.[305]

(다) 구성요건을 충족시키는 사실

구성요건을 충족시키는 사실은 형벌권의 존부와 범위에 관한 사실이므로 엄격한 증명의 대상이 된다. 따라서 검사는 객관적 구성요건요소로서의 주체, 행위, 객체, 인과관계, 결과 등과, 주관적 구성요건요소로서의 **고의**, **과실**, **목적**, 공모공동정범에 있어 **공모**, **불법영득의사** 등을 엄격한 증명의 방법으로 합리적 의심이 없을 정도로 증명하여야 한다. 이와 같은 증명이 없다면 피고인의 이익으로 판단할 수밖에 없다.[306] 구성요건에 대한 사실인 이상 간접사실의 증명 또한 엄격한 증명의 대상이 된다.

예를 들어 '특정범죄가중처벌에대한특례법'상 뇌물죄(동법 제2조)의 경우 수뢰액에 따라 형벌이 달라지므로 정확한 수뢰액은 엄격한 증명의 대상이 된다.[307] 형법상 13세 이상 16세 미

304) 대법원 2011. 8. 25. 선고 2011도6507 판결.
305) 대법원 2000. 6. 27. 선고 99도128 판결.
306) 대법원 2014. 9. 26. 선고 2014도9030 판결.

만 피해자에 대한 미성년자의제강간죄(형법 제305조 제2항)에서 피고인이 19세 이상이라는 점, 피해자가 13세 이상 16세 미만이라는 점, 간음이 있었다는 점은 객관적 구성요건요소로서 엄격한 증명의 대상이 되고, 피고인이 피해자가 13세 이상 16세 미만이라는 점을 인식하고 있었다는 점은 주관적 구성요건요소로서 엄격한 증명의 대상이 된다.

(라) 현장부재

현장부재란 공소사실 중 범행일시에 피고인이 범행장소가 아닌 다른 장소에 있었음을 말한다. 피고인이 현장부재를 주장할 경우 엄격한 증명에 의할 것인지 자유로운 증명에 의할 것인지에 대해 견해의 대립이 있다.

엄격증명설은 현장부재의 주장은 검사의 본증에 대한 피고인의 **반증**으로서 간접사실의 증명에 해당하므로 엄격한 증명의 대상이 된다고 한다. **자유증명설**은 현장부재의 주장과 함께 제출된 증거는 검사의 주장에 대한 **탄핵증거**이기 때문에 자유로운 증명으로 족하고, 만약 이를 엄격한 증명에 의하도록 하면 범죄사실에 관한 입증책임을 사실상 피고인에게 전가하는 결과가 된다고 한다.

위 견해들은 피고인에게 거증책임이 있음을 전제로 하고 있는 듯한 인상을 주는데, 형사절차에서 거증책임은 명시적 법률규정이 없는 이상 검사에게 있다. 물론 피고인이 현장부재를 주장하면서 제출한 증거는 탄핵증거에 해당하고, 탄핵증거에 대한 증명방법은 자유로운 증명으로 족하다. 하지만 피고인이 범행일시에 현장에 존재하여 그러한 범행을 저질렀는지 여부는 구성요건을 충족시키는 사실이므로, 피고인이 현장부재를 주장하든 그렇지 아니하든 검사는 피고인의 현장존재를 엄격한 방법으로 증명하여야 한다. 피고인의 현장부재 주장이 신빙성이 없다거나 이를 뒷받침할 증거가 충분하지 않다는 이유로, 간접사실에 대한 검사의 증명책임이 면제되거나 그 정도가 완화된다고 할 수는 없다.[308)]

(마) 위법성 또는 책임조각사유의 부존재

구성요건이 충족되면 위법성은 추정되지만 이는 사실상 추정에 불과하므로, 피고인이 위법성조각사유가 있음을 주장하면 검사는 피고인이 주장한 위법성조각사유가 부존재함을 증명하여야 한다. 위법성조각사유의 존재 여부는 형벌권의 존부에 대한 사실이므로 엄격한 증명의 대상이 된다. 예를 들어 살인죄로 기소된 피고인이 정당방위였음을 주장하는 경우, 검사는 정당방위의 요건 중 하나 이상이 충족되지 아니함을 엄격한 증명의 방법으로 증명하여야 한다.

---

307) 대법원 2011. 5. 26. 선고 2009도2453 판결.

308) 배/홍 314. 서울고등법원 2012. 5. 24. 선고 2011노2892 판결.

책임조각 또는 감경사유의 부존재 또한 형벌권의 존부에 관한 사실이므로 엄격한 증명의 대상이 된다.

다만 대법원은 명예훼손죄에 있어서 위법성 조각사유로서 '진실한 사실로서 오로지 공공의 이익에 관한 때'에 해당된다는 점,[309] 심신상실·심신미약[310]에 대해서는 자유로운 방법으로 증명할 수 있다고 하고 있다. 게다가 대법원은 전자에 대해서는 행위자(피고인)에게 거증책임이 있다고 하였던바, 의심스러울 때는 피고인의 이익의 원칙을 버리지 않는 이상 타당한 해석이라고 볼 수 없다.

(바) 처벌조건

처벌조건은 형벌권의 발생에 직접 관련되므로 엄격한 증명을 요한다. 예를 들어 객관적 처벌조건인 사전수뢰죄에서 피고인이 공무원 또는 중재인이 된 사실, 파산범죄에서 파산선고의 확정, 인적 처벌조각사유인 중지미수에 해당하지 아니한다는 사실, 친족상도례에서 일정한 친족관계가 존재하지 아니한다는 사실 등은 엄격한 증명의 대상이 된다.

(3) 자유로운 증명의 대상

요증사실 중 형벌권의 존부와 형벌권의 범위에 관한 사실 외의 사실은 자유로운 증명의 대상이 된다. 이에 해당하는 사실로는 **정상관계**에 대한 사실과 순수한 **소송법적** 사실이 있다.

한편 몰수·추징은 주형에 부가되는 형(형벌)이므로 그 사유가 되는 사실은 형벌권의 존부 또는 범위와 관련되어 엄격한 증명의 대상이 된다고 봄이 옳다. 하지만 대법원은 몰수대상이 되는지 여부나 추징액의 인정 등 몰수·추징의 사유는 자유로운 증명으로 족하다는 입장이다.[311]

(가) 정상관계 사실

가족관계, 피고인의 직업 및 경력, 생활환경, 성장과정, 전과, 범행이유, 피해자와의 관계, 합의 여부, 반성 여부 등 정상관계 사실은 양형에 영향을 미칠 뿐으로써, 형벌권의 존부 또는 범위와 관련된 사실이 아니므로 자유로운 증명의 대상이 된다.

---

309) 대법원 1996. 10. 25. 선고 95도1473 판결. … 그것이 진실한 사실로서 오로지 공공의 이익에 관한 때에 해당된다는 점을 행위자가 증명하여야 하는 것이나, 그 증명은 … 엄격한 증거에 의하여야 하는 것은 아니므로, 이때에는 전문증거에 대한 증거능력의 제한을 규정한 형사소송법 제310조의2는 적용될 여지가 없다."

310) 대법원 1971. 3. 31. 선고 71도212 판결.

311) 대법원 2006. 4. 7. 선고 2005도9858 전원합의체 판결.

예를 들어 변론 종결 후 법원이 전과조회서에 따라 정상관계 사실을 인정하더라도 정상관계사실로서의 전과는 자유로운 증명의 대상이 되므로 적법하다. 하지만 누범가중 또는 상습성 인정의 기초가 되는 전과는 법률상 형의 가중사유에 해당하여 형벌권의 범위를 결정하므로 엄격한 증명의 대상이 된다.

(나) 순수한 소송법적 사실

소송조건의 존부에 대한 사실, 소송절차 진행의 적법성과 관련된 사실, 증거능력 인정요건으로서의 사실 등 순수한 소송법적 사실은 자유로운 증명의 대상이 된다. 소송조건의 존부에 대한 사실의 예로는 친고죄에서 고소 유무 또는 반의사불벌죄에서의 처벌불원의사표시의 유무 등을 들 수 있고, 소송절차 진행의 적법성과 관련된 사실의 예로는 피고인의 구속기간, 공소제기의 방법, 공소시효의 완성 여부, 관할권의 존부, 증거조사의 적법성, 피고인신문의 적법성 등을 들 수 있으며, 증거능력 인정요건인 사실의 예로는 전문진술이 '특히 신빙할 수 있는 상태'에서 이루어졌는지 여부를 들 수 있다.

자백의 임의성의 경우 자백의 증거능력을 결정하므로 피고인에게 중대한 불이익을 초래하여 엄격한 증명의 대상이 된다는 견해가 있으나, 이 역시 증거능력 인정의 기초사실로서 소송법적 사실에 해당되므로 자유로운 증명의 대상이 된다.[312] 따라서 그 임의성에 다툼이 있을 때에는 피고인이 아니라 검사가 자유로운 증명의 방법으로 그 임의성의 의문점을 없애는 증명을 하여야 할 것이고, 검사가 그 임의성의 의문점을 없애는 증명을 하지 못한 경우에는 그 진술증거는 증거능력이 부정된다.[313]

5. 증거재판주의 위반의 법적 효과

증거재판주의는 형사소송법 제307조 제1항에 규정되어 있으므로, 그 위반은 법률의 위반에 해당한다. 따라서 위법수집증거, 강요등에 의한 피고인의 자백, 피고인·증인·참고인 등의 임의성 없는 진술, 증거능력 없는 전문증거에 대한 증거능력 인정이 판결에 영향을 미친 경우, 경험칙·논리칙 또는 자백보강법칙 위반하여 증명력을 인정함으로써 판결에 영향을 미친 경우, 공판조서의 절대적 증명력에 반하여 증명력을 부정함으로써 판결에 영향을 미친 경우에는 상대적 항소 및 상고이유가 된다(법 제361조의5 제1호, 제383조 제1호).

---

312) 대법원 2004. 7. 8. 선고 2002도4469 판결.

313) 대법원 2006. 11. 23. 선고 2004도7900 판결.

Ⅳ. 위법수집증거배제법칙

1. 개관

(1) 위법수집증거배제법칙의 도입 이전 증거능력 평가의 구조

형사소송법은 제정시부터 자백배제법칙 및 임의성 없는 진술의 증거능력 배제 등 진술증거에 대한 일반적인 증거능력 배제조항을 두었고, 진술증거 중 전문증거는 증거능력이 배제됨을 원칙으로 하면서 증거능력이 인정되는 예외 조항을 두었다. 하지만 제정 형사소송법은 비진술증거에 대한 증거능력 배제규정을 두지 아니하였고, 과거 대법원은 비진술증거의 성질과 상태는 변하지 아니한다는 소위 성상불변론을 취하여 그 수집절차는 증거능력에 영향을 미치지 아니한다고 하였다. 비진술증거는 증거능력이 인정됨을 원칙으로 하면서 그에 대한 규제는 법관의 재량 영역에 있는 증명력의 다툼을 통해 해결하도록 한 것이다.

위법한 진술증거로부터 획득된 비진술증거는 진술증거와 일체로 평가되어 그 증거능력을 배제한다는 전제가 충족된다면, 증거와 요증사실 사이의 사실적 관련성과 실체적 진실발견만을 기준으로 평가할 때 위와 같은 과거 형사소송법과 대법원의 태도는 크게 문제되지 아니한다. 진술증거와 비진술증거의 특성에 비추어 본다면, 고문, 폭행, 협박, 신체구속의 부당한 장기화, 기망 등에 의한 자백 또는 진술은 허위자백 또는 허위진술에 해당할 우려가 크므로 실체적 진실발견에 방해요인으로 작용하지만, 높은 증명력을 가진 비진술증거의 경우 적법한 절차에 따르지 아니하고 수집되었다 하더라도 실체적 진실발견에 도움이 될지언정 방해가 될 이유는 없기 때문이다. 이처럼 사실적 관련성과 실체적 진실발견의 면만을 고려한다면 허용되어서는 안 될 증거는 임의성 없는 자백이나 진술이므로, 그러한 자백이나 진술에서 기인한 것이 아닌 이상 비진술증거의 증거능력을 배제할 이유를 찾기는 어렵다고 본 것이다.

(2) 위법수집증거배제법칙의 도입과 그 적용범위

그러다가 2007년 형사소송법의 전면개정시에 위법수집증거배제법칙이 명문화되면서(법 제308조의2) 그 근거를 포괄적 기본권인 적법절차원칙에 두었고, 그 결과 우리나라에서 위법수집증거배제법칙의 적용범위는 매우 폭넓게 설정되게 되었다.

미국의 경우 위법수집증거의 허용성 배제는 미연방수정헌법 제4조의 영장조항 위반에 대한 구제책이므로.[314] 위법수집증거배제법칙(the exclusionary rule)은 수사기관이 사생활의 합법

314) Stephen 561.

적 기대가 인정되는 영역 안에서 국민의 사생활을 침해한 경우에만 적용된다.[315] 하지만 우리 형사소송법은 적법절차원칙을 위법수집증거배제법칙의 근거로 삼고 있고 그 적용에 대한 제한도 규정하지 아니하였다. 따라서 위법수집증거배제법칙은 위반 주체, 위반한 절차규정의 성격, 위반의 정도, 범행의 경중 등과 상관없이 적용될 수 있다. 다만 대법원은 형사사법기관이 증거수집의 주체인 경우에는 위법수집증거의 증거능력배제를 원칙으로 하지만, 사인이 증거수집의 주체인 경우에는 공익과 사익의 비교형량을 통해 위법수집증거의 증거능력 인정 여부를 판단하여 위법수집증거배제법칙의 적용을 일부 제한하고 있다.

한편 통신비밀보호법에 따라 불법검열이나 불법감청에 의해 수집한 증거의 증거능력은 부정되는데(통신비밀보호법 제4조), 이는 형사소송법상 위법수집증거배제법칙의 특칙으로서 우선적으로 적용된다.

2. 위반 주체에 따른 위법수집증거의 증거능력

2007년 형사소송법의 전면개정으로 위법수집증거배제법칙이 도입되고 대법원도 성상불변론을 폐기한바,[316] 이후 위반 주체에 따라 위법수집증거배제법칙의 적용기준을 달리하고 있다. 이에 수사기관, 법원, 사인으로 나누어 위법수집증거배제법칙의 구체적인 적용과 효과에 대해 설명한다.

(1) 수사기관이 위반 주체인 경우

(가) 원칙과 예외

1) 원칙

수사기관이 위반의 주체인 경우 위법수집증거의 증거능력은 부정됨이 원칙이다. 위법수집증거배제법칙은 수사기관의 권한남용에 대한 가장 강력한 제재 수단으로서 기능하므로, 위법수집증거에 대해 당해 사건에서 피고인의 증거동의가 있다 하더라도 그 증거능력은 부정된다. 또한 위법수집증거는 탄핵증거로도 사용될 수 없다. 위법수집증거가 탄핵증거로 사용되면 피고인측 주장의 증명력을 다투기 위한 증거로서 유·무죄와 관련된 주요사실의 존부를 직·간접으로 증명할 수 있게 되고, 증거조사과정에서 법관의 심증형성에 영향을 미칠 위험성이 있기 때문이다.

---

315) Katz v. United States, 389 U.S. 347 (1967).

316) 대법원 2007. 11. 15. 선고 2007도3061 전원합의체 판결.

다만 수사기관이 위법하게 수집한 증거를 피고인이 유리하게 사용하는 것을 금지할 이유는 없을 것이다. 검사에게 유리하게 사용될 수 없는 증거를 피고인은 사용할 수 있도록 한다면 수사기관의 권한남용 억제에는 더할 나위 없는 카운터펀치가 될 것이고, 수사기관의 귀책사유를 피고인에게 불리하게 적용할 수는 없기 때문이다.

2) 예외

대법원은 위반한 절차규정의 성격과 위반의 정도에 따라 '적법절차의 실질적 내용을 침해한 것인지 여부 및 위반 사유에 따른 수사기관에 대한 제재의 필요성 여부'와 '범행의 경중에 따른 피고인의 처벌 필요성 및 당해 증거의 증명력에 따른 유죄판결의 가능성'을 비교형량하여 수사기관에 의한 위법수집증거의 증거능력을 인정하기도 한다. 즉 위법수집증거에 대해 검사가 ① 적법절차의 실질적 내용을 침해하는 경우에 해당하지 아니하고, ② 증거능력을 배제할 경우 형사사법의 정의를 실현하고자 하는 헌법과 형사소송법의 취지에 반하는 결과를 초래하게 되는 경우에 해당한다고 볼 만한 구체적이고 특별한 사정이 존재한다는 것을 증명한 경우, 법원은 위법수집증거의 증거능력을 인정하는 것이다.[317)]

예를 들어 수사기관이 증명력이 매우 높아 유죄판결에 결정적 영향을 미치는 증거를 위법하게 수집하였는데, 수사기관이 위반한 규정은 수사대상자의 기본권을 직접 보장하기 위한 것이라기보다는 기본권 보장을 위한 절차적 장치에 불과하고, 수사기관은 이를 준수하기 위해 나름 노력한 부분도 있다면 적법절차의 실질적 내용을 침해하였다거나 수사기관을 제재할 필요성이 크다고 할 수 없다. 그런데 피고인이 저지른 범행은 매우 중대하고 그에 대한 반성의 여지도 없다면 피고인에 대한 처벌의 필요성은 매우 크다. 법원은 이러한 경우 유죄판결에 결정적 영향을 미칠 증거가 위법하게 수집되었다는 이유로 증거능력을 부정함으로써 피고인에게 무죄판결을 하는 것은 사법정의에 오히려 반한다고 하면서 위법수집증거배제법칙의 예외로서 증거능력을 인정하는 것이다.[318)]

(나) 절차규정에 대한 규범적 평가

수사기관이 위반의 주체인 경우, 위법수집증거배제법칙의 적용배제 여부는 위반한 규정의 지위에 대한 규범적 평가와 구체적 사안에서 수사기관의 위반사유 및 피고인의 처벌 필요성 여부로 결정된다. 여기에서는 어떠한 절차규정이 기본권을 직접 보장하기 위한 것인지, 아니면 기본권 보장을 위한 절차적 장치에 불과한지에 대해 설명한다.

---

317) 대법원 2011. 4. 28. 선고 2009도10412 판결.

318) 대법원 2013. 3. 14. 선고 2010도2094 판결.

1) 압수·수색 관련규정

① 사전영장에 의한 압수·수색 관련규정 중 압수·수색영장 발부의 요건 규정(법 제106조), 범죄사실, 압수·수색의 장소, 압수할 물건 등 압수·수색의 본질적인 내용에 해당하는 기재사항 규정(법 제114조 제1항), 영장집행시의 절차로서 통지, 참여, 영장제시, 사본교부, 목록교부 관련 규정(법 제118조, 제121조 내지 제126조, 제128조 내지 제129조 등), 영장집행의 한계로서 관련성에 따른 수색 및 압수대상의 제한 관련 규정(법 제106조)은 수사대상자의 기본권에 직접적인 영향을 미치는 내용을 규정하고 있다. ② 사후영장에 의한 압수·수색 관련 규정 중 압수·수색의 요건관련 규정, 압수·수색 시의 참여, 목록교부 관련규정 및 관련성에 따른 수색 및 압수대상 제한 관련규정, 사후영장의 청구 및 발부 관련규정과 ③ 임의제출물의 압수 관련규정 중 제출자의 지위와 제출의 임의성 규정(이상 법 제216조 내지 제219조 등) 또한 수사대상자의 기본권을 직접 보장하기 위한 규정이다.

그에 반해 간인, 기명날인 등 공무원이 작성한 서류로서 영장의 형식과 관련된 규정(법 제57조, 제58조 등)은 수사대상자의 기본권 보장을 위한 절차적 장치에 불과하다.

2) 체포 관련규정

① 영장에 의한 체포 관련규정 중 체포영장 발부의 요건 규정(법 제200조의2), 범죄사실·피의자 등 체포의 본질적인 내용에 해당하는 기재사항 규정, 영장집행시의 절차로서 권리고지, 영장제시, 사본교부 관련규정(법 제200조의5, 제200조의6, 제75조, 제85조 등)은 피체포자의 기본권에 직접적인 영향을 미치는 내용을 규정하고 있다. ② 영장에 의하지 아니한 체포 관련규정 중 체포의 요건 및 권리고지 관련규정(법 제200조의3, 제200조의5)과 ③ 임의동행 관련규정 중 권리고지를 통한 동행의 임의성 규정(수사준칙 제20조) 또한 피체포자 등의 기본권을 직접 보장하기 위한 규정이다.

그러나 압수·수색관련 규정과 마찬가지로 간인, 기명날인 등 공무원이 작성한 서류로서 영장의 형식과 관련된 규정은 피체포자 등의 기본권 보장을 위한 절차적 장치에 불과하다.

3) 피의자의 진술청취 관련규정

피의자신문 중 피의자의 이익되는 사실의 진술 기회 보장(법 제242조), 피의자신문시의 변호인의 참여(법 제243조의2 제1항), 신문참여 변호인의 진술권(법 제243조의2 제3항), 진술거부권 등을 고지 받을 권리(법 제244조의3 제1항) 등은 피의자의 기본권을 직접 보장하기 위한 규정이다. 따라서 이러한 규정을 위반하여 작성된 피의자신문조서는 전문법칙을 위반하였음은 물론 위법수집증거에도 해당하므로 증거동의가 있다 하더라도 증거능력이 부정된다.

공무원의 서류 작성방식(법 제57조, 제58조), 피의자신문에 앞선 인정신문(법 제241조), 피의자신문시의 수사관 또는 사법경찰관리의 참여(법 제243조), 피의자신문조서 내용 변개시의 원진술부분의 보존(법 제244조 제2항), 피의자신문조서의 내용 확인의 방식(법 제244조 제3항), 수사과정의 기록(법 제244조의4) 등은 기본권 보장을 위한 절차적 장치에 해당한다고 하겠다. 따라서 이에 대한 위반은 전문법칙의 위반에 불과하므로 피고인의 증거동의시에는 증거능력이 인정됨이 원칙이다.[319] 다만 대법원은 피의자신문조서 작성시의 진술거부권 등의 권리고지 확인방법 위반에 대해서는 전문법칙 위반이라고 하면서도 피고인의 증거동의에도 불구하고 증거능력을 부정한 바 있다.[320]

(2) 법원이 위반 주체인 경우

(가) 법원

법원이 위반의 주체인 경우에도 위법수집증거배제법칙은 수사기관이 위반한 경우와 동일하게 적용되어야 한다. 우리 법원은 공판절차에서 강제처분을 비롯한 다양한 증거수집활동을 할 수 있고, 법원 또한 형사사법기관인 만큼 위법한 증거수집으로 인한 피고인의 기본권 침해는 수사기관에 의한 기본권 침해와 다를 바 없기 때문이다.

법원의 활동도 위법수집증거배제법칙의 적용범위에 포함되는 이상, 증인신문절차 또는 피고인신문절차 등에서의 소송지휘에 본질적인 하자가 있었다면 이로 인하여 수집된 증거에 대해서도 위법수집증거배제법칙이 적용되는 것으로 보아야 할 것이다.

(나) 지방법원판사

지방법원판사가 수사상 증거보전 또는 증인신문절차에서 그 절차의 지휘에 있어 본질적인 하자가 있었다면 이로 인하여 수집된 증거에 대해서도 위법수집증거배제법칙이 적용된다고 봄이 상당하다.

한편 수사절차에서 지방법원판사가 기명날인 등 형식적 요건에 흠결이 있는 영장을 발부하여 수사기관이 이를 집행한 경우, 지방법원판사가 위반한 규정은 기본권 보장을 위한 절차적 장치에 불과하므로 수사기관이 이를 발견하지 못하여 법원에 그 정정을 요청하지 아니한 채 영장을 집행하였다 하더라도 이를 적법절차의 실질적 내용을 침해했다고 할 수는 없다. 이러한 경우 미국 법원은 소위 **선의의 예외이론**(police good faith exception)에 따라 수사기관이 판사의

319) 대법원 2015. 4. 23. 선고 2013도3790 판결.
320) 대법원 2013. 3. 28. 선고 2010도3359 판결.

영장발부가 적법하다고 판단하였고 객관적으로 보아 그 판단에 합리성이 인정된다면 부적법한 영장에 의해 수집된 증거라 하더라도 증거능력을 인정한다. 우리 대법원도 지방법원판사의 서명 뒤 날인이 없다는 하자 외에는 다른 하자가 없는 압수·수색영장을 수사기관이 집행한 사안에서, 판사의 의사에 기초하여 진정하게 영장이 발부되었다는 점은 외관상 분명하므로 수사기관은 영장이 적법하게 발부되었다고 신뢰할 만한 합리적인 근거가 있었고, 의도적으로 적법절차의 실질적인 내용을 침해한다거나 영장주의를 회피할 의도도 인정되지 않는다며, 그 집행으로 압수된 압수물의 증거능력을 인정한 바 있다.[321)]

(3) 사인이 위반 주체인 경우

(가) 견해의 대립

사인이 위반 주체인 경우 위법수집증거배제법칙의 적용 여부에 대해서는 견해의 대립이 있다. **긍정설**은 기본권 침해의 면에서 보자면 사인에 의한 침해는 수사기관에 의한 침해와 다를 바가 없으므로 사인이 위반주체인 경우에도 위법수집증거배제법칙은 적용된다고 한다.[322)] 이에 비하여 **부정설**은 위법수집증거배제법칙은 원래 수사기관의 권한남용 방지를 위한 것으로 미국은 물론 독일에서도 사인이 위반주체인 경우에는 적용되지 아니한다고 하면서 우리나라에서도 그 적용은 수사기관이 위반주체인 경우로 제한된다고 한다.[323)] **절충설**로는 사인이 위반주체인 경우 기본권의 핵심적 영역이 침해된 경우에 한하여 위법수집증거배제법칙이 적용된다는 **권리범위설**[324)]과, 공익과 사익의 비교형량을 통해서 적용된다는 **이익형량설**을 들 수 있다.[325)]

(나) 대법원의 태도

대법원은 사인이 위법하게 증거를 수집하여 제출한 경우에도 위법수집증거배제법칙이 적용된다고 하면서, 수사의 공익과 위법한 행위로 인해 침해된 사익의 형량을 통해 증거능력 인정 여부를 결정하여야 한다는 **이익형량설**의 입장을 취한다.[326)] 대법원은 증거수집 절차와 관련된 모든 사정 즉, 사생활 내지 인격적 이익을 보호하여야 할 필요성 여부 및 정도, 증거수집 과정에서 사생활 기타 인격적 이익을 침해하게 된 경위와 침해의 내용 및 정도, 형사소추의 대

321) 대법원 2019. 7. 11. 선고 2018도20504 판결.
322) 손/신 619; 이/김 627.
323) 이/조/이 666.
324) 신/조 770.
325) 노/이 452; 배/홍 323; 이창현 858; 이주원 475; 임동규 522.
326) 대법원 2013. 11. 28. 선고 2010도12244 판결.

상이 되는 범죄의 경중 및 성격, 피고인의 증거동의 여부 등을 전체적·종합적으로 고려하여 사인의 위법행위로 인한 상대방의 기본권 침해의 크기와 피고인 처벌의 필요성 등 공익을 형량하여 공익이 더 큰 경우에만 증거능력을 인정한다.

이러한 기준에 따라 대법원은 간통범죄의 피해자인 남편이 간통한 아내가 가출한 후 주거하였던 주거지에 침입하여(침입당시는 주거가 종료한 이후였음) 수집한 혈흔이 묻은 휴지들 및 침대시트를 임의제출한 경우,[327] 저작권 피해자의 의뢰를 받은 자가 피고인이 운영하는 인터넷 사이트에 적용된 검색제한 조치를 무력화시키는 프로그램을 이용하여 수집한 저작권침해자료를 임의제출한 경우,[328] 제3자가 절취한 위조문서를 고소인이 매입하여 임의제출한 경우,[329] 직원이 회사로부터 폐기를 지시받고도 무단으로 보관하고 있던 자료를 임의제출한 경우[330] 등에 있어 증거능력을 인정하였다.

(다) 검토

형사절차의 염결성 보장을 위해서나 사인 간의 기본권 침해에 대한 제재가 필요하다는 입장에서 긍정설 또는 절충설은 경청할 만하다. 하지만 위법수집증거의 증거능력을 배제하는 가장 큰 논거는 한 명의 피고인에 대한 유죄판결을 포기하고서라도 형사절차에서 형사사법기관의 권한남용으로부터 수사대상자의 기본권을 보장해야 한다는 것인데, 사인의 위법행위로 인하여 적법절차에 대한 실질적 일탈이나 침해가 발생한다거나, 그러한 증거를 사용한다 하여 형사절차의 염결성이 즉시 훼손된다고는 생각하기 어렵다.

나아가 사인이 증거를 수집하는 행위는 형사사법기관과 무관하므로 그 수집행위가 위법하다 해도 그 때문에 피고인에게 무죄판결이라는 불합리한 이익을 줄 필요는 없는 것이고, 사인에 대한 제재는 그 행위에 대하여 스스로 민·형사상 책임을 지도록 하는 것으로 충분할 것이다. 또한 사인의 위법행위에 따라 증거능력 여부가 결정된다면 사인이 위법하게 수집한 증거를 수사기관이 압수·수색영장으로 적법하게 압수한다 하더라도 선행행위의 위법으로 인해 증거능력이 부정될 수도 있다는 결론에 이르게 된다. 그러므로 사인이 위반 주체인 경우에는 위법수집증거배제법칙은 적용되지 않는다고 보는 것이 타당하다.

---

327) 대법원 2010. 9. 9. 선고 2008도3990 판결.
328) 대법원 2013. 9. 26. 선고 2011도1435 판결.
329) 대법원 2008. 6. 26. 선고 2008도1584 판결.
330) 대법원 2020. 10. 29. 선고 2020도3972 판결.

3. 위법한 증거로부터 비롯된 2차적 증거의 증거능력

(1) 독수독과의 원칙

독수독과의 원칙이란 최초 증거의 수집과정에 위법이 있으면 그로부터 비롯된 모든 증거, 즉 2차적 증거의 증거능력도 부정된다는 원칙을 말한다. 이 역시 미국의 위법수집증거배제원칙에서 연유하는 것으로, 위법한 수사에 터 잡아 수집되는 모든 증거의 증거능력을 남김없이 부정함으로써 수사기관에 대한 제재를 강화하고 이를 통해 위법수사의 억지와 수사대상자의 기본권 보장을 담보하고자 하는데 그 목적이 있다.

우리 대법원도 위법하게 수집된 증거로부터 파생된 2차적 증거는 설령 그 2차적 증거의 수집과정 자체에는 하자가 없다 하더라도 증거능력을 부정함을 원칙으로 한다. 대법원은 수사기관의 제재와 재발방지라는 위법수집증거배제법칙의 실효성을 확보하기 위하여 독수독과의 원칙을 인정하고 있는 것이다.[331)]

독수독과의 원칙에 의한 증거능력의 배제 또한 위법수집증거로서의 증거능력 배제에 해당하므로, 2차적 증거는 피고인이나 변호인의 증거동의가 있다 하더라도 증거능력이 부정되고[332)] 탄핵증거로도 사용될 수 없다.

(2) 독수독과 원칙의 예외

미국 연방법원은 독수독과의 원칙의 예외로서, 최초증거 수집시의 위법이 희석 또는 단절되어 2차 증거의 수집에 영향을 미치지 못한 경우(희석·인과관계단절이론, attenuation, breaking the chain of causation), 최초증거의 수집 여부와 관계없이 2차 증거가 반드시 발견되게 되어 있는 경우(불가피한 발견이론, inevitable discovery), 최초증거의 수집과 2차 증거가 수집된 원인이 전혀 다른 경우(독립된 원인이론, independent source)에는 최초증거 수집의 위법은 2차 증거의 수집과는 관계가 없거나 그 영향력이 소멸한 것으로 보아 그 허용성(admissibility)을 인정한다.[333)]

우리 대법원은 위 미국 연방법원의 예외이론 중 희석·인과관계단절이론을 적용하여 2차 증거의 증거능력을 인정한 예가 있다. 대법원은 2차 증거가 최초증거 수집시의 위법을 직접 이

331) 대법원 2007. 11. 15. 선고 2007도3061 전원합의체 판결.
332) 대법원 2013. 3. 14. 선고 2010도2094 판결.
333) Stephen 620.

용하거나 그 연장선상에서 획득된 것이 아닌 경우 인과관계가 희석 내지 단절되어 오염이 순화된다면서 ① 1차 증거의 수집과 2차 증거의 획득 사이에 상당 기간이 경과하고, ② 2차 증거수집에 있어서 피고인의 자발적인 행위가 개입된 경우 2차 증거의 증거능력을 인정하고 있다.

예를 들어 대법원은 수사기관이 강도 현행범으로 체포된 피고인에게 진술거부권을 고지하지 아니한 채 자백을 받은 후 제1심 법정에서 피고인이 자백한 사안에서, 제1심 법정에서의 자백은 진술거부권을 고지 받은 후 수사기관에서의 자백으로부터 40여 일이 지나 변호인의 충분한 조력을 받으면서 공개된 법정에서 임의로 이루어진 것이라며 증거능력을 인정하였고,[334] 영장에 의해 압수된 관련성 없는 압수물을 환부 후 적법하게 임의제출 받았다면 최초의 절차위반행위와 최종적인 증거수집 사이의 인과관계가 단절될 수 있다고 하였다.[335]

한편 대법원은 2차적 증거에 대해서도 적법절차의 실질적 내용을 침해하는 경우에 해당하는지 여부를 함께 고려하여 증거능력을 판단하기도 한다. 예를 들어 마약 투약의심 신고 및 비상식적 행동으로 마약 투약 혐의를 받던 피고인이 임의동행을 거부하자, 수사기관이 그를 강제연행하여 1차 채뇨를 하고 피고인으로부터 그에 대한 소변검사시인서를 징구한 후 압수영장에 기하여 2차 채뇨를 실시하고 그 소변을 감정의뢰하여 소변감정서를 회시 받은 사안에서, 대법원은 적법절차의 실질적 내용 침해와 희석·인과관계단절이론을 모두 고려하여 2차 증거의 증거능력을 인정하였다. 대법원은 강제연행 및 1차 채뇨는 위법하다면서 '소변검사시인서'의 증거능력을 부정하였지만, ① 수사기관은 수사기관에의 연행 직후 긴급체포를 하는 등 절차상 하자를 시정하려 노력하였고, 피고인에 대한 보호조치의 필요성도 인정되므로 체포과정에서의 절차적 위법과 2차적 증거 수집 사이의 인과관계를 희석시킬만한 정황이 있고, ② 마약 투약 범행의 중대성에 비추어 볼 때 피고인을 경찰서로 동행하는 과정에서 위법이 있었다는 사유만으로 법원의 영장발부에 기하여 수집된 2차적 증거의 증거능력마저 부인한다면 오히려 헌법과 형사소송법이 형사소송에 관한 절차조항을 마련하여 적법절차의 원칙과 실체적 진실 규명의 조화를 도모하고 이를 통하여 형사 사법 정의를 실현하려 한 취지에 반하는 결과를 초래하게 될 수 있다는 점을 지적하면서 2차 증거인 소변감정서의 증거능력은 인정하였다.[336]

---

334) 대법원 2009. 3. 12. 선고 2008도11437 판결.

335) 대법원 2016. 3. 10. 선고 2013도11233 판결. "다만, 환부 후 다시 제출하는 과정에서 수사기관의 우월적 지위에 의하여 임의제출 명목으로 실질적으로 강제적인 압수가 행하여질 수 있으므로, 제출에 임의성이 있다는 점에 관하여는 검사가 합리적 의심을 배제할 수 있을 정도로 증명하여야 하고, 임의로 제출된 것이라고 볼 수 없는 경우에는 증거능력을 인정할 수 없다."

336) 대법원 2013. 3. 14. 선고 2012도13611 판결.

4. 정보수집형 수사 관련규정과 통신비밀보호법상 위법수집증거배제법칙

(1) 원칙

전기통신사업법상 통신이용자정보, 통신비밀보호법상 통신사실확인자료, 금융실명거래 및 비밀보장에 관한 법률상 금융거래정보, 의료법상 환자에 대한 정보 등의 수집은 각 법률이 정한 절차에 따라 적법하게 이루어져야 하고, 이를 위반하여 수집된 증거는 위법수집증거로서 증거능력이 배제된다.

따라서 통신이용자정보의 과다한 수집, 허가장에 의하지 아니한 통신사실확인자료의 수집, 영장에 의하지 아니한 금융거래내역의 수집, 환자 본인의 동의에 의하지 아니한 환자정보의 수집 등은 모두 적법절차를 위반한 것으로서 그 증거능력이 원칙적으로 부정된다.

(2) 통신비밀보호법이 적용되는 경우

통신비밀보호법은 통신비밀보호법, 형사소송법, 군사법원법의 규정에 근거가 있는 경우 외에는 우편물의 검열, 전기통신의 감청, 통신사실확인자료의 제공, 타인 간의 비공개 대화의 녹음·청취를 금지하고(통신비밀보호법 제3조, 제14조), 불법검열에 의하여 취득한 우편물이나 그 내용, 불법감청에 의하여 지득 또는 채록된 전기통신 내용 및 공개되지 아니한 타인간의 대화 녹음 또는 기계적 수단을 이용한 청취 내용이 재판 및 징계절차에서 증거로 사용되는 것을 금지하고 있다(동법 제4조) 따라서 통신비밀보호법상 통신제한조치 또는 타인간의 대화 녹음 등 관련규정을 위반하여 지득한 대화의 내용은 형사소송법상 위법수집증거배제법칙이 아니라 통신비밀보호법상의 위법수집증거배제법칙이 적용되어 증거능력이 부정되게 된다.

그런데 녹음기기의 발달로 인해 사인에 의한 비밀녹음은 일상적인 일이 되었고 그러한 녹음물이 수사기관에 임의제출된 후 법원에 증거로 제출되는 경우가 적지 않다. 이 경우는 형사소송법이 아닌 통신비밀보호법이 적용되고 이에 사인이 위반주체에 해당한다 하더라도 증거능력이 원칙적으로 배제된다고 함이 상당하다. 대법원도 대화 주체 중 일부가 상대방의 허락 없이 녹음한 경우[337]나 강연 등의 청중이 허락 없이 녹음한 경우[338]는 '타인간의 대화'가 아니므로 통신비밀보호법 위반에 해당하지 아니하지만, 전화통화의 당사자가 아닌 자가 대화주체 중 일방만의 허락을 받아 대화주체 간의 전화통화를 녹음한 경우에는 사생활 및 통신의 불가침을

337) 대법원 2014. 5. 16. 선고 2013도16404 판결.

338) 대법원 2015. 1. 22. 선고 2014도10978 전원합의체 판결.

국민의 기본권으로 선언하고 있는 헌법규정과 통신비밀의 보호와 통신의 자유신장을 목적으로 하는 통신비밀보호법의 취지에 비추어 볼 때 허락 없는 '타인간의 대화'의 녹음에 해당하므로 그 녹음물의 증거능력은 부정된다고 하였다.[339] 이러한 경우에는 대화 당사자 전부의 동의가 있어야 한다는 것이다(전부동의설). 이 기준에 따라 대법원은 수사기관이 대화주체 중 일방의 동의만을 얻은 경우는 물론[340] 사인이 대화주체 중 일방의 동의만을 얻은 경우에도 녹음물의 증거능력을 부정하였다.[341]

5. 제3자에 대하여 위법하게 수집된 증거의 증거능력

미국 연방법원은 위법하게 수집된 증거의 증거능력 배제를 주장할 수 있는 자를 당해 위법수사의 직접 상대방으로 제한한다. 따라서 미국 연방법원에서는 위법수집증거배제법칙의 **주장적격**(standing for exclusionary rule)이 없는 피고인은 제3자에 대하여 위법하게 수집된 증거에 대해서 위법수집증거임을 이유로 허용성 배제를 주장할 수 없다.

그러나 우리 형사소송법은 소송절차에서 주장적격이라는 개념을 두지 아니하고 있고, 대법원도 위법수집증거배제법칙을 비롯하여[342] 어떠한 소송법상 원칙의 주장에 대해서도 당사자의 주장적격을 제한하고 있지 아니하다. 오히려 위법수집증거의 증거능력에 대해서는 피고인의 주장이 없다 하더라도 법원이 직권으로 그 증거능력을 부정할 수도 있다. 따라서 위법하게 수집된 증거는 당해 사건 뿐 아니라 다른 사건에서도 증거능력이 부정됨이 원칙이다.

Ⅴ. 자백배제법칙과 진술의 임의성

1. 개관

피의자나 피고인의 자백, 목격자의 진술 등은 형사절차에서 직접증거로 활용되어 사실인정에 큰 영향을 미칠 수 있기에, 수사기관은 자신이 원하는 진술을 받아내기 위해 고문, 협박,

---

339) 대법원 2002. 10. 8. 선고 2002도123 판결.

340) 대법원 2010. 10. 14. 선고 2010도9016 판결.

341) 대법원 2019. 3. 14. 선고 2015도1900 판결.

342) 대법원 2011. 6. 30. 선고 2009도6717 판결. 유흥주점 업주와 종업원인 피고인들이 이른바 '티켓영업' 형태로 성매매를 하면서 금품을 수수하였다고 하여 구 식품위생법 위반으로 기소된 사안에서, 경찰이 피고인 아닌 갑, 을을 사실상 강제연행한 상태에서 받은 각 자술서 및 이들에 대하여 작성한 각 진술조서는 위법수사로 얻은 진술증거에 해당하여 증거능력이 없다는 이유로, 이를 피고인들에 대한 유죄 인정의 증거로 삼을 수 없다고 한 사례임.

기망 등의 신문방법을 사용하는 것이 허용되었던 시기가 있었다. 이 시기에 '자백은 증거의 왕'이라 불리며 본래의 증거가치 이상의 증명력이 있는 것으로 취급되었고, 수사관 또는 소추관은 피의자를 자백시켜 도의적 회오에 빠지게 하는 것이야말로 '도의의 회복'을 꾀할 수 있다고 생각했다. 그러나 그러한 숭고한(?) 직업의식은 차치하고, 고문 등의 신문방법은 진술인의 인권을 뿌리째 무너뜨리는 것으로서 현대 사회에서는 결코 용납될 수 없다. 게다가 인간은 의도적으로 자신의 경험과 다른 사실 또는 경험하지 아니한 사실을 마치 경험한 것처럼 거짓으로 진술할 수 있기 때문에, 고문 등의 신문방법은 실체적 진실발견의 면에서도 커다란 장애가 될 뿐이다.

형사소송법은 이러한 문제에 대한 해결방안으로서, 진술거부권의 보장 외에도 피의자·피고인의 자백의 증거능력에 대해서는 자백배제법칙(법 제309조)을, 그 외의 진술의 증거능력에 대해서는 임의성 없는 진술의 증거능력 배제를 명문으로 규정하고 있다(법 제317조). 이에 따라 고문 등에 의한 자백 및 임의성 없는 진술은 증거능력이 없고 탄핵증거로도 사용될 수 없다. 이는 피고인·변호인의 증거동의가 있다 하더라도 마찬가지이다.

2. 자백배제법칙

자백배제법칙이란 임의성 없는 자백이 법정에서 피고인에게 불리한 증거로 사용되는 것을 절대적으로 금지하는 원칙을 말한다. 피의자·피고인의 자백이 고문, 폭행, 협박, 신체구속의 부당한 장기화 또는 기망 기타의 방법으로 임의로 진술한 것이 아니라고 의심할 만한 이유가 있는 때에는 이를 유죄의 증거로 하지 못한다(법 제309조).

자백배제법칙의 이론적 근거에 대해 먼저 설명하고, 그 적용요건이라 할 수 있는 금지되는 신문방법, 임의성 없는 자백, 인과관계 및 자백배제법칙에 따른 효과와 구제수단을 살펴본다.

(1) 자백배제법칙의 이론적 근거와 법원의 태도

(가) 이론적 근거

자백배제법칙에 따라 증거능력을 부정하는 이론적 근거로 종래 허위배제설과 인권옹호설의 대립이 있었다. **허위배제설**은 임의성 없는 자백은 허위일 가능성이 크기 때문에 사실인정의 오류에 따른 오판을 방지하기 위해서 증거능력을 부정한다는 견해이고, **인권옹호설**은 임의성에 의심이 있는 자백을 증거로 사용할 수 있다면 수사기관은 피의자·피고인에게 불이익한 진술을 강요하고자 고문 등의 인권침해를 가할 위험성이 있으므로 피의자·피고인의 인권보장을 위해 증거능력을 부정한다는 견해이다.

현재는 이 두 학설을 그대로 주장하는 논자는 눈에 띄지 않고, 허위배제설과 인권옹호설을 결합하여 사실인정의 오류방지 및 인권옹호를 위해 증거능력을 부정한다는 **절충설**,[343] 자백배제법칙을 위법수집증거배제법칙의 특칙으로 이해하면서 임의성 없는 진술의 증거능력 배제의 근거를 고문 등 자백을 얻는 과정에서의 위법에서 찾는 위법배제설,[344] 이상의 견해를 모두 종합하여 자백배제법칙의 이론적 근거로 삼는 **종합설**이 제시되고 있다.[345]

(나) 법원의 태도

종래 대법원은 자백배제법칙의 이론적 근거로 허위배제설,[346] 인권옹호설,[347] 위법배제설을[348] 개별적으로 지지하는 태도를 취하였으나, 현재는 대체로 **절충설**의 입장에서 임의성 없는 자백의 증거능력을 부정하고 있다.[349]

(다) 검토

임의성 없는 자백은 허위일 개연성이 높고 고문 등은 그 자체로서 절대적으로 금지되어야 한다는 점에서 절충설은 자백배제법칙의 이론적 근거로서 채택될 수 있다. 다만 자백의 획득과정에서 이루어지는 고문 등은 그 자체로서 위법함을 면할 수 없고, 위법수집증거배제법칙이 도입된 이후로는 고문 등을 통해 얻은 자백은 위법수집증거로서 증거능력이 부정된다고 할 수도 있다. 더구나 자백의 증거능력을 부정하는 근거를 위법수집증거배제법칙에서 찾는다면, 비록 임의성이 인정되는 자백이라 하더라도 이를 획득하는 과정에서 위법이 있었다면 그 증거능력을 부정할 수 있게 된다. 물론 위법하게 수집된 증거라 하더라도 증거능력이 인정되는 예외가 있으나, 진술거부권과 신체의 자유에 대한 침해가 문제되는 상황에서의 자백인 이상 위법의 중대성은 쉽게 인정될 것이므로, 임의성 없는 자백에 위법수집증거배제법칙의 예외가 적용되는 일은 없을 것이다. 따라서 피의자·피고인의 인권보호를 강화한다는 측면에서 위법배제설도 자백배제법칙의 이론적 근거로서 채택되지 아니할 이유가 없다.

이처럼 자백배제법칙의 연혁적 측면을 고려하면서도 자백배제법칙의 적용범위를 확대하여 인권옹호를 더 두텁게 할 수 있다는 견지에서 **종합설**의 입장이 타당하다고 하겠다.

---

343) 신/조 784.
344) 강/황/이/최 521; 송광섭 642; 이/김 638; 이/조/이 643; 임동규 527.
345) 김재환 637; 이주원 483.
346) 대법원 1977. 4. 26. 선고 77도210 판결.
347) 대법원 1986. 8. 19. 선고 86도1075 판결.
348) 대법원 1983. 3. 8. 선고 82도3248 판결.
349) 대법원 2015. 9. 10. 선고 2012도9879 판결.

(2) 금지되는 자백획득의 방법과 그 행위주체

자백배제법칙에 따라 금지되는 자백획득방법은 고문, 폭행, 협박, 신체구속의 부당한 장기화, 기망 및 그에 준하는 기타의 방법이다. 형사소송법 제309조의 문언에 따라 고문 등은 금지되는 방법의 예시일 뿐으로[350] 진술을 강제할 수 있는 모든 방법은 허용되지 않는다.

한편 허위배제, 인권옹호, 위법배제 모두를 자백배제법칙의 이론적 근거라 할 때, 금지되는 방법을 이용한 주체에는 제한이 없다고 보는 것이 상당하다. 고소인, 고발인, 피해자 등 사인이 금지되는 방법을 이용하여 자백을 얻은 경우에도 자백배제법칙에 따라 그 자백의 증거능력은 부정된다.

(가) 고문, 폭행, 협박 및 그에 준하는 기타 방법

피의자·피고인 신문시 자백을 얻기 위한 고문, 폭행, 협박을 비롯하여 그에 준하는 일체의 가혹행위는 금지되고, 형사절차 중 일정한 시점에서 가혹행위가 있었다면 이후 절차에서 얻어진 자백은 당해 절차에서의 가혹행위 여부와 상관없이 증거능력이 부정될 수 있다. 피고인이 수사절차에서 고문 등 가혹행위로 인하여 자백을 한 경우에는 뒤이은 수사절차에서의 자백은 물론,[351] 임의성 없는 심리상태가 계속된 것으로 볼 수 있다면 공판절차에서 자백의 증거능력도 부정되는 것이다.[352]

(나) 신체구속의 부당한 장기화 및 그에 준하는 기타방법

신체구속의 부당한 장기화는 육체적·정신적 가혹행위에 해당하므로 자백을 얻기 위한 수단으로서 이용되어서는 안 된다. 신체구속의 부당한 장기화 및 그에 준하는 방법이 금지됨에 따라 자백을 얻기 위하여 체포시간을 장기화 하거나 구속을 지속하는 것은 허용될 수 없다. 대법원도 자백의 회유와 함께 휴식 또는 수면시간 없이 30시간 동안 이루어진 피의자신문을 통하여 얻은 자백의 증거능력을 부정한 바 있다.[353]

자백배제법칙에 따라 금지되는 것은 '부당한' 신체구속의 장기화이므로 장시간의 신문 또는 심야시간의 신문이라 하더라도 그 필요성이 인정되거나 피의자의 요청이 있다면 무조건 금지된다고는 할 수 없을 것이다. 이에 '검사와 사법경찰관의 상호협력과 일반적 수사준칙에 관

350) 대법원 1985. 2. 26. 선고 82도2413 판결.
351) 대법원 2011. 10. 27. 선고 2009도1603 판결.
352) 대법원 2012. 11. 29. 선고 2010도3029 판결.
353) 대법원 1997. 6. 27. 선고 95도1964 판결.

한 규정'은 심야시간 조사 및 장시간 조사를 구체적이고 명시적으로 제한함으로써 수사기관의 신체구속의 장기화에 대한 판단기준을 제시하고 있다. '검사와 사법경찰관의 상호협력과 일반적 수사준칙에 관한 규정'에 따라 21시부터 06시 사이의 심야조사 및 휴식시간을 포함하여 총 12시간을 초과하는 장시간 조사는 금지되고, 그 예외는 이미 작성된 조서를 확인하는 경우, 체포된 피의자의 구속영장 청구 또는 신청 여부 판단을 위해 불가피한 경우, 공소시효가 임박한 경우, 피의자가 요청하는 경우 등으로 제한된다(동 규정 제21조, 제22조). 따라서 이러한 예외에 해당하지 아니함에도 이루어진 심야시간 조사 또는 장시간 조사에서 얻은 자백은 자백배제법칙에 따라 그 증거능력이 부정된다.

(다) 기망 및 그에 준하는 기타 방법

기망 및 그에 준하는 기타의 방법이란 형사사법기관이 자백을 얻어내기 위하여 피의자·피고인에게 자백의 의미 또는 법률효과에 대한 오인이나 부지를 일으키게 하는 일체의 방법을 말한다.

1) 가벼운 처벌의 약속

불구속 송치, 기소유예, 낮은 형의 구형 등 피의자·피고인에 대하여 가벼운 형사처벌을 약속하고 얻은 자백은 자백배제법칙에 따라 증거능력이 부정된다. 이러한 약속이 형사사법기관의 권한 범위 내의 것이라거나, 형사사법기관이 이를 실제로 지켰다 하더라도, 이를 통해 얻은 자백의 증거능력은 부정되어야 한다. 자백배제법칙은 임의성 없는 자백의 증거로서의 가치뿐만 아니라 피의자·피고인의 인권, 나아가 적법절차의 준수를 통한 국민의 기본권을 담보하기 위한 것이기 때문이다.

이에 대하여 대법원은 수사기관이 일정한 약속을 하여 자백을 얻었다 하더라도 그 약속이 강요나 위계에 해당하지 아니하는 이상 기망 기타의 방법이 아니므로 자백배제법칙은 적용되지 아니한다는 입장이다. 대법원은 사법경찰관인 검찰주사는 기소유예, 보석, 집행유예 등의 권한이 없으므로 이를 약속하여 얻은 자백은 기망 등에 해당하여 증거능력이 부정되지만[354] 검사와 피고인 사이에 일정한 증거가 발견되면 자백하겠다는 약속이 있었다 하더라도 그 약속이 검사의 강요나 위계에 의하여 이루어졌거나, 불기소·경한 죄의 소추 등 피고인에게 이익 되는 처분과 교환의 조건으로 이루어진 것이 아니라면 이후 얻어진 자백은 임의성 없는 자백은 아니라고 하였다.[355] 그러나 이러한 대법원의 입장은 받아들이기 어렵다. 형사사법기관의 권한 행

354) 대법원 1985. 12. 10. 선고 85도2182 등 판결.
355) 대법원 1983. 9. 13. 선고 83도712 판결.

사는 실체적 진실의 발견이라는 지엄한 명령에 따라 이루어져야 하는 것으로, 피의자·피고인은 자신의 이익을 위해 허위자백을 할 수 있으므로 형사사법기관이 자신의 권한 범위 내에 있는 이익을 교환조건으로 삼아 자백을 얻어내려는 행위는 금도를 벗어난 것으로서 용납될 수 없기 때문이다.

다만 이때의 '기망'은 **적극적인 사술**을 의미하는 것으로, 수사기관이 스스로 착오에 빠져 있는 피의자·피고인으로부터 자백을 얻어내는 것까지 금지된다는 것은 아니다. 하지만 그러한 경우에도 피의자가 가벼운 형사처벌의 가능성에 대한 부지나 오인으로 인하여 허위 자백하였다고 의심할 만한 상당한 이유가 인정되는 경우에는, 수사기관은 스스로 그 자백을 배척하고 실체적 진실의 발견을 위해 계속 수사하여야 할 것이다.

2) 신문시 진술거부권의 불고지와 변호인조력권의 침해

① 의의

피의자·피고인의 진술거부권은 자기부죄금지원칙에서 비롯된 헌법상의 권리로, 형사소송법은 진술거부권의 실질적 보장을 위하여 수사기관과 법원은 신문에 앞서 피의자·피고인에게 진술거부권이 있음을 고지할 의무가 있다는 것을 명시하고 있다(법 제244조의3, 제266조의8, 제283조의2). 따라서 진술거부권을 고지하지 아니한 상태에서 얻은 자백의 증거능력은 부정된다.

② 견해의 대립과 대법원의 태도

진술거부권을 고지하지 아니한 상태에서 얻은 자백의 증거능력이 부정되는 근거에 대해서는 자백배제법칙에 의한다는 견해와[356] 위법수집증거배제법칙에 의한다는 견해가 대립하고 있다.

자백배제법칙이 적용된다는 견해는 진술거부권의 불고지는 임의성 없는 자백의 획득과 직접적인 관련성이 있고, 위법수집증거배제법칙은 위법하게 수집된 모든 증거에 적용되는 일반적인 원칙인 반면 자백배제법칙은 임의성 없는 자백에만 적용되는 것이므로 특별법 우선의 법리에 따라 진술거부권의 고지 없이 얻은 자백에 대하여는 자백배제법칙이 적용된다고 한다. **위법수집증거배제법칙에 의한다**는 견해는 신문 전 진술거부권의 고지는 형사소송법이 규정하고 있는 절차규정인바 그에 위반하여 얻어낸 증거는 위법수집증거배제법칙에 의해서 증거능력이 부정된다고 한다.

대법원은 진술거부권이 고지되지 아니한 채 얻어진 자백에 대해서는 위법수집증거배제법

356) 이/김 642; 이/조/이 648; 이창현 876; 임동규 532.

칙이 적용되어 그 증거능력이 부정된다는 입장이다.[357] 또한 대법원은 변호인과의 접견교통권이 침해된 상태에서 얻어진 자백[358]과 변호인의 피의자신문참여권이 침해된 상태에서 얻어진 자백에[359] 대해서도 위법수집증거배제원칙에 의해 증거능력이 부정된다고 한다.

③ 검토

적용의 범위를 놓고 볼 때 자백배제법칙은 위법수집증거배제법칙에 대한 특별규정으로 봄이 상당하다. 따라서 논리적으로는 자백배제법칙에서 그 근거를 찾는 것이 타당하다. 하지만 증거능력의 평가순서를 생각해 볼 때 위법수집증거배제법칙에 대한 평가는 자백배제법칙의 평가보다 먼저 이루어지므로, 양자의 적용에 따른 결과에 실질적인 차이가 없다면 굳이 위법수집증거배제법칙에 대한 검토를 배제할 이유가 없다.

위법수집증거배제법칙의 경우 그 예외로서 증거능력이 인정되는 경우가 있다. 그러한 예외를 고려하지 않는다면 이 경우 양자 중 어느 법칙이 적용된다 하더라도 실질적인 차이는 발생하지 아니한다. 어느 법칙에 따른다 하더라도 임의성 없는 자백은 증거능력이 부정되고 탄핵증거로도 쓰일 수 없으며, 이에 대한 당사자의 증거동의에는 어떠한 효력도 발생하지 아니하기 때문이다. 더구나 "수사기관이 피의자를 신문함에 있어서 피의자에게 미리 진술거부권을 고지하지 않은 때에는 그 피의자의 진술은 위법하게 수집된 증거로서 진술의 임의성이 인정되는 경우라도 증거능력이 부인되어야 한다."는 대법원의 태도에 따르면[360] 위법수집증거배제법칙을 적용하는 것이 오히려 증거배제의 적용범위가 더 넓어진다고 할 수 있다. 따라서 논리적, 실리적 양 측면을 함께 고려할 때, 위법수집증거배제법칙의 예외적용이 허용되지 아니한다는 전제하에서, 양 법칙은 모두 진술거부권의 불고지 및 변호인조력권의 침해 상태에서 얻어진 자백의 증거능력 배제의 근거가 된다고 하겠다.

(3) 자백의 임의성

(가) 자백의 의미

자백이란 범인이 범죄사실의 전부나 일부를 인정하는 진술을 말한다. 자백으로 인정되는데 있어서 자백 당시 범인의 지위, 자백의 시기, 자백의 방식 등에는 제한이 없다. 따라서 자백배제법칙은 피고인의 법정자백은 물론 피고인의 법정 외 자백, 피의자의 자백 및 피의자로 입건

357) 대법원 2011. 11. 10. 선고 2010도8294 판결.
358) 대법원 1990. 8. 24. 선고 90도1285 판결.
359) 대법원 2013. 3. 28. 선고 2010도3359 판결.
360) 대법원 2011. 11. 10. 선고 2010도8294 판결.

되기 전의 자백에도 적용되고, 범죄사실의 인정을 그 내용으로 삼고 있는 이상 자백의 상대방이 없는 경우에도 적용된다. 또한 자백배제법칙의 적용은 구술·서면·녹음 등 자백의 기록방법과도 관계없이 적용된다. 예를 들어 피고인이 입건되기도 전에 자신이 혼자 일기장을 작성하였고, 그 일기장에 자신의 범행을 기재하였다면 이에 대해서도 자백배제법칙이 적용되는 것이다.

한편 범죄사실 및 그 법률효과로서 형사처벌까지 모두 인정하는 것을 자인이라 하는데, 자백배제법칙은 자인에도 당연히 적용된다.

(나) 임의성

1) 임의성의 의미

임의성은 진술의 내용이 아니라 **진술을 하게 된 객관적 상황**에 따라 평가된다. 따라서 수사절차에서 얻어진 자백의 임의성의 판단에는 조사(신문)상황의 정확한 파악이 필요하다. 이를 위해서는 수사상황의 정확한 기록과 영상녹화를 통한 조사상황의 투명화가 엄격히 지켜져야 함은 말할 나위도 없다.

2) 임의성의 입증

① 증명의 정도

임의수사에서의 임의성과 마찬가지로 여기에서의 임의성 또한 진술인이 자발적으로 자백하였음이 객관적 사정에 의하여 명백하게 증명된 경우에 한하여 인정된다. 자백의 임의성은 증거능력인정 요건이고 증거능력의 거증책임은 형식적 거증책임이므로, 자백의 임의성에 대한 거증책임은 이를 **증거로 제출한 검사에게** 있다.[361)]

② 증명의 방법

임의성을 증명하는 방법에 대해서는 엄격한 증명설, 자유로운 증명설, 절충설의 대립이 있다. **엄격한 증명설**은 자백의 임의성의 평가를 위한 사실은 실체법적 사실의 성격을 띠고 있어 순수한 소송법적 사실이라 보기 어렵고, 검사에게 엄격한 증명의 부담을 지우는 것이 피고인에게 더 유리하다는 것을 이유로 한다.[362)] **자유로운 증명설**은 소송법적 사실은 자유로운 증명의 대상이고 자유로운 증명으로 자백의 임의성을 의심하게 할 수 있다는 점에서 피고인에게 오히려 유리하다고 한다.[363)] **절충설**은 위법사유에 따라 증명의 방법을 분리한다. 이 견해는 고문, 폭행, 신체구속의 부당한 장기화 여부는 엄격한 증명의 대상이고, 기타 방법은 자유로운

---

361) 대법원 2012. 11. 29. 선고 2010도3029 판결.

362) 이/김 645; 송광섭 648; 신현주 591.

363) 이/조/이 651; 이창현 880; 임동규 534.

증명의 대상이라고 한다.[364]

자백의 임의성 여부는 자백의 증거능력을 결정하는 소송법적 사실이므로 자유로운 증명의 대상이 된다. 다만 이 경우 거증책임은 검사에게 있다는 점에 유의할 필요가 있다. 피고인이 자유로운 증명의 방법으로 임의성 없는 자백임을 증명해야 자백배제법칙이 적용되는 것이 아니라, **검사가 자유로운 증명의 방법으로 임의성 있는 자백임을 증명하지 못하면** 자백배제법칙이 적용되어 자백의 증거능력은 배제되는 것이다.

한편, 대법원은 피고인이 피의자신문조서에 기재된 피고인의 진술 및 공판기일에서 한 피고인의 진술의 임의성을 다투면서 그것이 허위자백이라고 주장하는 경우, 법원은 구체적인 사건에 따라 피고인의 학력, 경력, 직업, 사회적 지위, 지능 정도, 진술의 내용, 피의자신문조서의 경우 조서의 형식 등 제반 사정을 참작하여, 자유로운 심증으로 진술의 임의성 여부를 판단하면 된다[365]고 한다.

(4) 인과관계

자백배제법칙이 적용되기 위해서 금지된 자백획득 방법과 임의성 없는 자백 사이에 인과관계가 필요한지 여부에 대하여는 필요설과[366]과 불요설의[367] 대립이 있다. **필요설**은 형사소송법 제309조의 문언에 충실하다고 볼 수 있고 **불요설**은 제309조의 적용범위를 확대하는데 유리하다고 하겠다. 이론적으로는 허위배제설의 입장에서는 필요설을, 인권옹호설이나 위법배제설의 입장에서는 불요설을 취하는 것이 논리적이라 할 수 있다.

형사소송법 제309조의 문언에 따를 때 금지된 자백획득 방법과 임의성 없는 자백 사이에는 인과관계가 필요하다고 보는 것이 상당하다. 하지만 자백의 임의성 여부는 자백이 이루어진 객관적인 사정에 따라 결정되는 것이므로, 금지되는 자백의 획득방법이 이용되었다면 인과관계는 **추정**된다 함이 옳다. 대법원도 같은 태도이다.[368]

---

364) 신동운 b 1273.

365) 대법원 2011. 2. 24. 선고 2010도14720 판결.

366) 신/조 793.

367) 송광섭 647; 이/김 643; 이/조/이 650; 이창현 879; 임동규 533.

368) 대법원 1984. 11. 27. 선고 84도2252 판결. "피고인의 자백이 임의성이 없다고 의심할 만한 사유가 있는 때에 해당한다 할지라도 그 임의성이 없다고 의심하게 된 사유들과 피고인의 자백과의 사이에 인과관계가 존재하지 않은 것이 명백한 때에는 그 자백은 임의성이 있는 것으로 인정된다."

(5) 자백배제법칙의 효과와 구제수단

(가) 자백배제법칙의 효과

자백배제법칙에 따라 임의성 없는 자백의 증거능력은 절대적으로 부정된다. 따라서 임의성 없는 자백은 증거동의를 하더라도 증거로 사용할 수 없고[369] 탄핵증거로도 사용할 수 없다.[370] 나아가 임의성 없는 자백으로 부터 얻어진 증거의 증거능력도 부정된다.[371]

(나) 구제수단

법원이 임의성 없는 자백을 기초로 하여 유죄판결을 내린 경우, 자백배제법칙(법 제309조) 및 증거재판주의(법 제307조, 헌법 제12조 제7항)의 위반에 해당한다. 따라서 이는 판결에 영향을 미친 헌법·법률의 위반이 있는 때에 해당하므로 **상대적 상소이유**가 된다(법 제361조의5 제1호, 383조 제1호).

3. 진술의 임의성

(1) 의의

형사소송법은 자백에 해당하지 아니하는 진술 또는 진술의 기록에 대해서도, 진술주체를 불문하고 그 임의성이 인정되지 아니하는 한 증거로 할 수 없다고 명시하고 있다. 피고인 또는 피고인 아닌 자의 진술이 임의로 된 것이 아니면 증거로 할 수 없고, 진술이 기재된 서류는 그 작성이 임의로 되었다거나 진술 내용이 임의로 이루어졌다는 것이 증명되지 아니하는 이상 증거로 할 수 없다(법 제317조 제1항, 제2항). 검증조서의 일부가 피고인 또는 피고인 아닌 자의 진술을 기재한 것인 때에는 그 부분의 진술이 임의로 이루어졌다는 것이 증명되지 아니하는 한 증거로 할 수 없다(법 제317조 제3항).

금지되는 진술획득의 방법, 진술의 임의성, 인과관계, 효과의 구체적인 내용은 자백배제법칙에서의 내용과 크게 다를 바 없다. 하지만 형사소송법 제317조의 법적성격, 적용범위 및 진술획득의 주체에 따른 차이에 대해서는 추가적인 논의가 필요하다.

369) 대법원 2006. 11. 23. 선고 2004도7900 판결.
370) 대법원 2005. 8. 19. 선고 2005도2617 판결.
371) 대법원 1977. 4. 26. 선고 77도210 판결.

(2) 형사소송법 제317조의 법적 성격

형사소송법 제317조의 법적 성격에 대해 진술증거의 증거능력 요건을 규정한 것이라는 견해[372]와 증거능력 요건 및 법원의 조사의무를 규정한 것이라는 견해[373]의 대립이 있다. 법원은 증거능력 인정 여부에 대한 직권조사의무가 있으므로[374] 제317조가 증거능력 요건만을 규정한 것이라 하더라도 법원은 그에 대한 직권조사의무가 인정된다. 따라서 양 견해의 실질적인 차이는 없다고 생각된다.

(3) 적용범위

형사소송법 제317조는 전문증거 규정 바로 뒤에 있으므로 진술의 임의성은 전문증거에 대해서만 증거능력 요건에 해당한다고 볼 여지가 있다. 하지만 형사소송법 제317조가 전문증거가 아닌 진술증거에 대해서는 적용되지 아니한다는 명문의 규정은 없고, 임의성 없는 진술의 내용은 허위일 우려가 매우 크고 이로 인하여 실체적 진실발견에 장해를 일으킬 개연성이 높다는 점에서 진술주체나 전문증거 여부와 관계없이 모든 진술증거의 증거능력 요건이라 함이 옳다.[375] 피의자·피고인의 자백 또한 진술의 일종으로 임의성 없는 자백은 자백배제법칙이 우선 적용되는 것일 뿐이고, 임의성은 모든 진술증거의 증거능력 요건인 것이다. 그러므로 임의성이 의심스러운 자백의 경우에는 제309조의 자백배제법칙에 의해, 자백 이외의 진술인 경우에는 제317조에 의해 증거능력이 부정된다.

(4) 진술획득 주체에 따른 차이

진술의 임의성은 오로지 진술자의 자발적 의사에 따라 진술이 이루어진 경우에 한하여 인정된다는 점은 자백배제법칙과 다를 바 없다. 하지만 자백과 달리 진술은 피고인이 자신에게 유리한 것을 획득하여 증거로 제출할 수도 있으므로, 진술획득의 주체에 따라 나누어서 검토할 필요가 있다.

(가) 수사기관이 진술획득의 주체인 경우

수사기관이 진술획득의 주체인 경우에는 자백배제법칙과 마찬가지로 고문, 폭행, 협박, 기

372) 이/김 715.
373) 신현주 623; 이/조/이 727; 이주원 590; 임동규 599.
374) 대법원 2006. 11. 23. 선고 2004도7900 판결.
375) 배/홍 380; 이/김 716; 이/조/이 728; 이주원 590; 임동규 600.

망 및 그에 준하는 기타방법을 이용하여 진술을 획득한 경우 인과관계가 추정되어 진술의 임의성이 부정되는 것이 원칙이다.

증거능력의 거증책임은 형식적 거증책임이고 수사기관이 획득한 진술은 검사만이 증거로 제출할 수 있으므로, 이 경우 임의성 여부의 거증책임은 검사에게 있다. 증거능력관련 사항은 소송법적 사실이므로 검사는 자유로운 증명의 방법으로 진술의 임의성을 증명하면 되고, 이를 증명하지 못한 경우 진술의 증거능력은 절대적으로 부정된다.[376)]

(나) 사인이 진술획득의 주체인 경우

사인이 진술획득의 주체인 경우에는 자백배제법칙에서의 금지방법은 물론 사건 결과와의 이해관계, 진술획득 주체가 고소인 또는 피의자인지 여부, 제3자인 경우는 고소인·피의자와의 관계, 진술획득 주체와 진술인의 관계 등을 종합적으로 고려하여 진술의 임의성 여부를 판단하여야 한다.

이 경우 진술의 임의성 여부에 대한 거증책임은 당해 진술을 증거로 제출한 자가 부담한다. 피고인의 방어능력을 고려하여 검사에게 그 책임이 있다는 견해도 있으나,[377)] 증거능력의 거증책임은 형식적 거증책임이므로 명확한 근거규정이 없음에도 피고인의 방어권 보장만을 이유로 삼아 이를 검사에게 전환할 수는 없기 때문이다.[378)]

Ⅵ. 전문증거

1. 전문증거의 의의

(1) 의의

전문증거(hearsay)란 요증사실을 직접 체험·경험한 자(이하 '원진술자'라 한다)의 진술을 내용으로 하는 제3자의 진술, 원진술자가 체험·경험한 내용을 직접 글로 기재한 문서 또는 원진술자의 진술내용을 제3자가 글로 기재한 문서를 말한다. 간단히 말하면 **원진술자가 자신의 경험을 법정에서 구두로 진술하지 아니하는 이상** 모두 전문증거이다.

한편 경험자가 경험사실을 언어가 아니라 행동으로 표현한 경우, 그 행동에는 언어로서의 의미가 있으므로 그러한 행동을 하였던 자가 직접 법정에서 진술하지 아니하는 이상 그 또한

376) 대법원 2015. 9. 10. 선고 2012도9879 판결.
377) 신동운 b 1176.
378) 송광섭 706; 이/김 717; 이/조/이 729; 임동규 601.

전문증거에 해당한다. 예를 들어 피의자의 사건현장 지시, 목격자의 범인 지적 등은 언어적 의미를 가진 행동으로서 전문증거에 해당한다.

(2) 전문증거 해당 여부

전문은 요증사실과의 관계에서 어떠한 용도로 사용되느냐에 따라 본래증거가 될 수도 있고 전문증거가 될 수도 있다. 원진술의 **내용의 진실성** 여부가 곧 요증사실인 경우에는 원진술자의 법정증언 외의 모든 전문은 전문증거에 해당한다. 하지만 원진술의 **존재**가 요증사실인 경우 또는 원진술이 **간접사실의 증명을 위한 정황증거로 사용**되는 경우에는 전문이라 하더라도 전문증거에는 해당하지 아니한다.

(가) 원진술의 존재가 요증사실인 경우

원진술의 존재가 요증사실인 경우에는 전문이라 하더라도 전문증거에 해당하지 아니한다. 예를 들어 A가 '갑이 을을 강제추행하는 현장을 목격하였다'라고 B에게 말하였고, 이후 B가 법정에 출석하여 'A가 저에게 갑이 을을 강제추행하는 현장을 목격하였다고 말했습니다.'라고 증언한 경우, 이 증언이 갑에 대한 강제추행 피고사건에서 증거로 이용되었다면 **전문증거**에 해당한다. '강제추행하는 현장을 보았다'는 원진술의 내용의 진실성 여부가 곧 요증사실이기 때문이다.

하지만 B의 법정 증언이 A에 대한 명예훼손 피고사건에서 증거로 이용되었다면 '강제추행하는 현장을 보았다'는 원진술의 존재가 요증사실이므로 B의 법정 증언은 전문증거가 아닌 **본래증거**에 해당한다. 이 경우 B는 A가 그러한 진술을 하는 것을 '직접 체험·경험'하였고, 그 체험·경험을 법정에서 증언한 것이기 때문이다. 이러한 예로는 알선수재죄에서 알선자가 자신의 이익을 증뢰자에게 요구하는 내용의 진술,[379] 사기죄에 있어 기망에 해당하는 피고인의 진술,[380] 강요죄, 협박죄, 공갈죄, 강도죄 등에 있어 강요 또는 협박에 해당하는 진술 등을 들 수 있다.[381] 이 경우 증인은 피고인이 그렇게 말하는 것을 **목격한 것과 다름이 없으므로** 전문증거가 아니라 본래증거에 해당하는 것이다.

문서형태의 전문도 마찬가지이다. 문서의 존재 또는 상태가 증거에 해당하는 경우는 증거물인 서면으로서 전문증거가 아니다. 예를 들어 예금부족 등에 따른 부정수표단속법 위반 사건에서 부도수표의 존재는 요증사실이므로 부도수표는 증거물인 서면으로서 전문증거가 아니

379) 대법원 2008. 11. 13. 선고 2008도8007 판결.
380) 대법원 2012. 7. 26. 선고 2012도2937 판결.
381) 대법원 2008. 11. 13. 선고 2006도2556 판결.

다.[382)]

(나) 간접사실을 증명하기 위한 정황증거로 사용되는 경우

전문이 그 내용의 진실성과 관계없이 간접사실을 증명하기 위한 정황증거로 사용되는 경우에는 전문증거가 아니다. 그 예로는 범행당시 피고인의 법정 외 진술을 피고인의 심리적·정신적 상태를 증명할 목적으로 증거로 제출한 경우를 들 수 있다. 이 경우 제3자는 마치 피고인의 행동을 목격한 것과 다름이 없으므로 이러한 경우는 전문증거가 아니라 본래증거에 해당하는 것이다.

2. 형사소송법상 전문증거의 유형과 증거능력 평가의 구조

(1) 형사소송법상 전문증거의 유형

형사소송법은 전문증거를 세 가지 유형으로 나누어 그 증거능력 인정에 대해 각각 달리 규정하고 있다. ① 원진술자가 자신이 경험한 사실을 직접 글로 기재한 문서를 **진술서**라 하고, ② 원진술자의 진술을 청취한 제3자가 이를 글로써 기재한 문서를 **진술기재서류**라 한다. ③ 원진술자의 진술을 청취한(hear) 제3자가 원진술자의 진술내용을 옮겨 진술하는 것(say)을 **전문진술**이라 한다. 전문이 이루어지는 구조의 면에서 진술기재서류와 전문진술은 '원진술자의 진술 → 제3자의 현출'이라는 동일한 구조를 가지고 있다.

(2) 형사소송법상 전문증거의 증거능력 인정의 구조

(가) 전문증거의 증거능력 배제 원칙과 그 근거

형사소송법은 전문증거의 증거능력은 부정됨을 원칙으로 한다. 그 이유는 전문증거에 대해서는 원진술자의 법정부재로 인하여 당사자에게 반대신문권을 보장할 수 없고, 법원에 의한 직접심리도 가로막혀 신용성이 결여되기 때문이다.[383)]

전문진술의 경우 당사자가 전문진술자에게 반대신문을 한다 하더라도 그는 직접 경험한 자가 아니기 때문에 사실상 반대신문권이 결여된 것과 마찬가지이고, 법원은 원진술자를 대면할 수 없으므로 진술내용의 진실 여부를 확인할 수 없다. 전문서류의 경우에도 원진술자가 증인으로 출석하지 아니하는 이상 동일한 문제가 발생하므로 이러한 문제가 해결되지 아니하는

382) 대법원 2015. 4. 23. 선고 2015도2275 판결.
383) 헌법재판소 2005. 12. 22. 선고 2004헌바45 전원재판부 결정.

이상 전문증거의 증거능력은 인정될 수 없다. 이런 점에서 본다면 전문증거란 **반대신문을 거치지 아니한 진술증거**라고도 할 수 있을 것이다.

전문법칙은 당사자주의적 소송구조를 지탱하고 수사로부터 차단된 공판중심주의의 이상을 실현하는데 있어 주축이 되는 증거법칙이라고 할 수 있다. 그런데 이러한 전문법칙의 이상은 현실에서 크게 손상(배신)당하고 있다. 그 이유로는 첫째, 형사소송법이 전문법칙의 예외를 지나치게 넓게 인정하고 있고, 둘째 법의 해석운용에 있어서 이 예외규정을 더욱더 넓혀온 것을 들 수 있다. 그 예로서 피고인·변호인의 전문예외에 대한 안이한 동의(법 제318조)와, 증인의 진술증거보다 수사단계의 검사작성 피신조서를 쉽게 믿어온 지금까지의 법관의 경향 등을 지적할 수 있을 것이다. 그 결과 소위 '조서재판'이라고 하는 현상이 생겨났던 것이다. 이러한 현상을 타파하기 위해서는 이완된 전문예외규정의 해석을 다시금 바로잡을 필요가 있다.

(나) 형사소송법상 전문증거의 증거능력 인정의 구조

전문증거의 증거능력이 배제되는 근거에 따라 형사소송법은 전문증거의 증거능력을 부정함을 원칙으로 하면서도(법 제310조의2), 반대신문과 직접심리가 이루어지지 않더라도 전문증거에 대한 신용성이 보장되면 그 증거능력을 인정하는 구조를 취하고 있다.

1) 전문증거의 일반적인 증거능력 인정요건

피고인의 증거동의가 있는 경우 법원이 진정한 것으로 인정한 때에는 전문증거의 증거능력은 인정된다(법 제318조 제1항). 피고인이 공판정에서 공소사실에 대하여 자백하여 간이공판절차의 결정이 있는 경우에는 검사, 피고인, 변호인이 증거로 함에 이의하지 아니하는 이상 전문증거에 대한 증거동의가 있는 것으로 간주된다(법 제318조의3, 제286조의2).

이는 전문증거의 일반적인 증거능력 인정요건이라 할 수 있는데, 당사자의 **증거동의는 반대신문의 결여를 대체**하고 법원의 **진정성 인정은 직접심리의 결여를 대체**하여 전문증거의 증거능력을 인정하는 것으로 이해할 수 있다.

2) 전문증거의 개별적인 증거능력 인정요건

피고인의 증거동의 또는 증거동의의 간주가 없는 경우에도 형사소송법이 규정하고 있는 명시적 예외(법 제311조 내지 제316조)에 해당하면 전문증거의 증거능력은 인정된다. 이는 전문증거의 개별적인 증거능력 요건이라 할 수 있는데, 각 조문의 구체적인 내용에 대해서는 후술하기로 하고 여기에서는 형사소송법 제311조 내지 제316조에 따라 전문증거의 증거능력이 인정되기 위한 공통요소인 신용성의 정황적 보장과 반대신문권의 보장 및 직접심리에 대해 살펴본다.

① 신용성의 정황적 보장

공판정에서 이루어지지 아니한 진술이라 하더라도 진술이 이루어진 **구체적이고 외부적인 상황**에 의해 당사자의 반대신문과 법관의 직접심리가 필요하지 아니할 정도로 신용성이 보장된다면 증거능력을 인정할 수 있을 것이다. 형사소송법은 신용성이 정황적으로 보장되는 법원, 법관, 지방법원 판사가 형사절차에서 작성한 문서(법 제311조) 및 공문서, 통상문서, 기타 특히 신용할 만한 정황에 의하여 작성된 문서의 증거능력을 인정하고 있다(법 제315조).

신용성의 정황적 보장이 인정되지 아니하는 전문증거에 대해서는, 형사소송법은 진술내용의 신용성 보장을 증거능력 인정의 요건 중 하나로 삼고 있다. 형사소송법은 수사기관의 진술기재서류인 진술조서(법 제312조 제4항), 사인의 진술기재 서류(제313조 제1항), 전문의 진술(법 제316조) 등에서 "그 진술이 **특히 신빙할 수 있는 상태 하에서 행하여 진 때**"를 증거능력 인정요건으로 명시하고 있다.

② 반대신문권의 보장 및 직접심리

신용성의 정황적 보장을 전제로, 원진술자가 법정에 증인으로 출석하면 법원은 그를 직접 심리할 수 있고, 당사자의 반대신문권도 보장받을 수 있는 기회가 생긴다. 형사소송법은 수사기관의 진술기재서류인 진술조서(법 제312조 제4항), 사인의 진술기재서류(제313조 제1항) 등에서 원진술자 등이 공판기일에 출석하고, 당사자의 반대신문이 이루어질 것을 증거능력 인정요건의 하나로 명시하고 있다.

다만 형사소송법은 원진술자가 사망, 질병, 국외거주 또는 소재불명 등으로 공판정에서 진술할 수 없는 경우에는 원진술자의 출석을 요하지 아니한다는 예외를 두고 있는데(법 제314조), 반대신문과 직접심리의 중요성을 생각해 볼 때 원진술자의 출석을 요하지 아니하는 사유에 해당하는지 여부는 엄격히 심사하여야 한다.

3. 형사소송법 제311조 내지 제316조의 구체적 검토

(1) 개관

형사소송법은 진술서나 진술기재서류에 대해 제311조 내지 제315조에서, 전문진술에 대해 제316조에서 증거능력이 인정될 수 있는 예외를 규정하고 있다. 진술서나 진술기재서류의 경우에는 작성주체를 기준으로 법원 또는 법관이 작성주체인 경우는 제311조에서, 수사기관이 작성주체인 경우는 제312조에서, 그 외의 자가 작성주체인 경우는 제313조에서 다루고, 제312

조 또는 제313조상 증거능력 인정요건 중 하나인 원진술자의 증인신문에 대한 예외 사유는 제314조에서 규정하고 있다. 작성주체를 불문하고 신용성의 정황적 보장에 따라 증거능력이 인정되는 경우는 제315조에서 규정하고 있다.

형사소송법 제311조는 법원 등이 작성주체인 경우로서 신용성이 명확히 보장되고, 제315조는 작성주체를 불문하고 신용성이 정황적으로 명확히 보장되는 진술서 또는 진술기재서류로서 전문증거라 하더라도 증거능력이 인정된다. 따라서 제311조와 제315조와 관련해서는 어떠한 진술서나 진술기재서류가 이에 해당하는지 여부를 파악하는 것이 중요하다.

형사소송법 제312조와 제313조는 신용성의 정황적 보장을 전제로 원진술자의 공판정 출석에 따른 직접심리와 반대신문의 기회제공을 증거능력 인정의 요건으로 삼고 있어 그 의미를 파악하는 것이 중요하고, 제314조는 원진술자의 증인신문에 대한 예외 사유를 규정하고 있으므로 예외에 해당하는지 여부를 파악하는 것이 중요하다. 한편 수사기관이 작성주체인 경우를 규정하고 있는 제312조의 증거능력 인정요건에는 적법한 절차와 방식에 의한 작성이 포함되므로 제313조의 증거능력 인정요건보다 더 엄격한데, 이러한 차이는 수사기관 작성 조서의 증거능력 인정요건의 변천을 통해 이해할 수 있다.

형사소송법 제316조는 원진술자의 진술을 청취한 제3자가 법정에 증인으로 출석하여 그 내용을 진술하는 경우에 대해 규정하고 있다. 제316조는 증인의 전문진술에 대해 **원진술자를 피고인과 피고인 아닌 자로 나누어 증거능력 인정요건을 달리하고 있으므로** 원진술자에 따른 증거능력 인정요건의 차이를 이해하는 것이 중요하다. 그런데 제316조는 제313조에 따른 진술기재서류와 마찬가지로 전문진술자가 형사사법기관이 아니고, 전문이 이루어지는 구조는 '원진술자의 진술 → 그 진술을 내용으로 하는 전문진술자의 진술'로서, 형사소송법은 제316조와 제313조에 따른 진술기재서류의 증거능력 인정요건을 거의 동일하게 규정하고 있다. 따라서 양자는 상호 비교하면서 함께 이해하는 것이 좋다.

(2) 증거능력이 인정되는 전문(법 제311조 및 제315조)

형사소송법은 전문이라 하더라도 법원 또는 법관이 작성주체인 조서와 그에 준할 정도로 신용성이 보장되는 문서에 대해서는 증거능력을 인정하고 있다. 이들 조서·문서에 대해서는 직접심리 또는 반대신문의 필요 또는 실익이 없기 때문이다.

(가) 법원 또는 법관이 작성주체인 조서(법 제311조)

1) 원칙

법원 또는 법관이 작성주체인 조서는 증거능력이 인정됨을 원칙으로 한다. 형사소송법 제311조는 "공판준비 또는 공판기일에 피고인이나 피고인 아닌 자의 진술을 기재한 조서와 법원 또는 법관의 검증의 결과를 기재한 조서는 증거로 할 수 있다. 증거보전절차(법 제184조)와 증인신문의 청구(법 제221조의2) 절차에서 작성된 조서도 또한 같다."라고 규정하고 있다. 이러한 조서들은 법원 또는 법관이라는 신뢰할 수 있는 주체의 면전에서 작성되었으므로, 그 성립의 진정과 신용성의 정황적 보장이 인정됨에 의문을 품을 이유가 없고 따라서 **무조건** 증거능력을 부여하고 있는 것이다. 이때의 법관에는 수명법관뿐 아니라 수사상의 증거보전·증인신문청구 절차를 주재하는 수탁판사도 포함된다.

2) 적용범위

① 당해 사건의 기일에서 작성된 조서

여기에서 공판준비기일 또는 공판기일, 증거보전기일, 증인신문기일이란 **당해 사건의 기일**만을 의미하고, 공판정에서의 피고인 진술은 그 자체로서 증거가 된다. 따라서 형사소송법 제311조에 따라 증거능력이 인정되는 조서는 당해 사건의 증거보전절차 또는 증인신문절차에서 작성된 조서, 당해 사건에 대한 공판절차 갱신 전 공판절차에서 작성된 조서, 파기환송심의 입장에서 원심의 공판준비기일 또는 공판기일에서 작성된 조서, 관할위반의 재판이 확정된 후에 재기소된 경우의 공판조서 등이다. 물론 **증거보전·증인신문청구절차에서 작성된 증인신문조서**는 공판기일에서의 증거조사절차에서 **적법한 증거조사를 거쳐야** 제311조에 의해 증거로서 사용할 수 있게 된다.[384)]

한편 당해 사건과는 **다른 사건**의 공판 준비기일조서와 공판조서 등은 형사소송법 **제315조 제3호에 해당**하여 증거능력이 인정된다.[385)] 따라서 법원 또는 법관이 작성주체인 조서는 작성절차나 증거조사절차의 하자가 없는 이상 무조건 증거능력이 인정된다.

② 피고인 또는 피고인 아닌 자의 진술

피고인 또는 피고인 아닌 자에는 모든 사람이 포함되므로, 모든 사람의 진술은 이에 해당한다. 다만 증거보전절차에서 피의자였던 피고인이 증인에 대해 반대신문을 한 경우, 대법원은 반대신문의 내용은 피고인의 진술에 해당하지 아니한다는 입장이다. 대법원은 증거보전절차에

---

384) 대법원 2000. 10. 13. 선고 2000도3265 판결.

385) 대법원 2005. 4. 28. 선고 2004도4428 판결.

서 작성된 증인신문조서에 피고인이 당사자로 참여하여 증인에게 반대신문한 내용이 기재되어 있는 경우, 피고인의 반대신문 내용이 기재된 부분은 공판준비 또는 공판기일에 피고인의 진술을 기재한 조서도 아니고 형사소송법 제184조에 의한 증인신문조서도 아니므로 형사소송법 제311조에 의한 증거능력을 인정할 수 없다고 한다.386)

3) 절차상 하자에 따른 증거능력 인정 여부

법원·법관이 작성주체인 조서라 하더라도 작성절차 또는 증거조사절차에 하자가 있다면 그 증거능력이 부정될 수 있다.387)

① 증인신문조서

증인신문조서에 대해서는 증인신문시 반대신문권의 실질적 보장 여부가 주로 문제된다. 대법원은 수회에 걸친 증인신문기일에서 증인이 반대신문에 대해 답하지 아니하던 중 소재불명 등으로 이후 증인신문기일에는 불출석한 경우 피고인의 반대신문권이 실질적으로 보장되지 않았다는 이유로 증인신문조서의 증거능력을 부정하였다.388)

다만 대법원은 이와 관련하여 **책문권의 포기를 인정**하고 있다. 즉 증인신문시 피의자 또는 변호인에게 증인신문의 시일과 장소를 미리 통지하여 증인신문에 참여할 수 있는 기회를 주어야 함에도 참여의 기회를 주지 아니한 채 증인신문이 이루어졌다하더라도, 피고인과 변호인이 증인신문조서를 증거로 할 수 있음에 동의하여 별다른 이의 없이 적법하게 증거조사를 거친 경우에는 그 증인신문조서는 증인신문절차가 위법하였는지의 여부에 관계없이 증거능력이 인정된다고 한다.389)

② 공판조서

공판조서에 대해서는 열람·등사청구권의 제한이 주로 문제된다. 피고인이 공판조서의 열람 또는 등사를 청구하였음에도 법원이 불응하여 피고인의 열람·등사청구권이 침해된 경우에는, 공판조서를 유죄의 증거로 할 수 없을 뿐만 아니라, 공판조서에 기재된 당해 피고인이나 증인의 진술도 증거로 할 수 없다.

다만 대법원은 당해 공판조서의 내용 등에 비추어 보아 공판조서의 열람 또는 등사에 응하지 아니한 것이 피고인의 방어권이나 변호인의 변호권을 **본질적으로 침해한 정도에 이르지는 않은 경우**에는, 판결에서 공판조서 등을 증거로 사용하였다고 하더라도 그러한 잘못이 판결에

386) 대법원 1984. 5. 15. 선고 84도508 판결.
387) 대법원 2000. 10. 13. 선고 2000도3265 판결.
388) 대법원 2022. 3. 17. 선고 2016도17054 판결.
389) 대법원 1988. 11. 8. 선고 86도1646 판결.

영향을 미친 위법이라고 할 수는 없다고 하고,[390] 피고인이 원하는 시기에 공판조서를 열람·등사하지 못하였다 하더라도 변론종결 전에는 열람·등사가 이루어졌다면, 그로 인해 피고인의 방어권 행사에 지장이 있었다는 등의 특별한 사정이 없는 한 열람·등사청구권이 침해되었다고 볼 수 없으므로 공판조서의 증거능력은 인정된다고 한다.[391]

(나) 작성주체를 불문하고 당연히 증거능력이 인정되는 서류(법 제315조)

법원·법관이 작성주체인 조서에 비견할 정도로 신용성이 보장되고 직접심리나 반대신문이 불필요한 문서로는 공권적 증명문서, 업무상 통상문서 및 이에 준하는 문서가 있다.

1) 공권적 증명문서

공권적 증명문서란 공무원 또는 외국공무원이 직무상 증명할 수 있는 사항에 관하여 작성한 문서를 말한다. 형사소송법은 공권적 증명문서를 당연히 증거능력이 인정되는 서류로 분류하고 있다(법 제315조 제1호). 공무원이 자신의 직무권한 내에서 직무상 작성하였다는 점에서 신용성이 정황적으로 보장되고, 작성자에 대한 직접심리나 반대신문을 행하는 것이 부적절하거나 별다른 실익이 없다는 점에서 필요성도 인정되기 때문이다.

대법원은 등기부 등본 및 초본, 전과조회회보, 판결문 사본, 세관공무원의 시가 감정서, 군의관 작성의 진단서, 국립경찰병원의사 작성의 진단서 등은 공무원이 직무상 증명할 수 있는 사항에 관하여 작성한 문서로서 공권적 증명문서로 보아 그 증거능력을 인정하였고, 일본국 세관공무원 작성의 필로폰에 대한 범칙물건 감정서 등본은 외국공무원이 직무상 증명할 수 있는 사항에 관하여 작성한 문서로서 공권적 증명문서로 보아 그 증거능력을 인정하였다.

그러나 대법원은 사인인 의사가 작성한 진단서[392]와 육군 과학수사연구소 실험분석관이 작성한 감정서는[393] 공권적 증명문서로 보지 아니하였다. 이때의 진단서는 작성주체가 공무원이 아니고, 감정서의 경우 수사기관의 위촉에 의하여 작성된 것이므로 직무상 증명할 수 있는 사항에 관한 것이 아니기 때문이다. 따라서 이러한 진단서에 대해서는 제313조 제1항·제2항이 적용되고, 감정서에 대해서는 제313조 제3항이 적용된다.

2) 업무상 통상문서

업무상 통상문서란 업무상 필요에 따라 통상적·기계적으로 작성되는 문서를 말한다. 형사

390) 대법원 2012. 12. 27. 선고 2011도15869 판결.
391) 대법원 2007. 7. 26. 선고 2007도3906 판결.
392) 대법원 1967. 4. 18. 선고 67도231 판결.
393) 대법원 1976. 10. 12. 선고 76도2960 판결.

소송법은 업무상 통상문서를 당연히 증거능력이 인정되는 서류로 분류하고 있다(법 제315조 제2호). 통상적인 업무절차에 따라 기계적으로 작성된다는 점에서 신용성이 정황적으로 보장되고, 작성자의 주관이 개입되지 않고 객관적·기계적으로 작성된다는 점에서 작성자에 대한 직접심리나 반대신문을 할 실익도 거의 없기 때문이다.

업무상 통상문서에 해당하기 위해서는 ① 업무의 **정규성·규칙성** ② 작성의 **관행성·의무성** ③ 정보 수집 직후의 작성에 따른 **정확성** ④ 기계적 작성에 따른 **객관성** ⑤ 공시성 등 사후 검증의 가능성에 의한 **신용성**이 인정되어야 한다.[394] 이러한 기준에 따라 법원이 업무상 통상문서로 증거능력을 인정한 예로는, 상업장부, 항해일지, 금전출납부, 전표, 이중장부 중 사실을 기재한 비밀장부, 전산자료, 업무일지, 사인인 의사가 작성한 **진료기록부, 진료기록일지** 등이 있다.

여기에서 업무는 반드시 적법한 업무일 것을 요하지는 않는다. 영업에 참고하기 위해 작성한 성매매일지와 같이 범죄조직의 활동을 기록한 일지도 위와 같은 요건을 갖추면 업무상 통상문서에 해당한다.[395] 다만, 대법원은 **체포·구속인접견부**는 유치된 피의자가 죄증을 인멸하거나 도주를 기도하는 등 유치장의 안전과 질서를 위태롭게 하는 것을 방지하기 위한 목적으로 작성되는 서류일 뿐이어서 업무상 통상문서에 해당한다고는 볼 수 없다고 한다.[396]

3) 특히 신용할 만한 정황에 의하여 작성된 문서

특히 신용할 만한 정황에 의하여 작성된 문서란 공권적 증명문서 또는 업무상 통상문서에 준하여 굳이 반대신문의 기회 부여 여부가 문제 되지 않을 정도로 고도의 신용성의 정황적 보장이 인정되는 문서를 말한다.[397], 형사소송법은 이를 당연히 증거능력이 인정되는 서류로 보아 증거능력을 인정한다(법 제315조 제3호).

① 인정한 경우

대법원이 특히 신용할 만한 정황에 의해 작성된 문서로 인정한 대표적인 예로는, 다른 피고사건의 공판조서, 다른 피고인에 대한 형사사건의 공판조서 중 일부인 증인신문조서,[398] 구속적부심문조서[399] 등 법원·법관이 형사절차에서 작성한 조서가 있다. 구속 전 영장실질심사

394) 대법원 2015. 7. 16. 선고 2015도2625 전원합의체 판결.
395) 대법원 2007. 7. 26. 선고 2007도3219 판결.
396) 대법원 2012. 10. 25. 선고 2011도5459 판결. 대법원은 체포·구속인접견부는 형사소송법 제315조 제3호에도 해당하지 아니한다 하였다.
397) 대법원 2015. 7. 16. 선고 2015도2625 전원합의체 판결.
398) 대법원 2005. 4. 28. 선고 2004도4428 판결.
399) 대법원 2004. 1. 16. 선고 2003도5693 판결.

에서 작성된 피의자심문조서가 이에 해당하는지에 대하여는 명확한 판례가 없으나, 법관이 형사절차에서 작성한 조서라는 점에서 제315조 제3호를 적용함이 옳다.

② 부정한 경우

법원이 특히 신용할 만한 정황에 의해 작성된 문서로 인정하지 아니한 예로는, 국가정보원 심리전단직원이 작성한 이메일 전자문서로서 업무상 통상문서에 해당하지 아니하는 것,[400] 접견자가 피접견자와 나눈 대화를 간수자에게 보고하면 그 내용을 간수자가 기록한 체포·구속인접견부,[401] 주민들의 진정서 사본,[402] 공무원이 사무처리의 편의를 위하여 자신이 경험한 사실 등을 기재해 놓은 업무수첩,[403] 수사기관의 의뢰에 따라 건강보험심사평가원이 작성한 입원진료 적정성 여부 등 검토 의뢰에 대한 회신[404] 등이 있다. 이들 문서의 내용은 **작성자의 주관이 크게 작용**하여 직접심리와 반대신문의 필요성이 배제되어도 좋을 정도의 문서라고 볼 수 없기 때문이다.

일반적으로 수사기관이 작성주체인 문서도 특히 신용할 만한 정황에 의하여 작성된 문서라 볼 수 없다. 다만 대법원은 **사법경찰관이 작성한 수사보고서로서 국가보안법상 이적표현물의 내용을 분석하고 이를 기계적으로 복사하여 첨부한 문서는**, 작성자의 주관적인 의견 없이 기계적으로 복사하여 그 말미에 그대로 첨부한 문서로서 특히 신용할 만한 정황에 의하여 작성된 문서에 해당한다고 한 바 있다.[405]

(3) 수사기관이 작성주체인 조서와 수사과정에서 작성한 진술서(법 제312조)

(가) 피의자신문조서 및 진술조서의 증거능력 인정요건 변천

수사기관 작성 피의자신문조서·진술조서(이하 '수사기관 작성 조서'라 한다.)의 증거능력 인정요건은 작성주체 및 원진술자가 누구인지 여부에 따라 다소 복잡하게 규정되어 있는데, 형사소송법은 수차례의 개정을 통해 그 증거능력 인정요건을 변경시켜왔고, 이러한 과정은 현행 형

---

400) 대법원 2015. 7. 16. 선고 2015도2625 전원합의체 판결. "전자문서파일의 내용 중 심리전단 직원들이 사용한 것으로 추정된다는 트위터 계정은 그 정보의 근원, 기재 경위와 정황이 불분명하고 그 내용의 정확성·진실성을 확인할 마땅한 방법이 없을 뿐만 아니라, 그 파일에 포함되어 있는 이슈와 논지 및 트위터 계정에 관한 기재가 그 정보 취득 당시 또는 그 직후에 기계적으로 반복하여 작성된 것인지도 알 수 없다. … 위 파일이 심리전단의 업무 활동을 위하여 관행적 또는 통상적으로 작성되는 문서도 아니다."

401) 대법원 2012. 10. 25. 선고 2011도5459 판결.

402) 대법원 1983. 12. 13. 선고 83도2613 판결.

403) 대법원 2019. 8. 29. 선고 2018도14303 전원합의체 판결.

404) 대법원 2017. 12. 5. 선고 2017도12671 판결.

405) 대법원 1992. 8. 14. 선고 92도1211 판결.

사소송법의 해석에도 적지 않은 영향을 미치고 있다. 따라서 수사기관 작성 조서의 증거능력 인정요건의 변천에 대해 간단히 살펴본다.

1) 제정 당시(시행 1954. 5. 30., 법률 제341호)

제정 형사소송법은 제312조에서 수사기관 작성 조서는 원진술자에 대한 구분 없이 성립의 진정(이하 '진정성립'이라 한다.)에 대한 원진술자의 인정을 증거능력 인정의 요건으로 삼으면서, 그 예외로서 단서를 두어 사법경찰관 작성 피의자신문조서는 원진술자인 피고인 또는 변호인의 내용인정을 증거능력 인정요건으로 하였다.

여기에서 진정성립이란 조서가 법정의 방식으로 작성되고 그 기재내용이 원진술자가 진술한 내용과 동일함을 말하는 것이고, 내용인정이란 원진술자 또는 변호인이 조서의 기재내용이 사실임을 인정하는 것을 말한다. 즉 원진술자가 진정성립을 인정한다는 것은 조서에 기재된 내용이 원진술자의 진술내용과 동일함을 의미할 뿐 그 내용이 사실임을 인정하는 것은 아니지만, 원진술자가 내용인정을 한다는 것은 조서에 기재된 내용이 사실임을 인정하는 것이다. 따라서 원진술자인 피고인이 자신의 범행에 대한 자백이 기재된 피의자신문조서의 내용을 인정한다고 하는 것은 곧 법정에서 자백한 것을 의미하는 것으로, 피고인이 법정자백을 하지 아니하는 이상 사법경찰관이 작성한 조서로서 피고인의 자백이 기재된 조서의 내용을 인정할 리도 없다.

이처럼 제정 형사소송법은 원진술자인 피고인이 된 피의자를 상대로 사법경찰관이 작성한 피의자신문조서는 피고인의 법정자백이 없는 이상 증거로 사용될 수 없도록 하였고, 사법경찰관 작성 진술조서 및 검사작성 피의자신문조서·진술조서는 원진술자의 진정성립 인정으로 증거능력이 인정될 수 있게 하였다고 하겠다.

2) 제1차 개정시(시행 1961. 9. 1., 법률 제705호)

제1차 개정시 형사소송법은 제312조를 제1항과 제2항으로 분리하여 제1항은 검사가 작성한 조서의 증거능력을 규정하고, 제2항은 사법경찰관이 작성한 피의자신문조서의 증거능력을 규정하였다. 제1항은 검사작성 조서의 증거능력 인정요건으로 원진술자에 의한 진정성립 인정을 두면서, 그 단서에서 피고인이 원진술자인 피의자신문조서는 특히 신빙할 수 있는 상태(이하 '특신상태'라 한다.)가 증명되면 피고인이 진정성립을 부인하여도 증거능력이 인정된다는 예외를 두었다. 제정 형사소송법은 원진술자의 진정성립 부인시에는 이를 대체 증명할 방법이 없었지만, 제1차 개정 형사소송법은 검사작성 조서의 경우 원진술자의 진정성립 부인시 대체증명 수단으로 특신상태를 둔 것이다. 이에 비하여 제2항은 사법경찰관 작성 피의자신문조서의 증거능력 인정요건으로 여전히 내용인정만을 두었다.

한편 당시 대법원은 진정성립을 형식적 진정성립과 실질적 진정성립으로 나누어 전자는 조서가 법정방식으로 작성되었다는 것을, 후자는 조서의 기재내용이 원진술자가 진술한대로 기재되어 있다는 것을 의미한다면서, 형식적 진정성립이 증명되면 실질적 진정성립은 추정된다고 하여 진정성립에 대한 검사의 증명부담을 상당히 완화하였다. 하지만 대법원은 이후 태도를 변경하여 검사작성 조서에 대해 실질적 진정성립을 따로 증명할 것을 요구하였다. 그리고 대법원은 사법경찰관이 작성주체이고 피고인과 공범관계에 있는 다른 피고인·피의자가 원진술자인 피의자신문조서의 내용인정 주체는, 원진술자가 아닌 피고인이라 함으로써 피고인의 법정자백이 없는 이상 그러한 피의자신문조서의 증거능력은 인정될 수 없게 하였다.[406]

3) 제18차 개정시(시행 2008. 1. 1., 법률 제8496호)

제18차 개정시 형사소송법은 제312조의 구조를 현행 형사소송법과 같이 작성주체와 원진술자에 따라 항을 구분하는 형태로 개정하였다. 제1항 및 제2항은 검사가 작성주체이고 피고인이 원진술자인 조서에 대해, 제3항은 검사 외 수사기관(이하에서는 기술의 편의상 '사법경찰관'이라 한다)이 작성주체이고 피고인이 원진술자인 피의자신문조서에 대해, 제4항은 검사 또는 사법경찰관이 작성주체이고 피고인 아닌 자가 원진술자인 조서에 대해, 제5항은 수사과정에서 작성된 것으로서 피고인 또는 피고인 아닌 자가 원진술자인 진술서에 대해 규정하였다.

① 검사가 작성주체이고 피고인이 원진술자인 조서

제18차 개정 형사소송법상 검사가 작성주체이고 피고인이 원진술자인 조서의 증거능력 인정요건은 '① 적법한 절차와 방식에 따른 작성, ② 원진술자인 피고인의 실질적 진정성립 인정 또는 형사소송법에 따라 제작된 영상녹화물에 의한 증명, ③ 특신상태'이었다. 당시 제312조 제1항은 형식적 진정성립은 "적법한 절차와 방식에 따라 작성"으로, 실질적 진정성립은 "진술한 내용과 동일하게 기재되어 있음"으로 규정하였는데, 적법한 절차와 방식에 따랐는지 여부는 조서의 외견만으로도 1차적인 확인이 가능하지만 실질적 진정성립은 원진술자의 부인시 여전히 증명할 방법이 마땅치 아니하다는 점에서 영상녹화물을 대체증명 수단으로 두게 되었다.

이 경우 원진술자는 피고인이어서 이미 재정한 상태에 있으므로 직접심리가 가능하고, 피고인이 원진술자인 자기 자신에 대하여 반대신문을 한다는 것은 무의미하므로 증거능력 인정요건으로 반대신문의 기회를 따로 규정할 필요가 없었다는 점도 참고할만하다.

② 사법경찰관이 작성주체이고 피고인이 원진술자인 피의자신문조서

제18차 개정 형사소송법 상 사법경찰관이 작성주체이고 피고인이 원진술자인 피의자신문

406) 대법원 2004. 7. 15. 선고 2003도7185 전원합의체 판결.

조서의 증거능력 인정요건은 '① 적법한 절차와 방식준수, ② 원진술자인 피고인 또는 변호인의 내용인정'이었다. 내용인정이 증거능력 인정요건이고 그 주체가 피고인이라는 점에서, 사법경찰관이 작성한 피의자신문조서는 신뢰성이 박약하므로 피고인이 법정자백을 하지 아니하는 이상 증거능력을 부정한다는 제정 형사소송법의 태도를 그대로 유지한 것이다.

③ 검사·사법경찰관이 작성주체이고 피고인 아닌 자가 원진술자인 조서

제18차 개정 형사소송법 상 검사·사법경찰관이 작성주체이고 피고인 아닌 자가 원진술자인 조서의 증거능력 인정요건은 '① 적법한 절차와 방식준수, ② 원진술자의 실질적 진정성립 인정 또는 형사소송법에 따라 제작된 영상녹화물에 의한 증명, ③ 피고인 또는 변호인의 원진술자에 대한 반대신문권 보장, ④ 특신상태'이었다. 이는 검사가 작성주체이고 피고인이 원진술자인 조서의 증거능력 인정요건에 피고인의 반대신문권 보장을 더한 것으로, 직접심리와 반대신문의 보장 요구를 다 갖춘 것이라 할 수 있다.

④ 수사과정에서 작성한 진술서

수사과정 작성 진술서의 증거능력 인정요건은 수사기관 작성 조서의 증거능력 인정요건과 동일하도록 규정했는데, 이는 수사기관이 피의사실에 대한 문답을 하였음에도 조서를 작성하지 아니하고 원진술자에게 진술서를 작성하도록 함으로써 증거능력 인정요건을 완화하고자 하는 불순한 시도를 미연에 방지하기 위함이라 할 수 있다.

4) 제38차 개정시(시행 2022. 1. 1., 법률 제16924호)

제38차 개정시 형사소송법은 제312조 제1항의 적용대상을 검사가 작성주체이고 원진술자가 피고인인 피의자신문조서로 변경하고, 증거능력 인정요건을 '① 적법한 절차와 방식준수, ② 원진술자인 피고인 또는 변호인의 내용인정'으로 규정하였으며 대체증명을 규정하고 있던 제2항을 삭제하였다. 검사가 작성주체이든 사법경찰관이 작성주체이든 원진술자가 피고인인 피의자신문조서는 피고인의 법정자백 없이는 증거로 사용될 수 없게 된 것이다.

나아가 대법원은 검사가 작성주체이고 피고인과 공범관계에 있는 다른 피고인이나 피의자가 원진술자인 피의자신문조서의 내용인정 주체 또한 원진술자가 아닌 피고인이라 함으로써 피고인의 법정자백이 없는 이상 그 증거능력은 인정될 수 없게 하였다.[407] 이로써 피고인 또는 피고인과 공범관계에 있는 자가 원진술자인 피의자신문조서는, 검사가 작성하였든 사법경찰관이 작성하였든 피고인의 법정자백 없이는 증거능력을 인정받을 수 없게 된 것이다.

개정 형사소송법은 제312조 제3항 내지 제5항은 종전과 다름없이 그대로 유지하였다.

407) 대법원 2023. 6. 1. 선고 2023도3741 판결.

(나) 원진술자가 피고인인 피의자신문조서(제312조 제1항 및 제3항)

형사소송법 제312조 제1항 및 제3항은 검사, 사법경찰관이 작성한 피의자신문조서로서 원진술자가 피고인인 경우, '① **적법한 절차와 방식에 따른 작성**과 ② 공판정에서 **원진술자**인 피고인 또는 변호인의 **내용인정**'을 증거능력 인정요건으로 규정하고 있다.

비록 명시되어 있지는 아니하지만 형사소송법 제312조 제4항과의 관계에 비추어 ③ 피고인의 진술에 의하여 실질적 진정성립이 인정될 것, ④ 특신상태가 증명될 것 또한 이러한 피의자신문조서의 증거능력 인정요건으로 볼 수도 있다. 하지만 형사소송법은 원진술자가 피고인인 피의자신문조서는 피고인이 조서에 기재된 내용이 진실임을 인정한 경우에 한하여 증거능력을 인정하도록 규정하고 있고, 대법원은 피고인이 **법정에서 혐의를 부인하는 이상 증거동의를 하였다 하더라도 조서의 내용을 인정한 것이라 할 수 없다**고 하고 있어서,[408] 피고인이 법정자백을 하지 아니하는 이상 원진술자가 피고인인 피의자신문조서의 증거능력은 인정될 수 없다. 더구나 피고인이 법정자백을 하면 자백 자체에 증거능력이 인정되고, 법정자백을 하면서 피의자신문조서의 실질적 진정성립이나 특신상태를 부인하는 경우는 극히 이례적이라 할 수 있다. 따라서 원진술자가 피고인인 피의자신문조서의 증거능력 인정요건으로서 ③과 ④의 의미는 거의 없고, 그 구체적인 내용은 원진술자가 피고인이 아닌 조서의 증거능력 인정요건에서의 내용과 크게 다르지도 아니하므로 여기서는 생략한다.

1) 적용범위

형사소송법 제312조 제1항 및 제3항은 검사 또는 검사 외 수사기관이 작성주체이고, 피고인이 원진술자인 피의자신문조서에 적용된다.

① 수사기관 작성

검사 외 수사기관에 수사처검사, 사법경찰관, 특별사법경찰관이 포함되는 것은 당연하다. 나아가 대법원은 사법경찰리[409]와 외국의 권한있는 수사기관도 포함된다는 입장인데[410] 이들을 작성주체에 포함시킴으로서 증거능력 인정요건이 완화되어 있는 형사소송법 제313조의 적용을 받지 아니하도록 하려는 것이라 생각된다.

수사기관이 작성하였다는 것은 피의자신문의 현장에 **실제로 참여하여 신문에 관여**하여야 함을 의미한다. 검사 작성 조서의 증거능력 인정요건이 다른 수사기관에 비해 완화되어 있었던

408) 대법원 2023. 4. 27. 선고 2023도2102 판결.
409) 대법원 1982. 12. 28. 선고 82도1080 판결.
410) 대법원 2006. 1. 13. 선고 2003도6548 판결.

과거에는 검사의 지시를 받았다 하더라도 검찰주사가 단독으로 신문하고 검사가 신문현장에 임장하지 아니하였거나, 조사 직후 검사가 피고인에게 개괄적으로 질문한 것만으로는 검사가 작성하였다고 볼 수 없다는 판례가 있었다.[411] 현행법상 수사기관 사이의 증거능력 인정요건에는 차이가 없지만 작성주체로서 조서에 기재된 수사기관은 직접 피의자를 신문하면서 피의자신문조서를 작성하여야만 적법한 절차와 방식에 따른 것으로 볼 수 있고, 또 실제로 그러한 원칙을 준수하여야 할 것이다.

② 피고인이 원진술자

피고인이 원진술자여야 한다. 형사소송법 제312조 제1항 및 제3항은 내용인정의 주체를 '그 피의자였던 피고인'으로 명시하고 있고, 형사소송법 제312조 제4항은 '피고인 아닌 자'가 원진술자인 조서로 명시하고 있기 때문이다. 다만 종래 대법원은 사법경찰관이 작성한 피의자신문조서로서 공동피고인인 공범이 원진술자인 경우와[412] 공동피고인 아닌 공범이 원진술자인 경우에도 제312조 제3항이 적용되고,[413] 이때의 공범에는 임의적 공범은 물론 필요적 공범도 포함된다는 입장이었다.[414] 이는 과거 제312조 제3항의 적용범위를 널리 인정하였던 통설의 입장에 따른 것으로, 제312조 제3항의 문언인 '그 피의자였던 피고인'에 문리해석상으로는 공범인 공동피고인이 포함된다고 보기는 어렵지만, 그럼에도 종래의 통설은 사법경찰관의 조사과정에서 고문이 만연하였던 우리나라의 역사적 경험을 직시하여 사법경찰관 작성 피의자신문조서의 증거능력 인정요건을 강화할 필요가 있고, 공범은 상호 책임전가적인 진술을 할 위험성이 크다는 이유로 공범인 공동피고인이 원진술자인 사법경찰관 작성 피의자신문조서에 대해서는 제312조 제3항이 적용된다는 목적론적 해석을 하였던 것이다. 나아가 대법원은 양벌규정에 따른 행위자와 사업주 간의 관계도 적어도 중요한 부분에서 내용상 불가분적 관련성을 갖고 있다는 점에서 공범인 공동피고인과 유사하므로 구법 제312조 제3항이 적용된다고 하였다.[415]

현행법상 검사 작성 피의자신문조서의 증거능력 인정요건은 사법경찰관 작성 피의자신문조서의 증거능력 인정요건과 동일해졌고, 대법원은 종래의 태도를 유지하여 현행법 하에서 검사가 작성주체인 경우에도 **대향범, 집합범 등 필요적 공범을 포함한 공범인 공동피고인이 원진술자인 피의자신문조서에 대해서는 제312조 제1항이 적용된다는 입장**을 취하고 있다.[416] 형사소송

411) 대법원 2003. 10. 9. 선고 2002도4372 판결.
412) 대법원 1986. 11. 1. 선고 86도1783 판결.
413) 대법원 2010. 1. 28. 선고 2009도10139 판결.
414) 대법원 1996. 7. 12. 선고 96도667 판결.
415) 대법원 2020. 6. 11. 선고 2016도9367 판결.
416) 대법원 2023. 6. 1. 선고 2023도3741 판결.

법 제312조 제1항의 적용범위에 대한 변천과정에 비추어 생각해 볼 때, 향후 유사한 사안이 발생할 경우 법원은 제312조 제1항 및 제3항을 널리 적용할 것으로 보인다.

③ 피의자신문조서의 실질을 가진 서면

원진술자가 피고인인 이상 그 실질이 피의자신문조서와 동일하다면 서면의 유형에 관계없이 제312조 제1항 또는 제3항이 적용된다. 피의자신문조서가 아님에도 제312조 제1항 또는 제3항이 적용되는 예로는, 사법경찰관이 작성한 검증조서 중 피의자였던 피고인이 사법경찰관 면전에서 자백한 범행내용을 현장에 따라 진술·재연한 내용이 기재된 부분 및 그 재연 과정을 촬영한 사진이 첨부된 부분,417) 압수조서 중 피의자였던 피고인이 자백한 부분,418) 공소제기 후 검사가 피고인을 상대로 작성한 진술조서, 수사기관이 실질적으로는 피의자로 인지하였으나 형식적으로는 입건하지 아니한 채 그를 상대로 작성한 진술조서 등이 있다.

나아가 대법원은 변호인이 제출한 의견서 중 피의자신문조서 상 피의자였던 피고인의 자백을 인용한 부분에 대해서도 형사소송법 제312조 제1항 또는 제3항이 적용된다고 하였다.419) 그 실질이 피의자신문조서라면 수사기관 작성 조서는 물론 그 외의 서면이라 할지라도 제312조 제1항 또는 제3항이 적용된다는 것이다.

2) 적법한 절차와 방식에 따른 작성

① 의의

적법한 절차와 방식에 따른 작성이란 형사소송법 제241조 내지 제245조 등에 명시된 피의자신문시의 절차관련 규정 및 피의자신문조서 작성시의 방식관련 규정의 준수를 의미한다. 이에는 수사기관·피의자 측 참여인의 참여, 인정신문과 권리고지, 수사기관과 피의자의 문답 및 변호인의 관여, 피의자의 조서기재내용 확인 및 수사과정 확인서의 작성, 신문의 시간적 한계 준수 등이 들어가는바, 그 구체적인 내용은 대인적 수사에서 이미 살펴본 바와 같다.420)

대법원이 적법한 절차와 방식의 위반으로 본 예로는, 조서에 피의자의 서명날인 및 간인이 없는 경우,421) 피의자의 기명만이 있고 날인이나 무인이 없는 경우,422) 피고인이 서명이나 날인을 거부하고 그 내용이 조서에 기재된 경우,423) 검사의 서명날인이 누락된 경우,424) 진술

417) 대법원 2006. 1. 13. 선고 2003도6548 판결.
418) 대법원 2024. 5. 30. 선고 2020도16796 판결.
419) 대법원 2024. 5. 30. 선고 2020도16796 판결.
420) 236페이지 참조.
421) 대법원 1992. 6. 23. 선고 92도954 판결.
422) 대법원 1981. 10. 27. 선고 81도1370 판결.
423) 대법원 1999. 4. 13. 선고 99도237 판결.
424) 대법원 2001. 9. 28. 선고 2001도4091 판결.

거부권 행사 여부에 대한 피의자의 답변이 자필로 기재되어 있지 않거나 답변 부분에 피의자의 기명날인 또는 서명이 누락된 경우[425] 등이 있다.

② 위반의 효과

적법한 절차와 방식의 준수는 조서의 증거능력 인정에 있어 독자적인 요건이므로, 피고인이 진정성립과 진술의 임의성을 인정한다 하더라도 절차와 방식에 있어 하자있는 피의자신문조서의 증거능력은 부정된다.[426]

다만 피고인의 방어권 보장을 위한 수단으로서의 절차·방식의 위반에 대한 하자는 피고인의 증거동의가 있으면 치유될 수 있다. 치유될 수 있는 하자의 예로는, 조서말미의 서명날인, 간인 등을 들 수 있다. 그러나 절차 또는 방식이 그 자체로서 피고인의 방어권에 대한 실질적인 내용을 담고 있다면 그에 대한 하자는 증거동의로 치유될 수 없다. 그러한 예로는, 진술거부권의 고지 및 그 확인방법,[427] 수사과정확인서의 작성 및 그 확인방법 등을 들 수 있다. 이렇듯 중요한 절차 또는 방법의 위반에 대해서는 형사소송법 제312조 제1항 또는 제3항뿐만 아니라 위법수집증거배제법칙이 직접 또는 유추적용되어 증거동의의 효력이 부정되는 것으로 이해할 수 있다.

3) 원진술자인 피고인 또는 변호인의 내용인정

공판정에서 원진술자인 당해 사건의 피고인 또는 변호인이 조서에 기재된 내용이 실제 사실과 부합한다는 것을 인정하여야 한다. 다만 대법원은 공범이 원진술자인 경우에도 제312조 제1항 또는 제3항이 적용된다는 입장이므로,[428] 이 경우 내용인정의 주체는 원진술자가 아닌 당해 사건의 피고인 또는 변호인이다.

내용의 인정은 피고인 또는 변호인의 진술에 의하여 실질적이고 확정적으로 이루어져야 한다. 따라서 제1심의 증거목록상 피고인이 검사작성 피의자신문조서에 대하여 증거동의를 한 것으로 기재되어 있다 하더라도 피고인이 제1심에서 공소사실을 부인하고 있다면 그 내용을 인정한 것이라 할 수 없고 따라서 그 조서의 증거능력은 부정된다.[429] 또한 피고인이 피의자신문조서가 탄핵증거로 사용되는데 대하여 증거동의를 하였다 하더라도, 피고인이 공판기일에서 그 조서의 기재내용과 실질적으로 다른 사실을 주장하고 있다면, 그 조서는 탄핵증거로도 사용될 수 없다.[430]

425) 대법원 2013. 3. 28. 선고 2010도3359 판결.
426) 대법원 2001. 9. 28. 선고 2001도4091 판결.
427) 대법원 2013. 3. 28. 선고 2010도3359 판결.
428) 대법원 1986. 11. 1. 선고 86도1783 판결; 대법원 2010. 1. 28. 선고 2009도10139 판결.
429) 대법원 2023. 4. 27. 선고 2023도2102 판결.

(다) 원진술자가 피고인이 아닌 피의자신문조서·진술조서(법 제312조 제4항)

형사소송법 제312조 제4항은 수사기관이 작성한 조서로서 피고인 아닌 자가 원진술자인 경우, '① **적법한 절차와 방식**에 따른 작성, ② **원진술자**의 **실질적 진정성립 인정** 또는 형사소송법에 따라 제작된 **영상녹화물**이나 그 밖의 객관적인 방법에 의한 실질적 진정성립의 증명, ③ 피고인 또는 변호인의 원진술자에 대한 **반대신문권** 보장, ④ 원진술 당시의 **특신상태** 증명'을 증거능력 인정요건으로 규정하고 있다.

한편 형사소송법 제314조에 따라 제312조 제4항의 경우 원진술자가 사망 등의 이유로 공판정에 출석할 수 없다는 사실 및 원진술이 특신상태 하에서 이루어졌다는 사실이 증명되면, ② 및 ③의 요건이 충족되지 아니하더라도 당해 전문증거의 증거능력을 인정할 수 있다. 형사소송법 제314조에 대한 자세한 설명은 후술한다.[431]

1) 적용범위

형사소송법 제312조 제4항은 수사기관이 작성한 것으로서 원진술자가 피고인이 아닌 피의자신문조서와 진술조서에 적용된다. 또한 서면의 유형과 관계없이 그 실질이 원진술자가 피고인이 아닌 피의자신문조서와 진술조서에 해당한다면 이에 대해서도 적용된다.

다만 위에서 살펴본 것과 같이 대법원은 피고인의 공범이 원진술자인 피의자신문조서에 대해서는 형사소송법 제312조 제1항 또는 제3항을 적용하여 제312조 제4항의 적용범위를 축소하고 있다.

2) 적법한 절차와 방식에 따른 작성

피의자신문조서 또는 진술조서의 작성 절차와 방식에 대한 형사소송법의 관련규정을 따라야 한다. 피의자신문조서인 경우에는 수사기관·피의자 측 참여인의 참여, 인정신문과 권리고지, 수사기관과 피의자의 문답 및 변호인의 관여, 피의자의 조서기재내용 확인 및 수사과정 확인서의 작성, 신문의 시간적 한계 준수 등을 지켜야 한다. 진술조서인 경우에는 참고인 측 참여인의 참여, 인정신문, 일정한 경우 피해자 변호사의 관여, 참고인의 조서기재내용 확인 및 수사과정 확인서의 작성, 참고인 진술의 시간적 한계 준수 등을 지켜야 하는바, 그 구체적인 내용은 이미 살펴본 바와 같다.[432]

적법한 절차와 방식의 준수는 이러한 조서에 대해서도 독립적인 증거능력 인정요건으로

430) 대법원 2022. 10. 14. 선고 2022도9284 판결.
431) 597페이지 참조.
432) 236, 243페이지 참조.

서, 원진술자가 실질적 진정성립을 인정한다 하더라도 적법한 절차와 방식에 있어 하자있는 조서의 증거능력은 부정된다.

3) 원진술자의 실질적 진정성립의 인정 또는 객관적 방법에 의한 증명

① 실질적 진정성립의 의미

실질적 진정성립이란 원진술자가 적극적으로 진술한 내용은 반드시 조서에 기재되어 있고 진술하지 아니한 내용은 조서에 기재되어 있지 아니함을 말한다.433) 조서는 녹취록이 아니므로 원진술자가 진술한 모든 내용을 빠짐없이 기재할 수는 없으나, 원진술자가 혐의를 부인하면서 그 근거로서 진술한 내용처럼 원진술자가 적극적으로 진술한 내용은 조서에 반드시 기재되어야 한다. 또한 원진술자가 진술하지 아니한 내용을 조서에 기재하는 것은 당연히 허용될 수 없다.

실질적 진정성립은 공판준비 또는 공판기일에서의 원진술자의 진술이나, 형사소송법과 형사소송규칙에 규정된 방식과 절차에 따라 제작되어 조사·신청된 영상녹화물 또는 그에 준하는 객관적 방법에 의해 합리적인 의심을 배제할 수 있을 정도로 증명되어야 한다.434)

② 원진술자의 인정

ⓐ 인정주체

실질적 진정성립의 인정주체는 원진술자이다. 따라서 원진술자가 아닌 피고인이 실질적 진정성립을 인정한 경우에는, 이를 그 조서에 대한 증거동의로 볼 수 있지 않는 한 그 증거능력을 인정할 수 없다.435) 반면 원진술자가 실질적 진정성립을 인정한 이상 피고인이 그 내용을 부인하여도 증거능력 인정에는 영향이 없다.

한편 실질적 진정성립을 인정한 원진술자가 조서기재 내용은 사실이 아니라면서 그와 다른 내용으로 진술하더라도 그 진술조서의 증거능력은 인정된다.436) 이러한 경우에는 서로 다른 내용의 진술조서와 법정증언에 대해 모두 증거능력이 인정되고, 어떤 증거의 증명력을 더 높게 평가할지 여부는 자유심증주의에 따라 경험칙과 논리칙의 한계 내에서 법관의 재량에 맡겨지게 된다.

ⓑ 의사표시의 정도

원진술자의 실질적 진정성립 인정은 실질적이고 확정적이어야 한다. 따라서 원진술자가

---

433) 대법원 2019. 11. 28. 선고 2013도6825 판결.
434) 대법원 2022. 6. 16. 선고 2022도364 판결.
435) 대법원 1983. 8. 23. 선고 83도196 판결.
436) 대법원 1985. 10. 8. 선고 85도1843 등 판결.

당해 진술조서의 내용을 열람하거나 고지 받아 이를 충분히 숙지한 다음 그 기재내용이 수사기관에서의 진술내용과 동일하다고 인정한 경우에 한하여 실질적 진정성립의 인정이 이루어졌다 할 수 있다.[437] 피고인이 실질적 진정성립에 대하여 이의를 제기하지 않았다거나, 조서의 작성절차와 방식에 대하여 적법성을 인정하였다는 이유만으로 실질적 진정성립까지 인정한 것으로 볼 수는 없다.

이러한 기준에 따라 대법원은 증인으로 출석하여 검사로부터 진술조서를 제시받았을 뿐 그 내용을 열람하거나 고지 받지 아니한 상태에서 '수사기관에서 사실대로 진술하고 진술한 대로 기재되어 있는지 확인하고 서명무인하였다'는 취지로 증언한 경우,[438] 수사기관에서 진술한 내용은 틀림없다는 취지의 증언을 하였을 뿐, 조서기재 내용이 진술한 것과 동일하다는 증언을 하지 아니한 경우[439]에는 원진술자가 실질적 진정성립을 인정한 것으로 볼 수 없다고 하였다.

ⓒ 조서 중 일부에 대한 실질적 진정성립의 인정

피의자나 피의자 아닌 자의 진술을 기재한 조서 중 일부에 관하여만 원진술자가 공판준비 또는 공판기일에서 실질적 진정성립을 인정하는 경우, 법원은 진술한 대로 기재되어 있다고 하는 부분에 한하여 증거능력을 인정하여야 하고, 그밖에 실질적 진정성립이 부정되는 부분에 대하여는 증거능력을 인정하여서는 아니 된다.[440]

ⓓ 실질적 진정성립 인정 후 번복

원진술자는 진정성립을 인정했다 하더라도 원칙적으로 증거조사가 완료되기 전까지는 이를 번복할 수 있다. 다만 최초의 진술에 중대한 하자가 있고 그에 관하여 원진술자에게 귀책사유가 없는 경우에는 증거조사절차가 완료된 뒤에도 예외적으로 그 진술을 취소할 수 있다.

원진술자의 진정성립 인정에 대한 번복이 인용될 경우, 법원은 이에 대해 증거배제결정을 내림으로써 그 조서를 유죄인정의 자료에서 배제하여야 한다.[441]

ⓔ 실질적 진정성립의 인정이 이루어진 공판절차의 하자

공판절차가 위법한 경우에는 그 절차에서 이루어진 일체의 소송행위는 모두 무효가 된다. 따라서 위법한 공판절차에서 실질적 진정성립의 인정되었다 할지라도 조서의 증거능력은 인정될 수 없다. 예를 들어 필요적 변호사건의 공판절차에서 변호인 없이 증인신문이 이루어지고, 피해자인 원진술자가 그 증인신문절차에서 자신이 원진술자인 수사기관작성 진술조서의 실질

437) 대법원 1994. 11. 11. 선고 94도343 판결.
438) 대법원 2013. 8. 14. 선고 2012도13665 판결.
439) 대법원 1979. 11. 27. 선고 76도3962 판결.
440) 대법원 2005. 6. 10. 선고 2005도1849 판결.
441) 대법원 2008. 7. 10. 선고 2007도7760 판결.

적 진정성립을 인정했다 하더라도, 증인신문절차의 하자로 인하여 그 조서의 증거능력은 인정될 수 없는 것이다.[442)]

② 형사소송법상 영상녹화물 또는 그에 준하는 객관적 방법에 의한 증명

원진술자가 실질적 진정성립을 부인한 경우, 검사는 영상녹화물 기타 객관적 방법에 의하여 대체증명을 할 수 있다.

ⓐ 영상녹화물

영상녹화물은 형사소송법 및 형사소송규칙에 규정된 방식과 절차에 따라 제작된 영상녹화물을 의미한다. 전문증거의 증거능력 인정은 공판중심주의, 구두변론주의 및 직접심리주의의 예외로서 그 요건 규정은 엄격히 해석·적용하여야 하는바, 형사소송법과 형사소송규칙은 수사절차상 조서작성시의 영상녹화물의 제작에 대하여 엄격한 규정을 두고 있기 때문이다.[443)]

ⓑ 그 밖의 객관적인 방법

"그 밖의 객관적인 방법"의 의미에 대해서는 영상녹화물과 같이 과학적, 기계적 특성을 가지는 객관적 형태의 증거방법으로 제한된다는 견해[444)]와, 과학적, 기계적 방법에 한정되지 아니하고 원진술자와 수사기관 외 객관적인 제3자의 진술도 포함된다는 견해[445)]가 있다. 대법원은 그 밖의 객관적인 방법이란 영상녹화물에 준할 정도로 피고인의 진술을 과학적·기계적·객관적으로 재현해 낼 수 있는 방법만을 가리키고, 조사관 또는 조사과정에 참여한 통역인, 변호인 등의 증언은 이에 해당한다고 볼 수 없다는 입장이다.[446)]

영상녹화물을 형사소송법 및 형사소송규칙의 규정에 따라 제작된 것으로 제한하여 정의하는 한, 영상녹화물에 해당하지 아니하는 영상물 또는 녹음물 등을 '그에 준하는 객관적 방법'에 해당한다고 할 수는 없다. 또한 사람의 진술은 영상녹화물에 준하는 정도의 정확성이 담보되지 아니하므로 '그에 준하는 객관적 방법'에 포함된다고 할 수 없고, 설령 포함된다고 하더라도 그로써 영상녹화물에 준하는 정도의 정확성을 담보할 수 없는 만큼 실질적 진정성립을 증명할 수는 없다. 그렇다면 '그에 준하는 객관적 방법'에 의해 실질적 진정성립을 증명한다는 것은 현재로서는 사실상 화중지병이라고 생각된다.

---

442) 대법원 1999. 4. 23. 선고 99도915 판결.
443) 대법원 2022. 7. 14. 선고 2020도13957 판결.
444) 이/김 678; 이주원 538; 이창현 905.
445) 정/최/김 650.
446) 대법원 2016. 2. 18. 선고 2015도16586 판결.

4) 반대신문권의 보장

① 의의

반대신문권의 보장이란 피고인 또는 변호인이 진술의 증명력에 대한 탄핵을 목적으로 증인으로 출석한 원진술자에게 증인신문을 할 **실질적 기회가 주어짐**을 의미한다. 따라서 반대신문권이 보장되었는지 여부는 피고인에게 그러한 기회가 주어졌는지로 결정되는 것이지, 피고인이 실제로 반대신문을 하였는지 여부로 결정되는 것이 아니다.

② 보장의 정도

반대신문의 기회보장은 형식적, 절차적인 것에 그쳐서는 아니 되고 실질적, 효과적이어야 한다.[447] 따라서 원진술자인 피해자가 변호인의 반대신문을 일부 남겨둔 상황에서 속행된 증인신문기일에 출석하지 않고 이후 소재불명이 되어 피고인 측이 신문하지 못한 경우 반대신문권 보장의 흠결로 인하여 수사기관이 작성한 조서의 증거능력은 인정될 수 없다.[448]

원진술자가 **진정성립 인정 후 반대신문에 답변하지 않고 묵비한 경우** 조서의 증거능력 인정 여부에 대해, 종래 대법원은 반대신문에 묵비했다는 사유만으로 곧 증거능력이 부정되는 것은 아니라는 입장이었으나,[449] 이후 증인이 반대신문에 묵비한 것이 피고인 또는 변호인에게 책임 있는 사유에 기인한 것이 아닌 경우라면 관계 법령의 규정, 증인의 특성, 기타 공판절차의 특수성에 비추어 이를 정당화할 수 있는 특별한 사정이 존재하지 아니하는 이상, 실질적인 반대신문의 기회가 부여되지 아니한 것으로서 그 수사기관 작성 진술조서는 물론 증인신문조서의 증거능력도 인정할 수 없다고 하였다. 다만 대법원은 그러한 하자는 피고인의 명시적 의사에 의한 **책문권 포기로 치유**될 수 있다고 한다.[450]

한편 원진술자가 실질적 진정성립을 부인하여 대체증명에 의해 실질적 진정성립이 증명된 경우에도, 반대신문권의 보장은 여전히 증거능력 인정요건으로서 요구된다. 이 경우에도 반대신문권은 실질적이고 효과적으로 보장되어야 한다.

5) 원진술 당시의 특신상태

① 의의

특신상태란 원진술이 이루어진 시점에서 진술, 조서작성, 서류작성에 **허위개입**의 여지가 거의 없고 진술내용의 **신빙성과 임의성**을 담보할 **구체적 외부적 정황**이 있는 경우를 말한다. 전

447) 대법원 2019. 11. 21. 선고 2018도13945 전원합의체 판결.
448) 대법원 2022. 3. 17. 선고 2016도17054 판결.
449) 대법원 2001. 9. 14. 선고 2001도1550 판결.
450) 대법원 2022. 3. 17. 선고 2016도17054 판결.

문은 법정 외 진술이므로 형사소송법은 제312조 제4항, 제313조, 제316조 등에서 특신상태를 각 전문증거의 증거능력 인정요건으로 명시하여, 원진술이 이루어진 상황이 적법절차에 따른 법정에서의 진술 상황에 준할 정도에 이르지 아니하는 한 증거능력을 부정하도록 하고 있다.

한편 형사소송법 제311조, 제312조 제1항 및 제3항, 제315조는 특신상태를 증거능력 인정의 요건으로 명시적으로 규정하고 있지는 아니하다. 하지만 제311조와 제315조는 특신상태가 당연히 인정되는 것을 전제로 하고 있고, 제312조 제1항은 피고인의 내용인정을 증거능력 인정요건으로 명시하고 있어 특별한 경우 외에는 특신상태의 인정 여부는 표면상 드러나지 않는 내재적 요건으로 기능하고 있다. 그렇다면 특신상태는 전문증거의 증거능력 인정을 위한 일반적인 요건이라 해도 무방할 것이다.

② 증명의 방법과 정도

특신상태는 조서의 증거능력 인정요건으로 소송절차에 관한 것이므로 자유로운 증명의 대상이 되고, 유죄판결의 증거로 사용되는 이상 그 증명의 정도는 합리적 의심의 여지를 배제할 정도에 이르러야 한다. 따라서 검사는 자유로운 증명의 방법으로 원진술이 특신상태 하에서 이루어졌음을 합리적 의심의 여지를 배제할 정도로 증명하여야 한다.[451)]

③ 구체적인 판단기준

특신상태의 인정 여부는 원진술의 내용과 그러한 진술이 이루어진 구체적 상황을 종합적으로 판단하여 결정해야 한다.[452)]

수사기관 작성 조서에 피의자 또는 실질적 피의자가 원진술자로서 자신의 범행을 인정하는 내용이 기재되어 있다면, 그러한 진술을 얻게 된 상황을 면밀히 살펴보아야 한다. 예를 들어 적법한 절차와 방식을 거쳐 작성된 피의자신문조서로서 변호인의 참여 후 서명 등 확인까지 마쳤다면 특별한 경우 외에는 특신상태가 인정될 것이다. 이와 관련하여 대법원은 검사가 피고인을 뇌물수수죄로 기소한 후 형사사법공조를 거치지 아니한 채 국외에서 뇌물공여자를 상대로 작성한 진술조서는 뇌물공여자가 조사에 자발적으로 응하였다 하더라도 특신상태를 인정할 수 없다고 한 바 있다.[453)]

---

451) 대법원 2017. 7. 18. 선고 2015도12981 등 판결.

452) 대법원 1983. 3. 8. 선고 82도3248 판결.

453) 대법원 2011. 7. 14. 선고 2011도3809 판결. "검찰관이 피고인의 뇌물수수 혐의와 관련하여 형사사법공조절차를 거치지 아니한 채 과테말라공화국에 현지출장하여 그곳 호텔에서 뇌물공여자인 갑을 상대로 참고인 진술조서를 작성한 사안에서, 검찰관의 갑에 대한 참고인조사가 우리나라가 아닌 과테말라공화국의 영역에 속하기는 하나, 조사의 상대방이 우리나라 국민이고 그가 조사에 스스로 응함으로써 조사의 방식이나 절차에 강제력이나 위력은 물론 어떠한 비자발적 요소도 개입될 여지가 없었음이 기록상 분명한 이상, 그 진술조서가 위법수집증거에 해당한다고 볼 수는 없으나, 갑이 자유스러운 분위기에서

수사기관 작성 조서로서 타인의 범죄사실에 대한 진술이 기재되어 있다면, 원진술자의 진술상황, 진술내용, 원진술자와 타인과의 관계, 원진술자와 타인의 범행인정 여부와의 관계 등이 주요 검토대상이 된다. 예를 들어 피의사실과는 전혀 관계없는 참고인이 자발적으로 출석하였고, 피의자의 범죄혐의 사실의 인정 여부와는 어떠한 손익관계도 없으며, 피의자와 우호적 관계에 있음이 명백함에도 피의자에게 불리한 내용의 진술을 한 경우, 특신상태는 쉽게 인정될 수 있을 것이다. 검사는 이러한 구체적이고 객관적인 사정을 통해 특신상태를 증명하여야 한다.

(라) 수사과정에서 작성한 진술서

1) 의의

진술서란 피의자, 피고인, 참고인이 범죄사실이나 그 밖의 사항에 대하여 자기 스스로 기재한 서면을 말하는 것으로, 수사과정에서 작성된 진술서의 증거능력 인정요건은 전술한 수사기관 작성 조서의 증거능력 인정요건을 준용한다(법 제312조 제5항). 수사기관이 사실상 개입하여 그 영향 하에 작성된 것이라면 진술서, 자술서, 시말서 등 서면의 형식 및 명칭과 무관하게 조서로 취급되어 제312조의 엄격한 증거능력 인정요건이 적용되는 것이다.

2) 적용범위

진술서가 **수사과정에서 작성된 것이라면 법 제312조 제5항**이 적용되지만, 수사과정에서 작성된 것이 **아니라면 법 제313조**가 적용되어 증거능력 인정요건이 상당히 완화된다. 따라서 수사과정에서 작성되었다는 의미가 중요하다.

수사개시 이전에 작성된 진술서의 경우는 수사과정에서 작성된 것이 아님은 명백하다. 수사개시 이후에 작성된 진술서는 작성 상황과 이유 등을 살펴 그 적용 여부를 결정하여야 한다. 수사기관이 피의자신문조서나 진술조서를 작성하여야 할 상황에서 이를 대신하여 원진술자가 진술서를 작성한 경우 등 수사기관의 관여에 의해 작성된 진술서는 수사과정에서 작성된 것으로 보아야 한다. 하지만 수사개시 이후에 작성된 것이라 하더라도 원진술자가 어떠한 수사기관의 관여도 없이 스스로 진술서를 작성하여 제출한 경우에는, 수사과정에서 작성된 것이 아닌 것으로 보아 형사소송법 제313조가 적용된다 함이 옳다. 후자의 경우에는 증거능력 인정요건

임의수사의 형태로 조사에 응하였고 조서에 직접 서명·무인하였다는 사정만으로는 특신상태를 인정하기에 부족할 뿐만 아니라, 검찰관이 형사사법공조절차나 과테말라공화국 주재 우리나라 영사를 통한 조사 등의 방법을 택하지 않고 직접 현지에 가서 조사를 실시한 것은 수사의 정형적 형태를 벗어난 것이라고 볼 수 있는 점 등 제반 사정에 비추어 볼 때, 그 진술이 특별히 신빙할 수 있는 상태에서 이루어졌다고 보기는 어렵다."

을 엄격하게 하여야 할 특별한 이유도 없고, 피의자에 대한 권리고지 등 그 작성에 있어 적법한 절차와 방식의 준수를 요구하는 것이 사실상 불가능한 경우가 많기 때문이다.

대법원도 같은 입장이다. 대법원은 수사개시 후 수사기관의 관여 아래 작성된 것이거나, 개시된 수사와 관련하여 수사과정에 제출할 목적으로 작성한 것으로 작성 시기와 경위 등 여러 사정에 비추어 그 실질이 수사기관의 관여로 작성된 것에 해당한다면, 그 명칭이나 작성된 장소 여부를 불문하고 수사과정에서 작성한 진술서에 해당한다고 한다. 이와 같은 기준에 따라 대법원은 수사기관 사무실이 아닌 곳에서 수사기관의 작성요구에 의하여 작성된 진술서에 대해서는 형사소송법 제312조 제5항이 적용된다고 하였다.[454] 나아가 대법원은 검사의 의뢰에 따라 수사기관 소속 진술분석관이 피해자를 면담하고 그 내용을 녹화한 영상물[455] 및 형사조정조서 중 '피의자의 주장'란에 피고인의 진술이 기재된 부분[456]에 대해서는 수사기관의 관여가 인정되므로 형사소송법 제313조가 적용되지 아니하고, 제312조를 비롯하여 전문증거로서 증거능력이 인정될 수 있는 근거 조항이 없으므로 증거능력이 부정된다 하였다.

3) 증거능력 인정요건

① 피의자였던 피고인이 원진술자인 경우

수사과정에서 작성된 진술서의 원진술자가 피의자였던 피고인인 경우, 그 증거능력 인정요건은 원진술자가 피고인인 피의자신문조서의 증거능력 인정요건(법 제312조 제1항, 제3항)과 동일하다. 따라서 이러한 진술서는 적법한 절차와 방식에 따라 작성되고, 공판정에서 원진술자인 피고인이 그 내용을 인정하면 증거능력이 인정된다.

이 경우 적법한 절차와 방식이란 문답방식의 신문이 이루어지지 아니하였다는 전제 하에서(법 제244조 제1항), 피의자신문조서의 작성시에 요구되는 절차와 방식 중 진술서의 작성에도 준용할 수 있는 성격을 가진 것을 말한다. 따라서 진술서의 작성에 있어 적법한 절차와 방식이란 작성시 참여인의 참여, 권리고지, 수사과정 확인서의 작성, 진술서 작성시 시간적 한계의 준수라 할 수 있다.

내용인정의 구체적인 내용 또한 원진술자가 피고인인 피의자신문조서에서와 동일하다.

② 피고인 아닌 자가 원진술자인 경우

수사과정에서 작성된 진술서의 원진술자가 피고인이 아닌 자인 경우, 그 증거능력 인정요건은 원진술자가 피고인이 아닌 조서의 증거능력 인정요건(법 제312조 제4항)과 동일하다. 따라

454) 대법원 2022. 10. 27. 선고 2022도9510 판결.
455) 대법원 2024. 3. 28. 선고 2023도15133 등 판결.
456) 대법원 2024. 11. 14. 선고 2024도11314 판결.

서 이러한 진술서는 적법한 절차와 방식에 따라 작성된 것으로서 원진술자에 의한 실질적 진정성립의 인정 또는 영상녹화물 등에 의한 증명, 반대신문권의 보장 및 특신상태의 증명이 있으면 증거능력이 인정된다.

여기에서 적법한 절차와 방식은 진술서에 기재된 진술이 피의자로서의 진술인지, 참고인으로서의 진술인지에 따라 달라진다. 피의자로서의 진술인 경우의 적법한 절차와 방식이란 피의자신문조서의 작성에서 요구되는 절차와 방식 중 진술서의 작성에도 준용할 수 있는 성격을 가진 것으로, 그 내용은 위에서 살펴본 바와 같다. 참고인으로서의 진술인 경우의 적법한 절차와 방식이란 진술조서의 작성에서 요구되는 절차와 방식 중 진술서의 작성에도 준용할 수 있는 성격을 가진 것으로, 이에는 참고인 측 참여인의 참여, 수사과정확인서의 작성, 진술서 작성시 시간적 한계의 준수라 할 수 있다. 대법원도 같은 입장으로, **참고인의 수사과정 진술서에는 수사과정확인서가 첨부**되어야 한다고 하고 있다.[457)]

(마) 증언번복 진술조서 및 진술서

1) 의의

증언번복 진술조서란 수사과정에서 피고인에게 불리한 진술을 한 원진술자가 공판정에 증인으로 출석하여 피고인에게 유리한 증언을 한 경우, 검사가 원진술자인 증인을 다시 참고인으로 출석시킨 후 그로부터 피고인에게 불리한 진술을 받아내어 이를 기재한 조서를 말한다. 증언번복 진술서란 증언번복 진술조서를 대신하여 원진술자인 증인이 검사의 관여 하에 작성한 진술서를 말한다.

2) 증거능력 인정 여부

증언번복을 위한 증인의 진술청취는 위법하므로 그 청취내용이 기록된 증언번복 진술조서 및 이를 대신한 증언번복 진술서의 증거능력은 부정됨이 당연하다. 하지만 대법원은 증언번복 진술조서의 증거능력을 원칙적으로 부정하면서도 **증거동의가 있으면** 증거능력이 인정될 수 있다고 한다. 대법원은 증언번복 진술조서의 증거능력을 인정하는 것은 당사자주의·공판중심주의·직접주의를 지향하는 현행 형사소송법의 소송구조에 어긋나고, 헌법 제27조에 따라 법관의 면전에서 모든 증거자료가 조사·진술되고 이에 대하여 피고인이 공격·방어할 수 있는 기회가 실질적으로 부여되는 공정한 재판을 받을 권리를 침해하는 것으로, 원진술자가 다시 법정에 출석하여 증언을 하면서 증언번복 진술조서의 **진정성립을 인정하고 피고인 측에 반대신문의 기회**

457) 대법원 2015. 4. 23. 선고 2013도3790 판결.

가 부여되었다고 하더라도 피고인의 증거동의가 없는 이상 그 증거능력은 부정된다고 한다.[458]

대법원은 증언번복 진술조서의 증거능력 인정요건에 대한 법리를 확장하여, 검사가 증언을 번복한 원진술자를 상대로 진술서를 작성하게 한 후 이를 증거로 제출한 경우,[459] 증언을 번복한 원진술자를 위증죄의 피의자로 입건하여 피의자신문조서를 작성한 후 이를 증거로 제출한 경우[460] 및 수사단계에서 진술하지 아니한 자이지만 증인으로서 법정에서 증언함이 상당한 자를 미리 수사기관에 소환하여 진술조서를 작성한 후 이를 증거로 제출한 경우[461]에도 피고인의 증거동의가 있으면 증거능력이 인정된다고 한다.

3) 검토

이러한 대법원의 태도에는 동의하기 어렵다. 증언번복 진술조서의 증거능력 부정 근거는 공정한 재판을 받을 권리 등에 대한 위헌성으로 증언번복 진술조서는 위법수집증거에 해당하고 그 때문에 전문증거로서의 증거능력 인정요건을 갖추더라도 증거능력을 인정할 수 없다는 부분은 타당하다. 하지만 대법원은 그러한 조서라 하더라도 증거동의시에는 그 증거능력을 인정할 수 있다고 하는데, 이는 곧 위법수집증거에 대해 증거동의를 하면 증거능력을 인정할 수 있다는 것이 되기 때문이다.

대법원은 증언번복 진술조서를 위법수집증거로 보면서도 그러한 위법이 피고인에 대해 직접 이루어진 것은 아니라는 점에서 소송경제 및 전문증거의 면을 고려하여 이러한 판단을 한 것이 아닌가 추론되지만, 예외는 또 다른 예외를 낳고 또 다른 예외는 결국 원칙을 무너뜨린다는 점에서 그 인정은 매우 신중하고 엄격해야 한다. 공소제기 후의 검사는 피고인과 마찬가지로 당사자로서의 지위에 있으므로, 고권적 입장에서 피고인의 방어권에 부당한 지장을 초래하는 방식의 수사를 하는 것이 허용되어서는 아니 된다. 검사가 이미 법정에서 증언한 증인을 피고인에게 유리한 내용의 증언을 했다는 이유로 자신의 사무실로 소환하는 것 자체가 용납되어서는 아니 되는 처사인 것이다.

한편 검찰은 법정출석에 앞서 증인을 검찰청으로 소환하여 사전 면담하는 제도를 운영하고 있는데, 대법원은 특별한 사정없이 검사와의 사전 면담절차를 거친 증인이 법정에서 피고인에게 불리한 내용의 진술을 한 경우, 검사가 사전 면담 과정에서 증인에 대한 회유나 압박, 답변유도나 암시 등으로 증인의 법정진술에 영향을 미치지 않았다는 점을 증명하여야만 증인의 법정

458) 대법원 2000. 6. 15. 선고 99도1108 전원합의체 판결.
459) 대법원 2012. 6. 14. 선고 2012도534 판결.
460) 대법원 2013. 8. 14. 선고 2012도13665 판결.
461) 대법원 2019. 11. 28. 선고 2013도6825 판결.

진술을 신빙할 수 있다고 하였다. 검사는 증인의 법정진술이나 면담 과정을 기록한 자료 등으로 사전면담 시점, 이유와 방법, 구체적 내용 등을 밝힘으로써 사전면담시에 증인에 대한 회유나 압박 등이 없었다는 것을 증명하여야 한다.[462]

(바) 검증조서

수사기관이 작성한 검증조서는 '① 적법한 절차와 방식에 따라 작성된 것으로서, ② 실질적 진정성립이 증명된 경우' 증거능력이 인정된다(법 제312조 제6항).

1) 적법한 절차와 방식

검증조서는 검증을 한 검사 또는 사법경찰관이 작성한다. 검증조서에는 검증의 일시·장소, 검증 경위, 작성 연월일과 이를 작성한 검사·사법경찰관의 소속공무소가 기재되어 있어야 하고, 검사·사법경찰관의 기명날인 또는 서명 및 간인이 있어야 한다(법 제57조, 수사준칙 제 43조). 검증조서에 기재된 문자는 변개되어서는 아니 되고, 삽입, 삭제 또는 난외기재에는 날인 및 그 자수의 기재가 있어야 한다. 삭제한 부분은 해득할 수 있도록 자체를 존치하여야 한다(법 제58조). 이를 준수하지 아니한 검증조서는 적법한 절차와 방식에 따라 작성된 것이 아니므로 그 증거능력이 인정될 수 없다.

2) 실질적 진정성립

공판정에서 검증조서의 작성 주체이자 원진술자인 검사 또는 사법경찰관의 진술에 의하여 그 성립의 진정함이 증명되어야 한다. 따라서 검증의 보조자 또는 참여인에 불과한 사법경찰리는 진정성립을 인정할 원진술자에 해당하지 아니한다.[463] 수사기관이 작성한 것으로서 검사가 증거로 제출한 이상, 작성주체가 실질적 진정성립을 부정하는 예는 이례적일 것이다.

한편 검증조서는 피의자, 피해자, 목격자 등의 진술내용이 기재될 수 있고, 사진 등이 첨부될 수 있는바, 이 경우 검증조서의 다른 부분과 피의자 등의 진술 또는 첨부사진 등의 증거능력 인정 여부는 분리되어 평가된다.[464] 피의자 등의 진술은 현장지시와 현장설명으로 나눌 있는바, 이하에서는 피의자 등의 진술내용이 기재된 부분에 대한 증거능력 인정요건을 살펴본다.

① 현장지시로서의 진술

현장지시란 검증시 피의자나 목격자가 일정한 장소나 물건 등을 지정하면서 당해 장소나

462) 대법원 2021. 6. 10. 선고 2020도15891 판결.
463) 대법원 1976. 4. 13. 선고 76도500 판결.
464) 대법원 1998. 3. 13. 선고 98도159 판결.

물건 등이 검증의 목적물임을 확인해 주는 진술을 말한다. 예를 들어 교통사고의 목격자가 횡단보도를 가리키면서 '저 횡단보도에서 사고가 났다.'고 말하고, 그 횡단보도의 위에 생성되어 있는 스키드마크를 가리키며 '이 스키드마크가 바로 그 사고로 인해 생긴 것입니다.'고 말한 경우, 수사기관이 횡단보도와 스키드마크의 존재와 상태를 확인하여 검증조서에 기재하면서 사진을 찍어 첨부하고 위 목격자의 진술도 함께 기재하였다면, 위 목격자의 진술은 현장지시에 해당한다.

현장지시는 수사기관이 검증시 직접 경험한 사실로서, 수사기관이 검증의 정확성을 보조하기 위하여 현장지시를 검증조서에 기록하면 이는 검증조서의 일부로서 검증조서와 **일체**를 이루게 된다. 따라서 이에 대한 실질적 진정성립은 검증조서의 작성주체인 수사기관의 인정만으로 충분하고, 달리 원진술자의 내용인정 또는 실질적 진정성립의 인정은 요구되지 아니한다.

② 현장설명으로서의 진술

현장설명이란 검증시 피의자 또는 목격자의 사건 당시 상황이나 사실에 대한 진술을 말한다. 예를 들어 교통사고 목격자가 '횡단보도 앞에서도 차량이 속도를 줄이지 않더니 횡단보도 위에서 피해자를 충격하기 직전에서야 급정거를 하였다."라고 말하고 그 내용이 검증조서에 기재된 경우, 이 진술은 원진술자인 목격자가 사건 당시 상황을 진술한 것으로서 수사기관이 검증현장에서 직접 경험한 내용과 동일하게 취급할 수 없다. 즉 검증조서와는 **별개**의 진술로서 그 증거능력을 평가하여야 하는 것이다.

따라서 검증조서에 기재된 현장설명에 증거능력이 인정되기 위해서는, ① 현장설명의 원진술자가 **피고인인 경우** 및 범행재연에는, 피의자신문 및 조서작성에 대한 적법한 절차와 방식, 진술내용 또는 범행재연에 대한 피고인의 법정자백(내용인정), 실질적 진정성립의 인정 및 특신상태의 증명이(법 제312조 제1항, 제3항), ② 원진술자가 **피고인이 아닌 경우**에는, 각 조서의 작성과정과 조서작성에 대한 적법한 절차와 방식, 진술내용에 대한 원진술자의 실질적 진정성립 인정, 반대신문권의 보장, 특신상태의 증명이(법 제312조 제4항) 요구된다. 이때 원진술자의 신분은 다른 조서에서와 마찬가지로 실질설에 따라 수사기관이 피의자로 인지한 시점에 따라 결정하여야 하고, 형식적으로 입건시점을 기준으로 결정하여서는 아니 된다.

③ 검증조서에 첨부된 사진, 영상물, 도화

ⓐ 현장지시에 준하는 경우

현장지시 진술과 함께 검증조서에 첨부된 사진처럼 검증의 정확성을 보조하기 위해 생성된 사진, 영상물, 도화 등이 검증조서에 첨부된 경우, 그 사진 등은 검증조서와 **일체**를 이룬다. 따라서 이 경우 검증조서에 대한 증거능력 인정요건이 충족되면 그 사진 등에 대해서도 증거능력이 인정된다.

ⓑ **현장설명에 준하는 경우**

검증시 피고인에 의해 범행이 재연되고 수사기관이 그 내용을 검증조서에 기재하면서 범행재연장면을 촬영한 사진이나 영상물을 첨부한 경우, 그 실질은 피의자신문조서나 진술조서 또는 수사과정 작성 진술서에 기재된 진술과 다를 바 없다. 따라서 범행재연장면을 촬영한 사진이나 영상물의 실질은 피의자의 범행자백에 해당하므로 그 증거능력 인정요건을 검증조서와 동일하게 취급할 수 없다. 이렇듯 형식적으로는 행위에 해당하지만 그 실질은 진술로 평가될 수 있는 행위를 '행동적 진술'이라 하는데, 검증조서에 행동적 진술에 해당하는 부분이 들어있는 경우, 행동적 진술의 증거능력이 인정되기 위해서는 현장설명진술과 마찬가지로 수사기관 작성 조서의 증거능력 인정요건이 추가로 충족되어야 한다.

대법원은 피의자였던 피고인이 사법경찰관 앞에서 자백하였고, 사법경찰관이 작성한 검증조서에 피의자였던 피고인이 이미 자백한 범행내용을 현장에서 진술·재연한 과정을 촬영한 사진이 첨부되어 있는 경우, 그러한 기재·사진은 피고인이 공판정에서 그 진술내용 및 범행재연의 상황을 부인하는 이상 증거능력이 없다고 하였다.[465] 형사소송법의 개정으로 검사와 사법경찰관 작성 피의자신문조서의 증거능력 인정요건이 동일하게 되었고, 대법원은 피고인의 법정자백(내용인정)이 없는 이상 수사기관 작성 피의자신문조서의 증거능력을 부인하는 태도를 보이고 있다.[466] 따라서 검증조서에 첨부된 사진, 영상물, 도화 등이 현장설명으로서 피고인의 자백에 해당한다면, 작성주체가 검사이든 사법경찰관이든 피고인이 법정자백을 하지 아니하는 이상 그 사진 등의 증거능력은 부정될 것이다.

(사) 그 외 수사기관 작성 서류

1) 실황조사서

① 의의

실황조사란 오감의 작용을 통해 대상물의 존재와 상태를 인식하는 수사기관의 임의처분으로서, 실무상 실황조사는 교통사고 현장을 기록하는 경우와 같이 강제처분이 불요한 경우 검증을 대신하여 이루어지고 있다. 대법원은 수사기관이 실질적으로는 검증을 하였음에도 그 결과를 실황조사서에 기록하고 사후영장도 발부받지 아니하였다면 그 실황조사서는 위법수집증거로서 증거능력이 부정된다고 하였는데,[467] 이러한 실황조사는 임의수사로 가장한 강제수사라

465) 대법원 1998. 3. 13. 선고 98도159 판결.
466) 대법원 2023. 4. 27. 선고 2023도2102 판결.

는 점에서 대법원의 태도는 타당하다.

형사소송법 등 법령에는 실황조사와 실황조사서 작성에 대한 근거규정이 없으나, 임의성이 담보되는 범위 내에서는 임의수사의 하나로서 허용된다. 행정규칙인 검찰사건사무규칙은 검사의 실황조사의 근거를, 경찰수사규칙은 사법경찰관리의 실황조사의 근거를 두고 수사기관의 실황조사시 실황조사서를 작성할 의무를 규정하고 있는데, 실황조사서의 기재내용은 검증조서의 그것과 다를 바 없다(검찰사건사무규칙 제51조, 경찰수사규칙 제41조).

② 증거능력 인정 여부

실황조사서가 어떠한 전문에 해당하는지에 대해서는 견해의 대립이 있으나, 실황조사의 법적 성격에 비추어 실황조사서는 **검증조서에 준하는 것**으로 볼 수 있으므로 형사소송법 제312조 제6항에 의하여 증거능력이 인정될 수 있다고 본다. 따라서 실황조사서는 피고인이 증거동의를 하거나, 적법한 절차와 방식에 따라 작성된 것으로서 원진술자인 그 작성주체의 진술에 의하여 진정성립이 인정되면 증거능력이 인정된다.

실황조사서에 피고인의 현장설명인 진술이 기재되거나 사진 등이 첨부된 경우에도 검증조서와 마찬가지로 나머지 부분과 분리한 후, 피고인의 진술·사진 등은 그 법적 성질에 따라 개별적으로 증거능력 인정 여부를 평가하여야 한다. 대법원도 같은 입장으로 보인다. 대법원은 피의자였던 피고인이 사법경찰리의 면전에서 자백한 후 실황조사가 이루어졌고, 실황조사시 피고인이 자백 내용과 동일하게 사고 당시의 상황을 재연한 것을 촬영한 사진과 관련 진술내용이 기재된 실황조사서는 **피의자신문조서에 기록된 피의자의 자백과 다를 바 없으므로**, 피고인이 공판정에서 그 범행 재연의 상황을 모두 부인하고 있는 이상 증거능력이 인정되지 않는다고 하여,[468] 검증조서에서 현장설명으로서의 진술에 대한 증거능력 평가와 동일한 입장을 취하고 있다.

2) 수사보고서

수사보고서는 수사의 경위 및 결과를 **내부적으로 보고**하기 위하여 작성된 서류로서, 그 자체로는 형사소송법 제311조 내지 제313조 및 제315조가 적용되지 아니한다. 따라서 피고인의 증거동의(피의자였던 피고인의 진술이 기재된 부분에 대해서는 피고인의 법정자백)에 의해서만 증거능력이 인정될 수 있다.

예를 들어 수사기관이 실황조사를 한 후 수사보고서에 그 결과를 기재하였다 하더라도, 실황조사서의 양식으로 작성되지 아니한 이상, 적법한 절차와 방식에 따라 작성된 것이라고 할

467) 대법원 1989. 3. 14. 선고 88도1399 판결.
468) 대법원 1989. 12. 26. 선고 89도1557 판결.

수 없다. 이 경우는 달리 수사보고서의 증거능력을 인정할 근거규정이 없으므로 증거능력이 부정된다. 또한 수사기관이 전화통화 등의 방법으로 피의자, 참고인, 피해자의 진술을 청취한 후 이를 수사보고서에 기재하였다 하더라도 이를 수사기관 작성 조서라 할 수 없고, 수사기관 작성 조서라 하더라도 적법한 절차와 방식에 따라 작성된 것이 아니므로 증거능력이 부정된다. 대법원도 같은 입장이다. 대법원은 이러한 수사보고서에 대해 형사소송법 제313조 제1항이 적용된다고 가정하더라도, 이에 따라 증거능력을 인정받으려면 원진술자의 서명 또는 날인이 있어야 하는데 수사보고서에는 원진술자의 서명 또는 날인이 없으므로 증거능력이 인정될 수 없다고 하였다.[469)]

(4) 형사사법기관 외의 자가 작성한 진술서 및 진술기재 서류(법 제313조)

(가) 의의

형사소송법 제313조 제1항 본문은 전2조의 규정이 적용되지 아니하는 경우, 즉 법원·법관·수사기관이 작성주체인 조서에 해당하지 아니하는 진술서 및 진술기재 서류는 작성 주체를 구분하지 아니하고 '① 작성자 또는 진술자의 자필, 서명 또는 날인, ② 작성자 또는 진술자의 진술에 의한 진정성립 증명'을 증거능력 인정요건으로 삼고 있다. 진술서 및 진술기재 서류에는 피고인 또는 피고인 아닌 자가 작성하였거나 진술한 내용이 포함된 문자·사진·영상 등의 정보로서 컴퓨터용디스크, 그밖에 이와 비슷한 정보저장매체에 저장된 것을 포함한다.

형사소송법 제313조 제1항 단서는 증거능력 인정의 **특칙**으로서, 원진술자가 피고인인 진술기재 서류에 대하여 피고인이 진정성립을 부인하는 경우 특신상태의 증명을 전제로 **작성자의 진술**에 의해 진정성립이 증명될 수 있다고 규정하고 있고, 같은 조 제2항은 진술서에 대해 원진술자가 진정성립을 부인하는 경우 **과학적·객관적 방법**에 의해 진정성립이 증명될 수 있다고 규정하고 있다.

한편 형사소송법 제314조는 원진술자가 피고인이 아닌 진술서 및 진술기재 서류의 경우 특신상태 및 원진술자가 사망 등으로 공판정에 출석할 수 없음을 증명하면 원진술자의 불출석으로 인하여 실질적 진정성립의 증명이 이루어지지 아니하더라도 진술서 및 진술기재서류의 증거능력은 인정될 수 있다고 규정하고 있다. 형사소송법 제314조에 대한 자세한 내용은 후술하기로 한다.[470)]

---

469) 대법원 2007. 9. 20. 선고 2007도4105 판결.

470) 597페이지 참조.

(나) 적용범위

1) 수사기관 작성 서류

형사소송법 제313조 제1항 본문은 "전2조의 규정 이외에 피고인 또는 피고인 아닌 자가 작성한 진술서나 그 진술을 기재한 서류"에 적용된다고 규정하고 있는데, 이를 문언의 의미 그대로 해석하면 수사보고서 등 수사절차에서 수사기관이 작성한 서류 중 제312조에 해당하지 아니하는 모든 서류에 대해 제313조가 적용된다고 할 수도 있다.

하지만 형사소송법 제312조는 '적법한 절차와 방식'을 증거능력 인정요건으로 둠으로써 증거능력 인정을 엄격히 제한하고 있고, 제312조의 증거능력 인정요건의 변천과정을 보더라도 수사기관 작성 조서의 증거능력 인정요건이 점점 엄격하게 되어왔다는 점에서 **수사기관이 작성 주체인 전문증거는 제312조에 규정된 것에 한하여** 증거능력이 인정될 수 있다고 해석하는 것이 입법자의 의사와 조문의 체계에 부합하는 해석이다. 따라서 제313조는 형사절차에서 수사기관이 직접 작성한 전문증거 및 수사기관의 개입에 의해 작성된 전문증거에 대해서는 적용되지 아니한다. 대법원도 같은 입장이다. 대법원은 **검찰심리분석관이 수사절차에서 작성한 영상물**로서 원진술자가 피해자인 경우, **수사과정에서 작성된 것이므로** 제313조가 적용되지 아니하고, **조서나 진술서가 아니므로** 제312조도 적용되지 아니하여 증거능력을 인정할 수 없다고 하였다.[471)]

2) 전자정보

형사소송법 제313조 제1항은 문자, 사진, 영상 등 전자정보에 대해서도 적용된다. 원진술자가 당해 전자정보를 직접 생성시킨 경우에는 **진술서**에 해당하고, 원진술자가 아닌 자가 원진술자의 진술내용을 워드프로그램 등을 사용하여 받아쓰는 방법으로 문서형태의 전자정보를 생성하거나, 영상녹화물 또는 녹음물로 생성시킨 경우에는 **진술기재 서류**에 해당한다.

3) 증인신문을 통한 피해자 진술

법원은 범죄로 인한 피해자 또는 그 법정대리인 및 피해자가 사망한 경우에는 배우자·직계친족·형제자매의 신청이 있는 때에는 그 신청자를 증인으로 신문하여야 하고(법 제294조의2 제1항), 피해자 등을 신문하는 경우 피해의 정도 및 결과, 피고인의 처벌에 관한 의견 등에 대해 의견을 진술할 기회를 주어야 한다(법 제294조의2 제2항). 나아가 법원은 필요하다고 인정하는 경우 직권 또는 피해자 등의 신청에 따라 피해자 등을 공판기일에 출석하게 하여 범죄사실

---

471) 대법원 2024. 3. 28. 선고 2023도15133 등 판결.

의 인정에 해당하지 않는 사항에 관하여 의견을 진술하거나 의견진술에 갈음한 서면을 제출하게 할 수 있다. 이 경우 피해자의 진술은 증인신문에 의하지 아니한다(규칙 제134조의10 제1항, 제134조의11 제1항).

이처럼 피해자는 재판절차에서 증인신문의 방식으로 진술할 수 있다. 또한 법원은 범죄사실의 인정에 해당하지 아니하는 사항에 대해서는 피해자에게 그 의견을 자유롭게 진술하게 할 수 있다. 다만 이때의 진술과 서면은 범죄사실의 인정을 위한 증거로 할 수는 없다(규칙 제134조의12). 따라서 이에 대해서는 형사소송법 제313조는 적용되지 아니한다. 대법원도 피해자가 제1심 및 원심의 재판 절차 중 수회에 걸쳐 제출한 **탄원서 등은 피해자의 의견진술에 갈음하여 제출한 서면에 해당하여 범죄사실의 인정을 위한 증거로 할 수 없고**, 나아가 피해자 진술의 신빙성을 인정하는 증거로도 사용될 수 없다고 하였다.[472)]

(다) 진술서의 증거능력 인정요건

1) 원진술자의 자필로 작성되었거나, 서명 또는 날인이 있을 것

① 진술서의 경우

원진술자가 자필로 작성한 것이거나, 컴퓨터 등을 이용하여 작성하였다면 원진술자의 서명 또는 날인이 있는 것이어야 한다(법 제313조 제1항 본문).

원진술자가 자필이나 서명·날인에 대해 다툰다는 것은 곧 그 내용을 다투는 것과 다를 바 없으므로 디지털 포렌식 등 과학적 방법에 의한 증명이 가능하다(법 제313조 제2항 본문). 다만 이 경우 피고인 아닌 자가 작성한 진술서에 대해서는 피고인 또는 변호인이 공판준비 또는 공판기일에 그 기재 내용에 관하여 작성자를 신문할 수 있었을 것을 요한다(법 제313조 제2항 단서).

② 전자정보의 경우

전자정보매체에 기록된 문자, 사진, 영상 등은 그 성질상 자필에 의한 작성은 불가능하지만, 그 전자정보가 저장된 정보저장매체를 봉인한 후 그 외부에 원진술자가 서명 또는 날인하는 방법을 생각해 볼 수 있다.

다만 정보저장매체에 대한 서명·날인이 불가능한 경우라면 자필작성, 서명, 날인은 증거능력 인정요건이라 볼 수 없다.[473)] 이러한 경우에는 자필, 서명 또는 날인을 대신하여 그 내용이 원본이거나 원본과 동일함이 증명되는 경우에는 증거능력을 인정함이 타당하다. 전자정보

472) 대법원 2024. 3. 12. 선고 2023도11371 판결.

473) 이/김 684; 이주원 566; 이창현 932.

는 편집·조작될 위험성이 있으므로 인위적 개작 없음이 증명된 원본 또는 원본의 내용 그대로 복사된 사본임이 입증된 경우에 한하여 그 증거능력을 인정하는바, 이러한 증명이 있는 경우라면 곧 자필, 서명, 날인에 갈음할 수 있을 것이다. 대법원도 같은 입장이다.[474]

2) 원진술자에 의하거나 객관적 방법에 의한 진정성립의 증명

① 원진술자의 진정성립 인정

형사소송법 제313조 제1항 본문은 진술서나 진술기재 서류의 진정성립 인정주체를 '작성자 또는 진술자'라 하고 있는데 통설은 **작성자는 진술서**에, **진술자는 진술기재 서류**에 대응한다고 한다. 그리고 통설과 달리 진술서의 진정성립 인정주체에 양자가 모두 포함된다 하더라도, 진술서의 경우에는 작성자가 곧 진술자에 해당한다.

원진술자가 피고인인 경우 당해 진술서가 자신이 작성한 것이 맞다고 진술함으로써 진술서의 진정성립은 증명되고, 원진술자가 피고인이 아닌 경우에는 원진술자가 공판장에 증인으로 출석하여 당해 진술서가 자신이 작성한 것이 맞다고 증언함으로써 진술서의 진정성립은 증명된다. 전자정보의 경우에는 문자, 사진, 영상, 녹음 등 전자정보의 원진술자가 당해 전자정보를 자신이 생성시킨 것이라고 진술함으로써 진정성립은 증명된다.

한편 형사소송법 제313조는 반대신문의 기회 보장에 대해서는 규정하고 있지 아니하지만, 피고인에게는 헌법상 공정한 재판을 받을 권리가 있으므로 그 필요성이 인정되는 경우에는 제313조에 있어서도 반대신문의 기회가 보장되어야 한다. 따라서 피고인 아닌 원진술자가 검찰측 증인으로 출석하여 진술서의 진정성립을 인정한 경우, 피고인에게는 증인에 대한 반대신문의 기회가 실질적으로 보장되어야 한다.

② 원진술자의 진정성립 부인시 객관적 방법에 의한 증명

원진술자가 진술서의 진정성립을 인정하지 아니하는 경우, 과학적 분석결과에 기초한 디지털포렌식 자료, 감정 등 객관적 방법으로 진정성립을 증명할 수 있다. 원진술자가 진정성립에 대해 묵비하거나 진술을 거부하는 경우에도 객관적 방법에 의해 증명할 수 있다고 본다.[475] **디지털포렌식 조사관의 증언**도 '객관적 방법'에 해당하다고 보는 견해가 있으나,[476] 제312조 제4항의 '영상녹화물 또는 그 밖의 객관적인 방법'과 견주어 볼 때 '과학적 분석결과에 기초한 디지털포렌식 자료, 감정 등 객관적 방법'에 디지털포렌식 조사관의 증언은 포함되지 **않는다**고 보는 것이 타당하다. 진정성립의 증명을 위해 사용한 방법이 과학적 분석결과에 기초한 객관적

474) 대법원 2015. 1. 22. 선고 2014도10978 전원합의체 판결.
475) 이/조/이 711; 이주원 568.
476) 이/조/이 711.

방법이라는 점에 대한 증명은, 그 방법 자체의 신뢰성은 물론 사안에서의 구체적 적용 및 이를 실행한 전문가에 대한 신뢰성을 포함한 그 모두에 대하여 합리적 의심을 배제할 정도로 이루어져야 한다.

한편 진술서의 원진술자가 피고인이 아닌 경우 객관적 방법에 의하여 진술서의 진정성립을 증명할 때에는 피고인 또는 변호인에게 원진술자에 대한 반대신문의 기회가 보장되어야 한다(법 제313조 제2항). 이 경우에도 반대신문의 기회는 실질적으로 보장되어야 한다.

예를 들어 검사가 피고인 아닌 원진술자가 작성하였다며 자필기재 진술서를 증거로 제출한 경우, 피고인이 증거동의를 하지 아니하면 원진술자가 증인으로 출석하여 진술서의 진정성립을 인정해야 증거능력이 인정된다. 만약 원진술자가 증인으로 출석하였으나 진술서의 진정성립을 부정하면, 검사는 필적감정 전문가가 신뢰할 수 있는 과학적 방법으로 필적감정을 하였고 그 결과 원진술자가 작성한 진술서라는 결론을 얻었음을 입증함으로써 진정성립을 증명할 수 있다. 이때 피고인에게는 원진술자를 신문함으로써 진술서의 증명력을 탄핵할 실질적 기회가 보장되어야 한다.

(라) 진술기재 서류의 증거능력 인정요건

형사소송법은 진술기재 서류의 경우 원진술자가 누구인지에 따라 진정성립의 인정주체를 달리 규정하고 있다. 이에 공통요건인 서명, 날인에 대해 먼저 살펴보고, 진정성립에 대해서는 원진술자 별로 나누어 살펴본다.

1) 원진술자의 서명 또는 날인이 있을 것

진술기재 서류는 원진술자와 작성자가 서로 다른 경우로서, 원진술자의 자필로 작성될 수는 없다. 따라서 진술기재 서류에는 원진술자의 서명 또는 날인이 있어야 한다. 원진술자가 서명, 날인에 대해 다투는 경우, 과학적 방법에 의한 증명이 가능한지 여부가 문제될 수 있겠으나, 형사소송법은 과학적 방법에 의한 증명을 진술서로 제한하고 있으므로(법 제313조 제2항 본문) 진술기재 서류에 대해서는 적용되지 아니한다.

한편 전자정보에 대해서는 서명 또는 날인을 요하지 아니한다는 점은 위 진술서에서 살펴본 바와 같다.

2) 원진술자 또는 작성자의 인정에 의한 진정성립의 증명

형사소송법 제313조 제1항 본문은 진술기재 서류의 진정성립 인정주체 또한 '작성자 또는 진술자'라 하고 있고, 같은 항 단서는 특신상태의 증명을 전제로 피고인이 원진술자인 진술기재 서류는 피고인의 진술에도 불구하고 작성자의 진술에 의해 진정성립이 증명될 수 있다고 규정하고 있다. 이처럼 진술기재 서류의 경우 작성자와 원진술자는 서로 다르므로, 특히 단서의 적용과 관련하여 특신상태의 인정에 더하여 작성자에 의한 진정성립 증명으로 족하다는 견해(**완화요건설**)와 작성자 외에 원진술자에 의한 진정성립 인정을 요한다는 견해(**강화요건설**)가 대립한다.

형사소송법 제313조 제1항 본문은 진술기재 서류의 진정성립 인정 주체를 작성자 또는 진술자로 규정하고, 그 단서는 피고인이 원진술자인 경우에는 작성자도 진정성립 인정주체에 해당한다고 규정하고 있다. 따라서 형사소송법 **제313조 제1항의 문언에 충실할** 때 특신상태의 증명을 전제로 원진술자가 **피고인인 경우**에는 원진술자인 피고인은 물론 **작성자도** 진정성립의 인정주체에 해당하지만, 원진술자가 **피고인이 아닌 경우**에는 **원진술자만**이 진정성립의 인정주체에 해당한다는 **완화요건설**이 타당하다. 이러한 해석은 전문진술의 증거능력을 규정하고 있는 형사소송법 제316조와도 부합한다. 전문진술에 있어 원진술자와 원진술자의 법정외 진술을 청취한 증인의 관계는 진술기재 서류에 있어 원진술자와 이를 기재한 작성자의 관계와 **동일한 구조**를 가지고 있다. 형사소송법 제316조 제1항은 원진술자가 피고인인 경우 특신상태가 인정되면 전문진술에 증거능력을 인정하고, 제2항은 원진술자가 피고인이 아닌 경우 원진술자의 출석예외 사유에 해당하지 아니하는 이상 전문진술의 증거능력을 부정하고 있다. 제313조 제1항을 위와 같이 해석할 때, 피고인이 원진술자인 진술기재 서류의 증거능력 인정요건은 제316조 제1항의 증거능력 인정요건과 동일하고, 피고인이 원진술자가 아닌 진술기재 서류의 증거능력 인정요건은 제316조 제2항의 증거능력 인정요건과 동일한 것이다.

이처럼 완화요건설에 따른 형사소송법 제313조의 해석은 그 문언과 전문증거의 증거능력 인정요건에 대한 형사소송법의 체계에 충실한 해석이다. 최근 대법원도 이 경우 진정성립의 인정주체에 대해 완화요건설을 채택함을 명백히 하였다.[477)]

① 원진술자가 피고인인 경우

원진술자가 피고인인 경우 피고인이 공판정에서 당해 진술기재 서류의 기재내용이 자신이 진술하였던 것과 동일하다고 진술함으로써 진술기재 서류의 진정성립은 증명된다. 전자정보의 경우에는 문자, 사진, 영상, 녹음 등 전자정보의 원진술자인 피고인이 당해 전자정보의 내용은

477) 대법원 2022. 4. 28. 선고 2018도3914 판결. 법원 공보는 이 판례에 대해 "형사소송법 제313조 제1항 단서의 의미에 관하여 학설상의 대립이 있는데, 이에 대하여 녹음테이프의 증거능력이 문제된 사안에서 **완화요건설**(원진술자인 피고인의 '진정성립을 부정하는 진술'에도 불구하고 특신상태 등이 인정되면 진술기재서의 증거능력을 인정하는 견해. 특신상태가 증거능력 취득요건을 완화하는 기능을 한다고 하여 완화요건설로 불림)의 입장에 있음을 분명히 한 사례임"이라고 하였다.

자신의 진술 등이 맞다고 진술함으로써 그 진정성립은 증명된다.

원진술자인 피고인이 진술기재 서류의 진정성립을 인정하지 아니하는 경우, 특신상태의 증명을 전제로 작성자의 진정성립 인정을 통해 피고인이 원진술자인 진술기재 서류의 증거능력은 인정될 수 있다. 예를 들어 검사가 증거로 제출한 원진술자가 피고인인 자필기재 서류에 대해 피고인이 증거동의를 하지 아니하고 진정성립도 인정하지 아니하면, 검사는 원진술이 이루어진 당시의 특신상태를 증명하고 작성자를 증인으로 출석시켜 원진술자가 진술한대로 기재하였음을 진술함으로써 피고인이 원진술자인 진술기재 서류의 진정성립을 증명할 수 있는 것이다.

여기에서 특신상태의 의미 및 그 증명의 방법 등은 위 형사소송법 제312조 제4항의 증거능력 인정요건에서 살펴본 바와 같다.[478]

② 원진술자가 피고인이 아닌 경우

원진술자가 피고인이 아닌 경우, 원진술자가 공판정에 증인으로 출석하여 진술기재 서류의 기재내용은 자신이 진술하였던 것과 동일하다고 진술함으로써 그 진정성립은 증명된다. 전자정보의 경우도 마찬가지이다. 형사소송법은 이 경우 피고인의 반대신문 기회 보장에 대해 명시적으로 규정하고 있지 아니하지만, 공정한 재판을 받을 권리에 따라 피고인에게는 원진술자에 대한 반대신문의 기회가 주어져야 한다.

원진술자가 진술기재 서류의 진정성립을 인정하지 아니하면 형사소송법 제314조에 따른 출석예외 사유에 해당하지 아니하는 이상 이때의 진술기재 서류의 증거능력은 인정될 수 없다.

(마) 감정서

감정서란 법원의 명령에 따른 감정인 또는 수사기관의 위촉에 의한 감정수탁자가 감정을 실시하면서 그 경과와 결과를 기재한 서류를 말한다. 형사소송법은 진술서 또는 진술기재서류의 증거능력 인정요건을 감정서의 증거능력 인정요건에 준용하도록 하고 있다(법 제313조 제3항). 감정서는 감정인이 직접 작성하므로 감정인이 자필로 작성하거나 서명 또는 날인한 감정서가 증거로 제출된 경우, 피고인이 증거동의를 하지 아니한다 해도 감정인이 증인으로 출석하여 감정서의 진정성립을 인정하면 증거능력이 인정된다.

---

478) 580페이지 참조.

(5) 원진술자의 진정성립 인정의 예외(법 제314조)

(가) 적용범위

이미 살펴보았듯이 형사소송법은 수사기관 작성 조서·진술서(법 제312조 제4항, 제5항), 검증조서(법 제312조 제6항) 및 수사기관의 관여에 의한 것이 아닌 진술서와 진술기재 서류(법 제313조)의 증거능력 인정요건으로 원진술자의 진정성립 인정을 두고 있다. 형사소송법 제314조는 그에 대한 예외로서, 원진술자가 사망 등으로 공판정에 출석할 수 없는 경우 특신상태를 증명함으로써 위 전문증거들의 증거능력이 인정될 수 있다고 규정하고 있다. 즉 **특신상태 및 원진술자의 사망·질병·외국거주·소재불명·그에 준하는 사유의 증명**은 원진술자의 **진정성립 인정**을 대신할 수 있는 것이다.

(나) 원진술자의 공판정 진술 불가 사유

형사소송법 제314조는 원진술자의 공판정 진술 불가 사유를 '사망·질병·외국거주·소재불명 그 밖에 이에 준하는 사유'로 규정하고 있다. 형사소송법 제312조 및 제313조의 전문증거는 공판정에서 원진술자의 진술과 상대방의 반대신문의 기회보장을 이유로 예외적으로 증거능력을 인정하고 있는데, 제314조는 여기에 더하여 **또다시 예외**를 인정하고 있으므로 그 사유의 인정은 엄격하게 해석하지 않을 수 없다. 따라서 질병, 외국거주, 소재불명은 그로 인하여 원진술자가 사망한 경우와 다를 바 없을 정도에 이르러야만 한다. 나아가 검사는 원진술자의 공판정 진술이 불가한 전문증거를 증거로 신청한 경우, 그 사유에 해당함을 합리적 의심이 들지 아니할 정도로 증명하여야 한다.

1) 사망

원진술자가 사망한 경우를 말한다. 뇌사 상태에 있는 경우 또는 민법상 사망의제나 사망추정에 해당하는 경우는 사망에 준하는 사유에 해당한다.

2) 질병

질병은 신체적 질환뿐만 아니라 정신적 질환도 포함하는데, 원진술자의 출석은 전문증거의 실질적 진정성립을 인정하고 반대신문에 응하기 위함이므로 이를 행하지 못할 정도의 중병에 해당할 것을 요한다.

대법원도 원진술자의 공판정 출석 불가사유로 인정되기 위해서는 임상신문 또는 출장신문도 불가능한 정도의 중병임을 요한다고 하면서,[479] 노인성 치매로 인하여 기억력 장애가 있거나 분별력을 상실한 경우에는 질병에 해당한다고 하였으나,[480] 출산을 앞두고 있다는 사유,[481] 10세가 된 강제추행 피해자가 5세 때 당한 강제추행으로 인하여 외상 후 스트레스 증후군을 앓고 있다는 사유만으로는 제314조의 질병에 해당하지 아니한다 하였다.[482]

3) 외국거주

사망과의 관계를 고려할 때, 외국거주는 원진술자가 외국에 거주하고 있고 상당한 수단을 모두 동원하였음에도 원진술자를 법정에 출석하게 할 수 없는 사정이 있는 경우에 한하여 인정된다. 따라서 검사는 수사과정에서 원진술자의 외국거주 여부와 장래 출국 가능성을 확인하고, 만일 원진술자가 외국에 거주하거나 가까운 장래에 출국하여 장기간 외국에 체류하는 등의 사정으로 향후 공판정에 출석하여 진술을 할 수 없는 경우가 발생할 개연성이 있다면, 원진술자의 외국 연락처, 귀국 시기와 귀국시 체류 장소와 연락 방법 등을 사전에 확인하고, 원진술자에게 공판정 진술을 끝낼 때까지 출국을 미루거나, 출국한 후라도 공판 진행 상황에 맞추어 일시 귀국하여 공판정에 출석하여 진술하게 하는 등 원진술자를 공판정에 출석시켜 진술하게 할 가능하고 상당한 수단을 다하여야 한다. 나아가 진술을 요하는 자가 외국에 거주하고 있어 공판정 출석을 거부하면서 공판정에 출석할 수 없는 사정을 밝히고 있더라도 **증언 자체를 거부하는 의사가 분명한 경우가 아닌 한**, 검사는 해당 국가와 대한민국 간에 국제형사사법공조조약이 체결된 상태라면 사법공조의 절차에 의하여 증인을 소환할 수 있는지를 검토하여야 하며, 소환을 할 수 없는 경우라면 외국의 법원에 사법공조로 증인신문을 실시하도록 요청하는 등의 절차를 거쳐야 한다.[483]

이렇듯 원진술자의 외국거주는 증인의 법정 출석을 위한 **가능하고도 충분한 노력을 다하였음에도 불구하고** 부득이 법정출석이 불가능하게 되었다는 사정을 증명한 경우에 한하여 인정되는 것으로,[484] 그 인정 여부는 구체적인 상황을 종합적으로 판단하여 결정한다. 예를 들어 검사가 원진술자의 외국 주거지 등을 확인하여 증인소환장을 발송하는 조치를 하지 않았다 하더라도, 원진술자가 외국에 거주 중으로 주거지나 거소 등이 파악되지 않는 상태이고 유일한 연락수단인 전자우편으로 수차례 증인출석을 권유하였으나 자필진술서를 통하여 이를 거부한다는 뜻을 표시하였으며, 원진술자가 거주 중인 국가와의 형사사법 공조조약에 의하더라도 강제

479) 대법원 2006. 5. 25. 선고 2004도3619 판결.
480) 대법원 1992. 3. 13. 선고 91도2281 판결.
481) 대법원 1999. 4. 23. 선고 99도915 판결.
482) 대법원 2006. 5. 25. 선고 2004도3619 판결.
483) 대법원 2016. 2. 18. 선고 2015도17115 판결.
484) 대법원 2013. 4. 11. 선고 2013도1435 판결.

구인이 불가능한 경우,[485] 원진술자가 외국에 거주 중이고 피고인과 공범관계에 있어서 법원이 소환장을 발송한다 하더라도 공판정으로의 출석을 기대하기 어려운 경우에는 가능하고도 상당한 수단을 다 하였다고 볼 수 있다[486]

4) 소재불명

소재불명이란 원진술자의 소재를 파악하기 위한 가능하고도 상당한 방법을 다 하였음에도 원진술자의 소재가 파악되지 아니한 경우를 말한다.

검사의 경우 원진술자의 소재불명은 원진술자와 연락이 두절되는 등 소환장을 송달 할 수 없음은 물론 소재탐지촉탁을 통해 사법경찰관리가 원진술자의 주거지 등에 대해 실질적인 현장 확인을 거쳤음에도 그 소재를 확인할 수 없음을 증명한 경우에 한하여 인정될 수 있다. 따라서 수사과정 작성 조서에 증인의 유선 및 휴대전화번호가 기재되어 있음에도 이를 확인하지 않은 채 소재탐지가 불가하다는 취지의 서면이 제출되었다는 이유만으로는 소재불명이라 할 수 없다.[487]

이러한 점은 구인장의 집행불능에 대해서도 마찬가지이다. 증인에 대한 구인장의 강제력에 기하여 증인의 법정출석을 위한 가능하고도 충분한 노력을 다하였음에도 불구하고, 부득이 증인의 법정 출석이 불가능하게 되었다는 사정을 검사가 입증하지 못하는 한, 형식적으로 구인장 집행이 불가능하다는 취지의 서면이 제출되었다는 것만으로는 원진술자의 소재불명 또는 그에 준하는 사유는 인정될 수 없다.[488]

5) 그밖에 이에 준하는 사유

직접심리주의와 공판중심주의에 따라 사망 등에 준하는 사유의 인정은 엄격히 제한된다. 이와 관련하여 종래 대법원은 원진술자가 진술능력이 없는 경우는 물론, 진술을 거부하는 경우에 도 사망 등에 준하는 사유로 인정하는 입장이었지만, 최근에는 이를 엄격하게 제한하는 경향을 보이고 있다.

① 진술능력이 없는 경우

원진술자에게 진정성립에 대한 진술을 할 능력이 없는 경우라면 원진술자의 출석 여부와 관계없이 사망 등에 준하는 사유로 인정될 수 있다. 대법원이 원진술자의 진술능력이 없음을 이유로 사망 등에 준하는 사유로 인정한 예로는, 사건 당시 4세 6월, 제1심 공판 증언시 6세

485) 대법원 2013. 7. 26. 선고 2013도2511 판결.
486) 대법원 2016. 10. 13. 선고 2016도8137 판결.
487) 대법원 2013. 4. 11. 선고 2013도1435 판결.
488) 대법원 2007. 1. 11. 선고 2006도7228 판결.

11개월인 유아가 공판정에 출석하였으나 일시적 기억상실로 인해 진술 일부가 재현 불가능하게 된 경우,[489] 원진술자가 노인성치매로 인해 기억력에 장애가 있거나,[490] 중풍과 언어장애로 법정에 출석할 수 없는 경우[491] 등이 있다.

② 진술을 거부하는 경우

원진술자가 진정성립에 대한 진술능력이 있음에도 진술거부권 또는 증언거부권을 행사하여 진술을 거부하는 경우, 사망 등에 준하는 사유에 해당하는지에 대해서는 긍정설[492]과 부정설[493]의 대립이 있다.

긍정설은 **검사의 귀책사유 없이** 원진술자의 권리행사로 인해 진정성립 여부를 밝힐 수 없게 된 경우이므로, 원진술자의 진술·증언거부권의 행사는 그밖에 이에 준하는 사유에 해당한다고 한다. 그러나 직접심리주의와 공판중심주의를 강화하고자 하는 형사소송법의 입법추세를 고려할 때 예외의 예외에 해당하는 제314조의 적용은 엄격히 제한되어야 하고, 원진술자인 피고인의 진술거부권 행사로 인해 전문증거의 증거능력이 인정되게 된다면 피고인에게 예기치 아니한 불이익을 주게 되는바, 부득이한 경우 외에는 증인의 증언거부권 행사의 결과가 피고인의 불이익으로 이어져서는 아니 된다는 점에서 **부정설**이 타당하다고 본다.

대법원도 부정설의 입장이다. 대법원은 원진술자가 **진술거부권을 행사**한 경우[494] 및 원진술자가 진정성립 여부에 대하여 **정당하게 증언거부권을 행사**한 경우는 물론,[495] **정당하게 증언거부권을 행사한 경우가 아니라 하더라도** 그밖에 이에 준하는 사유에 해당하지 **아니한**다고 하였다.[496] 정당하게 증언거부권을 행사한 경우이든 증언거부권의 정당한 행사가 아닌 경우이든 **피고인의 반대신문권이 보장되지 않는다는 점에서는 차이가 없으므로** 이러한 대법원의 태도는 타당하다. 다만 대법원은 **피고인이 증인의 증언거부 상황을 초래하였다는 특별한 사정이 있다면** 그밖에 이에 준하는 사유에 해당한다고 하는데,[497] 이러한 사정이 있다면 그 불이익 또한 피고인이 감수하는 것이 마땅하므로 지극히 당연한 판단이라고 생각된다.

---

489) 대법원 2006. 4. 14. 선고 2005도9561 판결.
490) 대법원 1992. 3. 13. 선고 91도2281 판결.
491) 대법원 1999. 5. 14. 선고 99도202 판결.
492) 이/조/이 718.
493) 이/김 682; 임동규 566; 정/최/김 679.
494) 대법원 2013. 6. 13. 선고 2012도16001 판결.
495) 대법원 2012. 5. 17. 선고 2009도6788 전원합의체 판결.
496) 대법원 2019. 11. 21. 선고 2018도13945 전원합의체 판결.
497) 대법원 2019. 11. 21. 선고 2018도13945 전원합의체 판결.

(다) 특히 신빙할 수 있는 상태의 증명정도

여기서의 특신상태의 의미 또한 제312조 제4항에서의 특신상태와 마찬가지로, 진술 내용이나 조서 또는 서류의 작성에 허위가 개입할 여지가 거의 없고 그 진술 내지 작성 내용의 신빙성이나 임의성을 담보할 구체적이고 외부적인 정황이 있는 경우를 가리킨다.

그런데 형사소송법 제314조는 특신상태의 증명으로 원진술자에 대한 **반대신문의 기회조차도 없이 증거능력을 부여하는** 중대한 예외를 인정하고 있는 것이므로, 그 요건을 더욱 엄격하게 해석·적용하여야 한다. 대법원도 제314조에서의 특신상태의 증명은 단지 그러할 개연성이 있다는 정도로는 부족하고 **합리적 의심의 여지를 배제할 정도**, 즉 법정에서의 반대신문 등을 통한 검증을 굳이 거치지 않더라도 진술의 신빙성을 충분히 담보할 수 있어 실질적 직접심리주의와 전문법칙에 대한 예외로 평가할 수 있는 정도에 이르러야 한다는 입장이다.[498]

(6) **전문진술(법 제316조)**

전문진술이란 타인의 법정 외 진술을 원진술로 하는 증인의 법정 증언을 말한다. 형사소송법 제316조 제1항은 원진술자가 **피고인인** 전문진술의 경우 '원진술 당시의 특신상태의 증명'을 증거능력 인정요건으로 삼고 있고, 제2항은 원진술자가 **피고인이 아닌** 전문진술의 경우 '① 사망 등 또는 그에 준하는 진술불가 사유 및 ② 원진술 당시의 특신상태의 증명'을 증거능력 인정요건으로 규정하고 있다.

전술한 바와 같이 전문진술은 원진술자와 증인이 서로 다른 사람이라는 점에서 원진술자와 작성자가 서로 다른 사람인 진술기재 서류와 구조적으로 동일하고, 전문진술과 진술기재 서류의 증거능력 인정요건 또한 사실상 동일하다.[499]

(가) 원진술자가 피고인인 경우

1) 증거능력 인정요건

전문진술의 원진술자가 피고인인 경우, **원진술 당시의 특신상태만 증명**되면 증거능력이 인정된다. 여기에서 '피고인'이란 **당해 피고인만**을 가리키는 것으로 공동피고인이나 공범은 이에 해당하지 아니한다.[500] 따라서 피고인의 원진술자에 대한 반대신문권 보장은 피고인이 자기 자신에 대해 반대신문을 한다는 것이므로 증거능력 인정요건이 될 수 없으나, 피고인의 증인에

498) 대법원 2024. 4. 12. 선고 2023도13406 판결.
499) 594페이지 참조.
500) 대법원 2000. 12. 27. 선고 99도5679 판결.

대한 반대신문권은 실질적으로 보장되어야 한다.

2) 전문진술의 증인적격

전문진술의 증인적격과 관련하여 종래 형사소송법은 원진술자가 피고인인 전문진술의 증인적격에 대한 특별한 제한을 두지 아니하였다. 하지만 대법원은 사법경찰관 작성 피의자신문조서의 증거능력 인정요건을 피고인의 내용인정으로 하고 있는 것을 볼 때, 피의자를 조사한 사법경찰관리를 증인으로 채택하여 피의자신문시 청취한 피고인의 진술내용을 증언하도록 할 수는 없다고 하였었다.[501] 그 후 형사소송법의 개정으로 "공소제기 전에 피고인을 피의자로 조사하였거나 그 조사에 참여하였던 자"도 원진술자가 피고인인 전문진술에 대해 증언할 수 있음이 명시되었다.

수사기관 작성 조서의 증거능력 인정요건이 타당한지 여부는 차치하고, 서로 다른 형태의 전문이라 하더라도 전문증거의 증거능력 인정요건은 상응하여야 하는 것이 바람직하다. 원진술자가 피고인이라면 엄격한 절차와 방식에 따라 작성된 피의자신문조서라 하더라도 그 증거능력 인정 여부를 오롯이 **피고인의 선택**(내용인정 여부)**에 맡겨두면서도, 피고인을 조사하였던 조사자를 증인으로 출석시켜 전문진술의 형태로 증언하게 한다는 것은 명백한 모순**이다. 게다가 조사자증언은 외형상 구두주의 원칙이 관철되는 것처럼 보이지만 그 실질은 조서를 암기한 조사자의 진술에 불과하고, 피고인의 반대신문권이 보장된다 하더라도 이를 통하여 피고인이 자신의 수사과정 진술의 신빙성을 탄핵하는 것에는 한계가 있으며, 조사자가 선서를 한다 하더라도 피고인과 상반된 이해관계에 있으므로 진실을 말할 것이라 신뢰할 수도 없다. 따라서 피의자가 원진술자인 피의자신문조서의 증거능력을 피고인의 내용인정으로 제한하는 이상 이와 관련하여 조사참여 수사기관의 증인적격을 부정한 종래의 대법원의 태도가 타당한 것으로 생각된다.

3) 특신상태의 의미

특신상태의 의미 및 증명의 정도 등은 원진술자가 피고인이 아닌 수사기관 작성 조서에서의 내용(법 제312조 제4항)과 마찬가지로, 허위개입의 여지가 거의 없고 진술내용의 신빙성과 임의성을 담보할 구체적 외부적 정황이 있는 경우를 말한다. 전문진술에서 특신상태가 인정될 수 있는 예로는 원진술이 부지불각 중에 한 말, 사람이 죽음에 임해서 하는 말, 어떠한 자극에 의해서 반사적으로 한 말, 범행에 접착하여 범증은폐를 할 시간적 여유가 없을 때 한 말, 범행 직후 자기의 소행에 충격을 받고 깊이 뉘우치는 상태에서 한 말인 경우 등을 들 수 있다. 이러한 경우에는 진술 내용에 허위가 개입할 여지가 거의 없다고 할 수 있기 때문이다.

---

501) 대법원 2005. 11. 25. 선고 2005도5831 판결.

(나) 원진술자가 피고인이 아닌 경우

전문진술의 원진술자가 피고인이 아닌 경우는 원진술자가 사망 등의 사유로 진술할 수 없고 원진술 당시의 특신상태가 증명되면 증거능력이 인정된다. **피고인이 아닌 자**란 당해 피고인을 제외한 모든 사람을 가리키는 것으로 **공동피고인이나 공범도 여기에 포함**되는 등 전문진술의 증인적격에는 제한이 없다.

원진술자의 진술불가 사유는 형사소송법 제314조에서의 설명과 동일하다. 대법원도 조사자의 증언에 증거능력이 인정되기 위해서는 원진술자가 사망, 질병, 외국거주, 소재불명, 그밖에 이에 준하는 사유로 인하여 진술할 수 없어야 하는 것인데, 원진술자가 **법정에 출석하여 수사기관에서 한 진술을 부인하는 취지로 증언한 이상 원진술자의 진술을 내용으로 하는 조사자의 증언은 증거능력이 없다**고 하였다.[502)]

특신상태의 의미 및 증명의 정도 등은 원진술자가 피고인이 아닌 수사기관 작성 조서에서의 내용(법 제312조 제4항)과 마찬가지로, 허위개입의 여지가 거의 없고 진술내용의 신빙성과 임의성을 담보할 구체적 외부적 정황이 있는 경우를 말한다.

(7) 재전문증거

(가) 의의

재전문증거란 전문증거의 내용 안에 또 다른 전문증거가 포함되어 있는 것을 말한다. 재전문증거는 재전문진술과 재전문서류로 나누어진다. **재전문진술**이란 전문증거를 포함하고 있는 전문진술을 말한다. 예를 들어 원진술자 A가 a라는 진술을 B에게 하였고 B가 'A가 a라는 진술을 하였다.'는 취지의 진술을 C에게 하였다고 할 때, C가 법정 증인으로 출석하여 "'A가 a라고 진술하는 것'을 B가 들었다고 저에게 말하였습니다."라고 증언한 경우, C의 법정증언은 재전문진술에 해당한다.

재전문서류란 전문증거가 기재되어 있는 서류를 말한다. 예를 들어 원진술자 A가 a라는 진술을 B에게 하였고 B가 'A가 a라는 진술을 하였다'라는 취지를 기재한 서류를 작성하였다면, 이는 재전문서류가 된다. 이는 B가 A의 진술 내용을 그대로 기록한 진술기재 서류와는 다르다는 점에 유의하여야 한다. 한편 B로부터 'A가 a라는 진술을 하였다.'라는 취지의 말을 전해들은 C가 'A가 a라는 진술을 하였다'는 취지의 내용을 기재한 서류는 재재전문서류라 할 수 있다.

---

502) 대법원 2008. 9. 25. 선고 2008도6985 판결.

(나) 재전문증거의 증거능력

1) 견해의 대립

재전문증거의 증거능력 인정에 대하여는 부정설[503], 긍정설[504] 및 긍정설의 입장에서 전문진술이 기재된 조서에 한하여 각각의 증거능력 요건을 갖추면 증거능력이 인정된다는 견해[505]와 원진술자가 자신의 진술부분에 대한 실질적 진정성립 인정시에는 증거능력이 인정될 수 있다는 견해[506] 등의 대립이 있다.

부정설은, 전문증거는 형사소송법에 따라 증거능력이 부정됨이 원칙이고 그 예외는 증거능력을 인정하는 명문의 규정이 있는 경우에 한하여 인정되는데 형사소송법은 재전문증거의 증거능력을 인정하는 규정을 두지 아니하고 있고, 재전문진술에는 오류가 개입할 위험성이 큰 만큼(이중의 예외) 증명력이 낮아 직접심리의 의미가 퇴색되며, 재전문진술자에 대한 반대신문은 원진술자에 대해 이루어지는 것이 아니어서 반대신문의 효과도 기대할 수 없음을 이유로 재전문증거의 증거능력은 부정된다고 한다. 그럼에도 이를 증거로서 사용될 수 있다고 한다면 결국 전문법칙을 형해화하게 된다는 것이다.

이에 비해 긍정설은, 재전문증거에 대해 증거능력을 인정하고 있는 명시적 규정은 없지만, 형사소송법상 증거동의가 있으면 전문증거에 대해서도 증거능력이 인정되는 것이 원칙이고, 증거동의가 없다 하더라도 재전문증거를 각각의 전문으로 나누었을 때 개별적으로 형사소송법상 전문증거로서 증거능력이 인정될 수 있는 근거조항이 있고, 그에 따라 각자가 증거능력 인정요건을 갖춘다면 증거능력을 부정할 이유가 없다는 이유로 재전문증거의 증거능력은 인정될 수 있다고 한다.

2) 검토 및 대법원의 태도

재전문증거의 증거능력을 인정하는 명시적 근거규정의 부재와 전문법칙의 형해화를 근거로 삼고 있는 부정설의 주장도 경청할 만하다. 또한 형식적·기교적인 조문조작을 통해서 '재전문'의 위험성을 떨쳐버릴 수 있을까 하는 의구심이 전혀 없는 것도 아니다. 그러나 당사자의 증거동의에 의한 전문증거의 증거능력 인정을 부정할 수는 없고, 재전문서류에서 각 전문증거를 분리하였을 때 각각의 증거능력 인정요건이 갖추어진다는 것은 상대방에게 완전하지는 않지만

503) 신동운 710; 신/조 883.
504) 이/김 702; 이/조/이 726; 이창현 956; 정/최/김 694.
505) 이주원 589.
506) 차/최 571.

반대신문의 기회가 보장된다는 것을 의미하며, 실제로 사실인정에 기여하는 면도 무시할 수는 없는바, 재전문증거라 하여 무조건 증거능력을 부정할 이유는 없다고 본다. 참고로 전문법칙의 모국이라 할 수 있는 미국에서도, 연방증거규칙에 의해 연방법원은 재전문증거를 구성하는 각 전문증거에 대해 허용성이 인정되면 재전문증거의 허용성을 인정한다(Federal Rules of Evidence Rule 805. Hearsay Within Hearsay).

대법원은 부분적으로 긍정설의 입장을 취한다. 대법원은 증거동의가 있는 경우,[507] 재전문서류에 대하여 전문서류와 그 안의 전문진술에 대하여 형사소송법에 전문증거로서의 증거능력 인정의 예외가 규정되어 있고 각각 그 요건을 갖추고 있는 경우 증거능력을 인정할 수 있다고 한다.[508] 그러나 대법원은 재전문진술 및 재전문진술을 기재한 재재전문서류에 대해서는 이를 인정하는 규정도 없고 단순한 전문증거에 비해 관련성과 신용성(증명력)이 현저히 떨어진다는 이유로 증거능력을 부정한다.[509]

3) 케이스의 검토를 통한 이해

생후 30개월 된 여아가 어린이집에서 강제추행을 당한 사실을 엄마에게 말하였고, 그 말을 들은 엄마가 경찰서에 가서 딸이 어린이집에서 추행을 당했다는 신고를 하였다. 사법경찰관은 엄마가 한 진술을 듣고 이를 조서(사경작성 진술조서)로 작성하였다. 이 경우 원진술자는 여아이고 엄마는 원진술자의 진술을 전달한 자이므로, 사법경찰관 작성 진술조서는 전문진술을 기재한 서류로서 재전문서류에 해당한다.

대법원은 재전문서류는 일정한 요건을 갖추면 증거로 사용할 수 있다는 입장(제한적 긍정설)이다. 즉 사안에서 대법원에 따르면 위 조서에 대한 피고인의 증거동의가 있으면 증거능력이 인정된다. 또한 피고인의 증거동의가 없다 하더라도 ① 진술조서가 조서로서 갖추어야 할 전문법칙 예외요건을 갖추고, ② 그 안에 기재된 전문진술도 전문법칙 예외요건을 모두 갖추면 그 증거능력은 인정된다. 먼저, 사안의 조서는 피고인 아닌 자의 진술을 기재한 진술조서이므로 형사소송법 제312조 제4항이 적용되고, 원진술자가 진술불능상태인 경우라면 제314조가 추가 적용된다. 다음으로, 사안의 전문진술은 피고인 아닌 자의 원진술을 피고인 아닌 자가 진술한 것이므로 형사소송법 제316조 제2항이 적용된다. 따라서 위 조서가 적법한 절차와 방식에 따라 작성된 것으로서, 원진술자인 엄마의 실질적 진정성립인정(또는 영상녹화물 등에 의한 증명), 반대신문의 기회제공 및 원진술시 특신상태가 증명되고, 여기에 더하여 원진술자인 여아가 사망

507) 대법원 2004. 3. 11. 선고 2003도171 판결.
508) 대법원 2017. 7. 18. 선고 2015도12981 등 판결.
509) 대법원 2012. 5. 24. 선고 2010도5948 판결.

등의 사유로 진술할 수 없고 원진술 당시의 특신상태가 증명되면 위 진술조서의 증거능력은 인정된다.

한편, 여아의 말을 들은 엄마로부터 강제추행사실을 전해들은 아빠가 경찰서에 가서 사법경찰관에게 진술한 것을 기재한 서류라면 어떻게 될까? 이는 재전문진술을 기재한 서류이므로 **재재전문서류**가 된다. 대법원에 따르면 재재전문서류는 피고인의 증거동의가 없는 이상 증거로 사용할 수 없다.

요약하자면 대법원은 **재전문서류는 각각의 예외요건을 갖추면** 피고인의 증거동의가 없다 하더라도 증거로 사용할 수 있다고 하고, 재재전문서류 및 재전문진술은 피고인의 증거동의가 없는 한 증거로 사용할 수 없다고 한다.

4) 탄핵증거로서의 사용

형사소송법은 제312조 내지 제316조 즉, 전문법칙에 따라 증거능력이 부정되는 전문증거라 할지라도 탄핵증거로는 사용할 수 있다고 명시하고 있다(법 제318조의2 제1항). 따라서 재전문증거라 하더라도 탄핵증거로는 사용될 수 있다.

(8) 특수한 형태의 전문증거

(가) 사진

사진은 법적성질에 따라 현장사진, 사본으로서의 사진, 진술의 일부인 사진으로 나눌 수 있다.

1) 현장사진

① 의의

현장사진이란 범행과정이나 범행상황, 범행 전후사정, 범행장소 등을 촬영한 사진을 말하는데, 법원이나 수사기관이 직접 촬영을 한 경우와, 이미 촬영된 것을 제출명령, 압수, 임의제출 등의 방법을 통해 확보하는 경우가 있다.

② 견해의 대립

현장사진의 법적 성질에 대해서는 비진술증거설,[510] 진술증거설[511] 및 검증조서유사설[512]의 견해 대립이 있다. **비진술증거설**은 사진은 사람의 지각에 의한 진술이 아니라 기계적 특성

510) 이주원 593; 이창현 962; 임동규 581; 정/최/김 698.
511) 이/김 705; 이/조/이 734.
512) 신동운 b 1168.

에 의해서 피사체를 그대로 현출한 것일 뿐이므로 독립된 비진술증거로 보아야 하고, 사실적 관련성만 있으면 증거능력을 인정할 수 있으므로, 전문법칙은 적용될 여지가 없다고 한다. **진술증거설**은 진술이란 인간이 관찰·기억·표현의 과정을 통해 사실을 보고하는 것인데, 현장사진도 기계적인 힘에 의해 사실을 보고하는 기능을 가졌으므로 진술과 마찬가지로 진술증거에 해당하고, 현상·인화과정에서 언제나 조작·편집의 위험성이 있기 때문에 전문법칙이 적용된다고 한다. 진술증거설을 취하는 입장에서는, 수사기관이 촬영한 현장사진은 수사기관 작성 검증조서와 동일하므로 제312조 제6항이 적용되고, 사인이 촬영한 현장사진은 사인이 작성한 진술서와 같으므로 제313조가 적용된다고 한다. 한편, **검증조서유사설**은 현장사진은 비진술증거이지만 조작가능성을 전혀 무시할 수 없고, 그 법적 성질은 사진이 촬영되어 법정에 현출되는 과정이 검증과 유사하다는 점에서, 법관이 촬영한 현장사진은 법관이 작성한 검증조서와 마찬가지로 제311조가 적용되고, 수사기관이 촬영한 현장사진은 수사기관 작성 검증조서와 마찬가지로 제312조 제6항이 적용되며, 사인이 촬영한 현장사진은 제312조 제6항이 유추적용 된다고 한다.

③ 법원의 태도

대법원은 현장사진을 **비진술증거**로 보고 있다. 대법원은 수사기관이 비밀촬영한 현장사진은 ① 현재 범행이 행하여지고 있거나 행하여진 직후이고 ② 증거보전의 필요성 및 긴급성이 인정되며, ③ 일반적으로 허용되는 상당한 방법으로 촬영한 경우에는, 영장에 의하지 아니하였다 하더라도 증거능력이 인정된다고 하고, 이러한 점은 신호·과속단속카메라에 의한 무인촬영사진에 대해서도 마찬가지라고 하였다.[513] 또한 사인이 비밀촬영한 사진에 대해 대법원은 다른 여타의 사인에 의한 위법수집증거와 마찬가지로 효과적인 형사소추 및 형사소송에서의 진실발견이라는 공익과 개인의 사생활의 보호이익이라는 사익을 비교형량하여 공익이 사익보다 큰 경우 증거능력을 인정한다.[514] 이처럼 법원은 현장사진에 대하여 전문법칙을 적용하지 않는다.

④ 검토

진술증거설과 비진술증거설은 현장사진의 법적 성격 및 촬영과정에서의 오류와 인위적 조작의 위험성에 대해 해결책을 찾는 주된 견해라 할 수 있는데, 양설의 대립점은 실은 법적 성격보다는 오류와 인위적 조작의 위험성에 대한 평가에 있는 것으로 생각된다.

이론적으로 볼 때 진술증거설이 내세우는 사실의 보고적 성격·기능은 사진이나 진술에만

513) 대법원 2013. 7. 26. 선고 2013도2511 판결.
514) 대법원 1997. 9. 30. 선고 97도1230 판결.

특유한 것은 아니다. 증거물도 사실의 보고적 성격·기능을 가지고 있는 것이다. 즉 진술증거설의 중점은 오류와 인위적 조작배제의 철저성에 있는 것으로, 진술증거설은 사진을 진술증거로 의제하고 사진의 증거능력을 제한하는 것을 의도한 견해라고 할 수 있다. 이런 의미에서 진술증거설은 일종의 정책론인 것이다.

현장사진은 범행과 직접 관련된 장소, 물건, 사람을 피사체로 삼아 그 형상을 기계적인 방법에 의하여 필름이나 인화기에 기록한 것일 뿐 사람의 진술을 기록한 것이 아니므로 비진술증거로 봄이 타당하다. 전문법칙의 이론적 일관성을 추구한다는 면에서도 비진술증거설과 같이 있는 그대로 현장사진의 법적 성격을 시인하면서 그 위험성에 대한 방편을 찾는 것이 정도라고 하겠다.

다만 비진술증거설에서 주장하는 '사실적 관련성'이 현장사진의 증거능력 인정요건이라고 보기에는 우리 법의 해석상 무리가 있다. 이미 증거능력 부분에서 설명하였듯이 사실적 관련성은, 편견가치와의 비교형량이라는 큰 틀 안에서 증거의 허용성을 결정하는 미국 증거법상 허용성 요건으로서 우리 형사소송법은 사실적 관련성을 증거능력 인정요건으로 두고 있지는 않기 때문이다.[515] 거듭 말하지만 우리 형사소송법은 진정성을 증거능력 인정요건으로 삼고, 위법수집증거, 강요된 자백 또는 진술, 전문증거에 대해서만 증거능력을 부정함으로써 전문적이고 중립적인 직업 법관이 다양한 증거방법을 법정에서 최대한 음미한 후 사실인정을 하도록 하고 있다. 따라서 형사소송법이 개정되지 아니하는 이상 사실적 관련성을 증거능력 인정요건으로 삼는 것은 상당하지 아니하다. 우리 형사소송법상 사실적 관련성은 증명력의 문제일 뿐인 것이다. 따라서 사진은 비진술증거로 보고 진정성이 인정되는 이상 위법수집증거가 아니라면 증거능력을 인정하는 것이 옳다. 대법원도 결국 위법수집증거인지 여부에 따라 사진의 증거능력 여부를 결정하고 있다고 하겠다.

2) 사본으로서의 사진

① 의의

사본으로서의 사진이란 원본의 대체물로 사용하기 위해 촬영한 사진을 말한다. 이는 주로 살인·상해·폭행죄의 피해자 사진과 같이 공판절차에서 원본의 증거제출이 불가능하거나 상당히 곤란한 경우에 증거로 제출된다.

② 견해의 대립

사본으로서의 사진의 법적 성질에 대해서는 비진술증거설,[516] 진술증거설,[517] 구별설[518]

515) 513페이지 참조.
516) 이/조/이 731.

의 대립이 있다. **비진술증거설**은 사진은 비진술증거이므로 전문법칙은 적용되지 아니한다고 하면서, 최량증거법칙에 따라 원본의 증거제출이 불가능하고, 사진과 범죄혐의사실 사이에 관련성이 인정되는 경우에 한하여 사본으로서의 사진의 증거능력이 인정된다고 한다. **진술증거설**은 사본으로서의 사진 또한 진술증거이고 이에 원본의 존재와 진정성립이 인정되고 특신상태가 증명되면 형사소송법 **제315조 제3호**에 의해 증거능력이 인정된다고 한다. **구별설**은 원본증거의 성격에 따라 사진의 성격도 결정된다는 견해이다. 이 견해는 원본증거가 진술증거이면 사진도 진술증거이고, 원본증거가 비진술증거이면 사진도 비진술증거라고 하는 것이다.

③ 법원의 태도

대법원은 **구별설**의 입장에 있다. 대법원은 **피해자의 상해부위를 촬영한 사진**은 비진술증거로서 전문법칙이 적용되지 아니한다고 하고,[519] **협박내용을 담고 있는 휴대전화 문자메세지를 촬영한 사진**에 대해서는 전문증거에 해당하지 아니하므로 전문법칙이 적용될 여지가 없다면서 ① 원본의 법정제출이 불가능하거나 곤란한 사정이 있고, ② 그 사진의 영상이 원본과 정확하게 같다는 사실이 증명되어야 한다고 하였다.[520]

④ 검토

사본으로서의 사진은 원본의 대체물에 불과하므로 원본이 무엇이었는지에 따라 그 법적 성격이 결정된다는 구별설이 옳다. 예를 들어 범행도구는 비진술증거로서 이를 촬영한 사진은 비진술증거의 대체물일 뿐 진술에 해당하지 아니하므로 비진술증거에 해당하지만, 진술증거인 문서를 촬영한 사진은 진술증거의 대체물이므로 진술증거에 해당하는 것이다.

하지만 현장사진에서 살펴본 것과 같은 이유로 사실적 관련성은 사본으로서의 사진의 증거능력 인정요건이라 할 수 없고, 최량증거법칙 또한 미국법상 허용성의 인정요건이어서 사실적 관련성과 마찬가지로 우리 형사소송법상 증거능력 인정요건이라 하기는 무리이다. 우리 형사소송법은 진정성만을 증거능력 인정요건으로 두고 있으므로, 대체물인 사진은 원본이 비진술증거인 경우에는 원본과 사진이 상호 동일한 것인지만 증명되면 증거능력은 인정되고, 원본이 진술증거라면 동일성의 증명에 더하여 전문법칙이 적용된다고 하는 것이 옳다. 형사소송법이 개정되지 아니하는 이상 우리나라에서 사실적 관련성 및 최량증거법칙은 증명력의 문제로 보아야 할 것이다.

---

517) 배/홍 389; 정승환 622.

518) 강/황/이/최 576; 신/조 888; 이/김 703; 이주원 594; 이창현 961.

519) 대법원 2007. 7. 26. 선고 2007도3906 판결.

520) 대법원 2008. 11. 13. 선고 2006도2556 판결.

3) 진술의 일부인 사진

진술의 일부인 사진이란 사진을 사용하여 진술을 하거나 진술의 근거로서 사진을 사용하는 것 처럼 사진이 진술의 일부를 이루어 진술과 일체화되어 있는 것을 말한다. 그 예로는, 검증조서나 감정서에 포함되어 있는 사진, 수사대상자가 제출한 진술서에 포함되어 있는 사진 등을 들 수 있다.

진술의 일부인 사진은 진술증거의 일부를 이루는 보조수단에 불과하므로 사진이 포함된 전문증거의 증거능력 인정요건이 갖춰지면 사진의 증거능력도 함께 인정된다. 대법원도 사법경찰관 작성의 검증조서 중 피고인의 범행을 재연한 사진·영상은 피고인의 내용인정이 없는 이상 증거능력을 인정할 수 없다고 하여 같은 입장이다.[521)]

(나) 일부가 가려진 수사기관 작성 조서

수사기관 작성 조서 중 일부를 가리고 초본 형식으로 제출된 조서는, 원본의 일부가 가려진 사본으로서의 사진과 다를 바 없다. 따라서 이러한 조서는 ① 원본의 존재 및 원본과 사진의 동일성 증명, ② 원본이 전문증거이므로 전문증거의 증거능력 인정요건이 충족되어야 한다. 나아가 조서의 일부만을 증거로 제출하였다면 제출되지 아니한 부분에는 피고인에게 유리한 진술이 기재되어 있을 가능성이 크기 때문에, 이를 제출하지 아니한 점에 대한 정당화 사유도 증거능력인정요건으로 추가될 필요가 있다.

이에 대법원은 이러한 조서의 증거능력은 ① 가려진 부분과 가려지지 않은 부분이 분리가능할 것, ② 가려진 부분이 당해 공소사실과 관련성이 없는 것이 인정될 것, ③ 원본이 존재하고, 원본제출이 불가능하거나 곤란하며, 원본을 정확히 전사하였을 것, ④ 수사기관 작성 조서의 증거능력 인정요건이 충족될 것이라는 조건을 갖추면 증거능력이 인정된다고 한다.[522)]

형사소송법의 개정과 법원의 태도변경으로 원진술자가 피고인인 피의자신문조서는 피고인의 법정자백이 있는 경우 외에는 증거능력을 인정할 수 없지만, 원진술자가 피고인이 아닌 수사기관 작성 조서의 경우에는 위 판례에 따라 증거능력 인정 여부가 결정될 것이다.

(다) 녹음테이프 등 정보저장매체에 녹음된 진술

녹음테이프 등 정보저장매체에 녹음된 진술은 법적 성격에 따라 현장녹음과 진술녹음으로 나뉜다. 현장녹음이든 진술녹음이든 통신비밀보호법, 형사소송법 등이 정한 적법절차를 준수하

521) 대법원 1998. 3. 13. 선고 98도159 판결.
522) 대법원 2002. 10. 22. 선고 2000도5461 판결.

여 수집되어야 하고, 전문증거에 해당할 경우 전문법칙이 적용된다.

1) 현장녹음

현장녹음이란 범죄현장에서 범행당시의 상황(분위기) 또는 범행에 수반된 음성(비명 등)이나 소음 기타 음향을 녹음한 것을 말한다.

현장녹음의 증거능력에 대해서는 현장사진과 마찬가지로 ① 비진술증거설, ② 진술증거설, ③ 검증조서유사설의 대립이 있다. 양자는 시각 또는 청각으로 인식할 수 있는 정보라는 차이가 있을 뿐이기 때문이다. 이에 대해서도 대법원은 비진술증거설의 입장이며, 현장사진에서 검토한 바와 마찬가지의 이유로 비진술증거설이 타당하다.

2) 진술녹음

① 의의 및 법적성질

진술녹음이란 원진술자가 자신이 경험한 사실을 구두로 진술한 것이 정보저장매체에 녹음된 것을 말한다. 진술녹음은 그 진술내용의 진실성이 증명대상인 경우에는 피고인 또는 피고인 아닌 자의 진술서나 진술기재 서류와 다를 바 없어 전문증거에 해당한다. 하지만 녹음파일에 담긴 진술이 존재한다는 사실 자체가 증명의 대상이 되는 경우나, 진술의 진실성과 관계없이 간접사실에 대한 정황증거로 사용하는 경우에는 전문증거에 해당하지 않는다.[523]

진술녹음이 전문증거인 경우, 통설은 작성주체에 따라 형사소송법 제311조 내지 제313조가 적용된다는 입장이다. 법관이 녹음한 것이라면 형사소송법 제311조가 적용되고, 수사기관이 수사대상자의 진술을 녹음한 것이라면 제312조가 적용되며, 그 외의 사람이 녹음한 것은 제313조가 적용된다는 것이다. 아래에서는 작성주체별로 나누어 검토한다.

② 법관이 작성주체인 경우

이 경우에는 당해 사건에서 작성된 것인지 여부에 따라 제311조 또는 제315조가 적용됨이 상당하다. 하지만 법관이 작성한 조서에는 증거능력이 인정되므로 굳이 진술녹음물을 작성하는 경우는 생각하기 어렵다.

③ 수사기관이 작성주체인 경우

피의자가 원진술자인 경우부터 살펴본다. 형사소송법은 수사기관의 피의자신문에 따른 피의자의 진술은 조서에 기록하여야 함을 명시하고 있고(법 제244조 제1항), 권리고지면의 작성 및 확인방법(법 제244조의3), 수사과정확인서의 작성 및 확인방법 등(법 제244조의4) 조서의 작성방식에 대해 엄격한 규정을 두고 있다. 게다가 형사소송법과 형사소송규칙에 따른 적법한 절

523) 대법원 2015. 1. 22. 선고 2014도10978 전원합의체 판결.

차와 방식을 준수하여 작성된 영상녹화물조차 그 본증능력을 부정하고 있다(법 제318조의2 제2항). 따라서 이때의 진술녹음물은 위법수집증거배제법칙 및 전문법칙 위반으로 증거능력이 부정된다고 보는 것이 타당하다.

참고인이 원진술자인 경우는, 형사소송법은 그 진술을 조서에 기록하라는 명시규정을 두고 있지 아니하다. 하지만 형사소송법은 참고인진술의 기록에 있어서도 피의자신문조서의 작성에 대한 적법한 절차와 방식관련 규정 중 조사과정확인 등을 준용하도록 하고(법 제244조의4 제3항), 참고인이 원진술자인 경우에도 형사소송법에 따른 영상녹화물의 본증능력을 부정하는 것은 마찬가지이다(법 제318조의2 제2항).

따라서 수사기관이 수사대상자의 진술을 녹음한 경우에는 원진술자의 신분여하를 불문하고 위법수집증거배제법칙 및 전문법칙 위반으로 증거능력이 부정된다고 하겠다.

④ 형사사법기관 아닌 자가 작성주체인 경우

이 경우에는 형사소송법 제313조가 적용됨이 상당하다. 자신이 직접 녹음을 하였다면 진술서에 준하는 것으로, 타인이 녹음하였다면 진술기재 서류에 준하는 것으로 볼 수 있다.

녹음물의 성질상 자필작성은 불가능하지만, 녹음물이 저장된 정보저장매체를 봉인한 후 그 외부에 녹음당사자와 참여자가 서명, 날인하는 방법을 생각해 볼 수 있다. 만약 녹음물이 전자정보로서 정보저장매체에 저장되어 있고, 매체에 대한 서명·날인이 불가능한 경우라면 자필, 서명, 또는 날인을 대신하여 그 내용이 원본이거나 원본과 동일함이 증명되는 경우에는 증거능력을 인정함이 타당하다.

특신상태는 진술녹음에 대해서도 제313조가 적용되는 여타의 경우와 마찬가지로 적용된다. 대법원도 같은 입장이다.[524)]

(라) 영상녹화물과 영상물

1) 영상녹화물과 영상물의 구분

영상녹화물이란 **법원 또는 수사기관**이 형사절차에서 원진술자의 진술을 청취하면서 이를 영상녹화하여 정보저장매체에 기록한 것을 말하고, 영상물이란 **형사사법기관이 아닌 자가** 자신의 진술을 영상녹화하거나 타인의 진술을 청취하면서 이를 영상녹화하여 정보저장매체에 기록한 것을 말한다. 즉 영상녹화물과 영상물은 수사과정 작성 조서(법 제312조 적용)와 조서 외 진술서·진술기재서류(제313조 적용)의 구분과 동일한 기준으로 분류하는 것이 상당하다. 수사과정에서 수사기관의 관여 하에 직접 작성되거나 수사기관에 제출할 목적으로 작성된 것이라면

524) 대법원 2005. 12. 23. 선고 2005도2945 판결.

영상녹화물이고, 그렇지 아니하면 영상물이라 할 수 있다.

대법원은 수사과정에서 검찰 수사관이 검사로부터 피해자 진술의 신빙성 여부에 대한 의견조회를 받아 피해자를 면담하는 내용을 영상녹화한 경우, 그러한 영상녹화물은 작성자의 지위, 작성경위 등에 비추어 볼 때 수사과정 외에서 작성된 영상물이라고 할 수 없으므로 형사소송법 제313조 제1항이 적용될 수 없고, 수사과정 작성 조서나 진술서도 아니므로 제312조에도 적용되지 아니한다며 증거능력을 부정하였다.[525] 이는 수사기관 작성 서류에 대해서는 제312조가 적용될 수 있을 뿐 제313조는 적용될 수 없다는 기존의 태도와도 동일하다.

2) 영상녹화물의 증거능력

형사소송법과 형사소송규칙은 수사기관의 영상녹화물 작성에 대해 매우 엄격한 절차를 규정하고 있다. 그럼에도 그러한 엄격한 절차를 거쳐 작성된 영상녹화물은 원진술자가 피고인이 아닌 경우에 실질적 진정성립을 증명하는 용도 및 기억환기용으로만 사용될 수 있을 뿐, 탄핵증거로도 사용될 수 없는 것으로 규정되어 있다(법 제312조 제4항, 제318조의2 제2항). 따라서 영상녹화물은 본증 및 탄핵증거로 사용될 수 없다. 대법원도 같은 입장으로, 영상녹화물 중 음성부분을 토대로 작성된 녹취서 또한 증거로 사용될 수 없다고 한다.[526]

3) 영상물의 증거능력

형사소송법은 영상물의 증거능력 인정과 관련해서는 규정하고 있지 않다. 영상물에는 원진술자의 진술이 녹음되어 있고 영상은 영상물이 작성되는 과정을 보여주고 있을 뿐이므로, 영상물의 증거능력 인정요건은 앞에서 설명한 진술녹음물의 증거능력 인정요건과 다를 바 없다.

Ⅶ. 증거동의

1. 증거동의의 의의와 본질

증거방법에 대해 검사와 피고인이 증거로 할 수 있음을 동의하고, 법원이 이를 진정한 것으로 인정한 때에는 증거로 할 수 있다(법 제318조 제1항). 당사자의 증거동의에 관한 제318조는 우리나라의 형사소송구조가 당사자주의를 기본으로 하면서 직권주의에 의한 규제·보충을 꾀하고 있다는 것을 보여주는 대표적인 규정이다. 형사소송법은 증거능력 인정 여부에 대하여 당사자주의와 직권주의의 조화를 통해 사실인정절차의 신속성을 도모하면서도, 법원의 통제에

525) 대법원 2024. 3. 28. 선고 2023도15133 판결.
526) 대법원 2014. 7. 10. 선고 2012도5041 판결.

의한 실체적 진실발견의 보장을 꾀하고 있는 것이다.

실무에서는 서증에 대한 증거조사청구가 있는 경우 우선 상대방에게 동의의 유무를 확인하고 동의가 있은 것에 대해서는 동의서면으로서 조사하고, 동의가 없는 것에 대해서만 법 제311조 이하의 전문법칙의 예외규정의 적용 여부를 문제 삼는다. 따라서 제318조의 동의, 부동의의 의사표시는 이후의 증거조사절차의 방향을 결정짓는 중요한 절차라고 할 수 있다.

2. 증거동의의 주체, 객체, 방법 및 시기

(1) 증거동의의 주체

증거동의의 주체는 검사와 피고인으로, 증거제출을 하지 아니한 상대방의 동의가 필요하다. 형사소송법은 변호인에게는 증거동의에 대한 고유권을 부여하고 있지 아니하지만, 변호인은 포괄적 대리권이 있다. 변호인이 피고인의 묵시적 의사에 반하여 증거동의를 할 수 있는지 여부는 이러한 변호인의 대리권의 성격을 무엇으로 볼 것인지에 따라 달라진다. 이에 대해서는 독립대리권설[527]과 종속대리권설[528]의 견해대립이 있으나, 증거동의는 피고인의 불이익과 직결되는 것으로 피고인의 방어권 행사에 미치는 영향이 대단히 크다는 점에서 종속대리권설이 옳다고 생각된다.[529]

대법원은 "변호인은 피고인의 명시한 의사에 반하지 아니하는 한 피고인을 대리하여 증거로 함에 동의할 수 있으므로, 피고인이 증거로 함에 동의하지 아니한다고 명시적인 의사표시를 한 경우 이외에는 변호인은 서류나 물건에 대하여 증거로 함에 동의할 수 있고 이 경우 변호인의 동의에 대하여 피고인이 즉시 이의하지 아니하는 경우에는 변호인의 동의로 증거능력이 인정된다."고 하여 독립대리권설의 입장에 서있고,[530] 이에 따라 피고인이 변호인과 함께 출석한 공판기일의 공판조서에 변호인의 증거동의의 기재가 있으면 피고인이 증거동의를 한 것으로 보아야 하고, 이는 공판조서에 기재된 것이므로 절대적인 증명력을 가진다고 한다.[531] 그러나 이처럼 독립대리권설의 입장을 취한다 하더라도, 피고인 스스로가 동의·부동의를 판단할 시간적 여유를 주기위해서는 적어도 차회 기일까지는 이의제기를 할 기회를 주어야 할 것이다.

527) 손/신 683; 임동규 604.
528) 이/김 720; 이/조/이 746; 이주원 612; 정/최/김 710.
529) 신동운 b 1287. 다만 피고인의 방어권 보장을 위한 취지에서, 피고인이 중대한 착오에 기하여 증거동의를 한 때에는 변호인이 이를 취소할 수 있다고 본다.
530) 대법원 1988. 11. 8. 선고 88도1628 판결; 대법원 1999. 8. 20. 선고 99도2029 판결.
531) 대법원 2016. 3. 10. 선고 2015도19139 판결.

(2) 증거동의의 객체와 상대방

(가) 증거동의의 객체

1) 서류

증거동의의 객체인 서류는 반대신문권이 문제되는 전문증거로 제한되는데, 증거동의의 객체로 인정되는 이상 그 서류의 일부에 대한 증거동의는 허용된다.[532] 따라서 위법수집증거, 강요 등에 의한 자백, 임의성 없는 진술 등은 증거동의의 객체가 될 수 없고, 증거동의가 있다 하더라도 어떠한 효력도 발생시키지 아니한다.

대법원은 증언번복 진술조서, 공소제기 후 작성된 증인예정자 진술조서, 증거보전절차에서 피의자와 변호인에게 참여기회를 부여하지 아니한 증인신문조서,[533] 서명은 있으나 날인이 착오로 누락된 진술조서[534] 등에 대해서도 증거동의의 객체가 된다고 하고 있다. 날인 누락과 같이 형식적 절차규정의 경미한 하자는 증거동의의 객체가 될 수 있다 하더라도, 증언번복 진술조서, 참여권을 위반한 증인신문조서에 대해서도 증거동의의 효력을 인정할 수 있다고 하는 데 대해서는 동의하기 어렵다. 그러한 중대한 절차위반은 위법수집증거로 보아 증거동의의 대상에서 배제함이 옳기 때문이다.

2) 물건

물건도 증거동의의 객체에 해당하는지에 대해서는 견해가 갈라진다. **적극설**은 형사소송법 제318조는 물건을 증거동의의 객체로 명시하고 있으므로 물건도 당연히 증거동의의 객체가 된다고 하고,[535] **소극설**은 증거동의의 본질을 반대신문권의 포기라고 할 때 물건은 반대신문의 대상이 아니므로 증거동의의 객체가 될 수 없다고 한다.[536] 대법원은 상해부위를 촬영한 사진은 증거동의에 의해 증거능력이 인정될 수 있다고 하여 적극설의 입장이다.[537]

증거동의의 본질은 반대신문권의 포기에 있다는 통설에 따를 때 '물건'은 입법의 오류라고 하겠다. 하지만 형사소송법은 명문으로 물건도 증거동의의 대상으로 규정하고 있고, 물건

532) 대법원 1990. 7. 24. 선고 90도1303. 판결. "피고인들이 제1심 법정에서 경찰의 검증조서 가운데 범행부분만 부동의하고 현장상황 부분에 대해서는 모두 증거로 함에 동의하였다면, 위 검증조서 중 범행상황 부분만을 증거로 채용한 제1심 판결에 잘못이 없다."

533) 대법원 1988. 11. 8. 선고 86도1646 판결.

534) 대법원 1982. 3. 9. 선고 82도63 등 판결.

535) 이주원 614; 정/최/김 712.

536) 손/신 685; 이/김 721; 이/조/이 747; 임동규 605.

537) 대법원 2007. 7. 26. 선고 2007도3906 판결.

이 증거동의의 대상이 된다 하더라도 진정성이 증명되지 아니하거나 위법수집증거에 해당하는 물건에 대해서는 증거능력을 인정할 수 없다. 또한 증거동의에 의해 물건의 증거능력 인정이 용이해 질 수 있어 소송경제에 도움이 되므로 실무상으로도 물건은 증거동의의 대상이 되고 있다.

(나) 증거동의의 상대방

증거동의는 당사자의 법원에 대한 소송상의 의사표시이며 소송행위이다. 따라서 동의는 법원에 대하여 하여야 하며, 당사자 상호간에 한 동의의 의사표시는 아무런 효력이 없다.

(3) 증거동의의 방법과 시기

(가) 증거동의의 방법

개개의 증거는 사실인정에 있어 다른 증거와는 개별적인 독자성을 가지고 있고, 피고인의 증거동의는 피고인의 방어권에 결정적인 영향을 미치는 소송행위이므로, 증거동의는 개개의 증거에 대해 명시적·개별적으로 이루어져야 한다. 다만 전체 또는 일정 범위 내의 증거에 대한 증거동의의 의사가 충분히 나타났다고 볼 때에는 포괄적·묵시적 동의도 허용된다.

대법원은 피고인 아닌 자가 원진술자인 진술조서에 대해 피고인이 이견이 없다고 말하고 공판정에서 진술조서의 기재내용과 부합되는 진술을 한 경우,[538] 피고인이 신청한 증인의 증언이 피고인 아닌 타인의 진술을 내용으로 하는 전문진술임에도 피고인이 그 증언에 대하여 별 의견이 없다고 진술한 경우[539]에는 증거동의로 보았다. 하지만 피고인이 일관되게 공소사실을 부인하면서 적극적으로 다투었고, 검찰 측 증인의 법정증언이 전문증거로서 증거능력이 없다는 점에 대해 고지가 이루어지지 않은 채 증인신문이 진행된 다음 증거조사 결과에 대한 의견진술이 이루어진 경우, 피고인이 증언에 대해 별 의견이 없다고 하였더라도 증거동의로 보지 아니하였다.[540]

(나) 증거동의의 시기

증거동의는 **증거조사 전**에 이루어져야 하고, 증거조사가 끝난 후에는 증거동의를 하더라도 효력이 없다. 증거능력이 없는 증거에 대해서는 증거조사 자체를 할 수 없기 때문이다.

다만 어떠한 증거에 대한 증거조사 도중 또는 증거조사를 마친 후에야 비로소 그 증거가

538) 대법원 1972. 6. 13. 선고 72도922 제2부판결.
539) 대법원 1983. 9. 27. 선고 83도516 판결.
540) 대법원 2019. 11. 14. 선고 2019도11552 판결.

전문증거임이 밝혀졌다면, 그에 대한 사후 증거동의의 효력은 소급해서 인정될 수 있다. 물론 그러한 사후동의는 변론종결시까지만 가능하다.

3. 증거동의의 효력 및 그 범위

(1) 증거동의의 효력

(가) 견해의 대립

증거동의의 효력에 대해서는 다양한 견해가 제시되고 있다. **반대신문권포기설**은 당사자에게 전문증거에 대한 증거능력 인정의 권리가 있음을 전제로, 증거동의는 전문증거에 대한 당사자의 반대신문권 포기의 의사표시라는 견해이다.[541] 이 견해는 증거동의의 효력은 반대신문권과 관계가 있는 전문증거에 대해서만 미치므로, 당사자의 증거동의는 전문증거에 대한 증거능력 인정의 효력이 있고 증거동의를 한 이상 반대신문을 통하여 전문증거의 증명력을 탄핵할 수는 없다고 한다.

증거능력·증명력을 다툴 권리포기설(처분권설)은 당사자에게 모든 유형의 증거에 대한 증거능력 인정의 권리가 있음을 전제로, 증거동의는 동의의 대상이 된 증거의 증거능력과 증명력을 다툴 권리를 포기한다는 의사표시라는 견해이다.[542] 이 견해는 증거동의의 효력은 증거동의의 대상이 된 모든 증거에 미치므로, 당사자의 증거동의에 따라 전문증거 뿐만 아니라 위법수집증거, 강요등에 의한 자백, 임의성 없는 진술 등에 대해서도 그 증거능력과 증명력을 다툴 권리를 포기하는 것이 되고 그 결과 증거능력과 증명력이 인정된다는 것이다.

병합설(절충설)은 증거동의는 전문증거에 대한 당사자의 반대신문권 포기의 의사표시로서, 직접심리주의의 예외를 인정하게 하는 효력이 있다고 하는 견해이다.[543] 이 견해는 당사자의 증거동의는 전문증거의 증거능력을 인정하는 효력이 있고, 직접심리주의의 예외로서 물증에 대해서도 증거능력을 인정하는 효력이 있으나, 위법수집증거, 강요등에 의한 자백, 임의성 없는 진술에 대해서는 그 효력이 미치지 아니한다고 한다.

(나) 검토

반대신문권포기설은 증거동의의 효력이 전문증거에만 미치는 것을 전제로 하고 있으나 형사소송법은 물건도 증거동의의 객체임을 명시하고 있으므로 이 견해는 받아들이기 어렵다. 병

541) 이/김 719; 이/조/이 745; 임동규 602.
542) 신현주 656.
543) 정/최/김 709; 이창현 986.

합설(절충설)은 그 결론에 있어서는 타당하다 하더라도 반대신문권의 포기와 직접심리주의는 전문증거의 증거능력 인정에 대한 이론적 근거로서 증거동의에 의한 물증의 증거능력 인정의 근거는 될 수 없다.

형사소송법은 당사자주의를 기본으로 하고 있고 신속한 재판의 원칙을 채택하고 있음에 비추어 볼 때 권리포기설(처분권설)의 장점은 분명히 있다. 하지만 증거동의의 효력이 위법수집 증거 등에도 미친다는 부분에 대해서는 동의하기 어렵다. 당사자에게 증거능력 인정의 권리가 있다 하더라도 모든 권리에는 일정한 공익상의 제한이 가해질 수 있고, 형사소송법은 위법수집 증거, 강요등에 의한 자백, 임의성없는 진술에 대해서는 증거능력을 부정하고 있는데 그 헌법상 근거인 적정절차원칙, 공정한 재판의 원칙, 자기부죄금지원칙 등은 신속한 재판의 원칙보다 우월한 가치를 가지고 있기 때문이다. 따라서 증거동의로 인하여 반대신문권의 포기가 이루어지고 직접심리주의에 대한 예외인정의 효력까지 발생한다 하더라도, 위와 같은 중대한 공익상의 요청에 따른 형사소송법상의 증거능력 관련규정을 배제할 효력까지 인정할 수는 없다.

형사소송법 제318조는 증거능력에 관한 규정이며 따라서 이 조문에 규정된 '동의' 역시 증거능력에 관한 것이다. 반면 반대신문은 증명력을 다투는 방법의 하나로서 증명력의 문제에 속하는 것이며 증명력은 법관의 자유판단의 영역이다. 따라서 증거능력의 문제인 제318조 소정의 '동의'에 증명력의 문제인 반대신문권의 포기라는 의미를 개입시키는 것은 타당하지 않다. 결론적으로 제318조 소정의 동의는 **전문증거에 대해 '증거로 사용하여도 좋다는 의사표시**(승낙)' 일 뿐이며 그 이상도 그 이하도 아니다(증거능력부여설, 승낙설). 그리고 그 동의의 결과 '동의한 서류나 물건의 증거능력이 인정될 수 있다'라고 단순하게 해석하는 것이 옳다. 이렇게 이해하는 것이 실정법의 해석으로서 정당할 뿐만 아니라 위에서 지적한 문제들을 해결할 수 있고, 피고인의 방어권 보장에도 기여할 수 있다고 생각한다.

(2) 증거동의의 효력 범위

(가) 인적 범위

증거동의는 당사자의 소송행위이므로 그 효력은 증거동의를 한 검사 또는 피고인에게만 미친다.[544] 따라서 전문증거의 경우 피고인 중 하나가 증거동의를 하였다 하더라도, 다른 공동피고인에게 그 증거동의의 효력이 미치지는 않는다.

544) 대법원 1984. 10. 10. 선고 84도1552 판결. "동 조서들에 대하여 다른 공동피고인이 증거로 함에 동의하였다 하여 동의하지 아니한 피고인과의 관계에 있어서도 증거능력이 있다고 함은 독자적인 견해에 불과하여 채택할 바 못된다."

(나) 물적 범위

증거동의는 증거동의의 대상이 된 증거방법 전체에 미치므로, 하나의 증거 중 일부에 대한 동의는 원칙적으로 허용되지 아니한다. 다만 서류의 경우 기재내용을 분리할 수 있는 경우에는 일부분에 대한 증거동의도 가능하다.

대법원도 피고인 아닌 자의 진술조서에 대하여 피고인이 "자신의 공판정 진술과 배치되는 부분은 부동의한다."고 진술한 경우, 특별한 사정이 없는 이상 그 효력은 조서 전체에 미쳐 그 조서를 증거로 함에 동의하지 아니한다는 취지로 해석해야 하고,[545] 피고인들이 제1심에서 경찰의 검증조서 가운데 범행부분만 부동의하고 현장상황 부분에 대해서는 동의한 경우, 증거동의와 부동의의 대상은 명확히 구분되어 분리할 수 있으므로 현장상황 부분에 대한 동의는 유효하다고 하였다.[546]

(다) 시적 범위

증거동의의 효력은 공판절차가 갱신되거나 심급이 달라져도 소멸되지 않는다. 법원도 제1심에서 증거동의를 하였다면 항소심에서 범행을 부인하더라도 이미 행한 증거동의의 효력은 유지된다고 하였다.[547]

4. 증거의 진정성 인정

당사자의 증거동의가 있는 경우 법원은 직권으로 증거의 진정성 여부를 조사하여야 하고, 진정성이 인정되는 경우에 한하여 당해 증거의 증거능력이 인정된다. 진정성의 의미에 대해서는 견해의 대립이 있으나, 이미 살펴본 것과 같이 그 의미는 **원본 또는 원본의 존재가 증명됨을 전제로 원본과 동일성이 인정되는 대체물**을 의미한다 하겠다.[548] 따라서 증거동의가 있다 하더라도 원본의 존재가 증명되지 아니하거나 원본과의 동일성이 증명되지 아니한 대체물은 진정성을 결여하여 증거능력이 부정된다.

---

545) 대법원 1984. 10. 10. 선고 84도1552 판결.
546) 대법원 1990. 7. 24. 선고 90도1303 판결.
547) 대법원 1990. 2. 13. 선고 89도2366 판결.
548) 511페이지 참조.

5. 증거동의의 철회(번복)와 취소

(1) 의의

증거동의의 **철회**는 증거동의가 이루어진 후 철회의사를 밝힌 때로부터 장래를 향해 증거동의의 효력을 부인하는 소송행위를 말하고, 증거동의의 **취소**는 착오·사기·강박 등을 이유로 증거동의시로 소급하여 그 효력을 부인하는 소송행위를 말한다.

(2) 철회·취소의 시기

(가) 철회

증거동의 후에도 사후에 그 증거동의를 번복(철회)할 수 있다는데 대해서는 별다른 이론이 없다. 다만 번복할 수 있는 시기와 관련하여 증거동의와 마찬가지로 **증거조사가 완료되기 전까지** 가능하다는 견해와, **구두변론종결시까지** 가능하다는 견해가 있다.[549)]

전자는 증거조사가 끝난 후에도 동의의 번복을 허용하는 것은 소송상태의 안정을 침해할 우려가 있으므로, 절차의 확실성과 소송경제를 고려할 때 증거조사 완료 후에는 동의의 번복이 허용될 수 없다고 한다. 그러나 아직도 수사기록조차 제대로 열람하지 않은 채 증거동의의 의미를 제대로 알지도 못하면서 재판에 임하는 사람들이 적지 않다는 현실적인 사정과, 재판 도중에 변호인을 선임하여 조력을 받게 되는 경우의 피고인의 상황을 고려한다면 일단 행한 증거동의에 대해서는 사후에 번복(철회)할 수 있다고 해석하는 것이 타당하고, 이 경우 **피고인의 이익을 위하여** 번복할 수 있는 여유기한은 가능한 한 길게 부여하는 것이 바람직하다는 점에서 **변론종결시**까지 가능하다고 보는 견해가 타당하다고 생각한다.

다만 **대법원**은 증거동의의 철회·취소는 **증거조사가 완료되기 전까지** 할 수 있다는 입장이다. 그에 따라 증거조사 완료 후에 증거동의의 번복의사를 밝히더라도 이미 이루어진 증거동의의 효력에 영향을 미치지 아니하고, 그에 따라 이미 취득한 증거능력은 상실되지 않는다고 한다.[550)]

(나) 취소

착오·사기·강박 등에 의해 이루어진 하자있는 증거동의를 취소할 수 있는지에 대한 직접

549) 이/조/이 753.
550) 대법원 2005. 4. 28. 선고 2004도4428 판결.

적인 판례는 없다. 이와 관련하여 대법원은 착오·사기·강박을 이유로 소송행위를 취소할 수 있기 위해서는 ① 통상인의 판단을 기준으로 하여 만일 착오가 없었다면 그러한 소송행위를 하지 않았으리라고 인정되는 **중요한 점**(동기를 포함)**에 관하여 착오**가 있고, ② 착오가 행위자 또는 대리인이 **책임질 수 없는 사유로** 인하여 발생하였으며, ③ 그 행위를 유효로 하는 것이 **현저히 정의에 반한다고 인정될 것** 등 세 가지 요건을 필요로 한다고 하여 엄격한 태도를 취하고 있다. 대법원은 위 기준에 따라, 보호감호를 선고받은 피고인이 상고를 제기하였다가 보호감호 청구가 기각되었다는 취지의 교도관의 말과 공판출정 교도관이 작성한 판결선고 결과보고서의 기재를 믿은 나머지 착오에 빠져 판결등본송달을 기다리지 않고 상고취하를 한 경우[551]와, 재항고인이 교도관이 준 상소권 포기서를 항소장으로 잘못 믿은 나머지 제대로 확인하여 보지도 않고 서명·무인한 경우[552]에서 피고인·재항고인에게 귀책사유를 인정하였다.

이러한 대법원의 태도에 비추어 볼 때 증거동의에 대한 취소에 있어서도 피고인에 대한 귀책사유의 인정은 엄격할 것인바, 증거동의에 하자가 있다는 이유로 증거조사 완료 후 증거동의의 취소가 인정되기는 상당히 어려울 것으로 생각된다.

6. 증거동의의 의제

(1) 피고인의 출정 없이 재판할 수 있는 경우

피고인의 출정 없이 증거조사를 할 수 있는 경우에 피고인이 출정하지 아니하였고 대리인 또는 변호인도 출정하지 아니한 때에는 서류 또는 물건에 대한 증거동의가 있는 것으로 간주된다(법 제318조 제2항). 이는 경미사건 등에 있어 피고인의 불출정으로 인한 소송의 지연을 방지하기 위해서이다.

피고인의 출정 없이 재판할 수 있는 경우로는, 피고인이 법인인 사건에서 법인의 대표자 또는 대리인이 출석하지 않은 경우(법 제276조 단서), 다액 500만 원 이하의 벌금 또는 과료에 해당하는 경미사건과 공소기각 또는 면소의 재판을 할 것이 명백한 사건, 장기 3년 이하의 징역 또는 금고, 다액 500만원을 초과하는 벌금 또는 구류에 해당하는 사건에서 법원이 피고인의 불출석을 허가한 사건, 약식명령에 대하여 피고인만이 정식재판의 청구를 하여 판결을 선고하는 사건의 경우(법 제277조, 제453조 제1항), 구속된 피고인이 정당한 사유 없이 출석을 거부하고 교도관에 의한 인치가 불가능하거나 현저히 곤란하다고 인정되는 경우(법 제277조의2), 피

551) 대법원 1992. 3. 13.자 92모1 결정.
552) 대법원 1995. 8. 17.자 95모49 결정.

고인이 항소심의 공판기일에 2회 출석하지 않은 경우(법 제365조), 즉결심판에 대하여 피고인이 정식재판을 청구한 사건에서 공판기일에 2회 불출석한 경우(즉결심판절차법 제29조), 약식명령에 대하여 정식재판을 청구한 피고인이 공판기일에 2회 출석하지 않은 경우(법 제458조 제2항, 제365조) 등이 있다.

(2) 간이공판절차

피고인의 법정 자백으로 간이공판절차에 의하여 심판할 것이 결정된 사건의 증거에 관하여는, 검사, 피고인, 또는 변호인의 이의가 있는 경우 외에는, 전문증거에 대하여 증거동의가 있는 것으로 간주된다(법 제318조의3). 피고인이 공소사실에 대해 법정 자백을 하였다면 더 이상 그 증거의 증거능력에 대해 다툴 의사가 없고 반대신문권도 사실상 포기한 것으로 볼 수 있다는 이유로 증거동의를 의제하는 것이다. 다만 이러한 특칙은 당사자나 변호인의 이의가 있는 경우에는 적용이 배제된다.

(3) 피고인의 무단퇴정 및 퇴정명령

형사소송법 제330조는 피고인이 재판장의 허가없이 퇴정하거나 재판장의 질서유지를 위한 퇴정명령을 받은 때에는 피고인의 진술없이 판결할 수 있는 것으로 규정하고 있는데, 이 경우에도 불출석과 마찬가지로 증거동의가 의제되는지에 대해서는 견해의 대립이 있다.

1) 견해의 대립과 대법원의 태도

부정설은 형사소송법 제330조의 문언대로 이 경우 법원은 피고인의 진술 없이 판결만 할 수 있을 뿐 심리를 할 수는 없으므로 증거동의가 의제되지 아니한다고 한다. **공정성설**은 이 경우 법원은 피고인의 진술 없이 심리절차를 진행할 수는 있지만, 반대신문권 보장의 핵심적 절차라고 할 수 있는 전문증거에 대한 증거동의의 의제는 재판의 공정성을 심하게 해치므로 인정할 수 없다고 한다. 무단퇴정은 불공정한 재판에 대한 항의의 의사표시라고 봐야할 경우가 대부분인데, 이러한 소극적인 재판거부의 의사표시(그에 따른 방어권의 포기)를 증거동의로 의제하여 확대해석하는 것은 사실상 퇴정에 대한 제재로밖에 볼 수 없으므로 피고인에게 지나치게 불리하다는 것이다. **방어권남용설**은 피고인의 무단퇴정은 반대신문권의 포기로, 변호인도 이에 동조하여 퇴정한 것은 변호권의 포기로 보면서 이를 재판진행을 방해하는 부당한 방어권의 남용에 해당한다고 보아 증거동의의 의제를 인정한다. 이 견해는 퇴정명령 또한 피고인의 귀책사유로 인한 것이어서 무단퇴정과 마찬가지로 취급할 수 있다고 한다. **이분설**(제한적 긍정설)은 무단퇴정과 퇴정명령의 경우를 달리 보아, 무단퇴정은 적극적인 반대신문권의 포기로 보아서 증거동의의 의제가 가능하지만, 퇴정명령의 경우는 반대신문권을 포기한 것으로 볼 수는 없으므로 증거동의를 의제할 수 없다고 한다.

대법원은 방어권남용설의 입장을 취한다. 대법원은 필요적 변호사건이라 하더라도 피고인이 재판거부의 의사를 표시하면서 재판장의 허가 없이 퇴정하고 변호인마저 이에 동조하여 퇴정해 버린 것은 피고인 측의 **방어권의 남용 내지 변호권의 포기**로 볼 수밖에 없으므로, 형사소송법 제330조에 의하여 피고인이나 변호인의 재정 없이도 **심리판결** 할 수 있고, 이 경우 형사소송법 제318조 제2항의 규정상 피고인의 진의와는 관계없이 피고인의 증거동의가 있는 것으로 간주된다고 하였다.[553]

2) 검토

피고인이 무단퇴정을 하거나 퇴정명령을 받은 경우 형사소송법 제330조에 따라 판결 외에 심리절차는 그대로 진행할 수 있다 하더라도, 증거조사의 핵심적 절차라고 할 수 있는 전문증거에 대한 증거동의의 의제까지 가능하다고 하게 되면 재판의 공정성을 심히 해칠 수 있다. 따라서 공정성설의 입장이 타당하다고 본다.

나아가 소극적인 방어권의 포기와 적극적인 증거동의를 같은 선상에 놓고 취급할 수는 없으므로, 퇴정명령을 받은 경우는 물론 무단퇴정의 경우에도 증거동의의 의제는 허용되지 않는다고 해야 한다. 이런 경우 법원은 일단 공판을 정지하고 공판기일을 연기하는 방법 등을 통해 대응해야 할 것이다.

Ⅷ. 탄핵증거

1. 의의

탄핵증거란 공판정에서 피고인 또는 증인의 진술의 증명력을 다투기 위한 증거를 말한다. 증명력을 '다툰다'고 함은 이를 감쇄시킴을 의미하므로 증명력을 '증강'하는 것은 탄핵증거에 해당하지 아니한다. 다만 상대방의 탄핵에 의하여 감쇄된 증명령을 다시 회복시키기 위한 증거는 형평성의 관점에서 탄핵증거로서 사용될 수 있다고 본다.

형사소송법 제318조의2 제1항은 "제312조부터 제316조까지의 규정에 따라 증거로 할 수 없는 서류나 진술이라도 공판준비 또는 공판기일에서의 피고인 또는 피고인이 아닌 자의 진

553) 대법원 1991. 6. 28. 선고 91도865 판결.

술의 증명력을 다투기 위하여 증거로 할 수 있다."라고 규정하여 전문증거로서 증거능력이 부정된다 하더라도 탄핵증거로서는 사용될 수 있다는 것과 탄핵의 객체는 진술증거임을 밝히고 있다.

2. 탄핵증거의 자격

(1) 증거능력과의 관계

형사소송법은 위법수집증거배제법칙을 위반하여 얻은 자백 또는 진술, 자백배제법칙을 위반하여 얻은 자백, 임의성 없는 진술 및 그러한 자백이나 진술이 기재된 서류 등은 증거로 할 수 없다고 규정하고 있으므로, 이러한 증거들은 탄핵증거로도 사용될 수 없다. 따라서 탄핵증거로서 사용될 수 있는 증거는 **증거능력이 있는 증거 및 전문법칙만을 위반하여 증거능력이 부정**되는 증거로 제한된다.

(2) 전문증거 내에서의 논의의 전개

비진술증거도 탄핵증거가 되지 못할 이유는 없다. 하지만 증거능력 있는 비진술증거는 사실인정을 위한 본증으로서 사용이 가능하기 때문에 굳이 탄핵증거로 사용될 이유가 없다. 따라서 탄핵증거로서의 자격에 대한 논의는 전문증거의 범위 내에서 전개된다.

(가) 자기모순의 진술

자기모순의 진술이라 함은 법정 내에서의 진술에 앞서 법정 외에서 한 진술의 내용이 법정 내에서의 진술과 모순되는 것을 말한다. 자기모순의 진술이 탄핵증거가 될 수 있다는 점에 대해서는 이론의 여지가 없다.

(나) 자기모순 외의 진술

1) 견해의 대립

자기모순진술 외의 전문증거도 탄핵증거가 될 수 있는지 여부에 대해서는 견해가 대립하고 있다. 한정설은 자기모순 외의 전문증거는 신용성이 담보되지 아니하므로 탄핵증거가 될 수 있다고 한다.[554] 비한정설은 형사소송법 제318조의2는 탄핵증거의 자격을 자기모순의 진술로 제한하고 있지 않음을 이유로 자기모순의 진술은 물론 그 외의 전문증거도 탄핵증거가 될 수

554) 이/김 731; 이/조/이 758.

있다는 견해이다. 다만 이를 그대로 주장하는 논자는 눈에 띄지 않고, 이를 **수정**한 견해로서 절충설과 이원설이 주장되고 있다.

절충설은 자기모순진술 외의 진술로서 증인의 능력, 성격, 평판, 교양 또는 당사자에 대한 편견이나 이해관계 또는 전과사실 등 **증인의 신용성에 관한 순수한 보조사실을 입증**하기 위한 전문증거는 탄핵증거로 사용될 수 있다고 한다.[555] **이원설**은 당사자주의라는 측면에서는 검사와 피고인은 대등한 지위에 있으나, 현실적으로 피고인은 검사에 비해 증거수집능력이 부족하므로 **무기대등의 원칙을 실질화**하는 취지에서 양자를 달리 취급하여, 검사에 대해서는 한정설을 취하고 피고인에 대해서는 비한정설을 취하는 견해이다.[556]

2) 검토

형사소송법 제318조의2를 문언 그대로 읽으면 전문증거는 모두 탄핵증거로서는 허용되는 것으로 보일 수 있다(비한정설). 그러나 그렇게 해석하게 되면 탄핵증거라고 하는 명목 하에 전문증거를 모두 법정에 현출하는 것이 가능케 되어 전문법칙은 형해화 되고 말 것이다. 여기서 제318조의2의 증거는 소위 자기모순의 진술, 즉 동일인의 불일치 진술에 한정된다고 하는 해석이 등장한다(한정설). 예를 들어 증인 갑이 공판정에서 "나는 범행 당시 살인현장에 있었지만 피고인의 모습을 보지는 못했다."라고 진술한데 대하여, 갑이 '나는 범행현장에서 피고인이 피해자를 살인하는 것을 보았다.'라는 취지로 진술한 사법경찰관 작성 진술조서와, 제3자가 '갑이 범행현장에서 피고인이 피해자를 살해하는 것을 보았다라는 진술을 한 것을 들었다'라는 취지로 진술한 사법경찰관 작성 진술조서가 존재하는 경우에, 탄핵증거는 사법경찰관 작성 진술조서의 내용의 진실성을 문제삼는 것이 아니라 단지 갑이 이전에 공판정의 진술과는 모순된 진술을 했었다고 하는 사실을 증명의 대상으로 삼는 것이므로, 이 경우 한정설은 전자만을 탄핵증거로 사용할 수 있다는 것이고, 비한정설은 전자와 후자 모두를 탄핵증거로 사용할 수 있다는 것이다.

비한정설은 조문의 문리에는 어긋남이 없지만, 전문법칙의 예외를 엄격히 제한하고 있는 현행법의 취지와 공소사실의 유무의 판단시에 증거능력이 없는 전문증거가 실질증거화 되어 영향을 미칠 수 있게 된다는 점을 고려한다면, 수용하기 어렵다. 한정설과 이원설은 심정적으로는 수긍할 면이 있지만 조문의 문리에 부합하지 아니하고 이론적인 근거가 다소 부족 내지 불분명하다는 아쉬움이 있다. 그 결론에 매력이 있다 하여 이론적 약점이 메꾸어 진다고 할 수는 없다. 따라서 절충설이 가장 타당하다고 생각한다. 탄핵증거는 진술의 증명력을 감쇄시키고

555) 손/신 694; 이주원 629; 이창현 1050; 임동규 614; 정/최/김 725.
556) 차/최 637.

자 하는 증거이고, 진술의 증명력 감쇄는 진술 자체의 신빙성은 물론 원진술자의 신용성을 다툼으로써 이루어 질 수 있기 때문이다. 이처럼 자기모순의 진술 외에 증인의 신용성에 대한 순수한 보조사실의 입증을 위한 전문증거도 탄핵증거로 사용될 수 있고, 그 밖의 전문증거는 탄핵증거로도 사용될 수 없다고 보는 것이 조문의 문언과 전문법칙의 취지에 가장 부합한다고 생각된다.

(다) 형식적 진정성립이 인정되지 않는 전문서류

서명·날인이 없는 등 형식적 진정성립이 인정되지 않는 전문서류를 탄핵증거로 사용할 수 있는지에 대해서도 견해가 대립하고 있다. **부정설**은 형식적 진정성립이 인정되지 않는 전문서류는 진술내용의 진실성과 정확성에 대한 이중의 오류가 있을 수 있으므로 탄핵증거가 될 수 없다고 한다.[557] **긍정설**은 탄핵증거는 전문법칙이 적용되지 않는 경우이므로 진술자의 서명·날인 등 형식적 진정성립이 부정되는 전문서류라도 탄핵증거가 될 수 있다고 한다.[558]

대법원은, 검사가 유죄의 자료로 제출한 증거들이 그 진정성립이 인정되지 아니하고 이를 증거로 함에 상대방의 동의가 없다 하더라도, 이를 유죄사실을 인정하는 증거로 사용하는 것이 아닌 이상, 공소사실과 양립할 수 없는 사실을 인정하는 자료로 쓸 수 있다[559]고 하여 긍정설의 입장이다.

형사소송법 제318조의2는 전문법칙을 위반한 증거라 하더라도 탄핵증거가 될 수 있다고 명시하고 있으므로 긍정설이 타당하다고 생각된다. 그러나 형식적 진정성립이 인정되지 않는 전문서류의 경우 그 진실성을 사실상 담보할 수 없으므로 탄핵증거로서의 가치 또한 미미하다고 평가될 수밖에 없고, 그럼에도 그것이 사실인정에 중요한 영향을 미쳤다면 채증법칙 위반 내지 심리미진의 위법으로 상소이유가 된다고 봐야 할 것이다.

(라) 진술번복조서와 증인예정자 진술조서

증인의 공판정에서의 증언을 탄핵하기 위하여 공판정에서의 증언 이후에 그 증인을 수사기관에서 소환하여 작성한 진술조서 즉 진술번복조서를 제출한 경우, 이는 당사자주의·공판중심주의·직접주의를 지향하는 현행 형사소송법의 소송구조에 어긋나고 피고인의 공정한 재판을 받을 권리를 침해하는 것이므로, 탄핵증거로도 사용할 수 없다. 만약 검사가 증인의 공판정에서의 증언을 탄핵하고 싶다면, 그 사람을 다시 증인으로 불러 반대신문을 통하여 탄핵할 수

557) 손/신 699; 이/김 732; 이/조/이 762; 이주원 630; 차/최 639.
558) 이창현 1051; 임동규 616; 정/최/김 728.
559) 대법원 1994. 11. 11. 선고 94도1159 판결.

밖에 없다.

한편, 수사기관이 공판기일에 증인으로 신청하여 신문할 수 있는 사람을 특별한 이유 없이 미리 소환하여 작성한 조서도, 당사자주의·공판중심주의·직접주의를 지향하는 현행 형사소송법의 소송구조에 어긋나고 피고인의 공정한 재판을 받을 권리를 침해하는 것이므로, 탄핵증거로도 사용할 수 없다. 이때 '특별한 이유'는 증인의 사망 등이 예견되어 법정진술을 할 수 없거나, 유의미한 진술을 할 수 없음이 객관적으로 명백히 인정되는 경우에 한한다.

(마) 영상녹화물

1) 견해의 대립

형사소송법 제318조의2 제2항은 "제1항에도 불구하고 피고인 또는 피고인이 아닌 자의 진술을 내용으로 하는 영상녹화물은 공판정에서 원진술자가 기억이 명백하지 아니한 사항에 관하여 기억을 환기시켜야 할 필요가 있다고 인정되는 때에 한하여 원진술자에게 재생하여 시청하게 할 수 있다."고 규정하고 있는데, 이와 관련하여 영상녹화물을 탄핵증거로 사용할 수 있는지를 놓고 견해가 대립한다.

부정설은 제318조의2 제1항을 탄핵증거에 대한 일반조항으로 보고 제2항을 그에 대한 특칙으로 이해하여, '제1항에도 불구하고'란 '**탄핵증거의 예외적 허용에도 불구하고**'라는 의미로 해석한다. 그 결과 영상녹화물의 용도를 기억환기용으로만 제한하고 있는 특칙에 따라 탄핵증거로는 사용될 수 없다고 한다.[560] **긍정설**은 '기억을 환기시켜야 할 필요'는 **신문방법과 관련된 사항일 뿐**으로서, 제2항은 제1항이 규정하고 있는 탄핵증거의 자격에 대한 내용과는 무관하므로 영상녹화물도 탄핵증거로 사용될 수 있다고 한다.[561]

2) 검토

형사소송법 제318조의2의 표제는 '탄핵증거'로 되어있고, 제1항은 탄핵증거의 의미와 일반적 자격에 대해 규정하고 있으며, 제2항은 '제1항에도 불구하고'라는 전제 하에 규정되어 있다. 그렇다면 제2항도 영상녹화물의 **탄핵증거로서의 자격에 대한 규정임**은 형사소송법의 문언 및 체계에 비추어 부정할 수 없다. 더구나 영상녹화물의 증거능력 제한은 영상녹화제도의 도입 당시 치열한 논의 끝에 결착된 것으로서, 영상녹화물은 일부 수사기관 작성 조서의 실질적 진정성립 증명 및 원진술자의 기억환기용으로만 사용될 수 있고, 그 외의 목적으로는 이용될 수 없는 것으로 형사소송법에 규정된 것이다. 여기에 더하여 형사소송규칙은 영상녹화물의 사용

560) 이/김 733; 이/조/이 763; 이주원 631; 이창현 1052; 임동규 617.

561) 노/이 670; 정/최/김 729.

은 검사의 신청이 있는 경우에 한하여 허용하고 그 때에도 기억의 환기가 필요한 원진술자에게만 시청하게 하도록 함과 동시에 재판장은 기억환기를 위한 재생 후 영상녹화물을 지체 없이 봉인하여 검사에게 반환토록 함으로써(규칙 제134조의4 제1항, 제4항), 영상녹화물에 의한 법관의 부당한 심증형성을 방지하고 있다. 이런 이유로 부정설이 옳다고 본다.

3. 탄핵의 대상

(1) 피고인의 진술

형사소송법 제318조의2는 탄핵의 대상으로 피고인과 피고인 아닌 자의 진술을 규정하고 있는바, 법문언상 **피고인의 진술**도 탄핵의 대상에 포함된다. 상술한 바와 같이 자기모순의 진술은 탄핵증거가 될 수 있으므로 피고인이 법정에서 공소사실을 부인하거나 자신이 원진술자인 피의자신문조서의 내용을 부인하였다 하더라도, 전문법칙 이외의 사유로 증거능력이 부정되지 아니하는 이상, 당해 피의자신문조서는 피고인의 법정진술을 탄핵하는 용도로 사용될 수 있다.[562] 다만 이렇듯 다양한 전문증거, 특히 수사과정에서 수사기관이 작성주체로서 작성한 전문증거까지도 피고인의 법정 진술을 탄핵하는 용도로 사용될 수 있게 허용하는 것은 피고인의 방어권에 중대한 영향을 미치게 된다. 따라서 이에 대해서는 **입법론상 재고**가 필요하다.

(2) 자신이 신청한 증인의 진술

형사소송법은 당사자 일방이 신청하여 채택된 증인의 진술에 대한 탄핵을 금지하지 아니하고 있고, 증인의 진술이 이를 신청한 당사자에게 불리한 내용을 담고 있는 경우에는 그에 대한 탄핵을 금지할 이유도 없다. 따라서 자신이 신청한 증인의 진술도 탄핵의 대상이 된다.

4. 탄핵증거에 대한 증거조사

(1) 증거제출

여느 증거와 마찬가지로 탄핵증거의 제출시에도 입증취지의 구체적 명시를 통해 상대방에게 공격방어수단을 강구할 기회를 주어야 한다. 따라서 탄핵증거 제출시에는 탄핵증거의 '어느

562) 대법원 2014. 3. 13. 선고 2013도12507 판결. "검사가 유죄의 자료로 제출한 사법경찰리 작성의 피고인에 대한 피의자신문조서는 피고인이 그 내용을 부인하는 이상 증거능력이 없으나, 그것이 임의로 작성된 것이 아니라고 의심할 만한 사정이 없는 한 피고인의 법정에서의 진술을 탄핵하기 위한 반대증거로 사용할 수 있다."

부분을 이용'하여 탄핵 대상인 진술 중 '어느 부분을 탄핵'할 것인지를 명확히 하여야 한다.[563]

(2) 증거조사

탄핵증거는 진술증거의 증명력에 대한 증거이지 범죄사실을 직접 증명하는 증거가 아니므로 엄격한 증거조사를 거쳐야 할 필요는 없다. 하지만 탄핵증거도 증거인 이상 증거제출 또는 증거조사가 전혀 이루어지지 아니하였다면 탄핵증거로도 사용될 수 없음은 당연하다.[564]

여기에서 증거조사란 당연히 적법한 증거조사를 의미한다. 대법원은 공판과정에서 입증취지가 구체적으로 명시되고 제시까지 된 이상 비록 증거목록에 기재되지 아니하였고 증거결정이 있지 아니하였다 하더라도 증거조사가 이루어진 것으로 봐야 한다고 판시한 바 있으나,[565] 증거결정에 따른 증거목록 기재가 없다면 탄핵증거로서의 적법한 증거조사를 거친 경우로 볼 수는 없다 할 것이다.

(3) 탄핵증거가 사실인정의 직접 증거가 되는 경우

탄핵증거로 제출된 증거가 범죄사실 인정을 위한 증거능력도 갖추고 있다 하더라도, 입증취지가 진술의 증명력의 탄핵으로 명시되어 있고 증거조사 또한 그 전제 하에서 이루어진 이상, 이를 범죄사실을 직접 또는 간접 증명하는 용도로는 사용할 수 없다.[566]

다만 대법원은 피고인이 제출한 탄핵증거에 유죄를 뒷받침하는 내용이 있는 경우, 검사의 증거동의가 있거나 전문증거로서의 증거능력 인정요건을 갖추고 있고 피고인·변호인에게 의견과 변명의 기회가 부여된 경우에는 유죄의 증거로 사용될 수 있다고 한다.[567]

제 5 절 공판의 종결

Ⅰ. 개관

사실인정을 마치면 법원은 변론을 종결하고 선고기일을 지정한다. 재판의 선고 또는 고지

563) 대법원 2005. 8. 19. 선고 2005도2617 판결.
564) 대법원 1998. 2. 27. 선고 97도1770 판결.
565) 대법원 2006. 5. 26. 선고 2005도6271 판결.
566) 대법원 2012. 10. 25. 선고 2011도5459 판결.
567) 대법원 1989. 10. 10. 선고 87도966 판결.

는 법률에 다른 규정이 있지 아니한 이상 공판정에서는 재판서에 의하여야 하고, 공판정 외의 경우에는 재판서 등본의 송달 또는 다른 적당한 방법으로 하여야 한다. 따라서 선고기일에 법원은 재판서에 의해 종국재판을 선고하거나 적당한 방법으로 고지함으로써, 제1심 재판의 공판절차는 종결된다.

여기에서 **종국재판**이란 사건을 당해 심급으로부터 이탈시키는 효과를 갖는 재판을 말한다. 제1심 공판의 종결로서의 종국재판에는, 실체재판인 유·무죄판결과 형식재판인 면소판결, 공소기각판결·결정, 관할위반판결이 있는데, 실체재판 사유와 형식재판 사유가 경합하는 경우에는 **형식재판이 우선**한다. 예를 들어 무죄판결 사유와 공소기각판결의 사유가 모두 인정되는 경우 법원은 공소기각판결을 하여야 한다.

제1심 판결의 선고 후 검사와 피고인이 항소기간 내에 항소하지 아니하면 제1심 판결은 확정된다. 판결이 확정되면 유죄판결 중 형선고판결의 경우 형집행절차로 나아가고, 그 외 재판의 경우 형사절차는 종결된다. 검사 또는 피고인이 항소기간 내에 항소하면 항소심 공판절차가 개시된다.

Ⅱ. 종국재판의 유형

1. 유죄판결

(1) 의의

법원은 피고사건에 대하여 '범죄의 증명이 있는 때'에는 유죄판결을 선고할 수 있다. 그 증명은 통상인이라면 누구라도 의심을 품지 않을 정도, 즉 합리적인 의심이 없는 정도의 증명에 이르러야 한다. 이처럼 유죄판결은 공소사실을 인정하는 경우의 판결로서, 형의 선고를 유예하는 선고유예판결, 형을 선고하는 형선고판결, 형을 선고하지만 그 집행을 유예하는 **집행유예판결**, 형을 면제하는 **형면제판결**이 여기에 해당한다.

피고사건에 대하여 범죄의 증명이 있는 때에는 법원은 판결로써 형을 선고하는 것을 원칙으로 하고(법 제321조 제1항), 일정한 사유가 있어 형의 면제 또는 선고유예를 하는 경우에는 판결로써 선고하여야 한다(법 제322조). 형의 집행유예, 판결 전 구금의 산입일수, 노역장의 유치기간은 형의 선고와 **동시에** 판결로써 선고하여야 한다(법 제321조 제2항).

(2) 택일적 인정의 문제

공소사실의 동일성이 인정되는 범위 내에서 a사실과 b사실 중 어느 하나에 해당하는 것은 확실히 인정되지만, 그 중 어느 사실인지는 확정할 수 없는 경우가 생길 수 있다. 예를 들어 피고인은 절도사건이 일어난 지 얼마 지나지 않은 시기에 도품을 소지하고 있는데, 피고인이 타인의 물건을 가벌적인 방법으로 획득했다는데 대해서는 법원이 확신을 갖고 있으나, 그가 그 물건을 직접 훔친 것인지 아니면 절도범으로부터 장물로서 취득한 것인지를 확신할 수 없는 경우에 대해, 법원은 'a사실 또는 b사실'이 '범죄될 사실'이라고 인정하고 유죄판결을 선고할 수 있는가가 문제될 수 있는 것이다. 이를 택일적 인정의 문제라고 하는데, 독일에서는 19세기부터 이 문제에 관한 논쟁이 시작되어 독일 제국법원과 연방대법원의 판례에 의하여 오늘날은 확고하게 정착되어 있다고 한다.[568)]

이러한 경우에 있어 택일적 인정을 긍정하여 a, b사실 중 가벼운 쪽인 b사실에 대해서 유죄를 인정할 수 있다고 보는 견해도 있다. a, b사실 중 a사실이 보다 중하다고 하는 경우, '의심스러운 때에는 피고인의 이익으로'의 원칙의 적용에 의해 a사실을 인정할 수는 없고 그에 따라 소송상 a사실이 없는 것으로 다루어지게 되는바, 결과적으로 b사실밖에 존재할 수 없다는 것이다. 이 견해는 이러한 경우 법원은 'b가 범죄사실이다' 라는 심증(확신)에 이를 수 있게 되고, 양 사실을 무죄로 하는 것 보다는 가벼운 b사실로라도 처벌하는 것이 국민의 법감정에 맞는다는 것을 논거로 내세운다.[569)]

그러나 우리나라에서는 택일적 인정은 허용될 수 없다고 본다. 우리나라는 택일적 인정을 허용하는 법규정이 없고, 각각의 사실에 관하여 확신을 얻을 수 없는데도 택일적 인정에 의해 유죄로 하는 것은 '의심스러운 때에는 피고인의 이익으로'의 원칙에 반하기 때문이다. 또한 앞의 예의 경우 택일적 인정이 허용되면, 절도를 특징지우는 사실도 장물취득을 특징지우는 사실도 각각 입증할 수 없는데도 '절도 또는 장물취득'이라고 하는 택일적 사실인정에 의하여 절도와 장물취득을 합성한, 법률에 없는 구성요건사실로 처벌하는 결과로 되는데, 이는 죄형법정주의에도 반한다. 택일적 인정은 이미 극복된 혐의형을 부활시키는 것과 다름없다는 점에서도 허용될 수 없다.

---

568) 치안유지를 무엇보다 우선시한 나찌독일이 1935년 형법개정을 통하여 신2조b로 도입한 규정의 내용은 다음과 같다. "복수의 벌조 중 어느 하나에 해당하는 것은 확실하지만 사실의 인정을 택일적으로밖에 할 수 없는 경우에는 행위자는 가장 가벼운 벌조를 적용하여 처벌된다."

569) 小林充 238.

(3) 유죄판결의 판결서에 기재할 사항

유죄판결의 판결서는 재판서의 일반적 기재요건인 사건번호, 피고인, 변호인, 검사 및 선고일의 기재에 이어 주문과 이유가 기재되고(법 제40조, 제43조), 선고형이 벌금형일 때에는 벌금액 및 환형유치처분까지 기재되어야 한다.[570] 유죄판결서를 포함한 모든 재판서의 말미에는 법관이 서명날인하여야 한다(법 제41조).

판결서에 있어 법원의 실질적인 판단내용은 이유 부분에 기재된다. 이유에는 범죄사실, 증거의 요지와 법령의 적용이 명시되어야 하고(법 제323조 제1항), 법률상 범죄의 성립을 조각하는 이유 또는 형의 가중, 감면의 이유되는 사실에 대한 당사자의 주장이 있은 때에는 이에 대한 판단도 명시되어야 한다(법 제323조 제2항). 일반적으로 양형이유도 이유의 일부로서 기재되고, 일죄의 일부에 대한 무죄의 이유가 있는 경우에는 양형이유 뒤에 기재된다.

형사소송법 제323조 제1항을 위반하여 유죄판결에 이유를 붙이지 아니하거나 이유에 모순이 있는 때에는 절대적 항소이유가 되고(법 제361조의5 제11호), 유죄판결을 선고하면서 판결이유에 이 중 어느 하나를 전부 누락한 경우에는 판결에 영향을 미친 상고이유가 된다(법 제383조 제1호).[571]

(가) 주문

형선고판결의 주문은 '피고인을 징역 1년에 처한다.'와 같은 방식으로 기재되고, 집행유예시에는 그 뒤에 '다만 이 판결 확정일로부터 3년간 위 형의 집행을 유예한다.'와 같이 기재된다. 형면제판결 판결서의 주문은 '피고인에 대한 형을 면제한다'로, 형선고유예 판결서의 주문은 '피고인에 대한 형의 선고를 유예한다.'로 기재된다.

1죄 1주문의 원칙에 따라 일죄에 대해서는 하나의 주문만을 둘 수 있다. 따라서 일죄의 주문을 분리하여 일부 유죄, 일부 무죄로 하는 두 개의 주문을 둘 수는 없다. 상상적 경합, 결합범, 포괄일죄 등 일죄의 일부가 유죄인 경우에는 유죄판결임을 주문에 명시하고, 무죄 부분은 그 이유를 판결이유 부분에 설시하여야 한다.

---

570) 대법원 1988. 1. 19. 선고 86도2654 판결.

571) 대법원 2012. 6. 28. 선고 2012도4701 판결.

(나) 범죄될 사실

1) 의의

범죄될 사실은 검사의 공소제기로 당해 재판절차를 통하여 종국재판에 이른 사실로서, 특정한 구성요건에 해당하는 위법, 유책한 구체적 사실을 말한다. 따라서 범죄될 사실은 6하 원칙에 따라 객관적 구성요건요소와 주관적 구성요건요소를 충족시키는 구체적 사실을 명시하는 방식으로 기재되어야 한다. 또한 기본적 구성요건에 해당하는 사실 외에도 미수·예비·공범에 해당하는 사실, 공모공동정범에 있어 공모 등도 범죄될 사실에 포함된다.

실무상 범죄될 사실은 수사단계의 범죄사실, 공판단계의 공소사실과 마찬가지로 죄명에 따라 일정한 방식으로 작성되고 있다.[572]

2) 특정의 정도

범죄될 사실의 특정은 피고인의 방어권 행사에 지장을 주지 아니할 정도로 이루어져야 한다. 예를 들어 범죄의 일시는 형벌법규가 개정된 경우 그 적용법령을 결정하고, 행위자의 책임능력을 명확히 하며, 공소의 시효 완성 여부를 명확히 할 수 있는 정도면 충분하다.[573]

범죄사실에 명시되어야 할 사안이 구체적으로 기재되지 아니한 경우에는 상소이유가 된다. 대법원은 상해죄의 범죄사실에 상해부위와 정도가 기재되지 아니한 경우,[574] 증뢰죄의 범죄사실에 공무원의 직무권한 범위가 기재되지 아니한 경우[575] 등에 있어서 범죄사실의 기재가 제대로 이루어지지 않았음을 이유로 위법하다 하였다.

(다) 증거의 요지

증거는 그 요지만을 기재한다. 이는 사실인정의 합리성을 담보하면서도 소송경제적인 측면을 고려했기 때문이다. 따라서 사실인정에 영향을 미친 증거의 요지를 개별적으로 기재하면 충분하고, 증거능력이 인정되는 모든 증거를 기재하거나 개별 증거가 사실인정에 어떠한 영향을 미쳤는지에 대한 설명까지 기재할 필요는 없다.[576] 예를 들어 상해사건 판결서의 증거요지의 기재는 '1 피고인의 일부 법정진술, 1. 압수조서, 압수목록, 압수물사진, 1. 의사소견서, 상해진단서, 1. 사건현장 CCTV 사진'과 같이 기재하는 것으로 충분하다.

---

572) 105페이지 참조.
573) 대법원 1971. 3. 9. 선고 70도2536 판결.
574) 대법원 1982. 12. 28. 선고 82도2588 판결.
575) 대법원 1982. 9. 28. 선고 80도2309 판결.
576) 대법원 1982. 9. 28. 선고 82도1798 등 판결.

누범전과의 경우 범죄사실 그 자체는 아니지만 형벌권의 범위를 정하는 사실로서 피고인에게 미치는 영향이 중대한 만큼, 범죄사실에 준하는 사실로 보아 증거적시를 요한다고 해야 할 것이다. 하지만 자백의 임의성이나 소송조건과 같은 소송법적 사실은 범죄사실의 내용을 이루는 사실이 아니므로, 이에 대한 증거의 적시가 없어도 무방하다.

(라) 법령의 적용

판결의 근거가 된 법령 및 어떠한 형을 선택했는지를 명시하여야 한다. 이는 죄형법정주의의 요청이기도 하다. 피고인이 복수인 경우에는 어느 피고인에게 어느 법령이 적용되었는지, 범죄사실이 여러 개인 경우에는 어느 사실에 어떤 법령이 적용되었는지도 명시되어야 한다.[577]

공소사실 아닌 법률적용문제에 있어서는 법원은 검사의 공소장기재 적용법조에 구속받지 아니한다. 법원은 심리·확정한 사실에 대하여 직권으로 자유로이 법률을 적용할 수 있다.[578]

(마) 당사자의 주장에 대한 판단

당사자가 공판절차에서 범죄의 성립을 조각하는 이유, 형의 가중, 감면의 이유되는 사실에 대한 주장을 한 경우, 판결서에는 그 주장의 요지와 그에 대한 법원의 판단이 기재되어야 한다. 당사자의 주장은 개별적으로 정리·요약하여 구체적으로 기재하고, 판단의 내용은 각 주장별로 판단의 근거와 이유를 구체적으로 설명하는 방식으로 기재되어 국민의 눈높이에서 충분히 이해될 수 있도록 하여야 한다.

이는 당사자의 지위와 역할을 존중한다는 당사자주의적 요청과 그를 통한 재판의 공정성의 내·외적 담보에 그 취지가 있다. 따라서 당사자의 주장에 대한 채부의 판단·결론만을 명시해서는 안 되고, 그 이유 특히 당사자의 주장을 채택하지 않은데 대해서는 구체적인 이유를 들어 판단의 결과를 명시하여야 한다. 물론 당사자의 주장 없이 법원이 재량으로 위와 같은 사실을 인정한 경우에는 그 이유를 설시할 필요는 없다.[579]

한편 구성요건의 조각이 범죄의 성립을 조각하는 사유에는 포함되는지 여부에 대해서는 구성요건 조각은 범행의 부인에 불과하므로 이에 포함되지 않는다는 견해(부정설[580])도 있으나, 도박죄에 있어 일시오락성의 주장과 같이 단순한 부인이 아니라 구성요건이 충족되지 아니

577) 대법원 2004. 4. 9. 선고 2004도340 판결.
578) 대법원 1972. 2. 22. 선고 71도2099 판결.
579) 대법원 2017. 11. 9. 선고 2017도14769 판결.
580) 이/김 755; 이/조/이 795; 이주원 665; 이창현 1092.

하는 사유를 주장한 경우에는 이에 포함된다고 함이 옳다(제한적 긍정설).[581] 다만 대법원은 긍정설의 입장에 있다.[582]

(바) 양형의 이유

일반적으로 판결의 이유 말미에는 양형의 이유가 기재된다. 양형의 이유는 법률상 처단형의 범위, 양형기준에 따른 권고형의 범위, 선고형의 결정 순서로 기재된다.

(사) 무죄부분이 있는 경우

일죄에 대해 무죄부분이 있는 경우에는 피고인 및 변호인의 주장과 그에 대한 판단을 기재한다. 구체적인 기재내용은 위 당사자의 주장에 대한 판단의 내용과 같다.

(아) 법관의 서명날인

유죄판결서의 재판서에는 재판한 법관이 서명날인하여야 한다. 재판장이 서명날인할 수 없는 때에는 다른 법관이 그 사유를 부기하고 서명날인하여야 하며, 다른 법관이 서명날인할 수 없는 때에는 재판장이 그 사유를 부기하고 서명날인하여야 한다(법 제41조 제1항, 제2항).

(4) 재산형의 가납판결

법원은 벌금, 과료 또는 추징의 선고를 하는 경우에 판결의 확정 후에는 이를 집행할 수 없거나 집행하기 곤란할 염려가 있다고 인정한 때에는, 법원은 직권 또는 검사의 청구에 의하여 피고인에게 벌금, 과료 또는 추징에 상당한 금액의 가납을 명할 수 있다. 가납명령의 재판은 형의 선고와 동시에 판결로써 선고하여야 하고, 판결 즉시 집행할 수 있다(법 제334조).

2. 무죄판결

(1) 의의 및 무죄판결 판결서에 기재할 사항

(가) 의의

피고사건이 범죄로 되지 아니하거나 범죄사실의 증명이 없는 때에는 법원은 판결로써 무죄를 선고하여야 한다(법 제325조). 무죄판결이 선고되면 소송은 당해 심급에서 종결되고, 구속영장은 검사의 상소 여부와 관계없이 그 선고와 동시에 그 효력을 잃게 된다(법 제331조).

581) 손/신 733; 임동규 716; 정/최/김 775.
582) 대법원 1990. 9. 28. 선고 90도427 판결.

무죄판결도 실체재판이기 때문에 당연히 소송조건이 전제되어야 한다. 예를 들어 친고죄의 경우, 공소제기 후 피해자가 고소를 취하하였다면 범죄사실의 증명이 없음이 밝혀졌다 하더라도 소송조건이 흠결되었으므로 법원은 형사소송법 제327조 제5호에 따라 공소기각의 판결을 하여야 하고,[583] 무죄판결을 할 수는 없다.

(나) 무죄판결 판결서에 기재할 사항

무죄판결의 판결서에도 사건번호 등의 기재에 이어 주문과 이유가 기재된다. 무죄판결 판결서의 주문은 '피고인은 무죄'로 기재되고 판결이유에는 범죄사실, 증거의 요지와 법령의 적용 및 무죄의 이유가 명시된다.

(2) 무죄판결의 사유

(가) 피고사건이 범죄로 되지 아니하는 때

1) 의의

피고사건이 범죄로 되지 아니하는 때란 **공소사실 자체는 인정되지만 그 공소사실이 범죄를 구성하지 않는 경우**를 말한다. 일반적으로 이를 '**제325조 전단무죄**'라고 한다. 이에 해당하는 예로는 공소사실이 구성요건에 해당하지 않는 경우, 구성요건에 해당하더라도 위법성조각사유 또는 책임조각사유에 의해서 범죄가 성립하지 않는 경우 등이 있다.

다만 공소사실이 구성요건에 해당하지 아니하는 경우란 **실체심리를 거쳐 확인한 결과** 검사가 공소사실로 기재한 내용이 범죄로 되지 아니함이 밝혀진 경우를 말한다. 따라서 공소사실의 기재내용이 **실체심리를 거칠 필요도 없이 그 자체로써** 범죄로 되지 아니함이 명백한 경우는 '공소장에 기재된 사실이 진실하다 하더라도 범죄가 될 만한 사실이 포함되지 아니하는 때'에 해당하여 **공소기각결정**의 사유가 된다(법 제328조 제1항 제4호).

2) 위헌결정 등의 경우

공소제기 후 공소사실의 기초가 된 형벌에 관한 법령이 헌법재판소의 위헌결정으로 인해서 소급하여 그 효력을 상실한 경우[584] 또는 법원이 이를 위헌·무효로 선언한 경우[585]에는, 효력을 상실한 법령에 근거하여 공소가 제기된 것이므로, 피고사건은 범죄로 되지 않는 때에 해당하여 무죄판결의 대상이 된다.

583) 대법원 2004. 11. 26. 선고 2004도4693 판결.
584) 대법원 2020. 5. 28. 선고 2017도8610 판결.
585) 대법원 1998. 6. 18. 선고 97도2231 전원합의체 판결.

헌법재판소가 법률조항에 대해 헌법불합치결정을 선고하면서 개정시한을 정하여 입법개선을 촉구하였는데도 그 시한까지 법률개정이 이루어지지 않은 경우, 그 법령에 근거하여 공소가 제기된 피고사건에 대한 법원의 조치에 대하여는 견해가 대립한다. 다수설은 헌법재판소법 제47조 제2항 단서는 형벌에 관한 법률조항에 대하여 위헌결정이 선고된 경우 그 조항은 소급하여 효력을 상실한다고 규정하고 있으므로, 이 경우에도 당해 법률조항은 소급하여 효력을 상실하고 이에 형사소송법 제325조 전단에 따라 무죄판결을 선고하여야 한다고 한다. 소수설은 헌법불합치결정은 위헌결정이 아니므로 이에 따른 법령의 효력은 개정시한 만료 다음날부터 상실하고, 그때부터는 '범죄 후 법령 개폐로 형이 폐지되었을 때'에 해당하므로 형사소송법 제326조 제4호에 따라 면소판결의 대상이 된다고 한다. 대법원은 다수설의 입장이다.[586)]

(나) 범죄사실의 증명이 없는 때

범죄사실의 증명이 없는 때란 검사가 합리적 의심이 없는 정도로 범죄사실을 증명하지 못한 경우를 말한다. 일반적으로 이를 '제325조 후단무죄'라고 한다. 예를 들어 피고인의 자백으로 법관이 유죄의 심증을 얻었다 하더라도 보강증거가 없는 때에는 '범죄사실의 증명이 없는 때'에 해당하여 무죄판결을 선고하여야 한다.

(3) 무죄판결의 공시와 공고

법원이 피고사건에 대하여 무죄의 판결을 선고하는 경우에는 무죄판결공시의 취지를 선고하여야 한다. 다만, 무죄판결을 받은 피고인이 무죄판결공시 취지의 선고에 동의하지 아니하거나 피고인의 동의를 받을 수 없는 경우에는 그러하지 아니하다(형법 제58조 제2항).

재심에서 무죄의 선고를 한 때에는 그 판결을 관보와 그 법원소재지의 신문지에 기재하여 공고하여야 한다. 다만, 검사, 유죄의 선고를 받은 자, 유죄의 선고를 받은 자의 법정대리인 중 하나에 해당하는 사람이 재심을 청구한 때에는 재심에서 무죄의 선고를 받은 사람이 이를 원하지 아니하는 의사를 표시하는 경우에는 그러하지 아니하다. 유죄의 선고를 받은 자가 사망하거나 심신장애가 있는 경우로서 그 배우자, 직계친족 또는 형제자매에 해당하는 사람이 재심을 청구한 때에는 재심을 청구한 그 사람이 이를 원하지 아니하는 의사를 표시한 경우에도 마찬가지이다(법 제424조, 제440조). 이는 무죄판결를 받은 사람의 명예회복과 재사회화(사회복귀)를 위해 국가에 무죄판결의 공시. 공고의무를 부과하면서도, 본인의 의사를 우선적으로 존중한다는 취지로 이해할 수 있다.

---

586) 대법원 2011. 6. 23. 선고 2008도7562 전원합의체 판결.

3. 관할위반의 판결

(1) 의의

피고사건이 법원의 관할에 속하지 아니한 때에는 판결로써 관할위반의 선고를 하여야 한다(법 제319조). 관할위반의 판결서에는 사건번호 등의 기재에 이어 '이 사건은 관할위반'이라는 형식의 주문과 이유가 기재된다. 관할권의 전제로서의 **재판권**이 없는 경우에는 형사소송법 제327조 제1호에 의하여 **공소기각의 판결**을 선고하여야 한다.

(가) 토지관할

토지관할은 **공소제기시에만** 존재하면 족하고, 피고인의 신청이 없으면 법원은 토지관할에 관하여 관할위반의 선고를 하지 못한다(법 제320조 제1항). 토지관할은 사건의 실체보다는 피고인의 편의를 위한 측면이 크기 때문에 피고인이 문제 삼지 않는다면 소송경제를 위해 그대로 소송을 진행하여 실체재판을 하도록 한 것이다.

토지관할 위반의 신청은 피고사건에 대한 진술 전에 하여야 한다(법 제320조 제2항). 여기에서 피고사건에 대한 진술이란 피고인의 모두진술을 의미하는 것으로, 피고인이 **모두진술 전까지** 관할위반을 신청하지 않은 경우 관할위반의 **하자는 치유**되고, 사후에 이에 대해 다툴 수 없게 된다.

(나) 사물관할

사물관할은 공소제기시는 물론 재판시에도 **계속** 존재하여야 한다. 단독판사의 관할사건이 공소장변경에 의하여 합의부 관할사건으로 변경된 경우에는 법원은 결정으로 관할권이 있는 법원에 이송하여야 한다(법 제8조 제2항).

(2) 효력

관할위반의 판결에는 형식적 확정력과 내용적 구속력이 발생하고, 관할위반의 판결이 확정되면 공소제기로 인해 정지되었던 공소시효는 그때부터 다시 진행하게 된다(법 제253조).

하지만 관할위반의 판결은 형식재판인 관계로 일사부재리의 효력은 인정되지 않는다. 관할위반의 판결이 있더라도 판결선고 전의 소송행위의 효력에는 아무런 영향이 없으므로(법 제2조), 관할위반 판결을 선고한 법원의 공판절차에서 작성된 공판조서, 증인신문조서, 검증조서 등은 그 후 동일한 사건에 대하여 다시 공소제기된 법원의 공판절차에서 증거로 사용될 수 있다. 또한 관할위반 판결은 **구속영장의 효력에도 영향을 미치지 아니한다**(법 제331조). 관할위반 판결이 선고되었더라도 어차피 관할권이 있는 법원에 공소가 제기될 것이기 때문에 피고인의 구속상태를 변경해야 할 실질적인 이유가 없기 때문이다.

4. 공소기각의 재판

(1) 의의

공소기각의 재판은 관할권 이외의 형식적 소송요건이 결여되었을 때, 실체에 대한 심리를 하지 않고 소송을 종결시키는 형식재판이다. 형사소송법은 공소기각의 재판으로 공소기각 결정과 공소기각 판결을 두고 있다. 절차상 하자가 가벼운 경우에는 공소기각 **판결**의 사유로 규정하여 당사자의 변론을 요하도록 하고, 그 하자가 중대하고 명백한 경우에는 공소기각 **결정**의 사유로 규정하여 **변론없이** 재판할 수 있도록 한 것이다. 그런데 공소기각결정은 종국재판이므로 불복수단이 반드시 필요한바, 형사소송법은 공소기각결정에 대해 **즉시항고**를 할 수 있다고 명시하고 있다(법 제328조 제2항).

공소기각 판결서 또는 결정서에는 사건번호 등의 기재에 이어 '이 사건은 공소를 기각한다.'라는 형식의 주문과 이유가 기재된다.

(2) 공소기각결정의 사유

공소기각의 결정 사유로는, ① 공소가 취소되었을 때, ② 피고인이 사망하거나 피고인인 법인이 존속하지 아니하게 되었을 때, ③ 동일사건이 사물관할을 달리하는 수개의 법원에 계속되거나 같은 사건이 사물관할이 같은 여러 개의 법원에 계속되어 재판할 수 없는 때, ④ 공소장에 기재된 사실이 진실하다 하더라도 범죄가 될 만한 사실이 포함되지 아니하는 때가 있다(법 제328조). 이는 **제한적 열거사유**로 해석된다.

(가) 공소가 취소되었을 때

검사는 **제1심 판결선고 전까지** 서면으로 공소를 취소할 수 있고, 공판정에서는 구술로도 공소를 취소할 수 있다(법 제255조). 대법원은 공소사실을 철회하는 공소장변경신청에 대해서도 그 실질이 공소취소임이 명백하다면 그 부분에 대해 공소를 취소한 것으로 본다.[587]

---

587) 대법원 1992. 4. 24. 선고 91도1438 판결.

공소취소에 의해 공소기각의 결정이 확정된 때에는 공소취소 후 그 범죄사실에 대한 다른 중요한 증거를 발견한 경우에 한하여 다시 공소를 제기할 수 있다(법 제329조). 여기에서 '다른 중요한 증거'란 공소취소 전의 증거만으로는 증거불충분으로 무죄가 선고될 가능성이 있으나 그 증거를 추가하면 충분히 유죄의 확신을 가지게 될 정도의 증거를 의미하고,[588] 그러한 증거가 공소취소 후 발견되었다고 하는 것은 공소취소 전에는 검사가 그러한 증거를 수집 또는 조사하여 제출할 수 없었다는 것을 의미한다.[589] 따라서 검사가 공소취소 후 '다른 중요한 증거'가 발견되지 아니하였음에도 재기소하거나, 공소취소 전에 제출될 수 있었던 증거를 다른 중요한 증거로 삼아 재기소하면 공소기각 판결의 사유가 된다(법 제327조 제4호).

(나) 피고인이 사망하거나 피고인인 법인이 존속하지 아니하게 되었을 때

1) 피고인이 사망한 때

공소제기 후에 피고인이 사망한 경우를 말한다. 공소제기 전에 피고인이 사망하였음에도 착오로 인하여 검사가 공소를 제기한 경우에는 법률의 규정을 위반한 공소제기로서 공소기각 판결의 대상이 된다는 견해가 있으나,[590] 피고인의 사망이라는 명백한 하자에 대하여 구두변론을 거칠 필요까지는 없으므로 공소기각 결정의 대상이 된다고 본다.[591]

2) 피고인인 법인이 존속하지 아니하게 되었을 때

법인이 해산되는 경우 당사자능력의 소멸시점에 대하여 대법원은, 법인의 해산 또는 청산종결 등기 이전에 업무나 재산에 대한 위반행위가 있었고 청산종결등기가 된 후 그 위반행위에 대한 수사가 개시되거나 공소가 제기되었더라도, 그에 따른 수사나 재판을 받는 일은 법인의 청산사무에 포함되는 것이므로 그 사건이 종결될 때까지 법인의 청산사무는 종료되지 않으며 형사소송법상 당사자능력도 그대로 존속한다는 입장이다.[592]

법인이 합병되는 경우에는 법인의 당사자능력은 합병시에 소멸되게 된다. 합병된 법인에게 형사책임이 승계되는지 여부에 대하여 대법원은, 형사책임을 승계시킬 수 있는 근거규정을 특별히 두고 있지 않은 현행법 하에서는 합병으로 인하여 소멸한 법인이 부담하던 형사책임이 합병에 의해 존속하는 법인에 승계되지는 않는다는 입장이다.[593]

---

588) 대법원 1977. 12. 27. 선고 77도1308 판결.
589) 대법원 2024. 8. 29. 선고 2020도16827 판결.
590) 백형구 271.
591) 김재환 842; 이창현 1123; 임동규 739.
592) 대법원 2021. 6. 30. 선고 2018도14261 판결.
593) 대법원 2019. 11. 14. 선고 2017도4111 판결.

(다) 동일사건과 수개의 소송계속 또는 관할의 경합으로 재판할 수 없는 때

동일한 사건이 사물관할을 달리하여 합의부와 단독판사 모두에 계속되는 경우에는 합의부가 재판하고(법 제12조), 동일한 사건이 사물관할을 같이 하는 수 개의 법원에 계속된 경우에는 선착수의 원칙에 따라 먼저 공소를 받은 법원이 심판함을 원칙으로 한다(법 제13조). 이에 따라 심판하지 못하게 된 법원은 공소기각결정을 하여야 한다.

한편, 동일한 사건이 동일한 법원에 계속된 경우를 이중기소라 하는데 이는 형사소송법 제327조 제3호에 의해 공소기각 판결사유가 된다.

(라) 공소장에 기재된 사실이 진실하다 하더라도 범죄가 될 만한 사실이 포함되지 아니하는 때

이는 공소사실 자체만으로도 범죄가 되지 아니함이 명백한 경우를 말하는 것으로, 법원이 심리 후 구성요건에 해당하지 않는다고 판단한 경우에는 무죄판결의 사유가 된다.

검사가 명백히 범죄에 해당하지 아니하는 사실에 대해 공소를 제기하는 경우는 거의 없을 것이므로, 이 사유에 의해 공소기각결정을 한 예는 극히 드물다. 대법원은 부정수표단속법위반 사건에서 수표가 그 제시기일에 제시되지 아니한 사실이 공소사실 자체에 의하여 명백하다면 그 공소사실에는 범죄가 될 만한 사실이 포함되지 아니하는 때에 해당하므로 공소기각의 결정을 하여야 한다고 한 바 있다.[594]

(3) 공소기각판결의 사유

공소기각판결의 사유는 ① 피고인에 대하여 재판권이 없을 때, ② 공소제기의 절차가 법률의 규정을 위반하여 무효일 때, ③ 공소가 제기된 사건에 대하여 다시 공소가 제기되었을 때, ④ 공소취소로 공소기각결정이 확정된 후 다른 중요한 증거를 발견하지 못하였음에도 다시 공소가 제기되었을 때, ⑤ 고소가 있어야 공소를 제기할 수 있는 사건(친고죄)에서 고소가 취소되었을 때, ⑥ 피해자의 명시한 의사에 반하여 공소를 제기할 수 없는 사건(반의사불벌죄)에서 처벌을 원하지 아니하는 의사표시를 하거나 처벌을 원하는 의사표시를 철회하였을 때로 열거되어 있다(법 제327조 제1호 내지 제6호).

594) 대법원 1973. 12. 11. 선고 73도2173 판결.

(가) 피고인에 대하여 재판권이 없을 때

1) 외국인의 국외범

재판권은 대한민국 국민이나 대한민국 내에 있는 외국인에게 미치는 것이 원칙이다. 이에 따라 대법원은 사인위조죄(형법 제239조 제1항)는 형법 제6조의 대한민국 또는 대한민국국민에 대하여 범한 죄에 해당하지 아니하므로, 중국 국적자가 중국에서 대한민국 국적 주식회사의 인장을 위조한 경우에는 외국인의 국외범으로서 재판권이 없다고 한다.[595]

2) 일반 법원에 기소된 군인

군사법원법에 따라 일반 법원은 군인에 대한 재판권이 없음이 원칙이다(군사법원법 제2조). 그런데 군인이 일반 법원에 기소된 경우 법원이 원칙대로 공소기각판결을 하고 다시 군사법원에 공소를 제기하게 하는 것은 소송경제에 반할 뿐 별다른 실익도 없다. 형사소송법은 이 경우 법원은 결정으로 사건을 재판권이 있는 같은 심급의 군사법원으로 이송하고, 이송 전에 행한 소송행위는 이송 후에도 그 효력에 영향이 없다고 명시적으로 규정함으로써 이러한 문제를 해결하고 있다(법 제16조의2).

(나) 공소제기의 절차가 법률의 규정을 위반하여 무효일 때

이는 공소기각 판결사유의 일반조항으로서 공소제기의 절차와 관련된 법률의 위반이 있으나 그 위반이 다른 공소기각 판결사유 또는 공소기각 결정사유에 해당하지 아니하는 경우를 말한다. 법률규정 위반의 하자에는 구체적이고 명시적인 규정에 대한 위반은 물론, 비례원칙을 위반한 공소제기 등 적법절차에 대한 추상적·포괄적 하자까지 포함된다. 그 예로는 무권한자에 의해 공소제기가 이루어진 경우, 공소제기 당시 소송조건이 결여되어 있는 경우, 여타 공소제기의 방식에 중대한 하자가 있는 경우 등을 들 수 있다.

대법원이 이 사유에 기해 공소기각판결을 한 구체적인 예로는, 공소사실이 불특정된 경우,[596] 공소장에 중요한 적용법조가 누락된 경우,[597] 공소장일본주의를 위반한 경우,[598] 수사절차에서 친고죄의 고소가 없거나[599] 취소된 이후[600] 또는 전속고발사건에서 고발이 없음에도

595) 대법원 2002. 11. 26. 선고 2002도4929 판결.
596) 대법원 2023. 4. 27. 선고 2023도2102 판결.
597) 대법원 2011. 10. 13. 선고 2009도5698 판결.
598) 대법원 2021. 8. 26. 선고 2020도12017 판결.
599) 대법원 2012. 2. 23. 선고 2010도9524 판결.
600) 대법원 2009. 1. 30. 선고 2008도7462 판결.

공소가 제기된 경우,[601] 수사절차에서 반의사불벌죄에 대한 처벌불원의사의 표시가 있음에도 공소가 제기된 경우,[602] 성명모용의 피모용자가 약식명령에 대한 정식재판을 청구하여 소송계속이 발생한 경우,[603] 국회의원의 면책특권의 대상이 되는 직무부수행위에 해당하는 행위에 대하여 공소가 제기된 경우,[604] 보호처분결정에 따른 **보호처분이 종결된 소년**에 **대해 다시** 공소가 제기된 경우,[605] 통고처분에서 정한 **범칙금 납부기간이 경과하기 전**에 공소가 제기된 경우,[606] 검사의 **공소권남용**으로 공소가 제기된 경우[607] 등이 있다.

법률의 위반은 **공소제기 자체에 대한** 것이어야 한다. 따라서 불법구금, 구금장소의 임의적 변경 등의 위법사유가 있었다 하더라도, 그 위법한 절차에 의하여 수집된 증거를 배제할 이유는 될지언정, 공소제기절차 자체가 위법하여 무효인 때에 해당한다고는 볼 수 없다.[608] 다만 대법원은 수사절차에서 **위법한 함정수사**가 있었음이 인정된 경우는 이 사유에 해당하여 공소기각판결의 대상이 된다고 하였다.[609]

(다) 공소가 제기된 사건에 대하여 다시 공소가 제기되었을 때

이는 동일한 법원에 동일한 사건이 다시 기소된 경우, 즉 **이중기소**가 된 경우를 말한다. 각기 다른 법원에 동일한 사건이 기소된 경우에는 공소기각결정 사유가 된다(법 제328조 제1항 제3호). 이중기소의 경우 뒤에 기소된 사건에 대하여 **판결선고가 있었다 하더라도 아직 확정되기 전이라면** 먼저 기소된 사건을 심판하여야 하고, 뒤에 기소된 사건에 대하여는 공소기각판결을 하여야 한다.[610]

한편 하나의 공소장에 범죄사실이 중복으로 기재된 경우는 **단순한 공소장 기재의 착오**에 불과한 것으로 이중기소는 아니다. 이러한 공소장 기재의 착오가 있는 경우에, 법원은 석명권을 행사하여 검사로 하여금 이를 **정정**하게 하거나 판결이유에 그 기재착오 사실을 정정 표시

601) 대법원 2011. 7. 28. 선고 2008도5757 판결.
602) 대법원 2009. 12. 10. 선고 2009도9939 판결.
603) 대법원 1997. 11. 28. 선고 97도2215 판결.
604) 대법원 2011. 5. 13. 선고 2009도14442 판결.
605) 대법원 1996. 2. 23. 선고 96도47 판결. 확정판결을 받은 자에게 동일한 사건으로 다시 공소제기를 하였다면 면소판결 사유(법 제326조 제1호)에 해당한다. 그런데도 이 소년범의 사안에서 공소기각판결을 하여야 한다고 판시한 것은, 보호처분은 확정판결이 아니므로 보호처분이 끝났다고 하더라도 여기에 일사부재리의 효력은 인정되지 않는다고 보았기 때문이다.
606) 대법원 2020. 4. 29. 선고 2017도13409 판결.
607) 대법원 2021. 10. 14. 선고 2016도14772 판결.
608) 대법원 1996. 5. 14. 선고 96도561 판결.
609) 대법원 2021. 7. 29. 선고 2017도16810 판결.
610) 대법원 1969. 6. 24. 선고 68도858 판결.

하는 것으로 족하고, 주문에 별도로 공소기각의 판결을 할 필요는 없다.[611)]

(라) 공소취소에 따른 공소기각결정의 확정 후 재기소 제한의 위반

공소취소에 따른 공소기각결정의 확정이 있는 경우에 검사가 다른 중요한 증거가 발견되지 않았음에도 다시 공소를 제기하면 공소기각판결의 사유가 된다. 다른 중요한 증거의 의미는 공소기각결정에서 살펴본 바와 같다.[612)]

(마) 친고죄의 고소취소 및 반의사불벌죄의 처벌불원의사표시

친고죄에서 공소제기 당시에는 고소인의 적법한 고소가 있었으나 제1심 판결 선고 전에 고소취소가 이루어진 경우는 공소기각판결의 사유가 된다. 반의사불벌죄에서 공소제기시에는 피해자의 처벌불원의사표시가 없었으나 제1심 판결 선고 전에 처벌불원의사표시가 이루어진 경우에도 공소기각판결의 사유가 된다. 다만, 공소기각판결사유에 해당하기는 하지만, 사건의 실체에 대한 관한 심리가 이미 완료된 경우에, 사실심법원이 피고인의 이익을 위하여 무죄의 실체판결을 선고하였다 하더라도, 이를 두고 위법하다고 할 수는 없다.[613)]

한편 친고죄와 반의사불벌죄에서 공소제기 당시에 적법한 고소가 없거나 처벌불원의사표시가 있었다면, 공소제기의 절차가 법률의 규정을 위반하여 무효일 때에 해당하여 공소기각판결의 사유가 된다는 점에 유의할 필요가 있다(법 제327조 제2호).

5. 면소판결

(1) 의의

(가) 의의

면소판결이란 확정판결이 있은 때, 사면이 있은 때, 공소의 시효가 완성되었을 때, 범죄 후의 법령개폐로 형이 폐지되었을 때에 선고하는 종국재판을 말한다(법 제326조). 면소판결의 판결서에는 사건번호 등의 기재에 이어 '피고인은 면소'라는 형식의 주문과 이유가 기재된다.

(나) 본질

면소판결은 형식재판이지만 그 사유는 사후에 보완할 수 없으므로 면소판결의 확정에는 일

611) 대법원 1983. 5. 24. 선고 82도1199 판결.
612) 639페이지 참조.
613) 대법원 2015. 5. 28. 선고 2013도10958 판결.

사부재리의 효력이 발생한다. 따라서 면소판결 확정 후에는 다시 공소시효가 진행하지 아니하고, 검사는 같은 사건에 대해 다시 공소제기를 할 수 없다. 따라서 면소판결의 본질에 대해서는 견해의 대립이 있다.

1) 견해의 대립

실체관계적 형식재판설은, 면소판결은 형식재판이지만 그 사유인 확정판결, 사면, 시효완성, 범죄 후 법령개폐 여부는 모두 실체에 대한 평가가 요구되는 실체적 소송조건이므로 면소판결에는 **그 사유가 된 실체의 범위 내에서는** 일사부재리의 효력이 인정된다고 한다.[614] 이 견해는 면소사유가 있어도 무죄판결이 가능하고, 면소판결에 대하여 무죄를 주장하면서 상소하는 경우 상소이익이 인정된다고 한다.

형식재판설은, 면소판결은 피고사건의 실체를 심리하는 것이 아니므로 형식재판이고, 면소판결의 사유는 **보완이 불가능하여 재기소 또한 할 수 없으므로** 일사부재리의 효력이 인정된다고 하는 견해이다.[615] 이 견해는 면소사유가 있으면 무죄판결을 할 수 없고, 면소판결에 대하여 무죄를 주장하는 경우 상소이익이 부정된다고 한다.

형사정책설은, 공소기각판결의 사유와 면소판결의 사유는 양자의 본질적인 차이에 의해 구분될 수는 없는 것으로, 면소판결에 일사부재리의 효력이 인정되는 것은 **형사정책적 고려에 따른 결과**일 뿐이라는 견해이다. 이 견해에서는 법원은 면소사유가 있는 경우 무죄판결을 할 수 없고, 면소판결에 대해서는 원칙적으로 무죄판결을 구하는 상소를 할 수 없으나, 형벌에 관한 법령이 판결 당시 폐지되었다는 이유로 면소판결을 선고하였지만 그 법령이 **위헌·무효**인 경우에는 무죄를 주장하면서 상소할 수 있다고 한다.[616]

2) 검토

면소판결은 실체적 소송조건이 결여된 경우에 공소권이 없음을 이유로 선고하는 재판이다. 여기에 실체관계적 형식재판설이 등장하는 계기가 숨어있다. 즉 실체적 소송조건의 존부를 심사하기 위해서는 반드시 어느 정도까지 사건의 실체에 들어가 심리할 필요가 있고 따라서 면소판결은 실체에 관계된 형식재판이라고 하는 것이다. 그러나 일정한 경우에 실체심리가 필요한 것은 형식적 소송조건의 판단의 경우에도 마찬가지이므로 이를 공소기각의 재판과 구별되는 면소판결의 본질 내지 독자적인 성격이라고 볼 수는 없다. 또한 실체관계적이라는 것은 실체와 어느 정도 관련은 맺지만 실체 그 자체를 판단한 것은 아니기 때문에, 여기에서 일사부

614) 송광섭 769.
615) 손/신 739; 이/김 760; 이/조/이 807; 이창현 1104; 정/이 425; 정/최/김 767.
616) 임동규 728.

재리의 효력을 인정해야 할 근거를 찾을 수는 없다.

면소판결은 면소판결사유가 확인되는 순간 공소권이 소멸되었음을 이유로 실체심리 없이 소송을 그 단계에서 종결시키는 형식재판이라고 본다. 물론 면소판결을 함에 있어 어느 정도 실체심리가 필요한 경우도 있을 수 있으나 그 경우에도 실체 그 자체를 심리하는 것은 아니다. 즉 실체의 핵심까지 들어가서 심리하는 것은 아닌 것이다. 이처럼 형식재판설을 취하는 경우 부닥치게 되는 난점이라면, 어떠한 근거로 형식재판인 면소판결에 일사부재리의 효력이 인정된다고 할 수 있는가 하는 것이다. 이에 대해서는 면소판결의 사유는, 단순한 절차의 하자를 이유로 하고 사후 흠결된 소송조건을 구비하면 재기소가 가능한 다른 형식재판과는 달리, 흠결된 실체적 소송조건이 사후에 새로이 보완될 수 없다는 점에서 재기소를 영구적으로 차단하여 피고인의 기왕(기득)의 이익을 보호한다는 법적 안정성의 견지에서, 소송추행의 이익이 결여되는 것으로 보아, 일사부재리의 효력을 인정한 것이라고 해석하는 것이 타당하다(소송추행이익결여설). 대법원도 같은 입장이다.617)

(2) 면소판결의 사유

면소판결의 사유는 ① 확정판결이 있은 때, ② 사면이 있은 때, ③ 공소의 시효가 완성되었을 때, ④ 범죄 후의 법령개폐로 형이 폐지되었을 때이다. 이들 사유의 공통적인 특징은 처벌의 금지 내지 포기라고 하는 국가의 단적인 의사가 직접 또는 간접으로 표명된 경우라고 볼 수 있다. 따라서 이들의 경우 법원이 '면소'라고 하는 재판으로 절차를 끝내는데 대한 합리성이 승인되고, 나아가 면소판결이 확정된 경우 일사부재리의 효력을 인정하여도 무방한 것으로 되는 것이다.

(가) 확정판결이 있은 때

1) 확정판결의 의미

여기에서 확정판결은 피고사건과 동일성이 인정되는 범죄사실에 대하여 일사부재리의 효력을 발생시키는 확정판결을 말한다. 이러한 확정판결이 사실심 판결선고 전에 존재하는 경우 그 일사부재리의 효력이 미치는 피고사건은 면소판결의 대상이 된다.618)

617) 대법원 1963. 3. 21. 선고 63도22 판결. "면소사유는 그 성질상 동일사건에 관한 한 모든 소송관계에 있어서 실체적 판단을 할 수 없는 일반적 장해사유이고 그 장해는 제거할 수 없는 사유이며 또 다시 기소할 수 없는 성질의 사유이다. … 원심이 본건에 대하여 공소권이 소멸되었다는 이유로 면소판결을 하였음은 정당하다."

618) 대법원 2014. 1. 16. 선고 2013도11649 판결.

확정판결 또는 그에 준하는 처분으로서 일사부재리의 효력을 발생시키는 재판의 예로는, 유·무죄 판결, 면소판결, 약식명령,[619] 즉결심판,[620] 범칙금납부[621] 등이 있다. 과태료부과처분 등 행정벌은 이에 해당하지 아니한다.[622]

2) 소년법상 보호처분

소년법상의 보호처분이 확정판결에 해당하는지에 대해서는 견해의 대립이 있다. 소년법 제53조는 "보호처분을 받은 소년에 대하여는 … 다시 공소를 제기할 수 없다."고 규정하고 있는데, **면소판결설**은 위 조항이 공소권의 소멸을 규정한 것이므로 보호처분은 확정판결에 **준하는** 것으로 볼 수 있고 따라서 이미 보호처분이 있었던 사실과 동일성이 인정되는 피고사건은 면소판결의 대상이 된다고 한다.[623] **공소기각판결설**은 위 조항은 소송장애사유를 규정한데 불과한 것으로서 보호처분은 확정판결에 해당하지 **아니하므로** 보호처분과 동일성이 인정되는 사건에 대하여 다시 공소가 제기되었다면 이는 '공소제기의 절차가 법률의 규정에 위반하여 무효인 때'에 해당하여 피고사건은 공소기각판결의 대상이 된다(법 제327조 제2호)고 한다.[624] **대법원**은 소년법상 보호처분[625] 및 가정폭력처벌법상의 보호처분[626]은 여기에서의 확정판결에 해당하지 **아니한다**고 하여 **공소기각판결설**의 입장을 취한다.

소년법상 보호처분의 절차는 당사자주의와 대심적 구조를 전제로 하지 아니하는바, 형사소송절차와는 그 **내용과 성질을 달리하므로** 보호처분을 확정판결로 볼 수는 없다. 따라서 공소기각판결설이 타당하다고 생각된다. 다만 이 경우 공소기각판결을 한다 하더라도 검사는 소년법 제53조에 따라 다시 공소를 제기할 수 없는 것이고, 재기소하더라도 공소기각판결을 받을 수밖에 없음을 알면서도 검사가 재기소하였다면, 이는 공소권남용에 해당한다고 하지 않을 수 없다.

(나) 사면이 있은 때

여기에서의 사면은 기소되어 아직 유죄의 형을 선고받지 않은 자 모두를 대상으로 공소권을 소멸시키는 **일반사면만을** 의미한다. **일반사면**은 기결수에 대해서는 형선고의 효력을 상실시

619) 대법원 2023. 6. 29. 선고 2020도3705 판결.
620) 대법원 1996. 6. 28. 선고 95도1270 판결.
621) 대법원 2012. 9. 13. 선고 2012도6612 판결.
622) 대법원 1996. 4. 12. 선고 96도158 판결
623) 이/김 762; 이/조/이 807; 이창현 1106; 정/최/김 769.
624) 신/조 992; 임동규 730.
625) 대법원 1996. 2. 23. 선고 96도47 판결.
626) 대법원 2017. 8. 23. 선고 2016도5423 판결.

키고 미결수에 대해서는 공소권을 상실시키는 효력을 갖는바, 이로 인해 결국 형벌권도 소멸되게 되므로 실체심판을 해야 할 이유는 물론 실체심판을 행할 이익도 없어지지만, **특별사면**은 기결수에 대해서만 형의 집행을 면제하거나 형선고의 효력을 상실시킬 뿐 공소권을 상실시키는 효력을 가지고 있지는 않기 때문이다(사면법 제5조 제1항).

대법원도 같은 입장으로, 재심대상판결 확정 후에 형선고의 효력을 상실케 하는 특별사면이 있었다고 하더라도, 재심심판절차를 진행하는 법원은 그 심급에 따라 다시 심판하여 실체재판을 하여야 하고, **특별사면이 있었음을 들어 면소판결을 하여서는 아니 된다**고 한다.[627]

(다) 공소의 시효가 완성되었을 때

공소시효가 완성되면 공소권이 소멸되어 소송추행의 이익이 없어지므로 면소판결의 사유가 된다. 공소시효는 공소제기에 의해 정지되므로(법 제253조) 여기에서 공소시효의 완성이란 **공소제기 당시 이미 공소시효가 완성된 경우**를 말한다. 공소 제기 이후 판결의 확정이 없이 25년을 경과하여 공소시효가 완성한 것으로 간주된 경우에도(법 제249조 제2항) 면소판결의 사유가 된다.

공소장변경에 의해 공소사실이 변경된 경우에도 공소시효는 여전히 공소제기시에 정지되고, 공소시효의 완성 여부는 당초의 공소제기가 있었던 시점을 기준으로 결정되며, 시효기간은 변경된 공소사실의 법정형에 따라 결정된다.[628]

(라) 범죄 후의 법령개폐로 형이 폐지되었을 때

범죄 후의 법령개폐로 형이 폐지되었을 때를 면소사유로 규정한 것은, 당해 행위의 가벌성에 대한 입법자의 가치판단이 변경됨으로 인하여 형사처벌을 할 필요가 없어졌다는 것을 근거로 한다.

1) 범죄 후

거동범의 경우에는 행위시에 구성요건을 충족시키므로 범죄 시점은 행위시임이 명백하다. 하지만 결과범의 경우는 범죄 시점을 행위시로 보는 견해[629]와 결과발생시로 보는 견해[630]로 견해가 갈라지는데, 결과범은 결과의 발생을 구성요건에 포함하고 있으므로 **결과발생시설**이 타당하다.

627) 대법원 2015. 5. 21. 선고 2011도1932 전원합의체 판결.
628) 대법원 2001. 8. 24. 선고 2001도2902 판결.
629) 신동운 920.
630) 김재환 835; 신/조 995; 이창현 1107.

2) 법령개폐

법령개폐에는 법령 자체를 개폐한 경우는 물론 백지형법의 보충규정의 변경도 포함된다.[631)]

① 법령개폐가 그 자체로서 면소판결의 사유가 되는지 여부

법령개폐가 그 자체로서 면소판결의 사유가 되는지 여부에 대해서는 견해의 대립이 있다. **전부면소설**은, 추급효의 인정이 명문으로 규정되어 있지 않은 이상 법령개폐는 면소사유가 된다는 견해이다.[632)] **동기설**은, 법령개폐의 이유가 과거의 형사처벌이 잘못된 것이라는 반성적 고려에서라면 그 법령개폐는 면소사유가 되지만, 그 이유가 과거의 형사처벌에는 잘못이 없지만 경제사정 등 사회의 일시적인 사정변화에 따라 그때그때 거기에 대처하기 위해 법령개폐가 이루어진 것일 뿐이라면 그 법령개폐는 면소사유가 되지 아니한다는 견해이다. **대법원**은 종래 동기설의 입장을 취했으나 그 태도를 변경하여 **전부면소설**의 입장에 서있다.[633)]

피고인의 입장에서 볼 때 전부면소설이 유리함은 당연하고, 형사소송법은 면소판결의 사유로서 법령개폐의 의미를 제한하고 있지도 아니하다. 동기설은 구별기준의 모호성에 대한 비판에도 불구하고 그동안 대법원 판례를 통하여 확고한 지위를 누려왔으나, 명문상 아무런 제한을 두지 않은 법률규정을 특별한 사정없이 제한(축소)해석하는 것은 **법적 안정성의 요구와 피고인 보호의 측면**에서 허용될 수 없다. 이에 전부면소설이 타당하다고 하지 않을 수 없다.

② 백지형법의 보충규정의 변경

형벌법규가 대통령령, 총리령, 부령과 같은 법규명령이 아닌 **고시 등 행정규칙·행정명령, 조례 등에 구성요건의 일부를 수권 내지 위임한 경우**에는, 고시 등 규정이 위임입법의 한계를 벗어나지 않는 한 형벌법규와 결합하여 법령을 보충하는 기능을 한다. 이러한 규정을 **보충규정**이라 하는데, 보충규정의 변경에 대해서도 대법원은 종래 동기설을 취해 왔으나, 그 견해를 변경하여 현재는 **전부면소설**의 입장에 있다. 여기에서도 위와 마찬가지로 전부면소설이 타당하므로, 보충규정의 변경에 따라 범죄를 구성하지 아니하게 된 때에도 범죄 후의 법령개폐로 형이 폐지되었을 때에 해당하여 면소판결을 선고하여야 한다.

---

631) 대법원 2000. 6. 9. 선고 2000도764 판결.

632) 김재환 835; 이/김 763; 이/조/이 808; 이주원 658; 이창현 1109; 정/최/김 770.

633) 대법원 2022. 12. 22. 선고 2020도16420 전원합의체 판결. "범죄의 성립과 처벌에 관하여 규정한 형벌법규 자체 또는 그로부터 수권 내지 위임을 받은 법령의 변경에 따라 범죄를 구성하지 아니하게 되거나 형이 가벼워진 경우에는, 종전 법령이 범죄로 정하여 <u>처벌한 것이 부당하였다거나 과형이 과중하였다는 반성적 고려에 따라 변경된 것인지 여부를 따지지 않고</u> 원칙적으로 형법 제1조 제2항과 형사소송법 제326조 제4호가 적용된다." 다만 대법원은 <u>한시법 및 형벌법규의 가벌성에 영향을 미치는 비형사적 법률규정의 변경에 대해서는 여전히 동기설</u>을 취하고 있다.

다만 대법원은 해당 형벌법규 자체 또는 그로부터 수권 내지 위임을 받은 법령이 **아닌 다른 법령이 변경된 경우**에 대해서는 **여전히 법령변경에 대한 규범적 평가**를 요하고 있다. 비록 반성적 고려는 평가기준에서 배제하였지만, 대법원은 이 경우 법령개폐로 형이 폐지되었을 때에 해당하려면, 해당 형벌법규에 따른 범죄의 성립 및 처벌과 **직접적으로 관련된** 형사법적 관점의 변화를 주된 근거로 하는 법령의 변경에 해당하여야 한다고 하였다.[634]

3) 형의 폐지

형의 폐지에는 법령상 벌칙이 폐지된 경우, 법률에 유효기간이 있고 그 기간이 경과된 경우, 구법과 신법의 저촉으로 인해 실질상 벌칙의 효력이 상실된 경우가 있다. 다만 벌칙을 폐지하면서 부칙에 추급효를 인정하는 경과규정을 둔 경우에는 이에 해당하지 아니한다.[635]

(3) 심리·판단의 특칙 등

실체재판이 아닌 면소판결의 특성상, 면소판결의 심리와 판단에 있어서는 다양한 **특칙**이 인정된다.

(가) 피고인의 출석

피고인이 공판기일에 출석하지 아니한 때에는 개정하지 못하는 것이 원칙이지만(법 제276조), 면소의 재판을 할 것이 명백한 사건의 경우에는 피고인의 출석을 요하지 아니한다. 이 경우 피고인은 대리인을 출석하게 할 수 있다(법 제277조 제2호).

또한 피고인이 사물의 변별 또는 의사의 결정을 할 능력이 없는 상태에 있는 경우 또는 질병으로 인하여 출정할 수 없는 경우에는, 법원은 검사와 변호인의 의견을 들어서 전자의 경우에는 피고인의 상태가 계속하는 기간 동안, 후자의 경우에는 피고인이 질병으로 인하여 출정할 수 없는 기간 동안 공판절차를 정지하여야 하지만(법 제306조 제1항, 제2항), 피고사건에 대하여 면소판결을 할 것이 명백한 때에는 위의 사유가 있다 하더라도 피고인의 출정없이 재판할 수 있다(법 제306조 제4항). 면소판결은 원칙적으로 실체심리가 없고 피고인에게 유리한 재

634) 대법원 2022. 12. 22. 선고 2020도16420 전원합의체 판결. "해당 형벌법규의 가벌성과 직접적으로 관련된 형사법적 관점의 변화가 있는지 여부는 종래 대법원판례가 기준으로 삼은 반성적 고려 유무와는 구별되는 것이다. 이는 입법자에게 과거의 처벌이 부당하였다는 반성적 고려가 있었는지 여부를 추단하는 것이 아니라, 법령의 변경이 향후 문제된 형사처벌을 더 이상 하지 않겠다는 취지의 규범적 가치판단을 기초로 한 것인지 여부를 판단하는 것이다. 이는 입법자의 내심의 동기를 탐지하는 것이 아니라, 객관적으로 드러난 사정을 기초로 한 법령해석을 의미한다."

635) 대법원 2011. 7. 14. 선고 2011도1303 판결.

판이라는 점을 고려하여 둔 특칙이다.

(나) 형식재판 우선의 원칙

사건의 실체에 대한 심리가 종료한 이후에 면소판결의 사유가 존재하다는 것이 확인된 경우에는 실체, 즉 유·무죄에 대한 심증을 형성하였다 하더라도 **실체판결을 할 수는 없고 면소판결**을 하여야 한다. 대법원도 "공소제기당시 이미 공소시효가 완성되었음이 인정된 경우에는 실체적 심판을 하기 전에 형식적 재판인 면소의 판결을 하여야 할 것임에도 무죄의 판결을 한 원판결에는 법령위배가 있다."고 한다.[636] 이를 형식재판우선의 원칙이라고 한다.

다만 대법원은 "사건의 실체에 관한 심리가 이미 완료되었고 그 결과 피고인이 죄를 범하였다는 사실이 인정되지 않는 경우 사실심법원이 피고인의 이익을 위하여 원칙대로 **공소기각판결을 하지 아니하고 무죄판결을 선고하였다 하더라도** 이를 위법이라고 할 수는 없다."고 하였는데,[637] 공소기각보다는 무죄판결이 일사부재리의 원칙의 적용이나 형사보상, 사회적 인식의 면에서 피고인에게 이익이 되는 만큼 타당한 판결이라고 할 것이다. 대법원은 면소판결의 경우에도 같은 판단을 내릴 것으로 보인다.

(다) 판결주문

포괄일죄의 일부에 면소사유가 있고 나머지 부분에 대하여 실체재판을 하는 경우, 판결주문에는 유·무죄의 판단만 표시하면 되고 면소사유에 해당하는 부분은 판결이유에 기재하면 족하다.[638] 과형상 일죄인 상상적 경합의 경우에도 마찬가지이다.[639]

(라) 기타

면소판결이 선고된 때에는 **구속영장은 효력을 잃는다**(법 제331조). 피고사건에 대하여 면소의 판결을 선고하는 경우에는 면소판결공시의 취지를 선고할 수 있다(형법 제58조 제3항). 그리고 면소판결을 받아 확정된 피고인이 면소판결을 할 만한 사유가 없었더라면 무죄재판을 받을 만한 현저한 사유가 있었을 경우에는 국가에 대하여 **구금에 대한 보상**을 청구할 수 있다(형사보상법 제26조 제1항).

---

636) 대법원 1966. 7. 26. 선고 66도634 전원합의체 판결.
637) 대법원 2015. 5. 14. 선고 2012도11431 판결.
638) 대법원 1982. 2. 23. 선고 81도3277 판결.
639) 대법원 1996. 4. 12. 선고 95도2312 판결.

Ⅲ. 종국재판의 성립과 효과

1. 종국재판의 성립과 효력발생의 근거

종국재판은 그 유형이 판결인 경우에는 선고함으로써, 결정인 경우에는 고지함으로써 성립된다. 판결의 효력은 선고를 근거로 발생하므로 유죄판결의 경우에 선고된 형과 판결서 원본에 기재된 형이 다를 경우 검사는 판결의 선고에 따라 형을 집행하여야 한다.[640)]

2. 판결의 선고와 구속영장의 실효

무죄, 면소, 형의 면제, 형의 선고유예, 형의 집행유예, 공소기각 또는 벌금이나 과료를 과하는 판결이 선고된 때에는 구속영장은 효력을 잃는다(법 제331조). 따라서 피고인이 구속상태에서 공판이 진행된 경우 위와 같은 판결이 선고된 때에는 피고인을 즉시 석방하여야 한다.

3. 압수물에 대한 선고

압수한 서류 또는 물품에 대하여 몰수의 선고가 없는 때에는 압수를 해제한 것으로 간주한다(법 제332조).

압수물이 장물인 경우에는 피해자에게 환부할 이유가 명백한 것은 판결로써 피해자에게 환부하는 선고를 하여야 하고, 장물을 처분하였을 때에는 판결로써 그 대가로 취득한 것을 피해자에게 교부하는 선고를 하여야 한다. 가환부한 장물에 대하여 별단의 선고가 없는 때에는 환부의 선고가 있는 것으로 간주한다. 다만 이해관계인은 앞의 규정에도 불구하고 민사소송절차에 의하여 그 권리를 주장할 수 있다(법 제333조).

4. 가납의 재판

법원은 벌금, 과료 또는 추징의 선고를 하는 경우에 판결의 확정 후에는 집행할 수 없거나 집행하기 곤란할 염려가 있다고 인정한 때에는 직권 또는 검사의 청구에 의하여 피고인에게 벌금, 과료 또는 추징에 상당한 금액의 가납을 명할 수 있다(법 제334조 제1항).

가납의 재판은 형의 선고와 동시에 판결로써 선고하여야 하며, 이 판결은 즉시로 집행할 수 있다(동조 제2항, 제3항). 약식명령이나 벌금 또는 과료를 선고하는 즉결심판의 경우에도 가납

640) 대법원 1981. 5. 14.자 81모8 결정.

명령을 할 수 있다(법 제448조, 즉결심판법 제18조 제3항).

Ⅳ. 종국재판의 확정과 효력

1. 의의

재판의 확정이란 통상의 불복방법으로는 재판의 내용을 변경할 수 없는 상태를 말한다. 재판이 확정되면 법적 안정성의 요구에 의해 형식적인 측면에서 당사자는 더 이상 재판에 대해 다툴 수 없고 법원도 스스로 이를 변경할 수 없게 된다. 실질적인 측면에서는 재판의 내용에 따라 일정한 법률관계가 설정된다. 이렇듯 확정재판의 본질에 따른 형식적·실질적 효력을 재판의 확정력이라 한다.

2. 재판의 확정시기

(1) 불복이 허용되는 재판

불복이 허용되는 재판은 불복신청기간이 경과함에 따라 확정된다. 종국재판에 대한 상소의 제기기간은 선고일로부터 7일이므로(법 제358조, 제374조), 제1심 및 제2심 판결 또는 결정은 선고일로부터 7일이 지나면 **그 다음날 확정**된다.

약식명령 및 즉결심판에 대한 정식재판 청구기간도 7일이므로(법 제453조, 즉결심판법 제14조) 약식명령 및 즉결심판은 그 고지를 받은 날로부터 7일이 지나면 그 다음 날 확정된다. 약식명령의 경우 판결과 달리 선고를 하지 않고, 검사와 피고인에게 재판서를 송달함으로써 고지가 이루어지게 되는데, 고지가 이루어지는 시점에 대해서는 견해의 대립이 있다. **발령시설**은 법원이 약식명령을 발송한 때 고지가 이루어진다고 하고, **송달시설**(고지시설)은 피고인이 재판서를 송달받아 실제로 고지 받은 때 고지가 이루어진다고 한다. **대법원**은 **발령시설**을 취하고 있다.[641]

불복이 허용되는 재판은 당사자가 불복신청을 포기하거나 취하한 때에는 더 이상 불복할 수 없게 되어 확정되고, 대법원의 **상고기각 재판**이 있으면 원심에 대해서는 더 이상 다툴 수 없게 되므로 확정되게 된다.

641) 대법원 2013. 6. 13. 선고 2013도4737 판결.

(2) 불복이 허용되지 아니하는 재판

불복이 허용되지 아니하는 재판은 선고 또는 고지와 동시에 확정된다. 대법원의 판결에 대해서는 판결정정제도를 근거로 정정신청기간의 경과 또는 정정관련 결정을 한 시점에 확정된다는 견해가 있으나,[642] 판결정정은 오류의 정정에 불과하므로 대법원 판결은 **선고시에 확정**된다고 본다.[643] 대법원도 같은 입장이다.[644]

그 외 불복이 허용되지 아니하는 재판에는 대법원의 결정,[645] 법원의 관할 또는 판결 전의 소송절차에 관한 결정으로서 항고할 수 없는 결정(법 제403조), 항고법원 또는 고등법원의 결정으로서 재판에 영향을 미친 헌법·법률·명령·규칙의 위반에 해당하지 아니하여 재항고 할 수 없는 결정(법 제415조)이 있다.

3. 재판의 확정력

재판이 확정되면 일정한 효력이 발생하는데 이를 재판의 확정력이라 한다. 재판의 확정력은 형식적 효력과 실질적 효력으로 나뉘는데, 전자를 형식적 확정력이라 하고 후자를 실질적 확정력이라 한다.

(1) 형식적 확정력

형식적 확정력이란 재판이 확정되면 이를 변경할 수 없게 되는 효력을 말한다. 형식적 확정력에 따라 당사자는 통상의 방법으로는 더 이상 재판에 대해 다툴 수 없게 되고, 법원도 재판의 내용을 변경할 수 없게 되는데, 이처럼 당사자가 재판에 대해 더 이상 다툴 수 없게 하는 효력을 **불가쟁력**이라 하고 법원이 더 이상 재판을 변경할 수 없게 하는 효력을 **불가변력**이라 한다.

형식적 확정력은 절차적 효력이므로 재판의 유형에 관계없이 모든 재판에 대해 발생한다. 종국재판의 경우 형식적 확정력에 따라 **소송계속이 종결**되고, 유죄판결의 경우 **재판집행의 시점**이 되며(법 제459조), 누범가중, 집행유예의 실효 등에 관한 기준시점이 된다.

---

642) 신현주 687; 정승환 703; 정/이 433.
643) 김재환 847; 이/김 773; 이/조/이 812; 이창현 1135; 임동규 744.
644) 대법원 1979. 9. 11. 선고 79초54 판결.
645) 대법원 1987. 1. 30.자 87모4 결정.

(2) 실질적 확정력

실질적 확정력이란 확정된 재판이 그 내용에 따라 일정한 법률관계를 설정하는 효력을 말한다. 실질적 확정력은 재판의 내용에 따라 발생하는 효력이므로 **내용적 확정력**이라고도 한다.

(가) 실체적 확정력

실체적 확정력이란 확정된 실체재판의 내용에 따라 형벌권의 존부와 범위가 확정되는 효력을 말한다. 특히 유·무죄 판결은 피고사건의 실체에 대한 심판으로 이루어져 있으므로, 그 내용이 확정됨에 따라 형벌권의 존부와 범위가 확정되게 되고 형을 선고하는 판결에 있어서는 **집행력**을 갖게 된다.

(나) 내용적 구속력

내용적 구속력의 법적 성질에 대해서는 재판이 확정된 사안과 동일 사항에 대하여 후소법원의 판단을 금지하는 차단효라는 견해(차단효설)와 확정된 재판의 내용에 후소법원이 구속된다는 구속효라는 견해(구속효설)의 대립이 있다. 양자는 모두 법적 안정성의 추구에 있어서는 큰 차이가 있다고 보기 어려우나, 소송경제의 면에서 차단효설을 따르는 것이 타당하다. 전자에 따르면 내용적 구속력이 인정되는 사항에 대한 후소법원의 판단이 금지되므로 재기소 자체가 금지되지만, 후자에 따르면 재기소 자체가 금지되는 것으로 볼 수는 없기 때문이다.

다만 형식재판의 경우에는 사정변경으로 인하여 확정재판에서의 형식재판 사유가 인정되지 아니하게 되면, 후소법원은 동일성이 인정되는 사건에 대하여도 확정재판의 내용과 다른 판단을 할 수 있다.

1) 실체재판 및 면소판결

유·무죄 판결 및 면소판결이 확정되면 동일성이 인정되는 사건이 다시 기소된다 하더라도 후소법원은 그 실체에 대하여 확정판결과는 다른 판단을 할 수 없게 된다. 따라서 재기소된 피고사건에 대하여 후소법원의 심판은 금지되게 되는데, 이러한 효력을 **일사부재리의 효력** 또는 **기판력**이라 한다.

2) 형식재판

① 사정변경이 없는 경우

사정변경이 없는 경우 형식재판이 확정되면 동일성이 인정되는 사건이 다시 기소된다 하더라도 내용적 구속력에 따라 후소법원의 심판은 금지된다.[646] 관할위반의 판결이 확정되고 사정변경이 없음에도 동일성이 인정되는 피고사건이 재기소된 경우, 법령을 위반하여 공소가 제기된 경우에 해당하므로 **공소기각판결**의 대상되는 것이지(차단효설), 확정판결과 동일한 사유로서 관할위반의 판결의 대상이 되는 것은 아니다(구속효설).

② 사정변경으로 확정재판의 사유가 인정되지 아니하게 된 경우

형식재판이 확정된 이후 사정변경으로 확정재판의 사유가 인정되지 아니하게 된 경우에는 동일성이 인정되는 사건이 다시 기소된다 하더라도 내용적 구속력은 미치지 아니한다. 예를 들어 친고죄에서 적법한 고소가 없음을 이유로 공소기각 판결이 확정된 후 당해 사건에서의 고소가 적법하였음을 이유로 다시 공소를 제기하는 것은 사정변경이 없는 경우이므로 내용적 구속력이 미치고, 이에 공소기각판결의 대상이 된다. 하지만 공소기각판결이 확정된 후 적법한 고소를 갖추어 다시 공소를 제기하면, 확정판결에서의 형식재판 사유는 더 이상 인정되지 아니하므로 그 내용적 구속력 또한 다시 공소제기된 피고사건에는 미치지 않게 된다. 이 경우 다른 소송조건에 하자가 없다는 전제 하에 수소법원은 실체재판에 나아갈 수 있다.

③ 확정재판의 사유에 대한 오류가 재판확정 후 밝혀진 경우

형식재판이 확정된 이후 확정재판의 사유가 없었음이 밝혀진 경우에도 내용적 구속력이 후소법원에 미치는지에 대해서는 긍정설과 부정설의 견해대립이 있다. 예를 들어 위장사망임을 알지 못한 채 공소기각결정(법 제328조 제1항 제2호)이 확정된 경우에도 내용적 구속력이 발생하는지에 대하여, **긍정설**은 내용적 구속력은 재판의 오류와는 관계없이 재판이 확정된 이상 발생하는 것이므로 위장사망으로 인하여 공소기각결정이 내려지고 그것이 확정된 이상 내용적 구속력은 미치게 되므로 당해 사건에 대해서는 다시 공소제기를 할 수 없다고 한다.[647] 이에 대해 **부정설**은 오류가 명백하고 그 오류가 피고인의 적극적 기망으로 인한 경우에는 금반언의 원칙에 따라 내용적 구속력이 미치지 않는 것으로 봐야할 것이므로, 피고인이 적극적으로 사망을 위장하여 공소기각결정이 확정되었다면 다시 공소제기를 하여도 무방하다고 한다.[648]

확정재판의 사유에 대한 오류가 있다 하더라도 이는 확정재판시에 이미 존재했던 사실에 대한 오류이므로 확정재판 후 형식재판의 사유에 대한 사정변경에는 해당하지 아니한다. 피고인의 적극적 기망이 오류의 원인이므로 피고인을 처벌할 필요성이 인정된다고는 할 수 있더라도, 그렇다고 해서 이를 이유로 내용적 구속력을 부정하는 것은 내용적 확정력 자체를 부정하는 것과 다르지 않다. 따라서 긍정설이 타당하다.

---

646) 김재환 850; 손/신 743; 이/조/이 815; 이창현 1137.
647) 이/김 777; 이/조/이 815; 정/최/김 785.
648) 김재환 853; 노/이 801; 이창현 1138.

(다) 집행력

집행을 요하는 재판의 경우에는 종국재판의 확정에 의해 집행력이 발생한다. 예를 들어 유죄판결 중 형선고판결이 확정되면 형의 집행력이 발생하게 된다.

4. 일사부재리의 효력과 기판력

(1) 의의

(가) 일사부재리의 효력

일사부재리의 원칙이라 함은 일단 재판으로 확정된 동일사건에 대해서는 또다시 문제 삼는 것을 금지한다는 원칙을 말한다(non bis in idem; ne bi in idem). 내용적 확정력이 재판내용의 효과임에 대하여, 일사부재리의 효력은 형사절차가 행해진데 따른 절차적 효과이다. 헌법 제13조는 "모든 국민은 … 동일한 범죄에 대하여 거듭 처벌받지 아니한다."고 하여 일사부재리의 원칙을 천명하고 있는바, 일사부재리의 효력에 따라 어떠한 행위에 대한 실체판결 또는 면소판결이 확정되면 동일성이 인정되는 사건에 대한 후소법원의 재심판은 물론 수사, 공소제기 등 법원의 심판에 앞선 일체의 국가형벌권 발동이 금지된다.

일사부재리 원칙의 기원은 고대 로마법에까지 거슬러 올라간다. 로마법에서는 피고인이 소송에서 승소한 경우, 피고인 보호의 수단으로서 '소권의 소멸'이라는 형태의 이론구성을 통하여 재소의 위험으로부터의 회피를 인정하였다. 그 후 대륙법의 일사부재리는 중세의 가방면[649]을 극복하는 근대법 원리로서 재생하여 오늘에 이르고 있다. 한편 영미법에서는 거의 마찬가지의 문제를 피고인의 절차부담에 착안하여, 국가로부터 한번 절차적 고통을 받은 자는 그 절차의 법적성격과 관계없이 동일한 사안에 대해[650] 두 번 다시 이를 되풀이하여 받지 않는다고 하는 이중위험(double jeopardy)원칙에 의해 해결하고 있다. 이처럼 일사부재리와 이중위험은 그 유래에 있어서는 차이가 있지만 내용 및 정신에 있어서는 극히 흡사하다고 하겠다.

---

649) 가방면(假放免)이란 유죄의 증거가 충분하지 못할 때 혐의자를 풀어 주었다가 새로운 증거를 확보하면 다시 공소를 제기하는 것을 말한다.

650) David S. Rudstein, "Double Jeopardy in Juvenile Proceedings," William & Mary Law Review Vol 14(1972–1973) Article 3, December 1972 참조. 이중위험의 원칙은 이전 절차가 민사 절차이든 형사 절차이든 관계없이 적용된다고 한다.

(나) 기판력의 본질과 일사부재리의 효력과의 관계

1) 기판력의 본질

기판력의 본질에 대해서 과거에는 확정판결에 의해 법률관계를 형성·변경하는 힘이라는 **실체법설**, 일반·추상적 규범인 실체법이 형사절차를 통해 개별·구체적 법률관계를 형성하는 힘이라는 **구체적 규범설**도 주장되었다.[651] 하지만 통설인 **소송법설**은, 기판력은 실체 법률관계에는 아무런 영향을 미치지 않고 단지 확정재판에 따라 동일성이 인정되는 피고사건에 대하여 후소법원의 실체심리를 금지하는 소송법상의 효력이라고 한다.[652] 기판력의 본질을 실체법에서 찾게 되면 재심이나 비상상고에 의한 확정판결의 변경이나 기판력이 후소법원에 미치는 효력을 설명할 수 없게 되므로 통설인 소송법설이 타당하다.

2) 기판력과 일사부재리의 효력과의 관계

기판력을 소송법상의 효력으로 보게 되면 일사부재리의 원칙과의 관계가 문제된다. **동일설**은 기판력과 일사부재리의 원칙을 동일한 의미로 보는 견해이다.[653] **포함설**은 실질적 확정력 중 내용적 구속력이 실체적 확정력을 포함하고 있다고 보면서, 기판력은 내용적 구속력이고 일사부재리의 효력은 실체적 확정력으로서 기판력이 일사부재리의 효력을 포함하고 있다고 보는 견해이다.[654] **구별설**은 기판력은 실질적 확정력 중 내용적 구속력이고 일사부재리의 효력은 이중위험금지원칙에 따른 피고인의 보호장치로서, 양자는 서로 다른 효력이라고 보는 견해이다.[655]

기판력과 일사부재리 효력의 근원을 서로 달리 본다 하더라도 그 효력의 내용은 동일하고, 일사부재리의 효력에 내용적 구속력이 포함되어 있지 않은 것으로 본다면 헌법상 일사부재리의 원칙을 부정하는 것과 다를 바 없다. 따라서 동일설이 타당하다. 헌법상 일사부재리의 원칙에 따라 일사부재리의 효력이 인정되고, 일사부재리의 효력이 형사절차에서 구체화 된 것이 곧 기판력이라 할 수 있다.

(2) 기판력의 발생범위

(가) 기판력이 발생하는 재판

기판력이 발생하는 재판에는 실체재판인 유·무죄의 확정판결, 확정시 유죄판결과 동일한

651) 신현주 634; 정/이 437.
652) 김재환 855; 손/신 745; 이/김 781; 이/조/이 819; 이창현 1141; 임동규 750.
653) 김재환 853; 배/홍 434; 이창현 1140; 정/최/김 787.
654) 손/신 744; 송광섭 752; 이/조/이 818; 이주원 875.
655) 이/김 780; 임동규 748; 차/최 750.

효력이 인정되는 면소판결, 약식명령, 즉결심판이 있다. 통고처분과 당연무효의 판결에 대해서도 일사부재리의 효력 또는 그에 준한 효력이 발생한다.

1) 통고처분

통고처분의 경우 법률상 명문으로 범칙금을 납부한 사람은 범칙행위에 대해 다시 처벌받지 아니한다는 규정을 두고 있는데(경범죄처벌법 제8조 제3항, 도로교통법 제164조 제3항), 대법원은 이를 범칙금납부에 확정재판의 효력을 인정하는 취지로 보고 있다.

대법원은 기판력에 대한 여타의 경우와 마찬가지로 통고처분의 기판력도 당해 범칙행위와 기본적 사실관계가 동일한 사실까지 미친다고 하는데, 범칙금은 매우 가벼운 처벌에 그치므로 동일성 평가에 규범적 요소를 집어넣음으로써 기본적 사실관계의 동일성을 좁게 보는 경우가 있다. 예를 들어 대법원은 피고인의 행위가 상해죄에 이르렀음에도 경범죄처벌법상 인근소란으로 범칙금을 낸 사안에서, 인근소란과 상해죄의 공소사실은 범행 장소가 동일하고 범행일시도 거의 같으며, 모두 피고인과 피해자의 시비에서 발단한 일련의 행위임이 분명하다면서 기본적 사실관계가 동일한 것으로 본 반면,[656] 피고인의 행위가 폭력행위등처벌에관한법률상 흉기휴대협박에 이르렀음에도 인근소란으로 범칙금을 낸 사안에 대해서는 범행 장소와 일시가 근접하고 피고인과 피해자의 시비에서 발단이 된 것은 사실이나 범죄사실의 내용, 행위의 수단 및 태양, 각 행위에 따른 피해법익이 다르고 죄질에도 현저한 차이가 있으므로 기본적 사실관계가 동일하지 아니하다고 하였다.[657] 그러나 전술한 바와 같이 소송절차의 안정성을 고려할 때 기본적 사실관계 동일성에 대한 규범적 평가는 배제되어야 할 것이다.[658]

2) 당연무효의 판결

당연무효의 판결이란 판결로서 성립은 하였으나 명백하고 중대한 하자가 있어서 상소 기타 불복신청을 하지 않더라도 판결의 본래적 효력이 발생하지 않는 재판을 말한다. 예를 들어 이미 사망한 자인 피고인에게 형을 선고한 경우, 형사미성년자에게 형을 선고한 경우, 법률상 인정되지 않는 형벌을 선고한 경우, 항소취하 후 항소심에서 판결을 선고한 경우 등은 형식적

---

656) 대법원 2003. 7. 11. 선고 2002도2642 판결.

657) 대법원 2012. 9. 13. 선고 2012도6612 판결. 대법원은 과실로 교통사고를 발생시켰다는 '교통사고처리 특례법 위반죄'와 고의로 교통사고를 낸 뒤 보험금을 청구하여 수령하거나 미수에 그쳤다는 '사기 및 사기미수죄'는 서로 행위 태양이 전혀 다르고, 교통사고처리 특례법 위반죄의 피해자는 교통사고로 사망한 사람들이나 사기 및 사기미수죄의 피해자는 피고인과 운전자보험계약을 체결한 보험회사들로서 역시 서로 다르므로, 양자의 기본적 사실관계가 동일하다고 볼 수 없고 이에 전자에 관한 확정판결의 기판력이 후자에 미친다고 할 수 없다고 한 바 있다(대법원 2010. 2. 25. 선고 2009도14263 판결).

658) 109페이지 참조.

요소를 모두 갖추어 판결로서 성립하였다 하더라도 그 본래의 효력을 발생할 수 없으므로 당연무효의 판결에 해당한다.

당연무효의 판결이라 하더라도 재판 자체는 존재하기 때문에 그에 따른 형식적 확정력은 인정된다는 점과 집행력은 발생하지 않는다는 점에 대해서는 이론이 없다. 당연무효의 판결에 기판력(일사부재리의 효력)이 발생하는지에 대하여는 기판력은 확정판결의 효력이므로 무효인 판결에 이를 인정할 수 없다는 견해도 있으나(부정설),[659] 당연무효의 판결도 법원이 심리를 종료하고 최종적인 판단을 내린 판결로서 성립한 것이고, 그 절차에서 처벌의 위험에 처해있던 피고인을 다시 심판받게 할 위험으로부터 보호해 줄 필요가 있다는 점에서 기판력(일사부재리의 효력)이 발생한다고 보는 견해가 타당하다(긍정설).[660]

(나) 기판력이 발생하지 아니하는 재판 등

기판력이 발생하는 재판 외의 모든 재판 및 재판에 해당하지 아니하는 행정청의 처분에 대해서는 기판력이 발생하지 아니한다. 형사절차의 일환으로서 이루어지는 법원이나 검사의 처분이라 하더라도 기판력이 발생하지 아니함은 마찬가지이다.

1) 외국의 재판

형사판결은 국가주권인 형벌권의 행사에 기초한 것이므로, 외국의 재판에는 기판력이 발생하지 아니한다. 형법 제7조는 “죄를 지어 외국에서 형의 전부 또는 일부가 집행된 사람에 대해서는 그 집행된 형의 전부 또는 일부를 선고하는 형에 산입한다.”고 규정하고 있는데, 이와 관련하여 대법원은, 형사판결은 국가주권의 일부분인 형벌권 행사에 기초한 것이어서 피고인이 외국에서 형사처벌을 과하는 확정판결을 받았더라도 그 외국 판결은 우리나라 법원을 기속할 수 없고 우리나라에서는 기판력도 없어 일사부재리의 원칙이 적용되지 않으므로, 이 규정은 피고인이 동일한 행위에 관하여 외국에서 실제로 처벌을 받은 경우에 우리나라 형벌법규에 의해 다시 처벌받게 되는 상황이 발생했을 때 생길 수 있는 실질적 불이익을 완화해주려는데 불과한 것이라고 하면서, 형사사건으로 외국 법원에 기소되었다가 무죄판결을 받은 사람은 설령 그가 무죄판결을 받기까지 상당 기간 미결구금되었더라도 이를 유죄판결에 의하여 형이 실제로 집행된 것으로 볼 수는 없으므로 ‘외국에서 형의 전부 또는 일부가 집행된 사람’에 해당한다고 볼 수 없고, 그 미결구금기간은 형법 제7조에 의한 산입의 대상이 될 수 없다고 하였다.[661]

659) 백형구 482.
660) 손/신 747; 이/김 783; 이/조/이 821; 이창현 1143; 임동규 756; 정/최/김 789.
661) 대법원 2017. 8. 24. 선고 2017도5977 전원합의체 판결.

대법원에 따르면 외국에서 무죄판결을 받기까지 상당 기간 미결구금되었다는 사정은 그 나라의 형사보상제도를 통하여 구제받을 수 있다는 것이나, 이는 너무 형식논리적이고 안이한 대응이라는 생각이 든다. 무죄판결에 수반된 구금에 대한 형사보상은 국가별 입법 태도나 재정 여력 등에 따라 상당한 차이가 있을 수밖에 없으므로 피고인에게 보다 유리한 다른 대안적 구제수단을 모색할 필요가 있고, 그런 측면에서 형법 제7조에 의한 형 산입의 적용 대상에서 전면적으로 배제하기보다는 그 일부라도 산입해 주는 것이 바람직하다.

2) 행정처분 등

행정법상 징계처분, 행정벌인 과태료의 부과처분, **검사의 불기소처분** 등은 행정처분에 불과하여 기판력이 발생하지 아니한다. 소년법·가정폭력처벌법상 법원의 보호처분 절차는 형사소송절차로 볼 수 없다. 따라서 양 법률에 따른 **보호처분**은 확정판결에 해당하지 아니하여 기판력이 발생하지 아니한다. 또한 **보안처분**에도 기판력은 발생하지 아니한다. 통설인 이원설과 대법원의 태도에 의하면 보안처분의 법적 성질은 형벌과 전혀 다르므로, 이를 확정판결로 볼 수 없기 때문이다.

(3) 기판력의 효력범위

(가) 객관적 범위

기판력의 객관적 범위란 기판력이 미치는 객관적 사실의 범위를 말한다. 기판력의 객관적 범위는 공소사실과 기본적 사실관계가 동일한 사실이다. 즉 법원의 현실적 심판대상인 공소장에 기재된 공소사실뿐만 아니라, 그 사실과 동일성이 인정되는 **잠재적 심판대상에도** 기판력, 즉 일사부재리의 효력은 미치게 되는 것이다. 따라서 공소사실과 기본적 사실관계가 동일한 사실은 공소장변경이 허용되는 범위이자 공소제기의 효력이 미치는 범위이고, 기판력이 미치는 범위이기도 하다.

대법원도 같은 입장이다. 대법원은 약식명령이 확정된 사문서위조 및 그 행사죄의 범죄사실과 피고인이 동일한 합의서를 임의로 작성·교부하여 회사에 재산상 손해를 가하였다는 업무상 배임죄의 공소사실은 그 객관적 사실관계가 하나의 행위라고 할 것이어서 상상적 경합관계에 있다고 할 것이므로, 위 확정된 약식명령의 기판력이 업무상 배임죄의 공소사실에도 미친다고 하고,[662] 피고인이 17:00경부터 23:00경까지 사이에 술에 취해 주점에 찾아와 그 곳 손님들에게 시비를 걸고 주먹과 드라이버로 술탁상을 마구 내리치는 등 약 6시간 동안 악의적으로

662) 대법원 2009. 4. 9. 선고 2008도5634 판결.

영업을 방해하였다는 사실로 경범죄처벌법 위반으로 구류 5일의 즉결심판을 받아 확정된 사실이 있다면, 피고인이 같은 날 17:00경 같은 주점에서 그곳의 손님인 피해자와 시비를 벌여 주먹으로 피해자의 얼굴을 1회 때리고 멱살잡이를 하다가 위 주점 밖으로 끌고 나와 주먹과 발로 피해자의 복부 등을 수회 때리고 차서 피해자로 하여금 그 이튿날 19:30경 외상성 장간막 파열로 인한 출혈로 사망케 하였다는 이 사건 공소사실과 위 즉결심판의 범죄사실은 동일한 피고인이 동일한 일시, 장소에서 술에 취하여 그 주점의 손님들에게 시비를 걸고 행패를 부린 사실에 관한 것으로 양사실의 기초가 되는 사회적 사실관계가 기본적인 점에서 동일하기 때문에 이 사건 공소사실에 대하여는 이미 확정판결이 있었다고 보아 기판력이 미친다고 하였다.[663] 반면, 유사석유제품을 판매하였다는 석유사업법위반죄로 이미 유죄판결의 확정이 있다 하더라도 그 판매대금에 대한 조세포탈의 범죄사실은 그 내용이나 행위 태양, 피해법익 등에 비추어 기본적 사실관계의 동일성을 인정할 수 없다는 이유로 기판력이 미치지 아니한다고 하고 있다.[664]

한편, 통고처분에 있어서도 기판력의 객관적 범위는 범칙행위와 기본적 사실관계가 동일한 사실이다. 범칙자가 범칙금의 통고를 받고 납부기간 내에 그 범칙금을 납부한 경우, 범칙금의 납부에 확정판결에 준하는 효력이 인정됨에 따라 다시 처벌 받지 않게 되는 행위사실은 통고처분시까지의 행위 중 범칙금 통고의 이유에 기재된 당해 범칙행위 자체 및 그 범칙행위와 동일성이 인정되는 범칙행위에 한정된다.[665]

(나) 주관적 범위

기판력의 주관적 범위란 기판력이 미치는 주관적 당사자의 범위를 말한다. 공소제기의 주관적 효력범위는 검사가 피고인으로 지정한 자에게만 미치므로(법 제248조 제1항), 확정판결에 의한 기판력의 주관적 효력범위도 확정판결을 받은 **당해 피고인에게만** 미친다. 공범자라 하더라도 공범 중 1인에 대한 판결의 효력은 다른 공범자에게는 미치지 않는다. 그 결과 공범 사이에 모순되는 판결이 나올 수도 있다.

성명모용사건의 경우 검사는 모용자에 대하여 공소를 제기한 것이므로 모용자만 피고인이 되고, 따라서 판결의 효력은 피모용자에게는 미치지 않는다. 그러나 **위장출석**의 경우에는 위장출석자도 형식적 피고인이 되므로 판결의 효력이 미치게 된다.

---

663) 대법원 1990. 3. 9. 선고 89도1046 판결.
664) 대법원 2017. 12. 5. 선고 2013도7649 판결.
665) 대법원 2012. 6. 14. 선고 2011도6858 판결.

(다) 시적 범위

기판력의 시적 범위란 기판력이 미치는 시간적 범위를 말한다. 기판력은 발생시점 이전의 범죄사실에 미치므로, 발생시점이 중요하다.

통설과 대법원은 기판력은 **사실심리의 최후시점인 판결선고시부터** 발생한다는 입장이다. 대법원은 상습범 관계에 있는 여러 개의 범죄사실 중 일부에 대하여, 상습범의 유죄판결이 확정된 경우 그 기판력은 **확정판결의 사실심 판결선고 전에 저지른 나머지 범죄에 대해 미치고,** 이에 상습범의 확정판결 이후 그 나머지 범죄에 대한 공소제기가 있으면 동일한 사건에 대한 재기소로서 면소판결의 대상이 된다 하였다.[666]

제1심 판결에 대하여 항소한 경우, 기판력이 발생하는 시점은 사실심리의 최후시점인 **항소심 판결선고시**이다. 항소이유서를 제출하지 아니하여 결정으로 항소가 기각된 경우에도 법원은 직권으로 사실심리를 할 수 있으므로, 이 경우 기판력은 사실심리의 최후시점인 **항소기각결정시**에 발생한다.[667]

1) 포괄일죄가 동일성이 인정되는 다른 피고사건에 대한 확정판결 전후에 걸쳐 범해진 경우

계속범, 상습범, 영업범 등 포괄일죄가 그 범죄사실과 동일성이 인정되는 다른 피고사건에 대한 유죄의 확정판결 전후에 걸쳐서 범해진 경우에도, 확정판결의 기판력은 **사실심 판결선고시까지** 범해진 범죄행위에 미친다. 따라서 이 경우 포괄일죄는 다른 피고사건의 확정판결 사실심 판결선고일을 기준으로 **두 개의 독립된 범죄**가 되고, 확정판결 전의 범죄는 면소판결의 대상이 된다. 다만 이때 포괄일죄가 분리되어 별개의 독립된 범죄가 된다 하더라도 양죄는 **실체적 경합범의 관계에 있는 것은 아니다.**[668]

같은 이유로 공소제기된 범죄사실과 동일성이 인정되는 피고사건에 대해 유죄판결이 확정되었고, 이후 공소제기된 범죄사실과 포괄일죄의 관계에 있는 범죄사실이 추가로 발견된 경우, 위와 같이 **추가로 발견된 확정판결 후의 범죄사실**은 공소제기된 범죄사실과 **분단되어 동일성이 없는 별개의 범죄**가 된다. 따라서 이 경우 검사는 공소장변경절차에 의하여 확정판결 후의 범죄사실을 공소사실로 추가할 수는 없고 별개의 범죄로서 **따로 공소를 제기하여야 한다.**[669]

666) 대법원 2004. 9. 16. 선고 2001도3206 전원합의체 판결.
667) 대법원 1993. 5. 25. 선고 93도836 판결.
668) 대법원 1970. 12. 22. 선고 70도2271 판결.
669) 대법원 2017. 4. 28. 선고 2016도21342 판결.

2) 약식명령의 경우

약식명령에 있어 기판력의 발생시점에 대해서는 **발령시설**[670]과 **송달시설**(고지시설)[671]의 견해대립이 있으나, 기판력의 발생시점은 사실심리의 최후시점이라 할 것이므로 발령시설이 타당하다. 대법원도 같은 입장이다. 대법원은 포괄일죄의 범행 일부에 대하여 약식명령이 확정된 경우, 약식명령은 **발령시**에 효력이 발생한다면서 발령시를 기준으로 그 전의 범행에 대해서는 면소판결을 하였다.[672]

Ⅴ. 소송비용부담과 비용보상

1. 개관

형사소송절차의 진행에는 형사사법기관의 물적·인적자원이 소요되므로 상당한 비용이 발생한다. 형사절차는 국가형벌권의 실현과정이므로 형사소송법은 형사절차에서 발생한 비용을 국가가 부담하는 것을 원칙으로 하면서도, 피고인 등에게 이를 부담시킬 정당한 사유가 인정되는 경우에는 일정한 비용을 부담하도록 하고 있다.

한편 형사절차에서는 피고인도 방어권 행사를 위한 변호인 선임 등에 비용을 부담하게 되는데, 형사소송법은 무죄판결이 확정된 경우에는 피고인이었던 자가 부담하였던 비용을 보상하도록 하고 있다.

2. 소송비용부담

(1) 소송비용

소송비용에는 증인·감정인·통역인 또는 번역인의 일당, 여비 및 숙박료와, 감정인·통역인 또는 번역인의 감정료·통역료·번역료, 그 밖의 비용 및 국선변호인의 일당, 여비, 숙박료 및 보수 등이 포함된다(형사소송비용법 제2조).

---

670) 김재환 859; 배/홍 438; 손/신 750; 이/김 787; 이/조/이 824; 임동규 762; 정/이/최 795.
671) 백형구 485.
672) 대법원 2023. 6. 29. 선고 2020도3705 판결.

(2) 비용부담의 주체

(가) 피고인의 소송비용부담

1) 형선고를 한 경우

형의 선고를 하는 때에는 피고인에게 소송비용의 전부 또는 일부를 부담하게 하여야 한다(법 제186조 제1항 본문).[673] 이때의 형의 선고에는 형의 집행유예는 포함되나, 형의 면제나 선고유예는 포함되지 않는다. 공범의 소송비용은 공범인에게 **연대부담**하게 할 수 있다(법 제187조).

다만, 피고인의 경제적 사정으로 소송비용을 납부할 수 없는 때에는 피고인에게 소송비용을 부담하게 하지 아니할 수 있고(법 제186조 제1항 단서), 검사만이 상소 또는 재심청구를 한 경우에 상소 또는 재심의 청구가 기각되거나 취하된 때에는 그 소송비용을 피고인에게 부담하게 하지 못한다(법 제189조).

2) 형선고를 하지 아니하는 경우

피고인에게 책임지울 사유로 발생된 비용은 형의 선고를 하지 아니하는 경우에도 피고인에게 부담하게 할 수 있다(법 제186조 제2항).

(나) 고소·고발인의 소송비용부담

고소 또는 고발에 의하여 공소를 제기한 사건에 관하여 피고인이 **무죄 또는 면소의 판결을 받은 경우에 한하여, 고소인 또는 고발인에게 고의 또는 중대한 과실이 있는** 때에는 그 자에게 소송비용의 전부 또는 일부를 부담하게 할 수 있다(법 제188조). 남소로 인한 비용의 문제를 생각해 볼 때, 고의가 인정되는 경우에는 고소인·고발인에게 적극적으로 소송비용을 부담시킬 필요가 있다.

(다) 제3자의 소송비용부담

피고인을 포함하여 검사 아닌 자가 상소 또는 재심청구를 한 경우에 상소 또는 재심의 청

673) 형사소송법 제186조 제1항 본문이 피고인의 재판청구권을 침해한다는 이유로 제기한 헌법소원심판청구에 대하여 헌법재판소는, 상기 조항은 형사재판절차에서 피고인의 방어권 남용을 방지하는 측면이 있고, 법원은 피고인의 방어권 행사의 적정성, 경제적 능력 등을 종합적으로 고려하여 피고인에 대한 소송비용 부담 여부 및 그 정도를 재량으로 정함으로써 사법제도의 적절한 운영을 도모할 수 있으며, 소송비용의 범위도 '형사소송비용 등에 관한 법률'에서 정한 증인·감정인·통역인 또는 번역인과 관련된 비용 등으로 제한되어 있고 피고인은 소송비용 부담 재판에 대해 불복할 수 있으며 빈곤을 이유로 추후 집행면제를 신청할 수도 있다는 점을 들면서 법 제186조 제1항은 피고인의 재판청구권을 침해하지 아니한다고 하였다(헌재 2021. 2. 25. 2018헌바224 결정).

구가 기각되거나 취하된 경우에는 재심을 청구한 자에게, 피고인 아닌 자가 피고인이 제기한 상소 또는 재심의 청구를 취하한 경우에는 그 자에게 그 소송비용을 부담하게 할 수 있다(법 제190조).

(3) 소송비용부담의 재판

(가) 재판으로 소송절차가 종료되는 경우

재판으로 소송절차가 종료되는 경우에 피고인 또는 피고인 아닌 자에게 소송비용을 부담하게 하는 때에는, 법원은 직권으로 재판하여야 한다(법 제191조 제1항, 제192조 제1항).

피고인은 본안의 재판에 대해 상소하는 경우에 한하여 소송비용부담의 재판에 대하여도 불복할 수 있다(법 제191조 제2항). 피고인 아닌 자는 소송비용부담의 재판에 대하여 즉시항고할 수 있다(법 제192조 제2항).

(나) 재판에 의하지 아니하고 소송절차가 종료되는 경우

상소취하, 재심청구취하, 약식명령·즉결심판에 대한 정식재판청구의 취하 등으로 재판에 의하지 아니하고 소송절차가 종료되는 경우, 소송비용의 부담 여부는 사건의 **최종**계속법원이 직권으로 결정한다. 이러한 소송비용부담 결정에 대하여는 **즉시항고**를 할 수 있다(법 제193조).

(다) 부담액의 산정

법원은 소송비용의 부담을 명하는 재판에 그 금액을 표시하여야 한다. 법원이 이를 표시하지 아니한 때에는 집행을 지휘하는 검사가 산정한다(법 제194조).

3. 무죄판결 확정시 피고인에 대한 비용보상

국가는 무죄판결이 확정된 경우에는 당해 사건의 피고인이었던 자에 대하여 그 재판에 소요된 비용을 보상하여야 한다(법 제194조의2 제1항). 비용보상청구, 비용보상절차, 비용보상과 다른 법률에 따른 손해배상과의 관계, 보상을 받을 권리의 양도·압류 또는 피고인이었던 자의 상속인에 대한 비용보상에 관하여 형사소송법에 규정한 것을 제외하고는 형사보상 및 명예회복에 관한 법률에서 정한 보상의 예에 따른다(법 제194조의5).[674]

674) 856페이지 참조.

(1) 청구

무죄판결의 확정을 받은 피고인이 비용보상을 받고자하는 때에는 무죄판결이 확정된 사실을 안 날부터 3년, 무죄판결이 확정된 때부터 5년 이내에 무죄판결을 선고한 법원에 비용보상청구를 하여야 한다(법 제194조의3 제1항, 제2항).

(2) 비용보상결정

비용보상청구를 받은 법원의 **합의부**는 비용보상 여부를 결정하여야 한다(법 제194조의3 제1항). 비용보상에는 형사보상 및 명예회복에 관한 법률 상 절차규정이 준용되므로, 법원은 비용보상 결정에 앞서 검사와 청구인의 의견을 들어야 한다.[675] 법원의 비용보상결정에 대해서는 **즉시항고** 할 수 있다(법 제194조의3 제3항).

(가) 비용보상의 범위

비용보상의 범위는 피고인이었던 자 또는 그 변호인이었던 자가 공판준비 및 공판기일에 출석하는데 소요된 여비·일당·숙박료와 변호인이었던 자에 대한 보수에 한한다. 보상금액에 관하여는 형사소송비용 등에 관한 법률을 준용하되, 피고인이었던 자에 대하여는 증인에 관한 규정을, 변호인이었던 자에 대하여는 국선변호인에 관한 규정을 준용한다.

공판준비 또는 공판기일에 출석한 변호인이 2인 이상이었던 경우에는 사건의 성질, 심리상황, 그 밖의 사정을 고려하여 변호인이었던 자의 여비·일당 및 숙박료를 대표변호인이나 그 밖의 일부 변호인의 비용만으로 한정할 수 있다(법 제194조의4).

(나) 비용보상의 제한

피고인이었던 자가 수사 또는 재판을 그르칠 목적으로 거짓 자백을 하거나 다른 유죄의 증거를 만들어 기소된 것으로 인정된 경우, 1개의 재판으로써 경합범의 일부에 대하여 무죄판결이 확정되고 다른 부분에 대하여 유죄판결이 확정된 경우, 책임조각사유 또는 심신상실로서 무죄판결이 확정된 경우, 그 비용이 피고인이었던 자에게 책임지울 사유로 발생한 경우에는 비용의 전부 또는 일부를 보상하지 아니할 수 있다(법 제194조의2 제2항). 비용보상의 제한은 헌법 제28조가 보장하는 형사보상청구권을 제한하므로, 그 인정은 신중하여야 하고 제한사유의 입증책임은 이를 제한하고자 하는 측에 있다.[676]

675) 대법원 2024. 9. 10.자 2023모1766 결정.

제 6 절 공판절차의 특칙

Ⅰ. 공판절차의 정지·갱신과 소송절차의 정지

1. 공판절차의 정지

(1) 의의

공판절차의 정지란 공소제기 후 심리를 계속할 수 없는 일정한 법정 사유가 발생한 경우, 법원이 결정으로 그 사유가 소멸될 때까지 **공판진행을 정지**하는 것을 말한다. 공판절차의 정지 사유에는 임의적 정지사유인 공소장변경과 필요적 정지사유인 피고인의 심신상실·질병이 있다.

(2) 사유

(가) 공소장변경

법원은 공소장변경에 따른 공소사실 또는 적용법조의 추가, 철회 또는 변경이 피고인의 불이익을 증가할 염려가 있다고 인정한 때에는, 직권 또는 피고인이나 변호인의 청구에 의하여 피고인으로 하여금 필요한 방어의 준비를 하게 하기 위하여 결정으로 필요한 기간동안 공판절차를 정지할 수 있다(법 제298조 제4항).

(나) 피고인의 심신상실 및 질병

피고인이 사물의 변별 또는 의사의 결정을 할 능력이 없는 상태에 있는 때에는 법원은 검사, 변호인, 의사의 의견을 들어서 결정으로 그 상태가 계속하는 기간동안 공판절차를 정지하여야 한다. 피고인이 질병으로 인하여 출정할 수 없는 때에는 법원은 검사, 변호인, 의사의 의견을 들어서 결정으로 출정할 수 있을 때까지 공판절차를 정지하여야 한다(법 제306조 제1항 내지 제3항).

다만 피고사건에 대하여 무죄, 면소, 형의 면제 또는 공소기각의 재판을 할 것이 명백한 때에는, 피고인의 심신상실 또는 질병으로서의 공판절차 정지사유가 있는 경우에도 피고인의 출정없이 재판할 수 있다. 또한 ① 다액 500만 원 이하의 벌금 또는 과료에 해당하는 사건, ② 장기 3년 이하의 징역·금고, 다액 500만 원을 초과하는 벌금 또는 구류에 해당하는 사건에서 피고인의 불출석허가신청이 있고 법원이 피고인의 불출석이 그의 권리를 보호함에 지장이 없

676) 대법원 2024. 9. 10.자 2023모1766 결정.

다고 인정하여 이를 허가한 사건, ③ 약식명령에 대하여 피고인만이 정식재판의 청구를 하여 판결을 선고하는 사건으로서 대리인이 출정할 수 있는 경우에도 마찬가지이다(법 제306조 제5항, 제277조).

(3) 정지의 기간과 효과

(가) 정지기간

형사소송법령은 공판절차의 정지기간을 규정하고 있지 아니하다. 따라서 법원은 일정한 기간을 정하거나, 기간의 정함 없이 공판절차 정지사유가 소멸된 때까지를 공판절차 정지기간으로 할 수 있다.

(나) 효과

공판절차의 정지결정에 따라 공판절차는 더 이상 진행되지 아니하게 되고, 정지기간은 피고인의 구속기간 및 구속갱신기간에 산입하지 아니한다(법 제92조 제3항). 다만 공판절차의 정지는 피고인의 방어권 보장을 위한 제도이므로, 피고인의 구속, 보석 등에 관한 절차까지 정지되는 것은 아니라고 봐야 할 것이다. **정지되는 것은 공판기일의 절차**이므로 구속이나 보석에 관한 재판은 그와 무관하게 진행될 수 있기 때문이다.

(4) 불복

공판절차 정지결정은 판결 전 소송절차에 관한 결정으로 구금·보석·압수·피고인의 감정유치에 관한 결정이 아니고, 즉시항고의 대상도 아니다. 따라서 이에 대해서는 직접 다툴 수 없고, 판결에 영향을 미친 법령위반에 해당하는 경우에 **상소이유**가 될 수 있을 뿐이다(법 제403조, 제361조의5 제1호, 제383조 제1호).

2. 소송절차의 정지

(1) 의의

소송절차 또는 소송진행의 정지란 공소제기 후 심리를 계속할 수 없는 일정한 법정 사유가 발생한 경우 즉시 공판절차가 정지되는 것을 말한다. 소송절차의 정지는 **법원의 결정을 요하지 아니한다**는 점에서 공판절차의 정지와 다르지만, 양자의 효과 및 불복방법은 동일하므로 여기에서는 소송절차 정지의 사유에 대해서만 살펴본다.

(2) 사유

(가) 법원 또는 법관에 대한 기피신청

법원 또는 법관에 대한 기피신청이 있는 때에는, 기피신청이 소송의 지연을 목적으로 함이 명백하거나 기피신청 관할에 위배된 때로서 그 신청을 받은 법원 또는 법관이 결정으로 이를 간이기각하는 경우 외에는, 소송진행을 정지하여야 한다. 단, 급속을 요하는 경우에는 예외로 한다(법 제22조).

(나) 병합심리, 관할관련 신청

법원은 계속 중인 사건에 관하여 토지관할의 병합심리신청, 관할지정신청 또는 관할이전신청이 제기된 경우에는 그 신청에 대한 결정이 있기까지 소송절차를 정지하여야 한다. 다만, 급속을 요하는 경우에는 그러하지 아니하다(규칙 제7조).

(다) 위헌법률심판 제청

법원이 법률의 위헌 여부 심판을 헌법재판소에 제청한 때에는 당해 사건의 재판은 헌법재판소의 위헌 여부의 결정이 있을 때까지 정지된다. 다만, 법원이 긴급하다고 인정하는 경우에는 종국재판 외의 소송절차를 진행할 수 있다(헌법재판소법 제42조 제1항).

(라) 재심청구의 경합

항소기각의 확정판결과 그 판결에 의하여 확정된 제1심 판결에 대하여 각각 재심의 청구가 있는 경우에, 항소법원은 결정으로 제1심 법원의 소송절차가 종료될 때까지 소송절차를 정지하여야 한다(규칙 제169조 제1항).

상고기각의 판결과 그 판결에 의하여 확정된 제1심 또는 제2심의 판결에 대하여 각각 재심의 청구가 있는 경우에, 상고법원은 결정으로 제1심법원 또는 항소법원의 소송절차가 종료될 때까지 소송절차를 정지하여야 한다(규칙 제169조 제2항).

3. 공판절차의 갱신

(1) 의의

공판절차의 갱신이란 피고사건에 대한 공판절차를 진행해 온 법원이 종국재판 전에 이미 이루어진 공판절차를 없는 것으로 하고 다시 진행하는 것을 말한다. 따라서 사건을 이송 받은 법원이 공판절차를 새롭게 진행하는 것은 공판절차의 갱신에 해당하지 않는다.

(2) 사유

(가) 판사의 경질

공판개정 후 판사의 경질이 있는 때에는 공판절차를 갱신하여야 한다. 단, 판결의 선고만을 하는 경우에는 예외로 한다(법 제301조).

(나) 간이공판절차 결정의 취소

간이공판절차의 결정이 취소된 때에는 공판절차를 갱신하여야 한다. 단, 검사, 피고인 또는 변호인이 이의가 없는 때에는 그러하지 아니하다(법 제301조의2).

(다) 피고인의 심신상실 등 사유로 인한 공판절차 정지사유의 소멸

피고인의 심신상실·질병으로 인하여 공판절차 정지결정이 있은 후 그 사유가 소멸하여 공판절차를 재개한 경우에는, 공판절차의 재개 후의 공판기일에 공판절차를 갱신하여야 한다(규칙 제143조).

(3) 갱신절차

(가) 진술거부권의 고지 및 인정신문

공판절차를 갱신하게 되면 새롭게 공판절차가 진행되어야 한다. 따라서 재판장은 형사소송규칙에 따라 피고인에게 진술거부권 등을 고지한 후, 형사소송법에 따라 인정신문을 하여 피고인임에 틀림없음을 확인하여야 한다(규칙 제144조 제1항 제1호).

(나) 검사의 공소사실 낭독과 피고인의 공소사실 인정

재판장은 검사로 하여금 공소장 또는 공소장변경허가신청서에 의하여 공소사실, 죄명 및 적용법조를 낭독하게 하거나 그 요지를 진술하게 하여야 한다. 재판장은 피고인에게 공소사실의 인정 여부 및 정상에 관하여 진술할 기회를 주어야 한다(규칙 제144조 제1항 제2호, 제3호).

(다) 법원의 증거조사

재판장은 갱신 전의 공판기일에서의 피고인이나 피고인이 아닌 자의 진술, 법원의 검증결과를 기재한 조서, 증거조사된 서류 또는 물건에 관하여 다시 증거조사를 하여야 한다. 다만, 증거능력이 없다고 인정되는 서류·물건에 대해서는 증거조사를 할 수 없고, 증거로 함이 상당하지 아니하다고 인정되고 검사, 피고인 및 변호인이 이의를 제기하지 아니하는 서류·물건에 대하여는 다시 증거조사를 하지 아니하여도 무방하다.

증거조사의 방법은 형사소송법이 정한 법정방식에 의함을 원칙으로 하지만, 검사, 피고인 및 변호인의 동의가 있는 때에는 그 전부 또는 일부에 관하여 법정증거조사 방법에 갈음하여 상당하다고 인정하는 방법으로 증거조사를 할 수 있다(규칙 제144조 제1항 제4호, 제5호, 제2항, 법 제292조, 제292조의2, 제292조의3).

(4) 갱신 전 소송행위의 효력

공판절차의 갱신에 따라 새로운 소송행위가 이루어지게 되므로, 공판절차 갱신 이전에 이루어진 소송행위는 실체형성행위이든 절차형성행위이든 그 효력을 상실하는 것을 원칙으로 한다. 다만 공판절차의 갱신은 실체적 진실발견을 목적으로 하므로, 판사경질을 사유로 공판절차를 갱신하는 경우에는 절차형성행위의 효력까지 부인할 이유는 없다. 이 경우에는 공판절차 갱신 후에도 그에 앞서 이루어진 절차형성행위의 효력은 여전히 인정된다함이 상당하다.[677]

Ⅱ. 변론의 병합·분리와 재개

1. 변론의 병합과 분리

(1) 의의

변론의 병합이란 행정단위로서의 하나의 법원에 소송계속 중에 있는 수개의 피고사건에 대하여, 하나의 법원이 하나의 소송절차로서 동시에 심리하는 것을 말한다. 변론병합의 대상이 되기 위해서는 수개의 피고사건이 **관련사건**에 해당하여야 하고, 법원은 피고사건에 대한 **사물관할**을 가지고 있어야 한다. 변론의 분리란 병합된 수개의 피고사건을 분리하여 여러 개의 소송절차로서 나누어 심리하는 것을 말한다.

변론의 병합과 분리는 소송경제와 심리의 편의를 위한 제도이다. 예를 들어 쌍방 폭행사건의 경우 법원은 각 피고인에 대한 변론의 병합을 통하여 하나의 증거조사절차에 의해 사실인정을 할 수 있고, 필요시 변론을 분리하여 각 피고인을 상호 증인으로 삼을 수 있게 된다.

677) 김재환 548; 이/김 570; 이/조/이 598; 이창현 802; 임동규 478.

(2) 절차

법원은 필요하다고 인정한 때에는 직권 또는 검사, 피고인이나 변호인의 신청에 의하여 결정으로 변론을 분리하거나 병합할 수 있다(법 제300조). 이처럼 변론의 병합·분리 결정은 법원의 **재량**사항이다. 따라서 동일한 피고인에 대하여 각각 별도로 2개 이상의 사건이 공소제기되었다 하더라도 법원이 반드시 이를 병합심리하여 동시에 판결을 선고하여야만 하는 것은 아니다.[678]

형사소송법령은 변론의 병합·분리 결정에 대해 별도로 규정하고 있지 아니하므로 당사자의 신청, 법원의 결정, 불복 등은 형사소송법상 일반 규정에 따른다.

2. 변론의 재개

(1) 의의

변론의 재개란 변론이 종결된 이후 법원이 다시 변론을 열어 심리를 계속하는 것을 말한다. 실체적 진실발견을 위해 변론 종결 후라 하더라도 새로운 증거가 발견되는 등 심리미진의 우려가 있는 경우에 법원은 변론재개를 통해 심리를 계속할 수 있는 것이다.

(2) 절차

법원은 필요하다고 인정한 때에는 직권 또는 검사, 피고인이나 변호인의 신청에 의하여 결정으로 종결한 변론을 재개할 수 있다(법 제305조). 변론재개 여부는 법원의 재량에 따른다. 따라서 변론종결 전에 충분한 변론의 기회를 제공한 이상, 법원이 당사자의 변론재개 신청을 기각하였다 하더라도 위법하지 아니하다.[679]

형사소송법령은 변론의 재개 결정에 대해 별도로 규정하고 있지 아니하므로 당사자의 신청, 법원의 결정, 불복 등은 형사소송법상 일반 규정에 따른다.

---

678) 대법원 1984. 2. 14. 선고 83도3013 판결.
679) 대법원 2014. 4. 24. 선고 2014도1414 판결.

제 4 장

상소절차

제 4 장

상소절차

제 1 절 개관

Ⅰ. 상소의 의의와 분류

1. 상소의 의의

상소란 확정되지 아니한 법원의 판결 및 결정에 대하여 상급법원에 구제를 구하는 당사자의 불복신청제도를 말한다. 상소는 원판결의 잘못을 시정함으로써 이로 인해 불이익을 받는 당사자를 구제하고, 법령해석의 통일을 기함으로써 법적 안정성을 도모하기 위한 제도로서, 전자에 중점을 둔 것이 항소라면 후자에 중점을 둔 것이 상고라고 할 수 있다.

형사소송법은 상소에 대한 통칙을 두어 상소의 일반적 내용인 상소권자, 상소의 제기기간, 상소권의 회복, 상소의 포기, 일부상소 등에 대하여 규정한 후, 항소, 상고, 항고로 나누어 각 불복방법에 대해 구체적으로 규정하고 있다.

2. 상소의 분류

(1) 불복 대상에 따른 분류

(가) 법원의 판결에 대한 불복방법

법원의 판결에 대한 일반적인 불복방법으로는 제1심 판결에 대한 항소와 제2심 판결에 대한 상고가 있다. 제1심 판결에 대한 특별한 불복방법으로 항소를 거치지 않고 바로 대법원에 상고하는 비약적 상고가 있다(법 제372조).

(나) 법원의 결정에 대한 불복방법

법원의 결정에 대한 불복방법은 항고라 한다. 항고는 심급에 따라 제1심 법원의 결정에 대한 불복인 일반항고와 제2심 법원의 결정에 대한 불복인 특별항고(재항고)로 나뉘고, 일반항고는 구체적 법적근거의 요부, 항고기간의 제한 등 그 법적 성질에 따라 다시 보통항고와 즉시항고로 나뉜다. 특별항고(재항고)는 즉시항고이기도 하다.

한편 법관의 결정 또는 수사기관의 처분에 대하여 소속법원 또는 관할법원에 취소나 변경을 구하는 불복방법을 준항고라 한다. 이들은 상급법원에 의한 구제가 아니므로 엄격히 말하면 상소는 아니지만, 소송절차에 대한 불복방법이라는 점에서 항고와 성격이 유사하므로 준항고라고 하며, 형사소송법은 항고에 이어 준항고 관련 규정을 두고 있다.

(2) 심리 범위에 따른 분류

상소심은 심리의 범위에 따라 사실관계와 법률관계를 모두 심리하는 사실심과 법률관계만을 심리하는 법률심으로 나누어진다. 항소심은 사실심이므로 사실관계와 법률관계를 모두 심리할 수 있으나, 상고심은 법률심이므로 법률관계만을 심리할 뿐 사실관계에 대해서는 심리하지 않는다.

다만 상고심에서도 법률관계인 채증법칙을 매개로 사실관계에 대한 심리를 하는 경우가 있다. 형사소송법은 예외적인 상고이유로서 사실오인과 양형부당을 들고 있어(법 제383조 제4호) 엄밀히 말하면 원칙적으로는 법률심이지만 극히 예외적인 경우에는 사실심의 성격도 갖고 있다고 하겠다. 하지만 그렇다고 해서 대법원이 하급심의 사실인정에 과도한 영향을 미치는 것은 상고심을 법률심으로 둔 취지에 반한다. 따라서 대법원은 하급심의 사실인정이 경험칙과 논리칙을 명백히 벗어난 극히 예외적인 경우에 한하여 채증법칙의 위반 여부를 심리하는 것이 바람직하다.

(3) 원심과의 관계에 따른 분류

상소심은 원심과의 관계에 따라 복심, 속심, 사후심으로 나눌 수 있다. **복심**이란 원심의 심판을 없던 것으로 하고 상소심이 새로이 심판하는 방식의 상소심을 말한다. **속심**이란 하급심의 심리절차와 증거를 이어받아 상소심의 심리를 속행하는 방식의 상소심(계속심)을 말한다.

따라서 속심은 사실심에 해당하고 속심의 재판은 **파기자판**을 원칙으로 한다. **사후심**은 심리의 속행 없이 원심판결의 당부만을 사후적으로 심사하는 방식의 상소심을 말한다. 따라서 상소심의 심판범위도 상소이유서에 기재된 것에 제한되며 사후심은 법률심의 성격을 띠게 되고 사후심의 재판은 **파기환송**을 원칙으로 한다.

현재 복심을 채택하는 나라는 거의 없고 미국과 일본은 사후심 구조를 취하고 있으나, 우리나라의 경우 대체로 항소심은 속심, 상고심은 사후심에 해당하는 것으로 보고 있다.

Ⅱ. 상소제기의 요건

상소제기는 상소권자가 상소제기기간 내에 **상소장**을 **원심법원**에 **제출**함으로써 이루어진다. 상소를 제기하기 위해서는 형사소송법이 명시한 상소이유 중 하나 이상에 해당하여야 하고, 상소이익도 인정되어야 한다. 따라서 상소권자, 상소제기기간, 상소의 이유, 상소의 이익은 상소제기의 요건이라 할 수 있다.

1. 상소권자

(1) 의의

상소권자는 검사, 피고인 및 피고인의 법정대리인·배우자·직계친족·형제자매, 원심의 대리인·변호인 등이다(법 제338조, 법 제340조). 재정심판법원의 공소제기결정에 의하여 공소를 제기한 검사도 고유의 상소권자에 해당한다.

피고인의 법정대리인은 피고인의 의사와 무관하게 상소할 수 있으나, 원심의 변호인·피고인의 배우자 등은 피고인의 명시적 의사에 반하여는 상소할 수 없다(제341조). 따라서 원심의 변호인·피고인의 배우자 등의 상소권은 **대리권**으로서, 피고인의 상소권이 소멸된 후에는 원심의 변호인·피고인의 배우자 등은 상소를 제기할 수 없다.[1)]

한편 증인, 출석보증인 등 검사 또는 피고인 아닌 자가 법원의 결정을 받은 때에는 항고권자로서 항고할 수 있고(법 제339조), 비상상고는 검찰총장만이 상고권자가 된다(법 제441조).

(2) 무죄판결에 대한 검사의 상소 문제

다소 의외의 문제제기라고 생각할 수도 있겠지만, 무죄판결에 대한 검사의 상소의 타당성

1) 대법원 1998. 3. 27. 선고 98도253 판결.

여부에 대해 검토해 볼 필요가 있다. 일사부재리의 원칙의 취지가 피고인의 법적 지위의 안정과 재기소의 위험으로부터 피고인을 보호하는데 있다고 한다면, 무죄판결에 대한 검사의 상소는 헌법 제13조 제1항에 위배되는 것이 아닌가 하는 것이다.

우리와 유사한 헌법규정(일본헌법 제39조)을 두고 있는 일본의 최고재판소는 일본헌법 제39조를 이중위험으로 해석하면서 이때의 '위험'을 "동일한 사건에서는 소송절차의 개시부터 종료에 이르기까지 계속적인 상태로 보는 것이 상당하다. 그렇다면 제1심의 절차도, 항소심의 절차도 또한 상고심의 절차도 동일한 사건을 다루는 한 **계속되는 하나의 위험**의 각 부분에 지나지 않는다."고 판시하여 무죄판결에 대한 검사의 상소를 합헌으로 보고 있다.[2] 그러나 이중위험론 외에도 검사의 소추권한 자제(억제), 상소의 취지, 의심스러운 때에는 피고인의 이익으로의 원칙, 신속한 재판의 보장 등 다양한 근거 하에 무죄판결에 대한 검사의 상소의 부당성·위헌성을 따져볼 수 있다고 생각한다. 우리 형사소송법은 제338조 제1항에서 검사를 상소권자로 규정하고 있는바, 무죄판결에 대한 검사의 상소를 부당하다고 보는 입장에서는 검사의 상소는 잘못된 유죄판결 또는 과중한 형벌에 대하여 공익적 입장에서 시정을 요구하는 것에 제한되는 것으로 그 의미를 좁혀서 해석할 수 있지 않은가 생각된다.

2. 상소제기기간

상소권은 상소제기기간 내에 상소하지 않으면 소멸한다. 항소, 상고, 즉시항고, 준항고의 상소제기기간은 모두 7일이다(법 제358조, 제374조, 제405조, 제416조 제3항). 다만 보통항고는 상소제기기간의 제한이 없다(법 제404조).

(1) 상소제기기간의 기산일

상소제기기간의 기산일은 **재판을 선고 또는 고지한 날**이다(법 제343조 제2항). 이와 관련하여 헌법재판소는, 재판의 선고는 공판기일에 출석한 피고인에게 주문을 낭독하고 이유의 요지를 설명하여야 하는 것이 원칙으로 되어 있고, 형을 선고하는 경우에는 재판장은 피고인에게 상소할 기간과 상소할 법원을 고지하여야 하는 것으로 되어 있으므로(법 제324조), 형사소송법 제343조 제2항이 상소기간을 재판서 송달일이 아닌 재판선고일로부터 계산한다고 하여 국민의 재판청구권을 과잉하게 제한한 것으로 볼 수는 없다고 판시하였다.[3]

---

2) 最大判昭 25·9·27 刑集 4-9-1805.

3) 헌법재판소 1995. 3. 23. 선고 92헌바1 전원재판부 결정.

기간계산의 일반원칙인 초일불산입의 원칙에 따라 선고일 또는 고지일은 상소제기기간에 포함되지 아니하고(법 제66조 제1항 본문), 기간의 말일이 공휴일이거나 토요일이면 그날은 기간에 산입하지 아니한다(법 제66조 제3항).

(2) 도달주의와 재소자 특칙

(가) 도달주의 원칙

상소장은 도달주의 원칙에 따라 법정 상소기간 내에 판결·결정을 한 법원에 도달하여야 하고, 준항고의 경우 결정을 한 법관의 소속법원에 도달하여야 한다.

(나) 재소자 특칙

1) 의의

교도소 또는 구치소에 있는 피고인이 상소의 제기기간 내에 상소장을 교도소장, 구치소장 또는 그 직무를 대리하는 자에게 제출한 때에는 상소의 제기기간 내에 상소한 것으로 간주한다(법 제344조 제1항). 경찰서 유치장은 미결수용실에 준하므로(형집행법 제87조) 유치장에 있는 피고인은 상소장을 경찰서장 또는 그 직무를 대리하는 자에게 제출한 때에 상소한 것으로 간주한다. 이를 재소자 특칙이라 한다. 다만 재소자인 피고인이 상소장을 **우편으로** 원심법원에 제출한 때에는 재소자 특칙은 **적용되지 않고** 원칙대로 기간 안에 상소장이 원심법원에 도달한 때에 상소제기의 효력이 인정된다.

2) 적용범위

재소자 특칙은 상소권회복청구 또는 상소포기와 취하(법 제355조), 항소이유서와 상고이유서의 제출(법 제361조의3, 제379조), 재심청구와 그 취하(법 제430조), 소송비용의 집행면제의 신청, 재판을 선고한 법원에 대한 이의신청, 재판집행에 관한 이의신청(법 제490조 제2항, 제487조, 제488조, 제489조) 즉결심판에 대한 정식재판청구 또는 그 포기·취하(즉결심판법 제14조 제4항)의 경우 각 준용규정에 따라 적용된다.

한편 형사소송법 상 재소자 특칙의 준용규정이 없는 경우에 대하여, 대법원은 **약식명령에 대한 정식재판청구에 대해서는 재소자 특칙이 준용**된다고 하였으나,[4] **재정신청 및 재정신청 기각결정에 대한 재항고에는 준용되지 아니한다**고 하고 있다.[5] 후자와 관련하여 대법원은, 도달주의

---

4) 대법원 2006. 10. 13.자 2005모552 결정.
5) 대법원 2015. 7. 16.자 2013모2347 전원합의체 결정.

에 대한 예외로서 재소자 특칙을 제한적으로만 인정하는 취지는 소송절차의 명확성, 안정성과 신속성을 도모하기 위한 것으로, 재정신청절차에 대하여 재소자 피고인 특칙의 준용 규정을 굳이 두지 아니한 것은 이해할 수 있고, 고소·고발인인 재정신청인으로서의 지위는 형사재판을 받는 피고인의 지위와는 본질적으로 다르다는 점도 고려할 필요가 있다고 한다.

(3) 기간도과에 의한 상소권의 소멸과 회복

상소권은 상소제기기간이 도과하면 소멸한다. 다만, 상소권자 혹은 그 대리인이 책임질 수 없는 사유로 상소제기기간 내에 상소를 제기하지 못한 경우에는 상소권회복의 청구를 할 수 있다(법 제345조).

(가) 상소권회복 청구의 방식

상소권회복의 청구는 상소할 수 없었던 사유가 해소된 날부터 상소제기기간 내에 서면으로 원심법원에 서면을 제출함으로써 하여야 하고, 청구인은 상소권회복의 청구와 동시에 상소를 제기하여야 한다(법 제346조 제1항, 제3항). 상소권회복 청구시 청구인은 상소권의 소멸이 상소권자였던 청구인이 책임질 수 없는 사유에 의하였음을 소명하여야 한다.

(나) 책임질 수 없는 사유

상소제기기간 도과 사유가 상소권자의 책임질 수 없는 사유로 인정되려면, 상소권자의 고의·과실이 없거나 고의·과실과 상소제기기간 도과 사이에 인과관계가 없어야 한다. 상소권의 회복은 법적안정성에 크게 반하므로 책임질 수 없는 사유의 인정은 신중하고 엄격히 판단되어야 한다.

대법원은 공시송달의 요건이 갖추어지지 않았음에도 공시송달의 방법으로 피고인을 소환하려 하였으나, 피고인이 소환되지 아니하여 그의 진술 없이 공판이 진행되고 피고인이 출석하지 않은 기일에 판결이 선고되어 피고인이 상소제기기간 내에 상소하지 못한 경우,[6] 교도소장이 집행유예 취소결정정본을 송달받고 1주일이 지난 뒤에 그 사실을 피고인에게 알렸기 때문에 피고인이나 그 배우자가 상소제기기간 내에 항고장을 제출할 수 없게 된 경우[7]는 피고인 등이 책임질 수 없는 사유에 해당하는 것으로 보았다. 그러나 대법원은 공시송달한 판결선고 사실을 피고인이 알지 못하였다 하더라도 그 공시송달은 적법한 경우,[8] 피고인 또는 대리인이

---

6) 대법원 2006. 2. 8.자 2005모507 결정.
7) 대법원 1991. 5. 6.자 91모32 결정.
8) 대법원 1960. 1. 10. 4292형항9 결정.

질병으로 입원하였거나 거동불능 상태에 있었다 하더라도 상소기간 내에 상소장을 제출할 다른 방법이 있었던 경우,[9] 상소권의 포기가 공동피고인의 기망에 의한 경우,[10] 피고인에게 교도소 담당 직원이 상소권회복청구를 할 수 없다고 하면서 형사소송규칙 제177조에 따른 편의를 제공해주지 않은 경우,[11] 항소장을 작성·제출하여 줄 것을 부탁받은 변호사 사무원이 갑자기 고혈압과 뇌혈전증으로 병원에 입원하는 바람에 이를 제출하지 못한 경우[12]는 피고인이 책임질 수 없는 사유에 해당하지 아니한다 하였다.

(다) 법원의 결정

상소권회복 청구에 대한 결정은 **즉시항고**의 대상이 된다(법 제347조 제2항). 상소권회복의 청구를 받은 법원은 청구의 허부를 결정하여야 하고(법 제347조 제1항), 그 결정을 할 때까지 재판의 집행을 정지하는 결정을 할 수 있다(법 제348조 제1항). 법원이 재판의 집행정지 결정을 하게 되면 형의 집행이 정지되어 피고인이 석방될 수 있는데, 이 경우 피고인에게 구속요건이 충족되어 계속 구금을 요하는 때에는 법원은 구속영장을 발부하여야 한다(법 제348조 제2항).

3. 상소의 이유와 이익

(1) 의의

상소를 하기 위해서는 상소이유와 상소이익이 인정되어야 한다. 상소이유란 상소를 할 구체적 이유로, 형사소송법은 항소와 상고로 나누어 각 이유를 명시적으로 규정하고 있다.

상소이익이란 상소를 통해 원심재판을 다툴 실질적인 필요성을 말한다. 상소의 이익은 상소권 행사를 위해 응당 필요한 내재적 요청이다. 따라서 상소이익의 존재는 상소권 행사의 적법·유효조건이 되고 상소이익이 부정되면 상소는 기각된다. 상소이유는 각 불복방법에서 살피기로 하고, 여기에서는 상소이익에 대해 설명한다.

(2) 검사의 상소이익

검사는 당사자이기에 앞서 객관의무를 지닌 공익의 대표자이다. 따라서 검사는 무죄판결, 면소판결, 공소기각 재판, 원심보다 더 중한 죄 또는 중한 형을 구하는 경우로써 유죄판결에

9) 대법원 1986. 9. 17.자 86모46 결정.
10) 대법원 1984. 7. 11.자 84모40 결정.
11) 대법원 1986. 9. 27.자 86모47 결정.
12) 대법원 1986. 9. 17. 선고 86모46 판결.

대하여 상소이익이 인정됨은 물론, 재판에 오류가 있는 경우에는 피고인의 이익을 위한 상소에 대해서도 상소이익이 인정된다.[13]

(3) 피고인의 상소이익

피고인은 당사자로서의 지위만을 가지고 있으므로 자신에게 불리한 재판에 대해서만 상소할 수 있다. 따라서 유죄판결에 대해 피고인에게 상소이익이 인정됨은 명백하다.

피고인이 **면소판결 또는 공소기각 재판에 대해 무죄를 주장하며 상소할 상소이익이 있는지** 여부를 판단함에 있어서 그 기준을 무엇으로 볼 것인가와 관련해서는 견해의 대립이 있다. **주관설**은 상소이익은 상소권자의 주관적 감정을 기준으로 판단해야 한다고 하고, **객관설**은 이를 상소권자의 법익침해의 유무·대소를 기준으로 판단해야 한다는 한다.

상소제도의 본질은 일정기간(상소재판기간)동안 법적안정성을 후퇴시키더라도 실체적 진실을 발견하고 법적용의 하자나 오류를 시정함으로서 사법정의를 실현하고자 하는 것이지만, 그렇다고 해서 소송경제와 법적 안정성을 완전히 물리칠 수는 없다. 주관설에 따르면 상소한 이상 언제나 상소이익이 있다고 볼 수박에 없으므로 굳이 상소이익을 논할 실익도 없고, 피고인은 판결문에 기재된 모든 내용에 대해 상소로 다툴 수 있다고 하게 되어 상소의 남용을 초래할 뿐이다. 따라서 법익박탈의 대소라고 하는 법률적·객관적 기준에 따라 판단하는 객관설이 상소제도의 취지에 부합한다고 본다.

(가) 실체재판

1) 유죄판결

형선고의 유죄판결에 대해 피고인이 무죄 또는 경한 형의 선고를 주장하며 상소하는 경우 상소이익은 당연히 인정되고, 형면제판결 또는 형선고유예판결에 대해 무죄를 주장하며 상소

13) 대법원 2011. 8. 25. 선고 2011도6705, 2011감도20 판결. "피고인에게 유해화학물질 관리법 위반(환각물질흡입)죄 등으로 징역 1년 6월, 몰수, 치료감호를 선고한 제1심판결에 대하여 검사만이 양형부당을 이유로 항소하였는데, 원심이 제1심판결 중 피고사건을 파기하고 징역 2년 및 몰수를 선고하면서 치료감호청구사건에 대하여 아무런 판단을 하지 않은 사안에서, 제1심에서 피고사건에 대한 유죄판결과 함께 치료감호청구를 인용하는 판결이 선고되었고, 비록 검사만이 제1심판결의 피고사건에 대하여만 양형부당을 이유로 항소하였더라도, 검사는 피고인에게 불이익한 상소만이 아니라 피고인의 이익을 위한 상소도 가능하므로 위 치료감호사건에 대한 항소의 이익이 없다고 할 수 없고, 이 경우 원심으로서는 치료감호법 제14조 제2항에 의하여 치료감호청구사건의 판결에 대하여도 항소가 있는 것으로 보아 피고사건의 판결과 동시에 치료감호청구사건의 판결을 선고하였어야 하는데도, 치료감호청구사건에 대한 판단 및 선고를 누락한 원심판결에 치료감호법 제14조 제2항이 규정한 상소의제에 관한 법리 등을 오해한 위법이 있다."

하는 경우에도 마찬가지로 상소의 이익은 인정된다. 몰수·추징의 재판이 있으면 피고인은 그 대상물을 사용·수익할 수 없으므로 이에 대해서도 피고인의 상소이익은 인정된다.[14]

그러나 피고인이 유죄판결에 대해 더 중한 죄나 형을 구하여 상소하는 경우에는 상소이익은 인정되지 않는다. 그 예로는 피고인이 과실치사죄에 대해 살인죄를 구하여 상소하는 경우,[15] **벌금형에 대해 징역형의 집행유예를 구하여 상소**하는 경우,[16] 누범가중을 하지 아니한 점에 대해 누범가중을 구하여 상소하는 경우,[17] 단순일죄나 상상적 경합범에 대하여 실체적 경합범을 주장하며 상소하는 경우 등이 있다.

2) 무죄판결

무죄판결은 피고인에게 가장 유리한 재판이므로 피고인은 이에 대해 상소이익이 부정된다. 피고인이 무죄판결 자체가 아닌 **무죄의 이유에 대해 상소할 수 있는지**에 대해서는 견해의 대립이 있다.

허용설은 판결이유가 피고인의 이익에 대한 심대한 침해를 가져오고 그로 인해 기본권이 침해될 수 있으면 무죄판결에 대한 상소도 허용된다고 한다.[18] **불허설**은 상소는 판결주문에 대해서만 허용되는 것이므로 그 이유만을 독립적 상소대상으로 삼을 수 없고, 무죄판결로 인하여 피고인에게 어떠한 법익박탈도 존재하지 아니하므로 판결이유만을 들어 무죄판결에 대해 상소하는 것은 허용되지 않는다고 한다.[19] **제한적 긍정설**은 심신상실을 이유로 무죄판결이 선고되면서 **동시에 치료감호가 선고된 경우**에는 상소이익이 인정되나(정신질환자에 대한 사회일반의 인식 고려), 그 외의 경우에는 상소이익이 부정된다고 한다.[20] **대법원**은 **불허설**의 입장에 있다.[21]

상소이익은 법익박탈의 대소라는 객관적 기준에 따라 판단함이 상당하고, 상소는 판결주문에 대한 것이므로 판결이유만을 대상으로 상소할 수는 없다는 점과, 치료감호청구사건은 치료감호 등에 관한 법률상 명문의 규정에 따라 피고인은 **치료감호처분에 대해 독립적으로 상소**를 청구할 수 있고 법원도 이를 독립적으로 심리할 수 있다는 점(치료감호법 제7조 내지 제14조)을 아울러 고려할 때 불허설이 타당하다.

---

14) 손/신 768; 이/조/이 839; 이주원 703; 이창현 1080; 임동규 773; 정/최/김 806.
15) 대법원 1968. 9.17. 선고 68도1038 판결.
16) 헌법재판소 2005. 3. 31. 선고 2004헌가27 등 전원재판부 결정.
17) 대법원 1994. 8. 12. 선고 94도1591 판결.
18) 정승환 743; 차/최 771.
19) 김재환 916; 이/김 803; 이/조/이 840; 이주원 703; 이창현 1182; 임동규 774; 정/최/김 807.
20) 손/신 769; 송광섭 774.
21) 대법원 1993. 3. 4.자 92모21 결정.

(나) 형식재판

1) 견해의 대립과 대법원의 태도

면소판결, 공소기각 판결·결정, 관할위반판결에 대해 피고인이 무죄를 주장할 상소이익이 있는지에 대해서는 견해의 대립이 있다. **긍정설**은 형식재판에는 기판력이 발생하지 아니하고 형사보상도 받을 수 없으므로 무죄를 주장할 상소이익이 인정된다고 한다.[22] **부정설**(상소이익결여설)은 형식재판도 피고인에게 **유리**한 것이므로 상소이익이 부정된다고 한다.[23] **구분설**은 **기판력**의 발생 여부를 기준으로 일사부재리의 효력이 인정되는 면소판결에 대해서는 상소이익이 없으나, 공소기각판결·결정 및 관할위반판결에 대해서는 상소이익이 있다고 한다.[24] **실체판결청구권결여설**은 상소법원도 원심법원과 마찬가지로 소송조건이 결여되면 실체재판을 할 수 없는데, 이 경우 피고인에게는 실체판결청구권이 없어 상소는 허용되지 아니한다고 한다.[25] 실체판결청구권결여설은 이러한 경우 상소가 허용되지 않는다는 점에서는 부정설(상소이익결여설)과 결론을 같이 한다.

대법원은 **공소기각의 재판**에 대해서는 **상소이익결여설**의 입장에서,[26] **면소판결**에 대해서는 **실체판결청구권결여설**의 입장에서[27] 피고인이 형식재판에 대해 무죄를 주장하며 상소하는 것은 허용되지 아니한다 하였다. 다만 **형벌에 관련된 법령이 헌법재판소의 위헌결정으로 소급하여 그 효력을 상실하였거나 법원에서 위헌·무효로 선언된 경우**, 당해 법령을 적용하여 이미 공소가 제기된 사건은 면소판결이 아닌 무죄판결의 대상이 되므로, 이 경우에는 면소판결을 받은 피고인이 무죄판결을 구할 상소이익이 인정된다고 한다.[28]

2) 검토

피고인의 상소이익 여부의 판단은 객관적인 법익침해의 대소를 기준으로 판단하는 것이

---

22) 송광섭 808; 신현주 738.
23) 김재환 918; 손/신 707; 이/김 804; 이/조/이 842; 임동규 775; 정/최/김 808.
24) 정승환 744.
25) 차/최 773.
26) 대법원 2008. 5. 15. 선고 2007도6793 판결. "피고인을 위한 상소는 피고인에게 불이익한 재판을 시정하여 이익된 재판을 청구함을 그 본질로 하는 것이므로 피고인은 재판이 자기에게 불이익하지 아니하면 이에 대한 상소권이 없다. 공소기각의 재판이 있으면 피고인은 유죄판결의 위험으로부터 벗어나는 것이므로 그 재판은 피고인에게 불이익한 재판이라고 할 수 없어서 이에 대하여 피고인은 상소권이 없다."
27) 대법원 2005. 9. 29. 선고 2005도4738 판결. "원심이 이 부분 공소사실에 대해서 모두 공소시효가 완성되었다는 이유로 면소의 판결을 한 것이 명백하므로 이에 대하여는 실체판결을 구하여 상소를 할 수 없다 할 것이므로 …."
28) 대법원 2010. 12. 16. 선고 2010도5986 전원합의체 판결.

옳다고 본다면, 그것을 기준으로 상소의 허용 여부를 판단하는 **구분설**이 타당하다고 하겠다. 면소판결에는 기판력이 발생하고, 또한 무죄재판을 받을 만한 현저한 사유가 있었을 경우에는 면소판결을 받아도 형사보상을 받을 수 있으므로(형사보상법 제26조) 무죄판결에 비하여 객관적 법익침해가 크다고 보기는 어렵다. 하지만 공소기각의 재판 및 관할위반판결의 경우에는 기판력이 발생하지 아니하여 재기소가 가능하므로, 무죄판결과 비교해 볼 때 피고인은 형사처벌의 위험에서 완전히 벗어나지 못했다고 하는 객관적인 법익침해가 존재한다. 따라서 면소판결에 대해서는 무죄판결을 얻을 상소이익이 부정되나, 공소기각재판 및 관할위반판결에 대해서는 그러한 상소이익이 인정된다고 할 수 있다.

(다) 검사만 상소한 경우

제1심 판결에 대하여 검사만이 양형이 심히 가볍다는 이유로 항소하였고 피고인은 항소하지 아니하였는데 검사의 항소가 이유 없다고 기각된 경우, 그 항소기각판결은 피고인에게 제1심 판결에 비해 불이익한 판결은 아니다. 따라서 이에 대해 피고인에게는 상고이익이 인정되지 않으므로 피고인은 그 항소기각판결에 대하여 사실오인이나 법령위반의 사유를 들어 상고할 수 없다.[29]

그러나 위법한 공시송달결정으로 인하여 피고인의 출석 없이 이루어진 판결에 대하여, 검사만이 양형부당으로 항소하였으나 항소가 기각된 후에 상고권회복결정이 확정되어 피고인이 상고한 경우에는 피고인에게 상고이익이 인정된다.[30] 물론 외관상으로만 보면, 이 경우에도 항소심판결은 피고인에게 불이익한 판결이 아니어서 피고인에게는 상고이익이 없다고 볼 수도 있다. 하지만 이러한 논리는 제1심이 통상적인 절차에 따라 진행되어 피고인이 공격·방어권을 제대로 행사할 수 있었던 경우에만 적용될 수 있는 것이고, 제1심 및 원심의 소송절차에서 피고인이 부당하게 배제되어 공격·방어권을 전혀 행사할 수 없었던 경우에는 적용될 수 없다고 보아야 한다. 만약 이 경우에도 피고인의 상고가 부적법하다고 한다면, 이는 공정한 재판을 받을 권리를 기본권으로 규정하고 적법절차를 보장하고 있는 헌법의 정신에 반한다고 하지 않을 수 없기 때문이다.

29) 대법원 1991. 12. 24. 선고 91도1796 판결.
30) 대법원 2003. 11. 14. 선고 2003도4983 판결.

Ⅲ. 상소의 제기, 포기 및 취하

1. 상소의 제기

(1) 상소제기의 방식

상소제기는 원심법원에 상소장을 제출함으로써 이루어진다(법 제343조 제1항, 제359조, 제375조, 제406조). 교도소 또는 구치소에 있는 피고인은 교도소장 또는 구치소장에게 상소장을 제출할 수 있다(법 제344조 제1항).

상소, 상소의 포기나 취하 또는 상소권회복의 청구가 있는 때에는 법원은 지체없이 상대방에게 그 사유를 통지하여야 한다(법 제356조).

(2) 상소제기의 효과

(가) 정지효

정지효란 상소제기에 의해 원심재판의 확정 및 집행이 정지되는 효력을 말한다. 다만 보통항고의 제기 및 '벌금 등에 대한 가납명령 판결'에 대한 상소제기에는 집행의 정지효가 발생하지 아니한다.

보통항고는 재판의 집행을 정지하는 효력이 없다. 단, 원심법원 또는 항고법원은 결정으로 항고에 대한 결정이 있을 때까지 집행을 정지할 수 있다(법 제409조). 가납명령은 형의 선고와 동시에 판결로써 선고하여야 하고 판결 즉시 집행할 수 있으므로(법 제334조), 상소를 제기한다 하더라도 정지효가 발생할 수 없다.

(나) 이심효

이심효란 상소제기에 의해 피고사건에 대한 소송계속이 상소법원으로 이전되는 효력을 말한다. 이심효 발생의 시기에 대해서는 상소제기시점을 기준으로 한다는 상소제기기준설[31]과 소송기록부가 원심법원으로부터 상소법원에 송부된 시점을 기준으로 한다는 소송기록송부기준설[32]의 견해대립이 있는데, 대법원은 상소제기기준설의 입장이다.[33]

이심효도 상소제기의 효력인 이상 상소제기시점에 발생하는 것으로 보는 것이 옳을 것이

31) 배/홍 446; 이주원 695; 이창현 1187.
32) 손/신 773; 이/김 808; 이/조/이 844; 임동규 778.
33) 대법원 1985. 7. 23.자 85모12 결정.

다. 소송기록부의 물리적 송부시점에 이심효가 발생한다는 것은 법률 효과의 발생시점을 우연에 맡기는 것과 다를 바 없는 것으로, 소송기록송부기준설에 따르자면 극단적인 예로 소송기록부가 송부 중 멸실되면 이심효가 발생하지 아니한다는 결론이 될 수도 있기 때문이다. 형사소송법이 원심법원에게 상소에 대한 간이기각결정권(법 제360조) 및 구속관련 결정권(규칙 제57조)을 부여하고 있는 것은 상소제기시점에 이심효가 발생함으로써 야기되는 현실적인 문제의 해결책으로 보아야 할 것이다.

2. 상소의 포기와 취하

(1) 의의

상소의 포기란 상소권자가 상소제기기간 내에 상소권을 행사하지 아니하겠다는 의사를 표시하는 것을 말하고, 상소의 취하란 상소를 제기한 상소권자가 이를 철회하겠다는 의사를 표시하는 것을 말한다.

상소를 제기한 자가 상소제기기간이 경과한 후에 상소포기서를 제출하면 상소취하의 효력이 발생한다.

(가) 상소포기·취하권자

상소권자는 상소포기 및 취하의 권리도 가지고 있음을 원칙으로 한다(법 제349조). 다만 법정대리인이 있는 피고인이 상소의 포기 또는 취하를 함에는 법정대리인의 동의를 얻어야 하고(법 제350조), 피고인 및 피고인을 위하여 상소할 수 있는 자는 사형·무기징역·무기금고가 선고된 판결에 대하여는 상소를 포기할 수 없으며(법 제349조 단서), 피고인을 위하여 상소할 수 있는 자는 피고인의 동의 없이는 상소를 취하할 수 없다(법 제351조).

(나) 상소포기·취하의 방법

상소의 포기는 상소제기기간 내에 원심법원에, 상소의 취하는 상소제기 후 종국재판 전에 상소법원에 서면으로 함을 원칙으로 한다. 다만 상소취하의 경우 소송기록이 상소법원에 송부되지 아니한 때에는 원심법원에 할 수 있고, 공판정에서의 상소의 포기·취하는 구술에 의할 수 있다. 구술로써 상소의 포기 또는 취하를 한 경우에는 그 사유를 조서에 기재하여야 한다(법 제352조, 제353조). 형사소송법 제344조에 따른 재소자에 대한 특칙은 교도소 또는 구치소에 있는 피고인이 상소의 포기나 취하를 하는 경우에 준용한다(법 제355조).

(2) 상소포기·취하의 효력과 상소절차 속행의 신청

(가) 상소포기·취하의 효력

상소의 취하·포기에 의해 상소권은 소멸되므로 상소를 포기한 자 또는 상소의 포기나 취하에 동의한 자는 그 사건에 대하여 다시 상소를 하지 못한다(법 제354조). 형사소송법은 상소를 포기한 자에 대한 상소권 소멸을 명시하고 있지 아니하지만, 이 경우에도 상소권은 당연히 소멸한다.[34)]

검사와 피고인 측 모두가 상소포기·취하를 한 경우 상소권 소멸로 인하여 원심판결은 그대로 확정된다. 일방만이 항소포기·취하를 한 경우에는 상소심은 계속되는데, 이때의 상소권 소멸은 항소심에 대해서만 발생하는 것으로, 항소포기·취하를 하였다 하여 상고권까지 소멸하는 것은 아니다.[35)]

(나) 상소절차 속행의 신청

상소의 포기 또는 취하가 **부존재 또는 무효임을 주장하는 자**는 그 포기 또는 취하 당시 소송기록이 있었던 법원에 절차속행의 신청을 할 수 있다(규칙 제154조 제1항). 이를 상소절차 속행의 신청이라 한다.

상소절차 속행의 신청을 받은 법원은 신청이 이유있다고 인정하는 때에는 이를 인용하는 결정을 하여 절차를 속행하여야 하고, 신청이 이유없다고 인정하는 때에는 결정으로 이를 기각한다. 법원의 신청기각결정에 대하여는 **즉시항고**를 할 수 있다(규칙 제154조 제2항, 제3항).

Ⅳ. 파기판결의 기속력

1. 의의와 법적성질

(1) 의의

파기판결이란 원심에 대해 사후 심사를 하는 상급심이 상소권자의 상소이유를 인정하여 원판결을 취소하는 것을 말한다. 원판결이 취소되면 새롭게 재판해야 할 필요가 생긴다. 이때 새로운 재판을 그 상급법원 스스로가 행하는 것을 **파기자판**이라 하고, 사건을 원심법원(상고심

---

34) 대법원 2001. 10. 16.자 2001초428 결정.
35) 이주원 697; 이/김 809; 임동규 781; 정/최/김 812.

에서는 제1심 법원이 원심법원이 되는 경우도 있음)에게 되돌려서 거기서 재판하게 하는 것을 **파기환송**이라 하며, 원심법원이 아닌 관할법원에게 이송하는 것이 **파기이송**이라 한다.

파기판결의 기속력이란 상소심이 원심판결을 파기하고 환송 또는 이송한 경우 상급심의 판단이 해당 사건에 관하여 하급심을 기속하는 효력을 말한다. 법원조직법은 "상급법원 재판에서의 판단은 해당 사건에 관하여 하급심을 기속한다."고 하여 파기판결의 기속력에 대한 명문의 근거를 두고 있다(동법 제8조).

항소심은 파기자판을 원칙으로 하여 파기판결의 기속력이 그다지 문제되지 아니하지만, 상고심은 파기환송을 원칙으로 하므로 그 법적성질과 적용범위가 문제된다. 상급심으로부터 환송 또는 이송을 받은 법원이 재판함에 있어 쟁점이 되는 것은 상급심에서 지적된 원심의 사실인정, 법령적용의 잘못 또는 심리미진으로, 이들 법원이 새로운 재판을 할 때 상급심의 파기판결의 기속력이 미치는 범위와 한도가 문제되는 것이다.

(2) 법적 성질

파기판결의 기속력의 법적 성질에 대해서는 견해의 대립이 있다. **중간재판설**은 파기판결은 중간재판이고 환송·이송받은 하급심은 파기판결한 상급심의 속행에 해당한다고 하면서, 파기판결의 기속력은 상급심의 선행 판단에 부여된 효력이라고 한다. **기판력설**은 파기판결의 기속력은 확정판결의 기판력과 동일한 것으로, 파기판결은 하급심뿐만 아니라 파기판결을 한 법원과 상급심도 모두 기속한다고 한다. 통설인 **특수효력설**은 파기판결의 기속력은 심급제도의 본질에 따라 그 합리적 운용을 위해 인정되는 특수한 효력이라고 한다.[36]

파기판결도 종국판결이므로 중간판결이라 할 수 없다. 파기판결의 기속력은 **당해 사건의 하급심에 대해서만** 발생하는 효력, 즉 동일한 소송 내의 심급간의 효력으로서 후소에 대한 전소의 효력을 의미하는 기판력과는 다르다. 파기판결의 기속력은 **심급제도의 본질에 그 근거를** 두고 있는 것으로, 이를 부정할 경우 하급심이 파기환송·이송된 사건에 대해 상급심과 다른 판단을 할 수 있게 됨으로써 분쟁의 종국적 해결이 지연되거나 불가능하게 되고, 이로 인하여 법적 안정성을 해칠 뿐만 아니라 심급제도 자체가 무의미해 질 수 있다. 따라서 **특수효력설**이 옳다.

36) 손/신 804; 이/김 826; 이/조/이 865; 이주원 731; 이창현 1226; 임동규 805.

2. 기속력의 범위

(1) 기속력이 미치는 법원

파기판결의 기속력은 당해 파기판결을 한 법원에 대하여 하급심에 해당하는 법원은 물론 파기판결을 한 법원 자신에게도 미친다. 명문의 규정은 없으나 파기판결을 한 법원에는 기속력이 미치지 아니한다고 하면 법적 안정성과 소송경제를 위해 기속력을 인정한 취지를 살릴 수 없게 되기 때문이다.[37] 예를 들어 상고심이 항소심과 제1심을 모두 파기하고 제1심으로 사건을 환송하였고, 제1심법원의 재판이 다시 항소를 거쳐 상고까지 된 경우, 제1심법원, 항소심법원은 물론 상고심법원도 파기판결의 판단에 기속되게 된다.

다만 대법원 전원합의체는 종전의 견해를 변경할 수 있으므로(법원조직법 제7조 제1항 제3호), 대법원 **전원합의체에 대해서는 파기판결의 기속력이 미치지 아니한다.**[38] 환송법원이 내린 법률상의 판단을 변경할 필요가 있음에도 불구하고 대법원의 전원합의체까지 이에 기속되어야 한다면, 그것은 전원합의체의 권능 행사를 통하여 법령의 올바른 해석적용과 그 통일을 기할 임무가 있는 대법원이 자신의 책무를 스스로 포기하는 셈이 될 것이고, 그로 인하여 하급심법원을 비롯한 사법전체가 심각한 혼란과 불안정에 빠질 수도 있을 것이며, 소송경제에도 반하게 될 것임이 분명하기 때문이다. 덧붙여서 이와 같은 환송판결의 자기 기속력의 부정은 법령의 해석적용에 관한 의견변경의 권능을 가진 대법원의 전원합의체에게만 그 권한이 주어지는 것이므로, 이로 인하여 사건의 종국적 해결이 지연될 위험은 발생하지 아니한다.

(2) 기속력이 미치는 판단

상소심의 판단을 법률에 대한 것과 사실에 대한 것으로 나눌 때, 법률판단에 대해 기속력이 미친다는 점에 대해서는 이견이 없다. 민사소송법에는 파기판결의 기속력이 미치는 범위에 관한 규정이 있지만(민사소송법 제436조 제2항), 형사소송법에는 그러한 규정이 없으므로 사실판단에 대한 기속력의 범위가 문제된다.

(가) 중요한 사실판단에만 미치는지 여부

파기판결의 기속력이 중요한 사실판단에만 미치는지에 대하여, 형사소송법은 항소·상고

37) 대법원 2006. 1. 26. 선고 2004도517 판결.

38) 대법원 2001. 3. 15. 선고 98두15597 전원합의체 판결.

이유로서 사실오인을 두고 있으므로(법 제361조의5 제14호, 제383조 제4호) 기속력은 사실판단에 대해서도 제한 없이 미친다는 다수설[39]과 파기환송에 따른 추가적인 하급심을 할 이유를 보아 기속력은 규범적용에 있어 중요한 영향을 미치는 사실판단에 대해서만 미친다는 견해[40]의 대립이 있다. 대법원은 "형사소송에서도 상고심 판결의 파기이유가 된 사실상의 판단도 기속력을 가진다고 보아야 한다."고 하여 사실판단에 별다른 제한을 두고 있지 않은바 무제한설의 입장에 서있는 것으로 보인다.[41]

파기판결의 기속력의 근거와 그 법적성질에 비추어 볼 때 다수설이 타당하다. 소송경제 및 법적안정성을 위해 파기 법원의 판단 범위 내에 있는 사실에 대해서는 하급심의 재평가는 허용되지 아니하는 것으로 보아야 하며, 하급심은 상급심에 의해 확정된 사실관계 및 하급심이 추가로 심리한 사실을 기초로 자유심증주의에 따라 사실인정을 할 수 있다.

(나) 파기원인이 된 부정적·소극적 사실판단에만 미치는지 여부

현재 파기판결의 기속력은 파기의 직접 원인이 된 부정적·소극적 사실판단에 미친다는데 대해서는 별다른 이견이 없다. 하지만 파기판결의 기속력이 파기의 판단을 뒷받침하는 긍정적·적극적 사실판단에도 미치는지에 대해서는 견해의 대립이 있다.

긍정설은 사실판단은 부정적인 측면과 긍정적인 측면의 평가를 거쳐 이루어지므로 파기판결의 기속력은 직접적 파기이유와 불가분의 관계에 있는 긍정적·적극적 사실판단에도 미친다고 한다.[42] 부정설은 파기환송은 주로 상고심에서 이루어지고 상고심은 사후심으로서 추가적인 증거조사가 허용되지 아니하므로 파기판결의 기판력은 파기의 원인으로 삼은 부정적·소극적 사실판단에만 미친다고 한다.[43] 대법원은 "파기판결의 기속력은 파기의 직접 이유가 된 원심판결에 대한 소극적인 부정 판단에 한하여 생긴다."고 하여 부정설의 입장에 서 있다.[44] 예를 들어, 화염병을 던져 경찰관을 살해한 범인이 제1심에서 유죄로 되었으나 항소심에서 사실오인으로 파기된 경우, 대법원은 '사실오인'의 결론에 대해서만 기속력이 생기고 사실오인을 뒷받침하는 인과관계의 부존재에 관해서는 기속력이 생기지 않는다고 한다. 따라서 파기환송 또는 파기이송을 받은 법원은 피고인의 행위와 경찰관의 사망이라는 결과 간의 인과관계에 관해서는 새로이 심리를 하여 상급심과는 다른 심증을 형성할 수 있다. 즉 이러한 경우 파기판결의

39) 손/신 805; 이/조/이 866; 이창현 1228; 임동규 806; 정/최/김 829.
40) 배/홍 449; 정승환 770.
41) 대법원 2018. 4. 19. 선고 2017도14322 전원합의체 판결; 대법원 2024. 6. 27. 선고 2022오5 판결.
42) 손/신 806; 이/조/이 866.
43) 배/홍 449; 이/김 828; 이주원 733; 이창현 1230; 임동규 806; 정/최/김 829.
44) 대법원 2004. 4. 9. 선고 2004도340 판결.

기속력은 파기의 직접적인 이유(결론)에 관해서만 생기고, 결론을 뒷받침하는 사유에는 미치지 않는다는 것이다.

자유심증주의에 따라, 파기판결이 직접 그 이유로 삼은 것이 아닌 긍정적·적극적 사실판단에 대해서는 기속력이 미치지 아니한다 함이 상당하므로 부정설이 옳다.

(3) 기속력이 미치지 아니하는 판단

파기판결의 기속력은 상소심이 판단한 부분에서만 발생하므로, 상소심이 판단하지 아니한 부분에 대해서는 기속력이 미치지 아니한다. 따라서 파기환송심은 상소심의 판단범위에 **포함되지 아니한 부분**을 기초로 하거나[45] **사정변경**이 있는 경우 상소심 판단과는 다른 판단을 할 수 있다.

사정변경에는 법률관계에 대해 변경을 가져오는 것과 사실관계에 대해 변경을 가져오는 것이 있다. 그 예로는 상소심의 판단 이후 법령이 변경된 경우,[46] 공소장변경이 있는 경우,[47] 새로운 증거가 제출된 경우[48] 등이 있다. 다만 대법원은 **판례의 변경**은 법령의 변경에는 해당하지 아니하므로 기속력을 배제하지 아니 한다[49]고 하는데, 피고인에게 유리한 판례변경이 있은 경우에는 피고인 구제를 위한 제도로서의 상소제도의 취지를 살린다는 견지에서 파기판결의 기속력이 미치지 않는다고 보는 것이 타당하다.

V. 일부상소와 상소심의 심판범위

1. 일부상소

(1) 의의 및 취지

일부상소란 하나의 판결서에 **수 개의 죄**에 대한 **수 개의 주문**이 있는 경우, 그 중 일부에 대해서만 불복하여 다투는 것을 말한다. 형사소송법은 상소는 재판의 일부에 대하여 할 수 있고, 일부에 대한 상소는 그 일부와 불가분의 관계에 있는 부분에 대하여도 효력이 미친다고 규정하고 있다(법 제342조).

---

45) 대법원 2009. 8. 20. 선고 2007도7042 판결.
46) 대법원 1981. 4. 14. 선고 80도3089 판결.
47) 대법원 2004. 4. 9. 선고 2004도340 판결.
48) 대법원 1984. 9. 11. 선고 84도1379 판결.
49) 대법원 1988. 3. 22. 선고 87므83 판결.

일부상소를 허용하는 취지는 상소하지 않은 부분의 조속한 확정을 통해 상소심의 심판범위를 축소시켜 소송경제를 도모하기 위함에 있다. 따라서 법원은 일부상소에 있어 당사자가 상소하지 않은 부분에 대하여는 심판할 수 없다.

(2) 일부의 의미

여기에서 '일부'란 재판의 객관적 범위 중 일부, 즉 수 개의 사건이 경합범으로 병합심리되고 또한 판결주문이 수 개인 경우 그 판결주문 중 일부를 의미한다. 따라서 일죄의 일부는 이에 해당하지 아니한다. 또한 주관적 범위의 일부를 의미하는 것은 아니므로 공동피고인 중 일부가 상소하는 것은 일부상소에 해당하지 아니한다.

이처럼 일부상소는 객관적인 측면에서 재판의 가분성과 주문의 가분성이 전제되어야 하는 것으로, 불가분적 재판에 대해서는 일부상소를 할 수 없다. 예를 들어 피고인이 사기죄와 절도죄로 기소되어 병합심리를 받은 결과로써 사기죄에 대해서는 유죄판결이 선고되고 절도죄에 대해서는 무죄판결이 선고되었다면, 피고인은 전체 판결이 아닌 유죄판결의 대상이 된 사기죄에 대해서만 상소할 수도 있고, 검사는 무죄판결의 대상이 된 절도죄에 대해서만 상소할 수도 있는 것이다. 주문에서 2개 이상의 다른 형이 병과된 경우(예: 징역형과 벌금형)에도 일부상소는 허용되고, 수개의 공소사실이 확정판결 전후에 걸쳐 범한 범죄이기 때문에 수개의 형이 선고된 경우에도 일부상소가 허용된다.[50]

(3) 일부상소의 효력

일부에 대한 상소는 그 일부와 불가분의 관계에 있는 부분에 대하여도 효력이 미친다. 이를 상소불가분의 원칙이라 한다. 이에 따라 검사가 몰수, 추징, 집행유예, 집행유예시 전자발찌 등 부착명령, 벌금형의 환형처분인 노역장 유치, 사회봉사명령 등 주형과 일체를 이루는 부가형을 대상으로 상소한 경우에도, 그 효력은 그와 불가분의 관계에 있는 본안판단 부분에까지 미치게 된다. 따라서 이 경우 부가형 및 본안판단 전부가 이심되어 상소심의 판단대상이 된다.[51]

(4) 일부상소의 방식

상소는 전부상소를 원칙으로 하므로 일부상소는 상소장에 일부상소의 취지가 명시되어 있

50) 대법원 2018. 3. 29. 선고 2016도18553 판결.
51) 대법원 2008. 11. 20. 선고 2008도5596 전원합의체 판결.

고, 불복의 범위가 특정된 경우에 한하여 인정된다. 법원도 상소장의 기재 여부가 불분명한 경우에는 전부상소로 봄을 원칙으로 한다.[52] 다만, 경합범에 대하여 유죄와 무죄가 선고되어 검사만이 항소한 경우와 같이 판결주문의 구성에 의해 일부상소가 명백한 경우에는, 일부상소로 인정될 수 있다.

2. 일부상소시 상소심의 심판범위

일부상소시 상소심의 심판범위는 상소가 제기된 부분에만 미치는 것을 원칙으로 한다. 따라서 일부상소시 상소되지 아니한 부분은 파기의 범위에 포함되지 아니하고,[53] 파기환송심의 심판범위에도 포함되지 아니한다.[54]

(1) 일부상소가 가능한 무죄부분에 대해서만 상소한 경우

실체적 경합관계에 있는 수 개의 죄에 대해 유죄와 무죄의 주문이 있는 경우, 검사만이 무죄부분에 대해서만 상소하고 피고인은 상소하지 않았다면 상소심의 심판범위는 검사가 상소한 무죄부분으로 제한된다.

상고심의 경우 원심판결의 파기시에는 원심에 환송함을 원칙으로 하는데(법 제397조) 이때 파기·환송의 범위와 파기·환송심의 심판대상에 대해서는 견해가 대립된다. **일부파기설**은, 일부상소의 인정취지는 심판범위를 축소시킴으로써 **소송경제**를 도모하고자 하는 것이므로 원칙적으로 상소를 제기하지 않은 부분은 분리·확정되고, 이 경우 파기환송심도 상소가 제기되어 상고심에서 파기된 무죄부분에 대해서만 심판할 수 있다고 한다.[55] **전부파기설**은, 일부파기설에 따라 파기환송과 파기환송심의 심판대상을 무죄부분으로 제한하게 되면 피고인은 **양형상 유리하게 취급될 수 있는 이익을 박탈**당하게 되므로, 이 경우에는 범죄사실 전체에 대해 파기환송이 이루어져야 한다고 주장한다. 일부파기설을 따르게 되면 파기환송심에서 무죄부분에 대하여 유죄판결이 있는 경우, 피고인의 입장에서는 경합범으로 처리될 수 있었던 사안이 두 개의 유죄판결이 되어 양형상 크게 불리해진다는 것이다.[56]

대법원은 **일부파기설**의 입장이다.[57] 이에 따라 파기환송심에서 일부 무죄부분에 대해서만

52) 대법원 2014. 3. 27. 선고 2014도342 판결.
53) 대법원 2010. 11. 25. 선고 2010도10985 판결.
54) 대법원 1991. 5. 28. 선고 91도371 판결.
55) 이/김 814; 이/조/이 851; 이주원 710; 이창현 1198.
56) 신현주 747.
57) 대법원 1992. 1. 21. 선고 91도1402 전원합의체 판결.

심판한 때에는 주문기재시 파기환송심이 심판하지 아니하였던 유죄부분에 대해서는 다시 유죄임을 명시하고 '단, 형을 선고하지 아니한다.'라고 기재한다.

형사소송법이 명문으로 일부상소를 허용하는 이상 일부파기설이 타당하다. 전부파기설은 양형상의 불이익을 이유로 논리적 정합성을 비껴가고 있지만, 형법 제39조는 "경합범 중 판결을 받지 아니한 죄가 있는 때에는 그 죄와 판결이 확정된 죄를 동시에 판결할 경우와 형평을 고려하여 그 죄에 대하여 형을 선고"하고, "그 형을 감경 또는 면제할 수" 있다고 규정하고 있으므로 일부파기설에 의하더라도 양형상의 불이익은 상당부분 해소되게 되었다.

(2) 일부상소가 가능한 유죄부분에 대해서만 상소한 경우

이 경우에는 상소가 제기된 부분에 대해서만 일부파기 및 자판 또는 환송심의 심판이 이루어진다 하여도 피고인에게는 불이익이 발생하지 아니한다. 따라서 일부상소의 원칙에 따라 상소심의 심판범위는 상소가 제기된 부분에만 미치고, **상소되지 아니한 무죄부분은 상소기간도과로 확정**되며, 상고심이 유죄부분을 파기하는 경우 파기환송심의 심판범위도 유죄부분으로 제한된다.

(3) 쌍방의 일부상소 후 검사의 무죄부분 상소만이 인용된 경우

검사와 피고인이 각각 일부상소를 하게 되면 상소된 부분에 대해서는 판결의 확정이 차단되므로 결국 판결이 확정되지 아니한 수개의 죄가 존재하게 되고, 이는 형법 제37조 전단의 경합범관계에 있게 된다. 따라서 이 경우 검사의 상소만이 인용되고 피고인의 상소는 기각된다 하더라도 상소심은 상소부분 **전부를 파기**하고 자판 또는 환송하여야 한다. 대법원도 같은 입장이다.[58)]

(4) 포괄일죄에 대한 일부상소

(가) 견해의 대립과 대법원의 태도

포괄일죄로 공소제기된 사실 중 일부에 대해서만 유죄가 인정되고 검사만이 무죄인정 부분에 대해서만 상소한 경우 상소불가분의 원칙에 따라 유죄부분도 심판대상이 된다는 점에 대해서는 이론이 없어 보인다. 하지만 이 경우 **피고인만이 유죄인정 부분에 대해서만 상소한 경우, 상소심의 심판범위**에 대해서는 견해의 대립이 있다.

---

58) 대법원 2016. 10. 13. 선고 2016도9674 판결.

전부대상설은 포괄일죄는 실체법상 일죄이므로 그 일죄의 일부에 대한 상소는 상소불가분의 원칙에 따라 상소하지 않은 부분까지 영향을 미치게 되고, 이에 상소심의 심판범위는 일죄의 전부가 된다고 한다.[59] **일부대상설**은 당사자주의 원칙에 따라 소송물의 특정은 당사자의 판단에 맡겨야 하고 포괄일죄는 여러 개의 행위로 분리 가능하므로, 일죄의 일부에 대한 상소도 허용되어야 한다고 한다.[60]

대법원은 **검사만이** 포괄일죄의 무죄부분에 대해 상소한 경우, 상소불가분의 원칙에 따라 **유죄부분도 상소심으로 이심**되어 심판대상이 된다고 하였다.[61] 하지만 이후 대법원은 **피고인만이** 포괄일죄의 유죄부분에 대해 상소한 사안에서, 상소불가분의 원칙에 의해 **무죄부분도 상소심에 이심되기는 하지만** 그 부분은 이미 당사자의 공격방어의 대상으로부터 벗어나서 사실상 심판대상에서 벗어나므로 상고심으로서는 **그 무죄 부분을 판단할 수 없다**고 하였다.[62] 이러한 판례이론을 공방대상론 또는 **공방대상이탈론**이라 한다.

(나) 검토

대법원은 포괄일죄에 대한 일부상소에 대해서도 상소불가분의 원칙이 적용되지만, **피고인만이 상소한 경우** 공방대상이탈론을 통해 상소되지 아니한 무죄부분에 대해서는 사실상 확정의 효력을 인정하여 상소심의 심판대상에서 제외함으로써 **실질적으로 일부상소의 효과를 인정**하고 있다. 이는 피고인의 불이익이 발생하지 않도록 하기 위한 논리구성이라고 할 수 있다.

이러한 대법원의 태도에 대해서는, **이심은 되나 심판할 수 없다는 것은 논리모순**이고 검사가 상소했는가 피고인이 상소했는가에 따라 일부상소의 허용범위를 **달리 해석하는 것도 지나치게 자의적**이라는 비판도 있다.[63] 하지만 포괄일죄를 실질적으로는 '수개'의 죄에 해당하는 것을 양형상 피고인에게 유리하도록 '일죄'로 다루는 것으로 받아들인다면, 피고인에게 유리한 경우에는 일부상소를 허용하여 그 중 일부만을 심판할 수 있도록 해석하더라도 이론적으로 별다른 무리가 없다. 따라서 피고인에게 유리한 대법원의 태도에 대해 반대할 이유는 없다고 본다.

---

59) 이/조/이 847; 이창현 1195; 임동규 787.
60) 이/김 812; 이주원 713.
61) 대법원 1985. 11. 12. 선고 85도1998 판결.
62) 대법원 1991. 3. 12. 선고 90도2820 판결.
63) 임동규 787.

(5) 죄수판단의 변경

(가) 견해의 대립과 대법원의 태도

원심이 두 개의 공소사실을 **경합범으로** 보아 **일부상소**가 이루어졌는데, 상소심이 이를 단순일죄, 포괄일죄, 상상적 경합범 등 **과형상 일죄로 본 경우 상소심의 심판범위**에 대해서는 견해의 대립이 있다.

면소판결설은 이 경우 과형상 일죄에 대하여 상소되지 아니한 부분은 확정되었으므로 상소심은 전체에 대해 면소판결을 하여야 한다는 견해이다. **일부심판설**은 상소되지 않은 부분의 일부 확정으로 인해 상소심은 상소된 부분에 대해서만 심판할 수 있다고 하고,[64] **전부심판설**은 상소불가분의 원칙에 따라 일죄의 일부에 대한 상소는 그 전부에 효력이 미치므로 상소심의 심판범위는 상소되지 아니한 부분도 포함한다고 한다.[65] **이원설**은 피고인만이 유죄부분에 대해 일부 상소한 경우에는 무죄부분은 확정되어 유죄부분만이 상소심의 심판대상이 되나, 검사만이 무죄부분에 대해 일부상소한 경우에는 상소되지 아니한 유죄부분도 상소심의 심판대상이 된다고 한다.[66] **대법원은 전부심판설**의 입장에 있다.[67]

(나) 검토

일부상소의 효력은 상소한 부분에만 미침을 원칙으로 한다. 하지만 상소심에서 죄수를 변경하여 과형상 일죄가 된 이상 이때의 일부 상소는 일죄의 일부에 대한 상소로 보아야 한다. 일죄의 일부에 대한 상소의 효력은 일죄의 전부에 미치므로, 이 경우에는 일부상소에 따라 상소된 부분은 물론 상소되지 아니한 부분도 모두 상소심의 심판대상이 된다 함이 상당하다. 따라서 전부심판설이 옳다.

Ⅵ. 불이익변경금지의 원칙

1. 의의 및 법적성질

불이익변경금지의 원칙이란 피고인이 상소하거나 피고인을 위하여 상소한 사건에 대해 상

64) 이/조/이 851; 임동규 789; 정/김/최 818; 차/최 765.

65) 김재환 925; 이창현 1203.

66) 배/홍 454; 이/김 815.

67) 대법원 1980. 12. 9. 선고 80도384 전원합의체 판결; 대법원 1995. 6. 13. 선고 94도3250 판결.

소법원은 원심판결의 형보다 무거운 형을 선고할 수 없다는 원칙을 말한다(법 제368조, 제396조 제2항).

불이익변경금지의 원칙의 이론적 근거에 대해서는 피고인의 상소권을 보장하기 위하여 정책적으로 선택한 것일 뿐이라는 견해,[68] 피고인의 상소권을 보장하기 위한 적법절차원칙의 구체화라는 견해,[69] 당사자주의에 따라 피고인의 불복신청은 자신에게 불리한 부분으로 제한되는 것이라는 견해[70]의 대립이 있다. 대법원은 불이익변경금지원칙은 **피고인의 상소권 행사를 보장하기 위한 정책적 고려**에 그 근거를 두고 있다고 한다.[71]

적법절차 원칙에 따라 피고인에게는 상소권이 보장되지만, 상소로 인하여 원심보다 불리한 결과가 발생할 수 있다면 상소권 행사에는 큰 지장이 따르게 된다. 따라서 불이익변경금지 원칙은 단지 정책적으로 선택된 제도나 당사자주의의 결과물이 아니라 **헌법상 적법절차원칙에 근거를 두고 있는 헌법상 원칙**으로 봄이 옳다.

2. 변경금지의 대상과 판단기준

(1) 변경금지의 대상(중한 형)

불이익변경금지원칙을 규정한 형사소송법 제368조의 표제는 "불이익변경 금지"이지만, 금지되는 것은 원심판결보다 중한 형으로의 변경일 뿐으로 일체의 불이익한 변경이 금지되는 것은 아니다. 따라서 판결 주문에 선고된 **형이 중하게 변경되지 않는 한**, 범죄사실의 불이익한 변경, 공소장변경에 의한 죄명·적용법조의 불이익한 변경, 원심보다 불이익한 공소사실의 인정 등은 불이익변경금지원칙에 반하지 아니한다.

소송비용의 부담이 변경금지의 대상인지에 대해서는 견해의 대립이 있다. **적극설**은 소송비용의 부담도 실질적으로 재산형과 같은 불이익을 주므로 피고인에게 불이익한 소송비용의 변경은 불이익변경금지원칙에 따른 변경금지의 대상이 된다고 한다.[72] **소극설**은 소송비용의 부담은 설령 피고인에게 불이익을 준다하더라도 형의 선고로 볼 수 없으므로 불이익변경금지원칙에 따른 변경금지 대상이 되지 아니한다고 한다.[73] **대법원**은 **소극설**의 입장이다.[74]

68) 손/신 789; 이/김 816; 이/조/이 853; 이주원 718; 이창현 1207; 임동규 790; 정/최/김 820.
69) 신동운 985.
70) 차/최 781.
71) 대법원 2008. 11. 13. 선고 2008도7647 판결.
72) 송광섭 835; 신현주 753.
73) 손/신 796; 이/김 820; 이/조/이 857; 이창현 1214; 임동규 795.
74) 대법원 2008. 3. 14. 선고 2008도488 판결.

소송비용은 형이 아님이 명백하고, 소송비용 부담의 본질은 국가가 부담한 소송비용의 일정 부분에 대한 보전으로서 형에 준한다 할 수도 없다. 따라서 소극설이 타당하다.

(2) 중한 형의 판단기준

형의 경중은 사형, 징역, 금고, 자격상실, 자격정지, 벌금, 구류, 과료, 몰수의 순서에 따른다(형법 제50조 제1항, 제41조). 다만 무기금고와 유기징역은 무기금고를, 유기금고의 장기가 유기징역의 장기를 초과하는 때에는 유기금고를 무거운 것으로 하고(형법 제50조 제1항 단서), 같은 종류의 형은 장기가 긴 것과 다액이 많은 것을 무거운 것으로 하며, 장기 또는 다액이 같은 경우에는 단기가 긴 것과 소액이 많은 것을 무거운 것으로 한다(형법 제50조 제2항).

선고형의 경중을 구체적으로 판단함에 있어서는 위와 같은 형의 경중 기준을 원칙으로 하고, 피고인의 자유구속과 법익박탈의 정도를 **전체적·실질적으로 고찰**하여 주형은 물론 병과형이나 부과형, 집행유예, 노역장유치기간 등도 판단기준으로 삼아야 한다.[75)]

3. 적용범위

(1) 상소사건

(가) 형선고판결

1) 피고인만 상소한 경우

① 원칙

피고인이 상소한 사건과 피고인을 위하여 상소한 사건이란 '피고인만'이 상소한 사건을 의미한다. 피고인과 검사 쌍방이 상소하였거나 검사만 상소한 경우 불이익변경금지의 원칙은 적용되지 않는다.[76)]

② 적용의 확장

피고인과 검사 쌍방이 상소하였으나 검사가 상소 부분에 대한 상소이유서를 제출하지 아니하여 결정으로 상소를 기각하여야 하는 경우에는 실질적으로 피고인만이 상소한 경우와 같게 된다. 따라서 이 경우 상소심은 불이익변경금지의 원칙에 따라 제1심 판결의 형보다 중한 형을 선고할 수 없다.[77)]

---

75) 대법원 2020. 10. 22. 선고 2020도4140 전원합의체 판결.
76) 대법원 2008. 11. 13. 선고 2008도7647 판결.
77) 대법원 1998. 9. 25. 선고 98도2111 판결.

제1심 유죄판결에 대하여 검사는 항소하지 않고 피고인만이 항소한 제2심(항소심)의 유죄판결에 대하여 검사가 상고한 경우, 상고심은 검사의 불복이 없었던 제1심 판결의 형보다 중한 형을 선고할 수 없다.[78] 이 경우 피고인이 불이익을 받게 된다면 피고인의 상소권을 보장하고자 하는 불이익변경금지원칙의 취지에 반하는 결과가 되기 때문이다.

제1심이 실체적 경합범 관계에 있는 공소사실 중 일부에 대하여 재판을 누락하였다면 항소심은 당사자의 주장이 없더라도 직권으로 제1심의 누락부분을 파기하고 그 부분에 대하여 재판하여야 한다. 그러나 이 경우에도 피고인만이 항소하였다면 불이익변경금지의 원칙에 따라 항소심은 제1심의 형보다 중한 형을 선고하지 못한다.[79]

2) 검사가 피고인을 위하여 상소한 경우

검사가 피고인을 위하여 상소한 경우에도 불이익변경금지 원칙이 적용되는지에 대해서는 긍정설과 부정설의 대립이 있다. **부정설**은 검사의 상소는 공익의 대표자로서의 소송활동일 뿐으로 불이익변경금지원칙의 취지인 피고인의 상소권보장과는 무관하므로, 이러한 경우에는 불이익변경금지원칙이 적용되지 아니한다고 한다.[80] 하지만 검사가 피고인을 위하여 상소한 경우를 피고인의 상소대리권자가 피고인을 위하여 상소한 경우와 달리 보아야 할 이유도 없고, 더구나 피고인이 자신이 선택하지도 아니한 상소로 인하여 원심판결보다 불이익을 받게 된다면 이는 대단히 불합리하다. 따라서 **긍정설**이 타당하다.[81]

(나) 무죄·면소·공소기각 판결 등

불이익변경금지원칙은 **형을 선고하는 경우에 한해 적용**되는 것이므로, 형선고판결이 아닌 무죄, 면소, 공소기각 등의 재판에 대한 상소심에는 적용되지 않는다.

(다) 항고사건

항고사건에도 불이익변경금지원칙이 적용되는지에 대해서는 견해의 대립이 있다. **부정설**은 항고심은 **형을 선고하지 아니하므로** 이 원칙의 적용이 있을 수 없다고 한다.[82] **긍정설**은 항고에서도 **형의 선고에 준하는 경우**에는 이 원칙의 적용이 가능하다면서 그 예로 집행유예취소결정에 대한 항고(법 제355조 제3항), 선고유예의 실효에 따라 유예된 형을 선고하는 결정에 대

78) 대법원 1957. 10. 4. 선고 4290형비상1 전원합의체 판결.
79) 대법원 2009. 2. 12. 선고 2008도7848 판결.
80) 이/조/이 855; 정/이 475.
81) 배/홍 456; 백형구 305; 신동운 986; 이/김 818; 임동규 792; 정/최/김 821.
82) 이/조/이 855; 이주원 678; 임동규 792; 정/최/김 821.

한 항고, 판결선고 후 누범 발각 등의 사유로 다시 형을 정하는 결정(법 제336조) 등이 있다고 한다.[83)]

항고심은 형의 선고가 없고, 실질적으로 형의 선고와 동일한 효과를 발생시키는 경우가 있다 하더라도 부정설이 제시하는 예시들은 불이익변경금지원칙의 이론적 근거인 **피고인의 상소권 보장과는 아무런 관련이 없다.** 따라서 부정설이 타당하다.

(2) 약식명령 또는 즉결심판에 대한 정식재판 청구사건

(가) 약식명령에 대한 정식재판 청구사건

약식명령에 대해 피고인만이 정식재판을 청구한 사건에 대해 법원은 약식명령의 형보다 **중한 종류의 형**을 선고하지 못한다(법 제457조의2 제1항). 이를 **형종상향금지원칙**이라 한다.

약식명령이나 즉결심판에 대한 정식재판청구는 동일한 심급에 해당하기 때문에 엄밀히 말하면 상소한 사건은 아니다. 그런데도 구 형사소송법은 피고인의 정식재판청구권을 최대한 보장한다는 취지에서 이 경우에도 불이익변경금지원칙을 적용하였다. 그러나 약식명령에 따른 **벌금형의 집행을 지연시킬 목적으로 정식재판청구권을 남용하는 등의 문제**가 발생하자 이를 개정하여 불이익변경금지원칙이 아닌 형종상향금지의 원칙을 적용하는 것으로 변경하였다.[84)]

형종상향금지원칙은 중형으로의 변경을 금지하는 것이 아니므로, 법원은 약식명령과 동일한 종류의 형을 선고하는 한에서는 약식명령의 형보다 무거운 형을 선고할 수 있다. 예를 들어 약식명령이 벌금 100만원인 경우, 정식재판청구사건에서 법원은 100만원을 초과하는 벌금을 선고할 수 있는 것이다. 이렇듯 피고인만이 정식재판을 청구한 사건에서 약식명령의 형보다 **중한 형을 선고하는 경우, 법원은 판결서에 양형의 이유**를 적어야 한다(법 제457조의2 제2항).

불이익변경의 금지가 '피고인만' 항소한 사건에 적용되듯이, 검사가 약식명령에 불복하여 정식재판을 청구한 경우에는 형종상향금지원칙이 적용되지 않는다.

(나) 즉결심판에 대한 정식재판 청구사건

'즉결심판에 관한 절차법'은 "이 법에 특별한 규정이 없는 한 그 성질에 반하지 아니한 것은 형사소송법의 규정을 준용한다."는 일반적 준용규정을 두고 있고(즉결심판법 제19조), 즉결심판에 대한 정식재판 청구사건에서 불이익변경금지원칙이 준용되는지, 형종상향금지원칙이 준용되는지에 대한 규정을 두고 있지 아니하다. 이에 어떠한 원칙이 적용되는지 여부가 문제되는

---

83) 이/김 828; 이창현 1210.

84) 법률 제15257호, 2017. 12. 19, 일부개정

데, 즉결심판에 대한 정식재판 청구의 법적성질, 절차 및 효력은 상소보다는 약식명령에 대한 정신재판 청구에서의 법적성질 등에 가깝다. 따라서 즉결심판에 대한 정식재판청구사건에 대해서는 형종상향금지원칙이 준용된다고 봄이 옳다. 대법원도 같은 입장이다.[85]

(3) 파기환송·파기이송 사건

파기환송심 또는 파기이송심은 원심에 대한 상소심이 아니다. 하지만 상고심이 파기자판하는 경우에는 불이익변경금지원칙이 적용되는데도 파기환송심·파기이송심에 불이익변경금지원칙이 적용되지 않는다고 한다면 이는 대단히 불합리하다. 따라서 불이익변경금지원칙은 파기환송심이나 파기이송심에도 적용된다.

대법원도 피고인만의 상고에 의한 상고심에서 원심판결을 파기하고 사건을 항소심에 환송한 경우, 불이익변경금지의 원칙은 환송 전 원심판결과의 관계에서도 적용되어 환송 후 원심법원은 파기된 환송 전 원심판결보다 중한 형을 선고할 수 없다고 한다.[86]

(4) 재심사건

우리나라는 이익재심만 허용하고 있는 관계로 재심에서 원판결의 형보다 무거운 형을 선고하지 못하도록 하고 있다(법 제439조). 이는 재심을 청구할 권리를 보장하기 위한 것으로 상소권 보장을 위한 불이익변경금지원칙과는 그 성질상 다소 차이가 있지만, 양자는 원판결보다 무거운 형을 선고할 수 없다는 점에서는 동일하다. 대법원도 "재심대상사건에서 징역형의 집행유예를 선고하였음에도 재심사건에서 원판결보다 주형을 경하게 하고 집행유예를 없앤 경우는 형사소송법 제439조에 의한 불이익변경금지원칙에 위배된다."고 하여 재심사건에서도 불이익변경금지원칙이 적용된다는 점을 밝히고 있다.[87]

4. 구체적 검토

(1) 자유형을 벌금형으로 변경하는 경우

일반적으로 자유형을 벌금형으로 변경하는 것은 불이익한 변경이 아니다. 하지만 징역형이나 금고형을 벌금형으로 변경하는 대신 그 벌금형에 부가하는 노역장 유치기간이 징역형이나 금

85) 대법원 1999. 1. 15. 선고 98도2550 판결.
86) 대법원 2021. 5. 6. 선고 2021도1282 판결.
87) 대법원 2016. 3. 24. 선고 2016도1131 판결.

고형의 형기를 초과하는 경우가 불이익변경금지원칙에 따라 금지되는지 여부에 대해서는 견해의 대립이 있다. 긍정설은 노역장 유치도 사실상 구금이라는 점에서 자유형과 동일하므로 이러한 형의 변경은 불이익변경금지원칙에 따라 허용되지 않는다고 한다.[88] 부정설은 환형처분으로서의 노역장 유치는 벌금을 완납하지 않은 경우에만 집행되는 벌금형의 특수한 집행방법에 불과하므로 이 경우는 불이익변경금지원칙 위반이 아니라 한다.[89] 대법원은 부정설의 입장에 서 있다.[90]

비록 노역장 유치는 벌금의 미납시에만 집행이 되지만 경제적 사정에 따라 원판결보다 실질적으로 무거운 형을 받게 하는 것은 부당하다. 따라서 긍정설이 옳다.

(2) 벌금형을 환형처분의 기간을 달리하는 벌금형으로 변경하는 경우

불이익변경금지원칙에 따라 원판결과 벌금액은 동일하지만 환형처분의 유치기간을 더 길게 변경하는 것은 허용되지 아니한다.[91]

벌금액은 감경되었지만 환형처분의 유치기간을 더 길게 변경하는 것이 불이익변경금지원칙에 위배되는지에 대해서는 긍정설과 부정설이 대립하는데, 이에 대해서도 대법원은 부정설의 입장을 취한다.[92] 환형처분의 유치기간은 실질적으로 무거운 형에 해당하므로 불이익변경금지원칙에 따라 허용되지 않는다고 봄이 옳다.

(3) 소년범에 대한 부정기형을 정기형으로 변경하는 경우

(가) 학설의 대립과 대법원의 태도

소년법에 따라 장기 2년 이상의 유기형에 해당하는 죄를 범한 소년은 성인에 비하여 가벼운 부정기형을 선고받는다(소년법 제60조 제1항). 소년법상 피고인이 소년인지 여부를 판단하는 기준시점은 '사실심판결 선고시'이다. 따라서 제1심 판결선고시에 소년이었던 피고인에 대하여 부정기형이 선고되었고 피고인만이 항소하여 항소심 심리계속 중 피고인이 성년이 되면 항소심 법원은 정기형을 선고하게 되는데, 이 경우 부정기형의 무엇을 기준으로 형의 경중을 판단할 것인지 여부가 문제된다.

단기형기준설은 부정기형을 선고한 경우 그 단기형을 거치면 석방될 가능성이 있으므로 이 경우 정기형이 부정기형의 단기형을 초과하면 불이익변경금지원칙을 위반한 것이라고 보는 견

88) 이창현 1218; 차/최 786.
89) 이/김 822; 이/조/이 859; 임동규 797; 정/최/김 824.
90) 대법원 1980. 5. 13. 선고 80도765 판결.
91) 대법원 1976. 11. 23. 선고 76도3161 판결.
92) 대법원 2000. 11. 24. 선고 2000도3945 판결.

해이다.[93] 중간형기준설은 부정기형과 실질적으로 동일하다고 평가될 수 있는 정기형은 부정기형의 장기와 단기의 정중앙에 해당하는 형이므로, 이 경우 정기형이 이러한 형을 초과하면 불이익변경금지원칙을 위반한 것이라는 견해이다.[94] 예를 들어 소년범에 대해 부정기형을 선고하면서 장기 6년 단기 4년의 형을 선고하였는데 이후 피고인이 항소하여 항소심 심리계속 중 성년이 되어 항소심 법원이 피고인에게 정기형을 선고하여야 하는 경우, 중간형기준설에 따르면 5년(장기 6년, 단기 4년의 중간값)을 기준으로 형의 경중을 비교·판단하여야 한다. 대법원은 중간형기준설의 입장을 취한다.[95]

(나) 검토

불이익변경금지 원칙을 적용하면서 부정기형과 정기형 사이에 그 경중을 가리는 경우에는 부정기형 중 단기와 정기형을 비교하여 항소심에서 부정기형의 단기를 초과하는 형을 선고할 수 없다고 해석하는 것이 타당하다. 왜냐하면 부정기형이 선고된 경우 피고인에 대한 석방 또는 형 집행종료의 가능성은 단기를 기준으로 시작되는데, 제1심이 선고한 부정기형을 파기하고 정기형을 선고해야 하는 경우 피고인에게 제1심에서 선고받은 단기를 초과하는 정기형을 선고한다면 조기의 석방 또는 형 집행종료의 가능성이 박탈되므로 피고인에게 불리하기 때문이다. 변경 전후의 선고된 형을 비교하여 피고인에게 불이익하게 변경되었는지를 판단할 때에는 변경 전의 형은 피고인에게 가장 유리한 경우를 기준으로 하고 변경 후의 형은 피고인에게 가장 불리한 경우를 기준으로 하여 비교하는 것이 '피고인에게 실질적으로 불이익한지 아닌지'를 판단하는 취지에 부합할 뿐만 아니라 피고인의 상소권 보장을 목적으로 하는 불이익변경금지원칙에 충실한 해석이다. 이런 이유로 단기형기준설이 타당하다.

(4) 집행유예와 선고유예 관련 사례

(가) 집행유예

1) 집행유예만 변경된 경우

집행유예의 선고에 따라 구속 피고인의 자유는 회복되고 불구속 피고인의 자유는 보장된다. 게다가 유예기간의 경과하면 형 선고의 효력이 상실되므로 집행유예의 시혜적·법률적 가치는 상당히 크다. 따라서 형의 다른 부분에 대한 변경 없이 집행유예만을 배제하거나,[96] 그

93) 손/신 799; 이창현 1218; 차/최 787.

94) 이주원 726; 임동규 797.

95) 대법원 2020. 10. 22. 선고 2020도4140 전원합의체 판결.

기간만을 늘리는 것은 불이익변경금지원칙에 위배된다.

2) 자유형이 가볍게 변경된 경우

자유형의 기간이 가볍게 변경되면서 집행유예에 대한 변경도 있는 경우에는 변경된 형기를 중심으로 전체적·실질적으로 고찰하여 불이익변경금지원칙의 위반 여부를 평가하여야 한다. 대법원은 항소심이 징역형의 형기를 단축하였지만 집행유예는 배제한 경우,[97] 재심사건에서 재심대상판결보다 형기를 경하게 하고 **집행유예를 배제**한 경우에 불이익변경금지원칙에 위반된다고 하였다.[98] 집행유예의 경우에는 실제로 형의 집행을 받지도 않을 뿐만 아니라 유예기간이 경과하면 형 선고의 효력이 상실되기 때문이다.

한편 항소심이 원심보다 자유형의 형기를 줄이면서 집행유예기간을 늘린 경우도 불이익변경금지원칙에 반한다는 견해가 있으나,[99] 자유형의 형기 변경이 미미하다는 특별한 사정이 없는 이상 불이익변경금지원칙에 반하지 않는다고 함이 옳다.[100]

3) 자유형이 무겁게 변경된 경우

집행유예가 없었던 자유형에 대하여, 자유형의 **형기를 늘리면서 집행유예를 붙인 경우** 불이익변경금지원칙에 반하는지 여부에 대해서는, 집행유예의 취소나 실효의 불이익을 고려할 때 불이익변경금지원칙에 반한다는 견해[101]와, 형의 집행을 받지 않을 뿐만 아니라 집행유예기간 경과시 형선고의 효력이 상실되므로 불이익금지원칙에 반하지 아니한다는 견해[102]의 대립이 있다. 대법원은 불이익변경금지원칙에 반한다는 입장이다.[103]

비록 집행유예에 대한 불이익이 있다 하더라도 형의 집행이 이루어지지 아니한다는 것은 피고인의 입장에서 매우 큰 이익이라 아니할 수 없다. 따라서 이러한 경우에는 원심판결에 비하여 늘어난 자유형의 형기, 집행유예의 기간 등을 종합적으로 고려하여 불이익변경금지원칙에 대한 위반 여부를 개별적으로 판단함이 옳다.

4) 기타

대법원은 항소심이 집행유예가 붙은 자유형을 벌금형으로 변경한 경우에는 주형의 비교에

96) 대법원 1983. 10. 11. 선고 83도2034 판결.
97) 대법원 1986. 3. 25.자 86모2 결정.
98) 대법원 2016. 3. 24. 선고 2016도1131 판결.
99) 김재환 938; 차/최 789.
100) 손/신 800; 이/김 823; 이/조/이 861; 이창현 1219; 임동규 798.
101) 이/김 823; 이/조/이 861; 임동규 798.
102) 이창현 1220; 차/최 789.
103) 대법원 1966. 12. 8. 선고 66도1319 전원합의체 판결.

따라 형이 가벼워졌으므로 불이익변경금지원칙에 반하지 않는다고 하고,[104] 항소심이 군사법원법에 따라 형집행이 면제된 자유형을 형기가 짧은 집행유예형으로 변경한 경우에는 집행유예는 유예기간이 경과하면 형선고의 효력을 잃게 되는 반면 형의 집행면제는 형의 집행을 면제하는 데 불과하여 형의 집행면제보다 집행유예가 피고인에게 더 유리하다면서 불이익변경금지원칙에 반하지 않는다고 한다.[105]

(나) 선고유예

집행유예와 달리 선고유예는 형 자체가 선고되지 아니하고 형의 선고를 받은 날로부터 2년을 경과한 때에는 면소된 것으로 간주된다(형법 제60조). 따라서 이를 배제하는 형의 변경은 특별한 사정이 없는 이상 불이익변경금지원칙에 위반된다.

대법원도 같은 입장이다. 대법원은 자유형의 선고유예를 벌금형으로 변경한 경우에는 선고유예의 이익이 더 큰 것으로 보아 불이익변경금지원칙에 위반된다고 하였으나,[106] 징역형의 실형 및 벌금형의 선고유예를 징역형의 집행유예 및 벌금형으로 변경한 경우에는 징역형의 실형에 대한 집행유예의 이익이 더 크다고 보아 불이익변경금지원칙에 위반되지 아니한다 하였다.[107]

(5) 몰수·추징과 보안처분

(가) 주형의 변경이 없는 경우

몰수는 형에 해당하고, 추징과 보안처분은 형은 아니지만 그 실질은 형과 다를 바 없다. 따라서 이들의 변경에 대해서도 불이익변경금지원칙은 적용된다. 따라서 주형의 변경이 없음에도 몰수, 추징, 보안처분을 추가하거나[108] 늘리는 것은[109] 불이익변경금지원칙을 위반한다.

(나) 주형의 변경이 있는 경우

1) 주형이 감경되면서 몰수·추징이 중하게 변경된 경우,

주형이 감경되면서 몰수·추징의 처분이 추가되거나 늘어난 경우, 불이익변경금지원칙 위

104) 대법원 1990. 9. 25. 선고 90도1534 판결.
105) 대법원 1985. 9. 24. 선고 84도2972 전원합의체 판결.
106) 대법원 1999. 11. 26. 선고 99도3776 판결.
107) 대법원 1976. 10. 12. 선고 74도1785 판결.
108) 대법원 1992. 12. 8. 선고 92도2020 판결(몰수·추징); 대법원 2010. 9. 30. 선고 2010도6403 판결(보호관찰); 대법원 2018. 10. 4. 선고 2016도15961 판결(수강명령·이수명령).
109) 대법원 1977. 5. 18. 선고 77도541 판결(추징); 대법원 2019. 10. 17. 선고 2019도11540 판결(보안처분).

반 여부에 대해서는 견해의 대립이 있다. **긍정설**은 몰수·추징은 형에 해당하므로 몰수·추징의 불이익한 변경은 그 자체로 불이익변경금지원칙을 위반한다고 하고, **부정설**은 주형의 변경 여부가 가장 중요하므로 이러한 경우에는 불이익변경금지원칙을 위반하지 않는다고 한다. **실질설**은 전체적인 형의 변경이 피고인에게 실질적으로 불이익하다고 평가되는 경우에는 불이익변경금지원칙을 위반하는 것으로 보아야 한다는 견해로서, 예를 들어 몰수·추징의 본질은 금전적 제재이므로 주형이 자유형이면 불이익변경금지원칙에 위반하지 아니하지만, 주형이 벌금형이면 불이익변경금지원칙을 위반한다고 한다.

몰수·추징의 변경이 주형의 변경과 함께 이루어진 때에는 당연히 **주형의 변경을 중심으로** 피고인에게 실질적인 불이익이 있는지를 살펴 불이익변경금지원칙 위반 여부를 판단하여야 한다. 대법원도 같은 입장이다. 대법원은 자유형의 집행유예에 대하여 형기와 집행유예기간을 모두 줄이면서 추징액을 증가시킨 경우,[110] 자유형의 집행유예에 대해 선고유예로 변경하면서 추징액을 추가한 경우[111]는 불이익변경금지원칙에 위반되지 아니한다 하였다.

2) 주형이 감경되면서 보안처분이 중하게 변경된 경우

이 경우에도 실질설에 따라 불이익변경금지원칙의 위반 여부를 판단할 수 있을 것이다. 대법원은 항소심이 원심판결보다 보안처분을 중하게 부과하였더라도 주형을 감경한 이상 불이익변경금지원칙에 반하지 아니한다 하였다.[112]

대법원은 주형을 감경하면서 전자장치부착기간을 늘린 경우[113] 및 **피고인만이 항소한 항소심에서 전자장치 부착명령이 최초로 청구되어 항소법원이 원심판결에는 없었던 전자장치 부착명령을 추가한 경우**도 불이익변경금지원칙에 위배되지 **않는**다고 하였다.[114] 후자의 경우에 대하여 대법원은 전자장치부착법 제5조에 따라 검사는 항소심 변론종결시까지 전자장치 부착명령을 청구할 수 있고, 전자장치부착법은 항소심에서의 최초 청구는 항소를 누가 했는지에 따른 제한을 두지 아니하고 있음을 그 이유로 들었다. 하지만 불이익변경금지원칙은 피고인의 상소

110) 대법원 1998. 5. 12. 선고 96도2850 판결.
111) 대법원 1998. 3. 26. 선고 97도1716 전원합의체 판결.
112) 대법원 2019. 10. 17. 선고 2019도11609 판결.
113) 대법원 2010. 11. 11. 선고 2010도7955 등 판결. "전자감시 제도는 성폭력범죄자의 재범 방지와 … 성폭력범죄로부터 국민을 보호함을 목적으로 하는 일종의 보안처분으로서 형벌과 구별되어 그 본질을 달리하는 점 …에 비추어 본다면, 원심이 피고인에게 징역 장기 7년, 단기 5년 및 5년 동안의 위치추적 전자장치 부착명령을 선고한 제1심 판결을 파기한 후 피고인에 대하여 징역 장기 5년, 단기 3년 및 20년 동안의 위치추적 전자장치 부착명령을 선고한 것이 불이익변경금지의 원칙에 어긋나는 것이라고 할 수 없다."
114) 대법원 2010. 11. 25. 선고 2010도9013 등 판결.

권 보장을 그 근거로 한다는 점에서 검사가 제1심에서 전자장치 부착명령을 청구하지 아니하였고, 제1심 판결에 대해 항소도 하지 아니한 이상 항소심에서 최초로 전자장치 부착명령을 청구한 것은 부당하다고 하겠다.

5. 불이익변경금지원칙을 위반한 판결의 법적효과

(1) 정식재판청구사건에서 형종상향금지원칙을 위반한 경우

약식명령에 대한 정식재판청구사건에서 형종상향금지원칙을 위반한 판결을 한 경우, 판결에 영향을 미친 법령위반이 있는 경우에 해당하여 항소이유가 된다(법 제361조의5 제1호).

(2) 항소심에서 불이익변경금지원칙을 위반한 경우

항소심에서 불이익변경금지원칙을 위반한 판결을 한 경우, 판결에 영향을 미친 법률, 명령, 규칙 등의 위반이 있는 때에 해당하므로 상고이유에 해당한다(법 제383조 제1호).

(3) 상고심에서 불이익변경금지원칙을 위반한 경우

상고심은 선고와 동시에 확정된다. 따라서 상고심이 파기자판하면서 불이익변경금지원칙에 위반한 판결을 하였다 하더라도 피고인은 이에 대해 다툴 수 없다. 이는 확정판결에 법령위반이 있는 경우에 해당하여 검찰총장이 비상상고를 제기할 이유가 될 뿐이다(법 제441조).

제 2 절 항소

Ⅰ. 개관

1. 항소의 의의

항소란 제1심의 미확정 '판결'에 대한 불복으로서의 상소를 말한다. 제1심 판결에 대하여 검사, 피고인 등 모든 상소권자가 항소하지 아니하면 제1심 판결은 확정되어 형사절차는 종결되고, 상소권자 중 하나라도 항소를 하면 제1심 판결은 항소법원으로 이심된다.

검사, 피고인 등 상소권자는 제1심 법원의 판결에 대하여 불복이 있으면 지방법원 단독판사가 선고한 것은 지방법원 본원합의부에 항소할 수 있고, 지방법원 합의부가 선고한 것은 고등법원에 항소할 수 있다(법 제357조). 이처럼 항소법원은 사물관할에 따라 지방법원 본원합의부가 될 수도 있고, 고등법원이 될 수도 있다.

2. 항소심의 구조

(1) 견해의 대립과 법원의 태도

항소심의 구조에 대해서는 제1심 판결과의 관계에서 세 가지 입법형식이 존재한다. ① **복심**(반복심)이란 제1심의 심리와 판결이 아예 없었던 것처럼 심리를 처음부터 다시 시작하는 것을 말하고, ② **속심**(계속심)이란 제1심 판결 직후의 상태로 돌아가 계속해서 심리하는 것을 말하며, ③ **사후심**은 원판결(제1심 판결)의 당부만을 심사하는 것을 말한다.

독일법의 영향을 받은 형사소송법 제정 당시에는 복심적 구조를 취하기도 했으나(독일은 현재도 복심구조를 취하고 있음), 구두변론주의, 공판중심주의가 강화된 현행법 하에서는 항소심의 구조에 대해 복심설을 주장하는 논자는 없고, 현재는 사후심이냐 속심이냐를 놓고 견해의 대립이 있을 뿐이다.

사후심설은 항소심은 사후심을 원칙으로 하고 속심적 요소가 가미되어 있다는 견해이다.[115] 이 견해는 항소이유는 법령위반, 사실오인, 양형부당으로 제한되어 있다는 점(법 제361조의5), 항소심의 심판범위는 항소이유에 포함된 사유로 제한된다는 점(법 제364조 제1항), 항소이유 없음이 명백한 때에는 변론 없이 항소를 기각할 수 있다는 점(법 제364조 제3항) 등을 근거로 제시한다.

속심설은 항소심은 속심을 원칙으로 하고 사후심적 요소가 가미되어 있다는 견해이다.[116] 이 견해는 형사소송법은 제1심 공판에 관한 규정은 특별한 규정이 없으면 항소의 심판에 준용한다고 명시하고 있는 점(법 제370조), 항소이유 중 "판결 후 형의 폐지나 변경 또는 사면이 있는 때, 재심청구의 사유가 있는 때, 사실의 오인이 있어 판결에 영향을 미칠 때, 형의 양정이 부당하다고 인정할 사유가 있는 때"는 사실변경에 대한 심리를 요한다는 점(법 제361조의5), 제1심법원에서 증거로 할 수 있었던 증거는 항소법원에서도 증거로 할 수 있다는 점(법 제364조 제1항), 항소이유가 인정되면 파기자판을 원칙으로 한다는 점(법 제364조 제6항) 등을 근거로 제시한다. **대법원은 속심설**의 입장에 서 있다.[117]

115) 정/이 456; 차/최 799.
116) 손/신 808; 이/김 832; 이/조/이 872; 이창현 1235; 임동규 810; 정/최/김 833.

(2) 검토

항소심에 대한 현행 형사소송법의 규정은 속심적 요소와 사후심적 요소를 모두 가지고 있음은 부인할 수 없다. 하지만 형사소송법은 사실심인 제1심 공판에 관한 규정을 항소심에 준용하고 있고, 상고이유로서 사형, 무기 또는 10년 이상의 징역이나 금고가 선고된 사건에 있어서 '중대한' 사실의 오인이 있어 판결에 영향을 미친 때 또는 형의 양정이 '심히' 부당하다고 인정할 현저한 사유가 있는 때라고 하여 그 요건을 엄격히 제한하고 있는데 비해, 항소이유로서의 사실오인에는 그러한 제한이 없다. 따라서 항소심은 사실오인이 항소이유에 포함되어 있으면 제1심과 동일한 형사소송법 규정에 따른 심리를 통하여 원심과는 다른 사실을 인정할 수 있으므로, 통설의 입장과 마찬가지로 속심을 원칙으로 하고 소송경제를 위해 사후심적 요소를 가미한 것으로 이해하는 것이 타당하다.

이러한 이론적 판단에 더하여 항소심에 요구되는 기능 내지 역할의 면에서 보더라도 항소심은 속심을 원칙으로 함이 상당하다. 만약 제1심에서 심리가 철저히 이루어져 실체진실발견에 부족함이 없다고 한다면 소송경제적인 측면도 고려하여 항소심을 사후심으로 보아도 무방하겠으나, 현실적으로 그렇지 못하다는 것을 시인할 수밖에 없는 이상 피고인 구제와 실체진실발견의 요구에 따라 속심구조를 원칙으로 운용하는 것은 불가피하다고 하겠다.

(3) 관련문제

(가) 항소심에서의 공소장변경

항소심을 속심으로 보면 항소심에서의 공소장변경은 당연히 허용되고, 이를 사후심으로 보면 공소장변경은 허용될 수 없게 된다. 따라서 항소심에서의 공소장변경의 가부에 대해서도 항소심의 구조에서와 마찬가지로 견해의 대립이 있으나, 속심설을 취하는 이상 공소장변경이 허용된다고 함이 옳다. 대법원도 같은 입장으로,[118] 대법원은 파기환송심에서도 공소장변경은 허용된다고 한다.[119]

(나) 기판력의 시적 범위

항소심의 구조에 대하여 속심설을 취하게 되면 원심판결의 당부는 **항소심판결 선고시**를

---

117) 대법원 2022. 5. 26. 선고 2017도11582 판결.
118) 대법원 2017. 9. 21. 선고 2017도7843 판결.
119) 대법원 2004. 7. 22. 선고 2003도8153 판결.

기준으로 판단하여야 하고, 기판력의 시적 범위도 항소심판결 선고시가 된다. 이와 관련하여 대법원은, 기판력은 사실심리의 가능성이 있는 최후의 시점인 판결선고시를 기준으로 하여 그 때까지 행하여진 행위에 대하여만 미친다고 전제한 후, 제1심 판결에 대하여 항소가 있은 경우 기판력이 미치는 시간적 한계는 현행 형사항소심의 구조와 운용실태에 비추어 볼 때 항소심 판결선고시라고 보는 것이 상당하다고 한다. 그러면서 피고인이 법정기간 내에 항소이유서를 제출하지 아니하였다 하더라도 판결에 영향을 미친 사실오인이 있는 등 직권조사사유가 있으면 항소법원이 직권으로 심판하여 제1심 판결을 파기하고 다시 판결할 수도 있으므로, 피고인이 **항소이유서를 제출하지 아니하여 결정으로 항소가 기각된 경우**의 사실심리의 가능성이 있는 최후의 시점은 **항소기각 결정시**라고 하고 있다.[120]

Ⅱ. 항소이유

1. 의의와 분류

항소이유란 상소권자가 적법하게 항소를 제기할 수 있는 법률상의 이유 내지 근거를 말한다. 형사소송법은 총 11개의 항소이유를 **제한적으로 열거**하여 명시하고 있고(법 제361조의5), 이들은 다양한 기준으로 분류될 수 있는데, 그 중 가장 주된 것은 판결에 영향을 미친 경우에만 항소이유에 해당하는지 여부에 따른 분류이다. 이 분류에 따를 때 판결에 영향을 미친 경우에만 항소이유가 되는 것을 **상대적** 항소이유라 하고(동조 제1호, 제14호), 그러한 제한 없이 항소이유로 되는 것을 **절대적** 항소이유라 한다(동조 제2호 내지 제13호, 제15호).

그 외에도 그 내용이 법령위반으로 인한 것인지 여부에 따라 법령위반으로 인한 항소이유(동조 제1호, 제3호 내지 제11호)와 법령위반 이외의 항소이유로 분류할 수도 있고(동조 제2호, 제13호 내지 제15호), 구체적 사유의 명시 여부에 따라 구체적 항소이유(동조 제2호 내지 제11호)와 일반적 항소이유로도 분류할 수 있다(동조 제1호, 제13호 내지 제15호).

2. 구체적 검토

형사소송법 제361조의5는 제15호까지 규정되어 있으나 이 중 제5호, 제6호, 제10호, 제12호는 삭제되어 있다. 이하에서는 조문의 순서에 따라 항소이유별로 그 내용을 살펴본다.

120) 대법원 1993. 5. 25. 선고 93도836 판결.

(1) 판결에 영향을 미친 헌법·법률·명령 또는 규칙의 위반이 있는 때(제1호)

(가) 의의

판결의 내용 또는 절차가 헌법, 법률, 명령, 규칙을 위반한 경우에는 상대적 항소이유가 된다. 법령 등에는 실체법과 절차법이 모두 포함된다. 실체법의 위반이란 실체법의 해석과 적용의 오류를 의미하고, 절차법의 위반이란 형사소송법 등 제1심 심판절차를 규정하고 있는 절차법의 위반을 의미한다. 다만 여기에서 법령 등의 위반은 판결에 영향을 미친 것으로 제한되므로, 절대적 항소이유로 명시되어 있는 법령위반은 여기에 포함되지 아니한다.

(나) 인과관계

법령 등의 위반이 판결에 영향을 미쳤다는 것은 판결 **내용에 영향**을 미친 것을 말하므로, 그러한 법령등의 위반과 판결 사이에는 인과관계가 요구된다.

1) 실체법의 위반과 인과관계

실체법의 위반에는 그 해석과 적용이 잘못됨으로써 판결의 내용이 달라진다는 사실만으로도 인과관계는 당연히 인정된다. 그 예로는 헌법재판소의 위헌결정으로 소급하여 그 효력을 상실한 법률의 벌칙규정부분을 적용하여 피고인에 대하여 유죄를 인정한 경우를 들 수 있다.[121)]

2) 절차법의 위반과 인과관계

실체법의 위반과 달리 절차법의 위반에 있어서는 인과관계의 인정 여부에 대한 기준을 어떻게 두느냐에 따라 구체적 사안에서 인과관계의 인정 여부가 달라진다.

대법원은, 판결내용 자체가 아니고 피고인의 신병확보를 위한 구속 등 조치, 공판기일의 통지, 재판의 공개 등 소송절차가 법령에 위반되었음에 지나지 아니한 경우에는, 그로 인하여 피고인의 방어권, 변호인의 변호권이 본질적으로 침해되고 판결의 정당성마저 인정하기 어렵다고 보여지는 정도에 이르지 아니하는 한 그것 자체만으로는 판결에 영향을 미친 위법이라고 할 수 없다고 한다.[122)] 하지만 피고인의 이익을 고려할 때 절차법의 위반이 판결에 영향을 미

121) 대법원 1991. 8. 13. 선고 90도637 판결.

122) 대법원 2005. 5. 26. 선고 2004도1925 판결. 대법원은 이러한 기준에 따라 원심이 지정된 선고기일에 변호인 출석 없이 피고인만 출석한 상태에서 재판부 구성의 변경을 이유로 변론을 재개할 것을 결정·고지한 다음 공판절차를 갱신하고 다시 변론을 종결하여 판결을 선고하였다 하더라도, 그 이전의 공판기일까지 적법한 증거조사, 변호인의 변론, 피고인의 최후진술까지 모두 이루어졌다면 공판절차에 다소의 흠이 있다고 하더라도 그로 인하여 피고인의 방어권, 변호인의 변호권이 본질적으로 침해되어 판결에 영향을 미쳤다고 볼 수는 없다고 하였다.

친것이 명백한 경우는 물론, 그러한 가능성이 있는 것만으로도 인과관계를 인정하는 것이 타당하다. 특히 절차규정 중 효력규정에 대한 위반은 그 자체로서 인과관계가 인정된다고 보아야 한다.[123)]

(2) 판결 후 형의 폐지나 변경 또는 사면이 있는 때(제2호)

판결 후 형의 폐지나 일반사면이 있으면 면소판결의 대상이 되고(법 제326조), 형이 변경된 경우에는 구법보다 가벼워진 경우에 한하여 신법에 따른다(형법 제1조). 따라서 이는 모두 피고인을 위한 항소이유이다.

(3) 관할 또는 관할위반의 인정이 법률에 위반한 때(제3호)

여기에서의 관할은 사물관할과 토지관할을 모두 포함한다. 관할인정이 법률에 위반된 때란 관할권이 없음에도 관할위반의 판결을 하지 아니하고 다른 유형의 판결(사건의 실체에 대한 재판)을 한 경우를 말하고, 관할위반의 인정이 법률에 위반된 때란 관할이 있음에도 관할위반의 판결을 한 경우를 말한다.

(4) 법원 구성의 하자에 따른 항소이유(제4호, 제7호, 제8호)

법원 구성의 하자에 따른 항소이유로는 판결법원의 구성이 법률에 위반한 때(제4호), 재판에 관여하지 못할 판사가 그 사건의 심판에 관여한 때(제7호), 그리고 사건의 심리에 관여하지 않은 판사가 그 사건의 판결에 관여할 때(제8호)가 있다.

판결법원이란 수소법원을 말하는 것으로, 판결법원의 구성이 법률에 위반된 때란 합의부가 3명의 법관으로 구성되지 아니한 때를 말한다. 법률상 재판에 관여하지 못할 판사란 당해 사건에 대하여 제척사유가 있거나 기피·회피신청이 인용된 판사를 말하고, 심판에 관여한 때란 그러한 판사가 당해 사건의 심리 또는 재판에 실질적으로 관여한 것을 의미한다. 따라서 단지 선고에만 관여한 경우는 심판에 관여한 때에 포함되지 아니한다. 심리에 관여하지 않은 판사란 그 의미 그대로 당해 사건의 심리를 맡지 않은 판사를 말하는 것으로, 예를 들어 판사의 경질이 있었음에도 공판절차를 갱신하지 않은 경우에 새로이 법원의 구성원이 된 판사는 경질 이전 절차의 심리에 관여하지 아니한 판사에 해당한다.

123) 이창현 1243; 임동규 813.

(5) 공판의 공개에 관한 규정에 위반한 때(제9호)

공판의 공개에 관한 규정을 위반한 때란 판결을 공개하지 아니하거나 법원의 결정 없이 심리를 비공개한 경우를 말한다(법원조직법 제57조). 헌법상 공개재판주의에 따라 형사피고인은 상당한 이유가 없는 한 지체없이 공개재판을 받을 권리를 가지고(헌법 제27조 제3항), 재판의 심리와 판결은 공개를 원칙으로 하되 심리는 국가의 안전보장 또는 안녕질서를 방해하거나 선량한 풍속을 해할 염려가 있을 때에 한하여 법원의 결정으로 공개하지 아니할 수 있을 뿐이다(헌법 제109조).

(6) 판결에 이유를 붙이지 아니하거나 이유에 모순이 있는 때(제11호)

판결에 이유를 붙이지 아니한 때란 판결서에 이유가 기재되지 아니하거나 주문에 이른 과정을 이해하지 못할 만큼 부실하게 기재한 경우를 말한다. 이를 **이유불비**라고 한다. 법령의 적용이 아예 없거나 적용된 법령이 주문과 모순되는 경우처럼 그 잘못이 명백한 경우는 이유불비에 해당하고, 그 정도에 이르지 아니하는 하자의 경우는 법령위반에 해당한다.[124)]

이유에 모순이 있는 때란 판결서의 이유로 기재된 내용에 모순이 있거나 이유의 전체 취지와 주문 사이에 모순이 있는 경우를 말한다. 이를 **이유모순**이라 한다.

(7) 재심청구의 사유가 있는 때(제13호)

재심청구의 사유란 대상판결의 증거가 위·변조되었거나 허위임이 확정판결로 증명된 경우 등 사실오인의 구체적 이유가 확정판결 이후 밝혀진 경우로, 그 구체적 내용에 대해서는 후술한다.[125)]

재심청구의 사유가 피고인에게 불리한 재판을 구하는 검사의 항소이유가 될 수 있는지에 대해서는 견해의 대립이 있다. **긍정설**은 항소는 실체적 진실발견을 위한 목적도 갖고 있으므로 재심청구 사유는 검사에게 항소이유가 된다고 하고,[126)] **부정설**은 재심청구는 피고인의 이익을 위한 경우에만 허용되므로 검사에게는 항소이유가 될 수 없다고 한다.[127)]

형사소송법은 항소이유로서의 재심청구사유를 피고인만을 위한 것으로 제한하고 있지 아

---

124) 이/김 836; 이/조/이 875; 이창현 1239; 임동규 814.

125) 808페이지 참조.

126) 신현주 776; 임동규 815.

127) 이/김 837; 이/조/이 876; 이창현 1240; 정/최/김 837.

니하고, 항소의 목적에는 실체적 진실발견도 포함되어 있음을 부정할 수 없으므로 **긍정설**이 타당하다. 다만 부정설에 의하더라도 재심청구의 사유는 사실오인의 구체적 이유에 해당하므로, 이 경우 검사는 사실의 오인이 있어 판결에 영향을 미칠 때(법 제361조의5 제14호)를 항소이유로 삼아 항소할 수 있다.

실무상 검사가 재심이유를 피고인에게 불리하게 원용하여 항소한 예는 눈에 띄지 않는다. 일본의 경우 피고인으로 위장출석한 소위 몸받이를 상고심에서 무죄로 한 사안이 있긴 하지만[128] 이 또한 극히 드문 케이스이다.

(8) 사실의 오인이 있어 판결에 영향을 미칠 때(제14호)

사실오인이란 법원이 인정한 사실이 실체적 진실과 부합하지 아니하는 때를 말한다. 다른 항소이유와의 관계에 따라 사실오인의 대상에 해당하는 사실에는 구성요건·위법성·책임, 처벌조건, 법률상 형의 가감과 관련된 사실 등이 포함되지만, 소송법적 사실(제1호), 양형관련 사실(제15호) 등은 각각의 사유에 해당하는 것으로 여기에서의 사실에는 포함되지 아니한다.

사실오인이 판결에 영향을 미쳤다는 것은 그러한 사실오인이 없었다면 판결의 내용이 달라졌음을 의미한다. 따라서 사실오인에 포함되는 내용은 판결에 직접영향을 미치는 것들로 제한된다.

(9) 형의 양정이 부당하다고 인정할 사유가 있는 때(제15호)

이는 **양형부당**이라 하는데, 여기에서 형은 주형 외에 부가형·환형유치, 집행유예의 여부 등을 포함하고, 부당이라 함은 법원이 선고형 선택에 있어 재량권을 남용한 경우를 말한다. 따라서 양형부당이란 선고형에 따른 주형·부가형이 법정형 및 처단형의 범위 내에 있으나 인정된 범죄사실에 비하여 너무 중하거나 경하여 합리성을 잃은 경우를 말한다.[129] 처단형의 범위를 **초과하는** 형을 선고하는 것은 양형부당이 아니라 **법령위반**에 해당한다.

대법원은, 피고인이 제1심 판결에 대하여 양형부당만을 이유로 항소하였다가 그 항소가 기각된 경우나, 피고인이 제1심 판결에 대하여 양형부당과 함께 다른 항소이유를 내세워 항소하였다가 그 후 원심판결 선고 전에 양형부당 이외의 항소이유를 철회한 경우에는, 원심판결에 대하여 사실오인 또는 법리오해의 위법이 있다는 것을 상고이유로 삼을 수 없다고 한다.[130] 즉

128) 最判昭 45·6·19 刑集 24-6-299.
129) 대법원 2015. 7. 23. 선고 2015도3260 전원합의체 판결.
130) 대법원 2006. 10. 26. 선고 2005도9825 판결.

대법원은 피고인이 양형부당만을 이유로 항소한 경우에는 법령의 적용이나 사실인정에 대해서는 더 이상 다투지 않는 것으로 본다.

양형부당의 구체적 판단은 대법원 양형위원회의 양형기준을 통해 평가될 수 있다. 양형기준은 다수의 범죄에 대해 합리적이고 구체적인 양형의 기준을 두고 있고(법원조직법 제81조의6), 비록 법적 구속력은 없지만 법원은 이를 존중하여야 하고 그 기준에 따르지 아니할 경우에는 판결이유에 이를 기재하여야 한다(동법 제81조의7). 따라서 양형기준에 부합하는 양형은 양형부당이라고 할 수 없다. 양형기준에 준거하지 아니한 양형을 할 경우에는 판결서에 그 이유를 기재하여야 하는바, 그 기재이유에 따라 양형기준에 준거하지 아니한 양형의 당부를 평가할 수 있을 것이다.

Ⅲ. 항소의 절차

항소는 항소장의 제출, 항소이유서의 제출, 답변서의 제출, 항소법원의 심판으로 이어진다. 형사소송법은 항소장 제출, 항소이유서 제출, 답변서 제출 등 당사자의 단계별 소송행위에 대응한 법원의 조치를 구체적으로 규정하고 있다.

1. 항소장의 제출과 법원의 조치

(1) 항소장의 제출

항소의 제기는 상소권자가 제1심 판결선고일로부터 7일 이내에 항소장을 원심인 제1심법원에 제출함으로써 이루어진다(법 제358조, 제359조). 형사소송법은 항소장의 구체적 기재사항을 규정하고 있지 아니하지만 일반적으로 항소장에는 제1심 판결서의 사건번호, 선고연월일, 판결주문 및 항소취지 등이 기재되고, 항소취지에는 불복하는 재판의 내용과 불복의 취지가 명확히 기재되어 있어야 한다.

(2) 법원의 조치

(가) 제1심법원의 조치

항소장을 제출받은 원심법원(제1심법원)은 항소의 제기가 법률상의 방식에 위반하거나 항소권소멸 후인 것이 명백한 때에는 결정으로 항소를 기각하여야 한다(법 제360조 제1항). 따라서 서면에 의하지 아니한 항소 또는 항소기간이 도과한 이후에 제기한 항소에 대하여 원심법원은 스스로 항소기각의 결정을 한다. 원심법원의 항소기각결정에 대하여 항소인은 **즉시항고**를 할 수 있다(법 제360조 제2항).

원심법원이 항소기각의 결정을 하지 아니하는 때에는 항소장을 받은 날부터 14일이내에 소송기록과 증거물을 항소법원에 송부하여야 한다(법 제361조).

(나) 항소법원의 조치

항소의 제기가 법률상의 방식에 위반하거나 항소권소멸 후인 것이 명백한 경우임에도 원심법원이 항소기각의 결정을 하지 아니한 때에는 항소법원은 결정으로 항소를 기각하여야 한다. 항소인은 이러한 기각결정에 대하여도 즉시항고를 할 수 있다(법 제361조의4).

항소기각의 결정을 하지 아니하는 경우에 항소법원은 항소인과 상대방에게 소송기록의 접수를 통지하여야 한다. **소송기록접수통지를 받은 날부터 항소이유서 제출기간이 기산된다.**

1) 소송기록접수통지

항소법원이 원심법원으로부터 소송기록과 증거물을 송부받은 때에는 즉시 항소인과 상대방에게 그 사유를 통지하여야 하고, 통지 전에 변호인의 선임이 있는 때에는 변호인에게도 그 사유를 통지하여야 한다. 피고인의 항소대리권자가 피고인을 위하여 항소한 경우(법 제341조)에도 소송기록접수통지는 항소인인 피고인에게 하여야 하므로, 피고인이 적법하게 소송기록접수통지서를 받지 못하였다면 항소이유서 제출기간이 지났다는 이유로 항소기각결정을 하는 것은 위법하다.[131]

피고인이 교도소 또는 구치소에 있는 경우에는 원심법원에 대응한 검찰청검사는 항소법원으로부터 소송기록접수통지를 받은 날부터 14일이내에 피고인을 항소법원 소재지의 교도소 또는 구치소에 이송하여야 한다(법 제361조의2).

2) 국선변호인의 선정과 소송기록접수통지의 특칙

사선변호인의 경우, 소송기록접수통지시 이미 변호인으로 선임되어 있는 경우에 한하여 통지의 상대방이 된다. 하지만 피고인의 방어권 행사의 실질적 보장을 위해 국선변호인의 경우 소송기록접수통지 시점 이후에 선정되었다 하더라도 통지의 상대방이 된다.

소송기록과 증거물을 송부받은 항소법원은 필요적 변호사건(법 제33조 제1항)에서 변호인이 없는 경우에는 지체없이 변호인을 선정하고 그 변호인에게 소송기록접수통지를 하여야 한

131) 대법원 2018. 3. 29.자 2018모642 결정.

다. 필요적 변호사건이 아님에도 법원이 직권에 의해 국선변호인을 선정한 경우에도, 법원은 국선변호인의 선정 후 그 변호사에게 소송기록접수통지를 하여야 한다(법 제33조 제1항, 제3항, 규칙 제156조의2 제1항). 또한 항소이유서 제출기간이 도과하기 전에 피고인으로부터 국선변호인 선정청구가 있는 경우에는 항소법원은 지체 없이 그에 관한 결정을 하여야 하고, 청구를 인용하여 국선변호인을 선정한 경우에는 그 변호인에게 소송기록접수통지를 하여야 한다(법 제33조 제2항, 규칙 제156조의2 제2항).

항소법원이 국선변호인 선정결정을 한 후 항소이유서 제출기간 내에, 피고인이 책임질 수 없는 사유로 그 선정결정을 취소하여 새로운 국선변호인을 선정한 경우에도, 항소법원은 새로 선정된 국선변호인에게 소송기록접수통지를 하여야 한다(규칙 제156조의2 제3항).

3) 통지의 방법

통지방법은 **송달**에 의한다. 형사소송법 제65조에 의하여 준용되는 민사소송법상 송달규정에 따라 송달은 송달받을 사람의 주소·거소·영업소 또는 사무소 등의 송달장소에서 하여야 한다.

한편 당사자·법정대리인 또는 변호인은 주소 등 송달장소 외의 장소를 송달받을 장소로 정하여 법원에 신고할 수 있고, 이 경우에는 **송달영수인**을 정하여 신고할 수 있다. 송달영수인의 신고가 있으면 송달은 신고된 장소에서 송달영수인에게 하여야 하고, 송달영수인이 송달받은 때에 송달의 효력이 발생한다.

송달영수인 신고의 효력은 그 심급에만 미친다(민사소송법 제183조, 제184조). 따라서 항소법원이 제1심에서 송달영수인으로 신고되었던 자에게 소송기록접수통지서를 송달하였다 하더라도, 피고인에게 소송기록접수통지서가 적법하게 송달되었다 볼 수 없다.[132]

2. 항소이유서의 제출과 법원의 조치

(1) 항소이유서의 제출

(가) 항소이유서의 제출기간

1) 원칙

항소인 또는 변호인은 항소법원으로부터 소송기록접수통지를 받은 날로부터 20일 이내에 항소이유서를 항소법원에 **도달하도록 제출**하여야 한다(도달주의. 법 제361조의3 제1항 전단). 소송

132) 대법원 2024. 5. 9. 선고 2024도3298 판결.

기록접수통지가 여러 번 이루어진 경우 항소이유서 제출기간은 **최초 송달**의 효력이 발생한 날의 다음날부터 기산한다.[133)]

2) 재소자 특칙과 국선변호인 청구기각의 특칙

항소이유서의 제출에 대해서는 **재소자 특칙이 적용**되므로 재소자인 피고인이 항소기간 내에 항소장을 교도소장, 구치소장 또는 그 직무를 대리하는 자에게 제출한 때에는 항소제기기간 내에 항소한 것으로 간주한다(법 제361조의3 제1항 후단, 제344조).

항소법원이 피고인이 처음으로 청구한 국선변호인선정 청구를 기각한 경우에는 피고인이 국선변호인 선정청구를 한 날로부터 선정청구기각 결정등본을 송달받은 날까지의 기간은 항소이유서 제출기간에 산입하지 아니한다(규칙 제156조의2 제4항).

3) 항소인과 변호인의 제출기간

항소인과 변호인의 항소이유서 제출기간은 각자를 위해 **각각 진행**한다. 따라서 항소인의 항소이유서 제출기간이 도과하였다 하더라도 변호인의 기간은 도과하지 아니할 수 있고, 반대의 경우도 마찬가지이다.

국선변호인의 경우 항소인의 항소이유서 제출기간이 도과된 지 상당한 시간이 지났더라도 국선변호인의 항소이유서 제출기간은 국선변호인으로 선정되어 소송기록접수통지를 받은 날로부터 20일이 경과해야 도과된다. 사선변호인이 선임된 경우에는 그 선임시기가 피고인에게 소송기록접수통지가 이루어지기 전이면 항소이유서 제출기간은 사선변호인이 소송기록 접수통지를 받은 날부터 기산되지만, 피고인에게 이미 접수통지가 이루어진 후이면 변호인의 항소이유서 제출기간은 피고인이 그 통지를 받은 날부터 기산된다.

(나) 이유기재의 정도

항소이유서에는 구체적이고 간결하게 명시된 항소이유의 기재가 있어야 한다(규칙 제155조). 항소이유서에 구체적인 항소이유가 전혀 기재되지 아니하였다면 항소이유서를 제출하지 아니한 것과 같으므로 항소기각결정의 대상이 된다.[134)] 대법원은 검사의 경우에는 항소이유의 구체적 기재 여부에 대해 엄격한 잣대를 들이대어 판단한다. 대법원은 검사가 제1심 무죄판결에 대해 항소하면서 '사실오인 또는 법리오해'라고만 기재하였다거나,[135)] 제1심 유죄판결에 대해 항소하면서 다른 구체적인 이유의 기재 없이 단순히 항소장의 '항소의 범위'란에 '양형부당'

133) 대법원 2010. 5. 27. 선고 2010도3377 판결.
134) 대법원 2017. 3. 15. 선고 2016도19824 판결.
135) 대법원 2003. 12. 12. 선고 2003도2219 판결.

이라는 문구가 기재되어 있는 경우는[136] 적법한 항소이유의 기재라고 볼 수 없다고 하였다.

다만 피고인은 법률전문가가 아니므로 피고인의 항소이유 기재가 다소 추상적이라 하더라도 이를 곧바로 위법하다 할 수는 없다. 항소인이 항소이유서에 '위 사건에 대한 원심판결은 도저히 납득할 수 없는 억울한 판결이므로 항소를 한 것입니다'라고 기재하였다고 하더라도 항소심으로서는 이를 제1심 판결에 사실의 오인이 있거나 양형부당의 위법이 있다는 항소이유를 기재한 것으로 선해하여 그 항소이유에 대하여 심리를 하여야 한다.[137] 특히 피고인에게 변호인이 선임되지 아니한 경우에는 항소법원은 그 의미를 밝히는 노력을 우선해야 하며 항소이유의 기재가 추상적이라는 이유만으로 피고인의 항소를 쉽게 기각해서는 아니 된다.

(다) 항소이유서의 추가·철회·변경

항소인에게는 항소이유서 제출기간 만료시까지 항소이유서를 제출할 수 있는 기회가 보장되어 있고, 항소이유서를 제출하였더라도 그 기간 내에서는 항소이유를 추가·변경·철회할 수 있다. 따라서 항소법원은 항소이유서 **제출기간의 경과 전에는 항소사건을 심판할 수 없고,**[138] 항소이유서가 제출된 후 변론이 종결되었다 하더라도 항소이유서 제출기간 내에 추가로 항소이유서가 제출되었다면, 특별한 사정이 없는 한 변론을 재개하여 추가 이유에 대해 심리하여야 한다.[139] 이를 위반하여 판결을 선고하면 소송절차에 관한 법령위반으로 상고이유가 된다.

(라) 국선변호인 관련 법원의 의무와 의무위반의 효과

헌법상 보장되는 '변호인의 조력을 받을 권리'는 변호인의 '충분한 조력'을 받을 권리를 의미한다. 따라서 피고인에게 국선변호인의 조력을 받을 권리를 보장하여야 할 국가의 의무는 국선변호인을 선정하여 주는데 그치지 않고, 피고인이 국선변호인의 실질적인 조력을 받을 수 있도록 필요한 업무 감독과 절차적 조치를 취할 책무까지 포함된다.

이러한 원칙하에 대법원은, 직권판단으로 국선변호인을 선정하여야 하는데도 정당한 이유 없이 국선변호인을 선정하지 않거나, 피고인이 항소이유서 제출기간이 도과하기 전에 국선변호인의 선정을 청구하였는데도 항소법원이 그에 관한 결정을 하지 않고 있는 사이에 피고인이 사선변호인을 선임한 경우, 법원에 의한 국선변호인 선정 해태의 불이익을 피고인에게 전가할 수는 없음을 이유로 국선변호인에 대한 소송기록접수통지 및 항소이유서 제출기간 조항이 유

136) 대법원 2008. 1. 31. 선고 2007도8117 판결.
137) 대법원 2002. 12. 3.자 2002모265 결정.
138) 대법원 2015. 12. 24. 선고 2015도17051 판결.
139) 대법원 2018. 4. 12. 선고 2017도13748 판결.

추적용되어야 한다고 하였다. 따라서 이 경우 항소법원은 사선변호인에게 소송기록접수통지를 하여야 하고, 사선변호인은 통지를 받은 날로부터 20일 내에 항소이유서를 제출할 수 있다.[140] 또한 대법원은 직권판단으로 국선변호인을 선정해야 하는 사건에서 항소이유서 제출기간 도과 후 국선변호인이 선정되었고, 그 국선변호인이 소송기록접수통지를 송달받았음에도 기간 내에 항소이유서를 제출하지 아니한 경우, 국선변호인이 항소이유서를 제출하지 아니한 데 대하여 피고인에게 책임을 돌릴 만한 사유가 특별히 밝혀지지 아니한 이상, 항소법원은 새로운 국선변호인을 선정하고 소송기록접수통지를 한 후 항소이유서 제출기간 내에 항소이유서가 제출되도록 감독권한을 행사하여야 한다고 하였다.[141]

하지만 필요적 변호사건에서 항소법원이 국선변호인을 선정하고 피고인과 그 국선변호인에게 소송기록접수통지까지 송달한 이후 피고인이 사선변호인을 선임하자 항소법원이 국선변호인 선정을 취소한 경우에는(규칙 제18조 제1항 제1호) 사선변호인에게 따로 소송기록접수통지를 할 필요는 없다고 한다.[142] 피고인이 국선변호인의 조력을 포기하고 자신의 책임으로 사선변호인을 선임한 것이므로 이런 경우까지 법원의 관리·감독의무가 있다고 할 수는 없기 때문이라는 것이다. 그러나 이러한 경우라 하더라도 항소법원은, 피고인이 소송지연 등을 위하여 새로 변호인을 선임하였다는 등의 특별한 사정이 없는 한, 새로 선임된 사선변호인에게 소송기록접수통지를 하여 그 변호인으로 하여금 항소이유서를 작성·제출할 수 있는 기회를 보장해 주는 것이 정당하다고 생각된다. 더구나 위 판결은 피고인의 방어능력의 보충이 절실한 필요적 변호사건에서 변호인의 항소이유서 제출기간을 사실상 단축시켜 변호인의 '충분한' 조력을 받을 피고인의 헌법상 권리를 침해하는 것이 되어 부당하다. 위 사안은 필요적 변호사건에서 피고인이 책임질 수 없는 사유로 국선변호인이 변경된 경우와 그 유사성이 인정되는 만큼 형사소송규칙 제156조의2 제3항을 유추적용하여 새로 선임된 사선변호인에게도 따로 소송기록접수통지를 하도록 해야 할 것이다. 그 경우 새로 선임된 사선변호인은 소송기록접수통지를 받은 날로부터 20일 이내에 항소이유서를 제출해야 한다.

140) 대법원 2009. 2. 12. 선고 2008도11486 판결.

141) 대법원 2012. 2. 16.자 2009모1044 전원합의체 결정.

142) 대법원 2018. 11. 22.자 2015도10651 전원합의체 결정. 다만 최근 대법원은 피고인에게는 통지가 이루어지지 아니하고 국선변호인에게만 통지가 이루어진 후, 피고인이 사선변호인을 새로 선임하여 그 변호인 선임서를 법원에 제출한 경우에는, 법원은 사선변호인에게 소송기록접수통지를 하여야 한다고 하였다(대법원 2024. 5. 9. 선고 2024도3298 판결).

(2) 법원의 조치

제출기한 내에 항소이유서를 제출받은 경우 항소법원은 지체없이 그 부본 또는 등본을 상대방에게 송달하여야 한다(법 제361조의3 제2항).

제출기한 내에 항소이유서가 제출되지 아니한 경우 항소법원은 항소이유서를 제출하지 아니한 항소인의 항소에 대하여 **항소기각결정**을 하여야 한다. 다만 직권조사사유가 있거나 항소장에 항소이유의 기재가 있는 때에는 예외로 한다(법 제361조의4 제1항). 여기서 직권조사사유에는 소송조건의 존부, 필요적 변호사건에 해당하는지 여부, 증거능력의 유무, 법령의 적용이나 해석에 착오가 있는지 여부 등이 포함된다. 항소인은 항소이유서 미제출을 이유로 한 항소기각결정에 대하여 **즉시항고**를 할 수 있다(동조 제2항).

대법원은, 항소인이 제출한 항소이유서 부본이 상대방에게 송달되지 아니하였고 이로 인하여 상대방이 답변서를 제출할 기회를 갖지 못하였으나, 상대방이 항소심 공판기일에 출석하여 항소이유서 **부본의 불송달에 대하여 아무런 이의를 제기하지 않은 채** 쌍방이 변론을 하는 등으로 항소심 공판절차의 진행에 협조하였다면, 상대방에게 방어준비의 기회를 주기 위한 부본송달의 취지는 훼손되었다고 보기 어려우므로 부본 불송달의 **하자는 치유**된 것으로 보고 있다.[143]

3. 답변서의 제출과 법원의 조치

(1) 답변서의 제출

답변서란 항소인의 항소이유에 대한 피항소인의 반론을 기재한 서류를 말한다. 피항소인은 항소법원으로부터 소송기록접수통지를 받은 날로부터 10일 이내에 항소법원에 항소이유에 대한 구체적이고 간결한 반론이 명시된 답변서를 제출하여야 한다(법 제361조의3 제3항, 규칙 제155조).

(2) 법원의 조치

답변서를 제출받은 항소법원은 지체없이 그 부본 또는 등본을 항소인 또는 변호인에게 송달하여야 한다(법 제361조의3 제4항). 답변서의 미제출에 대하여 형사소송법은 어떠한 제재도 규정하고 있지 아니하므로, 기간 내에 답변서를 제출받지 못하더라도 항소법원은 심판절차를

143) 대법원 2001. 12. 27. 선고 2001도5810 판결.

진행하여야 한다.

4. 항소심의 심판범위와 심리절차

(1) 항소심의 심판범위

(가) 의무적 심판사항과 재량적 심판사항

항소법원은 항소이유에 포함된 사유에 관하여 심판하여야 한다(법 제364조 제1항). 따라서 항소이유로 기재되지 않은 사유는 공판정에서의 진술이 있다 하더라도 의무적 심판범위에 포함되지 아니한다.[144] 항소법원은 판결에 영향을 미친 사유에 관하여는 항소이유서에 포함되지 아니한 경우에도 직권으로 심판할 수 있다(법 제364조 제2항). 판결에 영향을 미친 사유에는 법령위반, 사실오인, 양형부당 등이 모두 포함된다.[145] 따라서 항소심의 심판범위는 **의무적 심판사항인 항소사유와 재량적 심판사항인 판결에 영향을 미친 사유**라 할 수 있다.

이처럼 형사소송법 제364조 제1항은 항소심의 심리는 원칙적으로 당사자주의의 원칙에 따라 이루어져야 한다는 것을 명확히 하고, 제2항은 실체적 진실주의 내지 법령의 정당한 적용을 확보하여 판결의 적정성을 담보하고 당사자의 이익을 보호하기 위한 수단으로서의 직권에 의한 심판을 보조적으로 인정하고 있음을 드러내고 있다.

(나) 재량적 심판사항의 의무화

재량적 심판사항과 관련하여, 항소이유서에 포함되어 있지 아니한 사항에 관하여 법원이 직권심판을 하지 않는 것이 위법하다 할 수 있을까? 피고인의 입장에서 보자면 모든 국민이 언제나 우수한 변호사를 선임하여 유감없이 자기의 권리를 주장하는 것은 극히 어려우므로, 그 간극을 메우기 위하여 법원의 직권조사·심판의무를 널리 인정할 필요가 있다는 주장도 충분히 있을 수 있을 것이다. 하지만 불고불리의 원칙에 따른 피고인의 방어권 보장과 법률전문가이자 공익의 대표자인 검사의 지위를 함께 생각해 볼 때, 항소법원의 직권심판은 피고인의 이익을 위한 경우로서 직권조사·심판을 행하지 아니하면 현저히 정의에 반하는 경우에만 예외적으로 의무가 된다고 함이 상당할 것이다.

144) 대법원 2007. 5. 31. 선고 2006도8488 판결.
145) 대법원 2010. 12. 9. 선고 2008도1092 판결.

(2) 항소심의 공판절차와 심리의 특칙

(가) 항소심의 공판절차

항소심의 공판절차는 특별한 규정이 없으면 제1심 공판에 관한 규정이 준용된다(법 제370조). 따라서 항소심의 공판절차는 특칙이 없는 이상 제1심 공판절차와 동일하게 모두절차와 증거조사절차를 거쳐 판결로 나아가게 된다.

항소심의 구조를 원칙적 속심으로 이해하는 통설과 판례에 따를 때, 항소심에서도 당연히 공소장변경이 허용되고, 공소장이 변경된 경우 항소심은 공소장변경을 이유로 직권으로 제1심 판결을 파기한 후 다시 판결하여야 한다.[146] 다만 공소취소는 제1심판결 선고 전까지만 가능하므로(법 제255조 제1항) 항소심에서는 공소취소를 할 수 없다.

(나) 항소심 심리의 특칙

1) 피고인의 불출석 재판

항소심에서도 피고인이 공판기일에 출정하지 아니한 때에는 다시 기일을 정하여야 하지만, 피고인이 정당한 사유 없이 다시 정한 기일에도 출정하지 아니한 때에는 피고인의 진술 없이 판결할 수 있다(법 제365조). 항소심은 제1심에 비해 소송경제적 요청이 강하므로 적법한 공판기일 통지가 이루어졌음에도 피고인이 정당한 사유 없이 **연속 2회 불출석**한 경우에는,[147] 피고인의 책임으로 변론권을 포기한 것으로 보아 제1심과 달리 즉시 불출석 재판을 할 수 있도록 한 것이다.

2) 항소이유 및 답변의 진술과 쟁점의 정리

항소심은 모두절차에서 검사와 피고인의 모두진술 대신에 항소인의 항소이유에 대한 구체적 진술과 그에 대한 상대방의 구체적 답변의 진술이 이루어진다. 이때 피고인 및 변호인은 항소이유 또는 답변에 포함되지 아니한 사실이라 할지라도 피고인에게 이익이 되는 사실 등을 진술할 수 있다(규칙 제156조의3).

제1심에서 재판장의 쟁점정리는 임의절차이지만, 항소법원은 항소이유와 답변에 터 잡아 해당 사건의 사실상·법률상 쟁점을 정리하여 밝히고, 그 증명되어야 하는 사실을 명확히 하여야 한다(규칙 제156조의4).

---

146) 대법원 2004. 7. 22. 선고 2003도8153 판결.
147) 대법원 2012. 6. 28. 선고 2011도16166 판결.

3) 제1심이 채택한 증거의 증거능력과 증명력

① 증거능력

제1심에서 증거로 할 수 있었던 증거는 항소법원에서도 증거로 할 수 있고(법 제364조 제3항), 항소심법원의 재판장은 증거조사절차에 들어가기에 앞서 제1심의 증거관계와 증거조사결과의 요지를 고지하여야 한다(규칙 제156조의5).

여기에서 증거로 할 수 있다는 의미는 제1심에서 증거능력이 인정된 증거는 항소심에서도 증거능력이 인정되고, 항소심에서 다시 증거조사를 거칠 필요가 없다는 의미이다.148) 따라서 피고인이 항소심에 출석하여 공소사실을 부인하면서 제1심에서 간주된 증거동의를 철회 또는 취소한다는 의사표시를 하더라도, 증거동의의 철회 또는 취소는 원칙적으로 증거조사가 완료되기 전까지만 가능하므로 그 의사표시에는 어떠한 효력도 발생하지 아니하고, 그로 인하여 제1심에서 적법하게 부여된 증거능력이 상실되는 것은 아니다.149)

② 증명력

항소심은 속심이므로 자유심증주의에 따라 제1심이 채택한 증거의 증명력 평가는 항소심에게 맡겨져 있다. 다만 제1심 공판절차에서 이루어진 법정증언의 경우, 항소심은 증인의 증언태도 등을 통해 그 신빙성을 평가할 기회를 가지지 못했으므로 이를 배척할 명확하고 현저한 사유가 없는 이상 제1심 법원의 판단을 배척할 수 없다.150) 예를 들어 제1심의 피해자에 대한 증인신문조서 기재 자체에 의하여 피해자의 진술을 믿기 어려운 사정이 보인다 하더라도, 항소법원이 그 증인을 다시 신문하여 보지도 아니하고 제1심의 증인신문조서의 기재만으로 제1심 법원과는 그 증명력을 달리 판단한 것은 심히 부당하다.151)

4) 증인신문과 피고인신문의 제한

① 증인신문

항소심은 속심이므로 당연히 새로운 증거를 추가로 채택할 수 있다. 다만 증인의 채택은, 제1심에서 조사되지 아니한 데에 대하여 고의나 중대한 과실이 없고 그 신청으로 인하여 소송을 현저하게 지연시키지 아니하는 경우, 제1심에서 증인으로 신문하였으나 새로운 중요한 증거의 발견 등으로 항소심에서 다시 신문하는 것이 부득이하다고 인정되는 경우,152) 그밖에 항

148) 대법원 2005. 3. 11. 선고 2004도8313 판결.

149) 대법원 2010. 7. 15. 선고 2007도5776 판결.

150) 대법원 2010. 3. 25. 선고 2009도14065 판결.

151) 대법원 2005. 5. 26. 선고 2005도130 판결.

152) 대법원 2005. 5. 26. 선고 2005도130 판결. 제1심의 증인에 대한 증인신문조서 기재 자체에 의하여 증인의 진술을 믿기 어려운 사정이 보이는 경우에는 항소심은 그 증인을 다시 신문하여야 하고 그러하지 아

소의 당부에 관한 판단을 위하여 반드시 필요하다고 인정되는 경우 중 어느 하나에 해당하는 경우로 제한된다(규칙 제156조의5 제2항). 형사소송법은 실체적 진실발견을 위한 실질적 직접심리주의의 정신을 살리면서도 소송경제의 면도 고려하여, 당사자의 주장과 증거조사는 제1심 법정에서 이루어짐을 원칙으로 하되, 항소심에서의 추가적인 증인신문은 증인이 특별한 사정으로 제1심 법원에 출석하지 못하거나 제대로 증언할 수 없었던 경우에만 허용하고 있는 것이다. 특히 제1심 재판이 국민참여재판으로 이루어졌고 배심원의 만장일치 무죄평결과 그에 따른 무죄판결이 선고된 경우, 항소심에서의 추가적이거나 새로운 증인채택 여부는 더욱 신중하게 결정되어야 한다.[153)]

② 피고인신문

피고인신문도 항소심의 증거조사가 종료한 후 항소이유의 당부를 판단함에 필요한 사항에 한하여 이루어질 수 있다. 이 경우에도 재판장은 제1심의 피고인신문과 중복되거나 항소이유의 당부를 판단하는 데 필요 없다고 인정하는 때에는 그 신문의 전부 또는 일부를 제한할 수 있다(규칙 제156조의6).

5. 항소심의 재판

항소심 법원은 공소기각 결정사유가 있거나 항소제기에 고유한 하자가 있으면 항소이유에 대한 인용 여부를 가리지 아니하고 공소기각결정 또는 항소기각결정을 하여야 한다. 공소기각 결정 또는 항소기각결정의 사유가 없으면 항소심 법원은 항소이유의 인용 여부를 가려야 한다.

(1) 공소기각결정

항소법원은 피고인인 법인이 존속하지 아니하게 되었을 때 등 공소기각결정 사유가 있으면 결정으로 공소를 기각하여야 한다(법 제363조 제1항, 제328조 제1항). 이는 공소기각 사유가 명백한 경우 소송경제를 고려하여 항소법원이 항소이유의 인용 여부를 가리지 아니하고 변론 없이 공소를 기각하도록 한 것이다. 항소법원의 공소기각결정에 대해서는 즉시항고를 할 수 있다(법 제363조 제2항).

니한 채 제1심과 전혀 다르게 판단하였다면 이에는 채증법칙을 위배하였거나 심리를 다하지 아니한 위법이 있다.

153) 대법원 2024. 7. 25. 선고 2020도7802 판결.

(2) 항소기각 재판

(가) 항소기각결정

항소법원은 항소의 제기가 법률상의 방식에 위반하거나 항소권소멸 후인 것이 명백함에도 원심법원이 항소기각의 결정을 하지 아니한 경우와, 항소인이나 변호인이 항소이유서 제출기간 내에 항소이유서를 제출하지 아니한 경우에는 결정으로 항소를 기각하여야 한다. 단, 항소이유서 제출기간 도과의 경우 직권조사사유가 있거나 항소장에 항소이유의 기재가 있는 때에는 예외로 한다(법 제362조 제1항, 제360조, 제361조의4 제1항).

여기서 직권조사사유란 반의사불벌죄에 있어서 처벌불원의사의 부존재나[154] 법령의 적용 또는 해석의 착오와 같이 당사자가 주장하지 않더라도 법원이 직권으로 조사하여야 할 사유를 말한다. 이는 항소제기 절차의 형식적 하자가 있는 경우에 대한 형식재판으로서, 형사소송법은 이러한 경우에도 항소법원이 항소이유의 인용 여부를 가리지 아니하고 변론 없이 항소를 기각하도록 한 것이다.

항소기각결정에 대하여는 **즉시항고**를 할 수 있다(법 제362조 제2항, 제361조의4 제2항).

(나) 항소기각판결

항소법원은 심리를 거쳐 항소이유가 없다고 인정한 때에는 판결로써 항소를 기각하여야 한다(법 제364조 제4항). 항소이유 없음이 명백한 때에는 항소장, 항소이유서 기타의 소송기록에 의하여 변론 없이 판결로써 항소를 기각할 수 있다(동조 제5항). 이를 **무변론 항소기각판결**이라고 하며, 소송지연목적의 **남상소를 방지**하고자 하는데 그 취지가 있다.

검사와 피고인이 모두 항소하였고 항소법원이 일방의 항소에 대해서만 이유 있다고 인정하여 제1심 판결을 파기하고 자판하는 경우, 이유 없는 항소에 대해서는 판결이유에 그 사정을 기재하면 되고 주문에서 이를 기각하는 표시를 할 필요는 없다.[155]

항소기각판결에 대해서는 상고할 수 있다(법 제371조).

(3) 항소인용판결

항소법원은 구두변론에 의한 심리를 거쳐[156] 항소이유가 있다고 인정한 때에는 제1심 판

154) 대법원 2019. 12. 13. 선고 2019도10678 판결.
155) 대법원 2020. 6. 25. 선고 2019도17995 판결.
156) 대법원 1994. 10. 21. 선고 94도2078 판결.

결을 파기하여야 한다(법 제364조 제6항). 제1심 판결이 파기되면 그 판결이 없었던 상태에서 소송계속이 이루어지므로 그에 대한 판결이 필요하게 되는데, 이때의 재판은 항소심이 스스로 하는 것, 즉 **파기자판**을 원칙으로 하고 일정한 경우에는 항소법원은 사건을 제1심 법원에 환송하거나 관할권 있는 법원으로 이송하여 그 법원이 재판하게 된다(파기환송·파기이송).

제1심 판결에 대해 여러 공동피고인이 항소하면 공동피고인 사이에 공통되는 범죄사실이 동일한 소송절차에서 병합심리 될 수 있다. 이때 항소법원이 한명의 피고인의 항소이유를 인용하고 그 피고인을 위하여 원심판결을 파기하는 경우에는, 파기의 이유가 공통되는 다른 공동피고인에 대하여도 제1심 판결을 파기하여야 한다(법 제364조의2). 파기이유가 공통된다 하더라도 해당 범죄사실이 동일한 소송절차에서 병합심리되지 아니한 경우에는 그러하지 아니하다.[157]

(가) 파기자판

파기자판이란 항소인용시 항소법원이 구두변론을 거쳐[158] 제1심 판결을 파기하고 스스로 재판하는 것을 말한다. 파기자판은 항소인용판결의 원칙적 재판으로서(법 제364조 제6항) 파기자판의 원칙은 항소심의 구조가 속심이라는 주요 근거가 된다.

항소법원은 항소인용시 제1심 판결을 파기하고, 인용 사유에 따라 유·무죄의 실체판결, 공소기각 판결, 면소판결을 한다. 양형부당은 독립적 항소이유이므로 항소법원은 당연히 양형의 변경만을 위해 제1심의 유죄판결을 파기하고 다시 유죄판결을 할 수도 있다.

파기자판의 재판에 대해서는 상고할 수 있다(법 제371조).

(나) 파기환송

공소기각 또는 관할위반의 재판이 법률에 위반됨을 이유로 원심판결을 파기하는 때에는, 항소심 법원은 판결로써 사건을 원심법원에 환송하여야 한다(법 제366조). 이처럼 파기환송이란 공소기각판결·결정 또는 관할위반판결이 내려진 제1심 재판이 법률에 위반됨을 이유로 항소가 인용되는 경우에, 항소법원이 제1심 판결을 파기하고 사건을 제1심 법원으로 돌려보내어 제1심 법원이 이를 다시 심판하게 하는 것을 말한다. 이 경우는 제1심에서 **실체에 대한 심리를 한 적이 없기 때문에** 다시 돌려보내어 심판하도록 하는 것이다.

이처럼 파기환송은 실질적 3심 제도를 보장하기 위한 것으로 항소법원은 파기환송의 사유가 인정되면 파기자판 할 수 없다.[159] 사건을 환송받은 제1심 법원은 파기판결의 기속력의 범

157) 대법원 2019. 8. 29. 선고 2018도14303 전원합의체 판결.
158) 대법원 1994. 10. 21. 선고 94도2078 판결.
159) 대법원 1998. 5. 8. 선고 98도631 판결.

위 내에서 당해 사건을 다시 심판하게 된다.

(다) 파기이송

파기이송이란 관할인정이 법률에 위반됨을 이유로 항소가 인용되는 경우, 항소법원이 판결로써 제1심 판결을 파기하고 사건을 관할권 있는 법원에 이송하여 그 법원이 이를 심판하게 하는 것을 말한다(법 제367조 본문). 사건을 이송 받은 법원은 이송받은 사건에 대해 제1심 법원이 되고, 파기판결의 기속력의 범위 내에서 당해 사건을 심판하게 된다.

다만 제1심 재판에 대한 사물관할이 합의부에 있음에도 단독판사가 재판한 경우와 같이 항소법원이 그 사건의 제1심 관할권이 있는 때에는, 항소법원은 스스로 제1심으로써 심판하여야 한다(법 제367조 단서).

(4) 재판서의 기재방식

항소법원의 재판서에는 항소이유에 대한 판단을 기재하여야 하고, 원심판결에 기재한 사실과 증거를 인용할 수 있다(법 제369조).

(가) 공소기각결정서, 항소기각결정서, 항소기각판결서

공소기각결정, 항소기각결정, 항소기각판결은 제1심 판결을 파기하는 것이 아니다. 따라서 이때에는 재판서의 일반적 기재요건인 사건번호, 피고인, 변호인, 검사 및 선고일의 기재에 이어 주문과 이유만을 기재하면 충분하고, 제1심 판결문의 범죄사실, 증거요지, 법령적용 등을 기재할 필요는 없다.

(나) 항소인용판결서

1) 원칙

항소인용 판결서에도 재판서의 일반적 기재요건의 기재에 이어 주문과 이유의 기재가 있어야 한다. 다만 이유의 기재에 있어 여러 항소이유 중 하나의 항소이유를 인용한 경우에는 그 인용의 이유에 대해서만 기재하면 되고, 나머지 항소이유의 인용 또는 기각 이유에 대해서는 기재하지 아니할 수 있다.[160] 직권으로 항소를 인용한 경우에도 마찬가지로 직권으로 인용한 이유에 대해서만 기재하면 된다.[161]

160) 대법원 2011. 6. 24. 선고 2011도5690 판결.
161) 대법원 2008. 7. 24. 선고 2007도6721 판결.

2) 파기자판에 의한 유죄판결의 경우

항소를 인용하여 파기자판에 의해 유죄판결을 선고하는 경우에는 유죄판결의 판결서에 기재될 사항이 모두 기재되어야 한다. 이 경우 제1심은 파기되므로 주문은 '원판결을 파기한다.'라는 기재 다음에 각 판결에 따른 주문이 기재된다.

이유에는 범죄사실, 증거의 요지, 법령의 적용이 기재되어야 하는데, 형사소송법의 명문의 규정에 따라 범죄사실과 증거의 요지는 제1심 판결서의 기재를 인용할 수 있으나(법 제369조), 법령적용의 인용에 대한 규정은 없으므로 항소법원은 이를 직접 기재하여야 한다.[162]

파기자판의 내용에 따라 범죄사실과 증거요지를 새로 쓸 필요가 있을 때에는 항소법원은 당연히 이를 직접 기재하여야 한다. 대법원도 항소법원이 제1심 판결을 파기하여 피고인을 유죄로 인정하면서 그 이유에 범죄사실과 적용법령의 기재만이 있을 뿐, 그 범죄사실을 증명하는 증거의 요지를 누락시키는 것은 증거없이 범죄사실을 인정하였거나 이유불비의 잘못을 범한 위법이 있다고 하였다.[163]

제3절 상고

Ⅰ. 개관

1. 상고의 의의

상고란 제2심 판결에 대한 불복으로서의 상소를 말한다. 검사, 피고인 등 상소권자는 항소법원의 판결에 대하여 불복이 있으면 상고법원에 상고할 수 있다(법 제371조). 항소법원은 제1심 법원의 사물관할에 따라 지방법원 본원합의부 또는 고등법원이 될 수 있지만, 상고법원은 언제나 대법원이 된다.

항소법원의 판결에 대하여 검사, 피고인 등이 모두 상고하지 아니하면 항소심 판결은 확정되어 형사절차는 종결되고, 검사 또는 피고인 중 하나라도 상고를 하면 항소법원의 판결은 상고법원으로 이심된다.

---

162) 대법원 2000. 6. 23. 선고 2000도1660 판결.

163) 대법원 1987. 2. 24. 선고 86도2660 판결.

2. 상고심의 구조

상고심은 원칙적으로 법령위반을 상고이유로 하고 있으므로(법 제383조 제1호), 그 법적성격은 **사후심**이자 **법률심**이다. 사실인정도 상고이유 중 하나로 되어있지만 중대한 오인이 있는 경우로 제한되어 있기 때문에 단지 사실오인이 있다는 것만으로는 상고이유에 해당하지 아니한다.

상고심의 절차에 관한 형사소송법 규정 역시 상고심은 사후심·법률심이라는 것을 전제로 한다. 상고심은 **서면인 상고이유서에 의한 변론만이 허용**되고(법 제388조), 공판기일에 **피고인의 소환을 요하지 아니하며**(법 제389조의2), 상고법원은 상고장, 상고이유서 기타의 소송기록에 의하여 **변론 없이 판결할 수 있다**(법 제390조).

이처럼 상고심은 사후심이고 상고심의 심판대상은 **항소심판결 당시를 기준으로 하여 그 당부를 심사**하는데 있는 것이므로, 항소심판결에 대한 판단시점은 **항소심판결 선고시**가 된다.[164] 따라서 항소심판결 당시 미성년이었던 피고인에게 부정기형이 선고되었고 상고심 계속 중에 피고인이 성년이 된 경우에도 이를 이유로 부정기형이 선고된 원심판결(항소심판결)을 파기할 수는 없는 것이다.[165]

Ⅱ. 상고이유

1. 의의

(1) 상고이유의 의미

상고이유란 상소권자가 적법하게 상고를 제기할 수 있는 법률상의 이유를 말한다. 형사소송법은 판결에 영향을 미친 헌법·법률·명령 또는 규칙의 위반이 있는 때, 판결후 형의 폐지나 변경 또는 사면이 있는 때, 재심청구의 사유가 있는 때, 사형·무기 또는 10년 이상의 징역이나 금고가 선고된 사건에 있어서 중대한 사실의 오인이 있어 판결에 영향을 미친 때 또는 형의 양정이 심히 부당하다고 인정할 현저한 사유가 있는 때의 네 가지 상고이유를 열기하여 명시하고 있다(법 제383조), 항소이유에 비해 그 이유가 제한되어 있는 것은 상고심이 사후심·법률심이라는 것에 더하여 대법원의 업무 부담을 경감시킨다는 의미도 포함되어 있다고

164) 대법원 1998. 2. 27. 선고 97도3421 판결.
165) 대법원 1986. 12. 9. 선고 86도2181 판결.

하겠다.

상고심은 유일의 최종심판법원이므로 **법령해석의 통일**을 기하는 것을 그 주된 기능으로 한다. 따라서 주된 상고이유는 판결에 영향을 미친 헌법·법률·명령 또는 규칙의 위반이 있는 경우이다. 또한 상고심은 하급심의 오판을 바로잡아 당사자의 권리를 구제하는 기능도 갖고 있는바, 원판결에 중대한 사실오인이 있는 때를 상고이유로 두고 있는 것은 그 때문이다.

(2) 상고이유의 분류

상고이유는 판결에 영향을 미쳤는지 여부에 따라 상대적 상고이유(법 제383조 제1호, 제4호)와 절대적 상고이유로 분류할 수 있고(동조 제2호, 제3호), 법령위반으로 인한 것인지 여부에 따라 법령위반으로 인한 상고이유(동조 제1호)와 법령위반 이외의 상고이유(동조 제2호 내지 제4호)로 분류할 수 있다.

(3) 항소이유와의 관계

명문의 규정은 없으나 대법원은 상고심의 사후심적 성격을 근거로 **항소법원의 심판범위에 포함된 것이 아닌 이상 상고이유로 삼을 수 없다**고 한다.[166] 따라서 상소권자는 항소시부터 항소이유의 선택에 신중을 기해야 하고, 항소법원이 직권으로 심판범위에 포함시키지 아니한 이상 항소이유로 기재되지 아니한 것은 적법한 상고이유가 되지 못하여 상고기각의 사유가 된다.

2. 구체적 검토

상고이유 중 판결에 영향을 미친 헌법·법률·명령 또는 규칙의 위반이 있는 때, 판결후 형의 폐지나 변경 또는 사면이 있는 때, 재심청구의 사유가 있는 때에 대한 논의는 항소이유에서 살펴본 것과 동일하다. 따라서 여기에서는 중대사건에 있어 중대한 사실오인과 심히 부당한 양형에 대해서만 살펴본다.

(1) 중대사건에 있어 중대한 사실오인

(가) 사형, 무기 또는 10년 이상의 징역이나 금고가 선고된 사건

항소법원에서 유죄판결이 있어야 하고, 그 선고형이 사형, 무기, 단기 10년의 징역 또는 금고형이어야 한다. 하나의 사건에 대한 선고형이 이에 해당하면 되는 것이므로, 사건이 하나

166) 대법원 2018. 4. 26. 선고 2018도2624 판결.

라면 하나의 형에 의한 것이든 형법 제37조 후단 경합범이 되어 여러 형의 선고에 의해 합산한 것이든 문제되지 아니하지만,[167] 선고유예는 형이 선고되지 아니하였으므로 이에 포함되지 아니한다.[168]

한편 대법원은 이 상고이유는 중한 형의 유죄판결을 전제로 하고 있다는 점에서 중한 형을 선고받은 피고인의 이익을 위하여 피고인이 상고하는 경우에만 적용된다고 한다.[169] 따라서 검사는 이 상고이유로는 상고할 수 없다.

(나) 중대한 사실의 오인이 있어 판결에 영향을 미친 때

사실오인의 의미는 항소이유에서의 의미와 동일하고, 그 대상 또한 항소이유에서와 마찬가지로 구성요건·위법성·책임, 처벌조건, 법률상 형의 가감과 관련된 사실 등이다.[170] 사실오인의 중대성은 항소법원의 사실인정에 오류가 있음이 확인되거나, 오류가 있었음을 의심할 수 있는 현저한 사유가 있는 경우를 의미한다.[171]

여기에서도 소송법적 사실과 양형관련 사실은 각각의 상고사유에 해당하게 되므로, 이때의 사실오인의 대상에는 포함되지 아니하고,[172] 사실오인이 판결에 영향을 미쳤다는 의미 또한 항소이유에서와 같다.

(2) 형의 양정이 심히 부당하다고 인정할 현저한 사유가 있는 때

여기에서의 양형부당 여부도 항소이유에서와 마찬가지로 대법원 양형위원회의 양형기준에 따라 판단할 수 있다.[173] 하지만 상고이유로서의 양형부당은 심각한 양형부당임을 인정할 현저한 사유가 있을 것을 요하므로, 양형기준을 준수한 양형을 부당하다 할 수 없는 것은 당연하고, 이를 벗어났다 하더라도 판결서 기재이유로는 도저히 그 정당성을 인정할 수 없는 예외적인 경우에 한하여 인정될 수 있다.

---

167) 대법원 2010. 1. 28. 선고 2009도13411 판결.
168) 대법원 2016. 12. 27. 선고 2015도14375 판결.
169) 대법원 2022. 4. 28. 선고 2021도16719 등 판결.
170) 716페이지 참조.
171) 대법원 1960. 5. 6. 선고 4393형상1 판결.
172) 대법원 2008. 5. 29. 선고 2008도1816 판결.
173) 716페이지 참조.

Ⅲ. 상고의 절차

상고는 상고장의 제출, 상고이유서의 제출, 답변서의 제출, 상고심의 심판으로 이어진다. 이러한 상고의 절차 중 상고장의 제출과 법원의 조치(법 제374조 내지 제378조, 규칙 제164조, 제156조의2), 상고이유서의 제출과 법원의 조치(법 제379조), 답변서의 제출과 법원의 조치(법 제379조)의 구체적인 내용은 항소심과 실질적으로 동일하다.[174] 따라서 여기에서는 상고법원의 심판과 재판에 대해서만 살펴본다.

1. 상고심의 심판범위와 공판절차

(1) 상고심의 심판범위

상고법원은 상고이유서에 포함된 사유에 관하여는 의무적으로 심판하여야 하고, 상고이유서에 포함되지 아니하더라도 판결에 영향을 미친 헌법·법률·명령 또는 규칙의 위반이 있는 때, 판결후 형의 폐지나 변경 또는 사면이 있는 때, 재심청구의 사유가 있는 때에는 직권으로 심판할 수 있다(법 제384조). 다만 불고불리의 원칙에 따른 피고인의 방어권 보장과 법률전문가이자 공익의 대표자인 검사의 지위를 함께 고려해 볼 때, 상고법원의 직권심판은 피고인의 이익을 위한 경우에만 허용된다 함이 상당하다. 대법원도 피고인의 이익을 위해 직권심판을 한 예는 있으나,[175] 검사를 위해 직권심판을 한 예는 찾기 어렵다.

(2) 상고심의 공판절차와 심리의 특칙

(가) 상고심의 공판절차

상고심의 공판절차는 특별한 규정이 없으면 항소심 공판에 관한 규정이 준용된다(법 제399조). 따라서 상고심의 공판절차는 특칙이 없는 이상 항소심 공판절차와 동일하게 모두절차와 증거조사절차를 거쳐 판결로 나아가게 된다.

---

174) 717페이지 참조.

175) 대법원 2002. 3. 15. 선고 2001도6730 판결. "상고법원은 판결에 영향을 미친 법률의 위반이 있는 경우에는 상고이유서에 포함되지 아니한 때에도 직권으로 심판할 수 있는바, 이는 법률의 해석·적용을 그르친 나머지 피고인을 유죄로 잘못 인정한 원심판결에 대하여 피고인은 상고를 제기하지 아니하고 검사만이 다른 사유를 들어 상고를 제기하였고, 검사의 상고가 피고인의 이익을 위하여 제기된 것이 아님이 명백한 경우라 하더라도 마찬가지이다."

(나) 상고심 심리의 특칙

1) 변론주체의 제한

상고심은 법률심이므로 변호인은 법률전문가일 필요가 있다. 따라서 상고심에는 변호사 아닌 자를 변호인으로 선임하지 못하고, 변호인 아니면 피고인을 위하여 변론하지 못한다(법 제386조, 제387조). 그 결과 피고인도 스스로를 위해 변론하지 못하므로 공판기일에 피고인의 소환을 요하지 아니하고(법 제389조의2), 공판기일을 지정하는 경우에도 피고인의 이감을 요하지 아니한다(규칙 제161조 제2항).

상고법원은 변호인의 선임이 없거나 변호인이 공판기일에 출정하지 아니한 때에는 필요적 변호사건인 경우를 제외하고는 검사의 진술을 듣고 판결을 할 수 있다(법 제389조 제1항). 이때 적법한 이유서의 제출이 있는 경우에는 그 진술이 있는 것으로 간주한다(동조 제2항).

2) 증거조사 및 공소장변경의 불허

상고심은 사후심이므로 **증거조사 및 공소장변경은 허용되지 아니한다.**[176] 소송경제의 요청상 검사와 변호인은 상고이유서에 의하여 변론하여야 하고(법 제388조), 상고법원은 상고장, 상고이유서 기타의 소송기록에 의하여 변론 없이 판결할 수 있다(법 제390조 제1항).

상고법원은 필요한 경우에는 특정한 사항에 관하여 변론을 열어 참고인의 진술을 듣거나 의견서를 제출하게 할 수 있다(법 제390조 제2항, 규칙 제161조의2 제2항). 국가기관과 지방자치단체는 공익과 관련된 사항에 관하여 대법원에 재판에 관한 의견서를 제출할 수 있고, 상고법원은 이들에게 의견서를 제출하게 할 수 있다(규칙 제162조의2 제1항). 그러나 이는 단순히 의견청취에 그칠 뿐으로, 증거조사로서의 성격을 가지지는 아니한다.

2. 상고심의 재판

상고법원은 상고기각 결정사유가 있거나 상고제기에 고유한 하자가 있으면 상고이유에 대한 인용 여부를 가리지 아니하고 공소기각결정 또는 상고기각결정을 하여야 하고, 공소기각결정 또는 상고기각결정의 사유가 없으면 상고이유의 인용 여부를 가려야 한다. 상고심은 최종심이므로 상고심의 재판에 대해서는 상소할 수 없다.

---

176) 대법원 2019. 3. 21. 선고 2017도16593-1(분리) 전원합의체 판결.

(1) 공소기각결정

상고법원은 피고인이 사망한 때 등 공소기각결정 사유가 있으면 결정으로 공소를 기각하여야 한다(법 제382조, 제328조 제1항).

(2) 상고기각 재판

상고법원은 상고의 제기가 법률상의 방식에 위반한 경우, 상고권소멸 후인 것이 명백함에도 항소법원이 상고기각의 결정을 하지 아니한 경우, 상고인이나 변호인이 상고이유서 제출기간 내에 상고이유서를 제출하지 아니한 경우에는(법 제376조 제1항) 결정으로 상고를 기각하여야 한다. 단, 상고이유서 제출기간이 도과한 경우에도 **상고장에 상고이유의 기재가 있는 때에는 예외**로 한다(법 제380조, 제381조).

상고법원은 상고이유가 없다고 인정한 때에는 판결로써 상고를 기각하여야 한다(법 제399조, 제364조 제4항).

(3) 상고인용 판결

상고법원은 상고이유가 있다고 인정한 때에는 판결로써 항소심판결을 파기하여야 한다(법 제391조). 항소심에서와 마찬가지로, 상고법원이 피고인의 이익을 위하여 항소심판결을 파기하는 경우에 파기의 이유가 상고한 공동피고인에 공통되는 때에는 그 공동피고인에 대하여도 원심판결을 파기하여야 한다(법 제392조).

상고법원은 아래 세 가지 경우 외에는 항소심판결을 파기한 때에는 판결로써 사건을 원심법원에 환송함을 원칙으로 하고, 원심법원에 환송할 수 없는 사정이 있는 경우에는 그와 동등한 다른 법원에 이송하여야 한다(법 제397조).[177] 사건을 환송·이송받은 법원은 파기판결의 기속력의 범위 내에서 당해 사건을 다시 심판하게 된다.

(가) 파기환송

적법한 공소를 기각하였다는 이유 또는 관할위반의 인정이 법률에 위반됨을 이유로 항소심판결 또는 제1심판결을 파기하는 경우에는, 상고법원은 판결로써 사건을 항소법원 또는 제1심 법원에 환송하여야 한다(법 제393조, 제395조). 제1심판결의 파기 및 환송은 제1심법원이 공

177) 노태악 Ⅳ 437. 동등한 다른 법원에 이송해야 하는 경우의 예로는 원심판결을 한 고등법원이 없어진 경우를 들 수 있다.

소기각 판결 또는 관할위반판결을 하였고 항소법원이 항소를 기각하였으나, 상고법원이 이를 인용한 경우에 이루어진다.

(나) 파기이송

관할의 인정이 법률에 위반됨을 이유로 항소심 판결 또는 제1심 판결을 파기하는 경우에는, 상고법원은 판결로써 사건을 관할권 있는 법원에 이송하여야 한다(법 제394조).

(다) 파기자판

상고법원은 소송기록과 원심법원과 제1심법원이 조사한 증거에 의하여 판결하기 충분하다고 인정한 때에는 피고사건에 대하여 직접판결을 할 수 있다. 이 경우 불이익변경금지원칙은 준용된다(법 제396조).

(4) 재판서의 기재방식

상고법원의 재판서에는 상고의 이유에 관한 판단이 기재되어야 하는데(법 제398조), 합의에 관여한 모든 대법관의 의견이 표시되어야 하므로(법원조직법 제15조) 대법관 사이에 의견이 일치하지 아니한 경우에는 다수의견, 반대의견은 물론 보충의견(다수의견과 결론은 같이 하지만 그 이유가 다른 의견)까지 모두 명시되어야 한다. 의견의 개별적 명시는 법령해석의 통일이라는 상고심 본래의 기능에서 비롯된 당연한 요청이다. 그 외 상고법원의 재판서 기재방식에 대해서는 항소법원의 재판서 기재방식이 준용된다(법 제399조).

3. 상고심판결의 정정

(1) 의의

상고심판결의 정정이란 상고법원이 상고심 판결의 내용에 오류가 있음을 발견한 경우 직권 또는 검사, 상고인이나 변호인의 신청에 의하여 판결로써 이를 고쳐 바로잡는 것을 말한다(법 제400조 제1항). 여기에서 내용의 오류란 계산착오, 오기 등으로 제한되므로 판결의 주문변경 또는 주문변경을 야기하는 이유의 변경 등은 정정의 대상에 포함되지 아니한다.[178)]

이는 상고법원의 자체적인 시정방법으로, 상고심 판결은 최종심으로서 선고 즉시 확정되므로 성명 등의 단순한 오기가 있을 때에는 재판서 경정결정으로 이를 간단히 정정하도록 하

178) 대법원 1981. 10. 5.자 81초60 결정.

고(규칙 제25조 제1항), 판결서 기재의 실질적인 내용에 명백한 오류가 있을 때에는 판결로써 이를 정정할 수 있도록 한 것이다. 따라서 상고심 판결을 정정하는 판결이 있다 하더라도 당해 상고심 판결의 확정시기는 여전히 그 판결이 선고된 때이다.

(2) 절차

(가) 직권에 의한 경우

상고법원은 그 판결의 내용에 오류가 있음을 발견한 때에는 직권에 의하여 판결로써 이를 정정할 수 있다(법 제400조 제1항). 정정의 판결은 변론없이 할 수 있다(법 제401조 제1항).

(나) 신청에 의한 경우

검사, 상고인, 변호인은 판결의 선고가 있은 날로부터 10일 이내에 상고법원에 판결정정의 이유를 기재한 서면으로 판결정정 신청을 하여야 한다(법 제400조). 상고법원은 판결정정의 신청이 있는 때에는 즉시 그 취지를 상대방에게 통지하여야 한다(규칙 제163조).

상고법원은 판결정정을 할 필요가 있다고 인정한 때에는 변론없이 판결로써 이를 정정할 수 있고(법 제400조 제1항, 제401조 제1항), 정정할 필요가 없다고 인정한 때에는 지체없이 결정으로 신청을 기각하여야 한다(제401조 제2항).

4. 비약적 상고

(1) 의의와 대상

비약적 상고란 제1심 판결에 대하여 항소하지 아니하고 즉시 상고하는 것으로, 비약상고라고도 한다. 이는 법령해석의 통일과 피고인의 이익을 조속히 해결하기 위한 불복제도로서, 상소권자는 제1심 판결이 인정한 사실에 대하여 법령을 적용하지 아니하였거나 법령의 적용에 착오가 있는 때 또는 제1심 판결이 있은 후 형의 폐지나 변경 또는 사면이 있는 때 제1심 판결에 대하여 항소를 제기하지 아니하고 상고를 할 수 있다(법 제372조). 비약적 상고는 제1심 재판이 결정인 경우에는 허용되지 아니한다.[179]

(2) 비약적 상고이유

비약적 상고이유는 제1심이 인정한 사실에 하자가 없음을 전제로 그에 대한 법령 적용의

179) 대법원 1984. 4. 16.자 84모18 결정.

누락·착오가 있거나,[180] 제1심 판결에는 하자가 없으나 그 후 형이 폐지·변경 또는 사면된 경우로 제한된다. 따라서 제1심 판결의 사실인정의 하자에 대한 채증법칙 위배 및 양형[181]은 비약적 상고이유에 해당하지 아니한다. 또한 인정한 사실에 대해 적용되는 법령은 실체법상 법령이므로, 절차법상 법령의 적용[182] 또한 비약적 상고이유에 해당하지 아니한다.

(3) 비약적 상고의 실효

(가) 의의

비약적 상고가 있으면 즉시 상고심 절차가 개시되는데, 비약적 상고를 하지 아니한 상대방이 항소를 제기하면 비약적 상고는 그 효력을 잃게 되어 상고심 절차는 재판없이 종결되고, 항소심 절차가 개시된다(법 제373조 본문). 상대방의 심급의 이익을 보장해 줄 필요가 있기 때문이다.

(나) 비약적 상고의 실효시 항소간주 여부

상대방의 항소제기로 인하여 비약적 상고가 실효된 경우, 비약적 상고가 항소로서 간주될 수 있는지가 문제된다. 종래 대법원은 이 경우 비약적 상고는 항소로 간주되지 아니한다 하였으나, 최근 태도를 변경하여 피고인이 비약적 상고를 한 경우에는 피고인의 재판청구권 보장을 위한 헌법합치적 법률해석의 필요성을 이유로, 비약적 상고가 항소기간 준수 등 항소로서의 적법요건을 모두 갖추었고 피고인이 자신의 비약적 상고에 상고의 효력이 인정되지 않는 때에도 항소심에서는 제1심 판결을 다툴 의사가 없었다고 볼 만한 특별한 사정이 없다면, 항소로 간주된다고 견해를 변경하였다.[183] 피고인의 비약적 상고와 검사의 항소가 경합한 경우 피고인의 비약적 상고에 항소로서의 효력을 인정하더라도 형사소송절차의 명확성과 안정성을 해치는 일은 없으며, 단지 피고인의 비약적 상고에 항소로서의 효력을 인정하여 피고인을 항소인으로 취급하는데 불과한 것으로, 그밖에 형사소송법이 예정한 심급의 변경 등 절차 진행에 별다른 변동이 발생하지 않기 때문이다.

다만 이러한 결론은 피고인의 상소권 보장을 위한 헌법합치적 법률해석의 필요성을 이유로 하는 것이므로, 피고인이 비약적 상고를 한 경우에만 적용되고 피고인의 항소로 검사의 비약적 상고가 실효된 경우에는 여전히 항소로 간주되지 아니한다고 봐야 한다. 그에 따라 이 경우

---

180) 대법원 2015. 8. 27. 선고 2015도9866 판결.
181) 대법원 2017. 2. 3. 선고 2016도20069 판결.
182) 대법원 2006. 10. 27. 선고 2006도619 판결.
183) 대법원 2022. 5. 19. 선고 2021도17131 등 전원합의체 판결.

의 항소심에서는 불이익변경금지원칙이 여전히 적용된다.

(다) 상대방의 항소취하 또는 항소기각에 따른 효력

상대방의 항소취하 또는 항소기각의 결정이 있는 때에는 비약적 상고는 다시 효력을 가지게 된다(법 제373조 단서). 따라서 이 경우에는 상고심절차가 재개되고, 상고법원은 이에 대해 재판함으로써 형사절차는 종결된다.

제4절 항고

Ⅰ. 개관

형사소송법은 신속한 재판의 원칙에 부응하기 위하여, 구두변론을 요하지 아니하는 결정을 종국 전 재판의 형식으로 규정하고 있다. 또한 증인·피고인 등에 대한 과태료·감치·소송비용, 집행유예의 취소 등 형사절차의 원활한 진행을 위한 부수적 재판의 형식도 결정으로 규정한 예가 많다. 항고란 이렇듯 **결정의 형식을 지닌 재판에 대한** 불복으로서의 **상소**를 말한다.

한편 형사소송법은 일정한 경우에는 재판장 또는 수명법관에게 법원을 대신하여 결정 형식의 재판을 할 권한을 위임하고 있는데, **준항고**란 재판장 또는 수명법관의 결정에 대한 불복절차를 말한다. 또한 형사소송법은 수사절차에서 검사 또는 사법경찰관의 구금, 압수, 변호인 참여 관련 처분도 준항고의 대상으로 삼고 있다. 다만 형사소송법은 수사절차에서 지방법원판사의 영장발부에 대한 불복절차를 두고 있지는 아니하다. 따라서 지방법원판사가 영장청구를 기각한 경우 검사는 영장을 재청구할 수 있을 뿐이다.[184]

재항고는 항고 또는 준항고에 대한 법원의 결정에 대한 상소를 말한다. 다만 고등법원이 처음 내린 결정에 대한 상소도 재항고라 한다. 재항고는 **즉시항고의 일종**이므로 그 효력이나 절차는 즉시항고와 같다. 재항고에 대해서는 대법원이 심판하므로 그 결정에 대한 불복방법은 존재하지 아니한다.

형사절차의 진행 순서를 기준으로 살펴보면, 수사절차에서 피의자는 수사기관의 구금 등 처분에 대하여 준항고를 할 수 있고, 제1심 공판절차에서 검사와 피고인은 재판장·수명법관의 결정에 대해서 준항고를 할 수 있으며, 제1심 법원의 결정에 대해서는 항고를 할 수 있다. 검

184) 대법원 2006. 12. 18.자 2006모646 결정.

사와 피고인은 항고법원의 결정에 대해서는 재항고 할 수 있고, 고등법원이 스스로 내린 결정도 재항고의 대상이 된다. 한편 피고사건의 형사절차에서 부수적 재판으로서 이루어지는 결정에 대해서는 그 결정의 상대방이 항고 및 재항고를 할 수 있다.

Ⅱ. 항고

1. 의의

일반항고는 보통항고와 즉시항고로 나뉜다. 보통항고란 즉시항고 외의 항고를 말하고, 즉시항고란 법원의 결정을 규정하고 있는 형사소송법 조문에 '즉시항고 할 수 있다'라고 규정된 항고를 말한다.

즉시항고의 제기기간은 결정일로부터 7일이므로(법 제405조)[185] 즉시항고의 대상이 되는 결정은 결정일로부터 7일이 지나면 그 다음날 확정되고, 즉시항고의 제기가 있으면 재판의 집행은 정지됨을 원칙으로 한다(법 제410조).

이에 비하여 보통항고의 경우 제기기간의 제한은 없으나 원심결정을 취소하여도 그 실익이 없게 된 때에는 이를 제기할 수 없다. 따라서 보통항고의 대상이 되는 결정은 그 취소의 이익이 소멸한 때에 확정되게 된다(법 제404조). 또한 즉시항고와 달리 보통항고에는 재판의 집행을 정지하는 효력이 없다. 단 보통항고의 대상이 된 결정을 한 당해 법원 또는 항고법원은 결정으로, 보통항고에 대한 결정이 있을 때까지 재판의 집행을 정지할 수 있다(법 제409조).

(1) 즉시항고

형사소송법이 즉시항고의 대상으로 규정하고 있는 결정은 종국재판, 종국재판에 준하는 재판, 신속한 판단을 요하는 재판, 형사절차의 원활한 진행을 위한 부수적 재판으로 나눌 수 있다.

(가) 종국재판으로서의 결정

종국재판으로서 즉시항고의 대상이 되는 결정에는 공소기각결정(법 제328조, 제363조, 제382조), 항소기각결정(법 제360조, 361조의4, 제362조), 약식명령에 대한 정식재판청구 기각결정

185) 헌법재판소 2018. 12. 27. 선고 2015헌바77 등 전원재판부 결정. 종전에는 즉시항고의 불복기간이 3일이었으나, 기간이 너무 짧아 청구인의 재판청구권을 사실상 침해한다는 이유로 헌법불합치 결정이 있었고 2019년 개정을 통하여 제기기간이 7일로 변경되었다.

(법 제455조) 등이 있다.

(나) 종국재판에 준하는 재판으로서의 결정

종국재판에 준하는 재판으로서 즉시항고의 대상이 되는 결정에는 상소권회복청구에 대한 결정(법 제347조), 항고의 대상인 결정을 하였던 원심법원의 항고기각결정(법 제407조), 재심청구기각결정 및 재심청구개시결정 등이 있다(법 제433조 내지 제437조).

(다) 신속한 판단을 요하는 재판

신속한 판단을 요하는 재판으로서 즉시항고의 대상이 되는 예로는 기피신청기각결정(법 제23조), 구속취소결정(법 제97조 제4항) 등이 있다.

(라) 형사절차의 원활한 진행을 위한 부수적 재판

1) 소송비용, 과태료, 감치관련 결정

이러한 재판으로서 즉시항고의 대상이 되는 결정으로는 피고인의 보석조건 위반에 대한 과태료·감치결정(법 제102조 제3항), 증인의 불출석에 대한 소송비용·과태료·감치결정(법 제151조), 증인의 선서·증언거부에 대한 과태료결정(법 제161조), 감정인·통역인·번역인에 대한 소송비용·과태료결정 등이 있다(법 제177조, 제183조).

2) 형집행 관련 결정

이러한 재판으로서 즉시항고의 대상이 되는 결정으로는 집행유예 취소결정(법 제335조 제1항), 선고유예로 유예된 형의 선고결정(법 제335조 제4항), 소송비용집행면제신청에 대한 결정(법 제487조), 검사의 재판집행 관련 처분에 대한 이의신청에 대한 결정(법 제489조, 제491조) 등이 있다.

(2) 보통항고

(가) 의의

보통항고란 즉시항고 외의 항고를 말한다. 형사소송법은 법원의 결정에 대하여 불복이 있으면 항고를 할 수 있다고 규정하고 있지만(법 제402조), 법원의 **관할 또는 판결 전의 소송절차에 관한 결정**에 대하여는 즉시항고를 할 수 있는 경우에 한하여 항고의 대상이 된다고 명시하면서 그 예외로 **구금·보석·압수·압수물의 환부·피고인의 감정유치 등에 관한 결정**인 경우를 두고 있다(법 제403조).

이처럼 법원의 관할 또는 판결 전의 소송절차에 관한 결정에 대하여는 원칙적으로 항고를 허용하지 않는 것은(법 제403조 제1항), 이러한 사항에 관한 결정은 원래 판결을 목표로 하는 절차의 일부에 대한 결정이기 때문에 그 종국판결에 대하여 상소를 허용하는 것으로 족한 것이고 개개의 결정에 대하여 독립하여 상소를 인정할 필요는 없기 때문이다. 이에 비하여 구금·보석·압수·압수물의 환부·피고인의 감정유치 등에 관한 결정에 대하여 보통항고를 인정하는 것은(동조 제2항) 강제처분으로 인한 권리침해의 구제는 종국재판에 대한 상소까지 기다려서는 제때에 실효를 거둘 수 없기 때문이다.[186)]

(나) 대상

위와 같이 보통항고의 대상이 되는 결정은 법원의 관할에 대한 결정이 아니어야 하고, 판결전의 소송절차에 관한 결정도 아니하여야 한다. 다만 판결 전의 소송절차 중 구금, 보석, 압수, 압수물환부, 피고인의 감정유치 관련 결정은 보통항고의 대상이 되고, 즉시항고의 대상이 되는 결정은 보통항고의 대상이 되지 아니한다.

법원의 관할에 대한 결정으로서 보통항고의 대상이 되지 아니하는 것으로는, 토지관할의 병합심리결정(법 제6조), 토지관할의 분리 및 이송결정(법 제7조), 피고인의 현재지 관할 법원으로의 이송결정(법 제8조 제1항), 공소장변경에 따른 사물관할 변경으로 단독판사에서 합의부로의 이송결정(법 제8조 제2항), 병합심리 중이던 합의부 법원의 단독판사에 대한 이송결정(법 제9조), 관련사건에 대해 심리 중이던 합의부 법원이 단독판사가 심리 중인 사건을 병합심리하는 결정(법 제10조), 관할이 경합되는 사건에 대하여 상급법원이 뒤에 공소를 받은 법원으로 하여금 심판하게 하는 결정(법 제13조), 관할이 명확하지 아니한 사건에 대한 상급법원의 관할지정결정(법 제14조), 재판권 행사 또는 재판의 공평을 위한 상급법원의 관할이전 결정(법 제15조), 군사법원으로의 이송(법 제16조의2) 등이 있다.

대법원은 소년법에 따른 법원의 소년부송치결정은 판결 전의 소송절차에 해당하지 아니하는 결정이므로 보통항고의 대상이 된다고 하였으나,[187)] 일반적으로 구금 등에 해당하지 아니하는 결정에 대하여는 판결 전의 소송절차에 해당한다는 이유로 보통항고의 대상이 되지 아니한다고 한다.

186) 이/조/이 897.
187) 대법원 1986. 7. 25.자 86모9 결정.

2. 절차 및 심판

(1) 항고장의 제출

항고를 함에는 항고장을 원심법원에 제출하여야 한다(법 제406조). 원심법원에게 다시 한 번 신중히 재검토할 기회를 준다는 취지이다. 보통항고의 경우 항고제기기간이 없으므로 항고이익이 인정되는 한 항고할 수 있고, 즉시항고의 경우 항고제기 기간은 7일이므로 결정일로부터 7일 이내에 항고장의 제출이 이루어져야 한다.

(2) 원심법원의 조치

항고장을 제출받은 원심법원은 항고의 제기가 법률상의 방식에 위반하거나, 항고권소멸 후인 것이 명백한 때에는 결정으로 항고를 기각하여야 한다. 항고인은 항고기각결정에 대하여 즉시항고를 할 수 있다(법 제407조).

원심법원은 항고가 전부 이유있다고 인정한 때에는 당해 결정을 경정하여야 하고, 항고의 전부 또는 일부가 이유없다고 인정한 때에는 항고장을 받은 날로부터 3일 이내에 의견서를 첨부하여 항고장을 항고법원에 송부하여야 한다(법 제408조).

원심법원은 항고장을 항고법원에 송부한 경우, 필요하다고 인정한 때에는 소송기록과 증거물을 항고법원에 함께 송부하여야 한다(법 제411조 제1항). 항고법원은 소송기록과 증거물이 송부되지 아니한 경우 원심법원에 그 송부를 요구할 수 있다.

(3) 항고심의 심리

항고법원이 소송기록과 증거물을 송부받은 때에는 송부 받은 날로부터 5일 이내에 당사자에게 그 사유를 통지하여야 한다(법 제411조 제2항, 제3항). 이는 비록 항고인이 항고이유서 제출의무를 부담하는 것은 아니지만, 당사자에게 항고에 관하여 그 이유서를 제출하거나 의견을 진술하고 유리한 증거를 제출할 기회를 부여하려는 데 그 취지가 있다. 따라서 항고법원이 제1심법원으로부터 소송기록을 송부 받고 피고인에게 소송기록접수통지서를 발송한 후 송달보고서를 통해 피고인이 이를 송달받았는지 여부를 확인하지도 않은 상태에서, 피고인이 위 통지서를 수령한 다음날 곧바로 피고인의 즉시항고를 기각한 것은 위법하다.[188]

항고심의 재판은 모두 결정이므로 구두변론을 요하지 아니한다. 하지만 검사는 항고사건

188) 대법원 2006. 7. 25.자 2006모389 결정.

에 대하여 의견을 진술할 수 있고(법 제412조), 항고인에게도 최소한 서면으로 의견을 개진할 기회는 주어져야 한다. 따라서 항고인에게 그러한 기회를 제공하지 아니하고 항고기각결정을 하면 위법하다.[189)]

(4) 항고심의 재판

(가) 항고기각결정

항고법원은 항고의 제기가 법률상의 방식에 위반하거나 항고권소멸 후인 것이 명백함에도 원심법원이 항고기각의 결정을 하지 아니한 때 또는 항고를 이유없다고 인정한 때에는 결정으로 항고를 기각하여야 한다(법 제413조, 제407조, 제414조). 이 경우 항고법원은 즉시 그 결정의 등본을 원심법원에 송부하여야 한다(규칙 제165조).

(나) 항고인용결정

항고법원은 항고를 이유있다고 인정한 때에는 결정으로 원심결정을 취소하고 필요한 경우에는 항고사건에 대하여 직접 재판을 하여야 한다(법 제414조). 예를 들어 항고법원이 불출석 증인에 대한 원심법원의 과태료 부과결정을 취소한 경우, 그 부과자체가 부당함을 이유로 삼았다면 원심결정의 취소만으로 충분하지만 그 부과금액이 과다함을 이유로 삼았다면 원심결정을 취소하고 금액을 다시 정하여 결정할 수 있을 것이다.

다만 항고인용의 결정에 의해 원심결정이 취소됨에 따라 심급의 이익이 보장되어야 할 필요가 있는 경우에는 항고법원은 원심법원에 사건을 환송한다. 예를 들어 공소기각결정 등 종국재판으로서의 결정에 대해 항고를 인용한 경우 또는 약식명령에 대한 정식재판 청구기각 결정에 대해 항고를 인용하는 경우에는 심급의 이익이 보장되어야 하므로, 항고법원은 당해 사건을 원심법원에 환송하는 것이다.

Ⅲ. 준항고

1. 의의

준항고란 재판장 또는 수명법관의 재판과 수사기관의 구금, 압수, 변호인 참여 관련 처분에 대한 불복방법을 말한다. 준항고는 상급법원에 대한 구제신청제도가 아니어서 본래의 의미

189) 대법원 2006. 7. 25.자 2006모389 결정.

에서의 상소라고 할 수는 없으나, **항고와 성격이 유사**하므로 형사소송법은 항고와 재항고 관련 규정을 준항고에도 **준용**하도록 하고 있다(법 제419조).

재판장 또는 수명법관이 ① 기피신청을 기각한 재판, ② 구금·보석·압수·압수물의 환부에 관한 재판, ③ 피고인의 감정유치를 명한 재판, ④ 증인·감정인·통역인·번역인에 대하여 과태료·소송비용의 배상을 명한 재판을 고지한 경우, 각 재판의 상대방은 이에 대한 불복이 있으면 그 법관 소속의 법원에 재판의 취소 또는 변경을 청구할 수 있다(법 제416조 제1항).

검사 또는 사법경찰관의 구금·압수·압수물의 환부에 관한 처분과 피의자신문시 변호인의 참여 등에 관한 처분(법 제243조의2)에 대하여 불복이 있으면, 각 처분의 상대방은 그 직무집행지의 관할법원 또는 검사의 소속검찰청에 대응한 법원에 그 처분의 취소 또는 변경을 청구할 수 있다(법 제417조). 이때의 청구권자는 그 처분의 대상자인 국민으로 제한되기 때문에 사법경찰관이 검사의 처분에 대해 준항고의 청구권자가 될 수는 없다.[190)]

2. 절차 및 심판

(1) 준항고장의 제출

(가) 방법

준항고의 청구는 서면으로 관할법원에 제출하여야 한다(법 제418조). 재판장 등의 재판에 대한 준항고의 관할법원은 그 법관이 소속된 합의부 법원이고(법 제416조), 수사기관의 처분에 대한 준항고의 관할법원은 직무집행지의 관할법원 또는 검사의 소속검찰청에 대응한 법원이다(법 제417조).

(나) 준항고의 기간

재판장 또는 수명법관의 재판에 대한 준항고는 재판의 고지있는 날로부터 7일 이내에 하여야 하므로(제416조 제3항), 준항고장의 제출은 이 기간 내에 이루어져야 한다. 수사기관의 처분에 대한 준항고 기간에 대해서는 명문의 규정이 없으므로 준항고의 이익이 인정되는 한 기간의 제한 없이 인정되지만, 공소제기 이후에는 압수물의 환부·가환부의 권한은 수사기관이

190) 서울북부지방법원은 형사소송법 제417조의 규정상 검사 또는 사법경찰관의 처분에 대하여 그 취소 또는 변경을 구할 수 있는 청구권자는 그 처분의 대상자인 국민이고, 사법경찰관이 검사에게 신청한 압수·수색영장을 검사가 법원에 청구하지 아니하고 영장신청을 기각하는 지휘를 한 것에 대하여 개인이 아닌 수사권한을 행사하는 사법경찰관의 지위에서 한 준항고는 이유 없다고 하여 청구권자에서 배제하고 있다(서울북부지방법원 2007. 1. 16.자 2006보1 결정).

아닌 수소법원에 있다. 따라서 수사기관이 압수한 것이라 하더라도 공소가 제기되면 준항고로 이를 다툴 수는 없다.[191]

(다) 집행정지효

준항고에는 재판의 집행을 정지하는 효력이 없음을 원칙으로 한다. 따라서 준항고가 제기되어도 준항고의 대상이 된 결정의 집행은 정지되지 아니한다. 다만 준항고법원은 결정으로 준항고에 대한 결정이 있을 때까지 집행을 정지할 수 있고(법 제409조, 제419조), 증인 등에 대한 과태료재판은 준항고의 청구기간 내에는 집행이 정지되고 준항고의 청구가 있으면 그에 대한 결정이 있을 때까지 집행정지는 계속된다(법 제416조 제4항).

수사기관의 처분에 대한 준항고의 경우 준항고 대상 처분이 이미 이루어진 이후에 준항고가 제기되므로 집행정지의 의미가 없다.

(2) 심판

준항고법원은 준항고의 제기가 법률상의 방식에 위반하거나, 항고권소멸 후인 것이 명백한 때에는 결정으로 이를 기각하여야 한다(법 제407조 제1항, 제414조, 제419조).

준항고법원은 항고법원과 마찬가지로 필요시 사실조사를 할 수 있고, 구두변론을 거치지 아니하고 그 결정을 할 수 있다(법 제37조). 준항고법원은 준항고를 이유없다고 인정한 때에는 결정으로 준항고를 기각하고, 이유있다고 인정한 때에는 결정으로 재판장 등의 결정 또는 수사기관의 처분을 취소하는데, 준항고를 인용한 경우 필요한 때에는 준항고사건에 대하여 직접 재판을 하여야 한다(법 제413조, 제414조).

준항고법원의 결정에 대해서는 재판에 영향을 미친 헌법·법률·명령 또는 규칙의 위반이 있음을 이유로 하는 때에 한하여 대법원에 즉시항고(재항고)를 할 수 있다(법 제415조).

Ⅳ. 재항고

1. 의의 및 대상

재항고란 항고법원의 결정 또는 고등법원의 결정에 대한 상소를 말하는 것으로, 형사소송법은 재항고를 즉시항고로 규정하고 있다(법 제415조). 준항고법원의 결정 및 항소법원의 결정

191) 대법원 2024. 3. 12.자 2022모2352 결정.

도 재항고의 대상이 된다(법 제419조, 법원조직법 제14조 제2호). 다만 재정신청에 대한 고등법원의 공소제기결정과 같이 재항고를 금지하는 명문의 규정이 있는 경우에는(법 제262조 제4항) 당연히 재항고의 대상이 되지 아니한다.

2. 재항고의 이유

재항고의 이유는 재판에 영향을 미친 헌법·법률·명령 또는 규칙의 위반이 있는 때로 제한된다(법 제415조). 재항고심은 대법원이 심판하므로 법률심·사후심의 성격을 가지기 때문이다.

3. 재항고심의 절차 및 심판

형사소송법은 재항고심의 절차를 따로 규정하고 있지 아니하고 다른 절차의 준용규정도 두고 있지 아니한데, 대법원은 재항고절차는 관할법원이 대법원이어서 **상고에 관한 절차를 준용**한다는 입장이다.[192] 따라서 재항고절차는 즉시항고로서의 성격에 반하지 아니하는 범위 내에서 상고에 관한 절차를 따른다.

재항고는 원심법원의 결정일로부터 7일 이내에 **재항고장을 원심법원에 제출**함으로서 제기할 수 있고(법 제405조, 제406조), 재항고의 제기가 있으면 **재판의 집행은 정지**되게 된다(법 제410조).

재항고장을 제출받은 원심법원은 재항고의 제기가 법률상의 방식에 위반하거나 항고권소멸 후인 것이 명백한 때에는 결정으로 재항고를 기각하여야 하고(법 제376조 제1항), 원심법원이 재항고기각 결정을 하지 아니한 때에는 대법원으로 소송기록과 증거물을 송부하여야 한다.

재항고심은 사후심·법률심이므로 대법원은 소송기록과 증거물만으로 이를 심리하여야 하는데, 재항고의 제기가 법률상의 방식에 위반하거나 항고권소멸 후인 것이 명백함에도 원심법원이 재항고를 기각하지 아니한 경우 및 재항고의 이유가 없는 경우에는 재항고를 기각한다(법 제381조, 제399조). 재항고의 이유가 있는 경우에는 대법원은 결정으로 원심의 결정을 취소하고 원심법원 또는 제1심법원에 이를 환송함을 원칙으로 하되, 이미 조사된 증거만으로도 결정할 수 있을 때에는 자판할 수 있다(법 제396조).

재항고심의 재판은 최종심인 대법원의 결정이므로 이에 대해서는 불복할 수 없다. 따라서 재항고에 대한 대법원의 결정이 고지되면 즉시 효력이 발생하게 된다.

---

192) 대법원 2019. 3. 21.자 2015모2229 전원합의체 결정.

제 5 장

형집행 절차

제 5 장

형집행 절차

제 1 절 의의

종국재판이 확정되면 형사절차는 종결되거나 형집행절차로 나아가게 된다. 확정된 종국재판이 유죄판결로서 형선고판결 외의 재판인 경우에는 형사절차는 종결된다.

확정된 종국재판이 유죄판결로서 형선고판결인 경우에는 형집행이 이루어지고, 추징 등 부수처분이 있는 경우 이 또한 집행됨으로써 통상의 형사절차는 마무리 된다. 다만, 3년 이하의 징역이나 금고 또는 500만 원 이하의 벌금의 형을 선고할 경우에 양형사유를 참작하여 그 정상에 참작할 만한 사유가 있는 때에는 1년 이상 5년 이하의 기간 형의 집행을 유예할 수 있다. 금고 이상의 형을 선고한 판결이 확정된 때부터 그 집행을 종료하거나 면제된 후 3년까지의 기간에 범한 죄에 대하여 형을 선고하는 경우에는 그러하지 아니하다(형법 제62조).

제 2 절 형집행의 주체와 집행지휘의 방식

Ⅰ. 형집행의 주체

형집행의 주체는 검사이다. 재판의 집행은 재판의 성질상 법원 또는 법관이 지휘하는 경우 외에는 그 재판을 한 법원에 대응한 검찰청검사가 지휘하므로(법 제460조 제1항), 형집행은 그 형선고판결을 한 법원에 대응한 검찰청검사가 지휘한다.

다만 상소의 재판 또는 상소의 취하로 인하여 하급법원의 재판을 집행할 경우에는 상소법원에 대응한 검찰청검사가 지휘하되, 소송기록이 하급법원 또는 그 법원에 대응한 검찰청에 있는 때에는 그 검찰청검사가 지휘한다(법 제460조 제2항).

Ⅱ. 집행지휘의 방식

재판의 집행지휘는 재판서 또는 재판을 기재한 조서의 등본 또는 초본을 첨부한 서면으로 함을 원칙으로 하고, 형의 집행을 지휘하는 경우 외에는 재판서의 원본·등본·초본 또는 조서의 등본·초본에 인정하는 날인으로 할 수 있다(법 제461조). 재판의 집행지휘는 명확하고 신중하게 행할 필요가 있다는 취지에서 서면에 의하도록 요구하고 있는 것이다.

이처럼 검사는 재판서 또는 조서의 등·초본이 첨부된 서면으로 형집행을 지휘하여야 하지만, 재판서·조서의 원본이 멸실되어 그 등·초본의 작성이 불가능할 경우에는 형의 종류 및 범위를 구체적으로 명확히 하는데 충분한 다른 증명자료를 첨부하여 형집행을 지휘할 수 있다.[1)]

제 3 절 형집행의 시기와 형집행을 위한 소환

Ⅰ. 형집행의 시기

재판의 집행은 형사소송법에 특별한 규정이 없는 이상 **확정 후 즉시 집행**함을 원칙으로 하므로(법 제459조. 즉시집행의 원칙), 형집행 시기는 **형선고판결의 확정시와 일치**한다.

형집행 시기에 대한 특별규정으로는 가납재판, 벌금등에 대한 환형처분(노역장유치), 사형등이 있다. 피고인에게 벌금, 과료 또는 추징에 상당한 금액의 가납을 명하는 가납의 재판이 있는 경우에는 재판이 확정되기 전에도 **즉시** 집행할 수 있다(법 제334조). 노역장유치는 벌금 또는 과료의 재판이 확정된 후 **30일 이내**에는 집행하지 못한다(형법 제69조 제1항). 사형은 법무부장관의 명령이 있어야 집행한다(법 제463조). 의사무능력자·임신부에 대한 법무부장관의 사형 집행정지 명령이 있는 경우에는 이후 법무부 장관의 사형 집행명령이 있어야 이를 집행한

1) 대법원 2019. 3. 21.자 2015모2229 전원합의체 결정.

다(법 제469조). 또한 검사는 의사무능력자에 대하여 심신장애가 회복될 때까지 자유형의 집행을 정지한다(법 제470조 제1항).

Ⅱ. 형집행을 위한 소환

불구속 상태에서 공판이 진행된 경우 검사는 사형 또는 자유형의 집행을 위하여 형을 선고받은 자를 소환하여야 하고, 그가 소환에 응하지 아니한 때에는 형집행장을 발부하여 그를 구인하여야 한다. 다만 형의 선고를 받은 자가 도망하거나 도망할 염려가 있는 때 또는 현재지를 알 수 없는 때에는, 검사는 그를 소환함이 없이 형집행장을 발부하여 구인할 수 있다(법 제473조).

형집행장에는 형의 선고를 받은 자의 성명, 주거, 연령, 형명, 형기 기타 필요한 사항을 기재하여야 하는데, 그 효력과 집행방법은 구속영장의 효력 및 집행방법과 동일하다(법 제474조, 제475조).

제 4 절 형집행의 순서와 구체적인 형집행의 방법

Ⅰ. 형집행의 순서

두 개 이상의 형을 집행하는 경우 동시집행이 불가능한 형은 무거운 형을 먼저 집행하고, 동시집행이 가능한 형은 동시에 집행한다(법 제462조 본문). 따라서 사형과 자유형 또는 자유형과 자유형이 경합하는 경우에는 사형, 무기징역, 무기금고, 장기가 긴 유기징역·금고, 장기가 짧은 유기징역·금고, 장기가 동일한 경우에는 단기가 긴 유기징역·금고, 단기가 짧은 유기징역·금고, 구류의 순서로 집행한다.

다만, 검사는 소속 장관의 허가를 얻어 무거운 형의 집행을 정지하고 다른 형의 집행을 할 수 있다(법 제462조 단서).

Ⅱ. 사형

1. 검사의 소송기록 제출과 법무부장관의 사형집행명령

(1) 검사의 소송기록 제출

사형을 선고한 판결이 확정한 때에는 검사는 지체없이 소송기록을 법무부장관에게 제출하여야 한다(법 제464조).

(2) 법무부 장관의 사형집행 명령

(가) 집행명령

법무부장관은 판결이 확정된 날로부터 6월 이내에 사형집행의 명령을 하여야 한다. 6개월의 기간규정은 훈시규정으로 본다. 상소권회복의 청구, 재심의 청구 또는 비상상고의 신청이 있는 때에는 그 절차가 종료할 때까지의 기간은 위 6월의 기간에 산입하지 아니한다(법 제465조).

(나) 집행정지명령

법무부장관은 사형선고를 받은 사람이 심신의 장애로 의사능력이 없는 상태이거나 임신 중인 여자인 때에는 그 집행의 정지를 명령하여야 한다. 이 경우 심신장애의 회복 또는 출산 후 법무부장관의 명령에 의하여 형을 집행한다(법 469조).

2. 집행시기와 방법

사형집행은 법무부장관의 사형집행 명령일로부터 5일 이내에 교정시설의 사형장에서 교수하는 방법으로 집행한다(법 제463조, 제466조, 형집행법 제91조 제1항, 형법 제66조). 다만 공휴일과 토요일에는 사형을 집행하지 아니한다(형집행법 제91조 재2항).

사형의 집행에는 검사와 검찰청서기관, 교도소장 또는 구치소장이나 그 대리자가 참여하여야 한다. 검사 또는 교도소장 또는 구치소장의 허가가 없으면 누구든지 형의 집행장소에 들어가지 못한다(법 제467조). 사형의 집행에 참여한 검찰청서기관은 집행조서를 작성하고, 검사 및 교도소장·구치소장·그 대리자와 함께 기명날인 또는 서명하여야 한다(법 제468조).

3. 사형확정자에 대한 형집행 동향

우리나라는 1997년 12월 이후 사형을 집행하지 아니하여 실질적 사형폐지국으로 분류되고 있고 특별한 사정이 없는 이상 향후에도 사형집행이 이루어지지는 않을 것으로 보인다. 그에 따라 사형확정자는 형의 집행 없이 교도소 또는 구치소에 계속 수용되고 있는데(형집행법 제11조 제1항 제4호) 사형에는 형집행의 시효가 없으므로 사형확정자에 대한 교정시설 수용은 사실상 사망시에 종료되게 된다(형법 제78조, 형집행법 제127조, 제128조).

Ⅲ. 자유형

1. 검사의 집행지휘

자유형의 집행은 검사의 형집행지휘서에 의해 이루어진다(법 제461조).

2. 집행방법

징역은 교정시설에 수용하여 집행하고 정해진 노역에 복무하게 한다(형법 제67조). 금고와 구류는 교정시설에 수용하여 집행하고, 수용자의 신청이 없는 이상 노역에 복무하게 할 수 없다(형법 제68조, 형집행법 제67조).

3. 판결확정 전 구금일수의 산입

판결선고 당일을 포함한 판결확정 전 구금일수 및 상소기각 결정시에 송달기간이나 즉시항고기간 중의 미결구금일수는 전부를 본형에 산입한다. 쉽게 말하자면 자유형의 집행 이전에 피고인이 구금되었던 기간은 모두 본형에 산입된다. 이때 구금일수의 1일은 형기의 1일로 계산한다(형법 제57조, 법 제482조). 이처럼 판결확정 전 구금일수는 법정통산되므로 판결에서 미결구금일수의 산입에 대해 따로 명시(선고)할 필요는 없다.[2)]

법관에 대한 기피신청으로 인하여 공판절차가 정지된 기간은 구속기간에는 산입하지 아니하지만(법 제92조 제3항), 이는 본안의 심리기간을 확보하기 위한 취지에서 둔 규정일 뿐이므로, 기피신청으로 인하여 공판절차가 정지된 상태의 구금기간도 판결선고 전의 구금일수에는

2) 대법원 1991. 7. 26. 선고 91도1196 판결.

산입된다.[3)]

4. 집행정지

(1) 심신장애로 인한 의사무능력자인 경우(필요적 집행정지)

징역, 금고 또는 구류의 선고를 받은 자가 심신의 장애로 의사능력이 없는 상태에 있는 때에는 형을 선고한 법원에 대응한 검찰청검사 또는 형의 선고를 받은 자의 현재지를 관할하는 검찰청검사의 지휘에 의하여 심신장애가 회복될 때까지 형의 집행을 정지한다(법 제470조 제1항).

이 경우 검사는 형의 선고를 받은 자를 감호의무자 또는 지방공공단체에 인도하여 병원 기타 적당한 장소에 수용하게 할 수 있는데, 형의 집행이 정지된 자는 병원 기타 적당한 장소에 수용될 때까지 교도소 또는 구치소에 구치하고 그 기간을 형기에 산입한다(법 제470조 제2항, 제3항).

(2) 건강 등 형집행 정지사유가 인정되는 경우(임의적 집행정지)

징역, 금고 또는 구류의 선고를 받은 자가 형의 집행으로 인하여 현저히 건강을 해하거나 생명을 보전할 수 없을 염려가 있는 때, 70세 이상인 때, 잉태 후 6월 이상인 때, 출산 후 60일을 경과하지 아니한 때, 그의 직계존속이 연령 70세 이상 또는 중병이나 장애인으로 보호할 다른 친족이 없는 때, 직계비속이 유년으로 보호할 다른 친족이 없는 때, 기타 중대한 사유가 있는 때에는 형을 선고한 법원에 대응한 검찰청검사 또는 형의 선고를 받은 자의 현재지를 관할하는 검찰청검사의 지휘에 의하여 형의 집행을 정지할 수 있다(법 제471조 제1항).

검사가 위 사유로 형집행 정지의 지휘를 함에는 소속 고등검찰청검사장 또는 지방검찰청검사장의 허가를 얻어야 한다(법 제471조 제2항).

Ⅳ. 자격형

자격상실 또는 자격정지의 집행은 별도의 집행절차 없이 판결확정과 동시에 이루어진다. 자격형이 집행되었음을 기록·증명하기 위하여 검사는 자격상실 또는 자격정지의 선고를 받은 자를 수형자원부에 기재하고 지체 없이 그 등본을 형의 선고를 받은 자의 등록기준지와 주거

3) 대법원 2005. 10. 14. 선고 2005도4758 판결.

지의 시·구·읍·면장에게 송부하여야 한다(법 제476조). 여기에서 '수형자원부'란 자격정지 이상의 형을 받은 수형인을 기재한 명부로서 검찰청 및 군검찰부에서 관리하는 '수형인명부'를 가리킨다(형실효법 제2조 제2호).

V. 재산형 등

1. 검사의 집행명령

검사는 공사단체 조회 등 재산형 등의 집행을 위해 필요한 조사를 할 수 있다. 벌금, 과료, 몰수, 추징, 과태료, 소송비용, 비용배상 또는 가납의 재판은 검사의 명령에 의하여 집행한다(법 제477조 제1항, 제5항). 본조의 과태료는 증인이 출석하지 아니한 경우의 과태료(법 제151조)처럼 형사소송법에 규정된 과태료를 가리킨다.

2. 집행방법과 집행대상

(1) 집행방법

재산형 등의 집행명령은 집행력 있는 채무명의와 동일한 효력이 있다(법 제477조 제2항). 재산형 등의 집행은 민사집행법상 집행의 방법 또는 국세징수법상 국세체납처분의 방법으로 이루어진다. 다만 재산형 등의 집행에 있어서는 집행 전 재판의 송달을 요하지 아니하고(법 제477조 제3항, 제4항), 몰수물의 경우 이미 압수되어 있으면 검사의 집행명령만으로 즉시 집행된다.

벌금, 과료, 추징, 과태료, 소송비용 또는 비용배상의 분할납부, 납부연기 및 납부대행기관을 통한 납부 등 납부방법에 필요한 구체적인 사항은 법무부령인 재산형 등에 관한 검찰 집행사무규칙에 정한 바에 따른다(법 제477조 제6항, 동규칙 제12조).

(2) 집행대상

재산형 등의 집행대상은 형을 선고받은 자의 재산에 한한다. 그 예외로는 재판확정 후 재판받은 자가 사망한 경우와 법인이 합병한 경우가 있다.

(가) 재판받은 자가 사망한 경우

재판을 받은 자가 재판확정 후 사망한 경우에는 몰수, 조세·전매·기타 공과에 관한 법령에 의하여 재판한 벌금·추징은 그 상속재산에 대하여 집행할 수 있다(법 제478조). 이러한 특칙은 상속재산에 대한 집행의 특칙은 재판확정 후 사망한 경우에 한하여 적용되므로 재판 확정 전에 본인이 사망한 때에는 그 상속재산에 대하여 집행할 수 없다.

여기에서 조세란 세금을 의미하고, 전매란 국가가 재화의 판매를 독점하는 것을 말하며, 공과란 국가나 지방자치단체가 강제적으로 징수하는 보험료, 부과금, 납부금 등 모든 공적부담금을 말한다. 과거에는 담배와 인삼은 전매의 대상이었고, 형사처벌을 규정하고 있는 관련 법률이 있었으나, 현재에는 그러한 법률규정은 존재하지 아니한다. 공과에 관한 법률로써 벌금을 규정하고 있는 것으로는 국민연금법 제128조 제3항을 들 수 있다.[4)]

(나) 법인이 합병한 경우

법인에 대하여 벌금, 과료, 몰수, 추징, 소송비용 또는 비용배상을 명한 경우에, 법인이 그 재판확정 후 합병에 의하여 소멸한 때에는 합병 후 존속한 법인 또는 합병에 의하여 설립된 법인에 대하여 집행할 수 있다(법 제479조).

3. 가납집행과 노역장 유치

(1) 가납집행

제1심 가납의 재판을 집행한 후에 제2심 가납의 재판이 있는 때에는 제1심재판의 집행은 제2심 가납금액의 한도에서 제2심재판의 집행으로 간주한다. 가납의 재판을 집행한 후 벌금, 과료 또는 추징의 재판이 확정한 때에는 그 금액의 한도에서 형의 집행이 된 것으로 간주한다(법 제480조, 제481조).

(2) 노역장 유치

벌금 또는 과료를 완납하지 못한 자에 대한 노역장유치의 집행에는 징역형의 집행에 관한 규정을 준용한다(법 제492조). 벌금을 납입하지 아니한 자는 1일 이상 3년 이하의 기간 동안, 과료를 납입하지 아니한 자는 1일 이상 30일 미만의 기간 동안 노역장에 유치하여 작업에 복무하

---

4) 노태악 Ⅳ 886-888면.

게 한다(형법 제69조 제2항).

판결선고 당일을 포함한 판결확정 전 구금일수 또는 상소기각 결정시에 송달기간이나 즉시항고기간 중의 미결구금일수가 있는 경우, 구금일수의 1일은 벌금이나 과료에 관한 유치기간의 1일로 계산하여 그 전부를 본형에 산입한다(법 제482조).

4. 몰수물과 압수물의 처분

(1) 몰수물의 처분

몰수물은 검사가 처분하여야 한다. 다만 몰수를 집행한 후 3월 이내에 그 몰수물에 대하여 정당한 권리있는 자가 몰수물의 교부를 청구한 때에는 검사는 파괴 또는 폐기할 것이 아니면 이를 교부하여야 하고, 검사가 몰수물을 처분한 후 물수물의 교부청구가 있는 경우에는 검사는 공매에 의하여 취득한 대가를 교부하여야 한다(법 제483조, 제484조).

(2) 몰수되지 아니한 압수물의 처분

압수한 서류 또는 물품에 대하여 몰수의 선고가 없는 때에는 압수를 해제한 것으로 간주되므로, 검사는 이를 피해자 또는 피압수자에게 환부한다(법 제332조, 제333조).

(가) 환부할 수 없는 경우

압수물의 환부를 받을 자의 소재가 불명하거나 기타 사유로 인하여 환부를 할 수 없는 경우에는 검사는 그 사유를 관보에 공고하여야 한다. 공고한 후 3월 이내에 환부의 청구가 없는 때에는 그 물건은 국고에 귀속한다. 다만 공고일로부터 3월 이내의 기간에도 가치 없는 물건은 폐기할 수 있고, 보관하기 어려운 물건은 공매하여 그 대가를 보관할 수 있다(법 제486조).

(나) 위·변조물인 경우

위조 또는 변조한 물건을 환부하는 경우에는 그 물건의 전부 또는 일부에 위조나 변조인 것을 표시하여야 한다. 위조 또는 변조한 물건이 압수 후 환부·가환부 되어 계속 압수되지 아니한 경우에는 검사는 그 물건을 제출하게 하여 위·변조 표시 후 환부하여야 한다. 다만 그 물건이 공무소에 속한 것인 때에는 위조나 변조의 사유를 공무소에 통지하여 적당한 처분을 하게 하여야 한다(법 제485조).

제 5 절 형집행에 대한 구제절차

형집행에 대한 구제절차로는 소송비용부담에 대한 집행면제신청, 재판의 해석에 대한 의의신청, 검사의 재판집행에 대한 이의신청이 있다.

Ⅰ. 소송비용 집행면제 신청

소송비용부담의 재판을 받은 자가 빈곤하여 이를 완납할 수 없는 때에는 그 재판의 확정 후 10일 이내에 재판을 선고한 법원에 소송비용의 전부 또는 일부에 대한 재판의 집행면제를 신청할 수 있다(법 제487조). 소송비용부담의 재판은 집행면제 신청기간인 10일 동안 집행이 정지되고, 집행면제 신청이 있는 경우 그 신청에 대한 재판이 확정될 때까지 재판의 집행이 정지된다(법 제472조).

소송비용 집행면제신청이 있는 때에는 법원은 집행면제 여부를 결정하여야 하고, 결정에 대하여는 즉시항고를 할 수 있다(법 제491조). 신청인은 법원의 결정이 있을 때까지 이를 취하할 수 있고(법 제490조 제1항), 소송비용 집행면제 신청과 그 취하에는 **재소자 특칙이 준용**된다(법 제490조 제2항, 제344조).

Ⅱ. 재판해석에 대한 의의신청

의의(疑義)란 재판의 **내용이 불명확하여 의문이 있는** 것을 말한다. 형의 선고를 받은 자는 집행에 관하여 재판의 해석에 대한 의의가 있는 때에는 재판을 선고한 법원에 의의신청을 할 수 있다(법 제488조). 확정된 재판의 내용은 변경될 수 없지만 형의 선고를 받은 자가 그 내용에 의문이 있는 경우에는 의의신청을 통해 이를 명확히 할 수 있는 것이다. 이처럼 의의신청은 판결의 취지가 명료하지 않아 그 해석에 대한 의의가 있는 경우에 적용되는 것이므로 재판의 **내용자체의 부당성 여부는 의의신청의 대상이 될 수 없다.**[5)]

의의신청이 있는 때에는 법원은 결정하여야 하고, 결정에 대하여는 즉시항고를 할 수 있다(법 제491조). 의의신청인은 법원의 결정이 있을 때까지 이를 취하할 수 있고(법 제490조 제1항), 의의신청과 그 취하에는 재소자 특칙이 준용된다(법 제490조 제2항, 제344조).

---

5) 대법원 1987. 8. 20. 선고 87초42 등 판결.

Ⅲ. 재판집행에 대한 이의신청

재판의 집행을 받은 자 또는 그 법정대리인이나 배우자는 집행에 관한 검사의 처분이 부당함을 이유로 재판을 선고한 법원에 이의신청을 할 수 있다(법 제489조). 이의신청은 재판의 집행에 대한 검사의 처분을 시정하기 위한 것으로서 이미 재판의 집행이 종료된 후에는 이의신청의 실익이 없어 허용되지 아니한다.[6)]

이의신청이 있는 때에는 법원은 결정하여야 하고, 결정에 대하여는 즉시항고를 할 수 있다(법 제491조). 이의신청인은 법원의 결정이 있을 때까지 이를 취하할 수 있고(법 제490조 제1항), 이의신청과 그 취하에는 재소자 특칙이 준용된다(법 제490조 제2항, 제344조).

6) 대법원 2001. 8. 23.자 2001모91 결정.

제 6 장

특별절차

제 6 장

특별절차

제 1 절 개관

지금까지 살펴본 통상절차 외에도 형사소송법을 비롯한 다양한 법률은 형사절차의 적정한 운영을 위해 다수의 특별절차를 두고 있다. 제1심과 관련된 특별절차로서 형사소송법은 소송경제를 위하여 간이공판절차와 약식절차를 두고 있고, 즉결심판에 관한 절차법은 즉결심판절차를 규정하고 있다. 국민의 형사재판 참여에 관한 법률에 따른 국민참여재판절차와 소년법에 따른 19세 미만의 범죄소년에 대한 형사절차 또한 제1심에서의 특별절차에 해당한다.

한편 형사소송법은 확정판결에 대한 예외적인 불복수단으로 비상구제절차를 두고 있다. 확정판결에 대한 불복은 허용되지 아니함이 원칙이지만, 형사소송법은 피고인의 이익을 위한 경우에 한하여 확정판결의 '중대한 사실인정 오류'를 시정하는 절차로서 재심과, 확정판결의 '법령위반'을 시정하기 위한 절차로서 비상상고를 두고 있다.

제 2 절 제1심 관련 절차

Ⅰ. 간이공판절차

1. 의의

간이공판절차란 피고인이 제1심 공판정에서 자백하는 경우, 증거동의를 간주하여 증거능력 인정요건을 완화하고 증거조사 절차를 간이화함으로써 신속하게 심리를 진행하는 공판절차를 말한다.

형사소송법상 간이공판절차의 도입에 영향을 주었음을 부정하기 어려운 미국의 기소인부제도(Arraignment)는, 피고인의 유죄인정(guilty plea)이 있으면 증거조사절차를 생략하고 바로 유죄를 인정한 후 양형절차로 넘어감으로써 재판의 신속성과 효율성을 꾀한 제도이다. 배심재판을 원칙으로 하는 미국의 형사재판의 현실상 기소인부제도의 활용이 부득이한 면이 있다고는 하나, 유죄답변을 얻어내는 과정에서의 부정한 '협상'으로 인해 실체적 진실발견을 저해하고 공정한 재판을 가로막는 졸속재판의 주범이라는 비판도 적지 않다.

우리의 경우 공판정에서의 자백이 있다고 하여 무조건 간이공판절차로 이행하는 것은 아니고 증거조사절차를 아예 생략하는 것도 아니라는 점에서 기소인부제도에 비해서는 좀 더 조심스런 태도를 취하고 있다고는 할 수 있겠다. 하지만 사형이나 무기형에 해당하는 중죄의 경우에도 간이공판절차가 허용될 수 있다는 것은 위에서 지적한 위험성을 고려할 때 아무래도 불안감을 지우기 어렵다. 1995. 12. 29. 개정 전의 규정처럼 합의부 사건은 간이공판절차의 대상에서 제외하는 것도 진지하게 고민해 봐야 할 것이다.

2. 간이공판절차의 개시 결정

피고인이 공판정에서 공소사실에 대하여 자백한 때에는 법원은 그 공소사실에 한하여 간이공판절차에 의하여 심판할 것을 결정할 수 있다(법 제286조의2).

(1) 피고인의 자백

(가) 자백의 의미와 신빙성

여기에서 자백이란 피고인이 공소장 기재 범죄사실을 모두 인정하고, 위법성조각사유 또는 책임조각사유가 되는 사실을 진술하지 아니하거나[1] 그러한 사실이 없음을 진술하는 것을 말한다. 구성요건에 해당하는 사실을 인정한 이상 위법성조각사유나 책임조각사유의 부존재는 사실상 추정되기 때문이다. 또한 공소사실을 인정한 이상 소추요건을 조각하는 사실, 형면제사유가 되는 사실 또는 피고인에게 유리한 양형사유가 되는 사실에 대해 진술하더라도 자백의 성립과는 관계가 없다. 죄명이나 적용법조만을 다투는 경우도 마찬가지로 자백에 해당한다.

형사소송법은 명문의 규정을 두고 있지 아니하지만 자백에는 당연히 신빙성이 인정되어야

1) 대법원 1987. 8. 18. 선고 87도1269 판결.

한다. 자백의 신빙성 결여는 간이공판절차 결정의 취소사유가 된다(법 제286조의3).

(나) 자백의 주체

형사소송법은 자백의 주체를 피고인으로만 규정하고 있으므로 변호인이나 대리인의 자백은 피고인의 자백을 대신할 수 없다. 다만 피고인이 법인인 경우 그 대표자는 피고인을 대신하여 자백할 수 있다.

피고인의 법정대리인(법 제26조)이나 특별대리인(법 제28조)도 자백의 주체가 될 수 있다는 견해가 있으나, 본인이 아닌 이상 범죄의 실행 여부를 제대로 알 수도 없거니와 간이공판절차가 피고인에게 유리하다고 단정할 수도 없는 이상 자백의 주체가 될 수 없다고 본다.

(다) 자백의 시기

여기에서의 자백은 공판정에서의 자백으로 제한됨이 명백하지만, 공판절차 내에서의 시기에 대해서는 **모두진술시**로 제한된다는 견해[2]와 **변론종결시**까지 가능하다는 견해[3]의 대립이 있다.

비록 형사소송법은 피고인이 모두진술 직후 공소사실을 인정하도록 규정하고(법 제286조), 그 바로 뒤에 간이공판절차의 결정에 대한 조문을 두고 있으나(법 제286조의2), 간이공판절차를 위한 자백의 시기에 대해서는 어떠한 제한도 두고 있지 아니하다. 따라서 자백의 시기는 간이공판절차의 실익이 인정되는 시점까지라 함이 상당하므로 **변론종결시설**이 옳다. 대법원도 제1심 **제5회 공판기일에서** 피고인이 그전까지의 진술 중 부인하였던 점은 잘못된 진술이라며 공소사실 전부에 대하여 자백을 한 경우에는, 간이공판절차에 의하여 심판할 것을 결정한 제1심의 결정은 정당하다고 하여 같은 입장을 취한다.[4]

(2) 법원의 결정과 취소

(가) 결정에 대한 법원의 재량

간이공판절차의 개시 여부는 법원의 재량에 따른다(법 제286조의2). 따라서 법원은 피고인이 자백하는 경우에도 간이공판절차를 개시함이 상당하지 아니하다고 인정되는 경우에는 통상의 공판절차로 진행할 수 있다.

간이공판절차 개시에 대한 법원의 재량행사는 합리적 범위 내에서 이루어져야 한다. 예를

2) 김재환 553; 이/김 563; 정/최/김 540.
3) 이/조/이 591; 이창현 795; 임동규 470.
4) 대법원 1987. 8. 18. 선고 87도1269 판결.

들어 피고인이 범죄사실의 일부에 대해서만 자백한 경우에는 법원은 그 범죄사실에 대해서만 간이공판절차에 의하도록 할 수 있지만, 자백한 부분과 자백하지 아니한 부분이 포괄일죄 또는 상상적 경합관계에 있는 경우와 같이 양자를 분리하여 심리하는 것이 상당하지 아니할 때에는 법원은 자백부분에 대해서도 간이공판절차 개시결정을 하지 아니함이 옳다.

(나) 개시결정의 방법

법원이 간이공판절차 개시를 결정하고자 할 때에는 재판장은 미리 피고인에게 간이공판절차의 취지를 설명하여야 한다(규칙 제131조).

간이공판절차 개시에 대한 결정은 판결 전 소송절차에 대한 결정으로써 즉시항고 및 보통항고의 대상이 되지 아니하므로, 검사나 피고인은 이에 대해 **항고로써 다툴 수 없다**. 그러나 간이공판절차로 이행할 수 없는 경우임에도 간이공판절차에 따라 심리하여 판결하였다면, 이는 소송절차의 법령위반에 해당하는 경우이므로 **항소이유**가 된다(법 제361조의5 제1호).

(다) 결정의 취소와 공판절차 갱신

법원은 간이공판절차의 결정을 한 사건에 대하여 피고인의 자백이 신빙할 수 없다고 인정되거나, 간이공판절차로 심판하는 것이 현저히 부당하다고 인정할 때에는 검사의 의견을 들어 그 결정을 취소하여야 한다(법 제286조의3).

간이공판절차의 결정이 취소된 때에는 공판절차를 갱신하여야 한다. 단, 검사, 피고인 또는 변호인이 이의가 없는 때에는 그러하지 아니하다(법 제301조의2).

3. 간이공판절차의 특칙

간이공판절차에서는 전문증거에 대한 **증거동의**가 간주되고, 증거조사 절차가 **간소화**된다. 그 외에는 간이공판절차에 있어서도 통상 공판절차에 대한 일반규정이 그대로 적용된다. 간이공판절차에서도 **공소장변경도 허용**되고, **무죄판결도 가능**하다.

(1) 전문증거에 대한 증거동의의 간주

간이공판절차의 결정이 있는 사건의 증거에 관하여는 전문증거에 대한 증거동의가 있는 것으로 간주한다(법 제318조의3 본문). 검사, 피고인 또는 변호인이 증거로 함에 이의제기가 없다면, 수사기관 작성 조서 및 수사과정 작성 진술서(법 제312조), 형사사법기관 외의 자가 작성한 진술서 및 진술기재서류(법 제313조), 전문의 진술(법 제316조)에 대한 증거동의가 간주되어 전문증거의 증거사용에 아무런 문제가 발생하지 않게 된다. 물론 당사자가 증거사용에 적극적으로 반대한다면 이는 단서의 "검사, 피고인 또는 변호인이 증거로 함에 이의가 있는 때에는 그러하지 아니하다."에 해당하여 전문법칙이 적용되게 된다.

간이공판절차에서 증거능력제한이 완화되는 것은 전문증거의 증거능력 인정에 한한다. 따라서 자백배제법칙, 임의성 없는 진술의 증거능력부정, 위법수집증거배제법칙 등은 간이공판절차에서도 적용된다. 자백의 보강법칙도 배제되지 않음은 물론이다.

(2) 증거조사 절차의 간소화

간이공판절차의 결정이 있는 사건에 대하여는 증인신문의 방식관련 규정(제161조의2), 증거조사의 순서와 방식관련 규정(제290조 내지 제293조) 및 피고인등의 퇴정관련 규정(제297조)을 적용하지 아니하며, 법원이 상당하다고 인정하는 방법으로 증거조사를 할 수 있다.

간이공판절차에서의 증거조사는 상당하다고 인정되는 방법이면 충분하므로 통상의 절차에서처럼 정식의 증거조사방법에 의할 필요는 없다. 하지만 공개주의의 원칙상 당사자와 방청인으로 하여금 증거내용을 알 수 있게끔 하는 방법에 의해야 할 것이다. 대법원은 공판조서의 일부인 증거목록에 증거방법을 표시하고 증거조사 내용을 "증거조사함"이라고 표시하는 방법으로 하였더라도 상당한 증거조사방법으로 인정할 수 있다고 하고,[5] 간이공판절차로 진행된 제1심에서 상당하다고 인정한 방법으로 증거조사를 하여 증거능력이 인정된 이상 항소심에서도 그대로 증거능력이 인정되므로 다시 정식의 증거조사방법에 의하여 증거조사를 할 필요는 없다고 한다.[6]

Ⅱ. 약식절차

1. 의의

약식절차란 법원이 검사의 청구에 따라 가벼운 형에 처해질 것이 명백한 사건에 대하여 공판절차 없이 서면심리만으로 약식명령을 발하는 간이한 형사절차를 말한다. 약식절차에 따라 법원은 정식 형사처벌에 갈음하여 약식명령을 발하고, 검사와 피고인은 이에 대해 정식재판을 청구할 수 있다. 2022년 기소된 인원 중 정식재판청구(구공판)가 172,503명(30.2%)이고 약식

5) 대법원 1980. 4. 22. 선고 80도333 판결.
6) 대법원 2005. 3. 11. 선고 2004도8313 판결.

명령청구(구약식)가 399,583명(69.8%)으로, 약식명령이 청구된 인원이 정식재판이 청구된 인원에 비하여 2배 이상 많았다는 점에서도 알 수 있듯이 형사재판에서 약식절차가 담당하고 있는 역할은 아주 크다.[7)]

약식절차는 독일의 과형명령절차(Strafbefehlsverfahren)를 참고로 법원의 업무부담경감을 주된 목적으로 도입된 것으로, 소송경제를 도모하고 피고인의 공개재판에 따른 부담을 들어주는 등 피고인의 이익도 보호한다는 점에서 긍정적 평가가 있다. 하지만 피고인의 공정한 공개재판을 받을 권리를 침해하는 것이 아닌가 하는 점에서 위헌론도 제기되는데, 약식절차는 과형의 범위를 벌금, 과료 또는 몰수에 한정하고, 자유형은 당사자 간에 다툼이 없는 경우에도 부과할 수 없도록 함으로써 과중한 형벌의 위험을 제도적으로 차단하고 있다. 또한 약식명령의 내용에 동의하지 않는 경우 피고인은 정식재판을 청구할 수 있고 그 정식재판청구권은 포기할 수 없으므로(법 제453조 제1항 단서) 약식절차가 피고인의 공정한 공개재판을 받을 권리를 침해한다고 보기는 어렵다. 어쨌든 재판에 관여하는 형사사법기관은 피고인의 정식재판청구가 용이하게 이루어질 수 있도록 배려하는데 소홀해서는 안 된다. 이것이야말로 약식명령이 공정하게 행해지기 위한 안전판이기 때문이다.

2. 청구절차

(1) 청구권자 및 청구방식

검사는 지방법원 관할에 속하는 사건으로서 **벌금, 과료 또는 몰수**에 처할 수 있는 사건에 대하여 공소의 제기와 **동시에 서면으로** 약식명령을 청구할 수 있다(법 제448조, 제449조). 따라서 벌금, 과료 또는 몰수의 형이 법정형에 선택적으로 규정되어 있으면 약식명령의 대상이 되지만, 자유형만을 선고할 수 있는 사건은 약식명령의 대상이 아니다.

검사는 약식명령 청구시 필요한 증거서류 및 증거물을 법원에 제출하여야 한다(규칙 제170조). 약식명령은 **서면심리**에 의한 재판이어서 공소장일본주의는 약식명령에는 적용되지 아니하고, 검사의 약식명령 청구에 대해 피고인의 자백이나 동의를 요하지 아니한다.

(2) 독립적 청구취소 가능성

약식절차는 특수한 공판절차로서 검사의 공소취소에 따라 약식명령청구는 당연히 그 효력을 상실한다. 하지만 **공소취소 없이 약식명령청구만을 독립적으로 취소할 수 있는지**에 대해서는

7) 범죄백서 15.

견해의 대립이 있다.

긍정설은 공소제기와 약식명령청구는 서로 다른 소송행위로서 약식명령청구가 취소된다 하더라도 공소제기의 효력에는 영향을 미치지 아니하므로 약식명령청구의 독립적 취소가 가능하다고 한다.[8] 부정설은 이에 대한 명문의 규정이 존재하지 아니하므로 약식명령청구의 독립적 취소는 허용되지 아니한다고 한다.[9]

주장의 당부를 떠나 형사소송법은 검사에게도 약식명령에 대한 정식재판청구권을 부여하고 있는데, 약식명령청구에 대한 독립적 취소를 허용하지 아니한다면 이는 곧 약식명령발령 후 검사의 정식재판청구라는 불필요한 절차를 요구하는데 지나지 않는다. 따라서 소송경제적 측면에서 볼 때 긍정설이 타당하다고 본다.

3. 심판절차

(1) 심리

형사소송법과 형사소송규칙은 검사에게 증거서류 및 증거물 제출의 의무가 있다는 것(규칙 제170조)과, 공판절차를 거치지 아니한다는 점(법 제448조 제1항) 외에는, 약식절차의 심리에 대해 어떠한 규정도 두지 않고 있다. 따라서 약식절차는 검사가 제출한 증거서류 및 증거물에 대한 서면심리를 원칙으로 하여 전문법칙의 적용이 배제되고, 공판절차를 거치지 아니하므로 공판절차를 전제로 한 공소장변경은 허용되지 아니한다.

약식절차에서 피고인의 증거제출이 허용되는지에 대해서는 견해의 대립이 있다. 증거제출과 그에 따른 심리는 약식절차의 본질에 반하므로 허용되지 아니한다는 견해도 있으나,[10] 신속한 절차진행에 부합하는 범위 내에서 당사자의 증거제출을 불허할 이유는 없다고 본다.[11]

(2) 공판절차 회부

법원은 약식명령의 청구가 있는 경우에 그 사건이 약식명령으로 할 수 없거나 약식명령으로 하는 것이 적당하지 아니하다고 인정한 때에는 공판절차에 의하여 심판하여야 한다(법 제450조).

---

8) 김재환 874; 이창현 1358.
9) 이/김 908; 이/조/이 953; 임동규 887; 정/최/김 897.
10) 신동운 b 1723.
11) 이/김 809; 이/조/이 954; 이창현 1359.

(가) 공판절차 회부 사유

1) 약식명령으로 할 수 없는 경우

'약식명령으로 할 수 없는 경우'란 유죄의 판결을 할 수 없거나(무죄·면소·공소기각 또는 관할위반의 재판을 선고해야 하는 경우), 유죄의 판결을 할 수 있다 하더라도 법정형이 벌금, 과료 또는 몰수에 해당하지 아니한 경우를 말한다.

또한 '치료감호 등에 관한 법률'에 따라 약식명령이 청구된 후 치료감호가 청구되었을 때에는 그 치료감호가 청구되었을 때부터 공판절차에 따라 심판하여야 한다(치료감호법 제10조 제3항). 치료감호는 대상자를 치료감호시설에 '수용'하여 치료를 하는 보안처분으로, 실질적으로 구금형과 같은 효과를 가지므로 보다 전문적이고 신중한 판단이 필요하다는 이유에서 공판절차에 따르도록 요구하고 있는 것이다. 치료감호사건의 제1심 재판관할은 지방법원 합의부 및 지방법원지원 **합의부**로 하고, 치료감호가 청구된 치료감호대상자에 대한 치료감호사건과 피고사건의 관할이 다른 때에는 **치료감호사건의 관할**에 따르도록 한 것(치료감호법 제3조 제2항)도 같은 이유에서라고 할 수 있다.

2) 약식명령으로 하는 것이 적당하지 아니한 때

'약식명령으로 하는 것이 적당하지 아니한 때'란 약식명령청구 자체는 적법하다 하더라도 사실인정, 법률적용, 양형 등에 대한 심리의 필요성이 인정되는 경우를 말한다.

(나) 공판절차회부시 법원의 조치

1) 통지 및 송달

법원이 약식명령청구사건을 공판절차에 회부하는 경우 법원사무관등은 즉시 그 취지를 검사에게 통지하여야 하고, 이를 통지받은 검사는 5일 이내에 피고인수에 상응한 공소장 부본을 법원에 제출하여야 한다. 법원은 검사로부터 공소장 부본을 제출받은 경우 통상의 공소제기시와 마찬가지로 이를 피고인 또는 변호인에게 송달하여야 한다(규칙 제172조).

약식절차와 정식재판절차는 **동일 심급**의 절차이므로 약식절차에서의 변호인은 정식재판절차에서도 당연히 변호인의 지위를 갖고 소송행위를 할 수 있다.

2) 공판절차회부 결정 여부

형사소송법은 법원이 약식명령이 청구된 사건을 공판절차회부시에 그 결정을 하여야 한다는 규정을 두고 있지 아니하다. 이에 공판절차로 이행됨을 명확히 밝혀주기 위해 공판절차회부

결정을 하여야 한다는 **적극설**[12]과 명문의 규정이 없는 이상 별도의 공판절차회부결정 없이도 공소장 부본을 송달하여 공판절차를 진행하면 된다는 **소극설**의 대립이 있다.[13]

약식명령청구와 함께 이미 공소는 제기되었고 형사소송규칙은 공소장부본의 제출과 송달에 대해서만 규정하고 있을 뿐 공판절차회부결정을 하여야 한다는 규정을 두고 있지 아니하다. 따라서 소극설이 타당하다고 생각된다. 대법원도 "법원이 약식명령청구사건을 공판절차에 의하여 심판하기로 함에 있어서는 **사실상 공판절차를 진행하면 되고** 특별한 형식상의 결정을 할 필요는 없다."고 하여 같은 입장이다.[14]

3) 약식명령청구와 함께 제출된 증거의 반환 여부

형사소송법은 법원이 약식명령이 청구된 사건을 공판절차로 회부하는 경우, 검사가 약식명령청구시 함께 제출하였던 증거를 검사에게 반환하여야 한다는 규정을 두고 있지 아니하다. 이에 대하여, **공소장일본주의에 따라** 이 경우 검사에게 증거를 반환해야 한다는 **반환필요설**[15]과 적법하게 소송계속 중인 사건에서 이미 법원에 적법하게 제출된 증거를 검사에게 반환하는 것은 **무용한 절차의 반복**에 불과하다는 **반환불요설**의 대립이 있다.[16]

이러한 증거는 법원이 적법하게 보관하고 있는 증거이므로, 법원은 검사가 기 제출된 증거에 대해 증거신청을 하지 아니하거나, 증거로 신청하였으나 채택되지 아니한 경우에 한하여 검사에게 이를 반환하면 될 것이다. 대법원도 이 경우 법원이 이러한 증거를 보관하고 있다고 하여 그 이전에 이미 적법하게 제기된 공소제기의 절차가 위법하게 되는 것은 아니라고 한다.[17]

(3) 약식명령의 발령과 효력

(가) 약식명령의 발령

법원은 공판절차에 회부하지 아니하는 이상 약식명령청구가 있은 날로부터 **14일 이내**에 약식명령을 하여야 한다(규칙 제171조). 약식명령에는 범죄사실, 적용법령, 주형, 부수처분과 약식명령의 고지를 받은 날로부터 7일 이내에 정식재판의 청구를 할 수 있음을 명시하여야 하고(법 제451조), 약식명령의 **고지는 검사와 피고인에 대한 재판서의 송달**에 의하여 한다(법 제452

12) 이/김 910; 이창현 1360.
13) 김재환 875; 송광섭 889.
14) 대법원 2003. 11. 14. 선고 2003도2735 판결.
15) 손/신 892; 이/조/이 955; 이창현 1361.
16) 송광섭 927.
17) 대법원 2007. 7. 26. 선고 2007도3906 판결.

조). 따라서 법원은 피고인에게 변호인이 선임되어 있다 하더라도 변호인에 대해 재판서를 송달할 필요는 없다.[18]

약식명령시 **벌금형의 선고유예가 가능한지**에 대해서는, 피고인에게 유리한 처분이므로 허용된다는 **허용설**[19]과 약식명령절차는 서면심리에 의해 이루어지는바 구체적 사정에 대한 판단이 필요한 선고유예의 경우에는 적합하지 않으므로 허용되지 아니한다는 **불허설**[20]의 대립이 있다. 형사소송법은 법원은 약식명령으로 피고인을 벌금 등에 처할 수 있다고 규정하고 있을 뿐 선고를 유예할 수 있다는 규정을 두고 있지 아니하고, 약식명령의 본질상 선고유예를 허용할 당위성도 찾기 어려우므로 불허설이 옳다.

(나) 약식명령의 효력

1) 기판력

약식명령은 정식재판의 청구기간이 경과하거나 그 청구의 취하 또는 청구기각의 결정이 확정한 때에는 확정판결과 동일한 효력이 있다(법 제457조). 따라서 약식명령에도 **기판력이 발생**한다. 예를 들어 포괄일죄의 일부에 대하여 약식명령이 확정된 경우 약식명령의 발령이 있기 전까지 범해진 행위에 대해서는 기판력이 미치므로, 발령 이전의 행위에 대해서 공소제기를 했다면 법원은 면소판결을 선고하여야 한다(법 제326조 제1호).

기판력의 발생시점과 관련해서는 약식명령의 고지는 재판서의 송달로 하고 별도의 선고절차가 없다는 점에서 **발령시설**과 **고지시설**이 대립하고 있다. 정식재판의 경우 기판력의 발생시점은 사실심리의 가능성이 있는 최후의 시점인 판결선고시를 기준으로 하고 있음에 비추어 볼 때, 법원이 약식명령을 피고인에게 발송한 때 기판력이 발생하는 것으로 보는 **발령시설**이 타당하다.[21]

2) 피모용자에 대한 효력

피모용자에게 약식명령이 송달된 경우, 그 효력은 모용자에 대해서만 미치고 피모용자에게는 미치지 아니한다. 하지만 약식명령을 송달받은 피모용자가 정식재판을 청구하고 공판정에 출석하여 소송행위를 한 때에는 피모용자에 대하여 공소제기의 절차가 법률의 규정에 위반하여 무효인 때에 해당한다는 이유로 공소기각의 판결을 선고하여야 한다. 이 경우 피모용자에

---

18) 대법원 2017. 7. 27.자 2017모1557 결정.
19) 이조이 956; 정/최/김 898.
20) 손/신 893; 송광섭 928; 이/김 911; 이창현 1362; 임동규 889.
21) 대법원 2023. 6. 29. 선고 2020도3705 판결.

대해 공소기각판결이 확정되었다고 하여 모용자에 대하여 별도로 기소를 하여야 하는 것은 아니다.[22)]

4. 정식재판의 청구와 재판절차

(1) 정식재판 청구권자

정식재판의 청구권자는 검사, 피고인 및 당사자 이외의 상소권자이다. 다만 당사자 외의 상소권자인 피고인의 배우자, 직계친족, 형제자매, 대리인, 변호인은 피고인의 명시한 의사에 반하여 정식재판을 청구할 수 없다(법 제453조 제1항, 제458조 제1항, 제340조, 제341조).

(2) 정식재판 청구절차

(가) 청구기간과 청구권회복

1) 청구기간

정식재판 청구권자는 약식명령의 고지를 받은 날로부터 7일 이내에 정식재판의 청구를 할 수 있다(법 제453조 제1항 본문). 명문의 규정은 없으나 **대법원**은 상소장 제출에 대한 **재소자 특칙**(법 제344조)은 여기에서도 **준용**되는 것으로 본다.[23)]

2) 청구권회복

형사소송법은 정식재판 청구기간 도과에 대하여 상소권회복의 청구권자, 청구방식, 청구 시 재판의 집행정지, 법원의 결정과 그에 대한 즉시항고 등을 준용하고 있다(법 제458조 제1항, 제345조 내지 제348조). 따라서 정식재판 청구기간 도과 시에 정식재판 청구권자는 상소권회복과 동일한 방법으로 청구권을 회복할 수 있다.[24)]

약식명령에 대한 정식재판청구권의 회복청구를 하는 경우에는, 약식명령이 고지된 사실을 안 날로부터 정식재판청구기간에 상당한 기간인 7일 이내에 서면으로 정식재판청구권 회복청구를 함과 **동시**에 정식재판청구를 하여야 한다. 따라서 위 7일 이내에 정식재판청구권 회복청구만을 하였을 뿐 정식재판청구를 하지 아니하였다면, 그 정식재판청구권 회복청구는 소정방식을 결한 것으로서 허가될 수 없다.[25)]

---

22) 대법원 1981. 7. 7. 선고 81도182 판결.
23) 대법원 2006. 10. 13.자 2005모552 결정.
24) 681페이지 참조.
25) 대법원 1983. 12. 29.자 83모48 결정.

(나) 청구방식

정식재판의 청구는 약식명령을 한 법원에 서면으로 제출하여야 한다(법 제453조 제2항). 정식재판청구서에는 약식명령에 대하여 불복한다는 취지의 기재가 있으면 되고 그 이유를 기재할 필요까지는 없다.

정식재판의 청구는 약식명령의 일부에 대하여 할 수 있으나, 일부에 대한 정식재판의 청구는 그 일부와 불가분의 관계에 있는 부분에 대하여도 효력이 미친다(법 제458조 제1항, 제342조).

(다) 법원의 조치

정식재판의 청구가 있는 때에는 법원은 지체 없이 검사 또는 피고인에게 그 사유를 통지하여야 한다(법 제453조 제3항).

(라) 정식재판 청구포기와 취하

1) 청구포기

피고인을 제외한 정식재판 청구권자는 정식재판의 청구를 포기할 수 있지만, **피고인은 정식재판의 청구를 포기할 수 없다**(법 제453조 제1항 단서, 제458조, 제349조). 정식재판의 청구포기는 서면으로 하여야 한다(법 제458조 제1항, 제352조 제1항 본문).

2) 청구취하

청식재판 청구인은 **제1심 판결선고 전까지** 정식재판 청구를 취하할 수 있다(법 제454조). 정식재판 청구 취하에 대해서는 피고인의 상소 취하시 법정대리인의 동의, 피고인을 위한 상소 취하시 피고인의 동의에 대한 규정이 준용된다(법 제458조 제1항, 제350조, 제351조).[26]

정식재판의 청구취하는 서면으로 하여야 한다. 단, 공판정에서는 구술로써 할 수 있고 구술로써 정식재판의 청구 취하를 한 경우에는 그 사유를 조서에 기재하여야 한다(법 제458조 제1항, 제352조).

3) 재청구의 금지

정식재판의 청구를 취하한 자 또는 청구포기나 취하에 동의한 자는 그 사건에 대하여 다시 정식재판을 청구하지 못한다(법 제458조, 제354조).

---

26) 689페이지 참조.

5. 법원의 심판

(1) 청구기각의 결정

법원은 정식재판의 청구가 법령상의 방식에 위반하거나 청구권의 소멸 후인 것이 명백한 때에는 결정으로 기각하여야 한다. 정식재판 청구인은 법원의 정식재판 청구기각 결정에 대해 즉시항고를 할 수 있다(법 제455조 제1항, 제2항).

(2) 청구인용과 정식재판

(가) 심리의 원칙과 예외

법원은 정식재판의 청구가 적법한 때에는 공판절차에 의하여 심판하여야 한다(법 제455조 제3항). 이는 의무사항이므로, 이 경우 법원은 통상의 제1심 공판절차에 따라 피고사건을 새로이 심판함을 원칙으로 한다.

다만 형사소송법은 약식명령에 대한 정식재판에 있어 피고인의 2회에 걸친 공판기일 불출정시 피고인의 진술 없이 판결할 수 있다는 항소심 절차 규정을 준용하고 있다(법 제458조 제2항, 제365조). 이에 대한 내용은 이미 설명하였으므로 여기에서는 생략한다.[27)]

(나) 형종상향금지원칙

피고인만이 정식재판을 청구한 사건에 대하여는 약식명령의 형보다 중한 종류의 형을 선고하지 못한다(법 제457조의2 제1항). 따라서 법원은 검사만이 정식재판을 청구하거나 피고인과 검사 모두가 정식재판을 청구하여 유죄의 판결을 하는 경우에는 약식명령과 비교하여 형종 또는 형의 경중에 대한 제한을 받지 아니하고, 피고인만이 정식재판을 청구하였다 하더라도 동일한 종류의 형인 이상 약식명령보다 중한 형을 선고할 수 있다. 다만 피고인만이 정식재판을 청구하였고 법원이 약식명령보다 중한 형을 선고한 경우에는 판결서에 양형의 이유를 적어야 한다(법 제457조의2 제2항).

(다) 약식명령의 실효

약식명령은 정식재판의 청구에 의한 판결이 있는 때에는 그 효력을 잃는다(법 제456조). 이때의 판결에는 공소취소에 따른 공소기각의 결정도 포함되고, 판결이 있는 때란 판결이 확정

---

27) 725페이지 참조.

된 때를 의미한다. 정식재판청구기간이 도과한 후에 정식재판을 청구한 경우에는 기간 도과로 약식명령은 이미 확정된 상태이므로 약식명령의 효력에 이무런 영향을 미치지 못한다.

Ⅲ. 즉결심판절차

1. 의의

즉결심판절차란 '즉결심판에 관한 절차법'에 따라 범증이 명백하고 **20만 원 이하**의 벌금, 구류 또는 과료에 처할 경미한 범죄사건에 대하여, **경찰서장이 청구**하고 법원이 간이한 절차에 의해 즉시 심판하도록 하는 재판절차를 말한다. 범증이 명백한 경미범죄에 대해 기소독점주의의 예외를 인정하고, 피고인의 불출석, 일부 전문법칙의 배제, 청구 즉시 심판 등을 원칙으로 함으로써 신속한 재판이 가능하도록 한 것이다.

여기에서 20만 원 이하의 벌금, 구류, 과료는 **선고형**을 의미하는 것으로, 일반적으로 즉결심판은 경범죄처벌법 또는 도로교통법상 **통고처분 불이행자에 대해** 정식재판에 앞선 절차로서 활용된다. 즉결심판절차에도 즉결심판절차법상 특별한 규정이 없는 이상 형사소송법이 준용된다(즉결심판법 제19조).

즉결심판절차는 앞에서 살펴본 약식절차와는 그 취지, 재판의 효력, 정식재판청구권 보장 등 유사한 점이 많으나, 약식절차와는 달리 청구권자가 경찰서장이고, 심리방식도 공개된 법정에서 **직접주의·구두주의**에 의하며, **구류형 선고가 가능**하다는 등의 차이가 있다.

2. 청구절차

(1) 청구권자

즉결심판의 청구권자는 경찰서장이다(즉결심판법 제3조 제1항). 경미범죄의 경우 검사는 수사를 개시할 수 없으므로, 경미범죄에 대해 통상절차에 따라 공소가 제기되려면 사법경찰관의 수사, 검사의 수사 및 공소제기를 거쳐야 한다. 그러나 즉결심판절차법은 사법경찰관이 소속된 경찰관서의 장이 공소를 제기할 수 있도록 함으로써 신속한 재판이 가능하도록 한 것이다.

(2) 관할법원

즉결심판의 관할법원은 당해 경찰서장에 대한 관할을 가진 지방법원, 지원 또는 시·군법원이고, 심판권은 관할법원 소속 판사에게 있다(즉결심판법 법 제2조). 지방법원 또는 그 지원의 판사는 소속 지방법원장의 명령을 받아 소속 법원의 관할사무와 관계없이 즉결심판청구사건을 심판할 수 있다(동법 제3조의2).

형사소송법상 법관의 제척, 기피, 회피 및 토지관할 규정은 즉결심판절차에도 준용되므로, 즉결심판권을 가진 판사도 제척, 기피, 회피의 대상이 되고, 토지관할을 위반한 경우 관할위반 판결의 대상이 된다.

(3) 청구방식

경찰서장이 즉결심판을 청구함에는 **즉결심판청구서**를 제출하여야 하며, 즉결심판청구서에는 피고인의 성명 기타 피고인을 특정할 수 있는 사항, 죄명, 범죄사실과 적용법조를 기재하여야 한다(즉결심판법 제3조 제2항).

경찰서장은 즉결심판을 청구할 때에는 사전에 피고인에게 즉결심판의 절차를 이해하는 데 필요한 사항을 서면 또는 구두로 알려주어야 하고(동법 제3조 제3항), 즉결심판의 **청구와 동시에** 즉결심판을 함에 필요한 **서류 또는 증거물을 판사에게 제출**하여야 한다(동법 제4조). 이 점에서 즉결심판절차에는 **공소장일본주의가 적용되지 않음**을 알 수 있다.

3. 심판절차

(1) 기각결정

판사는 사건이 즉결심판을 할 수 없거나 즉결심판절차에 의하여 심판함이 적당하지 아니하다고 인정할 때에는 결정으로 즉결심판의 청구를 기각하여야 한다. 예를 들어 법정형이 20만원을 초과하는 벌금형으로 규정된 경우에는 즉결심판을 할 수 없으므로 판사는 청구기각의 결정을 하여야 하고, 유죄판결을 할 수 있음이 명백하지 아니하거나 법정형이 20만원 이하의 벌금형 등을 포함하고 있으나 자유형이나 20만 원을 초과하는 벌금형을 선고할 필요가 있어서 양형에 대한 통상절차상의 심리가 필요하다고 인정하면 판사는 청구기각결정을 하여야 한다.

청구기각결정에 대해서는 다툴 수 없다. 청구기각의 결정시 경찰서장은 지체없이 사건을 관할지방검찰청 또는 지청의 장에게 송치하여야 한다(즉결심판법 제5조). 이 점에서 즉결심판절차는 **공판 전의 절차**라고 하겠다.

사건을 송치받은 검사는, 통상절차에 의해 사법경찰관으로부터 사건을 송치받은 경우와 동일하게, 수사를 진행·종결하고 공소제기 여부를 결정한다. 이 경우 검사가 불기소처분을 할 수 있는지가 문제된다. 부당한 즉결심판청구임을 경찰에게 확인시켜 줌으로써 일종의 제재 및 재발방지효과를 거둘 수 있고, 판사의 기각결정에 의해 그 청구된 사건은 즉결심판청구 전의 상태로 되돌아가 공소권의 주체인 검사의 판단 하에 놓이게 되므로, 이 경우에도 검사는 불기소처분을 할 수 있다고 본다.[28)]

한편 판사가 경찰서장의 즉결심판 청구를 기각하여 경찰서장이 사건을 관할 지방검찰청으로 송치하였으나, 검사가 공소장의 제출없이 그 사건기록만을 법원에 송부한 경우에는, 공소제기의 본질적 요소라고 할 수 있는 공소장 제출이 없으므로 공소제기가 성립되었다고 볼 수 없다.[29)]

(2) 인용결정 및 심판

(가) 개정

즉결심판의 청구를 받은 판사는 청구기각결정을 하지 아니하면 즉시 이를 심판하여야 한다(즉결심판법 제6조). 이때 즉시 심판한다는 것은 즉시 기일을 열어 심리하여야 한다는 의미이지 판결의 선고까지 즉시 하라는 의미는 아니다.

즉결심판절차에 의한 심리와 재판의 선고는 경찰관서 외의 장소에 설치된 공개된 법정에서, 판사, 법원서기관, 법원사무관, 법원주사 또는 법원주사보가 열석하고 피고인이 출석하여 개정한다(동법 제7조 제1항, 제2항, 제8조). 따라서 즉결심판을 청구한 경찰서장 또는 검사의 출석을 요하지는 아니한다.

(나) 심리

판사는 피고인에게 피고사건의 내용과 진술거부권이 있음을 알려야 하고, 피고인에게 유리한 진술 등 변명할 기회를 주어야 한다(즉결심판법 제9조 제1항). 판사는 필요하다고 인정할 때에는 적당한 방법에 의하여 재정하는 증거에 한하여 조사할 수 있고, 변호인은 기일에 출석하여 증거조사에 참여하고 의견을 진술할 수 있다(동법 제9조 제2항, 제3항). 변론이 종결되면 변호인은 최종변론을 할 수 있고, 피고인은 최후진술을 할 수 있다. 이처럼 즉결심판은 구두변론과 직접심리에 의해 이루어지고, 경찰서장이 제출한 증거에 대한 증거조사를 원칙으로 하지만 피고인 또는 변호인의 증거제출 및 그에 따른 증거조사도 허용된다.

즉결심판절차에 있어서는 자백보강법칙(법 제310조), 사법경찰관 작성 피의자신문조서의 증거능력 배제(법 제312조 제3항), 형사사법기관 외 작성 진술서 등의 증거능력 배제(법 제313조)

28) 신현주 853; 이/조/이 963.
29) 대법원 2003. 11. 14. 선고 2003도2735 판결.

는 **적용되지 아니한다**(즉결심판법 제10조). 따라서 판사는 증거동의 여부와 무관하게 형사사법기관 외 작성 진술서 등에 기재된 내용을 증거로 삼을 수 있고, 사법경찰관이 작성한 피의자신문조서에 기재된 피고인의 **자백이 유일한 증거인 경우에도** 피고인에 대해 벌금형 등을 선고할 수 있다. 다만 즉결심판절차에서도 자백배제법칙, 임의성없는 진술의 증거능력 배제, 위법수집증거배제법칙은 배제되지 않고 적용된다.

(다) 불개정·불출석심판

1) 불개정심판

불개정심판이란 즉결심판에 있어 개정 없이 판사가 대상사건에 대해 심판하는 것을 말한다. 판사는 상당한 이유가 있는 경우에는 개정 없이 피고인의 진술서와 경찰서장이 즉결심판청구서와 함께 제출한 서류 또는 증거물에 의하여 심판할 수 있다(즉결심판법 제7조 제3항 본문). 이 경우에는 개정조차 불필요하므로 피고인에 대한 진술거부권의 고지, 변호인의 증거조사 참여 등은 이루어지지 아니한다.

상당한 이유가 인정되는 경우의 예로는 무죄·공소기각·면소재판의 대상이 됨이 명백한 경우, 피고인의 소재불명으로 출석이 기대되지 아니하는 경우 등이 있다. 다만, **구류**에 처하는 경우에는 불개정심판을 할 수 **없다**(동항 단서).

2) 불출석심판

불출석심판이란 피고인의 출석 없이 판사가 대상사건을 심판하는 것을 말한다. 판사는 벌금 또는 과료의 형을 선고하는 경우나, 피고인·즉결심판출석통지서를 받은 자가 즉결심판절차에서의 불출석심판청구 등에 관한 규칙이 정한 바에 따라 법원에 불출석심판을 청구하고 법원이 이를 허가한 경우에는, 피고인이 출석하지 아니하더라도 심판할 수 있다(즉결심판법 제8조의2). 이 경우에는 피고인이 출석하지 아니하므로 피고인에 대한 진술거부권의 고지는 불필요하지만, 변호인은 증거조사에 참여하여 의견을 진술할 수 있다. 불출석심판의 경우에는 **증거동의가 의제된다**(법 제318조 제2항, 즉결심판법 제19조).

(3) 즉결심판의 선고와 효력

(가) 즉결심판의 선고

1) 유죄선고

피고인이 출석한 상태에서 유죄를 선고할 때에는 판사는 형, 범죄사실과 적용법조를 명시하고 피고인은 7일 이내에 정식재판을 청구할 수 있다는 것을 고지하여야 한다(즉결심판법 제11조 제1항). 유죄의 즉결심판서에는 피고인의 성명 기타 피고인을 특정할 수 있는 사항, 주문, 범죄사실과 적용법조를 명시하고 판사가 서명·날인하여야 한다(동법 제12조 제1항).

법원사무관 등은 유죄 선고의 내용을 기록하여야 하고, 피고인이 판사에게 정식재판청구의 의사를 표시하였을 때에는 그 내용 또한 유죄 선고의 기록에 함께 명시하여야 한다(즉결심판법 제11조 제2항, 제3항). 다만 피고인이 범죄사실을 자백하고 정식재판의 청구를 포기한 경우에는 기록작성을 생략하고 즉결심판서에 선고한 주문과 적용법조를 명시하고 판사가 기명·날인한다(동법 제12조 제2항).

불개정심판 또는 불출석심판에 따라 피고인이 불출석한 상태에서 유죄의 재판을 하는 경우에는, 법원사무관 등은 7일 이내에 정식재판을 청구할 수 있음을 부기한 즉결심판서의 등본을 피고인에게 송달하여 고지한다. 다만, 피고인 등이 불출석심판을 청구하여 불출석심판이 이루어진 경우로서 피고인 등이 미리 즉결심판서의 등본송달을 요하지 아니한다는 뜻을 표시한 때에는 그러하지 아니하다(동법 제11조 제4항, 8조의2 제2항).

2) 무죄·면소 또는 공소기각의 선고·고지

판사는 피고인의 출석 여부와 무관하게, 사건이 무죄·면소 또는 공소기각을 함이 명백하다고 인정할 때에는 이를 선고·고지할 수 있다(동법 제11조 제5항).

3) 유치명령과 가납명령

판사는 구류의 선고를 받은 피고인이 일정한 주소가 없거나 또는 도망할 염려가 있을 때에는 5일을 초과하지 아니하는 기간 경찰서유치장에 유치할 것을 명령할 수 있다. 다만, 이 기간은 선고기간을 초과할 수 없다. 집행된 유치기간은 본형의 집행에 산입한다(즉결심판법 제17조 제1항, 제2항). 유치명령의 경우 선고와 동시에 집행력이 발생하는 까닭에 유치명령과 함께 구류형이 선고된 경우에는 피고인이 정식재판을 청구하더라도 석방되지 않는다.

판사가 벌금 또는 과료를 선고하는 경우, 판결의 확정 후에는 이를 집행할 수 없거나 집행하기 곤란할 염려가 있다고 인정한 때에는 직권으로 피고인에게 벌금 또는 과료에 상당한 금액의 가납을 명할 수 있다. 가납명령은 형의 선고와 동시에 판결로써 선고하여야 하고, 판결 즉시 집행할 수 있다(동법 제17조 제3항, 법 제334조). 가납명령이 있는 벌금 또는 과료를 납부하지 않은 때에는 환형유치를 할 수 있다.

4) 집행유예, 선고유예의 가능성

판사는 즉결심판에 의해 **벌금형**을 선고하는 경우 당연히 **집행유예 또는 선고유예**를 할 수 있다(형법 제59조, 제62조). 그러나 즉결심판에 의한 과료형이나 구류형에 대해서는 집행유예나 선고유예를 할 수 있다는 규정이 없다. 이에 대하여 대법원은 형법 제59조 제1항에 따라 1년 이하의 징역이나 금고, 자격정지 또는 벌금의 형을 선고할 경우에 그 형의 선고를 유예할 수 있으므로 구류형에 대해서는 선고유예를 할 수 없다는 입장이다.[30] 그러나 벌금과 과료, 징역형과 구류형의 본질은 다르지 않다고 보므로 이에 대한 집행유예나 선고유예를 허용하지 아니할 이유는 없다고 생각된다.

(나) 즉결심판의 효력과 형의 집행

1) 즉결심판의 효력

즉결심판은 정식재판의 청구기간의 경과, 정식재판청구권의 포기 또는 그 청구의 취하에 의하여 확정판결과 동일한 효력이 생긴다. 정식재판청구를 기각하는 재판이 확정된 때에도 같다(즉결심판법 제16조). 따라서 확정된 즉결심판에도 형식적 확정력과 실체적 확정력이 발생하고,[31] 확정된 즉결심판은 재심과 비상상고의 대상이 된다.

즉결심판의 판결이 확정된 때에는 즉결심판서 및 관계서류와 증거는 관할경찰서 또는 지방해양경찰관서가 이를 보존한다(동법 제13조).

2) 형의 집행

즉결심판에 따른 형의 집행은 경찰서장이 하고 그 집행결과를 지체없이 검사에게 보고하여야 한다(즉결심판법 제18조 제1항). 구류는 경찰서유치장, 구치소 또는 교도소에서 집행하며, 구치소 또는 교도소에서 집행할 때에는 검사가 이를 지휘한다(동법 제18조 제2항).

벌금, 과료, 몰수는 그 집행을 종료하면 지체없이 검사에게 이를 인계하여야 한다. 다만 즉결심판 확정 후 상당기간 내에 벌금형 등을 집행할 수 없을 때에는 경찰서장은 검사에게 통지하여야 하고, 통지를 받은 검사는 형사소송법상 재산형의 집행방법에 따라 이를 집행할 수 있다(동법 제18조 제3항, 법 제477조).

경찰서장이 형의 집행정지를 함에 있어서는 사전에 검사의 허가를 얻어야 한다(동법 제18조 제1항, 제4항).

---

30) 대법원 1993. 6. 22. 선고 93오1 판결.

31) 대법원 1996. 6. 28. 선고 95도1270 판결; 재판의 확정력에 대한 구체적 내용은 654페이지 참조.

4. 정식재판의 청구와 재판절차

즉결심판에 관한 절차법은 정식재판의 청구, 포기, 취하에 있어 형사소송법상의 상소와 약식명령 관련 규정을 다수 준용하고 있다(즉결심판법 제14조 제4항). 즉결심판에 준용되는 규정으로는 당사자 이외의 상소권자(법 제340조, 제341조), 일부상소(법 제342조), 재소자에 대한 특칙(법 제344조), 상소권회복(법 제345조 내지 제348조), 상소의 포기·취하(법 제349조 내지 제352조, 제354조), 정식재판청구의 취하(법 제454조), 정식재판청구에 대한 법원의 기각결정(법 제455조)이 있다.

(1) 정식재판의 청구

(가) 피고인 등

피고인 또는 피고인의 법정대리인이 피고인을 위하여 정식재판을 청구하고자 하는 때에는 즉결심판의 선고·고지를 받은 날부터 7일 이내에 **정식재판청구서를 경찰서장에게 제출**하여야 한다. 정식재판청구서를 받은 경찰서장은 지체없이 판사에게 이를 송부하여야 한다(즉결심판법 제14조 제1항, 제4항, 법 제340조).

피고인의 배우자 등은 피고인의 명시한 의사에 반하지 아니하는 한 피고인을 위하여 정식재판을 청구할 수 있고, 그 방법은 피고인의 정식재판청구와 동일하다(동법 제14조 제1항, 제4항, 법 제341조).

피고인의 정식재판 청구기간 등에 대해서는 **재소자 특칙**이 준용되고, 피고인 등은 즉결심판 중 일부에 대해서만 정식재판을 청구할 수 있으나 그 일부와 불가분의 관계에 있는 부분에 대하여도 효력이 미친다(동법 제14조 제4항, 법 제344조, 제342조).

(나) 경찰서장

경찰서장은 무죄·면소 또는 공소기각의 선고·고지가 있은 경우, 그 선고·고지를 한 날부터 7일 이내에 정식재판을 청구할 수 있다(즉결심판법 제14조 제2항 전단). 정식재판을 청구하는 경우 경찰서장은 관할지방검찰청 또는 지청의 검사의 승인을 얻어 정식재판청구서를 판사에게 제출하여야 한다(동조 제2항 후단). 경찰서장은 피고인에 비하여 정식재판을 청구할 수 있는 경우가 제한되어 있고, 검사에게는 정식재판청구권이 인정되지 않는다.

경찰서장은 즉결심판 중 일부에 대해서만 정식재판을 청구할 수 있으나, 그 일부와 불가분의 관계에 있는 부분에 대하여도 효력이 미친다(동조 제4항, 법 제342조).

(다) 정식재판청구 포기·취하 및 정식재판청구권의 회복

피고인 등과 경찰서장은 정식재판청구를 포기할 수 있고, 제1심 판결선고 전까지 이를 취하할 수 있다. 정식재판청구의 포기·취하의 방식과 한계는 상소권의 포기·취하의 그것과 동일하다(즉결심판법 제14조 제4항, 법 제349조 내지 제352조, 제354조, 제454조).

피고인 등과 경찰서장은 책임질 수 없는 사유로 정식재판청구 기간 내에 그 청구를 하지 못한 경우에는 정식재판청구권 회복의 청구를 할 수 있다. 정식재판청구권 회복의 방법은 상소권 회복의 방법과 동일하다(동법 제14조 제4항, 법 제345조 내지 제348조).

(2) 형사사법기관의 조치

판사는 정식재판청구서를 받은 날부터 7일 이내에 경찰서장에게 정식재판청구서를 첨부한 사건기록과 증거물을 송부한다. 경찰서장은 지체없이 관할지방검찰청 또는 지청의 장에게 이를 송부하여야 하고, 그 검찰청 또는 지청의 장은 지체없이 관할법원에 이를 송부하여야 한다(즉결심판법 제14조 제3항).

공소장일본주의에 따라 즉결심판에 대한 정식재판에서도 사건기록과 증거물의 제출은 증거조사절차에서 이루어져야 함이 옳다. 대법원은 즉결심판에는 신속한 재판을 위해 공소장일본주의가 배제되어 있고 정식재판청구시 증거물 등이 법원에 송부된다 하더라도 이미 적법하게 제기된 경찰서장의 즉결심판청구절차가 위법하게 되는 것은 아니라는 입장이다.[32] 논리적으로 하자가 있다고 보기는 어렵지만, 이 경우에도 공소장일본주의를 배제할 필요성이나 정당성이 있다고는 생각되지 않는다. 따라서 즉결심판에 대한 정식재판청구시 지방검찰청 검사장 등은 즉결심판청구서와 정식재판청구서만을 법원에 송부하도록 개정함이 상당하다.

(3) 법원의 심판

사건기록과 증거물을 송부받은 법원은 청구기각 또는 인용결정에 따른 정식재판절차를 진행하여야 한다. 이 경우에는 경찰서장의 즉결심판 청구에 따라 이미 공소가 제기된 상태이므로 따로 검사의 공소제기를 요하지는 아니한다.[33]

즉결심판은 정식재판의 청구에 의한 판결이 있는 때에는 그 효력을 잃는다. 이때의 판결

32) 대법원 2011. 1. 27. 선고 2008도7375 판결.
33) 대법원 2017. 10. 12. 선고 2017도10368 판결.

은 확정판결을 말한다.

(가) 청구기각의 결정

법원은 정식재판의 청구가 법령상의 방식에 위반하거나 청구권의 소멸 후인 것이 명백한 때에는 결정으로 기각하여야 한다. 청구기각 결정에 대하여는 즉시항고를 할 수 있다(즉결심판법 제14조 제4항, 법 제455조 제1항, 제2항).

(나) 청구인용과 정식재판

법원은 정식재판의 청구가 적법한 때에는 공판절차에 의하여 심판하여야 한다(즉결심판법 제14조 제4항, 법 제455조 제3항). 약식명령에 대한 정식재판과 마찬가지로, 이 경우에도 법원은 통상의 제1심 공판절차에 따라 피고사건을 새로이 심판하여야 한다.

즉결심판에 관한 절차법은 특별한 사정이 없는 한 형사소송법의 규정을 준용한다(동법 제19조). 대법원은 피고인만이 정식재판을 청구한 경우에는 약식명령에 대한 정식재판청구에서와 마찬가지로 **형종상향금지원칙이 준용**된다는 입장으로,[34] 같은 취지에서 약식명령에 대한 정식재판 청구에서 준용되는 피고인의 2회에 걸친 공판기일 불출정시 피고인의 진술없이 판결할 수 있다는 항소심 절차 규정도 즉결심판에 대한 정식재판청구의 경우에 준용된다고 본다.

Ⅳ. 국민참여재판절차

1. 의의 및 대상사건

국민참여재판이란 **제1심**에 한하여 **피고인의 동의**를 전제로 일정한 피고사건의 공판절차에 일반 국민 중에 선정된 배심원이 참여하여 유·무죄 여부에 대하여 평결하고, 유죄평결시 양형에 대한 의견을 제시하는 재판을 말한다. 시민의 사법참여에 의한 사법의 민주적 정당성과 투명성, 공정성의 증진을 목적으로 2008년부터 시행된 제도이다.

국민참여재판의 대상사건에는 법원조직법에 따른 지방법원 또는 지원의 **합의부** 관할 사건(미수죄·교사죄·방조죄·예비죄·음모죄 포함) 및 그러한 사건과 형사소송법상 **관련사건**으로서 병합하여 심리하는 사건이다(국민참여재판법 제5조, 법원조직법 제32조 제1항, 법 제11조). 이처럼 국민참여재판은 **중죄**에 해당하는 사건을 그 대상으로 한다.

34) 대법원 1999. 1. 15. 선고 98도2550 판결.

2. 피고인의 의사 확인

(1) 법원의 피고인 의사 확인

국민참여재판은 피고인이 희망한 경우에만 열리므로, 법원은 국민참여재판 대상사건의 피고인에 대하여 국민참여재판을 원하는지 여부에 관한 의사를 서면 등의 방법으로 반드시 확인하여야 한다(국민참여재판법 제8조 제1항).[35]

법원은 국민참여재판 대상사건에 대한 공소의 제기가 있는 때에는 공소장 부본과 함께 피고인 또는 변호인에게 국민참여재판의 절차, 피고인이 국민참여재판을 원하는지 여부에 관한 의사를 기재한 서면을 제출할 수 있다는 사실, 피고인은 국민참여재판 배제결정·회부결정·공판준비기일의 종결·제1회 공판기일 이후에는 국민참여재판을 원하는지 여부에 대한 종전의 의사를 바꿀 수 없다는 사실, 그 밖의 주의사항이 기재된 국민참여재판에 관한 안내서를 송달하여야 한다(국민참여규칙 제3조 제1항).

이러한 법원의 피고인 의사 확인은 의무사항으로, 이를 결락한 채 통상의 공판절차로 재판을 진행하면, 그 절차는 위법하고 위법의 정도가 중하므로 당해 절차에서 이루어진 소송행위는 무효가 된다. 다만 대법원은 제1심에 위와 같은 절차적 하자가 있었다 하더라도, 항소심에서 피고인에게 국민참여재판에 대한 충분한 안내와 숙고의 기회가 주어지고 피고인이 항소심에서 국민참여재판을 원하지 아니한다고 한 경우에는 책문권 포기로 보아 그 하자가 치유될 수 있다는 입장이다.[36] 이러한 기준에 따라 대법원은, 제1심 법원이 국민참여재판 대상사건의 피고인에게 국민참여재판을 원하는지 확인하지 아니한 채 통상의 공판절차에 따라 재판을 진행하였는데, 항소심 제1회 공판기일에 피고인과 변호인이 이에 대하여 이의가 없다고 진술하자 항소법원이 같은 날 변론을 종결한 후 제2회 공판기일에 피고인의 항소를 기각하는 판결을 선고한 사안에서는, 피고인에게 숙고할 수 있는 상당한 시간을 부여한 것이 아니므로 1심 재판의 절차상

---

35) 대법원 2009. 10. 23.자 2009모1032 결정. '국민의 형사재판 참여에 관한 법률'에 의하면 제1심 법원이 국민참여재판 대상사건을 피고인의 의사에 따라 국민참여재판으로 진행함에 있어 별도의 국민참여재판 개시결정을 할 필요는 없고, 그에 관한 이의가 있어 제1심 법원이 국민참여재판으로 진행하기로 하는 결정에 이른 경우 이는 판결 전의 소송절차에 관한 결정에 해당하며, 그에 대하여 특별히 즉시항고를 허용하는 규정이 없으므로 위 결정에 대하여는 항고할 수 없다. 따라서 국민참여재판으로 진행하기로 하는 제1심 법원의 결정에 대한 항고는 항고의 제기가 법률상의 방식을 위반한 때에 해당하여 위 결정을 한 법원이 항고를 기각하여야 하고, 위 결정을 한 법원이 항고기각의 결정을 하지 아니한 때에는 항고법원은 결정으로 항고를 기각하여야 한다.

36) 대법원 2013. 1. 31. 선고 2012도13896 판결.

하자가 치유되지 않는다고 하였다.37)

(2) 피고인의 의사표시

피고인은 공소장 부본을 송달받은 날부터 7일 이내에 국민참여재판을 원하는지 여부에 관한 의사가 기재된 서면을 법원에 제출하여야 한다. 이 경우 피고인이 서면을 우편으로 발송한 때에는 **우편발송시** 법원에 제출된 것으로 보고, 교도소 또는 구치소에 있는 피고인이 서면을 교도소장·구치소장 또는 그 직무를 대리하는 자에게 제출한 때에는 교도소장 등에게 **제출시** 법원에 제출된 것으로 본다(국민참여재판법 제8조 제2항).

피고인이 국민참여재판을 원하는지 여부에 관한 의사가 기재된 서면을 제출하지 아니한 때에는 국민참여재판을 원하지 아니하는 것으로 본다(동법 제8조 제3항). 다만 대법원은 국민참여재판을 희망하지 않는다는 의사확인서를 제출한 피고인도 제1회 공판기일이 열리기 전까지 의사를 변경하여 국민참여재판 신청을 할 수 있으므로, 피고인이 의사가 기재된 **서면을 제출하지 아니하였다 하더라도 제1회 공판기일 전까지**는 국민참여재판을 신청할 수 있다고 보는 것이 형평에 맞다는 입장이다.38)

피고인은 국민참여재판 배제결정 또는 회부결정이 있는 경우(동법 제9조 제1항, 제10조 제1항), 공판준비기일이 종결된 경우 및 **제1회 공판기일 이후**에는 국민참여재판을 원하는지 여부에 대한 **종전의 의사를 바꿀 수 없다**(동법 제8조 제4항). 따라서 피고인이 이를 원하는 의사를 표시한 때에는, 배제결정에 대한 즉시항고가 인용되어 국민참여재판이 열린 경우 및 회부결정이 있는 경우 그 의사를 변경할 수 없다. 피고인이 이를 불원하는 의사를 표시한 때에는 공판준비기일이 열린 경우에는 그 종결일 이후에는, 공판준비기일이 열리지 아니한 경우에는 제1회 공판기일 이후에는 그 의사를 변경할 수 없다.

(3) 법원의 통지와 의사확인을 위한 심문기일

법원은 피고인의 의사가 기재된 서면을 제출받은 때에는 검사에게 그 취지와 서면의 내용을 통지하여야 한다(국민참여재판 규칙 제3조 제3항).

피고인이 제출한 서면만으로는 피고인의 의사를 확인할 수 없는 경우에는, 법원은 심문기일을 정하여 피고인을 심문하거나 서면 기타 상당한 방법으로 피고인의 의사를 확인하여야 한다. 피고인이 위 서면을 제출하지 아니한 경우에도 법원은 위와 같은 방법으로 피고인의 의사

37) 대법원 2012. 4. 26. 선고 2012도1225 판결.

38) 대법원 2009. 10. 23.자 2009모1032 결정.

를 확인할 수 있다(동 규칙 제4조 제1항).

3. 개시 여부 결정

피고인이 국민참여재판을 원하지 아니하는 경우에는 국민참여재판을 하지 아니한다(국민참여재판법 제5조 제2항). 피고인이 국민참여재판을 원하는 경우에는, 법원은 그 개시 여부에 대해 결정하여야 한다.

(1) 배제결정

(가) 배제결정의 사유

법원은 공소제기 후부터 공판준비기일이 종결된 다음날까지 ① 배심원·예비배심원·배심원후보자 또는 그 친족의 생명·신체·재산에 대한 침해 또는 침해의 우려가 있어서 출석의 어려움이 있거나 국민의 형사재판 참여에 관한 법률에 따른 직무를 공정하게 수행하지 못할 염려가 있다고 인정되는 경우, ② 공범 관계에 있는 피고인들 중 일부가 국민참여재판을 원하지 아니하여 국민참여재판의 진행에 어려움이 있다고 인정되는 경우, ③ '성폭력범죄의 처벌 등에 관한 특례법' 제2조의 범죄로 인한 피해자 또는 법정대리인이 국민참여재판을 원하지 아니하는 경우,[39] ④ 그 밖에 국민참여재판으로 진행하는 것이 적절하지 아니하다고 인정되는 경우에는 국민참여재판을 하지 아니하기로 하는 결정(배제결정)을 할 수 있다(국민참여재판법 제9조 제1항).[40]

(나) 배제결정의 절차

법원은 배제결정을 하기 전에 검사, 피고인 또는 변호인에게 배제결정에 관한 의견을 제

39) 이는 성폭력범죄 피해자에 대한 2차 가해 등을 방지하기 위한 배려로서의 배제결정 사유라 할 것이다. 다만 대법원은 피고인이 국민참여재판을 원하는데도 배제결정을 할 수 있으려면 성폭력범죄 피해자나 법정대리인이 국민참여재판을 원하지 아니하는 구체적인 이유가 무엇인지, 피고인과 피해자의 관계, 피해자의 나이나 정신상태, 국민참여재판을 할 경우 관련법률에서 피해자 보호를 위해 마련한 제도를 활용하더라도 피해자에 대한 추가적인 피해를 방지하기에 부족한지 등 여러 사정을 고려하여 신중하게 따져서 판단하여야 하고, 단지 피해자나 법정대리인이 국민참여재판을 원하지 아니한다는 이유만으로 국민참여재판 배제결정을 해서는 안 된다고 한다(대법원 2016. 3. 16.자 2015모2898 결정).

40) 국민참여재판의 접수 대비 실시율이 2011년 51.2%에서 2023년 13.0%로 매년 하락하고 있는바, 그 이유의 하나로 법원의 배제결정의 점증이 지적되고 있다. 실제로 법원의 배제율이 2011년 12.8%에서 2023년 31.0%로 늘어났고, 특히 법원의 재량에 의한 배제결정이 배제결정사유의 58.9%에 달해 법원의 자의적 배제가 국민참여재판의 활성화에 장애가 되고 있다는 지적마저 나오고 있다(https://www.lawleader.co.kr/news/articleView.html?idxno=14327).

출하도록 통지하고(국민참여재판 규칙 제6조 제1항) 그 의견을 들어야 한다(동법 제9조 제2항). 국민참여재판절차 배제결정에 대하여는 **즉시항고**를 할 수 있다(동법 제9조 제1항, 제3항).[41)]

(2) 회부결정과 국민참여재판절차 개시

국민참여재판의 관할권은 지방법원 **본원 합의부**에 있다. 따라서 지방법원 지원 합의부가 국민참여절차 배제결정을 하지 아니한 경우에는, 지방법원 지원 합의부는 국민참여재판절차 회부결정을 하여 사건을 지방법원 본원 합의부로 이송하여야 하고, 회부결정에 따라 이송된 사건에 대하여는 지방법원 본원 합의부가 관할권을 가진다(국민참여재판법 제10조). 회부결정을 한 지방법원 지원 합의부는 결정일로부터 3일 이내에 소송기록과 증거물을 지방법원 본원 합의부로 송부하여야 하고, 이를 송부 받은 지방법원 본원 합의부는 지체 없이 그에 대응하는 검찰청 검사 또는 수사처검사에게 그 사실을 통지하여야 한다(국민참여재판 규칙 제7조 제1항, 제2항). 이로써 국민참여재판절차는 개시된다.

한편 지방법원 본원 합의부에 공소가 제기된 사건에 대하여 지방법원 본원 합의부가 국민참여재판절차 배제결정을 하지 아니한 경우에는, 별도의 회부결정 없이 국민참여재판절차가 개시된다.[42)]

(3) 국민참여재판절차의 개시 후 통상절차 회부

지방법원 합의부는 피고인의 질병 등으로 공판절차가 장기간 정지되거나 피고인에 대한 구속기간의 만료, 성폭력범죄 피해자의 보호, 그 밖에 심리의 제반 사정에 비추어 **국민참여재판을 계속 진행하는 것이 부적절**하다고 인정하는 경우에는, 직권 또는 검사·피고인·변호인이나 성폭력범죄 피해자 또는 법정대리인의 신청에 따라 결정으로 사건을 국민참여재판에 의하지 아니하고 심판할 수 있다. 법원은 통상절차 회부결정에 앞서 검사·피고인 또는 변호인의 의견을 들어야 한다(국민참여재판법 제11조 제1항, 제2항). 통상절차 회부결정에 대하여는 불복할 수

---

41) "피고인이 법원에 국민참여재판을 신청하였는데도 법원이 이에 대한 배제결정도 하지 않은 채 통상의 공판절차로 재판을 진행하는 것은 피고인의 국민참여재판을 받을 권리 및 법원의 배제결정에 대한 항고권 등 중대한 절차적 권리를 침해한 것으로서 위법하고, 국민참여재판제도의 도입 취지나 위 법에서 배제결정에 대한 즉시항고권을 보장한 취지 등에 비추어 이와 같이 위법한 공판절차에서 이루어진 소송행위는 무효라고 보아야 한다"(대법원 2011. 9. 8. 선고 2011도7106 판결). 다만, "국민참여재판 대상사건에 해당하지 아니하는 경우 제1심법원이 피고인에게 국민참여재판 여부에 관하여 의사를 확인하지 아니하거나 원심법원이 그에 대하여 직권으로 판단하지 아니하였다 하더라도 이에 피고인의 국민참여재판을 받을 권리를 침해한 위법이 있다고 볼 수는 없다"(대법원 2012. 2. 23. 선고 2011도15608 판결).

42) 대법원 2009. 10. 23.자 2009모1032 결정.

없다(동조 제3항).

통상절차 회부결정이 있는 경우에는 당해 재판에 참여한 배심원과 예비배심원은 해임된 것으로 보고, 통상절차 회부결정 전에 행한 소송행위는 그 결정 이후에도 그 효력에 영향이 없다(동조 제4항).

4. 공판준비절차

재판장은 피고인이 국민참여재판을 원한다는 의사를 표시한 경우에 국민참여재판 배제결정을 하지 아니하는 이상 사건을 공판준비절차에 **부쳐야 한다**(국민참여재판법 제36조 제1항). 통상의 공판절차에서 공판준비절차가 임의적인 것과는 달리 이때는 **필수적 절차**로 되어 있다. 법률의 문외한인 배심원이 짧은 시간에 쟁점을 파악하고 집중적으로 심리할 수 있도록 쟁점을 정리해두는 사전작업이 필요하기 때문이다.

법원은 주장과 증거를 정리하고 심리계획을 수립하기 위하여 공판준비기일을 지정하여야 한다(동법 제37조 제1항). 공판준비기일은 **공개를 원칙**으로 하지만 공개함으로써 절차의 진행이 방해될 우려가 있는 때에는 법원은 공판준비기일을 공개하지 아니할 수 있다. **배심원은 공판준비기일에는 참여하지 아니한다**(동법 제37조 제3항, 제4항).

공판준비절차는 배심원 선정기일 이전에 마쳐야 하고(동 규칙 제27조), 공판준비절차에 부친 이후 피고인이 국민참여재판을 원하지 아니하는 의사를 표시하거나 국민참여재판 배제결정이 있는 때에는 공판준비절차를 종결할 수 있다(동법 제36조 제2항).

5. 배심원선정

(1) 배심원의 의의

(가) 의의

배심원은 국민참여재판을 하는 사건에 관하여 사실의 인정, 법령의 적용 및 형의 양정에 관한 의견을 제시할 권한을 가진 사람을 말한다(국민참여재판법 제12조 제1항). 배심원은 법령을 준수하고 독립하여 성실히 직무를 수행하며, 직무상 알게 된 비밀을 누설하거나 재판의 공정을 해하는 행위를 하여서는 아니 될 의무를 가진다(동법 제12조 제2항, 제3항).

(나) 배심원의 수와 자격

1) 배심원의 수

법정형이 사형·무기징역 또는 무기금고에 해당하는 대상사건에 대한 국민참여재판에는 9인의 배심원이 참여하고, 그 외의 대상사건에 대한 국민참여재판에는 7인의 배심원이 참여한다. 다만, 법원은 피고인 또는 변호인이 공판준비절차에서 공소사실의 주요내용을 인정한 때에는 5인의 배심원이 참여하게 할 수 있고, 사건의 내용에 비추어 특별한 사정이 있다고 인정되고 검사·피고인 또는 변호인의 동의가 있는 경우에 한하여 대상사건의 법정형과 관계없이 배심원의 수를 7인과 9인 중에서 정할 수 있다(국민참여재판법 제13조).

법원은 배심원의 결원 등에 대비하여 5인 이내의 예비배심원을 둘 수 있다. 배심원에 대한 사항은 그 성질에 반하지 아니하는 한 예비배심원에 대하여 준용한다(동법 제14조).

2) 배심원의 자격

배심원은 만 20세 이상의 대한민국 국민 중에서 국민의 형사재판 참여에 관한 법률로 정하는 바에 따라 선정된다(국민참여재판법 제16조). 다만 피성년후견인 등 결격사유가 있는 자와 피해자 등 제척사유가 있는 자는 배심원으로 선정 될 수 없고(동법 제17조, 제19조), 대통령 등 직업에 따른 제외사유가 있는 자는 배심원으로 선정되어서는 아니 되며(동법 제18조), 만 70세 이상인 사람 등 면제사유가 있는 자에 대해 법원은 직권 또는 신청에 따라 배심원의 직무수행을 면제할 수 있다(동법 제20조).

(2) 배심원의 선정절차

(가) 법원의 배심원후보자 결정

지방법원장은 행정안전부장관으로부터 매년 그 관할 구역 내에 거주하는 만 20세 이상 국민의 주민등록정보에서 일정한 수의 배심원후보예정자의 주민등록정보를 송부 받고, 이를 활용하여 매년 배심원후보예정자명부를 작성한다(국민참여재판법 제22조).

법원은 배심원후보예정자명부 중에서 필요한 수의 배심원후보자를 무작위 추출 방식으로 정한다(동법 제23조 제1항).

(나) 선정기일의 통지와 명부의 송부

법원은 배심원후보자를 결정하면 검사·피고인 또는 변호인, 배심원후보자에게 배심원 및 예비배심원 선정기일을 통지하여야 한다(국민참여재판법 제23조 제1항, 제27조 제1항).

법원은 선정기일의 2일 전까지 검사와 변호인에게 배심원후보자의 성명·성별·출생연도가 기재된 명부를 송부하여야 하고(동법 제26조 제1항), 선정절차에 질문표를 사용하는 때에는 선정기일을 진행하기 전에 배심원후보자가 제출한 질문표 사본을 검사와 변호인에게 교부하여야 한다(동법 제26조 제2항).

(다) 선정기일의 진행

선정기일에는 출석한 배심원후보자 중에서 당해 재판에서 필요한 배심원과 예비배심원의 수에 해당하는 배심원후보자를 무작위로 뽑아 이들을 대상으로 직권, 기피신청 또는 무이유부 기피신청에 따른 불선정결정 여부를 정한다.

모든 예비배심원에 대해 불선정결정이 없으면 그들을 배심원·예비배심원으로 선정함으로써 배심원 선정절차는 종료된다. 불선정결정이 있으면 필요한 배심원·예비배심원의 수에 이를 때까지 다른 배심원 후보자를 대상으로 동일한 절차를 반복한다. 이를 통하여 배심원·예비배심원의 수를 충족시키면 선정절차는 종료된다.

선정기일은 비공개로 진행되고, 법원은 선정기일에서 배심원후보자의 명예가 손상되지 아니하고 사생활이 침해되지 아니하도록 배려하여야 한다(국민참여재판법 제24조 제2항, 제3항).

1) 당사자 등의 출석

검사, 변호인과 선정기일의 통지를 받은 배심원후보자는 선정기일에 출석하여야 하고, 피고인은 법원의 허가를 받아 출석할 수 있다. 법원은 변호인이 선정기일에 출석하지 아니한 경우 국선변호인을 선정하여야 한다(국민참여재판법 제23조 제2항, 제27조 제2항, 제3항). 국민참여재판 사건은 **필요적 변호사건**에 해당하기 때문이다.

2) 배심원후보자에 대한 질문

법원은 배심원후보자가 결격·제외·제척·면제사유에 해당하는지 여부 또는 불공평한 판단을 할 우려가 있는지 여부 등을 판단하기 위하여 배심원후보자에게 질문을 할 수 있다. 이때 법원은 질문표를 사용할 수 있다(국민참여재판법 제25조, 제28조 제1항 전단).

검사·피고인 또는 변호인은 법원으로 하여금 필요한 질문을 하도록 요청할 수 있고, 법원은 검사 또는 변호인으로 하여금 직접 질문하게 할 수 있다.

배심원후보자는 법원 등의 질문에 대하여 정당한 사유 없이 진술을 거부하거나 거짓 진술을 하여서는 아니 된다(동법 제28조 제1항 후단, 제2항).

3) 이유부 불선정결정

법원은 배심원후보자가 결격·제외·제척·면제사유에 해당하거나 불공평한 판단을 할 우려가 있다고 인정되는 때에는 직권 또는 검사·피고인·변호인의 **기피신청**에 따라 당해 배심원후보자에 대하여 불선정결정을 하여야 한다(국민참여재판법 제28조 제3항 전단).

법원은 검사·피고인 또는 변호인의 기피신청을 기각하는 경우에는 이유를 고지하여야 하고, 당사자는 기피신청을 기각하는 결정에 대하여는 즉시 이의신청을 할 수 있다(동법 제28조 제3항 후단, 제29조 제1항). 이의신청에 대한 결정은 기피신청 기각결정을 한 법원이 하고, 그 결정에 대해서는 불복할 수 없다(동법 제29조 제2항, 제3항).

4) 무이유부 불선정결정

검사와 변호인은 배심원이 9인인 경우는 5인의 범위 내에서, 배심원이 7인인 경우는 4인의 범위 내에서, 배심원이 5인인 경우는 3인의 범위 내에서 각자 배심원후보자에 대하여 **이유를 제시하지 아니하는 기피신청**을 할 수 있다.

법원은 검사·피고인 또는 변호인에게 순서를 바꿔가며 무이유부기피신청을 할 수 있는 기회를 주어야 하고, 무이유부기피신청이 있는 때에는 법원은 당해 배심원후보자를 배심원으로 선정할 수 없다(국민참여재판법 제30조).

5) 선정결정

위와 같은 절차를 거쳐 법원은 불선정결정을 받지 아니한 배심원후보자를 배심원과 예비배심원으로 선정한다. 불선정결정을 받은 배심원후보자가 있으면 그 수만큼의 배심원후보자에 대해 위 절차를 반복하여 필요한 수의 배심원·예비배심원이 선정되면 배심원선정결정절차는 종료된다(국민참여재판법 제31조 제1항, 제2항).

필요한 수의 배심원·예비배심원이 확정되면 법원은 **무작위의 방법으로 배심원과 예비배심원을 선정**한다. 예비배심원이 2인 이상인 경우에는 그 순번을 정하여야 한다(동법 제31조 제3항, 제4항).

(라) 배심원의 해임과 사임

1) 배심원의 해임

법원은 배심원 또는 예비배심원에게 해임사유가 있는 때에는 직권 또는 검사·피고인·변호인의 신청에 따라 배심원 또는 예비배심원을 해임하는 결정을 할 수 있다. 해임사유는 배심원·예비배심원이 ① 선서를 하지 아니한 경우, ② 배심원·예비배심원의 의무를 위반하여 그 직무를 담당하게 하는 것이 적당하지 아니하다고 인정되는 경우, ③ 출석의무에 위반하고 계속하여 그 직무를 행하는 것이 적당하지 아니한 경우, ④ 배심원·예비배심원의 결격·제외·제척·면제사유에 해당하는 사실이 있거나 불공평한 판단을 할 우려가 있는 경우, ⑤ 질문표에 거짓 기재를 하거나 선정절차에서의 질문에 대하여 정당한 사유 없이 진술을 거부하거나 거짓의 진술을 한 것이 밝혀지고 계속하여 그 직무를 행하는 것이 적당하지 아니한 경우, ⑥ 법정에서 재판장이 명한 사항을 따르지 아니하거나 폭언 또는 그 밖의 부당한 언행을 하는 등 공판절차의 진행을 방해한 경우이다(국민참여재판법 제32조 제1항).

법원은 배심원의 해임 결정을 함에 있어서는 검사 및 피고인 또는 변호인의 의견을 묻고, 출석한 당해 배심원 또는 예비배심원에게 진술기회를 부여하여야 한다. 배심원의 해임 결정에 대하여는 불복할 수 없다(동조 제2항, 제3항).

2) 배심원의 사임

배심원 또는 예비배심원은 직무를 계속 수행하기 어려운 사정이 있는 때에는 법원에 사임을 신청할 수 있다. 법원은 신청에 이유가 있다고 인정하는 때에는 당해 배심원·예비배심원을 해임하는 결정을 할 수 있다(국민참여재판법 제33조 제1항, 제2항). 법원은 배심원·예비배심원을 해임결정을 함에 있어서는 검사·피고인 또는 변호인의 의견을 들어야 한다. 배심원 해임결정에 대하여는 불복할 수 없다(동법 제33조 제3항, 제4항).

3) 배심원의 추가선정

배심원의 해임·사임으로 배심원이 부족하게 된 경우 예비배심원은 미리 정한 순서에 따라 배심원이 되고, 배심원이 될 예비배심원이 없는 경우 법원은 배심원을 추가로 선정하여야 한다. 하지만 국민참여재판 도중 심리의 진행 정도에 비추어 배심원을 추가선정하여 재판에 관여하게 하는 것이 부적절하다고 판단되는 경우, 법원은 1인의 배심원이 부족한 때에는 검사·피고인 또는 변호인의 의견을 청취한 후, 2인 이상의 배심원이 부족한 때에는 검사·피고인 또는 변호인의 동의를 얻은 후 남은 배심원만으로 계속하여 국민참여재판을 진행하는 결정을 할 수 있다. 다만, 남은 배심원이 5인 미만이 되는 경우에는 법원은 배심원을 추가선정하여야 한다(동법 제34조).

6. 공판절차

(1) 공판기일의 심리

(가) 공판기일의 통지와 개정

법원은 배심원과 예비배심원에게 공판기일을 통지하여야 하고, 공판정은 판사·배심원·예비배심원·검사·변호인이 출석하여 개정한다(국민참여재판법 제38조, 제39조 제1항). 재판장, 검사, 변호인의 위치는 통상재판과 동일하고, **배심원 등은 재판장과 검사 사이에**, 증인은 재판장과 피고인 사이에 위치한다(동법 제39조 제2항 내지 제4항).

(나) 배심원 등의 선서

배심원과 예비배심원은 법률에 따라 공정하게 그 직무를 수행할 것을 다짐하는 취지의 선서를 하여야 한다. 재판장은 배심원과 예비배심원에 대하여 배심원과 예비배심원의 권한과 의무, 재판절차, 그밖에 직무수행을 원활히 하는 데 필요한 사항을 설명하여야 한다(국민참여재판법 제42조).

(다) 심리의 특칙

1) 배심원의 권한과 의무

배심원 또는 예비배심원은 법원의 **증거능력에 관한 심리에 관여할 수 없다**(동법 제44조). 배심원과 예비배심원은 재판장에게 피고인·증인에 대하여 필요한 사항을 신문하여 줄 것을 요청할 수 있고, 필요하다고 인정되는 경우 재판장의 허가를 받아 각자 필기를 하여 이를 평의에 사용할 수 있다(국민참여재판법 제41조 제1항). 이처럼 배심원에게는 **신문요청권**과 **필기권**이 인정된다. 다만 재판장은 배심원과 예비배심원에게 평의 도중을 제외한 어떤 경우에도 자신의 필기 내용을 다른 사람이 **알 수 없도록** 할 것을 주지시켜야 한다(동 규칙 제34조 제2항).

배심원은 심리 도중에 법정을 떠나거나 평의·평결 또는 토의가 완결되기 전에 재판장의 허락 없이 평의·평결 또는 토의 장소를 떠나는 행위, 평의가 시작되기 전에 당해 사건에 관한 자신의 견해를 밝히거나 의논하는 행위, 재판절차 외에서 당해 사건에 관한 정보를 수집하거나 조사하는 행위, 평의·평결 또는 토의에 관한 비밀을 누설하는 행위를 하여서는 아니 된다(동법 제41조 제2항).

2) 간이공판절차의 배제

국민참여재판에는 간이공판절차 규정의 적용을 배제한다(국민참여재판법 제43조, 법 제286조의2). 법률의 문외한인 배심원이 참여하는 재판에서 간이화된 증거능력과 증거조사의 특칙을 적용하는 것은 심리의 부실을 초래하는 등 적절하지 않기 때문이다.

3) 배심원 등의 변경과 공판절차의 갱신

공판절차가 개시된 후 새로 재판에 참여하는 배심원 또는 예비배심원이 있는 때에는 공판절차를 갱신하여야 한다(국민참여재판법 제45조 제1항).

4) 공소사실의 변경과 통상절차 회부

법원은 공소사실의 일부 철회 또는 변경으로 인하여 국민참여재판 대상사건에 해당하지 아니하게 된 경우에도 국민참여재판을 **계속 진행**한다. 다만, 심리의 상황이나 그 밖의 사정을 고려하여 국민참여재판으로 진행하는 것이 적당하지 아니하다고 인정하는 때에는 법원은 결정으로 통상절차에 의하여 심판하게 할 수 있다. 이 경우 통상절차 회부 결정 전에 행한 소송행위는 결정 이후에도 그 효력에 영향이 없다(국민참여재판법 제6조 제1항, 제4항). 통상절차 회부결정에 대하여는 **불복할 수 없다**(동조 제2항).

(2) 평의, 평결, 토의

(가) 재판장의 설명

재판장은 변론이 종결된 후 법정에서 배심원에게 공소사실의 요지와 적용법조, 피고인과 변호인 주장의 요지, 증거능력, 그 밖에 유의할 사항에 관하여 설명하여야 한다. 이 경우 필요한 때에는 증거의 요지에 관하여 설명할 수 있다(국민참여재판법 제46조 제1항).

재판장이 설명의무를 이행하지 아니하면 당연히 위법하다. 하지만 그 위반이 배심원의 평결에 직접적인 영향을 미쳐 피고인의 국민참여재판을 받을 권리 등을 본질적으로 침해하고 판결의 정당성마저 인정받기 어려운 정도에 이른 것이 아니라면, 그 전까지 절차상 아무런 하자가 없던 소송행위 전부를 무효로 할 정도로 판결에 영향을 미친 위법이라 할 수는 없다.[43)]

---

43) 대법원 2014. 11. 13. 선고 2014도8377 판결. "설명이 빠졌거나 미흡한 부분이 공판 진행과정에서 이미 드러났던 것인지, 공판 진행과정에서 이미 드러났던 것이라면 그 시점과 재판장의 최종 설명 때까지 시간적 간격은 어떠한지, 재판장의 설명 없이는 배심원이 이해할 수 없거나 이해하기 어려운 사항에 해당하는지, 재판장의 최종 설명에 대한 피고인 또는 변호인의 이의가 있었는지, 평의 과정에서 배심원들의 의견이 일치하지 않아 재판장이 법률 제46조 제3항에 따라 의견을 진술하면서 최종 설명을 보충할 수 있었던 사안인지 및 최종 설명에서 누락된 부분과 최종 평결과의 관련성 등을 종합적으로 고려하여, 위

(나) 배심원의 유·무죄 평의·평결

심리에 관여한 배심원은 재판장의 설명을 들은 후 유·무죄에 관하여 평의하고, 전원의 의견이 일치하면 그에 따라 평결한다. 평결에 앞서 배심원 과반수의 요청이 있으면 심리에 관여한 판사의 의견을 들을 수 있다(국민참여재판법 제46조 제2항).

배심원은 유·무죄에 관하여 전원의 의견이 일치하지 아니하는 때에는 평결을 하기 전에 심리에 관여한 판사의 의견을 들어야 한다. 이 경우 유·무죄의 평결은 다수결의 방법으로 한다. 심리에 관여한 판사는 평의에 참석하여 의견을 진술한 경우에도 평결에는 참여할 수 없다(동조 제3항).

(다) 배심원의 양형에 관한 토의와 의견개진

배심원의 평결이 유죄인 경우 배심원은 심리에 관여한 판사와 함께 양형에 관하여 토의하고 그에 관한 의견을 개진한다. 재판장은 양형에 관한 토의 전에 처벌의 범위와 양형의 조건 등을 설명하여야 한다(국민참여재판법 제46조 제4항).

(라) 배심원의 의무

배심원은 평의·평결 및 토의 과정에서 알게 된 판사 및 배심원 각자의 의견과 그 분포 등을 누설하여서는 아니 된다(국민참여재판법 제47조).

(3) 판결선고

판결의 선고는 변론을 종결한 기일에 하여야 한다. 이 경우 판결서는 선고 후에 작성할 수 있다. 다만 특별한 사정이 있는 때에는 변론종결 후 14일 이내로 따로 선고기일을 지정할 수 있다(국민참여재판법 제48조 제1항 내지 제3항).

배심원의 평결과 의견은 법원을 기속하지 아니한다(동법 제46조 제5항). 피고인의 유·무죄 여부와 양형에 관한 최종적인 판단권한은 여전히 법관에게 주어져 있는 것이다. 재판장은 판결선고시 피고인에게 배심원의 평결결과를 고지하여야 하며, 배심원의 평결결과와 다른 판결을 선고하는 때에는 피고인에게 그 이유를 설명하고 판결서에 그 이유를 기재하여야 한다(동법 제48조 제4항, 제49조 제2항). 이는 배심원의 판단·의견을 존중한다는 취지이다.

와 같은 잘못이 배심원의 평결에 직접적인 영향을 미쳐 피고인의 국민참여재판을 받을 권리 등을 본질적으로 침해하고 판결의 정당성마저 인정받기 어려운 정도에 이른 것인지를 신중하게 판단하여야 한다.”

(4) 상소

국민의 형사재판 참여에 관한 법률은 상소에 대해 규정하고 있지 아니하므로 국민참여재판절차에 따른 제1심 재판의 상소는 통상의 절차를 따른다. 다만 대법원은 국민참여재판절차에 의한 제1심 판결에서의 사실인정은 통상절차에 의한 경우보다 더욱 크게 존중되어야 한다는 입장이다. 대법원은 배심원의 **만장일치** 의견으로 내린 무죄의 평결이 재판부의 심증에 부합하여 그대로 채택된 경우라면, 이러한 절차를 거쳐 이루어진 증거의 취사 및 사실의 인정에 관한 제1심의 판단은 실질적 직접심리주의 및 공판중심주의의 취지와 정신에 비추어 항소심에서의 새로운 증거조사를 통해 **그에 명백히 반대되는 충분하고도 납득할 만한 현저한 사정이 나타나지 않는 한** 한층 더 존중될 필요가 있다고 하면서 대단히 엄중한 판단을 내리고 있다.[44] 아울러 국민참여재판제도를 도입한 배경과 취지, 실질적 직접심리주의의 의미와 정신, 형사재판 항소심 심급구조의 특성, 증거조사절차에 관한 형사소송법령의 내용 등에 비추어 볼 때, 만장일치 무죄평결에 따른 제1심 무죄판결에 대한 항소심에서의 추가적이거나 새로운 증거조사는 형사소송법과 형사소송규칙 등에서 정한 바에 따라 **증거조사의 필요성이 분명하게 인정되는 예외적인 경우에 한정하여 실시**하는 것이 바람직하다[45]고 한다.

V. 소년범에 대한 절차

1. 의의

(1) 소년범의 의미

소년범이란 19세 미만의 범죄자를 말한다. 형법은 14세 미만의 소년에 대해 형사처벌을 면제하고 있고(형법 제9조), 소년법은 14세 이상 19세 미만의 소년범에 대한 형사처벌의 특례를 두고 있다. 소년법상 소년의 해당 여부는 보호처분은 **처분시**를 기준으로 판단하고, 형사처분은 **사실심판결선고시**를 기준으로 판단한다.

소년법은 소년범을 범죄소년, 촉법소년, 우범소년으로 나눈다. **범죄소년**은 죄를 범한 14세 이상인 소년을 말하고, **촉법소년**은 형벌 법령에 저촉되는 행위를 한 **10세 이상 14세 미만**인 소년을 말하여, **우범소년**은 집단적으로 몰려다니며 주위 사람들에게 불안감을 조성하는 성벽이

44) 대법원 2010. 3. 25. 선고 2009도14065 판결.
45) 대법원 2024. 7. 25. 선고 2020도7802 판결.

있거나 정당한 이유 없이 가출하거나 술을 마시고 소란을 피우거나 유해환경에 접하는 성벽이 있고, 그의 성격이나 환경에 비추어 앞으로 형벌 법령에 저촉되는 행위를 할 우려가 있는 10세 이상인 소년을 말한다(소년법 제4조).

(2) 소년사건 처리의 원칙과 선의권

(가) 소년사건 처리의 원칙

소년사건은 **소년보호사건**과 **소년형사사건**으로 분류되어 각각의 지도이념에 따라 처리된다. 소년사건을 어떤 사건으로 다루든, 반사회성이 있는 소년의 환경 조정과 품행 교정을 꾀하고 형사처분에 관한 특별조치를 통하여 소년이 건전하게 성장하도록 돕는데 역점을 두어야 한다(소년법 제1조).

(나) 선의권

소년범에 대하여 보호처분을 행하는 소년심판절차에 의하도록 할 것인지, 형벌을 부과하는 형사소송절차에 의하도록 할 것인지를 두고 검사와 법원(소년부) 중 **누가 먼저 판단하도록 할 것인지**가 문제된다. 이를 소위 선의권의 부여 문제라 하는데, 검사에게 선의권을 부여하는 것을 검사선의주의라고 하고, 법원(소년부)에게 선의권을 주는 것을 법원선의주의라 한다.

검사선의주의는 프랑스, 이태리 등 대륙법 국가에서 주로 취하는 방식으로서, 현실적인 형사정책적 필요에 대응하여 형벌과 보안처분을 효과적으로 조화시킬 수 있고, 전국적으로 일관된 기준을 정립하는데 용이하며(검사동일체, 행정기관), 행정부 소속인 검사가 맡는 것이 소년복지를 위한 다른 행정적 조치를 강구하는데 용이하다는 **장점**이 있다. 하지만 검사는 범죄의 수사와 소추를 담당하므로 소년의 인격이나 환경보다는 범죄의 경중을 중시하게 되고 그 결과 선도가 아닌 처벌을 우선시하는 경향이 있고, 검사에게 선의권을 부여하더라도 법원이 사후 통제할 수밖에 없기 때문에 절차중복과 처리지연의 문제를 초래하며, 선의권 행사를 위해서는 비행소년의 인격과 환경에 대한 충분한 조사가 전제되어야 하는데 그것이 잘 이루어지지 않고 있다는 **문제점**이 지적되고 있다.

여기서 소년법의 근본정신인 소년의 건전육성이란 점에서 보호사건과 형사사건의 일괄처리가 가능하고, 공범사건의 경우 보호사건과 형사사건의 처리결과의 불균형을 피할 수 있으며, 소년보호이념을 보다 중시하는 입장에 서 있는 **법원선의주의**를 채택해야 한다는 주장이 제기된다. 법원선의주의는 법원이 소년의 성행과 환경에 대한 엄격한 조사결과를 바탕으로 교육과 보호의 차원에서 소년에게 적절한 처우를 결정한다고 하는 소년보호이념에 보다 충실하다는 점에서 많은 지지를 받고 있다. 소년에 대한 복지적 보호처분을 중시하는 영미법계와 일본이 취하고 있는 방식이다.

아래에서는 범죄소년에 대한 형사절차의 내용을 중심으로 살펴볼 것인바, 우리나라는 아래에서 설명하듯이 검사선의주의를 채택하고 있다.

2. 범죄소년에 대한 형사절차

(1) 사법경찰관의 수사

사법경찰관은 범죄소년에 대하여도 통상적인 절차에 따라 수사를 진행한다. 다만 범죄소년에 대한 구속영장은 부득이한 경우가 아니면 발부받지 못하고, 범죄소년을 구속하는 경우에는 특별한 사정이 없으면 다른 피의자나 피고인과 분리하여 수용하여야 한다(소년법 제55조). 이러한 구속의 제한은 범죄소년에 대한 형사절차 전반에 걸쳐 적용된다.

촉법소년과 우범소년이 있을 때에는 경찰서장은 직접 관할 소년부에 송치하여야 한다(동법 제4조 제2항). 그런데 소년부는 조사 또는 심리한 결과 금고 이상의 형에 해당하는 범죄 사실이 발견되고 그 동기와 죄질이 형사처분을 할 필요가 있다고 인정하거나, 사건의 본인이 19세 이상인 것으로 밝혀진 경우에는 결정으로써 사건을 관할 지방법원에 대응하는 검찰청 검사에게 송치하여야 한다(동법 제7조 제1항, 제2항). 이를 필요적 역송이라 부른다.

(2) 검사의 조치

(가) 필요한 사항의 조사

1) 검사의 조사요구

검사는 사법경찰관으로부터 범죄소년의 피의사건을 송치 받은 경우, 소년보호사건에 해당하면 소년부에 송치하여야 하고 그에 해당하지 아니하면 통상절차에 따라 수사 등 형사절차를 진행하여야 한다. 검사선의주의에 따른 처리이다.

이를 결정하기 위하여 필요하다면 검사는 피의자의 주거지 또는 검찰청 소재지를 관할하는 보호관찰소의 장, 소년분류심사원장 또는 소년원장에게 피의자의 품행, 경력, 생활환경이나 그밖에 필요한 사항에 관한 조사를 요구할 수 있다.

2) 보호관찰소장등의 통보

검사의 조사요구를 받은 보호관찰소장등은 지체 없이 이를 조사하여 서면으로 해당 검사에게 통보하여야 한다. 보호관찰소장등은 조사를 위하여 필요한 경우에는 소속 보호관찰관·분류심사관 등에게 피의자 또는 관계인을 출석하게 하여 진술요구를 하는 등의 방법으로 필요한 사항을 조사하게 할 수 있다(소년법 제49조의2 제1항, 제2항).

(나) 소년부 송치 또는 통상절차에 따른 형사절차의 진행

1) 소년부 송치

검사는 보호관찰소장등으로부터 통보받은 조사 결과를 참고하여 범죄소년인 피의자를 교화·개선하는 데에 가장 적합한 처분을 결정하여야 한다(소년법 제49조의2 제4항). 검사는 보호처분에 해당하는 사유가 있다고 인정한 경우에는 사건을 관할 소년부에 송치하여야 한다(동법 제49조 제1항).

2) 통상절차에 따른 형사절차의 진행

검사가 범죄소년을 소년부에 송치하지 아니하는 경우, 이후 형사절차는 통상의 형사절차로 진행된다. 다만 검사는 범죄소년에 대해 일반적인 기소유예 외에도 선도조건부 기소유예를 할 수 있고, 공소제기 후 법원은 필요시 소년부에 사건을 송치할 수 있으며, 소년부는 이를 다시 법원에 이송할 수 있다.

① 선도조건부 기소유예

소년법에 따라 검사는 피의자가 범죄소년인 경우, 피의자 본인과 법정대리인의 동의를 받아 범죄예방자원봉사위원의 선도 등을 조건으로 기소유예 처분을 할 수 있다(소년법 제49조의3). 이른바 선도조건부 기소유예제도이다.

선도조건부 기소유예는 **기소편의주의**에 의해 검사에게 **기소재량권**이 부여되어 있고, 소년법상 **검사선의주의**를 채택하고 있어 검사에게 **절차선택권**이 부여되어 있기 때문에 가능한 제도이다. 선도조건부 기소유예제도의 대상이 되기 위해서는 ① 협의의 불기소처분(혐의없음, 죄가안됨, 공소권없음)의 대상이 **아니어야** 하고, ② 피의자가 **14세 이상**이며, ③ 적극적 선도보호의 필요성이 있어야 한다. 이 제도는 형사정책과정에 민간인의 참여를 가능하게 하였다는 점에서도 큰 의미가 있다.

② 공소제기 후 법원의 소년부 송치

통상절차로서 범죄소년에 대해 공소가 제기된 경우, **형사법원**이 피고사건을 심리한 결과 소년법에 따른 보호사건에 해당한다고 인정하면 결정으로써 사건을 관할 **소년부에 송치하여야** 한다(소년법 제50조). 제2심법원도 소년부 송치를 할 수 있다.

③ 소년부의 역송

형사법원으로부터 사건을 송치받은 소년부는 피의자가 19세 이상인 것으로 밝혀지면 결정으로써 사건을 송치한 법원에 이를 **다시 이송**하여야 한다(소년법 제51조). 그 외의 경우에는 소년부는 보호사건으로서 이를 처리한다.

(3) 소년부의 조치

(가) 소년부의 조사

검사가 소년부로 사건을 송치한 경우, 소년부 판사는 검사가 송치한 사건을 조사·심리한다. 소년부 판사는 조사관에게 필요한 사항의 조사를 명령할 수 있고(소년법 제11조), 필요시 기일을 지정하여 소년범 등의 소환을 명하고 이에 불응할 경우 동행영장을 발부하여 소환을 강제할 수 있으며(동법 제13조, 제14조, 제15조, 제16조), 소년범 등을 병원 등에 위탁하는 등 임시조치를 할 수 있다(동법 제18조).

(나) 심리개시 결정 및 이후 형사절차

이러한 조사를 통하여 소년부 판사는 범죄소년에 대해 소년보호사건으로 심리를 개시할 것인지 여부를 결정하게 된다. 이후 형사절차는 심리개시 결정의 여부에 따라 달라진다.

1) 심리불개시 결정

심리불개시결정시 소년부 판사는 범죄의 동기와 죄질을 보아 범죄소년에 대해 금고 이상의 형사처분을 할 필요가 있다고 인정할 때에는, 결정으로써 해당 검찰청 검사에게 다시 송치할 수 있다(소년법 제49조 제2항). 이를 **임의적 역송**이라 부르는데, 소년부 판사가 범죄소년에 대해 보호사건 심리불개시결정을 한 경우에는 특별한 사정이 없는 이상 검사에게 사건을 송치하게 된다.

검사는 소년부의 송치결정에 의해 송치된 사건을 **다시 소년부에 송치할 수 없다**(동법 제49조 제3항). 사후통제로서의 법원의 의사(판단)를 존중한다는 것이다. 그에 따라 검사가 소년부로부터 송치받은 사건에 대한 형사절차는 통상의 절차로서 진행된다. 다만 여기에서도 소년법에 따른 검사의 기소유예, 법원의 소년부 송치, 소년부의 이송 또는 보호사건 처리의 특칙은 동일하게 적용된다.

2) 심리개시결정

심리개시결정시 소년부 판사는 심리기일을 열어 심리한 후 보호처분 또는 검사에로의 송치 여부를 결정한다. 심리기일에 조사관, 보호자 및 보조인은 출석하여 심리에 관하여 의견을 진술할 수 있고, 피해자 등에게는 의견을 진술할 기회를 주어야 한다. 소년부 판사는 심리에 있어 증인신문, 감정·통역·번역의 명령, 검증·압수·수색, 공사단체의 원조·협력요구 등의 권한을 가진다(소년법 제20조 내지 28조).

소년부 판사는 심리 결과 **보호처분**을 할 필요가 있다고 인정하면 결정으로서, 보호자 또는 보호자를 대신하여 소년을 보호할 수 있는 자에게 6개월간의 감호위탁, 100시간 이내의 수강명령, 200시간 이내의 사회봉사명령, 1년 이내의 보호관찰관의 단기 보호관찰, 2년 이내의 보호관찰관의 장기 보호관찰, 아동복지법에 따른 아동복지시설이나 그 밖의 소년보호시설에 6개월간의 감호위탁, 병원, 요양소 또는 '보호소년 등의 처우에 관한 법률'에 따른 의료재활소년원에 6개월간 위탁, 1개월 이내의 소년원 송치, 6개월 이내의 단기 소년원 송치, 2년 이내의 장기 소년원 송치 등의 보호처분을 하여야 한다(동법 제32조 제1항, 제33조).

소년부 판사의 보호처분에 대하여 사건 본인·보호자·보조인 또는 그 법정대리인은 **항고** 및 **재항고**를 할 수 있고(동법 제43조 내지 제47조),[46] 보호처분을 받은 소년에 대하여는 그 심리가 결정된 사건은 **다시 공소를 제기하거나 소년부에 송치할 수 없다**(동법 제53조). 보호처분은 확정판결이 아니므로 기판력이 발생하지 않는다. 따라서 소년보호처분을 받아 집행을 끝낸 사건과 동일한 사건에 대하여 다시 공소가 제기되면, 법원은 공소제기의 절차가 법률의 규정에 위배하여 무효인 때에 해당하므로 **공소기각의 판결**을 하여야 하는 것이지, 확정판결이 있은 때로 보아 면소판결을 해서는 안 된다.[47]

(4) 형사재판에서의 특칙

소년의 형사사건에 관해서는 경찰·검찰·법원의 부담경감의 측면보다는 범죄소년의 갱생이라는 측면이 강조되어 수사·공판·형벌·형의 집행 면에서 특별한 배려가 주어지고 있다.

(가) 절차의 분리

소년에 대한 형사사건의 심리는 다른 피의사건과 관련된 경우에도, 심리에 지장이 없으면

46) 헌법재판소 2012. 7. 26. 선고 2011헌마232 결정. 항고권자에 피해자와 검사를 포함하지 않고 있는 소년법 제43조에 대하여 헌법재판소는 피해자와 검사는 소년심판의 당사자가 아니고 이는 합리적 차별의 범위에 속하는 것으로 헌법상 기본권을 침해하지 않는다고 결정한바 있다. 이러한 법정의견에 대해서는 위헌으로 보는 3인의 재판관의 반대의견과, 검사의 항고권을 인정하는 입법개선을 촉구하는 1인의 재판관의 보충의견이 붙어있다.

47) 대법원 1985. 5. 28. 선고 85도21 판결. 다만 학설은 면소판결을 하여야 한다는 견해가 다수설의 입장이다(김재환 833; 오영근 279; 이/김 766; 이/조/이 807; 이창현 1106; 정/최/김 769).

그 절차를 분리하여야 한다(소년법 제57조).

(나) 형벌관련 특례

1) 형의 감경

죄를 범할 당시 18세 미만인 소년에 대하여 사형 또는 무기형으로 처할 경우에는 15년의 유기징역으로 한다(소년법 제59조). 인도적 차원에서 소년에 대한 중형을 금지하고 재사회화의 길을 열어주기 위한 배려라고 할 수 있다.

2) 부정기형

소년이 법정형으로 장기 2년 이상의 유기형에 해당하는 죄를 범한 경우에는 그 형의 범위에서 장기와 단기를 정하여 선고하되, 장기는 10년, 단기는 5년을 초과하지 못한다(소년법 제60조 제1항).[48] 소위 상대적 부정기형에 해당하는 것으로 소년의 행형상의 교화·개선가능성을 염두에 둔 규정이다.

다만 형의 집행유예나 선고유예를 선고할 때에는 정기형을 선고한다(소년법 제60조 제3항). 선고유예나 집행유예는 행형상의 교화·개선과는 무관하기 때문이다.

3) 노역장유치의 금지

18세 미만인 소년에게는 형법 제70조에 따른 노역장유치 선고를 하지 못한다(소년법 제62조 본문). 이는 선고시를 기준으로 18세 미만인 경우에 적용된다.[49] 노역장유치는 교육적 목적과는 거리가 멀고 교화에 도리어 마이너스가 될 수도 있다는 점을 고려한 규정이다.

(다) 형집행과 가석방의 특례

1) 형집행

징역 또는 금고를 선고받은 소년에 대하여는 특별히 설치된 교도소 또는 일반 교도소 안에 특별히 분리된 장소에서 그 형을 집행한다. 다만, 소년이 형의 집행 중에 23세가 되면 일반 교도소에서 집행할 수 있다(소년법 제63조).

보호처분이 계속 중일 때에 징역, 금고 또는 구류를 선고받은 소년에 대하여는 먼저 그 형을 집행한다(소년법 제64조). 형의 집행에 있어서도 악풍감염을 최대한 막고 소년에게 유리한 쪽으로 시행한다고 하는 특별규정이다.

---

48) 대법원 1967. 1. 31. 선고 66도1731 판결. 소년범에 대하여 부정기형(유기징역형을 선고한 때)을 선고하여야 함에도 불구하고 법정형에 무기형이 있다 하여 정기형을 선고한 것은 위법이다.

49) 대법원 1997. 2. 14. 선고 96도1241 판결.

2) 가석방

징역 또는 금고를 선고받은 소년에 대하여는 무기형의 경우에는 5년, 15년 유기형의 경우에는 3년, 부정기형의 경우에는 **단기의 3분의** 1이 지나면 가석방을 허가할 수 있다(소년법 제65조). 징역 또는 금고를 선고받은 소년이 가석방된 후 그 처분이 취소되지 아니하고 가석방 전에 집행을 받은 기간과 **같은 기간이 지난 경우에는 형의 집행을 종료**한 것으로 한다. 다만, 제59조의 형기 또는 제60조 제1항에 따른 **장기의 기간이 먼저 지난 경우에는 그 때**에 형의 집행을 종료한 것으로 한다(소년법 제66조).

제 3 절 비상구제절차

Ⅰ. 개관

비상구제절차란 확정판결에 대한 시정절차를 말한다. 재심이든 비상상고든 상소와 마찬가지로 재판의 잘못을 시정하는 절차이지만, 상소와는 달리 '확정판결'을 시정하는 절차이므로 비상구제절차라 하는 것이다. **확정판결**에 대해 주로 사실인정의 잘못을 시정하는 것이 **재심**이고, 법령의 해석·적용의 잘못을 시정하는 것이 **비상상고**이다.

형사소송은 법적 분쟁을 사회적, 종국적으로 해결해야 하는 제도이므로 본래라면 1회의 재판으로 끝내고 확정지어야 할 것이다. 동일한 사건에 대해서 서로 다른 내용의 종국재판이 반복되는 것은 재판의 분쟁 해결기능의 결여를 드러내는 것이어서 재판제도의 자살이 된다. 재판의 반복은 재판의 모순(판단의 상위·대립)을 노정하고 피고인 기타 절차관여자의 부담을 증대시켜 재판에 대한 사회의 신뢰도 저하시키게 된다. 그러나 다른 한편으로, 잘못된 재판을 그대로 확정지어서는 올바른 법과 정의는 실현될 수 없고 재판을 확정지어야 할 이익도 찾을 수 없다. 여기서 재판의 1회성과 실질적 정의·진실을 조화시키는 수단으로서, 재판확정 전에는 상소제도를 두고, 재판확정 후에는 비상구제절차를 두게 되는 것이다. 이처럼 비상구제절차는 상소에 의한 재판의 시정이 가능하였던 이후에, 재판의 법적 안정성을 지키기 위해 인정되는 재판의 확정력을 깨뜨리는 것이므로 그 인정은 아주 예외적인 사유로 제한된다. 이러한 점에서 법률심인 비상상고는 신청권을 검찰총장에게만 부여하고 있다.

한편 사실심인 재심은 3심제도에 의한 판결확정 후에 인정되는 것이므로 제4심으로 칭하기도 하나, 이는 재심인정에 대한 부정적 이미지를 강조하기 위한 슬로건적인 명칭으로 올바른 의미도, 용어도 아니다.

Ⅱ. 재심

1. 의의와 법적성격

(1) 의의

재심이란 '유죄'의 확정판결 또는 유죄판결에 대한 상소기각의 확정판결에 중대한 사실인정의 오류가 있을 때, 피고인의 이익을 위하여 확정판결을 시정하는 구제절차를 말한다. 피고인의 이익을 위한 경우에만 허용된다는 점에서 **이익재심**이라고 한다.

우리 형사소송법은 독일법과는 달리[50] 피고인을 위한 이익재심만을 인정하고 있다. 프랑스법도 이익재심만을 허용한다(프랑스 형사소송법 제622조). 재심의 근거가 실체적 진실의 발견에 있다고 한다면 불이익재심도 인정하는 것이 논리적이지만, 형사소송법은 이익재심만을 인정함으로써 재심은 필벌주의의 의미에서의 실체적진실주의로부터 귀결된 것이 아니라, 적정절차의 보장 및 일사부재리의 효력의 배후에 있는 이중위험의 금지로부터 귀결된 것임을 보여주고 있다. 이처럼 재심은 피고인의 인권옹호를 위한 제도이므로 피고인에게 이익되는 재심만 허용되는 것이다.

재심은 원판결과 동일한 심급에서 피고사건을 처음부터 다시 심판하는 것으로, 재심개시만으로는 원판결의 효력에 변경이 발생하지 아니하지만, 재심판결이 확정되면 원판결은 그 효력을 잃게 되어[51] 피고사건에 대해서는 재심판결만이 남게 된다.

(2) 재심제도의 법적성격

재심제도의 법적성격에 대해서는 견해의 대립이 있다. **입법정책설**은 재심은 확정판결을 유지할 법적안정성과 실체적 진실발견을 위한 실질적 정의를 조화시키기 위한 것으로, 재심의 허용범위는 입법자의 재량에 달린 것이라 한다. 이 견해는 형사소송법이 이익재심만을 허용하고 있는 것은 입법자의 선택이라 한다.[52] **적법절차설**은 재심은 피고인이 적법한 절차에 따라

50) 디텔름 291. 독일형사소송법 제359조는 이익재심을 규정하고, 제362조, 제373a조는 불이익재심을 규정하고 있다.
51) 대법원 2017. 9. 21. 선고 2017도4019 판결.
52) 손/신 831; 송광섭 892; 이/조/이 904; 이창현 1302; 임동규 853.

공정한 재판을 받을 권리를 구체화한 것으로서, 일사부재리의 원칙에 따라 이익재심만이 허용된다고 한다.[53] 헌법재판소는 입법정책설의 입장에 서 있다.[54]

피상적으로 볼 때 양 견해는 서로 다른 입장을 취하는 것으로 보인다. 하지만 재심절차는 당연히 적법절차의 원칙을 준수하여야 하고 일사부재리원칙에 따라 피고인에게 불이익한 재심은 허용될 수 없다. 입법정책설도 입법자는 재심의 '허용 범위'를 결정할 재량을 가지고 있다는 것이지 재심제도 자체를 부인할 재량을 가지고 있다는 것은 아니고, 적법절차설에 따르더라도 입법자의 재량에 따른 재심제도의 구체화는 피할 수 없다. 따라서 양 견해는 명칭을 떠나 실질적 내용면에서는 **상호 보완적 관계**에 있다고 생각된다.

2. 재심의 대상

재심의 대상은 유죄의 확정판결 및 유죄판결에 대한 상소기각의 확정판결로서, 형사소송법은 이익재심만을 허용한다(법 제420조, 제421조). 따라서 피고인에게 유리한 무죄판결,[55] 면소판결,[56] 공소기각판결, 관할위반판결 등은 재심의 대상이 될 수 없고, 공소기각결정·재정신청기각결정·재심청구기각결정 등과 같이 결정·명령 형식의 재판도 재심의 대상이 될 수 없다.[57]

(1) 유죄의 확정판결

재심은 유죄의 확정판결에 대하여 일정한 재심이유가 인정되는 경우 피고인의 이익을 위하여 청구할 수 있다(법 제420조). 따라서 유죄판결인 형선고 또는 **형선고유예 판결** 및 유죄판결과 동일한 효력을 가지는 약식명령, 즉결심판, **범칙금납부** 등도 재심의 대상이 된다.

유죄의 확정판결에 대한 **특별사면** 또는 일반사면이 있다 하더라도 당해 확정판결은 재심의 대상이 된다. 특별사면이 있다 하더라도 형선고가 있었다는 사실은 장래를 향하여 피고인에게 불이익하고,[58] 일반사면이 있는 경우 형선고의 효력은 상실되지만 형선고에 의한 기왕의 효과가 변경되는 것은 아니기 때문이다.

---

53) 이/김 874; 이주원 766.
54) 헌법재판소 2011. 6. 30. 선고 2009헌바430 결정.
55) 대법원 1983. 3. 24.자 83모5 결정.
56) 대법원 2021. 4. 2.자 2020모2071 결정.
57) 대법원 2013. 6. 27. 선고 2011도7931 판결.
58) 대법원 2015. 5. 21. 선고 2011도1932 전원합의체 판결.

(2) 상소기각판결

재심은 항소·상고기각판결에 대하여 일정한 재심이유가 인정되는 경우 피고인의 이익을 위하여 청구할 수 있다(법 제421조). 여기에서 '항소 또는 상고의 기각판결'은 상고판결에 의해 확정된 제1심 판결 또는 항소심 판결을 가리키는 것이 아니라, '**상소기각판결 그 자체**'를 말한다.[59] 원판결인 유죄판결에는 재심이유가 없지만 상소기각판결에 재심이유가 있는 경우, 상소심에 대해 재심을 가능하도록 한 것이다.

3. 재심이유

(1) 개관

형사소송법은 유죄의 확정판결에 대한 재심이유로 원판결의 사실인정이 명백히 잘못된 경우(법 제420조 제1호 내지 제4호, 제6호, 제7호)와 원판결 이후 사실인정이 변경될 수 있는 명백한 증거가 새로 발견된 경우를 한정적으로 열거하고 있다(동조 제5호). 형사소송법은 상소기각판결에 대한 재심이유는 유죄판결의 재심이유 중 일부를 준용하고 있다(법 제420조 제1호, 제2호, 제7호, 제421조). 이처럼 형사소송법상 재심이유는 사실인정의 변경을 가져오는 것인바, 이는 다시 사실인정에 오류가 있음을 사유로 한 **오류**(falsa)**형** 재심이유(동조 제1호 내지 제4호, 제6조, 제7호)와 사실인정을 변경할 증거가 새로 발견되었음을 사유로 한 **신규**(nova)**형** 재심이유(제5호)로 나눌 수 있다.

형사소송법 외에 재심이유를 규정하고 있는 법률에는 소송촉진 등에 관한 특례법, 5·18 민주화 운동 등에 관한 특별법, 헌법재판소법 등이 있다. 이들 법률의 규정에 따라, 피고인이 책임질 수 없는 사유로 공판절차에 불출석하였고 이로 인하여 피고인의 진술없이 재판하여 유죄판결이 확정된 경우(소송촉진법 제23조의2), 5·18민주화운동과 관련된 행위 또는 헌정질서 파괴범죄행위의 범행을 저지하거나 반대한 행위로 인하여 유죄판결이 확정된 경우(5·18 민주화운동법 제4조 제1항), 헌법재판소가 위헌으로 결정한 형벌에 관한 법률 또는 법률의 조항에 근거하여 유죄판결이 확정된 경우(헌법재판소법 제47조 제4항)는 재심이유가 된다. 다른 재심이유와 달리 헌법재판소법상 재심이유는 법률적용의 변경을 가져온다.

형사절차에서의 재심은 민사절차에서의 재심과는 그 목적과 성질을 달리하므로, 민사소송법상 재심이유는 준용되지 아니한다.[60]

---

59) 대법원 1984. 7. 27.자 84모48 결정.

(2) 오류(falsa)형 재심이유

유죄의 확정판결에 대한 오류형 재심이유에는 “1. 원판결의 증거가 된 서류 또는 증거물이 확정판결에 의하여 위조되거나 변조된 것임이 증명된 때, 2. 원판결의 증거가 된 증언, 감정, 통역 또는 번역이 확정판결에 의하여 허위임이 증명된 때, 3. 무고로 인하여 유죄를 선고받은 경우에 그 무고의 죄가 확정판결에 의하여 증명된 때, 4. 원판결의 증거가 된 재판이 확정재판에 의하여 변경된 때, 6. 저작권, 특허권, 실용신안권, 디자인권 또는 상표권을 침해한 죄로 유죄의 선고를 받은 사건에 관하여 그 권리에 대한 무효의 심결 또는 무효의 판결이 확정된 때, 7. 원판결, 전심판결 또는 그 판결의 기초가 된 조사에 관여한 법관, 공소의 제기 또는 그 공소의 기초가 된 수사에 관여한 검사나 사법경찰관이 그 직무에 관한 죄를 지은 것이 확정판결에 의하여 증명된 때”가 있다.

상소기각판결에 대한 재심이유는 위 이유 중 제1호, 제2호, 제7호로서, 상소기각에 대한 재심이유는 모두 오류형이다.

(가) 원판결의 증거가 확정판결에 의하여 위·변조 또는 허위임이 증명된 때 (제1호, 제2호)

1) 증거의 의미

여기에서 증거란 유죄 판결의 사실인정에 영향을 미친 모든 증거를 말하는 것으로, 서류·증거물·증언·감정·통역·번역이 직접증거·간접증거, 실질증거·보조증거, 본증·반증 중 어디에 해당하는지는 문제되지 아니한다. 나아가 다른 증거의 증거능력을 증명하기 위한 증거도 포함된다는 것이 일반적인 견해이다.

이러한 증거가 원판결의 사실인정에 영향을 미친 것이어야 하므로, 원판결의 이유에 당해 증거가 사실인정에 어떠한 영향을 미쳤는지가 기재되어 있거나 최소한 증거로 기재되어 있어야 한다.[61]

2) 확정판결의 의미

확정판결이란 형사확정판결을 의미할 뿐이므로 형사확정판결에 의해 증거의 위·변조나 위증, 허위 감정·통역·번역 등이 증명되면 충분하고, 증거의 위·변조 또는 위증 등에 대한 유죄판결이 확정될 필요는 없다. 또한 위조된 증거 등을 배제하였을 때 유죄판결이 유지될 수 있

60) 대법원 1995. 3. 29.자 94재도9 결정.
61) 대법원 2012. 4. 13. 선고 2011도8529 판결.

을지 여부도 문제되지 아니한다.[62] 다만 대법원은 증언 등이 확정판결에 의하여 허위임이 증명된 때란 증인 등이 위증죄 등으로 처벌되어 그 판결이 확정된 경우를 의미한다고 하여 확정판결의 의미를 축소하고 있다.[63]

(나) 원판결의 증거가 된 재판이 확정재판에 의하여 변경된 때(제4호)

원판결의 증거가 된 재판이란 원판결의 이유 중에서 증거로 채택되어 원판결의 범죄사실을 인정하는데 인용된 다른 재판을 말한다.[64] 여기에서의 확정재판은 형사확정판결로 제한되지 아니하고, 원판결의 증거가 된 재판이 확정판결이 아닌 재심 또는 비상상고를 통해서 변경된 경우에도 이 재심이유에 해당한다 함이 옳다.

(다) 원판결 등에 관여한 법관, 검사, 사법경찰관이 그 직무에 관한 죄를 지은 것이 확정판결에 의하여 증명된 때(제7호)

1) 관여 여부의 정도

적정절차원칙 준수의 중요성에 비추어 여기에서의 관여 여부는 비교적 넓게 인정해도 무방하다. 대법원도 사법경찰관이 강제수사를 하거나[65] 의견서를 작성하여[66] 수사의 진행과 종결에 관여한 경우뿐만 아니라, 수사부서에 근무하지 아니하는 경찰관이 수사개시의 원인이 된 정보보고서를 작성하였을 뿐인 경우에도 관여에 해당한다 하였다.[67]

2) 직무에 관한 죄

① 범위

법관, 검사, 사법경찰관의 직무에 관한 죄의 범위에 대해서는 형법 제2편 제7장에 규정된 공무원의 직무에 관한 죄로 제한된다는 견해[68]와 이를 포함하여 널리 특별법상 공무원의 직무에 관한 죄까지 포함한다는 견해[69]의 대립이 있다.

형사소송법은 직무에 관한 죄를 형법상 공무원의 직무에 관한 죄로 제한하고 있지 아니하고, 재심의 본질을 법적안정성과 실질적 정의의 조화 및 적정절차에 따라 공정한 재판을 받을

62) 대법원 1997. 1. 16.자 95모38 결정.
63) 대법원 2005. 4. 14. 선고 2003도1080 판결.
64) 대법원 1986. 8. 28.자 86모15 결정.
65) 대법원 2019. 3. 21.자 2015모2229 전원합의체 결정.
66) 대법원 2006. 5. 11.자 2004모16 결정.
67) 대법원 2008. 4. 24.자 2008모77 결정.
68) 송광섭 896; 신현주 806; 이/조/이 908.
69) 이/김 877; 이창현 1309; 임동규 858; 정/최/김 869.

권리의 구체화라 할 때, 법관 등의 직무에 관한 죄를 형식적 의미의 형법에 규정된 것으로 제한할 이유는 없다. 대법원도 수사기관이 영장주의를 배제하는 위헌적 법령에 따라 영장 없는 체포·구금을 한 경우에도 불법체포·감금의 직무범죄가 인정되는 경우에 준하는 것으로 보아 재심이유가 있다고 하였다.[70]

② 직권남용의 정도

직무에 관한 죄 중 직권남용권리행사방해죄(형법 제123조)에서 수사기관의 '직권남용' 여부를 평가할 때에는 공무원의 직무행위가 본래 법령에서 그 직권을 부여한 목적에 따라 이루어졌는지, 직무행위가 행해진 상황에서 볼 때 필요성·상당성이 있는 행위인지, 직권행사가 허용되는 법령상의 요건을 충족했는지 등을 종합하여 엄격히 판단하여야 한다. 특히 검사의 수사권 행사에 대해서는 공익의 대표자로서 실체적 진실에 입각한 국가 형벌권의 실현을 위하여 공소를 제기하고, 그 과정에서 피고인의 정당한 이익을 옹호하여야 한다는 검사의 의무도 함께 고려되어야 한다.

이러한 기준에 따라 대법원은, 피고인에 대한 피의자신문과정에서 검사가 자신의 의도대로 진술을 이끌어내기 위하여 자신의 생각을 주입하는 방식의 유도신문을 하는 등, 진술의 임의성을 보장하지 못하고 사회통념상 현저히 합리성을 잃은 신문방법을 사용함으로써 수사권을 남용한 경우에도 재심이유로 인정하였다.[71]

3) 한계

원판결의 선고 전에 법관, 검사 또는 사법경찰관에 대하여 직무관련 범죄에 대한 공소가 제기되었을 경우에는 원판결의 법원이 그 사유를 알지 못한 때에만 재심이유가 된다(법 제420조 제7호 단서). 원판결의 법원이 그러한 사실을 알면서도 유죄의 판결을 하였다면 사실인정의 오류가 있었다고 할 수 없기 때문이다.

유죄의 선고를 받은 자가 법관 등에게 그러한 죄를 범하게 한 경우에는 검사만이 이를 재심이유로 삼을 수 있다(법 제425조). 피고인이 법관 등에게 그러한 범죄를 저지르도록 교사·방조하였다면 재심제도를 향유할 자격이 없기 때문이다.

(라) 확정판결을 대신하는 증명

증거물의 위·변조, 위증, 무고 등 오류형 재심이유에서, 확정판결을 얻을 수 없는 때에는 그 사실을 증명하여 재심의 청구를 할 수 있다. 단, 증거가 없다는 이유로 확정판결을 얻을 수

---

70) 대법원 2018. 5. 2.자 2015모3243 결정.
71) 대법원 2024. 9. 19.자 2024모179 결정.

없는 때에는 예외로 한다(법 제422조).

여기서 '그 사실을 증명하여'란 확정판결을 얻을 수 없다는 사실과 형사소송법 제420조 및 제421조가 재심이유로 규정한 범죄행위 등이 행하여졌다는 사실을 각 증명하여야 함을 의미한다.[72] 확정판결을 얻을 수 없음은 공소시효가 완성된 경우와 같이 재심청구시로부터 장래를 향하여 인정되어야 하고,[73] 사실의 증명은 합리적 의심이 없을 정도를 요하는 것은 아니지만, 객관적 증거에 의하여 범죄사실의 존재가 적극적으로 입증되는 정도에는 이르러야 한다.[74] 특히 법관, 검사, 사법경찰관의 직무에 관한 죄에 대하여 '확정판결을 대신하는 증명'이 있는지(법 제420조 제7호, 제422조)를 판단할 때는, 사실인정에 있어 더욱 주의를 요한다. 이 경우 법원은, 재심은 확정판결의 중대한 오류를 시정하고 일반적인 형사재판절차에서 형사소송원칙에 따른 권리를 제대로 보장받지 못한 억울한 피고인을 구제하여 인권을 옹호하기 위한 제도라는 점, 확정판결을 얻을 수 없는 이유가 매우 다양한 점 등을 유념하고, 구체적인 사건에서 비상구제절차인 재심제도의 목적과 이념 등을 두루 고려하여 신중하게 판단하여야 한다고 하였다.[75]

(3) 신규(nova)형 재심이유(제5호)

형사소송법은 유죄의 확정판결에 대한 재심이유로, ① 유죄를 선고받은 자에 대하여 무죄 또는 면소를 인정할 명백한 증거가 새로 발견된 때 및 ② 형의 선고를 받은 자에 대하여 형의 면제 또는 원판결이 인정한 죄보다 가벼운 죄를 인정할 명백한 증거가 새로 발견된 때를 두고 있다.

(가) 명백한 증거가 새로 발견된 때

1) 명백한 증거

명백성의 의미와 그 판단기준에 대해서는 견해의 대립이 있다.

① 명백성의 의미

명백성의 의미에 대해서는 확정판결의 사실인정에 대하여 중대한 의심을 제기하는 정도를 의미한다는 견해[76]와, 이를 넘어 확정판결을 파기할 **고도의 개연성**을 의미한다는 견해가 있

72) 대법원 2024 . 12. 18.자 2021모2650 결정.

73) 대법원 2010. 10. 29.자 2008재도11 전원합의체 결정.

74) 대법원 1994. 7. 14.자 93모66 결정.

75) 대법원 2024. 12. 18.자 2021모2650 결정. "재심청구인의 진술 그 자체가 재심이유의 존재를 뒷받침하는 핵심적 증거로서 신빙성이 있고 그 진술의 내용 자체나 전체적인 취지에 부합하는 직접·간접의 증거들이 상당수 제시된 경우에는, 그 신빙성을 깨뜨릴 충분하고도 납득할 만한 반대되는 증거나 사정이 존재하는지에 관한 별다른 사실조사도 없이 만연히 '재심청구인의 진술' 외에 다른 객관적 증거가 없다는 이유로 재심청구를 기각하는 것은 타당하지 않다."

다.[77] 재심제도는 확정판결에 따른 법적안정성을 일부 후퇴하여 실질적 정의를 달성하고자 하는 예외적인 구제절차라는 점에서 후자의 견해가 옳다. 대법원도 같은 입장이다.[78]

② 명백성의 판단기준

명백성의 판단기준에 대하여 종래 대법원은 새로운 증거의 증명력만으로 명백성을 판단해야 한다는 **단독**(고립)**평가설**을 제시하였으나,[79] 통설인 **종합평가설**에 따르면 명백성은 새로운 증거와 원판결에서 이미 평가된 증거를 함께 고려하여 판단해야 한다.[80]

단독평가설을 따를 때 새로운 증거의 발견이 재심이유로 인정되기 위해서는 새로운 증거의 증거가치가 확정판결의 사실인정에 사용된 증거보다 경험칙이나 논리칙 상 객관적으로 우위에 있어야 하고, 법관의 자유심증에 의하여 그 증거가치가 좌우되는 정도로는 부족하다고 하게 되므로[81] 재심의 범위를 과도하게 제한한다. 그러나 재심은 법적안정성을 바탕으로 하지만 실질적 정의의 추구 또한 그 근거로 삼고 있으므로, 재심이유로서의 명백성은 여러 증거를 종합하여 평가함이 옳다.

이후 대법원도 그 태도를 변경하여 종합평가설에 가까운 입장에 있다. 대법원은 재심대상이 되는 확정판결을 선고한 법원이 사실인정의 기초로 삼은 증거들 가운데 **새로 발견된 증거와 유기적으로 밀접하게 관련되고 모순되는 것들은 함께 고려**하여 평가하여야 하고, 그 결과 단순히 재심대상이 되는 유죄의 확정판결에 대하여 그 정당성이 의심되는 수준을 넘어 그 판결을 **그대로 유지할 수 없을 정도로 고도의 개연성이 인정**되는 경우라면 그 새로운 증거는 '명백한' 증거에 해당한다고 한다.[82] 다만 재심대상인 확정판결이 사실인정에 채용한 구 증거들 중에서 새로운 증거와 유기적으로 밀접하게 관련되고 모순되는 것들로 제한한 것(따라서 대법원의 입장은 한정적 종합평가설로 부를 수 있을 것이다)은 종합평가설의 원래의 취지에 비추어 볼 때 미흡하다고 하지 않을 수 없다.

2) 새로 발견된 증거의 의미

① 새로 발견된 증거의 의미

여기에서 증거에는 범죄사실을 증명하는 증거뿐만 아니라 다른 증거의 증거능력 또는 증

---

76) 신/조 1218.
77) 손/신 840; 송광섭 900; 이/김 880; 이/조/이 911; 이창현 1314; 임동규 862.
78) 대법원 2009. 7. 16.자 2005모472 전원합의체 결정.
79) 대법원 1999. 8. 11.자 99모93 결정.
80) 이/김 882; 이/조/이 912; 이창현 1322; 임동규 861; 정/최/김 872.
81) 대법원 1999. 8. 11.자 99모93 결정.
82) 대법원 2009. 7. 16.자 2005모472 전원합의체 결정.

명력에 관한 증거도 포함된다.

증거는 '새로'이 '발견'된 것이어야 하므로, 이미 존재하고 있던 증거물이라도 그 '발견'이 새롭다면 신규성의 요건은 충족된다. 증거자료가 새롭다면 증거방법이 동일하더라도 발견이 새롭기 때문에 신규성이 인정된다고 본다. 좀 더 풀어서 설명하면, 새로 발견된 증거란 ① 원판결시에는 존재하지 아니하였으나 원판결 이후 생성된 증거, ② 원판결시에 존재하였으나 발견되지 아니하였다가 원판결 이후 발견된 증거, ③ 원판결시 존재하여 발견되었으나 증거로 제출할 수 없었다가 원판결 이후 제출할 수 있게 된 증거, ④ 원판결시 증거로 제출된 것으로서, 그 증거자료가 새로운 증거를 말한다. 이를 증거의 **신규성**이라 한다.

② 신규성의 상대방

새로운 증거는 관계자 모두에게 '새로'이 '발견'된 것이어야 하는가? 법원의 입장에서 신규성이 인정되어야 함은 당연하다. 피고인, 즉 청구인에게도 신규성이 인정되어야 하는가의 여부는 특히 위장출석한 자(소위 봄받이)의 경우에 문제된다.

ⓐ **견해의 대립**

법원의 입장에서 증거의 신규성이 인정되어야 함은 당연하다. **피고인의 입장에서도 증거의 신규성이 필요한지**에 대해서는 견해의 대립이 있다. **필요설**은 법적안정성의 견지에서 피고인의 입장에서도 증거의 신규성은 필요하다고 하고,[83] **불요설**은 피고인의 보호 확대와 검사의 거증책임을 근거로 피고인의 입장에서 증거의 신규성은 필요하지 아니하다고 한다.[84] **절충설**은 피고인의 보호와 금반언의 원칙을 고려하여 피고인에게는 증거의 신규성은 요구되지 아니하지만, 재심대상이 되는 확정판결의 소송절차 중에 그러한 증거가 제출되지 못한 것이 피고인의 고의·과실에 기인한 경우에는 재심이유가 되지 못한다고 하고,[85] 절충설의 하나라 할 수 있는 **고의과실구별설**은 피고인에게 증거를 발견하지 못했거나 증거로 제출할 수 없었다는 점에 대해 과실이 있었다는 이유만으로 재심을 배제할 불이익을 부담시킬 수는 없지만, 피고인이 원판결의 절차에서 이미 제출할 수 있었던 증거를 고의로 제출하지 아니한 경우에까지 피고인의 이익만을 좇아 법적안정성을 포기할 수는 없으므로 피고인이 고의로 제출하지 아니하였던 증거를 재심이유로 삼을 수는 없다고 한다.[86] **대법원**은 **절충설**의 입장에 서 있다.[87]

83) 송광섭 899; 정/이 512.
84) 김재환 1003; 손/신 838; 이/김 880; 이/조/이 911.
85) 노/이 875; 임동규 860.
86) 이창현 1314.
87) 대법원 2009. 7. 16.자 2005모472 전원합의체 결정.

ⓑ **검토**

재심은 무고한 자를 구제하고 오판을 방지하기 위한 제도라는 점에 비추어 본다면, 청구인에게는 증거의 신규성은 필요하지 아니하다는 **불요설**이 옳다. 필요설, 절충설은 물론 고의과실구별설을 따르면, 위장출석자(몸받이)의 경우 진범인은 따로 있지만 위장출석자가 몸받이였다는 사실은 신규성이 인정되는 증거라 할 수 없고, 이에 재심이유에 해당하지 아니한다고 하게 되는데 이러한 결론에는 동의하기 어렵다.

고의과실구별설은 증거를 고의로 제출하지 않았다면 금반언(estoppel)의 원칙에 반하고 당사자주의에도 반한다고 하는 것을 논거로 하고 있는 점에서 상당히 설득력 있는 견해라는 느낌도 들지만, 재심제도의 본질에 비추어 봤을 때 역시 당해 증거가 법원에게 새롭다면 증거의 신규성은 인정된다고 보는 것이 타당하다. 불요설은 일견 불합리하다는 생각이 들 수도 있겠으나 진범인을 대신한(숨긴) 점은 별도로 실체법에 의해 형사책임추구를 하면 되는 것이고(형법 제151조), 확정판결을 받은 피고인이 진범이 아니라는 실상을 뻔히 알면서, 그러한 오판을 유지하는 것은 정의에 반한다. 그렇지 않다면 무고한 인간을 그의 동의를 얻어서 처벌할 수 있다는 결론과 다를 바가 없기 때문이다.

3) 새로 발견된 증거의 자격

새로 발견된 증거가 증거능력이 인정되는 것이어야 하는지에 대해서는, 증거능력이 인정되어야 한다는 견해,[88] 증거능력이 인정되지 아니하여도 무방하다는 견해,[89] 엄격한 증명을 요하는 사실에 대한 증거는 증거능력이 인정되어야 하지만 자유로운 증명을 요하는 사실에 대한 증거는 증거능력이 인정되지 아니하여도 무방하다는 견해[90]의 대립이 있다.

재심은 피고인의 이익을 위해서 인정되는 것이고, 증거능력은 범죄사실 증명시 요구되는 것이지 범죄사실의 부인 또는 피고인에게 유리한 사실의 인정을 위해 요구되는 것이 아니다. 따라서 증거능력이 없는 증거라 하더라도 재심이유로서의 증거에는 해당한다 함이 옳다.

(나) 유죄를 선고받은 자에 대하여 무죄 또는 면소를 인정할 수 있는 경우

유죄선고에는 형선고, 형면제, 형선고유예 판결이 있다. 이러한 유죄를 선고받은 자가 **무죄 또는 면소**를 받을 수 있음이 새로 발견된 증거에 의해 명백히 인정되어야 한다.

공소기각을 받을 수 있음이 명백한 경우도 이에 해당하는지에 대해서는 견해의 대립이 있

88) 백형구 357.
89) 김재환 1001; 이주원 772.
90) 이/김 879; 이/조/이 909; 이창현 1312; 임동규 859.

다. **긍정설**은 공소기각의 재판 또한 피고인에게 유리한 재판이므로 형사소송법 제420조 제5호를 유추적용하여 재심이유에 포함된다고 한다.[91] **부정설**은 형사소송법상 명문의 규정에 따라 공소기각은 이에 포함되지 아니한다고 한다.[92]

재심은 실체적 진실발견 뿐만 아니라 법적 안정성도 추구하여야 한다는 점에서 명문의 규정이 없는 이상 이를 유추적용하여서는 안 된다고 할 것이므로 부정설이 타당하다. 대법원도 같은 입장이다.[93]

1) 무죄의 인정

무죄의 인정과 관련하여 **공범자 사이에 모순되는 판결이 확정된 때** 유죄의 확정판결을 받은 자가 "다른 공범의 무죄판결"을 자신의 무죄를 인정할 명백하고 새로운 증거로 삼아 재심을 청구할 수 있는지 여부가 문제된다.

긍정설은 공범자 사이에 사실인정에 관한 결론을 달리하여 모순이 발생한 경우 그 자체가 명백한 증거라고 보아야 하므로 이 경우 재심이유에 해당한다고 한다.[94] **이분설**은 공범의 무죄판결이 법령의 개폐나 판례의 변경으로 인한 것이라면 재심이유가 될 수 없지만, 사실인정에 기초한 것이라면 재심이유가 된다고 한다.[95] **절충설**은 무죄 판결에 사용된 증거자료가 유죄판결을 선고한 법원에는 현출되지 않은 새로운 것으로서, 청구인의 유죄판결을 파기할 만한 명백한 것인 때에 한하여 명백한 증거에 해당한다고 한다.[96]

증거자료가 서로 동일한 경우에는 공범사이의 모순된 판결은 증거의 **증명력에 대한 평가를 달리한데 불과**할 뿐, 무죄를 인정할 명백한 증거가 새로 발견된 때에 해당하지 아니한다. 따라서 모순된 판결 사이에 무죄를 인정할 명백한 증거가 새로 발견된 때에 한하여 재심이유가 된다는 **절충설**이 타당하다. **대법원도** 같은 입장이다.[97]

2) 면소의 인정

이와 관련하여 보안처분의 폐지가 문제되는데, 보안처분은 형이 아니므로 면소판결의 대

91) 신/조 1214; 이/김 878; 이주원 770.
92) 김재환 1000; 이/조/이 909; 이창현 1311; 임동규 858.
93) 대법원 1997. 1. 13.자 96모51 결정.
94) 노/이 640; 손/신 842; 이/조/이 912.
95) 신/조 1221; 정승환 826.
96) 김재환 1006; 신현주 731; 이/김 882; 이창현 1321; 임동규 862.
97) 대법원 1984. 4. 13.자 84모14 결정. "공범자 중 1인에 대하여는 무죄, 다른 1인에 대하여는 유죄의 확정판결이 있는 경우에 무죄확정 판결의 증거자료를 자기의 증거자료로 하지 못하였고 또 새로 발견된 것이 아닌 한 무죄확정판결 자체만으로는 유죄확정 판결에 대한 새로운 증거로서의 재심사유에 해당한다고 할 수 없다."

상이 되지 아니한다. 따라서 법령개폐로 인하여 보안처분이 폐지되었다 하더라도 재심이유가 될 수는 없다.[98]

(다) 형의 선고를 받은 자에 대하여 형의 면제 또는 가벼운 죄를 인정할 수 있는 경우

새로 발견된 증거로 형선고를 받은 자가 형면제 또는 원판결보다 가벼운 죄를 인정받을 수 있음이 명백히 인정되어야 한다.

'형면제'란 **필요적 면제**를 말하는 것으로 임의적 감면사유에 해당하는 자수 또는 자복 등은 이에 해당하지 않는다.[99] '원판결이 인정한 죄보다 가벼운 죄'란 원판결이 인정한 죄와는 별개의 죄로서 그 법정형이 가벼운 죄를 말하는 것으로, 원판결과 동일한 범죄에 대한 심신미약 등 형의 감경사유,[100] 피고인에게 유리한 양형사유,[101] 공소기각 사유[102]는 이에 해당하지 않는다.

4. 재심절차

재심절차는 재심청구(개시)절차와 재심심판절차의 2단계로 나뉘어 진행된다. 재심청구절차에서는 재심의 청구에 기하여 재심이유가 인정되면 재심개시결정을 내리고, 그것이 확정되면 재심심판절차로 넘어가서 공소사실을 심판대상으로 하여 재판이 열리게 된다. 따라서 재심청구절차에서는 재심청구이유의 당부, 즉 유죄판결인 원확정판결의 유지 당부가 심판대상이 된다.

재심심판절차에서는 재심개시의 결정이 확정된 사건에 대하여, 원확정판결의 심급에 따른 심판이 다시 이루어진다. 재심심판절차에서도 불이익변경금지의 원칙은 적용된다(법 제439조).

(1) 재심청구절차

(가) 재심의 청구와 취하

1) 재심의 청구권자와 청구방식

재심의 청구는 청구권자가 재심청구의 취지 및 재심청구의 이유를 구체적으로 기재한 재심청구서에 원판결의 등본 및 증거자료를 첨부하여 관할법원에 제출함으로써 이루어진다(규칙

98) 대법원 1991. 2. 26. 선고 90모15 판결.
99) 대법원 1984. 5. 30.자 84모32 결정.
100) 대법원 2007. 7. 12. 선고 2007도3496 판결.
101) 대법원 2017. 11. 9. 선고 2017도14769 판결.
102) 대법원 1997. 1. 13.자 96모51 결정.

제166조).

재심의 청구권자는 검사, 유죄의 선고를 받은 자, 유죄의 선고를 받은 자의 법정대리인이다. 유죄의 선고를 받은 자가 사망하거나 심신장애가 있는 경우에는 그 배우자, 직계친족 또는 형제자매도 청구권자가 된다(법 제424조).

원판결이란 재심의 대상으로 삼은 유죄의 확정판결 또는 상소기각의 확정판결이므로, 재심청구서에는 당해 판결의 등본이 첨부되어야 한다. 증거자료란 오류(falsa)형 재심이유인 경우에는 **확정판결서**를, 신규(nova)형 재심이유인 경우에는 **새로 발견된 증거**를 말한다.

2) 재심청구의 시기

재심은 재심이익이 인정되는 이상 그 청구기간에 제한이 없다. 따라서 유죄의 판결이 확정되어 그 판결을 집행하기 전은 물론, 집행 중이나 집행 후에도 재심을 청구할 수 있다(법 제427조).

사형이 집행된 후에도 재심청구는 허용된다. 유죄판결을 받은 자의 입장에서 명예회복을 기대할 수 있고, 재심을 통한 무죄판결의 공시(법 제440조)와 형사보상청구도 가능하여 재심이익이 인정되기 때문이다.

3) 재심청구의 효과

재심의 청구는 형의 집행을 정지하는 효력이 없으나 관할법원에 대응한 검찰청검사는 재심청구에 대한 재판이 있을 때까지 형의 집행을 정지할 수 있다(법 제428조). 다만 소송촉진 등에 관한 특례법에 따른 재심청구시에는 법원은 재판의 집행을 정지하는 결정을 하여야 한다(동법 제23조의2 제2항).

4) 재심의 취하

재심을 청구한 자는 재심청구를 취하할 수 있다(법 제429조 제1항). 재심청구의 취하는 서면으로 하여야 한다. 다만, 공판정에서는 구술로 할 수 있다. 구술로 재심청구의 취하를 한 경우에는 그 사유를 조서에 기재하여야 한다(규칙 제167조).

재심의 취하시기에 대해서는 명문의 규정이 없으나 형사소송절차에서 요구되는 법적안정성, 형식적 확실성과 절차유지원칙에 비추어 볼 때 고소와 마찬가지로 **재심판결선고시까지**로 봄이 상당할 것이다.[103]

재심청구를 취하한 자는 **동일한 이유**로 다시 재심을 청구하지 못한다(법 제429조 제2항). 따라서 재심 청구권자가 재심의 청구 후 취하하였다 하더라도 그 이유와는 다른 재심이유를

---

103) 대법원 2024. 4. 12. 선고 2023도13707 판결.

들어 다시 재심을 청구할 수는 있다.

5) 재소자에 대한 특칙

재심의 청구와 취하에는 재소자에 대한 특칙이 준용된다. 따라서 유죄의 선고를 받은 자가 교도소 또는 구치소에 수감 중인 경우, 그가 재심청구서·취하서를 교도소장, 구치소장 또는 그 직무를 대리하는 자에게 제출한 때에는 재심청구 또는 취하가 있는 것으로 간주된다. 유죄의 선고를 받은 자가 재심청구서·취하서를 작성할 수 없는 때에는 교도소장 또는 구치소장은 소속공무원으로 하여금 대서하게 하여야 한다(법 제344조, 제430조).

(나) 재심의 관할

1) 재심의 관할법원

재심의 청구는 원판결의 법원이 관할한다(법 제423조). 이는 독일법이 취하는 태도와 같다. 여기에서 원판결이란 재심청구인이 재심이유가 있다고 하여 재심청구의 대상으로 하고 있는 그 판결을 말하고,[104] 원판결의 법원이란 원판결을 내렸던 법원과 동일한 고유관할(사물관할, 토지관할, 심급관할)을 가진 법원을 말한다.

따라서 재심청구의 대상이 제1심 판결이면 제1심법원이 관할하고, 상소기각판결이면 상소심법원이 관할하며. 상소심법원이 파기자판한 경우에도 상소심법원이 관할한다. 따라서 상고심이 제2심판결을 파기하고 자판을 한 경우에는 재심청구는 상고법원(대법원)에 하여야 한다.[105] 다만, 군사법원의 판결확정 후에 피고인이 군에서 제적되어 더 이상 군사법원에 재판권이 없게 된 경우에는 재심사건이라 하더라도 그 관할 법원은 원판결을 한 군사법원이 아니라 같은 심급의 일반법원이 된다.[106]

2) 관할없는 법원에 재심청구를 제기한 경우에 대한 조치

피고인 측이 원판결을 한 법원이 아닌 다른 법원에 재심청구를 제기한 경우, 이를 접수한 법원은 그 재심청구를 각하할 것이 아니라 관할있는 법원에 이송하여야 한다. 이 경우 재심청구를 각하하면 청구권자가 관할있는 법원에 다시 재심청구를 하게 되므로 무의미한 절차의 반복이 있을 뿐이기 때문이다.

같은 취지에서 제1심법원이 재심관할법원인 항소심법원으로 재심사건을 이송하여야 함에도 재심청구기각결정을 한 데 대하여 재심관할법원인 항소심법원에 항고가 제기된 경우, 때마

104) 대법원 1986. 6. 12.자 86모17 결정.
105) 대법원 1964. 12. 4.자 4294형항20 결정.
106) 대법원 1985. 9. 24. 선고 84도2972 전원합의체 판결.

침 항고관할법원이 재심관할법원인 경우에는 그 법원은 형사소송법 제367조를 유추적용하여 관할권이 없는 제1심결정을 파기하고 재심관할법원으로서 재심절차를 진행하여야 한다.[107)]

(다) 재심청구에 대한 심판절차

1) 재심청구에 대한 심리

① 심리대상과 사실조사

재심청구에 대한 심리는 재심절차의 개시 여부를 결정하기 위한 것으로, 심리대상은 재심청구의 주체, 절차, 방법 등 형식적 요건의 충족 여부 및 재심이유의 인정 여부로 제한된다.[108)]

재심청구의 형식적 요건 충족 여부는 재심청구서의 기재 및 원판결의 등본만으로도 충분히 판단될 수 있으나, 재심이유의 인정 여부에 대해서는 추가적인 사실조사를 요하는 경우가 있다. 재심의 청구를 받은 법원이 재심이유의 인정 여부를 판단하는데 필요하다고 인정한 때에는 합의부원에게 재심청구의 이유에 대한 사실조사를 명하거나 다른 법원판사에게 이를 촉탁할 수 있다(법 제431조 제1항). 이때의 사실조사는 엄격한 증명의 방식을 따라야 하는 것은 아니고,[109)] 사실조사를 명받은 수명법관 또는 촉탁받은 수탁판사는 법원 또는 재판장과 동일한 권한이 있다(법 제431조 제2항).

한편 소송당사자에게는 **사실조사신청권이 있는 것은 아니어서,** 설령 당사자가 신청을 하였다 하더라도 이는 단지 법원의 직권발동을 촉구하는 의미밖에 없다. 따라서 법원은 이에 대해 재판을 할 필요가 없고, 그 신청을 배척하였다고 하더라도 당사자에게 이를 **고지할 필요도 없다.**[110)]

② 당사자의 의견청취

법원은 재심의 청구에 대하여 결정을 하기에 앞서 재심청구인과 상대방의 의견을 들어야 한다. 단, 유죄의 선고를 받은 자의 법정대리인이 청구한 경우에는 청구인이 아닌 유죄의 선고를 받은 자의 의견을 들어야 한다(법 제432조). 형사소송법은 의견청취의 방법과 시기를 규정하고 있지 아니하므로 이는 법원의 재량에 따르는데,[111)] 재심청구에 대한 법원의 재판형식은 결정이므로 **구두변론을 요하지 아니하고** 이에 의견청취 또한 **서면으로도** 이루어질 수 있다.

당사자의 의견청취는 재심청구서의 제출과는 **독립된 절차**로서, 독립적인 의견청취 절차를

107) 대법원 2003. 9. 23.자 2002모344 결정.
108) 대법원 2008. 4. 24.자 2008모77 결정.
109) 대법원 2019. 3. 21.자 2015모2229 전원합의체 결정.
110) 대법원 2021. 3. 12.자 2019모3554 결정.
111) 대법원 1993. 2. 24.자 93모6 결정.

거치지 아니하고 이루어진 결정은 즉시항고 및 재항고의 이유가 된다.[112] 설령 재심청구서에 재심청구의 이유가 기재되어 있다 하더라도 의견청취절차를 생략할 수는 없다는 것이다. 다만 대법원은 실제로는 당사자의 의견을 청취하지 못했다 하더라도, 법원이 당사자에게 의견을 제시할 수 있는 실질적인 기회를 제공하였다면 의견청취절차를 거치지 아니하였다고 할 수는 없다고 한다.[113]

2) 재심청구에 대한 재판

① 청구기각 결정

재심의 청구가 법률상의 방식에 위반한 때, 청구권의 소멸 후인 것이 명백한 때(법 제433조) 및 재심의 청구가 이유없다고 인정한 때에는, 법원은 결정으로 재심청구를 기각하여야 한다(법 제434조 제1항). 재심청구에 대한 청구기각결정이 있는 때에는 누구든지 동일한 이유로써 다시 재심을 청구하지 못한다(동조 제2항).

항소기각의 확정판결과 그 판결에 의하여 확정된 제1심판결에 대하여 각각 재심의 청구가 있는 경우, 항소법원은 결정으로 제1심법원의 소송절차가 종료할 때까지 소송절차를 정지하여야 한다(규칙 제169조 제1항). 이후 제1심법원이 재심의 판결을 한 때에는 항소법원은 결정으로 재심의 청구를 기각하여야 한다(법 제436조 제1항). 제1심 또는 제2심판결에 대한 상고기각의 판결과 그 판결에 의하여 확정된 제1심 또는 제2심의 판결에 대하여 각각 재심의 청구가 있는 경우에도 마찬가지이다. 상고법원은 결정으로 제1심 법원 또는 항소법원의 소송절차가 종료할 때까지 소송절차를 정지하고(규칙 제169조 제2항), 이후 제1심 법원 또는 항소법원이 재심의 판결을 한 때에는 상고법원은 결정으로 재심의 청구를 기각하여야 한다(법 제436조 제2항). 즉 동일한 사건에 대하여 심급별로 각각의 재심청구가 있는 경우, 상급법원은 **하급법원의 소송절차가 종료할 때까지, 자신의 소송절차를 정지**한다.

② 청구인용의 결정

재심의 청구가 이유있다고 인정한 때에는 재심개시의 결정을 하여야 한다. 재심개시의 결정을 할 때에는 결정으로 형의 집행을 정지할 수 있다(법 제435조).

경합범 관계에 있는 수 개의 범죄사실에 대하여 법원이 유죄를 인정하면서 1개의 형을 선고하였는데, 그 중 일부 범죄사실에 대해서만 재심이유가 있는 경우, **재심개시결정의 범위와 재심법원의 심판범위**에 대해서는 견해의 대립이 있다. **전부재심설**은 경합범에 대하여 1개의 형이 선고되어 있는 한 상소불가분원칙에 따라 범죄사실의 일부에 대해서만 재심이유가 있다 하더

112) 대법원 2004. 7. 14.자 2004모86 결정.
113) 대법원 1997. 1. 16.자 95모38 결정.

라도 범죄사실 전체에 대하여 재심을 개시·심판하여야 한다는 견해이다.[114] **일부재심설**은 재심제도의 본질에 비추어 법적안정성의 요청에 따라 재심이유가 있다고 인정되는 사실에 한해서 재심을 개시·심판하여야 한다는 견해이다.[115] **전부개시·일부심판설**(절충설)은 이러한 경우에는 형식적으로는 1개의 형이 선고된 판결에 대한 것이므로 판결 전부에 대하여 재심이 개시되지만, 재심제도의 본질상 재심이유가 없는 범죄사실에 대하여는 재심개시결정의 실질적 효력이 미치지 아니하므로 양형을 위해 필요한 범위에 한해서만 심판할 수 있다는 견해이다.[116]

1개의 형이 선고된 경합범이라는 형식적인 면과 재심제도의 본질에 따른 실질적인 면을 모두 반영한 절충설이 타당하다. 대법원도 절충설의 입장에 서 있다.[117]

③ 불복방법

청구기각의 결정(법 제433조, 제434조 제1항, 제436조 제1항) 및 청구인용의 결정(법 제435조 제1항)에 대하여는 **즉시항고**를 할 수 있다(제437조). 재심개시결정이 확정된 경우 및 대법원의 결정에 대해서는 불복방법이 없다.

(2) 재심심판절차

(가) 재심의 공판절차

재심개시의 결정이 확정된 사건에 대하여는 법원은 그 심급에 따라 다시 심판을 하여야 한다. 다만 상소법원의 상소기각 확정판결과 그 판결에 의하여 확정된 제1심 또는 제2심의 판결에 대한 재심청구가 경합한 경우, 제1심 법원 또는 제2심 법원이 재심의 판결을 한 때에는 상소심법원은 다시 심판하지 아니하고 결정으로 재심의 청구를 기각하여야 한다(법 제438조 제1항).

이처럼 재심심판절차는 재심의 대상이 된 확정판결의 심급이 제1심 판결인 경우에는 제1심의 공판절차에 따라, 항소심판결인 경우에는 항소심의 공판절차에 따라, 상고심판결인 경우에는 상고심 공판절차에 따라 피고사건 자체를 **처음부터 다시 심판하는 완전히 새로운** 소송절차이다.[118] 예를 들어 제1심 법원이 반의사불벌죄로 기소된 피고인에 대하여 소송촉진 등에 관한 특례법 제23조에 따라 피고인의 진술 없이 유죄를 선고하여 판결이 확정된 경우, 만일 피고인이 책임을 질 수 없는 사유로 공판절차에 출석할 수 없었음을 이유로 제1심 법원에 재심을

114) 백형구 363; 정승환 815.
115) 배/홍 487; 송광섭 910.
116) 김재환 1013; 손/신 848; 이/조/이 919; 이창현 1332; 임동규 872; 정/최/김 881.
117) 대법원 1996. 6. 14. 선고 96도477 판결.
118) 대법원 2019. 6. 20. 선고 2018도20698 전원합의체 판결.

청구하여 재심개시결정이 내려졌다면(소송촉진법 제23조의2), 피해자는 재심인 제1심 판결 선고 전까지 피고인의 처벌을 희망하는 의사표시를 철회할 수 있다. 재심은 새로운 소송절차이므로 재심이라하더라도 제1심에서 피해자는 처벌희망의사표시의 철회를 할 수 있기 때문이다. 그러나 동일한 경우에 피고인이 제1심 법원에 항소권회복청구를 함으로써 **항소심 재판**을 받게 되었다면, 피해자는 피고인에게 대한 **처벌희망의사표시의 철회를 할 수 없다**. 항소심에서 피해자는 처벌의사표시를 철회할 수 없기 때문이다.[119)]

(나) 적용법령

재심절차에서 적용되는 법령은 재심판결시의 법령으로, 법령해석의 견해 변경이 있는 경우 법령해석의 기준시점 또한 **재심판결시**이다.[120)] 따라서 재심사건의 범죄사실에 적용해야 할 법령이 폐지된 경우, 법원은 면소판결을 선고하여야 한다(법 제326조 제4호). 다만, 형벌에 관한 법령이 헌법재판소의 위헌결정으로 인하여 소급하여 그 효력을 상실하였거나, 법원에서 위헌·무효로 선언된 경우에는 그 법령은 소급해서 무효가 된다. 따라서 이러한 경우에는 재심법원은 무죄를 선고하여야 한다.[121)]

(다) 재심심판절차의 특칙

1) 심리의 특칙

① 사망자 등을 위한 재심청구 등의 경우

사망자 또는 회복할 수 없는 심신장애인을 위하여 재심의 청구가 있는 때, 또는 유죄의 선고를 받은 자가 재심의 판결 전에 사망하거나 회복할 수 없는 심신장애인으로 된 때에는 재심법원은 공판절차를 **정지하지 아니하고 심리를 계속**하여야 하고, 이를 사유로 **공소기각결정을 할 수는 없다**. 또한 이 경우 법원은 피고인이 출정하지 아니하여도 심판할 수 있다. 다만 변호인의 출정없이는 개정하지 못하므로, 재심청구인이 변호인을 선임하지 아니한 때에는 재판장은 직권으로 변호인을 선임하여야 한다(법 제438조 제2항 내지 제4항).

② 공소취소

공소는 제1심 판결의 선고 전까지 취소할 수 있다(법 제255조 제1항). 재심은 제1심 판결이 선고된 이후에 이루어질 수밖에 없으므로, 검사는 재심소송절차에서 공소취소를 할 수 없다.[122)]

---

119) 대법원 2016. 11. 25. 선고 2016도9470 판결.
120) 대법원 2013. 7. 11. 선고 2011도14044 판결.
121) 대법원 2010. 12. 16. 선고 2010도5986 전원합의체 판결.

③ 공소장변경

재심심판절차는 통상의 심판절차를 따르므로 재심심판절차에서 공소장변경 또한 사실심리가 가능한 **항소심 판결선고 전까지는 허용**된다. 다만 재심심판에서 공소장변경의 범위와 관련해서는 견해의 대립이 있다. **전면적 허용설**은 재심의 경우에도 불이익변경금지원칙이 적용되므로 공소장변경의 허용 범위를 제한할 필요는 없다고 하고,[123] **제한적 허용설**은 이익재심만을 허용하는 형사소송법의 취지에 따라, 원판결의 죄보다 **중한 죄를 인정하기 위한** 공소사실의 추가나 변경은 허용되지 않는다고 한다.[124] **대법원**은 재심심판절차에서는 특별한 사정이 없는 한 재심대상사건과 별개의 공소사실을 **추가하는 내용의 공소장변경은 허용되지 않는다**고 하여 제한적 허용설에 가까운 입장이다.[125] 이익재심만을 허용하는 형사소송법의 취지에 비추어 제한적 허용설이 타당하다고 생각된다.

④ 병합심리

재심대상사건에 일반 절차로 진행 중인 별개의 형사사건을 병합하여 심리하는 것은 허용되지 않는다. 그렇지 않으면 재심청구자가 재심의 대상으로 삼지 않은 공소사실에 대해서까지 피고인으로 하여금 방어의 부담을 지게 함으로써, 피고인의 방어권을 실질적으로 침해할 우려가 있기 때문이다.

2) 재판의 특칙

① 불이익 변경의 금지

재심에는 원판결의 형보다 무거운 형을 선고할 수 없다(법 제439조). 이는 이익재심만을 허용하는 취지상 당연한 규정이다. 특별사면으로 형선고의 효력이 상실된 유죄의 확정판결에 대하여 재심법원이 다시 심판한 결과, 여전히 유죄의 판결을 해야 하는 경우에도 불이익 변경금지원칙은 적용된다. 따라서 이 경우 법원은 '형을 선고하지 아니한다.'는 주문을 선고할 수밖에 없다.[126]

② 무죄판결의 공시

재심에서 무죄의 선고를 한 때에는 그 판결을 관보와 그 법원소재지의 신문지에 기재하여 공고하여야 한다. 다만, 검사, 원판결에서 유죄의 선고를 받은 자 또는 그의 법정대리인이 재심을 청구한 때에는 재심에서 무죄의 선고를 받은 사람이 무죄판결의 공시를 원하지 아니하는

122) 대법원 1976. 12. 28. 선고 76도3203 판결.
123) 백형구 364; 신/조 1252; 이창현 1336.
124) 손/신 850; 이/김 892; 이/조/이 920; 임동규 874; 정/최/김 884.
125) 대법원 2019. 6. 20. 선고 2018도20698 전원합의체 판결.
126) 대법원 2015. 10. 29. 선고 2012도2938 판결.

의사를 표시한 경우 그러하지 아니하다. 원판결에서 유죄선고를 받은 자가 사망·심신장애인으로 그 배우자·직계친족·형제자매가 재심을 청구한 때로써 그 청구인이 무죄판결의 공시를 원하지 아니하는 의사를 표시한 경우에도 마찬가지이다(법 제440조).

③ 재심판결의 효력

재심판결의 확정은 원판결의 효력을 상실시킨다. 물론 원판결에 따라 적법하게 이루어진 형집행의 효력은 당연히 유지되므로, 재심판결에서도 유죄판결이 확정되는 경우에는 원판결에 따라 집행된 형은 재심판결의 형에 **통산**된다.127)

재심판결도 당연히 기판력을 가진다. 다만 법원은 재심제도의 취지를 고려하여 일정한 경우 이를 제한하고 있다. 법원은 '상습범의 유죄확정판결 → 유죄 확정판결의 범죄사실과 상습범관계에 있는 후행범행 → 상습범의 유죄확정판결에 대한 재심판결'의 순서로 이루어진 사안에서, 재심판결의 기판력은 후행범행에 미치지 아니하고, 후행범행에 대한 판결이 먼저 확정되어도 그 기판력 또한 재심판결의 대상이 된 선행범행에 미치지 아니한다 하였다. 만약 재심판결의 기판력이 재심판결의 선고 전에 선행범죄와 동일한 습벽에 의해 저질러진 모든 범죄에 미친다고 하면, 선행범죄에 대한 재심대상판결의 선고 이후 재심판결 선고시까지 저지른 범죄는 동시에 심리할 가능성이 없었음에도 모두 처벌할 수 없다는 결론에 이르게 되는데, 이는 처벌의 공백을 초래하고 형평에 반하기 때문이다.128)

Ⅲ. 비상상고

1. 의의와 법적 성격

(1) 의의

비상상고란 확정판결의 법령위반을 시정하기 위한 비상구제절차로서, 상고권자는 검찰총장으로 제한되고(법 제441조), 비상상고 판결의 효력은 피고인에게 미치지 아니함을 원칙으로 한다(법 제447조). 다만 비상상고에 의해 피고인에게 불이익한 원판결을 파기하는 때에는 피고

127) 대법원 1991. 7. 26. 선고 91재감도58 판결.

128) 대법원 2019. 6. 20. 선고 2018도20698 전원합의체 판결. 대법원은 '유죄확정판결 → 별개의 후행범행 → 유죄확정판결에 대한 재심판결 확정'의 경우에 대해서는 "후행범죄가 재심대상판결에 대한 재심판결 확정 전에 범하여졌다 하더라도 아직 판결을 받지 아니한 후행범죄와 재심판결이 확정된 선행범죄 사이에는 형법 제37조 후단 경합범이 성립하지 않는다."고 하였다. "재심판결이 후행범죄 사건에 대한 판결보다 먼저 확정된 경우에 후행범죄에 대해 재심판결을 근거로 후단 경합범이 성립한다고 하려면 재심심판법원이 후행범죄를 동시에 판결할 수 있었어야" 하기 때문이다.

사건에 대하여 다시 판결을 하여야 하므로, 이 경우 비상상고 판결의 효력은 피고인에게 미치게 된다(법 제446조 제1호).

비상상고는 연혁적으로는 프랑스 형사소송법 제620조의 '법률의 이익을 위한 상고'에서 유래하는 것이라고 알려져 있지만, 우리나라의 비상상고는 법령해석의 잘못이 피고인에게 불이익을 미치는 때에는 그 부분이 파기되어 그 한도에서는 피고인의 구제기능도 맡고 있으므로 프랑스법과는 차이가 있다.

(2) 법적 성격

비상상고의 법적성격에 대해서는 견해의 대립이 있다. **법률이익설**은 비상상고는 법령해석 및 적용의 통일을 목적으로 확정판결의 법령위반을 시정하기 위한 제도로서 피고인의 구제는 그 부수적 효과에 그친다고 한다.[129] **공익포함설**은 비상상고는 법령해석 및 적용의 통일과 피고인의 구제를 목적으로 하는 제도로서 양 목적의 중요성은 상호 동등하다고 한다.[130] 대법원은 법률이익설의 입장에 있다.[131]

비상상고는 확정판결에 다다른 '절차의 법령위반'을 시정하고 '법령해석 및 적용의 통일'을 꾀하는 것을 주된 기능으로 하는 제도이기는 하지만, 동시에 그 법령위반이 피고인의 불이익이 되는 경우에는 확정재판을 파기·자판하게(법 제446조 제1항 단서)하는 '구체적 구제'도 그 중요한 기능으로 가지고 있다는 점[132]과, 피고인의 이익구제라는 본래의 기능이 사실상 마비상태에 있는 재심의 역할을 보완한다는 정책적인 측면까지 아울러서 생각한다면 공익포함설이 타당하다고 본다.

2. 비상상고의 대상

비상상고의 대상은 **모든 확정판결**이다(법 제441조). 따라서 상급심의 재판으로 파기된 원판결은 비상상고의 대상에 해당하지 아니한다.[133] 다만 **대법원**은 판결형식의 재판이 아니라 하더라도 **공소기각결정·상고기각결정**과 같이 종국재판에 해당하거나[134] **약식명령**,[135] **즉결심판**[136]

129) 김재환 1016; 이주원 792; 임동규 878.
130) 이/김 895; 이/조/이 923.
131) 대법원 2021. 3. 11. 선고 2018오2 판결.
132) 이러한 점에서 비상상고를 '공익을 위한 상고'에서 유래한다는 주장도 있다.
133) 대법원 2021. 3. 11. 선고 2019오1 판결.
134) 대법원 1963. 1. 10. 선고 62오4 판결.
135) 대법원 2006. 10. 13. 선고 2006오2 판결.
136) 대법원 1994. 10. 14. 선고 94오1 제2부판결.

등 종국재판에 준하는 효력을 가지는 경우도 비상상고의 대상이 된다는 입장이다.

당연무효의 판결도 판결이 확정되어 존재하는 이상 당연무효임을 확인할 필요가 있다는 점에서 비상상고의 대상이 된다고 본다.

3. 비상상고의 이유

(1) 의의

비상상고의 이유는 판결확정 후 그 사건의 심판에 대한 법령위반의 발견이다. 법령위반에는 실체법 적용에 관한 위반과 절차법 상 위반이 모두 포함된다.137)

(2) 비상상고 이유로서 판결의 법령위반과 소송절차의 법령위반

(가) 구별의 실익과 기준

형사소송법은 비상상고 이유가 원판결의 법령위반인지, 소송절차의 법령위반인지 여부에 따라 비상상고의 파기판결을 서로 달리 규정하고 있다. 판결의 법령위반시에는 위반부분을 파기하되 원판결이 피고인에게 불이익한 때에는 원판결을 파기하고 피고사건을 다시 판결하여야 한다. 소송절차의 법령위반시에는 그 위반된 절차만을 파기한다(법 제446조). 따라서 양자의 구분에는 파기판결의 방식을 결정한다는 실익이 있다.

양자를 구분하는 기준에 대해서는 법령위반의 실질을 기준으로 구분하는 견해(실질설)와, 위반한 법령의 형식을 기준으로 구분하는 견해(형식설)의 대립이 있다. **실질설**은 판결의 법령위반은 판결내용에 영향을 미치는 법령위반을 의미하고, 소송절차의 법령위반은 판결내용에는 영향을 미치지 아니하는 법령위반을 의미한다고 한다.138) **형식설**은 판결의 법령위반은 실체법 및 소송조건에 대한 법령위반을 의미하고, 소송절차의 법령위반은 판결 전 소송절차와 판결절차의 법령위반을 의미한다고 한다.139)

비상상고를 통한 피고인의 구제는 피고인에게 실질적으로 불이익한 부분에 대해 이루어져야 할 것이지 위반한 법령의 형식에 따라 결정되어서는 아니 될 것이다. 따라서 그 실질에 따라 양자를 구분하는 실질설이 옳다.

137) 대법원 2005. 3. 11. 선고 2004오2 판결.
138) 김재환 1018; 이/김 897; 이/조/이 925; 이창현 1344; 임동규 879.
139) 백형구 370; 정/최/김 890.

(나) 판결의 법령위반

1) 실체법 위반

범죄와 그에 따른 형벌에 관한 실체법 적용의 위반이 판결내용에 영향을 미침은 당연하다. 대법원이 실체법 위반을 비상상고 이유로 인정한 예로는 선고유예를 선고할 수 없는 형에 대해 선고유예를 선고한 경우,[140] 법정형을 초과한 형을 선고한 경우,[141] 형면제 사유가 없음에도 형면제 판결을 선고한 경우[142] 등이 있다.

2) 절차법 위반

소송조건 또는 사실인정에 대한 절차법은 판결내용에 영향을 미친다. 대법원이 소송조건에 대한 절차법 위반으로서 비상상고의 이유로 인정한 예로는, 고소가 없거나 고소를 취소했음에도 친고죄의 유죄판결이 확정된 경우,[143] 사면된 사실을 간과한 채 공소기각판결에 대한 상고기각결정을 한 경우,[144] 공소시효 완성사실을 간과한 채 약식명령을 발령한 경우,[145] 군인에 대하여 일반법원에서 유죄판결을 선고한 경우[146] 등이 있다.

대법원이 사실인정에 대한 절차법 위반으로서 비상상고의 이유로 인정한 예로는, 증거능력 없는 증거를 사실인정의 결정적 근거로 삼아 유죄판결을 선고한 경우가 있다.[147] 증거능력이 없는 증거로서 사실인정을 하였다 하여 판결내용에 영향을 미쳤다 할 수는 없으나, 그 증거가 유일한 증거 또는 그 증거를 배제하면 경험칙과 논리칙상 사실인정을 할 수 없을 만큼 결정적인 증거라면 비상상고의 이유가 될 수 있는 것이다. 상소이유로 기재되지 아니하였다는 이유로 상소심이 직권조사사항에 대해 심판하지 아니한 경우에도, 그 사항을 조사하였다면 판결내용이 달라질 수 있었음이 인정되는 경우에는 사실인정에 대한 절차법위반으로서 비상상고 이유가 될 수 있을 것이다.

(다) 소송절차의 법령위반

공소시효의 계산, 법원의 관할, 법원의 구성, 공판정의 개정, 재판서의 방식, 기간의 계산,

140) 대법원 1993. 6. 22. 선고 93오1 판결.
141) 대법원 2015. 5. 28. 선고 2014오3 판결.
142) 대법원 1994. 10. 14. 선고 94오1 제2부판결.
143) 대법원 2000. 10. 13. 선고 99오1 판결.
144) 대법원 1963. 1. 10. 선고 62오4 판결.
145) 대법원 2006. 10. 13. 선고 2006오2 판결.
146) 대법원 2006. 4. 14. 선고 2006오1 판결.
147) 대법원 1964. 6. 16. 선고 64오2 판결.

증인신문의 방법 등은 특별한 사정이 없는 이상 판결내용에 영향을 미치지 아니한다. 따라서 이러한 법령위반은 소송절차의 법령위반에 해당할 뿐이다.

대법원은 증거능력 없는 증거의 증거능력이 인정되었다 하더라도, 다른 증거로서 사실인정을 할 수 있는 경우에는 판결내용에 영향을 미친 것으로 보지 않는다고 한 바 있다.[148)]

(3) 법령위반의 전제가 되는 사실에 대한 오인이 비상상고 이유로 인정되는지 여부

(가) 의의

비상상고의 이유는 법령위반으로 제한되므로 사실오인은 그 이유에 포함되지 아니한다. 그런데 법령위반의 전제가 되는 사실에 대한 오인은 그로 인하여 법령위반이라는 결과를 가져오므로 법령위반에 해당한다고 볼 여지가 있다. 예를 들어 친고죄에서 고소가 취소되었음에도 실체판결을 하면 법령위반임이 명백하지만, 고소가 취소되었음에도 취소되지 아니하였다고 오인하여 실체판결을 하였다면 사실에 대한 오인으로 인하여 법령위반이 발생하게 되는 것이다.

(나) 견해의 대립

이러한 경우에도 비상상고 이유가 되는지에 대해서는 견해가 대립한다. **적극설**은 피고인의 구제 강화를 근거로 사실오인의 대상이 된 사실이 소송법적 사실인 경우는 물론 실체법적 사실인 경우에도 비상상고의 이유가 된다고 한다.[149)] **절충설**은 비상상고의 심리절차에서 소송법적 사실에 대한 사실조사는 허용되므로(법 제444조 제2항) 사실오인의 대상이 된 사실이 소송법적 사실인 경우에는 비상상고의 이유가 되지만, 실체법적 사실인 경우에는 비상상고의 이유가 될 수 없다고 한다.[150)] **소극설**은 사실오인은 재심의 대상이 될 뿐이므로 어떠한 경우에도 비상상고의 이유가 될 수 없다고 한다.[151)]

(다) 법원의 태도

대법원은 이 문제와 관련하여 다소 일관적이지 않은 태도를 보이고 있다. 대법원은 누범전과가 없는데도 누범으로 오인하여 누범가중을 한 경우,[152)] 판결 선고시 피고인이 생존하고

148) 대법원 1964. 6. 16. 선고 64오2 판결.
149) 이/김 900; 이/조/이 926.
150) 김재환 1020; 노/이 646; 이창현 1348; 임동규 881; 정/최/김 890.
151) 서일교 391.
152) 대법원 1962. 9. 27. 선고 62오1 판결.

있는 것으로 오인하여 유죄판결을 선고한 경우[153]에는 비상상고의 이유가 되지 아니한다 하였다. 하지만 대법원은 친고죄에 대해 고소가 없었음에도 있는 것으로 오인하거나[154] 반의사 불벌죄에 대해 처벌불원의사가 있었음에도 없는 것으로 오인하여[155] 실체판결을 한 경우, 미성년자임에도 성인으로 오인하여 정기형을 선고하거나,[156] 성년임에도 미성년자로 오인하여 부정기형을 선고한 경우[157] 등은 비상상고의 이유가 된다고 하였다.

또한 피고인이 군인신분임을 간과하고 일반 법원에서 재판한 경우에는 군사법원에 이송하지 아니하였음을 이유로 비상상고의 이유를 인정하였으나,[158] 군인 신분이 없는 일반인인 피고인을 군인으로 잘못 인정하여 군사법원에서 재판한 경우에는 비상상고의 이유를 인정하지 아니하여[159] 유사한 사안임에도 결론을 달리하는 다소 일관성 없는 태도를 보이고 있다.

(라) 검토

꽉 막힌 재심의 문에 의해 피고인 구제의 가능성이 극히 저조한 상황을 비상상고를 통해서라도 어느 정도 타개할 필요가 있다는 점에서 **적극설**이 타당하다고 본다.

대법원의 태도가 비일관적인 현상의 근저에는, 비상상고에 어느 정도의 피고인 구제기능을 맡기는 것이 바람직할 것인가에 대한 재판부마다의 가치관의 차이에도 그 원인의 일단이 있지 않은가 생각된다. 재심이유를 지나치게 엄격하게 해석해온 그동안의 실무의 태도에 비추어 비상상고제도를 통해서라도 피고인 구제의 영역을 넓혀보고자 하는 자세의 발현이라면, 그것이 일각의 움직임이라 하더라도 관심 있게 지켜볼 일이다. 일본에서도 과거에 비해 실제로 비상상고가 피고인의 불이익을 구제하는 제도로서 적지 않은 기능을 하고 있다고 한다.[160]

---

153) 대법원 2005. 3. 11. 선고 2004오2 판결.
154) 대법원 2000. 10. 13. 선고 99오1 판결.
155) 대법원 2010. 1. 28. 선고 2009오1 판결.
156) 대법원 1963. 4. 4. 선고 63오1 판결.
157) 대법원 1963. 4. 11. 선고 63오2 판결.
158) 대법원 1991. 3. 27. 선고 90오1 판결. "군사법원법 제2조 제2항에 의하여 일반법원에는 신분적 재판권이 없어 위 법원으로서는 형사소송법 제16조의2에 의하여 사건을 군사법원에 이송하였어야 함에도 피고인에 대하여 재판권을 행사하였음은 위법하다 할 것이므로 이를 이유로 한 비상상고는 이유 있다"
159) 대법원 1965. 2. 24. 선고 64오4 판결. "군법회의에 재판권이 있는 것으로 본 원 판결은 법령적용의 전제가 되는 사실인정에 잘못은 있을지언정 법령의 해석적용에 잘못이 있다고는 볼 수 없으므로 비상상고는 이유 없다."
160) 白取祐司 485.

4. 비상상고의 절차

(1) 신청과 취하

(가) 비상상고의 신청과 관할

1) 신청권자와 관할

검찰총장은 판결이 확정한 후 그 사건의 심판이 법령에 위반한 것을 발견한 때에는 대법원에 비상상고를 할 수 있다(법 제441조). 따라서 비상상고의 신청권자는 **검찰총장**이고, 비상상고의 관할은 **대법원**에 있다.

2) 신청의 방식과 시기

검찰총장이 비상상고를 함에는 그 이유를 기재한 신청서를 대법원에 제출하여야 한다(법 제442조). 형사소송법은 신청서의 작성방법 또는 기재내용에 대한 명문의 규정을 두지 아니하고, 비상상고에 대해서는 별도의 신청이유서의 제출을 요하지 아니한다. 따라서 비상상고 신청서에는 대상 확정판결의 사건번호, 비상상고의 신청취지와 이유 등이 기재되고, 공무원이 작성하는 서류의 형식(법 제57조, 제58조)을 준수하여 작성되어야 할 것이다.

형사소송법은 비상상고의 신청 시기에 대해 규정하고 있지 아니하다. 따라서 그 이익이 존재하는 이상 비상상고는 언제든 허용된다고 볼 것인데, 비상상고의 주된 이익은 법령해석 및 적용의 통일이므로 시간의 흐름에 따라 그 이익이 부정된다 할 수는 없다. 따라서 비상상고의 신청 시기는 제한이 없다.

(나) 비상상고의 취하

형사소송법은 비상상고의 취하에 대해 규정하고 있지 아니하다. 따라서 여타의 상소취하와 마찬가지로 검찰총장은 대법원의 판결선고시까지 비상상고를 취하할 수 있을 것이다.

(2) 비상상고에 대한 심판절차

(가) 비상상고의 심리

1) 공판기일에 검사·변호인의 출석 및 의견 진술

① 검사

비상상고는 법률전문가인 검찰총장의 신청에 의해 이루어지므로 형사소송법은 신청자체의 하자를 심판하는 절차를 두고 있지 아니하지만, 공판기일을 열어 비상상고 이유의 인정 여부를 심리하도록 하고 있다. 공판기일에는 검사는 신청서에 의하여 진술하여야 한다(법 제443).

② 피고인·변호인

형사소송법은 비상상고의 공판기일에 피고인 및 변호인의 출석·의견진술에 대해 규정하고 있지 아니하다. 피고인의 경우 출석 등에 대한 명문의 규정이 없고 일반적인 상고심의 공판기일에도 피고인의 소환은 요하지 아니하는 등, 비상상고의 공판기일에는 피고인은 출석하지 않는다는 점에 대한 이견은 없는 것으로 보인다. 하지만 변호인이 비상상고 공판기일에 출석하여 의견을 진술할 수 있는지에 대해서는 견해의 대립이 있다.

긍정설은 비상상고의 판결이 피고인에게 영향을 미칠 수 있으므로 변호인은 비상상고의 공판기일에 출석하여 진술할 수 있다고 한다.[161] **부정설**은 비상상고에 의한 피고인의 구제는 부수적 효과에 그치므로 변호인은 비상상고의 공판기일에 출석할 수 없다고 하고,[162] **절충설**은 대법원의 재량에 따라 결정된다고 한다.[163]

비상상고의 판결에 따라 원판결의 파기 및 재심판이 이루어질 수 있으므로 그 심리절차에는 피고인의 방어권 보장을 위한 변호인의 조력이 요구된다. 따라서 긍정설이 옳다고 생각된다.

2) 법원의 사실조사

대법원은 신청서에 포함된 이유에 한하여 조사하여야 한다. 법원의 관할, 공소의 수리와 소송절차에 관하여는 사실조사를 할 수 있다. 대법원이 사실조사를 함에 있어 필요하다고 인정한 때에는 합의부원에게 재심청구의 이유에 대한 사실조사를 명하거나, 다른 법원판사에게 이를 촉탁할 수 있다. 이때 수명법관 또는 수탁판사는 법원 또는 재판장과 동일한 권한이 있다(법 제444조, 제431조).

(나) 비상상고의 재판

1) 신청기각판결

대법원은 비상상고가 이유 없다고 인정한 때에는 판결로써 이를 기각하여야 한다(법 제445조). 이례적인 경우이겠지만 비상상고의 신청 자체에 하자가 있을 때에도 대법원은 이를 판결로써 기각하여야 할 것이다.

---

161) 노/이 885; 이/김 902; 이/조/이 928; 이창현 1351; 정/최/김 892.
162) 백형구 372.
163) 김재환 1022; 임동규 883.

2) 신청인용시 부분파기 판결의 원칙과 파기자판의 예외

대법원은 비상상고가 이유 있다고 인정한 때에는 그 위반된 부분을 파기함을 원칙으로 한다. 다만 비상상고를 인용하는 경우 원판결이 피고인에게 불이익한 때에는, 대법원은 원판결을 전부파기하고 피고사건에 대하여 다시 판결을 한다(법 제446조).

파기자판시 새로 적용할 법령은 여전히 원판결시의 법령이다. 자판시의 법령을 적용하다면 재상고심을 인정하는 것과 다를 바 없기 때문이다. 따라서 여기에서 원판결이 피고인에게 불이익하다 함은, 원판결시를 기준으로 할 때 법령적용 또는 해석의 변경으로 원판결에 비해 피고인에게 이익이 되는 재판을 할 수 있는 경우를 말한다.

대법원이 파기자판하지 아니하고 파기환송 또는 파기이송을 할 수 있는지에 대하여 파기환송·이송이 피고인에게 이익되는 경우 이를 금지할 필요는 없다는 견해가 있으나,[164] 비상상고는 기본적으로 법령적용과 해석의 통일을 위한 제도이고 형사소송법도 파기자판만을 규정하고 있으므로 파기환송·이송은 허용되지 아니한다 함이 옳다.[165] 다만 대법원은 파기환송·이송도 허용된다는 입장에 서 있다.[166]

3) 판결의 효력

비상상고의 판결의 효력은 피고인의 이익을 위하여 대법원이 파기자판하는 경우 외에는 피고인에게 미치지 아니한다(법 제447조).

파기자판에 의해 판결이 선고된 경우에는 원판결은 당연히 효력을 잃게 된다. 하지만 판결의 위법부분만 파기한 경우(법 제446조 제1호 본문), 또는 소송절차만이 파기된 경우(법 제446조 제2호)에는 원판결의 주문은 그대로 효력을 유지하고, 소송절차가 되살아나 소송계속상태로 복원되는 것도 아니다.

164) 김재환 1023; 이/김 903; 이창현1353.
165) 노/이 886; 정/최/김 893.
166) 대법원 2006. 4. 14. 선고 2006오1 판결.

제 7 장

부수절차

제 7 장

부수절차

제 1 절 개관

전통적으로 형사절차는 피의자·피고인에 대한 형사처벌의 과정으로 이해되어 왔고, 형사소송법 또한 국가형벌권 발동의 근거, 절차, 한계 및 피의자·피고인의 방어권 행사를 구체적으로 규정함으로써, 적정절차에 따른 실체적 진실발견을 실현하기 위한 규범의 총체로 이해되어왔다. 하지만 이러한 접근은 형사절차에서 범죄피해자를 철저히 외면한다. 친고죄나 반의사불벌죄에 해당하지 아니하는 이상 범죄피해자는 형사절차에서 제3자인 참고인·증인에 그치고, 재산상 피해를 회복하기 위해서는 피의자·피고인을 상대로 하는 민사소송을 거칠 수밖에 없으며, 피의자·피고인에게 배상능력이 없는 경우에는 피해자가 구제받을 방법도 마땅치 아니하다.

한편 어떠한 제도를 운영한다하더라도 적법한 국가형벌권의 발동으로 인하여 무고한 피의자·피고인에게 피해가 발생하는 것을 완벽히 예방할 수는 없다. 수사·공판절차에서 피의자·피고인이 입게 되는 경제적 손실과 범죄자라는 낙인에 의한 인격권의 침해는 단지 불기소 또는 무죄판결만으로는 보상받을 수 없는 것이다.

여기에서는 이러한 문제를 해결하기 위하여 현재 시행되고 있는 형사절차의 부수절차로서 형사조정절차, 형사화해절차, 배상명령절차, 범죄피해자 구조절차 및 피의자·피고인에 대한 형사보상·명예회복절차에 대해 살펴본다.

제 2 절 피의자·피고인과 피해자 사이의 민사관련절차

Ⅰ. 형사조정절차

1. 의의 및 대상사건

(1) 의의

형사조정이란 수사단계에서 피의자와 피해자의 원만한 화해와 피해자가 입은 피해의 실질적인 회복을 위한 조정을 말한다. 형사조정절차는 수사단계에서 금전을 통한 배상 등에 의해 피해자가 신속히 구제받을 수 있게 하고, 조정성립시에는 검사가 이를 고려할 수 있도록 하여 피의자에게도 일정부분 이익이 될 수 있다.

형사조정을 담당하기 위하여 각급 지방검찰청 및 지청에는 2인 이상의 형사조정위원으로 구성된 형사조정위원회를 둔다. 형사조정위원은 형사조정에 필요한 법적 지식 등 전문성과 덕망을 갖춘 사람 중에서 관할 지방검찰청 또는 지청의 장이 미리 위촉한다(범죄피해자 보호법 제42조). 이처럼 형사조정제도는 민간 자율에 의한 분쟁조정 절차로 당사자들이 대화를 통하여 해결을 도모하는 것이 바람직하다고 판단되는 사건을 담당 검사가 민간 형사조정위원회에 조정을 회부하여 조정 결과를 사건처리에 반영하는 제도인 것이다. 이는 그동안 사건의 당사자임에도 형사절차에서 주변인에 머물러 있던 범죄피해자를 형사절차의 능동적인 주체로 바꾸어 인식하고자 하는 새로운 패러다임의 발현이라고도 하겠다. 형사조정제도는 회복적 사법의 이념을 실현하면서 전통적인 형사절차보다 시간·비용을 절감할 수 있는 등 많은 장점이 있는 반면, 제도의 도입 배경이 사법업무의 부담경감에 있었던 만큼 문제점도 적지 않게 지적되고 있다.

(2) 대상사건

형사조정의 대상이 되는 사건으로는 ① 차용금, 공사대금, 투자금 등 개인 간 금전거래로 인하여 발생한 분쟁으로서 사기, 횡령, 배임 등으로 고소된 재산범죄 사건, ② 개인 간의 명예훼손·모욕, 경계 침범, 지식재산권 침해, 임금체불 등 사적 분쟁에 대한 고소사건, ③ 형사조정에 회부하는 것이 분쟁 해결에 적합하다고 판단되는 고소사건, ④ 고소사건 외에 일반

형사사건으로서 위 사건에 준하는 사건이 있다(범죄피해자 보호법 제41조 제2항 본문, 동법 시행령 제46조).

형사조정제도의 주된 도입 배경은 대폭 증가한 고소사건에 대한 대책에 있었다. 고소사건의 대부분은 사기·횡령·배임 등 민사분쟁의 성질을 지니고 있으며 이들 대부분은 기소되지도 않았다는 문제상황 속에서, 형사조정제도는 민사적 형사분쟁에 대한 해결방안으로 등장한 면이 컸던 것이다. 따라서 그 대상사건도 주로 고소사건으로 이루어져 있다.

2. 절차

(1) 검사의 형사조정 회부

검사는 피의자와 범죄피해자 사이의 형사분쟁을 공정하고 원만하게 해결하여 범죄피해자가 입은 피해를 실질적으로 회복하는 데 필요하다고 인정하면, 당사자의 신청 또는 직권으로 수사 중인 형사조정 대상사건을 형사조정에 회부할 수 있다(범죄피해자 보호법 제41조 제1항). 다만 피의자가 도주하거나 증거를 인멸할 염려가 있는 경우, 공소시효의 완성이 임박한 경우, 기소유예를 제외한 불기소처분의 사유에 해당함이 명백한 경우에는 형사조정에 회부할 수 없다(동법 제41조 제2항 단서).

(2) 형사조정위원회의 조정

(가) 형사조정기일의 지정·통지 및 조정개시에 대한 당사자의 동의 여부 확인

형사조정에 회부되면 형사조정위원회는 지체없이 제1회 형사조정기일을 지정하여 우편, 전화, 팩스 등의 방법으로 당사자에게 이를 통지하고(범죄피해자 보호법 제43조 제2항, 동법 시행령 제51조), 형사조정 개시에 대한 당사자의 동의 여부를 확인하여야 한다(동법 제43조 제2항, 동법 시행령 제52조 제1항).

동의권자가 제1회 형사조정절차 개시 이전까지 출석 또는 전화, 우편, 팩스 등의 방법으로 형사조정절차에 동의하지 않을 뜻을 명확히 한 경우에는, 형사조정위원회는 담당 검사에게 사건을 회송해야 한다(동법 시행령 제52조 제2항).

(나) 형사조정절차의 개시 및 진행

동의권자가 형사조정 절차에 동의하지 않을 뜻을 명확히 한 경우 외에는, 형사조정위원회는 지체없이 형사조정절차를 개시·진행하여야 한다(범죄피해자 보호법 제43조 제2항). 형사조정위원회는 당사자 사이의 공정하고 원만한 화해와 범죄피해자가 입은 피해의 실질적인 회복을 위하여 노력하여야 한다(동조 제1항).

1) 관련자료의 송부 등

형사조정위원회는 형사사건을 형사조정에 회부한 검사에게 해당 형사사건에 관하여 당사자가 제출한 서류, 수사서류 및 증거물 등 관련 자료의 사본을 보내 줄 것을 요청할 수 있고, 그 요청을 받은 검사는 관련 자료가 형사조정에 필요하다고 판단하면 형사조정위원회에 이를 보낼 수 있다. 다만, 당사자 또는 제3자의 사생활의 비밀이나 명예를 침해할 우려가 있거나 수사상 비밀을 유지할 필요가 있다고 인정하는 부분은 제외할 수 있다(범죄피해자 보호법 제44조 제1항, 제2항).

당사자는 조정기일 전날까지 해당 형사사건에 관한 사실의 주장과 관련된 자료를 형사조정위원회에 제출할 수 있다(동법 제44조 제3항, 동법 시행령 53조 제3항).

검사 또는 당사자가 관련자료를 제출한 경우, 형사조정위원회는 제출자인 검사 또는 당사자의 동의를 받아 상대방 당사자가 자료를 열람하게 하거나 그 사본을 교부 또는 송부할 수 있다(동법 제44조 제4항).

2) 형사조정기일의 진행 및 중단

형사조정위원회는 직권으로 이해관계인을 형사조정에 참여하게 할 수 있다(범죄피해자 보호법 제43조 제3항). 조정기일 진행의 구체적인 모습은 민사조정과 다를 바 없다. 형사조정위원회는 조정기일마다 형사조정의 과정을 서면으로 작성하여야 한다(동법 제45조 제1항).

형사조정위원회는 조정 과정에서 증거위조나 거짓 진술 등의 사유로 피의자에게 명백히 혐의가 없는 것으로 인정하는 경우에는, 조정을 중단하고 담당 검사에게 회송하여야 한다(동법 제45조 제2항).

(다) 형사조정절차의 종료와 검사의 조치

1) 형사조정절차의 종료

형사조정위원회는 형사조정이 성립되면 그 결과를 서면으로 작성하여 담당검사에게 사건을 회송하여야 하고(동법 제45조 제1항, 제3항), 당사자 사이에 합의가 성립되지 아니하는 경우, 성립된 합의 내용이 위법하거나 선량한 풍속 또는 그 밖의 사회질서에 위반된다고 인정되는 경우에는 조정 불성립 결정을 하고 담당 검사에게 사건을 회송하여야 한다(동법 시행령 제54조).

2) 검사의 조치

① 조정이 성립된 경우

검사는 형사조정 절차에서 형사조정이 성립되어 고소 취소, 처벌불원의사가 표시된 합의서가 작성된 사건 중 친고죄나 반의사불벌죄는 공소권없음의 처분을 한다. 그 외의 경우에는 통상의 수사절차에 따라 수사를 진행하되 형사사건을 수사하고 처리할 때 형사조정 결과를 고려할 수 있다(범죄피해자 보호법 제45조 제4항 본문). 예를 들어 검사는 형사조정이 성립되었다는 사실을 기소유예의 사유로 삼을 수 있다.

② 조정이 성립되지 않은 경우

형사조정이 성립되지 아니하였다는 사정을 피의자에게 불리하게 고려하여서는 아니 된다(범죄피해자 보호법 제45조 제4항 단서) 예를 들어 검사는 형사조정이 성립되지 않았음을 이유로 구속영장을 청구하여서는 아니 된다.

3. 문제점 및 개선방안

이처럼 형사조정제도는 사법외적 방법을 활용하여 분쟁해결을 꾀하고 있는바, 상대적으로 비용이 많이 들고 장기간이 소요되며 경직적인 형사절차에 비해, 경제성과 신속성, 유연성이라는 장점을 갖고 있다. 다만, 형사조정회부권이 검사에게만 주어지고 있기 때문에 사건의 양당사자가 형사조정을 통한 해결을 원한다고 하더라도 검사가 회부하지 않는 이상 형사조정이 개시될 수 없다는 문제점을 안고 있다. 형사조정제도의 목적이 범죄피해의 실질적 회복과 사건의 자율적 해결에 있다고 한다면 형사조정의 이해관계자인 사건 당사자에게 일정 범위 내에서 형사조정 개시에 관한 권한을 인정할 필요가 있다고 본다.

Ⅱ. 형사화해절차

1. 의의

형사화해란 피고인과 피해자가 민사상 다툼에 관하여 합의하여 공동으로 신청할 경우 그 합의 내용을 공판조서에 기재하고, 그 공판조서에 대해 민사상 화해조서와 같은 효력을 인정하는 것을 말한다. 형사화해를 통하여 피해자는 민사재판을 거치지 아니하고 판결의 효과를 누릴 수 있으므로 간편하고 신속하게 피해회복을 도모할 수 있다는 장점이 있다.

즉 형사화해는 잘만 운용된다면 피해자에게는 다른 법적 조치에 의하지 않고도 범죄로 인한 정신적·물질적 보상을 받을 수가 있게 되고, 가해자에게는 형사절차로부터 신속히 해방됨으로써 형사절차에서 입을 수 있는 기본권 제한이 최소화되고 정상적인 사회복귀를 촉진케 해줄 수 있다. 특히 형사화해제도가 근래에 들어 더 많은 관심을 끌게 된 데는 종래의 응보적 사법에 대응하는 '다이버전' 내지 '회복적 사법'의 원리들과 잘 매치될 수 있다는 것이 큰 몫을 하였다. 또한 배상명령제도의 대상범죄는 폭행, 상해, 과실치사상, 재산범죄 등으로 제한되어 있는데 비해, 형사화해제도의 대상범죄는 제한이 없다는 점도 그 활용가능성을 기대할 수 있게 해준다.

2. 절차

피고인과 피해자는 변론종결시까지 피고사건이 계속 중인 제1심 또는 제2심법원에 민사상 다툼에 대한 합의 사실을 공판조서에 기재하여 줄 것을 공동으로 신청할 수 있다. 형사화해 사실의 기재 신청은 공판기일에 출석하여 서면으로 하여야 하는데, 신청서에는 해당 신청과 관련된 합의 및 그 합의가 이루어진 민사상 다툼의 목적인 권리를 특정할 수 있는 충분한 사실이 적시되어야 한다(소송촉진법 제36조 제1항, 제3항, 제4항). 이처럼 형사화해는 피고인과 피해자가 공동으로 공판기일에 출석하여 서면으로 신청을 해야 하는데, 이렇게 엄격한 절차를 요구하는 이유는 형사화해는 피해자와 피고인 간의 합의를 필수적으로 요하기 때문이다.

합의 내용이 피고인의 피해자에 대한 금전 지급을 내용으로 하는 경우에 피고인 외의 자가 그 지급을 보증하거나 연대의무를 부담하기로 합의하였을 때에는, 신청과 동시에 그 피고인 외의 자는 피고인 및 피해자와 공동으로 그 취지를 공판조서에 기재하여 줄 것을 신청할 수 있다(동법 제36조 제2항).

3. 효력

합의가 기재된 공판조서는 확정판결과 같은 효력을 가진다. 형사소송절차에서 피해자와 피고인이 합의하여 형사재판이 원만히 끝났으나 이후 피고인이 합의사항을 이행하지 않는 경우, 피해자가 강제집행을 하려면 새로이 민사소송을 제기하여 판결문을 얻어야 하는데 이에는 많은 시간과 노력이 들게 된다. 형사화해제도는 형사소송절차에서 화해가 기재된 공판조서를 작성하게 하고 그 공판조서를 집행권원으로 인정하여 신속하고 간편하게 강제집행을 할 수 있게 해주는 것이다.

4. 화해비용

화해비용은 화해가 성립된 경우에는 특별한 합의가 없으면 당사자들이 각자 부담하고, 화해가 성립되지 아니한 경우에는 신청인이 부담한다(소송촉진법 제36조 제5항, 민사소송법 제220조, 제389조).

5. 화해기록의 열람·복사·보관

화해기록이란 공판조서 중 형사화해로서의 합의 및 그 합의가 이루어진 민사상 다툼의 목적인 권리를 특정할 수 있는 충분한 사실이 기재된 부분, 형사화해신청서, 그밖에 해당 합의에 관한 기록을 말한다.

형사화해를 한 자나 이해관계를 소명한 제3자는 민사소송규칙이 정하는 바에 따라 법원서기관, 법원사무관, 법원주사 또는 법원주사보에게 화해기록의 열람·복사, 조서의 정본·등본 또는 초본의 발급, 화해에 관한 사항의 증명서의 발급을 신청할 수 있다. 신청에 관한 법원사무관등의 처분에 대한 이의신청 및 화해기록에 관한 비밀보호를 위한 열람 등의 제한 절차는 민사소송법의 예에 따른다(소송촉진법 제37조 제1항, 제3항, 민사소송법 제223조, 제163조).

화해기록은 형사피고사건이 종결된 후에는 그 피고사건의 제1심 법원에서 보관한다(소송촉진법 제37조 제4항).

Ⅲ. 배상명령절차

1. 의의

배상명령은 제1심 또는 제2심 법원이 일정한 범죄에 대해 유죄판결을 선고할 경우, 피고인에게 자신의 범죄행위로 피해자가 입은 직접적인 손해에 대한 배상을 명하는 것을 말한다(소송촉진법 제25조 제1항). 배상명령절차는 가정폭력범죄의 처벌 등에 관한 특례법에도 규정되어 있다(가정폭력처벌법 제56조 내지 제62조).

민사절차와 형사절차가 분리되어 있는 우리 사법 구조 하에서 범죄 피해자가 민사소송을 따로 제기하는 경우에 비하여, 배상명령은 별도의 인지대를 납부할 필요도 없고 형사소송절차에서 증인으로 출석하는 경우에는 구술로써 신청할 수도 있으므로 간편하면서도 신속하게 피해회복을 도모할 수 있다는 장점이 있다. 하지만, 피해자가 특정되지 아니한 경우, 피고인의 배상책임 범위가 명백하지 않은 경우 등에는 이용되기 어렵다는 한계도 가지고 있다.

2. 대상범죄와 배상범위

(1) 대상범죄

소송촉진 등에 관한 특례법은 배상명령의 대상범죄를 명시적으로 열거된 특정 범죄 및 피고인과 피해자 사이에 손해배상액이 합의된 범죄의 경우로 제한하고 있다. 피고인과 피해자 사이에 합의된 손해배상액에 대해서도 배상명령을 할 수 있도록 한 것은, 이미 합의를 마친 배상액에 대해서 즉시 강제집행을 할 수 있도록 해주기 위한 배려에서이다.

소송촉진 등에 관한 특례법이 규정한 배상명령 대상범죄는 형법 제257조 제1항의 상해죄, 제258조 제1항 및 제2항의 중상해죄, 제258조의2 제1항 특수상해죄, 제2항 특수중상해죄, 제259조 제1항 상해치사죄, 제262조 폭행치사 및 폭행치상죄(존속폭행치사상의 죄는 제외), 제38장 절도와 강도의 죄, 제39장 사기와 공갈의 죄, 제40장 횡령과 배임의 죄, 제42장 손괴의 죄를 비롯하여 성폭력범죄의처벌등에관한특례법 상 다수의 성폭력범죄 및 아동·청소년의 성보호에 관한 법률 상 아동청소년 성구매 및 강요행위 등이 있다(소송촉진법 제25조 제1항, 제2항). 대상범죄에서 존속폭행치사상죄가 제외된 것은, 존속이 비속에게 배상명령을 하여 인용되는 경우 비속이 경제적 능력이 부족하면 존속은 배상의 객체가 되면서 동시에 배상의 주체가 될 수도 있기 때문이다.

(2) 배상범위

배상명령에 따른 배상의 범위는 **직접적인 물적 피해, 치료비, 위자료** 및 피고인과 피해자 사이에 **합의된 손해배상액**이다(소송촉진법 제25조 제1항, 제2항). 따라서 일실수입 등 소극적 손해, 지연이자 등은 피고인과 피해자 사이에 합의가 있지 아니한 이상 배상명령의 범위에 포함되지 아니한다. 소송촉진 등에 관한 특례법에 규정되지 아니한 피해에 대해서 배상을 받고자 하는 경우, 피해자는 민사재판을 통해 구제받을 수밖에 없다.

3. 절차

배상명령은 법원의 직권이나 피해자·상속인의 신청에 의하여 할 수 있다. 따라서 피해자가 배상명령의 신청을 하지 않았다 하더라도, 피고사건의 심리 중에 피고인의 은닉재산이 발견되어 배상명령을 하는 것이 상당하다고 인정되는 경우에는 법원은 직권으로 배상명령을 할 수 있다. 이는 결과적으로 민사소송의 당사자처분권주의에 대한 예외를 인정하는 셈이 되지만, 신속·간편한 피해회복을 꾀할 수 있게 해준다는 점에서 그 정당성이 인정된다.

직권에 의해 절차가 진행되는 경우에는 곧 배상명령의 인용에 해당하므로, 이하에서는 피해자의 신청에 의한 절차진행에 대해서만 살펴본다.

(1) 검사의 배상명령신청 통지

검사는 배상명령 대상범죄에 대해 공소를 제기한 경우에는 지체 없이 피해자 또는 그 법정대리인에게 배상명령을 신청할 수 있음을 통지하여야 한다(소송촉진법 제25조의2).

(2) 피해자의 신청

(가) 신청시기와 방법

1) 신청 및 취하시기

피해자 또는 그 상속인은 제1심 또는 제2심 공판의 변론이 종결될 때까지 피고사건이 계속된 법원(전속관할권 있음)에 배상명령을 신청할 수 있고, 배상명령이 확정되기 전까지는 언제든지 배상신청을 취하할 수 있다(소송촉진법 제26조 제1항, 제6항).

2) 신청방법

배상명령신청은 서면 또는 구두에 의할 수 있다. 서면에 의할 경우 신청서에는 피고사건의 번호, 사건명 및 사건이 계속된 법원, 신청인의 성명과 주소, 대리인이 신청할 때에는 그 대리인의 성명과 주소, 상대방 피고인의 성명과 주소, 배상의 대상과 그 내용, 배상청구금액 등이 기재되고 신청인 또는 대리인의 서명·날인이 있어야 한다. 피해자가 증인으로 법정에 출석한 경우에는 구두로 배상명령을 신청할 수 있다. 이때는 공판조서에 신청의 취지를 적어야 한다(소송촉진법 제26조 제1항, 제3항, 제5항, 제8항).

(나) 신청의 효력과 타 절차와의 관계

배상명령신청은 민사소송에서의 소의 제기와 동일한 효력이 있다. 따라서 피해자·상속인은 피고사건의 범죄행위로 인하여 발생한 피해에 관하여 다른 절차에 따른 손해배상청구가 법원에 계속 중일 때에는 배상명령신청을 할 수 없다(소송촉진법 제26조 제7항, 제8항).

(3) 심리

(가) 신청서 부본의 송달

법원은 서면에 의한 배상신청이 있을 때에는 지체 없이 그 신청서 부본을 피고인에게 송달하여야 한다. 이 경우 법원은 직권 또는 신청인의 요청에 따라 신청서 부본 상의 신청인 성명과 주소 등 신청인의 신원을 알 수 있는 사항의 전부 또는 일부를 가리고 송달할 수 있다(소송촉진법 제28조).

(나) 공판기일의 통지 및 소송기록의 열람

법원은 배상신청이 있을 때에는 신청인에게 공판기일을 알려야 한다(소송촉진법 제29조 제1항). 신청인 및 그 대리인은 공판절차를 현저히 지연시키지 아니하는 범위에서 재판장의 허가를 받아 소송기록을 열람할 수 있다(동법 제30조 제1항).

(다) 신청인의 공판기일 출석 등

신청인은 공판기일에 출석하여 진술할 수 있고, 재판장의 허가를 받아 피고인이나 증인을 신문할 수 있으며, 그밖에 필요한 증거를 제출할 수 있다(소송촉진법 제29조 제2항, 제30조 제1항). 신청인은 공판기일에 출석할 의무는 없다. 따라서 신청인이 공판기일을 통지받고도 출석하지 아니하였을 때에는 신청인의 진술 없이 재판할 수 있다(동법 제29조 제2항).

(4) 배상명령의 재판

(가) 각하

법원은 배상명령신청이 적법하지 아니한 경우, 배상신청이 이유 없다고 인정되는 경우, 배상명령을 하는 것이 타당하지 아니하다고 인정되는 경우에는 결정으로 배상신청을 각하하여야 한다. 각하사유의 구체적인 예로는, 피해자의 성명·주소가 분명하지 아니한 경우, 피해 금액이 특정되지 아니한 경우, 피고인의 배상책임의 유무 또는 그 범위가 명백하지 아니한 경우, 배상명령으로 인하여 공판절차가 현저히 지연될 우려가 있는 경우, 형사소송 절차에서 배상명령을 하는 것이 타당하지 아니하다고 인정되는 경우 등을 들 수 있다(소송촉진법 제25조 제3항, 제32조 제1항). 다만 가정폭력범죄의 처벌 등에 관한 특례법에서는 피해 금액이 특정되지 않은 경우를 각하 사유로서 준용하고 있지 아니하여 피해 금액이 특정되지 않은 경우에도 배상명령 신청이 가능하다(가정폭력처벌법 제57조).

배상명령의 각하결정은 종국재판에 앞서 따로 이루어질 수 있고, 유죄판결의 선고와 동시에 이루어질 수도 있다. 유죄판결의 선고와 동시에 각하결정을 할 때에는 이를 유죄판결의 주문에 표시할 수 있다(소송촉진법 제32조 제2항).

(나) 인용

배상명령신청의 인용시 배상명령은 유죄판결의 선고와 동시에 하여야 한다(소송촉진법 제31조 제1항). 배상명령은 일정액의 금전 지급을 명함으로써 하고, 배상의 대상과 금액을 유죄판결의 주문에 표시하여야 한다. 하지만 배상명령의 이유는 특히 필요하다고 인정되는 경우가 아니면 적지 아니한다(동조 제2항, 제5항). 배상명령은 가집행 할 수 있음을 선고할 수 있다(동조 제3항). 법원은 배상명령을 하였을 때에는 유죄판결서의 정본을 피고인과 피해자에게 지체 없이 송달하여야 한다(동조 제5항).

배상명령은 유죄판결을 선고할 경우에만 할 수 있으므로(동법 제25조 제1항), 배상명령신청을 각하하지 아니하였다 하더라도 무죄·면소·공소기각의 재판을 하는 경우에는 배상명령을 할 수 없다. 무죄판결을 할 경우에 배상명령을 허용하지 않는 것은 형사재판에서 무죄판결이 내려졌다면 그 이후의 배상재판은 순수한 민사적인 성격을 띠게 되기 때문이다.

(5) 배상명령의 효력과 불복

(가) 배상명령의 효력과 타 절차와의 관계

1) 비용부담

배상명령의 절차비용은 특별히 그 비용을 부담할 자를 정한 경우를 제외하고는 국고의 부담으로 한다(소송촉진법 제35조).

2) 배상명령이 기재된 유죄판결서 정본의 효력

확정된 배상명령 또는 가집행선고가 있는 배상명령이 기재된 유죄판결서의 정본은 민사집행법에 따른 강제집행에 관하여는 집행력 있는 민사판결 정본과 동일한 효력이 있다. 배상명령이 확정된 경우 피해자는 그 인용된 금액의 범위에서 다른 절차에 따른 손해배상을 청구할 수 없다(소송촉진법 제34조 제1항, 제2항). 다만 확정된 배상명령에 기판력이 인정되는 것은 아니어서 인용금액을 넘는 부분에 대해서는 별소를 제기할 수 있다.

3) 이의의 소에 대한 관할법원

지방법원이 민사지방법원과 형사지방법원으로 분리 설치된 경우에 배상명령에 따른 청구에 관한 이의의 소는 형사지방법원의 소재지를 관할하는 민사지방법원을 제1심법원으로 한다(동법 제34조 제3항).

(나) 불복

1) 신청인

배상신청을 각하하거나 그 일부를 인용한 재판에 대하여 신청인은 불복을 신청하지 못하며, 다시 동일한 배상신청을 할 수 없다(소송촉진법 제32조 제4항). 따라서 이 경우 신청인은 민사소송을 통하여 권리를 구제받을 수밖에 없다.

2) 피고인

유죄판결에 대한 상소가 제기되면 배상명령의 확정은 차단된다. 피고인은 배상명령에 대해서만 즉시항고를 할 수도 있다.

① 상소의 제기

유죄판결에 대한 상소가 제기된 경우에는 그 상소주체가 피고인이든 검사이든 배상명령의 확정은 차단되고, 피고인에게 그 배상명령에 대해 다툴 의사가 있는지와 상관없이 배상명령은 피고사건과 함께 상소심으로 이심된다.

상소심에서 원심의 유죄판결을 파기하고 피고사건에 대하여 무죄, 면소 또는 공소기각의 재판을 할 때에는 원심의 배상명령을 취소하여야 하고, 이에 해당함에도 배상명령을 취소하지 아니한 경우에는 취소한 것으로 본다. 다만 피고인과 피해자의 합의에 따라 배상명령을 하였을 때에는 그러하지 아니하다. 즉, 합의에 의한 배상명령은 이러한 경우에도 효력을 상실하지 않는다. 상소심은 원심판결을 유지하는 경우에도 원심의 배상명령을 취소하거나 변경할 수 있다(소송촉진법 제33조 제1항 내지 제4항).

② 즉시항고

피고인은 유죄판결에 대하여 상소를 제기하지 아니하더라도, 상소제기기간 내에 배상명령에 대해서만 즉시항고를 할 수 있다. 다만 즉시항고 제기 후 상소권자의 적법한 상소가 있는 경우에는 그 즉시항고는 취하된 것으로 본다(소송촉진법 제33조 제5항).

Ⅳ. 문제점 및 개선방안

배상명령과 관련해서는 신청제한의 범위가 지나치게 광범위하고 추상적이어서 피해자의 배상명령신청이 위축될 수밖에 없고, 법원의 배상명령 거부 또한 쉽게 인정되어 그 운용이 침체되어 있다는 문제점이 지적되고 있다. 실제로 2020년 형사공판사건 26만 154건 중 배상명령이 신청된 사건은 2만 6천 5백건으로 약 10% 정도에 불과하고 신청건수 중 인용률은 50%에도 못 미치는 것으로 나타나고 있다. 그 중 90% 이상이 재산범죄이고 상해나 폭행죄로 인용되는 경우는 2% 미만이다. 일본의 경우에는 재산범죄에 대해서는 거의 인용하지 않고 오히려 상해, 폭행죄에 대해서만 인용하고 있어 상당히 대조적이다.[1)]

실무상 비교적 피해액이 명확하고 피고인과 피해자가 크게 다투지 않은 경우에만 배상명령이 인용되는 등 배상명령제도가 지나치게 소극적으로 운용되고 있다는 비판을 면하기 어렵다. 배상명령제도의 장점인 절차의 간이성과 경제성을 생각해 볼 때, 배상명령 신청제한사유를 줄이고 배상범위는 늘리는 등 이를 더욱 활성화시킬 필요가 있다고 본다.

제 3 절 범죄피해자를 위한 구조절차

Ⅰ. 범죄피해자 구조의 의의와 법적성격

1. 의의

함무라비 법전 제24조는 강도나 살인범이 체포되지 않은 경우 그 가족이 피해자에 대해 배상을 해야 하고 가족이 못한다면 그 지역의 장이 대신해서 배상해야 한다고 규정하고 있다. 고대에는 민사책임과 형사책임이 나누어져 있지 않았고 범죄자에 대해 연대책임을 진다는 의미에서 배상이라는 용어를 사용하였으나, 근대에 들어 민사와 형사가 분화되면서 배상이라는 용어 대신에 보상이라는 용어를 사용하고 있다. 이태리학파를 대표하는 가로팔로는 범죄로 인해 입은 손해에 대해서는 국가가 보상을 해야 한다고 하면서 이는 범죄자의 재사회화를 위해서도 필수적이라는 주장을 하였다. 2차대전 이후 영국의 프라이여사가 1957년 '옵서버'지에 "피해자를 위한 정의"라는 글을 발표한 것을 계기로 1964년 영국에서 범죄피해자보상법이 제정되었고,

1) '범죄피해자 등의 권리이익의 보호를 꾀하기 위한 형사절차에 부수하는 조치에 관한 법률' 제24조 제1항. 배상명령제도를 이용할 수 있는 대상범죄는 다음과 같다. ① 살인죄나 상해죄 등의 고의의 범죄행위로 사람을 사상케 한 죄 또는 그 미수죄 ② 부동의 추행, 부동의 성교 등, 감호자 추행 및 감호자 성교 등의 죄 또는 그 미수죄 ③ 체포 및 감금의 죄 또는 그 미수죄 ④ 미성년자 약취 및 유괴, 영리목적 등 약취 및 유괴, (인질)몸값 목적 약취 등, 소재국 외 이송목적 약취 및 유괴, 인신매매, 피약취자등 소재국 외 이송, 피약취자 인도 등의 죄 또는 그 미수죄

미국에서는 1965년 캘리포니아 주에서 범죄피해자보상법이 제정되어 시행되고 있다.

우리나라에서도 이러한 흐름을 반영하여 헌법 제30조는 "타인의 범죄행위로 인하여 생명·신체에 대한 피해를 받은 국민은 법률이 정하는 바에 의하여 국가로부터 구조를 받을 수 있다."고 규정하고, 이에 따라 1987년 11월 28일 범죄피해자구조법이 제정되었다가 2010년 5월 10일 범죄피해자보호법에 통합되고 범죄피해자보호기금법까지 제정되어 오늘에 이르고 있다. 이처럼 우리 헌법은 범죄피해자구조권을 헌법상의 기본권으로 보호하고 있는데, 이러한 예는 그리 흔치 않다.

2. 법적 성질

범죄피해자 구조의 법적 성질에 대해서는 범죄피해자가 국가에 대해 가지는 청구권이라는 견해[2]와, 범죄피해자를 위한 사회부조[3] 또는 형사정책적 배려에[4] 그친다는 견해의 대립이 있다.

헌법 제30조에도 명시되어 있듯이 범죄피해자 구조는 단지 국가의 배려에 그치는 것이 아니라 국민이 국가에 대하여 가지는 청구권으로 봄이 타당하다. 범죄피해자구조권은 국가의 범죄방지책임 또는 범죄로부터 국민을 보호할 국가의 보호의무를 다하지 못하였다는 것과 범죄피해자들에 대한 최소한의 구제가 필요하다는 것을 그 주된 근거로 하는 것으로, 국민은 이를 청구할 권리가 있는 것이다. 헌법재판소도 타인의 범죄행위로 말미암아 생명을 잃거나 신체상의 피해를 입은 국민이나 그 유족이 가해자로부터 충분한 피해배상을 받지 못한 경우에 국가에 대하여 일정한 보상을 청구할 수 있는 권리이며, 그 법적 성격은 생존권적 기본권으로서의 성격을 가지는 청구권적 기본권이라고 하고 있다.[5]

Ⅱ. 청구권자 및 요건

1. 청구권자

구조금의 청구권자는 구조피해자 및 그 유족이다(범죄피해자 보호법 제16조). 구조피해자는 구조대상 범죄피해를 당한 범죄피해자이고, 범죄피해자란 타인의 범죄행위로 피해를 당한 사

2) 이창현 1339.
3) 신동운 b 1789.
4) 이/김 940; 이/조/이 975.
5) 헌재 2011. 12. 29. 2009헌마354 결정.

람과 그 배우자·사실혼 관계에 있는 자·직계친족·형제자매와 범죄피해 방지 및 범죄피해자 구조 활동으로 피해를 당한 사람을 말한다(동법 제3조 제1항 제1호, 제2항, 제16조).

2. 요건

(1) 적극적 요건

(가) 구조대상 범죄피해에 해당할 것

구조대상 범죄피해란 대한민국의 영역 안에서 또는 대한민국의 영역 밖에 있는 대한민국의 선박이나 항공기 안에서 행하여진 사람의 생명 또는 신체를 해치는 죄에 해당하는 행위로 인하여 구조피해자가 사망, 장해, 중상해를 입은 것을 말한다(범죄피해자 보호법 제3조 제1항 제4호).

1) 해외에서 발생한 범죄에 의한 피해

범죄피해자 보호법이 해외에서 발생한 범죄피해는 포함하고 있지 아니한 것이 평등원칙에 위배되는지가 문제된다. 이에 대해 헌법재판소는, 국가의 주권이 미치지 못하고 국가의 경찰력 등을 행사할 수 없거나 행사하기 어려운 해외에서 발생한 범죄에 대하여는 국가에 그 방지책임이 있다고 보기 어렵고, 상호보증이 있는 외국에서 발생한 범죄피해에 대하여는 국민이 그 외국에서 피해구조를 받을 수 있으며, 국가의 재정에 기반을 두고 있는 구조금에 대한 청구권 행사대상을 우선적으로 대한민국의 영역 안의 범죄피해에 한정하고 향후 해외에서 발생한 범죄피해의 경우에도 구조를 하는 방향으로 운영하는 것은 입법형성의 재량의 범위 내라고 할 것이므로, 범죄피해자구조청구권의 대상이 되는 범죄피해에 해외에서 발생한 범죄피해의 경우를 포함하고 있지 아니한 것이 현저하게 불합리한 자의적인 차별이라고 볼 수 없어 평등원칙에 위배되지 아니한다고 하였다.[6)]

2) 정신적 피해

범죄피해자구조청구권은 타인의 범죄행위로 말미암아 생명을 잃거나 신체상의 피해를 입은 경우로 제한된다. 따라서 범죄행위에 대한 적법한 수사 및 재판 등 법적 절차의 집행에 따른 정신적 피해는 헌법상 범죄피해자구조청구권의 보호 범위에 속하지 않는다. 헌법재판소도 범죄의 자백 및 증언으로 인한 정신적 피해는 범죄피해자구조청구권의 대상이 되지 아니한다 하였다.[7)]

---

6) 헌재 2011. 12. 29. 2009헌마354 결정.

7) 헌법재판소 2018. 5. 15. 선고 2018헌마434 결정.

3) 고의·위법성·책임 조각과의 관계

범죄피해자 보호법 제3조 제1항 제4호에서 규정한 행위를 한 자가 형사미성년자(형법 제9조) 또는 심신상실 상태에 있었거나, 그러한 행위가 강요된 행위(형법 제12조) 또는 긴급피난에 해당한다 하더라도(형법 제22조 제1항), 구조대상 범죄피해의 인정에는 영향을 미치지 아니한다(형법 제10조제1항, 범죄피해자 보호법 제3조 제4호). 하지만 그러한 행위가 정당행위(형법 제20조) 또는 정당방위(형법 제21조 제1항)에 따라 처벌되지 아니하는 행위이거나, 과실에 의한 행위인 경우에는 구조대상 범죄피해에 해당하지 아니한다(범죄피해자 보호법 제3조 제4호).

과실범에 의한 피해를 제외하는데 대해서는 가해자에 대한 비난가능성이 약하고 그 대부분을 차지하는 것이 업무상 과실에 의한 교통사고인데, 대다수의 경우 보험에 들어있기 때문에 구조의 필요성도 상대적으로 낮다는 것을 그 이유로 한다. 그러나 피해자의 입장에서 보면 고의에 의했던 과실에 의했던 그 피해결과에 있어서는 차이가 없으므로 피해자의 구조라는 점에 방점을 두고 본다면 불합리한 차별이라고 생각된다.

4) 장해와 중상해의 의미

"장해"란 범죄행위로 입은 부상이나 질병이 치료된 후에 남은 신체의 장해를, "중상해"란 범죄행위로 인하여 신체나 그 생리적 기능에 손상을 입은 것을 가리키는바, 그 구체적인 내용은 범죄피해자보호법 시행령 별표에 매우 구체적으로 규정되어 있다(범죄피해자 보호법 제3조 제5호, 제6호, 동법 시행령 제2조, 제3조).

"장해"라는 용어와 관련하여, 국어대사전에 따르면 신체기관이 본래의 제 기능을 하지 못하거나 정신능력에 결함이 있는 상태를 '장애'라고 하고 있으므로 장해보다는 '장애'라는 용어를 사용하도록 개정하는 것이 옳다고 본다.

(나) 가해자로부터 배상을 받지 못하거나 수사·재판상 협조로 인하여 구조피해자가 될 것

구조피해자가 가해자로부터 피해의 전부 또는 일부를 배상받지 못하여야 한다. 따라서 가해자에 대한 민사소송이 전치되거나 가해자가 손해배상금의 전부 또는 일부를 배상할 자력이 없음이 소명되어야 할 것이다. 다만 구조피해자가 자기 또는 타인의 형사사건의 수사 또는 재판에서 고소·고발 등 수사단서를 제공하거나 진술, 증언 또는 자료제출을 하다가 구조피해자가 된 경우에는 가해자의 배상능력 여부 등과 관계없이 즉시 범죄피해자 구조금을 청구할 수 있다(범죄피해자 보호법 제16조).

(2) 소극적요건

(가) 구조피해자와 가해자가 친족관계에 있는 경우

범죄행위 당시 구조피해자와 가해자가 부부·사실혼관계·직계혈족·4촌 이내의 친족·동거친족에 해당하는 경우에는 구조금·유족구조금을 지급하지 아니하고, 그 외의 친족관계가 있는 경우에는 구조금·유족구조금의 일부를 지급하지 아니한다(범죄피해자 보호법 제19조 제1항, 제2항, 제5항).

이처럼 친족 간의 범행에 대해 구조금 지급의 특례를 둔 취지는, 구조금을 지급한다 해도 피해자에게 큰 도움을 주지 못한 채 친족관계가 계속 유지될 확률이 높다는 점과 도리어 가해자에게 경제적으로 유익하게 작용할 수 있다는 점, 경우에 따라서는 친족 간에 공모가 이루어질 수 있다는 점 등을 우려한 것이라고 하겠다. 미국의 경우 가해자가 피해자의 보상금을 이용하여 부당하게 이익을 취하는 경우가 아닌 한, 단지 피해자와 가해자가 친족관계에 있다거나 주거를 같이 한다는 이유만으로 보상금 지급신청을 거부해서는 안 된다는 규정을 두고 있다고 한다. 이런 점을 고려해서 우리 범죄피해자 보호법이 2014년 10월 15일 개정을 통하여, 이러한 경우라 하더라도 구조금을 지급하지 아니하는 것이 사회통념에 위배된다고 인정할 만한 특별한 사정이 있는 경우에는 구조금의 전부 또는 일부를 지급할 수 있다고 규정한 것(동법 제19조 제7항)은 바람직한 조치라고 생각된다.

(나) 구조피해자에게 일정한 책임이 인정되는 경우

구조피해자가 해당 범죄행위를 교사 또는 방조하는 행위, 과도한 폭행·협박 또는 중대한 모욕 등 해당 범죄행위를 유발하는 행위, 해당 범죄행위와 관련하여 현저하게 부정한 행위, 해당 범죄행위를 용인하는 행위, 집단적 또는 상습적으로 불법행위를 행할 우려가 있는 조직에 속하는 행위, 범죄행위에 대한 보복으로 가해자 또는 그 친족이나 그 밖에 가해자와 밀접한 관계가 있는 사람의 생명을 해치거나 신체를 중대하게 침해하는 행위를 한 때에는 구조금·유족구조금을 지급하지 아니한다(범죄피해자 보호법 제19조 제3항, 제5항).

구조피해자가 폭행·협박 또는 모욕 등 해당 범죄행위를 유발하는 행위, 해당 범죄피해의 발생 또는 증대에 가공한 부주의한 행위 또는 부적절한 행위를 한 때에는 구조금·유족구조금의 일부를 지급하지 아니한다(동법 제19조 제4항, 제5항).

다만 구조금을 지급하지 아니하는 것이 사회통념에 위배된다고 인정할 만한 특별한 사정이 있는 경우에는 구조금의 전부 또는 일부를 지급할 수 있다(동법 제19조 제7항).

(다) 국가배상법 등에 따른 급여 등을 받을 수 있는 경우

구조피해자나 유족이 해당 구조대상 범죄피해를 원인으로 하여 국가배상법에 따른 손해배상 급여, 산업재해보상보험법에 따른 장해급여·유족급여·상병보상연금, 자동차손해배상 보장법에 따른 손해보상, 의사상자 등 예우 및 지원에 관한 법률에 따른 보상금, 선원법에 따른 재해보상, 어선원 및 어선 재해보상보험법에 따른 상병급여·장해급여·일시보상급여·유족급여, 근로기준법에 따른 재해보상, 의용소방대 설치 및 운영에 관한 법률에 따른 보상, 국가공무원법·지방공무원법·공무원연금법·공무원 재해보상법·군인 재해보상법·군인연금법에 따른 급여, 사립학교법·사립학교교직원 연금법에 따른 급여를 받을 수 있는 경우에는, 그 금액의 범위 내에서 구조금을 지급하지 아니한다(범죄피해자 보호법 제20조, 동시행령 제16조).

이는 **이중배상금지의 원칙**을 규정한 것이다. 그러나 비록 다른 법령에 의해서 보상을 받을 수 있다 하더라도 특별한 사정이 발생하여 그 보상이 현저히 지연되고 그로 인해 피해자에게 크나큰 고통을 안겨줄 가능성이 농후한 경우에는, 범죄피해자구조금을 물질적 지원의 최후수단으로만 삼을 것이 아니라 다른 보상(급여) 수단에 선행시킬 수 있는 여지를 마련해두는 것이 필요하다. 범죄피해자보호법은 손해배상청구권을 대위할 수 있는 규정(동법 제21조 제2항) 및 구조금을 환수할 수 있는 규정(동법 제30조)을 두고 있기 때문에, 이러한 경우에 국가의 피해보상을 선행하자는 제안이 무리한 주장이라고 생각되지는 않는다.

(라) 사회통념상 위배되는 경우

구조피해자 또는 그 유족과 가해자 사이의 관계, 그 밖의 사정을 고려하여 구조금의 전부 또는 일부를 지급하는 것이 사회통념에 위배된다고 인정될 때에는 구조금의 전부 또는 일부를 지급하지 아니할 수 있다(범죄피해자 보호법 제19조 제6항).

Ⅲ. 절차

1. 청구

청구권자는 그 주소지, 거주지 또는 범죄 발생지를 관할하는 지방검찰청에 설치된 지구심의회 에 구조금을 청구하여야 한다. 구조금의 청구는 해당 구조대상 범죄피해의 발생을 안 날부터 3년이 지나거나 해당 구조대상 범죄피해가 발생한 날부터 10년이 지나면 할 수 없다(범죄피해자 보호법 제24조 제1항, 제25조).

2. 구조결정을 위한 조사

지구심의회는 구조금 지급을 심의하기 위하여 필요하면 청구인이나 그 밖의 관계인을 조사하거나 의사의 진단을 받게 할 수 있고, 행정기관, 공공기관이나 그 밖의 단체에 조회하여 필요한 사항을 보고하게 할 수 있다. 지구심의회는 청구인이 정당한 이유 없이 조사에 따르지 아니하거나 의사의 진단을 거부하면 그 청구를 기각할 수 있다(범죄피해자 보호법 제29조).

3. 지구심의회의 결정

(1) 구조결정

지구심의회는 청구인적격 등에 하자가 있는 경우에는 이를 각하하고, 각하사유에 해당하지 아니하는 경우에는 신속하게 구조금을 지급하거나 지급하지 아니한다는 결정을 하여야 한다. 지급결정을 하는 경우에는 구조금의 종류 및 금액을 정하여야 한다(범죄피해자 보호법 제26조).

구조금을 받을 권리는 그 구조결정이 해당 신청인에게 송달된 날부터 2년간 행사하지 아니하면 시효로 인하여 소멸되고, 양도하거나 담보로 제공하거나 압류할 수 없다(동법 제31조, 제32조).

(가) 구조금의 종류와 금액

구조금은 유족구조금·장해구조금 및 중상해구조금으로 구분한다(범죄피해자 보호법 제17조 제1항).

1) 유족구조금

유족구조금은 구조피해자가 사망하였을 때 구조피해자의 배우자, 자녀 등 맨 앞의 순위인 유족에게 지급한다. 다만, 순위가 같은 유족이 2명 이상이면 똑같이 나누어 지급한다(범죄피해자 보호법 제17조 제2항, 제18조). 부모의 경우에는 양부모를 선순위로 하고 친부모를 후순위로 한다(동법 제18조 제3항).

유족구조금은 구조피해자의 사망 당시의 월급액이나 월실수입액 또는 평균임금에 24개월 이상 48개월 이하의 범위에서 유족의 수와 연령 및 생계유지상황 등을 고려한 금액으로 정한다(동법 제22조 제1항). 다만, 구조피해자의 월급액이나 월실수입액이 평균임금의 2배를 넘는 경우에는 평균임금의 2배에 해당하는 금액을 구조피해자의 월급액이나 월실수입액으로 본다(동법 제22조 제4항).

2) 장해구조금 및 중상해구조금

장해구조금 및 중상해구조금은 해당 구조피해자에게 지급한다. 다만, 장해구조금 또는 중상해구조금의 지급을 신청한 구조피해자가 장해구조금 또는 중상해구조금을 지급받기 전에 사망한 경우에는 맨 앞의 순위인 유족에게 지급하되, 순위가 같은 유족이 2명 이상이면 똑같이 나누어 지급한다(범죄피해자 보호법 제17조 제3항).

장해구조금과 중상해구조금은 구조피해자가 신체에 손상을 입은 당시의 월급액이나 월실수입액 또는 평균임금에 2개월 이상 48개월 이하의 범위에서 피해자의 장해 또는 중상해의 정도와 부양가족의 수 및 생계유지상황 등을 고려하여 정한다(동법 제22조 제2항). 다만, 구조피해자의 월급액이나 월실수입액이 평균임금의 2배를 넘는 경우에는 평균임금의 2배에 해당하는 금액을 구조피해자의 월급액이나 월실수입액으로 본다(동법 제22조 제4항).

(나) 지급방법

구조금은 일시금으로 지급한다. 다만, 구조피해자 또는 그 유족이 연령, 장애, 질병이나 그밖의 사유로 구조금을 관리할 능력이 부족하다고 인정되고, 구조피해자나 그 유족이 구조금의 분할 지급을 청구한 경우 또는 범죄피해구조심의회가 직권으로 구조금의 분할 지급을 결정한 경우에는 구조금을 분할하여 지급할 수 있다(범죄피해자 보호법 제17조 제4항).[8)]

(2) 긴급구조금의 지급결정

지구심의회는 구조피해자의 장해 또는 중상해 정도가 명확하지 아니하거나 그 밖의 사유로 인하여 신속하게 결정을 할 수 없는 사정이 있으면, 신청 또는 직권으로 지급결정시 예상되는 구조금액의 2분의 1에 해당하는 금액의 범위에서 긴급구조금을 지급하는 결정을 할 수 있다(범죄피해자 보호법 제28조 제1항, 동법 시행령 제38조 제1항).

긴급구조금을 받은 사람에 대하여 구조금을 지급하는 결정이 있으면 국가는 긴급구조금으로 지급된 금액 내에서 구조금을 지급할 책임을 면하고, 구조금의 금액이 긴급구조금으로 받은 금액보다 적을 때에는 긴급구조금을 받은 사람은 그 차액을 국가에 반환하여야 한다. 긴급구조금을 받은 사람에 대하여 구조금을 지급하지 아니한다는 결정이 있으면, 긴급구조금을 받은 사람은 긴급구조금을 모두 반환하여야 한다(동법 제28조 4항, 제5항).

---

8) 단서의 내용은 2024.9.20.개정되어 2025.3.21.부터 시행 예정으로, 그동안 꾸준히 제기되어 온 일시금 지급의 문제점을 적절하게 반영한 것으로 바람직한 개정이다.

4. 불복

(1) 재심신청과 지구심의회의 조치

지구심의회에서 구조금 지급신청을 각하하거나 전부 또는 일부기각하면 청구인은 결정의 정본이 송달된 날부터 2주일 이내에 그 지구심의회를 거쳐 법무부에 설치된 본부심의회에 재심을 신청할 수 있다.

재심신청이 있으면 지구심의회는 1주일 이내에 구조금 지급신청 기록 일체를 본부심의회에 송부하여야 한다(범죄피해자 보호법 제27조 제1항, 제2항).

(2) 본부심의회의 재심 또는 환송

본부심의회는 재심신청에 대하여 심의를 거쳐 4주일 이내에 다시 구조결정을 하여야 한다. 다만 구조금 지급신청을 각하한 지구심의회의 결정이 법령에 위반되면 사건을 그 지구심의회에 환송할 수 있고, 구조금 지급신청이 각하된 신청인이 잘못된 부분을 보정하여 재심신청을 하면 사건을 해당 지구심의회에 환송할 수 있다(동법 제27조 제3항 내지 제5항).

제 4 절 피의자·피고인을 위한 형사보상절차와 명예회복절차

Ⅰ. 형사보상절차

1. 형사보상의 의의와 법적성질

헌법 제28조는 "형사피의자 또는 형사피고인으로서 구금되었던 자가 법률이 정하는 불기소처분을 받거나 무죄판결을 받은 때에는 법률이 정하는 바에 의하여 국가에 정당한 보상을 청구할 수 있다."고 규정하고 있고, 이에 따라 형사보상 및 명예회복에 관한 법률은 무고한 피의자·피고인에 대한 보상제도의 구체적인 내용을 규정하고 있다.

형사보상의 법적 성질에 대해서는 견해의 대립이 있다. 법률의무설은 국가는 형사사법기관의 위법·무과실인 공권력 행사로 발생한 손해를 배상할 법률적 의무가 있다는 견해로서, 이에 따를 때 형사보상은 **무과실배상책임**으로 이해된다.[9] 공평설은 국가는 공평의 견지에서 형사사법기관의 적법한 공권력 행사에 의한 손실을 보상하여야 한다는 견해로써, 이에 따를 때 형사보상은 **손실보상**으로 이해된다.[10] 형사보상 및 명예회복에 관한 법률은 다른 법률에 따른 손해배상을 금지하지 아니한다는 점에서(형사보상법 제6조) 손실보상의 성격을 가진 것으로 보는 것이 상당하다.

2. 보상의 내용

(1) 사형

사형 집행에 대한 보상을 할 때에는 집행 전 구금에 대한 보상금 외에 3천만 원 이내에서 모든 사정을 고려하여 법원이 타당하다고 인정하는 금액을 더하여 보상한다. 이 경우 본인의 사망으로 인하여 발생한 재산상의 손실액이 증명되었을 때에는 그 손실액도 보상한다(형사보상법 제5조 제3항).

(2) 구금·노역장 유치

구금에 대한 보상금은 그 구금일수에 따라 1일당 보상청구의 원인이 발생한 연도의 최저임금법에 따른 일급 최저임금액 이상 최저임금액 5배 이하의 범위에서 보상금을 지급한다. 법원은 보상금액을 산정할 때 구금의 종류 및 기간의 장단, 구금기간 중에 입은 재산상의 손실과 얻을 수 있었던 이익의 상실 또는 정신적인 고통과 신체 손상, 경찰·검찰·법원의 각 기관의 고의 또는 과실 유무, 무죄재판의 실질적 이유가 된 사정, 그 밖에 보상금액 산정과 관련되는 모든 사정을 고려하여야 한다(형사보상법 제5조 제1항, 제2항, 동법 시행령 제2조).

노역장유치의 집행을 한 경우 그에 대한 보상에 관하여는 구금에 대한 보상규정을 준용한다(동법 제5조 제5항).

(3) 벌금, 과료, 추징금

벌금 또는 과료의 집행에 대한 보상을 할 때에는 이미 징수한 벌금 또는 과료의 금액에 징수일의 다음 날부터 보상 결정일까지의 일수에 대하여 민법상 법정이율을 적용하여 계산한 금액을 더한 금액을 보상한다(형사보상법 제5조 제4항, 민법 제379조).

추징금에 대한 보상을 할 때에는 그 액수에 징수일의 다음 날부터 보상 결정일까지의 일

9) 이/김 962; 이/조/이 943; 이주원 830.
10) 김재환 1049; 이창현 1422.

수에 대하여 민법상 법정이율을 적용하여 계산한 금액을 더한 금액을 보상한다(형사보상법 제5조 제7항, 민법 제379조).

(4) 몰수

몰수 집행에 대한 보상을 할 때에는 그 몰수물을 반환하고, 그것이 이미 처분되었을 때에는 보상결정시의 시가를 보상한다(형사보상법 제5조 제6항).

3. 피고인이었던 자에 대한 형사보상

(1) 청구권자 및 요건

형사소송법에 따른 일반 절차 또는 재심이나 비상상고 절차에서 무죄재판을 받아 확정된 사건의 피고인이 **미결구금**을 당하였을 경우와, 상소권회복에 의한 상소·재심 또는 비상상고의 절차에서 무죄재판을 받아 확정된 사건의 피고인이 원판결에 의하여 구금되거나 **형 집행**을 받았을 경우에는, 그 피고인이었던 자 및 그 상속인은 형사보상을 청구할 수 있다(형사보상법 제2조 제1항, 제2항, 제3조 제1항).

(가) 일부무죄의 경우

판결 주문에서 경합범의 일부에 대하여 유죄가 선고되었더라도 다른 부분에 대하여 무죄가 선고되었다면 형사보상을 청구할 수 있다. 그러나 그 경우라도 미결구금 일수의 전부 또는 일부가 유죄에 대한 본형에 산입되는 것으로 확정되었다면, 그 본형이 실형이든 집행유예가 부가된 형이든 불문하고 그 산입된 미결구금 일수는 형사보상의 대상이 되지 않는다. 그 미결구금은 유죄에 대한 본형에 산입되는 것으로 확정된 이상 형의 집행과 동일시되므로, 형사보상을 해야 할 미결구금 자체가 아닌 것이 되기 때문이다.[11)]

판결 주문에서 무죄가 선고된 경우뿐만 아니라 **판결 이유에서 무죄로 판단된** 경우에도, 미결구금 가운데 무죄로 판단된 부분의 수사와 심리에 필요하였다고 인정된 부분에 관하여는 보상을 청구할 수 있다. 다만 1개의 재판으로 경합범의 일부에 대하여 무죄재판을 받고 다른 부분에 대하여 유죄재판을 받았을 경우와 마찬가지로(형사보상법 제4조 제3호), 이 경우 법원의 재량으로 보상청구의 전부 또는 일부를 기각할 수 있다.[12)]

---

11) 대법원 2017. 11. 28.자 2017모1990 결정.

12) 대법원 2016. 3. 11.자 2014모2521 결정. 대법원은 이러한 경우에 대하여, 1개의 재판으로 경합범의 일부에 대하여 무죄재판을 받고 다른 부분에 대하여 유죄재판을 받았을 경우 법원은 재량으로 보상청구의

(나) 면소 또는 공소기각 재판 등의 경우

형사소송법에 따라 면소 또는 공소기각의 재판을 받아 확정된 피고인이 면소 또는 공소기각의 재판을 할 만한 사유가 없었더라면 무죄재판을 받을 만한 현저한 사유가 있었을 경우, 치료감호법 제7조에 따라 치료감호의 독립 청구를 받은 피치료감호청구인의 치료감호사건이 범죄로 되지 아니하거나 범죄사실의 증명이 없는 때에 해당되어 청구기각의 판결을 받아 확정된 경우, 헌법재판소법 제47조에 따라 위헌으로 결정된 법률 또는 법률의 조항에 근거한 유죄의 확정판결에 대한 재심 절차에서 원판결보다 가벼운 형으로 확정되어 원판결에 의한 형 집행이 재심 절차에서 선고된 형을 초과한 경우에는, 각 피고인이었던 자 및 그 상속인은 구금에 대하여 형사보상을 청구할 수 있다(형사보상법 제26조 제1항, 제2항).

(2) 절차

(가) 청구

1) 청구권자

보상청구는 본인은 물론 대리인을 통하여서도 할 수 있고(형사보상법 제13조), 상속인이 보상을 청구할 때에는 본인과의 관계와 같은 순위의 상속인 유무를 소명할 수 있는 자료를 제출하여야 한다(동법 제10조). 보상청구를 할 수 있는 같은 순위의 상속인이 여러 명인 경우에 그 중 1명이 보상청구를 하였을 때에는 보상을 청구할 수 있는 모두를 위하여 그 전부에 대하여 보상청구를 한 것으로 본다. 이 경우 보상을 청구한 자는 나머지 모두의 동의 없이 청구를 취소할 수 없다(동법 제11조, 제12조 제1항). 보상청구를 취소한 경우에 보상청구권자는 다시 보상을 청구할 수 없다(동법 제12조 제2항).

2) 청구기간

청구권자는 무죄재판이 확정된 사실을 안 날부터 3년, 무죄재판이 확정된 때부터 5년 이내에 무죄재판을 한 법원에 대하여 형사보상을 청구하여야 한다(형사보상법 제7조, 제8조). 면소 또는 공소기각의 재판을 받아 확정되었으나 그 면소 또는 공소기각의 사유가 없었더라면 무죄재판을 받을 만한 현저한 사유가 있음을 이유로 구금에 대한 보상을 청구하는 경우에도 마찬가지로 확정사실을 안 날부터 3년, 확정된 때부터 5년 이내에 청구하여야 한다(동법 제26조 제2

전부 또는 일부를 기각할 수 있다고 규정한 형사보상법 제4조 제3호를 유추적용할 수 있다면서 위와 같이 판시하였다.

항, 제8조) 다만 면소 또는 공소기각의 재판이 확정된 이후에 비로소 해당 형벌법령에 대하여 위헌·무효 판단이 있는 경우 등과 같이 면소 또는 공소기각의 재판이 확정된 이후에 무죄재판을 받을 만한 현저한 사유가 생겼다고 볼 수 있는 경우에는, 해당 사유가 발생한 사실을 안 날부터 3년, 해당 사유가 발생한 때부터 5년 이내에 보상청구를 할 수 있다.[13]

3) 청구방법

보상청구는 서면에 의한다. 청구인은 자신의 등록기준지, 주소, 성명, 생년월일, 청구의 원인이 된 사실, 청구액 등이 기재된 보상청구서에 재판서의 등본과 그 재판의 확정증명서를 첨부하여 법원에 제출하여야 한다(동법 제9조).

(나) 법원의 결정

보상청구는 법원 **합의부**에서 재판한다. 법원은 보상청구의 원인이 된 사실인 구금일수 또는 형 집행의 내용에 관하여 직권으로 조사하고, 검사와 청구인의 의견을 들은 후 보상청구를 받은 날로부터 6개월 이내에 각하, 기각 또는 보상 결정을 하여야 한다(형사보상법 제14조, 제15조).

1) 각하결정

법원은 보상청구의 절차가 법령으로 정한 방식을 위반하여 보정할 수 없을 경우, 청구인이 법원의 보정명령에 따르지 아니할 경우, 보상청구의 기간이 지난 후에 보상을 청구하였을 경우 보상청구를 각하하는 결정을 하여야 한다(형사보상법 제16조).

2) 기각결정

① 청구이유가 없을 때

법원은 각하사유가 없고 보상의 청구가 이유 없을 때에는 청구기각의 결정을 하여야 한다(형사보상법 제17조 제1항).

② 보상금 지급에 앞서 손해배상을 받은 때

법원은 보상의 청구가 이유있다 하더라도 청구인이 같은 원인에 대하여 다른 법률에 따라 손해배상을 받은 경우에 그 손해배상의 액수가 형사보상금의 액수와 같거나 그보다 많은 경우에도 기각결정을 하여야 한다(동법 제6조 제2항). 이 사유로서 청구기각 결정이 확정되었을 때에는 법원은 2주일 내에 기각결정의 요지를 관보에 게재하여 공시하여야 하고, 기각결정을 받은 자의 신청이 있을 때에는 신청일로부터 30일 이내에 그 결정의 요지를 신청인이 선택하는

---

13) 대법원 2022. 12. 20.자 2020모627 결정.

두 종류 이상의 일간신문에 각각 한 번씩 공시하여야 한다(동법 제25조).

③ 그 외 보상금 지급이 부당하다고 인정할 사유가 있을 때

형사보상법은 ① 형사미성년자 또는 심신상실로 무죄재판을 받은 경우, ② 본인이 수사 또는 심판을 그르칠 목적으로 거짓 자백을 하거나 다른 유죄의 증거를 만듦으로써 기소, 미결구금 또는 유죄재판을 받게 된 것으로 인정된 경우, ③ 1개의 재판으로 경합범의 일부에 대하여 무죄재판을 받고 다른 부분에 대하여 유죄재판을 받았을 경우, ④ 헌법재판소법에 따른 재심 절차에서 원판결보다 가벼운 형으로 확정됨에 따라 원판결에 의한 형 집행이 재심 절차에서 선고된 형을 초과한 경우에는 법원은 재량으로 보상청구의 전부 또는 일부를 기각할 수 있다고 규정하고 있다(동법 제4조, 제26조 제3항). 다만 형사보상의 제한은 헌법 제28조가 보장하는 형사보상청구권을 제한하므로 그 인정은 신중하여야 하고, 제한사유의 입증책임은 이를 제한하고자 하는 측에 있다.[14]

3) 보상결정

법원은 각하사유가 없고 보상의 청구가 이유 있을 때에는 보상결정을 하여야 한다(형사보상법 제17조). 법원은 보상결정이 확정되었을 때에는 2주일 내에 보상결정의 요지를 관보에 게재하여 공시하여야 한다. 이 경우 보상결정을 받은 자의 신청이 있을 때에는 신청일로부터 30일 이내에 그 결정의 요지를 신청인이 선택하는 두 종류 이상의 일간신문에 각각 한 번씩 공시하여야 한다(동법 제25조 제1항).

(다) 불복 및 보상금의 지급청구

1) 불복

법원의 결정에 대해서는 7일 이내에 **즉시항고** 할 수 있다. 형사보상법은 보상결정에 대해서는 1주일 이내에 즉시항고 할 수 있다고 규정하고 있고, 청구기각 결정에 대해서는 기간의 명시 없이 즉시항고 할 수 있다고만 규정하고 있는데(형사보상법 제20조), 형사소송법상 즉시항고의 기간은 7일이므로 청구기각 결정의 즉시항고 기간도 7일인 것이다. 또한 명문의 규정은 없으나 각하결정에 대해서도 즉시항고를 인정함이 상당하다.

2) 보상금의 지급청구 및 지급

법원이 보상결정을 한 경우 보상금 지급을 청구하려는 자는 보상결정이 송달된 후 2년 이내에, 보상결정을 한 법원에 대응하는 검찰청에 법원의 보상결정서를 첨부하여 보상금 지급청

14) 대법원 2010. 9. 30.자 2010모1021 결정.

구서를 제출하여야 한다(형사보상법 제21조 제1항 내지 제3항).

보상금 지급청구서를 제출받은 검찰청은 3개월 이내에 보상금을 지급하여야 하고, 그 기한 내에 지급하지 아니한 경우에는 그 다음 날부터 지급하는 날까지의 민법상 법정이율에 따른 지연이자를 지급하여야 한다(동법 제21조의2, 민법 제379조). 국가가 확정된 보상결정에 따라 청구인에게 형사보상금을 지급할 의무를 지는데도 이를 지체한 경우, 국가로서는 형사보상금에 관한 예산이 부족함을 들어 그 지체를 정당화할 수 없기 때문이다. 이는 금전채무자가 자력이 부족하다고 하면서 금전채무의 이행지체를 정당화할 수 없는 것과 같은 이치이다.[15)]

(라) 손해배상과의 관계

1) 이중보상·배상의 금지

형사보상을 받을 자는 다른 법률에 따라 손해배상을 청구할 수도 있다(형사보상법 제6조 제1항). 하지만 동일한 원인에 대하여 손해배상금을 먼저 받은 경우에는, 손해배상금이 형사보상금과 동일하거나 더 큰 경우에는 형사보상금을 지급하지 아니하고 손해배상금이 형사보상금보다 적은 경우에는 그 차액을 지급한다. 또한 형사보상금을 먼저 받은 경우에는, 그 보상금의 액수를 빼고 손해배상금을 정하여야 한다(동법 제6조 제2항, 제3항). 따라서 청구인은 이중배상이나 이중보상을 받을 수는 없다.

다만 대법원은 국가가 기지급한 형사보상금에 관하여 부당이득반환을 청구한 사안에서, 국가가 이중지급을 방지할 수 있는 사정이 인정됨에도 아무런 조치를 하지 아니한 채 확정된 형사보상금 전액을 지급하고, 청구인에게 형사보상금의 전액지급이 정당한 것으로 신뢰한데 대하여 하자가 없다면 위 부당이득반환청구는 신의성실의 원칙에 반하는 것으로서 허용될 수 없다고 하고 있다.[16)]

2) 변제충당의 순서

형사보상제도가 마련된 취지에 비추어 손해배상에 앞서 형사보상을 먼저 받은 자에게 불이익이 생겨서는 안 된다는 점과 손해배상과 형사보상 모두가 동일한 피해에 대한 손해전보수단으로서 기능을 같이하는 점 등에 비추어 볼 때, 손해배상액을 산정하는 과정에서 먼저 받은 형사보상금을 공제할 때에는 이를 손해배상채무의 변제액 공제에 준하여 민법에서 정한 변제충당의 일반 원칙에 따라 형사보상금을 지급받을 당시 손해배상채무의 지연손해금과 원본 순서로 충당하여 공제하는 것이 타당하고 형사보상금을 곧바로 손해배상액 원본에서 공제할

15) 대법원 2017. 5. 30. 선고 2015다223411 판결.
16) 대법원 2021. 11. 25. 선고 2017다258381 판결.

것은 아니다.[17)]

4. 피의자였던 자에 대한 형사보상

피의자였던 자에 대한 형사보상에 대해서는 특별한 규정이 없는 한, 그 성질에 반하지 아니하는 범위 내에서 무죄재판을 받아 확정된 사건의 피고인에 대한 보상에 관한 규정을 준용한다(형사보상법 제29조 제1항). 따라서 이하에서는 피의자였던 자에 대한 특별한 보상 규정을 중심으로 간단히 살펴보기로 한다.

(1) 청구권자 및 요건

피의자로서 구금되었던 자 중 검사로부터 불기소처분을 받거나 사법경찰관으로부터 불송치결정을 받은 자 및 그 상속인은 국가에 대하여 구금에 대한 보상을 청구할 수 있다. 다만, 구금된 이후 불기소처분 또는 불송치결정의 사유가 있는 경우, 해당 불기소처분 또는 불송치결정이 종국처분이 아닌 경우 또는 기소유예처분인 경우에는 그러하지 아니하다(형사보상법 제3조 제1항, 제27조 제1항 본문, 제29조 제1항).

(2) 절차

(가) 청구

청구권자는 불기소처분의 고지 또는 불송치결정의 통지를 받은 날부터 3년 이내에 불기소처분을 한 검사가 소속된 지방검찰청의 심의회 또는 불송치결정을 한 사법경찰관이 소속된 경찰관서에 대응하는 지방검찰청의 심의회에 형사보상을 청구하여야 한다(형사보상법 제28조 제1항, 제3항).

보상청구는 서면에 의한다. 청구인은 불기소처분 또는 불송치결정을 받은 사실을 증명하는 서류가 첨부된 보상청구서를 해당 심의회에 제출하여야 한다(동법 제28조 제2항).

(나) 심의회의 결정

심의회는 보상청구 절차의 법정방식 위반으로 보정할 수 없을 경우, 청구인이 심의회의

17) 대법원 2012. 3. 29. 선고 2011다38325 판결. "다만 예외적으로 불법행위로 인한 위자료 배상채무의 지연손해금이 사실심 변론종결일부터 기산되는 경우 형사보상금 수령일을 기준으로 지연손해금이 발생하지 아니한 위자료 원본 액수가 이미 수령한 형사보상금 액수 이상인 때에는 계산의 번잡을 피하기 위하여 이미 지급받은 형사보상금을 위자료 원본에서 우선 공제하여도 무방하다."

보정명령에 따르지 아니할 경우, 보상청구의 기간이 지난 경우 각하결정을 하여야 하고, 그렇지 아니한 경우 기각 또는 보상결정을 하여야 한다.

다만 본인이 수사 또는 재판을 그르칠 목적으로 거짓 자백을 하거나 다른 유죄의 증거를 만듦으로써 구금된 것으로 인정되는 경우, 구금기간 중에 다른 사실에 대하여 수사가 이루어지고 그 사실에 관하여 범죄가 성립한 경우, 보상을 하는 것이 선량한 풍속이나 그 밖에 사회질서에 위배된다고 인정할 특별한 사정이 있는 경우에는 피의자보상의 전부 또는 일부를 지급하지 아니할 수 있다(형사보상법 제27조 제2항).

(다) 불복

피의자보상의 청구에 대한 심의회의 결정에 대하여는 행정심판법에 따른 **행정심판**을 청구하거나 행정소송법에 따른 **행정소송**을 제기할 수 있다(형사보상법 제28조 제4항).

Ⅱ. 명예회복절차

1. 의의

형사보상 및 명예회복에 관한 법률은 피고인이었던 자의 청구에 따라 무죄판결 등 일정한 재판을 받아 확정된 사건의 재판서를 법무부 인터넷 홈페이지에 게재하여 공시함으로써 그의 명예를 회복할 수 있도록 하고 있다.

2. 청구권자 및 요건

무죄재판을 받아 확정된 사건의 피고인 및 그 상속인은 그 재판이 확정된 때부터 3년 이내에, 해당 사건을 기소한 검사의 소속 지방검찰청에 그 재판서를 법무부 인터넷 홈페이지에 게재하도록 청구할 수 있다(형사보상법 제30조).

형사소송법에 따라 면소 또는 공소기각의 재판을 받아 확정된 피고인이 면소 또는 공소기각의 재판을 할 만한 사유가 없었더라면 무죄재판을 받을 만한 현저한 사유가 있었을 경우, 치료감호법 제7조에 따라 치료감호의 독립 청구를 받은 피치료감호청구인의 치료감호사건이 범죄로 되지 아니하거나 범죄사실의 증명이 없는 때에 해당되어 청구기각의 판결을 받아 확정된 경우, 헌법재판소법 제47조에 따라 위헌으로 결정된 법률 또는 법률의 조항에 근거한 유죄의 확정판결에 대한 재심 절차에서 원판결보다 가벼운 형으로 확정되어 원판결에 의한 형 집행이 재심 절차에서 선고된 형을 초과한 경우에는, 각 피고인이었던 자 및 그 상속인도 위와 같은 재판서의 인터넷 게제 청구를 할 수 있다(동법 제34조, 제31조 제2항).

3. 절차

(1) 청구

청구권자가 재판서의 인터넷 게재를 청구할 때에는 재판서 게재 청구서에 재판서의 등본과 그 재판의 확정증명서를 첨부하여 제출하여야 한다. 상속인에 의한 청구, 대리인에 의한 청구, 청구의 취소 등은 피고인의 형사보상에서의 규정을 준용한다(형사보상법 제31조).

(2) 검찰청의 조치

재판서의 인터넷 게재 청구가 있을 때에는, 그 청구를 받은 검찰청은 청구일로부터 1개월 이내에 법무부 인터넷 홈페이지에 해당 재판서를 게재하여야 한다. 다만, 청구를 받은 때에 해당 사건의 확정재판기록이 해당 지방검찰청에 송부되지 아니한 경우에는, 확정재판기록이 해당 지방검찰청에 송부된 날부터 1개월 이내에 게재하여야 한다. 재판서의 인터넷 게제기간은 게제일로부터 1년이다(형사보상법 제32조 제1항, 제4항).

청구인이 재판서 중 일부 내용의 삭제를 원하는 의사를 명시적으로 밝힌 경우나, 재판서의 공개로 인하여 사건 관계인의 명예나 사생활의 비밀 또는 생명·신체의 안전이나 생활의 평온을 현저히 해칠 우려가 있는 경우에는 재판서의 일부를 삭제하여 게재할 수 있다(동법 제32조 제2항).

찾아보기

사항색인

(ㅎ)

판례색인

〈대법원〉

〈헌법재판소〉

〈고등법원〉

〈지방법원〉

〈기타〉

저자 약력

민영성

부산대학교 법학전문대학원 교수
부산대학교 법과대학장
부산대학교 법학전문대학원장
법학전문대학원협의회 부이사장
일본 大阪大学, 一橋大学, 北海道大学, 関西学院大学 객원(방문)교수
경남대, 경북대, 동의대, 한국방송통신대, 한국해양대 강사

부산고등검찰청 형사상고심의위원회 위원장
국가송무상소심의위원회 위원
부산고등법원 국선변호운영위원
부산고등검찰청 검찰시민위원회 위원
부산고등검찰청 항고심사위원
부산지방검찰청 시민옴부즈만
우리(영남)형사판례연구회 회장

〈저서·논문〉
로스쿨 형사소송법(신동운 외 공저), 법문사
형사법의 쟁점과 판례(대표 편저), 법문사
변호사시험 형사법 -사례형·기록형-(공편저), 법문사
형사소송법 핵심판례110선(공저), 박영사
변호사시험 모의시험 해설집(2017년~2018년 시행), 삼영출판사

형사증거개시제도의 바람직한 운용방향
형사소송법상 집중심리제 도입에 따른 변호인의 방어준비에 관한 연구
목격자에 의한 범인식별진술의 적정한 신용성평가를 위한 담보방안
공판절차에 있어서 피고인, 변호인의 방어권 보장
재심사유로서 증거의 신규성과 명백성의 인정 및 판단방법
진술거부권의 행사와 불이익추정의 금지
알리바이의 주장, 입증
압수·수색영장의 집행에 있어서 '필요한 처분'과 영장사전제시원칙의 예외
형사소송법상 당사자의 "동의"에 관한 재검토
포괄일죄에 대한 추가기소와 확정판결의 기판력
소년의 성장발달권의 보장과 실효적 형사재판절차참가
변론의 병합과 증거조사
聲紋鑑定의 證據能力
"國民參與裁判で行われた第1審判決に對する控訴審の判斷基準", 刑事法ジャーナル Issue.24.
"韓國における取調べ映像錄畵制度", 法律時報 83권 4호
"韓國刑事訴訟法上の證據開示制度", 法と政治 64권 3호. 외 국내외 논문 다수

김형규

경찰대학 법학과 졸업(법학학사)
The College of William & Mary Law School (VA) 석사과정 졸업(법학석사)
부산대학교 대학원 박사과정 졸업(법학박사)
미국 뉴욕 주 변호사

경찰대학 경찰학과 교수
법무연수원, 경찰수사연수원, 경찰인재개발원 강사
강원·건국·고려·경북·경희·동아·부산·서강·서울·서울시립·성균관·아주·연세·영남·이화여자·인하·원광·전북·제주·충남·충북·한국외국어·한양대학교 법학전문대학원 겸임교수

〈저서·논문〉
경찰관직무집행법의 이론과 실제 제2판, 박영사
성폭력범죄법률가이드 제2판, 박영사
중대재해처벌법 전면개정판(공저), 박영사
수사사례연구(공저), 박영사
경찰실무(공저), 경찰대학출판부

형사소송법 제199조 제2항의 적용범위 축소에 따른 문제점과 개선방안
수사상 증거수집에 대한 개인정보보호법의 적용요건
신체촬영물의 압수수색과 관련성
체포·구속된 피의자의 인치·구금 장소 변경의 요건 및 절차
위계·위력에 의한 성폭력 범죄의 문제점과 개선방안
가정폭력 범죄장소에 대한 경찰의 강제출입 가능성 검토
CCTV 영상정보의 적법한 압수에 대한 연구 외 다수

형사소송법

초판발행 2025년 2월 25일

지은이 민영성 · 김형규
펴낸이 안종만 · 안상준

편 집 우석진
기획/마케팅 정연환
표지디자인 최희주
제 작 고철민 · 김원표

펴낸곳 (주) 박영사
서울특별시 금천구 가산디지털2로 53, 210호(가산동, 한라시그마밸리)
등록 1959. 3. 11. 제300-1959-1호(倫)
전 화 02)733-6771
f a x 02)736-4818
e-mail pys@pybook.co.kr
homepage www.pybook.co.kr
ISBN 979-11-303-4937-4 93360

정 가 55,000원